Risques sanitaires sériels et responsabilité civile

Étude comparée des droits français et anglais

Logiques Juridiques

Fondée par Gérard Marcou
Dirigée par Jean-Claude Némery et Thomas Perroud

Le droit n'est pas seulement un savoir, il est d'abord un ensemble de rapports et pratiques que l'on rencontre dans presque toutes les formes de sociétés. C'est pourquoi il a toujours donné lieu à la fois à une littérature de juristes professionnels, produisant le savoir juridique, et à une littérature sur le droit, produite par des philosophes, des sociologues ou des économistes notamment.

Parce que le domaine du droit s'étend sans cesse et rend de plus en plus souvent nécessaire le recours au savoir juridique spécialisé, même dans des matières où il n'avait jadis qu'une importance secondaire, les ouvrages juridiques à caractère professionnel ou pédagogique dominent l'édition, et ils tendent à réduire la recherche en droit à sa seule dimension positive. À l'inverse de cette tendance, la collection « Logiques juridiques » des éditions L'Harmattan est ouverte à toutes les approches du droit. Tout en publiant aussi des ouvrages à vocation professionnelle ou pédagogique, elle se fixe avant tout pour but de contribuer à la publication et à la diffusion des recherches en droit, ainsi qu'au dialogue scientifique sur le droit. Comme son nom l'indique, elle se veut plurielle.

Dernières parutions

Evan LAGUNE, *Le concept de service public maison. Étude sur la transformation de l'État*, 2021.

Victor AUDUBERT, *Plurinationalité et vivre bien en Bolivie. Le droit au temps d'Evo Morales*, 2021.

Abobaker BENYAHMED, *La protection de la partie faible dans les relations contractuelles, comparaison entre le droit français et les droits des pays du Maghreb*, 2021.

Daniel BORRILLO et Thomas PERROUD (dir.), *Penser la GPA,* 2021.

Daniel BORRILLO, *Droit d'asile et homosexualité. Comment prouver l'intime ?,* 2021.

Thérèse DE VILLETTE, *La justice réparatrice. Une justice nouvelle enracinée dans la tradition africaine*, 2021.

Romain FEYDEL, *Le refinancement d'entreprises en difficulté, L'optimisation juridique du concept de capital-retournement*, 2021

Nicolas DEMONTROND, *Le préfet stratège. La déconcentration en Basse-Normandie de 1981 à 2017*, 2021.

Marie-Laure BESSON, *L'obligation de délivrance dans les baux commerciaux,* 2021.

Emmanuelle LEMAIRE

Risques sanitaires sériels et responsabilité civile

Étude comparée des droits français et anglais

Préface de Marie Goré

L'Harmattan

5-7, rue de l'École-Polytechnique – 75005 Paris
www.editions-harmattan.fr
ISBN : 978-2-343-23287-4
EAN : 9782343232874

Avertissements et remerciements

Le présent ouvrage est issu d'une thèse de doctorat en droit comparé, soutenue publiquement le 6 juillet 2020 à l'Université de Paris II Panthéon-Assas devant un jury composé de M. Jean-Sébastien BORGHETTI, Professeur de droit privé à l'Université de Paris II Panthéon-Assas ; Mme Charlotte DUBOIS, Professeur de droit privé à l'Université de Bourgogne ; M. Jonas KNETSCH, Professeur de droit privé à l'Université Jean Monnet ; M. Simon TAYLOR, Professeur de droit privé à l'Université Paris-Nanterre ; Mme Marie GORÉ, Professeur de droit privé à l'Université de Paris II Panthéon-Assas (directrice de recherche) ; M. Denis MAZEAUD, Professeur de droit privé à l'Université de Paris II Panthéon-Assas (co-directeur de recherche).

Le texte présenté ici au lecteur ajoute à la version de soutenance certains éléments, suite aux remarques qui ont pu être faites par les membres du jury. Pour l'essentiel, le texte a été conservé et les recherches ont été arrêtées en Janvier 2020.

Les traductions de l'anglais au français sont, sauf indication contraire, celles de l'auteur.

Les mots étrangers insérés dans le texte français seront précédés du genre masculin.

La référence de l'auteur à l'Angleterre doit être comprise comme l'Angleterre et le Pays de Galles. La référence de l'auteur au Royaume-Uni inclut l'Angleterre, le Pays de Galles, l'Écosse et l'Irlande du Nord.

Merci à tous ceux, parents, amis et collègues, sans qui ce travail n'aurait pu voir le jour.

À mes parents et mon beau-père,

À Sam,

Préface

Le mérite revient à Madame Emmanuelle Lemaire d'avoir eu très tôt l'intuition des difficultés juridiques soulevées par les risques sanitaires entraînant des dommages sériels. De fait, la multiplication des illustrations concrètes de ce phénomène l'a accompagnée tout au long de sa thèse qu'elle a achevée en pleine pandémie de Covid 19. C'est dire que l'étude des droits français et anglais sur les risques sanitaires sériels et la responsabilité civile qu'elle nous présente ici est d'une brûlante actualité. Parfaitement consciente des enjeux pratiques de son sujet, l'auteur met en lumière l'ampleur de ces risques, conséquence directe des progrès technologiques, techniques et scientifiques, leur fréquence de survenance, leur gravité tant d'un point de vue qualitatif que quantitatif, et l'irréversibilité du préjudice des victimes dans certains cas. D'où l'approche principalement contentieuse qu'elle retient à juste titre, car c'est dans ce contexte que la question des risques sériels sanitaires apparaît le plus souvent.

Le choix d'une analyse comparative des solutions françaises et anglaises est de ce point de vue particulièrement pertinent, ces droits ayant été tous deux confrontés à la réalisation de risques sanitaires identiques, comme ceux liés au sang contaminé, à l'encéphalopathie spongiforme bovine, ou à l'amiante. Bien plus, on sait combien la structure du système anglais diffère à bien des égards du droit français : mode de raisonnement, facture de la règle de droit, rédaction et motivation des décisions. Madame Emmanuelle Lemaire illustre cette spécificité en exposant de façon très approfondie le droit anglais de la responsabilité civile, droit des délits spéciaux, où prédomine une approche casuistique typique de la *common law*, conduisant au développement de la responsabilité pour faute avec l'élargissement des catégories du *tort of negligence*. Et ce par contraste avec l'approche française.

La caractérisation des termes du sujet, au cœur de l'étude, méritait une étude dans le corps de la thèse tant il est vrai que l'on est en présence de situations que les auteurs se contentent généralement de regrouper intuitivement. Madame Emmanuelle Lemaire définit les risques sanitaires sériels comme ceux pouvant entraîner des atteintes à la santé d'une pluralité d'individus dispersés sur le territoire, de manière échelonnée dans le temps, mais rattachables à un même produit, une même substance, voire un fait générateur de responsabilité identique. Elle met en évidence la singularité de ces risques sériels, par rapport aux dommages collectifs et aux accidents de masse. Elle démontre aussi que si les configurations sont diverses, leur dénominateur commun tient aux limites des connaissances scientifiques dont on dispose quant à ces risques et à leurs effets dommageables. Par leur spécificité, les conséquences des risques sanitaires sériels sont graves. En effet, si les atteintes résultant de la réalisation de ces risques sont, par nature, individuelles, elles prennent, quantitativement, une dimension collective par leur effet de répétition et qualitativement affectent la santé humaine souvent sous la forme de maladies. L'auteur ne se satisfait pas du seul effort de délimitation des contours de la notion mais en propose une typologie en distinguant les risques avérés, suspectés et inconnus. Les analyses très fouillées à cet égard, notamment sur la distinction entre risque suspecté et risque avéré, connue d'autres systèmes juridiques est au demeurant une invitation à de futures recherches comparatives pour approfondir la frontière entre ces deux risques.

Madame Emmanuelle Lemaire examine ensuite comment les modèles traditionnels de responsabilité, tant en France qu'en Angleterre ont dû faire face à l'émergence de ces nouveaux risques sanitaires sériels. Démontrant l'inadaptation du droit français et anglais à la réalité des risques sanitaires sériels, qui réunis par une origine commune pourraient justifier un traitement commun, Madame Lemaire s'interroge sur la capacité du droit de la responsabilité civile à proposer un traitement cohérent de la réparation des dommages corporels résultant de leur réalisation. Esprit averti des grandes orientations de la responsabilité civile, l'auteur se demande à bon escient si un régime spécial de responsabilité doit être envisagé. La question est naturellement pertinente pour le droit français dont on sait qu'il s'est engagé depuis quelque temps vers une spécialisation. Elle l'est également pour le droit anglais : les *torts* sont-ils en mesure d'appréhender, et de manière cohérente, l'ensemble des situations dommageables liées à la réalisation des risques sanitaires sériels ? C'est dire que la thèse de Madame Emmanuelle Lemaire apporte un éclairage essentiel sur les choix effectués par chacun des systèmes quant à la place de la responsabilité civile au sein de l'édifice indemnitaire, choix qui précisément dicte, comme elle le souligne avec une grande rigueur dans la démonstration, les solutions aux problèmes soulevés par les risques sanitaires sériels. L'objectif assigné à la responsabilité civile et la conception *in fine* que ces systèmes juridiques se font de celle-ci est donc le fil directeur du travail.

S'il fallait retenir une proposition parmi les nombreuses analyses de l'auteur, ce serait sa démonstration que le traitement des risques sanitaires sériels par la responsabilité civile s'inscrit dans une logique cohérente mais spécifique à chacun des droits français et anglais. « Cette cohérence doit en fait être recherchée du côté de l'objectif assigné à la responsabilité civile, dans chacun des systèmes juridiques, objectif qui est très différent et qui fournit la clé de compréhension de l'ensemble des solutions adoptées par les droits français et anglais ». C'est cette clé qui fonde tant la place occupée par la responsabilité civile, objet de la première partie, que sa mise œuvre, objet de la seconde partie, dans le contexte des risques sanitaires sériels. D'un côté souligne l'auteur la protection de l'intégrité corporelle est privilégiée en droit français, de l'autre le droit anglais veut préserver un équilibre dans la protection d'intérêts contradictoires, d'une part la protection de l'intégrité corporelle de la victime et de l'autre la liberté économique des opérateurs privés, équilibre qui se fait principalement par le *tort of negligence*.

En dépit de cette démonstration de la cohérence de l'objectif poursuivi par la responsabilité civile, Madame Emmanuelle Lemaire souligne l'insuffisance de son point de vue des positions retenues, et ce dans les deux systèmes juridiques. A son sens, la spécialisation n'est pas la solution, mais constitue en réalité une des données des difficultés actuelles. Sa proposition consiste à inclure le traitement des risques sanitaires sériels dans le droit commun de la responsabilité civile, et notamment de créer une action de groupe qu'elle qualifie de « générique » à mettre en œuvre dans tous les domaines, et pas uniquement dans certains secteurs précisément définis.

Le lecteur appréciera les qualités de comparatiste de Mme Lemaire qui, fidèle aux conseils d'humilité et de modestie préconisés par René David, précise qu'elle n'entend pas poursuivre un objectif d'amélioration des deux droits, mais seulement utiliser le droit comparé dans sa fonction première qui est l'approfondissement de la connaissance des droits. Madame Lemaire est attentive au fait que les solutions retenues dans un système juridique s'inscrivent dans un ensemble, dans une cohérence propre à ce système et au regard d'objectifs qui lui sont spécifiques et qu'il faut précisément identifier au préalable l'objectif que poursuivent les systèmes juridiques français et anglais dans le contexte étudié, l'analyse pouvant révéler certaines tendances communes, ou des divergences. La volonté législative de protéger les victimes par le biais de fonds d'indemnisation, ou de régimes spéciaux de responsabilité civile des deux côtés de la Manche, l'adaptation par le juge des conditions de la responsabilité civile notamment à travers la notion de causalité ou la collectivisation de l'action en responsabilité civile avec l'action de groupe sont autant d'illustrations des convergences entre les deux droits. Parallèlement, Madame Lemaire met en lumière les différences d'objectif çà et là. Le droit anglais est, selon elle, réticent à détacher la réparation des dommages corporels de la responsabilité civile, les mécanismes spéciaux n'ayant pas vocation à concurrencer la responsabilité civile et la responsabilité pour faute demeure au cœur du traitement des risques sanitaires sériels en droit anglais. L'auteur observe que le juge procède rarement à une adaptation au motif selon elle que l'équilibre privilégié par le droit anglais entre la protection de l'intégrité corporelle de la victime et la liberté économique des opérateurs privés existe déjà. Pour cette raison, l'indemnisation des dommages résultant de risques sanitaires sériels est exclue lorsque le risque est inconnu ou suspecté, mais semble possible lorsque le risque est avéré.

On l'aura compris, l'étude de Madame Emmanuelle Lemaire, poursuivant une véritable démarche comparative, est particulièrement riche et dense. Écrit dans un style agréable, ce travail révèle une pensée ferme et convaincue, tout en étant mesurée. Autant de qualités qui augurent d'une carrière scientifique prometteuse.

Marie Goré
Professeur à l'Université Paris II-Panthéon-Assas,
Directeur de l'Institut de droit comparé.

Principales abréviations

AJ Pénal	Actualité juridique pénale
AJDA	Actualité juridique de droit administratif
al.	alinéa
All E.R.	All England Law Reports
Am. J. Comp. L.	American Journal of Comparative Law
A.N.	Assemblée nationale
anc.	ancien
ANSM	Agence nationale de sécurité du médicament et des produits de santé
art.	article
Ass. plén.	Assemblée plénière de la Cour de cassation
B.J.I.B. & FL	Butterworths Journal of International Banking & Financial Law
BMJ	British Medical Journal
BMLR	Butterworths Medico-Legal Reports
Bull. V	Bulletin des arrêts de la chambre sociale de la Cour de cassation
Bull. civ.	Bulletin des arrêts des chambres civiles de la Cour de cassation
Bull. crim.	Bulletin des arrêts de la chambre criminelle de la Cour de cassation
c./	contre
C. assur.	Code des assurances
C. civ.	Code civil
CA	cour d'appel
Cal. L. Rev.	California Law Review
Cass., AP	Assemblée plénière de la Cour de cassation
Cass., ch. mixte	Chambre mixte de la Cour de cassation
Cass., civ. 1	Première chambre civile de la Cour de cassation
Cass., civ. 2	Deuxième chambre civile de la Cour de cassation
Cass., civ. 3	Troisième chambre civile de la Cour de cassation
Cass., com.	Chambre commerciale de la Cour de cassation
Cass., crim.	Chambre criminelle de la Cour de cassation
Cass., soc.	Chambre sociale de la Cour de cassation
C.C.C.	Contrats Concurrence et Consommation
CE	Conseil d'État
CEDH	Cour Européenne des Droits de l'Homme

cf.	*confer*
ch.	chambre
chap.	chapitre
Chi.-Kent L. Rev.	Chicago-Kent Law Review
CHSCT	Comité d'hygiène, de sécurité et des conditions de travail
C.I.J.	Cour internationale de Justice
CJ	Chief Justice
CJCE	Cour de justice des Communautés européennes
CJUE	Cour de justice de l'Union européenne
C.J.Q.	Civil Justice Quarterly
C.L.J.	Cambridge Law Journal
Clin. Risk	Clinical Risk (Journal)
Col.	column
coll.	collection
Colum. L. Rev.	Columbia Law Review
comm.	commentaire
comm. com. électr.	Communication–commerce électronique
comp.	comparer
concl.	conclusions
cons.	considérant
Cons. constit.	Conseil constitutionnel
Cons. Law	Construction Law
Consumer L. J.	Consumer Law Journal
contra	en sens contraire
Cov. L.J.	Coventry Law Journal
CPC	Code de procédure civile
CPR	Civil Procedure Rules
chron.	chronique
CSP	Code de la santé publique
D.	Recueil Dalloz
D. aff.	Dalloz Affaires
dactyl.	Dactylographiée
déc.	décision
Defrénois	Répertoire du notariat Defrénois
DePaul L. Rev.	DePaul Law Review
dir.	sous la direction de
DM	Disease-a-Month (Journal)
doc.	document
Dr. envir.	Droit de l'environnement
Dr. et patr.	Droit et patrimoine

Dr. soc.	Droit social
Duke J. Comp. & Int'l L.	Duke Journal of Comparative and International Law
éd.	édition
Edin. L. R.	Edinburgh Law Review
EMA	European Medicines Agency
ét.	étude
et al.	*et alii* (et autres)
Eur. Bus. L. Rev.	European Business Law Review
Eur. Rev. Private L.	European Review of Private Law
ex.	exemple
EWCA Civ.	England and Wales Court of Appeal (Civil Division)
EWHC	England and Wales High Court
fasc.	fascicule
Gaz. Pal.	Gazette du Palais
Geo. L. J.	The Georgetown Law Journal
Harv. L. Rev.	Harvard Law Review
HC Deb.	House of Commons Debate
HL Deb.	House of Lords Debate
HS	Hors-série
Ibid.	*ibidem* (au même endroit)
ICLQ	International and Comparative Law Quarterly
I.L.J.	Industrial Law Journal
in	dans
infra	ci-dessous
Int'l Ins. L. Rev.	International Insurance Law Review
Int'l Travel L. J.	International Travel Law Journal
IPLR	Intellectual Property Law Review
J.	Justice of Her Majesty's High Court (High Court judge)
J.-Cl.	Juris-Classeur (encyclopédie)
J. Env. L.	Journal of Environmental Law
JCP E.	La Semaine juridique, édition entreprise
JCP G.	La Semaine juridique, édition générale
JCP N.	La Semaine juridique, édition notariale et immobilière
JCP S.	La Semaine juridique, édition sociale
JETL	Journal of European Tort Law
JILI	Journal of the Indian Law Institute
JO, JORF	Journal officiel, Journal officiel de la République française
JPIL	Journal of Personal Injury Law

JSSL	Journal of Social Security Law
jur.	jurisprudence
L.	Loi
LGDJ	Librairie générale de droit et de jurisprudence
LJ	(Male/Female) Lord Justice of Appeals
L.L.I.D.	Lloyd's List Insurance Day
Lloyd's Rep.	Lloyd's Law Reports
L.Q.R.	Law Quarterly Review
L.S. Gaz.	Law Society's Gazette
McGill L. J.	McGill Law Journal
Med. L. Int.	Medical Law International
Med. L. Rev.	Medical Law Review
Med Leg J.	Medico-Legal Journal
Mod. Law Rev.	Modern Law Review
MR	Masters of the Rolls
N°, n°, n^{os}	numéro, numéros
NHSBSA	National Health Authority Business Services Authority
N.L.J	New Law Journal
not.	notamment
Nottingham L. J.	Nottingham Law Journal
obs.	observations
O.J.L.S.	Oxford Journal of Legal Studies
OMS	Organisation mondiale de la Santé
op. cit.	*opus citatum* (œuvre citée)
p., pp.	page, pages
pan.	panorama
partic.	particulier
PD	Practice Direction
PLI	Production Liability International
P.N.	Professional Negligence
préc.	précité
préf.	préface
PUAM	Presses universitaires d'Aix-Marseille
PUF	Presses universitaires de France
QB, QBD	(Law Reports) Queen's Bench, Queen's Bench Division
QPC	Question prioritaire de constitutionnalité
r.	rule
rappr.	rapprocher
R. D. Publ.	Revue de droit public
RDA	Revue de droit d'Assas

RDC	Revue des contrats
RDSS	Revue de droit sanitaire et social
Rec.	Recueil
Rép. civ.	Répertoire de droit civil Dalloz
Rép. dr. intern.	Répertoire de droit international Dalloz
Rép. pr. civ.	Répertoire de procédure civile Dalloz
Req.	Chambre des Requêtes
Resp. civ. et assur.	Responsabilité civile et assurances
Rev. int. dr. écon.	Revue internationale de droit économique
RGAR	Revue générale des assurances et des responsabilités
RGDA	Revue générale du droit des assurances
RGDM	Revue générale de droit médical
RLDA	Revue Lamy de droit des affaires
RLDC	Revue Lamy de droit civil
RMCUE	Revue du Marché Commun et de l'Union Européenne
RSA	Recueil des sentences arbitrales
RSC	Revue de science criminelle et de droit pénal comparé
RTD civ.	Revue trimestrielle de droit civil
RTD com.	Revue trimestrielle de droit commercial
s.	et suivant(e)s
S.	Recueil Sirey
SIDA	syndrome de l'immunodéficience acquise
S.J.	Sollicitors Journal
SLT	Scots Law Times
somm.	sommaire
spéc.	spécialement
supra	ci-dessus
T., t.	tome
TC	Tribunal des conflits
th.	thèse
TI	Tribunal d'instance
TGI	Tribunal de grande instance
TPICE	Tribunal de première instance des communautés européennes
Torts Law J.	Torts Law Journal
Tulsa J. Comp. & Int'l L.	Tulsa Journal of Comparative and International Law
UE	Union européenne
UKPC	United Kingdom Privy Council
UKSC	United Kingdom Supreme Court
v.	*versus*

V°	Voir
VIH	virus de l'immunodéficience humaine
VHC	virus de l'hépatite C
vol.	volume
Wash. & Lee L. Rev	Washington & Lee Law Review
Yale Law J.	Yale Law Journal

Sommaire

Introduction générale

1. Les risques sanitaires sériels, inscrits dans l'histoire de l'humanité. – Plus de 206 millions de cas confirmés et presque quatre millions et demi de morts dans le monde : ceci est le bilan de l'actuelle pandémie de coronavirus Covid-19 à la date du 17 août 2021[1]. Cette nouvelle épidémie nous rappelle que les risques sanitaires sériels, ou plus exactement les risques sanitaires susceptibles d'entraîner des dommages sériels, sont inscrits dans l'histoire de l'humanité. En effet, la pandémie de Covid-19 est sans aucun doute « la plus grave crise sanitaire (...) depuis un siècle »[2], mais ce n'est pourtant pas la première fois que les hommes ont dû faire face à la survenance de tels risques : BOCCACE ne relatait-il pas déjà au XIVe siècle les ravages de la peste noire dans son *Décaméron ?*

> [En l'an 1348,] dans la remarquable cité de Florence, belle au-dessus de toutes les autres cités d'Italie, parvint la mortifère pestilence qui, par l'opération des corps célestes, ou à cause de nos œuvres iniques, avait été déchaînée sur les mortels par la juste colère de Dieu et pour notre châtiment. Quelques années auparavant, elle s'était déclarée dans les pays orientaux, où elle avait enlevé une innombrable quantité de vivants ; puis poursuivant sa marche d'un lieu à un autre, sans jamais s'arrêter, elle s'était malheureusement étendue vers l'Occident[3].

Les risques sanitaires sériels peuvent être sommairement définis comme des risques susceptibles d'affecter la santé d'une pluralité de personnes réparties sur le territoire, de manière échelonnée dans le temps et présentant une origine commune. À ce stade, nous n'en dirons pas plus car cette notion présente des contours fuyants qui justifient une étude plus approfondie, au sein d'un premier titre[4]. Les risques sanitaires sériels existent depuis longtemps, et se sont manifestés, par le passé, à travers la survenance d'épidémies. Toutefois, à côté de ces premiers risques sanitaires sériels qui, comme l'année 2020 le démontre, n'ont toujours pas disparu, d'autres ont progressivement émergé à compter de

---

[1] ORGANISATION MONDIALE DE LA SANTE, *COVID-19 Weekly Epidemiological Update*, n°53, 17 August 2021, [en ligne] consulté le 19/08/2021 :
< https://reliefweb.int/sites/reliefweb.int/files/resources/20210817_Weekly_Epi_Update_53.pdf>
[2] E. MACRON, *Adresse aux Français*, Discours prononcé le 12 mars 2020, Paris (Palais de l'Elysée), [en ligne] consulté le 19/08/2021 :
<https://www.elysee.fr/emmanuel-macron/2020/03/12/adresse-aux-francais >
[3] BOCCACE, *Le Décaméron*, traduit de l'italien par F. REYNARD, Tome I, G. Charpentier, Paris, 1879, p. 8 [version numérisée].
[4] *Infra*, Partie I, Titre I « La notion de risque sanitaire sériel ».

la seconde moitié du XXe siècle[5] : ces « nouveaux » risques sanitaires sériels se distinguent des premiers par leur origine, par leur fréquence et par leur gravité.

2. Les caractéristiques des nouveaux risques sanitaires sériels. – Les nouveaux risques sanitaires sériels se distinguent d'abord de ceux précédemment évoqués par leur origine, *humaine* et *diverse* : ces risques sont avant tout une conséquence des progrès techniques, technologiques et scientifiques. En effet, à la transformation progressive des techniques de production et de distribution, résultant de l'industrialisation et de la mécanisation des sociétés occidentales dans le courant du XIXe siècle[6], s'est ajoutée une transformation des modes de production, de distribution et de consommation, au cours de la seconde moitié du XXe siècle : à cette période, la production se standardise, la distribution se mondialise et la consommation se massifie[7]. L'avènement de la société de consommation dans les années 1950-1960[8] coïncide ainsi avec l'apparition des premiers nouveaux risques sanitaires sériels, ces derniers étant non seulement issus de la production en série[9], qui concerne la plupart des produits, notamment agroalimentaires et de santé, mais aussi de l'utilisation massive de matériaux ou de substances, tels que l'amiante ou les pesticides, dans certaines industries. Dans ces conditions, ces risques peuvent se manifester dans tous les secteurs d'activité humaine.

Précisément pour cette raison, ces risques sont également caractérisés par leur *fréquence* de survenance. La production et la consommation de masse sont en effet allées de pair avec la réalisation, à intervalles rapprochés[10], de multiples risques sanitaires sériels dans plusieurs secteurs d'activité, comme les secteurs sanitaire, alimentaire ou industriel par exemple. Les affaires de la thalidomide, du sang contaminé, de l'hormone de croissance, de l'amiante, de la « vache folle » ou encore de l'Isoméride, ont profondément marqué les esprits, en France mais aussi en Angleterre, durant la seconde moitié du XXe siècle. La fréquence de ces risques n'a fait qu'accélérer ces vingt dernières années, avec les affaires des prothèses mammaires PIP, du Mediator, des antennes-relais, du glyphosate, de la Dépakine, du lait Lactalis contaminé par des salmonelles, ou encore des « bébés nés sans bras », pour ne citer que celles-ci. Les nouveaux risques sanitaires sériels sont ainsi devenus courants.

Au surplus, ces risques font souvent l'objet d'une forte médiatisation, notamment en raison de la *gravité* de leur ampleur, tant du point de vue de leur

---

[5] Ph. LE TOURNEAU, *La responsabilité civile*, PUF, coll. « Que sais-je ? », 2003, p. 17.

[6] Pour une vue plus détaillée des étapes de la Révolution industrielle en Europe : C. FOHLEN, *Qu'est-ce que la révolution industrielle ?*, Robert-Laffont, coll. « Sciences nouvelles », 1971, pp. 30-37.

[7] M.-E. CHESSEL, *Histoire de la consommation*, La Découverte, coll. « Repères », 2012, p. 29.

[8] *Ibid.*, p. 29.

[9] *Ibid.*, p. 23.

[10] Ph. LE TOURNEAU (dir.), *Droit de la responsabilité et des contrats*, Dalloz Action, 11ème éd., 2017, p. 77, spéc. n°0122.13 : « Le siècle dernier vit la survenance de "dommages de masse" inédits et les risques "sériels", les contaminations et autres drames collectifs : en un mot, les catastrophes (…). » V° aussi, *Ibid.*, p. 77, n°0122.13 où l'auteur, reprenant les mots d'Ulrich BECK, qualifie les dommages sériels comme des « passagers clandestins de la consommation normale ».

importance numérique que de leur importance substantielle. Sur un plan numérique, les risques sanitaires sériels sont susceptibles de présenter un potentiel catastrophique : en effet, n'est-on pas encore en train de compter les victimes de l'amiante, du sang contaminé et du Distilbène, près de trente à quarante ans après la révélation de ces scandales ? Ce potentiel catastrophique est dans certains cas accentué, la standardisation des techniques de production et la « globalisation » des échanges – commerciaux et humains – autorisant une diffusion plus grande et plus rapide des produits. Par conséquent, les risques sanitaires sériels peuvent dépasser les frontières, pour affecter de nombreuses personnes réparties au sein de différents États. Cela a été le cas de la thalidomide, médicament fabriqué par une entreprise allemande, et commercialisé dans de nombreux États dont le Royaume-Uni, avant que ses effets dévastateurs ne soient révélés[11]. Cela a également été le cas dans l'affaire de la « vache folle », les farines animales contaminées par le prion, et produites au Royaume-Uni pour l'alimentation des bovins, ayant été commercialisées dans plusieurs pays, y compris la France[12]. En d'autres termes, les risques sanitaires sériels sont le plus souvent susceptibles de présenter une dimension transnationale.

Sur un plan substantiel, la gravité des risques sanitaires sériels se traduit par l'irréversibilité des atteintes subies par les victimes. D'une part, ces atteintes touchent la *santé* des victimes, mettant parfois en jeu leur pronostic vital. D'autre part, les victimes de ces risques ne correspondent plus seulement aux personnes qui ont été personnellement exposées à ce risque, mais elles incluent, dans certains cas, les générations suivantes : par exemple, si les effets du Distilbène sur les enfants exposés *in utero* à ce médicament sont bien connus, des études récentes[13] ont mis en évidence les effets de ce médicament sur les petits-enfants des femmes ayant pris ce médicament (troisième génération). Les risques sanitaires sériels nouveaux présentent ainsi parfois une dimension transgénérationnelle.

L'émergence de nouveaux risques sanitaires sériels est en fait étroitement liée à la modernisation de la société[14] ; elle traduit une nouvelle réalité objective, qui s'est progressivement accompagnée d'un changement d'attitude vis-à-vis des risques, notamment vis-à-vis de ceux qui affectent la santé humaine, à grande échelle. Les nouveaux risques sanitaires sériels sont en effet devenus socialement inacceptables, sous l'influence de trois facteurs principaux qu'il nous faut évoquer.

---

[11] B. HAURAY, *L'Europe du médicament. Politique – Expertise – Intérêts privés*, Presses de Science Po, coll. « Académique », 2006, pp. 37-39.

[12] E. GUILHEM, J.-F. MATTEI (A.N), *Rapport d'information sur l'ensemble des problèmes posés par le développement de l'épidémie d'encéphalopathie spongiforme bovine*, Rapp. A.N. n°3291, Xème législature (1997), p. 1819 et s.

[13] Par ex.: M. TOURNAIRE *et al.*, « Adverse health effects in children of women exposed *in utero* to diethylstilbestrol (DES) », *Thérapies*, vol. 71, n°4, 2016, pp. 395-404.

[14] U. BECK, *La société du risque : sur la voie d'une autre modernité*, 1986, traduit de l'allemand par L. BERNARDI, préf. B. LATOUR, Flammarion, coll. « Champs Essais », 2008, p. 40.

3. Les facteurs expliquant l'inacceptabilité sociale des nouveaux risques sanitaires sériels. – Longtemps, les événements catastrophiques, parmi lesquels la survenance de risques sanitaires sériels anciens, ont été vus comme des fléaux, des châtiments divins, une sorte de fatalité dont il fallait s'accommoder[15]. Par le passé, « la bonne ou mauvaise fortune (...) [régissait] l'exposition au danger et les possibilités de s'en sortir. Les catastrophes encourues (...) [n'étaient] pas perçues comme ayant partie liée avec une responsabilité humaine »[16]. Ainsi, si les risques, et notamment les risques sanitaires sériels, ont d'abord été associés à la survenance d'événements imprévisibles, cette vision n'a certainement plus cours aujourd'hui : les nouveaux risques sanitaires sériels sont à présent envisagés comme des phénomènes maîtrisables, ou du moins qui devraient l'être[17]. Dans ces conditions, la réalisation de tels risques n'est pas acceptée par les populations car elle implique, dans leur esprit, une forme de défaillance – des pouvoirs publics, de la communauté scientifique, éventuellement des opérateurs privés – dans la gestion de ces risques[18].

4. La perception actuelle des risques sanitaires sériels résulte en fait d'une évolution qui a commencé avec la Révolution industrielle, et avec les immenses progrès techniques et scientifiques qu'elle a apportés avec elle. Ces progrès ont permis aux sciences de devenir un outil privilégié d'explication des phénomènes. Les malheurs ne s'expliquent plus par la volonté divine ; ils s'expliquent par des causes rationnelles qui ne sont peut-être pas encore connues, mais qui peuvent être recherchées à l'aide de la science pour être maîtrisées[19]. Selon le sociologue Ulrich BECK, cette époque, qui a duré jusque dans la première moitié du XXe siècle, est marquée par « une foi inébranlée dans la science et le progrès », laquelle participe au déclin de l'idée de *fatum*, d'un

---

[15] D. LE BRETON, *Sociologie du risque*, PUF, coll. « Que sais-je ? », 2012, pp. 33-34 : « Toute adversité est intégrée à une perspective religieuse, assignée comme manifestation d'une Providence échappant à l'entendement des hommes, mais poursuivant une obscure raison dont seul Dieu peut rendre compte. La survenue d'une catastrophe ou le fait d'être confronté à un danger relèvent de ses desseins énigmatiques. Dieu a ses raisons qui échappent à tout raisonnement pour épargner les uns et plonger les autres dans le malheur. » V° aussi dans la littérature ancienne : SOPHOCLE, *Œdipe roi*, traduit littéralement en vers français par J. LACROIX, précédée d'une étude par G. LARROUMET, Société de propagation des livres d'art, 1890, Paris, p. 51 : le Dieu Apollon explique, par la bouche de Créon, que « l'incurable fléau [la peste] demande qu'on l'expie » ; J. DE LA FONTAINE, « Les animaux malades la peste », *Fables de la Fontaine*, illustration par Grandville, Livre VII, Fable I, Paris, 1927, p. 308 : la Peste est décrite comme un « Mal que le Ciel en sa fureur inventa pour punir les crimes de la Terre ».

[16] D. LE BRETON, *op. cit.* (note 15), p. 34.

[17] A. MORELLE, D. TABUTEAU, *La santé publique*, PUF, coll. « Que sais-je ? », 3ème éd., 2017, p. 55 : « Les catastrophes sanitaires redoutées sont de moins en moins perçues comme des fléaux naturels (...) et de plus en plus comme des événements que nous pouvons – devons – maîtriser pour en réduire les conséquences sanitaires ».

[18] En ce sens, indirectement : J.-M. PONTIER, « Sécurité sanitaire des aliments et droit à la santé », *RDSS* 2018, N°6, 31/12/2018, p. 1020.

[19] Cette idée s'exprime notamment avec l'avènement, à partir de la fin du XIXe siècle jusque dans la première moitié du XXe siècle, d'un courant, issu du positivisme, porteur d'un discours scientifique radical et minoritaire : le scientisme. Voir B. SPINOSA, « Quelques remarques sur la notion de scientisme », intervention Aix-en-Provence, novembre 2014, p. 9 [en ligne] consulté le

destin sur lequel les hommes n'ont aucune prise[20]. Par conséquent, lorsque, à partir de la seconde moitié du XXe siècle, ces mêmes progrès techniques et scientifiques ont commencé à révéler leurs effets néfastes, leur potentiel catastrophique, les populations ont considéré les risques résultant de ces progrès, comme inacceptables, particulièrement au regard de leur gravité.

Dès la seconde moitié du XXe siècle, la survenance de catastrophes sanitaires[21], mais aussi environnementales[22], sans précédent, se succédant à une cadence rapide a mis en lumière une autre réalité : le versant noir de la modernité. Cette réalité permet alors de prendre conscience du fait que les progrès techniques, technologiques et scientifiques ne sont « plus uniquement la source des solutions aux problèmes, mais aussi et en même temps, *la source des problèmes eux-mêmes* »[23]. En effet, « la multiplication des succès [scientifiques] semble accroître de façon disproportionnée les risques liés à l'évolution (...) [technico-scientifique] »[24]. Dès lors, l'émergence de risques liés à la modernisation de la société, parmi lesquels les nouveaux risques sanitaires sériels, entraîne le remplacement de la confiance optimiste qui caractérisait la société industrielle par une méfiance[25] envers tout progrès technico-scientifique à l'ère de la « société du risque »[26].

Dans ces conditions, le discours optimiste lié aux progrès scientifiques et technologiques ne suffit plus à convaincre les populations d'accepter les risques qui leur sont attachés. Il devient plus que jamais nécessaire de protéger la santé des populations contre ces nouvelles menaces.

19/08/2021 : <https://www.pedagogie.ac-aix-marseille.fr/upload/docs/application/pdf/2014-12/conference_.pdf >) Ce courant promeut ainsi l'idée que la science peut *tout* expliquer, qu'elle est à la source d'une vérité absolue et objective. Voir E. RENAN, *L'avenir de la science : pensées de 1848*, Paris, Flammarion, 1995, p. 152.

[20] C. NOIVILLE, *Du bon gouvernement des risques : le droit et la question du « risque acceptable »*, PUF, coll. « Les voies du droit », 2003, p. 181.

[21] V° celles déjà mentionnées : *supra*, n°2.

[22] On peut par exemple citer : Minamata (Japon, 1959), Seveso (Italie, 1976), Bhopal (Inde, 1984), Sandoz (Suisse, 1986), Tchernobyl (Ukraine, 1986), sans compter les différentes marées noires provoquées par les naufrages du *Torrey Canyon* (1967), de l'*Amodo Cadiz* (1978), de l'*Exxon Valdez* (1989), de l'*Erika* (1999).

[23] U. BECK, *op. cit.* (note 14), p. 343

[24] U. BECK, *op. cit.* (note 14), p. 343.

[25] Cette méfiance s'est manifestée sous différentes formes : par exemple, dans la littérature de fiction, le XXe siècle voit apparaître le roman dystopique, ou contre-utopique, qui met en scène des sociétés utilisant les progrès techniques et scientifiques au service de la construction d'États totalitaristes. Dans le même temps, des voix s'élèvent dans le milieu philosophique pour critiquer l'idéologie techniciste, (comme par ex. J. ELLUL, *La technique ou l'enjeu du siècle*, 1954) selon laquelle la technique serait la solution des problèmes créés par la technique, et pour appeler à repenser les principes éthiques qui dominent la société face aux menaces globales (éthique de la responsabilité) : V° par ex. H. JONAS, *Le principe responsabilité*, 1979, traduit de l'allemand par J. GREISCH, Flammarion, coll. « Champs Essais », 3ème éd., 1995. On pourrait sans doute citer U. BECK, *La société du risque : sur la voie d'une autre modernité*, 1986.

[26] Pour reprendre l'expression d'U. BECK, *op. cit.* (note 14), p. 20. V° aussi : A. MORELLE, D. TABUTEAU, *op. cit.* (note 17), p. 56: « Cette rupture dans la perception des risques sanitaires a été particulièrement rapide et profonde en France en raison des drames de santé publique (sang contaminé, hormone de croissance extractive...) qu'a connus notre pays à la fin du XXe siècle ».

5. La protection de la santé des populations a toujours été importante[27], comme en témoignent les diverses lois portant sur la salubrité et l'hygiène publique[28] en France comme en Angleterre, particulièrement aux XVIIIe et XIXe siècles[29]. À cette époque, la protection de la santé des populations s'exprime néanmoins à travers l'adoption de mesures qui ont pour but « d'éviter la maladie, d'écarter les risques sanitaires à défaut de pouvoir soigner efficacement »[30]. À partir de la seconde moitié du XXe siècle, la santé humaine est progressivement érigée au rang de *valeur sociale primordiale*[31] qu'il faut impérativement protéger. Cette évolution de la place accordée à la santé dans les sociétés occidentales prend racine au lendemain de la Seconde Guerre mondiale.

Les atrocités commises par les nazis ont en effet conduit les États à proclamer « à nouveau leur foi dans les droits fondamentaux de l'homme, dans la dignité et la valeur de la personne humaine »[32]. Cette volonté de réaffirmer la primauté de la vie et de la personne humaine explique ainsi qu' « au lendemain

---

[27] Remontant dans le passé, on peut même citer un extrait du *Décaméron* de Boccace qui révèle que la cité-État de Florence s'est organisée en prenant des mesures pour limiter la propagation de l'épidémie de peste bubonique du XIVe siècle (en ce sens, aussi : A. MORELLE, D. TABUTEAU, *op. cit.* (note 17), p. 8 : « Confrontées les premières au fléau, (…) les cités-États du nord de l'Italie (…) établissent, de façon empirique, une politique sanitaire efficace fondées sur des mesures contraignantes. »). V° aussi BOCCACE, *op. cit.* (note 3), p. 8.

[28] Le dictionnaire de P.-E. LITTRE du XIXe siècle définit l'hygiène publique comme : « [l']ensemble des connaissances qui assurent la santé des populations considérées en masse », ce que l'on appellerait aujourd'hui « santé publique ».

[29] En France : par ex., art. 50, loi du 14 décembre 1789 concernant la constitution des municipalités ; titre XI, loi des 16 et 24 août 1790 sur l'organisation judiciaire (lutte contre les maladies, salubrité des denrées alimentaires). Selon D. TABUTEAU, *La sécurité sanitaire*, préf. de B. KOUCHNER, Berger-Levrault, 2ème éd., 2002, p. 30, « il faudra attendre le XIXe siècle pour que la santé publique – plus précisément l'hygiène publique – devienne une préoccupation administrative et sociale autonome ». L'auteur relève que « les premières véritables législations sanitaires sont élaborées » à cette période, notamment une loi d'assèchement des marais est édictée le 16 septembre 1807 et la loi du 3 mars 1822 pose, selon l'auteur, « les bases d'une véritable police sanitaire au niveau national ». Au XIXe siècle, une vingtaine de lois sont adoptées portant sur la santé publique : D. TABUTEAU, « Le Parlement et la santé », *Les tribunes de la santé*, 2012/1, n°34, pp. 95-115, spéc. p. 97 ; En Angleterre : on relèvera que le premier *Public Health Act* date de 1848, date de l'épisode de choléra qui a sévi en Angleterre à cette période. Cette loi a été prise sous l'influence d'Edwin CHADWICK, qui a publié un rapport en 1842 intitulé *The Sanitary Condition of the Labouring Population of Great Britain* ; l'argument était principalement économique : en améliorant les conditions sanitaires des travailleurs, ces derniers auraient moins besoin de recourir au système d'assistance publique (mis en place par le *Poor Law*) : V° sur le site du Parlement du Royaume-Uni, [en ligne] consulté le 19/08/2021 : <https://www.parliament.uk/about/living-heritage/transformingsociety/towncountry/towns/tyne-and-wear-case-study/about-the-group/public-administration/the-1848-public-health-act/ >
On relèvera aussi le *Public Health Act 1875* qui a pour objet de « codifier » les mesures qui ont été prises pour lutter contre l'insalubrité publique.

[30] D. TABUTEAU, *op. cit.* (note 29), p. 30.

[31] Certains auteurs la qualifient de « valeur cardinale » : W. DAB, D. SALOMON, *Agir face aux risques sanitaires : pour un pacte de confiance*, PUF, « Hors collection », 2013, p. 24.

[32] Cinquième considérant, Préambule de la Déclaration Universelle des Droits de l'Homme (1948). [en ligne] consulté le 19/08/2021 sur : < http://www.un.org/fr/universal-declaration-human-rights/index.html >

de la Seconde Guerre mondiale, (...) un droit relatif à la santé, à l'échelle internationale, s'est trouvé à diverses reprises solennellement proclamé »[33]. La santé est en effet envisagée comme « une condition fondamentale de la paix du monde et de la sécurité »[34]. La seconde moitié du XXe siècle est ainsi caractérisée par la reconnaissance progressive d'un droit fondamental à la (protection de la) santé, à l'échelle internationale, mais aussi régionale et nationale : la santé devient « en elle-même une valeur »[35]. Cette évolution va également de pair, en Europe, et notamment en France et en Angleterre, avec le développement de l'État-providence moderne[36]. C'est en effet à la même période que naît la Sécurité sociale moderne en France (1945)[37] et en Angleterre (1948)[38], qui a vocation à couvrir certains risques, comme ceux pour la santé tels que les risques de maladie, d'invalidité, ou d'accidents du travail, par exemple.

De cette évolution, il ressort ainsi que la protection de la santé devient un enjeu important, si bien que les atteintes qui lui sont portées sont de moins en moins tolérables[39].

Ces différents facteurs – refus de la fatalité face aux risques, méfiance progressive envers les progrès scientifiques et techniques et importance de la place accordée à la protection de la santé – se conjuguent pour aboutir à une conséquence : dans les sociétés occidentales, les populations n'acceptent plus les risques associés aux progrès technico-scientifiques, capables d'entraîner des atteintes à la santé, parfois à grande échelle. En d'autres termes, les nouveaux risques sanitaires sériels sont socialement inacceptables, ce qui explique que les populations exigent une sécurité toujours plus grande.

---

[33] En ce sens : L. CASAUX-LABRUNEE, « Le droit à la santé » *in* R. CABRILLAC, M.-A. FRISON-ROCHE, T. REVET (dir.), *Libertés et droits fondamentaux*, Dalloz, 25ème éd., 2019, p. 1057, n°1134.

[34] Préambule de la Constitution de l'OMS (1946) [en ligne] consulté le 19/08/2021 sur : < https://www.who.int/governance/eb/who_constitution_fr.pdf >

[35] L. CASAUX-LABRUNEE, « Le droit à la santé » *in* R. CABRILLAC, M.-A. FRISON-ROCHE, T. REVET (dir.), *op. cit.* (note 33) p. 1061, n°1141 : « La santé est en elle-même une valeur ».

[36] F. EWALD, *Histoire de l'État-Providence : les origines de la solidarité*, Grasset, coll. « Essais », 1996.

[37] En France, la Sécurité sociale a été instituée au lendemain de la Seconde Guerre mondiale, dans l'ordonnance n°45-2250 du 4 octobre 1945 portant organisation de la sécurité sociale, JORF, n°0235, 6 octobre 1945, p. 6280, et dans celle n°45-2456 du 19 octobre 1945 portant statut sur la mutualité, JORF n°0247, 20 octobre 1945, p. 6731. Pour une histoire assez succincte du développement historique de la Sécurité sociale, V° B. PALIER, *Gouverner la sécurité sociale*, PUF, coll. « Quadrige », 2005, spéc. pp. 63-106.

[38] L'État-providence (ou *Welfare State*) moderne naît de plusieurs lois entrées en vigueur le 7 juin 1948. Ces lois sont respectivement le *National Insurance Act 1946*, le *National Health Service Act 1946* et le *National Assistance Act 1948*. V° en particulier : P. TAYLOR, J. L. POWELL, « The UK Welfare state system. With special reference to the mental health care system » *in* C. ASPALTER (dir.), *The Routledge International Handbook to Welfare State Systems*, Routledge, 2017, pp. 192-196.

[39] W. DAB, D. SALOMON, *op. cit.* (note 31), p. 15 : « Désormais, le souci de santé est si grand, l'avancement des connaissances et de la médecine laisse entrevoir tellement de possibilités d'amélioration, le sentiment de vulnérabilité est si répandu qu'il existe une attente sociale forte pour des dispositifs efficients pour maîtriser les risques sanitaires ».

6. Les conséquences de l'inacceptabilité sociale des nouveaux risques sanitaires sériels. – Les populations connaissent maintenant une aversion pour les risques, si bien que « plus les risques augmentent, plus on doit promettre de sécurité, et il faut constamment répondre aux assauts d'une opinion publique vigilante et critique par des interventions cosmétiques ou réelles sur le développement technico-économique »[40]. Pour répondre à ce besoin de sécurité accrue, le droit a été appelé à se développer, sous l'intervention des différents acteurs juridiques.

7. Les populations exigent d'abord des mesures concrètes de la part des pouvoirs publics afin d'empêcher, ou de limiter, la survenance de risques sanitaires sériels[41]. L'exigence de sécurité s'est ainsi traduite, sur le plan juridique, par un renforcement de la *prévention.*

Dès l'origine, les risques sanitaires sériels ont été les moteurs de l'évolution juridique, sur le plan préventif, certains auteurs admettant notamment que « chacune des grandes évolutions du système de santé s'est faite sous l'égide d'épidémies dramatiques »[42]. On notera, par exemple, qu'au XIXe siècle, l'épidémie de choléra qui a traversé l'Europe a conduit à l'adoption des premières grandes lois de santé publique en France et en Angleterre[43]. Au-delà des épidémies, ce sont surtout les nouveaux risques sanitaires sériels, marquant la seconde moitié du XXe siècle, qui ont été les vrais catalyseurs des évolutions fondamentales des dispositifs de prévention[44], en France comme en Angleterre.

Par exemple, l'affaire de la thalidomide, médicament anti-nauséeux prescrit aux femmes enceintes et entraînant de graves malformations congénitales chez les enfants qui y ont été exposés *in utero*, a contribué à refaçonner l'entier dispositif réglementaire des médicaments au Royaume-Uni[45], par la création d'un comité de sécurité des médicaments en 1963, suivie de la création d'un système volontaire de déclaration des effets secondaires des médicaments en 1964[46]. En France, la révélation des affaires du sang contaminé et de l'hormone de croissance extractive, dans les années 1980-1990, a créé un véritable « séisme politico-sanitaire »[47], mettant en lumière les nombreuses défaillances du système de santé publique et conduisant, là aussi, à refonder le système

---

[40] U. BECK, *op. cit.* (note 14), p. 37.

[41] W. DAB, D. SALOMON, *op. cit.* (note 31), p. 15.

[42] D. TABUTEAU, *op. cit.* (note 29), p. 29. Dans le même sens : M. GUILLAUME, *Eloge du désordre*, Gallimard, coll. « Hors-série littérature », 1978.

[43] C'est en effet à la suite de l'épidémie de choléra qu'ont été respectivement adoptés le *Public Health Act 1848* en Angleterre et la loi du 15 février 1902 relative à la protection de la santé publique en France.

[44] S. WHITTAKER, « The development of product liability in England » *in* S. WHITTAKER (dir.), *The development of product liability*, Cambridge University Press, coll. « Comparative Studies in the development of the law of torts in Europe », 2014, p. 86.

[45] S. CHAUVEAU, « Genèse de la "sécurité sanitaire" : les produits pharmaceutiques en France aux XIXe et XXe siècles », *Revue d'histoire moderne & contemporaine*, n°51-2, 2004/2, p. 105.

[46] L. RÄGO, B. SANTOSO, « Drug regulation : History, Present, and Future » *in* C. J. VAN BOXTEL, B. SANTOSO, I. R. EDWARDS (dir.), *Drugs Benefits and Risks: International Textbook of Clinical Pharmacology*, 2ème éd. (révisée), IOS Press and Uppsala Monitoring Centre, 2008, p. 66.

[47] A. MORELLE, D. TABUTEAU, *op. cit.* (note 17), p. 28.

sanitaire, en mettant l'accent sur la prévention[48]. Chaque grande crise sanitaire, liée à la réalisation d'un risque sanitaire sériel, est ainsi l'occasion de renforcer les dispositifs de sécurité sanitaire et ce, dans tous les secteurs au sein desquels ces risques surviennent. La protection de la santé, dans son volet préventif, devient transversale.

Au surplus, la gravité des risques sanitaires sériels, sur un plan numérique comme substantiel, conduit les pouvoirs publics à ne plus limiter leur intervention aux seuls risques *avérés*, c'est-à-dire à ceux dont l'existence est, sur un plan scientifique, certaine ; elle justifie de prendre également en considération les risques qui sont *suspectés*, c'est-à-dire ceux dont l'existence, sur le plan scientifique, est incertaine. Par cette extension, les pouvoirs publics glissent de la prévention vers la précaution, si bien que l'incertitude scientifique ne peut plus servir de justification à l'adoption d'une attitude passive, particulièrement lorsque les risques sont graves[49] : en d'autres termes, la sécurité sanitaire s'enrichit d'une nouvelle dimension. À côté du principe de prévention, qui vise les risques avérés, c'est un principe de précaution qui émerge pour prendre en compte les risques suspectés[50]. Appliqués[51] initialement dans le domaine environnemental, ces deux principes ont rapidement infiltré le domaine de la santé publique[52], ceci pour mieux répondre aux risques sanitaires sériels.

Le renforcement de la prévention *lato sensu*, dans le cadre des risques sanitaires sériels, se traduit encore par l'extension du champ des personnes auxquelles les normes sanitaires sont destinées. En effet, les premières lois sanitaires ont d'abord été destinées aux *acteurs publics*, en particulier aux pouvoirs publics locaux, chargés de mettre en œuvre la prévention en matière de santé. Cependant, aujourd'hui, les normes sanitaires sont également – et de plus en plus – destinées aux *acteurs privés* : ces derniers associés au processus préventif, deviennent eux-mêmes des acteurs de la sécurité sanitaire. Par exemple, les producteurs pharmaceutiques sont tenus d'une obligation d'information envers les utilisateurs de produits de santé concernant les risques liés au produit. Dans le contexte des dispositifs médicaux, ils ont l'obligation de notifier, aux autorités compétentes des États-membres de l'Union Européenne, les incidents graves et les mesures correctives de sécurité apportées ; ils doivent encore mettre en place un système de surveillance après

[48] Par ex., on relèvera l'adoption, après la révélation du scandale du sang contaminé, de la loi n°93-5 du 4 janvier 1993 relative à la sécurité en matière de transfusion sanguine et de médicament, JORF n°3, 4 janvier 1993, p. 237.

[49] Ph. KOURILSKY, G. VINEY, *Le principe de précaution. Rapport au Premier ministre*, Odile Jacob, La documentation française, 2000, p. 94 qui voient ce principe comme une « règle de vigilance active ».

[50] *Ibid.*, p. 11.

[51] Nous préciserons cependant qu'en Angleterre, le principe de précaution est reconnu, mais il est plutôt envisagé comme un objectif politique, non comme un véritable principe juridique de force contraignante. V° sur ce point, *infra*, n°586.

[52] V° par ex. de manière générale : M. BOUTONNET, *Le principe de précaution en droit de la responsabilité civile*, préf. C. THIBIERGE, LGDJ, coll. « Bibliothèque de droit privé », t. 444, 2005.

commercialisation pour surveiller la qualité, la sécurité et les performances du dispositif[53]. Les exploitants du secteur alimentaire sont, eux, tenus de mettre en place un système d'étiquetage et de traçabilité des produits[54] ; ils doivent encore effectuer un rappel des produits si ceux-ci sont soupçonnés de dangerosité pour la santé[55]. Dans le domaine professionnel, les employeurs sont tenus d'obligations diverses, en fonction des secteurs concernés, pour protéger la santé de leurs salariés.

Face à une demande de sécurité toujours plus pressante des populations, les systèmes juridiques français et anglais ont donc été appelés à évoluer dans l'optique d'une meilleure anticipation des risques sanitaires sériels : ils ont mis l'accent, au plan juridique, sur l'amélioration de la prévention des risques sanitaires sériels.

8. Cependant, ces mesures préventives ne sont pas toujours suffisantes pour empêcher la réalisation des risques sanitaires sériels. Lorsque ceux-ci déploient leurs effets néfastes, les populations attendent qu'on leur rende des comptes sur ce qu'il s'est passé : la lumière doit être faite sur l'enchaînement des faits, les responsables doivent être trouvés et les victimes doivent être indemnisées. Les protagonistes impliqués dans la survenance d'un risque sanitaire sériel doivent alors répondre, du latin *respondere*[56], de leurs méfaits, ce qui implique l'engagement de leur responsabilité.

Lorsque ces protagonistes doivent « répondre de la lésion à *l'ordre social* »[57] qu'ils ont causée, c'est alors leur responsabilité pénale qui peut être invoquée, comme cela a été tenté en France dans le cadre des affaires du sang contaminé[58], de l'hormone de croissance[59] ou de la vache folle[60]. Il est en effet essentiel de punir « par un châtiment celui qui a enfreint la loi pénale »[61] et qui de ce fait, a participé à la survenance d'un risque sanitaire sériel : la mise en œuvre de

---

[53] C. DUMARTIN, M. AULOIS-GRIOT, « Traçabilité et vigilance : deux outils complémentaires au service de la sécurité du dispositif médical et du patient », *RDSS* 2018, N°1, 22/02/2018, p. 60.

[54] Art. 18, Règlement (CE) N° 178/2002 du Parlement Européen et du Conseil du 28 janvier 2002 établissant les principes généraux et les prescriptions générales de la législation alimentaire, instituant l'Autorité européenne de sécurité des aliments et fixant des procédures relatives à la sécurité des denrées alimentaires, JO n°L031, 01/02/2002, p. 1-24.

[55] *Ibid.*, Art. 19.

[56] M. VILLEY, « Esquisse historique sur le mot responsable », *Arch. phil. du droit*, tome 22, 1977, pp. 46-47. L'auteur note que le terme responsabilité vient de *respondere*, lequel renvoie à son tour à *sponsio*, *spondere*, *sponsor* (le débiteur).

[57] Ch. DUBOIS, *Responsabilité civile et responsabilité pénale. À la recherche d'une cohérence perdue*, préf. Y. LEQUETTE, LGDJ, coll. « Bibliothèque de droit privé », t. 570, 2016, n°5.

[58] V° pour les auteurs qui discutent du volet « pénal » dans l'affaire du sang contaminé : A.-M. CASTERET, *L'Affaire du sang*, La Découverte, coll. « Enquêtes », Paris, 1992 ; M.-A. HERMITTE, *Le Sang et le droit. Essai sur la transfusion sanguine*, Le Seuil, coll. « Science ouverte », Paris, 1996 ; O. BEAUD, *Le Sang contaminé. Essai critique sur la criminalisation de la responsabilité des gouvernants*, PUF, coll. « Béhémot », Paris, 1999.

[59] D. VIRIOT-BARRIAL, note sous Cass. crim., 7 juillet 2005, *Gaz. Pal.*, n°161, 2006, p. 21.

[60] D. VIRIOT-BARRIAL, « La Cour de justice de justice de la République et la santé », *Les Tribunes de la santé*, 2007/1, n°14, pp. 55-71, spéc. p. 69 et s.

[61] Ch. DUBOIS, *op. cit.* (note 57), n°6.

l'appareil répressif dans la gestion *ex post* des risques sanitaires sériels permet alors de compléter les dispositifs préventifs, et participe ainsi à renforcer la sécurité sanitaire.

En revanche, lorsque les protagonistes impliqués dans la survenance d'un risque sanitaire sériel « doivent répondre des atteintes causées à des *intérêts individuels* »[62], c'est alors leur responsabilité civile ou administrative, selon les cas, qui peut être mise en œuvre, ceci pour indemniser les victimes.

La réalisation d'un risque sanitaire sériel met parfois en exergue les défaillances de l'État, des pouvoirs publics ou de personnes publiques, dans la prévention des risques ou bien dans la gestion de la crise : ceci entraîne alors le jeu de la responsabilité administrative, c'est-à-dire de « l'ensemble des règles [de responsabilité] de droit administratif, appliqué par les juridictions administratives »[63]. Les affaires de l'amiante et du sang contaminé en constituent de bonnes illustrations en France.

Dans les autres cas, c'est la responsabilité civile, c'est-à-dire « l'ensemble des règles qui obligent l'auteur d'un dommage causé à autrui à le réparer en offrant à la victime une compensation »[64], qui est appelée à intervenir dans le contexte des risques sanitaires sériels, comme cela fut le cas dans les affaires du Distilbène, de l'Isoméride ou du sang contaminé, par exemple.

Si la réalisation de risques sanitaires sériels peut ainsi entraîner le jeu des responsabilités pénale, civile et administrative, il n'en reste pas moins que c'est la responsabilité civile qui est le plus souvent appelée à intervenir dans la réparation des dommages corporels résultant de ces risques. Pour cette raison, l'étude menée portera exclusivement sur l'appréhension des risques sanitaires sériels par la responsabilité *civile*.

En somme, la quête d'une sécurité toujours plus grande face aux risques sanitaires sériels a conduit les sociétés industrialisées à adopter une approche juridique intégrée de la gestion de ces risques, combinant une approche *ex ante*, avec le renforcement des dispositifs de prévention, et une approche *ex post* qui en constitue le prolongement, avec l'intervention des dispositifs de répression et de réparation[65]. Le droit est ainsi mobilisé à tous les niveaux dans la gestion des risques sanitaires sériels. Plus encore, comme nous l'avons vu avec le volet préventif, il est appelé à évoluer pour s'adapter à cette nouvelle réalité. Dans ces conditions, il semble difficilement concevable que le droit de la responsabilité civile, tel qu'il a été initialement conçu dans les systèmes juridiques français et anglais, ne soit pas lui aussi amené à subir des mutations, afin de répondre aux nouveaux défis que posent les risques sanitaires sériels.

---

[62] Ch. DUBOIS, *op. cit.* (note 57), n°5.

[63] B. CAMGUILHEM, *Recherche sur les fondements de la responsabilité sans faute en droit administratif*, préf. B. SEILLER, Dalloz, coll. « Nouvelle Bibliothèque de Thèses », vol. 132, 2014, p. 4 citant J. MOREAU, « La responsabilité administrative » *in* P. GONOD, F. MELLERAY, Ph. YOLKA (dir.), *Traité de droit administratif*, Dalloz, t. II, p. 634.

[64] G. VINEY, *Traité de droit civil, Introduction à la responsabilité*, LGDJ, 3ème éd., 2008, p. 1.

[65] V° notamment Ph. LE TOURNEAU, *op. cit.* (note 5), p. 19, où l'auteur indique même que « la responsabilité [civile] tend à devenir une simple technique de gestion des risques ».

9. Les modèles traditionnels français et anglais de responsabilité civile. – Les règles de responsabilité civile dégagées en droits anglais et français n'ont certainement pas été conçues à l'origine pour envisager les situations dommageables résultant de l'industrialisation de la société. En effet, celles-ci ont été développées dans le contexte d'une société pré-industrialisée, encore majoritairement artisanale[66], au sein de laquelle les relations économiques étaient conduites dans le cadre d'un face à face humain.

De ce fait, en droit français, les cinq dispositions initialement contenues dans le Code civil de 1804 ont longtemps suffi à régler les conflits naissant de l'activité dommageable des hommes. Ces dispositions témoignent « d'une inspiration commune que l'on peut résumer en trois mots : universalisme, individualisme et moralisme »[67]. En particulier, s'inspirant du jurisconsulte DOMAT, les codificateurs de 1804 ont conçu la responsabilité civile autour d'un principe *général fondé sur la faute*[68], traduisant d'une part leur volonté de « dégager des règles générales et permanentes »[69] qui résistent à l'épreuve du temps[70], et d'autre part, les liens étroits qui existent entre la responsabilité civile et la responsabilité morale des hommes.

> Heureuse époque ! L'humanité se trouvait en sécurité sous la double protection de la règle de droit et de la règle morale : de la règle de droit, car la seule réalisation du dommage désignait facilement celui qui l'avait causé ; de la règle morale, car l'agent du dommage était très généralement l'auteur d'une faute. Sa condamnation à la réparation du préjudice était le signe visible de cette parfaite entente du droit et de la morale. La victime indemnisée, le coupable puni...moralistes et juristes réunissaient leurs voix et notre sécurité matérielle se doublait d'une sérénité morale[71].

Ceci justifie que la responsabilité civile de 1804 ait été envisagée dans une perspective individualiste, chacun devant en effet répondre des dommages causés par sa propre faute. Dans cette optique, la responsabilité civile avait en réalité vocation à régir des rapports individuels, opposant un responsable fautif et sa victime.

Si le droit anglais de la responsabilité civile s'est également construit dans une perspective individualiste, il ne repose cependant pas sur une vision universaliste, bien au contraire. En effet, le droit anglais de la responsabilité est avant tout un droit des délits spéciaux (*law of torts*)[72] ; il ne s'est pas développé autour d'un principe général de responsabilité, comme en droit français, mais

---

[66] G. VINEY, *op. cit.* (note 64), p. 22.

[67] G. VINEY, *op. cit.* (note 64), p. 20 ; V° aussi : P. JOURDAIN, *Les principes de la responsabilité civile*, Dalloz, coll. « Connaissance du droit », 9ème éd., 2014, pp. 8-9.

[68] D. DEROUSSIN, *Histoire du droit des obligations*, Économica, coll. « Corpus », 2007, p. 721.

[69] G. VINEY, *op. cit.* (note 64), p. 21.

[70] En ce sens aussi : Ph. LE TOURNEAU (dir.), *op. cit.* (note 10), p. 11.

[71] B. STARCK, *Essai d'une théorie générale de la responsabilité civile considérée en sa double fonction de garantie et de peine privée*, th. droit : Université de Paris, L. Rodstein, 1947, pp. 6-7.

[72] Sur le glissement du *law of torts* (au pluriel) vers le *Tort Law* (au singulier) : C. HARLOW, *Compensation and Government Torts*, Sweet and Maxwell, coll. « Modern Legal Studies », 1982, pp. 39-40.

repose sur une « série de cas particuliers de responsabilité, ayant chacun ses concepts, son contexte et son histoire propres »[73]. En réalité, le *law of torts* est une rémanence de la tradition juridique anglaise, très formaliste, qui était fondée sur la délivrance d'ordonnances royales (*royal writs*), autorisant une personne à plaider sa cause devant un tribunal, si et seulement si elle s'inscrivait dans une certaine procédure (*form of action*)[74]. Deux types d'actions existaient à l'origine, les actions pour *trespass*, couvrant les atteintes causées aux personnes et à leurs biens, et les actions pour *trespass on the case*, de nature très diverse et visant à combler les insuffisances de la première catégorie[75].

Comme le relèvent les auteurs, il est assez difficile de déterminer si ces actions primaires reposaient ou non sur une faute, car « traditionnellement, les *common lawyer* ne distinguaient pas clairement les responsabilités fondées sur la faute ou non »[76]. Dans tous les cas, à cette époque, il n'existait pas d'action autonome pour *negligence*, laquelle est apparue progressivement au XIXe siècle, avec les concepts de *duty of care* et de *breach of duty*[77]. L'émergence de l'action pour *negligence* traduit sans aucun doute le développement d'une vision moraliste de la responsabilité civile[78] : pour autant, il ne faut pas oublier que ce sont les juges qui, en Angleterre, ont dû préciser les concepts de *duty of care* et de *breach of duty*. C'est donc par une approche casuistique, au cas par cas, que ces notions se sont construites[79].

10. La responsabilité civile face aux défis posés par la multiplication des accidents individuels à l'ère de la société industrielle. – Ces modèles français et anglais de responsabilité civile, reflets de la société préindustrielle du début du XIXe siècle, ont rapidement été mis au défi par l'industrialisation progressive

---

[73] J.-S. BORGHETTI, S. WHITTAKER, « Principes généraux de responsabilité ou droit des délits spéciaux », dossier Regards comparatistes sur le droit français de la responsabilité civile, *RDC*, n°4, 2019, p. 347.
[74] R. DAVID, C. JAUFFRET-SPINOSA, M. GORE, *Les grands systèmes de droit contemporain*, Dalloz, coll. « Précis », 12ème éd., 2016, pp. 254-255, n°266 : V° aussi : P. H. WINFIELD, J. A. JOLOWICZ, W. V. H. ROGERS, *Winfield & Jolowicz on Torts*, Sweet and Maxwell, 16ème éd., 2002, pp. 44-47; E. J. H. SCHRAGE (dir.), *Negligence : The Comparative Legal History of the Law of Torts*, Comparative Studies in Continental and Anglo-American Legal History, Duncker & Humblot, Berlin, 2001, p. 8; E. DESCHEEMAEKER, *The Division of Wrongs : A Historical Comparative Study*, Oxford University Press, 2009, spéc. pp. 191-195.
[75] Pour plus de précisions sur ces deux catégories d'actions, V° l'excellent acompte historique de : P. BIRKS, « Negligence in the Eighteenth Century Common Law » *in* E. J. H. SCHRAGE (dir.), *Negligence : The Comparative Legal History of the Law of Torts*, coll. « Comparative Studies in Continental and Anglo-American Legal History », Duncker & Humblot, 2001, p. 180 et s.
[76] J. GORDLEY, « The architecture of the common and civil law of torts: An historical survey » *in* M. BUSSANI, A. SEBOK (dir.), *Comparative Tort Law: Global perspectives*, Edward Elgar, 2015, p. 174.
[77] *Ibid.*, p. 175.
[78] D. J. IBBETSON, « The Tort of Negligence in the Common Law in the Nineteeth and Twentieth Century » *in* E. J. H. SCHRAGE (dir.), *Negligence : The Comparative Legal History of the Law of Torts*, « Comparative Studies in Continental and Anglo-American Legal History », Duncker & Humblot, 2001, p. 248.
[79] En particulier, la notion de *duty of care* renvoie en fait à l'existence d'une multitude de *duties of care* spécifiquement reconnus au cas par cas par les juges, non pas à un devoir général de diligence directement invocable : *Ibid.*, pp. 241-243.

des sociétés française et anglaise, dès la fin du XIXe siècle et tout au long de la première moitié du XXe siècle. En particulier, la multiplication soudaine d'accidents individuels dans différents secteurs, tels que les transports ferroviaires et le secteur professionnel, a conduit, en raison de leur nombre, à mettre en lumière les insuffisances de la faute comme fondement de responsabilité civile[80]. En effet, rares étaient les victimes de ces accidents à pouvoir prétendre à une indemnisation, ceci en raison de l'absence d'une quelconque faute imputable à une personne, notamment aux employeurs. Face aux carences évidentes des systèmes traditionnels de responsabilité civile, les droits français et anglais de la responsabilité ont été amenés à évoluer, même s'ils ont procédé à des choix partiellement différents.

En droit français, l'évolution du droit de la responsabilité civile pour répondre aux défis posés par l'industrialisation de la société a été plusieurs fois décrite[81], et il suffit simplement d'en rappeler ici les grandes lignes. D'une part, cette époque est marquée par l'essor des responsabilités objectives, sans faute, permis par le développement massif des assurances de responsabilité. D'autre part, la combinaison des efforts d'une partie de la doctrine juridique, en particulier de SALEILLES et JOSSERAND[82], et de la jurisprudence judiciaire, qui a su réinterpréter les dispositions traditionnelles du Code civil de manière nouvelle, a permis de voir éclore un principe général de responsabilité du fait des choses[83], justifié par la théorie du risque[84]. Avec ce nouveau fondement de responsabilité, c'est le fondement traditionnel de la faute qui était concurrencé, obligeant ainsi la responsabilité du fait personnel à se renouveler. La notion de faute s'est elle-même objectivée au cours du XXe siècle. Parfois, le mécanisme de responsabilité civile a été écarté pour favoriser l'indemnisation de certaines victimes, comme en témoigne la première loi d'indemnisation spéciale en faveur des victimes d'accidents du travail (1898)[85].

---

[80] F. EWALD, *op. cit.* (note 36), p. 86 : « Problème extrêmement difficile, puisque l'on va avoir affaire à des dommages sociaux, qui exigent *équitablement* réparation (ils ne viennent pas de la nature, ils accusent une activité, un fonctionnement) ; mais qui, d'un autre côté, ne sont rigoureusement *imputables* à personne : ils ne proviennent pas d'une faute – est-ce une faute de créer une entreprise individuelle, d'utiliser des machines, d'édifier des chemins de fer ? ». En droit anglais : K. OLIPHANT, « Tort Law, Risk, and Technological Innovation in England », (2014) 59(4) *McGill Law Journal* 819-845, spéc. pp. 832-835.

[81] Par ex. : G. VINEY, *op. cit.* (note 64), p. 26 et s. ; P. JOURDAIN, *op. cit.* (note 67), pp. 10-16 ; M. BACACHE-GIBEILI, *Traité de droit civil. Les obligations : la responsabilité civile extracontractuelle*, Économica, coll. « Corpus Droit privé », 3ème éd., t. 5, pp. 6-18 ; Y. LAMBERT-FAIVRE, S. PORCHY-SIMON, *Droit du dommage corporel*, Dalloz, coll. « Précis », 8ème éd., 2016, p. 15 et s.

[82] Ces deux auteurs ont été les promoteurs de la théorie du risque créé, selon laquelle la personne qui a pris l'initiative d'une activité doit répondre des risques de cette activité, notamment des dommages qui en résultent. R. SALEILLES, *Les accidents du travail et la responsabilité civile (essai d'une théorie objective de la responsabilité délictuelle)*, Librairie nouvelle de droit et de jurisprudence, Paris, 1897 ; L. JOSSERAND, *De la responsabilité du fait des choses inanimées*, Librairie nouvelle de droit et de jurisprudence, Paris, 1897.

[83] Cass., civ., 16 juin 1896, dit arrêt *Teffaine*, *D.* 1897, I, 433. V° plus généralement : D. DEROUSSIN, *op. cit.* (note 68), pp. 831-833.

[84] *Supra*, note 82.

[85] Il s'agit de la loi du 9 avril 1898 concernant les responsabilités sur les accidents du travail : V°

Si le système juridique anglais a été confronté aux mêmes difficultés à la même période, il n'y a pas répondu de manière identique. En effet, la multiplication des accidents individuels n'a pas abouti au développement de responsabilités objectives, comme en France. Au contraire, l'évolution s'est faite dans le sens du renforcement de la responsabilité pour faute, avec l'essor progressif du *tort of negligence*. Dans le contexte des accidents du travail, d'abord, si les législateurs anglais ont également fini par adopter une loi spéciale d'indemnisation en faveur de ces victimes (1897)[86], ils ont préféré étendre, dans un premier temps, la responsabilité pour faute des employeurs avec le *Employers' Liability Act 1880*[87]. Le Parlement britannique a donc limité l'invocation, par les employeurs, de certaines causes d'exonération (*negligence*), tout en créant de nouvelles obligations légales (*statutory duties*)[88] à leur charge[89]. Surtout, le *tort of negligence* a été élargi dès 1932, tournant décisif, avec la décision *Donoghue v. Stevenson*[90], qui a reconnu un nouveau *duty of care* sans se fonder sur un cas analogue pour le justifier[91] : c'était par là-même admettre que « les catégories du *negligence* ne sont jamais fermées »[92]. Ce *tort* s'est, à dire vrai, si bien développé qu'il a fini par s'imposer comme le plus important et utilisé du droit anglais[93].

Les systèmes traditionnels français et anglais de responsabilité civile ont été contraints de s'adapter afin de pouvoir répondre à l'émergence de nouvelles situations dommageables résultant de l'industrialisation de la société : la multiplication des accidents individuels. Plus généralement, si ces nouvelles situations dommageables ont attiré l'attention des législateurs, des juges mais aussi de la doctrine, c'est en raison de l'importance du nombre de victimes demeurant sans indemnisation : le nombre exige qu'on lui prête attention, il ne saurait être ignoré. Pour cette raison, il faut admettre que les grandes évolutions du droit de la responsabilité civile interviennent principalement dans les

---

notamment Y. LAMBERT-FAIVRE, S. PORCHY-SIMON, *op. cit.* (note 81), pp. 17-18, n°25 ; G. AUBIN, « La loi du 9 avril 1898, rupture ou continuité ? », *Dr. soc.*, 1998, N°7-8, 10/07/1998, p. 635.

[86] R. LEWIS, « Industrial injuries compensation : tort and social security compared », (2017) 46(4) *I.L.J.* 445-476, spéc. p. 451.

[87] P. CANE, *Atiyah's Accidents, Compensation and the Law*, Cambridge University Press, Law in Context, 7ème éd., 2006, pp. 328-330.

[88] Le *tort of breach of statutory duty* doit être distingué du *tort of negligence*.

[89] P. CANE, *op. cit.* (note 87), pp. 328-330.

[90] [1932] AC 562.

[91] D. J. IBBETSON, « The Tort of Negligence in the Common Law in the Nineteeth and Twentieth Century » *in* E. J. H. SCHRAGE (dir.), op. cit. (note 78), p. 262. Surtout, cette décision constitue un tournant en raison du développement du *neighbour principle* par Lord Atkin (*Donoghue*, préc. (note 90) p. 580.

[92] *Donoghue*, préc. (note 90), spéc. p. 619 (Lord Macmillan).

[93] P. GILIKER, *Tort*, Sweet and Maxwell, coll. « Textbook Series », 6ème éd., 2017, p. 28, n°2-001; T. WEIR, « The Staggering March of Negligence » *in* P. CANE, J. STAPLETON (dir.), *The Law of Obligations: Essays in Celebration of John Fleming*, Clarendon Press, 1998, p. 97. V° aussi sur les influences du *tort of negligence* sur les autres *torts* : D. NOLAN, J. DAVIES, « Torts and Equitable Wrongs » *in* A. BURROWS (dir.), *Principles of the English Law of Obligations*, Oxford University Press, 2015, pp. 136-138.

contextes de risques présentant un effet « de masse »[94]. Dans cette perspective, était-il concevable que l'émergence de nouveaux risques sanitaires sériels – capables d'entraîner des atteintes à la santé d'une pluralité de personnes, dispersées sur le territoire, et de manière échelonnée dans le temps, mais rattachables à un même produit, une même substance, voire un même fait générateur de responsabilité – n'exerce aucune influence sur le droit de la responsabilité civile ? Ces risques constituent indéniablement un défi pour le droit de la responsabilité civile en France comme en Angleterre.

11. La responsabilité civile face aux défis posés par les risques sanitaires sériels à l'ère de la société du risque. – La confrontation des risques sanitaires sériels et de la responsabilité civile est en effet source de plusieurs tensions, qui ont pour conséquence de mettre à l'épreuve la réparation des dommages corporels résultant de la réalisation de ces risques.

D'abord, on le sait, malgré leurs différences importantes, les droits français et anglais de la responsabilité civile ont été initialement conçus dans la perspective de conflits individuels, opposant un demandeur à un défendeur. Or, cette conception traditionnelle de la responsabilité civile est mal adaptée à la réalité des risques sanitaires sériels, susceptibles d'entraîner des atteintes à la santé d'une pluralité de personnes, atteintes qui sont réunies par une origine commune et qui peuvent ainsi justifier un traitement commun. Dans de nombreux cas, les victimes d'un risque sanitaire sériel se comptent en centaines, en milliers, voire en dizaines ou centaines de milliers de personnes. La réalisation des risques sanitaires sériels est donc susceptible d'entraîner des conflits qui présentent une dimension collective, un défendeur pouvant être contraint de répondre des dommages causés, dans des circonstances similaires, à une multitude de victimes. Dans ces conditions, on peut s'interroger sur la place occupée par la responsabilité civile, outil traditionnel de gestion des conflits individuels, dans la réparation des dommages corporels résultant de ces risques, et appelant une gestion collective.

La question présente d'autant plus de légitimité que de nouveaux mécanismes de réparation collective sont progressivement apparus, au cours de la seconde moitié du XXe siècle, comme la Sécurité sociale ou les fonds d'indemnisation, lesquels peuvent intervenir dans la prise en charge de certains risques sanitaires sériels. En France, par exemple, la branche AT/MP de la Sécurité sociale permet l'indemnisation des victimes de maladies professionnelles, lesquelles peuvent résulter de la réalisation d'un risque sanitaire sériel dans le domaine professionnel. De la même façon, plusieurs fonds d'indemnisation ont été mis en place en France comme en Angleterre pour prendre en charge l'indemnisation des victimes de certains risques sanitaires sériels, comme celles de l'amiante ou du sang contaminé, par exemple. Face à la collectivisation des atteintes à la santé, la responsabilité civile a-t-elle ainsi

---

[94] On notera par exemple que sous la multiplication des accidents de circulation, le législateur français a fini par adopter la loi n°85-677 du 5 juillet 1985 tendant à l'amélioration de la situation des victimes d'accidents de la circulation et à l'accélération des procédures d'indemnisation, JORF, 6 juillet 1985, p. 7584.

vocation à s'effacer au profit de mécanismes d'indemnisation collective ? Doit-elle au contraire faire un effort d'adaptation, comme par le passé, pour préserver sa place dans l'indemnisation des dommages résultant de ces risques ?

C'est donc d'abord l'indemnisation des séries de victimes de ces risques qui met à l'épreuve le droit de la responsabilité civile, en France comme en Angleterre.

Ensuite, la confrontation des risques sanitaires sériels et de la responsabilité civile entraîne une deuxième difficulté. Les risques sanitaires sériels sont susceptibles d'intervenir dans tous les secteurs d'activités humaines : comme nous l'avons précédemment illustré, l'origine de ces risques est extrêmement variée. Dans ces conditions, la question se pose de savoir si, en dépit de la diversité d'origine des risques sanitaires sériels, la responsabilité civile est capable de proposer un traitement cohérent de la réparation des dommages corporels résultant de leur réalisation. Ceci nous amène à envisager deux questions.

D'une part, il est impératif de déterminer si la diversité d'origine des risques sanitaires sériels invite la responsabilité civile à tenir compte de la spécificité des secteurs dans lesquels ces risques se produisent, notamment par la création de régimes spéciaux de responsabilité civile. En droit français, la question est d'autant plus importante que, surtout depuis la seconde moitié du XXe siècle, la responsabilité civile a entrepris un mouvement de spécialisation, le développement de nouvelles activités industrielles ou technologiques s'accompagnant très souvent de la création de régimes spéciaux de responsabilité[95]. En droit anglais, la responsabilité civile étant envisagée comme un droit des délits spéciaux, la difficulté est alors de déterminer si les *torts*, décrits par certains auteurs comme formant des îlots de responsabilité dans un océan de non-responsabilité[96], sont capables d'envisager l'ensemble des situations dommageables résultant de la réalisation de risques sanitaires sériels, et ce de manière cohérente.

D'autre part, et quand bien même différents régimes de responsabilité civile seraient susceptibles d'être applicables en fonction de l'origine du risque sanitaire sériel, il convient de déterminer si l'application des règles de responsabilité civile par les juges révèle, malgré tout, une cohérence dans le traitement des situations.

L'appréhension des risques sanitaires sériels par le droit de la responsabilité civile est, enfin, confrontée à une troisième difficulté majeure, qui tient cette fois-ci à la connaissance scientifique. En effet, les données scientifiques liées aux risques sanitaires sériels sont souvent parcellaires, fragmentées, quand

---

[95] Par ex. F. LEDUC, « L'œuvre du législateur moderne : vices et vertus des régimes spéciaux », *in La responsabilité civile à l'aube du XXIe siècle, bilan prospectif, Resp. civ. et assur.*, n°6 bis, juin 2001, p. 50.

[96] J.-S. BORGHETTI, S. WHITTAKER, art. préc. (note 73), p. 347 ; S. WHITTAKER, « The Law of Obligations » *in* J. BELL, S. BOYRON, S. WHITTAKER (dir.), *Principles of French Law*, Oxford University Press, 2ème éd., 2008, p. 365: « (...) it must constantly be recalled that these are islands of special treatment in a sea or seas of liability, rather than (as in English law of torts) islands of liability in a sea of immunity. »

même elles existent. Parfois, la révélation de l'existence d'un risque sanitaire sériel intervient après – et dans certains cas, longtemps après – que ses effets néfastes se soient déjà déployés ; d'autres fois, l'existence du risque sanitaire sériel fait l'objet de simples soupçons scientifiques qui ne permettent pas encore de conclure à sa réalité, dans un sens comme dans l'autre. Dans d'autres cas enfin, l'existence du risque sanitaire sériel est établie, mais c'est alors le processus biologique précis par lequel le dommage survient qui est encore mal connu. Les configurations sont diverses, mais elles s'inscrivent dans un même ensemble : elles révèlent *les limites des connaissances scientifiques* dont on dispose sur les risques sanitaires sériels et leurs effets dommageables.

Ces limites, le droit de la responsabilité civile y est confronté toutes les fois qu'une personne qui se prétend victime d'un risque sanitaire sériel l'invoque pour obtenir la réparation du dommage subi. Elles entraînent notamment des difficultés dans l'application des règles classiques de responsabilité civile et conduisent ainsi à remettre en cause le succès des actions indemnitaires : en particulier, c'est surtout la preuve du lien de causalité qui en constitue l'obstacle le plus important. Pourtant, les dommages corporels résultant de la survenance d'un risque sanitaire sériel sont graves : outre le fait qu'ils présentent une dimension collective, les dommages qu'ils entraînent constituent des atteintes à la santé et en particulier des atteintes à l'intégrité corporelle. Dans une société toujours plus exigeante en matière de sécurité, est-il concevable de laisser ce type de victimes sans indemnisation ? C'est ici l'adaptation éventuelle des règles classiques de responsabilité civile qui est en jeu.

En somme, face aux risques sanitaires sériels, les systèmes juridiques doivent faire un choix : un choix tenant à la place de la responsabilité civile au sein de l'édifice indemnitaire ; un choix qui porte aussi sur le rôle de la responsabilité civile. Ce choix, qui détermine en grande partie les solutions aux problèmes posés par les risques sanitaires sériels, concerne en fait celui de *l'objectif* que l'on assigne à la responsabilité civile dans ce domaine et révèle *in fine* la conception que les systèmes juridiques se font de celle-ci. Ces questions sont aujourd'hui fondamentales, particulièrement au moment où une réforme de la responsabilité civile est de nouveau envisagée en droit français, avec le récent projet de réforme de la responsabilité civile porté par la Chancellerie en 2017[97]. Ce sont donc plus généralement les interactions entre les risques sanitaires sériels et la responsabilité civile qui méritent d'être examinées, et il nous est apparu pertinent de conduire cette recherche dans le cadre d'une comparaison entre les droits français et anglais.

12. Ce choix s'explique au regard de la comparabilité des deux systèmes juridiques choisis. D'abord, ces deux systèmes juridiques ont connu des évolutions historiques similaires, si bien qu'ils ont été confrontés à des problèmes similaires, comme celui de l'indemnisation des victimes d'accidents

[97] *Projet de réforme de la responsabilité civile*, présenté le 13 mars 2017 par J.-J. URVOAS, devant l'Académie des sciences morales et politiques. Consultable sur l'url : <http://www.justice.gouv.fr/publication/Projet_de_reforme_de_la_responsabilite_civile_13032017.pdf >

du travail ou du traitement des victimes de risques sanitaires sériels, au même moment. Surtout, les droits français et anglais ont parfois été face à la réalisation des mêmes risques sanitaires sériels, comme ceux liés au sang contaminé, à l'amiante ou à l'encéphalopathie spongiforme bovine. Dans ces conditions, il est utile de comparer la manière dont ces deux systèmes juridiques ont approché les difficultés posées par les risques sanitaires sériels dans le contexte de la responsabilité civile.

Ensuite, s'il est vrai que les systèmes juridiques français et anglais appartiennent à des traditions juridiques différentes, le premier appartenant aux systèmes de droit continental, le second aux systèmes de *Common Law*, il n'en demeure pas moins qu'ils ont été tous deux soumis à l'application du droit de l'Union Européenne, pendant près d'un demi-siècle. Par conséquent, bien que les influences du droit européen n'aient certainement pas abouti à une uniformisation, ni même à une harmonisation des droits internes français et anglais, comme nous le verrons d'ailleurs dans ce travail, elles ont parfois conduit à les rapprocher dans une certaine mesure. Par exemple, la responsabilité du fait des produits défectueux a été introduite dans les systèmes juridiques français et anglais à la suite d'une directive européenne[98]. Certes, le Royaume-Uni est officiellement sorti de l'Union européenne le 31 janvier 2020[99], mais le droit européen a indéniablement laissé son empreinte sur le droit interne anglais[100].

Cette étude étant menée dans la perspective d'une comparaison entre les systèmes juridiques français et anglais, il est particulièrement important de définir, dès le départ, l'objectif qui est poursuivi par cette recherche de droit comparé, afin de savoir ce que l'on peut attendre – ou non – de la comparaison entreprise.

13. L'objectif de l'étude comparative. – Pour comprendre l'objectif de notre étude comparative, il est utile de commencer par revenir brièvement sur les fonctions du droit comparé, qui comme la doctrine comparatiste moderne s'accorde à le reconnaître, sont diverses[101].

Souvent mise en avant, la première fonction du droit comparé est celle de l'amélioration de la connaissance du droit[102]. Il s'agit d'une fonction purement

[98] En l'occurrence, il s'agit de la Directive 85/374/CEE du Conseil du 25 juillet 1985 relative au rapprochement des dispositions législatives, réglementaires et administratives des États membres en matière de responsabilité du fait des produits défectueux, JO n° L 210 du 07/08/1985 pp. 0029-0033.

[99] (heure de Londres) Le Royaume-Uni est officiellement sorti de l'Union européenne avec le *European Union (Withdrawal Agreement) Act 2020* ; il est maintenant entré dans une période de transition qui doit se conclure au 31 décembre 2020.

[100] Le Royaume-Uni prévoit en effet de conserver de nombreuses dispositions issues du droit européen : pour plus de détails, V° le *European Union (Withdrawal Agreement) Act 2018*.

[101] Par ex. : K. ZWEIGERT, H. KÖTZ, *An introduction to Comparative Law*, traduit de l'allemand par T. WEIR, Oxford University Press, 3ème éd., 1998, p. 15 ; R. DAVID, C. JAUFFRET-SPINOSI, M. GORE, *op. cit.* (note 74), pp. 5-9 ; C. HAGUENAU-MOIZARD, *Introduction au droit comparé*, Dalloz, coll. « Séquences », 2018, pp. 4-7.

[102] R. SACCO, *La comparaison juridique au service de la connaissance du droit*, Économica, coll. « Études juridiques comparatives », 1991, pp. 8-10 ; K. ZWEIGERT, H. KÖTZ, *op. cit.* (note 101),

théorique. Par la révélation d'identités « cachées »[103] ou au contraire de véritables différences entre les systèmes juridiques, le droit comparé permet alors d'avoir « une meilleure connaissance des modèles [juridiques] »[104].

Cette fonction est cependant rapidement dépassée par la poursuite de fonctions plus pratiques : ainsi, la comparaison des solutions juridiques adoptées dans les différents systèmes constitue pour certains[105] un moteur de l'évolution juridique ou de l'amélioration du droit national. La comparaison permettrait en effet de pouvoir évaluer et identifier la « meilleure » solution applicable à un problème rencontré ; plus fondamentalement, dans le contexte européen, le droit comparé s'inscrirait dans une dimension plus politique, celle du « projet européen » ; il constituerait alors un outil au service de l'harmonisation, l'uniformisation, voire de l'unification des droits nationaux européens[106]. Cet objectif politique explique ainsi l'émergence, au début des années 2000, de plusieurs groupes de travail composés d'universitaires, les uns travaillant à la création d'un Code civil européen[107], les autres sur des projets plus sectoriels – droit des contrats[108], droit de la responsabilité civile[109] –, tous reposant néanmoins sur l'idée d'une identité européenne commune, sur l'existence de principes juridiques « communs » au sein des États-membres.

Cette étude comparative ne s'inscrit ni dans un objectif d'harmonisation, dénué de pertinence depuis que le Royaume-Uni est sorti de l'Union européenne, ni dans un objectif principal d'amélioration des droits nationaux, bien que nous n'excluions pas la possibilité de proposer des améliorations ponctuelles. Notre position se justifie pour deux raisons : d'abord, poursuivre un tel objectif d'amélioration des droits internes impliquerait qu'un « diagnostic » portant sur les interactions entre les risques sanitaires sériels et la responsabilité civile ait déjà été posé dans les deux droits, ce qui n'est pas encore le cas. Ensuite, proposer une amélioration des droits internes présuppose que le diagnostic ait permis d'identifier des insuffisances ou des déficiences dans l'un ou l'autre des systèmes juridiques. Or, conclure en ce sens implique

---

p. 15 ; Y.-M. LAITHIER, *Étude comparative des sanctions de l'inexécution du contrat*, préf. H. MUIR WATT, LGDJ, coll. « Bibliothèque de droit privé », t. 419, 2004, p. 12 ; R. SACCO, *La comparaison juridique au service de la connaissance du droit*, Économica, coll. « Études juridiques comparatives », 1991, pp. 8-10.

[103] Y.-M. LAITHIER, *Ibid.*, p. 14.

[104] R. SACCO, *op. cit.* (note 102), p. 10.

[105] Par ex. : H. LEVY-ULLMANN, « De l'utilité des études comparatives », *Revue du droit*, 1923, p. 385 ; R. RODIERE, *Introduction au droit comparé*, Dalloz, 1979, p. 82 et s., en partic. n°46 et s. ;

[106] Sur les différences entre ces trois moyens d'intégration : I. F. KAMDEN, « Harmonisation, unification et uniformisation. Plaidoyer pour un discours affiné sur les moyens d'intégration juridique », *Rev. dr. unif.*, 2008, p. 709 et s.

[107] Comme le groupe d'études sur un Code civil européen présidé par C. VON BAR en 1999 : C. VON BAR, « Le groupe d'études sur un code civil européen », *RIDC*, vol. 53(1), 2001, pp. 127-139, spéc. p. 131.

[108] Comme par exemple, la Commission du droit européen des contrats, constitué en 1994, rassemblant plusieurs universitaires européens, qui a proposé les Principes Européens du Droit des contrats. Sur la genèse du projet, D. TALLON, « Vers un droit européen du contrat », *in Mélanges A. Colomer*, Litec, 1993, p. 485.

[109] Comme par exemple, le *European Group on Tort Law* (ancien Groupe de Tilburg) qui a proposé les Principes européens du droit de la responsabilité civile : B. A. KOCH, « The "European Group on Tort Law" and Its "Principles of European Tort Law" », (2005) 53(1) *Am. J. Comp. L* 189-205.

que l'on ait d'ores et déjà identifié *l'objectif que poursuivent les systèmes juridiques français et anglais dans le contexte étudié.* En effet, il ne faut jamais oublier que les solutions retenues dans un système juridique s'inscrivent dans un ensemble, dans une cohérence, qui est propre à ce système et au regard d'objectifs qui lui sont spécifiques ; il faut donc se garder d'analyser les solutions du droit anglais à la lumière des objectifs poursuivis par le droit français et vice-versa, sous peine de faire une analyse erronée ou peu pertinente des solutions adoptées de part et d'autre.

L'analyse comparée du traitement des risques sanitaires sériels par les droits français et anglais de la responsabilité civile doit donc d'abord nous permettre d'identifier les objectifs poursuivis par le droit de la responsabilité civile dans ces deux systèmes juridiques ; elle doit ensuite nous permettre de déterminer si les solutions retenues dans le contexte des risques sanitaires sériels révèlent l'existence d'une cohérence intrinsèque de responsabilité civile dans chacun de ces deux systèmes, et dans l'affirmative, laquelle. Dans cette perspective, la comparaison des solutions adoptées de part et d'autre peut permettre d'éclairer l'analyse en révélant ici les tendances communes (convergences), là les spécificités de chacun des systèmes juridiques (divergences).

L'analyse comparée des solutions adoptées en France et en Angleterre nous permettra, en résumé, de mieux comprendre la logique qui guide la responsabilité civile dans le contexte des risques sanitaires sériels, dans ces deux systèmes juridiques. Ce travail est essentiel, selon nous, avant d'envisager toute éventuelle amélioration du droit existant ou toute « transplantation juridique » (*legal transplant*). Dans ces conditions, le droit comparé est utilisé, dans cette étude, dans sa fonction première, théorique, qui est celle de l'amélioration de la connaissance des droits.

À présent, il convient de présenter la démarche comparative suivie, c'est-à-dire la marche suivie pour procéder à la comparaison. Le choix du terme démarche par rapport à celui de méthode n'est pas anodin. Comme le relèvent certains auteurs, la « démarche n'est pas aussi arrêtée que [la] méthode »[110]. Surtout, la question des méthodes de comparaison juridique est une question ancienne, qui a longtemps retenu l'attention des comparatistes[111], sans que ces derniers ne parviennent à s'accorder sur l'une d'entre elles[112] : les méthodes,

---

[110] C. HAGUENAU-MOIZARD, *op. cit.* (note 101), p. 17.

[111] B. JALUZOT, « Méthodologie du droit comparé : bilan et perspectives », *RIDC*, vol. 57, N°1, 2005, pp. 29-48, spéc. pp. 29-30.

[112] Par ex. : K. LEMMENS, « Comparative law as an act of modesty : a pragmatic and realistic approach to comparative legal scholarship », *in* J. BOMHOFF, J. ADAMS (dir.), *Practice and Theory of Comparative Law*, Cambridge University Press, 2012, p. 302 qui indique que « strikingly, comparative scholarship, notwithstanding obvious results, is heavily critized for allegedly failing to provide a coherent methodology. ». Pour un résumé des différentes méthodes du droit comparé : C. HAGUENAU-MOIZARD, *op. cit.* (note 101), pp. 11-15 ; B. JALUZOT, art. préc. (note 111), pp. 29-48. En particulier, sur l'approche dite « fonctionnelle », selon laquelle il faut trouver et comparer les règles qui remplissent les mêmes fonctions dans les systèmes juridiques, et ses variantes : K. ZWEIGERT, H. KÖTZ, *op. cit.* (note 101), pp. 27-48 ; R. MICHAELS, « The Functional Method of Comparative Law » *in* M. REIMANN, R. ZIMMERMANN (dir.), *The Oxford Handbook of Comparative Law*, Oxford University Press, 2ème éd., 2019, pp. 346-388 ; J. GORDLEY, « Compa-

comme les fonctions, du droit comparé sont en effet diverses et dépendent en partie de la fonction assignée à l'étude comparative[113]. Or, d'une certaine manière, notre étude emprunte tant à la méthode fonctionnelle qu'à celle contextuelle[114], si bien qu'il nous apparaît plus pertinent de présenter la démarche que nous avons retenue.

14. La démarche comparative suivie. – Cette étude sera d'abord conduite en s'intéressant aux problèmes concrets rencontrés par les systèmes juridiques français et anglais dans le traitement des risques sanitaires sériels par la responsabilité civile. Cette approche présente un avantage considérable, qui est celui de la neutralité ; en effet, elle nous empêche de présumer, dès le départ, que les problèmes rencontrés par les systèmes juridiques sont nécessairement identiques.

Les droits français et anglais étant tous deux confrontés à la réalité des risques sanitaires sériels, il est inévitable que certaines des difficultés rencontrées soient, en partie, similaires : les deux systèmes juridiques doivent ainsi faire face aux problèmes de la gestion des *séries* de victimes de dommages corporels et aux *limites tenant à la connaissance scientifique* des risques sanitaires sériels. Néanmoins, l'approche retenue permet de révéler que certaines questions sont spécifiques à l'un ou l'autre des droits : par exemple, le débat qui a pris place en droit français tenant à l'influence – souhaitée ou constatée – du principe de précaution sur la responsabilité civile est totalement absent du droit anglais. Ce type de disparité ne rend pas la comparaison inutile, bien au contraire : un tel constat doit alors nous amener à comprendre d'abord, à expliquer ensuite, pourquoi le problème ne s'est pas posé dans un système juridique quand il s'est posé dans l'autre, ce qui contribue à enrichir l'analyse et la compréhension des droits.

L'étude sera ensuite conduite en comparant les solutions adoptées de part et d'autre, et se rapportant aux problèmes identifiés. Toutefois, la seule comparaison des solutions elles-mêmes, indépendamment du contexte dans lequel elles s'insèrent, ne permettrait pas de rendre compte des nuances existant dans chacun des deux systèmes juridiques. En particulier, s'arrêter au seul résultat technique serait susceptible d'effacer les vraies différences sous-jacentes entre les systèmes juridiques : les solutions adoptées pourraient en effet être similaires, tout en étant justifiées par des objectifs et des considérations fondamentalement différents.

---

rison, Law and Culture : A Response to Pierre Legrand », (2017) 65 *Am. J. Comp. L.* 133-180, n° spéc.; sur l'approche dite « culturaliste » ou « contextualiste », née en réaction aux limites perçues de l'approche fonctionnelle, et qui repose sur l'idée de comparer les cultures plutôt que les règles, ou de tenir compte du contexte (historique, sociologique, économique etc.) dans lequel les systèmes juridiques s'inscrivent pour procéder à la comparaison : J. BELL, « De la culture » *in* P. LEGRAND (dir.), *Comparer les droits, résolument*, PUF, 2009, pp. 247-278 ; P. LEGRAND, *Le droit comparé*, PUF, coll. « Que sais-je ? », 5ème éd., 2015, 127 p. ; D. NELKEN, *Comparing Legal cultures*, Ashgate Publishing, 1ère éd., 1997.

[113] C. HAGUENAU-MOIZARD, *op. cit.* (note 101), p. 16.

[114] Sur ces deux types de méthodes : *supra*, note 112.

Ne s'intéresser qu'aux solutions techniques serait alors donner une vue incomplète de la position des systèmes juridiques. Si la méthode est plus exigeante, comme le relèvent certains auteurs[115], la recherche en droit comparé ne peut faire l'économie d'une contextualisation des solutions. Il est ainsi nécessaire d'analyser précisément les motivations sous-jacentes ayant conduit à l'adoption ou au rejet de certaines solutions, ce qui implique notamment de s'intéresser aux débats parlementaires ayant précédé l'adoption de certaines lois, aux raisons – divulguées ou cachées – justifiant l'adoption de certaines solutions judiciaires, à l'évolution jurisprudentielle elle-même ou encore aux analyses doctrinales. La contextualisation des solutions retenues par les systèmes juridiques implique également d'aller puiser au-delà, de comprendre la culture juridique[116], mais aussi la culture sociale, la tradition historique et politique des systèmes juridiques faisant l'objet de la comparaison.

15. Plan de l'étude. – Seule une étude comparative approfondie des droits français et anglais peut nous permettre de comprendre la manière dont ces deux systèmes juridiques conçoivent la responsabilité civile dans le contexte des risques sanitaires sériels et s'ils parviennent à traiter, de manière cohérente, les difficultés que ces risques posent pour la responsabilité civile.

La thèse soutenue vise ainsi à démontrer que le traitement des risques sanitaires sériels par la responsabilité civile s'inscrit dans une logique cohérente mais spécifique à chacun des systèmes juridiques : cette cohérence doit en fait être recherchée du côté de l'objectif qui est assigné à la responsabilité civile dans chacun des systèmes juridiques, objectif qui est très différent et qui fournit la clé de compréhension de l'ensemble des solutions adoptées par les droits français et anglais. Cet objectif permet en effet de comprendre tant *la place* – différente – occupée par la responsabilité civile dans la prise en charge des risques sanitaires sériels dans chacun des droits (**Partie I**), que les différences d'approches de ces deux systèmes juridiques dans *la mise en œuvre* de la responsabilité civile dans le contexte des risques sanitaires sériels (**Partie II**).

PARTIE I. LA PLACE DE LA RESPONSABILITE CIVILE DANS LA PRISE EN CHARGE DES RISQUES SANITAIRES SERIELS

PARTIE II. LA MISE EN ŒUVRE DE LA RESPONSABILITE CIVILE DANS LE TRAITEMENT DES RISQUES SANITAIRES SERIELS

---

[115] Y.-M. LAITHIER, *op. cit.* (note 102), p. 16.

[116] La notion de « culture juridique » est assez peu claire comme le relèvent les auteurs, parmi lesquels J.-S. BORGHETTI, « The Culture of Tort Law in France », (2012) 3 *JETL* 158, spéc. p. 160. En ce qui nous concerne, cette notion sera comprise de la même manière que L. FRIEDMAN, c'est-à-dire comme se référant aux « idées, valeurs, attentes et attitudes du public ou d'une partie du public envers le droit et les institutions juridiques ». L. M. FRIEDMAN, « The Concept of Legal Culture : A Reply » *in* D. NELKEN (dir.), *Comparing Legal Cultures*, Routledge, 2016, p. 34 : « (...) the ideas, values, expectations and attitudes towards law and legal institutions which the public or some parts of the public holds ».

Partie I : La place de la responsabilité civile dans la prise en charge des risques sanitaires sériels

16. Si la responsabilité civile n'est plus, comme par le passé, « la pièce maîtresse du système légal d'indemnisation des dommages »[117], sa mission principale demeure indemnitaire si bien qu'elle continue d'occuper une place importante au sein des systèmes de réparation français et anglais.

Dans ces conditions, comment concevoir que la responsabilité civile, qui a vocation à indemniser les dommages, et les risques sanitaires sériels, qui entraînent des dommages sériels, ne se rencontrent pas ? Leur interaction est inéluctable : ce premier constat ne doit cependant pas nous conduire à conclure que tous les risques sanitaires sériels appellent l'intervention de la responsabilité civile, ou que la responsabilité civile est le seul mécanisme appelé à indemniser les dommages corporels résultant de leur réalisation. Plutôt, la responsabilité civile est appelée à intervenir dans certains cas de risques sanitaires sériels : dans ces situations, l'étude des interactions de la première avec les seconds nous invite ainsi à examiner quelle place la responsabilité civile occupe dans la prise en charge des risques sanitaires sériels, en droits français et anglais.

L'analyse montrera en effet que les risques sanitaires sériels éprouvent les modèles traditionnels français et anglais de responsabilité civile, ces derniers se révélant souvent mal adaptés pour répondre aux défis que pose la réparation des dommages dans ce contexte. Par suite, le mécanisme de responsabilité civile se voit concurrencé, modifié, parfois même écarté : en d'autres termes, sa place dans la gestion *ex post* des risques sanitaires sériels est susceptible d'être remise en cause.

Pour le démontrer, il nous faut commencer par délimiter la notion de risque sanitaire sériel (**Titre I**). Les caractéristiques spécifiques de la notion doivent être dégagées afin de comprendre tant les défis que posent les risques sanitaires sériels pour les modèles traditionnels français et anglais de responsabilité civile que les solutions apportées par les systèmes juridiques pour y répondre (**Titre II**).

---

[117] G. VINEY, *op. cit.* (note 64), p. 76, spéc. n°34.

Titre I : La notion de risque sanitaire sériel

« Une pierre
Deux maisons
Trois ruines
Quatre fossoyeurs
Un jardin
Des fleurs »[118]

17. L'évocation de la notion de risque sanitaire sériel fait spontanément surgir à l'esprit une liste qui a toutes les allures d'un inventaire à la Prévert : hier, la thalidomide, le sang contaminé, l'amiante, la « vache folle », les antennes-relais ; aujourd'hui, le Distilbène, les prothèses mammaires PIP, le Mediator, le valproate de sodium, le vaccin anti-hépatite B ; demain, les perturbateurs endocriniens, les nanoparticules, et pourquoi pas les biotechnologies ?

Cette liste – en aucun cas exhaustive – révèle dès l'origine une diversité de situations que les auteurs ont généralement tendance à regrouper *intuitivement*[119]. Parfois, les auteurs regroupent ces situations sans en expliquer les raisons, comme si leur rassemblement dans un ensemble unifié relevait de l'évidence[120]. D'autres fois, les auteurs tentent de procéder au regroupement de ces situations par l'utilisation d'une terminologie qui est souvent variable et qui ne correspond qu'imparfaitement à la réalité : risque sanitaire[121], catastrophe sanitaire[122] ou technologique[123], scandale sanitaire[124], crise sanitaire[125], risque

---

[118] J. PREVERT, « Inventaire », *Paroles*, 1946.

[119] *Infra*, notes 120 à 126.

[120] Par ex. pour les auteurs qui citent une liste de ces situations, sans en justifier les raisons : D. TABUTEAU, « La politique de santé : entre sécurité sociale et sécurité sanitaire », *Dr. soc.* 2001, N°2, 10/02/2001, p. 186.

[121] F. BROCAL VON PLAUEN, « La responsabilité de l'État et le risque alimentaire et sanitaire », *AJDA* 2005, N°10, 14/03/2005, p. 522 ; D. TABUTEAU, « Sécurité sanitaire et droit de la santé », *RDSS* 2007, N°5, 14/09/2007, p. 823.

[122] D. VIRIOT-BARRIAL, « Le droit pénal face aux grandes catastrophes sanitaires », *RDSS* 2008, N°HS, 10/03/2008, p. 21.

[123] D. SALAS, « L'éthique politique à l'épreuve du droit pénal », *RSC* 2000, N°1, 15/03/2000, p. 163.

[124] J.-P. MARKUS, « Qualité et ordre public sanitaire, ou ordre public *versus* qualité », *RDSS* 2014, N°6, 31/12/2014, p. 1063 ; E. DAOUD, C. GHRENASSIA, « Santé publique et défense pénale », *AJ Pénal*, N°9, 19/09/2014, p. 398.

[125] M. BORGETTO, C. MOIROUD, « La sécurité sanitaire, alimentaire et environnementale entre droit et science », *RDSS* 2013, N°5, 01/11/2013, p. 769 ; G. BRÜCKER, « Réflexions sur l'application du principe de précaution au domaine de la santé », *D.* 2007, N°22, 14/06/2007, p. 1546.

sériel[126], etc. Ces divers termes sont utilisés au gré des circonstances pour appréhender une même réalité, celle du *risque sanitaire sériel.*

18. Dans ce contexte, il importe de préciser ce que recouvre cette notion : ce premier titre a donc pour objet de délimiter les contours de la notion (**chapitre I**) ainsi que la typologie choisie pour distinguer les catégories de risques sanitaires sériels : risques avérés, suspectés et inconnus (**chapitre II**).

---

[126] P. JOURDAIN, « Commentaire de la loi n°98-389 du 19 mai 1998 sur la responsabilité du fait des produits défectueux », *JCP N.* n°27, 9 juillet 1999, p. 1089, sous n°81 ; F. ARHAB, « Les nouveaux territoires de la faute », *Resp. civ. et assur.* n°6, Juin 2003, étude 16, spéc. n°18.

Chapitre I : Les contours du risque sanitaire sériel

19. En dépit des nombreuses illustrations qui témoignent de l'existence bien réelle des risques sanitaires sériels, il faut convenir que la notion ne présente pas, à ce stade, d'existence juridique propre. En réalité, la notion de risque sanitaire sériel est utilisée – par commodité – pour faire référence, plus précisément, aux risques sanitaires susceptibles d'entraîner des dommages sériels.

Dans ces conditions, le risque sanitaire sériel se présente comme un type de risque sanitaire. Surtout, il se présente comme un risque sanitaire qui entraîne un type particulier de conséquences : des dommages sériels. Par conséquent, l'étude des contours de la notion de risque sanitaire sériel nous conduit naturellement à nous intéresser aux contours des notions de risque sanitaire (**section I**) et de dommages sériels (**section II**), l'objectif étant de proposer une définition de la notion.

SECTION I : LA NOTION DE RISQUE SANITAIRE

20. La notion de risque sanitaire présente indéniablement un caractère intuitif, si bien que la recherche d'une délimitation claire et précise de ses contours semble particulièrement difficile. Utilisée tant dans le langage courant que juridique, la notion de risque sanitaire semble être tombée dans le domaine public, si l'on ose dire. L'utilisation excessive de cette notion favorise en effet le subjectivisme dont elle est atteinte, et contribue à rendre ses contours incertains, sur un plan juridique. L'identification de la notion (paragraphe 1) précèdera donc la recherche des caractéristiques communes des risques sanitaires (paragraphe 2).

§1 – L'identification de la notion

21. Qu'il s'agisse de risques professionnels, industriels, technologiques, naturels, biologiques, physiques, chimiques, nucléaires, alimentaires etc., ces différentes catégories de risques présentent deux points communs : d'une part, tous ces risques sont définis par rapport à leur origine, et d'autre part, chacun de ces risques fait l'objet d'un traitement juridique particulier.

Dans ce contexte, la catégorie de risque sanitaire est véritablement singulière : la notion trouve en effet son unité conceptuelle, non pas au regard du critère de l'origine, mais au regard du critère des conséquences et ce, en droit français comme anglais (I).

Néanmoins, l'unité de la notion est remise en cause dans les deux droits quand il s'agit d'examiner le traitement juridique dont cette catégorie fait l'objet : en effet, le traitement juridique des risques sanitaires est sectoriel, ce qui s'explique par le fait qu'ils demeurent appréhendés en fonction de leur origine. Dès lors, l'éclatement du traitement juridique des risques sanitaires contribue au morcellement de la notion elle-même (II).

I. *L'UNITÉ CONCEPTUELLE DE LA NOTION*

22. La notion de risque sanitaire présente certaines ambiguïtés en droit français – mais pas en droit anglais – en raison des incertitudes qui s'attachent au terme *sanitaire*. En effet, étymologiquement, ce terme provient du latin *sanitas*[127] qui signifie santé, ce qui permet d'affirmer à tout le moins que le risque sanitaire est un risque en rapport avec la santé[128].

Pour autant, *a priori*, la notion pourrait aussi bien renvoyer aux risques provenant du fonctionnement du système de santé, auquel cas la notion serait définie au regard du critère de l'origine du risque – origine sanitaire –, ou bien, au contraire, renvoyer aux risques pouvant entraîner des conséquences sur la santé, auquel cas la notion serait définie au regard du critère des conséquences – conséquences sanitaires.

L'examen de la notion au regard de chacun de ces deux critères doit nous conduire à rejeter le critère de l'origine qui ne permet pas de dégager l'unité de la notion (A) au profit du critère des conséquences (B).

A. LE REJET DU CRITÈRE DE L'ORIGINE

23. Contrairement à ce qu'ont pu avancer certains auteurs[129], la notion de risque sanitaire ne peut pas être assimilée aux seules situations d'aléa thérapeutique (1). Au surplus, elle ne renvoie pas non plus aux seuls risques résultant du fonctionnement du système de santé (2). Par conséquent, l'origine des risques ne constitue pas le critère d'identification de la notion car il ne permet pas d'appréhender l'ensemble des risques qualifiés de sanitaires.

---

[127] V° « sanitaire » *in Le Dictionnaire de l'Académie française*, 9ème éd., 1992.

[128] V° « sanitaire » *in* CNRS (dir.), *Trésor de la Langue Française Informatisé*, 2002, [en ligne] consulté le 19/08/2021 < http://atilf.atilf.fr/tlfv3.htm > : « relatif à la santé, à l'hygiène ».

[129] *Infra*, n°24. V° aussi : L. DUBOUIS, « La réparation des conséquences des risques sanitaires », *RDSS* 2002, N°4, 16/12/2002, p. 803.

Pour des raisons qui seront exposées subséquemment[130], il convient simplement de relever à ce stade que cette première difficulté définitoire est totalement absente en droit anglais, ce qui explique que cette partie soit exclusivement consacrée au droit français.

1. Le risque sanitaire, non assimilable à l'aléa thérapeutique

24. Définition du risque sanitaire par le *Lexique des termes juridiques* : assimilation à l'aléa thérapeutique. – Bien que la notion de risque sanitaire soit régulièrement employée tant par la doctrine[131] que le législateur[132] ou la jurisprudence[133], elle est rarement définie par la doctrine, et ne fait l'objet d'aucune définition légale ou jurisprudentielle. Le *Lexique des termes juridiques* est l'un des rares ouvrages qui en ait proposé une définition. Selon lui, il s'agirait d'« [un] terme générique désignant l'accident médical, l'affection iatrogène ou l'infection nosocomiale dont les conséquences préjudiciables pour le patient sont réparées au titre de la solidarité nationale, à condition d'entraîner un taux d'incapacité permanente d'une certaine gravité et de provoquer pour le patient des répercussions anormales sur son état de santé et son évolution prévisible »[134].

Cette définition correspond à ce que les auteurs ont parfois qualifié d'aléa thérapeutique[135]. Ainsi, pour le *Lexique des termes juridiques*, le risque sanitaire est purement et simplement assimilé à l'aléa thérapeutique.

25. Les arguments s'opposant à la définition du risque sanitaire proposée par le *Lexique des termes juridiques*. – Les situations d'aléa thérapeutique sont indéniablement considérées comme des situations de risque sanitaire par le législateur[136] français, comme l'atteste la prise en charge de cette situation dans le Code de la santé publique, au sein d'un chapitre II intitulé « *risques sanitaires* résultant du fonctionnement du système de santé »[137]. Pour autant, il est difficile de considérer que le risque sanitaire ne correspond qu'aux situations d'aléa thérapeutique.

---

[130] *Infra*, n°31.

[131] Par ex. : F. ROUSSEAU, K. FOUCHER (dir.), *Les réponses du droit aux crises sanitaires : anticiper, réagir,* Actes du colloque des 8 et 9 octobre 2015 (Nantes), L'Harmattan, 2016. V° encore, par ex., les auteurs précités en notes 121 à 125.

[132] *Infra*, n°42.

[133] *Infra*, n°28.

[134] S. GUINCHARD, T. DEBARD, *Lexique des termes juridiques 2019-2020*, Dalloz, 27ème éd., Août 2019, entrée « risques sanitaires ». Dans le même sens : L. DUBOUIS, art. préc. (note 129), p. 803.

[135] Par ex. : Ph. LE TOURNEAU (dir.), *op. cit.* (note 10), p. 2506, spéc. n°6421.11 ; E. GOUESSE, « Réflexions sur l'aléa thérapeutique et son indemnisation », *LPA*, n°17, 25/01/2000, p. 10 ; C. LARROUMET, « L'indemnisation de l'aléa thérapeutique », *LPA*, n°189, 22/09/1999, p. 16.

[136] L. n°2002-303 du 4 mars 2002 relative aux droits des malades et à la qualité du système de santé, JORF, 5 mars 2002, p. 4118, n°1.

[137] [italiques ajoutées par nous]

En effet, si les accidents médicaux *lato sensu*[138] réparés au titre de la solidarité nationale sont bien couverts par le chapitre II susmentionné, il convient de noter que ce chapitre ne leur est pas limité. En effet, ce chapitre envisage également les accidents médicaux faisant l'objet d'une responsabilité, sur le fondement de la faute[139] ou non[140]. Dans ces circonstances, la loi du 4 mars 2002 elle-même s'oppose à ce que l'on puisse considérer que le risque sanitaire correspond aux seules situations d'aléa thérapeutique. La définition proposée par le *Lexique des termes juridiques* est donc insatisfaisante – car trop restrictive – et doit être écartée.

2. *Le risque sanitaire, un risque d'origine sanitaire ?*

26. Le risque sanitaire, un risque résultant exclusivement du fonctionnement du système de santé ? – L'absence de définition légale du risque sanitaire n'a pas empêché le législateur de lui consacrer un titre entier dans le Code de la santé publique, introduit par la loi du 4 mars 2002. En effet, le titre quatrième du livre premier de ce code s'intitule « réparation des conséquences des risques sanitaires », ce qui paraît impliquer un traitement juridique de l'ensemble des risques sanitaires[141]. Or, étant donné que ce titre s'intéresse en particulier aux risques sanitaires « *résultant* du fonctionnement du système de santé »[142], comme l'indique l'intitulé du chapitre II, il serait tentant de conclure que le risque sanitaire se définit en fait comme un risque résultant du fonctionnement du système de santé. En d'autres termes, comme pour les risques nucléaires, industriels, technologiques, professionnels, etc., le risque sanitaire serait défini au regard du critère de l'origine[143].

27. Les arguments s'opposant à la définition du risque sanitaire par rapport au critère de l'origine du risque. – À nouveau, il nous paraît difficile d'admettre une telle définition du risque sanitaire. L'intitulé du chapitre II du

---

[138] P. JOURDAIN, « L'accident médical », *Resp. civ. et assur.*, n°7, 7 juillet 2015, dossier 6, spéc. §6. L'auteur indique que l'affection iatrogène et l'infection nosocomiale peuvent apparaître comme des espèces d'accidents médicaux, notion comprise au sens large. Ainsi, la notion d'accident médical *lato sensu* regrouperait l'accident médical *stricto sensu*, l'affection iatrogène et l'infection nosocomiale.

[139] Art. L. 1142-1, I, alinéa 1, CSP.

[140] Art. L. 1142-1, I, alinéa 2, CSP (infection nosocomiale dont la gravité est inférieure à un certain seuil) ; Art. L. 1142-1, I, alinéa 1 CSP qui fait référence à la responsabilité des acteurs de la santé « encourue en raison d'un défaut d'un produit de santé », autrement dit la responsabilité du fait des produits défectueux (ou une responsabilité sur le fondement de la faute délictuelle éventuellement).

[141] En ce sens : B. LEGROS, « État des lieux sur les différents régimes d'indemnisation des conséquences des accidents médicaux », *Médecine & Droit*, 2004, pp. 1-21, spéc. p. 2.

[142] [italiques ajoutées par nous] D. TABUTEAU, art. préc. (note 121), p. 823.

[143] D. TRUCHET, « La loi du 4 mars 2002 et la prévention : une double lecture », *LPA*, n°122, 19/06/2002, p. 43 : « Prise en elle-même, la loi de 2002 n'évoque, dès qu'elle entre dans le détail, que la prévention d'une catégorie particulière de risques : non les risques sanitaires – entendus comme des risques pour la santé – mais les risques d'origine sanitaire ».

titre quatrième du Code de la santé publique s'oppose à ce que nous retenions le critère de l'origine pour définir la notion. Ce chapitre s'intéresse aux « risques sanitaires résultant du fonctionnement du système de santé », ce qui implique qu'existent des risques sanitaires *autres* que ceux résultant du fonctionnement du système de santé. Dans ce contexte, les risques sanitaires résultant du fonctionnement du système de santé constitueraient un type de risque sanitaire parmi d'autres.

Cette interprétation est également confirmée par l'examen d'autres dispositions du Code de la santé publique. Par exemple, le titre troisième du livre troisième du Code de la santé publique s'intitule « prévention des risques sanitaires liés à l'environnement et au travail », ce qui révèle que les risques sanitaires peuvent également avoir une origine environnementale ou professionnelle. En observant de plus près ce qui compose ce titre, on retrouve six chapitres, correspondant chacun à une catégorie de risque sanitaire d'origine environnementale ou professionnelle, à savoir les rayonnements ionisants[144], non-ionisants[145], la lutte contre la présence de plomb ou d'amiante[146], les pollutions atmosphériques et déchets[147], le bruit[148], témoignant ainsi de la diversité d'origine des risques sanitaires liés à l'environnement et au travail.

Au surplus, si le livre troisième du Code de la santé publique est relatif à la « protection de la santé et de l'environnement », il inclut la « sécurité sanitaire des eaux et des aliments » dans un titre deuxième, révélant de ce fait que la notion de risque « sanitaire » peut également s'appliquer à l'alimentation, comme le confirment les auteurs[149].

28. En outre, un examen des jurisprudences judiciaire et administrative confirme l'impossibilité de définir la notion au regard du critère de l'origine. En effectuant une recherche sur *Legifrance* de l'expression « risque(s) sanitaire(s) » parmi les arrêts de la Cour de cassation, nous avons pu trouver cinquante-quatre occurrences de la notion[150], réparties comme suit : vingt-neuf arrêts se réfèrent à la notion dans le domaine environnemental, parmi lesquels vingt-deux concernent des risques liés à une exposition – professionnelle ou non – à l'amiante, deux sont relatifs aux antennes-relais, quatre sont relatifs à des pollutions dont un concerne des déchets radioactifs, et un se rapporte aux installations classées. De plus, vingt-et-un arrêts concernent des risques

---

[144] Livre III « Protection de la santé et environnement », titre III « prévention des risques sanitaires liés à l'environnement et au travail », chapitre III « rayonnements ionisants ».

[145] Livre III, titre III, chapitre III bis « rayonnements non ionisants ».

[146] Livre III, titre III, chapitre IV « Lutte contre la présence de plomb ou d'amiante ».

[147] Livre III, titre III, chapitre V « Air et déchets ».

[148] Livre III, titre III, chapitre VI « Prévention des risques liés au bruit ».

[149] Par ex. B. LEGROS, art. préc. (note 141), p. 2 : « Sont donc *a priori* exclus [du chapitre II intitulé « risques sanitaires résultant du fonctionnement du système de santé »] les « risques sanitaires » liés à l'environnement, aux aliments destinés à l'homme ou aux animaux. » ; V° aussi : J.-M. PONTIER, art. préc. (note 18), p. 1020 ; D. TABUTEAU, art. préc. (note 121), p. 823 : « Pourtant, la notion [de sécurité sanitaire] s'est progressivement détachée du risque sanitaire « induit » et s'est imposée pour l'ensemble des risques sanitaires, auxquels l'homme est confronté dans le système de santé mais également en matière d'alimentation ou d'environnement. »

[150] Nous avons toutefois procédé à trois types d'exclusions : d'abord, nous avons exclu les arrêts dans lesquels la notion de « risques sanitaires » était seulement incluse dans le nom d'une autorité,

sanitaires d'origine alimentaire, tels que des risques se rapportant à des compléments ou additifs alimentaires, ou encore à la contamination de certains aliments. Un seul arrêt comporte l'expression « risque sanitaire » dans le domaine de la santé ; il est relatif aux risques liés aux injections d'hormone de croissance. Enfin dix arrêts comprenant la notion se réfèrent à des risques d'origines très diverses, pouvant aller des risques liés à l'usage de tabac aux risques liés à la salubrité publique. Par conséquent, dans la jurisprudence de la Cour de cassation, la notion de risque sanitaire ne présente aucune unité au regard du critère de l'origine.

Une même conclusion s'impose après une recherche similaire dans la jurisprudence administrative du Conseil d'État, sur *Legifrance*. Nous avons trouvé quarante-trois occurrences[151] de la notion, réparties comme suit : quinze arrêts se réfèrent à la notion de « risques sanitaires » dans le domaine environnemental, parmi lesquels quatre concernent une exposition à l'amiante, deux une exposition au plomb, trois le domaine nucléaire, trois s'y réfèrent dans le domaine de la qualité de l'air, deux intéressent des risques liés à des déchets ou stations d'épuration, et enfin un arrêt est lié aux antennes-relais. Ensuite, onze arrêts mentionnent la notion dans le contexte alimentaire, notamment pour se référer à des risques liés à la contamination d'aliments ou d'eau. Trois arrêts se réfèrent à la notion dans le domaine de la santé, dont deux en rapport avec des produits de santé, et un concerne les actes à visée esthétique. Enfin, onze arrêts emploient la notion de « risques sanitaires » dans des circonstances très diverses, notamment en rapport avec la salubrité publique.

29. En somme, la notion de risque sanitaire ne trouve pas son unité au regard du critère de l'origine du risque : si certains auteurs ont pu assimiler les situations d'aléa thérapeutique aux risques sanitaires, l'analyse révèle que ces situations constituent en fait un type de risque sanitaire résultant du fonctionnement du système de santé. De la même façon, les risques sanitaires résultant du fonctionnement du système de santé constituent eux-mêmes *un type de risque sanitaire*. En fait, la notion trouve son unité au regard du critère des conséquences du risque.

---

comme par exemple « commission départementale compétente en matière d'environnement, de risques sanitaires et technologiques » ou encore « conseil départemental de l'Environnement des risques sanitaires et technologiques » car les arrêts ne se réfèrent pas à des risques sanitaires *stricto sensu*. Ensuite, nous avons exclu tous les arrêts dans lesquels les termes « risques » et « sanitaires » n'étaient pas accolés. Enfin, nous avons exclu les arrêts dans lesquels la notion de « risque sanitaire » n'était pas incluse dans l'arrêt lui-même, mais l'était dans les moyens du pourvoi annexés à l'arrêt. Ainsi, sur 202 arrêts trouvés, en date du 10/01/2019, seuls 54 sont pertinents.

[151] Nous avons procédé aux mêmes exclusions que pour la recherche effectuée dans la jurisprudence de la Cour de cassation : *Ibid*. Ainsi, sur 102 arrêts trouvés, en date du 10/01/2019, seuls 43 sont pertinents.

B. LA RECONNAISSANCE DU CRITÈRE DES CONSÉQUENCES

30. Le risque sanitaire est en réalité un risque dont la réalisation entraîne des conséquences sur la santé (1). Ce critère qui fonde l'unité de la notion, en droit français comme en droit anglais, traduit alors l'importance qui est conférée à la protection de la santé dans ces systèmes juridiques. Les conséquences permettant de caractériser la notion doivent ainsi être examinées de plus près, car toutes les difficultés ne sont pas pour autant résolues (2).

1. Le risque sanitaire, un risque entraînant des conséquences sur la santé

31. Le risque sanitaire, un risque pour la santé (humaine). – L'analyse précédente a mis en lumière le fait que la notion de risque sanitaire est utilisée lorsque le risque est d'origine sanitaire, mais également d'origine environnementale, professionnelle ou encore alimentaire. Par conséquent, les risques sanitaires présentent une diversité indéniable quand on s'intéresse à leur origine. Cependant, quelle que soit l'origine des risques sanitaires, tous présentent un point commun : ils sont tous susceptibles d'entraîner des conséquences – négatives – sur la santé (humaine). L'unité de la notion ne peut donc être envisagée qu'au regard du critère des conséquences. Dit autrement, un risque sanitaire est un risque pour la santé, ce que confirment de nombreuses décisions rendues tant par la Cour de cassation[152] que par le Conseil d'État[153].

Contrairement au droit français, le droit anglais ne semble pas connaître les mêmes difficultés définitoires précédemment exposées, ce qui tient principalement au fait qu'il n'existe pas d'équivalent exact du terme risque sanitaire. La notion semble en effet se traduire tantôt par *health risk*[154], tantôt

---

[152] Par ex. : Cass., civ. 3, 8 juin 2006, n°04-19.069, *Bull. civ. III*, 2006, N°145, p. 120; Cass., crim., 2 octobre 2007, n°06-87.909, inédit; Cass., com., 12 juillet 2011, n°10-18.358, inédit ; Cass., crim., 20 novembre 2012, n°11-87.531, *Bull. crim.*, 2012, N°251 ; Cass., soc., 7 mai 2014, n°13-13.561, inédit.

[153] Par ex. : CE, 17 septembre 2010, req. n°341727, inédit ; CE, 10 janvier 2011, req. n°345329, inédit ; CE, 9 mai 2012, req. n°347116, *Lebon* ; CE, 3 février 2015, req. n°386809, inédit.

[154] Pour des décisions comprenant l'expression « *health risks* » : *Harris v. First Secretary of State* [2007] All ER (D) 478 (Jul) [opposition à la construction d'une antenne-relais]; *R v. Cemex Cement Ltd* [2007] All ER (D) 281 (Jul) [échec de la prévention de la pollution – montant de l'amende] ; *Day v. Brighton and Hove City Council* [2006] All ER (D) 341 (Nov) [risque pour la santé lié à la proximité d'un incinérateur de déchets] ; *David v. Honeywell Normalair-Garrett Ltd* [2006] All ER (D) 24 (Mar), [23] [risque pour la santé lié à l'exposition dans le cadre professionnel d'uranium appauvri] ; *Feakins v. Secretary of State for Environment, Food and Rural Affairs* [2002] All ER (D) 333 (Dec), [151] [relatif à la destruction de bétails durant la période à risque pour l'encéphalopathie spongiforme bovine (ESB)].

par *risk to health*[155] – littéralement risque pour la santé. Ainsi, il n'existe aucune ambiguïté sur le fait que la notion renvoie aux conséquences – non à l'origine – du risque. En droit anglais, le risque sanitaire fait référence, comme en droit français, à un risque pour la santé humaine.

32. Le critère des conséquences, témoignage de l'importance conférée à la protection de la santé. – Les catégories de risques définies par référence au critère des conséquences sont assez rares pour être soulignées. En effet, à ce jour, seules deux catégories de risques trouvent leur unité conceptuelle au regard de ce critère : il s'agit des risques sanitaires – risques pour la santé – et des risques environnementaux – risques pour l'environnement. L'effacement du critère de l'origine au profit du critère des conséquences pour définir certains risques n'est pas anodin, et traduit en fait l'importance que les systèmes juridiques accordent à la protection de ces intérêts, à savoir la protection de la santé, d'une part, et la protection de l'environnement, d'autre part.

L'importance conférée à la protection de la santé s'est surtout accrue à partir du milieu du XXe siècle, où l'on a commencé à voir apparaître des références au « droit à la protection de la santé » à l'échelle internationale, régionale mais aussi nationale. Plus encore, l'importance de la protection de la santé se manifeste à travers sa « fondamentalisation ». Autrement dit, le droit à la protection de la santé est parfois qualifié de droit « fondamental ». En droit français, l'article L. 1110-1 du Code de la santé publique considère que « *le droit fondamental à la protection de la santé* doit être mis en œuvre par tous moyens disponibles au bénéfice de toute personne ». Cette fondamentalisation justifie ainsi le développement de nombreuses politiques publiques menées par les États en faveur de la santé. Dans cette perspective, l'article L. 1411-1, alinéa 1, du Code de la santé publique précise que « la Nation définit sa politique de santé afin de *garantir le droit à la protection de la santé* de chacun », laquelle politique comprend notamment « la promotion de la santé dans tous les milieux de vie (...) et *la réduction des risques pour la santé liés à l'alimentation, à des facteurs environnementaux et aux conditions de vie susceptibles de l'altérer* ».

Par conséquent, l'émergence de la notion de risque sanitaire comme la prise en compte de ces risques dans la politique de santé contribue à la mise en œuvre effective du droit fondamental à la protection de la santé. Ces risques sont pris en compte car ils constituent une menace pour la santé humaine, peu importe leur origine (professionnelle, alimentaire, environnementale ou sanitaire). Cette fondamentalisation du droit à la protection de la santé, qui traduit elle-même la haute importance conférée à la santé humaine, explique pourquoi la notion de risque sanitaire se définit par rapport au critère des conséquences. La mise en œuvre du droit à la protection de la santé, garanti par la Nation, nécessite d'adopter une approche transversale de la santé, dépassant l'origine de ces risques.

---

[155] Par ex., pour des décisions comprenant l'expression « *risk to health* » : *Goldscheider v. Royal Opera House Covent Garden Foundation* [2018] All ER (D) 09 (Apr) [risque pour la santé créé par l'exposition au bruit dans l'environnement de travail] ; *Heynike (executor or the estate of Hill, deceased) v. 00222648 Ltd* [2018] All ER (D) 129 (Feb) [139] [risque pour la santé lié à l'exposition à l'amiante].

33. Si la notion de risque sanitaire trouve son unité conceptuelle au regard du critère des conséquences, traduisant ainsi l'importance de la protection de la santé, encore convient-il de clarifier les conséquences qui la caractérisent.

2. *Les conséquences caractérisant la notion de risque sanitaire*

34. À partir du moment où l'on admet que le risque sanitaire fait référence à un risque pour la santé (humaine), il devient primordial de définir son objet, autrement dit « la santé » (a). Il s'agit d'un exercice difficile car cette notion ne fait pas l'objet d'une définition unanimement acceptée. Dans tous les cas, la santé peut être envisagée de manière individuelle ou collective, de sorte qu'il importe de clarifier si la notion de risque sanitaire fait référence aux risques pour la santé individuelle ou pour la santé collective (b).

a. *La définition de la « santé »*

35. La notion de santé. – Le Professeur TRUCHET affirmait que « de manière générale, le droit de la santé définit peu les termes qu'il utilise »[156]. Si l'affirmation est catégorique, elle est difficilement contestable à partir du moment où l'on constate que la notion même de santé ne fait l'objet d'aucune définition par le législateur ou la jurisprudence[157]. Le même constat s'impose d'ailleurs en droit anglais, la notion n'étant même pas définie dans les dictionnaires juridiques[158].

La définition la plus connue, mais qui demeure encore controversée[159], est celle proposée dans le préambule de la Constitution de l'OMS, en 1946[160]. La santé y est définie comme « un état de complet bien-être physique, mental et social, et ne consiste pas seulement en l'absence de maladie ou d'infirmité ».

---

[156] D. TRUCHET, *Droit de la santé publique*, Dalloz, coll. « Mémentos », 9ème éd., 2017, p. 20. V° aussi : G. VIGARELLO, « La santé : d'une définition négative à une définition positive », *Prévenir* 1996, n°30, p. 55.

[157] Certains auteurs considèrent que la santé n'a d'ailleurs pas besoin d'être définie pour être juridiquement appréhendable : A. GHOZIA, *Le droit de l'expertise médicale et sanitaire*, préf. N. REBOUL-MAUPIN, LEH édition, coll. « Bibliothèque de droit privé », 2016, p. 37 ; dans le même sens : C. SAUVAT, *Réflexions sur le droit à la santé*, préf. A. LEBORGNE, PUAM, coll. du centre Pierre Kayser, 2004, p. 30 ; L. CASAUX-LABRUNEE, « Le "droit à la santé" », *in* R. CABRILLAC (dir.), *Libertés et droits fondamentaux*, Dalloz, 23ème éd., 2017, n°1206, p. 971.

[158] Par ex. : J. LAW, *A dictionary of law*, Oxford University Press, 8ème éd., 2015.

[159] V° par ex. J.-M. DE FORGES, *Droit de la santé*, PUF, coll. « Que sais-je ? », 8ème éd., 2006, p. 6 ; C. LABRUSSE-RIOU, « Code civil et code de la santé publique », *RDSS* 2008, N°3, 16/05/2008, p. 427 .

[160] OMS, *Constitution de l'Organisation Mondiale de la Santé, Documents fondamentaux*, supplément à la quarante-cinquième édition, octobre 2006, p. 1. Consulté le 19/08/2021 sur :
< http://www.who.int/governance/eb/who_constitution_fr.pdf >

Comme les auteurs ont pu le noter, il ne s'agit nullement d'une « définition juridique opératoire »[161], mais plutôt d'une définition qui révèle le caractère « utopique » de la notion[162].

36. Malgré tout, la définition proposée par l'OMS constitue un apport en ce que la notion y est définie positivement – pas seulement de manière négative. En effet, la santé a longtemps été comprise de manière minimaliste, comme la simple absence de maladie ou d'infirmité[163]. Or, le préambule de la Constitution de l'OMS lui a préféré une conception plus large, qu'on pourrait même qualifier de maximaliste. La santé est positivement définie comme « l'état de complet bien-être physique, mental et social ».

Pourtant, la définition est peut-être excessive : en effet, l'inclusion du « bien-être social » dans la santé ne nous apparaît pas nécessaire. Cette notion est non seulement subjective mais apparaît en fait intrinsèquement liée au bien-être physique et mental. En effet, le chômage, l'exclusion, la précarité, la misère, etc., situations qui peuvent correspondre à un « mal-être social » sont en fait susceptibles de se manifester, de manière individuelle, par un mal-être physique ou mental[164].

La définition est également sans doute excessive en ce qu'elle définit la santé comme un état de « complet » bien-être, ce qui paraît utopique, comme les auteurs n'ont pas manqué de le relever[165]. Cela explique que l'affirmation ait été tempérée ; en effet, l'OMS précise par la suite que « la possession du meilleur état de santé qu'il est capable d'atteindre constitue l'un des droits fondamentaux de tout être humain, quelles que soient sa race, sa religion, ses opinions politiques, sa condition économique ou sociale »[166]. Par conséquent, le terme « complet » bien-être doit sans doute être compris comme « la possession du meilleur état de santé qu'il [l'individu] est capable d'atteindre »[167]. Chaque individu naît en effet avec un patrimoine génétique qui lui est propre et une fragilité plus ou moins prononcée à certaines maladies (physiques ou mentales).

Enfin, la définition de la santé proposée par l'OMS appelle une dernière remarque : l'emploi du terme « bien-être » semble se rapporter à une conception subjective de la santé[168], autrement dit à la manière dont l'individu perçoit son état. Or, ce n'est pas parce qu'un individu « se sent bien » qu'il « est bien »[169].

---

[161] D. TRUCHET, *op. cit.* (note 156), p. 22.

[162] C. LABRUSSE-RIOU, art. préc. (note 159), p. 427.

[163] J.-M. AUBY, *Le droit de la santé*, PUF, coll. « Thémis-Droit », 1981, p. 29 qui définit la santé comme « l'état d'une personne non atteinte de maladies ou d'imperfections organiques ou fonctionnelles susceptibles de limiter son activité physique ou mentale ». V° aussi : B. FEUILLET, « Réflexions d'un privatiste sur l'évolution du droit de la santé », *RGDM*, n°15, 2005, p. 8.

[164] J.-M. DE FORGES, *op. cit.* (note 159), p. 6.

[165] C. LABRUSSE-RIOU, art. préc. (note 159), p. 427 ; MINISTERE DES AFFAIRES SOCIALES, DE LA SANTE ET DE LA VILLE, HAUT COMITE DE LA SANTE PUBLIQUE, *La santé en France*, rapport général, novembre 1994, La Documentation française, p. 16.

[166] OMS, *Constitution de l'Organisation Mondiale de la Santé*, préc. (note 160), p. 1.

[167] V° en faveur d'une telle interprétation : J.-S. CAYLA, « La santé et le droit », *RDSS*, 32(2), avril-juin 1996, p. 277, spéc. p. 285.

[168] MINISTERE DES AFFAIRES SOCIALES, DE LA SANTE ET DE LA VILLE, HAUT COMITE DE LA SANTE PUBLIQUE, rapp. préc. (note 165), p. 16.

[169] Sur ce point : V° notam. E. KANT, « Conflit des facultés », 1798, cité par G. CANGUILHEM,

L'observation peut être tempérée, le terme « bien-être » étant défini, dans le langage courant, comme l' « état agréable résultant de la satisfaction des besoins du corps et du calme de l'esprit »[170]. Il serait donc erroné de comprendre le terme « bien-être » comme la manifestation ou perception de sensations. En effet, le bien-être est avant tout un « état », c'est-à-dire « la manière d'être physique ou morale de quelqu'un »[171]. Compris de cette façon, le « bien-être » n'est pas une notion si subjective qu'il y paraît de prime abord ; il s'agit d'un état objectif de bonne santé, le sentiment de satisfaction n'étant alors que la conséquence de cet état objectif[172].

37. Dans la suite de nos travaux, la notion de santé sera comprise comme l'a définie l'OMS, sous la seule réserve de l'exclusion du « bien-être social » pour les raisons évoquées ci-dessus. Ainsi, la notion de risque sanitaire, envisagée comme un risque pour la santé, sera comprise comme un risque pouvant emporter des conséquences sur le bien-être physique ou mental[173] humain.

b. *Le risque sanitaire : risque pour la santé individuelle ou collective ?*

38. L'ambivalence de la notion de risque sanitaire. – Toutes les difficultés liées à la caractérisation du risque sanitaire ne sont pas résolues. En effet, la santé a toujours constitué une affaire à la fois individuelle et collective[174].

La santé peut d'abord être envisagée du point de vue individuel, à l'échelle d'une seule personne. Mais elle peut également être envisagée sur le plan collectif, à l'échelle d'un groupe humain, d'une communauté ou d'une population. Pour faire référence à cet aspect collectif, on emploie parfois la notion de santé publique qui fait d'abord référence à la santé « du public »[175],

---

Ecrits sur la médecine, Seuil, coll. « Champ Freudien », 2002, p. 52 : « On peut se sentir bien portant, c'est-à-dire juger d'après son sentiment de bien-être vital, mais l'on ne peut jamais savoir que l'on est bien portant (…). L'absence du sentiment (d'être malade) ne permet pas à l'homme d'exprimer qu'il se porte bien autrement qu'en disant qu'il va bien en apparence. »

[170] V° entrée « bien-être » dans le *dictionnaire Larousse en ligne*, consulté le 19/08/2021 sur : < https://www.larousse.fr/dictionnaires/francais-monolingue>.

[171] V° entrée « état » dans le *dictionnaire Larousse en ligne*, consulté le 19/08/2021 sur : < https://www.larousse.fr/dictionnaires/francais-monolingue >

[172] J.-S. CAYLA, art. préc. (note 167), pp. 285-286.

[173] L'inclusion du « bien-être mental » dans la définition de la santé est cohérente avec l'approche adoptée en droits français et anglais, ces derniers prenant en compte aussi bien la santé physique que mentale. Par ex. : Cass., soc., 10 février 2016, n°14-26.909, *Bull. V*, 2016, n°931 : « la santé mentale est une composante de la santé ». Nous noterons également que dans l'environnement de travail, l'article L. 4121-1, alinéa 1, du Code du travail prévoit que « l'employeur prend les mesures nécessaires pour assurer la sécurité et *protéger la santé physique et mentale* des travailleurs [italiques ajoutées] ».

[174] J.-M. DE FORGES, *op. cit.* (note 159), p. 3.

[175] J.-S. CAYLA, art. préc. (note 167), p. 283. V° aussi : A. MORELLE, D. TABUTEAU, *op. cit.* (note 17), pp. 4-5 : les auteurs expliquent la notion de santé « publique » en opposant les critères orga-

même si la notion de santé publique n'est certainement pas limitée à cet élément[176]. À l'origine les questions relatives à la santé publique – appelée à l'époque hygiène publique – étaient envisagées principalement pour lutter contre l'insalubrité des logements[177] et les épidémies[178]. Puis la santé publique s'est peu à peu étendue à d'autres domaines, comme la lutte contre l'alcoolisme, le tabagisme, les drogues et plus récemment à la protection de l'environnement (y compris de travail), la sécurité des aliments et des eaux, etc. – éléments qui peuvent avoir une incidence sur la santé des populations.

39. Dans ces conditions, si la notion de risque sanitaire doit être comprise comme un risque pour la santé, elle peut toutefois être envisagée comme un risque pour la santé d'une seule personne ou comme un risque pour la santé d'une population. En effet, la notion de risque sanitaire a parfois pu être définie comme « un certain type de phénomènes menaçant ou affectant *la santé des populations* »[179], ce qui a poussé certains auteurs à considérer que « les risques sanitaires (...) sont donc plus importants que les individus, masse non individualisée d'êtres humains qu'il s'agit de protéger dans l'intérêt général de la société comme dans leur intérêt personnel »[180]. Ils ont également pu être définis comme des « risques susceptibles d'affecter *la santé de la population* du fait d'agents infectieux (virus, bacilles), de produits chimiques (amiante, pollution) ou de substances radioactives, de produits utilisés dans le système de soins (médicaments, sang, organes), d'actes thérapeutiques ou de

---

nique et fonctionnel. Pour ces auteurs, le critère organique impliquerait que la santé publique corresponde à une prérogative de l'État *stricto sensu*, ou de la puissance publique, *lato sensu*. Or, les auteurs notent que le secteur privé est aussi concerné par la santé publique. Ils en déduisent alors que la santé « publique » se définit plutôt autour du critère fonctionnel. Pour eux, « est publique la santé d'un groupe humain, d'une communauté, d'une population » ; C. LABRUSSE-RIOU, art. préc. (note 159), p. 427 : « Pour le code de la santé publique, il s'agit de la population en général, car le code vise la santé du public. » ; D. TRUCHET, « La genèse de la construction des droits sanitaire et médico-social », *RDSS* 2014, N°3, 15/07/2014, p. 495 : « elle [la loi du 15 février 1902] repose précisément sur la notion de santé publique, c'est-à-dire la protection sanitaire de toute la population, quelle que soit la condition sociale des individus qui la composent. »

[176] Par ex. : D. TRUCHET, *op. cit.* (note 156), p. 23 : « Ce caractère collectif est certes présent dans le droit de la santé publique, mais ce dernier n'est pas que le droit de santé "du public". » Pour l'auteur, la santé publique correspond plus globalement à une autre approche juridique, celle de l'intervention des pouvoirs publics dans les questions sanitaires. Il ne limite donc pas la notion de « santé publique » à son critère fonctionnel.

[177] Loi du 13 avril 1850 sur les logements insalubres ; V° F. BOURILLON, « La loi du 13 avril 1850 ou lorsque la Seconde République invente le logement insalubre », *Revue d'histoire du XIXe siècle*, 20/21, 2000, pp. 117-134.

[178] On peut citer à cet égard le *Public Health Act 1848* en droit anglais. E. FEE, T. M. BROWN, « The Public Health Act of 1848 », (November 2005) 83(11) *Bulletin of the World Health Organization*, p. 866, [en ligne], consulté le 19/08/2021:
< https://www.who.int/bulletin/volumes/83/11/866.pdf?ua=1 >. En droit français, on peut citer la loi du 15 février 1902, relative à la protection de la santé publique (JORF 19 février 1902, p. 1173) qui confère des pouvoirs de police sanitaire aux maires, notamment pour lutter contre la transmission de maladies et les épidémies.

[179] M. SETBON, *Risques, sécurité sanitaire et processus de décision*, Elsevier-Masson, coll. « Médecine des risques », mars 2004, p. 17.

[180] C. LABRUSSE-RIOU, art. préc. (note 159), p. 427.

dysfonctionnement des organisations de soins (maladies nosocomiales) »[181]. Toutes ces définitions envisagent alors le risque « sanitaire » comme un risque pour la santé publique, expression parfois employée par les juridictions[182].

Mais, la notion de risque sanitaire est tout autant envisagée, notamment par les juridictions françaises – judiciaires comme administratives –, pour faire référence aux risques pour la santé d'individus *identifiés*[183], auquel cas elle renvoie alors aux risques pour la santé individuelle.

Dans ces circonstances, en droit français, la notion de risque sanitaire est ambivalente, duale, faisant référence tantôt aux risques pour la santé individuelle, tantôt aux risques pour la santé d'un groupe d'individus, d'une population. Au contraire, cette difficulté semble inexistante en droit anglais, ce qui résulte selon nous du fait que la notion de risque sanitaire n'existe pas en tant que telle en droit anglais. En effet, lorsque le législateur anglais envisage la santé collective, il utilise alors les expressions *danger to public health*[184] (danger pour la santé publique), *public health risk*[185] (risque pour la santé publique) ou encore *threat to public health*[186] (menace pour la santé publique), ce qui évite toute ambiguïté.

40. En somme, les risques sanitaires sont définis au regard du critère des conséquences : ce sont des risques pouvant entraîner des conséquences négatives sur le bien-être physique ou mental humain, et qui s'envisagent aussi bien dans une dimension individuelle que collective. Cependant, les risques sanitaires continuent de faire l'objet d'un traitement juridique particulier en fonction de leur origine. Par suite, les risques sanitaires sont soumis à différents régimes juridiques en fonction de leur origine, ce qui entraîne un morcellement de la notion.

---

[181] M.-E. JOEL, « Risques sanitaires et gestion des ressources », *Revue Projet*, 2006/4 (n°293), pp. 48-53, spéc. p. 49.

[182] Par ex.: Cass., crim., 21 février 2017, n°16-81.189 (denrées alimentaires corrompues) ; Cass., crim, 27 mars 2007, n°06-82.257 (ajout de vitamines) ; Cass., crim, 21 septembre 2004, n°04-81.418 (denrées alimentaires) ; Cass., com., 22 février 2000, n°97-21.611 (médicaments).

[183] Par ex., dans la jurisprudence judiciaire : TGI Créteil, 11 août 2009, n°09/00658 mentionnant le risque sur « l'état sanitaire des habitants se trouvant à l'intérieur de l'immeuble » (antennes-relais) ; CA Aix-en-Provence (ch. 4B), 8 juin 2004, n°03/12630 : le terme « risque sanitaire » se réfère ici aux risques pour la santé des usagers d'un bâtiment scolaire (antennes-relais); Cass., soc., 19 décembre 1990, n°89-16.091 (exposition des travailleurs à des fumées nocives et irritantes) ; Jurisprudence administrative : TA Limoges, 18 avril 2014, n°1400678 : le terme « risques sanitaires » renvoie ici aux risques pour la santé des détenus particuliers.

[184] V° par ex. s. 5(3), *Control of Pollution Act 1974* (« for the purpose of preventing (...) danger to public health »); s. 13(1)(b), *Public Health (Control of Disease) Act 1984* (« for preventing danger to public health from vessels or aircraft arriving at any place »)

[185] V° par ex. s. 45C(3)(b), *Public Health (Control of Disease) Act 1984* (« in relation to the monitoring of public health risks »);

[186] V° par ex. s. 45C(3)(c), *Public Health (Control of Disease) Act 1984* (« in the event of, or in response to, a threat to public health »).

II. *LE MORCELLEMENT DE LA NOTION*

41. Dans les deux droits, une même observation s'impose : le traitement juridique des risques sanitaires fait l'objet d'un morcellement, participant ainsi à l'éclatement de la notion elle-même (A). Plusieurs raisons expliquent ce phénomène (B).

A. UN CONSTAT IDENTIQUE EN DROITS FRANÇAIS ET ANGLAIS

42. Le traitement juridique du risque sanitaire : un morcellement textuel en droits français et anglais. – Aussi bien en droit français qu'en droit anglais, les dispositions relatives aux risques sanitaires sont dispersées. En droit français, nous avons ainsi effectué une recherche par occurrence du terme « risques sanitaires » dans l'ensemble des codes[187]. La notion est envisagée dans pas moins de dix-huit codes[188], et ceux contenant le nombre d'occurrences le plus élevé par ordre décroissant sont le Code de la santé publique (environ 91), le Code de l'environnement (environ 52), le Code rural et de la pêche maritime (environ 10) et le Code de la consommation (3).

De la même façon, en droit anglais, l'appréhension juridique des risques sanitaires – dans leur dimension individuelle comme collective – fait l'objet d'un morcellement. Ainsi, les risques sanitaires sont envisagés dans plusieurs législations environnementales, parmi lesquelles celles relatives au contrôle de la pollution[189], aux nuisances sonores[190], à la protection de l'environnement[191], la qualité de l'eau[192], de l'air[193] ; ils sont également envisagés dans plusieurs législations alimentaires parmi lesquelles celles relatives à la protection de la santé des consommateurs[194] notamment en lien avec la production et la fourniture de denrées alimentaires (y compris boissons)[195] ; ils sont encore

---

[187] Cette recherche a été effectuée dans les codes disponibles sur la base de données Dalloz, le 09/01/2018, en tapant le terme « risques sanitaires ». Ont été exclues de nos résultats (et de nos comptages) les situations dans lesquelles les termes « risques » et « sanitaires » n'étaient pas accolés et les situations dans lesquelles le terme fait l'objet d'un renvoi dans un autre code.

[188] On trouve le terme « risques sanitaires » dans le Code de la santé publique, de l'environnement, de la consommation, des assurances, de la défense, des douanes, de l'énergie, de l'état civil, de la sécurité intérieure, de la sécurité sociale, du sport, du travail, du tourisme, de l'urbanisme, de la voirie routière, le Code forestier, le Code général des collectivités territoriales, le Code rural et de la pêche maritime.

[189] *Control of Pollution Act 1974; Pollution Prevention and Control Act 1999.*

[190] *Noise Act 1996.*

[191] *Environmental Protection Act 1990*; *Environment Act 1995*; *Clean Neighbourhoods and Environment Act 2005*; *Climate Change Act 2008.*

[192] *Water Industry Act 1991*; *Water Act 2003.*

[193] *Clean Air Act 1993.*

[194] *Food Safety Act 1990.*

[195] *Food Standards Act 1999*; *The General Food Regulations 2004*; *The Food Irradiation (En-*

envisagés dans des législations relatives au domaine professionnel, comme celles concernant l'utilisation de substances dangereuses et l'émission de substances dans l'atmosphère (y compris nucléaires)[196], ou celles relatives à la sécurité générale des travailleurs[197] ; enfin, mais la liste n'est certainement pas exhaustive, les risques sanitaires sont appréhendés dans la législation relative à la sécurité des produits mis sur le marché[198], y compris des produits de santé[199].

43. En réalité, plus qu'un simple morcellement textuel, la dispersion de la notion au sein de diverses législations (droit anglais) ou codes (droit français) traduit l'existence d'un véritable éclatement du traitement juridique des risques sanitaires dans les deux droits, ce qui explique pourquoi l'identification de la notion est si difficile, sur le plan juridique. Il importe donc maintenant de comprendre les raisons d'un tel morcellement.

B. LES RAISONS DU MORCELLEMENT DU TRAITEMENT JURIDIQUE DU RISQUE SANITAIRE

44. L'éclatement du traitement juridique des risques sanitaires en droit anglais : raison structurelle. – L'appréhension des risques sanitaires en droit anglais fait l'objet d'un véritable morcellement juridique qui nous semble d'abord favorisé par la structure même de ce droit. En effet, contrairement aux systèmes de droit continental, auxquels le droit français se rattache, les systèmes issus du *Common Law*[200], comme le droit anglais, n'ont pas adopté la codification des règles juridiques[201], qui consiste « à regrouper de façon systématique l'ensemble des règles applicables en un domaine ou une matière »[202]. Par conséquent, structurellement, le droit anglais ne favorise pas le regroupement matériel, formel, des règles juridiques liées aux risques sanitaires.

---

gland) Regulations 2009; *The Food Safety and Hygiene (England) Regulations 2013*.

[196] *Health and Safety at Work etc. Act 1974*. Spécifiquement, les dispositions relatives à la protection de la santé dans le domaine nucléaire peuvent être également trouvées dans : *Energy Act 2013* ; *the Nuclear Installations Act 1965*; *Ionising Radiations Regulations 1999*.

[197] *The Management of Health and Safety at Work Regulations 1999*.

[198] *The Consumer Protection Act 1987*; *The General Product Safety Regulations 2005*.

[199] *The Medical Devices Regulations 2002*; *The Medicines for Human Use (Clinical Trials) Regulations 2004*; *The Blood Safety and Quality Regulations 2005*; *The Human Medicines Regulations 2012*.

[200] R. DAVID, C. JAUFFRET-SPINOSI, M. GORE, *op. cit.* (note 74), p. 300.

[201] *Ibid.*, p. 300.

[202] M. GUYOMAR, « Codification : y compris à droit constant, la codification revêt une dimension non seulement formelle mais aussi substantielle », *JCP G.* n°48, 23 novembre 2015, 1271, entretien : propos recueillis par L. PERRIN, H. MOYSAN. V° aussi : J. CARBONNIER, *Droit civil. Introduction*, PUF, coll. « Thémis », 24ème éd. 1996, n°113, p. 186 ; Ph. MALAURIE, « Les enjeux de la codification », *AJDA* 1997, N°9, 20/09/1997, p. 642.

Pour autant, cette raison est insuffisante, à elle seule, à expliquer le morcellement constaté. En effet, le droit français est en grande partie un droit codifié, ce qui n'empêche pas de constater, là aussi, l'éclatement du traitement juridique des risques sanitaires. L'absence de codification des règles juridiques en droit anglais est donc sans doute un facteur favorisant le morcellement du traitement juridique des risques sanitaires, mais elle ne constitue pas le facteur explicatif du phénomène observé.

45. L'éclatement du traitement juridique des risques sanitaires en droits français et anglais : raison substantielle. – Le morcellement juridique des risques sanitaires s'explique en droits français et anglais par une raison substantielle : si les risques sanitaires trouvent leur unité conceptuelle avec le critère des conséquences, ils font encore l'objet d'une appréhension juridique sectorielle, *au regard du critère de l'origine*. Certains auteurs ont effectivement pu relever que « la santé est (...) un cercle d'interdépendances »[203], de sorte qu'elle « nécessite des interventions dans de nombreux domaines, comme l'eau, l'habitat, le travail, l'alimentation, etc »[204].

C'est par exemple ce qui explique que *la prévention des risques sanitaires d'origine professionnelle* soit appréhendée, en droit anglais, dans le *Health and Safety at Work etc. Act 1974* et en droit français, dans la quatrième partie du Code du travail[205] intitulée « Santé et sécurité au travail », au sein de laquelle on trouve des dispositions liées aux risques chimiques[206] (amiante[207], agents cancérogènes, mutagènes et toxiques pour la reproduction[208], agents chimiques dangereux[209]), aux risques biologiques[210], à la prévention des risques d'exposition au bruit[211], aux vibrations mécaniques[212], aux rayonnements[213] (ionisants, optiques artificiels, aux champs électromagnétiques). La *réparation des conséquences de la réalisation de ces risques sanitaires d'origine professionnelle* est appréhendée, quant à elle, par le Code de la sécurité sociale,

---

[203] R. KITAEFF, « Le "droit à la santé" ? Contribution à une étude des ancrages conventionnels et constitutionnels », *Annuaire international de justice constitutionnelle*, 22-2006, 2007. Autonomie régionale et locale et constitutions – La répartition des compétences normatives entre le parlement et le gouvernement, pp. 61-98, spéc. p. 62.

[204] *Ibid.*, p. 62.

[205] Particulièrement dans la partie réglementaire du Code du travail.

[206] Code du travail : Partie quatrième « santé et sécurité au travail », Livre IV « Prévention de certains risques d'exposition », Titre Ier « Risques chimiques ».

[207] Code du travail, chapitre II bis « risques d'exposition à l'amiante : repérages avant travaux », chapitre IV « Risques d'exposition à l'amiante ».

[208] Code du travail, chapitre III « Risques d'exposition aux agents cancérogènes, mutagènes et toxiques pour la reproduction ».

[209] Code du travail, chapitre V « Règles particulières à certains agents chimiques dangereux ».

[210] Code du travail : Partie quatrième, Livre IV, Titre II « Prévention des risques biologiques ».

[211] Code du travail : Partie quatrième, Livre IV, Titre III « Prévention des risques d'exposition au bruit ».

[212] Code du travail : Partie quatrième, Livre IV, Titre IV « Prévention des risques d'exposition aux vibrations mécaniques ».

[213] Code du travail : Partie quatrième, Livre IV, Titre V « Prévention des risques d'exposition aux rayonnements ».

dans un livre quatrième intitulé « Accidents du travail et maladies professionnelles (dispositions propres et dispositions communes avec d'autres branches) », car les travailleurs sont indemnisés par la branche AT/MP de la Sécurité sociale.

Les *risques sanitaires d'origine alimentaire* font également l'objet d'un traitement juridique en fonction du critère de l'origine, ce qui explique que certains auteurs aient pu affirmer que « le droit de l'alimentation représente un droit du risque sanitaire alimentaire »[214]. En particulier, ils sont envisagés par six règlements européens[215], appelés communément « le paquet hygiène », dont le plus important est le règlement CE n°178/2002 qui constitue le socle de la sécurité sanitaire des aliments. Ce règlement fixe en effet les grands principes en matière alimentaire, comme le principe de recours à l'analyse des risques par les autorités compétentes, l'utilisation du principe de précaution, etc. Il définit également les obligations des professionnels, comme l'obligation de traçabilité ou l'obligation de retrait du marché des produits présentant un risque pour la santé publique. C'est donc au regard d'une réglementation spécifique relative à l'alimentation que les risques sanitaires d'origine alimentaire sont juridiquement appréhendés, aussi bien en droit français qu'anglais.

46. Les exemples pourraient être multipliés. En fait, il est important de comprendre qu'un même risque est susceptible d'une qualification – et donc d'une appréhension juridique – différente selon la perspective adoptée. Par exemple, le risque lié à une installation nucléaire constitue un risque technologique – et en particulier un risque nucléaire (appréhendé dans le Code de l'environnement). Pour les employés travaillant au sein de l'installation, le risque est professionnel – et en particulier physique car il s'agit d'un risque résultant de l'exposition aux rayonnements ionisants (appréhendé notamment dans le Code du travail). Envisagé du point de vue des conséquences, le risque lié aux installations nucléaires peut constituer une menace pour l'environnement, auquel cas il sera qualifié de risque environnemental, mais il peut également constituer une menace pour la santé (individuelle et collective), ce qui justifie sa qualification de risque sanitaire (appréhendé dans le Code de la santé publique). Par conséquent, il faut admettre qu'il n'existe pas de cloisonnement des différentes catégories de risque. Une même situation de fait est susceptible de plusieurs qualifications selon la perspective adoptée.

---

[214] F. COLLART-DUTILLEUL, J.-Ph. BUGNICOURT, « Risques » *in Dictionnaire juridique de la sécurité alimentaire dans le monde*, Larcier, Bruxelles, 2013, pp. 606-610, spéc. p. 607.

[215] Le règlement (CE) n°178/2002, appelé aussi *food law* est le plus important de ces règlements. Il y a aussi le règlement (CE) n°852/2004 relatif à l'hygiène des denrées alimentaires. Ce texte établit les règles générales d'hygiène applicables à toutes denrées alimentaires pour les exploitants du secteur alimentaire. Le règlement (CE) n°853/2004 fixe quant à lui les règles spécifiques relatives à l'hygiène des denrées alimentaires d'origine animale. Le règlement (CE) n°854/2004 fixe les règles spécifiques d'organisation des contrôles officiels concernant les produits d'origine animale destinés à la consommation humaine. Le règlement (CE) n°882/2004 fixe les règles relatives aux contrôles officiels effectués pour s'assurer de la conformité à la législation sur les aliments pour animaux et les denrées alimentaires et avec les dispositions relatives à la santé animale et au bien-être des animaux. Enfin, le règlement (CE) n°183/2005 fixe les règles relatives aux aliments pour animaux.

Dans ces circonstances, seul un traitement juridique des risques en fonction de leur origine est envisageable, ce qui conduit à un éclatement inévitable du traitement mais aussi d'une certaine manière de la notion de risque sanitaire.

47. Conclusion du §1. – En droit français comme anglais, la notion de risque sanitaire est singulière en raison d'une tension qui existe entre la manière dont elle est définie et la manière dont elle est juridiquement appréhendée.

En effet, d'un côté, la notion est définie au regard du critère des conséquences. Le risque sanitaire est donc un risque pour la santé humaine, envisagée dans sa dimension individuelle mais aussi collective. Dit autrement, il s'agit d'un risque pouvant emporter des conséquences sur le bien-être physique ou mental d'un individu ou d'une population. Dans ce contexte, l'origine des risques sanitaires ne peut qu'être diverse.

Mais, d'un autre côté, la notion est juridiquement appréhendée au regard du critère de l'origine, de sorte qu'elle fait l'objet d'un traitement juridique morcelé, éclaté, dispersé au sein de divers codes ou législations sectorielles. Dans ces conditions, c'est ainsi l'unité de la notion qui est éprouvée.

§2 – Les caractéristiques des risques sanitaires

48. Si la notion de risque sanitaire présente une double dimension – individuelle et collective –, elle est généralement utilisée dans sa dimension collective. Le risque sanitaire est ainsi principalement compris comme un risque pour la santé d'une population, c'est-à-dire comme un risque pouvant affecter la santé de « l'ensemble des individus habitant un territoire »[216], ou de manière plus restrictive, de l'« ensemble des personnes constituant, dans un espace donné, une catégorie particulière »[217].

Dans ce contexte, les risques qualifiés de sanitaires présentent tous certaines caractéristiques communes : d'abord, parce qu'ils constituent des risques pour la santé d'une population, les risques sanitaires sont caractérisés par une collectivisation de l'atteinte à la santé (I). Cependant, cette première caractéristique n'est pas suffisante pour délimiter précisément la notion. Les risques dits sanitaires s'inscrivent ensuite dans le cadre de la politique de santé menée par l'État, laquelle, rappelons-le, garantit le droit à la protection de la santé (II). La notion de risque sanitaire est en fait difficilement saisissable car il s'agit d'une notion flexible, dont les contours sont constamment appelés à évoluer.

---

[216] V° entrée « population » *in* E. LITTRE, *Dictionnaire de la langue française*, Hachette, Paris, 1873-1874. Version électronique créée par F. GANNAZ : < http://www.littre.org >

[217] V° entrée « population » dans le *dictionnaire Larousse en ligne*, consulté le 19/08/2021 sur : < https://www.larousse.fr/dictionnaires/francais-monolingue > .

I. *LA DIMENSION COLLECTIVE DE L'ATTEINTE À LA SANTÉ*

49. La collectivisation de l'atteinte à la santé. – Dans le Code de la santé publique, considéré par certains auteurs comme « le livre des risques auxquels les populations sont exposées »[218], de même que dans les différentes législations anglaises, les risques considérés comme sanitaires sont envisagés d'un point de vue collectif. Ceci implique que l'atteinte à la santé susceptible de résulter de leur réalisation présente elle-même une dimension collective. Il s'agit d'une caractéristique que l'on retrouve pour tous les types de risques sanitaires, bien que cette « collectivisation » de l'atteinte à la santé puisse se présenter sous plusieurs formes.

50. Les formes de la collectivisation de l'atteinte à la santé dans le contexte des risques sanitaires. – Dans sa forme la plus édulcorée, la collectivisation de l'atteinte à la santé est le résultat d'une multiplication d'atteintes individuelles à la santé qui ont pour seul dénominateur commun le secteur d'activité dans lequel elles surviennent[219]. C'est par exemple le cas des atteintes à la santé provenant de la réalisation des risques sanitaires liés à des activités de santé, en particulier des risques médicaux liés aux choix thérapeutiques, aux actes de prévention, de diagnostic ou de soins. En effet, ces atteintes sont le résultat d'accidents isolés, qui se réalisent indépendamment les uns des autres, sans aucun lien en termes de réalisation, de temps, de lieu ou même de cause[220]. Pour Madame GUEGAN-LECUYER, ces situations correspondent à des « accidents de masse »[221], qui recouvrent les cas de « dommages causés à un grand nombre de victimes dans le domaine de certaines activités, et qui apparaissent comme le résultat inéluctable de transformations technologiques, économiques et sociales »[222]. C'est alors la multiplication de ces dommages isolés qui fait prendre conscience de la nécessité d'envisager le problème qu'ils posent – pour la santé – de manière collective[223].

Ensuite, la collectivisation de l'atteinte à la santé peut prendre la forme d'une multiplication d'atteintes individuelles à la santé résultant d'un ensemble de faits dommageables ayant une origine commune. C'est notamment le cas lorsque la santé d'une population est affectée par une exposition à un même agent infectieux (par ex. coronavirus responsable de l'épidémie de SRAS, ou de

---

[218] M.-A. HERMITTE, « Introduction générale » *in* F. ROUSSEAU, K. FOUCHER, *op. cit.* (note 131), p. 12.

[219] A. GUEGAN-LECUYER, *Dommages de masse et responsabilité civile*, préf. P. JOURDAIN, LGDJ, coll. « Bibliothèque de droit privé », t. 472, 2006, p. 86, spéc. n°72.

[220] *Ibid.*, p. 86, spéc. n°72.

[221] A. GUEGAN-LECUYER, *op. cit.* (note 219), p. 78, n°68. V° aussi: Ph. PIERRE, *Vers un droit des accidents : Contribution à l'étude du report de la responsabilité civile sur l'assurance privée*, thèse droit : Rennes I, 1992, p. 3.

[222] A. GUÉGAN-LÉCUYER, *op. cit.* (note 219), p. 78, spéc. n°68.

[223] C. LIENHARD, « Pour un droit des catastrophes », *D.* 1995, N°13, 30/03/1995, p. 91 qui mentionne « les situations d'accidents individuels qui, par leur agrégation prennent une dimension collective ».

l'épidémie de Covid-19, influenza A responsable de l'épidémie de grippe H1N1, VIH, bactéries responsables de la tuberculose, la lèpre, etc.), à une même substance (par ex. amiante, plomb, effets à long-terme des rayonnements ionisants, etc.) ou à un même produit – notamment produits de santé ou de consommation (affaires de l'ESB, du sang contaminé, du Mediator, du lait contaminé – Lactalis , du Distilbène, etc.). Les risques sanitaires entraînant ce type d'atteinte sont d'origine variée : ils peuvent être naturels (cas des épidémies) ou résulter de l'activité humaine ; ils peuvent être d'origine environnementale, professionnelle, alimentaire, sanitaire, liés à la consommation, etc.

Enfin, la collectivisation de l'atteinte à la santé peut prendre la forme d'une multiplication d'atteintes individuelles à la santé *résultant d'un événement unique*. Les situations entraînant ce type d'atteinte et faisant naître des risques sanitaires sont diverses : il peut s'agir, par exemple, d'un événement accidentel comme l'explosion d'une centrale nucléaire qui affecte la santé des individus (à court et long terme)[224], ou encore d'un événement météorologique extrême comme la canicule de 2003 qui a entraîné 14 803 victimes, et qui a été qualifiée de véritable « crise sanitaire »[225].

51. La dimension collective de l'atteinte à la santé, élément indispensable mais insuffisant de caractérisation des risques sanitaires. – Si tous les risques sanitaires ont la capacité d'entraîner une atteinte collective à la santé, sous quelque forme que ce soit, cet élément ne suffit pas à expliquer pourquoi les risques sanitaires sont qualifiés comme tels.

En effet, il existe d'autres situations susceptibles d'entraîner des atteintes collectives à la santé sans pour autant que le risque qu'elles traduisent ne soit qualifié de risque sanitaire. Par exemple, les risques liés au transport, en particulier au transport aérien ou ferroviaire, peuvent également entraîner des atteintes collectives à la santé physique, de même que les accidents de circulation routière constituent, comme les accidents médicaux, des accidents de masse[226]. Toutefois, à la différence des risques sanitaires, ces risques ne s'inscrivent pas dans le cadre d'une politique de santé.

II. *L'INSCRIPTION DANS LE CADRE D'UNE POLITIQUE DE SANTÉ*

52. L'émergence d'une politique nationale de santé. – Comme le notent certains auteurs[227], les pouvoirs publics français ont, jusqu'à une date récente,

---

[224] Un tel risque est envisagé à l'article L. 1333-3, 1°, CSP.

[225] D. JACQUAT (A.N), *Rapport d'information sur la crise sanitaire et sociale déclenchée par la canicule*, *T.1*, Rapp. A. N. n°1091, XIIème législature, 24 septembre 2003.

[226] En ce sens, V° A. GUEGAN-LECUYER, *op. cit.* (note 219), p. 78, n°68.

[227] A. MORELLE, D. TABUTEAU, *op. cit.* (note 17), p. 122 ; M. TREPREAU, « Stratégie nationale de santé : un instrument disruptif de mise en œuvre de la politique de santé ? », *RDSS*, N°3, 29/06/2018, p. 389.

privilégié le développement de politiques de santé spécialisées, comme celle liée à la lutte contre les épidémies, par exemple. Cependant, l'idée s'est peu à peu imposée de procéder à la définition de politiques globales de santé. La politique de santé relève, aux termes de l'article L. 1411-1, alinéa 2, du Code de la santé publique, « de la responsabilité de l'État ». Elle est aujourd'hui conduite dans le cadre d'une stratégie nationale de santé[228], qui détermine, de manière pluriannuelle, les domaines d'action prioritaires et les objectifs d'amélioration de la santé et de la protection sociale[229].

53. La réduction des risques sanitaires, objectif de la politique de santé. – La politique de santé, telle que définie à l'article L. 1411-1 du Code de la santé publique, comprend des objectifs extrêmement variés, parmi lesquels « la réduction des risques pour la santé liés à l'alimentation, à des facteurs environnementaux et aux conditions de vie susceptibles de l'altérer »[230]. Cette disposition reprend pour partie l'ancien article L. 1411-1 du Code de la santé publique, issu de la loi du 9 août 2004, et il est utile d'y revenir pour comprendre ce que recouvrent les risques pour la santé liés « aux conditions de vie susceptibles de l'altérer ».

Cet ancien article indiquait que la politique de santé publique[231] concernait l'identification et la réduction des risques éventuels pour la santé notamment liés à des facteurs d'environnement, et des conditions de travail, d'alimentation ou de consommation de produits et de services susceptibles de l'altérer. Il faut donc sans doute comprendre l'actuel article L. 1411-1 de la même façon, bien que la texture de l'article soit plus ouverte. La stratégie nationale de santé (2018-2022)[232] mise en place par le Gouvernement tend d'ailleurs à confirmer cette interprétation.

En d'autres termes, au-delà de la collectivisation de l'atteinte à la santé, les risques qualifiés de sanitaires présentent un autre point commun : leur prévention est inscrite *dans le cadre de la politique de santé menée par l'État*, politique qui est évolutive, ce qui explique pourquoi la notion de risque sanitaire est elle-même appelée à évoluer.

54. Conclusion de la section I. – La diversité des risques sanitaires, aussi bien en ce qui concerne leur origine que leurs conséquences (différentes formes de collectivisation de l'atteinte à la santé, tous les risques sanitaires n'impliquent pas la survenance d'une maladie[233]), nous amène à conclure que la

---

[228] Art. L. 1411-1-1, alinéa 1, CSP.
[229] Art. L. 1411-1-1, aliéna 1, CSP.
[230] Art. L. 1411-1, alinéa 4, 3°, CSP.
[231] Nous noterons que la loi du 26 janvier 2016 ne parle plus de « politique de santé publique » mais simplement de « politique de santé ». Toutefois, dans la partie réglementaire, l'intitulé du chapitre Ier mentionne toujours la « politique de santé publique », ce qui témoigne d'une incohérence.
[232] Annexe au décret n°2017-1866 du 29 décembre 2017 portant définition de la stratégie nationale de santé pour la période 2018-2022, JORF, n°305, 31 décembre 2017, texte n°72 [en ligne] consulté le 19/08/2021 sur :
< https://www.legifrance.gouv.fr/jo_pdf.do?id=JORFTEXT000036341354 >
[233] Par exemple, la réalisation de risques sanitaires liés à des activités de santé, en particulier des

notion ne peut pas faire l'objet d'une délimitation précise. La notion de risque sanitaire est en réalité *flexible*, insusceptible d'être enfermée dans des critères stricts : il s'agit d'une catégorie ouverte, appelée à évoluer à l'avenir comme elle a évolué par le passé.

Ceci étant, en dépit de leur diversité, les risques sanitaires présentent des caractéristiques communes, qui nous permettent de considérer que, dans leur dimension collective, **les risques sanitaires constituent des risques pour la santé d'une population, dont la réalisation est susceptible d'entraîner une collectivisation de l'atteinte à la santé, et dont la prévention s'inscrit dans le cadre de la politique de santé menée par l'État**.

Cette définition nous amène un pas plus près de la définition du risque sanitaire *sériel*. En effet, les risques sanitaires sériels correspondent en fait à des risques sanitaires dont la réalisation est susceptible d'entraîner une *forme particulière de collectivisation des atteintes à la santé* : des dommages sériels.

SECTION II : LA NOTION DE DOMMAGES SÉRIELS

55. La notion de dommages sériels est apparue assez récemment « pour évoquer certaines situations dommageables, sans que jamais ses contours aient été clairement définis »[234]. Il est d'ailleurs symptomatique de relever que les auteurs emploient indifféremment les expressions « risques sériels »[235], « sinistres sériels »[236] ou encore « dommages sériels »[237], bien qu'aucune de ces expressions n'aient fait l'objet d'une consécration légale officielle.

---

activités de soins, n'entraîne pas toujours la survenance d'une maladie ; de la même façon, le risque sanitaire lié à la canicule de 2003 n'a pas entraîné des maladies, mais un nombre important de décès chez les personnes âgées (population vulnérable).

[234] A. GUEGAN-LECUYER, *op. cit.* (note 219), p. 40, spéc. n°36.

[235] Par ex. : P. SARGOS, « Réflexions sur les accidents médicaux et la doctrine jurisprudentielle de la Cour de cassation en matière de responsabilité médicale », *D.* 1996, N°43, 12/12/1996, p. 365 ; G. VINEY, « L'introduction en droit français de la directive européenne du 25 juillet 1985 relative à la responsabilité du fait des produits défectueux », *D.* 1998, N°31, 10/09/1998, p. 291 ; N. MOLFESSIS, « Les victimes de l'amiante et le principe de réparation intégrale en quête de cour suprême », *RTD civ.* 2001, N°1, 15/03/2001, p. 229 ; E. HERAIL, « De l'organisation de l'expertise relative aux médicaments – retour d'expérience », *RDSS* 2013, N°5, 01/11/2013, p. 788 ; B. PIGNEROL, « Responsabilité et socialisation du risque », *AJDA*, 2005, N°40, 28/11/2005, p. 2211.

[236] Par ex. : Ph. MALINVAUD, « Distinction entre le vice et la non-conformité et point de départ de la prescription de l'action récursoire de l'entrepreneur contre le fabricant du produit défectueux », *RDI* 1999, N°1, 15/03/1999, p. 107 ; G. LEGUAY, « Déchéance et garantie des conséquences des condamnations in solidum », *RDI* 2001, N°3, 16/07/2001, p. 230 ; Y. LAMBERT-FAIVRE, « De la licéité des obligations d'assurance réglementaires et des limitations de garantie dans le temps et en montant », *D.* 2001, N°16, 19/04/2001, p. 1265 ; C. CORGAS-BERNARD, « L'assurance de responsabilité civile des professionnels libéraux de la santé », *RDSS* 2010, N°HS, 09/08/2010, p. 75.

[237] Par ex. : Y. LAMBERT-FAIVRE, « L'affaire du sang contaminé : le risque de développement, le principe indemnitaire face à la pluralité d'actions et les limitations de garantie d'assurance responsabilité civile », *D.* 1996, N°43, 12/12/1996, p. 610 ; Y.-M. SERINET, R. MISLAWSKI, obs. sous Cass., civ. 1, 23 septembre 2003, n°01-13.063, *Bull. civ. I*, 2003, N°188, p. 146 in : *D.* 2004, N°13, 25/03/2004, p. 898 ; F. ROME, « Haro sur le principe de précaution ! », *D.* 2010, N°17

Si la notion de dommage sériel est susceptible de renvoyer aux atteintes à la santé comme aux biens, voire au milieu naturel, il ne faut pas perdre de vue que notre étude porte sur les risques *sanitaires* sériels, ce qui nous amène à limiter notre analyse de cette notion aux seules situations d'atteintes à la *santé*. Dans cette perspective, l'identification de la notion (paragraphe 1) précèdera, à nouveau, la recherche des caractéristiques communes des atteintes à la santé pouvant être qualifiées de dommages sériels (paragraphe 2).

§1 – L'identification de la notion

56. Les dommages sériels présentent une spécificité indéniable (I), si bien que l'émergence des notions de dommages sériels, de risques sériels, ou encore de sinistres sériels (II) en droit français traduit la volonté d'appréhender ce nouveau phénomène sous le prisme juridique.

I. *LA SPECIFICITÉ DES DOMMAGES SÉRIELS*

57. Les atteintes à la santé qui sont qualifiées de dommages sériels se distinguent d'autres types d'atteintes à la santé : d'abord, elles constituent une forme d'atteinte collective à la santé (A) ; ensuite, elles constituent une forme spécifique d'atteinte collective à la santé (B).

A. UNE FORME D'ATTEINTE COLLECTIVE À LA SANTÉ

58. La définition de la série : premières précisions sur la notion de dommage sériel. – La notion de série est au cœur de celle de dommage sériel. Le terme renvoie d'abord au domaine des mathématiques, pour faire référence à une « suite de grandeurs qui croissent ou décroissent suivant une certaine loi »[238] avant d'opérer un glissement sémantique et d'intégrer le langage courant. Ainsi, dans le langage courant, la « série » renvoie à une « suite, succession de choses de même nature »[239]. Ce terme renvoie donc

29/04/2010, p. 1009 (« risques de dommages sériels »); D. TURPIN, « La responsabilité sanitaire et sociale : évolutions et tendances », *RDSS* 2015, N°1, 28/02/2015, p. 5 ; A. LAUDE, « L'action de groupe en santé, à l'épreuve de sa complexification », *D.* 2017, N°8, 23/02/2017, p. 412.

[238] V° entrée « série » *in* E. LITTRE, *Dictionnaire de la langue française*, Hachette, Paris, 1873-1874. Version électronique créée par F. GANNAZ : < http://www.littre.org >

[239] V° entrée « série » dans le *Dictionnaire Larousse en ligne*, consulté le 19/08/2021 sur : < https://www.larousse.fr/dictionnaires/francais-monolingue >.

intrinsèquement à l'idée d'une répétition (suite, succession) qui s'inscrit dans « un ensemble homogène »[240] (de même nature).

La notion de dommage sériel renvoie ainsi à l'idée d'une répétition d'un certain type de dommage, dont le tout s'inscrit dans une certaine unité ; cela suppose que, pour former un bloc unifié, la répétition présente des caractères communs. Surtout, la « série », en tant qu'elle constitue une suite, une succession, une répétition implique l'idée d'une pluralité. En ce sens, le dommage sériel renvoie à l'idée d'une pluralité de dommages, et surtout d'une *pluralité de victimes* : la notion est ainsi imprimée d'une dimension collective.

Il nous semble donc possible d'affirmer dès maintenant que les atteintes à la santé, qualifiées de dommages sériels, touchent une pluralité de victimes, par l'effet d'une répétition qui présente des caractères communs et qui permet de considérer ces atteintes comme formant un ensemble homogène. Par conséquent, si les atteintes à la santé « en série » sont individuelles par nature, leur rassemblement au sein d'un ensemble homogène leur confère une dimension collective.

B. Une forme spécifique d'atteinte collective à la santé

59. Les dommages sériels correspondent à une forme tout à fait particulière d'atteinte collective à la santé. D'une part, ce sont des dommages singuliers, qui doivent être distingués d'autres formes d'atteintes collectives à la santé (1). D'autre part, les dommages sériels constituent également un phénomène nouveau (2).

1. La singularité des dommages sériels

60. Les atteintes collectives à la santé qualifiées de dommages sériels se différencient des dommages collectifs (a) et des accidents de masse (b).

a. *Dommages sériels et dommages collectifs : distinction*

61. Dommages sériels et dommages collectifs : sous-catégories des dommages de masse. – La notion de dommage de masse, comme celle de dommage sériel, ne fait pas l'objet d'une définition légale, ni même jurisprudentielle ; elle est avant tout le résultat d'une construction doctrinale qui, d'après les auteurs, regroupe les situations dommageables caractérisées par

---

240 A. GUEGAN-LECUYER, *op. cit.* (note 219), p. 41.

deux éléments : leur ampleur (critère quantitatif) et l'unicité du fait dommageable (critère qualitatif)[241]. Aujourd'hui, la doctrine a fait sienne[242] la définition proposée par Madame GUEGAN-LECUYER, qui a défini les dommages de masse comme « les atteintes aux personnes, aux biens ou au milieu naturel qui touchent un grand nombre de victimes à l'occasion d'un fait dommageable unique, ce dernier pouvant consister en un ensemble de faits dommageables ayant une origine commune »[243]. Cette définition permet alors l'intégration des dommages collectifs et des dommages sériels dans la catégorie des dommages de masse.

Les dommages collectifs sont les dommages résultant d'accidents collectifs, « événements uniques engendrant instantanément de nombreuses victimes »[244] : ce sont donc des dommages « à la source unique et aux conséquences susceptibles de degrés »[245]. Ils sont caractérisés par le grand nombre de victimes (critère quantitatif) et par l'unicité du fait dommageable qui leur a donné naissance (critère qualitatif), ce qui permet de les intégrer dans la catégorie des dommages de masse.

Les dommages sériels sont eux aussi d'abord caractérisés par leur dimension collective. Pour les uns, les dommages en série impliquent « un même fait générateur (...) [qui] atteint de multiples victimes à des dates différentes »[246] ; pour les autres, les dommages sériels sont des dommages « aux sources multiples mais similaires, affectant d'une même manière une série de personnes, par une démultiplication de dommages personnels »[247]. Dans tous les cas, il ressort que les dommages sériels sont caractérisés par une *origine commune* qui permet de regrouper les faits dommageables qui leur ont donné naissance dans un même ensemble. Par construction, « l'ensemble des faits dommageables » à l'origine de dommages sériels est alors considéré comme « un fait dommageable

---

241 A. GUEGAN-LECUYER, *op. cit.* (note 219), p. 93.

242 V° les différents auteurs qui citent les travaux de Madame GUEGAN-LECUYER dans l'utilisation de la notion : par ex., S. BEN HADJ YAHIA, « Action de groupe », *Rép. pr. civ.*, juin 2015 (actual. : Décembre 2019), n°35 ; Ph. LE TOURNEAU (dir.), *op. cit.* (note 10), n°0122.13 ; G. Viney, *op. cit.* (note 64), pp. 144-145, spéc. n°64-1 ; B. DUBUISSON, « Les dommages en série – responsabilité, Assurance et indemnisation », 1ère partie, *RGAR*, 15182, 2015, sous n°4.

243 A. GUEGAN-LECUYER, *op. cit.* (note 219), p. 93, n°77.

244 C. LIENHARD, art. préc. (note 223), p. 91, spéc. note 4. V° aussi dans le même sens : D. TAPINOS, *Prévention, précaution et responsabilité civile : risque avéré, risque suspecté et transformation du paradigme de la responsabilité civile*, préf. N. MOLFESSIS, L'Harmattan, coll. « Logiques juridiques », 2008, p. 453 ; M.-F. STEINLE-FEUERBACH, « Le droit des catastrophes et la règle des trois unités de temp, de lieu et d'action », *LPA*, 28 juillet 1995, n°90, p. 9 ; C. LACROIX, *La réparation des dommages en cas de catastrophes*, préf. M.-F. STEINLE-FEUERBACH, LGDJ, coll. « Bibliothèque de droit privé », t. 490, 2008, p. 23.

245 C. THIBIERGE, « Libres propos sur l'évolution du droit de la responsabilité (vers un élargissement de la fonction de responsabilité civile ?) », *RTD civ.* 1999, N°3, 15/09/1999, p. 561. Dans le même sens : C. LIENHARD, art. préc. (note 223), p. 91, n°8 et s. ; A. GUEGAN-LECUYER, *op. cit.* (note 219), pp. 38-40 qui distingue toutefois « les dommages collectifs » qui se réfèrent à des dommages subis individuellement, isolément et directement par plusieurs personnes, en raison d'un événement unique, et « le dommage collectif » qui renvoie au dommage subi par une collectivité (l'atteinte à un intérêt collectif).

246 Y. LAMBERT-FAIVRE, S. PORCHY-SIMON, *op. cit.* (note 81), p. 582, spéc. n°645.

247 C. THIBIERGE, art. préc. (note 245), p. 561.

unique »[248]. En conséquence, comme les dommages collectifs, les dommages sériels sont également caractérisés par le grand nombre de victimes (critère quantitatif) et par l'unicité du fait dommageable qui leur a donné naissance (critère qualitatif), de sorte qu'ils s'intègrent aussi dans la catégorie des dommages de masse.

62. La « répétition » du fait dommageable, critère de distinction. – Toutefois, si les dommages collectifs et les dommages sériels constituent deux sous-catégories des dommages de masse, ils doivent être distingués. En effet, contrairement aux dommages collectifs, qui surviennent par l'effet d'un événement, d'un fait unique qui affecte simultanément une pluralité d'individus, les dommages sériels sont caractérisés par *la répétition*, dans le temps, d'un même fait dommageable, qui conduit à dépasser progressivement la dimension individuelle des atteintes causées pour faire apparaître leur dimension collective.

b. *Dommages sériels et accidents de masse : distinction*

63. Dommages sériels et accidents de masse : rapprochements possibles. – Les accidents de masse, qui recouvrent les situations de dommages causés à un grand nombre de victimes dans le domaine de certaines activités[249] présentent des rapprochements indéniables avec les dommages sériels : comme les dommages sériels, les dommages résultant d'accidents de masse affectent un grand nombre de victimes ; comme les dommages sériels, les dommages résultant d'accidents de masse se réalisent indépendamment les uns des autres, sans aucun lien en termes de lieu et de temps. Par conséquent, comme pour les dommages sériels, la dimension collective des dommages résultant des accidents de masse s'explique par un effet de répétition.

64. L'unicité de la cause, critère de distinction. – Toutefois, les dommages résultant d'accidents de masse se distinguent des dommages sériels par un élément fondamental : leur absence d'unicité de cause. En effet, les dommages résultant des accidents de masse, comme ceux résultant d'accidents du travail, de la circulation ou d'accidents médicaux, ne présentent aucun lien en termes de cause ; les faits dommageables qui leur donnent naissance n'ont pas d'origine commune, contrairement aux dommages sériels : ces faits dommageables sont multiples, divers et variés. L'identification du dénominateur commun aux accidents de masse nécessite de remonter plus en amont : les dommages résultant d'accidents de masse sont en effet réunis par le secteur d'activité

---

[248] A. GUEGAN-LECUYER, *op. cit.* (note 219), p. 91, spéc. n°75: « Dans d'autres [cas], le fait dommageable unique sera constitué à travers la cause technique commune à l'ensemble des faits dommageables qui le composent, parce que c'est un même défaut, une même erreur, une même ignorance qui relient ces derniers en leur donnant une unité qui les insère dans une problématique unique. »
[249] V° sur ce point : *supra*, n°50 et 51.

(circulation routière, secteur professionnel, médical) dans lequel ils surviennent.

65. En somme, les atteintes à la santé entrant dans la catégorie des dommages sériels sont spécifiques. Elles sont caractérisées par leur effet de répétition dans le temps, ce qui les distingue des dommages collectifs ; elles sont également caractérisées par leur origine commune, ce qui les distingue des accidents de masse. Si les dommages sériels sont singuliers, ils constituent également un phénomène anthropique plutôt récent.

2. La nouveauté des dommages sériels

66. Les atteintes à la santé en série : un phénomène naturel ancien. – Si la notion de dommages sériels est apparue au début des années 1990[250], il serait pourtant erroné de considérer que le phénomène sous-jacent, en tant que donnée du réel, est nouveau. En effet, les atteintes à la santé en série sont même plutôt anciennes. Les épidémies, qui ont de tous temps existé[251], constituent sans doute la première forme d'atteinte à la santé en série.

D'abord, les épidémies affectent de très nombreux individus – qu'il suffise de mentionner l'épidémie de peste noire du XIVe siècle qui a décimé les deux tiers de la population européenne, ou celle plus récente de Covid-19. Ensuite, les atteintes à la santé qu'elles entraînent ne résultent pas de la survenance d'un événement unique, ce qui exclut de les associer à une hypothèse de dommages collectifs ; elles résultent en effet de la transmission d'un même agent infectieux, de sorte que les atteintes à la santé présentent une origine commune, excluant qu'on puisse les associer à une hypothèse de dommages résultant d'accidents de masse. Les atteintes à la santé résultant des épidémies affectent une pluralité de personnes (critère quantitatif) et présentent une origine commune (critère qualitatif) par le fait d'une répétition, ce qui doit donc nous conduire à les considérer comme entrant dans la catégorie des dommages sériels[252]. Dans ces circonstances, les atteintes à la santé constitutives de dommages sériels ne sont pas nouvelles.

67. Les atteintes à la santé en série : un phénomène anthropique nouveau. – Ce qui a changé, et qui explique l'émergence de la notion

---

[250] En ce sens : N. SILD, « L'affaire du Mediator devant le juge administratif », *RDP*, n°6, 01/11/2017, p. 1581.

[251] A. PROUST, *Essai sur l'hygiène internationale ; ses applications contre la peste, la fièvre jaune et le choléra asiatique*, G. MASSON, 1873, p. 4 : la peste d'Athènes (Ve siècle avant JC), p. 80, 143 : la peste de Justinien (VIe siècle), p. 91 : l'épidémie de peste noire (XIVe siècle), p. 254 et s. : la pandémie de choléra (XIXe siècle), l'épidémie de grippe espagnole (XXe siècle), etc. [en ligne] consulté le 19/08/2021 sur :
<https://gallica.bnf.fr/ark:/12148/bpt6k6539429w/f7.item.r=grippe%20espagnole >

[252] En ce sens, indirectement : M. DEGUERGUE, « Causalité et imputabilité », *J.-Cl. Resp. civ. et assur.*, Fasc. 370-60, 15 mai 2013, spéc. n°163 : l'auteur définit le risque sériel comme étant « produit par la dissémination d'un virus qui cause des dommages en chaîne ».

de dommages sériels, est en réalité la nature du phénomène réel sous-tendant la notion. En effet, auparavant, les situations de dommages sériels, telles que les situations d'atteintes à la santé résultant d'épidémies, étaient le résultat de phénomènes naturels ; or, depuis la seconde moitié du XXe siècle, les situations de dommages sériels, telles que celles relatives au sang contaminé (VIH, VHC), à l'air contaminé (amiante), à la « vache folle » (ESB) pour ne citer que celles-ci, sont principalement le résultat de phénomènes anthropiques. Dit autrement, la nouveauté des dommages sériels provient du fait que ces dommages sont maintenant le produit direct des activités humaines : ils sont en fait le résultat de la modernité.

En particulier, les dommages sériels découlent d'une consommation de masse, qui n'est possible qu'en raison de la transformation des moyens de production, qui eux-mêmes se « massifient » ; il n'est d'ailleurs pas anodin de relever qu'aujourd'hui, la production est dite en série. Cette transformation des moyens de production est aujourd'hui généralisée : elle concerne les produits de la vie courante, mais également les produits de santé (médicaments, dispositifs médicaux) et les produits alimentaires. Ce phénomène est lui-même couplé à une globalisation des échanges, de sorte que « la production industrielle s'accompagne d'un universalisme des menaces »[253], comme l'avait identifié le sociologue allemand, Ulrich BECK.

68. En conséquence, la notion de dommages sériels traduit d'abord l'émergence d'un nouveau phénomène : non seulement les atteintes à la santé qualifiées de dommages sériels correspondent à une forme spécifique d'atteinte collective à la santé, mais elles constituent également un phénomène anthropique nouveau qui résulte de la massification des techniques de production et d'échanges. Les dommages sériels constituent ainsi une donnée du réel que les systèmes juridiques français et anglais ont ensuite dû appréhender, sur le plan du droit.

II. *L'ÉMERGENCE DE LA NOTION DE DOMMAGES SÉRIELS*

69. La comparaison des droits français et anglais fait apparaître que la notion de dommages sériels n'existe pas en droit anglais (A), alors qu'elle connaît un ancrage de plus en plus important en droit français (B). Cette différence ne signifie pas que le droit anglais n'a pas été confronté à la réalité des dommages sériels. Plutôt l'inexistence de la notion s'explique, dans ce système juridique, par la manière dont le phénomène est approché.

---

[253] U. BECK, *op. cit.* (note 14), p. 66.

A. L'ABSENCE DE CONCEPTUALISATION DE LA NOTION EN DROIT ANGLAIS

70. La dilution des situations de dommages sériels dans la notion de *mass torts* : le constat. – La notion de *mass tort* (littéralement « délit civil de masse ») est une terminologie issue des États-Unis, qui ne fait l'objet d'aucune définition précise, ce qui entraîne des écarts parfois importants d'un auteur à l'autre[254]. Malgré les différentes définitions proposées, il convient tout de même de noter que la notion semble inclure les situations de dommages sériels, bien qu'elle ne s'y limite pas.

En réalité, la notion de *mass torts* renvoie à deux types de situations, comme l'a explicitement relevé un auteur : la notion inclut « des délits civils de type "un événement unique" comme les accidents catastrophiques, ou des délits civils de type "une cause unique" comme les contentieux relatifs à la responsabilité du fait des produits défectueux qui révèlent la survenance de dommages corporels temporellement et géographiquement dispersés »[255]. Dans ce contexte, il convient de noter un apparentement indéniable entre la notion anglo-saxonne de *mass torts* et celle française de dommages de masse, qui toutes deux incluent non seulement les situations de dommages collectifs mais aussi celles de dommages sériels. Le constat est donc celui de la dilution des situations de dommages sériels dans la notion de *mass torts*.

71. La dilution des situations de dommages sériels dans la notion de *mass torts* : l'explication. – Malgré l'apparentement des notions anglo-saxonne et française de *mass tort* et de dommages de masse, ces deux notions présentent des différences qui sont révélatrices d'une culture juridique différente, et qui

---

[254] R. A. NAGAREDA, « In the Aftermath of the Mass Tort Class Action », (1996) 85 *Geo. L.J.* 295, spéc. p. 296, sous note 1: « [I use the term "mass torts" to refer to] tortious conduct that affects large numbers of geographically dispersed persons, and that gives rise to latent disease. »; A. D. TAYLOR, « Mass Tort Litigation Management and Ethics », (2003) 44 *S. Tex. L. Rev.* 483, spéc. p. 484: « [The definition is broad enough to include:] (1) individual suits alleging injury as a result of exposures to a single type of product (e.g., silicone implant or injection litigation); (2) one suit in which several plaintiffs join and allege similar injuries arising out of different exposures (e.g., the asbestos litigation); and (3) one or more suits brought by multiple plaintiffs alleging injuries as a result of a single event (e.g., the 1992 gas pipeline explosion in Brenham or an airplane crash). »; T. E. WILLGING, FEDERAL JUDICIAL CENTER, « Mass Torts Problems & Proposals », *A report to the Mass Torts Working group*, 1999, Appendix C, p. 2: « [Mass torts litigation involves] cases, generally numbering in the thousands, that include claims of personal injuries or property damage caused by exposure to a product or substance or a set of similar products or substances or a single event »; FEDERAL JUDICIAL CENTER, *Manual for Complex Litigation*, Fourth edition, 2004, p. 343, §22.1: « [A mass tort is] defined by both the nature and number of claims; the claims must arise out of an identifiable event or product, affecting a very large number of people and causing a large number of lawsuits asserting personal injury or property damage to be filed. »

[255] A. STADLER, « Conflicts of Laws in Multinational collective actions – A judicial nightmare? » *in* D. FAIRGRIEVE, E. LEIN (éd.), *Extraterritoriality and Collective Redress*, Oxford University Press, 2012, p. 192 : « Mass torts include single-event torts such as disastrous accidents or single-cause mass torts like product liability cases with geographically and temporally dispersed injuries. »

permettent de comprendre pourquoi il n'existe pas d'équivalent de la notion de dommages sériels en droit anglais.

D'abord, d'un point de vue formel, la doctrine anglo-saxonne ne définit pas la notion de *mass tort* en tant que telle, mais s'attache plutôt à définir les situations factuelles que la notion a vocation à appréhender. Dit autrement, les *mass torts* ne « sont » pas, ils « incluent ». En ce sens, l'expression semble plutôt correspondre à un terme générique, pragmatique, pour appréhender une réalité protéiforme, ce qui tranche avec l'approche adoptée par la doctrine française concernant la notion de dommages de masse. Cette première différence met alors en exergue l'effort d'abstraction qui caractérise généralement les systèmes de droit continental, et en particulier le droit français, quand au contraire, elle met en avant l'approche casuistique, pragmatique adoptée par les systèmes de *Common Law*.

Ensuite, et de manière plus importante, le droit français s'intéresse aux situations de masse à travers la condition de dommage, ce qui traduit une approche juridique résolument *substantielle* de ces situations. Dans cette perspective, les dommages de masse sont avant tout définis comme des atteintes. Au contraire, les différentes définitions des *mass torts* mettent en exergue le fait que les situations de masse sont souvent envisagées par référence aux litiges, aux actions judiciaires, au nombre potentiel de plaignants. Ainsi, l'approche adoptée par les systèmes de *Common Law* vis-à-vis de ces situations est au contraire *procédurale*, ce qui est cohérent avec la tradition juridique historique des systèmes de *Common Law*[256].

72. Selon nous, cette approche procédurale des situations « de masse » est fondamentale pour comprendre l'absence de conceptualisation de la notion de dommages sériels dans les systèmes de *Common Law*. En effet, sur un plan procédural, les dommages collectifs, résultant d'un événement unique, et les dommages sériels, résultant de la répétition d'un même fait dommageable, posent des difficultés identiques, tenant principalement à la gestion d'une « masse » d'actions judiciaires. Dans ce contexte, seuls les *mass torts*, qui posent des difficultés particulières dans la gestion procédurale des contentieux par rapport aux situations classiques, individuelles, présentent une spécificité, ce qui explique alors la dilution des dommages sériels dans la notion plus englobante de *mass torts*.

B. L'APPARITION DE LA NOTION EN DROIT FRANÇAIS DES ASSURANCES

73. En droit français, les situations de dommages sériels ont d'abord été appréhendées sous l'angle du droit des assurances. Ce sont en effet les assureurs

[256] R. DAVID, C. JAUFFRET-SPINOSI, M. GORE, *op. cit.* (note 74), p. 251, n°263 : « [Les circonstances dans lesquelles s'est formée la *common law*] ont en premier lieu amené les juristes anglais à concentrer leur intérêt sur la procédure ». V° aussi : Ph. S. JAMES, *Introduction to English Law*, Butterworths, 8ème éd., 1972, p. 67.

qui ont été confrontés, les premiers, aux dommages sériels, qu'ils qualifient plus volontiers de sinistres sériels (1). Si la notion de sinistre sériel est d'abord un terme issu de la pratique assurantielle, elle connaît un ancrage juridique de plus en plus important. Par conséquent, il est utile d'examiner si – et comment – le droit des assurances définit le sinistre sériel (2). L'analyse permettra de constater que, du point de vue du droit des assurances, c'est l'unicité de la cause qui constitue le cœur de la notion.

1. L'apparition de la notion de sinistre sériel en droit des assurances

74. La notion de sinistre sériel, une notion née de la pratique assurantielle. – Appelés en garantie par leurs assurés, les assureurs ont sans doute été les premiers confrontés à la réalité de ces nouveaux types de dommages, auxquels ils se réfèrent sous l'appellation de sinistres sériels[257]. En particulier, ils ont cherché à se protéger des conséquences financières résultant de ce type de dommage, ce qui les a conduits à introduire des clauses dites de globalisation dans les polices d'assurance de responsabilité. La notion de sinistre sériel est donc d'abord née d'une pratique contractuelle dans le domaine des assurances[258]. Ce type de clauses, connues en Angleterre sous les appellations *aggregation clauses* ou *series clause*[259], ont vocation à appréhender les situations de masse, y compris en série[260]. Cependant, contrairement à ce qui s'est produit en France, l'émergence de ces clauses n'a pas abouti à l'émergence corrélative de la notion de sinistre sériel, en Angleterre.

Cette technique de globalisation procède en réalité d'une fiction juridique, qui permet de considérer qu'une accumulation de sinistres successifs provenant

[257] D. BAKOUCHE, « La globalisation des sinistres », *Resp. civ. et assur.* n°9, Septembre 2016, dossier 22, spéc. n°1.
[258] J. KULLMANN, « Remarques juridiques sur les sinistres sériels », *Risques*, n°62, Juin 2005, p. 107.
[259] Par ex. : A. BURNS, « Watch your words: aggregation clauses » (2003) 153 *N.L.J.* 1873: « The concept of aggregation is simply where a term of the contract enables two or more separate losses covered by the policy to be treated as a single loss, for deductible or other purposes, when they are linked by a unifying factor of some kind. » L'auteur relève également : « It is the nature of the unifying factor that causes the most debate. In each case, the legal test depends on the precise wording of the clause that defines that unifying factor. The factor is often a common origin – some act or event – that links the claim. » V° aussi: J. D. WRIGHT, « Insurance claims – a series issue » (2011) 2 *Cons. Law* 22, p. 23.
[260] A. BURNS, *Ibid.*, p. 1873. L'auteur s'intéresse à un contentieux particulier (*Lloyds TSB General Insurance Holdings v. Lloyds Bank Group Ins Co* [2003] UKHL 48) relatif à une clause de globalisation (*aggregation clause*) qui s'applique aux « claims resulting from any single act or omission (*or related series of acts or omissions*) [italiques ajoutées par nous] ». Il mentionne une autre affaire (*Countrywide Assured Group v. DJ Marshall & others* [2003] 1 All ER (Comm) 237) où la clause de globalisation s'appliquait à « any claims », cette expression étant contractuellement définie comme « all occurrences of a series consequent upon or attributable to one source or original cause »

d'un même événement ou d'une même cause constitue un « sinistre unique »[261]. Pour les assureurs, ces clauses présentent une utilité indéniable, puisqu'elles leur permettent de limiter les plafonds de garantie. Les plafonds de garantie étant généralement limités par sinistre ou par année d'assurance, le fait de considérer plusieurs sinistres successifs comme un « sinistre unique » permet ainsi à l'assureur de leur appliquer un unique plafond de garantie[262], là où l'absence de globalisation conduirait à ce que chacun des sinistres successifs soit considéré comme un sinistre unique, bénéficiant de ce fait d'un plafond de garantie distinct. Les clauses de globalisation permettent donc de limiter l'engagement des assureurs en cas de sinistres sériels.

75. La légalisation du mécanisme de globalisation : la reconnaissance innommée de la notion de sinistre sériel. – La notion de sinistre sériel a été – et demeure – un terme de la pratique assurantielle qui n'a jamais été consacrée par la loi, bien que la jurisprudence n'hésite pas à faire usage de ce terme, comme l'illustrent plusieurs arrêts[263]. Toutefois, si la loi ne consacre pas la notion elle-même, elle en a tout de même défini les contours lorsqu'elle a légalisé le mécanisme de globalisation. Cette légalisation, qui a d'abord concerné les assurances de responsabilité médicale[264] avant d'être étendue à toutes les assurances de responsabilité[265], permet donc une application automatique de la globalisation lorsque les conditions légales sont constatées et ce, même en l'absence de clause en ce sens[266]. En quelque sorte, il nous semble

---

[261] J. BIGOT, « Problématique de la globalisation des sinistres », *JCP G.*, n°27, 1er juillet 2013, doctr. 783, spéc. nos 1 et 2.

[262] Y. LAMBERT-FAIVRE, L. LEVENEUR, *Droit des assurances*, Dalloz, coll. « Précis », 14ème éd., 2017, pp. 440-441, spéc. n°613.

[263] Par ex. : Cass., civ. 1, 18 décembre 2019, nos 18-14.827, 18-18.709, ECLI:FR:CCASS:2019:C101080 (publié) ; Cass., civ. 2, 2 juillet 2015, n°14-21.731, inédit ; Cass., civ. 2, 11 décembre 2014, nos 13-19.262, 13-26.653, inédit ; Cas, civ. 3, 29 mai 2013, n°11-24.156, inédit.

[264] La loi du 4 mars 2002 a créé une obligation d'assurance dans le secteur sanitaire qui a entraîné une véritable levée de boucliers de la part des assureurs. Ainsi, pour apaiser les assureurs qui menaçaient de se retirer du marché de l'assurance médicale, les législateurs ont modifié la loi du 4 mars 2002 par une loi du 30 décembre 2002, dite loi « About ». Cette loi consacre notamment, entre autres dispositions, un article L. 251-2 dans le Code des assurances : « constitue un sinistre, pour les risques mentionnés à l'article L. 1142-2 du code de la santé publique, tout dommage ou *ensemble de dommages causés à des tiers*, engageant la responsabilité de l'assuré, résultant d'un fait dommageable ou *d'un ensemble de faits dommageables ayant la même cause technique*, imputable aux activités de l'assuré garanties par le contrat, et ayant donné lieu à une ou plusieurs réclamations [italiques ajoutées par nous] ». Cet article consacre légalement la technique de globalisation dans le cadre des risques mentionnés à l'article L. 1142-2 du Code de la santé publique, qui incluent notamment les risques liés à la fabrication et fourniture de produits de santé utilisés à l'occasion d'activités de prévention, de diagnostic ou de soins (à l'exception des produits sanguins labiles, des procédés et appareils destinés à la désinfection des locaux et des véhicules dans les cas prévus à l'article L. 3114-1, des lentilles oculaires non correctrices et des produits cosmétiques).

[265] Art. 80, L. n°2003-706 du 1er août 2003 de sécurité financière, JORF, n°177, 2 août 2003, p. 13220.

[266] L'article L. 124-1-1 du Code des assurances, qui légalise la pratique de globalisation, est en effet une disposition impérative.

permis de dire que la légalisation du mécanisme de globalisation a donné une assise plus solide à la notion de sinistre sériel, précisée sans jamais être pourtant nommée.

76. La définition légale du sinistre posée dans le Code des assurances mérite ainsi d'être examinée, car elle fournit des indications précieuses sur ce que constitue un sinistre « sériel » en droit des assurances.

2. La définition du sinistre sériel en droit des assurances

77. Le sinistre sériel dans l'article L. 124-1-1 du Code des assurances. – Le mécanisme légal de globalisation, applicable à tous les contrats d'assurances de responsabilité conclus ou renouvelés à partir du 3 novembre 2003[267], a été consacré à l'article L. 124-1-1 du Code des assurances : « au sens du présent chapitre [relatif aux assurances de responsabilité], constitue un sinistre tout dommage ou ensemble de dommages causés à des tiers, engageant la responsabilité de l'assuré, résultant d'un fait dommageable et ayant donné lieu à une ou plusieurs réclamations. Le fait dommageable est celui qui constitue la cause génératrice du dommage. *Un ensemble de faits dommageables ayant la même cause technique est assimilé à un fait dommageable unique* »[268].

De cet article, il ressort que la globalisation de plusieurs sinistres en un sinistre unique est conditionnée par l'unicité du fait dommageable, qu'elle soit réelle ou fictive. En effet, la globalisation intervient d'abord dans le cas d'un fait dommageable « réellement unique » – autrement dit, un fait, un acte ou un événement[269] unique – qui est la cause génératrice d'une pluralité de dommages pour une même personne ou qui est la cause génératrice d'un ou plusieurs dommages pour une pluralité de personnes. Ce dernier cas correspond alors aux situations de dommages collectifs[270], appelés encore dans la pratique assurantielle « sinistres de grande ampleur »[271]. La globalisation intervient ensuite dans le cas d'un fait dommageable « fictivement unique » – autrement dit, dans le cas d'un ensemble de faits dommageables ayant une même cause technique –, qui est la cause génératrice d'un ou plusieurs dommages pour une

---

[267] Art. 80, IV, L. n°2003-706 de sécurité financière, préc. (note 265). V° aussi : Cass., civ. 2, 25 juin 2009, n°s08-14.060 et 08-16.910, *Bull. civ. II*, 2009, N°171 qui indique que « la loi n°2003-706 du 1er août 2003 ne s'appliqu[e] pas à un sinistre survenu avant la date de son entrée en vigueur le 3 novembre 2003 ».

[268] [italiques ajoutées par nous] Art. L. 124-1-1, C. assur.

[269] V° annexe à l'article A 112 du Code des assurances qui définit le fait dommageable comme un « fait, acte ou événement à l'origine des dommages subis par la victime et faisant l'objet d'une réclamation ».

[270] *Supra*, n°61et 62.

[271] Sur la distinction entre les « sinistres de grande ampleur » et les « sinistres sériels » : J. KULLMANN, « Sinistres sériels : le sprint des victimes », *RGDA*, 01/03/2015, n°3, p. 156 qui note que du point de vue de la globalisation, ces deux types de sinistres sont envisagés de manière identique.

pluralité de personnes. Cette situation correspond aux dommages sériels, ou en droit des assurances, aux sinistres sériels.

L'article L. 124-1-1 du Code des assurances permet donc de circonscrire, dans une certaine mesure, les contours des sinistres sériels qui ont pu être définis comme « un ensemble de dommages causés à des tiers, engageant la responsabilité de l'assuré, résultant *d'un ensemble de faits dommageables ayant la même cause technique*, et ayant donné lieu à une ou plusieurs réclamations »[272].

78. Les contours incertains du sinistre sériel au regard de l'article L. 124-1-1 du Code des assurances. – En droit des assurances, la notion de sinistre sériel est certes caractérisée par l'unicité de cause « technique » des faits dommageables, mais il devient plus difficile d'identifier à quoi correspond exactement cette notion de cause technique. Ceci s'explique car le législateur fait usage de plusieurs notions qu'il semble vouloir distinguer, telles que celles de fait générateur, de fait dommageable, de cause génératrice et de cause technique, mais qu'il ne définit pas[273]. Par conséquent, on observe que la jurisprudence a parfois tendance à utiliser toutes ces notions de manière interchangeable.

Par exemple, si le législateur distingue les notions de fait dommageable et celle de fait générateur[274], la Cour de cassation les utilise parfois indifféremment, comme le sous-entend un arrêt datant du 12 octobre 2017[275]. Également, dans certaines décisions, la Cour de cassation a pu assimiler les notions de fait générateur et de cause technique, comme dans un arrêt du 7 février 2013, où elle a considéré que « le fait générateur [devait] s'entendre (...) de la cause technique qui est commune et qui est constituée en l'espèce, par l'exposition des salariés aux fibres d'amiante »[276] ; dans d'autres cas, au contraire, elle a pris soin de bien les distinguer : dans une situation relative à un lot défectueux de prothèses de hanche, la Cour de cassation a distingué les prothèses qui, appartenant à ce lot, s'étaient rompues en raison du mode de

---

[272] J. BIGOT, art. préc. (note 261), n°8.

[273] L. MAYAUX, « La durée de la garantie en assurances de responsabilité depuis la loi de sécurité financière du 1er août 2003 : les rayons et les ombres », *RGDA*, 01/10/2003, n°4, p. 647, spéc. n°10. Dans le même sens : J. KULLMANN, « Même sans application de l'article L. 124-1-1 du Code des assurances, la cause technique est vraiment une cause technique ! », *RGDA*, 01/10/2015, n°10, p. 487.

[274] En ce sens, on peut par exemple relever que le législateur a modifié l'article L. 251-2 du Code des assurances pour remplacer la notion de fait générateur par celle de fait dommageable (secteur médical).

[275] Cass., civ. 3, 12 octobre 2017, n°16-19.657, ECLI:FR:CCASS:2017:C301042 (publié) : la Cour de cassation casse et annule l'arrêt d'appel qui avait procédé à une distinction entre « le fait dommageable », qui en l'espèce aurait été constitué par la survenance des désordres matériels, et « le fait générateur », qui en l'espèce aurait été constitué par les travaux de remblaiement à l'origine des désordres. La Cour de cassation casse l'arrêt d'appel, au visa des articles L. 124-1-1 et L. 124-5 du Code des assurances, en considérant que « le fait dommageable est celui qui constitue la cause génératrice du dommage », sous-entendant par là-même que le fait dommageable consistait en réalité dans les travaux de remblaiement à l'origine des désordres (ce que la cour d'appel appelait « fait générateur »).

[276] Cass., civ. 2, 7 février 2013, n°11-24.154, inédit.

gravage utilisé (première « cause technique ») et celles qui, appartenant au même lot, s'étaient rompues en raison d'une fatigue du matériel (deuxième « cause technique »), refusant ainsi de rattacher les prothèses rompues en raison d'une fatigue du matériel à un sinistre sériel[277].

L'unicité de cause technique est indubitablement au cœur des sinistres sériels en droit des assurances, mais cette notion semble recouvrir une réalité diverse : parfois assimilée à la notion de fait générateur, parfois à celle de fait dommageable, d'autres fois encore distinguée de ces deux autres notions, la notion de cause technique semble peu précise, si bien que l'existence ou non d'un sinistre sériel fait l'objet d'une appréciation au cas par cas.

79. Conclusion du §1. – La notion de dommage sériel présente certes des contours incertains, mais les développements précédents ont permis d'établir que ce type de dommages présente des spécificités par rapport à d'autres atteintes collectives à la santé. Les dommages sériels se distinguent en effet des dommages collectifs par leur effet de répétition, et des accidents de masse par leur unicité de cause. Ces deux éléments participent à l'identification de la notion. En réalité, les dommages sériels existent depuis longtemps, mais leur nature a profondément changé : phénomènes naturels anciens, les dommages sériels sont aujourd'hui le résultat de l'activité humaine, et en particulier des progrès techniques et scientifiques.

Ils constituent donc une nouvelle réalité à laquelle les systèmes juridiques ne pouvaient rester indifférents. Ceci explique l'émergence, sur le plan juridique, des notions de dommages sériels ou de sinistres sériels, du moins en droit français, car le droit anglais les inclut dans une notion plus générale, qui est celle des *mass torts*. En droit français, la notion a d'abord émergé de la pratique des assureurs, appelés en garantie pour couvrir les conséquences financières de ces nouveaux types de sinistres. À cet égard, l'étude a montré que les sinistres sériels, pluralité de sinistres successifs étaient en fait considérés comme appartenant à un sinistre unique en raison de leur rattachement à une cause commune.

Cette première analyse a ainsi permis de dégager des éléments permettant d'identifier la notion : il convient, à présent, de présenter les caractéristiques des dommages sériels.

§2 – Les caractéristiques des dommages sériels

80. Les développements précédents ont fait apparaître deux éléments d'identification des dommages sériels : d'une part, les dommages sériels touchent un grand nombre de victimes par un effet de répétition. Cet effet de répétition entraîne en réalité un émiettement du processus dommageable, ce qui constitue une première grande caractéristique de ce type d'atteintes (I). D'autre

---

277 Cass., civ. 2, 2 juillet 2015, n°14-21.731, inédit.

part, les dommages sériels sont causés par la répétition de faits dommageables réunis par une origine commune. Ils sont donc également caractérisés par leur unité d'action, ce qui constitue la seconde grande caractéristique de ce type d'atteintes (II).

I. *L'ÉMIETTEMENT DU PROCESSUS DOMMAGEABLE*

81. Les dommages sériels sont, en premier lieu, caractérisés par un émiettement du processus dommageable : en ce sens, la survenance de dommages sériels ne s'inscrit ni dans une unité de temps (A), ni dans une unité de lieu complète (B).

A. L'ABSENCE D'UNITÉ DE TEMPS

82. L'émiettement temporel sur un plan individuel. – Les dommages sériels peuvent survenir dans diverses circonstances, mais il faut bien reconnaître que depuis l'avènement d'une société tournée vers la consommation de masse, la survenance de ces dommages « est un phénomène essentiellement lié à la diffusion de produits »[278].

Or, dans bien des cas, les effets néfastes découlant de la consommation, de l'exposition ou de l'utilisation de certains produits se révèlent « après l'écoulement d'une période de temps plus ou moins longue »[279]. Ainsi, par exemple, le temps écoulé entre l'exposition de travailleurs aux fibres d'amiante et la manifestation d'un cancer tel que le mésothéliome peut atteindre trente à quarante ans ; ou encore, les filles exposées *in utero* au diéthylstilbestrol (DES) ont développé certaines pathologies une vingtaine d'années après avoir été exposées à cette molécule tératogène. Sur un plan individuel, la survenance d'un dommage sériel peut donc s'inscrire dans une temporalité variable.

Néanmoins, il serait erroné de considérer qu'il s'agit là d'une caractéristique systématique des dommages sériels. En effet, tous les dommages qualifiés de « sériels » ne s'inscrivent pas dans cette dynamique, comme le démontrent certains cas de toxi-infections alimentaires collectives[280] (TIAC), tels que les dommages sériels provenant d'une contamination de denrées alimentaires par les bactéries de salmonelles, par exemple, qui se manifestent entre douze et soixante-douze heures.

---

[278] M. STEINLE-FEUERBACH, art. préc. (note 244), p. 9.

[279] M. STEINLE-FEUERBACH, art. préc. (note 244), p. 9.

[280] Les toxi-infections alimentaires collectives sont définies, sur le site de l'ANSES, comme « l'apparition d'au moins deux cas similaires d'une symptomatologie, en général gastro-intestinale, dont on peut rapporter la cause à une même origine alimentaire ». [en ligne] consulté le 19/08/2021 sur : < https://www.anses.fr/fr/content/les-toxi-infections-alimentaires-collectives-tiac >

Par conséquent, si la survenance de dommages sériels peut être caractérisée par l'absence d'une unité de temps sur un plan individuel, il ne s'agit nullement d'un élément caractéristique de l'ensemble des dommages sériels.

83. L'émiettement temporel sur un plan collectif. – En réalité, les dommages sériels sont caractérisés par l'absence d'une unité de temps sur un plan collectif. En effet, si les dommages sériels sont par nature individuels, il ne faut pas oublier que c'est la répétition qui crée « la série ». En d'autres termes, la répétition confère une dimension collective à des dommages qui sont, par nature, individuels. Or, c'est précisément la répétition qui s'inscrit dans le temps. Dans ce contexte, la survenance de dommages sériels s'échelonne ainsi dans le temps par un effet de répétition : l'émiettement temporel qui caractérise les dommages sériels[281] doit donc être envisagé sur le plan collectif.

B. L'ABSENCE D'UNITÉ DE LIEU

84. Souvent, une absence « totale » d'unité de lieu. – Selon certains auteurs, « pour qu'il y ait unité de lieu, il faut que l'endroit où se produit la catastrophe puisse être désigné par un nom précis »[282]. À suivre cette idée, il faut admettre que, contrairement aux dommages collectifs qui sont justement le résultat d'un « événement unique » survenant, par conséquent, en un lieu unique, les dommages sériels sont caractérisés par leur dispersion spatiale.

En effet, les victimes de dommages sériels sont généralement dispersées sur le territoire national, européen ou même à l'échelle mondiale. Par exemple, les estimations portent le nombre de femmes porteuses des prothèses mammaires PIP à 400 000 dans le monde, dont 30 000 sur le territoire français[283] ; de même, pour se limiter à la France, 160 000 bébés auraient été exposés *in utero* à la molécule DES ; entre 1965 et 1995, 35 000 décès semblent pouvoir être imputés à l'exposition à des fibres d'amiante[284] ; la maladie variante de Creutzfeldt-Jakob résultant de la contamination de viandes bovines par le prion a entraîné le décès de 224 personnes dans le monde, dont 25

---

[281] En ce sens : M.-F. STEINLE-FEUERBACH, art. préc. (note 244), p. 9 ; D. TAPINOS, *op. cit.* (note 244), p. 458 ; A. GUEGAN-LECUYER, *op. cit.* (note 219), p. 42, spéc. n°36. Au contraire, l'unité de temps est une caractéristique des dommages collectifs : en ce sens, P. JOURDAIN, « Synthèse et prospective », *Gaz. Pal.*, 06/02/2019, n°HS 1, dossier spécial « 11ème États-généraux du dommage corporel », p. 20 ; M.-F. STEINLE-FEUERBACH, « Evénement traumatique collectif et dommage individuel », *Gaz. Pal.*, 06/02/2019, n°HS 1, dossier spécial « 11ème États-généraux du dommage corporel », p. 5.

[282] M.-F. STEINLE-FEUERBACH, art. préc. (note 244), p. 9; dans le même sens : C. LIENHARD, « Les spécificités de l'indemnisation des victimes d'accidents collectifs », *Gaz. Pal.* n°81, 22/03/2014.

[283] C. JOURDAIN-FORTIER, « L'affaire PIP ou la difficile réparation en Europe des dommages corporels de masse causés par un dispositif médical défectueux », *Rev. int. dr. écon.* 2015, n°1, p. 5, spéc. p. 6 ; J. KNETSCH, « La responsabilité de la société certificatrice dans l'affaire des prothèses mammaires PIP : les précisions attendues de la CJUE », *RDC* n°2, 01/06/2017, p. 241.

[284] G. DERIOT, J.-P. GODEFROY (sénat), *Rapport d'information sur le bilan et les conséquences de la contamination par l'amiante*, rapp. Sénat n°37, session 2005-2006.

Français[285]. Dans ces contextes, les dommages sériels sont caractérisés par une absence d'unité de lieu qui peut être dite « totale ».

85. Parfois, une unité de lieu « partielle ». – Dans d'autres situations, les dommages sériels sont caractérisés par une unité de lieu qui n'est que partielle. Ainsi en est-il des dommages sériels survenant dans un périmètre plus restreint, ce qu'on appelle dans la terminologie anglo-saxonne les *clusters*. Par exemple, on peut citer le cas anglais du complexe nucléaire de Sellafield, qui a attiré l'attention en raison du nombre anormalement élevé de leucémies infantiles répertoriées chez les populations dont l'habitation avoisinait la centrale nucléaire[286]. Ou encore, plus récemment en France, l'affaire dite « des bébés sans bras » a révélé l'existence d'une concentration élevée de bébés nés dans trois zones géographiques restreintes (trois communes) et atteints d'agénésies transverses des membres supérieurs, malformation congénitale rare[287]. Dans ce contexte, les victimes sont alors réparties sur un territoire local (communes, régions, etc.), si bien qu'il existe une unité de lieu, mais qui n'est que « partielle »[288].

II. *L'UNITÉ D'ACTION*

86. Les dommages sériels sont certes caractérisés par un émiettement du processus dommageable, mais ils s'inscrivent malgré tout au sein d'un bloc unifié. Les dommages sériels sont en effet marqués par leur unité d'action, bien que la prise de conscience de cette unité soit souvent tardive (A). En réalité, les dommages sériels sont caractérisés par leur rattachement à une origine commune, même si cette notion peut faire l'objet d'interprétations plus ou moins larges (B).

---

[285] V° « La crise de la vache folle », *L'express* [en ligne] consulté le 19/08/2021 sur : < https://www.lexpress.fr/actualite/societe/sante/la-crise-de-la-vache-folle_1775435.html >

[286] L. DE CARVALHO, « Le complexe nucléaire de Sellafield au cœur des controverses : le fait technologique entre experts et profanes », *VertigO – la revue électronique en sciences de l'environnement* [en ligne], vol. 13, n°2, septembre 2013, spéc. n^{os}5 à 7, consulté le 19/08/2021 sur : < https://journals.openedition.org/vertigo/14187?lang=en#quotation >

[287] En l'espèce, huit cas de bébés atteints de cette anomalie ont été recensés entre 2009 et 2014 dans un rayon de 17 km dans l'Ain, quatre dans une même commune du Morbihan entre 2011 et 2013 et trois dans une même commune de Loire-Atlantique entre 2007 et 2008 : V° P. SANTI, « Malformations congénitales : d'étranges coïncidences », *Le Monde*, 26 septembre 2016 [en ligne] consulté le 19/08/2021 sur : <https://www.lemonde.fr/sciences/article/2016/09/26/malformations-congenitales-d-etranges-coincidences_5003566_1650684.html >

[288] M.-F. STEINLE-FEUERBACH, art. préc. (note 244), p. 9.

A. UNE PRISE DE CONSCIENCE RÉTROSPECTIVE DE L'UNITÉ DE L'ACTION

87. Une unité d'action révélée « après-coup ». – Les dommages sériels correspondraient à un « coup de théâtre différé »[289]. En effet, l'émiettement du processus dommageable – dans le temps et dans l'espace – retarde la prise de conscience de l'unité d'action, autrement dit de l'unité du « fait accompli ». En conséquence, la prise de conscience de l'unité d'action des dommages sériels est postérieure au déroulement même de l'action : cette prise de conscience est donc rétrospective.

88. Une révélation progressive de l'unité d'action. – En particulier, la prise de conscience de l'unité d'action est souvent progressive dans le cas des atteintes à la santé en série. Elle est révélée par étapes successives.

D'abord, cette prise de conscience *commence* à partir du moment où il existe une répétition suffisante d'atteintes similaires à la santé pour révéler l'existence d'une possible « série ». Ceci présuppose que le dommage se soit, à tout le moins, manifesté chez une pluralité de personnes. L'actualité récente est topique à cet égard, avec l'affaire dite « des bébés nés sans bras » : l'observation d'une concentration élevée de cas de bébés nés dans plusieurs zones géographiques localisées et atteints d'une même malformation congénitale rare a révélé l'existence d'une possible[290] série. De la même façon, en mai 2011, l'émergence de nombreux cas suspects de personnes contaminées par la bactérie E. coli, dans un laps de temps relativement court, fait apparaître l'existence d'une possible série. En réalité, à cette étape, la prise de conscience de l'unité d'action est en germe.

Elle fait l'objet d'une simple suspicion, que l'on peut qualifier de simple ou renforcée. Elle est simple lorsque l'origine commune des dommages n'est pas identifiée, comme dans l'exemple des « bébés nés sans bras ». Dans cette situation, l'enquête des autorités sanitaires a révélé « l'absence d'hypothèse d'une éventuelle cause commune »[291]. En revanche, la suspicion d'unité d'action peut être considérée renforcée lorsque l'origine commune des dommages fait elle-même l'objet d'une suspicion, comme dans l'affaire de la bactérie E. coli. Dans cette situation, les autorités ont d'abord émis l'hypothèse d'une contamination résultant de « concombres espagnols ».

---

[289] M.-F. STEINLE-FEUERBACH, art. préc. (note 244), p. 9 ; A. GUEGAN-LECUYER, *op. cit.* (note 219), p. 42, spéc n°36.

[290] Possible seulement, car il faut alors déterminer scientifiquement si cette concentration constitue un « excès de cas » par rapport à la moyenne nationale ; dit plus simplement, il faut alors déterminer si cette concentration est véritablement « anormale ».

[291] SANTE PUBLIQUE FRANCE, « Surveillance des anomalies congénitales », *Communiqué de presse*, 04/10/2018 [en ligne] consulté le 19/08/2021 sur : <http://santepubliquefrance.fr/Accueil-Presse/Tous-les-communiques/Surveillance-des-anomalies-congenitales >

Ensuite, dans une seconde étape, la prise de conscience de l'unité d'action est *complète* lorsque l'origine commune des dommages est identifiée de manière « certaine » (la certitude est toujours relative). L'existence d'une série est alors confirmée[292]. Par exemple, dans l'affaire de la « bactérie tueuse », ce n'était pas les « concombres espagnols » mais les « graines de fenugrec égyptiennes » qui étaient à l'origine de la contamination[293]. Toutefois, au moment où la prise de conscience de l'unité d'action devient complète, le mal est déjà fait : dans l'exemple de la contamination par la bactérie E. coli, au moment où les graines de fenugrec égyptiennes ont été incriminées, plus de 4000 personnes avaient déjà été infectées, plus de 900 cas de syndrome hémolytique et urémique et cinquante-cinq décès avaient été relevés[294]. En d'autres termes, la prise de conscience de l'unité d'action est presque toujours tardive.

B. L'ORIGINE COMMUNE

89. Les différentes interprétations de l'origine commune. – Les dommages sériels s'inscrivent dans un ensemble en raison de leur rattachement à une origine ou une cause commune[295], même s'ils demeurent par essence individuels. Toutefois, comme l'a illustré l'analyse de la notion de sinistre sériel en droit des assurances avec la notion de cause technique, ce qui est appelé origine ou cause commune peut faire l'objet de variations. La notion d'origine commune peut en effet faire l'objet d'une compréhension plus ou moins large ou restrictive.

D'abord, dans le contexte des risques sanitaires sériels, lesquels résultent d'une exposition à un produit, à une substance ou à un agent nocif, la notion

---

[292] En ce sens : M.-F. STEINLE-FEUERBACH, art. préc. (note 244), p. 9 : « Lorsque le *sinistre sériel est identifié*, lorsque l'on sait que de nombreuses personnes ont été les victimes *d'un même phénomène* alors l'unité d'action, enfin proclamée, permet au sinistre d'avoir un nom. [italiques ajoutées par nous] »

[293] M. FRIANT-PERROT, « "Bactérie tueuse" et graines germées : leçons tirées de la crise sanitaire de 2011 et lutte contre les menaces transfrontalières pour la santé », *Droit rural*, n°422, Avril 2014, étude 10, spéc. n°4.

[294] *Ibid.*, spéc. n°1.

[295] V° par ex. B. DUBUISSON, art. préc. (note 242), n°7, où l'auteur s'intéresse aux caractéristiques des dommages en série : en particulier, dans le même paragraphe, il emploie indistinctement les termes « même origine », « cause commune », « unicité de la cause », « origine commune », termes qu'il semble considérer comme interchangeables. De la même façon, les auteurs parlent parfois « d'un ensemble de faits dommageables ayant une origine commune » (A. GUEGAN-LECUYER, *op. cit.* (note 219), p. 93, spéc. n°77) ou encore les dispositions légales consacrant les différentes actions de groupe, en droit français, mentionnent la nécessité d'une « cause commune » (V° par ex. art. 62, L. n°2016-1547 du 18 novembre 2016 de modernisation de la justice du XXIe siècle, JORF, n°269, 19 novembre 2016) ; M. BACACHE-GIBEILI, *op. cit.* (note 81), p. 491, spéc. n°418 : « on constate, en effet, que le dommage corporel se décline souvent en préjudices sériels qui affectent à l'identique de nombreux individus et dont *la cause est commune* [italiques ajoutées par nous] ».

d'origine commune peut faire l'objet d'une *interprétation large*. La notion peut en effet simplement renvoyer au produit, à la substance ou à l'agent nocif, si bien que tous les dommages résultant d'une exposition à une même substance (fibres d'amiante, poussières de brique, etc.), à un même produit (Mediator, prothèses mammaires PIP, Distilbène, viande de bœuf, etc.) ou à un même agent (rayonnements ionisants, ondes électromagnétiques, vibrations mécaniques, etc.) sont considérés avoir une origine commune.

Ensuite, dans une interprétation *plus restrictive*, l'origine commune peut renvoyer au fait générateur de responsabilité. Il s'agit alors d'une conception plus juridique que matérielle de la notion d'origine commune, qui semble avoir été adoptée par plusieurs auteurs français. Par exemple, certains ont défini les dommages sériels comme ceux causés par « *un même fait générateur* (ex. : vice de fabrication d'un produit) [qui] atteint de multiples victimes à des dates différentes »[296]. Cette interprétation est parfois celle que la jurisprudence retient dans l'interprétation des clauses de globalisation insérées dans les contrats d'assurance de responsabilité, comme l'illustrent plusieurs exemples[297].

Enfin, dans une conception *particulièrement étroite*, l'origine commune peut renvoyer à la cause technique, comme l'a admis le législateur à l'article L. 124-1-1 du Code des assurances pour définir le sinistre sériel. L'analyse précédente a certes révélé que dans bien des cas, la jurisprudence avait procédé à une assimilation pure et simple de la cause technique au fait générateur[298], mais certains arrêts plus récents ont montré que la jurisprudence avait parfois distingué ces notions, comme dans l'affaire des prothèses[299].

90. L'interprétation retenue de l'origine commune. – L'origine commune constitue bien le dénominateur commun qui permet de rassembler les dommages individuels (les « miettes ») au sein d'un ensemble unifié, mais il faut

---

[296] [italiques ajoutées par nous] Y. LAMBERT-FAIVRE, S. PORCHY-SIMON, *op. cit.* (note 81), p. 582, spéc. n°645.

[297] Par ex. : Cass., civ. 1, 4 novembre 1992, n°90-21.212, inédit (l'arrêt relève qu'il résultait de la clause que « toutes les réclamations provoquées par un même fait générateur étaient regardées comme constituant un seul et même sinistre (...) » ; Cass., civ. 1, 10 juillet 1995, n°93-16.093, inédit (l'arrêt relève que la clause énonçait que le sinistre devait être considéré comme « l'ensemble des réclamations se rattachant à "un même fait générateur" ») ; Cass., civ. 1, 9 juillet 1996, n°s 93-19.160 et 93-20.412, *Bull. civ. I*, 1996, N°304, p. 211 (la clause indiquait : « seront considérées comme formant un seul et même sinistre toutes les conséquences de dommages causés à des personnes différentes ayant leur origine dans une même faute ou un même fait générateur ») ; Cass., civ. 2, 3 juin 2004, n°03-11.880, inédit ; Cass., civ. 2, 7 février 2013, n°11-24.154, inédit : « l'ensemble des réclamations qui sont la conséquence d'un même fait générateur, quels que soient leur nombre et le délai dans lequel elles sont présentées, constituent un seul et même sinistre imputé à l'année d'assurance au cours de laquelle la première réclamation a été formulée ».

[298] Cass., civ. 2, 3 mars 2016, n°15-11.001, inédit : la cause technique correspondait au « non-respect allégué de l'obligation de sécurité de résultat de l'employeur [donc le fait générateur de responsabilité] ayant rendu possible l'exposition à l'amiante ». V° aussi : Cass., com., 12 février 2013, n^{os}12-11.828 et 12-12.907, inédit.

[299] Cass., civ. 2, 2 juillet 2015, n°14-21.731, inédit. V° plus récemment, Cass., civ. 3, 9 mars 2017, n°s 15-29.084 et 16-10.477, inédit dans lequel il est considéré que les désordres causés à des immeubles à l'occasion de travaux effectués par l'assuré, ne proviennent pas d'une « même cause technique » lorsque ces dommages sont en partie dus à la vétusté des biens.

reconnaître que la notion est susceptible d'interprétations variables, qui peuvent être plus ou moins larges ou restrictives.

Il ne nous paraît pas judicieux de privilégier une interprétation de la notion d'origine commune au détriment des autres et ce, pour deux raisons : d'une part, l'origine commune peut tout autant se référer à une interprétation qu'à une autre, en fonction des circonstances, comme le révèle la jurisprudence dans le contexte du droit des assurances. D'autre part, et surtout, il est impératif d'inclure l'interprétation large de l'origine commune dans notre étude car même si les dommages n'ont pas été causés par le même fait générateur ou par la même cause technique, le simple fait qu'ils aient été causés par une même substance, un même produit ou un même agent nocif entraînera des problèmes identiques pour la mise en œuvre de la responsabilité civile.

En conséquence, la notion d'origine commune doit demeurer flexible, ouverte pour pouvoir correspondre à la vision la plus large des dommages sériels. Pour cette raison, au sein de notre étude, la notion d'origine commune renverra, selon les cas, au produit, substance ou agent nocif, ou bien encore au fait générateur de responsabilité ou à la cause technique.

91. Conclusion de la section II. – L'émergence de la notion de dommages sériels traduit d'abord la volonté, pour ne pas dire la nécessité, de mettre un mot sur une réalité. Par conséquent, la notion est difficile à définir car elle a vocation à appréhender un phénomène dont les contours sont encore mal identifiés. La notion désigne en particulier un certain type de situations dommageables. L'analyse révèle que les atteintes à la santé qualifiées de dommages sériels sont, par nature, individuelles mais acquièrent une dimension collective par un effet de répétition dans le temps, qui permet de les rattacher à une origine commune. Ces dommages présentent plusieurs caractéristiques communes qui permettent de mettre en exergue leur spécificité.

D'une part, l'effet de répétition qui caractérise les dommages sériels conduit à un émiettement du processus dommageable : les dommages sériels présentent donc la particularité de pouvoir affecter une pluralité de personnes qui sont dispersées dans l'espace, et ce de manière échelonnée dans le temps. Ces types d'atteintes sont donc caractérisés par leur absence d'unité de temps et de lieu ; ce sont des atteintes collectives « en miettes ».

D'autre part, si les dommages sériels sont caractérisés par leur effet d'émiettement, ils s'inscrivent néanmoins dans un ensemble unifié par leur rattachement à une origine commune. L'origine commune, véritable dénominateur commun des dommages sériels, fait l'objet d'interprétations plus ou moins larges, si bien qu'elle peut tant renvoyer au produit, à la substance ou à l'agent nocif, qu'au fait générateur de responsabilité, voire à la cause technique. Dans tous les cas, le rattachement des dommages sériels à une origine commune témoigne d'une unité d'action, qui se révèle au fur et à mesure de la survenance des atteintes, si bien que les dommages sériels sont caractérisés par une prise de conscience tardive de cette unité d'action.

92. Ces différents éléments d'identification de la notion nous permettent maintenant de proposer une définition des dommages sériels. Ces dommages peuvent être définis comme des atteintes individuelles, réunies par une origine commune, et affectant une pluralité de personnes souvent géographiquement dispersées, et dans tous les cas, de manière échelonnée dans le temps par un effet de répétition qui retarde la prise de conscience de l'unité d'action. En ce sens, les dommages sériels correspondent à une forme d'atteinte collective spécifique.

⁂

93. Conclusion du chapitre I. – L'objectif de ce premier chapitre était de préciser les contours de la notion de risque sanitaire sériel, qui vise en fait les risques sanitaires susceptibles d'entraîner des dommages sériels. Pour ce faire, il était indispensable de définir tant la notion de risque sanitaire que celle de dommages sériels, puisque ces deux notions en constituent le cœur. Les définir présentait toutefois un défi en raison de leurs contours incertains.

Pour autant, l'analyse nous a permis d'identifier leurs caractéristiques respectives. Les risques sanitaires, risques pour la santé humaine, constituent des risques dont la réalisation est susceptible d'entraîner une atteinte collective à la santé et dont la prévention s'inscrit dans le cadre de la politique de santé menée par l'État. Les dommages sériels correspondent, eux, à une forme particulière d'atteinte collective à la santé : les atteintes étant individuelles par nature, elles se collectivisent par un effet de répétition et peuvent être rattachées à un même ensemble car elles proviennent d'une origine commune.

Ces éléments doivent maintenant être croisés pour parvenir à une définition de la notion de risque sanitaire sériel. Les risques sanitaires sériels correspondent d'abord à des risques sanitaires qui entraînent des conséquences spécifiques, plus précisément des atteintes à la santé « en série ». Ils peuvent être définis comme **des risques pour la santé d'une population, dont la réalisation est susceptible d'entraîner des dommages sériels et dont la prévention s'inscrit dans le cadre d'une politique de santé menée par l'État. En particulier, les risques sanitaires sériels sont des risques qui, s'ils se réalisent, ont la capacité d'entraîner des atteintes individuelles à la santé, réunies par leur origine commune et affectant une pluralité de personnes souvent géographiquement dispersées, et dans tous les cas, de manière échelonnée dans le temps par un effet de répétition qui retarde la prise de conscience de l'unité d'action.**

94. Ces précisions étant apportées, il convient maintenant de présenter la typologie choisie pour distinguer les différentes catégories de risques sanitaires sériels : risques avérés, suspectés et inconnus (**chapitre II**).

Chapitre II : Les catégories de risques sanitaires sériels

95. Il n'existe pas une typologie des risques sanitaires sériels, mais plusieurs typologies envisageables : ainsi, il serait possible de classer les risques sanitaires sériels en fonction de leur origine (industrielle, alimentaire, environnementale, professionnelle, technologique, etc.), de leur réalisation (réalisés ou non-réalisés), de leur probabilité de réalisation (certaine, très probable, probable, peu probable, rare, etc.), ou – pourquoi pas – de la gravité de leurs conséquences (très grave, grave, peu grave, etc.). Partant de ce constat, il nous faut reconnaître que la typologie éventuellement retenue est en fait l'expression d'un choix, qu'il faut justifier.

Quel choix de typologie ? Dans le cadre de nos travaux, nous distinguerons les risques sanitaires sériels selon le degré de connaissance scientifique tenant à leur existence : risques avérés, suspectés ou inconnus. Deux raisons l'expliquent. D'abord, la gestion – *ex ante* comme *ex post* – des risques sanitaires sériels est souvent confrontée aux limites de la science, et en particulier des connaissances scientifiques. Le recours à la distinction entre risques avérés, suspectés et inconnus est donc particulièrement opportun dans ce contexte. Ensuite, cette catégorisation des risques sanitaires sériels est utile car elle permettra de mettre en lumière, dans la seconde partie de nos travaux, les difficultés spécifiques que pose chacune des catégories de risques sanitaires sériels pour la mise en œuvre de la responsabilité civile, ainsi que la manière dont les deux systèmes juridiques les ont envisagées[300].

96. À cette étape, toutefois, il nous appartient de présenter clairement ces différentes catégories de risques sanitaires sériels : dès lors, après avoir clarifié le critère de distinction entre les risques avérés, suspectés et inconnus (**section I**), il faudra l'apprécier (**section II**).

Section I : L'identification du critère de distinction

97. À partir de la seconde moitié du XXe siècle, la survenance de nombreux dommages de masse, parmi lesquels des dommages sériels, dans les domaines de l'environnement et de la santé a entraîné une modification profonde de la

[300] C'est l'objet de la seconde partie de nos travaux.

gestion juridique des risques se trouvant à leur source, ceci dans le but d'une meilleure anticipation. C'est dans ce contexte qu'une distinction juridique entre les risques avérés, suspectés et inconnus a été progressivement reconnue (paragraphe 1).

Cette nouvelle distinction traduit, en réalité, la naissance d'une nouvelle typologie juridique des risques fondée sur le critère du degré de connaissance scientifique relative à l'existence même du risque (paragraphe 2).

§1 – L'émergence de la distinction entre risques avérés, suspectés et inconnus

98. Pour comprendre les raisons expliquant la naissance d'une typologie des risques fondée sur le degré de connaissance scientifique s'attachant à l'existence du risque, il importe d'abord de revenir aux origines de la distinction entre les risques avérés et suspectés (I). La catégorie de risque inconnu est une catégorie juridique particulière, ce qui justifie que nous l'envisagions à part (II).

I. *L'ÉMERGENCE DE LA DISTINCTION ENTRE RISQUES AVÉRÉS ET SUSPECTÉS*

99. L'émergence de la distinction entre risques avérés et suspectés : conséquence de l'émergence du principe de précaution. – L'émergence d'une distinction entre les risques avérés et suspectés s'explique par une évolution de l'approche vis-à-vis des risques. La gestion des risques a, en effet, d'abord été concentrée sur la prévention, comme en témoigne l'émergence d'un principe de prévention, à l'échelle internationale[301], puis européenne[302] et dans certains droits internes[303], lequel a vocation à prévenir ou limiter la survenance de

---

[301] À l'échelle internationale, le principe a été reconnu dans plusieurs sentences arbitrales, comme dans l'*Affaire de la Fonderie du Trail (USA c./ Canada)*, 16 avril 1938 et 11 mars 1941, *RSA*, vol. III, pp. 1905-1982, spéc. p. 1965 ; V° aussi la confirmation des principes dans l'*affaire du Détroit de Corfou (Royaume Uni c./ Albanie)*, 9 avril 1949, *C.I.J. Recueil* 1949, p. 4 et *affaire du Lac Lanoux (Espagne c./ France)*, 16 novembre 1957 *RSA*, vol. XII, pp. 281-317, spéc. p. 285. V° S. MALJEAN-BUBOIS, « Sources du droit international de l'environnement » *in J.-Cl. Environnement et Développement durable*, 15 janvier 2015, Fasc. n°2000, spéc. sous §64 ; *Affaire du « Rhin de fer » (Belgique v Pays-Bas)*, La Haye, 24 mai 2005, §59.

[302] Traité sur l'Union européenne, 7 février 1992, JOCE, 92/C 191/01 (publié 29 juillet 1992), Art. 130 R 1 et 2, devenu article 191, Traité sur le fonctionnement de l'Union européenne (version consolidée).

[303] Il faut noter qu'avant même l'émergence d'un principe de prévention, l'approche des systèmes juridiques était déjà tournée vers la prévention. Par exemple, le droit français a toujours reconnu une obligation générale de prudence et de diligence dont la violation est constitutive d'une faute délictuelle : G. VINEY, P. JOURDAIN, S. CARVAL, *Les conditions de la responsabilité civile, Traité*

dommages, si bien qu'il appréhende en fait les risques dont l'existence est *connue, avérée.*

Cependant, l'émergence de nombreux risques de masse, autrement dit, de risques susceptibles d'entraîner des dommages de masse, dans les domaines environnemental et sanitaire, a rapidement fait prendre conscience de la nécessité d'adopter une approche élargie de gestion des risques, une approche dite de précaution. La seconde moitié du XXe siècle a effectivement été marquée par la réalisation de nombreux risques environnementaux et sanitaires présentant un potentiel catastrophique : outre le fait que ces risques ont une dimension collective – on relèvera par exemple que le nombre de personnes contaminées par le virus de l'hépatite C du fait de transfusions sanguines s'élèverait de 200 000 à 300 000 personnes[304] –, ils sont aussi parfois susceptibles de présenter une dimension transfrontalière. Par exemple, à partir des années 1960, on relève notamment l'existence de catastrophes industrielles au Japon (Minamata, 1959), en Italie (Seveso, 1976), en Inde (Bhopal, 1984), en Suisse (Sandoz, 1986), en Ukraine (Tchernobyl, 1986), sans compter les différentes marées noires provoquées par les naufrages du *Torrey Canyon* (1967), de l'*Amodo Cadiz* (1978), de l'*Exxon Valdez* (1989) et de l'*Erika* (1999). Au surplus, certains de ces risques peuvent être transgénérationnels[305], en d'autres termes ils peuvent entraîner des effets sur deux, voire trois générations, comme c'est le cas avec le Distilbène[306], par exemple.

En conséquence, au regard de la « globalisation » des risques, d'une part, et de la gravité de leurs effets potentiels sur l'environnement et la santé humaine, d'autre part, on a pu noter l'émergence progressive d'un principe de précaution à côté d'un principe de prévention. Le principe de précaution, dont les contours exacts sont encore discutés, constitue dans tous les cas un principe de *non-inaction* dans des hypothèses d'incertitudes scientifiques lorsque le dommage

---

de droit civil, LGDJ, 4ème éd., 2013, p. 457, spéc. n°450 ; sur cette idée, de manière indirecte : J. CARBONNIER, *Droit civil, Obligations*, PUF, coll. « Thémis-Droit », 22ème éd., 2000, p. 402, spéc. n°221 : « La loi ne l'a pas définie [la faute], considérant, sans doute, assez justement, que la notion en a été donnée à tous les hommes. » ; A. BENABENT, *Droit des obligations*, LGDJ, coll. « Précis », 17ème éd., 2018, p. 417, n°530. Le droit anglais reconnaît également plusieurs devoirs de diligence à l'égard de certaines personnes, dont la violation est susceptible de caractériser un *negligence*.

[304] Site de l'Association d'Aide aux Victimes d'Accidents Corporels (AAVAC). Consulté le 19/08/2021 : <http://www.aavac.asso.fr/transfusion_hepatite_c/association_victimes_contamination_hepatite_c.php > Pour citer d'autres exemples, le nombre des victimes du Distilbène serait de l'ordre de 160 000 personnes selon les estimations : V° T. VAMPOUILLE, « Distilbène : un espoir pour les 160 000 victimes », *Le point*, 25/10/2012 ou G. ALLIX, « Distilbène : deux laboratoires condamnés à indemniser une victime », *Le Monde*, 26/10/2012. Ou encore, dans le cas de l'amiante, 35 000 personnes seraient décédées d'une maladie liée à cette substance entre 1965 et 1995 et entre 50 000 et 100 000 décès sont attendus jusqu'en 2025 : G. DERIOT, J.-P. GODEFROY (sénateurs), rapp. préc. (note 284), p. 48.

[305] F. OST a été l'un des premiers à employer ce terme : F. OST, *Le temps du droit*, Odile Jacob, 1999, p. 271.

[306] S. DELLUS, « Distilbène : une étude confirme les ravages sur trois générations », *Santé magazine*, 2 décembre 2014, consulté le 19/08/2021 sur : < https://www.santemagazine.fr/actualites/distilbene-une-etude-confirme-les-ravages-sur-trois-generations-193254 >. V° aussi : CA Versailles (ch. 3), 9 juin 2011, n°09/04905.

potentiel, pour l'environnement ou pour la santé, est grave et irréversible. D'abord né[307] dans le contexte environnemental avant d'être étendu au domaine sanitaire[308], le principe de précaution est apparu à l'échelle internationale[309], avant d'intégrer l'ordre juridique européen[310] et certains droits internes, comme le droit français[311] au sein duquel il a été constitutionnalisé[312]. Ce principe a, contrairement au principe de prévention, vocation à intervenir dans le contexte de risques simplement potentiels, que l'on appellera plus volontiers *suspectés*, c'est-à-dire ceux dont l'existence est encore incertaine en l'état des connaissances scientifiques.

---

[307] En réalité, il apparaît que le lieu de naissance de ce principe ne fasse pas l'objet d'un consensus : G. J. MARTIN, « Apparition et définition du principe de précaution », *LPA*, 30 novembre 2000, n°239, p. 7. Par exemple, pour certains, l'idée de précaution serait apparue en Allemagne à la fin des années 1970 (*Vorsorgeprinzip*) : EUROPEAN ENVIRONMENT AGENCY, *Late lessons from early warnings: the precautionary principle 1896-2000*, Environmental issue report, n°22, Copenhague, 2001, p. 13; F. EWALD, « Le principe de précaution dans les textes » *in* F. EWALD, C. GOLLIER, N. DE SADELEER, *Le principe de précaution*, PUF, coll. « Que sais-je ? », 2ème éd., 2008, p. 6 ; Ph. LE TOURNEAU (dir.), *op. cit.* (note 10), spéc. n°0111-3. D'autres auteurs considèrent que les prémisses de ce principe sont déjà visibles dans la déclaration de Stockholm de 1972. Enfin, certains auteurs datent son apparition dans la Charte mondiale de la nature de 1982.

[308] Si le principe de précaution concerne textuellement, en droit français, l'environnement, les juridictions judiciaires comme administratives n'ont pas hésité à étendre son application aux cas de risques pour la santé : par ex., dans le cadre des contentieux relatifs aux antennes-relais : TGI Grasse (ch. 1A), 17 juin 2003, *Resp. civ. et assur.*, novembre 2003, comm. n°29, obs. S. KOWOUVIH, où le juge a pu ordonner le déplacement de l'antenne-relais « au nom du principe de précaution renforcée » après avoir relevé la vulnérabilité de la population exposée, composée d'enfants en bas âge ; CA Montpellier (ch. 5A), 15 septembre 2011, n°10/04612 (référé) ; TGI Angers, 5 mars 2009, n°08/00765, *D.* 2009, N°36, 15/10/2009, p. 2448, obs. F.-G. TREBULLE (référé). V° aussi : Cass., crim, 21 septembre 2004, n°04-81.418, inédit.

[309] MINISTERIAL DECLARATION, *Second International Conference on the Protection of the North Sea*, London, 24-25 November 1987, VII.

[310] Ce principe a été intégré à l'article 130-R du Traité de Maastricht (1992). La CJCE a également eu l'occasion de recourir à ce principe à plusieurs reprises, en particulier pour effectuer un contrôle de légalité des mesures de précaution prises par certains États : V° par ex., CJCE 24/11/1993 *Établissements Armand Mondiet SA c. Armement Islais SARL*, aff C-405/92, Rec 1993 p.I-6133 (affaire dite des « filets maillants dérivants »), spéc. attendu 31. V° aussi l'affaire de l'encéphalopathie spongiforme bovine (ESB): CJCE 5/5/1998, *National Farmers' Union*, C-157/96 ; CJCE 5/5/1998, *Royaume -Uni c. Commission*, C-180/96, spéc. attendu 63 (C-157/96) et attendu 99 (C-180/96). V° encore : N. DE SADELEER, *Les principes du pollueur-payeur, de prévention et de précaution : essai sur la genèse et la portée juridique de quelques principes du droit de l'environnement*, préf. F. OST, Bruylant, Bruxelles, 1999, p. 145.

[311] Les principes de prévention et de précaution ont d'abord été consacrés par la loi n°95-101 du 2 février 1995 relative au renforcement de la protection de l'environnement, dite loi « Barnier », qui introduit un article L. 200-1 dans le Code rural, avant d'être repris dans l'article L. 110-1, I et II, du Code de l'environnement créé en 2000.

[312] Les principes de prévention et de précaution ont été constitutionnalisés, par leur insertion aux articles 3 et 5 dans la Charte de l'environnement, par une loi du 1er mars 2005. La Charte de l'environnement a une portée constitutionnelle depuis la promulgation de la loi constitutionnelle n°2005-205 du 1er mars 2005 relative à la Charte de l'environnement et notamment de son article 1. V° A.-M. LEROYER, « Principe de précaution », *RTD civ.*, 2005, N°2, 15/06/2005, p. 490 ; V° P. GELARD (Sénat), *Rapport sur la proposition de loi constitutionnelle de M. Jean Bizet et plusieurs de ses collègues, visant à modifier la Charte de l'environnement pour exprimer plus clairement que le principe de précaution est aussi un principe d'innovation*, Rapp. Sénat n°547, session 2013-2014, déposé le 21 mai 2014.

100. En somme, l'émergence de la distinction entre les risques avérés et suspectés est étroitement liée à la reconnaissance progressive du principe de précaution[313] dans les ordres juridiques international, européen et interne, à partir de la seconde moitié du XXe siècle. À présent, il convient de s'intéresser à une troisième catégorie particulière de risque, celle de risque inconnu.

II. *LE RISQUE INCONNU, UNE CATÉGORIE PARTICULIÈRE*

101. Une catégorie à vocation seulement rétrospective. – Les risques inconnus ne semblent pas faire l'objet d'une appréhension particulière en droit, sauf exceptions[314]. De la même façon, si les travaux doctrinaux – français – se sont intéressés aux risques avérés et suspectés[315], ils restent le plus souvent silencieux sur le risque inconnu[316]. En réalité, cet apparent désintérêt du droit – français comme anglais – pour le risque inconnu s'explique, selon nous, par le fait que contrairement aux risques avérés et suspectés, le risque inconnu ne peut être envisagé que de manière rétrospective. En d'autres termes, il ne peut être appréhendé que lorsqu'il n'appartient plus à cette catégorie et qu'il est entré dans la catégorie des risques suspectés ou avérés.

Si le risque est inconnu, et en particulier inconnaissable, il est alors véritablement imprévisible, de sorte qu'il est impossible de l'inscrire dans une politique juridique d'anticipation, comme c'est le cas pour les risques avérés (prévention) ou suspectés (précaution). Il ne peut donc pas faire l'objet d'une appréhension juridique *ex ante*. En revanche, il peut faire l'objet d'une appréhension juridique *ex post*, c'est-à-dire après sa réalisation et seulement lorsque son existence est devenue à tout le moins suspectée. Comme nous le verrons dans la seconde partie de nos travaux[317], cette catégorie de risque ne doit pas être négligée car il est possible d'identifier des effets juridiques qui s'y attachent, particulièrement dans le cadre d'une mise en jeu de responsabilité civile qui a, elle aussi, une vocation rétrospective.

---

[313] V. LASSERRE, « Le risque », *D.* 2011, N°24, 23/06/2011, p. 1632 : « L'approche juridique d'un risque dit suspecté a été opérée par l'invention du principe de précaution, à l'origine international et environnemental, aujourd'hui constitutionnalisé et applicable à toutes les questions sanitaires. »

[314] On pense ici notamment à l'exonération pour risque de développement dans le cadre de la responsabilité du fait des produits défectueux, mais il convient de noter qu'*a priori*, cette cause d'exonération renvoie au caractère inconnaissable du « défaut », non pas du « risque » en tant que tel. Cependant, comme nous le verrons en seconde partie, dans le contexte des risques sanitaires sériels, l'exonération peut être amenée à jouer lorsque le risque est inconnaissable. Sur cette question, V° *infra*, n°472 et s.

[315] J. MOURY, « Avant-propos » *in* COUR DE CASSATION, *Le risque*, rapport annuel 2011, troisième partie (étude), La Documentation française, 2012, p. 92.

[316] *Contra* : certains auteurs s'intéressent tout de même au risque inconnu, comme D. TAPINOS, *op. cit.* (note 244).

[317] *Infra*, n°427 et s.

102. Conclusion du §1. – Les développements précédents nous ont permis de revenir sur l'origine de la distinction entre les risques avérés, suspectés et inconnus. Ils nous ont d'abord permis d'établir que l'émergence de la distinction entre les risques avérés et suspectés était directement liée à l'introduction du principe de précaution dans les différents ordres juridiques. L'analyse a également permis de révéler que le risque inconnu était une catégorie particulière : en raison de sa nature même, il ne peut faire l'objet d'une quelconque anticipation, ce qui explique que cette catégorie de risque soit rarement envisagée par le droit.

Après avoir exposé les circonstances dans lesquelles la distinction entre les risques avérés, suspectés et inconnus a émergé, il importe à présent de s'intéresser au critère qui fonde cette distinction.

§2 – Le critère de distinction entre les risques avérés, suspectés et inconnus

103. La distinction entre les risques avérés, suspectés et inconnus est une classification des risques en fonction du degré de connaissance scientifique tenant à leur existence. Par conséquent, la classification est fondée sur l'état des connaissances scientifiques se rapportant à l'existence du risque (I). En particulier, cette classification traduit l'expression d'une différence de degré dans l'état des connaissances scientifiques (II). Ce faisant, cette classification est dynamique, par nature : la classification, dans le cas d'espèce, d'un risque dans une catégorie ou une autre est en effet appelée à évoluer parallèlement à l'évolution de l'état des connaissances scientifiques.

I. *Une distinction fondée sur la connaissance de l'existence du risque*

104. Les dictionnaires juridiques ont pu définir le risque comme « un événement dommageable dont la survenance est incertaine, quant à sa réalisation ou à sa date de réalisation »[318] ou encore comme un « événement éventuel, incertain, dont la réalisation ne dépend pas exclusivement de la volonté des parties et pouvant causer un dommage »[319]. En réalité, si en droit, et notamment en droit des assurances, le risque peut être défini comme un

---

[318] G. Cornu (dir.), *Vocabulaire juridique*, PUF, coll. « Dictionnaires Quadrige », 12ème éd., 2018, sous entrée « risque »

[319] S. Guinchard, T. Debard, *Lexique des termes juridiques*, préc. (note 134), sous entrée « risque ».

« événement », dans le langage courant, le risque renvoie plutôt à la possibilité, à la probabilité de survenance de l'événement dommageable[320].

Dans tous les cas, ces définitions mettent en lumière deux éléments : en premier lieu, le risque renvoie à un événement, ou à la probabilité de survenance d'un événement, qui est dommageable, autrement dit « qui cause un dommage »[321]. En ce sens, de manière classique, le risque implique une relation connue entre un événement à la source d'un dommage (qu'on appellera événement « originel ») et le dommage lui-même. En second lieu, le risque se caractérise par l'existence d'une incertitude[322]. Selon la définition proposée par le *Vocabulaire juridique*, l'incertitude porte soit sur la réalisation de l'événement dommageable, soit sur la date de réalisation de cet événement. En réalité, cette définition exprime une conception juridique classique du risque (A), qui a été bouleversée par l'émergence des risques de masse, ce qui inclut les risques sériels.

En effet, les risques de masse ont abouti à étendre l'appréhension juridique des risques à de simples potentialités de risques, ce que l'on a appelé les risques suspectés, avec l'introduction du principe de précaution. Ce faisant, l'émergence d'une distinction entre les risques avérés, suspectés et inconnus conduit à élargir la définition de ce que constitue un risque pour inclure toutes les situations dans lesquelles l'existence du lien entre l'événement originel et le dommage est incertaine (B).

A. La conception classique du risque

105. Le risque implique traditionnellement l'existence certaine d'une relation entre deux événements. – La notion de risque présente, dès le départ, une certaine ambivalence qui ne permet pas de déterminer si le risque renvoie à la possibilité de survenance d'un événement qui se trouve à la source du dommage (événement originel) ou à la possibilité de survenance du dommage lui-même, comme le révèle l'examen des définitions courantes du risque. Par exemple, pour le *Petit Robert*, le risque correspond à « l'éventualité d'un événement ne dépendant pas exclusivement de la volonté des parties *et pouvant causer la perte d'un objet ou tout autre dommage* »[323]. Le risque se rapporterait ainsi à l'événement qui est à la source du dommage, non au dommage lui-même. En revanche, pour *Le Petit Larousse*, le risque renvoie à « la possibilité, probabilité d'un fait ou d'un événement *considéré comme un mal ou un*

---

[320] *Dictionnaire de l'Académie Française*, préc. (note 127), sous entrée « risque ».

[321] Le *Dictionnaire Larousse en ligne*, préc. (note 170), sous entrée « dommageable ».

[322] J. Moury, « Avant-propos » in Cour de cassation, rapp. préc. (note 315), p. 78 : « La part de l'incertitude dans le risque est irréductible, son absence exclusive de la notion. » L. Mayaux, « Assurance : généralités » *in Rép. civ.*, janvier 2015 (actual. : Septembre 2018), spéc. n°5. M. H. Durfee *et al.*, « The application of fuzzy logic to the precautionary principle », (2007) 15 *Artif. Intell. Law* 411-427, spéc. pp. 412-413.

[323] [italiques ajoutées par nous] P. Robert (dir.), *le petit Robert, Dictionnaire alphabétique et analogique de la langue française*, 1991, sous entrée « risque ».

dommage »[324]. Le risque se rapporte ici au dommage, non pas à l'événement source de ce dommage.

La notion de risque présente également la même ambivalence dans le langage juridique. En droit des assurances, par exemple, il semble que « le caractère aléatoire du risque résulte en principe de l'incertitude de l'événement »[325]. Cependant, « plus rarement, il est déterminé par l'incertitude du dommage »[326]. En droit de la responsabilité civile, la distinction ne semble pas beaucoup plus claire.

Par exemple, dans un arrêt du 18 juin 2014, la Cour de cassation a pu indiquer que « la RCH [rectocolite hémorragique] n'était pas considérée à l'époque, par la communauté médicale, comme un risque inhérent à la prise de Procuta Gé ». Le risque, dans cet exemple, fait référence à la survenance du dommage. Dans un arrêt du 14 janvier 2010, la Cour de cassation a pu cependant évoquer le « risque d'éboulement de la falaise »[327], le risque faisant alors référence à l'événement à la source d'un possible dommage[328] et non pas au dommage lui-même[329].

Selon nous, cette ambivalence – tant dans le langage courant que dans le langage juridique – s'explique car l'existence d'un risque suppose implicitement une relation connue entre un événement ou phénomène à la source d'un dommage (l'événement originel) et le dommage lui-même. Comme l'ont relevé certains auteurs, « le risque dénote la possibilité qu'un état indésirable de la réalité (effets défavorables) ne survienne à la suite d'événements naturels ou d'activités humaines. Cela signifie que les humains établissent des relations de causalité entre des actions (ou événements) et leurs effets »[330].

---

[324] [italiques ajoutées par nous] *Le Dictionnaire Larousse en ligne*, préc. (note 170), sous entrée « risque ».

[325] Y. LAMBERT-FAIVRE, L. LEVENEUR, *op. cit.* (note 262), p. 278, n°356.

[326] Y. LAMBERT-FAIVRE, L. LEVENEUR, *op. cit.* (note 262), p. 278, n°356.

[327] Cass., Civ 2, 14 janvier 2010, n°08-14272, inédit.

[328] Cependant, la Cour de cassation a considéré dans ce cas précis que la probabilité même de survenance de l'événement source d'un dommage était dommageable en soi. En effet, celle-ci a indiqué que l'existence même d'une probabilité d'effondrement de la falaise était dommageable puisqu'elle avait conduit à une dépréciation du bien, et ce indépendamment de sa réalisation.

[329] Sur ce point : Ph. LE TOURNEAU (dir.), *op. cit.* (note 10), pp. 519-520, n°2123.74.

[330] COMMISSION MONDIALE D'ETHIQUE DES CONNAISSANCES SCIENTIFIQUES ET DES TECHNOLOGIES (COMEST), *Le principe de précaution*, UNESCO, mars 2005, p. 28. [en ligne], consulté le 19/08/2021 sur :
< https://unesdoc.unesco.org/in/documentViewer.xhtml?id=p::usmarcdef_0000139578_fre&file=/in/rest/annotationSVC/DownloadWatermarkedAttachment/attach_import_71bac823-f1d2-4e75-8d68-a3608e631d19%3F_%3D139578fre.pdf&locale=fr&multi=true&ark=/ark:/48223/pf0000139578_fre/PDF/139578fre.pdf#page=1&zoom=auto >
V° aussi : TPICE, 11 septembre 2002, *Alpharma c./ Conseil de l'Union européenne*, T-70/99, Rec. 2002, II-3506, point 160 : « La notion de « risque » correspond donc à une fonction de la probabilité des effets adverses pour le bien protégé par l'ordre juridique en raison de l'utilisation d'un produit ou d'un procédé ». La définition retenue par le Tribunal montre que le risque s'envisage au regard d'un lien entre un événement « originel » (utilisation d'un produit ou d'un procédé) et ses conséquences dommageables (effets adverses pour le bien protégé par l'ordre juridique).

L'existence implicite d'une telle relation de causalité entre l'événement originel et le dommage explique pourquoi le risque se réfère tantôt à l'incertitude de réalisation de l'événement originel et tantôt à l'incertitude de réalisation du dommage lui-même.

106. La conséquence : une classification traditionnelle des risques en fonction du degré de probabilité de réalisation de l'événement « dommageable ». – Dans tous les cas, le risque renvoie à l'incertitude de réalisation ou de la date de réalisation de l'événement dommageable (événement originel ou dommage), ce qui implique d'ores et déjà une certitude quant à *l'existence théorique* du risque. Ceci implique, comme nous l'avons dit, que le lien entre l'événement originel et le dommage soit connu, bien que l'incertitude puisse alors porter sur la réalisation ou la date de réalisation de l'un ou l'autre. Dans ce contexte, la classification des risques en droit repose alors traditionnellement sur le *degré de probabilité de réalisation* de l'événement dommageable. Cette classification se traduit alors par l'application de qualificatifs par le juge ou le législateur, qui vont employer tour à tour les termes de risque sérieux[331], risque important[332], risque élevé[333], risque probable[334], risque faible[335] ou encore risque exceptionnel[336]. Les adjectifs qualifient alors le degré de probabilité de réalisation du risque, autrement dit de l'événement originel ou du dommage, selon les cas.

107. En somme, à l'origine, la notion de risque présupposait l'existence d'un lien théorique connu entre deux événements, l'événement à la source du dommage et le dommage lui-même, le risque étant alors caractérisé par une incertitude pouvant porter sur la réalisation ou date de réalisation de l'un ou l'autre de ces événements. Cependant, l'émergence de risques de masse conduisant à l'introduction du principe de précaution a modifié la notion de risque, qui s'est élargie.

B. L'ÉLARGISSEMENT DE LA CONCEPTION CLASSIQUE DU RISQUE

108. Le risque implique aujourd'hui l'existence certaine ou non d'une relation entre deux événements. – L'émergence de risques de masse a entraîné une modification de l'approche traditionnelle fondée sur la prévention pour inclure la précaution, en univers incertain ou contesté. Ceci a conduit à tenir

[331] Cass., civ. 2, 10 novembre 2010, n°09-17.147, inédit.
[332] Cass., civ. 3, 15 octobre 2013, n°12-23974, inédit.
[333] Par ex. Cass., civ. 1, 5 novembre 2009, n°08-17.104, inédit, ou encore Cass., civ 2, 11 septembre 2014, n°13-23.049, inédit.
[334] Cass., civ. 1, 12 décembre 1995, n°93-16.440, inédit.
[335] Cass., civ.1, 2 mars 1994, n°92-13.518, inédit.
[336] Cass., civ. 1, 9 octobre 2001, n°00-14.553, *Bull. civ. I*, 2001, N°252, p. 159 ou encore Cass., civ. 1, 13 mars 2007, n°05-14.291, inédit. V° aussi Cass., civ. 1, 3 juin 2010, n°09-66.752, inédit.

compte de simples suspicions de risque, ce que d'aucuns ont appelé des risques potentiels[337]. Dans ce contexte, le terme potentiel ne renvoie pas à la probabilité de réalisation de l'événement dommageable, mais à *l'existence même du risque*. Il s'agit alors de prendre en compte le risque de risque[338].

Cette extension de l'approche conduit alors inéluctablement à modifier la notion de risque elle-même, pour inclure les situations dans lesquelles l'existence du lien théorique entre l'événement originel et le dommage est incertaine. Par exemple, est-il véritablement possible de parler du risque de sclérose en plaque lié à l'injection du vaccin anti-hépatite B, alors même que la capacité du vaccin à causer cette maladie est incertaine ? Selon la conception traditionnelle de la notion de risque, la réponse devrait être négative. Dans ce contexte, ce n'est pas seulement la probabilité de réalisation ou la date de réalisation de l'événement dommageable qui est incertaine ; c'est l'existence du risque elle-même.

Dès lors, l'élargissement de l'appréhension juridique des risques aux suspicions de risque, que nous appellerons risques suspectés, entraîne un renouvellement de la définition juridique du risque, et en particulier de son caractère incertain. À présent, il peut y avoir un risque lorsque l'existence, la réalisation ou la date de réalisation d'un événement dommageable (événement originel ou dommage) est incertaine. En d'autres termes, la prise en compte des risques suspectés, parfois appelés hypothétiques par la jurisprudence française[339], contribue à inclure une nouvelle incertitude dans la définition juridique du risque. Si auparavant, le risque impliquait l'existence d'une relation théorique *certaine* entre l'événement originel et le dommage, aujourd'hui, le risque implique l'existence d'une relation théorique *certaine ou non* entre l'événement originel et le dommage.

109. Dans ces circonstances, la classification des risques en avéré, suspecté et inconnu traduit l'expression d'un degré dans la connaissance scientifique relative à l'existence du risque.

II. *UNE DISTINCTION FONDÉE SUR LE DEGRÉ DE CONNAISSANCE SCIENTIFIQUE*

110. Le risque inconnu traduit une absence totale de connaissance scientifique relative à l'existence du risque (A) ; le risque suspecté traduit quant à lui une incertitude scientifique se rapportant à l'existence du risque (B), tandis

[337] Ph. KOURILSKY, G. VINEY, rapp. préc. (note 49), p. 11.

[338] Y. GAUDEMET, « Sur le contentieux des antennes-relais : les champs électromagnétiques, nouvelle source de responsabilité ? », *RDA*, N°1, Janvier 2010, p. 48.

[339] CA, Versailles, 4 février 2009, n°08/08775 (contentieux relatif aux antennes-relais) ; Cass., com., 12 juillet 2011, n°10-18.351, inédit ; CA, Versailles, 2 mai 2001 (contentieux relatif au vaccin anti-hépatite B).

qu'enfin, le risque avéré traduit une connaissance scientifique de l'existence du risque (C).

A. Le risque inconnu, ou l'absence de connaissance scientifique

111. L'absence totale de connaissance scientifique en cas de risque inconnu. – Le risque inconnu correspond à un risque dont ni l'existence, ni les effets, ni l'ampleur ne sont connus, suspectés ou même simplement envisagés. Le risque n'est pas nécessairement inexistant d'un point de vue objectif, mais il l'est d'un point de vue subjectif : les connaissances scientifiques et techniques disponibles n'en révèlent pas l'existence, ni même une suspicion d'existence du risque. En d'autres termes, et pour l'instant[340], le risque inconnu sera défini comme un risque caractérisé par une absence totale de connaissances scientifiques quant à son existence. Le risque inconnu est par nature non-probabilisable puisqu'il n'existe même aucune hypothèse scientifique qui ait envisagé son existence. Ces caractéristiques expliquent que le risque inconnu ne puisse être envisagé que rétrospectivement, c'est-à-dire lorsqu'il ne fait déjà plus partie de cette catégorie[341].

B. Le risque suspecté, ou l'incertitude scientifique

112. L'incertitude scientifique relative à l'existence du risque, caractéristique du risque suspecté. – Le risque suspecté a parfois été qualifié de risque non-avéré[342], potentiel[343], hypothétique[344] ou encore incertain[345]. Quelle que soit sa dénomination, ce type de risque traduit une même réalité,

[340] Pour un affinement de la définition : V° *infra*, n°158 et 159.
[341] *Supra*, n°101.
[342] E. Belliard, « Responsabilité et socialisation du risque », *JCP A*, n°12, 21 mars 2005, p. 1140, sous n°40. V° aussi : Ministere de la Sante, « Danger d'une surestimation de certains risques », rép. min. à la question n°20396 posée par E. Hamel le 11 novembre 1999, *JO Sénat*, 24 février 2000 : « En ce qui concerne les risques non avérés ou potentiels, leur gestion nécessite une application raisonnée du principe de précaution. Un risque est potentiel parce que, en dépit d'arguments scientifiques solides pour suspecter son existence, ceux-ci sont insuffisants pour la prouver. »
[343] Ph. Kourilsky, G. Viney, rapp. préc. (note 49), p. 49.
[344] V° par ex. : Cass., com., 12 juillet 2011, n° 10-18.351, inédit.
[345] Conseil National de l'Alimentation (CNA), *Rapport et avis sur le principe de précaution et la responsabilité dans le domaine alimentaire*, 20 septembre 2001, §1.2 et s., *in* D. Tapinos, *op. cit.* (note 244), p. 74 sous n°104: « le principe de précaution s'impose dès qu'un risque est simplement suspecté ».

celle de l'incertitude de son existence. En particulier, il convient d'admettre que le risque est suspecté lorsque le lien entre l'événement originel et le dommage fait l'objet d'une incertitude scientifique. Une telle incertitude peut provenir d'un manque de connaissance scientifique ou d'une contestation scientifique au sein de la communauté scientifique, ce que l'on appelle une controverse scientifique[346].

Il en résulte alors une conséquence importante : le risque suspecté n'est pas probabilisable[347]. En effet, dans le domaine des risques suspectés, la question qui se pose se situe en amont de celle relative à la probabilité de réalisation de l'événement dommageable. Sachant que l'existence du risque est incertaine dans son principe même, il paraît difficile de pouvoir déterminer la probabilité de réalisation de ce risque. Il ressort qu'en cas de risque suspecté, l'incertitude porte non seulement sur l'existence même du risque, mais aussi sur la réalisation *et* date de réalisation du risque. Le risque suspecté combine donc les trois types d'incertitudes identifiées précédemment[348].

113. Le degré d'incertitude scientifique : difficultés. – Définir le risque suspecté comme un risque dont l'existence est scientifiquement incertaine est un premier pas, mais ne suffit pas pour prendre en compte les difficultés tenant à la délimitation de cette catégorie. En effet, pour que l'existence du risque soit considérée comme scientifiquement incertaine, il est nécessaire qu'au moins une hypothèse scientifique de lien entre l'événement originel et le dommage ait été formulée[349]. Or, une telle hypothèse peut être considérée par la communauté scientifique comme plausible, non-plausible, spéculative ou même simplement imaginée.

La question qui se pose est alors de déterminer si le risque est suspecté à partir du moment où une hypothèse scientifique de lien est formulée, aussi peu plausible soit-elle, ou si au contraire, il est nécessaire que l'hypothèse acquière un certain niveau de plausibilité. Il s'agit en réalité de déterminer le *seuil* à partir duquel le risque peut être considéré comme suspecté[350]. La question est très pragmatique : en effet, si le principe de précaution est applicable en cas de risques suspectés[351], alors le déclenchement du recours au principe dépend

---

346 O. GODARD, « De l'usage du principe de précaution en univers controversé », *Futuribles*, Février-Mars 1999, p. 39 : « Plusieurs hypothèses, plusieurs schémas d'explication ou de prévision sont avancés par des scientifiques de diverses disciplines et donnent à voir des mondes possibles différents : il y a *controverse scientifique*. [en italiques dans le texte] »

347 *Ibid.*, p. 39 ; G. J. MARTIN, « Précaution et évolution du Droit », *D.* 1995, N°39, 16/11/1995, chron. p. 299.

348 *Supra*, n°108.

349 O. GODARD, art. préc. (note 346), p. 39 : « En univers controversé, la communauté scientifique en sait assez pour formuler des éventualités, pour envisager des cours possibles d'évolution, mais n'en sait pas assez pour donner une représentation stabilisée et empiriquement contrôlée des phénomènes, de leurs causes et de leurs conséquences. Plusieurs hypothèses, plusieurs schémas d'explication ou de prévision sont avancés par des scientifiques de diverses disciplines et donnent à voir des mondes possibles différents : il y a *controverse scientifique*. [en italiques dans le texte] »

350 Sur la question d'une échelle de la connaissance scientifique et des différents degrés d'incertitude scientifique susceptibles d'être reconnus : Ch. WEISS, « Expressing scientific uncertainty », (2003) 2 *Law, Probability and Risk* 25-46, spéc. pp. 37-38.

351 A. GUEGAN-LECUYER, *op. cit.* (note 219), p. 200, spéc. n°148.

directement du seuil à partir duquel le risque est considéré comme suspecté. Cette première interrogation révèle déjà la nécessité d'une précision quant au degré d'incertitude scientifique permettant de caractériser le risque suspecté.

C. Le risque avéré, ou la connaissance scientifique

114. La connaissance scientifique relative à l'existence du risque, caractéristique du risque avéré. – Comme le risque suspecté, le risque avéré[352] fait l'objet de diverses appellations qui désignent toutes une même réalité. Tantôt appelé risque connu[353], caractérisé[354], certain[355] ou encore identifié[356], le risque avéré présuppose que le principe même de son existence soit admis. Dans cette perspective, un risque avéré constitue un risque dont l'existence est scientifiquement admise mais dont la réalisation ou la date de réalisation est incertaine. Les deux branches de la définition du risque avéré méritent d'être examinées séparément.

La première branche de la définition consiste à relever que le risque est avéré lorsque l'existence du risque est scientifiquement admise. Cela implique en réalité une connaissance scientifique du lien entre l'événement originel et les conséquences dommageables, ce qui présuppose une connaissance du *type* de conséquences dommageables possibles. Par exemple, le risque relatif à l'amiante est considéré comme avéré car le lien entre l'exposition à l'amiante (événement originel) et l'asbestose, cancer du poumon ou mésothéliome (conséquences dommageables) est scientifiquement connu, certain, avéré. Pour

---

[352] V° par ex. : Cass., soc., 30 septembre 2014, n°13-21.416 (et conj.), inédit : « Mais attendu qu'après avoir relevé que l'établissement de Saint-Florentin avait été inscrit, par arrêté du 29 mars 1999, sur la liste des établissements susceptibles d'ouvrir droit à l'allocation de cessation anticipée d'activité des travailleurs de l'amiante pour la période de 1960 à 1996 et que les salariés en cause avaient été exposés aux poussières d'amiante par le fait de l'employeur, la cour d'appel qui a constaté que les intéressés se trouvaient dans une situation d'inquiétude permanente face au risque avéré de déclarer à tout moment une maladie liée à l'amiante et supportaient une pression psychologique constante, légitime, compréhensible et inévitable au regard de l'état actuel des connaissances concernant les conséquences sanitaires de l'exposition prolongée à l'amiante, a, sans encourir les griefs du moyen, fixé leur préjudice qu'elle a souverainement évalué ».

[353] V° par ex. dans le contentieux relatif au Distilbène : Cass., civ. 1, 7 mars 2006, n° 04-16.179, *Bull. civ. I*, 2006, N°142, p. 130 et n°04-16.180, *Bull. civ. I*, 2006, N°143, p. 131 : « Mais attendu que la cour d'appel qui a constaté qu'en 1968, en présence de la littérature scientifique faisant état dès les années 1953-1954 de la survenance de cancers très divers et compte tenu d'expérimentations animales qui démontraient que le risque carcinogène était connu, a pu en déduire que cette société avait ainsi manqué à son obligation de vigilance ».

[354] M. Setbon, « Annexe 4 : Le cas du sang contaminé confronté au principe de précaution », *in* Ph. Kourilsky, G. Viney, rapp. préc. (note 49), p. 75.

[355] V° par ex., TGI Nanterre, 18 septembre 2008, *D.* 2008, N°41, 27/11/2008, p. 2916, note M. Boutonnet.

[356] V° les arrêts précités relatifs au Distilbène : Cass., civ. 1, 7 mars 2006, n° 04-16.179, *Bull. civ. I*, 2006, N°142, p. 130 et n°04-16.180, *Bull. civ. I*, 2006, N°143, p. 131.

considérer qu'un risque est avéré, il ne suffit donc pas de déterminer que l'amiante est capable d'entraîner une maladie dans l'absolu ; il convient d'identifier quelle maladie spécifique peut survenir.

La deuxième branche de la définition est concernée par l'incertitude. Si les risques avérés ne sont pas caractérisés par une incertitude quant à l'existence d'un lien théorique entre l'événement originel et le dommage, ils sont cependant caractérisés par une incertitude quant à la réalisation ou la date de réalisation de l'événement dommageable. Le plus souvent, dans le cadre des risques avérés, la réalisation de l'événement dommageable est incertaine, ce qui implique *a fortiori* que la date de réalisation de l'événement soit également incertaine. Dans cette hypothèse, les risques avérés sont affectés par deux types d'incertitudes, et pour cette raison, nous proposons de les appeler « risques avérés de type II ».

Parfois, dans des cas très rares, pour ne pas dire marginaux, il peut arriver que le principe même d'existence du risque soit certain, que la survenance de l'événement dommageable soit également certaine, mais que seule la date de réalisation de l'événement soit incertaine[357]. Par exemple, on peut citer un arrêt de la deuxième chambre civile relatif à la responsabilité d'un exploitant de golf, pour le trouble anormal de voisinage causé du fait de la projection *inéluctable* mais *aléatoire* des balles de golf sur une propriété voisine[358]. La réalisation du risque était donc certaine, seule la date de réalisation demeurait alors incertaine. Dans cette situation, le risque est bien avéré et l'incertitude est très résiduelle ; nous nous proposons de qualifier ces risques comme étant des « risques avérés de type I », car ils ne comportent qu'une seule incertitude, celle relative à la date de réalisation.

---

[357] Certains ont pu douter du fait que, dans une telle situation, on puisse parler de risque : J. MOURY, « Avant-propos », *in* COUR DE CASSATION, rapp. préc. (note 315) : « Par ailleurs, la part de l'incertitude dans le risque est irréductible, son absence exclusive de la notion : l'événement redouté est affecté d'une incertitude dans sa survenance et non point seulement quant à sa date de survenance, auquel cas il ne s'agit plus exactement d'un risque, mais d'un dommage futur certain ».

[358] V° Cass., civ. 2, 10 juin 2004, n°03-10.434, *Bull. civ. II*, 2004, N°291, p. 245.

<table>
<tr><th rowspan="2">Type de risque / Caractéristiques</th><th rowspan="2">Risque inconnu</th><th rowspan="2">Risque suspecté</th><th colspan="2">Risque avéré</th></tr>
<tr><th>Risque avéré de type II</th><th>Risque avéré de type I</th></tr>
<tr><td rowspan="2">Existence du risque</td><td>Pas de connaissance scientifique</td><td>Incertitude scientifique

- Manque de connaissance scientifique
- Controverse scientifique.</td><td colspan="2">Connaissance scientifique</td></tr>
<tr><td>INCONNUE</td><td>INCERTAINE</td><td colspan="2">CERTAINE</td></tr>
<tr><td>Réalisation du risque</td><td>INCONNUE
Pas de connaissance scientifique</td><td>INCERTAINE</td><td>INCERTAINE</td><td>CERTAINE</td></tr>
<tr><td>Date de réalisation du risque</td><td>INCONNUE
Pas de connaissance scientifique</td><td>INCERTAINE</td><td colspan="2">INCERTAINE</td></tr>
<tr><td>Divers</td><td></td><td>Principe de précaution</td><td colspan="2">Principe de prévention</td></tr>
</table>

Tableau 1. Risques avérés, suspectés et inconnus : récapitulatif des premiers éléments de distinction.

115. Conclusion de la section I. – Les multiples catastrophes environnementales et sanitaires durant la seconde moitié du XXe siècle ont conduit les États à élargir l'approche traditionnelle fondée sur la prévention, pour intégrer une dimension de précaution face aux risques encore mal connus, car émergents. C'est donc avec la reconnaissance progressive des principes de prévention et de précaution dans les ordres juridiques international, européen et internes que naît la distinction entre le risque avéré et suspecté. Si le principe de prévention a vocation à appréhender le risque avéré, le principe de précaution est appelé à intervenir en cas de risque suspecté. La distinction entre risque avéré et suspecté s'inscrit alors dans une logique complémentaire d'anticipation des risques qui trouve néanmoins sa limite avec le risque inconnu, car précisément, nul ne peut anticiper l'inconnaissable. Par conséquent, seule une appréhension juridique rétrospective du risque inconnu est envisageable, ce qui en fait une catégorie juridique spécifique et particulièrement « discrète ».

Plus généralement, la distinction entre les risques avérés, suspectés et inconnus traduit l'expression d'un degré dans la connaissance scientifique relative à l'existence même du risque. Ainsi, le risque inconnu suppose une absence totale de connaissance scientifique quant à son existence, ses effets et son ampleur, raison pour laquelle il ne peut faire l'objet d'une anticipation. Le risque est dit suspecté lorsque les connaissances scientifiques ne permettent pas d'affirmer que le risque existe, en raison d'une incertitude ou d'une controverse scientifique ; en d'autres termes, cette catégorie est caractérisée par l'incertitude portant sur l'existence même du risque. Enfin, le risque est dit avéré lorsque les connaissances scientifiques permettent d'affirmer que le risque existe. La classification des risques selon la distinction avéré, suspecté et inconnu est donc évolutive en fonction des connaissances scientifiques dont on dispose, ce qui conduit à en faire une classification « vivante » et qui s'inscrit dans un certain relativisme.

SECTION II : L'APPRÉCIATION DU CRITÈRE DE DISTINCTION

116. Dès lors que la distinction entre les risques avérés, suspectés et inconnus repose sur le degré de connaissance scientifique se rapportant à l'existence même du risque – existence certaine, incertaine ou inconnue –, la classification d'un risque dans l'une de ces catégories est amenée à évoluer à la lumière de nouvelles connaissances scientifiques.

La classification, en l'espèce, d'un risque dans l'une des catégories peut alors s'avérer malaisée, et remettre en cause l'utilité pratique de la classification, notamment dans le contexte judiciaire. Dans cette perspective, le critère de connaissance scientifique peut paraître contestable (paragraphe 1). Le critère de distinction des risques avérés, suspectés et inconnus est donc perfectible (paragraphe 2).

§1 – La connaissance scientifique, critère contestable de distinction

117. Un risque ne se révèle pas comme étant de prime abord avéré. Il aura d'abord été inconnu, puis suspecté avant de devenir avéré. Au contraire, un risque inconnu peut se transformer en risque suspecté sans jamais devenir avéré ; il est en effet possible qu'à la lumière de nouvelles connaissances scientifiques, on puisse conclure que le risque n'existe pas. Ou encore, le risque peut demeurer suspecté pendant de nombreuses années.

L'une des difficultés principales de l'utilisation d'une classification des risques fondée sur le degré de connaissance scientifique tient à la détermination du moment à partir duquel le risque en question passe d'une catégorie à une autre. Une étude plus approfondie des situations « frontalières » – autrement dit aux frontières de deux catégories –, nous conduit à nous interroger sur la pertinence (I) et la suffisance (II) du critère initialement identifié.

I. *La connaissance scientifique, un critère de distinction pertinent ?*

118. La classification des risques en fonction du degré de connaissance scientifique est parfois utilisée dans le contexte judiciaire, notamment pour les contentieux en responsabilité civile, faisant intervenir un risque sanitaire sériel. Néanmoins, l'utilisation du critère scientifique par le juge, français comme anglais, entraîne des difficultés, qui peuvent être illustrées au regard de la distinction entre les risques avérés et suspectés (A). Ces difficultés ne doivent cependant pas conduire à remettre en cause la pertinence du critère de distinction (B).

A. La distinction entre les risques avérés et suspectés : les difficultés

119. Les catégories de risques avérés et suspectés font *a priori* l'objet d'une délimitation théorique claire : un risque est considéré comme avéré lorsque son existence est certaine, ce qui implique une connaissance scientifique du lien entre l'événement originel et le dommage. Au contraire, un risque est considéré comme suspecté lorsque son existence est incertaine ; en d'autres termes, le lien entre l'événement originel et le dommage est scientifiquement incertain ou controversé.

Dans une perspective de responsabilité civile, la question n'est pas de savoir si le risque va se produire mais s'il s'est produit. La perspective adoptée est donc rétrospective, ce qui peut amener le juge à s'interroger sur le point de savoir si l'événement originel est capable, en principe, de causer le dommage. Dans ce contexte, le juge peut être amené à s'intéresser aux connaissances scientifiques liées à la question de l'existence du risque.

L'utilisation, par le juge, du critère des connaissances scientifiques peut entraîner des difficultés pouvant être illustrées à travers deux exemples concernant des risques sanitaires sériels : au Royaume-Uni, la décision *McTear v. Imperial Tobacco Ltd*[359] est un exemple dans lequel le juge a considéré un risque avéré comme un risque suspecté (1). En droit français, l'analyse des arrêts relatifs au distilbène (DES) du 7 mars 2006 démontre que le juge a classé un risque qui était, au contraire, suspecté comme un risque avéré (2).

1. *Exemple de la classification d'un risque avéré en risque suspecté :* McTear v. Imperial Tobacco Ltd

120. Le risque de cancer des poumons lié au tabac : *McTear v. Imperial Tobacco Ltd.* – Dans cette affaire écossaise, la veuve d'un fumeur, décédé d'un cancer des poumons, avait recherché la responsabilité d'un fabricant de tabac sur le fondement du délit de négligence (*tort of negligence*). Si le fabricant acceptait de reconnaître que l'OMS, les gouvernements britannique et américain avaient admis depuis de nombreuses années que le tabagisme actif était une cause de cancer des poumons, il affirmait cependant qu'un tel lien n'était pas scientifiquement établi. Ainsi, pour le fabricant, l'existence du risque de cancer des poumons lié au tabagisme était incertaine : il considérait donc le risque comme *suspecté*.

Au contraire, la demanderesse considérait que le lien entre le tabagisme et le cancer des poumons était non seulement scientifiquement établi, mais plus encore, qu'il s'agissait d'un fait tellement notoire qu'il justifiait l'application de la doctrine dite de la « connaissance judiciaire » (*judicial knowledge*, appelée encore *judicial notice*). Cette théorie permet de dispenser les parties d'établir la réalité de certains faits « qui peuvent être immédiatement vérifiés par des sources dont l'exactitude est indiscutable ou qui sont tellement notoires qu'ils sont indiscutables, de sorte que le juge est tenu de les reconnaître comme tels »[360]. Par conséquent, pour la demanderesse, l'existence du risque était certaine, notoire, indiscutable : elle faisait valoir que le risque était *notoirement avéré*.

---

[359] [2005] CSOH 69.

[360] *Ibid.*, [1.11] (Lord Nimmo-Smith) : « [It is generally taken as relating to] matters which can be immediately ascertained from sources of indisputable accuracy, or which are so notorious as to be indisputable, so that the judge is bound to take notice of them. »

121. L'existence du risque de cancer des poumons lié au tabagisme dans la décision *McTear v. Imperial Tobacco Ltd.* – Il aurait été parfaitement concevable qu'en 2005, le juge considère le lien scientifique entre le tabagisme actif et le cancer des poumons comme indiscutable, et que, par application de la théorie de la connaissance judiciaire, il dispense la demanderesse d'établir ce fait. Telle n'a pourtant pas été sa position, le juge considérant que « l'un des problèmes fondamentaux dans cette affaire [était] de savoir si le fait de fumer des cigarettes [pouvait] causer un cancer des poumons »[361]. Il conclut que la demanderesse doit apporter la preuve selon laquelle ce lien existe plus probablement que non (balance des probabilités)[362].

Au regard des preuves apportées par les parties, le juge refuse de considérer que le lien scientifique entre le tabagisme et le cancer des poumons est établi. Sur le plan judiciaire, le juge refuse ainsi de reconnaître que le risque est avéré. Sa position s'explique en fait parce que la demanderesse n'était pas parvenue à apporter la preuve du lien scientifique[363] au regard du droit de la preuve lié aux témoins experts[364]. Cependant, la conclusion du juge sur le caractère non-avéré du risque lié au tabagisme avait de quoi surprendre, raison pour laquelle il a clarifié sa position : « je termine ce passage en mettant l'accent sur le fait qu'il ne faut pas lire dans mes propos que je retiens que le tabagisme ne peut pas causer ou ne cause pas de cancer des poumons : je suis seulement en train de dire que, approchant les éléments de preuve avec un esprit ouvert, comme je suis tenu de le faire, et appliquant le droit se rapportant aux preuves expertales, je me trouve incapable de considérer comme établi le fait que le tabagisme puisse causer un cancer des poumons »[365].

122. L'intersection du droit et de la science : les difficultés. – S'il est clair que le juge a adopté cette position seulement au regard des preuves qui lui ont été présentées, il est tout de même difficile de ne pas relever l'existence d'une dissociation entre la conclusion judiciaire et celle scientifique sur la question de l'existence de ce risque.

---

[361] *Ibid.*, [1.12] (Lord Nimmo-Smith) : « One of the fundamental issues in this case is whether cigarette smoking can cause lung cancer. [This is an issue which I am duty-bound to approach with an open mind and to decide on the basis of the evidence led before me.] »

[362] *Ibid.*, [1.12] (Lord Nimmo-Smith). Sur la notion de balance des probabilités : V° *infra*, n°392 à 396.

[363] En particulier, le juge a justifié sa position pour deux raisons. D'une part, il reprochait à la demanderesse de ne pas avoir communiqué la littérature scientifique primaire (*primary literature*) : *Ibid.*, [6.163] (Lord Nimmo-Smith). D'autre part, le juge avait relevé que le second témoin expert de la demanderesse avait lui-même admis qu'il n'était pas spécialiste en épidémiologie, si bien qu'il n'était pas qualifié pour apporter ses vues en ce domaine : *Ibid.*, [6.167] (Lord Nimmo-Smith).

[364] Les témoins experts sont des personnes qui disposent d'un degré de connaissance ou de compétence spécialisés dans un domaine particulier, les autorisant ainsi à apporter une opinion dans ce domaine, dans le cadre d'une procédure judiciaire.

[365] *Ibid.*, [6.170] (Lord Nimmo-Smith) : « I conclude this passage by emphasising that I am in no way finding that cigarette smoking cannot or does not cause lung cancer: I am simply saying that, approaching the evidence with an open mind, as I am bound to do, and applying the law relating to the expert evidence, I am unable to find it proved that cigarette smoking can cause lung cancer. »

Le lien entre la cigarette et le cancer des poumons n'est pas *judiciairement* reconnu dans cette affaire, quand bien même, en 2005, il l'est *scientifiquement*. Il est d'ailleurs tout à fait intéressant de comparer la position du juge français sur cette question. Dans un arrêt du 20 novembre 2003[366], la Cour de cassation a, comme au Royaume-Uni, rejeté la responsabilité du producteur de tabac. En revanche, sur la question de l'existence du lien entre le tabagisme et le cancer des poumons, question qui a été envisagée par les juges du fond, ces derniers ont reconnu qu'il était scientifiquement établi dès les années 1950-1960[367].

La comparaison des décisions britannique et française dans le contexte de l'industrie du tabac est intéressante car elle permet de révéler qu'un même risque peut faire l'objet d'une qualification différente : en 2003, et même en 1999, pour le droit français, le risque sanitaire lié au tabagisme est bien avéré ; en 2005, au Royaume-Uni, le même risque sanitaire n'est pas *judiciairement* considéré comme avéré. Nous mettons précisément l'accent sur le terme « judiciairement » car il ne fait pas de doute qu'en 2005, il existe un consensus scientifique pour admettre l'existence d'un lien entre le tabac et le cancer des poumons. C'est l'établissement judiciaire de ce caractère avéré qui avait fait défaut dans l'affaire. Aussi, bien que le risque soit scientifiquement avéré, il est judiciairement suspecté.

Cet exemple illustre alors le décalage qui peut exister entre la preuve scientifique et la preuve judiciaire, et met en lumière les limites du recours au critère scientifique dans le contexte judiciaire : dans l'exemple donné, il existait en fait un décalage entre l'état des connaissances scientifiques disponibles au *niveau mondial* et l'état des connaissances scientifiques sur lequel *le juge a été amené à se fonder*, tel que présenté par les parties[368].

2. *Exemple de classification d'un risque suspecté en risque avéré : les arrêts DES du 7 mars 2006*

123. L'existence du risque pour la santé des enfants exposés *in utero* au Distilbène : les arrêts du 7 mars 2006[369]. – Ces deux arrêts français traitent de la responsabilité d'un producteur de médicament pour le dommage subi par les

---

[366] Cass., civ. 2, 20 novembre 2003, n°01-17.977, *Bull. civ. II*, N°355, p. 289.

[367] CA Orléans, 10 septembre 2001, n°00/00096.

[368] Une telle hypothèse a bien moins de chance de se produire en droit français en raison de la manière dont intervient l'expert. En effet, dans le système juridique français, l'expert est un technicien désigné par le juge pour qu'il réponde aux questions posées par ce dernier. En droit anglais, et dans les affaires complexes, comme c'est souvent le cas dans le contexte de risques sanitaires sériels, chacune des parties désigne « ses » témoins experts, généralement ceux qui peuvent apporter une opinion allant dans le sens de ce que les parties tentent de démontrer, sur le plan juridique. Pour cette raison, il existe à notre avis une probabilité plus grande en droit anglais que l'état des connaissances scientifiques disponible au niveau mondial et l'état des connaissances scientifiques présenté au cours de l'action soient en décalage.

[369] Cass., civ. 1, 7 mars 2006, n°04-16.179 et 04-16.180, *Bull. civ. I*, 2006, N°142, p.130 et N°143, p. 131.

demanderesses qui ont été exposées *in utero* au Distilbène, médicament prescrit aux femmes enceintes contre le risque de fausse couche.

Dans une première espèce, la demanderesse, ayant été exposée *in utero* à la molécule litigieuse en 1973, avait par la suite contracté un adénocarcinome à cellules claires – tumeur cancéreuse. Dans la seconde espèce, les faits étaient assez similaires, si ce n'est que la demanderesse avait été exposée à la molécule en 1968. Toutes deux avaient recherché la responsabilité du producteur, sur le fondement de la faute. La Cour de cassation a accueilli cette demande dans deux arrêts en date du 7 mars 2006 et il convient de noter qu'à cette date, la capacité du Distilbène à causer la survenance d'adénocarcinomes chez les femmes qui y ont été exposées *in utero* n'était pas en doute. Ainsi, à cette date, l'existence du risque est bien établie, si bien que le risque est avéré.

Cependant, la responsabilité recherchée reposant sur la faute, il était nécessaire que la Cour se prononce sur le point de savoir si, au moment de l'exposition des demanderesses[370], autrement dit respectivement en 1968 et 1973, le laboratoire avait commis une faute. Cette question nécessitait alors de déterminer si au regard des connaissances scientifiques disponibles à l'époque, en 1968 et 1973, le laboratoire avait agi comme une personne raisonnable l'aurait fait, placée dans les mêmes circonstances. Or, la réponse à cette question – et donc, la détermination de l'existence d'une faute – dépendait précisément des connaissances scientifiques relatives à l'existence du risque lié au Distilbène, disponibles en 1968 et 1973.

Dans ce contexte, la question peut être formulée de la façon suivante : en 1968 et 1973, le risque pour la santé lié à une exposition *in utero* au distilbène était-il avéré, suspecté ou inconnu ?

124. La position de la cour d'appel et de la Cour de cassation. – La cour d'appel, suivie par la Cour de cassation, distingue deux périodes différentes : se fondant sur le rapport d'expertise général, la cour d'appel considère qu'avant 1971, et dès 1953-1954, il existait des doutes sur l'innocuité et l'efficacité du médicament puisque la littérature expérimentale faisait déjà état de la survenance de cancers très divers liée à la molécule. Pour cette raison, la jurisprudence retient qu'avant 1971, le laboratoire pharmaceutique était tenu d'une obligation de vigilance et de surveillance de l'efficacité de son produit ; en revanche, elle admet qu'après 1971, de nombreuses études expérimentales et des observations cliniques contre-indiquaient l'utilisation du Distilbène, si bien que le laboratoire était, à partir de cette date, tenu d'une obligation de vigilance consistant à cesser la distribution de son produit. L'année 1971 constitue donc l'année charnière durant laquelle le juge considère que le risque suspecté lié au Distilbène s'est en réalité transformé en risque avéré[371]. En d'autres termes, les doutes scientifiques ont laissé place à une « certitude » quant à l'existence du risque.

Partant de ce constat, dans la première espèce, c'est-à-dire celle dans laquelle l'exposition avait eu lieu en 1973, il est tout à fait logique que la Cour de cassation ait retenu que « ces risques [étaient] connus et identifiés sur le plan

[370] Sur le moment d'appréciation de la faute et les conséquences pouvant en découler : *infra*, n°438.
[371] En ce sens : D. TAPINOS, *op. cit.* (note 244), pp. 156-158.

scientifique »[372]. L'exposition de la demanderesse ayant eu lieu après 1971, aucun doute n'existait plus sur l'existence du risque : sans surprise, le risque est considéré comme avéré.

Cependant, dans la seconde espèce, celle dans laquelle l'exposition avait eu lieu en 1968, la Cour de cassation indique également que « le risque carcinogène était *connu* »[373]. Or, précisément, avant 1971, le risque n'était pas « connu » ou avéré, mais il était simplement suspecté[374]. Ce faisant, dans cette espèce, la Cour de cassation a considéré qu'un risque suspecté était en réalité un risque avéré.

125. Une mauvaise qualification du risque : maladresse involontaire ou délibérée ? – En qualifiant le risque de connu, alors même qu'il était en réalité suspecté, la Cour de cassation a peut-être simplement voulu mettre l'accent sur le fait que le risque n'était « pas inconnu ».

Mais, il pourrait y avoir une autre explication. En effet, il importe de relever que dans son pourvoi, le producteur faisait valoir, en se fondant sur le principe de précaution, que « la responsabilité d'un laboratoire, fabricant et distributeur de médicaments (...) suppose à tout le moins que les connaissances scientifiques de l'époque aient fait apparaître l'existence d'un risque pour l'homme *scientifiquement plausible* »[375]. En d'autres termes, le producteur faisait valoir qu'avant 1971, il n'était pas tenu d'anticiper et de prévenir les risques du produit au regard du principe de précaution car l'existence du risque n'était pas scientifiquement plausible. Le producteur sous-entendait donc que la cour d'appel s'était fondée – à tort – sur le principe de précaution pour retenir, dès avant 1971, une obligation de vigilance à sa charge sans justifier du fait que l'existence du risque était plausible[376].

Dans ce contexte, reconnaître que le risque était connu, avéré, en 1968 et non pas simplement suspecté, permet à la première chambre civile d'éviter de se prononcer sur le contenu et la place du principe de précaution dans le cadre de la responsabilité civile. Qu'il soit ou non délibéré, l'emploi de l'expression « risque connu » est ici malheureux car il aboutit à brouiller la distinction entre les risques avérés et suspectés.

---

[372] Cass., civ. 1, 7 mars 2006, n°04-16.179, préc. (note 353) (1ère espèce).

[373] [italiques ajoutées par nous] Cass., civ. 1, 7 mars 2006, n°04-16.180, préc. (note 353) (1ère espèce).

[374] En ce sens : C. RADE, obs. sous Cass., civ. 1, 7 mars 2006, n°04-16.180, *Bull. civ. I*, 2006, N°143, p. 131, *Resp. civ. et assur.* n°5, Mai 2006, comm. 164.

[375] Cass., civ. 1, 7 mars 2006, n°04-16.179, préc. (note 353).

[376] Ce qui explique que le producteur invoque la cassation de l'arrêt d'appel pour *défaut de base légale*. Il est donc tout à fait intéressant de relever que le producteur ne conteste pas sur le principe, le recours au principe de précaution comme fondement justifiant l'imposition d'une obligation de vigilance. Ce qui est ici contesté, c'est l'absence de motivation factuelle relative au caractère « scientifiquement plausible » du risque qui déclencherait l'application du principe de précaution. V° pour une interprétation de ces arrêts confirmant l'influence du principe de précaution : plus généralement, M. BOUTONNET, *op. cit.* (note 52) ; G. VINEY, « L'influence du principe de précaution sur le droit de la responsabilité civile à la lumière de la jurisprudence : beaucoup de bruit pour presque rien ? » *in* J.-B. RACINE (dir.), *Mélanges en l'honneur de Gilles J. Martin. Pour un droit économique de l'environnement*, Frison-Roche, 2013, p. 555.

126. Les deux exemples précédents mettent en exergue les difficultés de l'application du critère scientifique, critère de distinction des risques avérés, suspectés et inconnus, dans le contexte judiciaire. Dès lors, la question se pose de savoir si ces difficultés doivent conduire à une remise en cause de la pertinence de la distinction entre ces catégories de risque.

B. L'UTILISATION DU CRITÈRE SCIENTIFIQUE PAR LE JUGE : UNE REMISE EN CAUSE DE LA PERTINENCE DE LA DISTINCTION ?

127. Le critère scientifique : un critère pertinent et utilisé par le juge. – Dans la décision *McTear v. Imperial Tobacco Ltd*, la classification d'un risque avéré en risque suspecté s'expliquait en raison d'un décalage entre l'état des connaissances scientifiques en circulation générale et l'état des connaissances scientifiques présenté au juge dans le cadre d'un contentieux particulier. Mais justement, cette décision confirme la pertinence du critère scientifique. En effet, c'est bien au regard *d'un* état des connaissances scientifiques que le juge se prononce sur la question de l'existence du risque. La même remarque peut être apportée pour les décisions du 7 mars 2006 en matière de Distilbène. Le juge utilise les éléments de connaissance scientifique pour apprécier, là aussi, l'existence du risque.

128. Les difficultés de classification dans l'arrêt *McTear* : explications. – Le hiatus observé dans l'arrêt *McTear v. Imperial Tobacco Ltd* révèle simplement le fait que le champ des connaissances scientifiques pris en compte dans le contexte judiciaire *peut* être plus restreint que le champ des connaissances scientifiques existant généralement et que, pour se prononcer, le juge aura seulement égard aux connaissances scientifiques qui lui sont présentées[377]. Mais cela ne remet nullement en cause le principe même du recours à la connaissance scientifique par le juge pour évaluer judiciairement l'existence du risque.

129. Nous noterons simplement que le hiatus observé dans l'arrêt *McTear* est moins propice dans le contexte judiciaire français, en raison du recours – assez courant pour des questions techniques de ce type – à l'expertise judiciaire[378]. En effet, si l'article 9 du Code de procédure civile prévoit que ce sont les parties qui sont tenues de prouver les faits nécessaires au succès de leurs prétentions, le recours à l'expertise judiciaire est soumis, en droit français, à une double condition de subsidiarité. D'abord, cette mesure d'instruction ne peut être ordonnée que si la partie qui allègue le fait ne dispose pas d'éléments

---

[377] En ce sens : X. LAGARDE, « D'une vérité l'autre », *Gaz. Pal.*, 22/07/2010, n°203, p. 6

[378] Sur la question du recours à l'expertise en droit français : Ph. SARRAILHE, « Rapport introduction : la diversité des experts et leurs points communs » *in* CENTRE FRANÇAIS DE DROIT COMPARE (CFDC), *Les experts : auxiliaires ou substituts du juge ?*, vol. 12, Actes du colloque du 5 décembre 2008, 2009, p. 18.

suffisants pour le prouver[379]. Ensuite, le juge ne peut ordonner une expertise judiciaire que si des constatations ou une consultation ne pourraient suffire à l'éclairer[380].

En d'autres termes, l'expertise judiciaire est généralement ordonnée dans le cas d'affaires techniques particulièrement complexes, situation courante en matière de risques sanitaires sériels. L'expertise judiciaire est placée intégralement sous le contrôle du juge qui décide de l'opportunité d'y avoir recours – d'office ou à la demande des parties – et qui choisit l'expert parmi la liste d'experts établie par les cours d'appel ou la Cour de cassation. C'est encore lui qui énonce les chefs de mission de l'expert, impartit le délai dans lequel l'expert devra donner son avis et qui fixe sa rémunération. L'expert judiciaire est donc un technicien qui est appelé pour apporter ses lumières au juge sur un point technique. Par conséquent, pour rendre son avis, l'expert judiciaire n'est pas limité à certains éléments mais peut se fonder sur *tous* éléments qui lui semblent utiles. Pour cette raison, avec le rapport d'expertise judiciaire, le juge français dispose d'une vue complète sur la question posée, ce qui limite fortement le décalage identifié dans l'arrêt *McTear*.

130. Si en droit français, l'expert judiciaire se présente comme un auxiliaire de justice, le système juridique anglais a, au contraire, privilégié la pratique des témoins experts[381], sur lesquels à l'origine, « la cour exerçait très peu, voire pas de contrôle (...). La philosophie dominante consistait à considérer que les parties disposaient d'un droit sans limite d'utiliser quelque moyen de preuve admissible que ce soit, qu'il s'agisse d'un fait ou d'une opinion d'expert »[382]. Si la réforme initiée par Lord Woolf, en vigueur depuis le 26 avril 1999[383], a tenté de limiter le recours immodéré aux témoins experts[384] « à ce qui est raisonnablement nécessaire pour résoudre le contentieux »[385], il n'empêche que pour des questions techniques complexes, le juge autorisera leur recours. Or, si le témoin expert est avant tout tenu d'un devoir d'aider la cour sur les matières relevant de son expertise[386], il n'en demeure pas moins que ce sont les parties

---

[379] Art. 146, CPC

[380] Art. 263, CPC.

[381] Sur la comparaison du choix des droits français et anglais de privilégier, pour le premier, l'expertise judiciaire et pour le second, les témoins experts et les différences techniques entre ces deux approches : J. A. JOLOWICZ, « L'expert, le témoin et le juge dans le procès civil en droits français et anglais », *RIDC*, vol. 29(2), Avril-Juin 1977, pp. 285-300, spéc. p. 290 et s.

[382] J. A. DYSON (LJ), « Expert witnesses under the civil procedure rules », (2005) 11 *Clinical Risk* 148-156, spéc. p. 151: « The court exercised little or no control over expert witnesses. The philosophy that prevailed was that the parties had an untrammelled right to call whatever admissible evidence they wished, whether of fact or expert opinion. »

[383] Par exemple : M. HARAVON, « Dix années de réforme de la procédure civile anglaise : révolte ou révolution ? », *RIDC*, vol. 4, 2004, pp. 826-827.

[384] Les parties avaient en effet tendance à faire une utilisation excessive de l'expertise, ce qui augmentait non seulement le coût de la procédure mais aussi les délais de traitement des affaires : C. PAMPLIN, « Expert evidence : do you have all the facts ? », (2000) 86 *BJU International* 291-293, spéc. p. 291.

[385] R. 35.1, CPR : « [Expert evidence shall be restricted] to that which is reasonably required to resolve the proceedings. ».

[386] R. V. CLEMENTS, « The Changing Role of the Expert Witness », (10 June 2003) 71(2) *Med Leg*

qui, chacune, paient leurs témoins experts et définissent leurs missions. La pratique courante du recours aux témoins experts est donc susceptible de favoriser les situations de décalage observées dans l'arrêt *McTear v. Imperial Tobacco Ltd*, simplement en raison du fait que les parties vont précisément s'adresser à des témoins experts dont l'opinion s'inscrit dans le même sens que ce qu'ils cherchent à démontrer dans le cadre judiciaire.

131. Les difficultés de classification dans les arrêts du 7 mars 2006 relatif au Distilbène : explications. – Le hiatus observé dans les deux arrêts du 7 mars 2006 en matière de Distilbène met, quant à elle, en exergue le fait que le juge français – mais cela vaut aussi pour le juge anglais – dispose d'une liberté dans l'appréciation des preuves qui lui sont soumises. Dit autrement, le juge n'est pas tenu par la preuve scientifique, si bien qu'il n'est pas contraint de suivre les conclusions de l'expert judiciaire[387]. Il y a une limite cependant, qui tient à l'obligation de motivation qui lui est faite à l'article 455 du Code de procédure civile.

Cela étant, la place et l'autorité conférées à la science et aux scientifiques dans les systèmes juridiques français et anglais conduisent souvent les juges à accorder une force probante élevée aux preuves scientifiques, à condition que ces preuves soient « de qualité »[388] ce que le juge est amené à examiner. Dès lors, en pratique, le juge du fond français répugne généralement à se détacher des conclusions de l'expert judiciaire. Dans ce contexte, la situation dans laquelle le juge qualifiera un risque de connu alors qu'il est en réalité suspecté, comme cela a été le cas dans l'un des arrêts du 7 mars 2006, devrait être relativement rare. Le recours au critère des connaissances scientifiques – et avec lui, la distinction entre risques avérés, suspectés et inconnus – demeure donc pleinement pertinent.

132. Le critère scientifique utilisé pour distinguer les risques avérés, suspectés et inconnus est certes pertinent, mais il est insuffisant, seul, pour permettre de distinguer les risques suspectés des risques inconnus.

J. 61-75. La réforme de Lord Woolf a en effet conduit à transformer le rôle du témoin expert. Auparavant, il assistait principalement et avant tout, les parties. Au contraire aujourd'hui, son premier devoir est envers la cour, comme l'indiquent les R. 35.3(1) et R. 35.3(2) des règles de procédure civile (*Civil Procedure Rules* ou CPR) « This duty overrides any obligation to the person from whom experts have received instructions or by whom they are paid. » (R. 35.3(2), CPR).

[387] Art. 246, CPC.

[388] Ainsi, en droit anglais, le juge examine la qualité des témoins experts, ce qui lui impose de s'intéresser à leurs compétences, qualifications et réputation. Également, pour déterminer la force probante qu'il convient d'accorder à l'opinion d'un témoin expert, le juge va examiner si le raisonnement tenu par l'expert est logique : V° *Loveday v. Renton and another* [1990] 1 Med. L.R., spéc. p. 125 (Stuart-Smith LJ).

II. *La connaissance scientifique, un critère de distinction suffisant ?*

133. Le critère de la connaissance scientifique est insuffisant pour définir clairement tant les catégories de risque inconnu (A) que de risque suspecté (B). Ceci entraîne une difficulté tout à fait particulière, qui est de déterminer le moment à partir duquel le risque passe de la catégorie de risque inconnu à celle de risque suspecté. Or, cette détermination est cruciale[389] dans les contentieux de la responsabilité civile, en raison des conséquences importantes que peut produire la classification du risque dans une catégorie ou l'autre pour l'indemnisation des victimes[390].

A. La connaissance scientifique, élément insuffisant de définition du risque inconnu

134. Définir juridiquement les contours du risque inconnu s'avère difficile : sur le plan du droit, les situations de risques inconnus ont été envisagées, indirectement, dans le cadre de la responsabilité du fait des produits défectueux, en particulier au sein de l'exonération pour risque de développement (1). L'examen des contours de cette cause d'exonération est ainsi nécessaire pour préciser les contours, sur le plan juridique, du risque inconnu (2).

1. Le risque inconnu dans la responsabilité du fait des produits défectueux

135. Risque de développement, défaut indécelable et risque inconnu. – La responsabilité du fait des produits défectueux, dont le régime se trouve aux articles 1245-1 et suivants du Code civil français et dans le *Consumer Protection Act 1987* anglais, a été créée par une directive européenne n°85/374/CEE du Conseil, du 25 juillet 1985. Cette directive qui prévoit une responsabilité sans faute des producteurs, fondée sur le défaut de sécurité du produit, admet également à l'article 7(e) la possibilité pour le producteur de s'exonérer de cette responsabilité lorsque « l'état des connaissances scientifiques et techniques au moment de la mise en circulation du produit par lui n'a pas permis de déceler l'existence du défaut ».

---

[389] En ce sens : D. Tapinos, *op. cit.* (note 244), p. 76 : « Concrètement, l'établissement d'une distinction entre la prévention et la précaution, sous l'angle de la responsabilité civile, nécessitera donc de déterminer pour chaque type de risque scientifique et technique la sortie de période d'ignorance du risque ainsi que le point de départ des périodes de précaution et de prévention. »
[390] V° la seconde partie de nos travaux.

On ne manquera pas de noter que l'article 7(e) de la directive n'évoque pas le risque inconnu, mais seulement le caractère indécelable du défaut. Néanmoins, bien souvent, le caractère décelable ou non du défaut dépend directement du caractère connaissable ou non du risque[391]. Ceci explique que certains auteurs aient considéré que l'exonération pour risque de développement aboutit à ce qu'un producteur ne soit pas « responsable si un risque inconnu se réalise et provoque un dommage, dès lors qu'il lui était impossible de le découvrir au moment de la mise en circulation du produit »[392]. L'exonération pour risque de développement a donc vocation à envisager les situations de risques inconnus, ce qui justifie que nous nous intéressions aux contours de celle-ci. La CJCE a été directement confrontée à cette question lors d'une affaire qui a opposé la Commission européenne au Royaume-Uni sur la transposition par le droit anglais de l'article 7(e) de la directive et elle fournit des indications utiles sur ce que constitue un risque inconnu.

136. La décision *Commission c./ Royaume-Uni*[393] du 29 mai 1997 : les termes du débat. – La Commission européenne a considéré que le Royaume-Uni avait manqué à son obligation de transposition de la directive. Elle arguait en particulier que la section 4(1)(e) du *Consumer Protection Act 1987*[394] était incompatible avec l'article 7(e) de la directive qu'elle avait vocation à

---

[391] Pour une démonstration du lien qui existe entre le « défaut indécelable » et le « risque inconnu » : V° *infra*, n°484 à 487. En ce sens, également : D. TAPINOS, *op. cit.* (note 244), pp. 67-69.

[392] S. FANTONI-QUINTON, J. SAISON-DEMARS, *Le principe de précaution face à l'incertitude scientifique : l'émergence d'une responsabilité spécifique dans le champ sanitaire*, rapport scientifique d'une recherche réalisée avec le soutien du GIP Mission de recherche Droit et Justice, Université Lille 2, 2016, p. 206. Dans le même sens : COMMISSION EUROPEENNE, *Rapport de la Commission concernant la mise en œuvre de la directive 85/374 relative à la responsabilité du fait des produits défectueux*, COM(2000) 893 final, p. 18 (« Ces risques étant imprévisibles et inconnus, ils seront très difficiles à couvrir et pourraient être exclus du champ d'application de l'assurance »). V° A. SOROSTE, C. YEDIKARDACHIAN, « Les risques encourus lors d'une mise sur le marché – Responsabilités civile et pénale », *in* A. SOROSTE, C. YEDIKARDACHIAN (dir.), *Lamy produits et biens de grande consommation*, Wolters Kluwer, janvier 2018, étude 175, spéc. n°175-85 ; D. TAPINOS, *op. cit.* (note 244), pp. 174-184 ; F. EWALD, « La véritable nature du risque de développement et sa garantie », *Risques*, vol. 14, avril 1993, pp. 11 et 18 ; Y. MARKOVITS, *La directive C.E.E du 25 juillet 1985 sur la responsabilité du fait des produits défectueux*, Préf. J. GHESTIN, LGDJ, coll. « Bibliothèque de droit privé », t. 211, 1990, pp. 183-234 ; M.-A. HERMITTE, *op. cit.* (note 58), p. 295 ; J.-S. BORGHETTI, *La responsabilité du fait des produits. Étude de droit comparé*, préf. G. VINEY, LGDJ, coll. « Bibliothèque de droit privé », t. 428, 2004, p. 398, spéc. n°402: « Nous préférons pour notre part intégrer à la notion de risque de développement l'ensemble des risques que l'état des connaissances scientifiques et techniques ne permettaient pas de déceler au moment de la mise en circulation du produit, sans préjuger pour l'instant du rapport entre ces risques et l'existence d'un défaut ».

[393] CJCE, 29 mai 1997, *Commission c/ Royaume Uni*, aff. C-300/95, Rec. 1997, p. I-2649, *D.* 1998, N°35, 08/10/1998, p. 488, obs. A. PENNEAU; *LPA*, 17/12/1997, n°151, p. 31, obs. J. RICATTE ; (1998) 61 *Mod. L. Rev.* 560, obs. C. HODGES.

[394] Section 4(1)(e), *CPA* 1987 : « In any civil proceedings by virtue of this Part against any person ("the person proceeded against") in respect of a defect in a product it shall be a defence for him to show that the state of scientific and technical knowledge at the relevant time was not such that a producer of products of the same description as the product in question might be expected to have discovered the defect if it had existed in his products while they were under his control ».

transposer. Pour la Commission, la section 4(1)(e) du *Consumer Protection Act 1987* transformait la responsabilité sans faute introduite par l'article 1er de la directive en une responsabilité fondée sur la négligence du producteur. La CJCE a rejeté le recours introduit par la Commission, considérant que la transposition en droit interne de l'article 7(e) de la directive n'était pas incompatible avec la directive.

2. *Les contours du risque inconnu dans la responsabilité du fait des produits défectueux*

137. Pour se prononcer sur la compatibilité de la transposition de l'article 7(e) de la directive par le droit anglais dans la section 4(1)(e) du *Consumer Protection Act 1987*, la CJCE a été tenue de préciser l'interprétation de l'article 7(e), éclairant par là-même les contours du risque inconnu. La Cour a notamment précisé la notion d'état des connaissances scientifiques et techniques (a), cette dernière étant toutefois limitée aux connaissances accessibles (b) et pertinentes (c).

a. *La notion d'état des connaissances scientifiques et techniques*

138. La notion de connaissances scientifiques et techniques dans la décision *Commission c./ Royaume-Uni*. – Dans sa décision, la Cour de justice s'est intéressée à la notion de connaissances scientifiques et techniques et a suivi les conclusions de l'avocat général TESAURO présentées le 23 janvier 1997[395]. En particulier, elle considère que cette notion vise « sans aucune restriction, l'état des connaissances scientifiques et techniques, en ce compris son niveau le plus avancé, tel qu'il existait au moment de la mise en circulation du produit en cause »[396].

La notion doit ainsi être comprise de la manière la plus large possible, et la référence de la Cour à l'état des connaissances « en son niveau le plus avancé » semble confirmer la position adoptée par l'avocat général TESAURO. Celui-ci s'était en effet interrogé sur le point de savoir si l'état des connaissances devait comprendre les opinions isolées soulignant le défaut ou le danger potentiel du produit, ou bien s'il ne fallait prendre en compte que l'opinion de la majorité des spécialistes seulement.

Pour l'avocat général, l'état des connaissances à prendre en compte étant le plus avancé, alors s' « il existe dans la communauté scientifique de l'époque *même seulement une voix isolée* (qui, comme l'histoire de la science l'enseigne, pourrait devenir avec le temps l'opinion commune), soulignant le défaut et/ou

[395] G. TESAURO, concl. sous CJCE, 29 mai 1997, *Rec.* 1997, p. I-2651-2662, 23 janvier 1997.
[396] CJCE, 29 mai 1997, *Commission c./ Royaume Uni*, préc. (note 393), point 26.

le danger potentiel du produit, son fabricant ne se trouve plus face à un risque imprévisible, en tant que tel étranger au champ d'application du régime imposé par la directive »[397]. Si la Cour de justice ne va pas jusqu'à l'affirmer expressément, elle confirme à tout le moins la nécessité de prendre en compte l'état des connaissances « en son niveau le plus avancé », ce qui s'inscrit implicitement dans le sens de la position de l'avocat général.

Par conséquent, il semble que l'existence d'une seule étude scientifique révélant la possible existence du risque ferait sortir celui-ci de la catégorie de risque inconnu, empêchant alors le fabricant de se prévaloir de l'exonération pour risque de développement.

139. Une appréciation *in abstracto* de l'état des connaissances : *Commission c./ Royaume-Uni.* – La Cour de justice apporte également d'autres précisions sur la notion d'état des connaissances scientifiques, laquelle doit être comprise *in abstracto*[398]. En effet, elle considère que le producteur ne pourrait pas s'exonérer de sa responsabilité en faisant valoir qu'il a tout mis en œuvre mais que ses possibilités individuelles de renseignements ne lui permettaient pas de connaître le défaut – et donc le risque s'y rapportant. Le producteur ne peut donc pas bénéficier de l'exonération en prouvant son absence de négligence. Il ressort donc qu'à partir du moment où *la connaissance existait objectivement*, le producteur est présumé en être informé de sorte qu'il ne peut pas bénéficier de la protection offerte par l'article 7(e) – tel que transposé dans le droit interne des États-membres.

140. La confirmation des apports de la décision de la CJCE en droits français et anglais. – Le juge anglais Burton a été directement confronté à la question de l'applicabilité de l'exonération pour risque de développement dans l'arrêt *A v. National Blood Authority*[399], action de groupe entreprise par 114 individus contaminés par le virus de l'hépatite C du fait de transfusions sanguines et recherchant la responsabilité de l'organisme répondant de l'administration desdites transfusions. Le *National Blood Authority*, fournisseur de produits sanguins et défendeur à l'action, faisait valoir que bien que le risque de contamination fût connu, il n'existait aucune possibilité d'identifier la présence du virus dans l'un quelconque des produits, de sorte que le défaut – la présence du virus – était indécelable. Le juge a rejeté cet argument et considéré que l'exonération pouvait seulement s'appliquer lorsque le risque était *généralement inconnu*, ce qui n'était pas le cas en l'espèce. Dans son opinion, le juge Burton adopte la position de la Cour de justice dans *Commission c./ Royaume-Uni*, en retenant que « l'état des connaissances scientifiques et techniques dont il est question est celui le plus avancé disponible (à n'importe qui, pas simplement au producteur en question) »[400].

---

[397] [italiques ajoutées par nous] *Ibid.*, point 22.

[398] CJCE, 29 mai 1997, préc. (note 393), point 27.

[399] [2001] 3 All. E.R 289.

[400] *Ibid.*, [49] (Burton J) : « The state of scientific and technical knowledge referred to is the most advanced available (to any one, not simply to the producer in question). »

141. De la même façon, en droit français, un arrêt de la cour d'appel de Toulouse du 22 février 2000[401] s'est intéressé à la question de l'exonération pour risque de développement. En l'espèce, plusieurs personnes, souffrant d'une affection à la suite de consommation de viande équine contenant des larves de trichines (parasites), avaient assigné leur boucher en référé aux fins d'obtention d'une expertise et d'une provision. En appel, le boucher et son assureur faisaient valoir que l'obligation de réparation dont ils étaient tenus était sérieusement contestable ; en particulier, ils faisaient valoir qu'à l'époque des faits, les méthodes utilisées de prélèvement et d'analyse ne permettaient pas de déceler des larves de trichine, les autorisant ainsi à se prévaloir de l'exonération pour risque de développement, prévue à l'époque à l'article 1386-11 du Code civil.

La cour d'appel considère « qu'il ne pouvait être sérieusement soutenu que les connaissances techniques et scientifiques au moment où le produit a été mis en circulation n'ont pas permis de déceler le défaut »[402]. En effet, la cour d'appel relève qu'une étude scientifique datant de 1975 avait mis en avant le fait que la consommation de la viande de cheval était connue pour être la source principale des épidémies de trichinellose humaine. En d'autres termes, le risque pour la santé était objectivement connu. Dans ce contentieux, la cour d'appel confirme non seulement que « l'appréciation des connaissances scientifiques et techniques doit être faite de façon purement objective, sans tenir compte des qualités et des aptitudes du producteur »[403], mais aussi que « l'état des connaissances scientifiques et techniques est celui situé au niveau mondial le plus avancé tel qu'il existait au moment où le produit en cause a été mis en circulation (CJCE 29 MAI 1997 *D.* 1997 *I.R.* p. 185) »[404]. Comme en droit anglais, le risque était ici objectivement connu, si bien que le défaut ne pouvait être considéré comme indécelable ; partant, l'exonération pour risque de développement ne pouvait trouver à s'appliquer[405].

142. L'analyse a permis de révéler que la notion d'état des connaissances scientifiques et techniques devait se comprendre *in abstracto*, et de la manière la plus large possible, de sorte à inclure les études scientifiques isolées révélant l'existence du risque. Par suite, il apparaît qu'un risque ne serait plus inconnu à partir du moment où une seule étude scientifique révèle son existence. Toutefois, pour être incluse dans l'état des connaissances scientifiques et techniques, une telle étude doit être considérée accessible.

---

[401] CA Toulouse (3ème ch., 1ère sect.), 22 février 2000, n°1999/01293, *JCP G.*, n°48, 29 novembre 2000, II 10429, obs. Ph. LE TOURNEAU ; *Resp. civ. et assur.*, n°12, Décembre 2000, comm. 369, obs. L. GRYNBAUM.

[402] *Ibid.*

[403] *Ibid.*

[404] *Ibid.*

[405] Mais V° : J.-S. BORGHETTI, *op. cit.* (note 392), pp. 555-556, spéc. n°585 qui considère l'existence d'une ambiguïté dans la décision de la cour d'appel. Pour cet auteur, la cour ne répond pas à la question de savoir si l'exonération pour risque de développement est applicable lorsque l'existence du risque est connue mais que sa présence dans un exemplaire ne peut pas être décelée en l'état des connaissances scientifiques, ou si l'exonération pour risque de développement n'est possible que lorsque le risque est objectivement inconnaissable.

b. *L'accessibilité des connaissances scientifiques et techniques*

143. La notion d'accessibilité dans la décision *Commission c./ Royaume-Uni*. – Si la CJCE a admis que l'état des connaissances scientifiques et techniques devait se comprendre comme l'état *objectif* des connaissances, elle apporte cependant une limite, en considérant que « le libellé de l'article 7, sous e), implique nécessairement que les connaissances scientifiques et techniques pertinentes aient été *accessibles* au moment de la mise en circulation »[406]. Ainsi, le producteur pourrait toujours se prévaloir de l'exonération pour risque de développement dans l'hypothèse où une étude scientifique, révélant l'existence du défaut ou du risque s'y rapportant, ne saurait être considérée comme accessible.

Dans ces circonstances, un risque ne peut sortir de la catégorie de risque inconnu que dans deux hypothèses : soit l'existence du risque n'a pas été envisagée du tout, soit son existence a été envisagée par des études scientifiques considérées comme inaccessibles. Le critère de l'accessibilité est donc central et il est regrettable que la Cour soit demeurée silencieuse sur l'interprétation de cette notion qui « laisse subsister des difficultés d'interprétation que (...) le juge national devra trancher en faisant, le cas échéant, usage de l'article 177 du traité CE »[407]. Il convient donc de s'intéresser aux conclusions de l'avocat général TESAURO sur ce point qui, bien que n'ayant pas été expressément validées par la Cour de justice, n'en ont pas moins exercé une autorité persuasive sur la position du juge anglais dans la décision *A v. National Blood Authority*, ce dernier les considérant même comme représentatives de l'état du droit positif sur cette question[408].

144. La notion d'accessibilité dans les conclusions de l'avocat général TESAURO. – Pour l'avocat général, l'accessibilité (appelée aussi disponibilité) des connaissances scientifiques et techniques dépend directement de la diffusion des informations, laquelle est conditionnée par plusieurs facteurs objectifs comme le lieu de provenance, la langue dans laquelle elles sont communiquées et le degré de diffusion des revues dans lesquelles ces connaissances scientifiques et techniques sont publiées[409].

Si les facteurs à prendre en compte sont objectifs, il n'en demeure pas moins que « l' "état des connaissances" disponibles doit être entendu de manière à comprendre toutes les données figurant dans le circuit d'information de la communauté scientifique dans son ensemble, compte tenu toutefois, selon un

---

[406] [italiques ajoutées par nous] CJCE, 29 mai 1997, préc. (note 393), point 28.
[407] *Ibid.*, point 29.
[408] *A v. National Blood Authority*, préc (note 399) [49] (Burton J.): « In response to a more extreme position being taken by the Commission, the Advocate General answered as follows, in his Opinion in Commission v. UK at paragraphs 22-24, which although not expressly approved in the judgment of the European Court, is taken to be the state of the law. »
[409] G. TESAURO, concl. sous CJCE, 29 mai 1997, préc. (note 395), spéc. point 23.

critère de bon sens, des *possibilités concrètes* de diffusion des informations »[410]. Cette position s'explique car il existe « des différences non négligeables, sur le plan de la rapidité de la mise en circulation et de l'ampleur de la diffusion, entre une étude d'un chercheur d'une université américaine publiée dans une revue internationale de langue anglaise et, pour reprendre un exemple donné par la Commission, une recherche analogue d'un savant de Mandchourie, publiée en chinois dans la revue scientifique locale, qui ne dépasse pas les frontières de la région »[411].

Selon l'avocat général, puisque l'étude en langue chinoise n'a pas les mêmes possibilités d'être connue que celle américaine, alors le producteur européen ne pourrait pas être tenu responsable pour avoir mis en circulation un produit dont le défaut avait été révélé par le chercheur asiatique. On peut donc douter du fait que pour l'avocat général, la notion d'accessibilité doive se comprendre *in abstracto* (« possibilités *concrètes* »). Plus encore, étant donné que l'accessibilité de l'information semble directement liée à la diffusion de l'information, c'est alors la publication de l'information[412] qui est prise en compte, car le moyen privilégié de diffusion des informations au sein de la communauté scientifique demeure la publication dans des revues scientifiques. Dans ce contexte, le degré de diffusion des revues est important car plus les revues sont diffusées, et plus il devient difficile de considérer l'information publiée dans ces revues comme inaccessible. Si l'avocat général mentionne cet élément au titre des facteurs objectifs dont il faut tenir compte pour évaluer l'accessibilité à l'information, il se garde bien d'indiquer quel degré de diffusion permet de caractériser l'accessibilité. La mise en œuvre du critère d'accessibilité est donc difficile, ce que confirment les observations faites par le juge Burton, à titre d'*obiter dictum*, dans *A v. National Blood Authority*.

145. La notion d'accessibilité dans la décision anglaise *A v. National Blood Authority*. – Les précisions apportées par le juge Burton, à titre d'*obiter dictum* dans *A v. National Blood Authority*, contribuent à délimiter les contours du risque inconnu : « le risque cesse d'être un risque de développement et devient un risque connu, non pas si et quand le producteur en question (...) avait la connaissance requise, mais *si et quand une telle connaissance était accessible n'importe où dans le monde en dehors de la Mandchourie*. Par conséquent, [la cause d'exonération] protège le producteur pour ce qui relève de l'inconnu »[413].

Dans ce contexte, la notion d'accessibilité implique de s'intéresser à ce que le juge Burton a appelé « l'exception Mandchourienne », en référence à

[410] [italiques ajoutées par nous] G. TESAURO, concl. sous CJCE 29 mai 1997, préc. (note 395), point 24.

[411] G. TESAURO, concl. sous CJCE 29 mai 1997, préc. (note 395), point 23.

[412] En ce sens: M. MILDRED, G. HOWELLS, « Comment on "Development Risks : Unanswered Questions" », (July 1998) 61(4) *Mod. L. Rev.* 570-573; J.-S. BORGHETTI, *op. cit.* (note 392), pp. 464-468.

[413] [italiques ajoutées par nous] *A v. National Blood Authority*, préc. (note 399), [76] (Burton J.): « the risk ceases to be a development risk and becomes a known risk not if and when the producer in question (...) had the requisite knowledge, but if and when such knowledge were accessible anywhere in the world outside Manchuria. Hence it protects the producer in respect of the unknown (*inconnu*). »

l'exemple proposé par l'avocat général dans ses conclusions sous l'affaire *Commission c./ Royaume-Uni*. Pour lui, « il n'est pas entièrement certain de savoir ce qu'en pratique on appelle "l'exception Mandchourienne". J'ai indiqué à l'avocat, à titre d'argument, que si en fait le produit en question était un produit pour lequel la Mandchourie était renommée, peut-être un yaourt ou un tissu, alors la Mandchourie elle-même serait un mauvais exemple : si au contraire il s'agissait d'un produit de haute technologie, alors il pourrait bien être totalement improbable que la Mandchourie ait inventé quelque chose »[414].

L'observation du juge met pleinement en lumière la nécessaire prise en compte de circonstances concrètes dans l'appréciation de l'accessibilité. En effet, si le produit en question était un produit pour lequel la région de Mandchourie était renommée, alors l'idée est qu'il ne serait pas déraisonnable d'attendre d'un producteur qu'il ait accès aux études scientifiques diffusées dans cette région et relatives à ce produit. Le juge implique alors que dans ce contexte, les connaissances scientifiques et techniques devraient être considérées accessibles. En revanche, si le produit en question n'est pas un produit pour lequel la région de Manchourie est connue, alors il serait sans doute déraisonnable de considérer que les connaissances scientifiques et techniques produites sont accessibles. L'exemple révèle qu'en réalité, le critère de l'accessibilité ne peut être apprécié qu'en fonction des circonstances concrètes de chaque affaire. Au-delà des facteurs objectifs mentionnés par l'avocat général, il est impossible de faire abstraction d'éléments spécifiques, donc subjectifs, à l'affaire en question.

Cette raison explique la proposition du juge : « Il me semble que l'approche correcte est d'apprécier "l'accessibilité" et de considérer comme Mandchourienne peut-être un document ou une recherche non-publiés indisponibles pour le public général, conservés au sein d'un laboratoire ou d'un département de recherche d'une entreprise particulière. Heureusement, cette difficulté ne se pose pas dans cette affaire »[415]. Pour le juge Burton, l'exception Mandchourienne serait limitée aux seules données scientifiques (et techniques) non publiées. *A contrario*, cette position sous-entend qu'à partir du moment où l'étude scientifique est publiée, alors elle doit être considérée accessible.

La notion d'accessibilité est alors comprise de manière extensive, ce qui limite le degré de subjectivité qui s'attache à la notion. Dans ce contexte, le

---

[414] *A v. National Blood Authority*, préc. (note 399), [49] (Burton J.): « It is not entirely clear what in practice is meant by the 'Manchuria exception'. I put to Counsel, in the course of argument, that if in fact the product in question were a product for which Manchuria was renowned, perhaps, yoghurt or fabric, then Manchuria itself would be a bad example: if however it were a product of particularly high technology then it might well be wholly unlikely that Manchuria would have thought something up. »

[415] *A v. National Blood Authority*, préc. (note 399), [49] (Burton J.) : « It seems to me that the right approach is to look at 'accessibility' and to regard as Manchuria perhaps an unpublished document or unpublished research not available to the general public, retained within the laboratory or research department of a particular company. Fortunately the issue does not arise in this case ». V° sur la même idée mais lié au principe de précaution : F. EWALD, « Les techniques de précaution » *in* F. EWALD, C. GOLLIER, N. DE SADELEER, *op. cit.* (note 307), p. 46 : « L'information scientifique doit circuler, être mise en commun. Elle ne doit pas rester l'apanage du laboratoire qui aura conduit la recherche, ce qui n'est pas sans poser de problèmes, surtout si cette information doit être rendue publique. »

degré requis de diffusion de l'information est excessivement bas. En effet, l'existence d'une seule étude scientifique publiée exposant l'hypothèse d'existence du risque ferait alors sortir le risque de la catégorie de risque inconnu, barrant ainsi l'accès au défendeur du bénéfice de l'exonération pour risque de développement.

146. En conclusion, la catégorie de risque inconnu inclut tant les risques dont l'existence n'a pas été révélée par une étude scientifique, que ceux dont l'existence a été révélée par une étude scientifique considérée comme non-accessible. Le critère de l'accessibilité est donc particulièrement important, mais fait l'objet de difficultés d'interprétations. En droit anglais, cette notion semble renvoyer à l'absence de publication de l'étude, ce qui est un seuil assez peu élevé. Une dernière question demeure : faut-il tenir compte de la pertinence des connaissances scientifiques et techniques ?

c. *La pertinence des connaissances scientifiques et techniques*

147. La prise en compte d'un critère qualitatif ? – Dans sa décision *Commission c./ Royaume-Uni*, la CJCE précise que l'article 7(e) implique de prendre en compte les connaissances scientifiques et techniques *pertinentes* qui étaient accessibles au moment de la mise en circulation du produit[416]. Il convient alors de se demander si cette référence n'est pas une manière détournée d'introduire la prise en compte d'un critère qualitatif. Dans cette hypothèse, il faudrait que les données scientifiques et techniques présentent un certain degré de qualité – lequel ? – pour appartenir à l'état des connaissances scientifiques et techniques.

De prime abord, l'inclusion d'un critère qualitatif apparaît sensée, car autrement le producteur serait tenu de prendre en compte les études scientifiques les plus saugrenues, ce qui est parfois qualifié dans le langage anglais de *junk science*[417]. Cependant, en pratique, l'inclusion d'un tel critère entraîne des difficultés non-négligeables : qui détermine la qualité des études ? Comment ? Dans le contexte judiciaire, c'est bien entendu le juge qui devra se prononcer sur ces éléments, mission qu'il ne pourra accomplir qu'au regard des éléments amenés par les parties et expert judiciaire (France) ou les témoins experts (Angleterre).

---

[416] CJCE, 29 mai 1997, préc. (note 393), point 28.

[417] US DEPARTMENT OF JUSTICE, *Report of the Tort Policy Working Group on the Causes, Extent and Policy Implications of the Current Crisis in Insurance Availability and Affordability*, February 1986, p. 35 : « The use of such invalid scientific evidence (commonly referred to as "junk science" has resulted in findings of causation which simply cannot be justified or understood from the standpoint of the current state of credible scientific and medical knowledge. » [en ligne], consulté le 19/08/2021: < https://eric.ed.gov/?id=ED274437 >

Mais précisément, les « voix isolées » sont généralement critiquées par la majorité de la communauté scientifique dans un premier temps, comme l'observait fort justement l'avocat général. Les critiques portent alors sur les failles méthodologiques de l'étude conduite : le choix ou le nombre de sujets, la variable choisie, les mesures effectuées, les échantillons prélevés, les modèles utilisés, etc. Il faut donc convenir que les études scientifiques qui n'emportent pas l'adhésion d'une majorité de la communauté scientifique – les voix « isolées » – sont susceptibles d'être considérées comme n'étant pas de qualité par la communauté scientifique, ce qui risque d'influencer le juge. Dans de telles circonstances, la prise en compte d'un critère qualitatif est susceptible de réduire, en pratique, l'état des connaissances scientifiques et techniques à ce qui est seulement majoritairement validé par la communauté scientifique, ce qui est particulièrement réducteur.

Selon nous, dans le cadre de l'exonération du producteur, il n'est pas opportun de prendre en compte un critère qualitatif relatif à la connaissance scientifique et ce, pour deux raisons : d'abord, l'exonération pour risque de développement s'applique lorsque le défaut est objectivement indécelable, autrement dit lorsque le risque est objectivement inconnu ; par conséquent, il suffit que l'existence du défaut, du risque ait été soulevée par une étude scientifique accessible pour qu'objectivement, on considère que le risque n'est plus inconnu. L'existence de l'étude – aussi défaillante soit-elle – implique déjà l'émergence d'une suspicion. Ensuite, et surtout, la question de l'exonération pour risque de développement ne se pose qu'après que le défaut, le dommage et le lien de causalité entre les deux ont été établis. Partant, si l'existence du défaut est déjà considérée comme établie, toutes les études qui soulèvent l'hypothèse de son existence doivent – à cette étape – bénéficier d'une sorte de « présomption de qualité ». Dans ces circonstances, toutes les études scientifiques qui soulèvent l'existence du défaut, du risque doivent être considérées pertinentes.

148. En conclusion à l'analyse de l'exonération pour risque de développement, il apparaît que le critère brut de la connaissance scientifique n'est pas suffisant pour identifier clairement le risque inconnu.

Un risque est considéré comme inconnu en l'absence de connaissances scientifiques et techniques accessibles, dans leur état le plus avancé au niveau mondial. Deux hypothèses apparaissent : soit ces connaissances n'existent pas, soit elles existent mais sont inaccessibles au regard de « l'exception Mandchourienne », telle qu'interprétée dans le droit national de chaque État membre. Afin de limiter une subjectivisation de la notion d'accessibilité, il vaut mieux, à l'instar du juge anglais dans *A v. National Blood Authority,* considérer que les connaissances sont inaccessibles lorsqu'elles n'ont pas fait l'objet d'une publication.

Si le critère brut de la connaissance scientifique est insuffisant à délimiter les contours du risque inconnu, il l'est tout autant pour délimiter le risque suspecté.

B. La connaissance scientifique, élément insuffisant pour la définition du risque suspecté

149. Si le risque « quitte » la catégorie de risque inconnu, entre-t-il nécessairement dans la catégorie de risque suspecté ? On serait tenté de répondre par l'affirmative. Pour autant, l'examen des contours du risque suspecté à la lumière du principe de précaution permet d'en douter (1), et révèle l'existence d'un hiatus entre les catégories de risque inconnu et de risque suspecté (2).

1. Les contours du risque suspecté au regard du principe de précaution

150. La nécessité d'un degré de plausibilité scientifique. – Si les contours du principe de précaution ne font pas l'objet d'une interprétation uniforme, il demeure possible d'identifier certains éléments qui caractérisent la notion et guident son application. Le principe de précaution trouve en effet à s'appliquer dans un contexte d'incertitude scientifique et en cas de gravité des conséquences potentielles. Comme nous l'avons exposé précédemment[418], le principe de précaution a donc vocation à appréhender les risques suspectés, que d'aucuns appellent potentiels, et qui peuvent entraîner des conséquences dommageables graves ou[419] irréversibles. En revanche, la détermination du degré d'incertitude scientifique – comme du degré de gravité – requis pour déclencher l'application du principe ne semble pas faire l'objet d'une délimitation précise. Pour autant, les différentes conceptions du principe de précaution semblent tout de même se rejoindre sur un point : l'existence du risque redouté, tout en étant scientifiquement incertaine, doit au moins faire l'objet d'un *certain degré de plausibilité*[420].

---

[418] *Supra*, n°99.

[419] Le caractère cumulatif ou alternatif de ces conditions dépend des différentes définitions. Par exemple, dans la déclaration de Rio, les conditions sont alternatives tandis qu'au contraire, en droit français, les conditions sont cumulatives.

[420] En ce sens notamment : E. Naim-Gesbert, « Le principe de précaution, pensée du plausible en droit. Méthode et raison des juges administratifs français et communautaire », *Revue Européenne de Droit de l'Environnement*, n°2, 2009, p. 149 : « Soit il [le risque] est suspecté sur des bases scientifiques, objectives, alors il advient en droit. Il est plausible. » ; C. Noiville, « Principe de précaution et santé. Le point sur quinze années de jurisprudence », *Les Cahiers du Centre Georges Canguilhem*, PUF, 2009/1, N°3, pp. 73-89, spéc. p. 80; K. Steele, « The precautionary principle : a new approach to public decision-making », (1 March 2006) 5(1) *Law, Probability and Risk* 19-31, spéc. p. 19: « The harms need not be certain outcomes of an action; it is sufficient that they be scientifically plausible. »; T. Aven, « On different types of uncertainties in the context of the Precautionary principle », (October 2011) 31(10), *Risk Analysis* 1515-1525, spéc. p. 1516.

151. Les illustrations. – Par exemple, à l'échelle internationale, la Commission mondiale d'éthique des connaissances scientifiques et des technologies (COMEST) de l'UNESCO considère que le principe de précaution doit trouver à s'appliquer lorsque le risque est « scientifiquement plausible mais incertain »[421]. Ou encore, la conférence internationale sur la Protection de la mer du Nord (1987) indique qu'une approche de précaution doit être adoptée « avant même qu'une relation de cause à effet n'ait été établie grâce à des preuves scientifiques *incontestables* »[422], ce qui implique la nécessité d'un certain degré de plausibilité.

De la même façon, à l'échelle européenne, la Commission européenne a, dans une communication du 2 février 2000, considéré que « le recours au principe de précaution n'intervient que dans une hypothèse de risque potentiel, *même si ce risque ne peut être entièrement démontré*, son ampleur quantifiée ou ses effets déterminés en raison de l'insuffisance ou du caractère non concluant des données »[423]. Si le risque est considéré comme potentiel, suspecté lorsqu'il ne peut être entièrement démontré, ceci implique que son existence soit *a minima* étayée par des preuves scientifiques. *A contrario*, il convient d'en déduire qu'un risque ne sera pas considéré comme suspecté si son existence repose sur une hypothèse purement spéculative ou imaginée. L'Agence européenne de l'environnement a, quant à elle, proposé l'application du principe de précaution « afin d'éviter ou de réduire des menaces potentiellement graves ou irréversibles pour la santé et/ou l'environnement, en utilisant *un degré approprié de preuve scientifique* »[424].

Plusieurs décisions européennes tendent à confirmer cette vue. Dans deux arrêts du 11 septembre 2002[425], le TPICE considère que le principe de précaution

---

[421] COMMISSION MONDIALE D'ETHIQUE DES CONNAISSANCES SCIENTIFIQUES ET DES TECHNOLOGIES (COMEST), préc. (note 330), p. 14 [en ligne], consulté le 19/08/2021 sur :
< https://unesdoc.unesco.org/in/documentViewer.xhtml?id=p::usmarcdef_0000139578_fre&file=/in/rest/annotationSVC/DownloadWatermarkedAttachment/attach_import_71bac823-f1d2-4e75-8d68-a3608e631d19%3F_%3D139578fre.pdf&locale=fr&multi=true&ark=/ark:/48223/pf0000139578_fre/PDF/139578fre.pdf#page=1&zoom=auto >

[422] [italiques ajoutées par nous]

[423] [italiques ajoutées par nous] COMMISSION EUROPEENNE, *Communication de la Commission sur le recours au principe de précaution*, 2 février 2000, COM(2000) 1 final. V° aussi : D. TAPINOS, *op. cit.* (note 244), p. 72 ; G. CORCELLE, « La perspective communautaire du principe de précaution », *RMCUE* 2001, N°450, 10/07/2001, p. 447.

[424] [italiques ajoutées par nous] EUROPEAN ENVIRONMENT AGENCY, *Late lessons from early warnings : science, precaution, innovation*, EEA Report, vol. 1, 2013, p. 649 : « (...) there may be a need to act in order to avoid, or reduce, potentially serious or irreversible threats to health and/or the environment, using an **appropriate strength of scientific evidence** (...) [en gras dans le texte original] » [en ligne] consulté le 19/08/2021 sur :
< https://www.eea.europa.eu/publications/late-lessons-2/late-lessons-2-full-report/late-lessons-from-early-warnings/view > En ce sens notamment : E. NAIM-GESBERT, art. préc. (note 420), p. 149 : « Soit il [le risque] est suspecté sur des bases scientifiques, objectives, alors il advient en droit. Il est plausible. »; K. STEELE, art. préc. (note 420), pp. 19-31, spéc. p. 19.

[425] TPICE, 11 septembre 2002, *Alpharma Inc. c./ Conseil de l'Union européenne*, aff. T-70/99, Rec. 2002, II-03495 ; TPICE, 11 septembre 2002, *Pfizer Animal Health SA c./ Conseil de l'Union européenne*, aff. T-13/99, Rec. 2002, II-03305. Voir : C. BACCARD, N. CHAHID-NOURAÏ, « Du bon usage du principe de précaution », *JCP A.*, n°1, 14 octobre 2002, 1021, p. 25.

trouve à s'appliquer lorsque « le risque, sans que son existence et sa portée aient été démontrées "pleinement" par des données scientifiques concluantes, apparaît néanmoins suffisamment documenté sur la base des données scientifiques disponibles »[426]. Ainsi, il faut à nouveau comprendre que le principe de précaution trouve à s'appliquer dans les hypothèses de risques dont l'existence est incertaine mais qui présente un degré de plausibilité (« suffisamment documenté ») au regard des données scientifiques disponibles[427]. Cette vision est confirmée par la Cour de justice de l'Union européenne le 9 septembre 2003[428].

152. Analysé sous le prisme du principe de précaution, le risque suspecté doit être compris comme un risque dont l'existence est incertaine mais plausible au regard des données scientifiques disponibles et fiables au niveau mondial.

2. L'existence d'un hiatus entre les catégories de risque suspecté et de risque inconnu

153. L'émergence d'une discontinuité entre le risque suspecté et le risque inconnu. – L'appréhension juridique des risques inconnus et suspectés laisse apparaître un hiatus entre ces deux catégories. En effet, d'un côté, un risque est considéré comme inconnu, soit lorsque les connaissances scientifiques et techniques les plus avancées au niveau mondial n'ont pas envisagé son existence, soit lorsque les connaissances scientifiques et techniques les plus avancées au niveau mondial ont envisagé l'existence du risque, mais ne sont pas considérées comme accessibles. D'un autre côté, le risque suspecté *qui déclenche l'intervention du principe de précaution* est un risque dont l'existence est incertaine mais présente un degré de plausibilité – variable selon les différentes conceptions du principe de précaution – au regard des connaissances scientifiques disponibles les plus fiables au niveau mondial.

Dans ces circonstances, il est difficile de ne pas noter l'existence d'une discontinuité entre ces deux catégories : en effet, il est parfaitement envisageable qu'en l'état des connaissances scientifiques et techniques

---

[426] TPICE, 11 septembre 2002 *Alpharma Inc. c./ Conseil de l'Union européenne*, *Ibid.*, point 157.

[427] Le Tribunal confirme cette interprétation au point 159, *Ibid.* : « Le principe de précaution ne peut donc être appliqué que dans des situations de risque, notamment pour la santé humaine, qui, sans être fondé sur de simples hypothèses scientifiquement non vérifiées, n'a pas encore pu être pleinement démontré. »

[428] CJUE, 9 septembre 2003, *Monsanto Agricultora Italia SpA (et autres) c./ Presidenza del Consiglio dei Ministri (et autres)*, aff. C-236/01, Rec. 2003, I-08105, qui indique que les mesures prises sur le fondement du principe de précaution « supposent en particulier que l'évaluation des risques dont disposent les autorités nationales révèle des indices spécifiques qui, sans écarter l'incertitude scientifique, permettent raisonnablement de conclure sur la base des données disponibles les plus fiables et des résultats les plus récents de la recherche internationale, que la mise en œuvre de ces mesures s'impose afin d'éviter que de nouveaux aliments présentant des risques potentiels pour la santé humaine ne soient offerts sur le marché ».

disponibles au niveau mondial, l'existence du risque ait été envisagée et soit considérée comme incertaine mais sans pour autant être « suffisamment documentée ». Dans cette situation, le risque n'appartient plus à la catégorie de risque inconnu mais ne constitue pas non plus un risque suspecté permettant l'application du principe de précaution.

154. Une réconciliation possible entre le risque suspecté et le risque inconnu ? – Le constat précédent autorise, selon nous, deux analyses : soit il faut convenir qu'il existerait quatre et non pas trois catégories juridiques de risques – risque avéré, plausible, hypothétique et inconnu –, soit le risque suspecté ne correspond pas seulement aux hypothèses de risques déclenchant l'application du principe de précaution.

Pour notre part, entre ces deux possibilités, nous estimons qu'il vaut mieux conserver une classification du risque fondée sur les trois catégories originaires tout en admettant une subdivision au sein de la catégorie de risque suspecté. En effet, les risques plausibles, non-plausibles, imaginés ou hypothétiques sont de simples expressions révélatrices *du degré de conviction* que l'on attache à l'hypothèse scientifique d'existence du risque, au regard des connaissances dont on dispose. Il s'agit en d'autres termes d'un jugement porté sur la crédibilité de l'hypothèse scientifique. Il est toutefois possible de faire plusieurs observations : d'abord, ces différentes qualifications impliquent une impossibilité, en l'état des connaissances scientifiques, d'affirmer avec certitude que le risque existe ou n'existe pas. Elles impliquent donc toute une incertitude scientifique quant à l'existence du risque, ce qui constitue *le* critère d'identification du risque suspecté. Ensuite, ces diverses qualifications dépendent de la qualité des données scientifiques dont on dispose, élément qui participe à façonner la crédibilité que l'on attache à l'hypothèse scientifique formulée.

155. Dans ces conditions, un risque doit être considéré comme suspecté toutes les fois que l'hypothèse scientifique formulant l'existence du risque *ne peut pas être exclue*, au regard des connaissances scientifiques disponibles et ce, peu important le degré de crédibilité qui s'attache à l'étude scientifique ; en effet, dans ce cas l'existence du risque fait l'objet d'un doute scientifique qui peut être plus ou moins élevé. Cependant, pour que le principe de précaution trouve à s'appliquer, il importe que l'hypothèse scientifique d'existence du risque, bien qu'incertaine, présente un certain degré de crédibilité pour justifier la prise de mesures.

156. Conclusion du §1. – Le degré de connaissance scientifique relative à l'existence du risque permet de distinguer les risques avérés, suspectés et inconnus. Cependant, utilisé de manière brute, ce critère est insuffisant pour délimiter et bien distinguer les catégories de risque inconnu et de risque suspecté. L'utilisation du critère en ce qui concerne le risque inconnu implique de tenir compte de l'*accessibilité* des données scientifiques. L'analyse s'attachant au risque suspecté a montré qu'il existait divers degrés d'incertitude scientifique, nous conduisant à procéder à une sous-distinction de cette catégorie, entre les risques suspectés susceptibles ou non de déclencher l'application du principe de précaution. Le critère de la connaissance scientifique pouvait paraître contestable pour distinguer les risques avérés, suspectés et inconnus, mais il reste malgré tout pertinent et utilisé, notamment dans le contexte judiciaire. Cela étant, le critère de la connaissance scientifique relative à l'existence du risque est perfectible.

§2 – La connaissance scientifique, critère perfectible de distinction

157. En raison de son imprécision, le critère scientifique de distinction entre les risques avérés, suspectés et inconnus doit être affiné, ceci pour que la classification soit véritablement fonctionnelle. Nous proposons maintenant de retenir deux critères qui permettent d'identifier clairement ces trois catégories de risques.

D'abord, le critère de la formulation d'une hypothèse scientifique accessible (I) permet de distinguer clairement les risques avérés et suspectés, d'une part, des risques inconnus, d'autre part ; ensuite, le degré d'acceptation de l'hypothèse scientifique par la communauté scientifique (II) permet de distinguer les risques avérés, des risques suspectés.

I. *La formulation d'une hypothèse scientifique accessible : critère de distinction des risques avérés/suspectés, et inconnus*

158. La pertinence du critère proposé. – Ce critère consiste à déterminer si l'existence du risque a été envisagée par une hypothèse scientifique considérée accessible. Autrement dit, il s'agit de déterminer si une hypothèse scientifique de lien entre l'événement originel et le dommage a été formulée et est considérée comme accessible. Le critère permet d'isoler la catégorie de risque inconnu des deux autres catégories : en effet, les catégories de risques avérés et suspectés impliquent toutes deux que l'existence du risque ait été à tout le moins formulée par une hypothèse scientifique accessible.

Dans le cas du risque avéré, l'existence du risque est scientifiquement certaine, ce qui implique à l'évidence que l'hypothèse scientifique ait été formulée et soit accessible. Dans le cas du risque suspecté, l'existence du risque est au contraire scientifiquement incertaine ; elle fait l'objet d'une simple suspicion. À nouveau, cette situation implique tout de même que l'existence du risque ait été à tout le moins envisagée dans une hypothèse scientifique accessible. Au contraire, le risque est considéré comme inconnu dans deux situations : soit lorsque les connaissances scientifiques et techniques relatives à l'existence du risque n'existent pas, soit lorsqu'elles existent mais ne sont pas considérées comme accessibles. Dans le premier cas, l'hypothèse scientifique d'existence du risque n'a pas été formulée ; dans le second cas, l'hypothèse scientifique d'existence du risque a été formulée, mais cette hypothèse n'est pas considérée comme accessible.

159. Proposition de définition de l'accessibilité. – Dans la seconde situation envisagée de risque inconnu, c'est alors la notion d'accessibilité qui fait la différence entre la catégorie de risque inconnu et les deux autres catégories. Nous proposons, comme le juge Burton dans *A v. National Blood Authority*, de considérer qu'une étude n'est pas accessible seulement si elle n'a pas fait l'objet d'une publicité – qui prendra la forme d'une publication. En effet, les facteurs objectifs proposés par l'avocat général TESAURO sont utiles mais imprécis, si bien que dans le cadre de la responsabilité du fait des produits défectueux, la notion d'accessibilité est susceptible de faire entrer des considérations spécifiques et subjectives[429], qui doivent être évitées si l'on veut éviter de faire revenir la faute dans ce régime de responsabilité.

Catégories de risque / **Critère de distinction**	**Risque inconnu**		**Risque avéré** **Risque suspecté**
Hypothèse scientifique d'existence du risque formulée...	NON	OUI	OUI
...et accessible	NON		OUI

Tableau 2. Tableau récapitulatif de la distinction entre risque inconnu et risque avéré/suspecté.

[429] Sur ce point : *supra*, n°143 à 145.

II. *Le degré d'acceptation par la communauté scientifique de l'hypothèse formulée : critère de distinction des risques avérés et suspectés*

160. Le recours au second critère de distinction. – Le degré d'acceptation, par la communauté scientifique, de l'hypothèse scientifique formulée et considérée accessible est un second critère qui permet cette fois-ci de distinguer les catégories de risque suspecté et avéré. En effet, la question du degré *d'acceptation* de l'hypothèse scientifique implique qu'un jugement soit porté sur la crédibilité de l'hypothèse scientifique. Pour ce faire, l'hypothèse scientifique doit avoir fait l'objet d'une diffusion dans la communauté scientifique, ce qui implique que l'hypothèse ait non seulement été formulée mais soit également accessible. Partant, ce second critère n'est pas pertinent dans le cadre du risque inconnu.

161. La pertinence du critère. – Le critère relatif au degré d'acceptation, par la communauté scientifique, de l'hypothèse scientifique est donc pertinent dans le seul cas des risques avérés et suspectés.

En effet, si le risque avéré est un risque dont l'existence est avérée, c'est avant tout parce que l'hypothèse scientifique de son existence est *admise par la majorité de la communauté scientifique*. Un risque – et notamment un risque sanitaire sériel – doit donc être considéré comme avéré à partir du moment où la majorité de la communauté scientifique accepte l'hypothèse scientifique de son existence. Majorité ne signifie cependant pas unanimité même s'il est vrai que plus l'on se rapproche de l'unanimité et plus le risque sera facilement reconnu comme appartenant à la catégorie des risques avérés.

Au contraire, un risque est suspecté lorsque son existence est incertaine en raison d'incertitudes ou de controverses scientifiques. En d'autres termes, le risque existe *peut-être*. Ainsi, le risque – et notamment le risque sanitaire sériel – doit être considéré comme suspecté lorsque d'un côté, l'hypothèse scientifique relative à l'existence du risque *n'est pas acceptée par une majorité de la communauté scientifique* – car autrement le risque serait avéré –, et lorsque de l'autre côté, cette hypothèse *ne peut pas pour autant être exclue par la communauté scientifique* – car autrement, le risque serait non-existant.

Catégories de risque / Critère de distinction	Risque suspecté	Risque avéré
Degré d'acceptation par la communauté scientifique de l'hypothèse scientifique d'existence du risque (formulée et accessible)	- Pas d'acceptation par la majorité ET - Impossibilité d'exclusion de l'hypothèse = **DOUTE SCIENTIFIQUE**	Acceptation par la majorité

Tableau 3. Tableau récapitulatif de la distinction entre risque suspecté et avéré.

162. Risque suspecté et principe de précaution. – Au surplus, comme nous l'avons précédemment démontré, le principe de précaution est appelé à intervenir dans les situations d'incertitude scientifique – et sous une condition de gravité du dommage. Cela a conduit les auteurs à considérer que le principe intervient en cas de risque suspecté – par opposition au risque avéré. Nous acquiesçons cette vision, sous une réserve : le principe de précaution a seulement vocation à intervenir dans *certains cas de risques suspectés*.

En effet, le principe de précaution intervient généralement lorsque l'existence du risque, sans être certaine, présente tout de même un certain degré de plausibilité au regard des données scientifiques, degré qui peut être variable selon les différentes conceptions du principe. Or, la catégorie de risque suspecté est bien plus large puisqu'un risque appartient à cette catégorie à partir du moment où son existence n'est pas scientifiquement établie ou exclue.

	Risque suspecté ne déclenchant pas l'application du principe de précaution	**Risque suspecté pouvant déclencher l'application du principe de précaution**
Doute scientifique sur l'existence du risque	OUI	
Jugement porté sur la plausibilité de l'hypothèse scientifique d'existence du risque	Hypothèse ne présentant pas le degré de plausibilité requis (degré requis en fonction des différentes définitions du principe de précaution)	Hypothèse présentant *un certain* degré de plausibilité (degré variable selon les définitions du principe de précaution)

Tableau 4. Tableau récapitulatif de la distinction entre les risques suspectés qui déclenchent et ceux qui ne déclenchent pas l'application du principe de précaution.

Catégories de risque / Critères de distinction	Risque inconnu	Risque suspecté	Risque avéré
Formulation d'une hypothèse scientifique accessible portant sur l'existence du risque	NON	OUI	
Acceptation de l'hypothèse scientifique par la majorité de la communauté scientifique	NON	NON **Mais impossibilité d'exclure l'hypothèse** = DOUTE SCIENTIFIQUE	OUI
Principe de prévention	NON	NON	OUI
Principe de précaution	NON	OUI **Mais seulement si le degré de plausibilité de l'hypothèse scientifique requis est atteint**	NON

<u>Tableau 5.</u> Tableau récapitulatif des critères de distinction des risques avérés, suspectés et inconnus.

163. Conclusion de la section II. – Il ressort des développements précédents que la distinction entre les risques avérés, suspectés et inconnus est fondée sur le critère du degré de connaissance scientifique tenant à l'existence de ces risques. Il reste que le critère est insuffisant en tant que tel pour délimiter précisément les catégories de risque inconnu et suspecté et son utilisation par le juge est parfois source de difficultés. Malgré tout, la pertinence du critère n'est pas remise en cause même s'il s'agit d'un critère brut qui doit être affiné.

Pour être véritablement fonctionnel, le critère de distinction a donc dû faire l'objet d'une amélioration. Si la distinction entre les risques avérés, suspectés et inconnus dépend effectivement du degré de connaissance scientifique relative à l'existence du risque, il a été nécessaire de procéder à une sous-distinction. Ainsi, la formulation d'une hypothèse scientifique accessible portant sur l'existence du risque permet de distinguer les risques inconnus, des risques suspectés ou avérés.

En revanche, ce premier critère ne permet pas de distinguer les risques suspectés des risques avérés. Il faut alors s'intéresser au degré d'acceptation, par la communauté scientifique, de l'hypothèse scientifique d'existence du risque. Le risque avéré traduit en effet l'acceptation par la majorité de la communauté scientifique de l'hypothèse scientifique d'existence du risque. Par conséquent, l'existence du risque est considérée scientifiquement « certaine ». Au contraire, le risque suspecté correspond aux situations dans lesquelles l'hypothèse scientifique d'existence du risque n'est pas acceptée par la majorité de la communauté scientifique, sans pour autant pouvoir être exclue avec certitude : dès lors, l'existence du risque est incertaine en l'état des connaissances scientifiques.

⁂

164. Conclusion du chapitre II. – La clarification de la distinction entre les risques sanitaires sériels avérés, suspectés et inconnus impliquait d'identifier les critères de distinction de chacune de ces catégories. Le degré de connaissance scientifique relative à l'existence du risque constitue sans aucun doute le critère central de la distinction : le risque inconnu implique une absence de connaissance scientifique liée à l'existence du risque, tandis que le risque suspecté est caractérisé par une incertitude scientifique se rapportant à l'existence du risque, et le risque avéré par une connaissance scientifique de l'existence du risque. Toutefois, ce critère devait être perfectionné pour autoriser une meilleure délimitation de ces trois catégories, ce qui nous a conduit à proposer deux critères de distinction.

D'une part, le critère de la formulation d'une hypothèse scientifique accessible tenant à l'existence du risque permet de distinguer le risque inconnu, des risques avérés et suspectés. D'autre part, le critère du degré d'acceptation, par la communauté scientifique, de l'hypothèse scientifique (formulée et accessible) permet, quant à lui, de distinguer les risques avérés, des risques suspectés.

Par conséquent, l'application de ces critères nous permet de définir les trois catégories de risque comme suit.

Un risque sanitaire sériel est inconnu si son existence n'a pas été envisagée par une hypothèse scientifique considérée comme accessible, ce qui regroupe deux situations : soit l'hypothèse scientifique de l'existence du risque sanitaire sériel n'a pas été formulée, soit une telle hypothèse a été formulée mais n'est pas accessible.

Le risque sanitaire sériel est suspecté si l'hypothèse scientifique de son existence, bien que formulée et accessible, n'emporte pas l'adhésion de la majorité de la communauté scientifique, sans qu'elle ne puisse pour autant être scientifiquement exclue.

Enfin, le risque sanitaire sériel est avéré si l'hypothèse scientifique de son existence est formulée et accessible, et emporte l'adhésion de la majorité de la communauté scientifique.

Conclusion du titre I

165. Ce premier titre a été l'occasion de préciser le champ de notre étude, nous conduisant ainsi à proposer une définition de la notion de risque sanitaire sériel. Véritable arlésienne du droit, la notion, qui vise les risques sanitaires susceptibles d'entraîner des dommages sériels, présente des contours fuyants. En effet, cette notion est elle-même composée de deux notions, celles de risque sanitaire et de dommages sériels qui, pour être régulièrement utilisées en droit, souffrent néanmoins de l'absence d'une définition juridique claire et admise.

Malgré tout, l'analyse des contours de ces deux notions nous a permis de proposer une définition du risque sanitaire sériel, qui se comprend comme un risque pour la santé d'une population, dont la réalisation est susceptible d'entraîner des dommages sériels, et dont la prévention s'inscrit dans le cadre d'une politique de santé menée par l'État. En particulier, les risques sanitaires sériels sont des risques qui, s'ils se réalisent, ont la capacité d'entraîner des atteintes individuelles à la santé, réunies par leur origine commune et affectant une pluralité de personnes souvent géographiquement dispersées, et dans tous les cas, de manière échelonnée dans le temps par un effet de répétition qui retarde la prise de conscience de l'unité d'action.

Dans ces conditions, les risques sanitaires sériels constituent une sous-catégorie de risques sanitaires, caractérisée par une forme particulière d'atteinte collective à la santé : les dommages sériels.

166. Les risques sanitaires sériels peuvent, eux aussi, être divisés en sous-catégories. Plusieurs classifications auraient été envisageables, mais nous avons choisi de classer les risques sanitaires sériels en fonction du degré de connaissance scientifique tenant à leur existence : risque avéré, suspecté et inconnu. Cette classification sera réutilisée dans la seconde partie de nos travaux en raison de l'intérêt qu'elle présente dans le cadre de la responsabilité civile et il importait donc, à ce stade, de clarifier la distinction retenue, notamment par l'identification de critères clairs.

Ainsi, constituent des risques sanitaires sériels inconnus, les risques sanitaires sériels dont l'existence n'a pas été envisagée par une hypothèse scientifique considérée comme accessible, ce qui regroupe deux situations : les situations dans lesquelles l'hypothèse scientifique de l'existence du risque n'a pas été formulée, et les situations dans lesquelles l'hypothèse scientifique a été formulée mais n'est pas accessible. Le classement d'un risque dans cette catégorie est toujours constaté *a posteriori*, c'est-à-dire lorsqu'il n'appartient plus à cette catégorie, et qu'il est déjà entré dans celle de risques suspectés ou avérés.

Les risques sanitaires sériels sont suspectés lorsque l'hypothèse scientifique de leur existence, bien que formulée et accessible, n'emporte pas l'adhésion de la majorité de la communauté scientifique, sans qu'elle ne puisse pour autant être scientifiquement exclue. En d'autres termes, un risque sanitaire sériel est suspecté lorsque l'existence de ce risque n'est ni scientifiquement établie, ni scientifiquement exclue. Le classement d'un risque dans cette catégorie peut déclencher l'application du principe de précaution.

Enfin, les risques sanitaires sériels sont avérés lorsque l'hypothèse scientifique de leur existence est formulée et accessible, et emporte l'adhésion de la majorité de la communauté scientifique. En d'autres termes, un risque sanitaire sériel est avéré lorsque l'existence de ce risque est scientifiquement considérée comme établie. Le classement d'un risque dans cette catégorie est lui, susceptible, de déclencher l'application du principe de prévention.

167. Les définitions préliminaires des notions ayant été clarifiées, il convient, à présent, d'envisager les défis que posent les risques sanitaires sériels pour le modèle traditionnel de responsabilité civile dans les droits français et anglais (**Titre II**).

Titre II : Les risques sanitaires sériels, un défi pour le modèle traditionnel de responsabilité civile

168. La réalisation de risques sanitaires sériels entraîne des conséquences particulièrement graves, sur un plan quantitatif comme qualitatif. Non seulement ces risques entraînent des atteintes à l'intégrité corporelle, intérêt particulièrement digne de protection, mais au surplus, en tant que sources de dommages sériels, ils présentent une dimension collective. Dans ces conditions, la protection contre les risques sanitaires sériels constitue indéniablement un objectif primordial des systèmes juridiques français et anglais. En amont, cette protection vise à empêcher la survenance de ces risques ; en aval, elle vise à réparer les conséquences de leur réalisation, ce qui peut justifier l'intervention de la responsabilité civile dans certains cas.

Si le droit de la responsabilité civile est ainsi appelé à intervenir dans la gestion des risques sanitaires sériels, il semble toutefois mal adapté pour répondre aux défis que posent ces risques. En particulier, la *multiplication des séries de victimes* révèle les limites du modèle traditionnel de responsabilité civile : elle met en lumière le caractère inadapté des règles traditionnelles – substantielles et procédurales – de responsabilité civile, et conduit ainsi à s'interroger sur la pertinence même de son recours dans le contexte étudié.

169. Pour répondre aux difficultés de l'indemnisation des séries de victimes, les systèmes juridiques français et anglais ont donc développé de nouveaux régimes spéciaux de réparation et de responsabilité civile (**chapitre I**). Si la multiplication de régimes spéciaux de réparation a pour effet de remettre en cause la place de la responsabilité civile comme outil de réparation des dommages résultant de risques sanitaires sériels, l'émergence de régimes spéciaux de responsabilité civile traduit, elle, la volonté des systèmes juridiques d'adapter les règles traditionnelles de responsabilité civile à la réalité des risques sanitaires sériels.

C'est à nouveau pour mieux répondre au défi posé par l'indemnisation des séries de victimes de risques sanitaires sériels que les systèmes juridiques français et anglais ont adapté l'action traditionnellement individuelle en responsabilité civile (**chapitre II**). En effet, initialement conçue pour régler les conflits opposant un demandeur à un défendeur, l'action en responsabilité civile est mal équipée pour envisager les situations impliquant une pluralité de victimes.

170. La volonté de favoriser l'indemnisation des victimes de risques sanitaires sériels conduit ainsi les droits français et anglais de la responsabilité civile à évoluer, à se renouveler, à s'adapter, mais aussi parfois à s'effacer. Par conséquent, les risques sanitaires sériels mettent à l'épreuve tant le modèle traditionnel français de responsabilité civile – d'inspiration universaliste, individualiste et moraliste – que le modèle traditionnel anglais de responsabilité civile, qui place la responsabilité pour faute (*tort of negligence*) au centre du dispositif de réparation des dommages corporels.

Pour adapter le modèle traditionnel de responsabilité civile aux situations de risques sanitaires sériels, les systèmes juridiques français et anglais ont procédé à des choix différents qui entraînent d'importantes conséquences : alors que le modèle traditionnel français menace de voler en éclats sous l'intervention répétée du législateur, le modèle traditionnel anglais parvient, au contraire, à préserver son unité.

Chapitre I : La multiplicité des régimes spéciaux d'indemnisation et de responsabilité

171. La réalisation de risques sanitaires sériels a conduit les systèmes juridiques français et anglais à développer de nouveaux mécanismes de réparation pour mieux appréhender l'indemnisation de ces victimes. Ainsi, les systèmes juridiques ont progressivement mis en place des fonds d'indemnisation spécialisés, chargés d'indemniser les victimes de certains risques sanitaires sériels. Ces nouveaux mécanismes de réparation, lesquels permettent une « administrativisation » de l'indemnisation des dommages subis par les victimes de ces risques, traduisent notamment la volonté de renforcer la protection des victimes de certains risques sanitaires sériels. Cependant, la mise en place de ces fonds d'indemnisation, à côté du mécanisme de responsabilité civile, entraîne un morcellement des mécanismes de réparation des dommages et nous invite à considérer quelle place est laissée à la responsabilité civile dans la prise en charge des risques sanitaires sériels, dans les deux droits (**section I**).

Les risques sanitaires sériels ont aussi transformé le mécanisme traditionnel de responsabilité civile. En effet, pour favoriser la réparation des victimes de risques sanitaires sériels, les deux systèmes juridiques ont également mis en place des régimes spéciaux de responsabilité civile. Ces régimes mettent à l'épreuve la vocation universaliste de la responsabilité civile en droit français, et la place du *tort of negligence* dans la prise en charge des dommages corporels en droit anglais. La mise en place de régimes spéciaux de responsabilité civile est certes une technique permettant d'ajuster la responsabilité civile en fonction du « secteur d'activité », mais elle menace l'unité et la cohérence du droit français de la responsabilité civile (**section II**).

SECTION I : L'ÉCLATEMENT DES MÉCANISMES D'INDEMNISATION DANS LE CONTEXTE DES RISQUES SANITAIRES SÉRIELS

172. La multiplication des situations d'atteintes collectives à la santé a progressivement entraîné une diversification des techniques d'indemnisation des dommages corporels. Les risques sanitaires sériels n'ont pas été épargnés par ce phénomène, et l'on peut observer l'émergence de mécanismes spéciaux d'indemnisation dans ce domaine, tant en droit français qu'en droit anglais (paragraphe 1).

Cette émergence traduit en fait la volonté des deux systèmes juridiques de promouvoir une plus grande efficacité dans l'indemnisation des victimes de certains risques sanitaires sériels ; cependant, elle conduit également à s'interroger sur la place de la responsabilité civile dans la prise en charge des risques sanitaires sériels. En particulier, la multiplication de ces nouvelles techniques d'indemnisation nous invite à considérer si celles-ci concurrencent le droit de la responsabilité civile dans sa fonction indemnitaire (paragraphe 2). L'analyse révèle que tel est souvent le cas en droit français, mais pas en droit anglais généralement. Cette différence fondamentale entre les deux systèmes juridiques met en lumière la place différente occupée par la responsabilité civile dans la gestion des risques sanitaires sériels au sein de l'échiquier indemnitaire.

§1 – L'émergence de mécanismes spéciaux d'indemnisation

173. L'indemnisation des dommages corporels est complexe dans les deux droits et fait intervenir des techniques de mutualisation du risque. Loin d'évoluer séparément, ces différentes techniques indemnitaires se combinent entre elles. Certaines reposent sur la responsabilité civile (assurances privées, en particulier de responsabilité civile), tandis que d'autres s'en éloignent fondamentalement (fonds d'indemnisation, Sécurité sociale). Si les mécanismes d'assurances privées et de Sécurité sociale sont appelés à intervenir dans la majorité des cas de dommages corporels, il faut reconnaître que les fonds d'indemnisation sont créés, en droit français comme anglais, en réponse à des besoins spécifiques. En particulier, ces mécanismes d'indemnisation amiable répondent aux difficultés liées à l'indemnisation des séries de victimes, ce qui explique pourquoi ils se multiplient dans le contexte des risques sanitaires sériels. Pour cette raison, notre analyse se concentrera sur ce mécanisme spécial.

Appelés aussi *compensation scheme* ou *payment scheme* en droit anglais, les fonds d'indemnisation ont été définis par le Professeur KNETSCH comme « un capital affecté à la compensation complète ou partielle de dommages dont le contexte est précisément déterminé par la loi, géré ou non par une personne morale spécialement créée à cet effet et alimenté par des contributions qui sont versées par des collectivités publiques ou privées et qui ne présentent aucun rapport avec les indemnités allouées »[430]. Cette définition générale révèle déjà le caractère protéiforme des fonds d'indemnisation, tant en ce qui concerne leur forme juridique que leur fonctionnement ou encore leur financement ; dans le contexte des risques sanitaires sériels, la création de fonds d'indemnisation constitue parfois une technique, en droit anglais, qui permet de mettre en œuvre un accord transactionnel généralisé conclu entre les parties. La création de ces fonds d'indemnisation est donc *le résultat* de la conclusion de ces accords (I). Le plus souvent cependant, tant en droit français qu'en droit anglais, la création

[430] J. KNETSCH, *Le droit de la responsabilité et les fonds d'indemnisation*, préf. Y. LEQUETTE et C. KATZENMEIER LGDJ, coll. « Bibliothèque de droit privé », t. 548, 2013, n°337.

de fonds d'indemnisation est envisagée comme une solution à part entière pour traiter le problème de l'indemnisation des victimes en série (II).

I. *LA CRÉATION INDIRECTE DE FONDS D'INDEMNISATION EN DROIT ANGLAIS*

174. En Angleterre, les défendeurs ont parfois été à l'initiative de la création de fonds au profit de victimes de certains risques sanitaires sériels. Ces fonds sont généralement créés à la suite d'une transaction d'abord conclue entre le défendeur et quelques victimes, avant que celle-ci ne soit généralisée à toute personne remplissant les conditions d'éligibilité posées. À ce titre, l'accord transactionnel devient « généralisé » ; cette technique de nature contractuelle a notamment été utilisée pour les victimes de la thalidomide et pour les victimes hémophiles du sang contaminé ayant contracté le VIH. Le processus d'élaboration de ces accords transactionnels généralisés présente généralement des caractéristiques communes (A). Dans tous les cas, ces accords prévoient, ou aboutissent, à la création de fonds par les défendeurs (B).

A. LES CARACTÉRISTIQUES COMMUNES DANS L'ÉLABORATION DES ACCORDS TRANSACTIONNELS GÉNÉRALISÉS

175. Les circonstances entourant la conclusion d'accords transactionnels généralisés. – En Angleterre, la conclusion d'un accord transactionnel qu'on appellera « généralisé » est le plus souvent proposée par une personne impliquée dans la création d'un risque sanitaire sériel et qui encourt, à ce titre, une responsabilité juridique. Elle a pour but de mettre fin, à l'amiable, à un conflit lié à la réalisation du risque sanitaire sériel et est le résultat d'un processus médiatico-judiciaire, à l'initiative de victimes qui sont elles-mêmes souvent appuyées par des associations de victimes.

L'accord transactionnel généralisé est en réalité une convention proposée par le défendeur qui vise à organiser les modalités de l'indemnisation amiable pour interrompre le cours d'une action judiciaire en responsabilité, et empêcher de nouvelles actions subséquentes. Ce type d'accord prévoit généralement le versement, par le défendeur, d'une réparation partielle aux victimes éligibles[431],

---

[431] Par exemple, dans le cas de la Thalidomide, la transaction prévoyait le versement d'une somme correspondant à 40% des dommages-intérêts que les victimes auraient perçus dans une action en *common law*. Quelques informations sur le contenu de la transaction peuvent être trouvées en ligne à l'adresse suivante, consultée le 06/11/2018 : <http://www.thalidomideuk.com/compensation-info>. Dans le cas du sang contaminé, la transaction généralisée prévoyait le versement de sommes déterminées dont le montant dépendait de la situation familiale de ces victimes. En d'autres termes, le montant du versement ne repose pas sur une évaluation individualisée du dommage.

sans que ce dernier ne reconnaisse sa responsabilité juridique : le versement des sommes est ainsi dit *ex gratia*[432]. En contrepartie, les victimes doivent s'engager à abandonner les poursuites judiciaires contre le défendeur[433].

Pour ces raisons, dans le contexte de risques sanitaires sériels, la conclusion de ces transactions naît dans des circonstances bien spécifiques, qui présentent deux caractéristiques communes.

176. D'abord, ces transactions naissent sous l'existence d'une triple pression exercée sur les défendeurs : pression médiatique (et politique), pression associative et pression judiciaire. Cette caractéristique essentielle est présente aussi bien en ce qui concerne le scandale de la thalidomide, médicament prescrit aux femmes enceintes dans le traitement des nausées matinales dans les années 1950-1960 et qui a entraîné des malformations chez les enfants exposés *in utero*[434], que pour celui concernant les victimes hémophiles du sang contaminé, ayant contracté le VIH.

Dans le cas de la thalidomide, la conclusion de l'accord transactionnel généralisé a fait suite à une action de groupe en responsabilité entreprise par un groupe de parents d'enfants victimes[435], appuyée par une campagne médiatique agressive conduite en 1972 par le journal *the Sunday Times*[436]. Dans le cas du sang contaminé, le processus a été inverse : les victimes hémophiles, appuyées par l'Association des hémophiles du Royaume-Uni (*the UK Haemophilia Society*), ont d'abord lancé une campagne médiatique et politique importante, rassemblant notamment le soutien de nombreux parlementaires, avant d'introduire une action de groupe en responsabilité contre les différentes autorités publiques impliquées[437]. L'introduction d'une telle action en responsabilité a exercé une pression supplémentaire sur le Gouvernement

---

[432] Par ex., dans le cas du sang contaminé, l'article 4(1) de la transaction conclue le 24 avril 1991 prévoit : « These payments are made on behalf of the First Central Defendants and (...) *without any admission of negligence, breach of statutory duty or other liability*. The First Central Defendant maintains its denial of any legal liability whatever. [italiques ajoutées par nous] ». Consultée en ligne le 11/04/2020 sur :
< https://www.taintedblood.info/tb/files/Settlement%20Agreement.pdf >

[433] Cependant, il y a quelques exceptions : V° l'accord transactionnel, *Ibid.*, art. 5, 8.

[434] D. BODY, « The legacy of thalidomide », (2018) 3 *JPIL* 159-172, spéc. pp. 159-160.

[435] M. MILDRED, « Group actions » *in* G. HOWELLS (dir.), *The Law of Product Liability*, Butterworths, coll. « Common Law Series », 2007, § 8.31. V° aussi: R. HENSON, « Inoculated against Recovery : A Comparative Analysis of Vaccine Injury Compensation in the United States and Great Britain », (2007) 15 *Tulsa J. Comp. & Int'l L.* 61, spéc. pp. 76-84.

[436] J. BRADSHAW, «The Origins of the Family Fund », (1979) 8 *Nonprofit & Voluntary Sector* Q. 17, spéc. pp. 19-20. Pour un historique du traitement juridique de l'affaire de la Thalidomide au Royaume-Uni : D. BODY, art. préc. (note 434), p. 459 et s.

[437] V° *HIV Haemophiliac Litigation* (20 september 1990), 41 BMLR 171 (CA, civ. div), p. 174 (Ralph Gibson LJ). Il y avait plus de 220 défendeurs dans cette affaire, parmi lesquels on peut citer toutes les autorités sanitaires régionales (*Regional Health Authorities*), toutes les autorités sanitaires départementales (*District Health Authorities*), et certaines autorités spéciales, comme l'autorité centrale des laboratoires sanguins (*the Central Blood Laboratories Authority*). Les défendeurs principaux étaient : le Département de la santé (*Health Department*), et le département gallois (*Welsh Department*), l'autorité d'accréditation créée sous le *Medicines Act 1968 (Licensing Authority)*, le comité de la sécurité des médicaments (*the Committee on the Safety of Medicines*). Cette affaire comprenait 962 demandeurs.

britannique, expliquant la conclusion d'une transaction généralisée, le 24 avril 1991[438], au bénéfice de toutes les victimes hémophiles contaminées par le VIH du fait de produits sanguins. En ce sens, la conclusion d'une transaction généralisée par le défendeur est en réalité un moyen de pacification sociale.

177. Ensuite, la conclusion de transactions généralisées est le résultat d'un processus par « à-coups ». Dans un premier temps, la conclusion de transactions ne bénéficie qu'à certaines victimes, celles qui ont entrepris l'action en responsabilité. Ce n'est que dans un second temps qu'un tel accord se généralise, pour bénéficier à toutes les victimes remplissant les conditions d'éligibilité posées, qu'elles aient ou non entrepris une action en responsabilité.

Dans le cas de la thalidomide, par exemple, une première transaction avait été conclue en 1968, en cours de procédure[439], au bénéfice des seuls demandeurs, parties à l'action judiciaire. Ce n'est qu'à la suite d'une seconde vague d'actions en responsabilité, et de la forte pression médiatique exercée sur l'entreprise défenderesse, qu'une transaction généralisée a vu le jour en 1974[440], bénéficiant à toutes les victimes de la thalidomide, y compris celles dont l'action judiciaire était pourtant prescrite.

Dans le cas du sang contaminé, c'est seulement pour interrompre le cours de l'instance que le Département de la santé a proposé la conclusion d'une transaction généralisée, bénéficiant à toute victime hémophile contaminée par le VIH qui remplit les conditions d'éligibilité.

178. En somme, dans le contexte de risques sanitaires sériels, la conclusion d'accords transactionnels généralisés est envisagée par le défendeur dans des circonstances tout à fait particulières, souvent pour interrompre le cours d'une action judiciaire en responsabilité. Dans tous les cas, ces accords peuvent prévoir, ou aboutir en pratique, à la création de fonds spécialisés gérés par des personnes morales pour organiser les versements à effectuer aux victimes éligibles.

B. La création de fonds d'indemnisation par les défendeurs : la conséquence

179. La création de fonds spécialisés pour la gestion administrative du versement des sommes aux bénéficiaires de la transaction. – En raison du nombre potentiellement important de victimes de risques sanitaires sériels, la

---

[438] Pour un acompte détaillé de ce litige : S. PEARL, « HIV Haemophilia Litigation » *in* C. HODGES (dir.), *Multi-party actions*, Oxford University Press, 1ère éd., 2001, pp. 344-345.

[439] M. MILDRED, « Group actions » *in* G. HOWELLS (dir.), *op. cit.* (note 435), §8.31. V° aussi: E. S. VENKATARAMIAH, « The Sunday Times' Thalidomide Case », (April-June 1988) 30(2) *JILI* 129-137, spéc. p. 129.

[440] H. PRESTON (QC), « Division IIIA: Liability in tort: Group litigation » *in* C.J. MILLER, M. MILLER, C.G.J. MORSE, *Miller: Product Liability and Safety Encyclopaedia*, Butterworths Law, 2016, §93.

gestion des versements financiers au bénéfice des victimes éligibles est généralement confiée à un fonds, créé par le défendeur spécialement à cet effet, qui prend souvent[441] la forme d'une association.

Dans le cas de la thalidomide, par exemple, la transaction a entraîné la création, par le défendeur, d'une association caritative, aujourd'hui appelée *the Thalidomide Trust*, qui s'occupe de verser des sommes discrétionnaires pour « fournir un soutien et une assistance » aux victimes de la thalidomide[442]. Dans le cas du sang contaminé, la transaction a également entraîné la création d'une association caritative, le *Macfarlane (Special Payments) (n°2) Trust*, pour gérer le versement des sommes prévues dans la transaction. Nous préciserons simplement qu'aujourd'hui, ce fonds est « fermé »[443], et que d'autres arrangements ont été progressivement mis en place, pour les victimes contaminées par le VIH et le VHC en raison de produits sanguins[444].

Ces fonds, conséquence de la conclusion d'une transaction généralisée, constituent en fait seulement un moyen de mettre en œuvre les modalités prévues dans la transaction.

---

[441] Mais il peut s'agir aussi d'une entreprise privée. V° *infra*, note 444.

[442] Les victimes de la Thalidomide, parties à la transaction, bénéficient dans tous les cas du versement d'une somme fixe, correspondant à 40% des dommages-intérêts qu'elles auraient obtenus dans le cadre d'une action en *common law* : le versement de cette somme « fixe » n'est pas géré par *The Thalidomide Trust*, association créée par le défendeur, et qui a seulement vocation à verser, sous conditions, des sommes supplémentaires, à titre discrétionnaire.

[443] S. MACLEOD, « Compensation Scheme for Hepatitis C and HIV » *in* C. HODGES, S. MACLEOD (dir.), *Redress Schemes for Personal Injuries*, Hart Publishing, coll. « Civil Justice Systems », 2017, p. 565.

[444] Le Gouvernement britannique a poursuivi ce mouvement en faveur des victimes non-hémophiles contaminées par le VIH : il a créé le *Eileen Trust*, association caritative chargée de procéder aux paiements *ex-gratia* de ces victimes. Ainsi, initialement, les personnes contaminées par le VIH recevaient une somme forfaitaire unique du *Macfarlane Trust* ou du *Eileen Trust* selon les cas, et elles pouvaient obtenir une somme supplémentaire, accordée de manière discrétionnaire par les fonds, selon l'état de besoin dans lequel se trouvait la victime. En 2009 cependant, le Gouvernement a créé le *Macfarlane and Eileen Trust* (MFET), entreprise privée, qui a remplacé les fonds discrétionnaires (*Macfarlane Special Payments Trust* et *Macfarlane Special Payments Trust N°2*). Ainsi, les victimes post-transfusionnelles du VIH obtenaient un paiement annuel de l'entreprise (MFET) et pouvaient obtenir des paiements additionnels de manière discrétionnaire par les deux associations caritatives, le *Macfarlane Trust* d'un côté et le *Eileen Trust* de l'autre. V° DEPARTMENT OF HEALTH, *Review of the support available to individuals infected with Hepatitis C and/or HIV by NHS supplied blood transfusions or blood products and their dependants*, 2011, p. 7. Consulté le 19/08/2021 sur: <https://www.gov.uk/government/uploads/system/uploads/attachment_data/file/215828/dh_125977.pdf > Le Gouvernement britannique a également consacré un mécanisme spécial en faveur des victimes contaminées par des produits sanguins ou tissus humains ayant contracté le virus de l'hépatite C : M. EARLE, N. R. WHITTY (dir.), « Medical Law » *in* N. R. WHITTY, G. GORDON (dir.), *The Laws of Scotland : Stair Memorial Encyclopedia*, Reissue, 2006, n°231. Le Gouvernement a créé un fonds, sous forme d'une entreprise, le *Skipton Fund Ltd*, pour gérer les versements financiers *ex-gratia* aux victimes, ainsi qu'une association caritative, la *Caxton Foundation*, qui peut verser des sommes supplémentaires de manière discrétionnaire. Cependant, il convient de préciser que ces différents fonds ont vocation à disparaître puisqu'un service particulier du Service National de Santé, le NHSBSA, procède depuis le 1er novembre 2017, au versement des paiements aux personnes éligibles, contaminées par le VIH ou le VHC, hémophiles ou non.

180. En conclusion, il apparaît que dans le système anglais, certains fonds d'indemnisation sont parfois mis en place par les créateurs de risques sanitaires sériels eux-mêmes. En particulier, ces fonds d'indemnisation sont créés pour mettre en œuvre les modalités d'une transaction généralisée conclue entre les créateurs et les victimes du risque sanitaire sériel, le but étant dans tous les cas d'interrompre le cours d'une action judiciaire en responsabilité civile. Ces fonds d'indemnisation sont relativement peu courants : généralement, ce sont les législateurs et éventuellement le Gouvernement qui, en droits français et anglais, mettent en place des fonds d'indemnisation.

II. *La création directe de fonds d'indemnisation en droits français et anglais*

181. Les fonds d'indemnisation sont souvent conçus comme une solution à part entière pour répondre aux difficultés de l'indemnisation des séries de victimes. Afin de comprendre les relations qu'entretiennent la responsabilité civile et les fonds d'indemnisation dans le contexte des risques sanitaires sériels, il est impératif de s'intéresser aux circonstances qui justifient, dans les deux droits, la création de ces fonds (A), avant de présenter leurs caractéristiques (B).

A. Les circonstances justifiant la création de fonds d'indemnisation

182. Deux circonstances se retrouvent toutes les fois qu'un fonds d'indemnisation est créé dans le contexte de risques sanitaires sériels en droit français comme en droit anglais (1). Il existe, au surplus, des circonstances spécifiques qu'il faut envisager (2).

1. Les circonstances communes

183. La pluralité des victimes et la médiatisation des risques sanitaires sériels. – La première circonstance est objective, elle tient à la pluralité des victimes du risque sanitaire sériel, ce qui résulte de la nature même de ces risques[445]. En effet, dans ce contexte, la création de fonds d'indemnisation s'inscrit, en partie, dans une volonté de désengorgement des juridictions, en offrant aux victimes une voie alternative à la voie judiciaire.

La seconde est subjective : les fonds d'indemnisation sont créés dans le cadre de risques sanitaires sériels qui font l'objet d'une grande médiatisation,

---

[445] V° *supra*, n°49 et s.

comme ceux créés dans le contexte du sang contaminé, de l'amiante, de l'hormone de croissance, du benfluorex, et du valproate de sodium en France, ou encore de la vache folle et de l'amiante au Royaume-Uni. La forte médiatisation de l'événement contribue à le transformer en un véritable phénomène social[446], qui attire l'attention du public et crée un climat de colère ou de peur ; par conséquent, cette médiatisation conduit à faire entrer l'événement dans la sphère publique.

2. *Les circonstances spécifiques*

184. Les fonds d'indemnisation créés en droit français dans le contexte des risques sanitaires sériels, ainsi que le *compensation scheme* anglais créé de manière *ad hoc* sont nés dans des circonstances particulières (a). De la même façon, il est possible d'observer que les *compensation schemes* anglais créés par la voie législative sont eux aussi nés sous l'effet de circonstances qui leur sont spécifiques (b).

a. *Le cas des fonds d'indemnisation français et du* compensation scheme ad hoc *anglais*

185. Une réaction à l'existence de « crises sanitaires ». – En droit français, les fonds d'indemnisation mis sur pied dans le cadre de risques sanitaires sériels le sont lorsque la réalisation de ces risques entraîne une véritable « crise sanitaire » : ceci est illustré par les fonds d'indemnisation mis en place dans le cadre du sang contaminé, de l'amiante, du benfluorex et du valproate de sodium. La même remarque vaut en ce qui concerne, en droit anglais, le *compensation scheme* créé de manière *ad hoc* par le Gouvernement britannique pour les victimes de la « vache folle » (ESB) qui ont contracté la maladie variante de Creutzfeldt-Jakob. En particulier, trois circonstances spécifiques peuvent justifier l'émergence de ces fonds.

D'une part, la création de ces fonds d'indemnisation a été systématiquement envisagée après la publication d'un rapport public révélant l'existence de dysfonctionnements des pouvoirs publics[447]. L'intérêt et les interrogations de l'opinion publique suscités par la médiatisation de l'événement entraînent inévitablement une réaction des pouvoirs publics qui commissionnent un rapport public visant à faire la lumière sur les circonstances de « l'affaire ». Généralement, ces rapports révèlent l'existence de carences des pouvoirs publics dans la prévention ou la gestion du risque sanitaire sériel, ce qui est

---

[446] V° par ex. sur l'affaire du « sang contaminé » : M. BRUGIDOU, « L'affaire du sang contaminé : la construction de l'événement dans *Le Monde* (1989-1992) », *Mots. Les langages du politique*, numéro thématique : Rhétoriques du journalisme politique, vol. 37, 1993, pp. 29-47.
[447] J. KNETSCH, *op. cit.* (note 430), n°159.

suivi – souvent peu de temps après – par l'établissement d'un fonds d'indemnisation.

D'autre part, la création de ces fonds d'indemnisation est parfois concomitante à la reconnaissance d'une responsabilité juridique de l'État (ou de l'Administration). Cette caractéristique n'est pas systématiquement présente, mais en France du moins, il faut reconnaître qu'elle est assez récurrente, comme l'illustrent les fonds d'indemnisation créés dans les affaires du sang contaminé[448], de l'amiante[449], ou encore du benfluorex[450].

Enfin, en France, la création de fonds d'indemnisation pour les victimes de certains risques sanitaires sériels s'inscrit dans une politique plus globale de restructuration du dispositif défaillant. La mise en place d'un fonds d'indemnisation pour certains risques sanitaires sériels apparaît, en France, être une première réponse législative : il s'agit d'une technique de gestion *a posteriori* de la crise sanitaire. Le législateur français va néanmoins plus loin et cherche à « corriger » les défaillances du dispositif, qui ont été révélées dans les rapports publics. Par conséquent, la mise en place de fonds d'indemnisation spécialisés, ou l'extension de compétences appartenant à certains fonds existants (ONIAM), s'accompagne souvent concomitamment, ou peu de temps après, d'une réforme plus générale du dispositif de santé[451].

---

[448] Par ex. : TA Paris, 20 décembre 1991, M.D., M.G et M.B, *RFDA*, N°3, 11/05/1992, p. 552, concl. E. STAHLBERGER ; CE, ass., 9 avril 1993, n°138652, 138653, 138663, M.D., M.G., épx. B : *AJDA*, 1993, N°5, 20/05/1993, p. 344, obs. C. MAUGUE, L. TOUVET ; *JCP G.* 1993, I, 3700, chron. E. PICARD ; *JCP G.* 1993, 22110, note G. DEBOUY. La responsabilité pénale de trois ministres a même été recherchée dans cette affaire : E. BREEN, « Responsabilité pénale des agents publics : l'exemple de l'affaire du sang contaminé », *AJDA* 1995, N°11, 20/11/1995, p. 781 ; Ph. DELMAS SAINT-HILAIRE, « Sang contaminé et qualification pénale…avariée », *Gaz. Pal.* 1992, 2, chron. 673 ; O. BEAUD, « Le traitement constitutionnel de l'affaire du sang contaminé : réflexions critiques sur la criminalisation de la responsabilité des ministres et sur la criminalisation du droit constitutionnel », *R.D Publ.* 1997, p. 995.

[449] TA Marseille, 30 mai 2000 (4 jugements), *LPA*, 04/09/2000, p. 12, note P. VILLENEUVE ; *JCP G.* 2000, I, 289, n°32, obs. G. VINEY. V° aussi : C. GUETTIER, « L'État face aux contaminations liées à l'amiante », *AJDA* 2001, N°6, 20/06/2001, p. 529 ; ces solutions ont été confirmées par le Conseil d'État : CE, 3 mars 2004, req. n^os^241150, 241151, 241152 et 241153, *RFDA* 2004, N°3, 14/05/2004, p. 612, note E. PRADA-BORDENAVE ; *JCP G.* 2004, I, 163, obs. G. VINEY ; *JCP G.* 2004, II, 10098, obs. F.-G. TREBULLE ; *Resp. civ. et assur.* 2004, 2004, n°234, obs. C. GUETTIER.

[450] En l'occurrence, la responsabilité de l'État a succédé, dans cette affaire, à l'extension des compétences de l'ONIAM (2011). Le tribunal administratif de Paris a reconnu la responsabilité de l'État trois ans plus tard, le 3 juillet 2014 (TA Paris, 3 juillet 2014, Mme A, n°1312345/6, *RDSS* 2014, N°5, 04/11/2014, p. 926, obs. J. PEIGNE ; *RFDA* 2014, N°6, 07/01/2015, p. 1193, obs. J. PETIT) ; la responsabilité de l'État a été confirmée par le Conseil d'État en 2016 (CE, 9 novembre 2016, n^os^393902, 393904, 393926, 393108, *JCP G.* n°3, 16/01/2017, 58, note J.-Ch. ROTOUILLE ; *Resp. civ. et assur.* n°1, Janvier 2017, étude 1, étude L. BLOCH).

[451] S. CHAUVEAU, « La demande de sécurité : l'épreuve des crises sanitaires depuis les années 80 », *L'atelier du centre de recherches historiques*, vol. 2, 2008, spéc. §4, consulté en ligne le 11/04/2020 sur :
< https://journals.openedition.org/acrh/993?lang=en#entries >.

b. *Le cas des* compensation schemes *légaux anglais*

186. Les raisons spécifiques de la création de *compensation schemes* par la voie législative en droit anglais. – La création, en droit anglais, de mécanismes d'indemnisation par la voie législative (*statutory compensation schemes*) dans le cadre de risques sanitaires sériels est fondée sur des considérations différentes de celles que nous venons d'exposer. En réalité, l'émergence de ces fonds, créés par la voie législative, en droit anglais, est justifiée par trois raisons.

187. En premier lieu, la mise en place des fonds d'indemnisation, par la voie législative, vise à combler l'impossibilité pour les victimes de certains risques sanitaires sériels d'obtenir une indemnisation par la mise en œuvre juridictionnelle d'une action en responsabilité civile. Ceci vaut aussi bien pour le mécanisme spécial d'indemnisation créé au profit de certaines maladies professionnelles limitativement énumérées par le *Pneumoconiosis Etc. (Workers' Compensation) Act 1979*, que pour la partie 4 du *Child Maintenance and Other Payments Act 2008*[452] et le *Mesothelioma Act 2014*[453], qui ont tous deux créé des mécanismes spéciaux d'indemnisation pour les victimes de l'amiante ayant contracté un mésothéliome. Ces trois mécanismes[454] ont été mis en place soit parce que le responsable n'existait plus (mécanismes de 1979[455] et 2014[456]), soit parce qu'il n'y avait aucun responsable (mécanisme de 2008[457]).

---

[452] Disponible en ligne sur:
< https://www.legislation.gov.uk/ukpga/2008/6/contents >

[453] Disponible en ligne sur:
< https://www.legislation.gov.uk/ukpga/2014/1/contents >

[454] Notre étude ne prétend pas à l'exhaustivité et il est possible de noter que d'autres *compensation schemes* de ce type existent également, comme celui créé en matière de vaccination, le *Vaccine Damage Payments Scheme*, créé par la voie législative avec l'adoption du *Vaccine Damage Payments Act 1979* : ce fonds a notamment été créé pour répondre à l'impossibilité, en pratique, d'introduire une action en *negligence* avec succès dans le domaine des vaccinations, ceci à cause des conditions strictes de responsabilité. La mise en place de ce fonds s'explique donc aussi, en partie, par la défaillance du mécanisme traditionnel de responsabilité civile. V° S. MACLEOD, « Vaccine Injury Compensation Schemes » *in* S. MACLEOD, C. HODGES, *op. cit.* (note 443), p. 395.

[455] *Hansard*, HL Deb., *Pneumoconiosis Etc. (Workers' Compensation) 1979 Bill*, vol. 399 (3 April 1979), col. 1835, (Lord Wallace of Coslany): « [But because of the time it takes for the disease to develop, it can often be the case –] particularly in declining industries – that by the time the disease has been diagnosed *the employer responsible no longer exists*. [italiques ajoutées par nous] »

[456] Ce mécanisme vise spécifiquement les seules victimes professionnelles de l'amiante ayant contracté un mésothéliome. *Hansard*, HL Deb., *Mesothelioma Bill*, vol. 745 (20 May 2013), col. 689, (Lord Freud, The Parliamentary Under-Secretary of State, Department for Work and Pensions): « The bill is first and foremost a means to create a scheme to provide for those people *who would otherwise be unable to bring a civil claim against their employer*. In other words, it is a scheme of last resort. [italiques ajoutées par nous]»

[457] En effet, ce mécanisme vise en particulier l'indemnisation de toutes les victimes de l'amiante ayant contracté un mésothéliome : si certaines victimes professionnelles étaient susceptibles d'obtenir une indemnisation par le mécanisme spécial mis en place par la loi de 1979, les auto-entrepreneurs, les individus exposés par la voie environnementale ou par l'intermédiaire d'un proche travaillant au contact de l'amiante, voire encore les individus exposés sans connaître la

188. En deuxième lieu, la mise en place de fonds d'indemnisation, par la voie législative, a parfois permis de corriger l'existence d'une disparité de traitement entre les victimes d'un même risque sanitaire sériel. Par exemple, la création du mécanisme de 1979 a été guidée par la volonté[458] de mettre sur un pied d'égalité les travailleurs de l'industrie minière, employés par *National Coal Board* et ayant contracté une pneumoconiose, bénéficiant d'un fonds d'indemnisation spécial[459] et les travailleurs d'autres industries ayant contracté la même maladie, qui ne pouvaient bénéficier de ce fonds d'indemnisation, et restaient ainsi souvent sans indemnisation. La remarque vaut aussi pour le mécanisme de 2008, qui a permis de corriger la disparité de traitement qui existait entre les individus ayant contracté un mésothéliome dans le contexte professionnel – et qui bénéficiaient du mécanisme de 1979 – et ceux ayant contracté cette maladie dans un contexte non-professionnel – qui ne bénéficiaient d'aucun dispositif[460].

189. En dernier lieu, deux raisons spécifiques expliquent pourquoi les victimes ayant contracté un mésothéliome par une exposition à l'amiante disposent de pas moins de trois mécanismes spéciaux d'indemnisation, dont

---

source de leur exposition ne pouvaient pas bénéficier d'une indemnisation, ni par la loi de 1979, ni par la voie judiciaire, souvent faute de responsable. En ce sens, par ex. : *Maguire v Harland and Wolff Plc* (2005) Times, 27 January. Les juges d'appel ont renversé la décision de première instance (rendue par Morland J.) en refusant d'admettre la négligence d'une entreprise productrice d'amiante envers l'épouse d'un de ses employés, qui a été en contact avec l'amiante en nettoyant les vêtements de son mari. Par deux voix (Judge LJ, Longmore LJ) contre une (Mance LJ), la cour d'appel a retenu qu'il n'était pas raisonnable de considérer que les défendeurs avaient pu connaître, avant 1965, l'effet d'une exposition secondaire à petite dose (Compar. avec CA Aix-en-Provence (ch. 10), 6 novembre 2013, n°2013/00441 : la cour d'appel dans une situation très similaire a, au contraire, admis la responsabilité du défendeur, sur le fondement de la responsabilité du fait des choses, en considérant que les défendeurs étaient gardiens des particules d'amiante. Cette différence d'approche est possible car les juges français ne se sont pas fondés sur la faute, contrairement à ce qu'il s'est passé en droit anglais). V° également : S. MACLEOD, « UK Mesothelioma Compulsory Insurance Fund and Compensation Scheme » *in* C. HODGES, S. MACLEOD, *Redress Schemes for Personal Injuries*, Hart Publishing, 2017, p. 526.

[458] On se permettra d'ailleurs de relever que l'adoption de la loi est intervenue dans un contexte électoral, ce qui n'est pas anodin puisque le Gouvernement – à l'époque travailliste – souhaitait s'assurer du soutien politique du parti gallois Plaid Cymru : N. WIKELEY, « The diffuse Mesothelioma Payment Scheme 2014 », (2014) 21(2) *JSSL* 65-82, spéc. p. 67.

[459] *Hansard*, HL Deb., *Pneumoconiosis Etc (Workers' Compensation) Bill*, vol. 399, (3 April 1979), col. 1835, (Lord Wallace of Coslany): « The majority of sufferers in this country are former coal miners and in 1974 the National Coal Board, which was faced with a large number of court cases as the responsible employer, set up a compensation scheme in co-operation with the mineworkers' unions in order to compensate those for whom it is responsible without incurring the cost and delays of litigation. But there are other industries which give rise to dust which can cause the disease. »

[460] *Hansard*, HC Deb., *Child Maintenance and Other Payments Bill*, vol. 462 (4 July 2007), col. 991 (Mr. Hain): « Although we already make some lump sum payments to employees for mesothelioma under the Pneumoconiosis etc. (Workers' Compensation) Act 1979, many sufferers miss out. These include the self-employed, those living with asbestos workers and inhaled dust from clothing, those who lived near asbestos factories, and those who do not know how they got the disease. »

deux spécialement créés à cet effet (2008 et 2014[461]). D'abord, le taux d'incidence de cette maladie au Royaume-Uni est l'un des plus élevés au monde[462] et les décès liés au mésothéliome constituent la cause la plus courante de décès dans le cadre professionnel au Royaume-Uni[463]; ensuite, et surtout, si la maladie se manifeste après un long délai de latence, elle est généralement foudroyante après le diagnostic, conduisant inévitablement à la mort en l'espace de quelques mois[464]. Ainsi, pour ce risque sanitaire sériel, il est nécessaire, plus que dans tout autre domaine, de permettre une indemnisation très rapide des victimes.

190. En somme, la mise en place de fonds d'indemnisation dans le contexte de risques sanitaires sériels est justifiée par des circonstances tant communes que spécifiques : s'ils ont tous vocation à appréhender les séries de victimes de risques sanitaires sériels, certains fonds d'indemnisation sont créés en réaction à un scandale sanitaire, quand d'autres résultent plutôt d'une volonté de combler l'impossibilité pratique de mettre en œuvre la responsabilité civile. Ces premiers éléments éclairent déjà, en partie, les rapports qu'entretiennent les fonds d'indemnisation et la responsabilité civile. Dans cette même optique, il convient, à présent, d'envisager les caractéristiques de ces fonds d'indemnisation.

B. LES CARACTÉRISTIQUES DES FONDS D'INDEMNISATION EN CAS DE RISQUES SANITAIRES SÉRIELS

191. La réparation obtenue en cas de risques sanitaires sériels *via* les fonds d'indemnisation présente des caractéristiques communes (1) mais aussi spécifiques (2).

---

[461] Pour plus d'informations sur les raisons conduisant à la création du mécanisme de 2014 et les options envisagées : DEPARTMENT OF WORK AND PENSIONS, *Mesothelioma Payment Scheme : impact assessment*, 27/11/2013, consulté en ligne le 16/11/2018 sur :
<https://assets.publishing.service.gov.uk/government/uploads/system/uploads/attachment_data/file/262466/mesothelioma-payment-scheme-ia-nov-2013.pdf>

[462] *Hansard*, HC Deb., *Draft Mesothelioma Lump Sum Payments (Conditions and Amounts) Regulations 2008*, Eighth Delegated Legislation Committee (8th July 2008), col. 16 (Mrs McGuire, The Parliamentary Under-Secretary of State for Work and Pensions): « I think the hon. Member for Forest of Dean asked about the incidence of mesothelioma in Great Britain and why it is higher than in other European countries. There is an international disparity in incidences of mesothelioma and we recognise that. The UK rate is among the highest in the world, which reflects the pattern of asbestos usage in the UK and the substantial imports of asbestos in the past. »

[463] *Hansard*, HC Deb., préc. (note 460), col. 991 (Mr. Hain).

[464] *Ibid.*, col. 991 (Mr. Hain).

1. *Les caractéristiques communes*

192. Première caractéristique : une réparation à destination d'un cercle délimité de bénéficiaires. – Pour tous les fonds d'indemnisation créés à la suite de risques sanitaires sériels, l'intervention du fonds ne concerne qu'un cercle délimité de bénéficiaires. Cette délimitation repose généralement sur l'identification des circonstances factuelles (type de produit ou substance impliqué, type de dommage subi, contexte dans lequel le dommage survient), temporelles ou géographiques permettant de ne prendre en compte que les victimes du risque sanitaire sériel que le fonds a vocation à appréhender[465].

Parfois, le cercle des bénéficiaires est assez large, comme pour le benfluorex[466] et l'amiante (en droit français[467] et sous le mécanisme anglais de 2008[468]) ; parfois encore, le cercle des bénéficiaires est défini moins souplement, comme en matière de sang contaminé[469]. D'autres fois encore, le cercle des bénéficiaires est défini de manière très étroite, comme pour l'hormone de croissance[470] et le valproate de sodium[471] en droit français, ainsi que pour les victimes de la maladie variante de Creutzfeldt-Jakob[472] et celles bénéficiant des mécanismes de 1979[473] et 2014[474] en droit anglais.

---

[465] J. KNETSCH, *op. cit.* (note 430), n°s 174-177.

[466] Uniquement défini au regard du type de produit impliqué : J. KNETSCH, « Le nouveau dispositif d'indemnisation des victimes du Mediator issu de la loi du 29 juillet 2011 », *Resp. civ. et assur.* n°12, décembre 2011, étude 14.

[467] Délimité en fonction de trois éléments : le type de produit, le contexte dans lequel l'exposition au produit a eu lieu et l'espace géographique.

[468] Peuvent bénéficier de ce mécanisme toutes les personnes ayant contracté un mésothéliome diffus. Également, les demandeurs doivent prouver qu'ils ont été exposés à l'amiante au Royaume-Uni et qu'ils n'ont pas reçu une indemnisation d'une autre source (action juridictionnelle en responsabilité, transaction, mécanisme de 1979, etc.) V° N. WIKELEY, « Child Maintenance and Other Payments Act 2008 (legislative comment) », (2008) 15(4) *JSSL* D115-119, spéc. p. D118.

[469] Le cercle des bénéficiaires est défini au regard de trois éléments : le type de produit, le virus contracté (VIH ou VHC), et le lieu géographique où la contamination a eu lieu.

[470] Le champ des bénéficiaires est donc strictement délimité, au regard du type de produit impliqué et de circonstances temporelles.

[471] Le cercle des bénéficiaires est délimité au regard du type de produit, du type de dommage, du contexte dans lequel le dommage est survenu et de circonstances temporelles, ce qui est extrêmement restrictif : J.-M. PONTIER, « Dépakine : un nouveau fonds », *AJDA* 2016, N°37, 07/11/2016, p. 2065.

[472] En droit anglais, le cercle des bénéficiaires du *compensation scheme* pour les victimes de la maladie variante de Creutzfeldt-Jakob est défini en fonction du type de dommage subi, de circonstances temporelles et géographiques.

[473] Le cercle des bénéficiaires de ce mécanisme est délimité en fonction du type de maladies contractée, des circonstances dans lequelles elles ont contracté la maladie, et seulement sous une condition d'éligibilité d'une prestation sociale particulière (*the industrial injuries disablement benefit*). V° s. 1(3) du *Pneumoconiosis etc. (Workers' Compensation) Act 1979* et Department for Work and Pensions, *Pneumoconiosis etc. (Workers' Compensation) Act 1979 and 2008 Mesothelioma Scheme*, Avril 2011, p. 2. Consulté en ligne le 21/11/2016: <https://www.gov.uk/government/uploads/system/uploads/attachment_data/file/223188/meso_april_2011.pdf_>

[474] Le cercle des bénéficiaires est ici délimité en fonction du type de produit, de la maladie contractée, des circonstances dans lesquelles la maladie a été contractée (définies assez stricte-

193. Seconde caractéristique : une réparation à des conditions facilitées. – La délimitation du cercle des bénéficiaires permet non seulement d'inclure les seules victimes du risque sanitaire sériel que le fonds d'indemnisation a vocation à appréhender mais elle autorise aussi l'obtention d'une indemnisation à des conditions facilitées.

D'abord, à l'exception du fonds d'indemnisation créé par le législateur anglais en 2014, les bénéficiaires de ces fonds n'ont pas besoin de prouver l'existence d'une faute pour prétendre à l'indemnisation[475], en droit français comme en droit anglais. Ces mécanismes sont dits, en droit anglais, *no fault*[476].

Ensuite, la preuve du lien de causalité est bien souvent facilitée : en droit français, les bénéficiaires doivent simplement apporter la preuve de l'exposition à la substance ou de l'administration du produit en cause ainsi que la preuve de l'atteinte à l'état de santé de la victime. Le fonds d'indemnisation peut en effet, dans tous ces cas, procéder lui-même aux investigations permettant d'éclaircir les circonstances de la contamination (VIH, VHC) ou de l'exposition (amiante). Dans le cas de l'amiante, le législateur a même consacré des présomptions d'*exposition* à l'amiante[477]. En droit anglais, pour bénéficier de la réparation par le *trust fund* dans le cas de l'ESB, le bénéficiaire doit simplement prouver qu'il souffre de la maladie variante de Creutzfeldt-Jakob selon la balance des probabilités, diagnostic qui doit être confirmé par l'Unité de surveillance nationale de la maladie de Creutzfeldt-Jakob (*National CJD Surveillance Unit*), et qu'il a résidé au Royaume-Uni pendant cinq ans entre 1982 et 1996[478], ce qui permet alors de présumer l'existence d'un lien de causalité entre la maladie et l'exposition à l'ESB[479].

En ce qui concerne le benfluorex et le valproate de sodium, l'ONIAM n'intervient dans l'indemnisation des victimes que dans un second temps,

---

ment), au regard de circonstances temporelles (diagnostic avant une date limite), et sous d'autres conditions juridiques (ne pas avoir bénéficié de certains paiements, ni avoir introduit d'action en responsabilité contre l'employeur ou l'assureur en raison d'une impossibilité).

[475] Pour les victimes du benfluorex, l'ONIAM est tenu d'indemniser les victimes concernées seulement dans le cas où le responsable identifié par le collège d'expert (ou son assureur) ne fait pas d'offre ou fait une offre manifestement insuffisante. Néanmoins, ce n'est pas la victime elle-même qui doit apporter la preuve d'une responsabilité ; c'est en effet le collège d'expert qui est tenu de procéder aux investigations relatives à la recherche des responsabilités.

[476] Pour une critique de ce terme : C. HODGES, S. MACLEOD, *op. cit.* (note 443), pp. 635-640.

[477] Ainsi, par exemple, le législateur a considéré que la reconnaissance du caractère professionnel d'une maladie occasionnée par l'amiante, au titre de la législation française de sécurité sociale ou d'un régime assimilé ou de la législation applicable aux pensions civiles et militaires valait « justification de l'exposition à l'amiante » (Art. 53-III al. 4 de la loi du 23 décembre 2000). Également, le législateur a consacré une présomption d'exposition pour les victimes atteintes de maladies provoquées par l'amiante et qui figurent sur une liste établie par arrêté des ministres chargés du travail et de la sécurité sociale (Art. 53-III al. 4 de la loi du 23 décembre 2000).

[478] J. M. WILLIAMS, « Variant Creutzfeldt-Jakob disease: setting up the VCJD trust – operations and lessons for the future », (2004) 1 *JPIL* 39-51, spéc. p. 44.

[479] Les *trustees* se satisfont en général de cette preuve pour retenir que la victime a été atteinte de la maladie par l'effet d'une exposition à des produits bovins achetés au Royaume-Uni, ou qui proviennent d'un troupeau élevé et abattu au Royaume-Uni ou de toute autre manière par laquelle la victime aurait été exposée à l'ESB. V° *Ibid.*, p. 44.

lorsque les responsables sont identifiés mais défaillants[480], ou inexistants[481]. Le demandeur semble donc tenu d'apporter des éléments permettant de prouver l'existence d'une imputabilité[482] du dommage au produit, mais là encore, il bénéficie du concours du collège d'expert ou du comité d'indemnisation, selon les cas, qui procèdent aux investigations utiles à l'instruction de la demande. Par rapport à la voie juridictionnelle classique, le recours à l'ONIAM permet ainsi de faciliter la preuve que doit faire le demandeur.

194. Les fonds d'indemnisation appelés à intervenir en cas de risques sanitaires sériels sont caractérisés par deux éléments communs : ils sont tous créés au bénéfice de certaines victimes particulières, et tous permettent une réparation à des conditions facilitées. Cependant, des différences existent entre les fonds d'indemnisation français et anglais, en ce qui concerne la manière dont la réparation est évaluée.

2. *Les caractéristiques spécifiques*

195. Alors que les fonds d'indemnisation français indemnisent les victimes sur la base d'une évaluation que l'on pourrait qualifier de « subjectivée » (a), la plupart des *compensation schemes* anglais le font sur la base d'une évaluation « objectivée » (b).

a. *Les fonds d'indemnisation opérant sur la base d'une évaluation « subjectivée » de la réparation*

196. Une évaluation *in concreto* en droit français. – En droit français, les fonds d'indemnisation indemnisent les victimes sur la base d'une évaluation individuelle, *in concreto*, du dommage qu'elles subissent, si bien qu'elles obtiennent une réparation intégrale de leurs préjudices. Les fonds d'indemnisation présentent ainsi une offre d'indemnisation aux victimes, dans un délai fixé légalement, en précisant l'évaluation de chaque chef de préjudice[483]. Lorsque la victime refuse l'offre du fonds, ou qu'une offre n'a pas

---

[480] Sauf pour le valproate de sodium où le fonds intervient aussi en substitution de l'État, lorsque le collège conclut à la responsabilité de l'État.

[481] Cette intervention de l'ONIAM n'est prévue que dans le cas du valproate de sodium.

[482] Cela s'infère de l'article R. 1142-63-9, alinéa 2, CSP : « Le collège s'assure que le demandeur justifie de l'existence d'un déficit fonctionnel imputable au benfluorex. Il peut pour ce faire diligenter une expertise. »

[483] Pour le VIH_: art. L 3122-5, alinéa 2, CSP ; pour le VHC : art. L. 1221-14, alinéa 3, CSP, renvoyant à l'article L. 1142-17, alinéa 2, CSP ; pour l'amiante : art. 53, IV, de la loi n°2000-1257 du 23 décembre 2000 ; pour le benfluorex_: art. L. 1142-24-7, alinéa 2, CSP renvoyant à l'article L. 1142-17, alinéa 2, CSP ; pour le valproate de sodium : art. L. 1142-24-17, alinéa 2, CSP renvoyant à l'article L. 1142-17, alinéa 2, CSP.

été présentée dans le délai, ou encore que la demande a été expressément rejetée par le fonds, alors la victime peut introduire un recours judiciaire[484] contre le fonds[485]. De même, la victime peut toujours s'adresser en justice pour obtenir réparation des préjudices qui n'ont pas été indemnisés par le fonds. Dans tous les cas, en droit français, lorsque le bénéficiaire accepte l'offre du fonds, cette acceptation vaut transaction au sens de l'article 2044 du Code civil. L'indemnisation intervient donc sur une base contractuelle.

197. Une évaluation hybride : le mécanisme d'indemnisation pour les victimes de la maladie variante de Creutzfeldt-Jakob. – En droit anglais, les victimes de la maladie variante de Creutzfeldt-Jakob bénéficiant de l'intervention du fonds[486] obtiennent une réparation fondée sur une évaluation que nous appellerons « hybride ». Les bénéficiaires obtiennent en effet une somme basique unique[487], de sorte que la réparation est fondée sur la base d'une évaluation *in abstracto*, forfaitaire[488]. Cependant, ils peuvent faire une demande aux *trustees* pour bénéficier de sommes discrétionnaires supplémentaires au regard de leur situation personnelle[489], ce qui est assez courant. Ainsi, sans constituer une réparation totalement « individualisée » comme en droit français, la réparation obtenue par les bénéficiaires du fond présente tout de même une certaine dose d'individualisation. Dans tous les cas, le mécanisme d'indemnisation au bénéfice des victimes de la maladie variante de Creutzfeldt-Jakob prévoit un niveau d'indemnisation qui équivaut peu ou prou à 100% des dommages-intérêts qu'auraient pu obtenir les victimes si elles avaient décidé d'agir en justice[490].

---

[484] Cela résulte de l'article 43-V, alinéa 2, de la loi du 23 décembre 2000 qui prévoit la compétence de la cour d'appel dans le ressort de laquelle se trouve le domicile du défendeur.

[485] Art. 43-V alinéa 1 de la loi du 23 décembre 2000.

[486] En réalité, le *trust fund* est composé de deux fonds : un fonds principal (*the main fund*) et un fonds discrétionnaire (*the discretionary fund*).

[487] Cette somme dépend en réalité de la date du diagnostic.

[488] Pour les victimes diagnostiquées avant le 26 octobre 2000, la somme basique était à l'origine de £75 000, revalorisée en 2010, à £125 000 ; pour les victimes diagnostiquées après le 26 octobre 2000, la somme basique était à l'origine de £70 000, revalorisée en 2010, à £120 000. La différence s'explique parce que le Gouvernement a considéré que les victimes dont le diagnostic était antérieur au 26 octobre 2000 avaient subi une souffrance et une anxiété supplémentaires du fait de l'incertitude des diagnostics et des moyens de pouvoir financièrement prendre en charge les soins. (V°. art. 1.29.3, *Trust deed* amendé le 22 mai 2012, consulté le 11/04/2020 sur : < http://www.vcjdtrust.co.uk/the-trust-deed/ >).

[489] En sus de la somme basique, la victime peut prétendre à des sommes supplémentaires en ce qui concerne les coûts de funérailles, les coûts de modification des propriétés etc. Également, la victime peut faire une demande pour obtenir des fonds discrétionnaires pour obtenir l'indemnisation du préjudice financier lié à la perte de salaires. Enfin, les personnes autres que la victime principale obtiennent également une indemnisation principale (£5000 ou £10 000 selon la date de diagnostic) et peuvent également faire une demande pour que soient débloquées des sommes appartenant au fonds discrétionnaire (et non principal). Le système d'évaluation était assez compliqué, et une réforme est intervenue en 2010 pour simplifier ce dernier. Une différence existe maintenant selon que les victimes sont diagnostiquées avant ou après le 30 mars 2010. Pour celles après le 30 mars 2010, le système est simplifié, bien que les sommes soient identiques. V° J. M. WILLIAMS, art. préc. (note 478), pp. 45-50 pour le système avant 2010.

[490] A. BOGGIO, « The compensation of the victims of the Creutzfeldt-Jacob disease in the United

b. *Les fonds d'indemnisation opérant sur la base d'une évaluation « objectivée » de la réparation*

198. Une évaluation *in abstracto* pour les mécanismes de 1979, 2008 et 2014. – Contrairement à ce qu'il se passe en droit français, en droit anglais, la réparation dont peuvent bénéficier les victimes éligibles aux mécanismes de 1979, 2008 et 2014 n'est pas fondée sur une évaluation *in concreto* du dommage ; la réparation est en effet forfaitaire et dépend de l'âge et du niveau de handicap de la victime (mécanisme de 1979)[491] ou seulement de l'âge de la victime (mécanismes de 2008[492] et 2014[493]). Par conséquent, la réparation est, dans le cadre de ces mécanismes, envisagée sur la base d'une évaluation *in abstracto*.

199. Conclusion du §1. – L'émergence d'une pluralité de fonds d'indemnisation dans le contexte de risques sanitaires sériels traduit une évolution similaire des systèmes juridiques français et anglais sur la manière d'appréhender l'indemnisation des séries de victimes. Malgré leurs différences parfois marquées tant en ce qui concerne la manière dont ils sont créés que leur fonctionnement, les fonds d'indemnisation constituent des mécanismes spéciaux, qui prévoient une standardisation de la procédure d'indemnisation, l'objectif étant de permettre une réparation facilitée et accélérée des victimes. Ces mécanismes s'inscrivent dans une logique d'indemnisation amiable et ne reposent pas sur la reconnaissance préalable d'une responsabilité juridique, par la voie juridictionnelle : en ce sens, la procédure de réparation « s'administrativise » et sort du contexte juridictionnel.

Dans ces conditions, la multiplication de ces fonds d'indemnisation est source d'interrogations : en particulier la question se pose de savoir si les fonds d'indemnisation ont vocation à remettre en cause la place de la responsabilité civile dans la prise en charge des risques sanitaires sériels.

Kingdom », (2005) 7(2) *Med. L. Int.* 149-167, spéc. p. 163; J. M. WILLIAMS, art. préc. (note 478), pp. 42-43.

[491] Pour voir le tableau du montant des sommes versées selon l'âge et le handicap de la victime : Table 1 de l'annexe (Schedule) *The Pneumoconiosis etc. (Workers' Compensation) (Payment of Claims) Regulations 1988 (S.I. 1988/668)*, telle que modifiée par *The Pneumoconiosis etc. (Workers' Compensation) (Payment of Claims) (Amendment) Regulations 2014 (S.I 2014/869)*.

[492] Pour voir le tableau du montant des sommes versées, voir sur le site gouvernemental consulté le 19/08/2021 : < https://www.gov.uk/diffuse-mesothelioma-payment/what-youll-get >

[493] Pour les victimes diagnostiquées entre le 25 février 2012 et 9 février 2015 : *The Diffuse Mesothelioma Payment Scheme regulations (amendment) 2014*, S:I. No 917 ; Pour les victimes diagnostiquées à partir du 10 février 2015 : *The Diffuse Mesothelioma Payment Scheme (Amendment) Regulations 2015*, S.I. No 367.

§2 – Le déclin corrélatif de la responsabilité civile en droits français et anglais ?

200. En tant qu'outil de réparation des dommages corporels résultant de risques sanitaires sériels, les fonds d'indemnisation présentent des avantages indéniables pour leurs bénéficiaires (rapidité, facilité). Il est donc parfaitement concevable que l'émergence de cette nouvelle technique indemnitaire entraîne corrélativement le déclin de la responsabilité civile, technique indemnitaire « traditionnelle ». Pour le savoir, il est impératif de déterminer si les fonds d'indemnisation sont amenés à concurrencer la responsabilité civile, dans sa fonction indemnitaire – mais aussi normative (I).

Les deux droits ont adopté une position différente sur ces questions, ce qui reflète une divergence plus générale sur la place et le rôle de la responsabilité civile dans le système indemnitaire au sein duquel elle s'inscrit (II).

I. *La responsabilité civile concurrencée par les mécanismes spéciaux d'indemnisation ?*

201. L'existence d'une concurrence entre la responsabilité civile et les fonds d'indemnisation dépend, en grande partie, de la possibilité ou non d'introduire une action en responsabilité civile après avoir obtenu une indemnisation par le fonds d'indemnisation. La première question qu'il faut envisager est donc celle du cumul consécutif des actions (A). Cette question est particulièrement importante, car elle détermine s'il est possible ou non de cumuler les indemnités éventuellement reçues par les deux voies. Par conséquent, la seconde question qu'il faut envisager est celle du cumul des indemnités (B). La comparaison des droits français et anglais révèle alors des différences d'approche majeures entre les deux systèmes juridiques.

A. Le cumul consécutif des actions

202. Étant donné que nous nous intéressons à la question de savoir si les fonds d'indemnisation concurrencent la responsabilité civile, nous analyserons seulement la question du cumul consécutif des actions dans le cas où l'action en responsabilité civile succède au recours à la voie amiable. La tendance des systèmes juridiques français et anglais est assez nette : le cumul consécutif des actions est interdit en droit français, et l'est dans un seul cas en droit anglais (1). Au contraire, un tel cumul est possible en droit anglais, et l'est seulement dans un cas en droit français (2).

1. Un cumul consécutif des actions interdit

203. Une position classique en droit français. – Si pendant un temps, le Conseil d'État a semblé accepter la possibilité pour la victime de pouvoir agir en responsabilité par la voie juridictionnelle après avoir accepté l'offre du fonds d'indemnisation[494], l'option a été fermement condamnée tant par les juges de la Cour de cassation[495] que par le législateur français[496]. En effet, le cumul parallèle des actions amiable et judiciaire demeure possible pour les victimes du sang contaminé, de l'amiante, du benfluorex et du valproate de sodium, mais il n'en demeure pas moins que, selon une formule quasi-sacramentelle, l'acceptation par la victime de l'offre du fonds d'indemnisation « vaut transaction au sens de l'article 2044 du Code civil »[497], ce qui confère à celle-ci autorité de la chose

---

[494] V° CE, avis, 15 octobre 1993, req. n°s 148888 et 148889, *Cts Jezequel et Vallée*, Lebon, JO, 3 novembre 1993, p. 15195, *RFDA*, 1994, N°3, 09/05/1994, p. 553, concl. P. FRYDMAN ; CE, 24 mars 1995, req. n°155234, *Rabotin*, Lebon ; CE, 16 juin 1997, req. n°158969, *AP-HP*, Lebon. Le Conseil d'État admet que la victime puisse introduire une action devant le juge administratif après avoir été indemnisée par le fonds d'indemnisation, mais précise que le juge doit alors d'office déduire la somme allouée par le fonds dans l'évaluation des dommages-intérêts à verser à la victime.

[495] Cass., civ. 2, 26 janvier 1994, n°93-06.009, *Bull. civ. II*, 1994, N°41, p. 23, confirmé par Cass., soc., 26 janvier 1995, n°92-20.274, *Bull. civ. V*, 1995, N°42, p. 30. Dans ces arrêts, la Cour de cassation a refusé la possibilité, pour la victime, de pouvoir s'adresser devant les juridictions judiciaires pour obtenir un complément d'indemnisation, déclarant la demande irrecevable. Ils le justifient par le fait que l'offre du fonds a vocation à réparer intégralement le préjudice subi par la victime ; ainsi, cette dernière n'a plus aucun intérêt à agir après l'obtention de l'indemnisation par le fonds. L'État français s'est fait condamner par la CEDH (*Bellet c. France*, n°23805/94 (4 décembre 1995), série A n°333-B) sur cette question, la Cour considérant qu'il y avait une violation du droit d'accès effectif et concret à un tribunal (§38) car le droit national n'était pas suffisamment clair sur les modalités de recours offerts et sur la limitation de leur exercice simultané. Néanmoins, la Cour de cassation a confirmé sa position (Cass., civ. 1, 9 juillet 1996, n°94-13.414, *Bull. civ. I*, 1996, n°303, p. 210). Face à la résistance des juges du fonds, la Cour de cassation a rendu un arrêt en Assemblée plénière pour clore le débat : Cass., AP, 6 juin 1997, n°95-12.284, *Bull. AP*, 1997, N°8, p. 20. À la suite de cette décision, l'État français s'est à nouveau fait condamner par la CEDH (*F.E. c. France*, n°38212/97 (30 octobre 1998), 1998-VIII), ce qui a conduit la Cour de cassation à assouplir sa position : Cass., civ. 1, 6 juin 2000, n°98-22.117, *Bull. civ. I*, 2000, N°179, p. 116. Dans cet arrêt, la première chambre civile semble opérer une distinction : toutes les personnes qui ont accepté l'offre du fonds avant le 26 janvier 1994 (date du premier arrêt de la Cour de cassation sur cette question) sont fondées à agir devant le juge judiciaire puisqu'elles « n'étaient pas en mesure (...) d'apprécier la portée exacte de leur acceptation quant à leur droit d'agir contre les tiers responsables ». En revanche, il semblerait qu'*a contrario*, les demandeurs qui ont accepté l'offre du fonds après cette date ne peuvent pas s'adresser au juge judiciaire. La question a depuis été réglée par le législateur à l'article 119 4°/ de la loi n°2004-806 du 9 août 2004 relative à la politique de santé publique, JORF, n°185, 11 août 2004, p. 14277, texte n°4.

[496] Art. 119, 4°, de la loi du 9 août 2004. Pour un acompte détaillé des différentes positions sur cette question : V° J. KNETSCH, *op. cit.* (note 430), n°s583-591.

[497] Pour le VIH : art. L. 3122-3, alinéa 3, CSP ; pour le VHC : art. L. 1221-14, alinéa 3, CSP renvoyant à l'article L. 1142-17, CSP ; pour l'amiante : article 53, IV, alinéa 3, CSP ; pour le benfluorex : article L. 1142-24-6, alinéa 1, CSP qui renvoie à l'article L. 1142-14, alinéa 6, CSP; pour le valproate de sodium : l'offre faite par le responsable ou l'assureur vaut transaction au sens de l'article 2044 C. civ. comme l'indique l'article L. 1142-24-16, alinéa 1, CSP qui renvoie aux

jugée. Ainsi, aux termes de l'article 2052, dans sa nouvelle rédaction[498], « la transaction fait obstacle à l'introduction ou à la poursuite entre les parties d'une action en justice ayant le même objet ».

Deux conséquences doivent donc être tirées : d'abord, l'acceptation de l'offre du fonds par la victime met fin aux actions juridictionnelles en cours et empêche celle-ci d'exercer un recours subséquent en responsabilité civile pour obtenir la réparation des préjudices déjà indemnisés. Ensuite, l'acceptation de l'offre du fonds par la victime ne l'empêche pas d'exercer un recours subséquent en responsabilité civile pour obtenir la réparation de préjudices qui n'auraient pas été indemnisés par le fonds, puisque de ce fait, la demande portée en justice n'aurait pas le même objet que la transaction.

204. Le cas des accords transactionnels généralisés en droit anglais : cas particulier. – Comme en droit français, le cumul consécutif des actions par la voie amiable et judiciaire est tout à fait impossible dans le cas où la victime aurait bénéficié d'une indemnisation par l'effet d'un accord transactionnel généralisé. En effet, la proposition d'un tel accord par le défendeur est précisément justifiée, entre autres choses, par la volonté de mettre fin à une action judiciaire en cours – souvent une action de groupe – ou pour empêcher l'introduction d'actions judiciaires subséquentes[499]. De ce fait, les accords transactionnels généralisés comportent bien souvent une clause interdisant la possibilité d'agir par la voie judiciaire lorsque la victime accepte l'indemnisation par la voie amiable. Tel est le cas pour les victimes de la thalidomide ayant bénéficié de la transaction généralisée et pour les victimes hémophiles ayant contracté le VIH en raison de transfusions sanguines ou de produits dérivés du sang et ayant obtenu une indemnisation sous les termes de la transaction conclue le 24 avril 1991, sous réserve de la position que va adopter le juge sur cette question dans l'action de groupe introduite en septembre 2017[500].

---

alinéas 2 à 8 de l'article L. 1142-14, CSP. À titre subsidiaire, en cas de refus d'offre par le responsable ou son assureur, ou d'offre manifestement insuffisante, l'ONIAM est tenu de faire l'offre : l'acceptation de celle-ci vaut transaction, aux termes de l'article L. 1142-24-17, alinéa 2, CSP qui renvoie à l'article L. 1142-15, alinéa 3, CSP.

[498] Avant la loi n°2016-1547 du 18 novembre 2016 de modernisation de la justice du XXIe siècle (art. 10), l'article 2052, alinéa 1, du Code civil était rédigé de la manière suivante : « Les transactions ont, entre les parties, l'autorité de la chose jugée en dernier ressort ». La conséquence en était donc l'impossibilité d'introduire ou de poursuivre une action en justice portant sur la même demande et entre les mêmes parties. La modification textuelle apportée par la loi du 18 novembre 2016 s'inscrit donc dans une perspective de clarification, non pas d'un changement substantiel.

[499] Sur ce point : V° *supra*, n°175 et s.

[500] Le faible montant octroyé aux victimes hémophiles contaminées par le VIH, de même que le retard avec lequel le Gouvernement britannique a lancé une enquête publique sur ce drame sanitaire (juillet 2017 !) a conduit ces dernières à introduire une action de groupe, le 26 septembre 2017, pour faire reconnaître la responsabilité de l'État : l'une des questions que pose cette affaire concerne précisément la possibilité d'une telle action, puisque les victimes qui ont accepté l'indemnisation par la voie amiable se sont justement engagées à abandonner leurs poursuites contre les défendeurs : V° la demande d'ordonnance de contentieux en groupe (GLO) formée par les victimes, en particulier les « problèmes GLO » (*GLO issues*) nos 1.4 et 1.5 (*The contaminated*

2. *Un cumul consécutif des actions autorisé sous certaines conditions*

205. Une position classique en droit anglais. – À l'exception des accords transactionnels généralisés, le cumul consécutif des actions est généralement possible en droit anglais, mais seulement dans le cas où le recours à la voie judiciaire *succède* au recours à la voie amiable[501]. La position du droit anglais est donc diamétralement opposée à celle du droit français et est en réalité intimement liée à la question du cumul des indemnités, qui sera analysée ultérieurement[502].

Par exemple, pour les victimes de la maladie variante de Creutzfeldt-Jakob, le *trust deed* établissant le *trust fund* énonce que le Secrétaire d'État souhaite fournir une indemnisation « d'une manière qui n'empêche pas ces personnes et leurs familles d'introduire une action judiciaire contre la Couronne et/ou des organismes liés si on le leur conseille »[503].

De la même façon, les mécanismes d'indemnisation créés par le législateur en 1979, 2008 et 2014 autorisent le cumul consécutif des actions. Ceci peut paraître étonnant à première vue, puisque précisément, les victimes concernées ne peuvent bénéficier de ces mécanismes que lorsque l'employeur n'existe plus ou que son assureur ne peut pas être retrouvé. En effet, on se souviendra que la raison d'être de ces mécanismes est précisément de combler l'impossibilité pratique de recourir à la voie judiciaire. En réalité, il est possible, et il ne s'agit nullement d'une hypothèse d'école, que l'employeur ou l'assureur soit retrouvé *après* que la victime a bénéficié d'une indemnisation par la voie amiable. Dans ce cas, la question pouvait se poser de savoir si les bénéficiaires étaient susceptibles de recourir subséquemment à la voie juridictionnelle. Cette possibilité est consacrée implicitement pour les mécanismes de 1979, 2008 et 2014 dans le *Social Security (Recovery of Benefits) Act 1997*, qui traite du problème lié au cumul d'indemnités entre les indemnisations amiables et l'obtention de dommages-intérêts par la voie judiciaire. La possibilité d'un cumul consécutif d'action est même consacrée explicitement pour le mécanisme de 2014, puisqu'il est prévu que l'administrateur de ce fonds puisse apporter

---

Blood Products Group Litigation, N°HQ17C03611) : consulté [en ligne] le 11/04/2020 sur : < http://collinslaw.co.uk/pdfs/sealed-glo.pdf >

[501] On notera une exception, sous le mécanisme légal créé en 1979 pour les victimes de certaines maladies professionnelles (pneumoconiose, byssinose, mésothéliome…), qui prévoit la possibilité d'un cumul consécutif d'actions lorsque le recours à la voie juridictionnelle *précède* le recours à la voie amiable, mais seulement dans le cas où l'action judiciaire a été rejetée pour une raison autre que sur les mérites, comme par exemple pour une question de prescription de l'action. V° s. 2(4), *Pneumoconiosis Ect (Workers' Compensation) Act 1979*.

[502] Sur cette question : V° *Infra*, n°208 et s.

[503] *Trust deed*, vCJD trust fund, p. 2 (sous B): « [The Secretary of State wishes to provide such funds] in a manner which does not prohibit such persons or their families from taking legal proceedings against the Crown and/or related bodies if so advised. » Consulté le 11/04/2020 sur: < http://www.vcjdtrust.co.uk/the-trust-deed/ > V° aussi : S. MACLEOD, « Creutzfeldt-Jakob Disease » *in* C. HODGES, S. MACLEOD, *op. cit.* (note 443), p. 578.

son concours aux personnes ayant bénéficié d'une indemnisation amiable pour introduire subséquemment une action en responsabilité civile[504].

206. L'existence d'un cas particulier pour les victimes de l'amiante en droit français. – Il existe un cas particulier, en droit français, dans lequel une action juridictionnelle est possible alors même que la victime a déjà bénéficié d'une indemnisation par la voie amiable. Les victimes de l'amiante qui ont déjà obtenu une indemnisation par le fonds d'indemnisation des victimes de l'amiante (FIVA) peuvent en effet introduire une action judiciaire subséquente, mais seulement aux fins de faire *reconnaître* la faute inexcusable de l'employeur. L'employé, victime, déjà indemnisé par le FIVA ne peut donc pas exercer l'action juridictionnelle pour obtenir un complément d'indemnisation[505]. Pour obtenir un complément d'indemnisation, le salarié a deux choix : soit il agit, seul, par la voie juridictionnelle en reconnaissance seulement de la faute inexcusable de l'employeur, et si cette faute est reconnue, alors le salarié peut s'adresser au FIVA qui devra lui verser le complément d'indemnisation[506], soit le salarié intervient à l'instance aux côtés du FIVA en *reconnaissance* de la faute inexcusable de l'employeur, et dans ce cas, le FIVA demandera au juge de condamner l'employeur à verser directement à la victime le complément indemnitaire.

207. La question de l'autorisation d'un cumul consécutif des actions amiable et judiciaire est en réalité intimement liée à la question de l'autorisation d'un cumul des indemnités, qu'il nous faut maintenant envisager.

B. Le cumul de l'indemnisation

208. L'absence de cumul consécutif des actions empêche *de facto* la possibilité d'obtenir un cumul d'indemnités. Au contraire, lorsque le cumul consécutif des actions est autorisé, la question de l'autorisation du cumul des indemnités obtenues par les voies amiable et judiciaire se pose. Au vu des approches – opposées – retenues par les systèmes juridiques français et anglais sur la question du cumul consécutif des actions, il n'est pas surprenant de constater que, de la même façon, les deux systèmes juridiques ont adopté une approche différente en ce qui concerne la question du cumul des indemnités (1). Or, la position adoptée à cet égard est particulièrement importante car elle détermine en grande partie, dans le contexte des risques sanitaires sériels, si les

---

[504] S.10, *Mesothelioma Act 2014* ; et surtout, V° reg. 26, *The Diffuse Mesothelioma Payment Scheme Regulations 2014*.

[505] Cass., avis, 13 novembre 2006, n°06-00.011, *Bull. AVIS*, 2006, N°9, p. 13, *D.* 2007, N°01, 04/01/2007, p. 21. En l'occurrence, il s'agit de l'obtention de la majoration de la rente maladie professionnelle et son indexation en cas d'évolution du taux d'incapacité, lesquels ne peuvent être obtenus devant le FIVA : V° Cass., civ. 2, 7 février 2013, n°11-28.974, *JCP S.* n°16, 16 avril 2013, 1174, comm. M. Ledoux, R. Bouvet.

[506] Étant entendu dans ce cas que le FIVA peut demander le remboursement du complément à l'employeur lorsqu'il fait usage de son recours subrogatoire.

fonds d'indemnisation concurrencent la responsabilité civile, dans sa fonction indemnitaire (2).

1. Une approche divergente des systèmes juridiques français et anglais

209. Le cumul des indemnités : une réponse différente des deux systèmes juridiques. – En droit français, depuis que le législateur a clairement pris position contre la possibilité d'un cumul consécutif des actions amiable et juridictionnelle[507], la question du cumul des indemnités ne se pose plus. En réalité, il serait d'ailleurs plus juste de dire que l'interdiction par le législateur d'un cumul consécutif des actions traduit la volonté de celui-ci d'empêcher un possible cumul d'indemnités par la victime. Cette position du législateur répond en effet à l'existence d'un conflit qui a principalement opposé le Conseil d'État, autorisant la victime, indemnisée par le fonds, à obtenir un complément d'indemnisation par la voie juridictionnelle, et la Cour de cassation, qui refusait cette possibilité[508]. Le législateur a donc pris position sur ce conflit, en refusant catégoriquement pour une victime indemnisée par le fonds d'indemnisation de recourir à la voie juridictionnelle pour obtenir un complément d'indemnités portant sur les mêmes préjudices.

210. Au contraire, dans le système juridique anglais, excepté le cas dans lequel la victime a bénéficié d'une indemnisation à la suite d'une transaction généralisée[509], la victime peut *toujours* introduire une action en responsabilité – lorsque cela est matériellement possible – après avoir obtenu une indemnisation par le fonds concerné. Le système est tout à fait intéressant, car dans le cadre des mécanismes de 1979, 2008 et 2014, le juge est – et demeure – extérieur au problème posé par le cumul d'indemnités. Dans le cas où la responsabilité du défendeur est retenue, le juge va évaluer les dommages-intérêts sans se préoccuper du fait que la victime ait déjà obtenu une indemnisation par la voie d'un mécanisme spécial. À partir de là, et dans tous les cas, le responsable (ou l'assureur) doit faire une demande de certificat auprès de l'unité de récupération d'indemnisation (*compensation recovery unit,* ci-après CRU)[510] avant de procéder à tout versement à la victime. Le CRU est en effet chargé de récupérer les prestations sociales ou tout autre paiement énuméré dans la loi et versé à la victime ; le CRU délivre donc le certificat au défendeur condamné, en précisant le montant des prestations sociales et autres paiements devant être récupérés. Or, précisément, les montants versés à la victime par le recours aux mécanismes de 1979, 2008 et 2014 constituent des sommes « récupérables » – depuis 2008.

---

[507] *Supra*, n°203.

[508] *Supra*, les références en notes 494 à 496.

[509] *Supra*, n°204.

[510] Cette unité est directement rattachée au Département du travail et des retraites (*Department of Work and Pensions* ou DWP).

Ainsi, deux situations émergent : soit le montant des dommages-intérêts dus par le défendeur est inférieur ou égal au montant des sommes devant être récupérées par le Secrétaire d'État (via le CRU), et dans ce cas, le défendeur doit verser l'intégralité des dommages-intérêts au Secrétaire d'État ; soit le montant des dommages-intérêts dus par le défendeur est supérieur au montant des sommes devant être récupérées par le Secrétaire d'État, et dans ce cas, le défendeur verse à ce dernier les sommes qui lui sont dues et le surplus à la victime. Ainsi, comme l'avait admis le Conseil d'État en son temps, bien que par un procédé différent, la victime qui a bénéficié d'un paiement sous les mécanismes de 1979, 2008 ou 2014 est susceptible d'obtenir un complément d'indemnités par rapport à l'indemnisation du fonds. Pour les victimes de la maladie variante de Creutzfeldt-Jakob, bénéficiant du *trust fund*, le *trust deed* prévoit également que les sommes versées par le fonds doivent être prises en compte dans l'évaluation des dommages-intérêts[511], de sorte à éviter une « surindemnisation » de la victime[512]. Ceci sous-entend ainsi que la possibilité d'obtenir un complément d'indemnisation est ouverte.

211. Les justifications des positions retenues par les deux systèmes juridiques. – Sur un plan juridique, la position du législateur français peut se justifier : en effet, d'abord, la réparation par le fonds est dite « intégrale »[513], ce dernier devant faire une offre à la victime après avoir procédé à une évaluation de chaque chef de préjudice. Dans ce contexte, il est difficilement concevable d'admettre la possibilité pour la victime d'obtenir un complément d'indemnisation pour les mêmes préjudices, même s'il faut bien reconnaître que le principe de réparation « intégrale » est nécessairement relatif en ce qui concerne les préjudices extra-patrimoniaux, l'évaluation de ces derniers étant assez variable. Nous ne disconviendrons pas du fait que ce principe tient parfois de la fiction juridique[514], mais il présente tout de même une importante utilité[515] ; or, nous pensons que l'admission d'un complément d'indemnisation dans le contexte étudié aurait abouti à une érosion du principe et à un affaiblissement

---

[511] Dans cette situation, l'unité de récupération de l'indemnisation (CRU) n'intervient pas. En effet, le paiement effectué dans le cadre du vCJD trust est exempt de la procédure de récupération des sommes : reg. 2(1), *The social Security (Recovery of Benefits) Regulations 1997*, qui renvoie au §4, Schedule 1, *The Social Security (Recovery of Benefits) Act 1997*.

[512] Trust deed, vCJD trust fund, p. 8 (sous B.): « The Secretary of State wishes to provide funds in a manner which does not prohibit such persons or their families from taking legal proceedings against the Crown and/or related bodies if so advised but wishes to ensure so far as possible that in the event of such proceedings being brought *the sums paid under the Deed in its various forms of amendment and the vCJD First Interim Trust and the vCJD Second Interim Trust are taken into account in the computation of damages to be claimed in any such proceedings.* [italiques ajoutées par nous] » Consulté le 11/04/2020 sur: < http://www.vcjdtrust.co.uk/the-trust-deed/ >

[513] V° *Supra*, n°196.

[514] V. HEUZE, « Une reconsidération du principe de réparation intégrale » *in* COUR DE CASSATION, « Incertitude et réparation », Troisième restitution publique, *Cycle Risques, assurances, responsabilités*, Paris, 2005, [en ligne] consulté le 19/08/2021 sur : <https://www.courdecassation.fr/venements_23/colloques_4/2005_2033/reparation_integrale_8065.html >

[515] Le principe justifie en effet que la victime ne puisse pas être indemnisée deux fois – et pourquoi pas plus ! – pour le même préjudice.

considérable de sa portée. Cela constitue sans aucun doute l'une des raisons qui a conduit le législateur à rejeter la possibilité d'un « complément » d'indemnité.

Par contraste avec le système français, on notera que dans le système anglais, la création des fonds d'indemnisation n'a *jamais* été accompagnée d'une disposition précisant que la réparation effectuée était « intégrale », peu important que le fonds ait été créé de manière *ad hoc* ou par la voie législative. Au contraire, il ne nous aura pas échappé que la réparation est faite selon une évaluation *in abstracto*, forfaitaire[516], même si pour les victimes de l'ESB, elle présente des éléments d'individualisation[517]. Surtout, la nature des paiements effectués sous les mécanismes légaux d'indemnisation de 1979, 2008 et 2014 semble hybride, duale. En effet, à l'égard des bénéficiaires, les paiements effectués ont clairement une nature compensatoire ; en revanche, lorsque l'État récupère ces sommes auprès du défendeur, le paiement effectué au bénéficiaire semble alors se rapprocher d'une prestation sociale (*benefit*). Dans ces conditions, il est peut-être conceptuellement plus envisageable en droit anglais d'autoriser la victime à obtenir un complément d'indemnisation par la voie judiciaire, après qu'elle a bénéficié d'une réparation par le fonds.

212. Ensuite, en droit français, il ne faut pas oublier qu'après avoir indemnisé la victime, le fonds est subrogé dans les droits de cette dernière pour obtenir la récupération des sommes versées auprès du défendeur. Or, comme certains auteurs[518] l'ont relevé, il serait difficile de justifier l'existence de la subrogation si la victime disposait toujours de son droit d'action contre le défendeur. À nouveau, contrairement au droit français, il convient de noter que le système mis en place en droit anglais permet au fonds de récupérer les sommes versées sans qu'il n'ait lui-même à exercer une action en justice. Le fonds n'est donc pas subrogé dans les droits de la victime, ce qui présente des avantages et inconvénients qui seront analysés ultérieurement[519]. Enfin, nous pensons que la position adoptée en droit anglais sur la question du cumul d'indemnités reflète en réalité une vision plus globale du système anglais de la place que doit occuper la responsabilité civile au sein des différents mécanismes d'indemnisation[520]. En effet, la position adoptée par les deux systèmes juridiques sur cette question produit des conséquences sur l'existence – ou non – d'une concurrence entre l'obtention d'une indemnisation par la voie juridictionnelle en responsabilité ou par la voie amiable avec le fonds d'indemnisation.

---

[516] Sur ce point : V° *supra*, n°198.
[517] Sur ce point : V° *supra*, n°197.
[518] V° les auteurs cités par J. Knetsch, *op. cit.* (note 430), n°591.
[519] Sur ce point : V° *infra*, n°219.
[520] Sur ce point : V° *infra*, n°217 et s.

2. *Les conséquences : l'émergence d'une concurrence entre les fonds d'indemnisation et la responsabilité civile ?*

213. L'absence de concurrence des mécanismes d'indemnisation en droit anglais et dans certaines situations en droit français. – En droit anglais, les fonds d'indemnisation créés pour les victimes de l'ESB, de certaines maladies professionnelles listées (1979) et de l'amiante ayant contracté un mésothéliome (2008, 2014) n'entrent pas en concurrence avec la responsabilité civile, en tant qu'outil indemnitaire. En effet, d'abord, les mécanismes de 1979 et 2014 permettent une indemnisation par la voie amiable seulement lorsque les bénéficiaires de ces fonds sont incapables d'introduire une action en responsabilité, pour des raisons pratiques. Ainsi, dans ces circonstances, il ne peut exister aucune concurrence entre la voie indemnitaire amiable et judiciaire. Cela est également le cas, en droit français, pour les victimes du valproate de sodium lorsqu'aucun responsable n'a été identifié.

Ensuite, si le recours à la voie judiciaire devient possible après que les bénéficiaires des mécanismes de 1979 et 2014 ont obtenu une réparation par la voie amiable, par exemple parce qu'ils ont retrouvé le responsable ou l'assureur, alors ils peuvent toujours exercer une action en responsabilité civile. De la même façon, l'obtention d'une indemnisation par la voie amiable prévue par le mécanisme de 2008 et pour les victimes de l'ESB n'empêche pas les bénéficiaires de recourir à la voie judiciaire s'ils le souhaitent, pour espérer obtenir un complément indemnitaire. Les mécanismes d'indemnisation amiable précités n'ont donc pas vocation à concurrencer, en théorie, la responsabilité civile, en droit anglais.

En pratique cependant, on peut se montrer plus réservé en ce qui concerne le mécanisme à destination des victimes de l'ESB. Si le recours subséquent à la responsabilité demeure toujours possible, il convient de relever que les bénéficiaires du fonds n'ont aucun intérêt pratique à exercer cette action. En effet, le niveau d'indemnisation obtenu par ces bénéficiaires équivaut peu ou prou au montant qu'ils auraient obtenu par la voie judiciaire. Cette « générosité » du fonds d'indemnisation s'explique, selon nous, par la volonté du Gouvernement britannique de décourager l'introduction d'actions en responsabilité contre l'État. Effectivement, ce fonds d'indemnisation *ex gratia* a précisément été créé après le rapport public[521] faisant la lumière sur l'affaire de la « vache folle », et qui a identifié l'existence de défaillances des pouvoirs publics. L'ouverture de la voie amiable se présente donc comme un moyen alternatif à la voie judiciaire, qui permet l'obtention d'une indemnisation amiable équivalente à l'indemnisation judiciaire mais à des conditions facilitées. Par conséquent, ce fonds d'indemnisation concurrence, en pratique du moins, l'action en responsabilité civile.

---

[521] LORD PHILLIPS OF WORTH MATRAVERS (Chairman), J. BRIDGEMAN, M. FERGUSON-SMITH, *The Inquiry into BSE and Variant CJD in the United Kingdom*, 2000, vol. 1, §14-15. Consulté en ligne le 11/04/2020 sur :
< https://webarchive.nationalarchives.gov.uk/20060802142310/http://www.bseinquiry.gov.uk/ >

214. L'existence d'une concurrence des mécanismes d'indemnisation en droit français et dans certaines situations en droit anglais. – En droit français, au contraire, l'émergence de fonds d'indemnisation à destination des victimes de certains risques sanitaires sériels concurrence sérieusement la vocation indemnitaire de la responsabilité civile.

D'une part, le fonds d'indemnisation est amené à concurrencer la responsabilité civile lorsque la victime n'a pas de choix, et doit s'adresser au fonds d'indemnisation pour obtenir réparation de ses préjudices, comme c'est le cas pour les victimes de l'hormone de croissance. Dans cette situation, l'ONIAM est en effet substitué au responsable.

D'autre part, lorsque les victimes peuvent obtenir une réparation par les deux voies, comme c'est le cas pour les victimes du sang contaminé (VIH et VHC) et de l'amiante, l'interdiction du cumul d'indemnités leur impose de faire un choix entre l'obtention d'une réparation par la voie amiable ou par la voie juridictionnelle. L'obtention d'une indemnisation par la voie amiable présente des avantages non-négligeables pour la victime, puisque comme nous l'avons relevé, l'indemnisation se fait souvent à des conditions facilitées[522]. De plus, l'indemnisation intervient généralement dans des délais bien plus rapides que celle obtenue par la voie juridictionnelle, puisque l'offre d'indemnisation doit alors être présentée dans un délai légal. Enfin, la victime n'a pas à supporter le coût d'un procès, ni l'aléa y attenant. Au regard des avantages de cette procédure transactionnelle, il n'est pas étonnant que de nombreuses victimes préfèrent passer par la voie amiable (FIVA, ONIAM) plutôt que par la voie juridictionnelle et ce, même s'il apparaît que le montant de l'indemnisation obtenu par la voie amiable est généralement inférieur à ce que les victimes obtiendraient par la voie juridictionnelle[523]. En droit français, le développement des fonds d'indemnisation concurrence donc la responsabilité civile, en tant qu'outil indemnitaire.

De la même façon en droit anglais, dans le cadre des accords transactionnels généralisés, les bénéficiaires sont interdits, en vertu de la transaction, d'entamer ou de continuer les poursuites judiciaires, s'ils décident de passer par la voie amiable. Comme en droit français, les bénéficiaires de ces mécanismes doivent alors faire un choix entre l'obtention d'une réparation par la voie amiable – à des conditions facilitées et dans un délai plus rapide – ou par la voie judiciaire – où le niveau d'indemnisation est généralement meilleur mais le succès de l'action plus incertain.

215. Dans le cadre de risques sanitaires sériels, si l'émergence d'une indemnisation par la voie amiable concurrence l'indemnisation par la voie judiciaire en droit français, est-ce pour autant à dire que la responsabilité civile n'a plus vocation à jouer ? Nous ne le pensons pas.

---

[522] *Supra*, n°193.

[523] J. Knetsch, *op. cit.* (note 430), spéc. n°487 qui le sous-entend : en effet, la question de savoir s'il était possible d'obtenir un complément d'indemnité par la voie juridictionnelle est née précisément en raison de l'indemnisation inférieure octroyée par les fonds d'indemnisation par rapport à celle accordée par les juges du fond.

D'abord, la responsabilité civile a toujours vocation à jouer au stade de la contribution à la dette, c'est-à-dire au stade de la répartition finale de la dette de réparation. En effet, une fois que le fonds a indemnisé la victime, ce dernier est subrogé dans les droits de cette dernière à due concurrence des sommes versées. Cette subrogation légale connaît en réalité des tempéraments, puisque dans certains cas, le fonds d'indemnisation ne peut agir que dans le cas où l'auteur du dommage a commis une faute. Quoi qu'il en soit, c'est bien sur le fondement de la responsabilité que le fonds se retourne contre l'auteur du dommage, pour obtenir la récupération des sommes versées à la victime. On s'aperçoit donc en réalité que la responsabilité civile a encore toute sa place aux côtés des fonds d'indemnisation, en tant qu'outil normatif[524], du moins en théorie[525]. La responsabilité civile occupe en effet un rôle de régulation sociale des comportements ainsi que de maintien de la paix sociale, qu'il ne faut pas minimiser.

Ensuite, dans le cas particulier du benfluorex et du valproate de sodium, le recours à la voie amiable par les bénéficiaires déclenche une recherche préalable des responsabilités par un collège d'expert (benfluorex) ou par un comité d'indemnisation (valproate de sodium) placé près de l'ONIAM, qui émet un avis pouvant être contesté par la voie juridictionnelle. Le recours à cette voie amiable par la victime a donc pour effet d'amener une résolution pacifique et directe du conflit entre le responsable identifié (ou l'assureur) et la victime elle-même. Dans ces deux contextes, le fonds d'indemnisation n'est chargé d'indemniser la victime lui-même qu'en cas de refus par le responsable ou l'assureur identifié, à titre subsidiaire. Ainsi, loin de faire disparaître la responsabilité civile, les compétences octroyées à l'ONIAM pour le benfluorex et pour le valproate de sodium ont pour effet de replacer celle-ci au centre du dispositif, bien que la reconnaissance d'une telle responsabilité soit *extra-juridictionnelle*.

216. En somme, les fonds d'indemnisation anglais, créés par la voie législative ou mis en place de manière *ad hoc* par le Gouvernement britannique, n'ont généralement pas vocation à concurrencer la responsabilité civile, contrairement à ceux résultant de la conclusion d'une transaction généralisée. En revanche, les fonds d'indemnisation français ont, eux, généralement vocation à concurrencer la responsabilité civile, dans sa fonction indemnitaire du moins. Ces premiers éléments doivent maintenant nous conduire à envisager non seulement la place, mais aussi le rôle occupé par la responsabilité civile dans la prise en charge des risques sanitaires sériels, au sein des deux droits. Ceci permettra déjà de mettre en lumière les différences conceptuelles majeures qui séparent les deux systèmes juridiques.

---

524 Sur cette idée : M. MEKKI, « Les fonctions de la responsabilité civile à l'épreuve des fonds d'indemnisation des dommages corporels », *LPA*, 12/01/2005, n°8, p. 3.

525 *Infra*, n°218.

II. *PLACE ET RÔLE DE LA RESPONSABILITÉ CIVILE PAR RAPPORT AUX MÉCANISMES SPÉCIAUX D'INDEMNISATION*

217. Le recul de la responsabilité civile en tant qu'outil indemnitaire en droit français. – Si, à l'origine, le droit de la responsabilité se confondait avec le droit de la réparation, tel n'est clairement plus le cas aujourd'hui. En effet, la collectivisation des atteintes à la santé a conduit à faire évoluer le droit de la réparation, entraînant l'émergence de nouvelles techniques qui ont corrélativement conduit à réduire le rôle de la responsabilité civile en tant qu'outil indemnitaire des dommages corporels. La mise en concurrence, en droit français, de la responsabilité civile avec les fonds d'indemnisation dans le cadre de certains risques sanitaires sériels est une illustration de cette évolution.

D'une manière plus générale, l'évolution française des techniques d'indemnisation traduit une évolution du fondement idéologique de la réparation. En effet, l'exclusivité accordée jadis à la responsabilité pour faute comme outil d'indemnisation révèle que la réparation était alors justifiée par le comportement du défendeur : seul un comportement blâmable ayant causé un dommage pouvait entraîner une obligation corrélative de réparation. La responsabilité civile se présentait à la fois comme un outil indemnitaire et normatif, ce qui va de pair avec l'idée de justice corrective.

Le développement de responsabilités sans faute, permis par le développement du système d'assurance, ainsi que le développement de fonds d'indemnisation au service de victimes de certains risques sanitaires sériels traduit un changement de paradigme. L'indemnisation se justifie moins par le comportement du défendeur que par une forme de compassion pour la « victime » elle-même, particulièrement lorsqu'elle a été atteinte dans son intégrité corporelle. En d'autres termes, la victime est maintenant placée au centre[526] et l'indemnisation des victimes de dommages corporels se présente de plus en plus comme un objectif en soi du droit français. Cet objectif explique alors la place grandissante en droit français accordée aux techniques de justice distributive.

218. Pour autant, l'émergence de fonds d'indemnisation en cas de risques sanitaires sériels semble avoir paradoxalement conduit à accentuer la fonction normative de la responsabilité civile, replaçant ainsi le curseur sur le comportement de l'auteur du dommage, puisqu'après avoir indemnisé les bénéficiaires, le fonds d'indemnisation peut exercer un recours subrogatoire contre le responsable, souvent limité au cas où l'auteur du dommage a commis une faute. Cette idée doit cependant, selon nous, être tempérée pour deux raisons : d'abord, les fonds d'indemnisation ne semblent pas toujours exercer

[526] Les droits de la victime s'accroissent ainsi constamment et régulièrement : une position « victimologique », a dit le Professeur J. CARBONNIER, *op. cit.* (note 303), p. 363, spéc. n°399. V° aussi, *Ibid.*, p. 362, spéc. n°199 : « Notre système juridique donne l'impression que, pour lui, la victime est la personne la plus importante du monde ».

leur recours subrogatoire faute de moyens financiers ; ensuite, même dans le cas où le fonds exerce un recours subrogatoire, une part irréductible du dommage reste toujours à la charge de la victime, ce qui s'inscrit à l'encontre de l'objectif poursuivi par la responsabilité civile, en tant qu'outil normatif.

En effet, plusieurs auteurs ont su relever que malgré l'existence du principe de réparation intégrale applicable aux offres transactionnelles proposées par les fonds, les indemnisations obtenues par la voie juridictionnelle sont souvent plus importantes en pratique[527], différence qui manifeste les difficultés d'évaluation de certains préjudices. Or, lorsque la victime a obtenu une indemnisation par le fonds, ce dernier ne peut exercer son recours contre le responsable qu'à *due concurrence des sommes versées à la victime*, ce qui somme toute apparaît cohérent pour éviter l'enrichissement du fonds d'indemnisation. Néanmoins, si la victime avait agi par la voie juridictionnelle, elle aurait sans doute obtenu plus, comme la pratique semble le montrer. Ainsi, il en résulte que l'auteur du dommage, reconnu responsable, est susceptible d'y « gagner » et que corrélativement la victime est susceptible d'y « perdre ». C'est donc pour contrecarrer cette difficulté que le Conseil d'État avait admis la possibilité pour la victime de conserver une action subséquente en responsabilité, ce qui lui aurait permis d'obtenir un complément indemnitaire. Néanmoins, comme nous l'avons vu, cette vision n'a pas prévalu. La position actuelle marque donc l'insuffisance du fonds d'indemnisation en tant qu'outil indemnitaire et la défaillance de la responsabilité civile en tant qu'outil normatif. *In fine* et en pratique, le responsable ne « corrige » pas intégralement le déséquilibre créé par son fait.

219. La responsabilité pour faute, au cœur du système indemnitaire en droit anglais. – Au contraire, en droit anglais, l'évolution des techniques d'indemnisation ne remet pas en cause la place de la responsabilité civile, et en particulier la responsabilité pour faute (*negligence*), dans le système indemnitaire. Celle-ci demeure au centre du dispositif, la création de fonds d'indemnisation n'ayant pas vocation à faire reculer la responsabilité pour faute.

En effet, d'une part, certains fonds d'indemnisation ont été créés pour combler l'impossibilité d'invoquer la responsabilité civile ; ainsi, dans ces situations, lorsque l'action en responsabilité est possible, la victime n'est pas éligible à l'obtention d'une indemnisation amiable.

D'autre part, et dans tous les cas, la victime conserve toujours son droit d'action en responsabilité. Cependant, si elle a déjà bénéficié d'une indemnisation par la voie amiable, quelle motivation pourrait-elle avoir pour exercer un recours en responsabilité ? La réponse est assez simple. La victime peut espérer recevoir un complément d'indemnisation, d'autant plus envisageable que majoritairement[528], les fonds d'indemnisation n'indemnisent pas la victime à un niveau équivalent à la voie judiciaire.

Dans le système anglais, malgré l'émergence de fonds d'indemnisation, la responsabilité civile – pour faute – conserve ainsi ses fonctions indemnitaire et

---

[527] M. BACACHE, « Indemnisation des contaminations par les virus VIH et de l'hépatite C », *RTD civ.* 2010, N°2, 15/06/2010, p. 386.

[528] *Supra*, n°213.

normative. En effet, l'alliance entre les fonds d'indemnisation et la responsabilité civile permet d'abord à la victime de ne jamais « perdre » : soit l'indemnisation amiable était supérieure à l'indemnisation judiciaire, et c'est alors le fonds qui y perd ; soit l'indemnisation amiable était inférieure à l'indemnisation judiciaire, et le fonds récupère alors les sommes versées et la victime obtient le surplus. L'indemnisation de la victime est donc optimale. De la même façon, le défendeur condamné paie alors *toujours* l'intégralité des dommages-intérêts, pas seulement le montant versé par le fonds d'indemnisation à la victime, comme en droit français. La fonction normative de la responsabilité civile est alors véritablement préservée, car le défendeur n'y « gagne » jamais, sauf si la victime elle-même décide de ne pas exercer son action en responsabilité.

Ainsi, l'existence de mécanismes *ex gratia* ne remet pas du tout en cause la place de la responsabilité civile (pour faute) dans le système indemnitaire anglais. Au contraire, nous pensons même qu'ils la consolident.

220. Conclusion de section I. – Les risques sanitaires sériels ont été propices au développement de nouveaux mécanismes d'indemnisation, notamment dans le but de permettre une gestion plus efficiente de l'indemnisation des séries de victimes. Tant en France qu'en Angleterre, l'analyse a montré une émergence progressive de plusieurs fonds d'indemnisation, même si leur nombre demeure limité en Angleterre, alors qu'il n'a cessé de croître en France. Dans tous les cas, le constat est celui d'une diversification des mécanismes de réparation des dommages résultant de la réalisation de risques sanitaires sériels.

Forts de cette première observation, nous avons ensuite déterminé si ces nouveaux mécanismes avaient vocation à remettre en cause la place traditionnelle, importante, de l'action en responsabilité civile dans la gestion des risques sanitaires sériels. La comparaison des droits français et anglais révèle des divergences d'approche particulièrement importantes entre ces deux systèmes juridiques : écartant les spécificités de chacun des fonds, des tendances communes émergent dans chacun des systèmes juridiques. En effet, mis à part quelques exceptions[529], la plupart des fonds d'indemnisation français ont vocation à concurrencer l'action en responsabilité civile[530] dans le contexte des

[529] Par exemple, dans le cas du benfluorex, l'ONIAM ne va indemniser la victime que dans l'hypothèse où le responsable et l'assureur identifiés par le collège d'expert ou le comité d'indemnisation, refusent de faire une offre à la victime, ou font une offre manifestement insuffisante : dans ce cas, l'ONIAM agit comme un « garant » car il ne se substitue aux responsables (et leurs assureurs) qu'à titre subsidiaire. Dans le cas du valproate de sodium, l'ONIAM indemnise les victimes dans deux situations : soit lorsque l'État est responsable, et dans ce cas, l'ONIAM agit en se substituant directement à l'État, soit lorsque le comité d'indemnisation n'a identifié aucun responsable, si bien que la réparation se fait au « nom de la solidarité nationale ».

[530] Par ex., J. KNETSCH, *op. cit.* (note 430), n°564 qui indique que si « le législateur manifeste généralement, par la mise en place d'un régime spécial d'indemnisation, une faveur au règlement extra-judiciaire des dommages et cherche à évincer dans les faits les actions en responsabilité des victimes, rares sont les cas où il décide de supprimer la voie d'indemnisation de droit commun ». En effet, pour cet auteur, « les régimes spéciaux d'indemnisation analysés ne sont pas conçus pour se substituer au droit de la responsabilité, mais pour s'y ajouter. »

risques sanitaires sériels. Au contraire, sous quelques exceptions, les fonds d'indemnisation anglais ne sont pas conçus de manière à concurrencer l'action en responsabilité civile. Ces différences sont révélatrices du fait que, face aux risques sanitaires sériels, le mécanisme traditionnel de responsabilité civile a, en droit anglais, vocation à demeurer au centre du dispositif d'indemnisation, quand au contraire, en droit français, il s'est transformé progressivement en un mécanisme de réparation parmi d'autres. Cela étant, le mécanisme de responsabilité civile a, dans tous les cas, vocation à conserver *une* place dans la prise en charge des risques sanitaires sériels.

Précisément, pour conserver cette place, le droit de la responsabilité civile a lui-même été appelé à évoluer. En particulier, en droit français bien plus qu'en droit anglais, le législateur a succombé à la tentation de traiter les difficultés au cas par cas, ce qui aboutit à une multiplication des régimes spéciaux de responsabilité.

SECTION II : L'ÉCLATEMENT DU MÉCANISME DE RESPONSABILITÉ CIVILE DANS LE CONTEXTE DES RISQUES SANITAIRES SÉRIELS

221. La collectivisation des atteintes à la santé a constitué un moteur important de l'évolution du droit de la responsabilité. En particulier, les conséquences des risques sanitaires sériels ont entraîné l'émergence de régimes légaux de responsabilité civile, dans certains secteurs d'activité propices à la survenance de ces risques (paragraphe 1).

En droit français, l'émergence de ces nouveaux régimes est l'expression d'une spécialisation de la responsabilité civile. En droit anglais, la création de régimes de responsabilité par le législateur est singulière en elle-même, mais il est difficile de parler d'une spécialisation de la responsabilité civile, car dans ce système juridique, la responsabilité est précisément conçue comme un droit des délits spéciaux (*torts*). La multiplication de ces régimes traduit, dans tous les cas, la volonté des systèmes juridiques de procéder à des ajustements sectoriels, en tenant compte de l'origine des risques sanitaires sériels (paragraphe 2).

§1 – Les conséquences des risques sanitaires sériels: justification de l'émergence de régimes spéciaux de responsabilité

222. Les contentieux en responsabilité civile cristallisent les tensions qui existent entre les intérêts des demandeurs et ceux des défendeurs. Cependant, dans le contexte des risques sanitaires sériels, les tensions entre ces intérêts particuliers cachent le plus souvent des tensions entre des intérêts catégoriels. Dès lors, les conséquences des risques sanitaires sériels peuvent amener à revoir l'équilibre qui a été originellement défini par les règles traditionnelles de responsabilité civile (I), même s'il apparaît difficile de trouver un équilibre satisfaisant (II).

I. *À LA RECHERCHE D'UN ÉQUILIBRE DANS LA PROTECTION DES INTÉRÊTS CATÉGORIELS EN CAS DE RISQUES SANITAIRES SÉRIELS*

223. La responsabilité civile, terrain d'affrontement d'intérêts contraires. – La responsabilité civile est en réalité une technique – parmi d'autres aujourd'hui – d'allocation des pertes ; les conditions de sa mise en jeu permettent alors de déterminer si la charge du dommage doit reposer sur la « victime » elle-même (*personal responsibility*) ou si au contraire elle doit être transférée au défendeur (*legal liability*), toute la question étant alors de savoir où placer « la limite » entre ces deux options. Pour le savoir, il faut déterminer ce que la responsabilité civile cherche à protéger, ce qui revient à s'interroger sur les valeurs protégées par celle-ci.

La société moderne est de plus en plus allergique aux risques et exige toujours plus de sécurité[531], ce qui contribue à expliquer pourquoi la protection de la personne, et notamment de son intégrité corporelle, est placée au cœur du dispositif juridique[532]. Dans ce contexte, la protection des victimes de dommages corporels est particulièrement importante, ce qui peut se traduire en responsabilité civile par une indemnisation favorisée de ce type de dommages, comme le confirme en droit français le récent projet de réforme de la responsabilité civile (2017)[533] qui s'inscrit dans ce mouvement. D'un autre côté, il est important de ne pas décourager l'activité des entreprises, par l'imposition d'une responsabilité juridique trop lourde à la charge des opérateurs économiques qui participent au bon fonctionnement de la société (créations d'emplois, etc.). Il apparaît donc nécessaire de protéger la liberté de ces opérateurs.

Dans le cadre d'une action en responsabilité, ces deux intérêts s'opposent. Cela crée une tension, qui peut se résumer simplement : favoriser

---

[531] U. BECK, *op. cit.* (note 14), p. 37.

[532] Ainsi, l'article 16 du Code civil dispose que « La loi assure la primauté de la personne ». L'article 16-1 alinéa 2 du Code civil indique quant à lui que « Le corps humain est inviolable ». Ces dispositions d'ordre public manifestent bien l'importance accordée à la protection de la personne dans toutes ses composantes.

[533] *Projet de réforme de la responsabilité civile*, Mars 2017, présenté par J.-J. URVOAS, consultable [en ligne] : <http://www.justice.gouv.fr/publication/Projet_de_reforme_de_la_responsabilite_civile_13032017.pdf >

l'indemnisation des victimes aboutit à renforcer la responsabilité des opérateurs économiques et vice-versa. Dans ce contexte, trouver un équilibre entre ces deux intérêts apparaît nécessaire mais semble particulièrement difficile.

224. Le risque sanitaire sériel, ou la cristallisation d'une tension entre les valeurs protégées par la responsabilité civile. – L'existence d'une tension entre ces deux intérêts contraires apparaît avec encore plus d'acuité dans le contexte des risques sanitaires sériels, susceptibles d'entraîner la survenance de dommages corporels en série. Les conséquences particulières de ce type de risque expliquent alors pourquoi le droit cherche à renforcer la protection des victimes. Mais, bien souvent, la réalisation d'un risque sanitaire résulte de la poursuite d'une activité qui est bénéfique, voire nécessaire, à la société. En effet, parmi les créateurs de risques sanitaires, on trouve les opérateurs du secteur pharmaceutique et médical, agroalimentaire et nucléaire. Or, les entreprises pharmaceutiques participent à la recherche et à l'innovation, mettant au point de nouveaux traitements, médicaments, dispositifs médicaux qui améliorent la qualité et l'espérance de vie des individus. La production alimentaire est également indispensable pour la vie, pour ne pas dire la survie de l'homme. Enfin, le recours au nucléaire demeure en France et en Angleterre une source incontournable de production d'électricité.

En d'autres termes, il est impossible de se priver des biens et services créés par ces activités, bien qu'elles soient capables d'entraîner des dommages sériels. C'est pourquoi, dans le contexte des risques sanitaires sériels, il apparaît plus que jamais nécessaire de trouver un équilibre entre ces deux intérêts catégoriels.

II. *À LA RECHERCHE D'UN ÉQUILIBRE SATISFAISANT DANS LA PROTECTION DES INTÉRÊTS CATÉGORIELS EN CAS DE RISQUES SANITAIRES SÉRIELS*

225. Les techniques choisies par les systèmes juridiques français et anglais. – La question qui demeure est celle de savoir comment atteindre l'équilibre recherché entre ces deux intérêts catégoriels. Le droit français semble avoir privilégié la création de régimes spéciaux de responsabilité civile, ce qui s'inscrit à l'encontre de sa vocation universaliste, de l'idée d'un droit fondé sur des clauses générales[534]. Dans un système juridique de tradition civiliste, la recherche d'un équilibre entre des intérêts contraires ne peut être opérée que par le législateur, seul compétent pour mettre en balance les intérêts catégoriels considérés. La réponse du législateur français consiste souvent à créer des régimes spéciaux de responsabilité civile, si bien qu'aujourd'hui, il

---

[534] C. QUEZEL-AMBRUNAZ, « Clauses générales ou délits spéciaux ? », *in* Ph. BRUN (dir.), *Les perspectives de modernisation du droit des obligations : comparaisons franco-argentines, Journées nationales de l'association Henri Capitant 2014*, Dalloz, coll. « Thèmes & Commentaires », 2015, p. 162.

est possible d'observer une explosion de leur nombre[535]. Les situations de risques sanitaires sériels n'ont pas échappé à ce phénomène.

Au contraire, la responsabilité civile anglaise est fondée sur l'existence de délits spéciaux (*torts*). De fait, la spécialisation de la responsabilité civile constitue un mouvement naturel de la responsabilité en droit anglais, bien que certains délits, comme le délit de négligence (*tort de negligence*), aient fini par acquérir un caractère générique à force d'élargissement[536]. Mais même ce délit conserve ses spécificités : le standard de négligence est différent selon qu'est en cause la responsabilité d'un médecin, d'un employeur ou d'un fabricant. La conservation de ces spécificités est inéluctable au regard de la manière dont se construit le droit anglais. En effet, les principes de *common law* sont dégagés au fur et à mesure des décisions judiciaires, et sont applicables aux cas similaires, ce qui finit ainsi par créer un corps de règles spécifiques selon les secteurs d'activité ou catégories de défendeurs.

De plus, sous l'influence européenne et internationale, le législateur anglais a consacré des régimes de responsabilité qui s'éloignent fortement de la philosophie traditionnelle de la responsabilité fondée sur la faute. Il ne s'agit donc pas de montrer, en droit anglais, qu'il existe un mouvement de spécialisation du droit de la responsabilité civile, ce qui n'aurait pas de sens, mais plutôt de s'intéresser aux ajustements auxquels le droit anglais a procédé pour adapter la responsabilité civile aux situations de risques sanitaires sériels.

226. L'utilité de la spécialisation. – La création de régimes spéciaux de responsabilité civile en droits français et anglais s'explique par diverses motivations, dont deux sont assez récurrentes, bien qu'elles paraissent contradictoires[537] : souvent, le législateur est animé par la volonté de mieux protéger les victimes de certains dommages ; parfois, il souhaite préserver certains intérêts catégoriels (secteurs d'activité, professionnels, etc.). Selon l'objectif poursuivi, la création de régimes spéciaux de responsabilité a pour effet d'aggraver la responsabilité du défendeur ou de faciliter[538] sa mise en œuvre, ou au contraire de l'atténuer ou rendre sa mise en œuvre plus difficile[539].

---

[535] Sur cette question : V° par ex., F. LEDUC, « Le droit de la responsabilité civile hors le code civil », *LPA*, n°133, 2005, p. 3.

[536] C. QUEZEL-AMBRUNAZ, « Clauses générales ou délits spéciaux ? », *in* Ph. BRUN (dir.), *op. cit.* (note 534), p. 158.

[537] L. CLERC-RENAUD, *Du droit commun et des régimes spéciaux en droit extracontractuel de la réparation* [microforme], th. droit : Université de Savoie Mont Blanc, Chambéry, 2006, p. 144, n°92 ; F. LEDUC, art. préc. (note 535), n°133, p. 3.

[538] De nombreux exemples peuvent être cités : la loi du 5 juillet 1985 sur la responsabilité des conducteurs ou gardiens de véhicules terrestres à moteur impliqués dans un accident de la circulation (qui a pour effet d'aggraver la responsabilité du conducteur, en réduisant les causes d'exonération possibles, mais aussi de faciliter l'engagement de sa responsabilité en substituant la notion d'implication à celle de causalité) ; la loi du 8 juillet 1941 instituant un régime spécial du fait des téléphériques, et la responsabilité spéciale instituée à l'article L. 141-2 du Code de l'aviation civile, qui refusent toutes deux l'exonération par la preuve de la force majeure (ces deux régimes aggravent la responsabilité des défendeurs, par rapport à la responsabilité du fait des choses fondée sur l'article 1384 al. 1 du Code civil).

[539] Par exemple, c'est le cas du régime spécial de responsabilité en matière d'infraction de presse, tiré de la loi du 29 juillet 1981, ou encore de la responsabilité du fermier en cas d'incendie des

Parfois, il s'agit d'un compromis entre deux intérêts divergents[540]. En d'autres termes, les régimes spéciaux de responsabilité constituent une sorte de *variable d'ajustement du droit commun de la responsabilité civile*. Lorsque l'objectif est d'assurer la protection des victimes, les régimes spéciaux prévoient des dispositions dérogatoires au droit commun, en privilégiant par exemple la réparation des dommages corporels ; plusieurs techniques sont alors possibles pour parvenir à ce résultat[541]. Au contraire, lorsque l'objectif est de préserver un secteur d'activité professionnelle, les régimes spéciaux de responsabilité civile vont venir limiter la responsabilité de l'auteur du dommage, ce qui s'avère assez rare en pratique[542]. Le plus souvent, les régimes spéciaux de responsabilité cherchent à trouver un compromis entre les intérêts en présence.

En droit anglais, cette volonté d'ajuster les règles de responsabilité selon le secteur considéré se retrouve aussi. Elle est alors le résultat de l'intervention du législateur anglais, ce qui est assez singulier pour être souligné. Parfois, le législateur anglais va mettre en place un régime spécial de responsabilité comme cela fut le cas pour la responsabilité du fait des produits défectueux ou en matière nucléaire, même s'il convient d'admettre que ces régimes sont nés sous des influences extranationales. D'autres fois, le législateur anglais va consacrer des obligations légales à la charge de certaines catégories de défendeurs, ce qui peut avoir pour effet d'élargir leur responsabilité.

227. Conclusion du §1. – Face aux risques sanitaires sériels, les droits français et français essaient de trouver un meilleur équilibre dans la protection des intérêts contradictoires. D'un côté, l'importance du nombre potentiel de victimes nécessite d'améliorer la protection de l'intégrité corporelle ; d'un autre côté, l'utilité des activités à la source de risques sanitaires sériels conduit à préserver la liberté des opérateurs privés. Cette recherche d'un juste équilibre entre ces deux intérêts catégoriels explique que la responsabilité civile connaisse, en droit français, un mouvement de spécialisation, pourtant contraire à sa philosophie traditionnelle. Quant au droit anglais, reposant avant tout sur

---

bâtiments loués.

[540] V° par exemple sur la responsabilité du fait des produits défectueux, qui a consacré une exonération pour risque de développement, atténuant ainsi la responsabilité des défendeurs, mais la loi rejette l'application de cette cause d'exonération lorsque le dommage a été causé par un élément du corps humain ou un produit issu de celui-ci, ce qui manifeste une faveur pour certaines catégories de victimes (cette faveur s'explique par le traumatisme causé par l'affaire du sang contaminé). V° aussi le régime spécifique de responsabilité civile de l'exploitant nucléaire, qui prévoit un compromis entre la nécessité de protéger les victimes potentielles et la nécessité de limiter la responsabilité pour ne pas menacer le développement de l'industrie nucléaire.

[541] Par exemple, les régimes spéciaux peuvent prévoir des conditions plus strictes d'exonération en cas de dommage corporel (loi Badinter sur les accidents de la circulation, Convention de Montréal du 28 mai 1999 sur le transport aérien). Une autre possibilité est de prévoir une réparation intégrale pour le dommage corporel, et une réparation limitée pour le dommage matériel (Convention de Montréal du 28 mai 1999 sur le transport aérien). Ou encore, certains régimes prévoient une priorité d'indemnisation accordée aux victimes de dommages corporels, les dommages matériels étant alors réparés si le plafond d'indemnisation n'a pas été atteint (et dans la limite des sommes restantes : V° art. L 597-14-II du Code de l'environnement, sur la responsabilité civile de l'exploitant nucléaire).

[542] À ce sujet : F. LEDUC, art. préc. (note 535), n°133, p. 3.

l'existence de délits spéciaux, c'est alors l'intervention du législateur, tant dans la création de régimes de responsabilité, que pour adapter certains régimes existants, qui doit être examinée.

§2 – L'origine des risques sanitaires sériels: justification de la diversité des régimes spéciaux de responsabilité

228. Les conséquences du risque sanitaire sériel justifient l'émergence de régimes spéciaux de responsabilité civile, dérogatoires au droit commun. Cependant, ces conséquences ne permettent pas d'expliquer la pluralité de régimes spéciaux de responsabilité mis en place. En réalité, cette multiplication de régimes spéciaux de responsabilité civile s'explique par la volonté de procéder à des ajustements « par secteur », ce qui justifie de prendre en compte l'origine des risques sanitaires sériels (I). À travers quelques exemples topiques dans les deux droits, ce sont les techniques utilisées par les systèmes juridiques, pour adapter la responsabilité civile à la réalité des risques sanitaires sériels, qui seront examinées (II).

I. *La nécessité d'un ajustement différent selon l'origine du risque sanitaire sériel*

229. Le retour au critère de l'origine du risque sanitaire sériel : illustrations. – Si la nécessité de protéger les victimes de dommages corporels est identique quel que soit le contexte dans lequel le risque sanitaire sériel est envisagé, la préservation des intérêts des défendeurs peut dépendre de la branche d'activité envisagée. En effet, chaque branche d'activité est spécialement réglementée et la tentation est alors grande de créer autant de régimes spéciaux de responsabilité qu'il existe d'activités réglementées, susceptibles d'entraîner de graves conséquences. C'est la voie que semblent avoir choisi les deux droits[543], même si la tendance est beaucoup plus nette en

[543] Ce choix n'était pas inéluctable, les droits italien et néerlandais ont par exemple consacré un régime général de responsabilité du fait des activités anormalement dangereuses : V° J.-S. Borghetti, « La responsabilité du fait des choses, un régime qui a fait son temps », *RTD civ.* 2010, N°1, 15/03/2010, p. 1, spéc. n°16. De même l'avant-projet de réforme Catala prévoyait l'instauration d'un tel régime, uniquement pour les dommages de masse simultanés (autrement dit, pour les grandes catastrophes industrielles), ce qui excluait donc les dommages de masse en série : V° A. Guegan-Lecuyer, « La place de la responsabilité objective : fait des choses/ fait des activités dangereuses » *in* Groupe de Recherche Européen sur la Responsabilité Civile et l'Assurance (GRERCA), *Le droit français de la responsabilité civile confronté aux projets euro-*

droit français qu'en droit anglais, le législateur anglais se montrant, d'une manière générale, réticent à multiplier les régimes hyperspécialisés.

Dans le contexte des risques sanitaires sériels, par exemple, les deux droits ont introduit une responsabilité du fait des produits défectueux, issue d'une directive européenne qu'ils ont transposée dans leurs droits internes, et qui peut être invoquée dans le cadre de risques sanitaires sériels impliquant des produits de santé, des produits agroalimentaires[544] et plus généralement des produits de consommation. Au surplus, signataires des mêmes conventions internationales, les deux droits ont également introduit un régime spécial de responsabilité de l'exploitant nucléaire, qui peut être invoqué dans le cas d'un risque sanitaire sériel lié à la matière nucléaire. Enfin, en ce qui concerne les risques sanitaires sériels dans le contexte professionnel, le droit anglais a développé, à côté du délit de négligence (*tort of negligence*), des actions autonomes en responsabilité civile reposant sur la violation d'obligations légales (*breach of statutory duty*), en matière de santé et de sécurité au travail[545]. Sur ce point, le droit français a opéré un choix tout à fait différent, puisque l'indemnisation de travailleurs victimes est assurée par la branche AT/MP de la Sécurité sociale (hors du mécanisme de responsabilité civile), même si un complément d'indemnisation peut être obtenu en prouvant la faute inexcusable de l'employeur, ce qui constitue un retour dans le giron du droit commun de la responsabilité.

230. Les deux systèmes juridiques ont donc créé des régimes spécifiques de responsabilité qui ne s'appliquent qu'à certaines catégories professionnelles (producteurs, employeurs), ou à certaines activités spécifiques (exploitation nucléaire, etc.)[546], ce qui leur permet d'essayer de trouver un équilibre entre les intérêts des victimes et des défendeurs en tenant compte des circonstances spécifiques au secteur ou à la catégorie considérés. En d'autres termes, la multiplicité des régimes spéciaux de responsabilité manifeste une résurgence de l'origine du risque sanitaire.

231. À présent, il importe d'envisager les techniques utilisées par les deux droits pour adapter le droit commun de la responsabilité civile lors de la mise en place de régimes spéciaux de responsabilité.

---

péens *d'harmonisation*, IRJS éditions, 2012, pp. 229-230.

[544] Comme le confirme d'ailleurs l'article 21 du règlement (CE) n°178/2002 du 28 janvier 2002 établissant les principes généraux et les prescriptions générales de la législation alimentaire, instituant l'Autorité européenne de sécurité des aliments et fixant des procédures relatives à la sécurité des denrées alimentaires.

[545] V° s. 47(2) du *Health and Safety at Work etc. Act 1974* tel qu'il était rédigé à l'origine.

[546] S. MAUCLAIR, *Recherche sur l'articulation entre le droit commun et le droit spécial en droit de la responsabilité civile extracontractuelle*, préf. T. AZZI, Institut Universitaire Varenne, coll. « Bibliothèque de droit privé », 2013, n°321.

II. *Les techniques d'adaptation de la responsabilité civile dans le contexte de risques sanitaires sériels*

232. La mise en place de régimes spéciaux de responsabilité civile permet non seulement l'adaptation des conditions mais aussi des règles classiques de responsabilité. Certaines techniques d'adaptation favorisent l'indemnisation des victimes (A), tandis que d'autres tendent à préserver la liberté des opérateurs, en limitant leur responsabilité (B). Bien souvent, les deux droits procèdent à un savant dosage qui combine les techniques favorables aux demandeurs et aux défendeurs, afin de trouver l'équilibre recherché.

A. Les techniques favorisant l'indemnisation des victimes

233. Les techniques d'adaptation permettant de favoriser l'indemnisation des demandeurs peuvent être classées en deux catégories : tout d'abord, il existe des techniques qui permettent de faciliter la mise en jeu de la responsabilité civile, ce qui se traduit par un assouplissement des conditions d'engagement de la responsabilité (1) ; ensuite, d'autres techniques permettent d'aggraver la responsabilité du défendeur, sans pour autant faciliter les conditions de son engagement (2). L'étude des droits français et anglais dans le contexte sanitaire semble marquer leur préférence pour la première technique.

1. Les techniques d'assouplissement des conditions de la responsabilité civile

234. La création de responsabilités sans faute. – Les systèmes juridiques français et anglais ont tous deux créé des régimes spéciaux de responsabilité sans faute dans les contextes de risques sanitaires sériels, afin de faciliter la démonstration du fait générateur de responsabilité, souvent une faute. Si la jurisprudence française a très tôt développé des régimes de responsabilité sans faute pour favoriser l'indemnisation de certaines victimes[547], le droit anglais a toujours semblé plus réticent à utiliser cette technique[548], employée avec parcimonie[549].

---

[547] V° *Supra*, n°10.
[548] V° *Supra*, n°10.
[549] Il serait également possible de citer le cas de *Rylands v. Fletcher*, mentionné précédemment, mais ce délit, considéré comme une sous-catégorie du délit de nuisance, ne présente aucune pertinence dans le cadre de risques sanitaires, car son invocation est limitée aux cas de dommages

Par exemple, lorsque le rapport du comité des communautés européennes sur la responsabilité du fait des produits défectueux a été discuté au sein de la Chambre des Lords, le 12 novembre 1980[550], l'idée d'introduire une responsabilité sans faute des producteurs a soulevé plusieurs objections des Lords, notamment l'augmentation du coût de l'assurance des fabricants[551], le transfert non-souhaitable de responsabilité d'une personne fautive (un intermédiaire) à une personne non-fautive (le producteur)[552] ainsi que les conséquences économiques néfastes qu'une telle responsabilité sans faute pouvait entraîner pour les petites entreprises[553]. Au contraire, le droit français ne semble pas avoir eu de difficultés à admettre *le principe* d'une responsabilité sans faute, ayant même anticipé la transposition de la directive. Le droit anglais n'a néanmoins eu d'autre choix que d'admettre la responsabilité sans faute des producteurs pour être en conformité avec la directive européenne, laquelle indique que « seule la responsabilité sans faute du producteur permet de résoudre de façon adéquate le problème, propre à notre époque de technicité croissante, d'une attribution juste des risques inhérents à la production technique moderne »[554].

Un autre exemple de responsabilité sans faute consacré en droit anglais peut être trouvé dans le domaine de la responsabilité de l'exploitant nucléaire. En effet, le législateur anglais a tenu compte des difficultés que susciterait une responsabilité fondée sur la faute, pour les victimes d'accidents nucléaires : « une responsabilité sans faute a été imposée à cause de la nature potentiellement dangereuse des activités et de la nature du dommage qui pourrait être causée, et il aurait été injuste de laisser la charge de prouver une négligence au demandeur »[555]. C'est ce qui explique que bien avant la signature des conventions internationales, auxquelles la France est également partie, le législateur anglais a « établi un système juridique spécial afin de protéger ceux qui peuvent être affectés par une situation improbable d'accident. C'était le prix que devait payer l'industrie pour développer cette puissante énergie et il

---

matériels. De plus, les arrêts subséquents manifestent bien la volonté des juges de restreindre ce cas de responsabilité.

[550] Il s'agissait donc d'un rapport sur une proposition modifiée de directive européenne portant sur cette responsabilité. Le débat de la Chambre des Lords sur ce rapport intervient donc à un stade préliminaire de préparation de la directive.

[551] *Hansard*, HL Deb., *Product Liability : EEC Report*, vol. 414 (12 November 1980), col. 1393 et s., spéc. col. 1418 (Lord Beswick), qui soulève particulièrement le problème de l'assurance en matière aéronautique.

[552] *Ibid.*, col. 1422 (Lord Plowden).

[553] *Ibid.*, col. 1401-1402 (Lord Airedale).

[554] Considérant 2, Directive 85/374/CEE du Conseil du 25 juillet 1985 relative au rapprochement des dispositions législatives, réglementaires et administratives des États membres en matière de responsabilité du fait des produits défectueux, JO n° L 210 du 07/08/1985 p. 0029-0033.

[555] *Hansard*, HC Deb., *Nuclear Installations (Amendment) Bill*, vol. 702 (16 November 1964), col. 47 (Mr. John Morris) : « Absolute liability was imposed because of the potentially dangerous nature of the activities and the nature of the damage which could be done made it unfair to leave the burden on a plaintiff of proving negligence ». Il est clair que deux considérations ont guidé l'élaboration de ce régime spécial : la nature du dommage (dommage de masse), ce qui reflète le critère des conséquences du risque, et la dangerosité de l'activité, ce qui reflète le critère de l'origine du risque.

s'agissait d'un prix raisonnable »[556]. Le droit français a également consacré une responsabilité sans faute de l'exploitant nucléaire, étant signataire des mêmes conventions internationales que le Royaume-Uni. Ainsi, le régime de responsabilité de l'exploitant nucléaire est similaire dans les deux systèmes juridiques, même si les conventions internationales ont laissé certaines marges de liberté aux États, ce qui explique qu'il y ait des divergences entre les régimes consacrés par ces deux systèmes juridiques[557].

235. La création en droit anglais d'obligations légales (*statutory duty*). – En droit anglais, pendant longtemps, les employés, victimes de dommages dans le cadre professionnel, n'avaient qu'une seule voie ouverte : prouver que l'employeur avait violé son devoir de diligence (*duty of care*) en *common law*, autrement dit prouver une négligence. Afin d'améliorer le sort de ces victimes, le législateur anglais a introduit le *Health and Safety at Work etc. Act 1974* qui impose aux employeurs des devoirs généraux de sécurité envers leurs employés, ce qui a été complété par de nombreuses régulations. L'introduction de ces régulations a permis, dans certains cas, d'ouvrir une autre voie d'action pour les employés, ces derniers ayant le choix entre l'introduction d'une action en négligence en *common law*, ou l'introduction d'une action pour violation d'obligations légales (*breach of statutory duty*). Cette nouvelle voie était particulièrement favorable aux employés car plusieurs des obligations légales consacrées ne reposaient pas sur la preuve que l'employeur était « tombé » sous un certain seuil de diligence. Ainsi, l'employé n'avait qu'à prouver la violation de l'obligation légale par l'employeur, pour que la charge de la preuve soit déplacée vers celui-ci. En effet, dans la majorité des cas, l'employeur était autorisé à se défendre en prouvant qu'il avait pris toutes les mesures raisonnables, autrement dit qu'il n'avait pas été négligent. La création d'obligations légales dans le contexte professionnel a donc avant tout permis un allègement du fardeau probatoire des victimes, en les dispensant d'apporter la preuve d'un *negligence*. Ceci explique que certains auteurs considèrent que cette responsabilité se rapproche plus volontiers d'une responsabilité sans faute[558].

236. La consécration de présomptions légales de causalité. – La démonstration du lien de causalité entre le fait générateur et le dommage est nécessaire pour engager la responsabilité du défendeur, mais constitue sans doute l'obstacle le plus important dans le cadre d'un risque sanitaire sériel[559], en raison du long délai séparant parfois l'exposition à la susbtance ou au produit et la manifestation du dommage. En droit anglais, la causalité doit être prouvée

---

[556] *Ibid.*, col. 47 : « The 1959 Act established a special system of law in order to safeguard those who might be affected in the unlikely event of an accident. This was the price which the industry had to pay in developing this potent source of energy and it was a reasonable price ».

[557] Plusieurs différences entre les droits français et anglais seront soulignées dans la suite de l'étude : V° *Infra*, n°236 et 240.

[558] S. DEAKIN, Z. ADAMS, *Markesinis and Deakin's Tort Law*, 8ème éd., Oxford University Press, 2019, p. 280: « As the law currently stands, the action for breach of statutory duty is closer to strict liability than to liability for negligence. »

[559] V° pour une étude détaillée sur ce point : *infra*, n°398 et s.

selon la balance des probabilités, ce qui signifie qu'il doit être plus probable que non probable que le dommage soit dû au fait générateur de responsabilité. En droit français, le lien de causalité doit être direct et certain, bien que la certitude ne puisse être que relative. Aussi, pour atténuer la rigueur de la démonstration traditionnellement exigée[560], le législateur consacre parfois des présomptions légales de causalité. Dans ces conditions, le demandeur n'a qu'à prouver les conditions légales consacrées pour que soit reconnu le lien de causalité. Les législateurs anglais et français les consacrent généralement dans le cadre de régimes spéciaux d'indemnisation[561], mais parfois aussi dans le cadre de régimes spéciaux de responsabilité.

Par exemple, dans le cadre de la responsabilité de l'exploitant nucléaire, l'article L. 597-36 du Code de l'environnement prévoit qu' « une liste non limitative des affections qui, sauf preuve contraire, sont présumées avoir pour origine l'accident est établie par voie réglementaire en fonction de l'irradiation et de la contamination reçues et du délai dans lequel l'affection est constatée ». Une telle disposition fait partie des mesures laissées à l'initiative des États signataires des conventions internationales. Sur ce point, le droit anglais n'a pas pris la même position que le droit français. En effet, le droit anglais ne prévoit aucun dispositif similaire, ce qui signifie que les victimes d'accidents nucléaires seront soumises au test classique de la balance des probabilités pour apporter la preuve d'un lien de causalité. Or, si dans le cas d'un accident instantané, la preuve du lien de causalité pourra être relativement aisé, elle sera particulièrement difficile dans le cas de contaminations indirectes (air, eau, etc.) au regard de l'écoulement temporel entre l'exposition et la manifestation du dommage[562], ce qui risque de limiter l'efficacité du dispositif consacré.

237. L'accroissement du nombre de dommages réparables. – La consécration de régimes spéciaux de responsabilité peut permettre au législateur de limiter ou au contraire d'étendre le type de dommage réparable. Lorsque l'objectif est de favoriser l'indemnisation des victimes, le législateur souhaitera étendre le champ d'application du régime spécial de responsabilité. On trouve une illustration de cette pratique dans le domaine nucléaire.

En 2004, un protocole portant modification de la Convention de Paris (1960) a été adopté même s'il n'est pas encore entré en vigueur du fait de l'absence de sa ratification par certains États. Néanmoins, anticipant l'application du protocole, le Royaume-Uni et la France ont déjà transposé ses dispositions dans leur droit interne[563], même si elles ne sont pas encore applicables. L'une des modifications les plus importantes apportées par le protocole de 2004 concerne

---

[560] V° aussi, pour d'autres exemples : *infra*, n°699.

[561] Ainsi, par exemple, le législateur français a consacré des présomptions légales de causalité dans le cadre du recours à certains fonds d'indemnisation (cas du VIH par exemple), ou dans le cadre d'un risque professionnel (législation sociale). Le législateur anglais a également pu reconnaître l'existence de présomptions permettant de faire présumer l'origine professionnelle de certaines maladies, pour pouvoir bénéficier de certaines prestations sociales (comme le *Industrial Injuries Disablement Benefit*).

[562] M. LEE, « Civil liability of the nuclear industry », (2000) 12(3) *J. Env. L.* 317-332, spéc. p. 326.

[563] En droit anglais, c'est le *Nuclear Installations (Liability for damage) Order 2016* qui prévoit les modifications au *Nuclear Installations Act 1965*. En droit français, c'est l'ordonnance n°2012-

le champ des dommages réparables. En effet, auparavant la réparation était limitée aux dommages corporels (y compris décès) et matériels. Le protocole prévoit maintenant la réparation du dommage nucléaire, ce qui inclut les dommages corporel, matériel, immatériel résultant d'un dommage corporel ou matériel, le coût des mesures de restauration d'un environnement dégradé, le manque à gagner en relation avec une utilisation ou une jouissance quelconque de l'environnement résultant d'une dégradation importante, les coûts de mesures de sauvegarde ainsi que toute autre perte ou dommage causé par le coût de ces mesures. Le protocole prévoit donc une extension de la responsabilité de l'exploitant nucléaire, ce qui avantage les victimes.

238. Les régimes spéciaux de responsabilité civile mis en place dans les deux systèmes juridiques avantagent souvent les victimes en facilitant la preuve des conditions de responsabilité civile du défendeur. Mais ce n'est pas la seule technique : parfois, ces régimes spéciaux de responsabilité prévoient des dispositions qui, sans faciliter les conditions d'engagement de responsabilité du défendeur, tendent à aggraver sa responsabilité.

2. Les techniques d'aggravation de la responsabilité du défendeur

239. La limitation des causes d'exonération. – Une fois que le demandeur a prouvé les conditions d'engagement de la responsabilité du défendeur, ce dernier peut tenter de se dégager de sa responsabilité en prouvant l'existence d'une cause d'exonération. L'utilisation de régimes spéciaux de responsabilité peut permettre au législateur de limiter le nombre de causes d'exonération invocables par le défendeur, ce qui a pour effet d'étendre, autrement dit d'aggraver, sa responsabilité.

Ainsi, par exemple, contrairement au législateur anglais, le législateur français a apporté une restriction à la possibilité d'invoquer l'exonération du producteur pour risque de développement, lorsque le dommage est causé par un élément du corps humain ou par les produits issus de celui-ci (art. 1245-11 du Code civil), ce qui s'explique par l'influence exercée en droit français du drame relatif au sang contaminé[564], ou encore lorsque le producteur, pris en sa qualité d'employeur, a été alerté par un employé des risques graves pour la santé publique ou l'environnement et qu'il n'a pas respecté son obligation d'information envers celui-ci ou le CHSCT[565].

---

6 du 5 janvier 2012 qui prévoit la transposition des modifications apportées par le protocole de 2004.

[564] Sur cette question : V° *infra*, n°491.

[565] Art. 13, alinéa 1, Loi n°2013-316 du 16 avril 2013 relative à l'indépendance de l'expertise en matière de santé et d'environnement et à la protection des lanceurs d'alerte, JORF, n°90, 17 avril 2013, p. 6465. Sur ces questions : V° *infra*, n°493.

Également, en matière de responsabilité du fait des exploitants nucléaires, les causes d'exonération, résultant du protocole de 2004, sont en nombre limité : l'exploitant nucléaire est exonéré de sa responsabilité en cas de conflits armés[566], ou lorsque la victime a subi le dommage en commettant une faute intentionnelle ou de grave négligence[567].

240. L'extension de certains délais de prescription. – Il peut exister une autre technique, permettant d'aggraver la responsabilité du défendeur, celle de l'allongement des délais d'action contre celui-ci. La responsabilité de l'exploitant nucléaire est assez topique à cet égard, même s'il est possible de constater des divergences entre les droits français et anglais. En cas de dommage corporel, les deux droits reconnaissent qu'une victime peut introduire une action dans un délai de trente ans, dont le point de départ dépend de la situation (accident instantané, exposition continue, etc.)[568]. Ce délai assez long diffère sensiblement des délais de prescription habituels (dix ans en droit français[569], trois ans en droit anglais[570]), et s'explique par le long délai de latence qui peut exister entre l'exposition au risque et la manifestation du dommage. Néanmoins, le droit français a ajouté un garde-fou, qui protège le défendeur d'une responsabilité trop lourde : le législateur a considéré que l'action en réparation se prescrivait par trois ans, à compter du moment où la victime a eu connaissance du dommage et de l'exploitant responsable, ou du moment où elle aurait dû raisonnablement en avoir connaissance[571]. Ce garde-fou, qui était laissé à l'initiative des États, n'a pas été consacré en droit anglais, ce qui est bien plus favorable aux victimes.

241. Conclusion. – La consécration de régimes spéciaux de responsabilité, dans les contextes propices à la survenance de risques sanitaires sériels, permet aux systèmes juridiques français et anglais d'assouplir certaines règles de responsabilité en faveur de l'indemnisation des victimes. Les deux droits semblent utiliser plusieurs techniques pour parvenir à ce résultat, mais le fait que la majorité des exemples se trouve, en droit anglais, dans le cadre de la responsabilité de l'exploitant nucléaire montre, d'une manière générale, la réticence de ce système juridique à utiliser ces techniques en faveur de l'indemnisation des victimes. Cette réticence, qui se manifestait déjà par la mise en place seulement ponctuelle de régimes alternatifs d'indemnisation, ne devrait donc pas étonner et se trouve dans la droite ligne de la philosophie du droit

---

[566] S. 13(4)(a) du *Nuclear Installations Act 1965*, tel que modifié par le *Nuclear Installations (Liability for Damage) Order 2016*. Le droit français ne consacre aucune disposition à cet égard, ce qui laisse entendre que cette cause d'exonération est exclue.

[567] S. 13(7)(a) et (b) du *Nuclear Installations Act 1965*, tel que modifié par le *Nuclear Installations (Liability for Damage) Order 2016*. Quant au droit français, c'est l'article L. 597-15 du Code de l'environnement, applicable à l'entrée en vigueur du protocole qui le prévoit.

[568] Art. L. 597-17 alinéa 1 du Code de l'environnement pour le droit français ; en droit anglais, c'est la s. 15(3) et (4) du *Nuclear Installations Act 1965*, tel que modifié par le *Nuclear Installations (Liability for Damage) Order 2016*.

[569] Art. 2226 du Code civil.

[570] S. 11(4) du *Limitation Act 1980*.

[571] Art. L. 597-17 al. 1 du Code de l'environnement.

anglais, qui place le délit de négligence au cœur du dispositif de responsabilité. Au contraire, la multiplication des exemples d'assouplissement des règles de responsabilité civile en droit français contribue à confirmer la faveur du système juridique français pour l'indemnisation des victimes, en particulier lorsqu'elles subissent un dommage corporel.

B. Les techniques préservant la liberté des opérateurs économiques

242. Il existe généralement deux types de techniques permettant de préserver la liberté des opérateurs : d'abord, il est possible de durcir les conditions afin de rendre plus difficile la mise en jeu de leur responsabilité (1) ; ensuite, il existe des techniques qui permettent d'atténuer leur responsabilité (2).

1. Les techniques durcissant les conditions de la responsabilité des défendeurs

243. L'atténuation de l'effet des obligations légales (*statutory duty*) consacrées en droit anglais. – On se souvient que le législateur anglais avait consacré des obligations légales à charge des employeurs dans le *Health and Safety at Work etc. Act 1974*[572] et dans les régulations prises sous l'influence de cette loi, ce qui élargissait la responsabilité des employeurs, en offrant une nouvelle voie d'action aux demandeurs. En 2013, le législateur anglais a modifié sa position dans le *Enterprise and Regulatory Reform Act 2013*[573], dans le sens d'une restriction de la responsabilité des employeurs.

Pour tout accident ou maladie professionnelle survenant à partir du 1er octobre 2013, la violation d'obligations légales consacrées dans les régulations ne permet plus aux employés d'agir directement en responsabilité contre leur employeur, sauf dans les cas spécifiquement prévus par ces régulations. Cela signifie concrètement que l'employé ne dispose, à partir du 1er octobre 2013, que d'une seule voie pour engager la responsabilité de son employeur : l'action en *common law* sur le fondement du *negligence*[574]. En d'autres termes, le

---

[572] *Health and Safety at Work etc. Act 1974*. Consultable sur <http://www.legislation.gov.uk/ukpga/1974/37 >

[573] *Enterprise and Regulatory Reform Act 2013*. Consultable sur : <http://www.legislation.gov.uk/ukpga/2013/24/contents/enacted >

[574] *Hansard*, HC Deb., *Enterprise and Regulatory Reform Bill*, vol. 551 (16 October 2012), col. 192 (Matthew Hancock) : « Civil claims for personal injury can be brought by two routes : a breach of the common-law duty of care, in which case negligence has to be proved, or a breach of statutory duty, in which case the failure to meet the particular legal standard alleged to have been breached has to be proved. The new clause will amend the Health and Safety at Work etc. Act 1974 to remove the right to bring civil claims for breach of a statutory duty contained in certain health and safety legislation ».

demandeur devra prouver que son employeur est « tombé » en dessous du seuil de diligence requis, c'est-à-dire qu'il n'a pas pris les mesures raisonnables permettant d'éviter le dommage corporel. Les obligations légales consacrées pourront maintenant seulement servir de preuve pour établir un *negligence* en *common law*, rendant ainsi l'engagement de responsabilité de l'employeur plus difficile.

Pourquoi ce changement ? Le sous-secrétaire d'État, présentant cette réforme, l'explique : « la nouvelle clause apporte une contribution significative à la réforme de procédure civile du Gouvernement pour trouver un équilibre entre les demandeurs et les défendeurs. Elle est une avancée pour la compétitivité de la Grande-Bretagne, elle réduit le fardeau qui pèse sur les entreprises, elle renforce et appuie notre système de santé et de sécurité »[575]. Cette dernière affirmation s'explique car la réforme a pour effet de replacer le curseur sur la *faute* de l'employeur, renforçant la nécessité pour les employeurs de prendre toutes les mesures raisonnables pour éviter la survenance du dommage. Néanmoins, l'évolution de la position britannique s'explique avant tout par la raison suivante : « cette action (...) *rassurera fortement les employeurs* qui ne seront tenus d'une indemnisation que lorsqu'il peut être prouvé qu'ils ont été négligents »[576]. Cette législation britannique a donc pour objet et pour effet de rendre l'engagement de la responsabilité civile des employeurs plus difficile[577], ceci dans un but principalement économique.

2. Les techniques atténuant la responsabilité des défendeurs

244. L'extension du nombre de causes d'exonération. – Cette technique est utilisée pour atténuer la responsabilité des défendeurs, comme l'illustre la responsabilité du fait des produits défectueux. En droit français comme anglais, les législateurs ont en effet âprement discuté de l'opportunité d'introduire le « risque de développement » comme cause d'exonération de la responsabilité des producteurs.

Ainsi, en droit anglais, le Gouvernement s'est montré, dès le départ, favorable à l'introduction de cette cause d'exonération dans le *Consumer Protection Act 1987*. Trois arguments principaux ont pu être avancés en faveur de cette position. D'abord, certains ont considéré que le refus d'introduire cette cause d'exonération aggraverait la responsabilité des producteurs, risquant ainsi

---

[575] *Ibid.*, col. 194 (Matthew Hancock): « The new clause makes a significant contribution to the Government's reform of civil litigation to redress the balance between claimants and defendants. It is good for Britain's competitiveness, reduces burdens on businesses, and strengthens and underpins our health and safety system (...) ».

[576] [italiques ajoutées par nous] *Ibid.*, col. 193 (Matthew Hancock): « Indeed, this action will reduce the burdens on business and help Britain to compete. It also provides important reassurance to employers that they will be liable to pay compensation only when it can be proved that they have been negligent. »

[577] Il convient cependant de préciser que nombre de législations portant sur la santé et la sécurité des travailleurs peuvent conduire à engager la responsabilité pénale des employeurs, ce que la réforme de 2013 n'a pas modifié.

d'augmenter le coût des primes d'assurances[578] ; ensuite, d'autres comme Lord Denning, ont fait valoir que le refus d'introduire la cause d'exonération aboutirait à rendre inaccessible un nouveau médicament qui pourrait possiblement sauver des vies, par crainte de procédures judiciaires[579] ; enfin, le Gouvernement considérait que l'absence de cette cause d'exonération étoufferait l'innovation et réduirait la compétitivité des entreprises britanniques[580]. En revanche, les parlementaires, membres de l'opposition ont relevé que ni la France, ni la Belgique, ni l'Allemagne (sauf pour les produits pharmaceutiques) n'avaient l'intention d'introduire cette cause d'exonération dans leur droit national, ce qui risquerait de transformer la Grande-Bretagne en un terrain de test pour des nouveaux produits, avant qu'ils ne soient éventuellement commercialisés dans d'autres pays de l'Union européenne[581]. Également, certains parlementaires ont fait valoir que l'introduction d'une telle cause d'exonération entraînerait un vide compensatoire pour les victimes du type de la thalidomide[582], autrement dit pour les victimes de risques sanitaires sériels.

En France, le débat autour de l'introduction de cette cause d'exonération explique le retard avec lequel le législateur français a transposé la directive européenne en droit interne. De manière intéressante, on retrouve des arguments similaires à ceux invoqués en droit anglais tant pour l'admission que pour le refus d'admission de cette cause d'exonération[583]. Finalement, les législateurs français ont admis son introduction tout en acceptant certaines exceptions, ce qui constituait une forme de compromis.

245. L'applicabilité de certains régimes spéciaux de responsabilité à un nombre limité de défendeurs. – Une autre technique qui peut être utilisée pour atténuer la responsabilité civile de certaines personnes consiste à limiter l'applicabilité de régimes spéciaux à certains défendeurs seulement. Par exemple, tant la responsabilité du fait des produits défectueux que la responsabilité en matière nucléaire ne sont applicables qu'à certaines catégories de défendeurs, en droit français comme anglais.

Ainsi, la responsabilité du fait des produits défectueux ne s'applique qu'aux producteurs, et seulement à titre subsidiaire aux fournisseurs (professionnels), lorsque le producteur ne peut être identifié, en droit français dans un délai de trois mois (art. 1245-6 du Code civil), et en droit anglais, après une période

---

578 *Hansard*, HL Deb., *Consumer Protection Bill*, vol. 483 (20 January 1987), col. 818-848, spéc. col. 822 (Lord Williams of Elvel).

579 *Ibid.*, col. 826 (Lord Denning).

580 *Hansard*, HL Deb., *Consumer Protection Bill*, vol. 482 (8 December 1986), col. 1003-1062, spéc. col. 1004 (Lord Cameron of Lochbroom).

581 *Ibid.*, col. 1009 (Lord Williams of Elvel).

582 *Ibid.*, col. 1009 (Lord Williams of Elvel).

583 P. FAUCHON (Sénat), *Proposition de loi adoptée par l'Assemblée nationale relative à la responsabilité du fait des produits défectueux*, Rapp. Sénat n°226, session 1997-1998, V° sous III.A/. Ainsi, par exemple, pour l'introduction de cette cause d'exonération, on retrouve les arguments relatifs à l'assurance, les effets négatifs sur la recherche et l'innovation ainsi que la création d'une « distorsion de concurrence », ceci en raison du fait que la majorité des États-membres de l'Union européenne ont introduit cette cause d'exonération dans leur droit.

raisonnable (s. 2(3) du *Consumer Protection Act 1987*). Il ne faudrait pas pour autant en conclure qu'on ne peut engager la responsabilité du fournisseur ; seulement, il faudra le faire sur le fondement du droit commun (contractuel ou délictuel). Mais la victime préférera alors sans aucun doute engager la responsabilité du producteur, responsabilité sans faute, que celle d'un fournisseur, fondée sur le droit commun. Par conséquent, la restriction d'applicabilité du régime spécial à une catégorie de défendeurs permet de limiter indirectement l'intérêt d'introduire une action contre une autre catégorie de défendeurs, favorisant ainsi ces derniers.

En ce qui concerne la responsabilité en matière nucléaire, la même remarque peut être apportée car seul l'exploitant nucléaire peut voir sa responsabilité engagée sur le fondement du régime spécial[584], ce qui favorise les intermédiaires. Ces deux régimes spéciaux de responsabilité prévoient donc une canalisation de responsabilité sans faute sur la tête d'une catégorie de défendeurs, ce qui tend à favoriser indirectement les personnes intermédiaires dans ces deux secteurs.

246. L'instauration d'un plafond définissant le montant maximal de réparation par l'exploitant. – Une dernière technique permettant d'atténuer la responsabilité des défendeurs tient à l'introduction de plafonds maximum de réparation. Par exemple, étant donné que la responsabilité en matière nucléaire est exclusivement canalisée vers l'exploitant nucléaire, les deux droits ont opté pour l'adoption d'un plafonnement du montant de la réparation, même si l'on peut relever des divergences importantes.

Tandis que le législateur français a retenu le plafond minimal de responsabilité prévu par le protocole de 2004, le législateur anglais a retenu un plafond supérieur. Ainsi, en droit français, à l'entrée en vigueur du protocole, l'exploitant nucléaire sera responsable jusqu'à 700 millions d'euros, plafond qui est abaissé à 70 millions d'euros pour les installations nucléaires à « risque réduit »[585]. Entre 700 et 1200 millions d'euros, ce sera l'État français qui sera chargé de compléter le montant de réparation. Enfin, entre 1200 et 1500 millions d'euros, la réparation est financée par l'ensemble des États ayant adopté la convention de Bruxelles, sur le principe d'une mutualisation des risques[586].

---

[584] *Hansard*, HL Deb., *Nuclear Installations Bill*, vol. 391 (21 April 1969), col. 329-342, spéc. col. 330 (Lord Stonham): « Our law must clearly, therefore, be consistent with the Conventions, and the Nuclear Installations Act 1965 was designed to set up the Convention system of liability. The principles of this system are fairly straightforward. Liability for nuclear injury and damage caused by a nuclear installation is to fall on the operator of the installation in which the accident occurred (or on whose behalf the nuclear material concerned was in course of shipment). Subject to minor exceptions, liability is to fall on no one else ». C'est la s. 12(1E) du *Nuclear Installations Act 1965* qui transpose cette idée. En droit français, c'est l'article L. 597-27 alinéa 1 du Code de l'environnement qui précise que « sont soumises à la présente section les personnes physiques ou morales, publiques ou privées, qui exploitent soit une installation nucléaire relevant du régime des installations nucléaires de base ou du régime des installations classés pour la protection de l'environnement entrant dans le champ d'application de la convention (...) signée à Paris le 29 juillet 1960, soit une installation nucléaire intéressant la défense (...) ».

[585] Art. L. 597-4 du Code de l'environnement.

[586] Art. L. 597-5 du Code de l'environnement.

Le droit anglais semble plus sévère à l'égard de l'exploitant nucléaire qui sera tenu de réparer les dommages à hauteur de 700 millions d'euros, avec une augmentation de 100 millions d'euros par an, jusqu'à ce que l'on atteigne 1200 millions d'euros[587]. Enfin, comme en France, toute réparation au-delà de ce montant sera financée par le fonds public créé par les États signataires à la convention de Bruxelles. Ainsi, contrairement au droit français, qui organise une forme de répartition de la dette de réparation entre l'exploitant nucléaire et l'État français, le droit anglais concentre la réparation principalement sur l'exploitant nucléaire (jusqu'à 1200 millions d'euros), ce qui était une faculté laissée aux États.

Enfin, une dernière divergence existe entre ces deux systèmes juridiques. Si le plafond maximal disponible est dépassé, il est possible en droit français de répartir la réparation des dommages, en indemnisant par priorité les dommages corporels[588], ce qui constitue une dérogation au droit commun. En effet, cette disposition, absente du droit anglais, a donc pour effet d'introduire une forme de hiérarchisation des dommages, plaçant la réparation des dommages corporels en tête. C'est ainsi la protection de l'intégrité corporelle qui, par cette disposition, est placée au sommet de la hiérarchie des intérêts protégés.

247. Conclusion de section II. – L'ampleur des dommages et la nature de l'atteinte causée par la réalisation de risques sanitaires sériels expliquent que les deux droits aient mis en place des mécanismes facilitant l'indemnisation des victimes par une adaptation des conditions et règles de responsabilité civile à certains secteurs. En droit français, ces adaptations se traduisent par la création légale de régimes spéciaux de responsabilité qui permettent des dérogations au droit commun. En droit anglais, le législateur consacre parfois de nouveaux régimes de responsabilité, qui se détachent de la philosophie fondée sur l'idée de faute, et qui résultent souvent d'influences extranationales (internationale ou européenne).

L'origine des risques sanitaires sériels étant plurielle, le droit français – et dans une moindre mesure, le droit anglais – connaît aujourd'hui une pluralité de ces régimes spéciaux de responsabilité qui essaient de trouver un plus juste équilibre entre les intérêts catégoriels en présence, selon les secteurs considérés. Ils cherchent à faciliter l'engagement de responsabilité des défendeurs, sans pour autant imposer à ces derniers une responsabilité trop lourde. La multiplication de ces régimes montre que le droit français de la responsabilité cherche à se renouveler, lui permettant ainsi d'exercer son rôle indemnitaire traditionnel. Quant au droit anglais, la responsabilité civile a toujours été au cœur du dispositif de réparation ; de ce fait, et pour des raisons qui seront discutées plus loin dans l'étude[589], les techniques d'adaptation de responsabilité civile demeurent en réalité assez ponctuelles.

---

[587] S. 16(1)(f) et 16B (1) du *Nuclear Installations Act 1965*.

[588] Art. L. 597-14 du Code de l'environnement. V° aussi sur ce point : M. DUGUE, *L'intérêt protégé en droit de la responsabilité civile*, préf. P. JOURDAIN, LGDJ, coll. « Bibliothèque de droit privé », t. 588, 2019, spéc. n°247 qui relève une « hiérarchisation des intérêts [qui] reste sommaire : seule l'atteinte à l'intégrité des personnes fait l'objet d'un traitement spécifique ».

[589] *Infra*, Titre II, Partie II.

⁂

248. Conclusion du chapitre I. – À bien des égards, les risques sanitaires sériels éprouvent le modèle traditionnel de responsabilité civile.

D'abord, l'appréhension des séries de victimes a conduit les deux systèmes juridiques à développer des mécanismes spéciaux de réparation qui peuvent remettre en cause la place de la responsabilité civile dans l'indemnisation des dommages résultant de risques sanitaires sériels. Ces mécanismes, qui permettent une réparation plus efficiente des dommages subis par les victimes (rapidité et facilité), traduisent indéniablement la volonté des deux systèmes juridiques d'améliorer le sort des victimes de risques sanitaires sériels. Cette similitude ne saurait pour autant cacher les divergences qui opposent les droits français et anglais.

D'une part, si les deux systèmes juridiques ont créé des fonds d'indemnisation, leur nombre tend à demeurer limité en droit anglais, quand au contraire, il n'a de cesse de s'accroître en droit français, à tel point que depuis l'an 2000, il existe peu de scandales sanitaires qui n'aient pas abouti à la création d'un nouveau fonds d'indemnisation. La mise en place d'un nouveau fonds d'indemnisation en droit français pour les victimes de pesticides, le 24 décembre 2019, en est une nouvelle illustration. D'autre part, et surtout, les fonds d'indemnisation n'ont généralement pas vocation à concurrencer la responsabilité civile en droit anglais, quand au contraire, ils sont généralement conçus, en droit français, comme une voie alternative d'indemnisation offerte aux victimes de certains risques sanitaires sériels.

Ces différences sont riches d'enseignements : elles révèlent le fait que le droit français est prêt à détacher la réparation de la responsabilité civile dans le contexte des risques sanitaires sériels, alors que le droit anglais continue de lier intrinsèquement la responsabilité et la réparation.

Ensuite, pour permettre au mécanisme de responsabilité civile de conserver sa place dans la prise en charge des risques sanitaires sériels, les deux systèmes juridiques ont développé des régimes spéciaux de responsabilité dans certains secteurs propices à la survenance de ces risques. Là encore, si l'émergence de ces régimes spéciaux traduit la volonté de renforcer la protection des victimes de risques sanitaires sériels, il existe des divergences entre les systèmes juridiques.

En particulier, l'intervention du législateur anglais, pour créer de nouveaux régimes de responsabilité – singulière en elle-même – demeure assez ponctuelle. Au contraire, de manière générale, le législateur français n'hésite pas à multiplier la création de régimes spéciaux de responsabilité pour procéder à des ajustements de responsabilité par « secteur ». Cette divergence entre les deux systèmes juridiques révèle alors la réticence du législateur anglais à détacher la responsabilité civile de l'idée de faute, contrairement au législateur français.

Dans tous les cas, la *multiplication* des régimes spéciaux – de réparation et de responsabilité – en droit français révèle la propension du législateur à traiter les difficultés posées par les risques sanitaires sériels au cas par cas. Cette technique, fondée sur une casuistique, est non seulement contraire à la logique juridique française, mais aussi à la conception traditionnelle de la responsabilité civile, à vocation universaliste. Cette tendance s'explique en fait par la volonté du législateur français de procéder à des ajustements sectoriels qui l'invitent à tenir compte de l'origine des risques sanitaires sériels. Cependant, cette manière de procéder conduit aussi au morcellement des régimes de réparation et de responsabilité dans le contexte étudié.

Malheureusement, cette tendance n'est pas seulement confinée au droit substantiel de la responsabilité, avec le développement de régimes spéciaux de responsabilité civile. Elle investit également le droit procédural de la responsabilité civile (**chapitre II**).

Chapitre II : Les spécificités procédurales

« Le droit n'aime pas la pluralité, spécialement la pluralité de personnes : le nombre complique la norme... »[590]

249. L'émergence de risques sanitaires sériels, et plus généralement de risques de masse, met au défi le modèle traditionnel de la responsabilité civile, conçu à l'origine pour envisager des conflits individuels, opposant un demandeur à un défendeur.

D'une part, de manière générale, la multiplication des mécanismes d'indemnisation bénéficiant aux « victimes » entraîne l'intervention de plus en plus fréquente de tiers intéressés à la procédure (assureurs, organismes de Sécurité sociale, etc.), quand elle ne remet pas tout bonnement en cause l'intervention même de la responsabilité civile (fonds d'indemnisation). Dans tous les cas, cette multiplication des sources d'indemnisation aboutit à polariser le procès en responsabilité civile autour de multiples parties[591].

D'autre part, de manière plus spécifique, la réalisation de risques sanitaires sériels a remis en cause, dès les années 1970-1980, le bien-fondé du caractère individuel de l'action en responsabilité civile[592] et ce, dans de multiples systèmes juridiques[593]. En effet, la survenance d'atteintes individuelles à la santé, réunies par une origine commune, et affectant une pluralité de personnes géographiquement dispersées et de manière échelonnée dans le temps, entraîne une multiplication de contentieux individuels en responsabilité civile aux circonstances similaires, impliquant les mêmes défendeurs, mais qui sont souvent envisagés par des juridictions différentes. Dans ce contexte, le caractère essentiellement individuel de l'action en responsabilité s'inscrit à l'encontre des objectifs d'économie judiciaire, de célérité et peut, au surplus, entraîner des divergences dans les solutions de contentieux pourtant similaires.

---

[590] R. CABRILLAC, *L'acte juridique conjonctif*, préf. P. CATALA, LGDJ, coll. « Bibliothèque de droit privé », t. 213, 1990, spéc. n°1, p. 3.

[591] X. BEAUDOUX, « Répartition de l'indemnisation entre les payeurs » *in* COUR DE CASSATION, *Les limites de la réparation*, Séminaire Risques, Assurances, responsabilité civile, session 2006-2007, Groupe de travail « la réparation du préjudice et l'équité », p. 1. Consulté en ligne le 03/11/2018 : <https://www.courdecassation.fr/venements_23/colloques_4/2006_55/entre_payeurs_9643.html>

[592] M. TARUFFO, « Some remarks on Group Litigation in Comparative Perspective » (2001) 11 *Duke J. Comp. & Int'l. L.* 405, spéc. p. 416 : l'auteur explique que dans les pays de droit continental, le modèle traditionnel du procès est celui d'individus poursuivant la protection de droits individuels contre d'autres personnes. V° aussi : E. F. SHERMAN, « Group Litigation under Foreign Legal Systems : Variations and Alternatives to American Actions », (2002) 52 *DePaul L. Rev.* 401, spéc. p. 401.

[593] C. HODGES, « Multi-Party Actions : A European Approach », (2001) 11 *Duke J. Comp. & Int'l L.* 321, spéc. pp. 327-328.

250. Le modèle traditionnel de la responsabilité civile semblait ainsi mal armé pour répondre aux défis posés par l'émergence de ces nouvelles formes d'atteintes collectives. C'est donc, à nouveau, pour permettre à la responsabilité civile de conserver sa place dans la prise en charge des risques sanitaires sériels notamment, que l'on a fini par se demander s'il n'était pas temps d'adapter l'action en responsabilité civile. Le principe même de l'admission d'une collectivisation de l'action en réparation a pris du temps à s'ancrer dans l'esprit des juristes de droit continental[594], mais ce sont surtout les contours de cette nouvelle forme d'action qui ont été discutés, car il importe que celle-ci soit conforme à la tradition juridique des systèmes pour avoir une chance d'être efficace.

La nécessité d'avoir un intérêt personnel à agir a longtemps semblé irréconciliable avec l'idée d'une action collective en droit français, ce qui explique que ce système juridique ait procédé par « petits pas ». Le législateur français a d'abord octroyé à certaines associations la possibilité d'agir en défense d'intérêts collectifs[595], en d'autres termes pour obtenir la réparation d'un *préjudice causé à un intérêt collectif*. La collectivisation a donc d'abord investi le droit substantiel français, avec la collectivisation du préjudice[596], et non le droit procédural. Ces actions, qui ont progressivement été introduites dans les secteurs de la consommation, de la santé et de l'environnement, auraient pu être utiles pour prévenir ou même sanctionner la création d'un risque sanitaire sériel ; néanmoins, les conditions particulièrement strictes permettant leur recours ont vite révélé leur inefficacité dans ce domaine[597].

L'échec de cette forme primaire de collectivisation de la réparation a alors conduit les législateurs français à aller un pas plus loin, pour admettre une véritable collectivisation de l'action en responsabilité civile, afin de mieux tenir compte de la réalité des difficultés posées par les dommages en série. Les législateurs français ont ainsi créé des actions en représentation conjointe, lesquelles permettent à certaines associations d'agir en justice pour obtenir la réparation de préjudices individuels subis par certaines catégories de personnes. Cette procédure, qui permet à une personne morale d'agir sans avoir d'intérêt personnel à l'action, constituait une dérogation plus importante aux principes processuels français, ce qui explique qu'elle ait, là encore, été autorisée dans certains secteurs seulement, en particulier dans le secteur de la consommation

---

[594] M. TARUFFO, art. préc. (note 592), p. 406.

[595] L. n°73-1193 du 27 décembre 1973 d'orientation du commerce et de l'artisanat (dite loi « Royer »), JORF, 30 décembre 1979, p. 14139.

[596] L. BORE, *La défense des intérêts collectifs par les associations devant les juridictions administratives et judiciaires*, préf. G. VINEY, LGDJ, coll. « Bibliothèque de droit privé », t. 278, 1997 ; C. DEVREAU, « Réflexions sur le préjudice collectif », *RTD civ.* 2011, N°2, 15/07/2011, p. 249 ; J. CALAIS-AULOY, « Les délits à grande échelle en droit français », *RIDC*, vol. 46(2), 1994, pp. 379-387.

[597] V° par ex. pour les difficultés tenant à cette action dans le cadre de la sécurité des produits : N. DUPONT, « L'action en justice des associations de consommateurs en matière de sécurité », *C.C.C.* n°2, Février 2009, étude 2, spéc. n°12-13.

(1992)[598] et dans le domaine environnemental (1995)[599], et à des conditions très strictes. Pour ces raisons, ces actions se sont, à nouveau, révélées inefficaces pour appréhender les dommages résultant de risques sanitaires sériels.

251. La difficulté tenant à la gestion procédurale des situations de dommages en série n'a pas seulement affecté le droit français. Le système juridique anglais y a, lui aussi, été confronté : certes, le droit anglais a, dès l'époque médiévale[600], développé une forme de collectivisation de l'action en justice, l'action en représentation (*representative action*). Cependant, en pratique, cette action, formalisée dans le *Supreme Court of Judicature Act 1873* (r.10), et modifiée le 2 mai 2000 lors d'une réforme d'ampleur de la procédure civile, est inenvisageable pour conduire des actions en responsabilité civile[601], en raison des conditions strictes qui permettent son recours[602]. Comme en droit français, cette première forme de collectivisation de l'action en justice, en droit anglais, s'est révélée inadaptée pour prendre en compte les dommages sériels.

252. En droit anglais comme en droit français, la multiplication de scandales sanitaires à partir des années 1980, couplée à l'inefficacité des actions en représentation (droit anglais) et des actions en représentation conjointe (droit français), a conduit ces systèmes juridiques à envisager une autre forme de collectivisation de l'action en réparation.

En particulier, en droit anglais, l'ingéniosité et l'inventivité des avocats et des juges ont permis à une seconde forme d'action collective d'éclore de la

---

598 Art. 8, L. n°92-60 du 18 janvier 1992 renforçant la protection des consommateurs, JORF, 21 janvier 1992, p. 968. V° aussi : L. BETEILLE, R. YUNG (Sénat), *Rapport d'information sur l'action de groupe*, Rapp. Sénat n°499, session 2009-2010, enregistré le 26 mai 2010, p. 15 et s.

599 Art. 5, L. n°95-101 du 2 février 1995 relative au renforcement de la protection de l'environnement, JORF, 3 février 1995, p. 1840.

600 S. C. YEAZELL, « Group Litigation and Social Context : Toward a History of the Class Action », (1977) 77 *Colum. L. Rev.* 866.

601 V° par ex. : *Markt & Co Ltd v. Knight Steamship Co Ltd* [1910] 2 KB 1021 (CA), p. 1035 (Fletcher Moulton LJ) : « where the claim of the plaintiff is for damages the machinery of a representative suit is absolutely inapplicable. The relief that he is seeking is a personal relief, applicable to him alone, and does not benefit in any way the class for whom he purports to be bringing the action ». Cette vision a été progressivement assouplie, mais il n'en demeure pas moins que les actions en représéntation (*representative actions*) se prêtent très mal aux actions en responsabilité civile, et ce en raison de la condition redoutable de « même intérêt » (same interest) : V° R. MULHERON, « From representative rule to class action: steps rather than leaps », (2005) 24(Oct) *C.J.Q.* 424-449, spéc. p. 430 ; V° *infra*, note 602.

602 En particulier, c'est la condition de « même intérêt » (*same interest*) qui est source de difficultés : la jurisprudence l'a interpretée de manière très stricte. Dans la décision *Duke of Bedford v. Ellis* [1901], Lord Macnaghten a dégagé trois sous-conditions du recours aux actions en représentation : un intérêt commun, une réclamation commune et une réparation qui bénéficie à l'ensemble des membres du groupe. V° pour plus de précisions : R. MULHERON, *Ibid.*, p. 430 ; J. SEYMOUR, « Representative procedures and the future of Multi-Party actions », (1999) 62 *Mod. L. Rev.* 564 ; M. NAPIER, « Group Litigation : Past, Present and Future » (1993) 2 *Nottingham L. J.* 1, spéc. p. 14 ; J. SORABJI, « The hidden class action in English civil procedure », (2009) 28(4) *C.J.Q.* 498-514 ; *Chrzanowska v. Glaxo Laboratories Ltd* [the Myodil Litigation] (March 1990) Times Law Report (Steyn J.): « It seems that representative actions for damages are not permitted. ».

pratique judiciaire, formellement consacrée par le législateur, le 2 mai 2000 : il s'agit de l'ordonnance de contentieux en groupe (*Group Litigation Order*, ci-après GLO).

En droit français, plusieurs groupes de travail ont réfléchi non seulement au bien-fondé[603] mais aussi à la manière d'introduire une véritable action de groupe, ceci afin de permettre un traitement efficient des contentieux sériels. Cependant, malgré des déclarations politiques[604] en ce sens, le droit français a longtemps continué à résister à l'introduction de ce type d'actions. Le législateur français a fini par s'y résoudre, non sans mal, en 2014, en matière de consommation, puis en 2016, dans quatre nouveaux domaines, y compris en matière sanitaire et environnementale.

Tant l'ordonnance de contentieux en groupe en droit anglais que l'action de groupe en droit français ont précisément été conçues pour appréhender les situations de risques sériels, et notamment de risques sanitaires sériels. Plus encore, ces deux actions ont été créées pour corriger les défaillances affectant d'autres formes d'actions collectives, en particulier les actions en représentation (droit anglais) et en représentation conjointe (droit français). Pour cette raison, nous faisons le choix de concentrer notre analyse sur les *actions de groupe*, et excluons ainsi les actions en représentation de notre analyse[605].

En particulier, ce chapitre a vocation à évaluer l'efficacité de ces actions de groupe dans le contexte des risques sanitaires sériels. Pour ce faire, il convient d'expliquer comment ces mécanismes ont été introduits dans les deux systèmes juridiques (**section I**). L'analyse révélera que les deux systèmes juridiques ont consacré une forme d'action de groupe qui est conforme à leur culture juridique. Par conséquent, nul ne sera étonné des divergences importantes que présente leur fonctionnement, même si l'on observera que les difficultés rencontrées par les deux droits risquent de se recouper dans une certaine mesure (**section II**).

---

603 Par ex. : J. CALAIS-AULOY (Prés.), *Propositions pour un nouveau droit de la consommation : rapport final*, Commission de refonte du droit de la consommation, La documentation française, 1985 ; J. CALAIS-AULOY (Prés.), *Proposition pour un code de la consommation*, rapport de la commission pour la codification du droit de la consommation au Premier ministre, La documentation française, 1990. J.-J. HYEST (SENAT), *Rapport d'information sur les class actions*, Rapp. Sénat n° 249, session 2005-2006. Consultable [en ligne] :
< http://www.senat.fr/noticerap/2005/r05-249-notice.html >

604 J. CHIRAC, *Déclaration sur les priorités de l'action gouvernementale notamment les politiques en faveur de la croissance économique, de l'industrie, de l'emploi et de la construction européenne*, Présentation des vœux aux Forces vives, Paris (Palais de l'Elysée), 4 janvier 2005. Consulté [en ligne] le 12/04/2020 :
< https://www.elysee.fr/jacques-chirac/2005/01/04/declaration-de-m-jacques-chirac-president-de-la-republique-sur-les-priorites-de-laction-gouvernementale-notamment-les-politiques-en-faveur-de-la-croissance-economique-de-lindustrie-de-lemploi-et-de-la-construction-europeenne-paris-le-4-janvier >
Voir également, en 2007 : D. BENHAIM, « Le Gouvernement renonce à sa promesse de class action », *Le Monde*, 17 juin 2011. Consulté le 19/08/2021 sur :
<https://www.lechotouristique.com/article/le-gouvernement-renonce-a-sa-promesse-de-class-action,46774 >

605 L. BORE, « L'action en représentation conjointe : class action française ou action mort-née ? », *D.* 1995, N°35, 19/10/1995, p. 267, spéc. n°8.

SECTION I : L'INTRODUCTION DE L'ACTION DE GROUPE EN DROITS FRANÇAIS ET ANGLAIS

253. La notion d'action de groupe est particulièrement difficile à cerner[606], ce qui résulte en partie du fait que chaque système juridique en a développé sa propre version, avec des caractéristiques qui lui sont propres et qui diffèrent parfois sensiblement d'un système juridique à l'autre[607]. C'est notamment le cas entre l'action de groupe « à la française » et l'ordonnance de contentieux en groupe (*Group Litigation Order*, GLO), développée en droit anglais.

Comme le rappelle le Professeur GUINCHARD, il ne faut pas perdre de vue « que le droit d'un État est [avant tout] le reflet de la culture d'une société »[608]. Les divergences entre les deux procédures, qu'il s'agira de mettre en lumière dans la suite de l'étude, ne peuvent se comprendre que si l'on conserve en mémoire les caractéristiques tenant à l'élaboration des actions de groupe dans ces deux systèmes juridiques (paragraphe 1) ainsi que la physionomie générale de ces deux procédures (paragraphe 2).

§1 – Les caractéristiques tenant à l'élaboration de l'action de groupe dans les droits français et anglais

254. Le processus d'élaboration des actions de groupe en droits français et anglais est conforme à la tradition de ces systèmes juridiques (I), et permet d'expliquer, dans une certaine mesure, les choix préalables auxquels ils ont procédé (II).

---

[606] S. GUINCHARD, « L'action de groupe en procédure civile française », *RIDC*, vol. 42(2), 1990, n°1. V° pour différentes définitions proposées de la notion : *Ibid.*, n°19. Selon l'auteur, il s'agirait d'une action qui permet de « représenter un groupe inorganisé de personnes placées dans une situation juridique comparable ». S. GUINCHARD, C. CHAINAIS, F. FERRAND, *Procédure civile. Droit interne et droit de l'Union européenne*, Dalloz, coll. « Précis », 32ème éd., 2014, n°404 : « l'action introduite par un représentant pour le compte de toute une classe de personnes ayant des droits identiques ou similaires à faire valoir en justice et aboutissant au prononcé d'un jugement ayant autorité de chose jugée à l'égard de tous les membres de cette classe. » ; G. CERUTTI, M. GUILLAUME, « Rapport sur l'action de groupe », Rapp. remis le 16 décembre 20015 au Ministre de l'Economie, des Finances et de l'Industrie et au Garde des Sceaux, p. 6 : « L'action de groupe est une voie ouverte par la procédure civile, permettant à un ou plusieurs requérants d'exercer, au nom d'une catégorie de personnes (classe) une action en justice ». V° aussi : Circulaire du 26 septembre 2014 de présentation des dispositions de la loi n°2014-344 du 17 mars 2014 relative à la consommation et du décret n°2014-1081 du 24 septembre 2014 relatif à l'action de groupe en matière de consommation.

[607] V° par ex. sur ce point : G. CERUTTI, M. GUILLAUME, *Ibid.*, p. 6 et s.

[608] S. GUINCHARD, « Une *class action* à la française ? », *D.* 2005, N°32, 22/09/2005, p. 2180.

I. *UNE ÉLABORATION CONFORME À LA TRADITION JURIDIQUE DES DROITS FRANÇAIS ET ANGLAIS*

255. Le contexte d'apparition des actions de groupe en droits français et anglais. – En droit anglais, l'action de groupe s'est d'abord développée sur une base *ad hoc*, pour répondre aux besoins rencontrés dans la pratique. En effet, dès les années 1980, l'émergence de contentieux de masse dans le domaine des produits de santé a conduit les juges et les parties à se mettre d'accord, sur une base *ad hoc*[609], pour adapter la procédure individuelle[610], au cas par cas, aux situations de dommages de masse, et en particulier sériels. Ainsi, l'action de groupe est née en Angleterre d'une pratique judiciaire marquant l'existence d'une forme de contractualisation de la procédure mise en œuvre[611]. Par exemple, les contentieux relatifs au Norplant, à l'Opren, au vaccin DTP et à l'hormone de croissance ont tous été gérés avec l'instauration d'une forme *ad hoc* d'action de groupe. Inspirées des règles dégagées par la pratique[612], les règles relatives aux ordonnances de contentieux en groupe (GLO) ont fini par être consacrées par le législateur, le 2 mai 2000[613], sous l'influence du rapport présenté par Lord Woolf au *Lord Chancellor*[614], dans la partie 19-III du CPR (*Group Litigation*). Elles ont également été complétées par une directive de pratique (*Practice Direction 19B*), qui précise certains points particuliers de la procédure.

Si, en droit français, la question de l'introduction d'une action de groupe a commencé à être sérieusement envisagée dans les années 1980[615], il aura fallu

---

[609] C. HODGES, *op. cit.* (note 438), p. 5. V° aussi: C. HARLOW, R. RAWLINGS, *Pressure through Law*, Routledge, 1992, p. 129 ; R. MULHERON, *The class action in Common legal systems : A comparative perspective*, Hart Publishing, 2004, p. 97; M. NAPIER, art. préc. (note 602), p. 13 et s.; V° *Ross v. Owners of Bowbelle* [1997] 2 Lloyd's Rep 196 (QB), [217] (Clarke J.).

[610] *Chrzanowska v. Glaxo Laboratories Ltd* [the Myodil Litigation] (March 1990) Times Law Report (Steyn J.): « In England the parties must use the ordinary procedures, devised for the trial of single actions, to cope with the exigencies of group litigation. »

[611] Il était ainsi communément admis que les règles adoptées dans une affaire ne pourraient pas nécessairement s'appliquer dans une autre. V° par ex.: *Foster v. Roussel Laboratories Ltd* (QB, 30 june 1997) (May J.) dans l'affaire du Norplant, le juge a indiqué qu'il était « évident qu'une procédure qui convient dans une situation peut ne pas convenir à une autre » (« obvious that a procedure which suits one situation may not suit another »).

[612] La Cour suprême a même créé un guide pour les actions de groupe, non-contraignant, mais seulement à titre indicatif : SUPREME COURT PRACTICE COMMITEE, *Guide for use in Group Actions*, mai 1991.

[613] *The Civil Procedure (Amendment No 2) Rules 2000* (S.I. 2000/221), schedule 2.

[614] H. WOOLF (Sir), « Multy-Party Actions » *in Access to Justice : Final Report to the Lord Chancellor on the Civil Justice System in England and Wales*, London: HMSO, 1996, n°46. Disponible [en ligne] : <http://webarchive.nationalarchives.gov.uk/20060213223540/http://www.dca.gov.uk/civil/final/contents.htm >

[615] La première proposition vient de la commission dirigée par le Professeur Calais-Auloy. En 2005, l'ancien Président de la République, Jacques Chirac annonçait son souhait aux français que soit introduite une action de groupe d'ici la fin de l'année 2005, souhait non concrétisé.

attendre la loi du 17 mars 2014[616] pour que cette procédure voie le jour, dans le domaine de la consommation, avant d'être étendue à d'autres secteurs, comme celui de la santé. De fait, alors qu'en droit anglais, la création de l'action de groupe a d'abord été prétorienne, en droit français, elle est l'œuvre du législateur.

256. Un processus d'élaboration conforme à la tradition juridique des systèmes français et anglais. – En droit français, il eut été impossible que l'action de groupe se développe, comme en droit anglais, par la voie prétorienne, sans qu'une loi ne la consacre expressément. D'abord, il convient de ne pas oublier que si la jurisprudence joue un rôle fondamental, le droit français est tout de même issu d'une tradition légaliste[617], au contraire du droit anglais, plus volontiers qualifié de *juge-made law*. L'argument juridico-historique permet sans doute d'expliquer pourquoi l'adaptation procédurale par la voie judiciaire pose conceptuellement moins de difficultés dans les systèmes de *Common Law*[618] que ceux de droit continental. Ensuite, et surtout, la procédure d'action de groupe française est dérogatoire aux principes processuels classiques, puisqu'elle autorise une personne qui n'a pas subi personnellement de dommage à agir pour autrui, *sans mandat*. Il s'agit d'une véritable entorse au principe « nul ne plaide par procureur », qui en tant que telle, ne peut être admise que par la voie législative[619]. Au contraire, le GLO anglais n'est pas vu comme une révolution ; plutôt, il s'agit d'un simple outil permettant à certains individus personnellement lésés de se regrouper ensemble pour que soient tranchées des questions communes ou liées : tous les membres du groupe sont des parties à l'action. Ainsi, le GLO constitue plus une adaptation de la procédure qu'une véritable dérogation.

---

[616] Art. 1 et 2, L. n°2014-344 du 17 mars 2014 relative à la consommation (dite loi « Hamon »), JORF 18 mars 2014, p. 5400.

[617] B. LOUVEL, « La semaine du droit : l'entretien », *JCP. G*, 19/10/2015, n°43, p. 1906.

[618] *Chrzanowska v. Glaxo Laboratories Ltd* [the Myodil Litigation] (March 1990) Times Law Report (Steyn J.): « If the Courts did not have the power to devise entirely new procedures to deal with such cases the system would break down entirely. That is no doubt why the Master of the Rolls recently emphasised in *Horrocks v Ford Motor Co. Ltd.* (unreported), decided on 12th February 1990, that in such cases the Court are entitled to devise new procedures adapted to the circumstances of the particular group litigation. Subject to the need to bear in mind the essential protection of the adversarial system, I must proceed on the basis that our Courts have a broad and flexible power to adopt new procedures which will promote the ends of justice ... »

[619] En ce sens : M.-A. FRISON-ROCHE, « Les résistances mécaniques du système juridique français à accueillir la class action : obstacles et incompatibilités », *LPA*, 10/06/2005, n°115, p. 22 spéc. n°s26-30. S. GUINCHARD, art. préc. (note 608), p. 2180. Pour une vision un peu différente : V° H. CROZE, « Un droit commun de l'action de groupe ? », *Procédures n°2*, Février 2017, étude 4, n°1-2 qui considère que rien n'imposait que l'on passe par la voie de la consécration légale (*stricto sensu*). Selon lui, si l'action de groupe n'était qu'une question de procédure, il aurait été envisageable de la consacrer par la voie réglementaire. Mais, la consécration de cette nouvelle action lui paraît trop sérieuse pour être consacrée par un simple décret. Quoi qu'il en soit, l'auteur ne remet pas en cause la nécessité d'un texte légal (*lato sensu*) pour introduire la procédure en droit français.

257. La volonté des systèmes juridiques d'introduire une action de groupe non seulement conforme à leur tradition juridique, mais aussi aux principes traditionnels applicables dans ces droits, permet de comprendre les choix auxquels les systèmes juridiques ont procédé dans la conception de l'action.

II. *LES CHOIX DANS L'ÉLABORATION DE L'ACTION DE GROUPE*

258. Lorsque les législateurs français et anglais ont consacré textuellement les règles applicables aux actions de groupe, ils ont dû procéder à certains choix préalables, notamment quant au domaine d'application de l'action de groupe (A), et quant au type d'action de groupe (B).

A. LE CHOIX D'UNE ACTION DE GROUPE GÉNÉRIQUE OU SECTORIELLE : DIVERGENCES DES DROITS FRANÇAIS ET ANGLAIS

259. Un choix différent des systèmes juridiques français et anglais. – Comme pour l'action en représentation conjointe, le législateur français a fait le choix de consacrer une action de groupe « sectorielle »[620], autrement dit dans certains domaines limitativement énumérés, bien qu'il existe un socle commun de règles[621] : consommation (2014), santé (janvier 2016), discrimination, protection des données personnelles et environnement (novembre 2016). Au contraire, le législateur anglais n'a pas cherché à limiter les domaines dans lesquels il est possible d'avoir recours à un GLO. Par conséquent, sous réserve que les conditions posées par la partie 19-III du CPR soient respectées, un GLO est susceptible d'être mis en œuvre dans n'importe quel secteur. À ce jour, l'action de groupe anglaise a été mise en œuvre dans des domaines aussi variés que celui sanitaire (produits défectueux, travail, médical)[622],

---

[620] En ce sens : D. MAINGUY, « L'élargissement des actions de groupe », *RLDC*, N°136, 1er avril 2016.

[621] Loi n°2016-1547 du 18 novembre 2016 de modernisation de la justice du XXIe siècle, JORF n°269, 19 novembre 2016.

[622] Dans le contexte sanitaire (2000-2017), on peut répertorier : produits défectueux : 10 GLO ; médical : 4 GLO ; dans le cadre du travail : 6 GLO ; dans le domaine environnemental lié à la santé : 3 GLO. Il y a donc environ 25% des GLO qui concernent des risques sanitaires, toute origine confondue. Pour consulter la liste des GLO depuis 2000 : < https://www.gov.uk/guidance/group-litigation-orders#the-british-steel-coke-oven-workers-litigation >

environnemental[623], financier[624], fiscal[625] ou encore dans les cas d'abus et de mauvais traitements[626].

260. La position du droit français s'explique selon nous par des raisons idéologiques et juridiques. Sur un plan idéologique d'abord, il convient de ne pas oublier que le droit français s'est toujours montré rétif à l'introduction de l'action de groupe, notamment – mais pas seulement – par crainte de tomber dans les dérives américaines de la *class action*[627], que d'aucuns ont pu qualifier de « monstre Frankenstein »[628]. Ainsi, la restriction de l'action de groupe à certains domaines précis permet de cibler les secteurs dans lesquels les dommages de masse sont susceptibles de se produire – donc les domaines dans lesquels l'action de groupe est utile – tout en limitant les débordements possibles.

Sur un plan juridique ensuite, la restriction du domaine d'application présente l'avantage de pouvoir créer des règles « sur mesure » en fonction du but poursuivi par les différentes actions de groupe. Au surplus, l'exception doit être comprise de manière stricte, et nous l'avons dit, le mécanisme de l'action de groupe constitue une dérogation aux principes processuels classiques[629].

En droit anglais, nous pensons que le choix d'une action de groupe « générique » s'explique d'abord au regard de la manière dont ce mécanisme a été élaboré. Étant donné que l'action de groupe a existé en pratique une vingtaine d'années avant d'être consacrée par la loi, les législateurs disposaient déjà d'un retour d'expérience, utile pour limiter les dérives possibles tout en élargissant au maximum le mécanisme.

Également, le GLO est vu en droit anglais comme un simple outil à la disposition du juge pour permettre une gestion plus efficiente des contentieux de masse ; de ce fait, il était nécessaire que, comme dans la pratique, les juges disposent d'une certaine flexibilité qui favorise cette gestion. Dans cette perspective, un socle épuré de règles est la meilleure technique pour parvenir à remplir cet objectif.

261. La pertinence des actions de groupe françaises dans le cadre de risques sanitaires sériels. – Parmi les domaines spécifiques auxquels les actions de groupe « à la française » s'appliquent, seules celles dans le domaine de la santé et de l'environnement sont susceptibles d'être mises en œuvre en cas

---

[623] Entre 2000 et 2017, dans le domaine environnemental non lié à la santé, y compris les nuisances : 11 GLO.
[624] Entre 2000 et 2017 : 10 GLO.
[625] Entre 2000 et 2017 : 9 GLO.
[626] Entre 2000 et 2017 : 18 GLO.
[627] Par ex. : M. TARUFFO, art. préc. (note 592), spéc. p. 414.
[628] Le terme a été utilisé pour la première fois par Chief Justice Lumbard dans *Eisen v. Carlisle & Jacquelin*, 391 F.2d. 555, 572 comme le relève A. R. MILLER, « Of Frankenstein Monsters and Shining Knights : Myth, Reality, and the "Class Action Problem" », (Janvier 1979) 92(3) *Harv. L. Rev.* 664-694, spéc. p. 665.
[629] V° en ce sens : M . BACACHE, « Action de groupe et responsabilité civile », *RTD civ.* 2014, N°2, 24/07/2014, p. 450.

de risques sanitaires sériels. En effet, l'action de groupe « consommation » ne peut être mise en œuvre que pour obtenir la réparation de préjudices patrimoniaux résultant de dommages matériels, ce qui exclut son utilité en cas de risques sanitaires sériels. Également, en raison de leur objet même, les actions de groupe en matière de discrimination ou de protection des données personnelles ne présentent pas d'utilité en cas de risques sanitaires sériels.

L'action de groupe « santé », en revanche, créée par une loi du 26 janvier 2016[630], a été spécifiquement prévue pour appréhender les risques sanitaires sériels résultant de l'utilisation de produits de santé. L'action de groupe en matière environnementale, créée par la loi du 18 novembre 2016[631] qui prévoit aussi le socle commun de règles des actions de groupe, pourrait être utile puisqu'elle a notamment vocation à réparer les préjudices corporels résultant d'un dommage environnemental. Cependant, contrairement à l'action de groupe « santé », l'action de groupe en matière environnementale n'a pas pour vocation principale l'appréhension juridique de risques sanitaires sériels. Plutôt, il semble s'agir d'une vocation secondaire, en ce sens qu'elle permet la réparation de tous préjudices matériels ou corporels résultant d'un dommage causé à l'environnement. C'est donc l'environnement qui est visé au premier chef, ce qui explique que nous lui consacrerons des développements incidents.

B. LE CHOIX D'UNE ACTION DE GROUPE DE TYPE *OPT-IN* : CONVERGENCES DES DROITS FRANÇAIS ET ANGLAIS

262. Le choix d'une action de groupe de type *opt-in* ou *opt-out*. – Lors de l'élaboration d'une procédure d'action de groupe, l'une des questions les plus débattues concerne la manière dont le groupe se constitue[632]. Une première option est de présumer l'adhésion des intéressés au groupe, de sorte que ce dernier comprenne l'ensemble des victimes, sauf celles qui ont expressément exprimé leur refus d'y être intégrées : il s'agit du mécanisme de type *opt-out*.

Au contraire, la seconde option est de considérer que seuls les membres qui ont expressément manifesté leur intention claire et non-équivoque d'appartenir au groupe y sont inclus : il s'agit du mécanisme de type *opt-in*. Les systèmes juridiques français et anglais ont tous deux fait le choix d'une action de groupe de type *opt-in*[633].

[630] Art. 184, Loi n°2016-41 du 26 janvier 2016 de modernisation de notre système de santé, JORF n°22, 27 janvier 2016, texte n°1.

[631] Art. 89, Loi n°2016-1547 du 18 novembre 2016 de modernisation de la justice du XXIe siècle, JORF n°0269, 19 novembre 2016, texte n°1.

[632] L. BETEILLE, R. YUNG, rapp. préc. (note 598), p. 74.

[633] Il convient néanmoins de préciser qu'en droit anglais, le *Consumer Rights Act 2015* a introduit une action de groupe de type *opt-out*, spécifiquement dans le domaine de la concurrence. Néanmoins, ce mécanisme ne sera pas étudié car il ne permet pas d'appréhender les risques sanitaires sériels.

263. Les raisons du choix de l'action de groupe de type *opt-in*. – En droit français, le choix de l'*opt-in* s'explique d'abord par le rejet du choix de l'*opt-out* : en premier lieu, certains auteurs[634] ont relevé que la procédure de type *opt-out* aurait constitué une entorse profonde au principe selon lequel « nul ne plaide par procureur », puisque par hypothèse l'association agirait en représentation d'un groupe indéterminé de personnes, sans même obtenir leur assentiment préalable. Une décision du Conseil constitutionnel du 25 juillet 1989[635] fournit un appui à cet argument puisque dans le cas d'un syndicat agissant en justice pour le compte d'un salarié, s'il valide l'hypothèse d'un assentiment tacite, c'est néanmoins à la condition que le salarié ait eu personnellement connaissance de la nature et de l'objet de l'action, ainsi que la portée de son acceptation et du fait qu'il puisse mettre un terme à cette action à tout moment. Or, il faut bien reconnaître que dans le cas d'une action de groupe, cette possibilité semble difficile à mettre en œuvre en pratique car justement les membres du groupe ne sont pas tous identifiés[636].

De plus, la procédure de type *opt-out* est de nature à remettre en cause les droits de la défense, puisque faute d'adhésion volontaire, il est possible que les membres du groupe demeurent non identifiés, empêchant de ce fait le défendeur de faire valoir certains moyens de défense à leur encontre. En droit anglais, le rapport de Lord Woolf relatif à l'action de groupe préconisait une flexibilité des juges sur cette question, leur laissant le choix de recourir à une procédure de type *opt-in* ou *opt-out* au cas par cas[637], proposition qui n'a pas été suivie d'effet.

La préférence, en droits français et anglais, pour une procédure de type *opt-in* se justifie en réalité par le fait qu'elle est plus compatible avec les principes du procès civil. En effet, non seulement cette solution préserve la liberté personnelle des victimes, qui ne sont pas engagées dans une procédure contre leur volonté, mais elle préserve aussi les droits de la défense, puisqu'elle permet au défendeur attaqué de connaître l'ensemble des plaignants et de construire sa défense en conséquence[638].

264. Conclusion du §1. – Les caractéristiques tenant à l'élaboration de l'action de groupe en droits français et anglais témoignent d'une volonté des systèmes juridiques d'introduire une collectivisation de l'action conforme à leur tradition juridique. Ainsi, en droit français, l'action de groupe a été créée par le législateur, quand au contraire, en droit anglais, elle a été créée sous les efforts combinés des juges et des parties sur une base *ad hoc* avant d'être reconnue par le législateur. Surtout, si les deux droits ont introduit une action de groupe de

---

[634] L. BETEILLE, R. YUNG, rapp. préc. (note 598), p. 75.

[635] Cons. constit., déc. n°89-257 DC du 25 juillet 1989 sur la loi modifiant le code du travail et relative à la prévention du licenciement économique et au droit à la conversion, JO, 28 juillet 1989, p. 9503.

[636] V° aussi : G. CERUTTI, M. GUILLAUME, rapp. préc. (note 606), p. 32, où les auteurs du rapport relèvent que « pour la quasi-unanimité de la doctrine, cette jurisprudence du Conseil constitutionnel, fondée sur la liberté personnelle d'agir en justice, interdit en droit français l'opt-out ».

[637] H. WOOLF (Sir), « Multy-Party Actions » *in* rapp. préc. (note 614).

[638] En droit français : L. BETEILLE, R. YUNG, rapp. préc. (note 598), p. 76 ; G. CERUTTI, M. GUILLAUME, rapp. préc. (note 606), p. 30. En droit anglais : *Ibid.*, spéc. n°43.

type *opt-in*, ils ont fait un choix différent en ce qui concerne la question de son champ d'application : en effet, le législateur français a, une fois de plus, succombé à la tentation de multiplier les actions de groupe sur une base sectorielle ; au contraire, le législateur anglais, suivant en cela la pratique judiciaire, a privilégié une action générique, invocable dans tous domaines.

§2 – Présentation succincte des procédures d'actions de groupe en droits français et anglais

265. Il s'agit de présenter d'abord la physionomie générale des actions de groupe françaises « santé » et « environnement », seules pertinentes en cas de risques sanitaires sériels (I) avant de présenter celle de l'ordonnance de contentieux en groupe, en droit anglais (II), ce qui permettra d'avoir une première vue d'ensemble de ces procédures.

I. *La physionomie générale des actions de groupe « santé » et « environnement »*

266. Afin de comprendre quelle est la physionomie générale des actions de groupe « santé » et « environnement », il importe d'en présenter succinctement les principales caractéristiques (A), ce qui permettra de les distinguer des actions dites « collectives conjointes » qui ont récemment émergé en pratique (B).

A. Présentation des principales caractéristiques des actions de groupe « santé » et « environnement »

267. Les caractéristiques de l'action de groupe « à la française ». – La procédure française d'action de groupe accorde la possibilité, dans certains cas, à certaines associations d'agir en réparation de préjudices corporels subis par plusieurs individus et présentant une origine commune. Seules ces associations ont la qualité de « partie » à l'instance[639], ce qui préserve le modèle traditionnellement individuel de l'action judiciaire. Dans les domaines de la santé et de l'environnement, l'action de l'association ne peut avoir pour objet que la réparation de préjudices ou la cessation d'un manquement (environnement). L'accent est mis sur les dispositifs amiables puisque non

---

[639] Sur les difficultés nées de la qualification de « partie » dans les actions de groupe : S. AMRANI-MEKKI, « Action de groupe et procédure civile », *RLDC*, N°32, 1er novembre 2006, spéc. n°8.

seulement une première phase de négociation, ne pouvant être inférieure à quatre mois, est obligatoire, mais au surplus le recours à une médiation est possible tout au long de la procédure.

Pour introduire l'action, l'association n'a pas besoin du consentement des personnes intéressées, ce qui est une dérogation aux principes processuels classiques. Cette position est possible car l'association n'agit pas en représentation, comme le fait le représentant dans la *class action* américaine[640], mais agit en *substitution* des personnes intéressées. L'association ne peut agir que dans les limites définies par la loi pour chaque action de groupe et ces conditions de recevabilité seront examinées directement dans le jugement sur la responsabilité – non pas avant, ce qui doit permettre d'éviter l'existence d'un précontentieux, comme cela est souvent le cas aux États-Unis avec la phase de *certification*. Dans le jugement en responsabilité, le juge se prononce sur la recevabilité et le fond, et définit également les critères de rattachement au groupe, le délai durant lequel les personnes peuvent se rattacher au groupe, les mesures de publicité, ainsi que les préjudices pouvant être réparés.

268. Le groupe de « victimes » se rattachant à l'action de groupe n'est par conséquent constitué qu'*après* le jugement en responsabilité, ce qui est l'un des traits les plus originaux de l'action de groupe « à la française ». Comme dans les mécanismes d'*opt-out*, jusqu'au jugement en responsabilité, les personnes n'ont pas besoin d'être précisément identifiées. En revanche, le droit français a bien consacré une procédure d'*opt-in* puisque les personnes intéressées doivent manifester leur intention d'appartenir au groupe pour y être intégrées. L'adhésion prend la forme d'une demande en réparation et n'est pas obligatoire. Elle emporte cependant la transformation de la qualité de l'association, qui n'agit alors plus en substitution, mais en représentation des individus. L'adhésion au groupe permet donc de protéger la liberté des individus, en s'assurant qu'ils ne puissent pas être engagés personnellement sans leur consentement. Cette liberté est également protégée puisque les « victimes » conservent toujours la possibilité d'agir par la voie individuelle, et afin que cette faculté soit effective, il est prévu que l'exercice de l'action de groupe suspende le délai de prescription des actions individuelles.

269. La procédure de réparation des préjudices est amiable, ce qui vise à accélérer l'indemnisation. D'abord, par la voie de la médiation, une convention d'indemnisation amiable prévoyant les modalités de la réparation, et proposée par le médiateur, peut être conclue entre l'association et l'une au moins des personnes impliquées dans la procédure ; elle doit obtenir l'homologation du juge. Ensuite, sans médiation, le défendeur qui a reçu la demande individuelle de réparation de l'individu doit directement l'indemniser. Les droits de la défense sont cependant protégés puisque le défendeur peut refuser l'indemnisation, auquel cas la personne non satisfaite doit s'adresser au juge pour faire trancher le différend. Ainsi, le défendeur peut alors invoquer des

---

[640] Sur d'autres différences entre l'action de groupe « à la française » et la *class action* américaine : Y. TARASEWICZ, G. ROCHE, « L'action de groupe à l'aune de la "class action" américaine », *Semaine Sociale Lamy*, N°1741, 24 octobre 2016.

moyens de défense spécifiques au membre du groupe concerné et qu'il n'aurait pas forcément eu l'occasion d'invoquer durant le jugement en responsabilité.

270. En somme, l'action de groupe « à la française » se présente donc véritablement comme un mécanisme original qui cherche à combiner certains avantages de la procédure de type *opt-out,* tout en essayant de déroger le moins possible aux principes processuels classiques français et de favoriser le traitement extrajudiciaire du contentieux. En particulier, l'action de groupe française cherche à préserver le caractère traditionnellement individuel de l'action en responsabilité civile. L'action de groupe doit cependant être distinguée d'une autre forme de recours collectif qui a émergé de la pratique, les « actions collectives conjointes ».

B. DISTINCTION ENTRE L'ACTION DE GROUPE ET LES « ACTIONS COLLECTIVES CONJOINTES »[641]

271. Les moteurs de l'évolution. – Parallèlement à la naissance des actions de groupes en droit français, plusieurs plateformes numériques[642] permettant d'introduire des actions dites « collectives »[643], parfois appelées « actions conjointes »[644] ou encore « actions collectives conjointes »[645] ont vu le jour en France, sous l'impulsion de certains praticiens du droit[646].

En effet, l'assouplissement des règles, s'appliquant aux avocats, relatives à la publicité et à la sollicitation personnalisée depuis la loi « Hamon » du 7 mars 2014[647] et le décret du 28 octobre 2014[648], le développement de nouveaux outils numériques – permettant à l'avocat d'atteindre potentiellement un grand nombre de personnes dispersées sur le territoire *via* son site internet –, ainsi que l'évolution des mentalités quant aux recours collectifs constituent autant de

---

[641] Nous remercions Maître Christophe Lèguevaques, avocat et créateur de la plateforme internet « MySMARTcab », pour le temps que celui-ci nous a consacré afin de répondre à nos (nombreuses) questions.

[642] Des plateformes internet ont été fondées ou co-fondées par des avocats permettant ainsi de proposer de rejoindre ce type d'actions. Par ex., on peut citer la plateforme « MySMARTcab » (créée par Me C. Lèguevaques : <https://mysmartcab.fr/christophe-leguevaques/ >) ou encore la plateforme « V pour Verdict » (co-fondée par Me E. Gélot : < https://vpourverdict.com/ >).

[643] Par ex.: V° l'article publié par la Rédaction Lextenso, « Lancement de MySMARTcab « activateur de justice » », *LPA* 24/06/2016, n°126, p. 2, qui parle d' « action collective ».

[644] C. DELZANNO, « MYSMARTCAB.FR Un Cab on line pour les actions conjointes », *Dr. & Patr.* n°261, 1er septembre 2016 ; O. DUFOUR, « Action de groupe : la riposte du barreau de Paris », *Gaz. Pal.* n°332, p. 3.

[645] L'expression semble plutôt être utilisée par les praticiens eux-mêmes. V° sur les différentes plateformes internet (note 642).

[646] V° *supra*, note 642.

[647] L. n°2014-344 du 17 mars 2014 relative à la consommation (dite loi « Hamon »), JORF, n°65, 18 mars 2014, p. 5400, texte n°1.

[648] Décret n°2014-1251 du 28 octobre 2014 relatif aux modes de communication des avocats, JORF, n°251, 29 octobre 2014, p. 17894, texte n°27.

facteurs qui, combinés les uns aux autres, expliquent le développement de ces « actions collectives conjointes ».

272. Les actions collectives conjointes : nouvelle forme *ad hoc* de recours collectif ? – Bien que ces actions soient parfois confondues avec les actions de groupe[649], il est pourtant important de les distinguer : contrairement à ces dernières, les actions collectives conjointes constituent en fait un simple regroupement de plusieurs actions individuelles similaires. En d'autres termes, là où pour l'action de groupe française, une association est la seule partie demanderesse agissant en substitution des victimes, dans l'action collective conjointe, toutes les victimes qui ont introduit une demande individuelle sont des parties au procès.

Sur un plan technique, il est sans doute inexact de considérer que ce type de d'action constitue une forme de recours collectif, car en réalité, chaque demandeur agit individuellement. Il s'agit en fait d'une situation de *litisconsortium* actif – plusieurs demandeurs et un défendeur – ou mixte – plusieurs demandeurs et défendeurs : dans tous les cas, la situation est celle de la pluralité de parties[650]. Ces situations ne sont, pour tout dire, pas nouvelles et existent depuis longtemps. En revanche, ce qui est véritablement inédit est le nombre de demandeurs maintenant parties à ce type d'actions. Dans l'affaire du Levothyrox, par exemple, les laboratoires Merck ont dû faire face à 4113 plaignants[651]. Ce regroupement inédit est justement permis par l'émergence de ces plateformes numériques, qui constituent le support matériel de telles actions. Sur un plan pratique, les actions conjointes collectives prennent une coloration collective, qui doit nous amener à les considérer comme de nouvelles formes *ad hoc* de recours collectifs, lorsqu'on a égard à leur finalité.

273. Avantages et inconvénients des actions collectives conjointes par rapport aux actions de groupe. – Les actions collectives conjointes présentent certains avantages indéniables par rapport à l'action de groupe.

D'abord, de manière générale, elles sont plus flexibles. Par exemple, elles peuvent être entreprises pour n'importe quel type de contentieux, pour tout type de demande (indemnitaire, cessation, etc.) ; les conditions de mise en œuvre

---

[649] Surtout dans les médias. Par exemple, plusieurs journaux ont considéré que l'affaire du Lévothyrox était une action de groupe, alors qu'en réalité il s'agissait d'une action (collective) conjointe : « Levothyrox : vers une action de groupe contre Merck KGaA et sa nouvelle formule », *La Tribune*, 20/09/2017, [en ligne] consulté le 19/08/2021 sur : < https://www.latribune.fr/entreprises-finance/industrie/chimie-pharmacie/levothyrox-vers-une-action-de-groupe-contre-merck-et-sa-nouvelle-formule-750986.html > ; « Nouvelle formule du Levothyrox : le laboratoire Merck cible d'une action de groupe », *LCI*, 20/09/2017, [en ligne] consulté le 19/08/2021 sur : < https://www.lci.fr/sante/nouvelle-formule-du-levothyrox-le-laboratoire-merck-cible-d-une-action-de-groupe-2064943.html >

[650] Sur les règles – et difficultés – relatives aux situations de pluralités de parties, V° par ex. : L. CADIET, D. LORIFERNE (dir.), *La pluralité des parties*, Actes des 3èmes rencontres de procédure civile, T. 47, IRJS édition, coll. Bibliothèque de l'Institut de Recherche Juridique de la Sorbonne, 2013 ; D. LANZARA, « Les règles de procédure civile à l'épreuve de la pluralité de parties », *D.* 2015, N°43, 10/12/215, p. 2520.

[651] TI Lyon, 5 mars 2009, JurisData n°11-18-000809.

d'une telle action ne sont pas limitées comme c'est le cas pour les différentes actions de groupe[652].

Ensuite, les victimes, parties au procès, conservent la maîtrise de la procédure, ce qui n'est pas leur cas dans la procédure d'action de groupe, du moins jusqu'au jugement sur la responsabilité, l'association étant seule partie à l'action judiciaire. Si l'on ajoute à cela le fait que le regroupement de nombreux individus permet de mutualiser les frais de l'avocat, les actions collectives conjointes permettent aux victimes de pouvoir agir pour un coût relativement modeste.

274. Cependant, malgré ces avantages, les actions collectives conjointes présentent selon nous un inconvénient majeur, surtout dans le cadre de risques sanitaires sériels. Le succès du regroupement repose sur la possibilité d' « effacer » autant que faire se peut les éléments spécifiques à chaque demandeur pour concentrer le contentieux sur les éléments qui leur sont « communs », comme l'illustre l'affaire du Levothyrox. Dans ce contentieux, les demandeurs avaient demandé la réparation de simples préjudices moraux, dont le montant était identique pour chaque demandeur ; de la même façon, les demandeurs invoquaient à chaque fois l'existence d'un même fait générateur de la part des laboratoires.

Au contraire, dans les situations particulièrement complexes, qui nécessitent de s'intéresser individuellement à la situation des demandeurs, il n'est pas sûr que le recours à cette voie soit judicieux. Par exemple, dans le cas du Distilbène, les demanderesses peuvent présenter différentes atteintes à la santé (adénocarcinomes à cellules claires, infertilité, etc.) ; l'évaluation de leurs préjudices est alors nécessairement individuelle ; la détermination de l'existence d'un lien de causalité ne peut également qu'être spécifique à chaque demandeur. Dans de telles situations, le recours à ce type d'action devient particulièrement compliqué. Il nous apparaît donc que ce type de recours collectif n'a vocation à prospérer que dans les situations peu ou moyennement complexes.

275. Le développement de nouveaux outils numériques a donc permis aux praticiens du droit de développer, dans le carcan des règles classiques de procédure civile, une nouvelle forme de recours collectif, qui semble prospérer comme en témoignent les différentes actions de ce type en cours. Elles se distinguent pourtant de la procédure d'action de groupe par le fait qu'elles permettent un simple regroupement d'actions individuelles similaires, ce qui les rapproche, dans une certaine mesure, de l'action de groupe « anglaise ».

---

652 V° sur les conditions strictes de mise en œuvre des actions de groupe « santé » et « environnement » : *infra*, n°283 à 294.

II. *La physionomie générale de l'action de groupe « à l'anglaise »*

276. Les caractéristiques de l'ordonnance de contentieux en groupe. – Le GLO peut être commencé à la demande de toute personne concernée ou à l'initiative de la cour elle-même, si elle l'estime à propos, peu important le domaine ou le type de demande. Les conditions de recevabilité sont peu nombreuses et visent principalement à s'assurer que ce mécanisme est le plus approprié pour traiter le contentieux de masse.

Le groupe doit être formé avant toute décision au fond et l'adhésion se fait par l'inscription sur un registre de groupe, établi par le juge. Néanmoins, il est tout à fait impossible aux personnes intéressées de s'inscrire sur le registre si elles n'ont pas au préalable introduit une action individuelle. Étant donné que le groupe doit être constitué avant toute décision au fond, le juge pose un délai après lequel aucune action individuelle ne peut plus être inscrite sur le registre de groupe et il peut ordonner les mesures de publicité pour faire connaître l'existence du groupe. Un individu qui aurait laissé passer ce délai n'aurait donc d'autre choix que d'introduire une action individuelle, si tant est qu'elle ne soit pas prescrite, pour obtenir satisfaction.

Toute décision prise par le juge dans le cadre du GLO « lie » l'ensemble des membres du groupe et ne résout que les problèmes « communs ». Une seconde étape est donc nécessaire pour que chaque litige individuel soit tranché. La cour ayant résolu les problèmes communs va bien souvent renvoyer chaque cas individuel auprès d'une cour dont le ressort territorial est plus approprié et c'est celle-ci qui va se prononcer sur les questions individuelles, spécifiques à chaque cas – comme par exemple, la question du *quantum*.

277. L'ordonnance de contentieux en groupe est donc une forme d'action collective de type *opt-in* dans laquelle le juge dispose de très larges pouvoirs discrétionnaires lui permettant d'adapter cette procédure au gré des contentieux. Il s'agit d'une procédure flexible qui n'est pas fondée sur l'idée d'une représentation ou d'une substitution. Chaque membre du groupe est une « partie » à l'action : il s'agit donc sans doute d'une des formes les plus édulcorées d'action de groupe, qui se rapproche plutôt d'une procédure poussée de jonctions d'instances multiples[653].

278. Conclusion de la section I. – La présentation, à grands traits, des caractéristiques et de la physionomie des actions de groupe en droits français et anglais fait déjà apparaître des divergences entre ces systèmes juridiques. En

---

[653] E. F. Sherman, art. préc. (note 592), p. 423: « Given the shortcomings of English representative actions, amendments to the Civil Procedure Rules were made in 2000 to allow courts to issue Group Litigation Orders providing for "the case management of claims which give rise to related issues of fact or law." *This is essentially a consolidation device*_that has elements of the American transfer of federal court cases with common questions to a single court by the judicial panel on multidistrict litigation. [italiques ajoutées par nous] »

particulier, la procédure d'action de groupe « française » n'est pas unique, mais plurielle ; surtout, elle a cherché à combiner les avantages d'une procédure *opt-out*, tout en préservant les principes classiques du droit processuel français et notamment le caractère individuel de l'action en responsabilité civile. Au contraire, l'action de groupe anglaise est non seulement unique, mais surtout elle consiste en fait en un simple regroupement d'actions individuelles similaires. Si ces deux actions de groupe sont très différentes dans leur fonctionnement, elles sont toutefois caractérisées par des difficultés parfois identiques, qui sont susceptibles de remettre en cause leur efficacité dans le contexte des risques sanitaires sériels.

SECTION II : FONCTIONNEMENT ET DIFFICULTÉS DES ACTIONS DE GROUPE DANS LES CAS DE RISQUES SANITAIRES SÉRIELS

279. Malgré leurs différences parfois marquées, les actions de groupe créées en droit français et en droit anglais s'inscrivent dans la poursuite d'un même but, celui d'une meilleure gestion judiciaire des contentieux de masse, et notamment des contentieux sériels. Par conséquent, l'action de groupe constitue une voie procédurale pertinente pour la réparation de préjudices individuels résultant de la réalisation de risques sanitaires sériels. Dans ces conditions, la comparaison du fonctionnement de ces actions de groupe est particulièrement utile (paragraphe 1) pour comprendre les difficultés qui tiennent à leur mise en œuvre respective (paragraphe 2), lesquelles sont susceptibles de remettre en cause leur efficacité.

§1 – Le fonctionnement de l'action de groupe dans les cas de risques sanitaires sériels

280. Les actions de groupe consacrées en droits français et anglais présentent des divergences importantes, en ce qui concerne tant leurs conditions d'exercice (I) que la mise en œuvre de la procédure (II).

I. *LES CONDITIONS D'EXERCICE DE L'ACTION DE GROUPE EN DROITS FRANÇAIS ET ANGLAIS*

281. Certaines conditions d'exercice de l'action de groupe sont communes aux deux systèmes juridiques et témoignent de la volonté d'appréhender les situations de dommages sériels (A). En revanche, d'autres conditions sont spécifiques aux deux systèmes juridiques, révélant de ce fait un objectif différent dans les deux droits (B).

A. Les conditions communes : l'applicabilité de l'action aux dommages sériels

282. Les systèmes juridiques français et anglais prévoient tous deux une condition numérique (1) et une condition de similarité (2) qui dénotent l'applicabilité de ce mécanisme procédural aux cas de dommages sériels.

1. La condition numérique

283. Une condition imprécise dans les deux droits. – En droit anglais, le juge a toute discrétion pour prendre une ordonnance de contentieux en groupe lorsqu'il y a, ou qu'il est susceptible d'y avoir, « un certain nombre d'actions » présentant des questions de fait ou de droit communes ou liées[654]. Cette condition numérique présuppose une pluralité qui n'est pas précisément définie[655], ce qui s'inscrit en contradiction avec les propositions qui avaient été faites avant l'introduction légale de la procédure d'action de groupe dans le CPR. Certains auteurs avaient en effet proposé d'imposer un minimum de dix personnes pour recourir à la voie de l'action de groupe[656], quand d'autres avaient tenté d'abaisser le niveau à cinq personnes, tout en précisant qu'elle ne figure pas au titre des conditions formelles[657]. Néanmoins, ces propositions n'ont pas été retenues afin de laisser aux juges la flexibilité nécessaire pour qu'ils décident de l'opportunité – ou non – de prendre une ordonnance de contentieux en groupe.

En droit français, la condition numérique n'est pas plus précise. D'abord, l'article 62 de la loi du 18 novembre 2016, qui pose le socle commun des règles relatives aux actions de groupe, prévoit la possibilité de recourir à cette action sous la condition qu'il y ait « plusieurs personnes » affectées, condition qui est également présente pour l'action de groupe en matière environnementale. Dans le cas de l'action de groupe « santé », la condition est encore moins précise

---

[654] Rule 19.11 (1), CPR: « The court may make a GLO where *there are or are likely to be a number of claims* giving rise to the GLO issue. [italiques ajoutées par nous] »

[655] C. LOVEDAY, « Multi-Party Rules : US, Canada, Australia and the UK », (1998) 26 *International Business Lawyer* 77, spéc. p. 79.

[656] H. WOOLF (Sir), « Multi-Party Actions » *in* rapp. préc. (note 637), n°19 qui indique que le *Law Society's working party* avait proposé dans la proposition de règle 1.1 qu'il y ait un minimum de dix personnes.

[657] H. WOOLF (Sir), « Multi-Party Actions » *in* rapp. préc. (note 637), n°20, où l'auteur propose lui-même un abaissement du nombre minimal, en préconisant que cette condition ne figure cependant pas dans la loi, mais constitue un simple guide.

puisque l'article L. 1143-2 du Code de la santé publique prévoit que l'association peut agir en justice sous la condition que « des » usagers du système de santé aient subi des préjudices individuels. Comme en droit anglais, nous pensons que l'imprécision de la condition numérique permet une certaine souplesse. Dans les deux droits, la condition numérique permettra d'agir par cette voie en cas de dommages de masse.

2. La condition de similarité

284. Une condition présente dans les deux droits. – En droit anglais, une ordonnance de contentieux en groupe ne peut être envisagée que si « les questions de fait ou de droit sont communes ou liées »[658]. Il s'agit ici d'un critère de similarité (*commonality*), bien plus souple que le critère d'identité requis pour intenter une action en représentation (« même intérêt ») et qui expliquait l'échec de ces actions[659].

Cette condition de « similarité » est également présente en droit français. Par exemple, dans le cadre de l'action environnementale, l'article L. 142-3-1, II, du Code de l'environnement[660] prévoit que « lorsque plusieurs personnes placées dans une *situation similaire* subissent des préjudices résultant d'un dommage dans les domaines mentionnés à l'article L. 142-2 du présent code, causé par une *même personne*, ayant pour *cause commune* un manquement de *même nature* à ses obligations légales ou contractuelles, une action de groupe peut être exercée devant une juridiction civile ou administrative »[661]. La condition de similarité se décline donc en une série de quatre sous-conditions.

En ce qui concerne l'action de groupe « santé », la condition de similarité se décline en une série de trois sous-conditions seulement : « Une association d'usagers du système de santé agréée en application de l'article L. 1114-1 peut agir en justice afin d'obtenir la réparation des préjudices individuels subis par des usagers du système de santé placés dans une *situation similaire ou identique* et ayant pour *cause commune* un manquement *d'un producteur ou d'un fournisseur* de l'un des produits mentionnés au II de l'article L. 5311-1 ou *d'un prestataire* utilisant l'un de ces produits à leurs obligations légales ou contractuelles ». L'action de groupe « santé » prévoit des dispositions assez similaires à celles en matière d'environnement, à ceci près qu'elle ne mentionne pas que le manquement aux obligations légales ou contractuelles doit être de

---

[658] Rule 19.10, CPR : « A Group Litigation Order ('GLO') means an order made under rule 19.11 to provide for the case management of claims *which give rise to common or related issues of fact or law* (the 'GLO issues'). [italiques ajoutées par nous] »

[659] V° *Supra*, notes 601 et 602.

[660] Art. L. 142-3-1, II, Code de l'environnement : « Lorsque plusieurs personnes placées dans une situation similaire subissent des préjudices résultant d'un dommage dans les domaines mentionnés à l'article L. 142-2 du présent code, causé par une même personne, ayant pour cause commune un manquement de même nature à ses obligations légales ou contractuelles, une action de groupe peut être exercée devant une juridiction civile ou administrative. »

[661] [italiques ajoutées par nous] Art. L. 142-3-1, II, Code de l'environnement.

« même nature », ce qui suggère qu'en théorie du moins, les manquements invoqués pourraient être de nature différente.

285. Une condition plus large en droit anglais. – Si les droits français et anglais ont tous deux assujetti la mise en œuvre de l'action de groupe à l'existence d'une condition de similarité, il n'en demeure pas moins que celle-ci présente des différences saillantes dans les deux droits. Le législateur français définit la condition de similarité à travers l'identification des situations *factuelles* qui conditionnent le recours à l'action de groupe. Au contraire, le législateur anglais a privilégié une conception plus *juridique* de la condition de similarité. En pratique, lorsque les intéressés sont placés dans une situation « similaire » et subissent des préjudices personnels causés par une « même personne » et qui ont pour « cause commune » un manquement aux obligations de nature légale ou contractuelle, il est très probable que les questions de fait ou de droit qui en résultent soient « communes ou liées ».

De ce fait, les situations factuelles qui permettent en droit français le recours à l'action de groupe devraient également permettre le recours à un GLO en droit anglais. En revanche, l'inverse n'est pas nécessairement vrai. En effet, des questions « de fait ou de droit communes ou liées » pourraient être soulevées contre des professionnels différents, comme par exemple dans la situation où il y a plusieurs producteurs d'un même médicament défectueux, ce qui permettrait, en droit anglais, le recours à une seule action de groupe. Au contraire, la condition de similarité telle que définie en droit français[662] s'opposerait à l'introduction d'*une seule* action de groupe contre ces différents professionnels[663].

286. Cela étant, dans les deux droits, la condition de similarité autorise *mutatis mutandis* le recours à une action de groupe dans les situations de dommages sériels[664], ces derniers étant en effet caractérisés par l'origine commune des atteintes[665]. En particulier, les actions de groupe anglaise et française (santé et environnement) ont vocation à intervenir pour appréhender les dommages résultant de la réalisation de risques sanitaires sériels.

---

[662] Ou en ce qui concerne l'action de groupe « santé », l'article L. 1143-2, alinéa 1, du CSP mentionne un manquement « d'un producteur ou d'un fournisseur [nous soulignons] ».

[663] Sur la question du recours à des actions de groupe parallèles contre différents professionnels et les problèmes que cela est susceptible d'entraîner : V° *Infra*, n°343 à 344.

[664] C'est même principalement pour appréhender ces types de dommages que l'action de groupe « santé » a été introduite : par ex. O. VERAN *et al.* (A.N.), *Rapport fait au nom de la Commission des affaires sociales sur le projet de loi relatif à la santé*, rapp. A.N. n°2673, 20 mars 2015, XIVe législature, enregistré le 20 mars 2015, pp. 741-742.

[665] Sur les caractéristiques du dommage sériel : *supra*, n°80 et s.

B. LES CONDITIONS SPÉCIFIQUES À CHAQUE SYSTÈME JURIDIQUE

287. Au-delà des conditions communes aux deux droits qui visent à permettre le recours à l'action de groupe en cas de risques sanitaires sériels, chaque système juridique a prévu des conditions spécifiques de mise en œuvre de l'action, qui témoignent d'un objectif différent. Ainsi, les conditions spécifiques au droit français manifestent la volonté d'un encadrement strict de l'exercice de l'action de groupe (1). En droit anglais, les conditions spécifiques posées expriment la volonté du législateur de promouvoir une gestion appropriée des contentieux de masse (2).

1. Les conditions spécifiques au droit français : un encadrement strict de l'exercice de l'action de groupe

288. Le législateur français a posé des conditions qui limitent la mise en œuvre de l'action de groupe. En matière sanitaire et environnementale, le législateur a limité le cercle des personnes susceptibles de mettre en œuvre cette procédure (a). Mais il a été plus loin en ce qui concerne l'action de groupe « santé » puisqu'il prévoit des limites supplémentaires (b).

a. *Limitation des personnes recevables à exercer l'action de groupe*

289. Limitations à certaines associations en droit français : divergences avec le droit anglais. – Comme le droit français l'avait fait pour l'action en représentation conjointe, il a limité l'exercice des actions de groupe sanitaire et environnementale à certaines associations seulement. Dans le cadre de l'action de groupe « santé », par exemple, seules les associations d'usagers du système de santé peuvent introduire l'action ; au contraire, dans le domaine environnemental, l'action de groupe peut être introduite tant par des associations de protection de l'environnement que par celles dont l'objet statutaire comporte la défense des victimes de dommages corporels ou la défense des intérêts économiques de leurs membres, ou bien encore par des associations de défense des consommateurs représentatives au niveau national[666]. Dans tous les cas, pour les deux types d'action de groupe, il n'en demeure pas moins que les associations pouvant exercer l'action doivent être agréées, même si les conditions d'agrément peuvent être plus ou moins strictes selon le type d'associations[667].

---

[666] Art. R. 142-10, Code de l'environnement.

[667] Par exemple, pour l'action de groupe « santé », les associations d'usagers de santé agréées au

Au surplus, en ce qui concerne l'action de groupe « santé », le législateur français a apporté une limite supplémentaire à l'exercice de l'action, puisque celle-ci « n'est pas ouverte aux associations ayant pour activité annexe la commercialisation de l'un des produits mentionnés au même II », précision qui a pour but d'éviter les conflits d'intérêt[668].

Cette volonté de limiter l'exercice de l'action à certains acteurs seulement n'est pas la voie choisie par le droit anglais : en effet, « une demande de GLO (...) peut être faite soit par un demandeur, soit par un défendeur »[669], la cour elle-même pouvant être à l'initative d'un GLO[670]. La seule condition de recevabilité en droit anglais concernant le champ *rationae personae* de l'action de groupe tient au fait que la personne introduisant le GLO[671] soit directement et personnellement intéressée, ce qui constitue une différence fondamentale avec le droit français.

290. Ce n'est pas la seule technique auquel le législateur français a eu recours pour limiter l'exercice de l'action de groupe. En effet, dans le cadre de l'action de groupe « santé », celui-ci a posé des limites spécifiques qu'on ne retrouve pas dans l'action de groupe environnementale. Ces restrictions révèlent la volonté du législateur français de limiter l'exercice de l'action de groupe « santé » aux seuls cas de réalisation de risques sanitaires sériels liés à des produits de santé.

b. *Limitations spécifiques à l'action de groupe « santé »*

291. L'action de groupe « santé » : une action en réparation de préjudices individuels résultant de dommages corporels. – L'exercice de l'action de groupe « santé » est limité non seulement quant au type de demande possible, mais aussi quant au type de dommage réparable. En effet, d'une part, l'action de groupe ne peut être exercée que dans une perspective indemnitaire, et non pas préventive (environnement), autrement dit seulement pour obtenir la

---

plan *régional comme national* sont recevables à agir, ce qui témoigne d'une volonté d'ouvrir le nombre d'associations pouvant introduire l'action de groupe : en effet, pour l'action de groupe, environ 450 associations seraient recevables à agir : O. VERAN *et al.*, rapp. préc. (note 664), p. 747. Cependant, la procédure d'obtention de l'agrément est assez stricte : celui-ci ne peut être délivré que sur avis conforme d'une commission nationale, comprenant des représentants de l'État, dont un membre du Conseil d'État et un membre de la Cour de cassation en activité ou honoraire, un député, un sénateur et leurs suppléants, de même que des personnalités qualifiées en raison de leur compétence et expérience dans le domaine associatif (art. L. 1114-1, I, alinéa 1, CSP). Au surplus, la délivrance de l'agrément dépend de l'activité effective et publique de l'association en vue de la défense des personnes malades et usagers du système de santé, des actions de formation et information qu'elle entreprend, de la transparence de sa gestion, ainsi que de sa représentativité et de son indépendance (art. L. 1114-1, I, alinéa 1, CSP).

[668] O. VERAN *et al.*, rapp. préc. (note 664), p. 760.

[669] R. 3.1, Practice Direction (PD) 19B : « An application for a GLO (...) may be made either by a claimant or by a defendant. ».

[670] R. 4, PD 19B.

[671] Ou au nom de laquelle le GLO est introduit si c'est l'avocat principal qui engage la procédure.

réparation de préjudices individuels. D'autre part, l'action ne peut être exercée que pour obtenir réparation de préjudices individuels résultant de dommages corporels. Ainsi, la réparation de préjudices résultant de dommages matériels, ou même la seule réparation d'un préjudice moral (comme un préjudice d'anxiété) n'est pas possible, ce qui peut expliquer pourquoi les actions collectives conjointes se multiplient dans ce domaine[672].

La restriction des dommages réparables est en fait une technique qui permet de délimiter les situations factuelles auxquelles l'action de groupe a vocation à s'appliquer, et témoigne d'une volonté du législateur de cibler la réparation des conséquences résultant de la réalisation d'un risque sanitaire sériel, même si cette restriction est source de difficultés, comme nous le verrons[673].

292. L'action de groupe « santé » : une mise en œuvre limitée à la réalisation de certains risques sanitaires sériels. – De la même façon, cette procédure ne peut pas être exercée pour obtenir la réparation des conséquences de *tous* les risques sanitaires sériels ; ces derniers sont en effet délimités très précisément. D'abord, il est nécessaire que le dommage corporel soit lié à « l'un des produits mentionnés au II de l'article L. 5311-1 »[674] du Code de la santé publique, ce qui correspond aux produits de santé. Si la liste paraît limitative[675], elle déjà très inclusive[676], même s'il convient de noter que les produits biocides ou phytosanitaires[677] n'y sont pas inclus.

Cette restriction est particulièrement critiquable : en effet, si la création d'actions de groupe sectorielles a vocation à appréhender la survenance de dommages de masse, et en particulier de dommages sériels, alors la limitation du recours à cette voie collective *aux seuls produits de santé* est difficilement compréhensible. En effet, les produits alimentaires ou agricoles, qui font aujourd'hui l'objet d'une production de masse, portent également une capacité inhérente à entraîner des dommages sanitaires en série, comme en témoignent les affaires relatives à l'encéphalopathie spongiforme bovine (affaire dite de « la vache folle »), ou plus récemment de la contamination du lait par des

---

[672] *Supra*, n°271 et s.

[673] *Infra*, n°343.

[674] Art. L. 1143-1, al. 1, CSP.

[675] L'article s'applique à « *l'un des produits mentionnés* (...) », ce qui montre le caractère volontairement limitatif des produits de santé entrant dans le champ d'application de l'action de groupe. Cependant, il est possible d'hésiter sur cette question, car le rapport (préc., note 664, p. 744) indique que la liste comprise à l'article L. 5311-1, II, du Code de la santé publique n'est pas limitative, car précédée de l'adverbe « notamment ». On peut donc hésiter sur le point de savoir si l'article L. 1143-2 CSP ne s'applique qu'aux produits mentionnés expressément par l'article L. 5311-1, II, CSP ou s'il serait possible d'avoir une lecture plus large pour inclure d'autres produits.

[676] Ainsi, parmi ces produits, on trouve par exemple : les médicaments, les préparations magistrales, hospitalières, officinales, les substances stupéfiantes, psychotropes, autres substances vénéneuses utilisées en médecine, les matières premières à usage pharmaceutique, les produits contraceptifs et contragestifs, les biomatériaux et dispositifs médicaux (y compris ceux de diagnostic *in vitro*), les produits sanguins labiles, les organes, tissus, cellules et produits d'origine humaine ou animale, le lait maternel collecté, qualifié, préparé et conservé par les lactarium, les produits cosmétiques, de tatouage, pour ne citer que ceux-ci.

[677] J. PEIGNE, « Qu'est-ce qu'un produit de santé ? » *Argus* n°7325, 30 août 2013.

salmonelles[678], ou de graines germées de fenugrec égyptiennes par la bactérie E. coli[679]. La disparité de traitement entre les victimes de risques sanitaires sériels selon le type de produits ne nous semble pas justifiable. Il aurait sans doute mieux valu créer une action de groupe qui puisse être mise en œuvre dans tous les cas de risques sanitaires sériels, ne serait-ce que par souci de cohérence.

293. Ensuite, cette action de groupe ne peut être exercée qu'en cas de manquement par un producteur, fournisseur ou prestataire utilisant un produit de santé, à ses obligations légales ou contractuelles. Le cercle des défendeurs est donc précisément délimité puisque seules trois catégories sont concernées. Néanmoins, les défendeurs possibles comprennent en réalité tous les membres de la chaîne de production et de commercialisation des produits de santé, ainsi que les établissements de soins, médecins administrant le produit[680], chirurgiens, et l'action peut être directement entreprise contre les assureurs. C'est donc l'ensemble des créateurs de risques sanitaires sériels en matière de produits de santé qui entrent dans le champ d'application de l'article L. 1143-2, alinéa 1, du Code de la santé publique.

L'exercice de l'action étant également restreint aux cas où ces professionnels manquent à leurs obligations légales ou contractuelles, il aurait été possible d'adopter une interprétation restrictive, de sorte que la responsabilité du défendeur concerné ne puisse être engagée que pour faute. Cependant, la notion doit se comprendre de manière souple, sauf à remettre en cause l'attractivité et l'efficacité de cette procédure. Dans le domaine de la santé, la notion permet donc d'inclure la responsabilité du fait des produits défectueux[681]. Tout fondement de responsabilité peut donc être *a priori* envisagé même s'il ne faut pas oublier qu'en ce qui concerne la responsabilité du fait des produits défectueux, la directive européenne et l'interprétation qui en a été faite par la CJUE conduit à limiter, voire même à exclure, certains fondements de responsabilité qui entreraient en concurrence avec elle[682].

---

678 Il s'agit de l'affaire dite « Lactalis », née de la contamination de 36 bébés dans le courant de l'année 2017. Consulté le 19/08/2021 sur le site : < http://www.lefigaro.fr/societes/dossier/affaire-lactalis-le-scandale-sanitaire-du-lait-contamine >

679 *Supra*, n°88.

680 À l'exclusion des médecins prescripteurs semblerait-il, puisque ces derniers ne sont pas des prestataires qui utilisent un produit de santé, dans le cadre de la prescription du moins.

681 En effet, le fabricant d'un produit défectueux manque à l'obligation légale de fournir un produit qui présenterait la sécurité à laquelle on peut légitimement s'attendre.

682 CJCE, aff. C-183/00, *María Victoria González Sánchez c./ Medicina Asturiana SA*, Rec. 2002, I-03901, *D.* 2002, N°31, 19/09/2002, p. 2458, note J. CALAIS-AULOY ; *D.* 2002, N°31, 19/09/2002, p. 2462, note C. LARROUMET ; *D.* 2003, N°7, 13/02/2003, p. 463, note D. MAZEAUD : par cette décision, la CJCE indique que s'il n'est pas possible pour un État membre de maintenir un régime général de responsabilité du fait des produits défectueux différent de celui prévu par la directive, il est toujours possible de maintenir l'application d'autres régimes de responsabilité contractuelle ou extracontractuelle reposant sur *des fondements différents*, tels que la garantie des vices cachés ou la faute. Si ces décisions ont indirectement condamné le régime de responsabilité contractuelle fondé sur la violation d'une obligation de sécurité de résultat, il semblait que le régime de respon sabilité pour faute pouvait toutefois continuer à s'appliquer. Une question se posait toutefois, tenant à la possibilité d'appliquer la responsabilité pour faute plutôt que la responsabilité du fait des produits défectueux, lorsque la faute est constituée par un défaut d'information (qui peut également constituer un défaut de sécurité du produit au regard de la présentation du produit). La

294. En somme, le législateur français délimite strictement les conditions d'exercice des actions de groupe, ceci afin de limiter leur recours à certaines situations seulement, ou à certains risques sanitaires sériels. Au contraire, les conditions d'exercice du GLO anglais sont définies assez souplement, si bien qu'en réalité, cette procédure peut être utilisée pour tous types de risques sanitaires sériels. Ceci étant, le législateur anglais a également posé des conditions spécifiques limitant leur exercice, conditions que l'on ne retrouve pas en droit français et qui révèlent la volonté du législateur de promouvoir une gestion appropriée des contentieux de masse.

2. *Les conditions spécifiques au droit anglais : une gestion appropriée des contentieux*

295. La condition de subsidiarité. – En droit anglais, la personne qui souhaite faire une demande de contentieux en groupe doit d'abord considérer si une autre technique que le GLO serait plus judicieuse. En particulier, aux termes de la règle 2.3 de la Directive de pratique 19B, la personne doit avant tout déterminer s'il ne serait pas plus approprié que les instances soient jointes pour cause de connexité (en cours d'instance)[683] ou d'avoir recours à une action en représentation. Le législateur anglais a donc consacré une condition de subsidiarité ; le recours au GLO n'est en effet envisagé que s'il n'existe pas d'autre technique de gestion des contentieux sériels plus satisfaisante. Selon nous, cette condition spécifique au droit anglais s'explique parce que l'expérience a montré que le recours à une action de groupe était très coûteux[684] et que la procédure était longue. Par conséquent, s'il existe une autre voie plus

---

Cour de cassation a apporté une réponse très claire à cette question, dans un arrêt rendu par la chambre mixte, le 7 juillet 2017 : Cass., ch. mixte, 7 juillet 2017, n°15-25.651, ECLI:FR:CCASS:2017:MI00284 (publié). Comme le relève notamment Madame le Professeur M. BACACHE, si « la responsabilité fondée sur la faute d'information sur les risques d'un produit a le même fondement que la directive (...) [elle] doit dès lors céder au profit d'une application exclusive du régime spécial » : M. BACACHE, note sous Cass., ch. mixte, 7 juillet 2017, *D.* 2017, N°31, 21/09/2017, p. 1800. Plus encore, selon l'arrêt, le juge est tenu d'examiner d'office l'applicabilité de la responsabilité du fait des produits défectueux. Par conséquent, il faut en déduire que la responsabilité pour faute peut continuer à s'appliquer dans le cas où la responsabilité du fait des produits défectueux serait elle-même applicable, *mais seulement* à la condition que la responsabilité pour faute ne repose pas sur le même fondement que celui de la responsabilité du fait des produits défectueux ; à défaut, la responsabilité du fait des produits défectueux est *exclusivement* applicable. Pour d'autres notes sur cet arrêt : *RTD civ.* 2017, N°4, 11/12/2017, p. 872, obs. P JOURDAIN ; *RTD civ.* 2017, N°4, 11/12/2017, p. 882, obs. P-Y. GAUTIER ; *D.* 2017, N°31, 21/09/2017, p. 1800, communiqué C. cass. ; *JCP G.* 2017, n°37, 11/09/2017, 926, note C. QUEZEL-AMBRUNAZ.

683 R. 2.3 (1), PD 19B : « In particular he [the applicant] should consider whether, in the circumstances of the case, it would be more appropriate for – (1) the claims to be consolidated ». Le terme *consolidation of claims* se réfère au cas particulier d'une jonction d'actions pour cause de connexité *en cours d'instance*. Autrement, lorsque la jonction d'instances est envisagée dès l'introduction des demandes, on parle de *joinder of parties and causes*.

684 *Infra*, n°334 à 336.

efficiente permettant de traiter ces contentieux sans les inconvénients présentés par le GLO, cette voie doit être privilégiée.

296. La nécessité d'une autorisation judiciaire. – Il convient de noter qu'en droit anglais, et contrairement au droit français, l'action de groupe peut être mise en œuvre par une partie intéressée – demandeur ou défendeur – ou peut être introduite d'office par la cour, si celle-ci estime que le recours à la procédure du GLO est approprié. Néanmoins, dans les deux cas[685], le GLO ne peut être entrepris qu'avec l'autorisation du Président de la juridiction devant laquelle il est envisagé[686], ceci afin de vérifier que cette procédure est la plus appropriée au type d'affaire en question.

297. Justification des conditions spécifiques du droit anglais. – Le droit anglais prévoit deux conditions spécifiques qui ne trouvent pas leur pendant en droit français. Elles s'expliquent au regard de l'objectif primordial (*overriding objective*) qui a présidé la réforme des règles de procédure civile. En effet, la règle 1.1 (1) du CPR prévoit que « ces Règles [CPR] forment un nouveau code procédural dont l'objectif primordial est de permettre à la cour de *traiter les contentieux de manière juste et à un coût proportionné* »[687]. Pour ce faire, la cour doit par exemple essayer, autant que possible, de faire des économies dans le traitement de l'affaire ou encore gérer les contentieux de manière proportionnée à la complexité des questions juridiques, à l'importance de l'affaire et s'assurer que le contentieux soit traité de manière juste et avec rapidité[688]. C'est donc cet objectif primordial, irriguant l'ensemble des règles de procédure civile, qui explique, à notre avis, les conditions de subsidiarité et d'autorisation posées pour l'exercice d'un GLO.

298. Après avoir exposé les conditions communes et spécifiques à chacun des systèmes juridiques permettant l'exercice d'une action de groupe, il convient à présent de s'intéresser à la mise en œuvre de la procédure elle-même dans le contexte de risques sanitaires sériels. À nouveau, la comparaison de ces éléments est importante pour comprendre les difficultés que présentent les

---

[685] R. 3.3, PD 19B lorsque l'une des personnes directement intéressées prend l'initiative du GLO ; R. 4, PD 19B lorsque c'esr la cour qui prend l'initiative du GLO.

[686] R. 3.3, PD 19B : « A GLO may not be made – (1) in the Queen's Bench Division, without the consent of the President of the Queen's Bench Division, (2) in the Chancery Division, without the consent of the Chancellor of the High Court, or (3) in the County Court, without the consent of the Head of Civil Justice. »

[687] R. 1.1(1), CPR 1998 : « These rules are a new procedural code with the overriding objective of enabling the court to deal with cases justly and at proportionate cost. »

[688] R. 1.1(2), CPR 1998 : « Dealing with a case justly and at proportionate cost includes, so far as is practicable – (a) ensuring that the parties are on equal footing; (*b) saving expense*; *(c) dealing with the case in ways which are proportionate* – (i) to the amount of money involved; *(ii) to the importance of the case; (iii) to the complexity of the issues*; and (iv) to the financial position of each party; *(d) ensuring that it is dealt with expeditiously and fairly;* (e) allotting to it an appropriate share of the court's resources, while taking into account the need to allot resources to other cases; and (f) enforcing compliance with rules, practice directions and orders. [italiques ajoutées par nous] »

actions de groupe dans les deux droits, et les conclusions que l'on peut en tirer sur leur efficacité.

II. *La mise en œuvre de l'action de groupe en droits français et anglais*

299. La mise en œuvre de la procédure d'action de groupe en cas de risques sanitaires sériels est révélatrice de divergences importantes entre les deux droits, tant en ce qui concerne la constitution du groupe (A), que la mise en œuvre du jugement en vue de la réparation individuelle (B), ou encore la charge des coûts de la procédure (C).

A. La constitution du groupe

300. La constitution du groupe est l'une des étape-clés de la procédure d'action de groupe. En particulier, il existe de grandes divergences entre les deux droits, en ce qui concerne tant la détermination des critères de rattachement au groupe (1) que le rattachement lui-même au groupe (2). Ces différences nécessitent d'être appréciées (3).

1. La détermination des critères de rattachement au groupe

301. Les différences entre les deux systèmes juridiques concernent aussi bien la manière (a) que le moment (b) de détermination des critères de rattachement au groupe.

a. *La manière*

302. Qui détermine les critères de rattachement au groupe ? – Étant donné qu'en droit anglais, le juge doit, dans tous les cas, décider de l'opportunité d'avoir recours à une ordonnance de contentieux en groupe, c'est donc lui qui détermine les critères de rattachement au groupe. Sur ce point, le droit français est identique, comme le confirment l'article L. 1143-3, alinéa 1 du Code de la santé publique, pour l'action de groupe « santé », et l'article 66, alinéa 2, de la loi du 18 novembre 2016 qui s'applique à l'action de groupe « environnement ».

303. Comment les critères de rattachement au groupe sont-ils déterminés ? – En droit anglais, les critères de rattachement au groupe sont fixés par le juge dans l'ordonnance de contentieux en groupe elle-même. En effet, aux termes de la règle 19.11 (2)(b) du CPR, le GLO doit notamment spécifier les questions GLO (*GLO issues*), autrement dit les questions de fait ou de droit communes ou liées, « qui identifieront les demandes devant être gérées comme un groupe sous le GLO »[689]. Ce sont donc les questions GLO qui permettent de déterminer les critères de rattachement au groupe, et il est utile de préciser que la cour de gestion (*management court*) dispose de pouvoirs importants, puisqu'elle peut donner des directives visant à modifier ces questions[690]. En droit français, les dispositions légales[691] ne fournissent aucune précision sur la manière dont le juge définit le groupe, et fixe les critères de rattachement à ce groupe, ce qui laisse supposer qu'il s'agit d'une affaire au cas par cas. Cette différence entre les deux droits est susceptible de s'expliquer, dans une certaine mesure, par le fait que ces critères sont fixés à des moments différents.

b. *Le moment*

304. Quand les critères de rattachement au groupe sont-ils déterminés par le juge ? – Il s'agit ici d'une différence fondamentale entre les droits français et anglais. Les critères de rattachement au groupe sont fixés, en droit français, dans le jugement sur la responsabilité, autrement dit, dans la décision au fond. Au contraire, en droit anglais, les questions GLO qui identifient les demandes devant être traitées en groupe doivent être définies préalablement à toute décision au fond.

Il est donc possible, en droit français, que les critères de rattachement au groupe soient fixés en considération de la décision qui a été rendue au fond, comme semble le confirmer l'article L. 1143-3, alinéa 1, du Code de la santé publique, qui dispose que le juge « définit le groupe des usagers du système de santé *à l'égard desquels la responsabilité du défendeur est engagée* et fixe les critères de rattachement au groupe »[692]. Selon nous, les circonstances factuelles[693], voire même juridiques[694] dans lesquelles la responsabilité du défendeur est engagée peuvent permettent de définir, en partie du moins, les critères de rattachement au groupe. Il s'agit donc bien d'une détermination qui

---

[689] R. 19.11 (2), CPR 1998 : « A GLO must – (b) specify the GLO issues which will identify the claims to be managed as a group under the GLO »

[690] R. 19.13 (a), CPR 1998.

[691] Pour l'action de groupe « santé » : art. L. 1143-3, alinéa 1, CSP et pour l'action de groupe « environnement » : art. 66, alinéa 2, loi du 18 novembre 2016, préc. (note 621).

[692] [italiques ajoutées par nous] Art. L. 1143-1, al. 1, CSP.

[693] Par exemple, l'adoption d'un certain comportement déterminé par le défendeur avant ou après une certaine date, ou encore l'existence d'un dommage corporel survenu dans certaines circonstances factuelles particulières, etc.

[694] Par exemple, les types de préjudices concernés, etc.

ne peut être faite qu'au cas par cas, ce qui expliquerait alors le silence du législateur français sur la manière dont ces critères sont fixés.

2. *Le rattachement au groupe créé*

305. Les critères fixés par le juge ont pour seul objet d'identifier les personnes qui sont véritablement concernées par l'action de groupe. Or, puisque les législateurs français et anglais ont choisi de consacrer une action de groupe de type *opt-in*[695], il est nécessaire que les personnes concernées par l'action déclarent vouloir intégrer le groupe, à défaut de quoi elles en sont exclues. À nouveau, il existe des divergences assez marquées entre les deux droits, tant en ce qui concerne la manière de se rattacher au groupe (a) que le moment durant lequel ce rattachement s'effectue (b), entraînant de ce fait des conséquences spécifiques dans les deux droits (c).

a. *Le moment*

306. Quand procède-t-on à l'*opt-in* ? – Les personnes intéressées peuvent se rattacher au groupe seulement après que les critères permettant de définir ce groupe ont été identifiés. Cet énoncé, qui a toutes les apparences d'une lapalissade, n'est pas inutile car il permet déjà de conclure qu'en droit français, les personnes intéressées ne pourront se rattacher au groupe qu'après que la décision au fond a été rendue. En droit anglais, au contraire, le groupe doit être constitué avant toute décision au fond, ce qui explique que les critères de rattachement au groupe soient définis dans le GLO lui-même.

307. Les délais de rattachement au groupe. – L'imposition d'un délai, durant lequel le rattachement au groupe est possible, existe dans les deux droits. En droit français, pour l'action de groupe « santé », le législateur a laissé une certaine liberté aux juges, considérant qu'il leur appartenait de fixer le délai dont disposent les usagers du système de santé remplissant les critères de rattachement pour déclarer vouloir appartenir au groupe. Néanmoins, cette liberté est encadrée, puisque ce délai ne peut « être inférieur à six mois ni supérieur à cinq ans » à compter de l'achèvement des mesures de publicité ordonnées.

Un tel encadrement n'existe pas en droit anglais. Le juge dispose de grands pouvoirs de gestion, et c'est donc lui qui fixe la date après laquelle aucune action ne peut être rattachée au groupe, à moins que la cour ne donne son autorisation (*cut-off date*). Néanmoins, la directive de pratique 19B fournit quelques indications, distinguant d'une part les désastres instantanés – comme les accidents de transport –, qui peuvent nécessiter que le juge pose une date limite assez rapidement, et d'autre part, les désastres sériels – comme dans le

---

[695] *Supra*, n°262 et s.

secteur pharmaceutique –, qui peuvent justifier que la date limite soit plus tardive[696]. Il est en effet particulièrement important, en droit anglais, que la date limite ne soit pas posée trop tôt[697], afin d'éviter les situations dans lesquelles des actions individuelles sont entreprises parallèlement à l'action de groupe, ce qui s'inscrirait à l'encontre de l'objectif primordial de gestion efficiente des contentieux de masse. Pour cette même raison, même s'il n'est pas obligatoire de rejoindre l'action de groupe[698], les membres intéressés par cette action sont fortement incités à le faire, sous peine de voir leur action reléguée au second rang[699].

b. *La manière*

308. L'inscription sur le registre d'action de groupe en droit anglais. – La procédure d'action de groupe consacrée dans les deux droits étant de type *opt-in*, il est impératif que les membres concernés par l'action manifestent leur volonté claire et non-équivoque d'intégrer le groupe[700]. C'est sans doute sur ce point que les procédures française et anglaise d'action de groupe présentent les divergences les plus importantes. En droit anglais, chaque individu doit d'abord introduire une procédure individuelle dans le délai d'action[701], avant de pouvoir s'inscrire sur le registre d'action de groupe qui est établi à la suite de l'ordonnance de contentieux en groupe prise par le juge. C'est donc en réalité l'inscription sur le registre d'action de groupe qui manifeste la volonté des intéressés d'intégrer le groupe.

La nécessité d'introduire d'abord une procédure individuelle a pu être critiquée car elle rend le système lourd et onéreux, mais elle aboutit à ce que chaque personne inscrite sur le registre soit considérée comme une véritable partie à la procédure de groupe[702]. Il s'agit d'une différence majeure avec le

---

[696] R. 13, PD 19B: « An early cut-off date may be appropriate in the case of 'instant disaster' (such as transport accidents). In the case of consumer claims, and particularly pharmaceuticals claims, it may be necessary to delay the ordering of a cut-off date ». Cette distinction se justifie du fait que dans le cadre d'un désastre instantané, la survenance des dommages est généralement concomitante à l'accident collectif ; au contraire, dans le cadre des désastres sériels, les dommages surviennent à une date différente pour chacun des demandeurs, ce qui nécessite que la date limite pour intégrer le groupe ne soit pas posée trop tôt.

[697] *Nash and Others v. Eli Lilly & Co and Others* [1991] 2 Med. L. R. 169.

[698] *Taylor v. Nugent Care Society* [2004] EWCA Civ. 51, [15] (Lord Woolf). V° aussi: (2004) 2 *JPIL* C-67-70, obs. M. MILDRED (case comment).

[699] *Ibid.*, [15] (Lord Woolf): « Those litigants who join the group action are entitled to have their interests (whether they are claimants or defendants) *given higher priority* than those of a defendant who does not take that course. This is because of the fact that they are likely to be large in number, but also because by joining the group action they are co-operating with the proper management of the proceedings, whereas the litigant who does not take that course is not so doing. [italiques ajoutées par nous] »

[700] P. MATTIL, V. DESOUTTER, « Class Action in Europe : Comparative Law and EC Law considerations », (2008) 9 *B.J.I.B.& FL* 484.

[701] R. 6.1A, PD 19B : « A claim must be issued before it can be entered on a Group Register. »

[702] N. ANDREWS, « Multi-Party Actions and Complex Litigation in England », (2012) 23 *Eur.Bus.*

système d'action de groupe français, dans lequel les bénéficiaires de l'action ne sont pas des parties à l'action, du moins lors de la phase de jugement sur la responsabilité. Cette particularité de l'action de groupe anglaise explique sans doute que l'ordonnance de contentieux en groupe ne soit vue que comme un simple outil de gestion procédurale des actions (*management tool*)[703] dans l'arsenal du juge. La cour de gestion dispose d'ailleurs de pouvoirs discrétionnaires non-négligeables qui doivent lui permettre de gérer les contentieux de la manière la plus pertinente, en conformité avec l'objectif primordial[704] : ainsi, elle peut refuser l'inscription d'un contentieux sur le registre ou ordonner son retrait, s'il y était déjà inclus, dans le cas où elle ne serait pas satisfaite que l'affaire puisse être traitée de manière opportune avec les autres affaires inscrites sur le registre, ou si elle considère que son inscription au registre peut affecter la gestion des autres contentieux inscrits dessus, quand bien même cette affaire donnerait naissance à des « problèmes GLO »[705]. Cependant, une fois l'inscription sur le registre effectuée, l'action individuelle est alors suspendue jusqu'à ce qu'une décision portant sur les questions de fait ou de droit communes ou liées soit rendue (décision au fond).

309. La demande de réparation en droit français. – Il n'existe pas de registre de groupe en droit français. Les personnes intéressées qui remplissent les critères de rattachement au groupe vont pouvoir adhérer au groupe en faisant une demande de réparation des préjudices subis[706] et ce, dans le délai fixé par le juge[707]. Par cette demande, la personne manifeste alors sa volonté claire et non-équivoque d'appartenir au groupe. Lorsque la procédure de liquidation des préjudices est individuelle, comme dans le cas des actions de groupe « santé » et « environnement », cette demande peut être directement adressée à la personne reconnue responsable, ou par l'intermédiaire de l'association requérante, qui agit alors en tant que mandataire uniquement aux fins d'indemnisation[708]. Lorsque la procédure de liquidation des préjudices est collective, ce qui est possible dans le cadre de l'action de groupe « environnement » – et non « santé » –, la demande doit alors être adressée au demandeur à l'action, autrement dit l'association, qui agit alors en tant que mandataire aux fins d'indemnisation[709].

Dans tous les cas, puisque le rattachement au groupe intervient, contrairement au droit anglais, après la décision au fond, les personnes intéressées par l'action de groupe n'ont pas la qualité de partie à l'instance, ce qui constitue une différence fondamentale avec la procédure de GLO anglaise.

L. Rev. 1, spéc. p. 19

[703] Par ex. *AB Others v. John Wyeth and Another* [1993] 4 Med. L.R. 1, CA p. 6 (Steyn LJ): « Inevitably High Court judges assigned to the control of such litigation must depart from traditional procedures and adopt interventionist *case management techniques* [italiques ajoutées par nous] ».

[704] *Taylor v. Nugent Care Society* [2004] EWCA Civ. 51, [9] (Lord Woolf).

[705] R. 6.4, PD 19B.

[706] Art. 826-17, CPC.

[707] Sur la question du délai : *supra*, n°307.

[708] Art. 826-17, 1°, CPC.

[709] Art. 826-17, 2°, CPC.

C'est en effet l'association qui, agissant en substitution des victimes pour faire reconnaître la responsabilité du défendeur, est demanderesse à l'action[710]. Étant donné qu'elle agit en substitution, l'association n'a pas besoin de solliciter l'accord préalable des personnes concernées par l'action de groupe pour agir, condition qui était requise pour l'action en représentation conjointe et qui expliquait l'insuccès de cette procédure. C'est ce qui justifie que cette condition n'ait pas été consacrée dans la procédure d'action de groupe, même s'il convient d'admettre que c'est aussi ce qui rend la particulièrement dérogatoire aux principes processuels classiques.

310. Les conditions tenant tant à la détermination des critères de rattachement au groupe qu'à la constitution du groupe lui-même entraînent des conséquences importantes – et différentes – dans les deux droits.

c. *Les conséquences*

311. Les mesures de publicité : différences entre les droits français et anglais. – Afin de permettre aux personnes intéressées d'adhérer au groupe, il est nécessaire que l'existence de l'action soit publicisée. Les droits français et anglais présentent à nouveau des différences qui sont liées en grande partie *à la date à laquelle se constitue le groupe*. En effet, étant donné que le groupe doit être constitué avant toute décision au fond en droit anglais, les mesures de publicité pour faire connaître l'existence du groupe seront généralement ordonnées par le juge avant la décision au fond[711]. Au contraire, en droit français, le juge ordonne les mesures de publicité qui doivent être entreprises pour faire connaître l'existence du groupe au sein de la décision rendue au fond. Ce choix se comprend dans la mesure où la constitution du groupe n'intervient que postérieurement au jugement sur la responsabilité : les mesures de publicité ne sont donc pas nécessaires avant la décision au fond. Au surplus, ces mesures sont à la charge du défendeur reconnu responsable, et elles ne peuvent être mises en œuvre qu'après que le jugement sur la responsabilité est passé en force de chose jugée[712]. Ce choix s'explique principalement, à notre avis, par la volonté de ne pas faire une mauvaise publicité au(x) défendeur(s) avant que leur responsabilité ne soit judiciairement acquise, ce qui témoigne de la volonté du législateur français de préserver les intérêts des opérateurs économiques.

312. L'effet de la décision au fond : différences entre les droits français et anglais. – L'effet de la décision au fond diffère encore entre les deux systèmes juridiques, ce qui résulte cette fois *de la manière dont le groupe s'est constitué*. En droit anglais, tous les membres du groupe ont la qualité de partie, et de ce fait un jugement ou une ordonnance prise par le juge dans le cadre d'un

---

[710] L. NICOLAS-VULLIERME, S. PIETRINI, « L'action de groupe en matière de produits de santé : un dispositif voué à l' « asphyxie » ? », *C.C.C.* n°7, Juillet 2016, étude 6, n°15.
[711] R. 19.11 (3) (c), CPR 1998: « A GLO may – (c) give directions for publicising the GLO. »
[712] Art. 67, alinéas 1 et 2, L n°2016-1547 du 18 novembre 2016, préc. (note 621).

problème GLO pour une action inscrite sur le registre a un effet contraignant pour toutes les autres actions inscrites sur le registre, sauf si la cour en décide autrement[713]. La cour de gestion dispose à nouveau de pouvoirs discrétionnaires importants dans ce domaine : par exemple, elle peut déterminer l'étendue de l'effet contraignant du jugement ou de l'ordonnance rendue pour les actions qui ont été inscrites subséquemment sur le registre. Enfin, pour des raisons d'efficacité, la cour de gestion peut décider de choisir une ou plusieurs actions inscrites sur le registre de groupe afin de les faire procéder comme des cas-tests (*test claims*), autrement dit comme des cas individuels considérés « représentatifs » de ceux inscrits sur le registre, et tout jugement rendu dans ce cadre sur des questions communes ou liées a également un effet contraignant pour les autres actions inscrites sur le registre.

En droit français, la décision au fond n'a aucun effet contraignant sur les personnes intéressées à l'action de groupe pour deux raisons : de manière pratique d'abord, le groupe n'est pas encore constitué à la date du jugement sur la responsabilité ; de manière juridique, ensuite, les personnes intéressées par l'action de groupe ne sont pas des parties à la première phase de la procédure, puisque c'est l'association qui agit en substitution. La décision au fond ne peut donc avoir un effet contraignant envers les personnes intéressées qu'après qu'elles ont intégré le groupe. Au surplus, si l'association requérante doit, à peine de nullité, exposer dans la requête d'assignation les « cas individuels » qu'elle présente au soutien de son action[714], il ne s'agit pas de cas-tests au sens du droit anglais, puisque la décision judiciaire n'a d'effet contraignant qu'envers les personnes qui ont expressément adhéré au groupe.

313. L'examen comparé des étapes relatives à la constitution du groupe en droits français et anglais révèle ainsi que les deux systèmes juridiques présentent très peu de points communs. Dans les deux cas, les procédures envisagées présentent des avantages – et des inconvénients – qu'il convient d'examiner et d'apprécier.

3. *Appréciation des divergences*

314. Le choix lié à la constitution du groupe : avantages du droit français. – Par comparaison avec le droit anglais, la procédure créée par le législateur français présente l'avantage indéniable d'une plus grande rapidité, du moins jusqu'à ce que la décision au fond soit rendue. En effet, en faisant le choix de laisser le juge fixer les critères de rattachement au groupe dans le jugement au fond, et en autorisant la constitution du groupe seulement après ce jugement, le législateur français évite « de créer un premier contentieux qui

---

[713] R. 19.12 (1), CPR 1998.

[714] Art. 826-4, CPC.

retarde la résolution de l'affaire »[715], ce qui devrait permettre de « gagner du temps »[716].

Au contraire, la procédure anglaise est fortement ralentie par le fait que la constitution du groupe est antérieure à la décision au fond : non seulement, il importe d'identifier d'abord les critères de rattachement au groupe, mais également de publiciser l'existence de l'action de groupe et de laisser un délai non-négligeable en cas de risques sanitaires sériels pour permettre aux personnes intéressées d'adhérer au groupe.

De plus, la procédure française est susceptible de présenter un autre avantage, absent de celle anglaise : les personnes lésées peuvent bénéficier en droit français des mesures d'instruction ainsi que des expertises, sans que cela ne constitue un coût financier pour elles, car elles ne sont pas parties à l'instance[717]. Au contraire, en droit anglais, la question du coût des actions de groupe pour les parties – c'est-à-dire, pour les personnes personnellement lésées – est susceptible de constituer un frein important à l'introduction d'une telle procédure[718].

315. Le choix lié à la constitution du groupe : avantages du droit anglais. – La procédure anglaise de GLO présente cependant des avantages qui sont absents du droit français. Par exemple, si l'obligation pour les personnes lésées d'introduire une action individuelle avant de pouvoir s'inscrire sur le registre de groupe est assez contraignante, elle permet néanmoins de leur accorder la qualité de partie. Ainsi, elles ont directement la maîtrise de la procédure et sont associées activement à l'action de groupe, ce qui n'est pas le cas de la procédure française, dans laquelle les personnes intéressées jouent un rôle passif. Dans les situations dans lesquelles les personnes sont victimes d'une atteinte à la santé, donc touchées dans la forme la plus primaire de leur intimité, il n'est pas certain qu'elles acceptent d'être reléguées au second rang – du moins dans la première phase de la procédure – ce qui peut aboutir à l'introduction d'actions individuelles parallèles à l'action de groupe.

316. En outre, si le législateur français ne semble pas avoir attaché beaucoup d'importance à la manière dont le juge fixait les critères de rattachement au groupe, il est à prévoir des difficultés qui sont évitées en droit anglais. En effet, le groupe étant défini en amont, les questions « communes ou liées » sont bien identifiées avant le jugement au fond et le juge anglais est déjà susceptible de créer des sous-groupes (*sub-groups*) car certaines questions peuvent être communes à certains cas, mais non à tous. En droit français, le juge détermine la responsabilité au regard des « cas individuels » présentés par l'association : on peut douter du fait que ces quelques cas individuels – combien ? – permettront d'identifier l'ensemble des problèmes et arguments susceptibles

---

[715] SENAT, *Étude d'impact : projet de loi portant application des mesures relatives à la justice du XXIème siècle*, 31 juillet 2015, p. 160.

[716] *Ibid.*, p. 160.

[717] P. VERON, F. VIALLA, « Sécuriser les activités. De quelques difficultés entourant l'action de groupe en matière de santé », *RLDA*, N°127, 1er juin 2017, p. 45.

[718] *Infra*, n°328, 334 et s.

d'être soulevés par ou contre le défendeur. Par conséquent, en droit français, il est possible de craindre que le défendeur conteste l'indemnisation de certains cas individuels, en faisant valoir un argument spécifique à ces situations. Dans ce cas, la victime peut s'adresser au juge, qui tranchera la question, mais cela retarde alors la résolution de l'affaire, lors de la seconde étape. Il n'est donc pas certain que la procédure française permette une indemnisation plus rapide que la procédure mise en place en droit anglais.

317. Enfin, une question semble occultée en droit français, celle du rejet par le juge de la responsabilité du défendeur. Dans une telle situation, les individus lésés peuvent-ils introduire une action individuelle, malgré ce rejet ? *A priori*, ceux-ci n'étant pas parties à l'action de groupe, la réponse semble positive. Pour des raisons de cohérence, il est probable que l'affaire soit renvoyée au juge qui a rendu le jugement en responsabilité pour l'action de groupe. Afin d'éviter de voir leur action rejetée, les victimes ne risquent-elles pas d'essayer d'exacerber les différences entre leur situation personnelle et les situations identifiées dans le jugement en responsabilité (de rejet) pour l'action de groupe ? Si tel était le cas, loin d'enrayer le contentieux judiciaire, l'action de groupe ne ferait qu'y ajouter. Cette difficulté est totalement absente en droit anglais : la constitution du groupe en amont permet effectivement de s'assurer que le jugement rendu au fond – qui peut être de rejet – a un effet contraignant pour l'ensemble des membres du groupe. C'est sans doute l'un des avantages les plus importants à avoir choisi que le groupe soit constitué avant toute décision au fond.

318. En somme, les systèmes juridiques ont procédé à des choix tout à fait différents en ce qui concerne la constitution du groupe, choix qui présentent respectivement des avantages, mais aussi des inconvénients majeurs. La remarque vaut également lorsque l'on s'intéresse à la mise en œuvre du jugement en vue de la réparation individuelle.

B. La mise en œuvre du jugement en vue de la réparation individuelle

319. Une fois que le jugement sur la responsabilité – ou en droit anglais, sur les questions communes ou liées – a été rendu, les personnes intéressées doivent pouvoir mettre en œuvre ce jugement afin d'obtenir réparation de leurs préjudices, dans le cas de risques sanitaires sériels. Si la place du juge est différente à cette étape dans les deux droits (1), l'évaluation des préjudices suit tout de même les principes classiques de responsabilité civile (2). À nouveau, il importe d'apprécier les choix auxquels les législateurs français et anglais ont procédé à cette étape (3).

1. La place du juge

320. Une place différente du juge. – L'action de groupe a pour objet, en droit anglais, de traiter les questions de fait ou de droit communes ou liées. Ainsi, les problèmes individuels naissant de chaque action inscrite sur le registre ne sont généralement pas envisagés par la cour de gestion, bien que cette dernière puisse donner des directions pour le jugement des questions individuelles[719]. Celle-ci peut, par exemple, rendre des jugements interlocutoires (*interim judgment*) qui ne vont résoudre que les cas-tests (y compris pour les questions individuelles)[720] et les problèmes communs, tels que ceux tenant à la détermination de l'existence d'un dommage de masse ou du lien de causalité « général »[721] par exemple, avant de renvoyer la charge des questions individuelles, comme celles relatives à l'établissement d'une négligence individuelle ou à l'évaluation des préjudices (*quantum*), à d'autres juridictions, dont le ressort géographique est plus approprié pour les parties[722]. La procédure tenant notamment à l'évaluation des préjudices s'inscrit donc *a priori* dans le cadre judiciaire, ce qui place le juge au centre du dispositif. La conclusion d'une transaction entre les parties n'est pas à exclure mais il convient de préciser qu'à cette étape, il n'est pas certain que les demandeurs voient l'intérêt d'y procéder.

En droit français, au contraire, les dispositions relatives à la procédure individuelle d'indemnisation frappent par leur absence de référence au juge. La procédure prévue lors de cette étape est en fait amiable, et non judiciaire : il est en effet prévu que la personne déclarée responsable par le jugement sur la responsabilité procède directement à l'indemnisation individuelle des préjudices[723] soit aux victimes elles-mêmes[724], soit à l'association, mandataire, qui est alors chargée d'ouvrir un compte spécifique à la Caisse des dépôts et consignations[725]. Dans tous les cas, le juge n'intervient qu'à titre *subsidiaire* : en effet, celui-ci n'est susceptible d'être saisi, dans le cadre des questions indemnitaires, que lorsque la demande d'indemnisation individuelle des membres du groupe n'a pas été satisfaite par le défendeur. Le juge occupe donc une place secondaire dans la phase d'indemnisation, ce qui constitue une différence importante avec le droit anglais.

321. L'introduction d'une voie alternative amiable en droit français : la procédure de médiation. – Les dispositions relatives à l'action de groupe « santé » prévoient, au surplus, une voie alternative à la voie judiciaire, le

[719] R. 15.1, PD 19B.
[720] La cour va répondre aux problèmes communs GLO (jugement interlocutoire) mais répondre aux questions individuelles (y compris l'évaluation des dommages-intérêts) pour les cas-tests (jugement final). V° E. FALLA, *The role of the Court in Collective Redress Litigation : Comparative Report*, Larcier, Collection de l'Unité économique de droit de l'ULB, 2014, n°309.
[721] Sur cette notion : *infra*, n°407-408.
[722] R. 15.2, PD 19B.
[723] Art. 70, L. n°2016-1547 du 18 novembre 2016, préc. (note 621).
[724] Cela pourra être le cas lorsqu'une personne concernée a révoqué le mandat de l'association.
[725] Art. 826-23, CPC.

recours à une médiation. En effet, cette procédure, traduisant à nouveau la volonté du législateur français de privilégier la voie amiable, peut prendre place avant ou même après le jugement sur la responsabilité[726] et a pour objet de proposer aux parties une convention réglant les conditions de l'indemnisation amiable des dommages faisant l'objet de l'action[727]. Si c'est le juge qui choisit le médiateur sur une liste préétablie, il ne peut donner mission au médiateur qu'avec l'accord des parties.

Afin de protéger l'intérêt des personnes impliquées du mieux possible, la procédure de médiation attachée à l'action de groupe présente des spécificités par rapport à la médiation de droit commun : en effet, d'abord, le médiateur occupe un rôle actif qui le rapproche plutôt d'un conciliateur, puisque c'est lui qui est chargé de proposer la convention amiable d'indemnisation aux parties[728]. Cela permet de s'assurer que les termes de la convention n'introduisent pas un déséquilibre entre les parties, le médiateur étant un intermédiaire neutre. Au surplus, contrairement à la médiation de droit commun, si la convention d'indemnisation amiable proposée est acceptée par l'association requérante et l'une au moins des personnes mises en cause dans l'action de groupe engagée, elle doit tout de même faire l'objet d'une homologation par le juge[729], qui a pour effet de mettre fin à l'action de groupe entre les parties signataires. Le juge n'intervient donc qu'en dernier lieu, pour vérifier que les intérêts des parties impliquées ou intéressées par la procédure sont bien protégés.

322. La mise en œuvre du jugement sur la responsabilité est à nouveau très différente dans les deux droits : alors que le législateur anglais confère au juge un rôle important au stade de l'indemnisation, le législateur français préfère lui donner un rôle subsidiaire. En revanche, les deux systèmes juridiques semblent se rejoindre sur la question de l'évaluation des préjudices.

2. *L'évaluation des préjudices*

323. Une évaluation individuelle des préjudices. – En droit anglais, l'évaluation des préjudices se fait sur une base individuelle. C'est ce qui explique notamment que la cour de gestion, traitant les problèmes GLO, va bien souvent renvoyer le traitement des questions individuelles, notamment concernant l'évaluation du *quantum*, à d'autres cours dont le ressort géographique est plus pertinent pour l'individu concerné. Les dommages-intérêts sont en effet évalués par la voie judiciaire[730].

En droit français, comme nous l'avons dit, les dispositions relatives à l'action de groupe « santé » prévoient une procédure amiable d'indemnisation,

---

[726] Cela ressort du fait que l'article L. 1143-8, alinéa 1, CSP indique que la convention peut ou non comporter la détermination des responsabilités.

[727] Art. L. 1143-6, CSP.

[728] Art. L. 1143-9, alinéa 1, CSP.

[729] Art. L. 1143-9, alinéa 2, CSP.

[730] N. ANDREWS, art. préc. (note 702), p. 20.

dans laquelle le juge intervient seulement à titre subsidiaire (procédure individuelle de réparation des préjudices) ou à la fin (homologation judiciaire dans la médiation). Dans les deux cas cependant, l'évaluation des préjudices se fait sur une base individuelle, ce qui va nécessiter des expertises médicales pour pouvoir procéder à cette évaluation.

L'action de groupe « environnement » présente une particularité car elle permet d'avoir recours à une procédure *collective* de liquidation des préjudices. Cette procédure autorise une négociation entre l'association requérante et le(s) défendeur(s) portant sur l'indemnisation des préjudices subis par chaque personne, mais elle ne peut être mise en œuvre que si « les éléments produits (...) [et] la nature des préjudices le permettent »[731]. Or, justement, la réalisation d'un risque sanitaire sériel entraîne par nature un dommage corporel, dont l'évaluation nécessite une expertise individuelle. C'est d'ailleurs la nature de ce dommage qui explique que la procédure collective de liquidation des préjudices ait été exclue de l'action de groupe « santé »[732]. Aussi, en matière environnementale, la réalisation d'un risque sanitaire sériel devrait de la même façon conduire à rejeter le recours à la procédure collective de liquidation des préjudices[733] au profit de la procédure individuelle de réparation.

324. Une réparation intégrale des préjudices. – Selon une formule bien connue de la Cour de cassation, « le propre de la responsabilité civile est de rétablir aussi exactement que possible l'équilibre détruit par le dommage, et de replacer la victime dans la situation dans laquelle elle se serait trouvée si l'acte dommageable ne s'était pas produit »[734]. Le principe de réparation intégrale est donc un principe de stricte équivalence visant à indemniser tout le dommage de la victime, mais rien que le dommage : en d'autres termes, la victime ne doit faire ni perte, ni profit. Ce principe existe aussi en droit anglais et a été reconnu dans des termes similaires en 1880 dans l'arrêt *Livingstone v. Rawyards Coal Co*[735]. Ainsi, en droit anglais, le versement de dommages-intérêts compensatoires (*compensatory damages*)[736] pour le dommage subi se fait sur une base individuelle et vise à réparer l'intégralité du dommage subi mais que

---

[731] Art. 68, L. n°2016-1547 du 18 novembre 2016 de modernisation de la justice du XXIe siècle (1).

[732] SENAT, *Étude d'impact : projet de loi portant application des mesures relatives à la justice du XXIe siècle*, préc. (note 715), pp. 160-161.

[733] En ce sens : M. BACACHE, « Environnement et développement durable – L'action de groupe en matière environnementale », *Energie – Environnement – Infrastructures* n°3, Mars 2017, étude 8, n°22.

[734] Cass., civ. 2, 28 octobre 1954, *JCP* 1955, II, 8765.

[735] [1880] 5 App. Cas. 25, [39] (Lord Blackburn) : « where any injury is to be compensated by damages, in settling the sum of money to be given for reparation of damages you should as nearly as possible get that sum of money which will put the party who has been injured, or who has suffered, in the same position as he would have been in if he had not sustained the wrong for which he is now getting his compensation or reparation ».

[736] En droit anglais, il existe plusieurs types de dommages-intérêts, tous n'ont pas une fonction compensatoire : S. DEAKIN, Z. ADAMS, *op. cit.* (note 558), p. 790 et s. Ainsi, le principe de réparation intégrale ne peut se comprendre qu'au regard des dommages-intérêts qui ont vocation indemnitaire, c'est-à-dire principalement les dommages-intérêts compensatoires.

le dommage subi, sous réserve que le dommage soit réparable, ce qui dépend des différents *torts*.

En droit français, les préjudices réparables sous l'action de groupe considérée le sont également sur le fondement de ce principe. Ainsi, dans le cadre de l'action de groupe « santé », les dommages corporels sont réparés intégralement ; de la même façon, dans l'action de groupe « environnement », les préjudices corporels et matériels résultant d'un dommage causé à l'environnement sont également réparés intégralement. Cependant, il convient de se demander plus généralement si le principe de réparation intégrale n'est pas tout de même écorné par le fait que certains dommages réparables dans le cadre d'une procédure individuelle ne puissent pas l'être dans le cadre de la procédure d'action de groupe. En effet, par exemple, l'action de groupe « santé » ne permet que la seule réparation des dommages corporels – non matériels. Pourtant, dans le cadre d'une procédure individuelle, la « victime » pourrait en théorie demander réparation aussi bien pour le dommage corporel que matériel subi. N'est-ce pas là une atteinte au principe de réparation intégrale ? Nous ne le pensons pas, car précisément, la personne intéressée est toujours susceptible d'exercer une action individuelle, y compris après son adhésion au groupe, afin d'obtenir la réparation des préjudices qui n'entrent pas dans le champ de l'action de groupe[737].

3. Appréciation des divergences

325. Les avantages de la procédure de réparation des dommages en droit français. – En privilégiant une indemnisation par la voie amiable, le législateur français a clairement espéré accélérer l'indemnisation des victimes. Au contraire, en droit anglais, suite au jugement sur les questions communes, il est probable que la cour de gestion renvoie le traitement des questions individuelles, parmi lesquelles la détermination du *quantum* des dommages-intérêts, à une autre cour. Il est donc tout à fait probable que les demandeurs n'obtiennent réparation de leurs préjudices qu'au terme d'une procédure somme toute assez longue.

Par ailleurs, si l'on pouvait craindre qu'une procédure amiable d'indemnisation entraîne le risque d'un déséquilibre dans la protection des intérêts des parties, cet écueil est évité en droit français puisque le recours au juge est toujours possible, à titre subsidiaire (procédure individuelle de réparation des préjudices), voire même de manière obligatoire (procédure de médiation). Dans cette seconde phase de la procédure d'action de groupe, le juge français est donc le garant d'une protection équilibrée des intérêts des parties et des membres intéressés.

326. Les avantages de la procédure de réparation des dommages en droit anglais. – La procédure de réparation des préjudices est certes susceptible d'être

[737] Art. 79, L. n°2016-1547 du 18 novembre 2016, préc. (note 621).

plus longue en droit anglais, mais nous pensons qu'elle présente l'avantage d'être peut-être plus protectrice des intérêts des demandeurs. En effet, l'évaluation des dommages-intérêts étant directement placée sous l'égide du juge, il est clair que chaque membre du groupe est assuré d'obtenir une réparation intégrale – du moins, autant que faire se peut – des préjudices subis. Le problème en droit français pourrait résulter du fait que si la personne reconnue responsable refuse de satisfaire *une partie* de la demande d'indemnisation de l'usager du système de santé, celui-ci (ou par l'intermédiaire de l'association) est contraint de passer par la voie judiciaire pour contester « l'offre » du défendeur. Or, la volonté d'obtenir une indemnisation plus rapide pourrait inciter l'usager à ne pas contester le refus partiel du responsable. En théorie, une telle situation est envisageable en droit français, ce qui aboutirait à ce que l'usager n'obtienne pas une réparation intégrale de ses préjudices. La procédure de réparation étant judiciaire en droit anglais, il n'y a pas de risque pour qu'une telle situation survienne.

327. Les développements précédents permettent déjà d'entrevoir certaines difficultés pouvant émerger dans la phase de réparation des dommages, tant en droit français qu'en droit anglais. Une question importante doit encore être explorée, celle de savoir qui supporte les coûts de la procédure entreprise.

C. La question de la charge du coût de la procédure

328. La répartition des coûts liés à la procédure d'action de groupe : problèmes spécifiques au droit anglais. – De manière traditionnelle, en droit anglais, c'est la partie perdante qui doit payer les frais de procédure de la partie adverse[738]. Cependant, la nature particulière de l'action de groupe justifie qu'il y ait des règles spécifiques traitant de cette question[739]. En particulier, tous les membres du groupe étant des parties à l'action de groupe, il est nécessaire de déterminer comment les coûts de procédure se répartissent entre eux[740], dans l'hypothèse où ils perdent l'affaire. À cet égard, les règles de procédure civile distinguent les coûts individuels, « engagés pour une action individuelle inscrite sur le registre de groupe »[741], et les coûts communs, qui comprennent « (i) les coûts engagés en relation avec les problèmes GLO, (ii) les coûts individuels engagés dans le cadre d'une action qui était un cas-test, (iii) les coûts engagés par le représentant légal principal dans la gestion de l'action de groupe »[742].

---

[738] S. 44(2)(a), CPR. Cependant, il faut noter que le juge dispose de pouvoirs discrétionnaires pour modifier cette répartition (s. 44(1), CPR).

[739] Les règles classiques de répartition des coûts de procédure se trouvent à la partie 44 du CPR.

[740] Pour certains problèmes spécifiques relatifs à la question de la répartition des coûts : M. Mildred, « Cost-Sharing in Group Litigation : Preserving Access to Justice Case » (2002) 65 *Mod. L. Rev.* 597, spéc. p. 602 ; M. Goldberg, « Counting the cost of group action » (2002) 152 *N.L.J.* 437.

[741] S.46.6(2), CPR.

[742] S.46.6(2), CPR.

Sous réserve que la cour n'en décide autrement, il apparaît qu'en ce qui concerne les coûts communs, les membres du groupe n'en sont pas tenus solidairement, mais de manière conjointe à égale proportion[743]. Cette disposition nous semble tout à fait cohérente, et doit être approuvée, si l'on ne veut pas décourager le recours aux actions de groupe[744]. Le juge dispose néanmoins d'un pouvoir discrétionnaire pour prévoir une autre répartition. Ainsi, lorsque les membres du groupe sont tenus de payer les frais de la partie adverse, ils sont également tenus de payer chacun leurs coûts individuels et une partie des coûts communs, dans une proportion égale[745].

329. La répartition des coûts liés à la procédure d'action de groupe : l'application des règles classiques de procédure civile en droit français. – Alors qu'il existe des règles très spécifiques en droit anglais sur la répartition des frais de procédure entre les membres du groupe, aucune disposition similaire n'existe en droit français. Cette divergence se comprend car en droit anglais, tous les membres du groupe sont des « parties » à l'instance, tandis qu'en droit français, seule l'association des usagers du système de santé l'est. Plus encore, au stade de la détermination de la responsabilité, le groupe n'est même pas encore constitué, puisque les critères de rattachement à ce dernier sont fixés dans le jugement au fond. Aussi, contrairement au droit anglais, la question de la répartition des frais communs entre les membres du groupe ne se pose pas en droit français. L'action de groupe ne remet donc pas en cause les règles de procédure civile classiques. Si l'association perd l'affaire, elle sera tenue de payer les dépens à la partie adverse, à moins que le juge n'en décide autrement. En effet, dans cette première étape, l'association est substituée aux potentielles victimes[746].

Dans le cas où l'association rencontre le succès, la deuxième phase commence : celle de la liquidation de la créance. Dans cette deuxième étape, l'association peut agir mais elle le fera alors en tant que mandataire. Par conséquent, c'est l'usager du système de santé, mandant, qui supportera la charge finale[747] des frais y afférents. De la même façon, durant cette seconde étape, la procédure est individualisée pour les victimes représentées ; les frais exposés sont donc nécessairement individuels (et non communs). Le système français, tel qu'il a été construit, présente alors un avantage indéniable par rapport à celui anglais, qui connaît un fort contentieux autour de la question de la répartition du paiement des coûts entre les membres du groupe.

---

[743] S. 46.6(3), CPR : « Unless the court orders otherwise, any order for common costs against group litigants imposes on each group litigant several liability for an equal proportion of those common costs. »

[744] En effet, une décision contraire aboutirait à ce qu'un membre du groupe soit tenu de payer l'intégralité des coûts communs, à charge pour lui de se retourner contre les autres membres pour obtenir le remboursement de la proportion qu'ils lui doivent. Un tel système découragerait fortement le recours à cette procédure.

[745] R. 46.6(4), CPR 1998.

[746] E. JEULAND, « Retour sur la qualification de l'action de groupe à la lumière de la loi de modernisation de la justice du XXI siècle », *JCP G.*, n°13, 27 mars 2017, doctr. 354, spéc. n°14.

[747] *Infra*, n°337.

330. Conclusion du §1. – Au-delà des questions techniques, les différences observées mettent en exergue l'existence de différences conceptuelles concernant l'action de groupe dans les deux droits : en droit anglais, l'action de groupe est un simple outil qui vise à faciliter la gestion judiciaire des contentieux de masse, en permettant un regroupement de plusieurs actions individuelles. Par conséquent, le juge doit pouvoir être flexible pour adapter la procédure au cas par cas, ce qui explique les grands pouvoirs discrétionnaires de gestion dont il dispose. En droit français, l'action de groupe est véritablement une nouvelle voie d'action qui s'ajoute à celles existantes. Pour autant, des difficultés tenant à la mise en œuvre de l'action de groupe peuvent émerger dans les deux droits, particulièrement en cas de risques sanitaires sériels.

§2 – Les difficultés de mise en œuvre de l'action de groupe en cas de risques sanitaires sériels

331. Les difficultés de mise en œuvre de l'action de groupe dans le contexte des risques sanitaires sériels sont multiples : certaines d'ordre pratique, peuvent constituer un obstacle à l'introduction des actions de groupe (I) ; d'autres, d'ordre juridique, peuvent être un frein à l'efficacité des actions de groupe, dans ce domaine (II). Il n'est donc pas certain que les objectifs de rapidité et d'efficience de gestion des contentieux de masse qui ont justifié l'introduction de cette procédure soient véritablement remplis.

I. *Les difficultés d'ordre pratique : obstacle possible à l'introduction des actions de groupe*

332. Depuis l'introduction du mécanisme de l'action de groupe en droit français, seule une action a été introduite dans le domaine de la santé, le 13 décembre 2016, en relation avec la Dépakine (valproate de sodium)[748], et aucune, à notre connaissance, n'a été introduite dans le domaine de l'environnement. Certes, les dispositions relatives aux actions de groupe « santé » et « environnement » s'appliquent seulement depuis le 1er juillet

[748] F. Beguin, E. Cazi, « Dépakine : Sanofi visé par la première action de groupe en matière de santé », *Le Monde*, 13 décembre 2016 ; A. Jouan, « Les dossiers noirs des autorités sanitaires », *Le Figaro*, 13 décembre 2016.

2016[749] et le 20 novembre 2016[750] respectivement, ce qui est assez récent, mais le constat n'en demeure pas moins décevant. En droit anglais, la procédure d'ordonnance de contentieux en groupe semble connaître, à première vue, un plus grand succès, puisque depuis son introduction formelle, le 2 mai 2000, au sein du CPR, 108 actions de groupe ont été introduites[751]. Cependant, lorsque l'on s'intéresse à celles qui ont été entreprises en relation avec des risques sanitaires sériels, toutes origines confondues[752], le bilan s'élève à dix-neuf actions de groupe, ce qui reste relativement modeste.

Les actions de groupe semblent ainsi relativement peu utilisées dans le contexte des risques sanitaires sériels, alors même pourtant que ces situations s'y prêtent *a priori* plutôt bien. Ceci peut d'abord s'expliquer, dans les deux droits, par les difficultés de financement de ces actions (A). Une autre raison peut toutefois conduire à expliquer ce bilan : en droit français, l'association requérante est susceptible d'engager sa responsabilité, ce qui posait déjà problème dans le cadre de l'action en représentation conjointe et que l'on retrouve encore dans cette procédure (B).

A. LE FINANCEMENT DES ACTIONS DE GROUPE

333. Un problème central. – Si le traitement collectif des contentieux sériels présente de nombreux avantages[753], il présente également l'inconvénient majeur de s'avérer particulièrement coûteux. Le financement des actions de groupe est donc une question centrale pour apprécier l'efficacité de cette procédure et constitue en droit anglais l'un des obstacles pratiques les plus importants à l'introduction de la procédure de GLO.

En droit français, les législateurs sont restés globalement silencieux sur cette question, même s'il est possible de relever l'introduction de mesures spécifiques pour alléger le fardeau financier pesant sur les associations, ayant la qualité de demandeurs à l'action : ainsi, le juge peut condamner le défendeur au paiement d'une provision à valoir sur les frais non compris dans les dépens exposés par l'association, ou encore ordonner la consignation d'une partie des sommes dues par le défendeur à la Caisse des dépôts et consignation[754]. Ces mesures ne résolvent cependant pas toutes les difficultés liées au financement des actions, raison pour laquelle certains auteurs ont

---

[749] Art. 184, II, L. n°2016-41 du 26 janvier 2016, préc. (note 630).

[750] En particulier, l'action de groupe « environnementale » ne peut être entreprise qu'en relation avec un fait générateur de responsabilité ou un manquement commis à partir du 20 novembre 2016.

[751] La liste des GLO peut être trouvée sur le site suivant : < https://www.gov.uk/guidance/group-litigation-orders#list-of-all-group-litigation-orders > (Consulté le 29/10/2018).

[752] Produits de santé, contexte professionnel ou environnemental : *Ibid.*

[753] M. MILDRED, art. préc. (note 740), spéc. p. 597.

[754] Toutefois, comme le montre l'affaire de la Dépakine, cela n'est pas évident ; dans cette affaire, le juge a considéré qu'il existait une contestation sérieuse sur la responsabilité des laboratoires et a donc refusé d'ordonner la consignation des sommes demandées par l'association : : TGI Paris, 29 novembre 2017, n°17/07001.

proposé d'adapter le système d'aide juridictionnelle[755]. Néanmoins, l'expérience du droit anglais conduit à se montrer précautionneux.

334. Le financement des ordonnances de contentieux en groupe en droit anglais. – À l'origine, l'action de groupe, existant sous une forme *ad hoc*[756], était financée par le système d'aide juridictionnelle, ce qui était particulièrement avantageux pour les demandeurs qui n'encouraient aucun risque financier : non seulement ces derniers n'étaient pas tenus de contribuer aux frais de procédure (ou dans une moindre mesure), mais au surplus ils n'étaient pas non plus tenus de payer les frais de la partie adverse, en cas d'échec de l'action[757]. Pour cette raison, si ce système de financement a largement favorisé l'introduction d'actions de groupe, il a également conduit de nombreux défendeurs à privilégier la conclusion de transactions[758]. Dans tous les cas, il ressort que la plupart des actions de groupe, financées par l'aide juridictionnelle, ont rarement connu le succès : soit l'action était finalement rejetée, car les requérants ne parvenaient pas à démontrer la réunion des conditions de responsabilité des défendeurs, situation courante dans le domaine pharmaceutique[759], soit l'action s'effondrait avant même d'avoir été tranchée au fond, en raison du retrait de l'aide juridictionnelle en cours d'instance[760]. En effet, l'aide juridictionnelle n'était accordée que sous la condition que l'action soit financièrement viable[761], si bien que dès que les coûts de l'action devenaient supérieurs aux bénéfices espérés, l'aide juridictionnelle était retirée[762].

Le souci de réduction des dépenses publiques a donc entraîné des modifications importantes dans les techniques de financement des actions judiciaires.

335. D'abord, les conventions d'honoraires conditionnels (*conditional fee agreements*, ci-après CFA) ont fini par être admises dans presque toute affaire civile[763], le 30 juillet 1998 : ces conventions sont en fait des accords conclus entre le client et l'avocat, dans lesquels l'avocat s'engage à ne pas faire payer le client – ou des honoraires réduits – s'il perd l'affaire, et dans lesquels le client s'engage à lui payer les honoraires convenus ainsi qu'un pourcentage

---

755 M. J. AZAR-BAUD, « L'(in)action de groupe », *Gaz. Pal.* N°42, 29/11/2016, p. 52, spéc. n°3 et s.

756 *Supra*, n°255.

757 C. HODGES, *op. cit.* (note 438), p. 308.

758 LORD CHANCELLOR'S DEPARTMENT, *Legal Aid : Targeting need. The future of publicly funded help in solving legal problems and disputes in England and Wales: A consultation paper*, 1995, London: HMSO, Cm 2854 ; *Hansard*, HC Deb., vol. 280 (2 July 1996), col. 875 (Mr. John Marshall).

759 Par ex. : *Loveday v. Renton* [1990] 1 Med. LR.

760 C'est par exemple le cas pour les contentieux relatifs au Benzodiazepine, au Gavigard ou encore au Norplant : C. HODGES, *op. cit.* (note 438), p. 305 (table 16.2). Pour le Norplant : J. ROBINS, « Norplant case collapses as tobacco multi-party action trips up in court », (1999) *L.S. Gaz.*, 10 Feb, 5 (1).

761 M. NAPIER, art. préc. (note 602), spéc. p. 11.

762 M. IRVINE, « Class action : vibration, white finger, deafness, smoking litigation and railways disasters », (1998) 6(8) *Int'l Ins. L.R.* 257-262, spéc. p. 258.

763 Excepté en matière familiale : C. HODGES, *op. cit.* (note 438), p. 310.

supplémentaire de ces honoraires[764], dans le cas où il gagne l'affaire. Cette méthode de financement privé, qui avait vocation à remplacer le financement public d'aide juridictionnelle[765], présente des avantages non-négligeables puisqu'en cas d'échec de l'action, le demandeur n'a pas à payer les honoraires de l'avocat. Cependant, il doit quand même payer les frais de la partie adverse, ainsi que les autres frais (hors honoraires) lui incombant, ce qui n'encourageait pas l'introduction d'actions de groupe[766].

Les compagnies d'assurance ont donc développé la technique de l'assurance dite « après l'événement » (*after-the-event insurance*, ci-après assurance ATE) permettant de compléter l'existence des CFA. Il s'agit d'assurances contractées après l'introduction d'une action judiciaire dans lesquelles l'assureur s'engage à payer les frais de la partie adverse – dans la limite du plafond de garantie –, et dans certains cas, une partie des frais de l'assuré, dans le cas où ce dernier perd son procès. Au contraire, si l'assuré gagne le procès, il doit alors payer une prime à la compagnie d'assurance. La combinaison des CFA et des assurances ATE aboutit à ce qu'un demandeur introduise une action judiciaire avec très peu de risques[767].

En effet, en cas d'échec de l'action, l'avocat ne récupère aucun honoraire et l'assurance ATE paie les frais de la partie adverse, et parfois une partie des frais de l'assuré. En cas de succès de l'action, selon la règle classique, le défendeur paie les frais de procédure du demandeur, ce qui incluait également pour les CFA et assurances ATE conclus avant le 1er avril 2013[768], le surplus d'honoraire prévu dans le CFA[769] ainsi que la prime ATE. Cependant, ce système n'a rencontré aucun succès dans le cadre des actions de groupe, particulièrement pour les cas de risques sanitaires sériels[770]. Le risque pesant sur l'avocat et les

---

[764] Le pourcentage supplémentaire ne peut excéder 100% des dommages-intérêts, et depuis le 1er avril 2013, 25% des dommages-intérêts accordés en première instance Art. 5 *The conditional fee agreements Order* 2013/689; V° aussi la note explicative du *Conditional fee Agreements Order 2013/689*.

[765] C. HODGES, « Factors influencing the incidence of multiple claims », (1999) *JPIL* Déc., pp. 289-315, spéc. p. 308.

[766] Ainsi que certains auteurs l'avaient prédit : T. WEEKE *et al.*, « Focus : Multi-Party Actions – Class acts » (1997) *L.S. Gaz.*, 10 Dec, 94 (20).

[767] En ce sens : S. MASON, « If the cap fits...», (2005) 4 *Int'l Travel L. J.* 177, spéc. p. 179.

[768] En effet, ce système a été jugé excessivement favorable aux demandeurs. Par conséquent, suite au rapport publié par Lord Jackson en 2010, relatif aux coûts de procédure civile, il a été modifié par le *Legal Aid, Sentencing and Punishment of Offenders Act 2012*. Pour les CFA et assurances ATE contractées après le 1er avril 2013, le supplément d'honoraires prévu dans le CFA ainsi que la prime d'assurance ATE ne constituent plus des coûts « récupérables ». En d'autres termes, dans l'hypothèse où le demandeur gagne le procès, le défendeur n'est plus tenu de payer ni le surplus d'honoraires à l'avocat du demandeur, ni la prime ATE à la compagnie d'assurance. Cependant, le juge anglais a donné d'une main ce que le législateur avait retiré de l'autre puisque dans l'arrêt *Simmons v. Castle* [2013] 1. WLR 1239, la cour d'appel a admis qu'à partir du 1er avril 2013, et seulement pour les CFA et assurances ATE contractées après cette date, les dommages-intérêts versés en réparation des préjudices extrapatrimoniaux seraient revalorisés par une augmentation de 10%. V° J. AYLING, « Costs war II : CFAs, DBAs and enforceability », (2013) 2 *JPIL* 127-130, spéc. p. 128.

[769] À condition que ce soit raisonnable.

[770] C. HODGES, art. préc. (note 765), spéc. p. 298: « A particular feature of the government's 1997 proposals to substitute conditional fee arrangements for legal aid was to require individuals and

compagnies d'assurance en cas d'échec de l'action est tel que bien souvent, ces derniers n'acceptent ces types de contrats que si l'affaire a de bonnes chances de succès. Or, précisément, les actions de groupe entreprises à la suite de la réalisation d'un risque sanitaire sériel sont assez « risquées », car les contentieux sont complexes, ce qui rend le succès de l'action incertain. Il est donc peu courant que les avocats et les compagnies d'assurances prennent ce risque[771].

336. Le système de financement privé, combinant les CFA et les ATE, a été jugé excessif, et a fait l'objet de modifications au sein du *Legal Aid, Sentencing and Punishment of Offenders Act 2012*[772]. Mais cette loi a également cherché à améliorer la situation des victimes de dommages corporels, ce qui pourrait en théorie être favorable aux victimes de risques sanitaires sériels : par exemple, à partir du 1er avril 2013, la loi a prévu qu'en cas d'échec de l'action entreprise par le demandeur, celui-ci n'est plus tenu de payer les frais du défendeur[773], sauf exceptions[774]. Ou encore, cette loi a introduit une nouvelle technique de financement des actions judiciaires, préalablement interdite, et qui pourrait en théorie favoriser l'introduction d'une action de groupe[775]. Depuis le 1er avril 2013, le client et l'avocat peuvent conclure une convention d'honoraires uniquement fondée sur les dommages-intérêts (*damages-based agreements*)[776], dans laquelle en cas de succès, l'avocat récupère un pourcentage[777] seulement du montant des dommages-intérêts accordés au client[778]. Ce type d'accord est strictement interdit dans le cadre de procédure d'actions de groupe de type *opt-out*[779], mais semble autorisé pour celles de type *opt-in*. En pratique cependant, comme avec les CFA, il n'est pas certain que l'avocat accepte de défendre l'affaire s'il estime les chances de succès trop incertaines, ce qui sera souvent le cas dans le domaine des risques sanitaires sériels.

---

their lawyers to carry out their own realistic risk assessment, and colloquially to put their money where their mouths are ».

771 M. MILDRED, art. préc. (note 698), p. C-69 (case comment).

772 *Supra*, note 768.

773 Cette règle est celle de *qualified one-way costs shifiting*. P. HURST, « The new costs rules and practice directions », (2013) 32(2) *C.J.Q.* 153-166, spéc. pp. 154-155.

774 *Ibid.*, p. 155.

775 S. 45 du *Legal Aid, Sentencing and Punishment of Offenders Act* (LASPO) 2012.

776 Cette possibilité existait déjà dans le cadre du financement d'une action par un organisme privé, mais pas pour l'avocat. Un organisme privé pouvait décider de prendre le risque de financer une action (et prendre le risque de payer les coûts de la partie adverse, en cas d'échec de l'action du demandeur) pour un pourcentage des dommages-intérêts alloués. Néanmoins, cette possibilité de financement par un organisme privé constitue une exception aux règles de *common law* de *maintenance* et *champerty* qui interdisent normalement une telle possibilité. Aussi, pour qu'un tel accord soit valable, la cour doit être satisfaite que l'organisme privé ne cherche pas à conduire, ou à s'insérer dans le procès. Autrement, l'accord est nul, et l'organisme privé est tout de même tenu de payer les frais de procédure de la partie adverse dans le cas où le demandeur perd le procès. V° R. MULHERON, « The Damages-based Agreements Regulations 2013: some conundrums in the "brave new world" of funding » (legislative comment), (2013) 32(2) *C.J.Q.* 241-255, spéc. p. 241.

777 V° reg. 4(2)(b) du *Damages-Based Agreements Regulations* 2013 (2013/609).

778 V° la note explicative du *Damages-Based Agreements Regulations* 2013 (2013/609).

779 Elle est donc interdite dans le cadre de la procédure d'action de groupe spéciale créée en 2015 pour les actions dans le domaine du droit de la concurrence (de type *opt-out*).

337. Le financement des actions de groupe en droit français : obstacle de moindre mesure ? – En droit français, les difficultés de financement des actions de groupe semblent moins importantes que celles identifiées en droit anglais. En effet, le demandeur à l'action de groupe est toujours, en droit français, une association. Or, dans le domaine de la santé, les associations d'usagers du système de santé sont en partie financées par des fonds publics[780] : elles disposent donc de capacités financières généralement supérieures à celles de personnes physiques, ce qui atténue la difficulté présente en droit anglais. Cependant, si le nombre de victimes potentielles est très élevé, il est possible que cela fasse reculer les associations qui pourraient craindre que le coût de l'action ne réduise trop fortement leur budget annuel. De la même façon, les techniques de financement du droit anglais n'existent pas en droit français, et en cas d'échec de l'action, c'est donc l'association, agissant en substitution des victimes, qui en supportera la charge financière, ce qui peut également les faire hésiter à agir.

Enfin, il convient de ne pas oublier que l'association agit également en tant que mandataire, dans la phase de liquidation des créances. Or, l'article 826-20, alinéa 2, du Code de procédure civile s'appliquant à toutes actions de groupe prévoit que « le mandat emporte avance par le demandeur à l'action de toutes les dépenses et frais liés à la procédure et représentation des personnes intéressées lors du déroulement d'éventuelles mesures d'instruction et lors de l'action en justice tendant à la réparation du préjudice subi ». Si la charge finale des frais et dépenses faites durant cette phase repose sur les bénéficiaires de l'action de groupe, c'est tout de même l'association qui en supporte la charge temporaire. L'association doit donc avoir des moyens financiers importants, et pourrait tout de même rencontrer des problèmes de trésorerie. Il n'est pas certain que cette disposition, favorable aux « victimes », encourage les associations à commencer une action de groupe.

338. Si les difficultés de financement des actions de groupe constituent sans aucun doute un frein important à l'introduction de ces procédures, il peut exister un autre obstacle d'ordre pratique en droit français, tenant à l'engagement possible de la responsabilité des associations, demandeurs à l'action.

B. L'ENGAGEMENT POSSIBLE DE LA RESPONSABILITÉ DES ASSOCIATIONS EN DROIT FRANÇAIS

339. La responsabilité des associations d'usagers du système de santé. – L'une des raisons de l'échec des actions en représentation conjointe s'expliquait par la crainte des associations, mandataires, d'engager leur responsabilité

---

[780] S. BLANCHARD, « Le financement des associations de patients » *in Les Tribunes de la santé*, 2009/3, n °24, pp. 53-58, spéc. n°7. Également, L. NICOLAS-VULLIERME, S. PIETRINI, art. préc. (note 710), n°15, préviennent que contrairement aux associations de consommateurs, l'implantation nationale ou régionale des associations agréées d'usagers du système de santé ne présage pas nécessairement de leurs capacités matérielles et financières.

envers les victimes, mandants. Ce problème existe également dans le cadre de la procédure d'action de groupe « santé », même s'il est atténué. En effet, l'association d'usagers du système de santé n'agit comme mandataire que dans une seconde phase, celle de mise en œuvre du jugement de responsabilité. Dans ce cas, les associations sont alors susceptibles d'engager leur responsabilité envers les victimes qu'elles représentent, mandants. Par conséquent, pour se prémunir contre ce risque, les associations vont sans doute devoir contracter des assurances. L'expérience des actions en représentation conjointe nous enseigne que les associations ont éprouvé des difficultés importantes à contracter des assurances pour se prémunir de ce risque[781] : dès lors, on peut craindre que les associations autorisées à exercer l'action de groupe se trouvent dans une situation similaire. Cette difficulté peut ainsi constituer un frein supplémentaire à l'introduction de procédures d'action de groupe.

340. D'autres difficultés, d'ordre juridique, peuvent expliquer pourquoi la procédure d'action de groupe rencontre un succès limité dans les contentieux sanitaires sériels.

II. *LES DIFFICULTÉS D'ORDRE JURIDIQUE : OBSTACLE POSSIBLE À L'EFFICACITÉ DES ACTIONS DE GROUPE*

341. En droit français, il existe des difficultés spécifiques tenant à l'articulation entre les différentes procédures d'actions de groupe d'une part, et à l'articulation entre l'action de groupe et l'action « traditionnelle », d'autre part (A). Dans ce dernier cas, l'instauration de procédures d'actions de groupe, à côté de l'action « traditionnelle » en responsabilité civile, nécessite que l'on s'interroge sur les conséquences du rejet éventuel d'une action de groupe dans les deux droits (B).

A. LES DIFFICULTÉS D'ARTICULATION ENTRE LES DIFFÉRENTES PROCÉDURES EN DROIT FRANÇAIS

342. En droit français, la multiplication des actions en responsabilité aboutit inévitablement à créer des difficultés d'articulation entre les procédures envisageables. Certains problèmes d'articulation résultent de la nature du dommage (1), d'autres tiennent au cercle des défendeurs (2), voire au type de victimes (3).

---

[781] G. CERUTTI, M. GUILLAUME, rapp. préc. (note 606), p. 24.

1. *Les difficultés d'articulation liées à la nature du dommage*

343. La difficulté liée à la réparation des seuls dommages corporels. – L'action de groupe « santé » ne peut être introduite que pour obtenir la réparation de tous les préjudices résultant d'un dommage corporel. *Quid* si un produit de santé cause un dommage corporel et un dommage matériel ? L'hypothèse semble à vrai dire peu probable car il est difficilement concevable qu'un produit de santé au sens de l'article L. 5311-1-II du Code de la santé publique soit susceptible d'entraîner un dommage purement matériel, mais l'hypothèse ne doit pas pour autant être exclue. Dans cette situation, les « victimes » ne pourront pas espérer la réparation de leur dommage matériel *via* l'action de groupe. Deux options s'offrent alors à elles.

D'abord, elles pourraient introduire une action individuelle pour solliciter la réparation du dommage matériel, parallèlement à l'existence de l'action de groupe. Dans ce cas, pourquoi ne demanderaient-elles pas, au sein de la même action, la réparation du dommage corporel ? Cela réduirait alors significativement l'intérêt de l'action de groupe[782]. Ceci étant, puisque l'action de groupe suspend le délai de prescription des actions individuelles en réparation des préjudices, les « victimes » pourraient décider d'attendre le résultat de l'action de groupe pour engager ensuite une procédure individuelle[783], ce qui pourrait faciliter la preuve de certaines conditions, comme le fait générateur, puisque le juge se serait déjà prononcé sur ce point dans l'action de groupe. Ce faisant, elles prennent un risque car l'action de groupe ne suspend la prescription des actions individuelles que pour les préjudices résultant des manquements constatés par le juge ou pour les faits retenus dans l'accord homologué. De ce fait, si les manquements invoqués par la victime pour la réparation du dommage matériel sont différents de ce qui a été constaté par le juge, il est possible qu'elles ne bénéficient pas de la suspension de la prescription des actions individuelles. Il n'est donc pas sûr que les « victimes » prennent le risque d'attendre la solution rendue par le juge dans l'action de groupe.

Ensuite, une seconde option s'offre aux victimes pour obtenir la réparation des dommages matériels : elles pourraient s'adresser à une association de consommateurs habilitée à cet effet, pour que cette dernière introduise une action de groupe « consommation » qui ne permet que la seule réparation des dommages matériels. Cependant, ainsi que certains auteurs ont pu le noter[784], l'articulation entre les deux procédures d'action de groupe risque d'être complexe.

---

[782] P. DESMARAIS, « L'action de groupe en matière de santé. Une action mort-née ? », *Lexbase Hebdo*, n°681, 22 décembre 2016, éd. privée, p 3 ; V. ORIF, « L'élaboration dans la loi J21 d'un modèle général d'action de groupe : un essai à transformer », *Gaz. Pal.* n°5, 31/01/2017, p. 80, spéc. n°14.

[783] Art. 79, L. n°2016-1547 du 18 novembre 2016, préc. (note 621).

[784] L. NICOLAS-VULLIERME, S. PIETRINI, art. préc. (note 710), étude 6, n°9 ; S. AMRANI-MEKKI, « Action de groupe santé – Un nouveau modèle pour de nouveaux préjudices », *JCP G.*, n°6, 8 février 2016, 146.

2. *Les difficultés d'articulation liées au cercle des défendeurs*

344. La possibilité d'introduire plusieurs actions de groupe « santé » contre différentes catégories de défendeurs. – Une autre difficulté est susceptible d'émerger en droit français. L'action de groupe « santé » peut en effet être introduite contre différentes catégories de défendeurs : producteurs, fournisseurs, prestataires « utilisateurs » du produit. Or, bien souvent, les actions individuelles en réparation des dommages causés par des produits de santé sont introduites à l'encontre du producteur ou des médecins et établissement de soin. Il est alors possible de concevoir qu'une association introduise une action de groupe à l'encontre du producteur, tandis que d'autres associations introduisent une action de groupe à l'encontre des fournisseurs du produit ou prestataires de soins utilisateurs du produit[785].

Comment s'articuleraient ces deux actions ? On pourrait envisager de recourir à l'exception de connexité[786] pour que les affaires soient instruites et jugées ensembles devant la même juridiction. Toutefois cette exception ne peut être soulevée que par les parties, et le juge dispose d'un pouvoir discrétionnaire pour accepter ou non la demande[787]. Enfin, la question se pose de déterminer à quelle juridiction l'affaire sera renvoyée[788]. À nouveau, l'articulation de plusieurs actions risque d'être difficile, d'autant que le nombre d'associations d'usagers du système de santé habilitées à agir est assez élevé[789].

345. Enfin, une dernière difficulté est susceptible d'émerger, concernant l'articulation entre l'action en responsabilité entreprise au bénéfice des victimes principales (action de groupe) et et celle introduite par une victime par ricochet.

3. *Les difficultés d'articulation liées au type de victimes*

346. L'articulation de la réparation des dommages subis par les victimes directes et par ricochet. – L'article L. 1143-2, alinéa 3, du Code de la santé publique, indiquant que « l'action ne peut porter que sur la réparation des préjudices *résultant de dommages corporels subis par des usagers du système de santé* »[790], semble devoir conduire à écarter les victimes par ricochet du bénéfice de l'action de groupe. En effet, l'action de groupe a principalement été créée afin d'envisager la situation des victimes principales. Ainsi, si les victimes par ricochet sont considérées comme des usagers du système de santé, ce qui est

---

785 S. AMRANI-MEKKI, *Ibid.*

786 Art. 101, CPC : « s'il existe entre des affaires portées devant deux juridictions distinctes un lien tel qu'il soit de l'intérêt d'une bonne justice de les faire instruire et juger ensemble, il peut être demandé à l'une de ces juridictions de se dessaisir et de renvoyer en l'état la connaissance de l'affaire à l'autre juridiction ».

787 S. AMRANI-MEKKI, art. préc. (note 784).

788 S. AMRANI-MEKKI, art. préc. (note 784).

789 Il serait de l'ordre de 500 associations.

790 [italiques ajoutées par nous]

discutable, il n'empêche qu'elles ne subissent pas elles-mêmes un dommage corporel. Il faut ainsi en conclure que les victimes par ricochet, ne bénéficiant pas de l'action de groupe, devront alors introduire une action individuelle. Ceci est susceptible d'entraîner des incohérences peu souhaitables.

347. En effet, bien que l'intérêt lésé de la victime par ricochet soit le sien propre, on ne saurait pour autant conclure à une parfaite autonomie entre le dommage subi par la victime directe, et celui subi par la victime par ricochet. En réalité, à l'instar du Professeur BRUN, nous pensons que le préjudice de la victime par ricochet est conçu comme un « simple reflet de celui de la victime directe »[791]. Or, puisque les victimes par ricochet ne peuvent pas se prévaloir de l'action de groupe, elles ne bénéficieront pas de la suspension du délai de prescription des actions individuelles. Dans ces conditions, il est peu probable que ces victimes puissent se permettre d'attendre la décision rendue par le juge en matière d'action de groupe, avant d'introduire leur action individuelle.

Le juge chargé du traitement de la demande de la victime par ricochet pourrait surseoir à statuer ce qui pose certaines difficultés[792], mais il pourrait aussi décider de trancher l'affaire au fond, ce qui peut conduire à des incohérences. Par exemple, le juge chargé de trancher le litige au regard de la victime par ricochet pourrait admettre la responsabilité du défendeur, tandis que le juge chargé du contentieux de groupe pourrait rejeter une telle responsabilité. En théorie, il est envisageable qu'une victime par ricochet soit ainsi mieux indemnisée qu'une victime directe. À nouveau, les difficultés d'articulation entre les différentes actions permettent de douter de l'efficacité de l'action de groupe « santé ».

348. En somme, l'instauration d'une procédure d'action de groupe, à côté de l'action individuelle en responsabilité, entraîne indéniablement des problèmes d'articulation, problèmes qui sont aggravés par le choix du législateur français de multiplier les actions de groupe sectorielles. À présent, il convient d'envisager les difficultés qui peuvent naître lorsqu'une action de groupe est rejetée.

B. LES DIFFICULTÉS JURIDIQUES LIÉES À L'ÉCHEC D'UNE ACTION DE GROUPE

349. L'introduction d'une action individuelle après l'échec d'une action de groupe. – Il serait possible d'envisager, en droit anglais, la situation dans laquelle une personne, qui n'a pas rallié l'action de groupe, décide d'introduire

[791] Ph. BRUN, *La responsabilité civile extracontractuelle*, LexisNexis, coll. « Manuels », 5ème éd., 2018, p. 157, spéc. n°229.

[792] Le sursis à statuer peut s'avérer problématique car il peut entrer en contradiction avec l'article 6(1) de la CEDH qui prévoit que « toute personne a droit à ce que sa cause soit entendue (…) *dans un délai raisonnable* [italiques ajoutées par nous] ». Or, dans le cadre d'une action de groupe, une décision au fond peut être rendue des années après la requête initiale.

une action individuelle après l'échec d'une action de groupe. Cette hypothèse est peu probable en pratique car la demande d'ordonnance de contentieux en groupe ne suspend pas le délai de prescription des actions individuelles, contrairement au droit français[793]. Or, en matière de dommage corporel, le délai de prescription est assez court, puisqu'il est de trois ans à compter de la date à laquelle le fait générateur donne droit à l'action (*cause of action accrued*), ou à la date de connaissance (*date of knowledge*) de la victime si cette date est postérieure[794]. Néanmoins, l'hypothèse ne peut pas être intégralement rejetée car la « date de connaissance » correspond à la date à laquelle la victime a connaissance du caractère significatif du dommage, de l'imputabilité du dommage, en partie ou pour le tout, à l'action ou l'omission qui constitue une négligence, une nuisance ou la violation d'une obligation, et enfin de l'identité du défendeur[795]. Autrement dit, dans les cas de risques sanitaires sériels[796], le délai pourrait en réalité être bien plus long que ce qu'il n'y paraît au premier regard[797].

En droit français, la possibilité d'introduire une action individuelle après l'échec d'une action de groupe est plus aisément concevable, car l'exercice de l'action de groupe entraîne la suspension de la prescription extinctive des actions individuelles, celle-ci recommençant à courir pour une durée ne pouvant être inférieure à six mois, à compter de la date à laquelle la décision rendue est passée en force de chose jugée[798]. Dans cette situation, les actions individuelles susceptibles de faire naître les mêmes difficultés que celles de l'action de groupe seront sans doute transférées au juge ayant tranché le litige dans le cadre l'action de groupe. Par conséquent, si le juge sera tenu de juger l'affaire individuelle – sous peine de déni de justice –, il est probable qu'il statue dans le même sens que pour l'action de groupe à moins que la situation individuelle ne présente des spécificités par rapport à l'action de groupe.

350. Dans une telle situation, la question se pose de savoir si, aussi bien en droit français qu'anglais, le défendeur pourrait demander à ce que la requête soit rejetée pour abus de procédure – *application for strike-out* en droit anglais[799]. En effet, en droit anglais, si les questions communes ou liées ont été tranchées en faveur du défendeur, et que ces mêmes questions se posent dans l'action individuelle postérieure, il est clair que cette dernière n'a aucune chance

---

793 En droit anglais, il n'y a aucune nécessité de suspendre les délais de prescription des actions individuelles car les personnes souhaitant rallier le groupe doivent d'abord introduire une requête individuelle dans les délais. En droit français, la suspension des délais de prescription est nécessaire car les victimes ne sont pas parties à l'action de groupe, les critères de rattachement au groupe n'étant d'ailleurs fixés que dans le jugement de responsabilité. Aussi, l'absence de suspension des délais aboutirait à la situation suivante : les victimes ne pourraient pas déclarer vouloir intégrer le groupe, les critères de rattachement n'étant pas encore fixés, mais le délai de prescription d'action continuerait à courir à l'encontre de chacune d'entre elles.

794 S. 11(1) et s. 11(4), *Limitation Act 1980*.

795 S. 14(1), *Limitation Act* 1980.

796 V° sur les caractéristiques des risques sanitaires sériels : *supra*, n°48.

797 De plus, le juge dispose de pouvoirs discrétionnaires pour étendre ce délai s'il l'estime justifié : s. 33, *Limitation Act 1980*.

798 Art. L. 1143-16, alinéa 1, CSP.

799 C. HODGES, *op. cit.* (note 438), p. 108.

de succès bien que le défendeur soit tout de même tenu de défendre l'action, ce qui entraîne des frais pour lui. En droit français, il est possible de se demander si le juge serait enclin à considérer, aux termes de l'article 32-1 du Code de procédure civile, que ce faisant, le demandeur commet une faute de nature à faire dégénérer en abus l'exercice du droit d'agir. À dire vrai, bien que l'hypothèse soit envisageable, elle semble peu probable en droit français car si les juges du fond ont pu se montrer sensibles à certaines demandes en ce sens[800], la Cour de cassation opère un contrôle très strict de la motivation des décisions de condamnation, exigeant que la faute soit précisément qualifiée[801].

Néanmoins, si de telles demandes venaient à être admises, en droit français ou anglais, la position ne conduirait-elle pas à ce qu'*indirectement*, la décision rendue dans le cadre de l'action de groupe « lie » en pratique – non sur un plan juridique – des demandeurs non parties à cette action collective ? Également cette position ne serait-elle pas contraire à l'article 6§1 CEDH qui impose que toute personne a droit à ce que sa cause soit entendue ? Ces questions demeurent encore en suspens, mais révèlent que la procédure de contentieux groupé pourrait influencer le traitement des procédures individuelles, dans le cadre d'une action en responsabilité civile.

351. Conclusion de la section II. – Les différences séparant les actions de groupe française et anglaise sont majeures et concernent tant les conditions d'exercice de l'action que sa mise en œuvre. Elles s'expliquent par la volonté des systèmes juridiques de promouvoir une meilleure gestion des contentieux sériels qui soit en conformité avec leur tradition juridique respective. Ceci étant, le bilan est similaire dans les deux droits, les actions de groupe apparaissant en effet peu utilisées dans le contexte des risques sanitaires sériels.

Ce bilan, assez décevant, se comprend au regard des difficultés majeures qui se posent pour mettre en œuvre ce type d'action dans le contexte étudié. En particulier, ces actions sont très coûteuses, et les difficultés tenant à leur financement constitue un obstacle important. En droit anglais, cette difficulté est même sans doute la raison principale qui explique l'insuccès de cette procédure, car en elle-même, l'ordonnance de contentieux en groupe est loin d'être « révolutionnaire ». Elle constitue en effet un simple outil permettant de procéder au regroupement de contentieux similaires.

En droit français, l'action de groupe présente encore moins de succès qu'en droit anglais : ceci s'explique car le législateur français a introduit une procédure qui est certes originale, mais – et c'est la contrepartie – qui est strictement délimitée. Par conséquent, le législateur français a fait le choix d'introduire des actions de groupe *sectorielles*, ce qui entraîne des problèmes tout à fait spécifiques d'articulation entre les différentes procédures possibles.

---

[800] G. COURTIEU, « Droit à réparation – Abus du droit d'agir en justice », *J.-Cl. Civil Code*, Fasc. n°131-30, 17 avril 2018, spéc. n°8.

[801] En ce sens : Cass., civ. 1, 25 février 1986, n°84-14.208, *Bull. civ. I*, 1986, N°38, p.34 ; Cass., civ. 2, 19 novembre 1986, n°85-14.941, *Bull. civ. II*, 1986, N°171, p. 115 : *JCP G*. 1987, IV, 36 ; Cass., com., 2 décembre 2014, n°13-23.114, inédit ; Cass., civ. 2, 25 juin 2015, n°14-17.938, inédit ; Cass., civ. 1, 16 décembre 2015, n°14-29.285, *Bull. civ. I*, 2016, N°841, n°614 ; Cass., civ. 2, 24 novembre 2016, n°15-23.438, inédit ; Cass., civ. 1, 8 février 2017, n°15-26209, inédit ; Cass., civ. 3, 9 novembre 2017, n°16-22.023, inédit.

Ce choix contribue non seulement à rendre cette voie peu attractive, mais surtout, il menace de faire voler en éclats l'unité de l'action en responsabilité civile.

⁂

352. Conclusion du chapitre II. – L'émergence de risques sanitaires sériels, et en particulier la multiplication des séries de victimes, a rapidement révélé les limites du modèle procédural traditionnel de l'action en responsabilité civile, conçu à l'origine pour trancher des conflits individuels. Pour permettre une gestion plus efficiente de ces contentieux sériels, les systèmes juridiques français et anglais ont donc fini par admettre une collectivisation de l'action en responsabilité civile, tout en cherchant à préserver le plus possible les règles procédurales classiques applicables dans chacun des systèmes juridiques.

Dans cette perspective, l'action de groupe française présente des caractéristiques particulièrement originales, puisqu'elle permet en réalité une collectivisation de l'action en responsabilité civile tout en préservant son caractère traditionnellement individuel. Ceci explique que l'exercice de l'action ait été confié à des associations, non pas aux victimes elles-mêmes. Plus généralement, les caractéristiques de l'action de groupe française révèlent que les législateurs français ont cherché à favoriser une gestion collective « rapide » de ces contentieux. Pour cette raison, la constitution du groupe est prévue postérieurement au jugement de responsabilité et le législateur français a limité l'intervention du juge dans la phase de réparation des préjudices, favorisant le recours à des mécanismes amiables. Pour autant, le mécanisme d'action de groupe demeure profondément étranger à la tradition juridique française. Par prudence, sans doute, le législateur a introduit ce mécanisme de manière « sectorielle », dans le domaine de la consommation d'abord, avant de l'étendre à d'autres secteurs, comme ceux de la santé et de l'environnement. Cette « méthode » typiquement française a ainsi conduit à introduire non pas *un régime unique* d'action de groupe, mais au contraire *plusieurs régimes*, éparpillés au sein de différents codes et lois, chacun présentant des spécificités particulières.

Au-delà de la volonté de tester l'efficacité de ces actions par la voie expérimentale, cette « méthode » spécifique révèle, une fois de plus, la propension du législateur français à traiter les difficultés posées par les risques sanitaires sériels au cas par cas, secteur par secteur. Cette méthode n'est pas satisfaisante car elle entraîne inéluctablement une appréhension incomplète des situations de risques sanitaires sériels, d'un point de vue procédural, et par voie de conséquence, une disparité injustifiable de traitement entre les victimes de risques sanitaires sériels. Pour cette raison, il faut convenir que seule l'admission d'une action de groupe « générique » peut permettre de corriger cette situation.

Cela a été le choix du législateur anglais : l'ordonnance de contentieux en groupe peut être introduite pour n'importe quel type de demande, dans n'importe quel secteur. Il faut dire que le processus conduisant à l'introduction de l'action de groupe dans le CPR est moins le résultat d'une introduction « forcée » par le législateur que celui d'une évolution naturelle de la pratique judiciaire. Sutout, l'ordonnance de contentieux en groupe n'est pas véritablement dérogatoire aux principes procéduraux anglais, puisqu'elle permet le regroupement procédural d'actions introduites individuellement.

Pour autant, malgré ces différences importantes, les actions de groupe française et anglaise présentent, toutes deux, une efficacité limitée dans les situations de risques sanitaires sériels : au-delà des difficultés tenant à l'articulation des différentes actions sectorielles en droit français, le coût de ces actions reste un frein majeur à l'introduction de ces procédures et ce, dans les deux droits.

Conclusion du titre II

353. Les développements précédents nous ont permis de montrer comment les risques sanitaires sériels ont éprouvé les modèles traditionnels français et anglais de responsabilité civile. En particulier, ils ont révélé que le mécanisme traditionnel de responsabilité était mal adapté pour appréhender la dimension collective des atteintes à la santé résultant de la réalisation de ces risques. Par conséquent, les risques sanitaires sériels ont non seulement entraîné l'évolution du droit de la réparation, mais surtout, ils ont abouti à transformer le droit de la responsabilité civile, aussi bien en droit français qu'en droit anglais.

La nécessaire gestion des « séries » de victimes de risques sanitaires sériels a conduit les deux systèmes juridiques à développer des régimes spéciaux de réparation et de responsabilité civile, et à admettre une collectivisation de l'action en responsabilité civile. En ce sens, les systèmes juridiques français et anglais font l'objet de rapprochements indéniables dans le contexte des risques sanitaires sériels : tous deux ont créé des fonds d'indemnisation pour promouvoir une meilleure efficacité dans la réparation des dommages corporels résultant de certains risques sanitaires sériels ; tous deux ont créé des régimes particuliers de responsabilité civile pour redéfinir un équilibre dans la protection des intérêts des victimes, d'une part, et des créateurs de risques sanitaires sériels, d'autre part ; tous deux ont, enfin, consacré une forme d'action de groupe, pour permettre à une pluralité de victimes de risques sanitaires sériels d'obtenir, au sein d'une même action judiciaire, la réparation de dommages individuels.

Ces similitudes, indéniables, témoignent du fait que ce sont les conséquences des risques sanitaires sériels, en particulier la collectivisation des atteintes à la santé, qui justifient les évolutions du modèle traditionnel de responsabilité civile dans ces deux droits. Cependant, en dépit de ces similitudes, les divergences persistent et révèlent que, face aux risques sanitaires sériels, le modèle traditionnel français de responsabilité civile résiste moins bien que son équivalent anglais.

En effet, l'analyse a montré que contrairement au droit anglais, le droit français de la responsabilité civile s'émiette, se dilue. La volonté du législateur français de favoriser l'indemnisation des victimes de risques sanitaires sériels l'a conduit à multiplier les interventions sectorielles : multiplication des mécanismes de réparation qui concurrencent celui de responsabilité civile, multiplication des régimes spéciaux de responsabilité civile dérogatoires au droit commun, multiplication des régimes procéduraux d'actions de groupe, qui complexifient la mise en œuvre de l'action en responsabilité civile. Au contraire, si le droit anglais est également guidé par la volonté de renforcer la protection des victimes de risques sanitaires sériels, cet objectif n'aboutit pas à l'émiettement du mécanisme traditionnel de responsabilité civile dans ce droit. Le droit anglais admet ainsi des adaptations qui préservent tant la place de la responsabilité civile dans le système indemnitaire anglais que celle – centrale – de la responsabilité pour faute (*tort of negligence*) dans la réparation des dommages corporels.

Conclusion de la partie I

354. Les risques sanitaires sériels sont, il faut bien le comprendre, des risques sanitaires particuliers ; ils peuvent être définis comme des risques pour la santé d'une population, dont la réalisation est susceptible d'entraîner des dommages sériels, et dont la prévention s'inscrit dans le cadre d'une politique de santé menée par l'État. Ainsi, comme tous risques sanitaires, ils sont définis par rapport à leurs conséquences et non pas par leur origine : dès lors, les risques sanitaires sériels regroupent des risques présentant une origine variée. Toutefois, leurs conséquences spécifiques les distinguent d'autres risques sanitaires : les risques sanitaires sériels sont des risques qui, s'ils se réalisent, ont la capacité d'entraîner des atteintes individuelles à la santé, réunies par leur origine commune et affectant une pluralité de personnes souvent géographiquement dispersées, et dans tous les cas, de manière échelonnée dans le temps par un effet de répétition qui retarde la prise de conscience de l'unité d'action.

Ce sont ces conséquences spécifiques qui ont entraîné des difficultés pour le droit de la responsabilité civile, tant dans le système juridique français qu'anglais. Les risques sanitaires sériels, et en particulier l'indemnisation des « séries » de victimes, ont ainsi éprouvé les modèles traditionnels français et anglais de responsabilité civile, ces derniers n'ayant pas été initialement conçus pour envisager des contentieux présentant une dimension collective. Par conséquent, tant les règles de responsabilité civile de droit commun que le mécanisme lui-même de responsabilité ont révélé leurs limites dans l'appréhension des risques sanitaires sériels, ce qui nous a conduit à nous interroger sur la place occupée par la responsabilité civile dans la prise en charge de ces risques.

355. Les développements précédents nous permettent d'abord de conclure qu'en droit français comme en droit anglais, la responsabilité civile conserve toujours *une* place dans la réparation des dommages résultant de risques sanitaires sériels. Pour ce faire, le modèle traditionnel de responsabilité civile a cependant dû être adapté pour tenir compte de la spécificité des dommages résultant de ces risques.

Les deux systèmes juridiques ont ainsi développé des régimes spéciaux de responsabilité civile, technique qui permet, en droit français, de déroger au droit commun de la responsabilité civile, et qui permet dans tous les cas, dans les deux systèmes juridiques, d'adopter des règles de responsabilité civile « sur mesure » en fonction des secteurs d'activités concernés.

Les deux systèmes juridiques ont encore adapté le modèle procédural de l'action en responsabilité civile pour tenir compte de la dimension collective de ces risques : ils ont ainsi développé des actions de groupe, dont la physionomie est très différente dans les deux droits, mais qui présentent dans tous les cas une efficacité limitée dans le contexte des risques sanitaires sériels, notamment en raison du coût de ces actions.

Quoi qu'il en soit, ces adaptations révèlent que la responsabilité civile a toujours bien vocation à intervenir dans la prise en charge des risques sanitaires sériels.

356. Les développements précédents nous permettent, ensuite, de déterminer *quelle place* la responsabilité civile occupe dans la gestion de ces risques particuliers. Sur ce point, les divergences entre les droits français et anglais sont importantes.

Si les deux systèmes juridiques ont développé des fonds d'indemnisation au profit de victimes de certains risques sanitaires sériels, pour faciliter et accélérer la réparation des dommages, il n'en demeure pas moins qu'en droit français, ces mécanismes spéciaux de réparation ont souvent vocation à concurrencer la fonction indemnitaire de la responsabilité civile, ce qui n'est généralement pas le cas en droit anglais. Cette divergence importante révèle qu'en droit anglais, la responsabilité civile (pour faute) a vocation à demeurer au centre de l'indemnisation des dommages corporels dans le contexte des risques sanitaires sériels, alors qu'au contraire en droit français, elle voit sa place se réduire au profit d'autres mécanismes spéciaux de réparation, plus efficaces pour assurer l'indemnisation des victimes de risques sanitaires sériels.

357. En réalité, ces différences « techniques » sont révélatrices de divergences conceptuelles bien plus fondamentales entre les deux systèmes juridiques. Elles permettent de comprendre, dès à présent, les objectifs qui sous-tendent les droits français et anglais dans le contexte des risques sanitaires sériels.

En droit français, le législateur est guidé par un seul objectif, celui de favoriser l'indemnisation des victimes de risques sanitaires sériels, quitte à réduire la place de la responsabilité civile dans la prise en charge des risques sanitaires sériels. Cet objectif est poursuivi en droit français, quitte même à faire voler en éclats l'unité de la responsabilité civile. En effet, c'est bien pour favoriser les victimes de risques sanitaires sériels que le législateur français multiplie les régimes spéciaux de responsabilité civile, régimes généralement sans faute, qui facilitent la mise en œuvre de la responsabilité des défendeurs ; c'est encore pour favoriser les victimes de risques sanitaires sériels que le législateur français multiplie les régimes d'actions de groupe, permettant ainsi une collectivisation des actions en responsabilité civile dans plusieurs secteurs (Goliath contre Goliath).

Par conséquent, la responsabilité civile conserve une place – réduite mais qui demeure importante – dans la prise en charge des risques sanitaires sériels au prix de son émiettement progressif. Selon nous, une conséquence plus grave encore que celle de l'émiettement du mécanisme de responsabilité civile résulte des interventions sectorielles du législateur français. Cette conséquence est celle de la création d'une disparité de traitement injustifiable entre les victimes de risques sanitaires sériels. En procédant à des ajustements secteur par secteur, le législateur français favorise certaines victimes de risques sanitaires sériels seulement, et non pas toutes les victimes de ce type de risques.

En droit anglais, la protection des victimes de risques sanitaires sériels est certes importante, d'autant plus importante que les dommages sont graves, mais elle ne saurait justifier de sacrifier, dans tous les cas, les intérêts des opérateurs privés. Ainsi, l'indemnisation des victimes de dommages corporels, y compris en cas de réalisation de risques sanitaires sériels, doit intervenir dans le cadre de la responsabilité civile, en particulier celle pour faute. Pour cette raison, les fonds d'indemnisation créés en droit anglais dans le contexte des risques sanitaires sériels n'ont généralement pas vocation à concurrencer la responsabilité civile dans l'indemnisation des dommages ; pour cette même raison encore, le législateur anglais est particulièrement réticent à multiplier les régimes de responsabilité sans faute ; enfin, le législateur a consacré une action de groupe générique, qui permet à nouveau, à la responsabilité civile de conserver sa place dans l'indemnisation des victimes de tous risques sanitaires sériels.

De la sorte, le droit anglais parvient à adapter la responsabilité civile anglaise à la réalité des risques sanitaires sériels, tout en réussissant à préserver la place centrale de celle-ci, et en particulier, la place de la responsabilité pour faute (*tort of negligence*), dans la prise en charge des risques sanitaires sériels. Surtout, l'approche du législateur anglais présente un avantage indéniable, qui est celui de l'unité de traitement des victimes de risques sanitaires sériels, sauf exceptions particulières.

358. La première partie de nos travaux a permis de montrer que face aux risques sanitaires sériels, la responsabilité civile conservait une place importante dans la réparation des dommages corporels subis par les victimes de ces risques. À présent, l'étude doit nous conduire à examiner le rôle joué par la responsabilité civile dans le contexte étudié, nous invitant ainsi à nous intéresser, **dans une seconde partie**, à la mise en œuvre de la responsabilité civile dans le traitement des risques sanitaires sériels.

Partie II : La mise en œuvre de la responsabilité civile dans le traitement des risques sanitaires sériels

359. Les risques sanitaires sériels ont indéniablement contribué à faire évoluer la responsabilité civile pour améliorer le sort des victimes, la conduisant ici à s'effacer, là à se renouveler. Les techniques utilisées pour la prise en charge du nombre de victimes révèlent des similarités dans les systèmes juridiques français et anglais[802], même si plusieurs différences apparaissent déjà. Alors que le droit anglais a cherché à maintenir une certaine unité dans le traitement des victimes de ces risques, le droit français a multiplié les interventions sectorielles, favorisant ainsi un émiettement de la responsabilité civile.

360. Cela étant, l'application du droit de la responsabilité civile aux situations de risques sanitaires sériels dénote tout de même une cohérence tant en droit français qu'en droit anglais, mais une cohérence spécifique à chacun de ces deux systèmes, qui tient à *l'objectif poursuivi* par la responsabilité civile dans le contexte envisagé.

Pour en révéler la teneur, il est nécessaire d'identifier les problèmes que posent les risques sanitaires sériels pour la mise en œuvre de la responsabilité civile, car au-delà de la diversité d'origine de ces risques et des régimes de responsabilité civile susceptibles d'être appliqués, il existe un « noyau dur » de difficultés propres à chacune des catégories de risques sanitaires sériels – inconnus, suspectés et avérés. Il importe donc de concentrer notre analyse sur les réponses que les deux droits apportent à ces difficultés, lesquelles sont toutes liées, d'une manière ou d'une autre, à la connaissance scientifique des risques.

361. Cette seconde partie envisage ainsi la mise en œuvre de la responsabilité civile dans le traitement des risques sanitaires sériels, en suivant une démarche qui tient compte du niveau croissant de connaissance scientifique. Le premier titre s'intéresse à la mise en œuvre de la responsabilité civile dans les hypothèses où la connaissance scientifique des risques est absente ou limitée, autrement dit dans les cas de risques sanitaires sériels inconnus et suspectés **(titre I)** ; le second titre a vocation à analyser la mise en œuvre de la responsabilité civile dans les hypothèses où la connaissance scientifique du risque est présente, autrement dit dans les cas de risques sanitaires sériels avérés **(titre II)**. Si chacune de ces trois catégories de risques fait naître des problèmes

---

[802] *Supra*, la première partie de nos travaux.

spécifiques pour l'application de la responsabilité civile, toutes sont susceptibles d'entraîner des difficultés de preuve du lien de causalité : c'est la raison pour laquelle il est nécessaire d'expliquer au préalable la nature de ces difficultés, au sein d'un **chapitre préliminaire**.

362. Par cette étude, nous verrons ainsi que le droit anglais de la responsabilité civile procède à un traitement différencié des victimes de risques sanitaires sériels en fonction de la connaissance du risque, si bien que moins le risque est scientifiquement connu, et moins le juge anglais est enclin à assouplir les conditions de responsabilité civile. Au contraire, le droit français est bienveillant envers toutes ces victimes quitte à dévoyer les règles de responsabilité civile, peu important que le risque soit inconnu, suspecté ou avéré. En ce sens, en dépit de l'appréhension sectorielle des risques sanitaires sériels par le législateur français, l'application de la responsabilité par *le juge judiciaire* témoigne d'une certaine unité dans le traitement des victimes de risques sanitaires sériels. En revanche, si l'intervention du législateur anglais s'inscrivait dans le sens d'une unité, l'application des règles de responsabilité par le juge tend au contraire vers un émiettement des solutions.

Chapitre préliminaire : La causalité dans le contexte des risques sanitaires sériels

« Heureux celui qui peut connaître les causes premières des choses ! »[803]

363. Les risques sanitaires sériels sont certes d'origine diverse, mais tous naissent d'une exposition à un produit[804], une substance[805] ou un agent nocif[806], et tous entraînent la survenance d'une atteinte spécifique à l'intégrité corporelle, une maladie physique. Pour cette raison, la mise en œuvre de la responsabilité civile dans ce domaine est très souvent mise à l'épreuve par des difficultés de preuve de la causalité.

En effet, d'abord, l'exposition s'inscrit généralement dans une certaine durée temporelle : elle est souvent le fruit d'une répétition ou d'une continuité, si bien qu'il est difficile d'identifier quelle exposition précise est à la source du dommage. Ensuite, la survenance d'une maladie est elle-même le résultat d'un processus qui peut être parfois long : le délai qui sépare l'exposition d'une personne à l'agent nocif et la manifestation de la maladie qui en résulte se compte parfois en dizaines d'années, comme c'est le cas avec l'amiante par exemple. Dans tous les cas, la survenance d'une maladie est le résultat d'un processus souvent complexe : d'une part, le processus de survenance des maladies est généralement invisible à l'œil nu ; il est en fait interne au corps humain[807], si bien que le mécanisme biologique de survenance de la maladie n'est pas toujours compris – ou ne l'est que très partiellement. D'autre part, dans la plupart des cas, le processus de survenance des maladies est multifactoriel : les maladies sont généralement le résultat d'une combinaison de plusieurs facteurs intrinsèques (comme une prédisposition génétique) ou extrinsèques (facteurs environnementaux, comportementaux, professionnels, etc.).

---

803 VIRGILE, *Géorgiques*, II, vers 490, traduit par A. NISARD, *Lucrèce, Virgile, Valerius Flaccus*, Œuvres complètes avec la traduction publiée en français, M. NISARD (dir.), Paris, 1843, p. 203 : « Felix, qui potuit rerum cognoscere causas »

804 Par ex. une exposition à des produits de santé, des produits alimentaires, le tabac, etc.

805 Par ex., une exposition à l'amiante.

806 Par ex., une exposition à des rayonnements ionisants, non-ionisants, etc.

807 S. C. GOLD, « When Certainty Dissolves into Probability: A Legal Vision of Toxic Causation for the Post-Genomic Era », (2013) 70 *Wash. & Lee L. Rev.* 237, p. 244 : « In marked contrast to traumatic injury cases, the disease process itself is unobserved and unobservable as it occurs, and inscrutable afterwards. »; S. STEEL, *Proof of causation in Tort Law*, Cambridge University Press, coll. « Cambridge Studies in International and Comparative Law », 2015, p. 8: « But many causal processes (mechanisms) produce their effects behind closed doors. Most obviously, many mechanisms which bring about disease occur within the human body. ». Dans le même sens: M. R. HADSKIS, *Finding Our Way Out of the Causation Jungle in Toxic Torts*, York (Ontario), York University, 1993, p. 3.

364. Ces caractéristiques particulières expliquent pourquoi l'identification des causes, sur un plan scientifique ou factuel, est difficile dans le contexte des risques sanitaires sériels, peu important que le risque soit inconnu, suspecté ou avéré. Ces catégories de risques sanitaires sériels présentent malgré tout une importance. La nature et les types de difficultés causales sont effectivement différentes selon que le risque est avéré ou suspecté. En ce qui concerne les risques inconnus, il faut bien comprendre que sur le plan de la responsabilité civile, l'hypothèse est en fait celle d'un risque qui était inconnu au moment du fait dommageable, mais qui est suspecté ou avéré au moment de l'action en responsabilité civile. Par suite, sur le plan de la causalité, les difficultés sont celles que l'on trouve dans les hypothèses de risques suspectés ou avérés.

365. Les difficultés tenant à l'identification des causes, sur le plan scientifique ou factuel, vont en réalité pénétrer le domaine juridique. En particulier, c'est la preuve de la causalité entre le fait générateur de responsabilité et le dommage, condition juridique nécessaire au succès de l'action en responsabilité civile, qui est affectée.

Pour comprendre comment les systèmes juridiques français et anglais traitent les problèmes de causalité dans le contexte de risques sanitaires sériels, il est d'abord nécessaire de présenter comment les deux systèmes juridiques approchent la causalité (**section I**). Cette analyse servira ensuite à révéler, de manière systématisée, les difficultés spécifiques que posent les risques sanitaires sériels pour la preuve de la causalité (**section II**).

SECTION I : L'APPROCHE COMPARÉE DE LA CAUSALITÉ EN DROITS FRANÇAIS ET ANGLAIS

366. En droit français comme en droit anglais, le lien de causalité est généralement présenté comme l'une des conditions nécessaires au succès de l'action en responsabilité civile[808]. Pour autant, si les deux systèmes juridiques exigent tous deux cette condition, cela ne signifie pas qu'ils l'envisagent de

[808] En droit français : H. & L. MAZEAUD, A. TUNC, *Traité théorique et pratique de la responsabilité civile délictuelle et contractuelle*, tome 2, préf. H. CAPITANT, Montchrestien, 5ème éd., 1958, pp. 408-409, n°1417 ; G. MARTY, P. RAYNAUD, *Droit civil, Les obligations*, tome II, vol. 1, Sirey, 1962, p. 515, spéc. n°477 ; J. CARBONNIER, *op. cit.* (note 303), p. 390, spéc. n°213; G. VINEY, P. JOURDAIN, S. CARVAL, *op. cit.* (note 303), p. 235, spéc. n°332 ; F. TERRE, Ph. SIMLER, Y. LEQUETTE, F. CHENEDE, *Droit civil. Les obligations*, Dalloz, coll. « Précis », 12ème éd., 2019, p. 1162, n°1089 ; Ph. LE TOURNEAU (dir.), *op. cit.* (note 10), p. 621, spéc. n°2131.; C. GRARE, *Recherches sur la cohérence de la responsabilité délictuelle, L'influence des fondements de la responsabilité sur la réparation*, Dalloz, coll. « Nouvelle Bibliothèque de Thèses », vol. 45, 2005, p. 53, n°68 ; M. BACACHE-GIBEILI, *op. cit.* (note 81), p. 576, spéc. n°487. En droit anglais : S. DEAKIN, Z. ADAMS, *op. cit.* (note 558), p. 202 ; A. HONORÉ, « Necessary and Sufficient Conditions in Tort Law » *in* D. OWEN (éd.), *Philosophical Foundations of Tort Law*, Oxford, Clarendon Press, 1997, p. 385.

manière nécessairement identique. La notion de causalité doit ainsi être examinée dans les deux systèmes juridiques (paragraphe 1), avant de considérer la question de sa preuve (paragraphe 2).

§1 – La notion de causalité dans les droits français et anglais

367. La notion de causalité a beau être une « une redoutable sirène »[809], elle n'en doit pas moins être clairement distinguée de la notion d'imputation, laquelle renvoie, selon nous, à un processus tout à fait différent (I). Après ce premier éclaircissement quant au choix de la terminologie retenue dans ce travail, c'est la conception même de la causalité dans les droits français et anglais qui doit être examinée et comparée (II). En effet, les deux droits semblent concevoir la causalité de manière *a priori* différente, mais un examen plus approfondi permet de se rendre compte que les divergences sont en réalité plus apparentes que dirimantes.

I. *LE CHOIX DE LA TERMINOLOGIE : DISTINCTION ENTRE CAUSALITÉ ET IMPUTATION*

368. Causalité et imputation : les confusions – De manière traditionnelle, les ouvrages français de responsabilité civile définissent la causalité comme un lien de cause à effet qui rattacherait le fait générateur de responsabilité au dommage[810]. Tel que définie, la causalité se distinguerait ainsi du processus d'attribution d'une responsabilité juridique à un débiteur, ce que d'aucuns appellent parfois l'imputation[811] – terme qui vient du latin *imputare*,

---

[809] N. DEJEAN DE LA BATIE, note sous Cass., civ. 2, 1er février 1973, *JCP* 1974, II, n°17882.
[810] J. CARBONNIER, *op. cit.* (note 303), p. 390, spéc. n°213 ; G. VINEY, P. JOURDAIN, S. CARVAL, *op. cit.* (note 303), p. 238, spéc. n°333-2; F. TERRE, Ph. SIMLER, Y. LEQUETTE, F. CHENEDE, *op. cit.* (note 808), p. 1161, n°1089 ; Ph. LE TOURNEAU (dir.), *op. cit.* (note 10), p. 621, spéc. n°2131.11 ; V. BUFFELAN-LANORE, V. LARRIBAU-TERNEYRE, *Droit civil. Les obligations*, Sirey, coll. « Sirey Université », 16ème éd., 2018, p. 818 ; H. LALOU, *La responsabilité civile : principes élémentaires et applications pratiques*, Dalloz, 2ème éd, 1932, p. 160, n°255 ; C. GRARE, *op. cit.* (note 808), p. 53, spéc. n°68.
[811] Par ex. : D. MAZEAUD, J.-S. BORGHETTI, « Imputation du dommage causé à autrui » *in* F. TERRE (dir.), *Pour une réforme du droit de la responsabilité civile*, Dalloz, coll. « Thèmes et commentaires », 2011, p. 154 ; J.-L. OKI, *L'imputation, mécanisme fondamental de la responsabilité des personnes publiques*, th. droit : Université de Bordeaux, 2017, p. 15, n°38, pour qui « le lien d'imputation a donc pour fonction de permettre l'identification du responsable » ; V° dans le même sens : Y. COUDRAY, *La détermination de la collectivité publique responsable par le juge administratif*, th. dactyl. : Université de Rennes, 1979, p. 14 ; C. GRARE, *op. cit.* (note

littéralement porter au compte de, mettre sur un compte[812]. Si la causalité est le lien entre le fait générateur de responsabilité et le dommage, l'imputation constituerait alors le lien entre le fait générateur de responsabilité et la personne qui doit en répondre.

La distinction entre ces deux notions semble *a priori* claire ; toutefois, à l'examen de la doctrine française, deux conflits apparaissent : le premier est lié à l'existence même d'une distinction entre ces deux notions. En effet, alors que pour certains auteurs, la causalité et l'imputation seraient deux éléments bien distincts, pour d'autres, la causalité engloberait l'imputation[813]. Le second conflit est lié au choix de la terminologie parmi les auteurs qui reconnaissent cette distinction, certains parlent d'imputation, d'autres d'imputabilité[814].

Dans ces conditions, il est difficile de dégager une tendance de la doctrine française. L'absence de consensus doctrinal sur l'existence d'une distinction entre causalité et imputation et sur le choix de la terminologie obscurcit la notion de causalité.

369. La confusion entre les notions de causalité et d'imputation provient, selon nous, du fait que les deux notions sont composées d'un élément matériel et d'un élément juridique.

Effectivement, l'imputation, définie comme le lien unissant le fait générateur de responsabilité à une personne désignée juridiquement pour en répondre, correspond d'abord à un choix normatif[815] : il s'agit du choix opéré en amont par le législateur – et parfois par la jurisprudence[816] – de faire peser la responsabilité juridique sur une personne, laquelle est désignée au sein des règles juridiques[817]. C'est ici l'élément juridique de l'imputation. Mais

808), p. 55, spéc. n°69 ; F. LEDUC, « Causalité civile et imputation », *RLDC* suppl., N°40, 1er juillet 2007, sous n°7 (du moins pour l'imputation personnelle) ; P. JOURDAIN, *Recherche sur l'imputabilité en matière de responsabilités civile et pénale*, th. droit : Université de Paris II, 1982 ; V° aussi : P. JOURDAIN, « Retour sur l'imputabilité » *in Les droits et le droit, Mélanges dédiés à Bernard Bouloc*, Dalloz, 2007, p. 513 ; H.-B. POUILLADE, *Le lien de causalité dans le droit de la responsabilité administrative*, th. droit : Université de Paris II, 2011, p. 26 ; J. FISCHER, « Causalité, imputation, imputabilité : les liens de la responsabilité civile » *in Libre droit, Mélanges en l'honneur de Philippe le Tourneau*, Dalloz, 2008, p. 385 ; L. MAZEAU, « L'imputation de la responsabilité civile en contexte d'incertitude scientifique et technologique », *Cahiers Droit, Sciences & Technologies*, vol. 4, 2014, pp. 145-148.

812 V° entrée « imputation » *in* E. LITTRE, *Dictionnaire de la langue française*, Hachette, Paris, 1873-1874. Version électronique créée par F. GANNAZ : < http://www.littre.org >

813 O. SABARD, *La cause étrangère dans les droits privé et public de la responsabilité extracontractuelle*, préf. F. LEDUC, LGDJ, coll. « Thèses », 2008 qui parle de causalité primaire (lien entre le fait générateur de responsabilité et le dommage) et la causalité seconde (lien entre le fait générateur et la personne devant en répondre).

814 P. JOURDAIN, *op. cit.* (note 811), p. 513 ; H.-B. POUILLADE, *op. cit.* (note 811), p. 26 ; V° aussi: J.-L. OKI, th. préc. (note 811), p. 3, sous note 15.

815 En ce sens : J.-L. OKI, th. préc. (note 811), p. 22, n°62.

816 On pense notamment ici à l'arrêt « Blieck » (Cass., AP, 29 mars 1991, n°89-15.231, *Bull. AP*, N°1, p. 1) et aux suites de cet arrêt (Cass., civ. 2, 22 mai 1995, nos 92-21.197, 92-21.871, *Bull. civ. II*, n°155 ; 1999), qui ont étendu la responsabilité du fait d'autrui aux groupements – principalement des associations – qui ont le pouvoir d'organiser, de diriger et de contrôler la vie ou l'activité d'autrui.

817 Par exemple, l'article 1240 du Code civil désigne l'auteur de la faute comme le responsable ;

l'imputation comporte également un second élément, matériel cette fois, qui correspond à l'identification *in specie* de cette personne : qui a commis la faute en l'espèce ? Qui est le producteur de ce produit ? Qui est le parent de l'enfant ?

La causalité, définie comme un lien de cause à effet unissant le fait générateur de responsabilité et le dommage, est elle aussi composée de deux éléments, l'un juridique et l'autre matériel[818] ; en effet, la causalité ne sert pas seulement au constat de l'enchaînement des faits (aspect matériel) ; elle porte également « un jugement de valeur sur l'enchaînement des faits »[819] (aspect juridique), si bien qu'elle est aussi amenée à jouer un rôle dans le processus d'attribution de responsabilité juridique à une personne donnée[820]. Cela est d'autant plus souvent le cas que la question de la causalité éclipse régulièrement la question de l'imputation, cette dernière relevant généralement de l'évidence.

Dans les contentieux en responsabilité civile, il est bien rare que la personne à l'origine de la faute ne soit pas identifiée, ne serait-ce que parce qu'autrement le demandeur ne pourrait pas introduire d'action (contre qui l'introduirait-il ?). Par conséquent, en pratique, les seules questions qui demeurent sont les suivantes : le fait commis par telle personne constitue-t-il une faute ? La faute a-t-elle causé le dommage ? Dans ce contexte, l'appréciation portée sur la causalité (« le jugement de valeur ») va déterminer en grande partie l'attribution de responsabilité.

La question de causalité reviendra donc souvent, en pratique, à se demander si le fait « imputé à X » a causé le dommage, mêlant ainsi très souvent imputation et causalité.

370. Causalité et imputation : la distinction. – Ces éléments ne doivent toutefois pas nous conduire à rejeter la distinction entre causalité et imputation. De manière générale, d'abord, certaines solutions ne peuvent s'expliquer qu'au regard de la reconnaissance de la distinction entre causalité et imputation, comme c'est le cas pour les responsabilités du fait d'autrui. Ensuite, de manière plus spécifique, cette distinction va nous permettre de comprendre, dans la suite de nos travaux, pourquoi certaines solutions s'appliquent à certains cas (problème de causalité) et non à d'autres (problème d'imputation)[821].

Par conséquent, et à l'instar de l'article 1239, alinéa 2, du projet de réforme de responsabilité civile (2017)[822], nous faisons le choix de distinguer la notion de causalité, qui correspond au lien unissant une cause particulière, génératrice

---

de la même façon, l'article 1242 alinéa 1 du Code civil, tel qu'interprété par la jurisprudence, prévoit que le gardien est le responsable du fait d'une chose ; ou encore, les articles 1245 et 1245-6 du Code civil prévoient que, dans la responsabilité du fait des produits défectueux, c'est le producteur qui est le responsable, et seulement à titre subsidiaire, et sous certaines conditions, le fournisseur professionnel.

[818] Sur cette question : *infra*, n°379 et s.

[819] C. QUEZEL-AMBRUNAZ, *Essai sur la causalité en droit de la responsabilité civile*, préf. Ph. BRUN, Dalloz, coll. « Nouvelle Bibliothèque de Thèses », vol. 99, 2010, p. 199. V° aussi dans le même sens et de manière plus générale : B. STARCK, H. ROLAND, L. BOYER, *Obligations*, Tome 1, « Responsabilité délictuelle », Litec, 5ème éd., 1996, p. 436, spéc. n°1057.

[820] Pour plus de précisions : *infra*, n°380 et 384.

[821] V° *infra*, n°608.

[822] Art. 1239, al. 2, projet de réforme de responsabilité civile (2017) : « La responsabilité suppose

de responsabilité, et un effet particulier, un dommage réparable, et la notion d'imputation, qui ne repose pas sur l'idée d'un lien de cause à effet, mais qui renvoie au lien existant entre le fait générateur de responsabilité et la personne devant en répondre.

371. Après avoir expliqué ce que la causalité n'était pas – la causalité n'est pas l'imputation –, il faut maintenant nous intéresser à ce qu'elle est, en droit français comme en droit anglais.

II. *UNE CONCEPTION DIVERGENTE DE LA CAUSALITÉ ENTRE LES DROITS FRANÇAIS ET ANGLAIS ?*

372. L'analyse comparée de la notion de causalité en droits français et anglais fait apparaître des divergences importantes : tandis que la notion semble être unitaire en droit français, elle est envisagée de manière duale en droit anglais (A). Ces différences ne doivent cependant pas être exagérées (B).

A. LA CONCEPTION DE LA CAUSALITÉ EN DROITS FRANÇAIS ET ANGLAIS : LES DIVERGENCES

373. Une conception *a priori* unitaire de la causalité en droit français. – En droit français, l'exigence de la causalité est exprimée au sein des divers articles du Code civil consacrés à la responsabilité civile, comme en témoignent les multiples récurrences du verbe « causer »[823]. Toutefois, la notion n'y est jamais définie[824] et apparaît être unitaire. En effet, d'un point de vue textuel, le droit français ne semble pas procéder à une distinction entre les causalités matérielle et juridique. La seule précision – bien maigre – tenant au lien de causalité est l'œuvre de la jurisprudence qui exige que le lien de causalité entre le fait générateur de responsabilité et le dommage soit *certain* et *direct*[825].

---

l'existence d'un lien de causalité entre le *fait imputé au défendeur* et le dommage [italiques ajoutées par nous] ».

[823] V° les articles 1240 et suivants du Code civil, notamment ; également, en ce sens : C. QUEZEL-AMBRUNAZ, « Définition de la causalité en droit français », *in* Groupe de Recherche Européen sur la Responsabilité Civile et l'Assurance (GRERCA), *Le droit français de la responsabilité civile confronté aux projets européens d'harmonisation*, IRJS éditions, 2012, pp. 344-345.

[824] Ce que la doctrine s'attache d'ailleurs à reconnaître : G. VINEY, P. JOURDAIN, S. CARVAL, *op. cit.* (note 303), pp. 240-243, spéc. n°335; Y. LEQUETTE, F. TERRE, Ph. SIMLER, F. CHENEDE, *op. cit.* (note 808), p. 1162, spéc. n°1090 ; Y. BUFFELAN-LANORE, V. LARRIBAU-TERNEYRE, *op. cit.* (note 810), p. 812, spéc. n°2397; C. QUEZEL-AMBRUNAZ, *op. cit.* (note 819), p. 5, n°4 ; Ch. DUBOIS, *op. cit.* (note 57), n°407.

[825] Pour quelques exemples récents de cette double exigence : Cass., civ. 2, 5 mars 2020, n°18-

La jurisprudence française expose rarement son raisonnement sur les questions de causalité, ce qui tient sans doute en grande partie au style rédactionnel des décisions judiciaires françaises[826], toutefois appelé à changer[827]. La brièveté des motivations, en particulier de la Cour de cassation, ne permet pas de discerner la logique sous-tendant le constat de l'existence ou de l'absence de lien de causalité. Pourtant, la question causale est bien une question de droit, soumise au contrôle de la Cour de cassation[828]. Parfois, cette dernière se contente de préciser quel caractère de causalité – caractère certain ou direct – fait défaut, mais sans expliciter plus avant. D'autres fois, elle se fonde expressément ou implicitement sur les théories de l'équivalence des conditions ou de la causalité adéquate[829] pour retenir ou rejeter l'existence du lien de causalité, tout en refusant de consacrer exclusivement une théorie au détriment de l'autre.

Ainsi, dans certaines décisions, la jurisprudence se fonde sur la théorie de l'équivalence des conditions, qui postule que tous les éléments qui ont été *nécessaires* à la survenance du dommage, autrement appelés conditions *sine quibus non*, doivent être considérés comme des causes du dommage. Au regard de cette théorie de causalité, il n'est pas nécessaire de procéder à un tri parmi les différentes causes du dommage car elles sont équipollentes, de sorte qu'il est possible de remonter très loin dans la chaîne de causalité. Il s'agit d'une vision extensive de la causalité, critiquée pour entraîner le « risque d'engager la responsabilité de l'univers »[830].

Dans d'autres décisions, néanmoins, la jurisprudence se fonde sur une conception plus restrictive de la causalité, avec la théorie de la causalité

26.137, ECLI:FR:CCASS:2020:C200288 (publié) ; Cass., civ. 1, 5 juin 2019, n°18-11.578, inédit ; Cass., civ. 1, 23 janvier 2019, n°17-22.692, inédit ; Cass., civ. 2, n°13-27.362, inédit.

[826] C. QUEZEL-AMBRUNAZ, *op. cit.* (note 819), p. 108, spéc. n°133 ; M. INFANTINO, E. ZERVOGIANNI, « The European ways to causation » *in* M. INFANTINO, E. ZERVOGIANNI (dir.), *Causation in European Tort Law*, Cambridge University Press, 2017, pp. 92-93; de manière plus générale, sur le style judiciaire et son évolution en droit français : J.-L. HALPERIN, « Les styles judiciaires, des traditions nationales ? », *Droit et société*, 2015/3, N°91, pp. 491-504.

[827] Consulter l'annonce faite sur le site de la Cour de cassation, le 5 avril 2019 et prévoyant une modification du mode de rédaction des arrêts dans le sens d'une « motivation développée » [en ligne] consulté le 13/04/2020 : <https://www.courdecassation.fr/institution_1/reforme_cour_7109/reforme_mode_redaction_arrets_9223/ >

[828] La Cour de cassation a commencé à contrôler la qualification de la causalité en 1895 : Cass., civ., 4 février et 7 août 1895, *D. P.* 1896, I, pp. 81-82. V° aussi : B. STARCK, H. ROLAND, L. BOYER, *op. cit.* (note 819), p. 451, spéc. n°1095.

[829] Il existe une troisième théorie de causalité, la théorie de la *causa proxima* qui consiste à retenir comme cause du dommage, la cause temporellement la plus proche du dommage, mais cette théorie a été rejetée par la jurisprudence, comme le relèvent volontiers les auteurs : G. VINEY, P. JOURDAIN, S. CARVAL, *op. cit.* (note 303), p. 245, spéc. n°340.

[830] C. QUEZEL-AMBRUNAZ, *op. cit.* (note 819), p. 35; G. MARTY, P. RAYNAUD, *op. cit.* (note 808), p. 519, spéc. n°480 ; M. NICOLESCO, *La notion de dommage direct. Étude de doctrine et de jurisprudence sur le problème causal en matière de responsabilité civile*, th. doctorat : Paris, 1931, p. 26 ; Ph. MALAURIE, L. AYNES, Ph. STOFFEL-MUNCK, *Droit des obligations*, LGDJ, coll. « Droit civil », 10ème éd., 2018, p. 48, n°92 (la théorie rendrait « chaque homme responsable de tous les malheurs qui ravagent l'humanité ») ; H. & L. MAZEAUD, A. TUNC, *op. cit.* (note 808), p. 424, spéc. n°1442.

adéquate. Selon cette théorie, ne doit être considérée comme cause du dommage que le fait qui, selon le cours normal des choses, est le plus « apte » à le causer. Cette théorie impose en elle-même de procéder à un tri entre les différents antécédents du dommage pour ne retenir que celui qui le cause habituellement[831]. Ainsi que les auteurs ont pu le noter, cette théorie repose sur l'idée d'un « pronostic rétrospectif »[832] qui consiste à de se demander après coup quel est l'antécédent qui rendait le plus probable la survenance du dommage. Il s'agit en réalité d'une conception probabiliste de causalité, qui « définit la cause adéquate comme celle qui a augmenté de manière significative la probabilité objective de survenance du dommage »[833]. Si cette théorie permet effectivement de trier – et donc de limiter – le nombre de causes retenues, il n'en demeure pas moins qu'elle aboutit à transformer la question causale. Dans un contentieux en responsabilité civile, la question est normalement celle de savoir si le fait générateur a causé le dommage, en l'espèce. Or, ce n'est pas parce que le fait générateur était l'antécédent le plus « apte » à causer le dommage selon le cours normal des choses qu'il l'a effectivement causé en l'espèce.

374. Dans tous les cas, en droit français, la jurisprudence ne semble pas distinguer entre différents niveaux de causalité : la causalité a donc toutes les apparences d'une notion unitaire, dont l'existence est appréciée au cas par cas, de manière pragmatique, « par sentiment »[834] diront certains, ce qui rend toute systématisation impossible[835]. Si les juges anglais semblent également apprécier l'existence du lien de causalité de manière pragmatique, comme ils l'admettent eux-mêmes[836], leur conception de cette notion n'en demeure pas moins radicalement différente. Contrairement au droit français qui se réfère à « la »

---

[831] Ph. MALAURIE, L. AYNES, Ph. STOFFEL-MUNCK, *Ibid.*, p. 48, spéc. n°93.
[832] Ph. LE TOURNEAU (dir.), *op. cit.* (note 10), p. 634, n°2131.55 ; F. G'SELL-MACREZ *Recherches sur la notion de causalité*, th. droit : Université de Paris I Panthéon-Sorbonne, 2005, n°89 ; C. QUEZEL-AMBRUNAZ, *op. cit.* (note 819), p. 71, n°80.
[833] F. G'SELL, « Les théories contemporaines de la causalité. Droit et philosophie » *in* S. FEREY, F. G'SELL (dir.), *Causalité, responsabilité et contribution à la dette*, Bruylant, coll. « Droit et économie », 2018, p. 104. Dans le même sens : H. L. A. HART, T. HONORE, *Causation in the law*, Oxford University Press, 2ème éd., 1985, p. 469 ; C. QUEZEL-AMBRUNAZ, *op. cit.* (note 819), p. 80, spéc. n°93.
[834] P. ESMEIN, « Le nez de Cléopâtre ou les affres de la causalité », *D.* 1964, chron. p. 205, spéc. n°1 : « Que le rapport de causalité soit apprécié par sentiment, l'opposition des solutions suivantes le fait apparaître. » Dans le même sens : P. JOURDAIN, « Un lien trop indirect pour être "juridiquement" causal », *RTD civ.* 2003, N°3, 15/09/2003, p. 508 : « Paul Esmein avait bien raison : la causalité juridique est plus affaire de sentiment que de science ».
[835] F. G'SELL-MACREZ, th. préc. (note 832), p. 6: « Mais, dans l'ensemble, les auteurs firent état des difficultés de la notion pour se révéler sceptiques quant à la possibilité d'élaborer des éléments généraux de solution. Le concept de cause, abstrait et fuyant, serait inaccessible. Depuis lors, jamais la doctrine ne s'est départie de ce scepticisme. » ; V° aussi dans le même sens : G. RIPERT, *La règle morale dans les obligations civiles*, LGDJ, 4ème éd., 1949, n°117 qui considère que la théorisation de cette notion est une « recherche absolument vaine ».
[836] *Yorkshire Dale Steamship Co. Ltd v. Minister of War Transport* [1942] A.C. 691, spéc. p. 706 (Lord Wright). V° aussi, par ex.: *Mc Ghee v. National Coal Board* [1972] 3 All ER 1008, spéc. p. 1011 (Lord Reid). Sur les limites de cette approche: H. L. A. HART, T. HONORE, *op. cit.* (note 833), pp. 91-92.

causalité comme une notion unitaire, le droit anglais en retient une approche formellement duale.

375. Une conception *a priori* duale de la causalité en droit anglais. – Dans le cadre du *tort of negligence*, le droit anglais distingue formellement deux causalités : la causalité matérielle (*cause in fact*) et la causalité juridique (*cause in law*).

376. La causalité matérielle, ou *cause in fact*, est généralement décrite comme l'étape de recherche matérielle de l'enchaînement des faits ; il s'agit de déterminer si la négligence (la violation du devoir de diligence, ou *breach of duty of care*) a été une cause *nécessaire*, autrement dit *sine qua non*, du dommage. Cette étape est formalisée par l'application du test classique dit du *but for*, qui amène à se demander si en l'absence (*but for*) de la négligence, le dommage serait tout de même survenu. Ce test s'inscrit donc dans la même dynamique que la théorie de l'équivalence des conditions en droit français.

Le test du *but for* se fonde en réalité sur un mode de raisonnement contrefactuel, qui consiste à envisager ce qu'il se serait passé si l'on ôtait le fait générateur de responsabilité du cours des choses. Bien que ce test ait été salué pour sa relative simplicité[837], il est difficile d'ignorer la part d'artifice qu'il comporte ; en effet, son utilisation impose de procéder à une opération intellectuelle relevant de la « divination », dans laquelle il convient d'envisager un scénario qui n'existe pas, n'a jamais existé et n'existera plus.

377. Dans une seconde étape, le droit anglais s'intéresse à la causalité juridique, ou *cause in law*, qui correspond à l'examen de l'éloignement juridique – non pas temporel ou géographique – du dommage (*remoteness of damage*)[838], ce que certains auteurs appellent encore la détermination de l'étendue des conséquences de responsabilité (*scope of liability for consequences*)[839]. Il s'agit en fait d'un processus de sélection des causes, dans lequel entrent souvent des considérations de politique juridique (*policy considerations*) permettant de justifier ou, au contraire, d'empêcher la reconnaissance de responsabilité juridique du défendeur. En d'autres termes, la question est normative, et non pas factuelle[840]. Pour apprécier cette étape, les juges anglais appliquent le test de l'éloignement du dommage (*test of remoteness*) ; la négligence est considérée comme une cause juridique (*cause in law*) si elle est suffisamment proche – au sens juridique – du dommage. Il convient toutefois de noter que la jurisprudence anglaise a longtemps été incertaine sur le choix du critère permettant de définir la « proximité juridique ».

---

[837] F. G'SELL-MACREZ, th. préc. (note 832), p. 157, n°151.
[838] S. DEAKIN, Z. ADAMS, *op. cit.* (note 558), pp. 231-234; R. MULHERON, *Principles of Tort Law*, Cambridge University Press, 2016, pp. 489-497; P. GILIKER, *op. cit.* (note 93), pp. 239-243.
[839] J. STAPLETON, « Cause in fact and the scope of liability for consequences », (2003) 119(Jul.) *L.Q.R.* 388-425, spéc. p. 396.
[840] *Ibid.*, p. 411.

Ainsi, après avoir oscillé pendant un temps entre le critère direct (*directness*) et celui de la prévisibilité (*foreseeability*), le droit anglais a fini[841] par privilégier le critère de prévisibilité dans deux décisions *The Wagon Mound* (No 1[842] et No 2[843]), encore appliqué aujourd'hui en droit anglais. Au regard de ce critère, la négligence[844] est considérée comme une cause juridique du dommage si le « type de dommage » (*kind of damage*) qui s'est produit était raisonnablement prévisible[845]. En réalité, l'appréciation du test dépend en grande partie de la manière dont la notion de « type de dommage » est définie : si la notion est interprétée strictement, les chances pour que le dommage constaté soit considéré comme raisonnablement prévisible sont moindres, et vice-versa. Il est donc clair que la causalité juridique, à travers le test de la proximité juridique, peut être utilisée comme un outil de modulation de l'attribution d'une responsabilité civile ; le plus souvent, l'examen de la causalité juridique permet de limiter l'étendue de la responsabilité juridique du défendeur, mais il est des cas où il permet au contraire de l'étendre[846].

B. L'APPRÉCIATION DES DIVERGENCES EN DROITS FRANÇAIS ET ANGLAIS

378. Les divergences observées entre les droits français et anglais sont moins grandes qu'il n'y paraît. En effet, comme en droit anglais, la distinction entre la causalité matérielle et la causalité juridique est connue du droit français, même si elle est plutôt le résultat d'une doctrine qui cherche à rationaliser « après coup » les solutions d'une jurisprudence erratique. En réalité, pour être tout à fait exact, nous pensons que la doctrine française admet, sans jamais les différencier, *deux approches* de la distinction entre causalités matérielle et juridique.

---

[841] La jurisprudence anglaise a semblé favorable au critère « direct » pendant un temps : *Re Polemis* [1921] 3 K.B. 560.

[842] *Overseas Tankship (UK) Ltd v Morts Dock and Engineering Co Ltd (The Wagon Mound (No 1))* [1961] AC 388 *in* J. STEELE, *Tort Law: Text, Cases, and Materials*, Oxford University Press, 4ème éd., 2017, pp. 189-192.

[843] *Overseas Tankship (UK) Ltd v. The Miller Steamship Co (Wagon Mound (No 2))* [1967] 1 AC 617.

[844] Mais le test s'applique également aux situations de *nuisance*, comme le montre la décision rendue dans *The Wagon Mound* (No 2).

[845] Le défendeur est donc responsable pour n'importe quel type de dommage qui était raisonnablement prévisible, y compris dans les situations les plus inhabituelles, à moins que le risque soit si petit qu'un homme raisonnable serait autorisé à le négliger. Toutefois, il importe de préciser qu'à compter du moment où le « type de dommage » qui s'est produit est considéré comme prévisible, il importe peu que l'étendue exacte du dommage n'ait pas été prévisible.

[846] Lorsque des circonstances de politique juridique le justifient, l'examen de la causalité juridique (*cause in law*) pourra permettre d'étendre la responsabilité du défendeur, comme dans la décision *Chester v. Ashfar* [2004] UKHL 1. V° notam. sur ce point : S. BANAKAS, « Causalité juridique et imputation », *RLDC suppl.*, N°40, 01/07/2007. Compar. en droit français : CA Paris, 20 novembre 2003, *Resp. civ. et assur.* n°3, mars 2004, comm, n°76, obs. C. RADE.

Dans une première conception, la distinction entre les causalités matérielle et juridique se rapporte à l'établissement du caractère direct du lien de causalité, ce qui rapproche alors conceptuellement le droit français du droit anglais, même si quelques divergences persistent (1). Dans une seconde conception, qui coexiste avec la première, la distinction entre les causalités matérielle et juridique se rapporte à l'établissement du caractère certain du lien de causalité, ce qui semble alors éloigner conceptuellement le droit français du droit anglais. Toutefois, en pratique, le constat de cette divergence doit être tempéré (2).

1. Première conception de la distinction entre les causalités matérielle et juridique

379. Le rapprochement des droits français et anglais. – L'idée d'une causalité juridique – qui se distinguerait d'une causalité matérielle – semble plutôt bien admise dans la doctrine française[847]. Selon le Professeur G'SELL, « la paternité de la distinction de principe entre "causalité matérielle" et "causalité juridique" paraît revenir à Béraud »[848], lequel considérait que la causalité matérielle « est l'ensemble objectif des conditions qui ont concouru à la production d'un phénomène »[849], tandis que la causalité juridique serait « le rattachement du résultat dommageable, par un *jugement de valeur*, à un fait ou à une faute »[850]. Une autre manière de formuler cette idée serait de dire que la causalité matérielle permettrait « de comprendre comment le dommage – ou tout autre événement – a pu se produire en identifiant la somme de ses antécédents nécessaires (...) [alors que] la causalité juridique relève, pour sa part, d'un autre ordre, normatif celui-là »[851].

Cette première conception de la distinction entre les causalités matérielle et juridique correspond en fait à la distinction consacrée en droit anglais entre le *cause in fact* et le *cause in law*. En effet, la causalité matérielle, comme le *cause in fact* anglais, est alors envisagée comme une étape d'identification de l'enchaînement des faits, qui doit permettre de déterminer si le fait générateur de responsabilité a été une condition *nécessaire* de la survenance du dommage. Quant à la causalité juridique, elle renverrait alors, comme le *cause in law* anglais, à une sélection de certaines causes « matérielles » qui deviennent, par cette opération, des causes « juridiques ». Dans ce contexte, la causalité juridique est alors conçue comme une opération visant à délimiter le périmètre

[847] Par ex.: F. G'SELL-MACREZ, th. préc. (note 832), pp. 541-542, n°501 ; Ph. LE TOURNEAU (dir.), *op. cit.* (note 10), pp. 628-629, n°2131.52 ; C. QUEZEL-AMBRUNAZ, *op. cit.* (note 819), p. 177 et s., n°204 ; N. DEJEAN DE LA BATIE, Ch. AUBRY, Ch.-F. RAU, *Droit civil français, t. VI-2, Responsabilité délictuelle*, Librairie technique, 8ème éd. 1989, n°74.

[848] F. G'SELL-MACREZ, th. préc. (note 832), p. 542, n°501.

[849] R. BERAUD, « Les mythes de la responsabilité civile », *JCP G.* 1964, I, 1837, spéc. n°2.

[850] *Ibid.*, n°2.

[851] Dans le même sens : pour le Professeur Ph. BRUN, « Responsabilité du fait personnel », *Rép. civ.*, mai 2015 (actual. : Février 2019), sous n°122 : « la dimension matérielle de la causalité (...) [consiste à] rechercher si le fait imputé à une personne est bien intervenu dans le processus dommageable ».

des causes matérielles qui seront retenues par le droit[852]. Il s'agit bien ici de poser un « jugement de valeur », ce qui se traduit dans le système juridique français par l'exigence – en droit – que le lien de causalité soit direct.

380. C'est ce qui explique, en droit français, que les théories de causalité – théories de l'équivalence des conditions et de la causalité adéquate – soient utilisées tour à tour par la jurisprudence française, de manière « quelque peu erratique[...] » diront certains[853]. Lorsque les juges souhaiteront promouvoir une conception extensive de la causalité, ils se fonderont sur la théorie de l'équivalence des conditions, ce qui leur permettra de retenir que le lien de causalité est direct[854] ; au contraire, lorsque les juges souhaiteront promouvoir une conception plus restrictive de la causalité, ils se fonderont alors sur la théorie de la causalité adéquate, ce qui leur permettra souvent d'exclure le caractère direct du lien de causalité[855]. Dans tous les cas, le choix de l'une ou l'autre des théories n'est que l'apparat juridique permettant de justifier le tri opéré – ou non – entre les causes matérielles. En d'autres termes, et comme en droit anglais, la causalité juridique est alors utilisée, en pratique, comme un outil permettant de moduler l'attribution juridique de responsabilité, ce qui explique que certains auteurs confèrent une vertu imputative à la causalité[856].

Dans cette première conception, on peut effectivement dire que « si toutes les causes matérielles ne constituent pas nécessairement des causes juridiques, en revanche, toute cause juridique constitue d'abord en principe une cause matérielle »[857]. Comme il est possible de le constater, dans cette première conception de la distinction entre causalités matérielle et juridique, le droit français se rapproche alors conceptuellement du droit anglais.

---

[852] En ce sens : G. VINEY, P. JOURDAIN, S. CARVAL, *op. cit.* (note 303), p. 249, spéc. n°346-1 : « Cela ne signifie pas cependant que toute condition nécessaire du dommage doive être toujours reconnue comme *cause juridique* [en italiques dans le texte original] ».

[853] Ph. BRUN, préc. (note 851), sous n°122.

[854] V° par ex. : CA Paris, 7 juillet 1989, (dit arrêt « Courtellemont ») : *Gaz. Pal.*, 1989, II, p. 752, concl. G. PICHOT; Cass., civ. 1, 17 février 1993, n°91-17.458, *Bull. Civ. I*, 1993, N°80, p. 52 : *RTD civ.* 1993, N°3, 15/09/1993, p. 589, obs. P. JOURDAIN ; Cass civ. 2, 27 mars 2003, n°01-00.850, *Bull. civ. II*, 2003, N°76, p. 66 : *JCP G.*, n°1, 7 janvier 2004, doctr. 101, n°23, note G. VINEY ; V° aussi : Cass., civ. 2, 27 mars 2003, n°01-13.858, *Bull. civ. II*, 2003, N°89, p. 77.

[855] V° par ex. : Cass., civ., 6 janvier 1943 (dit arrêt « *Franck* ») *D.* 1945, p. 117, note A. TUNC ; Cass., civ. 2, 17 mars 1977, n°75-15.507, *Bull. civ. II*, 1977, N°91, p. 61, *RTD civ.* 1977, p. 770, obs. G. DURRY (pas de lien de causalité « direct » entre la négligence du propriétaire qui oublie de verrouiller sa voiture et le dommage causé par un voleur qui s'est emparé du véhicule) ; Cass., civ. 2, 8 février 1989, n°87-19.167, *Bull. civ. II*, 1989, n°39, p. 19 : *JCP G.* n°38, 19 septembre 1990, II, 21544, note N. DEJEAN DE LA BATIE (le décès d'une personne hémiplégique dans un incendie n'était pas en lien « direct » avec l'accident de circulation qui l'avait handicapée et qui l'a empêchée de sortir de la maison en feu) ; V° *contra*, sur une espèce similaire : CA Paris (1ère ch. A) 20 mars 1991, *JCP G.* n°39, 25 septembre 1991, 102412 ; Cass., civ. 2, 24 février 2000, n°98-14.185, inédit (pas de lien de causalité « direct » entre le détournement de munitions par une personne et le dommage subi, à la suite d'une explosion, par d'autres personnes qui les lui avaient volées).

[856] Sur cette question, et sur les raisons nous conduisant à distinguer expressément les notions d'imputation et de causalité : *supra*, n°368 à 370.

[857] J.-S. BORGHETTI, *op. cit.* (note 392), pp. 266-267, n°269.

381. Les divergences persistantes entre les droits français et anglais. – Toutefois, et là demeure la divergence entre les deux systèmes juridiques, les droits français et anglais ne retiennent pas le même critère dans l'examen de la causalité juridique. En effet, alors que le droit français a choisi de retenir le critère du lien de causalité « direct », le droit anglais lui a finalement préféré le critère de « prévisibilité », avec le test de proximité juridique (*remoteness of damage*)[858]. Il convient alors de s'interroger sur les effets pratiques possibles de cette divergence.

Sur un plan théorique, l'approche française pourrait permettre de retenir plus facilement l'existence de la causalité juridique que l'approche anglaise, lorsqu'elle se fonde sur la théorie de l'équivalence des conditions. Dans cette situation, toutes les conditions nécessaires à la survenance du dommage sont des causes juridiques, « de la première à la dernière »[859]. Ainsi, il importe peu, dans ce contexte, et contrairement au droit anglais, que l'homme raisonnable ait pu prévoir le « type de dommage » qui s'est effectivement produit.

La position est moins évidente lorsque l'on considère la théorie de la causalité adéquate. Il semblerait qu'avec cette théorie, « ce qui importe, ce n'est pas que les conséquences fussent prévisibles, mais que la cause apparaisse objectivement apte à le provoquer, et ceci, "après coup" »[860]. Par conséquent, un événement peut être objectivement « apte » à causer le dommage selon le cours normal des choses, même s'il ne rend pas prévisible « le type de dommage » qui s'est produit[861]. Partant, il est envisageable qu'un fait puisse être considéré comme une cause juridique du dommage selon la théorie de la causalité adéquate, mais non selon le test anglais de la proximité juridique. Tout dépend en réalité de la manière dont le critère de prévisibilité est interprété : la jurisprudence anglaise semble apprécier ce critère de manière relativement souple[862], si bien qu'il est possible de douter du fait que les solutions anglaises soient fondamentalement différentes de celles retenues en droit français. Cependant, seule une étude empirique des décisions françaises et anglaises permettrait de le confirmer.

382. Au-delà de cette première conception de la distinction entre les causalités matérielle et juridique en droit français, qui a trait au caractère direct du lien de causalité, ce système juridique en retient une seconde, qui a trait cette fois à l'exigence de son caractère certain.

---

[858] V° *Supra*, n°377.

[859] CA Paris, 7 juillet 1989, dit « Courtellemont », préc. (note 854).

[860] Ph. LE TOURNEAU (dir.), *op. cit.* (note 10), p, 634, spéc. n°2131.56.

[861] Sur la théorie de la causalité adéquate et son rapport avec la prévisibilité : F. G'SELL-MACREZ, th. préc. (note 832), pp. 118-119, spéc. n°103.

[862] Par ex. *Hughes v. Lord Advocate* [1963] AC. 837. V° aussi, *Jolley v. Sutton London Borough* [2000] 1 WLR 1082.

2. *Seconde conception de la distinction entre les causalités matérielle et juridique*

383. Un éloignement conceptuel des droits français et anglais. – L'évocation de la distinction entre causalités matérielle et juridique renvoie parfois à une autre conception que celle exposée précédemment[863]. La distinction est en effet parfois utilisée pour justifier l'indépendance du droit vis-à-vis de la science, comme l'avait relevé le Professeur G'SELL[864]. Dans ce contexte, la notion de causalité juridique permet alors de justifier le dépassement d'une incertitude concernant le rôle causal du fait générateur de responsabilité dans la production du dommage. La notion est donc utilisée pour traiter une difficulté liée à la détermination de l'enchaînement causal lui-même[865], et non pas pour procéder à une sélection entre plusieurs causes matérielles.

384. La notion de causalité juridique n'est donc pas ici utilisée pour déterminer si le lien de causalité est direct, mais au contraire pour déterminer si le lien de causalité est *certain* (certitude juridique). Par conséquent, si la première conception de la distinction permettait d'affirmer que « toute cause juridique constitue d'abord en principe une cause matérielle »[866], l'affirmation n'est plus vraie au regard de cette seconde conception. Effectivement, cette seconde conception permet de considérer qu'une cause qui *n'est peut-être pas* matérielle constitue tout de même une cause juridique. Ici aussi, la causalité juridique renvoie à un choix du juge qui exprime un « jugement de valeur » sur la causalité, en fonction de considérations de politique juridique, telle que la volonté de promouvoir l'indemnisation de certaines catégories de victimes.

Cependant, au regard du droit anglais, cette problématique s'inscrit toujours dans le champ du *cause in fact* (et non pas du *cause in law*). L'existence d'une incertitude causale – scientifique – s'opposera généralement à ce que la négligence soit considérée comme une cause *nécessaire* (*but for*) du dommage. Par conséquent, les droits français et anglais ne semblent pas adopter la même

---

[863] F. G'SELL-MACREZ, th. préc. (note 832), p. 542, spéc. N°501.

[864] Comme le relève justement F. G'SELL-MACREZ, th. préc. (note 832), p. 542, spéc. n°501.

[865] [italiques ajoutées par nous] C. QUEZEL-AMBRUNAZ, « Le lien de causalité », *in* Ph. BRUN, Ph. PIERRE, A. JEAN-JOSEPH (dir.), *Lamy Droit de la responsabilité*, Wolters Kluwer, coll. « Lamy Droit », 2017, étude 270, sous n°270-9 : « la causalité matérielle se distinguerait de la causalité juridique, dialectique particulièrement opportune lorsque les lumières de la science laissent l'interprète dans l'ombre alors *qu'il doit décider de l'existence d'un enchaînement causal* ». Dans le même sens : Ph. LE TOURNEAU (dir.), *op. cit.* (note 10), p. 629, spéc. n°2131.52 ; L. NEYRET, « La défectuosité : nouvel enjeu du contentieux du vaccin contre l'hépatite B », *D.* 2006, N°19, 11/05/2006, p. 1273 : « Le juge de la responsabilité confronté à une réalité causale scientifiquement incertaine ne saurait en déduire automatiquement une absence de causalité juridique certaine, au risque d'opérer une confusion entre normes scientifiques et normes juridiques » ; C. RADE, « Causalité juridique et causalité scientifique : de la distinction à la dialectique », *D.* 2012, N°2, 12/01/2012, p. 112, spéc. n°2.

[866] J.-S. BORGHETTI, *op. cit.* (note 392), pp. 266-267, n°269; V° *Supra*, n°380.

vision conceptuelle sur ce point. Tandis qu'en droit français, les situations d'incertitudes scientifiques entraînent une redéfinition de la distinction entre la causalité matérielle (appelée plus volontiers « scientifique » dans ces cas) et la causalité juridique, en droit anglais, ces situations demeurent appréhendées au regard de la causalité matérielle (*cause in fact*).

385. Des divergences atténuées en pratique en droits français et anglais. – La divergence conceptuelle existant sur ce point entre les deux systèmes juridiques nous paraît indéniable, mais il ne faut pas pour autant en exagérer la portée en pratique. En effet, si le droit anglais sépare formellement la causalité matérielle (*cause in fact*) de la causalité juridique (*cause in law*), il serait toutefois erroné d'en conclure que la causalité matérielle se rapporte à une vision seulement factuelle de la causalité, dépourvue de toute considération de politique juridique. En clair, et comme les auteurs le reconnaissent eux-mêmes[867], la distinction entre causalités matérielle (*cause in fact*) et juridique (*cause in law*) n'est pas aussi tranchée qu'il y paraît.

En effet, lorsque les juges anglais atténuent ou écartent le test traditionnel du *but for* au profit d'une autre vision – plus souple – de causalité, ils procèdent à un choix : ils apportent un « jugement de valeur » qui permet de favoriser une catégorie de personnes plutôt qu'une autre et qu'ils justifient souvent pour des raisons de politique juridique. C'est ainsi que les juges anglais ont modifié l'approche traditionnelle de causalité dans l'arrêt *Fairchild v. Glenhaven Funeral Services Ltd*[868] pour répondre à des difficultés tenant à l'existence d'incertitudes scientifiques. Pourtant, dans ce contentieux, la difficulté était bien relative à l'établissement du *cause in fact* et non pas du *cause in law*, preuve que l'examen de la causalité matérielle en droit anglais est loin d'être imperméable à des considérations de nature juridique[869].

386. Dans cette optique, les divergences conceptuelles observées en droits français et anglais sont atténuées en pratique. La question du rôle causal joué par le fait générateur dans la production du dommage est appréhendée comme une question de causalité matérielle en droit anglais (*cause in fact*) ; si cette

---

[867] Par ex. : H. SLIM, « Lien de causalité : approche comparative », *RLDC* n°40, 1er juillet 2007, Suppl. ; P. H. WINFIELD, J. A. JOLOWICZ, W. V. H. ROGERS, *op. cit.* (note 74), p. 209, spéc. 6.2 ; S. DEAKIN, Z. ADAMS, *op. cit.* (note 558), p. 203. Lord Hoffmann lui-même le reconnaît: L. HOFFMANN (Lord), « Causation » *in* R. GOLDBERG (dir.), *Perspectives on Causation*, Hart Publishing, 2011, p. 3.

[868] [2002] UKHL 22. V° *infra*, n°677.

[869] En ce sens également : A. BROADBENT, « Fact and Law in the causal inquiry », (2009) 15(3) *Legal Theory* 173-191, spéc. pp. 176-177: « The basic trouble is that the obstacles to a good philosophical account of causation also turn out to be obstacles to developing a universally applicable legal test for causation. The law gets round the obstacles by applying different tests in different circumstances, along with a healthy dose of common sense. While this may be a perfectly acceptable procedure in legal practice, it undermines purism about the factual causation element of liability, because the law retains a central role in determining *which* test is to be applied. [en italiques dans le texte] ». *Contra*: R. WRIGHT, « Causation in Tort Law », (1985) 73 *Cal. L. Rev.* 1735-1828 spéc. p. 1803: « The causal inquiry is a factual, empirical inquiry that can be – and almost is – kept distinct from the policy issues of tort adjudication. »

question fait intervenir des considérations factuelles, elle fait également intervenir des considérations juridiques qui traduisent l'exercice d'un jugement de valeur de la part des juges ; partant, l'étape du *cause in fact* est loin de s'inscrire dans une vision purement « mécanique » de la causalité. En droit français, les considérations factuelles nées de cette question sont parfois envisagées sous l'appellation de causalité matérielle ou de causalité scientifique ; au contraire, les considérations juridiques qui interviennent également à ce stade s'inscriraient dans la causalité juridique. La divergence observée entre les droits français et anglais est donc finalement plus apparente que dirimante. Elle tient plus au choix des mots qu'à une position substantiellement différente.

387. Conclusion du §1. – En définitive, la conception de la causalité promue par les droits français et anglais n'est pas si différente qu'il y paraît au premier abord. En effet, si formellement, le droit français adopte une conception unitaire de la causalité, alors que le droit anglais en adopte une conception duale, séparant d'un côté, la causalité matérielle (*cause in fact*) et la causalité juridique (*cause in law*), en pratique, la doctrine française semble admettre la distinction entre ces deux types de causalité, généralement pour tenter d'expliquer et de rationaliser *a posteriori* une jurisprudence qui semble manquer de cohérence. En particulier, sans les différencier officiellement, le droit français reconnaît deux conceptions de cette distinction, chacune se référant à un problème particulier de causalité.

Dans une première conception, la distinction correspond à la séparation opérée en droit anglais entre *cause in fact* et *cause in law*, et permet de faire un tri entre les causes matérielles. Dans cette perspective, la distinction vise en fait l'établissement du caractère direct du lien de causalité.

Dans une seconde conception, la distinction prend un nouveau sens qui s'éloigne conceptuellement de la distinction anglaise entre *cause in fact* et *cause in law*. La distinction permet alors de justifier qu'une cause qui n'est peut-être pas matérielle soit quand même une cause juridique. Dans cette perspective, la distinction permet alors de dépasser les difficultés tenant à l'exigence d'une causalité *certaine* en droit français.

Après avoir apprécié l'aspect substantiel de la causalité dans les deux droits, il convient maintenant de s'intéresser à ses aspects probatoires.

§2 – La preuve de la causalité dans les droits français et anglais

388. L'approche traditionnelle des systèmes juridiques concernant la preuve de la causalité doit être envisagée, car elle fournit les clés de compréhension des difficultés que posent les risques sanitaires sériels pour la mise en œuvre de la responsabilité civile, sur le plan de la causalité. Ceci nécessite que l'on s'intéresse tant aux moyens de preuve autorisés (I) qu'au standard de preuve retenu par les deux systèmes juridiques en matière de causalité (II).

I. *LES MOYENS DE PREUVE DE LA CAUSALITÉ EN DROITS FRANÇAIS ET ANGLAIS*

389. Convergences des droits français et anglais. – Dans les deux droits, la charge de la preuve repose sur le demandeur à l'action[870], lequel peut apporter la preuve du lien de causalité par tous moyens[871]. En droit français, la jurisprudence a rappelé ce principe à de nombreuses reprises[872] et il convient d'ailleurs de noter que l'article 1239, alinéa 2, du projet de réforme du droit de la responsabilité civile (2017) prévoit de le consacrer explicitement[873]. En droit anglais, le juge semble disposer d'un très large pouvoir discrétionnaire dans l'admissibilité des preuves présentées et il peut donc exclure une preuve qui serait légalement admissible[874].

En droit anglais, il convient de préciser que dans les situations de causalité complexe, les parties feront souvent appel à des témoins experts[875], spécialistes médicaux, d'épidémiologie, de toxicologie, etc. qui fourniront une opinion dans leur domaine de compétence. Dans ce contexte, en France, ce sera surtout le juge qui, en recourant à une mesure d'instruction, fera appel aux vues de spécialistes, appelés techniciens, qui seront alors chargés de l'éclairer sur un point technique (souvent une expertise judiciaire, dans ce cas)[876].

En droit français comme anglais, le demandeur peut également avoir recours à des preuves indirectes, comme des preuves par indices : ainsi, en droit

---

[870] En droit français, cette règle découle de manière générale de l'article 9 du Code de procédure civile, et de manière spécifique, pour le droit des obligations, de l'article 1353 du Code civil. En droit anglais, il s'agit d'une règle jurisprudentielle classique.

[871] Il convient de noter qu'en droit anglais, le juge dispose d'un large pouvoir discrétionnaire dans l'admissibilité des preuves : V° partic. *Civil Procedure Rules*, partie 32 « Evidence », spéc. r. 32.1(1) et (2) [en ligne] consulté le 19/08/2021 sur :
< http://www.justice.gov.uk/courts/procedure-rules/civil/rules/part32 >

[872] Par ex. : Cass., civ. 1, 16 juillet 1998, n°97-11.592, *Bull. civ. I*, N°261, p. 182 ; Cass., civ. 1, 23 novembre 1999, n°97-18.640, *Bull. civ. I*, N°324, p. 210 ; Cass., civ. 1, 28 mars 2000, n°98-10/007, *Bull. civ. I*, N°108, p. 72 ; Cass., civ. 1, 27 novembre 2001, n°99-20.713, inédit.

[873] L'article 1239, alinéa 2, du projet de réforme de la responsabilité civile dispose que « le lien de causalité s'établit par tout moyen ».

[874] V° *Civil Procedure Rules* (CPR), r. 32(1) et (2), Partie 32.

[875] On parle en anglais d'*expert-witness* qu'il faut distinguer des *witnesses of fact* : les premiers sont des spécialistes dans un domaine particulier qui apportent leur opinion (de spécialiste) sur une question particulière, les seconds sont des témoins qui ont vu ou entendu un fait ou un événement qui a pris place (un accident, etc.).

[876] Si la question de causalité est particulièrement complexe et que la solution du litige dépend de l'établissement de certains faits, le juge aura souvent recours à des expertises judiciaires, par opposition aux constatations ou consultations qui ne pourront alors suffire à l'éclairer. Il convient simplement de préciser que le recours à un technicien du droit est une possibilité pour le juge : V° à cet égard, les articles 143 et suivants du Code de procédure civile.

français, les présomptions du fait de l'homme peuvent être utilisées ; le droit anglais autorise également le recours à la preuve indiciaire[877].

Sur le plan des moyens de preuve de la causalité, les droits français et anglais semblent globalement adopter une vue convergente. La causalité peut donc être prouvée par tous moyens, y compris par le recours à des expertises, voire par des preuves indiciaires. Les différences entre les deux droits sont bien plus marquées lorsque l'on s'intéresse à la question du standard de preuve de la causalité retenu par les deux systèmes juridiques.

II. *Le standard de preuve de causalité en droits français et anglais*

390. Le Professeur QUEZEL-AMBRUNAZ indiquait, à juste titre, que « le droit français est bien moins familier que certains droits étrangers – notamment anglo-américain – de la notion de standard de preuve »[878]. La notion renvoie toutefois, selon lui, au « degré auquel un fait doit être tenu pour établi dans un processus juridique. Si une hypothèse atteint le standard de preuve, elle est acceptée comme vraie »[879]. Appliqué à la causalité, le standard de preuve (*standard of proof*) correspond donc en réalité au degré (B) à partir duquel la conviction du juge est forgée (A) et qui lui permet de tenir le fait causal allégué pour « vrai ».

A. Le standard de preuve : un degré de conviction

391. La nécessité de convaincre le juge : convergences des droits français et anglais. – La question du « standard de preuve » est généralement peu envisagée en droit français[880]. Cela dit, il n'en demeure pas moins que tout

---

[877] J. BATES, W. BIRTLES, C. PUGH, *Liability for Environmental Harm*, LexisNexis, coll. « Butterworths Environmental Law series », 2004, pp. 166-167. V° par ex.: *Re B* [2008] UKHL 35, spéc. [31] (Lady Hale).

[878] C. QUEZEL-AMBRUNAZ, « Le lien de causalité » *in* Ph. BRUN (dir.), *op. cit.* (note 865), spéc. n°270-52 ; dans le même sens : F. FERRAND, « Preuve » *in Rép. civ.*, décembre 2013 (actual. : Mars 2019), spéc. n°565: « La doctrine anglo-saxonne traite régulièrement et abondamment d'une question qui est souvent ignorée de la doctrine continentale : celle du "standard de preuve", c'est-à-dire du degré de conviction que doit ressentir le juge pour pouvoir juger établi un fait fondant une prétention. » ; G. MÄSCH, « Le droit de la preuve en Allemagne » *in* M. MEKKI, L. CADIET, C. GRIMALDI (dir.), *La preuve : regards croisés*, Dalloz, coll. « Thèmes & Commentaires », 2015, p. 248 : « Nous étions surpris, en nous préparant pour cette conférence, de constater qu'en France, comme dans bon nombre de pays de droit continental, on ne parle guère du *standard of proof*. Il semble que cela ne constitue pas un sujet qui importe ».

[879] S. STEEL, *op. cit.* (note 807), traduit par C. QUEZEL-AMBRUNAZ, *Ibid.*, n°270-52.

[880] V° les références : *supra*, note 878.

système juridique connaît un processus – juridique – par lequel un fait allégué se transforme en un fait établi. La question est alors de déterminer comment cette transformation s'opère, en particulier en ce qui concerne la causalité.

392. Le droit français distingue selon que la preuve est légale ou libre. En matière de fait juridique, notamment de causalité, la preuve peut être rapportée par tous moyens. Dans ce contexte, « les parties bénéficient de la possibilité de produire en justice tout mode de preuve, tandis que le juge dispose de la liberté de fonder sa conviction »[881]. Le juge est ainsi « libre d'apprécier la force probante des éléments qui lui sont soumis »[882] ; il prend sa décision au regard de son *intime conviction*. C'est donc la conviction – la croyance profonde et personnelle – du juge qui autorise la transformation du fait causal allégué en fait causal établi. Toutefois, la conviction n'implique pas l'arbitraire. Si le juge français dispose d'une liberté dans l'appréciation des éléments de preuve soumis, il est tout de même tenu, en vertu de l'article 455 du Code de procédure civile, à une obligation de motivation, contrôlée par la Cour de cassation et dont l'insuffisance est sanctionnée.

En droit anglais, le test de causalité matérielle (*but for test*) est composé de deux éléments distincts, que l'on tend pourtant à assimiler : l'un est conceptuel, il s'agit de la démonstration selon laquelle en l'absence (*but for*) de négligence, le dommage ne se serait pas produit ; l'autre est probatoire, il s'agit du standard de preuve qui est, conformément au droit civil anglais, celui de la « balance des probabilités ». La balance des probabilités repose en fait sur l'idée du « plus probable que non », ce qui est généralement présenté comme un standard numérique supérieur à 50%.

393. À première vue, les différences entre les droits français et anglais semblent irréconciliables. En droit français, le succès de l'établissement d'un lien de causalité reposerait sur un standard de preuve de nature subjective, la conviction du juge, tandis qu'en droit anglais, il reposerait au contraire sur un standard de preuve de nature objective, exprimé en termes de probabilités (>50%). Pour autant, il ne faut pas se tromper sur le droit anglais. Le standard de la balance des probabilités représente, en théorie, comme en droit français, un standard de *conviction* du juge – non pas une simple probabilité objective[883].

En effet, par exemple, le juge Denning avait indiqué que « le standard de preuve requis en matière civile est généralement exprimé comme une preuve selon la balance des probabilités. Si les éléments de preuve sont tels qu'un tribunal peut dire "*nous pensons* que cela est plus probable que non", le fardeau de la preuve est déchargé, mais si les probabilités sont égales, alors il ne l'est

---

[881] G. VIAL, *La preuve en droit extrapatrimonial de la famille*, préf. P. MURAT, Dalloz, coll. « Nouvelle Bibliothèque de Thèses », vol. 80, 2008, p. 38, spéc. n°27.

[882] M. MEKKI, « Vérité et preuve : rapport français » *in La preuve. Journées internationales 2013 d'Amsterdam, Pays-Bas et Liège, Belgique*, coll. « Travaux Henri Capitant », vol. LXIII, Paris/Bruxelles, LB2V et Bruylant, 2015, p. 827, n°23.

[883] S. STEEL, *op. cit.* (note 807), p. 61 ; S. GOLD, « Causation in toxic torts: burdens of proof, standards of persuasion, and statistical evidence », (Dec. 1986) 96(2) *Yale Law J.* 376-402, spéc. p. 385.

pas »[884]. Un fait est donc considéré comme établi, si et seulement si le juge « est satisfait » ou « pense » que l'existence du fait allégué est plus probable que non. Par conséquent, comme dans le système juridique français, le processus juridique par lequel un fait allégué se transforme en un fait établi requiert, en droit anglais, un degré de conviction du juge.

394. Les différences entre les droits français et anglais ne sont, à dire vrai, peut-être pas tant de nature que de degré.

B. Le standard de preuve : quel degré de conviction ?

395. Un degré de conviction différent : certitude et balance des probabilités. – La question du degré (de conviction) est particulièrement délicate en droit français ; *a priori*, la tradition juridique française étant portée sur le standard de l'intime conviction, il semblerait que ce soit « une certitude que le juge doit atteindre »[885] ; d'autres considèrent plus modestement que le degré requis serait celui de la « quasi-certitude »[886].

En matière de causalité, il est vrai que la jurisprudence a posé l'exigence d'une causalité « certaine ». Toutefois, cette exigence ne doit pas être comprise de manière absolue[887] : ainsi, parfois la jurisprudence se contente d'une très grande probabilité, qui est alors assimilée à une certitude[888] ; de la même façon, le recours aux présomptions du fait de l'homme permet de s'attacher à la vraisemblance[889] du lien de causalité – non à la certitude[890], ce qui pousse

---

[884] [italiques ajoutées par nous] *Miller v. Minister of Pensions* [1947] 4 All ER, p. 372, spéc. pp. 373-374 (Denning J): « The standard of proof required in civil cases is generally expressed as proof on the balance of probabilities. If the evidence is such that the tribunal can say "we think it more probable than not", the burden of proof is discharged, but if the probabilities are equal, it is not. » Dans le même sens : *In re H (Minors) (Sexual Abuse : standard of proof)* [1996] AC 563, spéc. p. 586C (Lord Nicholls of Birkenhead): « The balance of probabilities standard means that the court is satisfied an event occurred if the *court considers that*, on the evidence, the occurrence of the event was more likely than not [italiques ajoutées par nous] ».

[885] C. Quezel-Ambrunaz, « Le lien de causalité » *in* Ph. Brun, (dir.), *op. cit.* (note 865), étude n°270, spéc. n°270-52.

[886] G. Lardeux, « Preuve : règles de preuve » *in Rép. civ.*, octobre 2018 (actual : Juin 2019), n°116.

[887] V° par ex. P. Jourdain, *op. cit.* (note 67), p. 69 : « La rigueur de la condition de certitude de la relation causale se trouve alors sensiblement atténuée sur le terrain probatoire : les juges se contenteront souvent d'une probabilité suffisante de causalité ; la certitude devient toute relative.»

[888] Par ex. : Cass., civ. 1, 29 mai 1979, n°77-15.708, *Bull. civ. I*, 1979, N°156 : « Mais attendu que les juges d'appel (…) ont considéré qu'il en résultait que la très grande probabilité dont (…) [les experts] faisaient état en ce qui concerne l'existence d'un lien de causalité entre l'absorption de Fanasil et l'apparition d'un syndrome de Lyell équivalait à une certitude ».

[889] Ph. le Tourneau (dir.), *op. cit.* (note 10), p. 628, n°2131.52.

[890] D. Ammar, « Preuve et vraisemblance », *RTD civ.* 1993, N°3, 15/09/1993, p. 499 ; Ph. le Tourneau (dir.), *op. cit.* (note 10), p. 628, n°2131.52 ; pour certains auteurs, il s'agirait d'une exception au « principe de quasi-certitude » : V° G. Lardeux, préc. (note 886), n°131.

certains auteurs à considérer que « le lien de causalité est plus supposé qu'établi avec certitude »[891]. Il nous apparaît donc impossible de conclure qu'en droit français, le juge doit être convaincu avec certitude de la réalité du fait pour le tenir comme établi ; plusieurs exemples démontrent que la position est plus souple que cela. Cette souplesse est permise parce que le droit français se garde bien de consacrer textuellement un quelconque degré de conviction du juge.

En droit anglais, le degré requis est celui de la balance des probabilités, le « plus probable que non ». Pour retenir que la causalité matérielle (*cause in fact*) est établie, le juge doit donc *être convaincu* que l'affirmation « la négligence est une cause nécessaire du dommage » est *plus probable* que l'affirmation inverse. C'est en réalité le véritable sens originel du test du *but for* selon la balance des probabilités. Cette dernière correspond en fait la probabilité de *persuasion* du juge, une probabilité de *croyance*.

396. En somme, en théorie, le degré de conviction du juge pour tenir la causalité établie semble *a priori* plus élevé en droit français qu'en droit anglais, le premier exigeant une certitude, le second la preuve du « plus probable que non ». Néanmoins, contrairement aux apparences, les juges français se contentent souvent d'une vraisemblance, de sorte qu'en pratique, le degré de conviction du juge français est sans doute moins élevé qu'en droit anglais, comme les auteurs s'accordent d'ailleurs à le reconnaître[892].

397. Conclusion de la section I. – Si les systèmes juridiques français et anglais ont une approche de la causalité qui présentent de nombreuses divergences formelles, celles-ci sont moins grandes qu'il y paraît, tant sur le plan conceptuel que sur le plan probatoire.

En effet, sur le plan conceptuel, la comparaison des droits révèle que, contrairement aux apparences, les deux systèmes juridiques admettent une distinction entre les causalités matérielle et juridique, le droit français admettant même deux conceptions différentes de cette distinction.

Sur le plan probatoire, la comparaison des droits révèle non seulement que les moyens de preuve de la causalité sont libres, mais aussi que le standard de preuve n'est pas plus élevé en droit français qu'en droit anglais.

Présenter l'approche traditionnelle de la causalité dans les deux droits était une étape indispensable pour appréhender les difficultés que posent les risques sanitaires sériels pour la preuve de la causalité.

---

[891] M. DEGUERGUE, préc. (note 252), fasc. n°370-60, spéc. n°146 ; en des termes très similaires : P. JOURDAIN, « Droit à réparation. Lien de causalité. Détermination des causes du dommage » *in* *J.-Cl. Civil Code*, 29 avril 2011 (actual. : 20 mai 2018), fasc. n°160, spéc. n°88 : « La relation causale est alors présumée plus qu'établie avec certitude ».

[892] M. SCHWEIZER, « The civil standard of proof – what is it, actually? », (2016) 20(3) *The International Journal of Evidence and Proof* 217-234, spéc. p. 230; R. WRIGHT, « Proving Causation : Probability Versus Belief » *in* R. GOLDBERG (dir.), *Perspectives on Causation*, Hart Publishing, 2011, pp. 204-205.

SECTION II : LES DIFFICULTÉS DE PREUVE DE LA CAUSALITÉ DANS LE CONTEXTE DES RISQUES SANITAIRES SÉRIELS

398. Il importe de comprendre d'abord, quelle est la nature des difficultés causales que posent les risques sanitaires sériels (paragraphe 1). En particulier, il faut déterminer, quel caractère de causalité – direct ou certain – en droit français, et quelle étape de causalité – *cause in fact* ou *cause in law* – en droit anglais, sont affectés par la réalisation de risques sanitaires sériels. Il convient, ensuite, d'exposer quels sont les types de difficultés causales que suscite la réalisation de risques sanitaires sériels (paragraphe 2). Cette analyse doit servir à délimiter les difficultés causales spécifiques que posent d'une part, l'hypothèse des risques suspectés, et d'autre part, l'hypothèse des risques avérés, pour la mise en œuvre de la responsabilité civile.

§1 – La nature des difficultés causales

399. Des difficultés liées à l'établissement du caractère certain ou *but for* de la causalité. – La difficulté principale en matière de causalité dans le contexte des risques sanitaires sériels tient en réalité à l'identification des causes du dommage. En effet, la réalisation de ces risques entraîne des maladies, dont le processus causal est souvent, sur un plan scientifique, méconnu, mal connu ou sujet à controverses. Au surplus, la réalisation de ces risques résulte souvent d'une exposition à un produit, une substance ou tout autre agent nocif, qui aggrave ces difficultés, en raison du caractère répété ou continu d'une telle exposition.

Dans ces conditions, le demandeur, sur qui repose la charge de la preuve de la causalité dans les contentieux en responsabilité civile, sera bien en peine de démontrer que le fait générateur de responsabilité a été une cause nécessaire, ou *but for*, du dommage.

400. En droit français, c'est donc l'établissement du caractère *certain* du lien de causalité qui est mis à l'épreuve. En effet, le problème posé dans ces situations n'est pas de sélectionner, parmi plusieurs causes matérielles du dommage, laquelle est une cause juridique (caractère direct du lien de causalité).

Les risques sanitaires sériels font naître une difficulté plus fondamentale que cela sur le plan de la causalité : dans ce contexte, on est incapable de déterminer si le fait dommageable envisagé est même une cause matérielle du dommage. Sur un plan juridique, les juges devront décider s'il est possible qu'une cause qui n'est peut-être pas matérielle peut tout de même être considérée comme une cause juridique[893]. Le problème renvoie dès lors à la seconde conception de la distinction entre causalité matérielle et juridique, celle tenant au caractère certain de la causalité[894].

401. En droit anglais, les difficultés causales posées par la réalisation de risques sanitaires sériels ne concernent pas le stade du *cause in law*[895] (causalité juridique) : elles concernent exclusivement l'étape du *cause in fact* (causalité matérielle). Dans ce système juridique, le demandeur va rencontrer des difficultés pour démontrer que, selon toute probabilité, le dommage ne serait pas survenu sans (*but for*) le fait générateur de responsabilité. En d'autres termes, c'est l'application du test classique du *cause in fact*, le test du *but for*, qui est mis à l'épreuve.

402. Le choix de la terminologie en matière de causalité : rejet de l'utilisation des termes de causalités matérielle et juridique. – L'analyse précédente nous a permis de révéler qu'en droit français, il existait deux conceptions de la distinction entre causalités matérielle et juridique : la première conception s'attache au caractère direct du lien de causalité, et correspond, sur le plan conceptuel, à la distinction en droit anglais entre *cause in fact* et *cause in law*. La seconde conception s'attache, elle, au caractère certain du lien de causalité, et ne correspond plus du tout à la distinction entre *cause in fact* et *cause in law*. En effet, cette seconde conception de la distinction entre causalités matérielle et juridique en droit français s'inscrit en droit anglais dans le cadre du *cause in fact* seulement.

Les difficultés causales résultant de risques sanitaires sériels concernent le caractère certain, en droit français, de sorte qu'il conviendrait d'adopter la seconde conception de la distinction entre causalités matérielle et juridique. Cependant, en droit anglais, ces difficultés se placent au plan de l'établissement du *cause in fact* (causalité matérielle). Dans ces conditions, l'utilisation des termes de causalité matérielle et de causalité juridique nous paraît peu pertinente et risque d'entraîner des confusions avec le droit anglais.

Pour cette raison, nous faisons le choix de rejeter la terminologie entre causalité matérielle et causalité juridique.

403. Dans le contexte des risques sanitaires sériels, la nature des difficultés causales dans les contentieux de responsabilité civile a été clarifiée. Le problème porte sur la preuve du fait générateur de responsabilité comme cause *nécessaire* à la survenance du dommage. Cependant, derrière ce problème, plusieurs types de difficultés causales sont en réalité susceptibles de se poser.

---

[893] Ph. BRUN, « Causalité juridique et causalité scientifique », *RLDC*, N°40, 1er juillet 2007, n°28, spéc. n°33.

[894] Sur les deux conceptions de la distinction entre causalités matérielle et juridique en droit français : *supra*, n°379 et s.

[895] À nouveau, sur ce point : *supra*, n°384.

§2 – Les types de difficultés causales

404. Comme nous l'avons dit, la réalisation de risques sanitaires sériels entraîne d'abord des difficultés tenant à l'identification, sur un plan scientifique ou factuel, des causes du dommage. En d'autres termes, la première difficulté porte sur ce que l'on appellera la causalité *mécanique*, c'est-à-dire sur l'enchaînement mécanique des faits (I). Ce sont ces difficultés qui se reportent ensuite sur l'établissement du lien de causalité entre le fait générateur de responsabilité et le dommage. En effet, elles expliquent pourquoi il est difficile, sur le plan juridique, de pouvoir établir que le fait générateur de responsabilité est une cause certaine (droit français) ou *but for* (droit anglais) du dommage (II).

I. *LES DIFFICULTÉS DE PREUVE DE LA CAUSALITÉ MÉCANIQUE*

405. Ce que l'on appelle causalité mécanique peut en fait se décliner en une subdivision que nous nous proposons d'adopter dans nos travaux et qui éclairera la compréhension des difficultés causales qui se posent dans le contexte étudié[896]. Certaines difficultés tiennent à la preuve du lien de causalité général, parfois appelé scientifique (A) ; d'autres portent sur le lien de causalité spécifique (B).

A. LES DIFFICULTÉS DE PREUVE DU LIEN DE CAUSALITÉ GÉNÉRAL (OU SCIENTIFIQUE)

406. L'identification des causes d'un dommage corporel résultant d'un risque sanitaire sériel implique d'abord que l'on soit en mesure d'établir la causalité générale, ou scientifique. Cette notion doit être présentée et clarifiée (1) avant d'envisager les difficultés susceptibles de s'y rapporter (2).

1. La notion

407. La notion de causalité générale ou scientifique. – Une relation de cause à effet entre deux faits matériels peut d'abord être abordée de manière

[896] V° en ce sens : J.-S. BORGHETTI, « Le contentieux des vaccins contre l'hépatite B en France, ou le dépassement de l'incertitude causale », *in* S. FEREY, F. G'SELL (dir.), *Causalité, responsabilité et contribution à la dette*, Bruylant, coll. « Droit et Economie », 2018, spéc. pp. 208-212.

générale ; elle reflète alors une loi de nature[897]. La jurisprudence américaine emploie alors l'expression de « causalité générale » (*general causation*) qui correspond à « la question de savoir si une substance *peut* causer un dommage ou une condition médicale particulière au sein de la population générale »[898]. La causalité dite générale renvoie donc à la possibilité qu'un produit ou qu'une substance puisse causer, *dans l'absolu*, un certain type de dommage[899]. En d'autres termes, la question est scientifique.

408. Les manifestations du lien de causalité général en droits français et anglais. – Au Royaume-Uni, rares sont les décisions qui font expressément référence à la notion de causalité générale, même si cette question est envisagée[900]. La jurisprudence française n'emploie pas non plus la terminologie de causalité générale même s'il lui est arrivé, ponctuellement, d'évoquer l'existence ou l'absence de « lien scientifique »[901] ou la preuve de l' « imputabilité abstraite »[902], termes différents qui font référence à cette même idée.

---

[897] L. BORE, Y. BREILLAT *et al.*, « Incertitude et causalité » *in Le traitement juridique et judiciaire de l'incertitude*, Dalloz, coll. « Thèmes & Commentaires », 2008, p. 178.

[898] [italiques ajoutées par nous] *Dee Norris v. Baxter Healthcare Corporation* 397 F.3d 878 (10th Cir. 2005) [8] (Mckay, Circ. Judge): « [General causation is] whether a substance is capable of causing a particular injury or condition in the general population ». V° aussi de manière plus générale : *Cathy Kelley v. American Heyer-Schulte Corp. et al.* 957 F. Supp. 873 (1997) : « In order to establish her claim, the Plaintiff must show both *general and specific causation* [italiques ajoutées par nous] »; *Jones v. United States*, 933 F. Supp. 894 (N.D. Cal. 1996): « *To show general causation*, Plaintiffs were required to demonstrate that there is a scientifically validated interaction between Penicillin-VK and Triphasil -28 birth control pills [italiques ajoutées par nous] » ; *Hall v. Baxter Healthcare Corp.*, 947 F. Supp. 1387 (D. Or. 1996).

[899] J.-S. BORGHETTI, « Responsabilité du fait des produits défectueux. Discussion sur la causalité en matière de responsabilité du fait des produits de santé », *Resp. civ. et assur.* n°1, Janvier 2016, dossier 13, spéc. n°2: « La causalité générale consiste dans l'aptitude d'une substance ou d'un produit donné à provoquer un effet donné (par exemple une pathologie) chez les personnes qui y sont exposées. »

[900] Par ex. dans *Jones v. Secretary of State for Energy and Climate Change* [2012] EWHC 2936 (QB), [1.6] (Swift J, DBE) .

[901] Cass., civ. 1, 23 janvier 2014, n°12-22.123, *Bull. civ. I*, 2014, n°13. V° aussi : Cass., civ. 1, 22 mai 2008, n°05-20.317, *Bull. civ. I*, 2008, N°148 : « D'où il suit qu'en se déterminant ainsi, en référence à une approche probabiliste déduite exclusivement de *l'absence de lien scientifique* et statistique (...) [italiques ajoutées par nous] » ; V° aussi les arrêts posant une question préjudicielle à la CJCE dans l'affaire du vaccin anti-hépatite B : Cass., civ. 1, 12 novembre 2015, n°14-18.118, *Bull. civ. I*, 2016, N°839 : « l'article 4 de la directive 85/374, précitée, doit-il être interprété en ce sens que la preuve, à la charge de la victime, de l'existence d'un lien de causalité entre le défaut attribué à un vaccin et le dommage par elle subi ne peut être considérée comme rapportée que si *ce lien est établi de manière scientifique* ? [italiques ajoutées par nous] ».

[902] Cass., civ. 1, 18 octobre 2017, n°14-18.118, ECLI:FR:CCASS:2017: C101099 (publié): « la cour d'appel, qui n'a pas exigé la preuve d'une *imputabilité abstraite* de la sclérose en plaques à la vaccination contre l'hépatite B (...) [italiques ajoutées par nous] ».

2. *Les difficultés*

409. L'émergence d'une incertitude scientifique : cause des difficultés probatoires du lien de causalité général. – Dans le contexte des risques sanitaires sériels, l'établissement d'un lien de causalité général, autrement dit de la capacité d'un produit ou d'une substance à causer, dans l'absolu, un certain type de maladie, est l'apanage des scientifiques. En effet, la question est scientifique, par nature ; elle ne peut être simplement résolue par l'expérience de « l'homme de la rue » ou le bon sens, en raison des caractéristiques présentées par ces situations – caractéristiques tenant à l'exposition, à la maladie. Par conséquent, l'établissement du lien de causalité général ou scientifique pose des difficultés en cas d'incertitudes scientifiques, lesquelles peuvent provenir d'un manque de connaissances scientifiques ou d'un désaccord au sein de la communauté scientifique (controverse scientifique)[903].

Dans les deux cas, l'hypothèse scientifique d'un lien entre les deux événements considérés dans l'absolu – l'exposition au produit, à la substance ou autre, et la survenance de la maladie – n'est pas acceptée par la majorité de la communauté scientifique, sans pour autant pouvoir être scientifiquement exclue. Cette hypothèse renvoie alors aux *seules* situations de risques sanitaires sériels *suspectés*[904] : l'existence du risque sanitaire sériel est alors scientifiquement incertaine.

410. En définitive, l'identification des causes d'un dommage, autrement dit de la causalité mécanique, peut d'abord être mise à l'épreuve par l'existence d'incertitudes scientifiques qui rendent impossible l'établissement de la causalité générale. Mais ce n'est pas tout : l'établissement de la causalité mécanique peut également être affecté à un autre niveau, celui de la causalité spécifique.

B. LES DIFFICULTÉS DE PREUVE DU LIEN DE CAUSALITÉ SPÉCIFIQUE

411. L'identification des causes d'un dommage suppose que l'on soit capable d'établir la causalité générale, mais elle implique également que l'on puisse établir la causalité spécifique. Par suite, il importe de présenter et clarifier cette notion (1), ainsi que les difficultés pouvant se poser à cette étape (2).

---

903 Sur ce point : *supra*, n°409.

904 Sur la définition du risque suspecté : *supra*, n°161.

1. La notion

412. La notion de lien de causalité spécifique. – La relation de cause à effet entre deux faits matériels peut, ensuite, être envisagée de manière spécifique ; elle constitue alors l'illustration particulière d'une loi de nature[905]. La jurisprudence américaine emploie l'expression de « causalité spécifique » (*specific causation*)[906]. La question n'est plus de savoir si le produit ou la substance peut, dans l'absolu, causer le type de dommage considéré, mais de déterminer si « la substance a causé le dommage *chez un individu particulier* »[907].

413. Les manifestations du lien de causalité spécifique en droits français et anglais. – Au Royaume-Uni, les décisions judiciaires font parfois expressément référence à la causalité spécifique, qui est alors plus volontiers qualifiée de « causalité individuelle » (*individual causation*), comme l'illustrent certaines décisions[908]. Néanmoins, dans la plupart des cas, les juges anglais examinent cette question sans utiliser les notions de causalité spécifique ou individuelle[909]. En droit français, les juges n'emploient pas non plus ces notions, mais il convient d'observer que lorsqu'ils font référence à l'imputabilité du dommage *du demandeur* au produit[910] ou à la participation du produit dans la survenance du dommage du demandeur[911], c'est bien la causalité spécifique qui est visée, et non pas la causalité générale[912]. Il s'agit en fait de reconstruire

---

[905] L. BORE, Y. BREILLAT, « Incertitude et causalité » *in Le traitement juridique et judiciaire de l'incertitude*, préc. (note 897), p. 178.

[906] Par ex. : *Norris v. Baxter Healthcare Corporation*, 397 F.3 d 878 (10th Circ., 2005) [8] (McKay, Circ. Judge); *Merrell Dow Pharmaceutical Inc. v. Havner*, 953 S.W. 2d 706 (1997), sous IV; *Donald Raynor Sr. v. Merrell Pharmaceuticals Inc*, 104 F.3d 1371 (D.C. Cir. 1997), [19].

[907] [italiques ajoutées par nous] *Norris v. Baxter Healthcare Corporation*, 397 F.3 d 878 (10th Circ., 2005), [8] (Mckay, Circ. Judge): « (...) [and specific causation is whether] a substance caused a particular individual's injury ». V° aussi: J.-S. BORGHETTI, art. préc. (note 899), n°2.

[908] [2005] CSOH 69.

[909] Par ex. *: Jones v. Secretary of State for Energy and Climate Change* [2012] EWHC 2936 (QB), [1.7] (Swift J., DBE.

[910] Cass., civ. 1, 20 décembre 2017, n° 16-11.267, inédit ; Cass., civ. 1, 29 mai 2013, n°12-20.903, *Bull. civ. I*, 2013, N°116. V° aussi, dans le même sens : Cass., civ. 1, 27 février 2007, n°06-10.063, inédit ; Cass., civ. 1, 28 juin 2012, n°11-14.287, inédit ; Cass, civ. 1, 21 octobre 2020, n°16-18.689, ECLI:FR: CCAS:2020:C100616, point 18. V° encore : Cass., civ. 1, 27 juin 2018, n°17-17.469, ECLI:FR:CCASS:2018:C100671 (publié).

[911] Par ex. TGI Nanterre (ch. 2), 22 octobre 2015, n°13/06176.

[912] Dans toutes ces décisions, la Cour de cassation ne fait pas référence à la causalité générale, comme semblent l'avoir interprété certains auteurs : Ph. BRUN, C. QUEZEL-AMBRUNAZ, « Preuve de la causalité et incertitude scientifique : la contribution substantielle de la CJUE », *RLDC*, N°51, 1er septembre 2017. Il serait en effet extrêmement incohérent que la Cour de cassation continue d'affirmer, d'un côté, que l'incertitude du lien de causalité général ne fasse pas obstacle au succès de l'action en responsabilité, et qu'elle continue d'exiger, de l'autre, la preuve du lien de causalité général, y compris dans les situations d'incertitude scientifique. Au surplus, la CJUE a confirmé, le 21 juin 2017 (*infra*, n°527 et s.), que l'incertitude sur la causalité « générale » ne

l'enchaînement historique des faits, de déterminer si le produit a participé à la survenance du dommage chez un individu particulier.

2. *Les difficultés*

414. L'émergence d'incertitudes scientifiques ou factuelles : causes des difficultés probatoires du lien de causalité spécifique. – Dans le contexte de risques sanitaires sériels, l'établissement du lien de causalité spécifique, c'est-à-dire du lien entre le produit, la substance, ou autre auquel le demandeur a été exposé et le dommage subi par ce dernier, peut être source de difficultés en raison d'incertitudes de nature scientifique ou factuelle.

Dans certaines hypothèses, l'identification de l'agent nocif qui a causé le dommage, en l'espèce, peut être impossible car d'autres agents nocifs potentiels peuvent également avoir causé ce dommage : l'invisibilité du processus par lequel une maladie survient, couplée à la multiplicité des facteurs de risque de maladie auquel un défendeur a été exposé, peuvent alors empêcher l'identification, sur un plan scientifique, des causes qui sont à l'origine du dommage, en l'espèce.

Dans d'autres hypothèses, il est possible d'affirmer qu'un agent nocif précis a causé la maladie, par exemple l'amiante ou l'hormone de croissance, mais la difficulté peut alors résulter de l'impossibilité d'identifier l'exposition précise à l'occasion de laquelle le dommage s'est réalisé, ou éventuellement, le produit précis ayant donné lieu à l'exposition.

D'autres configurations causales existent, elles sont à vrai dire nombreuses, mais elles présentent toutes un point commun. Ces incertitudes remettent en cause l'identification des causes du dommage, dans le cas d'espèce. Ces incertitudes se présentent souvent dans le contexte de risques sanitaires sériels *avérés*, autrement dit alors même que la causalité générale est bien établie.

415. En somme, l'identification scientifique ou factuelle des causes d'un dommage, ce que l'on peut appeler la causalité mécanique, est généralement difficile dans le contexte de risques sanitaires sériels. En particulier, pour les risques sanitaires sériels dit suspectés, c'est l'établissement de la causalité générale qui est alors remise en cause en raison d'incertitudes scientifiques. Pour les risques sanitaires sériels dits avérés, l'établissement de la causalité générale ne pose pas de difficultés, mais c'est alors l'établissement de la causalité spécifique qui peut être remise en cause. Ces difficultés affectant, à un niveau ou un autre, l'établissement de la causalité mécanique se reportent en

---

devait pas faire nécessairement obstacle au succès de l'action en responsabilité civile ; par conséquent, dans ce contexte, si la condition d'« imputabilité du dommage au produit » ou « participation du produit dans le dommage » faisait référence au lien de causalité général, cette condition devrait être définitivement condamnée depuis la décision de la CJUE du 21 juin 2017. Or, la Cour de cassation mentionne à nouveau cette condition dans un arrêt très récent du 27 juin 2018 (Cass., civ. 1, 27 juin 2018, n°17-17.469 ECLI:FR:CCASS:2018: C100671, (publié)).

réalité sur la preuve du lien de causalité entre le fait générateur de responsabilité et le dommage.

II. *Les difficultés de preuve du lien de causalité entre le fait générateur de responsabilité et le dommage*

416. Il ne faut pas oublier que, pour mettre en œuvre la responsabilité civile, seul compte dans les deux droits, l'établissement d'un lien de causalité entre le fait générateur de responsabilité et le dommage. Toutefois, les difficultés tenant à l'établissement de la causalité mécanique, qu'elles portent sur la causalité générale ou spécifique, vont affecter la preuve selon laquelle le fait générateur de responsabilité a été une cause *nécessaire* à la survenance du dommage. Il convient ainsi d'examiner comment les incertitudes scientifiques se rapportant à la causalité générale d'abord (A), puis celles se rapportant à la causalité spécifique ensuite (B), peuvent entraver la preuve du lien de causalité entre le fait générateur de responsabilité et le dommage.

A. Le reflet des difficultés liées à la causalité générale

417. La transposition des difficultés liées à la causalité générale. – Les termes du problème sont simples : à partir du moment où il est impossible de démontrer qu'un produit, une substance ou autre est susceptible de causer, dans l'absolu, le type de dommage envisagé, comment est-il possible de prouver que c'est le défaut du produit, ou tout autre fait générateur de responsabilité, qui a causé, de manière certaine, le dommage du demandeur ? La question a toutes les allures d'un paradoxe.

A priori, et selon toute logique, l'établissement du lien de causalité entre le fait générateur et le dommage devrait présupposer que l'on ait déjà posé et répondu, favorablement, à la question de l'existence du lien de causalité général[913]. Partant, toujours selon la même logique, l'*impossibilité* d'établir l'existence du lien de causalité général devrait barrer l'admission d'un lien de causalité entre le fait générateur de responsabilité et le dommage. Néanmoins, ce serait oublier que la causalité mécanique n'est pas la causalité juridique et que si la première influence la seconde, la seconde n'est pas liée par la première. En effet, la causalité juridique (rattachée au caractère certain) implique l'exercice d'un « jugement de valeur » qui permettra d'attribuer – ou non – une responsabilité juridique ; de la même façon, en droit anglais, le *cause in fact* n'est certainement pas détaché de toute considération juridique.

[913] J.-S. Borghetti, « Contentieux du vaccin contre l'hépatite B : au bon plaisir des juges du fond », *D.* 2018, N°9, 08/03/2018, p. 490, spéc. n°6.

Dans ces conditions, face à l'incertitude scientifique affectant l'établissement du lien de causalité général, les systèmes juridiques doivent prendre une décision, faire un choix de politique juridique : admettre que l'incertitude du lien de causalité général ne fait pas nécessairement obstacle à la démonstration d'un lien de causalité entre le fait générateur et le dommage, ou au contraire, admettre que cette incertitude y fait obstacle. Faire ce choix implique toutefois, selon nous, de prendre position sur deux questions : *l'examen* de la causalité générale est-elle un préalable nécessaire à l'établissement de la responsabilité civile ? Si oui, *l'établissement* de la causalité générale en est-elle un préalable nécessaire ?

418. Ce sont ici les deux véritables questions qui se posent dans les contentieux de responsabilité civile impliquant des risques sanitaires sériels *suspectés*.

B. LE REFLET DES DIFFICULTÉS LIÉES À LA CAUSALITÉ SPÉCIFIQUE

419. La transposition des difficultés liées à la causalité spécifique. – Les difficultés peuvent à nouveau être déclinées sous forme d'interrogations : à partir du moment où il est impossible de démontrer que l'exposition à un produit ou une substance a joué un rôle, en l'espèce, dans la survenance du dommage de l'individu particulier, comment est-il possible de prouver que c'est le défaut du produit, la conduite fautive du défendeur liée à ladite exposition, qui a causé le dommage du demandeur ? Ou encore, à partir du moment où il est impossible de démontrer quelle exposition, parmi plusieurs, a causé, en l'espèce, le dommage, comment est-il possible de prouver que c'est telle faute précise, parmi plusieurs, qui a causé le dommage ? Les interrogations peuvent en réalité se décliner en autant de variations qu'il y a de problèmes liés à l'établissement de la causalité spécifique.

Fondamentalement, la question présente de multiples visages mais elle est double : en présence d'incertitudes – scientifiques ou factuelles – portant sur l'existence du lien de causalité spécifique, la démonstration selon laquelle le fait générateur de responsabilité est une cause certaine (droit français) ou *but for* (droit anglais) est impossible ; est-il pour autant permis de retenir l'existence d'un lien de causalité entre le fait générateur de responsabilité et le dommage ? Si oui, par quelle(s) technique(s) ? Dans ces conditions, comme précédemment, les systèmes juridiques doivent procéder à un choix de politique juridique.

420. Ce sont là, nous semble-t-il, les deux questions véritables questions qui se posent dans les contentieux de responsabilité civile impliquant des risques sanitaires sériels *avérés*[914].

---

[914] Et éventuellement, en cas de risque suspecté *si, et seulement si,* les systèmes juridiques ont décidé que l'incertitude portant sur la causalité générale ne faisait pas obstacle à l'établissement d'un lien de causalité entre le fait générateur et le dommage.

⁂

421. Conclusion du chapitre préliminaire. – Les contentieux de responsabilité civile dans le contexte de risques sanitaires sériels entraînent des difficultés particulières sur un plan individuel – et non plus seulement collectif – et qui tiennent à la preuve du lien de causalité.

Ces difficultés sont d'abord celles de l'établissement de la causalité mécanique. En d'autres termes, c'est l'identification – sur un plan scientifique ou matériel – des causes du dommage corporel (maladies physiques) qui est difficile et ce, en raison du défaut de connaissance scientifique des risques. Toutes vont ensuite se reporter sur le plan juridique. En effet, l'existence d'incertitudes scientifiques ou factuelles empêche de démontrer que le fait générateur de responsabilité est une cause certaine (droit français) ou *but for* (droit anglais) du dommage, tant dans les cas de risques suspectés que dans ceux de risques avérés. Dès lors, ce sont les approches classiques française et anglaise de la causalité qui sont remises en cause.

422. Au sein de la causalité mécanique, c'est d'abord l'établissement de la causalité *générale* qui peut être mis à l'épreuve par l'existence d'incertitudes scientifiques. Cette difficulté se reporte au stade de l'établissement du lien de causalité entre le fait générateur de responsabilité et le dommage : comment en effet admettre qu'un fait générateur de responsabilité ait causé le dommage alors qu'il est impossible d'établir que le produit ou la substance en cause peut, dans l'absolu, entraîner ce type de dommage ? La question intervient exclusivement dans le cas des risques sanitaires sériels dits *suspectés*.

Au sein de la causalité mécanique, c'est ensuite l'établissement de la causalité spécifique qui peut être mis à l'épreuve par l'existence d'incertitudes factuelles ou scientifiques. De la même façon, ces incertitudes se reportent au stade de l'établissement du lien de causalité entre le fait générateur et le dommage : comment en effet admettre qu'un fait générateur de responsabilité soit une cause certaine ou *but for* du dommage, alors qu'il est impossible d'établir que le produit ou la substance auquel le demandeur a été exposé a joué un rôle dans la survenance de son dommage *particulier* ? La question intervient alors généralement dans le cas des risques sanitaires sériels dits *avérés*.

423. Les contentieux de responsabilité civile impliquant des risques sanitaires sériels conduisent donc, plus généralement, à envisager deux questions sur le plan de la causalité, en droits français comme en droit anglais : 1/ Une cause possiblement non-matérielle peut-elle être qualifiée de cause juridique ? 2/ Dans l'affirmative, dans quelles circonstances et par quelle(s) technique(s) ?

Ces questions sont certes spécifiques aux situations de risques sanitaires sériels suspectés et avérés, mais elles affectent indirectement les hypothèses de risques sanitaires sériels inconnus. Il ne faut pas oublier que dans cette hypothèse particulière, la situation est en fait celle d'un risque qui était inconnu au moment du fait dommageable, mais qui est devenu avéré ou suspecté au moment de l'action indemnitaire.

Dans tous les cas, face à ces difficultés de causalité, les systèmes juridiques français et anglais doivent faire un choix, celui de déterminer qui, du demandeur ou du défendeur, doit supporter la charge du risque de la preuve, autrement dit la charge de l'incertitude.

Titre I : Le traitement des risques sanitaires sériels inconnus et suspectés

424. Le présent titre a pour objet de systématiser, de manière comparée, les solutions adoptées par les droits français et anglais de la responsabilité civile pour répondre aux difficultés spécifiques que posent d'une part, les hypothèses de risques sanitaires sériels inconnus (ci-après risques inconnus), et d'autre part, les hypothèses de risques sanitaires sériels suspectés (ci-après risques suspectés). Dans les deux cas, le problème est avant tout celui des limites de la connaissance scientifique des risques.

425. Dans le cadre des risques inconnus, la mise en œuvre de la responsabilité civile est éprouvée par l'absence de connaissance scientifique du risque. En particulier, l'hypothèse envisagée est celle d'un risque qui était inconnu au moment du fait dommageable, mais qui est suspecté ou avéré au moment de l'introduction de l'action indemnitaire. Dans cette hypothèse, c'est l'évolution des connaissances scientifiques qui révèle l'existence ou la suspicion d'existence du risque, et qui permet aux victimes potentielles d'introduire une action en responsabilité contre les créateurs de ces risques sanitaires sériels. Cette situation fait naître une interrogation principale, à laquelle il conviendra de répondre dans un premier chapitre : l'absence de connaissance scientifique relative à l'existence du risque au moment du fait dommageable empêche-t-elle la reconnaissance de responsabilité du défendeur ?

Si la position adoptée par les systèmes juridiques présente des similitudes indéniables, leurs divergences persistantes sont révélatrices d'une vision différente de l'objectif poursuivi par la responsabilité civile dans ces deux droits (**chapitre I**).

426. Dans le cadre des risques suspectés, la mise en œuvre de la responsabilité civile est éprouvée par le doute scientifique. En d'autres termes, l'existence du risque fait l'objet d'une simple suspicion scientifique, si bien que la communauté scientifique ne peut pas conclure de manière certaine à son existence. Sur le plan de la responsabilité civile, le doute scientifique empêche l'établissement du lien de causalité général, autrement dit la capacité d'un produit ou d'une substance à entraîner, dans l'absolu, un certain type d'atteinte particulier. Cette situation fait alors naître une interrogation principale : l'impossibilité d'établir la causalité générale, en raison du doute scientifique, constitue-t-elle un obstacle à la mise en œuvre de la responsabilité civile des créateurs de risques sanitaires sériels ?

La position des deux droits révèle ici des divergences majeures qu'il convient d'examiner car elles traduisent, là encore, une conception différente de l'objectif qui est assigné à la responsabilité civile par les deux droits (**chapitre II**).

En réalité, au-delà d'une simple comparaison technique des solutions adoptées par les droits français et anglais de la responsabilité civile, l'analyse comparée doit surtout permettre de révéler au grand jour la vision qu'ont les droits français et anglais du rôle joué par la responsabilité civile dans le contexte étudié.

Chapitre I : Les risques sanitaires sériels inconnus

427. Les risques sanitaires sériels dits inconnus correspondent aux situations d'absence de connaissance scientifique. En d'autres termes, l'existence de ces risques n'a pas été envisagée par une hypothèse scientifique considérée comme accessible[915]. Dans ces conditions, il est difficile de concevoir comment la responsabilité civile pourrait *a priori* être mise en œuvre. L'incohérence apparente est cependant dépassée si l'on envisage qu'entre le moment de la commission du fait dommageable et le moment de l'introduction de l'action en responsabilité, le risque inconnu s'est transformé en un risque suspecté ou avéré. Cette hypothèse est d'ailleurs loin d'être une hypothèse d'école dans le contexte étudié, en raison du long délai qui sépare souvent le fait dommageable de la révélation du dommage qui en résulte, comme en témoignent les affaires de l'amiante et du DES, par exemple.

Dans ces hypothèses, l'absence initiale de connaissance scientifique est susceptible de remettre en cause le succès des actions en responsabilité civile de deux manières : d'abord, l'absence initiale de connaissance scientifique empêche, dans certains cas, la preuve des conditions d'engagement de la responsabilité civile, dans les deux droits (**section I**). Ensuite, l'absence initiale de connaissance scientifique peut, dans d'autres cas, permettre l'exonération de responsabilité en droit français et en droit anglais (**section II**). En d'autres termes, il convient de comparer les effets que peuvent produire les risques sanitaires sériels inconnus sur la mise en œuvre de la responsabilité civile en droits français et anglais.

Section I : Les effets de l'absence de connaissance scientifique sur l'engagement de la responsabilité civile

428. L'absence de connaissance scientifique du risque entraîne des effets différents selon le type de responsabilité. Elle constitue, dans les deux droits, un obstacle dirimant à l'engagement d'une responsabilité pour faute (paragraphe 1). En revanche, l'engagement d'une responsabilité sans faute demeure possible en droits français et anglais (paragraphe 2). Plus globalement, l'analyse comparée des deux droits laisse déjà entrevoir une approche

[915] *Supra*, n^{os}158 et 159.

bienveillante du droit français envers les victimes de risques sanitaires sériels par rapport à celle adoptée par le droit anglais.

§1 – L'absence de connaissance scientifique, obstacle à l'engagement d'une responsabilité civile pour faute

429. Une faute, ou un *negligence*, est susceptible d'être caractérisée lorsque le défendeur n'a pas pris les mesures permettant d'éviter la réalisation d'un risque. Dans ce cas, la connaissance scientifique de l'existence du risque constitue un élément indispensable à la caractérisation d'une faute, en droit français, ou d'une violation d'un devoir de diligence, dans la perspective du *common law* (I). Par conséquent, et *a contrario*, il ressort de cette première observation que la faute ou le *negligence* ne sauraient être caractérisés en l'absence de connaissance scientifique (II).

I. *La connaissance scientifique, élément indispensable de reconnaissance d'une faute*

430. Afin d'évaluer si la connaissance scientifique est véritablement indispensable pour caractériser une faute, ou la violation d'un devoir de diligence, encore convient-il de déterminer quel doit être l'objet de la preuve. L'examen des deux droits fait alors apparaître que la reconnaissance d'une faute en lien avec un risque implique de démontrer que le risque est avéré, ou à tout le moins suspecté en droit français (A).

Mais cela ne suffit pas : il faut encore tenir compte du moment auquel la faute doit être appréciée. En particulier, il convient d'examiner si la faute doit être appréciée au moment du fait dommageable ou de l'action indemnitaire. À nouveau, les deux droits adoptent une position identique : la faute doit être appréciée au moment du fait dommageable (B).

A. Connaissance ou suspicion scientifique de l'existence du risque : une nécessité ?

431. L'examen des jurisprudences française et anglaise conduit à observer que la caractérisation respective d'une faute et d'une violation d'un devoir de diligence (*breach of duty of care*) implique de prendre en compte les risques qui sont connus, avérés (1). La position des deux systèmes juridiques apparaît cependant plus ambiguë en ce qui concerne la simple suspicion d'existence d'un risque (2).

1. La prise en compte du risque avéré dans la caractérisation de la faute

432. Caractérisation d'une faute en présence de risques sanitaires sériels avérés. – Lorsque la caractérisation d'une faute civile, en droit français, ou d'un *negligence*, en droit anglais, repose sur l'évaluation du comportement adopté par le défendeur dans une situation de risques sanitaires sériels, il convient d'admettre que les deux systèmes juridiques tiennent alors compte de risques sanitaires sériels qui sont avérés. La position adoptée sur ce point est donc similaire, peu important l'origine des risques sanitaires sériels.

433. Illustrations. – Par exemple, dans le domaine des activités de production, la Cour de cassation a pu rejeter la responsabilité pour faute[916] d'un fabricant de médicament, dans un arrêt du 8 avril 1986[917], en considérant que « l'obligation de renseignements relative aux contre-indications et effets secondaires des médicaments, ne peut, comme il résulte d'ailleurs des dispositions du Code de la santé publique, s'appliquer *qu'à ce qui est connu* »[918].

De manière similaire en droit anglais, dans une décision *Wright v. Dunlop Rubber Co Ltd*[919], une cour d'appel a pu retenir la responsabilité d'un fabricant de substance chimique pour les dommages causés par la violation de son devoir

[916] Ici, la responsabilité était contractuelle. Toutefois, qu'elle soit contractuelle ou délictuelle, on peut douter du fait que dans ce contexte, la faute constitue un fondement différent du défaut de sécurité à raison de la présentation du produit, ce que semble d'ailleurs confirmer la jurisprudence la plus récente : Cass., ch. mixte, 7 juillet 2017, n°15-15.651, ECLI:FR:CCASS:2017:MI00284 (publié).

[917] Cass., civ. 1, 8 avril 1986, n°84-11.443, *Bull. civ. I*, 1986, N°82, p. 81, dit arrêt « Thorens », *JCP G.*, 1986, IV, p. 163, note G. VIALA ; *RTD civ.*, 1986, p. 779, obs. J. HUET. V° aussi : J.-S. BORGHETTI, *op. cit.* (note 392), p. 356, spéc. n°360.

[918] [italiques ajoutées par nous] *Ibid.* Il est à noter que dans ce domaine, le caractère délictuel ou contractuel de la responsabilité faisait l'objet de controverses. Par exemple en faveur du fondement délictuel : TGI Versailles (ch. 1), 5 mai 1999, JurisData n°1999-220894 ; CA Paris (ch. 1), 4 juillet 1970, *D.* 1971, p. 73, obs. M. PLAT, M. DUNEAU ; en faveur du fondement contractuel : CA Rouen, 14 février 1979, *JCP* 1980, II, 19360, obs. P. BOINOT. Dans l'arrêt du 8 avril 1986, la Cour de cassation ne semble pas condamner expressément la position de la cour d'appel de Paris (CA Paris (ch. 1), 15 décembre 1983, *Bull. ordre des pharmaciens*, avril 1984, obs. G. VIALA ; *D.* 1985, N°2, p. 228, jur. note J. PENNEAU) qui avait privilégié le fondement délictuel. Néanmoins, comme certains commentateurs l'ont relevé, il semble que la Cour de cassation renforce la thèse contractuelle, en recherchant si les conditions de la garantie pour vice caché étaient remplies : Cass., civ. 1, 8 avril 1986, *JCP G.*, n°1, 7 janvier 1987, II, 20721, comm. G. VIALA, A. VIVANDIER.

[919] *Wright v Dunlop Rubber Co Ltd* [1972] 13 KIR 255: les employés de l'entreprise Dunlop, utilisant une substance chimique carcinogène, avaient assigné en responsabilité le producteur de cette substance ainsi que leur employeur, en réparation des préjudices résultant du cancer de la vessie qu'ils avaient contracté.

de diligence[920] (*duty of care*) ; en particulier, la cour a considéré que puisque le risque carcinogène était connu, le fabricant aurait dû cesser de produire et de distribuer cette substance ou, à tout le moins, informer l'entreprise cliente des risques encourus par ses salariés. C'est bien parce que le producteur connaissait – ou aurait dû connaître – les risques associés au produit fabriqué qu'il est jugé avoir violé le devoir de diligence qui lui incombait[921].

Dans le contexte industriel professionnel, ce sont encore les risques connus qui sont pris en compte pour caractériser une faute inexcusable de l'employeur, en droit français[922], comme le montrent les onze arrêts dits « Amiante », rendus le 28 février 2002[923]. La Cour de cassation a, en effet, retenu que l'obligation de sécurité de l'employeur était une obligation de résultat[924], dont la violation

---

[920] La Chambre des Lords a reconnu un devoir de diligence (*duty of care*) des fabricants envers les consommateurs finaux dès 1932, dans la décision *Donoghue v. Stevenson* [1932] SC (HL) 31 (escargot décomposé dans une bouteille opaque). Cependant, cette décision n'a pas fixé l'étendue de ce devoir. Le devoir d'information, qui peut constituer une facette du devoir de diligence du producteur, n'est pas consacré dans l'absolu. Ainsi, dans l'arrêt *McTear v. Imperial Tobacco Ltd* [2005] CSOH 69; [2005] 2.S.C. 1, Lord Nimmo Smith avait considéré que le producteur n'était pas tributaire d'une obligation d'information sur les risques sanitaires liés à l'usage de tabac en raison du fait que le public général avait déjà (ou aurait dû avoir) conscience de ces risques. Pour le juge, le devoir d'informer le consommateur *n'existait pas* dans de telles circonstances : V° *Mc Tear v. Imperial Tobacco Ltd* [2005] 2 SC 1 [(Lord Nimmo Smith), (2005) 4 *JPIL* 141-144, obs. M. MILDRED ; (2005) 20 *S.L.T.* 113-117, obs. B. PILLANS ; (2005) 10(2) *Cov. L.J.* 24-28, obs. J. ELLIOTT MONTAGUE; (2006) 1 *JPIL* 1-5, obs. M. DAY].

[921] Dans l'affaire *McTear v. Imperial Tobacco Ltd* [2005] CSOH 69, le juge Nimmo-Smith distingue *McTear* et *Wright v. Dunlop Rubber Co Ltd* [1972] 13 KIR 255 sur deux éléments ([7.174]): il indique que dans *Wright*, le producteur connaissait ou aurait dû connaître les risques alors même que ni son client, ni les employés de ce dernier n'avaient pu en avoir conscience ; dans *McTear*, au contraire, le fumeur connaissait (ou aurait dû avoir connaissance) des risques liés au tabagisme. Ensuite, dans *Wright*, il considère que les victimes, qui avaient le statut d'employés, étaient obligées d'utiliser cette substance, tandis que dans *McTear*, le fumeur n'était pas contraint de fumer des cigarettes et avait procédé à un choix libre et éclairé.

[922] Le salarié, victime d'une maladie reconnue « professionnelle », bénéficie d'une réparation plafonnée par les caisses d'assurance maladie ; il peut néanmoins bénéficier d'un complément d'indemnisation en prouvant la faute inexcusable de l'employeur.

[923] Cass., soc., 28 février 2002, n°s 99-17.201, 99-17.221, 99-21.255, 99-18.389, 00-10.051, 00-11.793, 00-13.172 00-41.220, *Bull. V*, 2002, N°81, p. 74 : *RDSS* 2002, N°3, 16/09/2002, p. 536, obs. P.-Y. VERKINDT ; *RTD civ.*, 2002, N°2, 14/06/2002, p. 310, obs. P. JOURDAIN ; *RDSS* 2002, N°2, 14/06/2002, p. 357, obs. Ph. PÉDROT, G. NICOLAS ; *D.* 2002, N°16, 18/04/2002, p. 1285, obs. Ph. LANGLOIS ; *Dr. soc.* 2002, p. 445, obs. A. LYON-CAEN.

[924] La jurisprudence récente de la Cour de cassation atténue la portée de l'obligation de sécurité de résultat de l'employeur, dans le volet prud'homal. En effet, la Cour de cassation a pu considérer que le manquement à l'obligation de sécurité n'était pas caractérisé si l'employeur démontrait avoir pris toutes les mesures de prévention prévues par les articles L. 4121-1 et L. 4121-2 du Code du travail : Cass., soc., 25 novembre 2015, n°14-24.444, *Bull. V*, 2016, N°840 ; Cass., soc., 1er juin 2016, n°14-19.702, ECLI:FR:CCASS:2016:SO01068 (publié). Cela a conduit certains auteurs à qualifier cette obligation « d'obligation de sécurité de résultat atténuée » : G. et L.-F. PIGNARRE, « La prévention : pierre angulaire ou/et maillon faible de l'obligation de santé et de sécurité au travail de l'employeur ? », *Rev. dr. trav.* 2016, p. 151, ou d'obligation de sécurité de moyen « renforcée » : J. MOULY, « L'assouplissement de l'obligation de sécurité en matière de harcèlement moral », *JCP G.*, n°28, 11 juillet 2016, 822. Néanmoins, il convient de relever que ces arrêts concernent des dommages psychiques (stress au travail) et moral (harcèlement moral et/ou sexuel).

était constitutive d'une faute inexcusable « lorsque l'employeur *avait ou aurait dû avoir conscience du danger auquel il exposait le salarié et qu'il n'a*[...] *pas pris les mesures nécessaires pour l'en préserver* »[925]. La conscience du danger comme l'obligation de prendre des mesures pour en préserver le salarié présupposent nécessairement que le risque soit objectivement connu[926]. Il ne s'agit ici de rien d'autre que d'une manifestation du principe de prévention, lequel impose aux employeurs de prendre des mesures permettant d'empêcher la réalisation d'un risque connu[927].

En droit anglais, l'observation est identique : les employeurs peuvent engager leur responsabilité envers leurs employés s'ils violent le devoir de diligence (*duty of care*) qui leur incombe en vertu du *common law*[928]. C'est l'arrêt *Stokes v Guest Keen & Nettlefold (Bold and Nuts) Ltd*[929] qui fournit le test permettant de déterminer si ce devoir a été violé. Selon le juge Stanwick, « le test général repose encore sur la conduite de l'employeur raisonnable et prudent, qui prend des mesures positives pour la sécurité de ses travailleurs, *au regard de ce qu'il sait, ou de ce qu'il doit savoir* »[930]. Comme en droit français, la conduite de l'employeur est donc appréciée au regard des risques qui sont objectivement connus. En l'espèce, l'employeur a été tenu responsable du dommage subi par un employé, affecté à la fabrication d'écrous, et qui a développé un cancer du scrotum dont il est décédé à la suite de contacts

---

On peut donc se demander si la solution a vocation à s'appliquer aux dommages corporels.

[925] [italiques ajoutées par nous] Cass., soc., 28 février 2002, préc. (note 923).

[926] Par ex. : Cass., civ. 2, 17 décembre 2009, n°08-21.598, inédit (« la société ne pouvait ignorer les risques encourus par la salariée ») ; Cass., civ. 2, 1 juin 2011, n°10-20.029, inédit (« danger notoirement connu ») ; Cass., civ. 2, 10 mai 2012, n°11-11.068, inédit. Sur le caractère suffisant des mesures prises pour protéger les employés du risque connu de silicose : Cass., civ. 2, 21 octobre 2010, n°09-16.883, inédit.

[927] On notera toutefois que l'article L. 4131-4 du Code du travail a consacré une présomption irréfragable de faute inexcusable, lorsque « le ou les travailleurs qui seraient victimes d'un accident du travail ou d'une maladie professionnelle (...) ou un représentant du personnel au comité social et économique avaient signalé à l'employeur le risque qui s'est matérialisé ». Il s'agit ici d'une sanction pour l'employeur qui a été alerté des risques encourus par ses employés, risques qu'il connaissait de ce fait.

[928] Les employeurs sont également tenus de respecter certaines obligations légales (*statutory duty*) issues de législations spéciales et qui dépendent du secteur professionnel dans lequel l'activité est conduite. La violation de ces obligations peut permettre une action en responsabilité, sur le fondement d'un *breach of statutory duty* (qui se distingue de l'action en *negligence* issu du *common law*).

[929] [1968] 1 W.L.R 1776 (Birmingham Assizes, 4 October 1968) (Swanwick J).

[930] [italiques ajoutées par nous] *Ibid.*, p. 1783 (Stanwick J.): « (...) the overall test is still the con duct of the reasonable and prudent employer, taking positive thought for the safety of his workers in the light of what he knows or ought to know; where there is a recognised and general practice which has been followed for a substantial period in similar circumstances without mishap, he is entitled to follow it, unless in the light of common sense or newer knowledge it is clearly bad; but, where there is developing knowledge, he must keep reasonably abreast of it and not be too slow to apply it; and where he has in fact greater than average knowledge of the risks, he may be thereby obliged to take more than the average or standard precautions. He must weigh up the risk in terms of the likelihood of injury occurring and the potential consequences if it does; and he must balance against this the probably effectiveness of the precautions that can be taken to meet it and the expense and inconvenience they involve. If he is found to have fallen below the standard to be properly expected of a reasonable and prudent employer in these respects, he is negligent. »

prolongés avec des huiles minérales carcinogènes. En effet, l'employeur était responsable de la négligence commise par le médecin du travail, préposé[931], lequel n'avait pris aucune mesure permettant d'informer les salariés des risques qu'ils encouraient alors même que ces risques étaient connus et qu'un autre salarié était déjà décédé de la même maladie[932].

Dans le contexte industriel environnemental, c'est à nouveau au regard de risques objectivement connus que la deuxième chambre civile de la Cour de cassation a retenu la faute délictuelle d'une entreprise envers l'épouse d'un de ses salariés, décédée d'un mésothéliome pleural malin à la suite de son exposition à des poussières d'amiante[933]. La Cour de cassation a, en effet, admis que l'entreprise aurait dû prendre « les mesures propres à limiter ou écarter de risque de contamination [par des poussières d'amiante] »[934], risque bien connu.

434. Ces quelques illustrations jurisprudentielles permettent de démontrer qu'en droit français comme en droit anglais, le comportement du défendeur est apprécié à l'égard de risques sanitaires qui sont scientifiquement connus. Ce comportement est-il apprécié à l'égard de risques seulement suspectés ? La position des deux droits sur cette question semble moins tranchée.

2. *L'incertaine prise en compte du risque suspecté dans la caractérisation de la faute*

435. Risque suspecté et faute en droit français. – La jurisprudence française a parfois pu considérer que la suspicion d'existence d'un risque était suffisante pour caractériser l'existence d'une faute civile, particulièrement dans le domaine des produits de santé, comme l'illustre une décision rendue par le tribunal de grande instance de Nanterre en 1985[935] ou les arrêts du 7 mars 2006 rendus dans le contentieux du diéthylstilbestrol (DES)[936]. Dans ce dernier cas, la Cour de cassation a retenu la responsabilité du producteur de médicament au motif que ce dernier avait violé son obligation de vigilance en maintenant fautivement la commercialisation du médicament quand il existait déjà des

---

[931] *Ibid.*, pp. 1783-1784 (Swanwick J) : « It is of course plain that, if an employer delegates to a servant the performance of any part of his duty towards his workmen, he is responsible for the servant's negligence, however skilled the task; and I myself would take the view that, where the task requires a special skill or art, the servant must be judged by the standards pertaining to that skill or art, in so far as he is possessed of and exercising it. »

[932] *Ibid.*, p. 1795 (Swanwick J).

[933] Cass., civ. 2, 10 avril 2008, n°07-15.758, inédit.

[934] *Ibid.*

[935] E. FOUASSIER, « L'obligation d'information incombant au producteur de spécialités pharmaceutiques », *RDSS* 1999, N°4, 15/12/1999, p. 735.

[936] V° surtout: Cass., civ. 1, 7 mars 2006, n°04-16.180, *Bull. civ. I*, 2006, N°143, p. 131 : *RTD civ.* 2006, N°3, 15/09/2006, p. 565, obs. P. JOURDAIN; *RTD com.* 2006, N°4, 15/12/2006, p. 906, obs. B. BOULOC ; *Resp. civ. et assur.* N°5, Mai 2006, comm. 164, obs. C. RADE ; *RDC* 2006, p. 844, obs. J.-S. BORGHETTI.

doutes sur l'innocuité du produit[937]. Certains auteurs[938] ont vu dans ces solutions l'œuvre indirecte du principe de précaution, qui étendrait le contenu de la faute. D'autres[939] se sont montrés moins catégoriques. Il nous semble que sans se réclamer du principe de précaution, la solution s'inscrit tout de même dans une logique de précaution, qui conduit à tenir compte de l'évolution des connaissances scientifiques.

436. La position incertaine du droit anglais. – La jurisprudence anglaise n'a pas, à notre connaissance du moins, pris position sur une telle question. Cependant, l'arrêt *Stokes v. Guest Keen and Nettlefold (Nuts and Bolts) Ltd*[940], qui a posé le test applicable pour déterminer si l'employeur avait ou non violé l'obligation de diligence (*common law*) dont il est tenu envers ses employés, est assez intéressant. Le juge avait notamment indiqué que « lorsque les connaissances se développent, il [l'employeur] doit se tenir raisonnablement informé et ne doit pas être trop lent à les appliquer »[941]. Cette dernière affirmation laisse entendre que l'employeur doit tenir compte de l'évolution des connaissances scientifiques, et agir en fonction de cette évolution. Il serait alors tentant de penser que l'employeur doit non seulement tenir compte des risques connus, mais également des risques qui ne sont que suspectés.

Certains auteurs ont semblé dubitatifs[942] quant à la possibilité de retenir la violation d'un devoir de diligence en cas de simple risque suspecté. En effet, si le devoir de diligence du défendeur inclut la prise en compte des risques suspectés, ce qui n'est pas du tout certain, la violation de ce devoir ne pourrait être caractérisée, selon la section 1 du *Compensation Act 2006*, que si les mesures de précaution envisageables ne réfrènent pas outre mesure la poursuite d'une activité désirable. Il pourra donc être difficile de caractériser la « faute » en droit anglais, sur une simple suspicion d'existence du risque.

437. Dans les deux droits, pour que le défaut d'action d'un défendeur par rapport à l'existence de risques soit constitutif d'une « faute », il est nécessaire que le risque soit avéré, ou éventuellement en droit français, suspecté. La question qui demeure est celle du moment de l'appréciation de la faute : faut-il démontrer que le risque était avéré ou suspecté au moment de la commission du fait dommageable ou au moment de l'action indemnitaire ? Sur cette question, les deux systèmes juridiques adoptent une position strictement identique ; la faute doit être appréciée au moment de la commission du fait dommageable, pas au moment de l'action indemnitaire.

---

[937] Le risque est donc suspecté, même si la Cour de cassation le qualifie de « connu » : sur cette question, déjà évoquée, V° *supra*, n°123 et s.

[938] Par ex. : C. RADE, art. préc. (note 936); V° aussi : O. GOUT, « Les avancées discrètes du principe de précaution », *Resp. civ. et assur.* 2007, p. 11.

[939] G. VINEY, art. préc. (note 376), p. 561.

[940] *Stokes*, préc, (note 929).

[941] *Ibid.*

[942] S. TAYLOR, « La responsabilité civile et l'incertitude scientifique : rapport sur le droit anglais », *in* M. BOUTONNET, J.-C. SAINT-PAU (dir.), *L'influence du principe de précaution sur la responsabilité civile*, 2016, pp. 268-269 [en ligne] consulté le 19/08/2021 :
< https://halshs.archives-ouvertes.fr/halshs-01480326/document >

B. LE MOMENT D'APPRÉCIATION DE LA FAUTE

438. Une position identique en droits français et anglais. – Le comportement du défendeur susceptible de caractériser une faute, en droit français, ou la violation d'un devoir de diligence (*breach of duty of care*) ou d'une obligation légale (*breach of statutory duty*), en droit anglais, s'apprécie par comparaison avec le comportement qu'on attendrait d'une personne raisonnable, placée dans les mêmes circonstances[943]. La question se pose cependant de déterminer si, en toute hypothèse, il serait possible d'utiliser des éléments *postérieurs* à la commission du fait dommageable pour apprécier l'existence de la faute.

L'idée est réfutée dans les deux droits : le comportement du défendeur doit être apprécié au regard des circonstances dans lesquels il était placé au moment du fait dommageable. Les juges français comme anglais refusent ainsi d'analyser le comportement du défendeur avec la « sagesse du recul » (*the wisdom of hindsight*), notamment à la lumière de connaissances scientifiques qui se seraient dévoilées postérieurement à la commission du fait dommageable.

Ainsi, en droit français, la violation de l'obligation de vigilance des fabricants du diéthylstilbestrol (DES) a été appréciée au regard des connaissances scientifiques disponibles au moment de l'exposition *in utero* des demanderesses[944], la faute inexcusable d'un employeur l'est par rapport aux connaissances scientifiques disponibles au moment où la faute est censée avoir été commise. À cet égard, la date d'inscription d'une maladie dans l'un des tableaux de maladies professionnelles est susceptible de fournir un indice pertinent de connaissance du risque[945].

En droit anglais, les juges ont adopté la même position, comme le confirment les arrêts *Roe v. Minister of Health*[946] ou *Hardman v. Riddell*[947]. Cette question

---

[943] En droit français: Ph. LE TOURNEAU (dir.), *op. cit.* (note 10), p. 747, sous n°221-14; F. TERRE, Ph. SIMLER, Y. LEQUETTE, F. CHENEDE, *op. cit.* (note 808), p. 1037, spéc. n°957; Y. BUFFELAN-LANORE, V. LARRIBAU-TERNEYRE, *op. cit.* (note 810), p. 897, spéc. n°2635. En droit anglais : *Blyth v. Company Proprietors of the Birmingham Water Works* [1856] 11 Exch. 781 (Baron Alderson) ; *Muir v. Glasgow Corporation* [1943] UKHL 2, (Lord Macmillan).

[944] Cass., civ. 1, 7 mars 2006 (2 espèces), préc. (note 356) et voir les références en note 936.

[945] Cass., civ. 2, 10 mai 2012, n°11-11.068, inédit ; Cass., soc., 22 novembre 1990, n°89-12.970, inédit : « attendu qu'en retenant qu'entre le 16 juillet 1951 et le 30 novembre 1979, Rocco X...avait été exposé à l'inhalation de poussières d'amiante en effectuant des travaux d'équipement, d'entretien ou de maintenance sur des matériels contenant des matériaux à base d'amiante, qu'en l'état des recommandations contenues dans le décret n° 77-949 du 17 août 1977, la société ne pouvait ignorer qu'en confiant au salarié la tâche de découper de l'amiante pour confectionner des joints, elle exposait celui-ci à un risque d'inhalation de poussières néfastes pour la santé et *ne démontrait pas que des mesures avaient été prises à compter de la date de parution de ce décret*, la cour d'appel de renvoi a statué conformément à l'arrêt de cassation qui l'avait saisie [italiques ajoutées par nous] ».

[946] [1954] 2 WLR 915, p. 924 (Denning LJ): « We must not look at the 1947 accident with 1954 spectacles. »; p. 931 (Morris LJ) : « (...) care has to be exercised to ensure that conduct in 1947 is only judged in the light of knowledge which then was or ought reasonably to have been possessed. In this connection the then-existing state of medical literature must be had in mind. ».

[947] [2004] EWHC 1691 (QB), [61] (Mr. Baker QC): « He is not to be judged by the wisdom of

a également été au centre de l'arrêt *Baker v. Quantum Clothing Group Ltd*[948], action de groupe menée par plusieurs employés qui ont cherché à obtenir une indemnisation pour la perte d'audition qu'ils imputaient à leurs employeurs en raison d'une exposition professionnelle à un niveau sonore excessif. Dans cette affaire, la Cour suprême a considéré que jusqu'au 1er janvier 1990, date à laquelle les *Noise at Work Regulations 1989* (SI 1989/1790) sont entrés en vigueur, les employeurs pouvaient raisonnablement suivre le code de pratique de 1972 (*Code of Practice 1972*) qui plaçait la limite maximale d'exposition recommandée à 90dB. Par une majorité de trois contre deux, la Cour suprême a ainsi décidé que les employés n'avaient pas violé leur devoir de diligence, lorsque dans les années 1970-1980, ils exposaient leurs employés à 85-90 dB[949]. Une position contraire « dépend[rait] d'un degré significatif de recul, et par conséquent place[rait] un fardeau indu sur les employeurs »[950].

439. Il résulte de ces exemples que l'appréciation du comportement du défendeur doit se faire au regard des connaissances, notamment scientifiques, qui étaient raisonnablement disponibles à l'époque du comportement en question. Par conséquent, il n'est pas possible d'apprécier l'existence d'une faute à la lumière de connaissances qui se sont révélées postérieurement au comportement adopté par le défendeur, ce qui entraîne des conséquences non-négligeables pour la reconnaissance d'une faute, en cas d'absence de connaissance scientifique.

II. *L'ABSENCE DE CONNAISSANCE SCIENTIFIQUE, OBSTACLE À LA RECONNAISSANCE D'UNE FAUTE*

440. Risque inconnu au moment de la commission du fait dommageable et reconnaissance d'une faute. – Si la faute d'un défendeur ne peut être caractérisée que dans l'hypothèse où le risque était connu, ou éventuellement suspecté, au moment du fait dommageable, alors il faut nécessairement en déduire que le comportement du défendeur, par exemple son défaut d'action, ne saurait lui être reproché lorsque le risque était inconnu au moment du fait dommageable. Peu importe qu'au moment de l'action indemnitaire, le risque

---

hindsight. »

948 [2011] UKSC 17.

949 Sauf pour un employeur qui, comme il était démontré, détenait une connaissance plus élevée que la moyenne des employeurs dès 1983. Autorisant une période d'application de deux ans, les juges ont donc considéré que la responsabilité de cet employeur particulier pouvait techniquement être engagée en 1985. Cependant, les demandes indemnitaires des employés de cette entreprise ont été finalement rejetées, non pas à cause de l'absence de violation par l'employeur du devoir de diligence en *common law* et selon la section 29(1) *Factories Act 1961*, mais en raison de l'absence de preuve d'une perte quelconque d'audition (dommage).

950 *Baker*, préc. (note 948), [136] (Lord Kerr) : « [To my mind the contrary views] depend to a signification degree on hindsight and consequently place an undue burden on employers. »

soit devenu connu, puisque précisément, les droits français et anglais n'apprécient pas la faute avec la « sagesse du recul ». La solution n'est, à dire vrai, pas tellement surprenante dans la mesure où elle met l'accent sur la conception traditionnellement moralisatrice attachée à la responsabilité pour faute[951].

441. Illustrations. – Cette position explique pourquoi la Cour de cassation a rejeté, dans le contexte professionnel, l'existence d'une faute inexcusable d'un employeur envers son salarié, dans l'un des arrêts dits « Amiante », du 28 février 2002[952]. En effet, la chambre sociale a considéré qu'« *en l'état des connaissances scientifiques*, la société Sollac qui n'utilisait pas directement l'amiante comme matière première, pouvait ne pas avoir conscience que l'utilisation de ces éléments de protection et le travail à proximité de ces équipements constituaient un risque pour le salarié »[953].

De la même façon, le 23 janvier 2014, la Cour de cassation a considéré, pour un employé souffrant d'une pleurésie asbestosique, « qu'aucun document antérieur à 1999, provenant d'organismes professionnels ouvriers ou patronaux, de la médecine de prévention, du port, organe de coordination et de police, ou de tout autre organe interne à la profession, n'a été produit, permettant de mettre le risque en évidence ». Elle en a déduit que « l'employeur n'avait pas et ne pouvait pas avoir conscience du danger auquel était exposé son salarié de sorte qu'aucune faute inexcusable ne saurait lui être reprochée »[954].

442. Les risques sanitaires sériels inconnus produisent des effets moins drastiques sur l'engagement de responsabilités sans faute. En effet, en droit français comme en droit anglais, l'absence de connaissance scientifique du risque, au moment du fait dommageable, est parfois indifférente à l'engagement de responsabilité des défendeurs.

§2 – L'absence de connaissance scientifique, élément parfois indifférent à l'engagement d'une responsabilité sans faute

443. Dans le cadre de risques sanitaires sériels liés à des produits, notamment de santé, les demandeurs français ont pu engager la responsabilité des créateurs de ces risques sur le fondement de la violation d'une obligation de sécurité de résultat. Ce régime de responsabilité, qui ne trouve pas son pendant

---

[951] Ch. DUBOIS, *op. cit.* (note 57), spéc. n°302 (mais qui tempère le propos en ce qui concerne la tendance actuelle à l'objectivisation).

[952] [italiques ajoutées par nous] Cass., soc., 28 février 2002, n°99-17.221, *Bull. civ. V*, 2002, N°81, p. 74 : V° sous note 923, les références citées.

[953] *Ibid.*

[954] Cass., civ. 2, 23 janvier 2014, n°12-29.871, inédit.

en droit anglais, est une création de la jurisprudence visant à avantager les « victimes ». Force est alors de constater que l'absence de connaissance scientifique du risque est généralement indifférente pour caractériser la violation d'une obligation de sécurité de résultat (I).

Par la suite, la responsabilité du fait des produits défectueux a été introduite en droits français et anglais, par transposition d'une directive européenne 85/374/CEE du 25 juillet 1985[955]. Si la directive avait, là aussi, pour objectif de faciliter l'action des victimes de dommages résultant de produits défectueux, elle cherche malgré tout à préserver également les intérêts des opérateurs économiques. La directive européenne tente de procéder à une juste répartition « des risques inhérents à la production technique moderne »[956]. Ainsi, l'absence de connaissance scientifique du risque sanitaire sériel est un élément parfois pertinent pour caractériser un défaut de sécurité du produit, en droit français mais aussi en droit anglais (II).

I. *L'ABSENCE DE CONNAISSANCE SCIENTIFIQUE, ÉLÉMENT INDIFFÉRENT À LA CARACTÉRISATION DE LA VIOLATION D'UNE OBLIGATION DE SÉCURITÉ DE RÉSULTAT*

444. Dans le contexte sanitaire, et particulièrement dans le cadre des produits de santé, la découverte prétorienne de nombreuses obligations de sécurité de résultat a largement favorisé la protection de l'intégrité corporelle des créanciers de ces obligations[957]. Bien que la nature de cette responsabilité[958] – pour faute ou sans faute – demeure contestée, tant par les auteurs[959] que par la

[955] Directive 85/374/CEE du Conseil du 25 juillet 1985 *relative au rapprochement des dispositions législatives, réglementaires et administratives des États membres en matière de responsabilité du fait des produits défectueux*, JO n° L 210 du 07/08/1985 pp. 29-33.

[956] *Ibid.*, considérant 2.

[957] En ce sens, par ex. : S. HOCQUET-BERG, « Le fabuleux destin de l'obligation de sécurité », *Resp. civ. et assur.* n°2, février 2019, dossier 4, spéc. n°11.

[958] Également contesté. V° les auteurs qui en contestent la nature contractuelle : M. FAURE-ABBAD, *Le fait générateur de la responsabilité contractuelle. Contribution à la théorie de l'inexécution d'un contrat*, préf. Ph. REMY, LGDJ, coll. de la Faculté de droit et des sciences sociales, Université de Poitiers, 2003, n°106 et s. ; P. JOURDAIN, note sous Cass., civ. 1, 17 janvier 1995, *D.* 1995, N°25, 06/07/1995, p. 350 ; F. LEDUC (dir.), *La responsabilité du fait des choses, réflexions autour d'un centenaire*, Économica, 1997, p. 75 ; V° les auteurs qui prennent parti pour la nature contractuelle : Ph. JACQUES, *Regards sur l'article 1135 du Code civil*, préf. F. CHABAS, Dalloz, coll. « Nouvelle Bibliothèque de Thèses », vol. 46, 2005, n°405 ; I. SOULEAU, *La prévisibilité du dommage contractuel. Défense et illustration de l'article 1150 du Code civil*, th. dactyl. Paris II, 1979, spéc. n°473 et s. ; Y.-M. LAITHIER, *op. cit.* (note 102), spéc. n°90.

[959] En faveur de la responsabilité pour faute : G. MARTY, P. RAYNAUD, *op. cit.* (note 808), pp. 505-509, spéc. n°470. En faveur de la responsabilité sans faute : L. JOSSERAND, *Cours de droit civil positif français*, T. II, Théorie générale des obligations, Sirey, 3ème éd., 1939, p. 294 et s., spéc. n°490 ; H. LALOU, P. AZARD, *Traité théorique et pratique de responsabilité civile*, Dalloz,

jurisprudence[960], nous avons préféré la considérer comme une responsabilité sans faute[961] en raison des objectifs qu'elle poursuit, à savoir la facilitation de l'engagement de responsabilité du défendeur à l'action.

Aujourd'hui cependant, il faut reconnaître un déclin de l'importance accordée aux obligations de sécurité de résultat, que ce soit en matière sanitaire mais également de manière plus générale[962]. L'une des raisons expliquant ce reflux tient à l'introduction de la responsabilité du fait des produits défectueux. En effet, d'une part, le maintien du régime fondé sur la violation de l'obligation de sécurité de résultat est devenu incompatible avec la responsabilité du fait des

---

6ème éd., 1962, n°415, p. 286. En réalité, la contestation tenant à la nature de cette responsabilité nous semble principalement dépendre de ce que l'on entend par « faute contractuelle ». Sur le plan technique, la stricte orthodoxie juridique conduit à qualifier la responsabilité comme étant pour faute : en effet, si la faute contractuelle se définit comme une défaillance contractuelle, au sens de violation d'une obligation contractuelle préexistante, et si l'on admet que l'obligation de sécurité de résultat est une obligation contractuelle, alors effectivement, la violation de cette obligation constitue une faute contractuelle. En revanche, si l'on va au-delà de la simple défaillance contractuelle en elle-même pour s'intéresser à la *cause* de cette défaillance, alors il devient possible de contester la nature de cette responsabilité. En effet, si l'on considère que la notion de « faute » suppose une analyse du comportement adopté par le débiteur, alors la qualification de faute contractuelle peut être critiquée : en effet, pour ces obligations, peu importe que le débiteur ait mis en œuvre tous les moyens possibles et imaginables ; seul le résultat compte. Dans cette perspective, le débiteur de l'obligation agit en réalité *comme un simple garant du résultat*. Sur la distinction entre responsabilité contractuelle subjective (violation d'une obligation de moyens) et objective (violation d'une obligation de résultat), V° Y. LAMBERT-FAIVRE, S. PORCHY-SIMON, *op. cit.* (note 81), p. 527 et s ; p. 535 et s.

[960] Par ex. dans le contentieux des contaminations post-transfusionnelles : Cass., civ. 2, 6 mars 2003, n°01-12.652, *Bull. civ. II*, 2003, N°57, p. 50 (assimilant le fournisseur de produits sanguins, tenu d'une obligation de sécurité de résultat, à un « co-obligé fautif ») ; dans le même sens : Cass., civ. 1, 5 juillet 2006, n°05-15.235, *Bull. civ. I*, 2006, N°363, p. 311, *RTD civ.* 2006, N°4, 15/12/2006, p. 783, obs. P. JOURDAIN ; *D.* 2006, N°31, 21/09/2006, p. 2127, obs. I. GALLMEISTER ; Cass., civ. 2, 25 janvier 2007, n°06-13.611, *Bull. civ. II*, 2007, N°20, p. 16; *RTD civ.* 2007, N°2, 15/06/2007, p. 362, obs. P. JOURDAIN. *Contra* : Cass., civ. 1, 21 juin 2005, n°04-12.066, *Bull. civ. I*, 2005, N°276, p. 230 (dans le cadre d'une infection nosocomiale, considère que le médecin a violé son obligation de sécurité de résultat, tout en retenant que sa faute n'était pas prouvée) ; Cass., civ. 1, 10 avril 2013, n°12-14.219, *Bull. civ. I*, 2013, N°78, *Gaz. Pal.*, n°150, 30/05/2013, obs. N. GUERRERO.

[961] En ce sens : C. RADE, note sous Cass., civ. 1, 15 mai 2007, n°05-10.234, *Resp. civ. et assur.* n°7-8, Juillet 2007, comm. 219, qui considère que cette obligation de sécurité de résultat est « synonyme de responsabilité sans faute » ; dans le même sens : J.-S. BORGHETTI, note sous Cass., civ. 1, 30 novembre 2016, n°s 15-20.984 et 15-25.249, *RDC* n°2, 01/06/2017, p. 235 qui indique que « les obligations de sécurité sont avant tout une transposition dans le domaine contractuel des règles de la responsabilité délictuelle pour faute (obligations de sécurité de moyens) et de la responsabilité délictuelle sans faute (obligations de sécurité de résultat) ».

[962] Par exemple, la loi n°2002-303 du 4 mars 2002 (dite loi « Kouchner ») a refusé de consacrer l'obligation prétorienne de sécurité de résultat qui pesait, dans certains contextes, sur les professionnels de santé, lui préférant la faute. Cela a été confirmé par la Cour de cassation ; par ex. : Cass., civ. 1, 28 janvier 2010, n°08-20.571, inédit ; en ce qui concerne les établissements de soins (privés), le législateur a, par cette même loi, consacré leur responsabilité sans faute (dépendant d'un certain seuil de gravité du dommage), reposant sur un fondement légal (art. L. 1142-1, I, alinéa 2, CSP), rendant inutile le recours à l'obligation de sécurité de résultat, en matière d'infections nosocomiales.

produits défectueux[963], d'autre part la jurisprudence a parfois elle-même choisi d'écarter ce régime dans certaines hypothèses, quand bien même la possibilité demeurait ouverte[964]. Ce déclin des obligations de sécurité de résultat risque au surplus d'être accentué avec l'ordonnance n°2016-131 portant réforme du droit des contrats, du régime général et de la preuve du droit des obligations[965] et avec le récent projet de réforme de la responsabilité civile (2017)[966].

Dès lors, dans le domaine des produits de santé, l'analyse des effets du risque inconnu sur la responsabilité fondée sur la violation de l'obligation de sécurité de résultat présente avant tout un intérêt historique, mais qu'il n'est pas inutile de rappeler, car elle traduit la volonté de la jurisprudence de renforcer la

---

[963] En ce qui concerne les producteurs et fournisseurs de produits de santé, l'obligation de sécurité de résultat à leur charge a tout d'abord été progressivement dé-contractualisée afin d'anticiper l'introduction de la responsabilité du fait des produits défectueux, avant de disparaître complètement. En effet, aucun régime de responsabilité des producteurs (et fournisseurs) reposant sur le défaut de sécurité d'un produit n'est susceptible de subsister à côté de la responsabilité du fait des produits défectueux : CJCE, aff. C-52/00, 25 avril 2002, *Commission c./ France*, Rec. 2002, I-03827, point 22 ; CJCE, aff. C-183/00, *Marìa Victoria González Sánchez c./ Medicina Asturiana SA*, Rec. 2002, I-03901, point 31 ; CJCE, aff. C-154/00, *Commission c./ République hellénique*, Rec. 2002, I-03879, point 18. Ces trois décisions considèrent que « la référence, à l'article 13 de la directive [en matière de produits défectueux], aux droits dont la victime d'un dommage peut se prévaloir au titre de la responsabilité contractuelle ou extracontractuelle doit être interprétée en ce sens que le régime mis en place par ladite directive, lequel, aux termes de son article 4, permet à la victime de demander réparation dès lors qu'elle rapporte la preuve du dommage, du défaut du produit et du lien de causalité entre ce défaut et le dommage, n'exclut pas l'application d'autres régimes de responsabilité contractuelle ou extracontractuelle reposant sur des fondements différents, tels que la garantie des vices cachés ou la faute ».

[964] En ce qui concerne les praticiens, l'obligation de sécurité de résultat relative aux matériels utilisés dans les actes d'investigation et de soin a été anéantie : d'abord, parce que si le praticien est considéré comme un producteur ou fournisseur du matériel utilisé, la responsabilité du fait des produits défectueux doit s'appliquer (ou éventuellement la responsabilité pour faute) ; ensuite, parce que s'il est considéré comme un simple utilisateur du matériel, la Cour de cassation a elle-même anéanti sa jurisprudence antérieure, exigeant maintenant qu'une faute soit prouvée à son encontre et ce, alors même que la CJUE avait laissé la porte ouverte pour faire subsister le régime de responsabilité reposant sur l'obligation de sécurité de résultat. Dans ce dernier cas, voir CJUE (gde chambre), aff. C-495/10, 21 décembre 2011, *CHU de Besançon c. Thomas Dutreux et CPAM du Jura*, Rec. 2011, I-14155, point 39 : *D.* 2012, N°14, 05/04/2012, p. 926, note J.-S. BORGHETTI; *JCP A.* 12 mars 2012, p. 2078, obs. H. OBERDORFF ; *Dr. adm.*, avr. 2012, comm. 42, note C. LANTERO ; *AJDA* 2012, N°6, 20/02/2012, p. 306, obs. M. AUBERT, E. BROUSSY, F. DONNAT ; *D.* 2012, N°24, 21/06/2012, p. 1558, obs. P. VERON, F. VIALLA. V° l'interprétation faite par la Cour de cassation : Cass., civ. 1, 12 juillet 2012, n°11-17.510, *Bull. civ. I*, 2012, n°165, *RTD eur.* 2013, N°2, 21/08/2013, p. 292-36, chron. N. RIAS ; *RTD civ.* 2012, N°4, 28/12/2012, p. 737, obs. P. JOURDAIN ; *JCP G.* 2012, n°1036, obs. P. SARGOS ; *Gaz. pal.*, 26-27 septembre 2012, n°271, p. 9, chron. M. MEKKI ; *RDC*, 01/01/2013, n°1, p. 111, obs. G. VINEY.

[965] L'ordonnance n°2016-131 portant réforme du droit des contrats, du régime général et de la preuve des obligations n'a pas consacré la distinction entre obligations de résultat et de moyen, ce qui semblerait témoigner de la volonté des rédacteurs d'anéantir cette distinction.

[966] Le projet de réforme de responsabilité civile (mars 2017) ne mentionne pas non plus l'obligation de sécurité, préférant soumettre le régime des dommages corporels à la responsabilité extracontractuelle (avec une possibilité d'option pour la victime qui est autorisée à invoquer les stipulations contractuelles qui lui sont plus favorables). V° sur la décontractualisation progressive de l'obligation de sécurité : D. MAZEAUD, « La distinction obligation de résultat – obligation de moyens : le saut dans le vide ? », *D.* 2017, N°4, 26/01/2017, p. 198, spéc. n°14 et s.

protection de l'intégrité corporelle des victimes de risques sanitaires, notamment sériels. Ce régime de responsabilité étant spécifique au système juridique français, il s'agit alors d'analyser l'émergence (passée) de l'obligation de sécurité de résultat dans le contexte sanitaire français (A), avant de nous intéresser aux effets du risque inconnu sur la reconnaissance de violation de cette obligation (B).

A. L'ÉMERGENCE DE L'OBLIGATION DE SÉCURITÉ DE RÉSULTAT[967]

445. La création prétorienne d'obligations de sécurité de résultat. – À partir des années 1990, la jurisprudence judiciaire a retenu plusieurs obligations de sécurité de résultat à charge des acteurs sanitaires, mouvement qui s'est amplifié avec la révélation du scandale sanitaire relatif au sang contaminé.

Ainsi, les juridictions judiciaires ont pu faire peser des obligations de sécurité de résultat à charge de certains professionnels de santé, s'agissant de la fourniture de certains produits de santé, tels que les prothèses[968]. Pour venir au secours des victimes de contaminations post-transfusionnelles, les juridictions judiciaires ont également retenu une obligation de sécurité de résultat à charge des centres de transfusion sanguine[969], producteurs et fournisseurs de produits sanguins, consistant à « fournir aux receveurs des produits exempts de vices »[970]. De la même façon, les établissements de soins privés, longtemps tenus d'une simple obligation de moyens[971], ont vu leur responsabilité se renforcer le 7 novembre 2000 avec la reconnaissance d'une obligation de sécurité de résultat « en ce qui concerne les produits, tels les médicaments qu'il fournit »[972], jurisprudence qui a, par la suite, été étendue au sang et aux produits sanguins dérivés[973]. À partir du 9 novembre 1999[974], la Cour de cassation a également retenu une obligation de sécurité de résultat à charge des praticiens, pour les matériels qu'ils utilisent dans l'exécution d'un acte médical d'investigation et de soins. Enfin, l'obligation de sécurité de résultat a

---

[967] Nous limiterons l'analyse au seul contexte sanitaire.

[968] Cass., civ. 1, 22 novembre 1994, n°92-16.423, *Bull. civ. I*, 1994, N°340: *RTD civ.* 1995, N°2, 15/06/1995, p. 375, obs. P. JOURDAIN.

[969] Cass., civ. 1, 12 avril 1995, n°92-20.747, et n°92-11.950, 92-11.975, *Bull. civ. I*, 1995, N°179 et 180, p. 129 et 130 : *JCP G. 1995*, II, 22467, obs. P. JOURDAIN.

[970] Cass., civ. 1, 12 avril 1995, n°92-11.950, 92-11.975, *Bull. civ. I*, 1995, N°180, p. 130.

[971] *Ibid.*: *RDSS* 1995, p. 776, N°4, 15/12/1995, obs. J. LEROY; *RDSS* 1995, N°4, 15/12/1995, p. 765, obs. G. MÉMETEAU.

[972] Cass., civ. 1, 7 novembre 2000, n°99-12.255, *Bull. civ. I*, 2000, N°279: *JCP G.* 2001, I, 340, obs. G. VINEY; *resp. civ. et assur.*, n°2, février 2001, comm. 50, note H. GROUTEL ; *C.C.C.* 2001, comm. 4, obs. L. LEVENEUR ; *D.* 2001, N°28, 26/07/2001, p. 2236, obs. D. MAZEAUD ; *Defrénois* 2001, p. 268, obs. E. SAVAUX.

[973] Cass., civ. 2, 21 avril 2005, n°03-20.683, *Bull. civ. II*, 2005, N°108 : *Resp. civ. et assur.* n°7/8, Juillet 2005, comm. 223, obs. C. RADÉ.

[974] Cass., civ. 1, 9 novembre 1999, n°98-10.010, *Bull. civ. I*, 1999, N°300, p. 195: *D.* 2000, N°6, 10/02/2000, p. 117, obs. P. JOURDAIN; *JCP G.* 2000, II, 10251, obs. Ph. BRUN ; *Defrénois* 2000, p. 251, obs. D. MAZEAUD.

également fait son apparition dans le cadre des infections nosocomiales, le 29 juin 1999[975], celle-ci pesant alors aussi bien sur l'établissement de santé privé que le praticien[976].

Bien que, depuis l'arrêt Mercier du 20 mai 1936[977], le principe en matière médicale ait toujours été celui de la responsabilité pour faute (contractuelle), les juridictions n'ont eu de cesse d'étendre le champ d'application de l'obligation de sécurité de résultat, renforçant ainsi la protection des victimes de dommages corporels. Cette volonté de protection de l'intégrité corporelle explique aussi que l'émergence d'obligations de sécurité de résultat n'ait pas été limitée au seul secteur de la santé : la jurisprudence a en effet utilisé cette technique dans d'autres domaines, comme le domaine industriel professionnel[978] par exemple.

446. Le contenu de l'obligation de sécurité de résultat. – L'impératif de sécurité corporelle, particulièrement important dans le secteur de la santé, aurait pu conduire les juridictions judiciaires à concevoir l'obligation de sécurité de résultat comme une obligation de garantie, c'est-à-dire à considérer l'obligation violée dès qu'un dommage corporel est constaté. Or, il n'en est rien[979].

La violation de l'obligation de sécurité de résultat repose généralement sur l'établissement d'une défectuosité, d'un vice ou d'une anomalie tenant au produit[980], ou au matériel utilisé, comme l'illustre la jurisprudence liée aux praticiens pour les matériels utilisés dans les actes médicaux d'investigation ou de soins[981], ou encore celle liée aux producteurs et fournisseurs de produits de

---

[975] Pour les établissements de soins privés : Cass., civ. 1, 29 juin 1999, n°97-14.254, *Bull. civ. I*, 1999, N°220, p. 141 ; Pour le médecin : Cass., civ. 1, 29 juin 1999, n°97-15.818 et 97-21.903, *Bull. civ. I*, 1999, N°222, p. 143 : *D.* 1999, N°38, 04/11/1999, p. 559, obs. D. THOUVENIN ; *D.* 1999, N°44, 16/12/1999, p. 395, obs. J. PENNEAU ; *Defrénois* 1999, p. 994, obs. D. MAZEAUD ; *RTD civ.* 1999, N°4, 15/12/1999, p. 841, obs. P. JOURDAIN.

[976] Si la loi « Kouchner » du 4 mars 2002 a confirmé la responsabilité sans faute des établissements de soin, pour les infections nosocomiales (art. L. 1142-1, I, alinéa 2, du Code de la santé publique), elle n'a cependant pas consacré la responsabilité sans faute des médecins dans ce contexte, anéantissant ainsi l'obligation de sécurité de résultat que la jurisprudence avait mis à leur charge.

[977] Cass., civ., 20 mai 1936, *DP* 1936. 1. 88, rapp. L. JOSSERAND ; *RTD civ.* 1936, p. 691, obs. R. DEMOGUE.

[978] Par exemple, l'employeur est tenu d'une obligation de sécurité de résultat vis-à-vis de ses employés, notamment en ce qui concerne leur protection contre les maladies professionnelles. Néanmoins, la responsabilité de l'employeur ne peut être mise en œuvre qu'en cas de faute inexcusable, ce qui justifie que cette situation ait été traitée à part : *supra*, n°432 et 433.

[979] Cela a été reconnu de longue date : Cass., civ. 1, 22 janvier 1991, n°89-11.699, *Bull. civ. I*, N°30, p. 18 (obligation de sécurité du fabricant : « que cette obligation ne comporte pas une garantie de plein droit de tous les dommages pouvant résulter de l'usage de ces produits », avant de reconnaître que le produit ne comportait ni vice, ni caractéristique dangereuse).

[980] Par ex. : Cass., civ. 2, 17 juin 2010, n°09-10.786, 09-10.838, *Bull. civ. II*, 2010, N°117 (« que néanmoins une telle responsabilité implique préalablement de démontrer que les produits sanguins fournis, dont elle avait la charge de contrôler la qualité, étaient viciés ») : *Resp. civ. et assur.* n°10, octobre 2010, comm. 259, obs. C. RADE ; *RTD civ.* 2010, N°3, 15/10/2010, p. 570, obs. P. JOURDAIN.

[981] Ce qui explique que la responsabilité du médecin n'ait pas été retenue dans l'arrêt du 9 novembre 1999 (Cass., civ. 1, 9 novembre 1999, n°98-10.010, *Bull. civ. I*, 1999, N°300, p. 195), car en l'espèce ce n'était pas l'anomalie de la table d'opération, sur laquelle se trouvait la patiente,

santé[982]. Pour ces derniers, la nécessité d'apporter la preuve d'une défectuosité du produit a été accentuée. Par anticipation de la transposition, en droit interne français, de la directive 85/374/CEE relative à la responsabilité du fait des produits défectueux, la jurisprudence a procédé à une décontractualisation de cette obligation de sécurité, interprétant les anciens articles 1147 et 1382 du Code civil « à la lumière de la directive ». Cela lui a permis d'étendre le bénéfice de l'obligation de sécurité du producteur aux tiers absolus[983] et d'interpréter la notion de « défaut de sécurité » en s'inspirant de la directive[984], incluant de ce fait le défaut de mise en garde sur les risques comportés par le produit, ou le défaut de fabrication, voire de conception[985].

En matière de contaminations post-transfusionnelles, l'obligation de sécurité de résultat se rapproche peut-être plus d'une obligation de garantie, car la seule présence du virus (VIH ou VHC) dans le produit suffit à caractériser le vice du produit et la contamination par le virus caractérise le dommage corporel. Ainsi, il suffit de prouver que la contamination est imputable à une transfusion sanguine (causalité spécifique) pour que le fournisseur du produit soit responsable, même s'il faut convenir que cette preuve est assez difficile à apporter[986]. Dans le cadre des infections nosocomiales, l'obligation de sécurité de résultat se rapproche également d'une obligation de garantie des dommages corporels car la violation de cette obligation est caractérisée dès qu'il est prouvé que le patient a contracté une infection présentant un caractère nosocomial dans l'établissement en question[987].

---

qui avait conduit à sa chute.

[982] Cass., civ. 1, 11 juin 1991, n°89-12.748, *Bull. civ. I*, 1991, N°201, p. 132 : l'obligation de sécurité de résultat est violée si les débiteurs de cette obligation ne fournissent pas un produit « exempt de tout vice ou de tout défaut de fabrication de nature à créer un danger pour la sécurité des personnes » ; *C.C.C.* 1991, n°219, obs. L. LEVENEUR ; *JCP G.* 1992, I, 3572, obs. G. VINEY; Cass., civ. 1, 27 janvier 1993, n°90-19.777, *Bull. civ. I*, 1993, N°44, p.29: *D.* 1994, N°31, 15/09/1994, p. 238, obs. O. TOURNAFOND ; *RTD civ.* 1993, N°3, 15/09/1993, p. 592, obs. P. JOURDAIN.

[983] Par ex. : (vendeur professionnel) Cass., civ. 1, 17 janvier 1995, n°93-13.075, *Bull. civ. I*, 1995, N°43 : *D.* 1995, N°25, 06/07/1995, p. 350, obs. P. JOURDAIN ; *JCP G.* 1995, I, 3853, n°9, obs. G. VINEY ; (centres de transfusion sanguine) Cass., civ. 1, 13 février 2001, n°99-13.589, *Bull. civ. I*, 2001, N°35, p. 21 : *RTD civ.* 2001, N°2, 15/06/2001, p. 367, obs. P. JOURDAIN ; *D.* 2001, N°28, 26/07/2001, p. 2234, obs. Ph. DELEBECQUE.

[984] La Cour de cassation a d'abord retiré la mention explicite de « défaut de fabrication », indiquant que « le fabricant, comme le vendeur professionnel, sont tenus de livrer des produits exempts de tout défaut de nature à créer un danger pour les personnes ou pour les biens » : Cass., civ. 1, 15 octobre 1996, n°94-21.113, *Bull. civ. I*, 1996, N°354, p. 248.

[985] La Cour de cassation a ensuite fait référence explicite à « la sécurité à laquelle on peut légitimement s'attendre » : Cass., civ. 1, 3 mars 1998, n°96-12.078, *Bull. civ. I*, 1998, N°95, p. 63 : *D.* 1999, N°3, 21/01/1999, p. 36, obs. Ph. BRUN, G. PIGNARRE ; *JCP G.* 1998, II, 10049, rapp. P. SARGOS. Cela lui a permis de pouvoir inclure les défauts de mise en garde et d'information : Cass., civ. 1, 5 janvier 1999, n°97-10.547, inédit ; Cass., civ. 1, 7 novembre 2006, n°05-11.604, *Bull. civ. I*, 2006, N°467, p. 402 ; Cass., civ. 1, 22 novembre 2007, n°06-14.174, *Bull. civ. I*, 2007, N°368.

[986] Sur cette question : *Infra*, n°697 et s.

[987] Sur les difficultés liées à cette question : *Infra*, n^{os}679 et 680.

447. La prolifération de ces obligations de sécurité de résultat dans le secteur de la santé (et au-delà) n'est pas anodine : elle témoigne d'une volonté jurisprudentielle de renforcer la protection de l'intégrité corporelle des victimes. Dans cette optique, il n'est pas surprenant de relever que l'absence de connaissance scientifique du risque n'empêche nullement de caractériser la violation d'une telle obligation.

B. La violation de l'obligation de sécurité de résultat en cas de risque inconnu

448. Risque inconnu et caractérisation de la violation d'une obligation de sécurité de résultat : effets indifférents. – À partir du moment où l'engagement de la responsabilité du défendeur ne dépend pas du comportement qu'il a adopté, directement ou indirectement, il faut alors reconnaître que le caractère inconnaissable du risque est indifférent, à condition qu'au moment de l'introduction de l'action en responsabilité, le demandeur soit en mesure d'apporter la preuve du fait générateur et du lien de causalité avec le dommage. Il s'agit ici d'une différence importante avec la responsabilité du fait personnel, la faute s'appréciant par référence au comportement qu'aurait adopté une personne raisonnable, placée dans les mêmes circonstances[988].

Par exemple, lorsque la responsabilité du praticien pour les matériels utilisés dans les actes d'investigation et de soins reposait sur l'obligation de sécurité de résultat, il suffisait que le demandeur établisse une défaillance objective du matériel utilisé et le lien de causalité entre cette défaillance et le dommage corporel pour pouvoir être indemnisé. Or, pour apporter la preuve de cette défaillance, rien n'empêchait que le demandeur se fonde sur des connaissances – techniques ou scientifiques – postérieures à la survenance du dommage. De la même façon, en ce qui concernait la responsabilité des centres de transfusion sanguine, il importait peu que le risque de contamination transfusionnelle lié au VIH ait été ou non connaissable à l'époque de la transfusion. Il suffisait qu'au moment de l'action en responsabilité, le demandeur soit en mesure de prouver que la contamination au VIH résultait d'une transfusion sanguine, ce qui permettait ainsi de caractériser le vice du produit sanguin.

449. Le cas particulier du défaut de sécurité tenant à la présentation du produit. – Le contenu de l'obligation de sécurité des producteurs et fournisseurs, notamment de produits de santé, s'est peu à peu élargi pour anticiper l'applicabilité de la responsabilité du fait des produits défectueux. Cette extension a notamment permis d'inclure le défaut de mise en garde sur les risques du produit[989]. Cette question sera étudiée plus précisément dans le cadre de la responsabilité du fait des produits défectueux où elle se retrouve également[990]. Néanmoins, à ce stade, il convient simplement d'admettre que le

---

[988] Sur cette question : *supra*, n°432 et s.
[989] Cass., civ. 1, 5 janvier 1999, n°97-10.547, inédit.
[990] V° *infra*, n°454 et s.

défaut de mise en garde sur les risques du produit ne peut concerner que les risques qui sont connus (ou éventuellement suspectés). De ce fait, si le risque lié au produit est inconnu, notamment au moment de la prescription ou de l'administration du produit de santé, il ne devrait pas être possible de pouvoir retenir la violation de l'obligation de sécurité dont était auparavant[991] tenu le producteur.

450. Si l'absence de connaissance scientifique du risque est un élément généralement indifférent pour caractériser la violation d'une obligation de sécurité de résultat, elle est un élément parfois pertinent pour caractériser un défaut de sécurité du produit. Partant, le régime français de responsabilité fondée sur la violation de l'obligation de sécurité de résultat, découverte prétorienne, semble bien plus favorable aux victimes que celui fondé sur le fait des produits défectueux.

II. *L'ABSENCE DE CONNAISSANCE SCIENTIFIQUE, OBSTACLE POSSIBLE À LA CARACTÉRISATION D'UN DÉFAUT DE SÉCURITÉ DU PRODUIT*

451. La responsabilité du fait des produits défectueux a anéanti la possibilité de recourir au régime de responsabilité reposant sur la violation de l'obligation de sécurité, pour tous les produits mis en circulation après le 21 mai 1998[992]. Cette responsabilité, issue de la directive 85/374/CEE, a été transposée en droit interne français par la loi n°98-389 du 19 mai 1998, avec dix années de retard[993]. En droit anglais, la directive a été transposée dans le délai imparti[994] au sein du *Consumer Protection Act 1987*. Cette responsabilité, sans faute, repose sur la caractérisation du défaut objectif de sécurité d'un produit. Or, il convient de relever que l'absence de connaissance scientifique est susceptible de constituer un obstacle à la caractérisation du défaut de sécurité. Les effets du risque inconnu sur cette responsabilité doivent effectivement être distingués selon le type de défaut concerné en droit français (A). En droit anglais, la position semble plus incertaine (B).

---

[991] Le régime de responsabilité du producteur, fondé sur l'obligation de sécurité, n'est pas compatible avec la responsabilité du fait des produits défectueux.

[992] Sur ce point : J. PEIGNE, « Quelle responsabilité hospitalière du fait de la greffe d'un organe contaminé ? », *RDSS* 2007, N°2, 15/03/2007, p. 294 ; Ph. STOFFEL-MUNCK, « La coordination dans le temps des différents régimes de responsabilité du fait des produits défectueux », *JCP G*, 2007, I, 185, n°7.

[993] Ce retard a d'ailleurs entraîné la condamnation de la République française par la CJCE, le 13 janvier 1993 : CJCE, aff. C-293/91, *Commission c./ France*, 13 janvier 1993, ECLI:EU:C:1993:4.

[994] Les États-membres devaient transposer la directive dans leur droit interne au 30 juillet 1988.

A. L'IMPORTANCE DU TYPE DE DÉFAUT EN DROIT FRANÇAIS

452. Aux termes de l'article 1245-3, alinéas 1 et 2, du Code civil, « un produit est défectueux (...) lorsqu'il n'offre pas la sécurité à laquelle on peut légitimement s'attendre. Dans l'appréciation de la sécurité à laquelle on peut légitimement s'attendre, il doit être tenu compte de toutes les circonstances, et notamment de la présentation du produit, de l'usage qui peut en être raisonnablement attendu et du moment de sa mise en circulation ».

Pour les produits de santé, propices à la création de risques sanitaires sériels, le défaut invoqué est souvent un défaut de sécurité à raison de la présentation du produit, autrement dit un défaut d'information, ou bien un défaut de conception caractérisé par l'inversion d'un rapport bénéfices/risques[995]. Plus rarement, un défaut de fabrication est susceptible d'être invoqué[996].

Dans le cadre d'un défaut d'information, le risque inconnu peut constituer un obstacle à l'engagement de la responsabilité du fait des produits défectueux (1). Au contraire, lorsque le défaut est constitué par l'inversion d'un rapport bénéfices/risques, l'engagement de la responsabilité est possible même si le risque était inconnu (2).

1. Le risque inconnu, obstacle à l'engagement de la responsabilité en cas de défaut d'information

453. Le caractère inconnaissable du risque empêche de prouver l'existence d'un défaut d'information, faisant ainsi obstacle à l'engagement de la

---

[995] G. VINEY, note sous Cass., civ. 1, 10 juillet 2013, n°12-21.314, *Bull. civ. I*, 2003, N°157, *RDC*, 01/03/2014, n°1, p. 37. Le produit de santé est alors considéré comme défectueux à raison de sa dangerosité anormale. Cependant, bien souvent, un produit de santé alternatif moins dangereux n'existe pas : c'est donc le rapport bénéfices/risques (négatif) qui peut déterminer le caractère défectueux du produit (bien souvent dans ces cas, il s'agit d'un médicament). Plus rarement en matière de produits de santé, le défaut de conception pourra être caractérisé par un produit existant comparable moins dangereux : V° CA Grenoble (1ère ch. civ), 14 décembre 2010, n°09/01571 à propos d'implants contraceptifs hormonaux : « Attendu que même si de tels phénomènes sont relativement rares, l'absence de partie radio opaque constitue une lacune dans la conception de cet implant, qui n'existe pas dans les dispositifs contraceptifs intra utérin [emphase ajoutée] et fait courir un risque grave aux patientes en cas de migration, d'autant que son effet contraceptif peut dépasser trois années, ce dont il se déduit que l'Implanon n'assure pas la sécurité à laquelle on peut légitimement s'attendre, alors même qu'il a reçu les autorisations de vente sur le marché ». Il ne s'agissait clairement pas d'un simple défaut de fabrication car c'était tous les implants de la marque qui avaient été conçus avec une partie radio transparente (et non opaque). Il convient néanmoins de préciser qu'aux termes de l'alinéa 3 de l'ancien article 1386-4 du Code civil, « un produit ne peut être considéré comme défectueux par le seul fait qu'un autre, plus perfectionné, a été mis postérieurement en circulation ».

[996] Par ex. : CA Angers (1ère ch. B), 8 mars 2006, n°05/01027 à propos de la rupture d'une tête de prothèse implantée.

responsabilité du fait des produits défectueux. Cette situation s'explique au regard de l'objet de la preuve (a) et du moment d'appréciation du défaut (b).

a. *L'objet de la preuve : le défaut d'information d'un risque connu ou suspecté*

454. Défaut d'information et connaissance du risque. – Le défaut d'information est caractérisé lorsque le fabricant n'a pas informé, ou pas suffisamment, l'utilisateur de son produit des risques qu'il encourait[997]. Eu égard à la nature de ce défaut de sécurité, il est difficilement concevable que la connaissance – ou l'absence de connaissance – scientifique du risque ne joue aucun rôle pour caractériser l'existence du défaut. En effet, si le fabricant n'est pas en capacité d'informer l'utilisateur d'un risque, car celui-ci est objectivement inconnu, c'est-à-dire inconnu au regard de l'état des connaissances scientifiques et techniques le plus avancé au niveau mondial, il paraîtrait étrange de pouvoir engager sa responsabilité.

Et pourtant, dans une véritable responsabilité sans faute, c'est exactement ce qui devrait se passer, car le comportement du producteur est en principe indifférent. Or, considérer que le produit comporte un défaut quant à sa présentation car le producteur n'a pas informé l'utilisateur d'un risque connu ou suspecté est une manière indirecte de considérer que le producteur *aurait dû* informer l'utilisateur des risques du produit. Cela revient donc à apprécier indirectement le comportement du défendeur, ce qui est normalement l'apanage des responsabilités fondées sur la faute[998]. Pour cette raison, certains auteurs ont pu contester le caractère véritablement objectif de la responsabilité du fait des produits défectueux, du moins en ce qui concerne le défaut d'information[999].

Il faut cependant bien reconnaître que la tradition juridique française a toujours lié défaut d'information et faute, ne mettant à la charge des producteurs qu'une obligation d'information des risques qui étaient connus[1000]. Aussi, il n'est peut-être pas si étonnant de constater que le régime institué par la directive transposée, tel qu'interprété par la jurisprudence, ne constitue pas une rupture totale avec les solutions antérieures. Par conséquent, pour prouver l'existence

---

[997] Pour un exemple récent : Cass., civ. 1, 27 novembre 2019, n°18-16.537, ECLI:FR:CCASS:2019:C100989 (publié) (Dépakine : la notice destinée *aux patients* ne mentionnait pas directement le risque tératogène, pourtant connu depuis 1986, lié au valproate de sodium).

[998] Sur cette question : *supra*, n°432 et s.

[999] Par ex., en ce sens : J.-S. BORGHETTI, note sous Cass., civ. 1, 7 novembre 2006, n°05-11.604, *Bull. civ. I*, n°467, p. 402, *RDC*, n°2, 01/04/2007, p. 312,; P. OUDOT, « L'application et le fondement de la loi du 19 mai 1998 instituant la responsabilité du fait des produits défectueux : les leçons du temps », *Gaz. Pal.* n° 320, 15/11/2008, p. 6 ; G. GASPARD, « La directive en matière de responsabilité du fait des produits défectueux », *Assur. fr.* 1985, p. 695 (qui considère que la faute reste sous-jacente) ; S. WHITTAKER, « The EEC Directive on Product Liability », *Yearbook of European Law*, 1986, p. 241.

[1000] *Supra*, n°433.

d'un défaut d'information, dans le cadre de la responsabilité du fait des produits défectueux, le demandeur doit apporter la preuve d'une absence d'information – ou de l'absence d'une information suffisamment claire et précise – sur des risques qui étaient avérés[1001] ou à tout le moins suspectés. Partant, l'absence d'information sur des risques objectivement inconnus liés au produit empêche de caractériser un défaut de sécurité du produit.

455. *A priori*, le caractère inconnaissable du risque empêche l'engagement de la responsabilité du fait des produits défectueux, puisque le fait générateur de responsabilité – le défaut de sécurité – ne saurait être caractérisé dans cette hypothèse. Encore convient-il de déterminer à quel moment l'existence du défaut est appréciée.

b. *Le moment de l'appréciation du défaut d'information : la prescription ou l'administration du produit*

456. Rejet de l'appréciation au moment de la mise en circulation. – À l'examen de la lettre de l'article 1245-3, alinéa 2, du Code civil[1002], il serait tentant de penser que le défaut du produit doit être apprécié à la date de mise en circulation du produit. Trois raisons s'opposent cependant à cette idée.

D'abord, l'article 1245-10, 2°, du Code civil[1003] est compris comme posant une présomption d'antériorité du défaut par rapport à la mise en circulation[1004]. Cela signifie que si le demandeur parvient à établir l'existence d'un défaut, il bénéficie de la présomption (simple) selon laquelle le défaut est censé avoir existé *avant* la mise en circulation du produit. Par conséquent, exiger que le demandeur prouve l'existence d'un défaut d'information lors de la mise en circulation revient, en pratique, à annihiler cette présomption.

Ensuite, l'article 1245-10, 4°, du Code civil[1005] consacre une exonération pour risque de développement ; or, pour bénéficier de cette cause d'exonération,

---

[1001] V° par ex. récemment dans l'affaire de la Dépakine : Cass., civ. 1, 27 novembre 2019, n°18-16.537, ECLI:FR:CCASS:2019:C100989 (publié).

[1002] Art. 1245-3, al. 2, C. civ. : « Dans l'appréciation de la sécurité à laquelle on peut légitimement s'attendre, il doit être tenu compte de toutes les circonstances et notamment de la présentation du produit, de l'usage qui peut en être raisonnablement attendu et *du moment de sa mise en circulation*. [italiques ajoutées par nous] ».

[1003] Art. 1245-10, 2°, C. civ. : « Le producteur est responsable de plein droit à moins qu'il ne prouve : (...) 2° Que, compte tenu des circonstances, il y a lieu d'estimer que le défaut ayant causé le dommage n'existait pas au moment où le produit a été mis en circulation par lui ou que ce défaut est né postérieurement ».

[1004] En ce sens : C. CAILLE, « Responsabilité du fait des produits défectueux », *Rép. civ.*, juin 2018 (actual. : Janvier 2019), n°60 ; J. GHESTIN, « Le nouveau titre IV bis du lire III du Code civil "De la responsabilité du fait des produits défectueux". L'application en France de la directive sur la responsabilité du fait des produits défectueux après l'adoption de la loi n°98-389 du 19 mai 1998 », *JCP G.* n°27, 1er juillet 1998, doctr. 148, spéc. n°58 ; G. VINEY, art. préc. (note 235), p. 291, spéc. n°11.

[1005] Art. 1245-10, 4°, C. civ. : « Le producteur est responsable de plein droit à moins qu'il ne prou-

dans le cadre d'un défaut d'information, le fabricant doit démontrer *qu'à la mise en circulation du produit*, il n'était pas objectivement en mesure d'informer l'utilisateur des risques qu'il encourait, au regard des connaissances scientifiques et techniques les plus avancées au niveau mondial. En d'autres termes, le fabricant doit prouver qu'à la mise en circulation du produit, le risque était objectivement inconnu. Or, exiger du demandeur qu'il rapporte la preuve d'un défaut d'information lors de la mise en circulation du produit revient en pratique à exiger de lui qu'il prouve que le fabricant ne l'a pas informé de risques pourtant connus ou suspectés dès le moment de la mise en circulation. Par conséquent, si le défaut d'information devait être apprécié au moment de la mise en circulation du produit, deux situations se présentent : 1°/ soit le risque est objectivement inconnu au moment de la mise en circulation, et la responsabilité ne pourrait pas être engagée puisque le défaut du produit ne saurait être caractérisé, 2°/ soit le risque est objectivement connu ou suspecté au moment de la mise en circulation, et l'exonération pour risque de développement ne pourrait pas être invoquée. Dans les deux cas, le fabricant ne serait *jamais* en mesure d'invoquer l'exonération pour risque de développement. Une telle interprétation reviendrait donc en pratique à annihiler cette cause d'exonération, du moins lorsque le défaut du produit est un défaut d'information, ce qui serait contraire à l'esprit de la directive.

Enfin, la responsabilité du fait des produits défectueux est une responsabilité sans faute, dont la mise en œuvre est censée être plus favorable aux demandeurs. Or, ces derniers se heurteraient à un obstacle de taille s'ils devaient apporter la preuve du défaut au moment de la mise en circulation. En effet, la mise en circulation correspond au moment où le produit « est sorti du processus de fabrication mis en œuvre par le producteur et qu'il est entré dans un processus de commercialisation dans lequel il se trouve en l'état offert au public aux fins d'être utilisé ou consommé »[1006]. La victime est bien souvent incapable de connaître une telle information, raison pour laquelle le demandeur bénéficie d'une présomption simple d'antériorité du défaut[1007] dont le renversement est à la charge du fabricant. Dès lors, exiger que la victime apporte la preuve du défaut d'information au moment de la mise en circulation du produit aboutirait à rendre cette responsabilité complètement inefficace en pratique, car impossible à mettre en œuvre par le demandeur. Cela irait, là encore, à l'encontre de l'esprit de la directive.

457. L'appréciation du défaut d'information du produit au moment de la prescription ou de l'administration du produit. – Les raisons évoquées ci-dessus expliquent pourquoi la jurisprudence française n'apprécie pas l'existence d'un défaut d'information au moment de la mise en circulation du produit. L'examen des décisions judiciaires montre qu'en réalité, dans le cadre des

---

ve : (...) 4° Que l'état des connaissances scientifiques et techniques, au moment où il a mis le produit en circulation, n'a pas permis de déceler l'existence du défaut ».

[1006] CJCE, aff. C-127/04, 9 février 2006, *Declan O'Byrne c./ Sanofi Pasteur MSD, Rec. I-01313*, point 27 : *D.* 2006, N°19, 11/05/2006, p. 1259, obs. C. NOURISSAT ; *D.* 2006, N°28, 27/07/2006, p. 1929, obs. Ph. BRUN ; *RTD civ. 2006*, N°2, 15/06/2006, p. 565, obs. P. REMY-CORLAIS ; *RTD civ.* 2006, N°2, 15/06/2006, p. 331, obs. P. JOURDAIN.

[1007] J. GHESTIN, art. préc. (note 1004), n°58.

produits de santé, la jurisprudence apprécie l'existence du défaut d'information au moment de l'administration du produit[1008] ou de sa prescription (médicaments)[1009].

Un défaut d'information du produit, constitutif d'un défaut de sécurité, est donc caractérisé si au moment de l'administration ou de la prescription du produit, l'utilisateur n'est pas informé des risques connus ou suspectés. Cette position s'avère assez protectrice des intérêts des victimes, car elle impose *ipso facto* une obligation de vigilance sur les fabricants. En effet, ces derniers ne sont pas libérés par le simple dessaisissement volontaire de leur produit ; ils doivent non seulement continuer à se tenir informés de l'évolution des connaissances scientifiques et techniques après la mise en circulation, mais au surplus, ils sont tenus d'informer leurs utilisateurs des risques devenus suspectés ou connus entre le moment de la mise en circulation et la prescription ou administration du produit aux utilisateurs – voire, éventuellement, de procéder à un retrait des produits, si besoin.

La solution doit, selon nous, être approuvée en ce qu'elle constitue un bon compromis : elle ne rompt pas avec les solutions jurisprudentielles antérieures puisque le producteur ne pourra voir sa responsabilité engagée qu'à défaut d'informations (suffisantes) sur les risques connus et suspectés, mais elle innove en offrant la possibilité effective aux fabricants de s'exonérer en cas de risque de développement, sans pour autant accabler outre mesure la charge de la preuve qui incombe à la victime. Cependant, malgré tout, on ne peut s'empêcher de noter que si cette position est conforme à l'esprit de la directive, elle semble s'éloigner de sa lettre. En effet, la directive – et la loi qui, en France, l'a transposée – prévoit expressément qu'il doive être tenu compte du moment de la mise en circulation dans l'appréciation du défaut de sécurité.

458. Conséquences sur l'engagement de la responsabilité du producteur. – Les observations précédentes nous permettent donc de tirer deux séries de conséquences, en ce qui concerne la seule question de l'engagement de la responsabilité du producteur, à raison d'un défaut d'information du produit. Au moment de la mise en circulation du produit, le caractère inconnaissable du risque n'empêche pas la caractérisation de l'existence du défaut d'information ; en revanche, au moment de l'administration ou de la prescription du produit, le caractère inconnaissable du risque empêche de pouvoir retenir l'existence d'un défaut d'information.

Par conséquent, l'existence d'un risque objectivement inconnu au moment de l'administration ou de la prescription du produit constitue un obstacle à l'engagement de la responsabilité du fait des produits défectueux, l'existence d'un défaut d'information ne pouvant alors être caractérisé. La situation se

---

[1008] Par ex. : CA Paris, 7 février 2007, n°06/12333 (à propos d'un produit de comblement des rides « Dermalive » : défaut apprécié au moment des injections pratiquées). V° aussi dans le même sens, CA Paris, 23 mai 2014, n°12/08318, et Cass., civ. 1, 25 juin 2009, n°s 08-12.632, 08-14.197, 08-20.706, inédit.

[1009] Par ex. : CA Rennes, 28 novembre 2012, n°11/02676 (à propos du médicament Requip : défaut apprécié au moment de la prescription).

présente cependant différemment dans le cas d'un défaut de sécurité fondé sur l'inversion d'un rapport bénéfices/risques.

2. *Le risque inconnu, élément indifférent à l'engagement de la responsabilité en cas de défaut fondé sur l'inversion d'un rapport bénéfices/risques*

459. Dans le contexte des produits de santé, le défaut de sécurité d'un produit peut encore être caractérisé lorsque les risques du produit excèdent les bénéfices attendus, appréciés *in abstracto* : c'est ce que l'on appelle l'inversion du rapport bénéfices/risques. Dans cette hypothèse, la reconnaissance d'un défaut de sécurité du produit, à raison de l'inversion du rapport bénéfices/risques, est possible alors même que le risque était objectivement inconnu au moment de la mise en circulation ou de la prescription du produit. En effet, si le défaut de sécurité du produit est apprécié en fonction des bénéfices et des risques qui sont avérés ou suspectés (a), la jurisprudence française les apprécie au moment de l'action indemnitaire (b). Il s'ensuit que, dans la mise en balance des bénéfices et des risques, le juge peut tenir compte de risques qui étaient inconnus au moment de la mise en circulation ou au moment de la prescription du produit, mais qui sont devenus suspectés ou avérés au moment de l'action en responsabilité civile.

a. *L'objet de la preuve : l'inversion d'un rapport entre bénéfices et risques avérés ou suspectés*

460. La comparaison des bénéfices et des risques connus ou suspectés. – Au-delà du défaut de sécurité tenant à la présentation du produit, le défaut de sécurité d'un produit de santé est également susceptible d'être caractérisé lorsque le bilan bénéfices/risques devient défavorable. En d'autres termes, le produit est considéré comme défectueux lorsque les risques liés à son utilisation[1010] excèdent les bénéfices attendus, ce qui doit être apprécié *in abstracto*. L'analyse du défaut de sécurité d'un produit ne repose donc pas sur l'attente subjective d'une personne[1011], car autrement il conviendrait d'admettre que la simple réalisation du risque, c'est-à-dire la survenance du dommage corporel causé par le produit, suffit à démontrer l'inversion du rapport bénéfices/risques dans le cas d'espèce. Or, cette position a été clairement condamnée par la Cour de cassation[1012].

[1010] La gravité du risque encouru constitue un élément pris en compte pour évaluer ce risque.

[1011] C. CAILLE, préc. (note 1004), spéc. n°51.

[1012] Par ex.: Cass., civ. 1, 24 janvier 2006, n°03-19.534, *Bull. civ. I*, 2006, N°33, p. 31 (refus de caractériser l'existence d'un défaut par le simple fait que le vaccin avait été le facteur déclenchant de la maladie) ; dans le même sens : Cass., civ. 1, 29 mai 2013, n°12-20.903, *Bull. civ. I*, 2013,

Traditionnellement, le rapport bénéfices/risques est apprécié à l'échelle de la collectivité. Dans tous les cas, la comparaison des bénéfices attendus et des risques redoutés ne peut être effectuée qu'au regard des risques qui sont connus, ou à tout le moins suspectés. En effet, si le risque est véritablement inconnaissable, il est difficile de pouvoir l'intégrer dans la comparaison. Comme pour le défaut d'information, le caractère inconnaissable du risque semble, à première vue, constituer un obstacle dirimant à la caractérisation du défaut du produit. Mais, s'il est vrai que le rapport peut être positif à un instant *t* – les bénéfices excèdent les risques –, cela ne signifie pas pour autant qu'il sera positif à l'instant *t+1*. La question qui se pose est donc celle du moment d'appréciation de ce type de défaut.

b. *Le moment de l'appréciation du défaut de sécurité fondé sur l'inversion du rapport bénéfices/risques*

461. Le rejet de l'appréciation du défaut de sécurité au moment de la mise en circulation ou de la prescription du produit. – Il aurait été tentant de considérer que le juge examine l'existence d'un défaut fondé sur l'inversion d'un rapport bénéfices/risques au regard du moment où le produit a été mis en circulation, ce qui aurait été conforme à l'article 1245-3, alinéa 2, du Code civil[1013].

Pourtant, dans le cadre des produits de santé, et en particulier des médicaments, une telle position n'aurait pas été judicieuse. En effet, les médicaments sont soumis à une autorisation de mise sur le marché[1014] (AMM) qui ne peut être délivrée par l'ANSM (ou l'EMA selon la procédure envisagée) seulement si celle-ci est satisfaite que le bilan bénéfices/risques est favorable[1015], autrement dit que les bénéfices excèdent les risques connus et suspectés. Ainsi, au moment de la mise en circulation, un médicament présente toujours *a priori* un bilan bénéfices/risques favorable. Par conséquent, l'analyse du rapport bénéfices/risques au moment de la mise en circulation du produit aboutirait, dans le cadre des médicaments, à rejeter systématiquement la responsabilité du producteur sur le fondement de ce type de défaut. Une telle position serait incompatible avec l'article 1245-9 du Code civil, qui prévoit que « le producteur peut être responsable du défaut alors même que le produit (...) a fait l'objet d'une autorisation administrative ».

C'est ce qui explique que le 25 février 2016[1016], la Cour de cassation ait indiqué que « la constatation, par le juge, du défaut d'un produit, à la suite de la mise en évidence de risques graves liés à son utilisation que ne justifie pas le

---

N°116 (la seule implication du produit dans le dommage ne permet pas de caractériser le défaut).

1013 Pour une argumentation plus détaillée : *supra*, n°456.

1014 Art. L 5121-8, alinéa 1, CSP.

1015 Cela ressort de l'art. L. 5311-1, II, CSP.

1016 Cass., civ. 1, 25 février 2016, n°15-11.257, *Bull. civ. I*, 2016, N°978 (en relation avec le Mediator). La formule a été reprise textuellement par la même chambre dans trois arrêts en date du 29 juin 2016, inédits : Cass., civ. 1, 29 juin 2016, n°s 15-20.269, 15-20.270, 15-20.271.

bénéfice qui en est attendu, n'implique pas que le producteur ait eu connaissance de ces risques lors de la mise en circulation du produit ou de sa prescription »[1017]. Il s'ensuit qu'un produit pourrait être considéré comme défectueux en raison de risques excédant les bénéfices alors même que ces risques étaient objectivement inconnus au moment de la mise en circulation du produit, ou même de sa prescription.

Contrairement à la position tenue en cas de défaut d'information, lequel était précisément apprécié au moment de l'administration ou de la prescription du produit, le juge innove dans le cas du défaut fondé sur l'inversion du rapport bénéfices/risques en admettant qu'un produit puisse être considéré comme défectueux alors même qu'au moment de sa prescription, le producteur ne pouvait pas connaître les risques. Ainsi, quand bien même un risque serait objectivement inconnu au moment de la mise en circulation ou de la prescription du produit, ce dernier pourrait tout de même être considéré défectueux si le demandeur parvient à démontrer un bilan bénéfices/risques négatif. Cela paraît difficile, sauf à admettre que le juge tienne compte de données scientifiques *postérieures* à celles disponibles au moment de la prescription du produit. En d'autres termes, pour prouver l'inversion du rapport bénéfices/risques, le demandeur peut se fonder sur toutes les données scientifiques disponibles.

Cette position marque sans aucun doute une volonté d'objectiver le défaut du produit, lorsqu'il est fondé sur un rapport bénéfices/risques négatif[1018]. Le demandeur doit établir l'existence d'un rapport négatif sans s'occuper de la connaissance – ou de l'absence de connaissance – des risques par le défendeur. Cette solution doit être approuvée non seulement parce qu'elle facilite la preuve que doit apporter le demandeur, mais aussi parce que cette interprétation conduit à faire de la responsabilité du fait des produits défectueux, un véritable régime de responsabilité sans faute, du moins pour ce type de défaut.

462. Conséquences sur l'engagement de la responsabilité du producteur. – Dans le cadre d'un défaut de sécurité caractérisé par l'inversion du rapport bénéfices/risques, seuls les bénéfices et risques connus, ou éventuellement suspectés, peuvent, de manière pragmatique, être pris en compte. Ainsi, à première vue, le risque inconnaissable devrait empêcher la caractérisation d'un défaut du produit, et partant l'engagement de la responsabilité du producteur. Cependant, le rapport bénéfices/risques ne s'appréciant ni à la mise en circulation, ni à la prescription – à laquelle il est possible d'assimiler l'administration – du produit, il convient en réalité de déduire que tant que le risque est suspecté ou connu au moment de l'introduction de l'action indemnitaire, l'engagement de la responsabilité du producteur est possible. Par conséquent, le caractère inconnaissable du risque au moment de la mise en circulation ou de la prescription-administration du produit ne constitue pas un obstacle à la caractérisation du défaut de sécurité, fondé sur l'inversion

---

[1017] *Ibid.*

[1018] Pour une interprétation similaire : V° Cass., civ. 1, 25 février 2016, préc., n° 15-11.257, (publié) : *RTD civ.* 2016, N°2, 20/06/2016, p. 386, obs. P. JOURDAIN ; *Gaz. Pal.*, 17 mai 2016, n°18, p. 30, obs. N. BLANC.

d'un rapport bénéfices/risques. Le risque inconnaissable n'empêche pas l'engagement de la responsabilité du producteur.

463. En droit français, les effets du risque inconnu sur la caractérisation d'un défaut de sécurité du produit doivent être soigneusement distingués selon le *type* de défaut considéré. En droit anglais, les effets du risque inconnu sont plus difficiles à déterminer car les critères d'appréciation du défaut de sécurité d'un produit sont encore, dans une large mesure, incertains.

B. Une position incertaine en droit anglais

464. En droit anglais, les dispositions relatives à la responsabilité du fait des produits défectueux sont issues du *Consumer Protection Act 1987* (ci-après *CPA 1987*), elles-mêmes transposées, comme en droit français, de la directive européenne 85/374/CEE. L'appréciation d'un défaut du produit, notamment de santé, en droit anglais, semble encore entourée de nombreuses incertitudes (1). Par suite, ce sont les effets du risque inconnaissable sur la caractérisation du défaut d'un produit de santé qui demeurent encore incertains (2).

1. L'appréciation incertaine du défaut d'un produit de santé en droit anglais

465. La caractérisation d'un défaut de sécurité du produit : nécessité de deux étapes. – La responsabilité des fabricants s'est initialement développée, en droit anglais, dans le cadre du *negligence*, avec l'arrêt fondateur *Donoghue v. Stevenson*[1019]. Pour cette raison, les juges anglais ont connu de sérieuses difficultés à s'écarter de leur raisonnement traditionnel, fondé sur la faute, pour aller sur le terrain du défaut d'un produit, fait générateur objectif[1020]. Cela n'avait pas été le cas des juges français, qui avaient fait œuvre d'anticipation, interprétant le défaut de sécurité du produit « à la lumière de la directive », avant que celle-ci n'ait été transposée en droit français. Malgré quelques différences mineures de traduction[1021], il convient d'admettre que dans les deux droits, la notion de défaut de sécurité s'apprécie au regard de la sécurité à laquelle le public est légitimement en droit d'attendre.

[1019] [1932] UKHL 100.

[1020] Par ex.: *Abouzaid v. Mothercare (UK) Ltd* [2000] All ER 2436 où le juge Pill indique, concernant la décision rendue en première instance, [13] : « Some of the reasoning in those paragraphs has a flavour of common law negligence rather than liability under the statute ».

[1021] En droit français, il est fait référence à « la sécurité à laquelle on peut légitimement s'attendre » (art. 1245-3, alinéa 1, Code civil), tandis qu'en droit anglais, référence est faite au « niveau de sécurité auquel les personnes sont en droit d'attendre » (s. 3, *CPA 1987*).

Par conséquent, dans la stricte rigueur juridique, deux étapes sont normalement nécessaires pour apprécier l'existence d'un défaut de sécurité du produit : d'abord, il faut définir *quel est le niveau objectif de sécurité* auquel ce produit doit se conformer ; ensuite, il faut *apprécier si le produit présente un niveau de sécurité inférieur* au seuil défini[1022]. En droit français, le juge ne semble pas particulièrement séparer ces deux étapes et se concentre principalement sur la seconde, celle de la caractérisation du défaut, appréciée par référence à la dangerosité anormale du produit[1023]. En droit anglais, la jurisprudence récente[1024] montre que le juge anglais distingue expressément la détermination du niveau de sécurité auquel le public est en droit d'attendre, de la caractérisation du défaut. En d'autres termes, il procède en deux étapes, de manière distincte.

466. La détermination du niveau de sécurité auquel le public est en droit d'attendre : un niveau défini « sur mesure » selon le type de produit. – À ce jour, seules trois décisions anglaises[1025], de première instance, ont tenté de clarifier conceptuellement la manière dont le niveau de sécurité devait être déterminé, et il n'est pas anodin de noter qu'elles concernent toutes des produits de santé. D'une manière générale, pour *définir le niveau de sécurité* auquel un produit doit se conformer, le juge anglais doit d'abord déterminer un « panier » (*basket*) de circonstances pertinentes à prendre en compte, au regard du produit considéré. Au-delà des circonstances expressément citées dans la section 3 du *CPA 1987*, sur lesquelles nous reviendrons[1026], la jurisprudence a reconnu que la liste énumérée n'était pas exhaustive[1027]. Par conséquent, la question s'est rapidement posée de savoir quelles étaient les circonstances qui, non-énumérées, pouvaient tout de même être pertinentes.

1022 V° par ex. en ce sens, la décision écossaise récente dans une nouvelle affaire liée à des prothèses de hanche dites « métal sur métal » : *John Hastings v Finsbury Orthopaedics Limited, Stryker UK Limited* [2019] CSOH 96, [111] (Lord Tyre).

1023 Par ex. : J.-S. BORGHETTI, « Comment apprécier le défaut de sécurité d'un médicament ? », note sous Cass., civ. 1, 26 septembre 2018, n°17-21.271, JurisData n°2018-01662, *JCP G.* n°51, 17 décembre 2018, 1337. La doctrine française distingue généralement les défauts « extrinsèques », qui se rapportent à la présentation du produit, comme les défauts tenant aux conditions d'utilisation, aux contre-indications, aux mises en garde du produit, des défauts « intrinsèques », qui se rapportent à la conception ou à la fabrication du produit. Sur cette distinction, V° aussi : Ph. LE TOURNEAU (dir.), *op. cit.* (note 10), p. 2435, spéc. n°6313.50 (parlant de défaut intrinsèque); C. RADE, « Le défaut du produit », *Resp. civ. et assur.* n°1, Janvier 2016, dossier n°10. V° également : Cass, civ. 1, 21 octobre 2020, n°16-18.689, ECLI:FR:CCAS:2020:C100616, point 25 (« absence de mise en garde sur la dangerosité particulière »).

1024 *A v. National Blood Authority* [2001] 3 All ER; *Wilkes v. Depuy International Ltd* [2016] EWHC 3096 (QB); *Gee v. Depuy International Ltd* [2018] EWHC 1208 (QB).

1025 *Ibid.*

1026 *Infra*, n°467.

1027 *A v. National Blood Authority* [2001] 3 All ER, [34] (Burton J.): C. HODGES, « Compensating patients », (2001) 117(Oct) *L.Q.R.* 528-532 (case comment); R. GOLDBERG, « Paying for bad blood: strict product liability after the Hepatitis C Litigation », (2002) 10(2) *Med. L. Rev.* p. 165 (case comment); J. M. WILLIAMS, « Product liability – hepatitis C litigation », (2001) 3 *JPIL* 238-246 (case comment); S. BROWN, « The hepatitis C litigation : a green light for product liability claims », (2001) 7(4) *Clin. Risk* 144-148 (case comment).

La première tentative de clarification est due au juge Burton, dans l'arrêt *A v. National Blood Authority*[1028] (ci-après *A v. NBA*), action de groupe qui concernait 114 personnes contaminées par le VHC du fait de transfusions sanguines. Comme nous l'illustrerons ci-après, l'approche adoptée par ce juge[1029] a néanmoins été remise en cause en 2016, dans l'arrêt *Wilkes v. Depuy International Ltd*[1030], qui concernait la fracture d'une prothèse dite « métal sur métal » chez l'utilisateur, puis le 21 mai 2018, dans l'arrêt *Gee v. Depuy International Ltd*[1031], qui concernait une action de groupe menée par 312 personnes, victimes de réactions immunologiques indésirables provoquées par des débris de métal générées par les prothèses de hanche « métal sur métal » implantées, expliquant que ces personnes aient dû subir une révision précoce de leurs prothèses.

Ces deux dernières décisions ont par exemple admis, à rebours de *A v. NBA*[1032], que le caractère évitable du risque (*avoidability*) sans être déterminant, était susceptible d'être une circonstance pertinente à prendre en compte[1033]. De même, ces deux décisions[1034] accordent une place centrale au rapport entre les bénéfices (y compris l'utilité) et les risques du produit, ce que ne semblait pas reconnaître l'arrêt *A v. NBA*[1035]. Ou encore, elles admettent que le coût de mesures préventives pourrait être, dans certains cas, une circonstance pertinente à prendre en compte, ce qu'avait refusé *A v. NBA*[1036]. Au surplus, ces deux décisions apportent des nouveautés, considérant qu'il est possible de tenir compte des standards et régulations (notamment industrielles) pour aider à déterminer le niveau de sécurité auquel le public est en droit d'attendre[1037].

En réalité, il est important de comprendre que la détermination du niveau de sécurité est déterminée par le juge « sur mesure », au regard du type de produit : « Au vu du large éventail de produits (...) auquel la directive et la loi s'appliquent, la cour doit maintenir une approche flexible de l'évaluation du niveau approprié de sécurité, ce qui inclut les circonstances pertinentes et le

---

[1028] *Ibid.*

[1029] Le juge Burton procède à une distinction entre produits standards (*standard products*), qui performent comme ils ont été prévus, et ceux non-standards (*non-standard products*), qui présentent une caractéristique différente des produits standards : les circonstances pertinentes à prendre en compte pour définir le niveau de sécurité du produit dépendent, selon lui, du point de savoir si le produit est standard ou non. Pour plus de précisions, V° *A v. NBA*, préc. [57]-[73] (Burton J.). Cette distinction entre produits standards ou non-standards n'est pas reprise par la jurisprudence subséquente.

[1030] [2016] EWHC 3096 (QB): D. NOLAN, « Strict product liability for design defects », (2018) 134(Apr) *L.Q.R.* 176-181 (case comment); M. HARVEY, « Wilkes v. Depuy International Ltd », (2017) 3 *JPIL* C128-C138 (case comment); A. MCADAMS, « Product liability revisited », (2017) 167(7735) *N.L.J.* 13-14 (case comment); C. MOORE, « Consumer Protection Act 1987: new guidance on determining "defect" », (2016) 65 *IPLR* 26-28.

[1031] [2018] EWHC 1208 (QB): S. SILVER, « Landmark ruling for manufacturers in DePuy group litigation », (2018) *L.L.I.D.*, May 24, p. 6.

[1032] *A v. NBA*, préc. (note 1027), [68] (Burton J.).

[1033] *Wilkes*, préc. (note 1030), [89] (Hickinbottom J.); *Gee*, préc. (note 1031), [146] (Andrews J.).

[1034] *Wilkes*, préc. (note 1030), [81] (Hickinbottom J.); *Gee*, préc. (note 1031), [144] (Andrews J.).

[1035] *A v. NBA*, préc. (note 1027), [68] (Burton J.).

[1036] *A v. NBA*, préc. (note 1027), [68] (Burton J.).

[1037] *Wilkes*, préc. (note 1030), [83] (Hickinbottom J.); *Gee*, préc. (note 1031), [141]-[143] (Andrews J.).

poids à donner à chacune, étant entendu que ces facteurs dépendent essentiellement des faits particuliers de chaque espèce »[1038]. La détermination, par le juge, du niveau de sécurité d'un produit de santé apparaît donc incertaine et peu prévisible en l'état ; par suite, c'est la caractérisation même d'un défaut du produit qui est incertaine.

467. La date de mise en circulation du produit : circonstance nécessairement prise en compte dans l'évaluation du niveau de sécurité du produit ? – Les juges anglais s'intéressent également aux circonstances énumérées par la s. 3 du *CPA 1987*, parmi lesquelles se trouve la date à laquelle le produit a été fourni par le producteur à une autre personne[1039], ce qui correspond à la date de mise en circulation. Dans ces conditions, la question se pose alors de savoir s'il est impératif d'évaluer le niveau de sécurité objectif auquel doit se conformer le produit au moment de la mise en circulation.

Plusieurs décisions anglaises semblent aller en ce sens[1040]. En particulier, l'arrêt *Gee v. Depuy International Ltd* indique que « le niveau de sécurité auquel le public est en droit de s'attendre doit être évalué au moment où le produit est pour la première fois mis sur le marché par le producteur, même si strictement parlant, ce moment est une des circonstances que la cour doit prendre en compte. Néanmoins, pour déterminer si le produit respecte ce niveau de sécurité, la cour est en droit d'avoir égard à tout ce qui est maintenant connu à son propos et qui est pertinent pour cette question, peu important que l'information ait été disponible au moment où il a été mis sur le marché ou si elle apparaît subséquemment. C'est évidemment l'approche correcte, autrement un demandeur ne serait jamais capable d'établir qu'un produit, dont le défaut de sécurité apparaît seulement un ou deux ans après qu'il ait été commercialisé, était défectueux au moment de sa mise en circulation initiale [souligné dans le texte] »[1041].

L'affirmation confirme d'abord le fait que le demandeur doit pouvoir être capable d'établir que le produit est défectueux au moment de sa mise en circulation initiale[1042], ce qui constitue une différence avec le droit français,

---

[1038] *Wilkes*, préc. (note 1030), [78] (Hickinbottom J.).

[1039] S. 3(2)(c), *CPA 1987*.

[1040] Par ex. : *A v. NBA*, préc. (note 1027), [31] (Burton J.); *Wilkes*, préc. (note 1030), [79] (Hickinbottom J.)

[1041] *Gee*, préc. (note 1031), [84] (Andrews J.) : « (…) the level of safety that the public is entitled to expect must be evaluated at the time when the product is first put on the market by the producer, though strictly speaking, that time is one of the circumstances which the Court must take into account. However, in determining whether the product met that level of safety, the Court is entitled to have regard to everything now known about it that is relevant to that enquiry, irrespective of whether that information was available at the time it was put on the market or has come to light subsequently. That is obviously the correct approach, otherwise a claimant would never be able to establish that a product, whose lack of safety only comes to light one or two years after it was first marketed, was defective at the time of its initial circulation. [souligné dans le texte] ».

[1042]Le fait que le juge anglais mentionne la mise en circulation « initiale » du produit peut constituer une différence avec le droit français : par exemple, dans un arrêt relatif au Mediator, du 20 septembre 2017, la Cour de cassation (Cass., civ. 1, 20 septembre 2017, n°16-19.643, ECLI: FR:CCASS:2017:C100972 (publié)) précisait que « la date de mise en circulation du produit qui

lequel admet une présomption (simple) d'antériorité du défaut par rapport au moment de la mise en circulation du produit[1043]. Ensuite, elle semble impliquer que pour déterminer le niveau de sécurité approprié, la cour ne peut pas avoir égard à des informations postérieures à la date de mise en circulation. En revanche, au stade de la caractérisation du défaut, autrement dit pour déterminer si le produit est tombé en-deçà du niveau de sécurité défini, la cour peut se fonder sur des éléments subséquents. Si, comme le juge Andrews le laisse entendre, la détermination du niveau de sécurité doit être faite au regard de la date de mise en circulation (initiale), des difficultés peuvent émerger, rendant incertains les effets du risque inconnu sur la mise en œuvre de cette responsabilité.

2. *Les effets du risque inconnu sur l'engagement de la responsabilité du fait des produits défectueux en droit anglais : incertitudes*

468. Les difficultés liées à la détermination du niveau de sécurité à la date de mise en circulation. – L'approche du juge Andrews, que nous venons d'exposer ci-dessus, semble admettre que le niveau de sécurité doit être défini au regard de la date de mise en circulation (initiale) du produit : cette position n'est, à notre avis, pas susceptible de généralisation.

En effet, par exemple, si le demandeur allègue que le produit comporte un défaut d'information, la position adoptée par le juge conduirait à définir le niveau de sécurité en ne tenant compte que des risques qui étaient connus au moment de la mise en circulation, à l'exclusion des risques qui étaient objectivement inconnus à ce moment. Cela implique que les risques objectivement inconnus au moment de la mise en circulation, mais devenus connus au moment de l'administration ou de l'utilisation du produit par le consommateur, ne sont pas inclus dans la *définition du niveau de sécurité* du produit (première étape). Dans ces conditions, la position du juge devient nécessairement binaire : dans une première hypothèse, les risques étaient inconnus au moment de la mise en circulation, et ils ne sont pas inclus dans le niveau de sécurité défini par le juge. Ainsi, le défaut d'information ne saurait être caractérisé dans l'hypothèse d'un risque qui, inconnu au moment de la mise en circulation, serait devenu connu au moment de l'administration ou de la prescription du produit. Dans une seconde hypothèse, les risques étaient connus au moment de la mise en circulation, et le demandeur peut établir l'existence d'un défaut si l'information n'a pas été donnée – ou pas de manière

---

a causé le dommage s'entend, dans le cas de produits fabriqués en série, de la date de commercialisation du lot dont il faisait partie ». Certains auteurs français ont salué cette précision, notant que dans le cas des produits fabriqués en série, la mise en circulation du produit ne correspondait donc pas à la mise en circulation initiale du produit. Il conviendra donc d'observer comment le juge anglais interprète la notion de « mise en circulation initiale du produit » car il est possible que la notion soit interprétée de la même manière qu'en droit français.

[1043] *Supra*, n°456

suffisamment claire –, mais alors le défendeur est incapable d'invoquer l'exonération pour risque de développement. Dans les deux cas, le risque de développement n'est jamais invocable, ce qui est contraire à l'esprit de la directive, comme nous l'avons déjà relevé, même si cette position est conforme à la lettre. *In fine*, le risque inconnu pourrait être utilisé comme une sorte de défense dans le cadre de la caractérisation d'un défaut d'information[1044].

Or, une telle position entrerait en contradiction directe avec l'affirmation du juge Burton, dans l'arrêt *A v. NBA* : « les risques inconnus ne sont pas susceptibles de constituer une défense dans le cadre de l'article 6 [de la directive, définissant le défaut du produit] »[1045]. En réalité, la position du juge Andrews se comprend au regard des circonstances de l'affaire qu'il a eue à trancher[1046], et il conviendrait alors de se garder de suivre cette position à la lettre. Le juge Andrews indique lui-même que « strictement parlant, ce moment [la mise en circulation] est une des circonstances que la cour doit prendre en compte »[1047]. Rien n'interdit donc à la cour de prendre en compte un autre moment si cela s'avère plus pertinent pour définir le niveau de sécurité objectif du produit et ce, d'autant plus que les circonstances pertinentes énumérées dans la s. 3 du *CPA 1987* ne sont pas exhaustives[1048].

[1044] En effet, le défendeur pourrait faire valoir que puisque les risques liés au produit étaient inconnus au moment de la mise en circulation du produit, alors ils doivent être exclus de la définition du niveau de sécurité objectif du produit (1ère étape) : ce faisant, bien que ces risques soient devenus connus par la suite, ils ne pourraient pas être pris en compte pour déterminer si le produit en question présente une sécurité conforme au niveau de sécurité objectivement définie (2ème étape). Par conséquent, indirectement, les risques inconnus constitueraient une défense pour le producteur lors *de l'examen du défaut du produit* (pas de l'exonération !)

[1045] *A v. NBA*, préc. (note 1027), [78] (Burton J.) : « Unknown risks are unlikely to qualify by way of defence within Article 6. [souligné dans le texte] »

[1046] Les demandeurs cherchaient à prouver le défaut des prothèses en question en comparant le taux d'incidence de révision précoce de celles-ci avec celui de prothèses comparables, disponibles sur le marché à la même période. Cependant, il se trouve que les prothèses alternatives ont été largement meilleures que ce qui était attendu au moment de leur mise en circulation : en d'autres termes, les informations subséquentes ont mis en lumière le fait ces prothèses présentaient un taux de révision précoce largement inférieur que ce à quoi on pouvait s'attendre au moment de leur mise sur le marché. La question se posait de savoir s'il fallait comparer le taux de révision précoce des prothèses dites « défectueuses » avec le taux réel ou celui attendu de révision précoce des prothèses alternatives. Les demandeurs arguaient qu'il fallait effectuer la comparaison au regard du taux réel de révision précoce des prothèses alternatives (bien plus bas que le taux attendu) ; de ce fait, les demandeurs souhaitaient prendre en compte des informations postérieures à la mise en circulation pour définir le niveau de sécurité attendu. Le juge a refusé cette vi sion, considérant qu'il fallait prendre en compte le taux attendu de révision précoce des prothèses alternatives. Pour justifier sa position, il indique : « In principle, what the public generally was entitled to expect in terms of safety at the time the product went onto the market cannot be measured by reference to information about the performance of a comparator product that only came to light subsequently. The court is evaluating the acceptable level of safety at the relevant time, and that evaluation must be conditioned by circumstances that were then known (including any published information about the product, and any relevant safety standards or regulations). » (*Gee v. Depuy International Ltd*, préc. (note 1031), [273] (Andrews J.)).

[1047] *Gee*, préc. (note 1031), [84] (Andrews J): « (...) strictly speaking, that time is one of the circumstances which the Court must take into account. »

[1048] Il convient en effet de ne pas oublier que « le Conseil a simplement voulu donner aux cours nationales une flexibilité suffisante permettant de résoudre la question du défaut au cas par cas,

469. Risques inconnus à la mise en circulation du produit et caractérisation d'un défaut du produit. – Si les juges anglais sont tenus de prendre en compte la date de mise en circulation pour définir le niveau de sécurité auquel le public est en droit d'attendre, il convient sans doute d'admettre qu'ils pourront également tenir compte d'autres moments – comme le moment d'utilisation, d'administration ou de prescription du produit – si cela s'avère pertinent. La flexibilité de la directive – et du *CPA 1987* – devrait pouvoir l'autoriser. De ce fait, les juges anglais devraient pouvoir définir le niveau de sécurité auquel le public est en droit d'attendre en tenant compte de bénéfices et de risques devenus connus, après le moment de la mise en circulation, notamment dans une analyse bénéfices/risques du produit, ce que confirment certains auteurs[1049].

De la même façon, sous peine de rendre inefficace, en pratique, l'exonération pour risque de développement, les juges devraient pouvoir inclure les risques devenus connus au moment de l'administration ou de la prescription dans l'évaluation du niveau de sécurité auquel le public est en droit d'attendre. Par conséquent, l'existence de risques inconnus au moment de la mise en circulation ne devrait pas toujours empêcher la caractérisation du défaut de sécurité. La position du droit anglais demeurant entourée de nombreuses incertitudes, il est cependant plus délicat de déterminer les situations dans lesquelles tel sera le cas.

470. Conclusion de la section I. – En droit français comme anglais, la responsabilité pour faute s'intéresse traditionnellement au comportement du défendeur ; malgré l'objectivisation parfois dénoncée de la notion de faute en droit français, il convient tout de même d'admettre que cette dernière conserve – parfois – sa perspective moralisatrice. En effet, aucune faute ne saurait être caractérisée, ni en droit français, ni en droit anglais, lorsque le défendeur n'a pas pris de mesures permettant d'empêcher la réalisation d'un risque qui était, à cette époque, objectivement inconnu, peu important le domaine considéré et peu important que le risque soit par la suite devenu connu. Dans cette hypothèse, le comportement du défendeur n'est pas blâmable.

La multiplication des régimes de responsabilités sans faute modifie la perspective en mettant l'accent sur la victime, et son indemnisation, plutôt que sur le comportement du défendeur. Par conséquent, le fait générateur est objectivé, de sorte que l'absence de connaissance scientifique sur l'existence du risque devrait être indifférent à l'engagement de ces responsabilités. Tel est le cas, dans une certaine mesure. La jurisprudence française antérieure à l'applicabilité de la responsabilité du fait des produits défectueux, avait consacré des solutions particulièrement favorables aux demandeurs, dans le contexte des risques sanitaires, et en particulier de certains risques sanitaires sériels, en ayant recours à l'obligation de sécurité de résultat. Ce régime de

---

en référence à des circonstances concernant n'importe lequel d'un large éventail de produits présentant des utilités et caractéristiques diverses, et provoquant des risques divers » (*Wilkes*, préc. (note 1030), [77] (Hickinbottom J.)).

[1049] D. NOLAN, art. préc. (note 1030) « Strict product liability for design defects », *L.Q.R.* 2018, 134(Apr), 176-181, spéc. pp. 178-179.

responsabilité a cependant laissé place à la responsabilité du fait des produits défectueux, qui permet *parfois* l'engagement de la responsabilité du défendeur en cas de risque objectivement inconnu : la solution dépend, en droit français, du type de défaut et du moment considérés. En droit anglais, la position est beaucoup plus incertaine, mais il est probable que les risques, inconnus au moment de la mise en circulation, et devenus connus au moment de la prescription-administration du produit, autorisent *parfois* la caractérisation d'un défaut de sécurité du produit de santé. Néanmoins, en raison du caractère peu abondant de la jurisprudence anglaise sur la responsabilité du fait des produits défectueux, il n'est pas possible d'en dire plus, ni d'être plus précis.

Puisque le caractère inconnaissable du risque ne semble pas toujours constituer un obstacle à l'engagement d'une responsabilité sans faute du défendeur, il convient dès lors de s'interroger sur la possibilité de son invocation à des fins d'exonération (**section II**).

SECTION II : LES EFFETS DE L'ABSENCE DE CONNAISSANCE SCIENTIFIQUE SUR L'EXONÉRATION DE RESPONSABILITÉ CIVILE

471. Lorsque le risque est scientifiquement inconnu, aucune faute ne saurait être caractérisée à l'encontre du défendeur, en droit français comme en droit anglais[1050] ; par suite, l'action en responsabilité est alors rejetée, sans que les parties ne parviennent à la question d'une éventuelle exonération de responsabilité. Cette question n'est en réalité susceptible d'émerger que dans les situations dans lesquelles le risque inconnu ne fait pas obstacle à l'engagement d'une responsabilité, autrement dit dans les seules responsabilités sans faute.

Doivent ainsi être successivement envisagés les effets du risque inconnu sur l'exonération d'une responsabilité fondée sur la violation d'une obligation de sécurité de résultat, puis sur l'exonération de la responsabilité du fait des produits défectueux. Dans le premier cas, l'exonération de responsabilité ne peut pas bénéficier au défendeur quand bien même le risque serait objectivement inconnu (paragraphe 1). Au contraire, dans le second cas, le risque inconnu pourra permettre l'exonération de responsabilité (paragraphe 2).

[1050] *Supra*, n°438 et 439.

§1 – Le rejet de l'exonération en dépit du risque inconnu

472. L'exonération d'une responsabilité fondée sur la violation d'une obligation de sécurité de résultat n'est possible, dans le contexte de risques sanitaires sériels, qu'en cas de cause étrangère (I), et souvent de force majeure. Indéniablement, cette position est favorable aux victimes de risques sanitaires sériels qui en bénéficient. En effet, il est généralement difficile de démontrer qu'un événement présente les caractères de la force majeure, et l'affirmation demeure vraie même dans une hypothèse de risque inconnu (II).

I. *La cause étrangère, seule cause d'exonération*

473. L'exonération de responsabilité fondée sur la violation de l'obligation de sécurité de résultat : la cause étrangère. – La Cour de cassation a reconnu, à plusieurs reprises, qu'en cas de violation d'une obligation de sécurité de résultat, le débiteur n'était susceptible de s'exonérer de sa responsabilité que par la preuve d'une cause étrangère[1051], solution somme toute classique au regard de l'ancien article 1147 du Code civil[1052]. La Cour de cassation admet généralement l'existence d'une cause étrangère en cas de force majeure, ou éventuellement de fait du tiers ou faute du créancier s'ils présentent les caractères de la force majeure, ce qui a pour effet d'exonérer totalement le débiteur de sa responsabilité. La question s'est néanmoins posée de déterminer si une simple faute de la victime ne présentant pas les caractères de la force majeure, était alors susceptible d'exonérer partiellement le débiteur de sa responsabilité.

La réponse de la Cour de cassation semble assez variable. Si elle a pu l'admettre dans certains domaines[1053], elle l'a cependant explicitement refusé

[1051] Par exemple, dans le cas des contaminations transfusionnelles, Cass., civ. 1, 12 avril 1995, n°92-20.747, préc. (note 969) : « que les centres de transfusion sanguine (...) ne peuvent s'exonérer de cette obligation de sécurité que par la preuve d'une cause étrangère qui ne puisse lui être imputée ». De la même façon, dans le cadre des infections nosocomiales, la Cour de cassation a pu indiquer que l'établissement de santé était tributaire d'une obligation de sécurité de résultat « dont il ne peut se libérer qu'en rapportant la preuve d'une cause étrangère » (Cass., civ. 1, 29 juin 1999, n°97-14.254, préc. (note 975), l'appliquant également aux médecins (Cass., civ. 1, 29 juin 1999, n°97-15.818, préc. (note 975)).

[1052] Elle résulte en effet de la lettre même de l'ancien article 1147 du Code civil qui prévoyait la responsabilité du débiteur pour l'inexécution ou le retard dans l'exécution de l'obligation « toutes les fois qu'il ne justifie pas que l'inexécution provient d'une cause étrangère qui ne lui est pas imputable ».

[1053] Par exemple, elle l'a admis pour les distributeurs d'eau, tenus d'une obligation de résultat de fourniture d'une eau propre à la consommation, dans un arrêt du 28 novembre 2012, considérant que ces derniers ne peuvent « s'exonérer de cette obligation contractuelle de résultat, que totale-

dans le cadre de la responsabilité des fournisseurs de produits sanguins[1054] ou dans le contexte des infections nosocomiales[1055]. Cette vision restrictive des causes d'exonération, dans le cas de certaines obligations de sécurité de résultat, témoigne ainsi de la volonté de la Haute juridiction de favoriser les intérêts des victimes. Plus précisément, elle témoigne de l'importance accordée par la jurisprudence à la protection de l'intégrité corporelle des individus.

II. *RISQUE INCONNU ET FORCE MAJEURE*

474. Les caractères cumulatifs de la force majeure. – La force majeure est traditionnellement définie comme un événement extérieur, imprévisible et irrésistible[1056]. Cependant, sous cette unité apparente, s'est longtemps cachée une réalité diverse[1057]. Le 14 avril 2006, l'Assemblée plénière a essayé d'enrayer le désordre jurisprudentiel, réaffirmant ainsi les critères classiques d'imprévisibilité et d'irrésistibilité de la force majeure, sans toutefois se référer à l'extériorité. Ceci a conduit certains auteurs à considérer que cette condition avait disparu[1058], alors que d'autres admettent au contraire qu'il s'agit d'un

---

ment, par la preuve d'un événement constitutif d'un cas de force majeure, ou, partiellement, par celle de la faute de la victime » (Cass., civ. 1, 28 novembre 2012, n°11-26.814, *Bull. civ. I*, 2012, N°248 : *C.C.C.*, n°2, février 2013, comm. 26, note L. LEVENEUR (qui considère que l'admission de la faute simple du créancier comme cause d'exonération partielle est une solution classique). Ce n'est pas le seul domaine : V° aussi : Cass., com., 1er mars 2005, n°03-19.470, inédit ; Cass., civ. 1, 12 avril 2005, n°02-21.223, *Bull. civ. I*, 2005, N°184, p. 155.

1054 Par exemple, la Cour de cassation a considéré que « l'EFS, soumis à une obligation de sécurité de résultat ne pouvait s'exonérer de sa responsabilité, à l'égard de la victime, que par la preuve d'un cas de force majeure » et a refusé l'exonération partielle du débiteur en raison de la faute de la victime (Cass., civ. 2, 20 octobre 2005, n°03-19.420, *Bull. civ. II*, 2005, N°274, p. 243 : *RDSS* 2005, N°6, 14/11/2005, p. 1056, obs. F. ARHAB; *RTD civ.* 2006, N°1, 15/03/2006, p. 122, obs. P. JOURDAIN).

1055 Par ex. : Cass., civ. 1, 1er juillet 2010, n°09-69.151 (la faute d'un médecin ayant rendu nécessaire l'intervention chirurgicale postérieure au cours de laquelle la patiente a contracté une infection nosocomiale n'est pas une cause étrangère, dès lors que cette faute n'a pas rendu l'infection « inévitable », ce qui semble supputer l'absence de force majeure).

1056 Pour une présentation de la force majeure selon le triptyque classique : F. GREAU, « Force majeure », *Rép. civ.*, juin 2017 (actual. : Avril 2018), n°21 et s. ; Ph. LE TOURNEAU (dir.), *op. cit.* (note 10), p. 682, spéc. n°2142.41 ; J.-Ch. SAINT-PAU, « Droit à réparation – exonération de responsabilité contractuelle – inexécution imputable à une cause étrangère », *J.-Cl. Civil code*, fasc. n°11-30, LexisNexis, 7 mai 2014 (actual. : 13 août 2015), spéc. n°8.

1057 Certaines chambres de la Cour de cassation se sont ainsi fondées sur la seule irrésistibilité ou insurmontabilité de l'événement : par ex. Cass., civ. 1, 12 décembre 2000, n°98-20.635, *Bull. civ. I*, 2000, N°323, p. 209 ; Cass., civ. 1, 8 décembre 1998, n°96-17.811, *Bull. civ. I*, 1998, N°346, p. 238 ; Cass., civ. 2, 18 mars 1998, n°95-22.014, *Bull. civ. II*, 1998, N°97, p. 58 ; Cass., civ. 3, 29 juin 1988, n°86-13.926, *Bull. civ. III*, N°119, p. 66. Parfois, la Cour de cassation a semblé ne plus se référer à la condition d'extériorité : par ex. Cass., civ. 1, 12 décembre 2000, n°98-20.635, *Bull. civ. I*, 2000, N°323, p. 209 ; Cass., civ. 1, 8 décembre 1998, n°96-17.811, *Bull. civ. I*, 1998, N°346, p. 238 ; Cass., civ. 2, 18 mars 1998, n°95-22.014, *Bull. civ. II*, 1998, N°97, p. 58 ; Cass., civ. 3, 29 juin 1988, n°86-13.926, *Bull. civ. III*, N°119, p. 66.

1058 *Rapport au Président de la République relatif à l'ordonnance n°2016-131 du 10 février 2016 portant réforme du droit des contrats, du régime général et de la preuve des obligations*, JORF,

critère qui est inhérent à la force majeure[1059]. La position sur cette question n'est pas claire et l'incertitude est entretenue par la jurisprudence elle-même qui continue parfois de mentionner cette condition[1060]. L'article 1218 du Code civil, résultant de l'ordonnance n°2016-131 du 10 février 2016, ne mentionne plus l'exigence d'extériorité[1061], mais admet que pour être constitutif de la force majeure, l'événement doit être imprévisible[1062] et irrésistible dans sa survenance[1063] et ses effets[1064].

475. Risque inconnu et caractères d'imprévisibilité et irrésistibilité de la force majeure. – Pour être constitutif de la force majeure, un événement doit être imprévisible, condition appréciée *in abstracto*. Ainsi, un événement est imprévisible lorsqu'un « débiteur normalement raisonnable, placé dans les mêmes circonstances, n'aurait pas pu prévoir la survenance ou les conséquences de l'événement »[1065]. Or, lorsqu'un risque est inconnu, en ce sens que ni son existence, ni ses effets, si son ampleur ne sont objectivement connus par la communauté scientifique, il paraît difficile de considérer que l'événement ait été raisonnablement prévisible. De ce fait, le caractère inconnaissable du risque devrait permettre de qualifier l'événement d'imprévisible. Dans le cadre de la responsabilité fondée sur la violation d'une obligation de sécurité de résultat, certains arrêts semblent confirmer cette position[1066].

---

n°35, 11 février 2016, spéc. les annotations sous « section 5 : l'inexécution du contrat » : « Le texte [article 1218 C. civ.] reprend la définition prétorienne de la force majeure en matière contractuelle, délaissant le traditionnel critère d'extériorité, également abandonné par l'assemblée plénière de la Cour de cassation en 2006 (Cass., AP, 14 avril 2006, n°04-18902 et n°0211168), pour ne retenir que deux d'imprévisibilité et d'irrésistibilité ».

[1059] Ph. LE TOURNEAU (dir.), *op. cit.* (note 10), n°2142.81.

[1060] Par ex. : Cass., civ. 3, 1er avril 2009, n°08-10.070, *Bull. civ. II*, 2009, N°71 ; Cass., civ. 2, 2 avril 2009, n°08-11.191, inédit ; Cass., civ. 3, 17 février 2010, n°08-20.943, *Bull. civ. II*, 2010, N°47. Plus récemment : Cass, AP, 10 juillet 2020, n°18-18.542, ECLI:FR:CCAS:2020:AP00653.

[1061] *Rapport au Président de la République relatif à l'ordonnance n°2016-131 du 10 février 2016 portant réforme du droit des contrats, du régime général et de la preuve des obligations*, JORF, n°35, 11 février 2016, spéc. les annotations sous « section 5 ».

[1062] La condition d'imprévisibilité est appréciée à la conclusion du contrat : V° art. 1218, C. civ.

[1063] Aux termes de l'article 1218 du Code civil, l'événement constitutif de la force majeure doit « échapper au contrôle du débiteur » : en d'autres termes, l'événement doit être incontrôlable.

[1064] Aux termes de l'article 1218 du Code civil, l'événement constitutif de la force majeure doit entraîner des effets qui « ne peuvent être évités par des mesures appropriées » : en d'autres termes, l'événement doit présenter des effets inévitables. Toutefois, l'article semble consacrer un critère réaliste en faisant référence aux « mesures appropriées ».

[1065] J.-Ch. SAINT-PAU, préc. (note 1056), n°16.

[1066] Cass., civ. 1, 18 février 2009, n°08-15.979, *Bull. civ. I*, 2009, N°37. Dans cet arrêt, qui concernait une infection nosocomiale, la Cour de cassation a confirmé la responsabilité de la clinique, qui essayait de s'exonérer de sa responsabilité en faisant valoir que l'intervention du chirurgien, auquel aucune faute ne pouvait être imputée, constituait, pour elle, une cause étrangère. La Cour de cassation rejette cette position considérant que « la cour d'appel (...) ne pouvait retenir comme cause étrangère un risque connu de complication, lié à une intervention, fût-elle non fautive, du praticien ». Un risque « connu » de complication ne permet pas de retenir l'existence d'une cause étrangère, comprise ici comme un cas de force majeure, en raison de l'impossibilité de pouvoir considérer l'événement comme imprévisible, voire irrésistible. Une lecture *a contrario* de cet arrêt permet de considérer que si le risque avait été inconnaissable, alors la cause étrangère aurait peut-être pu être retenue. Ceci dit, nous pensons que même si le risque avait été inconnais-

De la même façon, dans une hypothèse où le risque est objectivement inconnu, il serait sans doute difficile de considérer que l'événement dommageable aurait pu être évité. En d'autres termes, il est probable que l'événement soit considéré irrésistible, critère également apprécié *in abstracto*[1067].

476. Risque inconnu et critère d'extériorité de la force majeure. – Si le risque inconnu peut amener à conclure que l'événement dommageable est imprévisible et irrésistible, la Cour de cassation a parfois refusé de reconnaître la force majeure, en raison de l'absence d'extériorité[1068]. Par exemple, elle a refusé d'exonérer les centres de transfusion sanguine, tenus d'une obligation de sécurité de résultat pour les produits sanguins fournis, au motif que « le vice interne du sang, même indécelable, ne constitue pas pour l'organisme fournisseur, une cause qui lui est étrangère »[1069], position qu'elle a confirmée à de nombreuses reprises[1070].

La position est rigoureuse sur le plan juridique, et présente des avantages non-négligeables pour les victimes de dommages corporels. Étant donné que la Cour de cassation se fonde sur le défaut d'extériorité pour rejeter l'exonération, il est indifférent de déterminer si le vice était *spécifiquement* indécelable, autrement dit connu dans l'absolu, au regard des connaissances scientifiques et techniques, mais matériellement indécelable, ou *généralement* indécelable, c'est-à-dire objectivement inconnu eu égard aux connaissances scientifiques ou techniques de l'époque, et donc matériellement indécelable. La position devrait pouvoir s'appliquer indifféremment. Le régime de responsabilité fondé sur la violation d'une obligation de sécurité de résultat permet alors de retenir la responsabilité du débiteur de l'obligation, sans pour autant que le caractère inconnaissable du risque ne constitue une cause d'exonération. C'est ce qui a conduit plusieurs auteurs à considérer que dans ce régime de responsabilité, l'exonération pour risque dit « de développement » n'était pas admise[1071].

---

sable, la Cour de cassation n'aurait pas forcément retenu la force majeure, en se fondant toutefois sur l'absence d'extériorité. V° *infra*, n°476.

[1067] Ph. LE TOURNEAU (dir.), *op. cit.* (note 10), N°2142.52.

[1068] Par exemple, la Cour de cassation a pu refuser d'exonérer un chirurgien-dentiste, tenu d'une obligation de sécurité de résultat, pour la rupture d'un bridge qu'il avait confectionné en retenant que « la force majeure ou le cas fortuit suppose nécessairement un événement extérieur à l'activité du débiteur de l'obligation, ce qui n'était pas le cas en l'espèce » (Cass., civ. 1, 29 octobre 1985, n°83-17.091, *Bull. civ. I*, N°273, p. 244). En l'espèce, le défendeur contestait sa responsabilité, au motif que la rupture était due à une défectuosité qui ne pouvait être décelée, rendant de ce fait l'événement imprévisible et irrésistible. Selon certains auteurs, la condition d'extériorité apparue tardivement serait précisément liée au développement des responsabilités objectives : F. GREAU, « Force majeure », *Rép. civ.*, juin 2017 (actual. : Avril 2018), spéc. n°21 ; L. THIBIERGE, *Le contrat face à l'imprévu*, préf. L. AYNES, Économica, coll. « Recherches Juridiques », 2011, n°226 et s.

[1069] Cass., civ. 1, 12 avril 1995, n°92-11.950, 92-11.975, préc. (note 969).

[1070] V° quatre arrêts du même jour : Cass., civ. 1, 9 juillet 1996, n°94-13.414, et 93-19.160, 93-20.412, *Bull. civ. I*, N°303 et N°304, p. 210 et 211 ; Cass., civ. 1, 9 juillet 1996, n°93-19.159, 93-20.923, inédit ; Cass., civ. 1, 9 juillet 1996, n°93-20.411, inédit : *D.* 1996, N°43, 12/12/1996, p. 610, note Y. LAMBERT-FAIVRE ; *RTD civ.* 1997, N°1, 14/03/1997, p. 146, obs. P. JOURDAIN. V° aussi : Cass., civ. 1, 27 mai 1997, n°95-13.817, inédit.

[1071] G. VINEY, P. JOURDAIN, S. CARVAL, op. cit. (note 303), p. 330, spéc. n°391-1.

477. Une appréciation stricte de la force majeure en cas d'obligation de sécurité de résultat. – L'analyse de la jurisprudence relative à l'obligation de sécurité de résultat dans le contexte sanitaire démontre que dans ce domaine, les juridictions ont eu tendance à faire une appréciation rigoriste de la force majeure. Se fondant tantôt sur le défaut d'imprévisibilité, d'irrésistibilité ou d'extériorité, elles ont difficilement admis cette cause d'exonération, l'excluant même lorsque le risque était inconnaissable. Cette position n'est pas surprenante. La « découverte » prétorienne de multiples obligations de sécurité de résultat dans le contexte sanitaire a témoigné de la volonté jurisprudentielle de renforcer la protection de l'intégrité corporelle. Dans ce contexte, il est donc cohérent que la jurisprudence ait limité l'invocation des causes d'exonération de responsabilité, cette position participant également à favoriser les victimes de dommages corporels.

Cependant, si comme certains le pensent[1072], l'Assemblée plénière a bien anéanti la condition d'extériorité dans ses arrêts du 14 avril 2006[1073], ce que semble confirmer aujourd'hui l'article 1218 du Code civil, il convient alors de s'interroger sur les effets qui peuvent en résulter dans le domaine des obligations de sécurité de résultat. En effet, si l'on prend l'exemple du contentieux des contaminations post-transfusionnelles, la condition d'extériorité constituait précisément le dernier rempart contre l'admission de l'exonération du débiteur pour cause étrangère ; si cette condition a effectivement disparu[1074], il est possible que la qualification de risque inconnaissable entraîne alors la reconnaissance de la force majeure. La question présente sans doute un intérêt théorique, mais il convient d'admettre qu'en pratique, les situations se feront rares, en raison de la disparition progressive – de gré ou de force – de l'obligation de sécurité de résultat, dans le domaine sanitaire.

478. Les producteurs de produits, notamment de santé, étant maintenant soumis à l'application du régime légal de la responsabilité du fait des produits défectueux, c'est principalement cette responsabilité qui doit aujourd'hui retenir notre attention. À cet égard, ce régime de responsabilité semble bien plus favorable aux producteurs de produits de santé que ne l'était le régime de responsabilité fondé sur la violation de l'obligation de sécurité de résultat.

1072 Par ex. : C. RADE, « Synthèse – Responsabilité contractuelle », *J.-Cl. Responsabilité civile et assurance*, 5 juillet 2019, n°25.

1073 Mais voir Cass, AP, 10 juillet 2020, préc. (note 1060), qui rejette l'existence d'un cas de force majeure en raison de l'absence d'extériorité de l'événement.

1074 Comme semble l'impliquer le *rapport remis au Président de la République sur l'ordonnance n°2016-131 du 10 février 2016*, préc. (note 1058), Toutefois, certains auteurs ne partagent pas cet avis : en ce sens : F. GREAU, préc. (note 1056), *Rép. civ.*, spéc. n°24.

§2 – L'admission de l'exonération par le risque inconnu

479. La directive européenne 85/374/CEE du 25 juillet 1985 relative à la responsabilité du fait des produits défectueux prévoit quatre causes d'exonération que l'on retrouve en droit interne français à l'article 1245-10 du Code civil[1075], et en droit interne anglais, dans la section 4(1) du *CPA 1987*[1076]. Parmi ces causes d'exonération, l'absence de connaissance scientifique est susceptible de jouer un rôle dans ce que la doctrine a maintenant coutume d'appeler « le risque de développement ». En substance, le producteur est susceptible de s'exonérer en prouvant qu'en l'état des connaissances scientifiques et techniques, au moment où il a mis le produit en circulation, l'existence du défaut était indécelable.

L'inclusion de cette cause d'exonération a été sujette à controverses, tant à l'échelle européenne, où elle avait été d'abord exclue du projet de directive[1077], avant d'être admise sous la seule réserve de laisser les États-membres libres de l'inclure ou non[1078], qu'à l'échelle nationale, où l'inclusion de cette cause d'exonération dans le droit interne a été âprement débattue dans les instances parlementaires. Les législateurs français – non sans hésitations[1079] – et anglais ont fait le choix de l'inclure dans leur droit interne (I), même si le législateur français a décidé de l'assortir d'exceptions, favorisant une fois encore certaines victimes de risques sanitaires sériels (II).

I. *L'EXONÉRATION POUR « RISQUE DE DÉVELOPPEMENT »*

480. L'article 1245-10, 4°, du Code civil français ne s'écarte pas fondamentalement de la lettre de l'article 7(e) de la directive européenne du 25 juillet 1985, qu'il transpose. La même remarque ne peut pas être faite en ce qui concerne le droit anglais. Les termes employés dans la s. 4(1)(e) du *CPA 1987*[1080] se distinguent assez nettement de ceux de l'article 7(e) de la

---

1075 Art. 1245-10, 4°, C. civ. : « Le producteur est responsable de plein droit à moins qu'il ne prouve : (...) 4° que l'état des connaissances scientifiques et techniques, au moment où il a mis le produit en circulation, n'a pas permis de déceler l'existence du défaut ».

1076 S. 4(1)(e), *CPA 1987*: « In any civil proceedings by virtue of this Part against any person ("the person proceeded against") in respect of a defect in a product it shall be a defence for him to show – (e) that the state of scientific and technical knowledge at the relevant time was not such that a producer of products of the same description as the product in question might be expected to have discovered the defect if it had existed in his products while they were under his control ».

1077 G. HOWELLS (dir.), *op. cit.* (note 435), [4.281].

1078 *Ibid.*, [4.281] ; V° art. 15, b), Directive 85/374/CEE du Conseil du 25 juillet 1985 relative au rapprochement des dispositions législatives, réglementaires et administratives des États membres en matière de responsabilité du fait des produits défectueux, JO n° L 210, 07/08/1985, p. 29-33.

1079 J.-S. BORGHETTI, *op. cit.* (note 392), pp. 519-520, spéc. n°546.

1080 V° *supra*, note 1076.

directive[1081], ce qui a d'ailleurs conduit la Commission européenne à introduire un recours en manquement contre le Royaume-Uni, pour absence de transposition correcte[1082].

Si la CJCE a rejeté le recours formé par la Commission[1083], au motif que la section 4(1)(e) de la loi n'était pas manifestement contraire à l'article 7(e) de la directive, elle a tout de même précisé l'interprétation de cette cause d'exonération. Il est clair que l'exonération pour « risque de développement » doit être interprétée de manière stricte (A). L'analyse de la position des juridictions européennes, anglaises et françaises, conduit à conclure que, selon toute vraisemblance, seul un risque objectivement inconnu, c'est-à-dire inconnaissable en l'état des connaissances scientifiques, peut éventuellement permettre l'exonération de responsabilité du producteur d'un produit de santé (B).

A. Une interprétation stricte de l'exonération pour risque de développement

481. L'exonération pour risque de développement doit être interprétée de manière stricte. Ainsi, la notion de « connaissances scientifiques et techniques » au moment de la mise en circulation est interprétée de manière extensive (1), alors que le caractère indécelable du défaut l'est de manière stricte (2).

1. Une interprétation extensive de la notion de « connaissances scientifiques et techniques » au moment de la mise en circulation

482. La notion de « connaissances scientifiques et techniques » au moment de la mise en circulation dans *Commission c./ Royaume Uni*[1084]. – Cette question a déjà été évoquée assez longuement dans un précédent chapitre, et nous renvoyons par conséquent à nos développements sur ce sujet[1085]. Il suffit simplement de rappeler ici quelques éléments.

D'abord, pour la Cour de justice, la notion inclut « sans aucune restriction, l'état des connaissances scientifiques et techniques, en ce compris son niveau

[1081] Art. 7(e), directive 85/ 374/CEE du Conseil du 25 juillet 1985 relative au rapprochement des dispositions législatives, réglementaires et administratives des États membres en matière de responsabilité du fait des produits défectueux : « Le producteur n'est pas responsable en application de la présente directive s'il prouve : (e) que l'état des connaissances scientifiques et techniques au moment de la mise en circulation du produit par lui n'a pas permis de déceler l'existence du défaut. »

[1082] CJCE, 29 mai 1997, *Commission c./ Royaume-Uni*, aff. C-300/95, ECLI:EU:C:1997:255.

[1083] *Supra*, n°136.

[1084] *Supra*, note 393.

[1085] *Supra*, n°137 et s.

le plus avancé, tel qu'il existait au moment de la mise en circulation du produit en cause »[1086]. La notion n'a donc pas une vocation restrictive, mais au contraire inclusive, puisqu'elle comprend aussi bien les opinions majoritaires comme minoritaires, voire isolées, exprimées au sein de la communauté scientifique. Ensuite, il ne s'agit pas de s'intéresser à la connaissance personnelle, subjective du producteur, mais à l'état objectif des connaissances scientifiques et techniques dont le producteur est présumé être informé au moment de la mise en circulation du produit[1087]. Enfin, elle admet que les connaissances scientifiques et techniques pertinentes doivent avoir été accessibles au moment de la mise en circulation. Cette notion est assez problématique[1088] et son absence de définition par la Cour implique vraisemblablement une appréciation au cas par cas par les juridictions nationales.

De l'ensemble de ces éléments, il ressort qu'à compter du moment où les connaissances scientifiques et techniques, comprises de manière extensive, sont considérées être accessibles – lors de la mise en circulation du produit –, le producteur est présumé en être informé. L'impossibilité de déceler le défaut doit donc être « quasiment *absolue* pour pouvoir valablement exonérer le producteur »[1089]. En droit français, l'arrêt récent du 20 septembre 2017[1090], relatif au Mediator, l'illustre bien.

483. « Les connaissances scientifiques et techniques » dans l'arrêt du 20 septembre 2017 relatif au Mediator en droit français. – Une patiente, à laquelle il a été prescrit du Mediator entre 2006 et 2009, a présenté une insuffisance aortique qu'elle imputait à la prise de ce médicament, et qui l'a conduite à introduire une action en responsabilité à l'encontre du producteur. La cour d'appel de Versailles[1091] a accueilli sa demande, considérant que le produit était défectueux ; en effet, non seulement les risques de valvulopathie et d'HTAP liés au médicament dépassaient largement l'intérêt thérapeutique de celui-ci, mais au surplus, ces risques n'avaient pas été portés à la connaissance des médecins et patients. La cour d'appel a également retenu le lien de causalité entre la prise du produit et la pathologie de la plaignante. Pour se dégager de sa responsabilité, le producteur a essayé d'invoquer l'exonération pour risque de développement, sans succès.

Dans son pourvoi, celui-ci faisait valoir que l'état des connaissances scientifiques et techniques à prendre en compte pour apprécier l'exonération pour risque de développement devait être directement relatif au produit

---

[1086] *Commission c./ Royaume-Uni*, préc. (note 393), [26].

[1087] V° pour une étude plus approfondie de ce point : *supra*, n°138 à 141.

[1088] V° sur les difficultés créées par le terme « accessibilité » : *supra*, n°143 à 145.

[1089] [emphase dans le texte] Ph. LE TOURNEAU (dir.), *op. cit.* (note 10), p. 2441, spéc. n°6313.95.

[1090] Cass., civ. 1, 20 septembre 2017, n°16-19.643, ECLI:FR:CASS:2017:C100972 (publié) : *D.* 2017, N°39, 16/11/2017, p. 2279, avis J.-P. SUDRE ; *D.* 2017, N°39, 16/11/2017, p. 2284, obs. G. VINEY ; *D.* 2018, N°1, 11/01/2018, p. 35, obs. Ph. BRUN ; *JCP G.* 2017, n°46, 13/11/2017, p. 1186, obs. J.-S. BORGHETTI ; *RDSS* 2017, N°6, 29/12/2017, p. 1132, obs. J. PEIGNE ; *Resp. civ. et assur.* 2017, n°11, novembre 2017, étude 12, obs. L. BLOCH ; *LPA*, 16/01/2018, n°102, p. 6, Ch. DUBOIS ; *RTD civ.* 2018, N°1, 31/03/2018, p. 143, obs. P. JOURDAIN ; *Gaz. Pal.* 31/10/2017, n°37, p. 16, obs. C. LE GOFFIC.

[1091] CA Versailles (ch. 3), 14 avril 2016, N°15/08232.

incriminé et ne pouvait être exclusivement celui concernant un produit voisin, quand bien même il y aurait une parenté chimique entre eux. En réalité, le producteur contestait le fait que les juges du fond se soient fondés sur l'état des connaissances scientifiques et techniques lié aux fenfluramines, substance distincte du Benfluorex (Mediator), mais qui présente un métabolite commun avec ce dernier (norfenfluramine). Le producteur essayait donc de limiter le champ des connaissances scientifiques et techniques invocables. C'est donc sans surprise que le pourvoi a été rejeté.

La Cour de cassation a, en effet, considéré que la similitude du Mediator avec d'autres produits jugés nocifs dès 1997, aurait dû amener le producteur à « procéder à des investigations sur la réalité du risque signalé et, à tout le moins, à en informer les médecins et les patients »[1092]. Par conséquent, l'état (objectif) des connaissances scientifiques et techniques au moment de la mise en circulation du produit qui, pour un produit fabriqué en série, correspond à la date de commercialisation du lot auquel le produit concerné appartient[1093], permettait de déceler le défaut du produit.

2. *Une interprétation stricte du « caractère indécelable du défaut »*

484. La prise en compte du caractère « généralement » ou « spécifiquement » indécelable du défaut ? – Ni l'article 1245-10, 4°, du Code civil, en droit français, ni la section 4(1)(e) du *CPA 1987*, en droit anglais, ne sont très précis sur la manière dont doit être interprétée la « décelabilité » du défaut ; cette imprécision n'est pas étonnante et reflète sur ce point celle contenue au sein de l'article 7(e) de la directive.

Dans l'arrêt *A v. NBA*[1094], le risque de contamination transfusionnelle par le VHC était connu, mais il n'était cependant pas possible, au regard des connaissances scientifiques et techniques de l'époque, d'identifier quels produits sanguins particuliers étaient contaminés. De ce fait, la question s'est posée de savoir si, pour bénéficier de la clause échappatoire, le producteur devait « montrer qu'aucune information technique ou scientifique objectivement évaluable n'existait dans le monde *qui ait identifié* (...) *le problème* [défaut « généralement » indécelable] ; ou s'il suffi[sai]t que le producteur démontre que, bien que l'existence du défaut dans un tel produit était ou aurait dû être connue, il n'y avait aucune information objectivement accessible dans le monde entier qui aurait permis au producteur de *découvrir l'existence d'un défaut connu dans le produit particulier en question* [défaut « spécifiquement » indécelable] »[1095]. En d'autres termes, cette décision s'est

---

[1092] Cass., civ. 1, 20 septembre 2017, n°16-19.643, préc. (note 1090).

[1093] V° plus récemment : Cass, civ. 1, 21 octobre 2020, préc. (note 1023), point 6.

[1094] *A v. NBA*, préc. (note 1027).

[1095] [italiques ajoutées par nous] *A v. NBA*, préc. (note 1027), [50] (Burton J.) : « The question is thus whether, in order to take advantage of the escape clause, the producer must show that no objectively assessable scientific or technical information existed anywhere in the world which had

intéressée au point de savoir si l'exonération pour risque de développement impliquait de prouver que le défaut était généralement indécelable, ou s'il suffisait de prouver que ce défaut était spécifiquement indécelable.

485. L'exonération pour risque de développement : le défaut doit être *généralement* indécelable. – La décision *Commission c./ Royaume-Uni* n'a certes pas répondu directement à cette question, mais la Cour de justice semble privilégier une interprétation stricte de l'exonération pour risque de développement[1096].

C'est ce qui explique la position du juge Burton sur cette question dans *A v. NBA* : « En suivant l'orientation de *Commission c./ Royaume-Uni*, l'analyse de l'article 7(e) me semble être entièrement claire. S'il y a un risque connu, c'est-à-dire si l'existence du défaut est connue ou aurait dû être connue à la lumière des informations non-mandchouriennes[1097] accessibles, alors le producteur continue à produire et à fournir le produit à ses propres risques. À mon avis, il serait incohérent avec les objectifs de la directive que, dans le cas d'un risque connu, un producteur continue à fournir des produits simplement parce que, et malgré le fait qu'il ne puisse pas identifier lequel de ses produits contient le défaut ; il serait également incohérent que dans un tel cas, où le producteur est obligé de fournir le produit, il continue de le faire sans accepter la responsabilité des dommages corporels en résultant, par assurance ou autre »[1098].

Le juge en conclut donc que « *l'existence du défaut* est (...) clairement générale. Une fois que l'existence du défaut est connue, alors il existe un risque pour que le défaut se matérialise dans n'importe lequel des produits particuliers »[1099]. Il ressort de cette décision[1100] que le producteur n'est susceptible d'invoquer l'exonération pour risque de développement que dans le cas où le défaut est généralement indécelable. Autrement dit, il est nécessaire que l'existence du défaut soit objectivement inconnue, ce qui résulte de deux situations : soit il n'existe aucune connaissance scientifique et technique révélant le problème lors de la mise en circulation ; soit il existe une connaissance scientifique et technique, au moment pertinent, mais celle-ci n'est pas considérée accessible[1101].

En droit français, la question ne s'est pas encore directement posée à la Cour de cassation, mais certains arrêts des juges du fond semblent abonder en ce

---

identified (...) the problem; or whether it is enough for the producer to show that, although the existence of the defect in such product was or should have been known, there was no objectively accessible information available anywhere in the world which would have enabled a producer to discover the existence of that known defect in the particular product in question. »

[1096] *Supra*, n°138 et s.

[1097] Pour plus de précisions sur la notion d'accessibilité « mandchourienne » : *supra*, n°144 et 145.

[1098] *A v. NBA*, préc. (note 1027), [74] (Burton J.).

[1099] [italiques dans le texte] *A v. NBA*, préc. (note 1027), [74] (Burton J) : « The *existence of the defect* is in my judgment clearly generic. Once *the existence of the defect* is known, then there is the risk of that defect materialising in any particular product. »

[1100] V° aussi dans le même sens, à titre d'*obiter*, *Richardson v. LRC Products Ltd* [2000] 59 BMLR 185, p. 193 (Kennedy J.): « This provision [s. 4, *CPA 1987*] is, to my mind, not apt to protect a defendant in the case of a defect of a known character, merely because there is no test which is apt to reveal its existence in every case. »

[1101] Sur la notion d'accessibilité et les difficultés y afférentes : *supra*, n°143.

sens[1102]. Au surplus, l'arrêt du 20 septembre 2017, s'intéressant à l'exonération pour risque de développement dans l'affaire du Mediator, semble manifester la volonté de la Cour de cassation d'interpréter cette cause d'exonération de manière stricte ; il est donc fort probable que, comme en droit anglais, la jurisprudence n'admette l'exonération pour risque de développement que dans le cas où l'existence du défaut est généralement – et non pas spécifiquement – indécelable.

486. La cause d'exonération prévue par l'article 7(e) de la directive européenne est certes communément désignée sous l'appellation de « risque de développement », mais force est de constater que la notion de « risque » n'apparaît nulle part dans les dispositions de cet article ou dans les lois française et anglaise l'ayant transposé. L'article 1245-10, 4°, du Code civil français et la section 4(1)(e) du *CPA 1987* – tout comme l'article 7(e) de la directive – sont en effet concernés par l'impossibilité de déceler l'existence du défaut du produit ; ce n'est donc pas le risque qui, strictement, exonère le producteur[1103]. Cependant, bien souvent, la « décelabilité » du défaut est intimement liée à la connaissance des risques du produit. Pour cette raison, il faut déterminer les conditions dans lesquelles un risque inconnu peut entraîner l'exonération pour risque de développement, ce qui implique que l'on s'intéresse de plus près aux liens entretenus par la connaissance scientifique du risque et le caractère (in)décelable du défaut.

B. Les effets du risque inconnu dans l'exonération pour risque de développement

487. Caractère indécelable du défaut et connaissance du risque. – Dans le cadre des produits de santé en particulier, la caractérisation de l'existence du défaut de sécurité est souvent liée aux risques du produit[1104]. Par conséquent, la possibilité de déceler l'existence du défaut de sécurité repose fréquemment sur la possibilité – objective – de connaître les risques liés au produit. Ceci explique que la Cour de cassation ait rejeté, le 20 septembre 2017, l'exonération du producteur pour risque de développement. L'idée était en effet que si la société avait procédé à des investigations sur la réalité du risque signalé, ce qu'elle aurait dû faire eu égard aux connaissances scientifiques disponibles en 1997 sur la dangerosité de médicaments similaires au Mediator, alors le défaut – d'information sur les risques du Mediator, ainsi que l'inversion du rapport bénéfices/risques – aurait pu être décelé. Ainsi, la connaissance – objective – des risques liés au produit permettait d'exclure l'impossibilité de déceler le défaut.

[1102] CA Toulouse (3ème ch., 1ère sect.), 22 février 2000, n°1999/01293, préc. (note 401) : pour plus de précisions, V° spécialement *Supra*, n°141.

[1103] Ph. LE TOURNEAU (dir.), *op. cit.* (note 10), p. 631, spéc. n°6313.80.

[1104] Comme dans le cas du défaut de sécurité tenant à la présentation du produit (défaut d'information) ou de l'inversion du rapport bénéfices/risques : *supra*, n°454 et 460.

De la même façon, dans l'arrêt *A v. NBA*, le juge Burton avait rejeté l'exonération pour risque de développement, en considérant que les risques de contamination transfusionnelle par le VHC étaient objectivement connus. Par suite, l'existence du défaut de sécurité – autrement dit, la présence potentielle du vice dans les produits sanguins – était objectivement connue. Le défaut était ainsi *généralement décelable*, ce qui explique que l'exonération pour risque de développement n'ait pas été retenue. En effet, rappelons-le, ce qui compte pour faire valoir l'exonération pour risque de développement n'est pas que le défaut du produit soit spécifiquement indécelable, mais que ce défaut soit généralement indécelable[1105].

Les deux décisions, française et anglaise, semblent révéler que le défaut d'un produit est considéré *généralement indécelable* seulement lorsque les risques liés au produit sont eux-mêmes *objectivement inconnus*. Dans l'affaire du Mediator, l'exonération pour risque de développement a été rejetée car les risques liés au Mediator n'étaient pas objectivement inconnus – le défaut était donc généralement décelable ; en droit anglais, dans *A v. NBA*, l'exonération pour risque de développement a pareillement été rejetée car le risque de contamination transfusionnelle par le VHC était objectivement connu : par conséquent, le défaut était généralement décelable[1106]. Ainsi, en droit français comme en droit anglais, seuls les risques objectivement inconnus sont susceptibles de déclencher l'exonération pour risque de développement.

488. Les effets du risque inconnu dans l'exonération pour risque de développement. – L'exonération pour risque de développement a pour objectif de protéger les producteurs contre les risques imprévisibles, liés à l'évolution des connaissances scientifiques et techniques[1107]. Par conséquent, elle ne protège les producteurs que lorsque le défaut du produit, et pour les raisons évoquées ci-dessus, lorsque les risques liés au produit sont objectivement inconnus, au moment de la mise en circulation du produit.

Dans l'arrêt *A v. NBA*, le juge Burton avait résumé la situation comme suit : « les risques inconnus ne sont pas susceptibles de constituer une défense dans le cadre de l'article 6 [caractérisation du défaut]. En revanche, ils peuvent être utilisés dans le cadre de l'article 7(e) [exonération]. Les risques connus ne rentrent pas dans le cadre de l'article 7(e), même s'ils sont inévitables dans le produit particulier »[1108].

[1105] V° *Supra*, n°484 et 485.

[1106] Le défaut était *généralement décelable* (précisément car le risque de contamination transfusionnelle du VHC était objectivement connu), mais ce défaut était *spécifiquement indécelable* (il n'était pas possible d'identifier les produits spécifiques contenant le défaut). Pour autant, cette circonstance importait peu : à partir du moment où le défaut était généralement décelable, le producteur ne pouvait s'exonérer de sa responsabilité en faisant valoir l'exonération pour risque de développement.

[1107] En ce sens (et critiquant cela) : J. HUET, « Le paradoxe des médicaments et les risques de développements », *D.* 1987, chron. p. 73, spéc. p. 77.

[1108] [souligné dans le texte] *A v. NBA*, préc. (note 1027), [78] (Burton J.) : « Unknown risks are unlikely to qualify by way of defence within Article 6. They may however qualify for Article 7(e). Known risks do not qualify within Article 7(e), even if unavoidable in the particular product. »

Il faut donc en déduire que seuls les risques inconnus au moment de la mise en circulation et au regard de l'état objectif des connaissances scientifiques et techniques accessibles, permettent au producteur de pouvoir invoquer, avec succès, l'exonération pour risque de développement. Pourquoi ? Car seuls les risques inconnaissables permettent de considérer que l'existence du défaut est *généralement indécelable*. Si le risque est connu, ou même suspecté, alors l'existence du défaut est généralement décelable : l'état des connaissances scientifiques et techniques a permis d'identifier le problème (le risque lié au produit). Certes, dans cette hypothèse, l'existence du défaut peut être spécifiquement indécelable – autrement dit, le risque est connu mais l'état objectif des connaissances scientifiques et techniques ne permet pas d'identifier quels sont les exemplaires atteints du défaut en l'espèce – mais cela n'a pas d'importance. Dans ce cas, le producteur continue à produire et fournir ses produits « à ses propres risques »[1109]. Ainsi, à partir du moment où le risque est objectivement connaissable, le producteur est en quelque sorte tenu *de garantir les dommages résultant du défaut de son produit*.

C'est en substance la position du juge Burton dans *A v. NBA* et il nous semble que cette approche sera également privilégiée par le droit français et ce, pour deux raisons : d'une part, l'exonération pour risque de développement a pour seul objectif de protéger les producteurs des risques imprévisibles. Or, si le risque n'est plus inconnaissable au regard de l'état objectif des connaissances scientifiques et techniques, alors il devient prévisible. Le producteur peut s'en protéger en ayant recours à l'assurance. D'autre part, le droit français semble vouloir limiter l'invocation de cette cause d'exonération dans le contexte des produits de santé : non seulement l'arrêt rendu le 20 septembre 2017 dans l'affaire du Mediator abonde en ce sens[1110], mais au surplus, le projet de réforme de la responsabilité civile présenté le 13 mars 2017 prévoit d'interdire l'invocation de cette cause d'exonération lorsque le dommage a été causé par « un produit de santé à usage humain ». Dans ces conditions, il est probable que le juge français limite l'exonération pour risque de développement aux seules hypothèses de risques objectivement inconnaissables – autrement dit, en cas de défauts généralement indécelables.

489. L'exonération pour risque de développement est reconnue dans les systèmes juridiques français et anglais, ce qui traduit la volonté des législateurs de préserver, dans une certaine mesure, les intérêts des opérateurs économiques du secteur de production. Toutefois, le législateur français tient compte des particularités de certains produits. Pour favoriser les victimes potentielles de certains risques sanitaires sériels, le législateur français admet ainsi des exceptions à l'exonération pour risque de développement.

[1109] *A v. NBA*, préc. (note 1027), [74] (Burton J.).

[1110] *Supra*, n°483 ; V° aussi sur cette question : CA Toulouse (3ème ch., sect. 1), 22 février 2000, préc. (note 401), n°1999/01293 (sur la viande de cheval contaminée par des larves de trichines).

II. *Les exceptions à l'exonération pour risque de développement*

490. Contrairement au droit anglais, le droit français interdit parfois au producteur de pouvoir invoquer l'exonération pour risque de développement (A). Les deux systèmes juridiques ont donc adopté une position divergente sur ce point. Cette divergence risque d'être amenée à se creuser si le projet de réforme de la responsabilité civile, présenté par l'ancien garde des Sceaux, M. Urvoas, le 13 mars 2017[1111], vient à être adopté en droit français. En effet, ce dernier prévoit d'élargir l'exception prévue (B).

A. Une position différente des droits français et anglais

491. Le choix des systèmes juridiques français et anglais : une solution de compromis en droit français. – La reconnaissance de l'exonération pour risque de développement a fait l'objet d'intenses débats[1112] en France[1113], mais aussi en Angleterre. En particulier, ses fervents opposants craignaient que son introduction dans les droits internes français et anglais n'entraîne un abaissement de la protection des victimes de risques sanitaires sériels. Les opposants anglais ont ainsi fait valoir que cette cause d'exonération entraînerait un vide compensatoire pour les victimes du type de celles de la thalidomide[1114], quand les opposants français ont craint qu'elle ne soit défavorable aux victimes du sang contaminé qui bénéficiaient jusque-là d'un régime de responsabilité assez favorable avec le développement prétorien des obligations de sécurité de résultat[1115]. Malgré ces hésitations, l'exonération pour risque de développement a tout de même été introduite dans les deux droits pour préserver dans une certaine mesure les intérêts économiques des entreprises.

Le droit français s'est cependant démarqué du droit anglais – et de la majorité des systèmes juridiques[1116] – en admettant une exception à l'article

---

[1111] *Projet de réforme de la responsabilité civile*, Direction des affaires civiles et du sceau, présenté le 13 mars 2017, par J.-J. Urvoas, garde des Sceaux, ministre de la justice, à la suite de la consultation publique menée d'avril à juillet 2016. Disponible [en ligne] : <http://www.justice.gouv.fr/publication/Projet_de_reforme_de_la_responsabilite_civile_13032017.pdf >

[1112] Par ex. en droit français : P. Fauchon (Sénat), rapp. préc. (note 583), sous I.B/. Par exemple, en droit anglais, sur l'opposition des parlementaires anglais à l'adoption de cette cause d'exonération et les raisons au soutien de cette position : *supra*, n°244.

[1113] Ces débats expliquent d'ailleurs le retard avec lequel la directive a été transposée en droit français.

[1114] *Hansard*, HL Deb., vol. 482 (8 December 1986), col. 1003-1062, spéc. col. 1009 (Lord Williams of Elvel).

[1115] V° sur l'obligation de sécurité de résultat : *supra*, n°445 et s.

[1116] À l'exception de l'Espagne qui, admettant cette cause d'exonération, a néanmoins prévu d'exclure les aliments et les produits médicaux de son champ d'application : M. Vega, « The de-

1245-11 du Code civil : « le producteur ne peut invoquer la cause d'exonération prévue au 4° de l'article 1245-10 lorsque le dommage a été causé par un élément du corps humain ou les produits issus de celui-ci ». Cette exception, indéniablement influencée par l'affaire du sang contaminé, constitue une solution de compromis entre ceux qui souhaitaient exclure tous les éléments et produits du corps humain du champ d'application de la loi relative à la responsabilité du fait des produits défectueux[1117], et ceux qui, souhaitant les inclure, préféraient néanmoins exclure l'ensemble des produits de santé[1118] de l'exonération pour risque de développement.

Ceci étant, le législateur français n'a pas défini ce que constituaient « les éléments du corps humain » ou les « produits issus de celui-ci », même s'il fournit quelques indications sur les contours de ces notions, dans les lois dites « bioéthique », des 1er et 29 juillet 1994[1119]. Il faut néanmoins convenir que ces précisions sont loin de suffire pour répondre à toutes les questions susceptibles de se poser[1120].

---

fence of development risks in Spanish Law » (1997) 5 *Consumer LJ* 144. L'Allemagne dispose d'un régime de responsabilité particulier en ce qui concerne les produits pharmaceutiques, qui ne prévoit pas l'exonération pour risque de développement.

[1117] Par ex. : J. TOUBON, *Responsabilité du fait des produits défectueux*, discussion d'une proposition de loi, séance unique du 12 mars 1997, Débat A.N., Xe législature, session 1996-1997, p. 33 : « Or, il est clair que ni éthiquement, ni juridiquement, il n'est concevable de faire des produits issus du corps humain et des éléments de celui-ci, des "produits" au sens de la directive, c'est-à-dire des produits du commerce, alors même que la généralité de ce concept y invite. »

[1118] C. CAILLE, préc. (note 1004), spéc. sous n°81 ; V° E. GUIGOU, *Responsabilité du fait des produits défectueux*, discussion en deuxième lecture, d'une proposition de loi, première séance du 25 mars 1998, Débat A.N., XIe législature, session 1997-1998, p. 27 : « (...) tandis que le Gouvernement, de son côté, soutenait une position intermédiaire excluant de l'exonération les produits et éléments du corps humain ainsi que les produits de santé ».

[1119] Par exemple, sur la notion d' « éléments du corps humain » : M. VAUZELLE (garde des Sceaux), *Éthique biomédicale : corps humain*, Suite de la discussion d'un projet de loi, 3ème séance du 20 novembre 1992, Débat A.N., IXe législature, session 1992-1993, p. 5839 : « Elle [la notion de « parties »] apparaît de ce fait, plus réductrice que celle d' « éléments », qui recouvre non seulement les organes et les tissus, mais également les cellules, dont les gamètes ». Sur les incertitudes relatives à la notion de « gamètes », V° par ex. : J.-F. MATTEI (A.N), *Éthique biomédicale : corps humain*, Suite de la discussion d'un projet de loi, 3ème séance du 20 novembre 1992, Débat A.N., IXe législature, session 1992-1993, p. 5843. Ce dernier préfère qualifier les gamètes de « produits » plutôt que d' « éléments ».

[1120] Par exemple, la qualification a semblé plus délicate en ce qui concerne les médicaments issus des biotechnologies, car ils sont susceptibles de contenir certains éléments ou produits issus du corps humain, tout en ayant le statut juridique de « médicaments ». Cela a conduit certains à conclure qu'ils étaient exclus du bénéfice de l'article 1245-11 du Code civil : C. MASCRET, « La loi sur les produits défectueux et « les éléments ou produits issus du corps humain » », *LPA* 1999, n°23, p. 16. Selon cette vision, par exemple, les produits sanguins labiles, non-qualifiés de médicaments, pourraient tomber sous le coup de l'exception, tandis que les produits sanguins stables, qualifiés de médicaments, ne le pourraient pas. Cette position n'emporte cependant pas notre adhésion : en effet, l'article 1245-11 du Code civil ne distingue pas selon que les éléments du corps humain et les produits issus de celui-ci ont ou non été transformés ; par conséquent, suivant la maxime *ubi lex non distinguit, nec nos distinguere debemus*, l'article 1245-11 du Code civil devrait pouvoir se comprendre de manière extensive.

492. La création d'une nouvelle exception à vocation de sanction. – Le législateur français a également prévu une seconde exception à l'invocabilité de l'exonération pour risque de développement, dans la loi n°2013-316 du 16 avril 2013 relative à l'indépendance de l'expertise en matière de santé et d'environnement et à la protection des lanceurs d'alerte[1121]. L'article 13, alinéa 1, de cette loi prévoit en effet que « tout employeur saisi d'une alerte en matière de santé publique ou d'environnement qui n'a pas respecté les obligations lui incombant en application des articles L. 4133-1 et L. 4133-2 du code du travail perd le bénéfice des dispositions du 4° de l'article 1386-11 [maintenant article 1245-10] du code civil ».

Ainsi, lorsque le producteur aura, en sa qualité d'employeur, été alerté par un employé des risques graves pour la santé publique ou l'environnement, et qu'il n'aura pas respecté son obligation d'information envers celui-ci ou envers le CHSCT sur les suites données à l'alerte, il ne pourra pas se prévaloir de l'exonération pour risque de développement en cas de défectuosité de son produit. Cette disposition, qui renforce la protection des consommateurs victimes, constitue en réalité une sanction pour le producteur, pris en sa qualité d'employeur[1122].

493. En neutralisant parfois l'exonération pour risque de développement, le législateur français a cherché à renforcer la protection de certaines victimes. En effet, dans ces situations, l'absence de connaissance scientifique ne protège plus les producteurs qui sont tenus d'indemniser les victimes même en cas de risques objectivement inconnus. Ce mouvement de faveur envers les victimes a vocation à s'accentuer *de lege ferenda*.

B. Les exceptions à l'exonération pour risque de développement *de lege ferenda*

494. Le renforcement de la protection des victimes de dommages corporels : objectif de la réforme envisagée par le droit français de la responsabilité civile. – La réforme du droit des obligations a été envisagée depuis plusieurs années maintenant, comme en témoignent les multiples avant-projets de réforme qui ont rythmé les années 2000[1123]. Après la réforme du droit des contrats, la Chancellerie s'est engagée sur la voie de la réforme du droit de

---

1121 JORF, n°90, 17 avril 2013, p. 6465.

1122 A. Laude, « Science et démocratie : garantir un juste équilibre. À propos de la loi du 16 avril 2013 », *JCP G.*, n°24, 10 juin 2013, doctr. 690, spéc. n°23-24.

1123 Par exemple, on peut citer P. Catala, *Avant-projet de réforme du droit des obligations et de la prescription*, Rapport à M. Pascal Clement, Garde des Sceaux, 22 septembre 2005, La Documentation française, coll. « Rapport », 2006, disponible en ligne :
< https://www.vie-publique.fr/sites/default/files/rapport/pdf/054000622.pdf >
Ou encore ceux dirigés par le Professeur F. Terre (2008, 2011) : F. Terre (dir.), *Pour une réforme du droit des contrats*, Dalloz, coll. « Thèmes & Commentaires », novembre 2008 ; F. Terre (dir.), *Pour une réforme du droit de la responsabilité civile*, Dalloz, coll. « Thèmes & Commentaires », Mars 2011.

la responsabilité civile, en soumettant un nouvel avant-projet à consultation publique, le 29 avril 2016.

D'une manière générale, comme l'a indiqué l'ancien garde des Sceaux lui-même, la réforme poursuit trois ambitions : moderniser, clarifier le droit positif et enrichir ce dernier de deux siècles de jurisprudence et de doctrine[1124], tout en gardant le souci constant du juste équilibre entre « l'efficacité attendue par les acteurs économiques et la protection que sont en droit d'attendre les victimes »[1125]. Mettant en œuvre cette idée, le projet de réforme, présenté le 13 mars 2017, a notamment choisi de renforcer la protection des victimes de dommages corporels, en plaçant « l'intégrité de la personne au sommet de la hiérarchie des intérêts protégés »[1126]. Pour remplir cet objectif, « un ensemble de règles destinées à améliorer et harmoniser l'indemnisation des victimes de dommages corporels »[1127] est envisagé.

495. L'exonération pour risque de développement dans l'avant-projet de réforme de responsabilité civile[1128], soumis à consultation publique le 29 avril 2016. – L'amélioration de l'indemnisation des victimes de dommages corporels ne concerne pas seulement les responsabilités à vocation généraliste, comme la responsabilité pour faute. L'avant-projet de réforme l'a également prévue dans le cadre des responsabilités considérées spéciales, comme la responsabilité du fait des produits défectueux, notamment en ce qui concerne l'exonération pour risque de développement. À ce propos, deux hypothèses ont été envisagées[1129] : la première était de supprimer purement et simplement cette cause d'exonération, la seconde d'élargir l'exception initialement prévue.

496. La proposition d'élargissement de l'exception dans le projet de réforme français de la responsabilité civile[1130], présenté le 13 mars 2017. – À la suite de la consultation publique, lancée le 29 avril 2016, la Chancellerie a modifié certaines dispositions prévues initialement, afin de répondre aux objections ou critiques formulées à l'encontre de l'avant-projet de réforme. En ce qui concerne la question de l'exonération pour risque de développement, la Chancellerie a pris position. Elle considère que « la cause d'exonération pour risque de développement, qu'il était proposé de supprimer, ne l'est finalement que pour les produits de santé à usage humain afin de favoriser la réparation des dommages corporels des victimes d'accidents sanitaires collectifs. En effet, de

---

[1124] J.-J. URVOAS, *Présentation du projet de réforme du droit de la responsabilité civile*, discours prononcé le lundi 13 mars 2017 à l'Académie des sciences morales et politiques, p. 4.

[1125] *Ibid.*, p. 3.

[1126] *Ibid.*, p. 7.

[1127] *Ibid.*, p. 7.

[1128] Disponible en ligne : < http://www.textes.justice.gouv.fr/art_pix/avpjl-responsabilite-civile.pdf >

[1129] Art. 1298, 4° et art. 1299 de l'avant-projet de loi, *Réforme de la responsabilité civile*, Direction des Affaires civiles et du Sceau, 29 avril 2016. V° aussi : J.-S. BORGHETTI, « L'avant-projet de réforme de la responsabilité civile », *D.* 2016, N°25, 07/07/2016, p. 1442, spéc. n°63.

[1130] Disponible en ligne :
<http://www.justice.gouv.fr/publication/Projet_de_reforme_de_la_responsabilite_civile_13032017.pdf >

nombreux contributeurs ont craint que la suppression de cette cause d'exonération ne constitue un frein inutile à l'innovation »[1131].

Ce faisant, suivant en cela la volonté de conserver un strict équilibre entre la préservation de l'efficacité des acteurs économiques, d'un côté, et la protection des victimes, de l'autre, la Chancellerie rejette la suppression pure et simple de l'exonération pour risque de développement, mais retient l'élargissement de ses exceptions. Ainsi, l'article 1298-1 du projet de réforme indique que « le producteur ne peut invoquer la cause d'exonération prévue au 4° de l'article 1298 lorsque le dommage a été causé par un élément du corps humain ou par les produits issus de celui-ci, *ou par tout produit de santé à usage humain mentionné dans le premier chapitre du titre II du livre Ier de la cinquième partie du code de la santé publique* »[1132].

497. La notion de « produit de santé à usage humain ». – Le projet de réforme de responsabilité civile (2017) n'entend pas élargir l'inapplicabilité de l'exonération pour risque de développement à tous les « produits de santé »[1133], ni même à tous les « produits pharmaceutiques »[1134]. L'exception prévue par l'article 1298-1 du projet de réforme est plus restreinte et renvoie seulement à *certains produits pharmaceutiques*, « les produits de santé à usage humain mentionnés dans le premier chapitre du titre II du livre Ier de la cinquième partie du code de la santé publique »[1135]. Cette notion qui mérite quelques précisions, renvoie en fait aux « médicaments à usage humain ».

Il est clair que ne constituent pas des « médicaments à usage humain »[1136] : les produits cosmétiques, les substances et préparations vénéneuses, les contraceptifs, les produits aptes à provoquer une interruption volontaire de grossesse, les aliments diététiques destinés à des fins médicales spéciales, les micro-organismes, les produits de tatouage, les matières premières à usage pharmaceutique, les médicaments vétérinaires, les produits de santé composés en tout ou partie d'OGM, les produits de santé contenant des substances à l'état nanoparticulaire, les dispositifs médicaux et les dispositifs médicaux de diagnostic *in vitro*.

Mais, les « médicaments à usage humain », auxquels l'article 1298-1 du projet de réforme renvoie, incluent : les préparations magistrales, les préparations hospitalières[1137], les préparations officinales, les médicaments immunologiques qui comprennent les allergènes, vaccins, toxines[1138] ou sérums,

---

[1131] Disponible en ligne : < http://www.textes.justice.gouv.fr/textes-soumis-a-concertation-10179/projet-de-reforme-du-droit-de-la-responsabilite-civile-29782.html >

[1132] [italiques ajoutées par nous]

[1133] Cinquième partie, CSP.

[1134] Cinquième partie, Livre Ier, CSP.

[1135] Cinquième partie, livre Ier, Titre II, CSP.

[1136] Les produits de santé cités sont inclus dans la partie cinquième « produits de santé » mais non pas dans le titre II « Médicaments à usage humain ».

[1137] À l'exception des thérapies génique ou cellulaire, mais qui devraient pouvoir être inclus dans les « éléments du corps humain et produits issus de celui-ci ».

[1138] Ne sont inclus dans les « médicaments à usage humain », que les toxines utilisées en vue de provoquer une immunité active ou passive ou en vue de diagnostiquer l'état d'immunité.

les médicaments radiopharmaceutiques, les générateurs[1139], les trousses[1140], les précurseurs[1141], les médicaments homéopathiques, les préparations de thérapie génique et de thérapie cellulaire xénogénique, les médicaments biologiques, les médicaments à base de plante, les médicaments de thérapie innovante et les médicaments dérivés du sang. Il convient également d'inclure les produits présentés comme supprimant l'envie de fumer ou réduisant l'accoutumance au tabac, considérés selon l'article L. 5121-2 du CSP comme des « médicaments ».

498. Appréciation de la proposition. – Le projet de réforme de la responsabilité civile (2017) doit encore être discuté au Parlement[1142], et il est donc possible que la proposition liée à l'exonération pour risque de développement ne soit pas suivie d'effets. Malgré tout, la disposition proposée permettrait de lever certaines interrogations, notamment quant au point de savoir si les éléments du corps humain et produits issus de celui-ci ayant le statut de « médicament » sont inclus dans l'exception. Elle améliorerait également la position des victimes de certains risques sanitaires sériels, comme celles du Distilbène, du Mediator, du vaccin anti-hépatite B et autres médicaments à usage humain.

Mais précisément, pourquoi limiter l'exception aux victimes de *certains* risques sanitaires sériels ? Le ministre de la Justice avait justifié la proposition en indiquant qu'elle avait vocation « à favoriser la réparation des dommages corporels des victimes d'accidents sanitaires collectifs »[1143]. Au regard de la justification apportée, pourquoi exclure certains produits de santé, tels que les dispositifs médicaux, de l'exception ? Ces derniers sont autant susceptibles d'entraîner des « accidents sanitaires collectifs » que les médicaments à usage humain, comme le suggère le contentieux anglais des prothèses de hanche dite « métal sur métal ». La même remarque peut être apportée en ce qui concerne les produits agroalimentaires et phytosanitaires, comme nous l'enseignent tant l'affaire de la « vache folle » que les débats relatifs au glyphosate. La proposition actuelle manque de cohérence et introduit une disparité indésirable entre les victimes de risques sanitaires sériels, selon le produit concerné, voire même selon le produit de santé concerné.

Si le législateur français souhaite s'engager dans cette voie, ce qui nous paraît peu judicieux, il doit selon nous aller jusqu'au bout : il devrait reconnaître l'inapplicabilité de cette cause d'exonération à toutes les situations de dommages corporels résultant de la réalisation de risques sanitaires sériels. Dans tous les cas, le législateur devrait, à tout le moins, retenir l'inapplicabilité de l'exonération pour *tous les produits de santé*, sans distinction. Une telle position aurait d'ailleurs le mérite de superposer, dans une large mesure, le domaine d'application de l'exception proposée avec celui du recours à l'action de groupe, prévue à l'article L. 1143-2, alinéa 1, du Code de la santé publique,

---

[1139] Art. L. 5121-1, 8°, CSP.
[1140] Art. L. 5121-1, 9°, CSP.
[1141] Art. L. 5121-1, 10°, CSP.
[1142] Une mission d'information sur la responsabilité civile a été créée, le 8 novembre 2017, afin de préparer l'examen par le Sénat du projet de réforme de la responsabilité civile (2017).
[1143] Disponible en ligne : < http://www.textes.justice.gouv.fr/textes-soumis-a-concertation-10179/projet-de-reforme-du-droit-de-la-responsabilite-civile-29782.html >

si bien qu'en cas « d'accidents sanitaires collectifs », permettant le recours à l'action de groupe, le producteur ne pourrait pas faire valoir l'exonération pour risque de développement.

La solution est indéniablement sévère pour le producteur, celui-ci ne pouvant avoir recours à l'exonération dans les situations pour lesquelles elle a été précisément introduite. Toutefois, si l'objectif poursuivi est de renforcer la protection des victimes de risques sanitaires sériels, alors rien ne justifie d'avantager certaines de ces victimes seulement.

499. Conclusion de la section II. – D'une manière générale, le droit français apparaît plus réfractaire que le droit anglais à admettre l'exonération de la responsabilité sans faute du défendeur en cas de risque sanitaire sériel inconnu.

D'abord, seule la cause étrangère était susceptible d'exonérer le défendeur de sa responsabilité, fondée sur la violation de l'obligation de sécurité de résultat. En particulier, dans le cadre de risques sanitaires sériels tels que celui relatif au sang contaminé, seule la force majeure était admise. Par conséquent, si la réalisation d'un risque objectivement inconnu était susceptible de remplir les caractères d'imprévisibilité et d'irrésistibilité requis pour retenir cette cause d'exonération, la réalisation d'un risque inconnu lié à un vice interne au produit empêchait de caractériser la condition d'extériorité. Il en ressort que ce régime de responsabilité était particulièrement protecteur des victimes de risques sanitaires sériels, puisque la réalisation d'un risque inconnu n'entraînait aucun effet exonératoire.

Ensuite, dans le cadre de la responsabilité du fait des produits défectueux, les droits français et anglais ont tous deux consacré l'exonération pour risque de développement dans leur droit interne. Ceci constitue, en droit français, un net recul de la protection des victimes de risques sanitaires sériels par rapport au régime de responsabilité fondé sur l'obligation de sécurité de résultat. En effet, l'absence de connaissances scientifiques (et techniques) sur les risques liés au produit est susceptible de rendre le défaut « indécelable », permettant ainsi l'exonération du défendeur. Néanmoins, contrairement au droit anglais, le droit français a atténué la sévérité de cette cause d'exonération en admettant des exceptions, dans le cadre de risques sanitaires sériels. Ainsi, l'exonération pour risque de développement ne joue pas lorsque le dommage a été causé par un élément du corps humain ou par les produits issus de celui-ci ; elle ne joue pas non plus lorsque le producteur, pris en sa qualité d'employeur, a été alerté par ses employés de l'existence d'un risque pour la santé publique ou l'environnement, et n'a pas respecté ses obligations légales. Enfin, le projet de réforme de responsabilité civile (2017) prévoit d'étendre l'inapplicabilité de l'exonération aux dommages causés par les « médicaments à usage humain », produits qui sont susceptibles d'entraîner la réalisation de risques sanitaires sériels.

⁂

500. Conclusion du chapitre I. – À l'issue de ce chapitre, il est possible d'affirmer que les risques sanitaires sériels inconnus entraînent deux séries de conséquences pour la mise en œuvre de la responsabilité civile.

En ce qui concerne l'établissement du fait générateur de responsabilité, les risques sanitaires sériels inconnus font obstacle à la reconnaissance d'une responsabilité fondée sur la faute, tant en droit français qu'en droit anglais : le défaut d'action vis-à-vis d'un risque qui était objectivement inconnu au moment du fait dommageable n'est pas constitutif d'une faute, en droit français, ou de la violation d'un devoir de diligence (*breach of duty of care*) en droit anglais et ce, peu important que le risque soit devenu avéré au moment de l'introduction de l'action indemnitaire. Cette position des deux droits met clairement en avant la fonction normative de la responsabilité civile.

Cependant, pour renforcer la protection des victimes de certains risques sanitaires sériels, le droit français a contourné ce problème en développant des obligations de sécurité de résultat, dont la violation pouvait être caractérisée même lorsque le risque était objectivement inconnu. Ce régime, très protecteur envers les victimes, a toutefois dû céder la place à la responsabilité du fait des produits défectueux. Ce nouveau régime de responsabilité constitue sans aucun doute une *avancée* pour les victimes en droit anglais car il permet – en théorie du moins – de renforcer leur protection, notamment en cas de risques sanitaires sériels, par rapport au *tort of negligence*. En revanche, en droit français, il entraîne un net *recul* de la protection des victimes par rapport au régime fondé sur l'obligation de sécurité de résultat. En effet, le risque inconnu est parfois – mais pas toujours – susceptible de constituer un obstacle à la caractérisation du défaut de sécurité d'un produit, aussi bien en droit français qu'anglais.

En ce qui concerne l'exonération de responsabilité (sans faute), les deux systèmes juridiques ont admis l'exonération pour risque de développement dans le cadre de la responsabilité du fait des produits défectueux. Un défendeur peut donc tout à fait s'exonérer de sa responsabilité lorsque l'existence d'un risque objectivement inconnu au moment de la mise en circulation rend le défaut indécelable, ce qui constitue, là encore, un recul pour les victimes françaises par rapport au régime de l'obligation de sécurité de résultat. Les systèmes juridiques français et anglais ont certes admis l'exonération pour risque de développement, mais des divergences continuent de les séparer : le droit français demeure, encore et toujours, plus favorable vis-à-vis des victimes de risques sanitaires sériels, que ne l'est le droit anglais. En effet, contrairement à ce dernier, le droit français a fait le choix de consacrer des exceptions à l'exonération pour risque de développement, qui bénéficient à certaines victimes seulement de risques sanitaires sériels, mais que le projet de réforme de la responsabilité civile (2017) prévoit encore d'étendre.

501. En somme, les développements précédents permettent d'abord de conclure qu'il est difficile d'obtenir réparation d'un dommage corporel résultant de la réalisation d'un risque sanitaire sériel inconnu, tant en droit français qu'en droit anglais. Mais, l'analyse permet aussi de révéler que, comparé au droit anglais, le droit français tend à adopter des solutions qui s'inscrivent dans le sens de l'indemnisation des victimes, même dans les hypothèses de risque sanitaire sériel inconnu. Cette différence d'approche entre les deux droits se vérifie encore lorsque l'on examine le traitement par les droits français et anglais de la responsabilité civile des hypothèses de risques sanitaires sériels suspectés (**chapitre II**).

Chapitre II : Les risques sanitaires sériels suspectés

« Il faut apprendre à naviguer dans un océan d'incertitudes à travers des archipels de certitude. »[1144]

502. Les risques sanitaires sériels dits suspectés correspondent en réalité aux situations de doute scientifique : ces risques impliquent l'existence d'une incertitude scientifique portant sur la possibilité qu'un produit ou une substance puisse causer, dans l'absolu, l'atteinte à la santé envisagée[1145].

Par suite, sur le plan de la responsabilité civile, c'est d'abord la réparation des dommages corporels qui pose difficulté ; en particulier l'incertitude scientifique liée à l'existence même du risque empêche corrélativement l'établissement d'un lien de causalité général entre le produit ou la substance et l'atteinte à la santé, qui consiste souvent en une maladie. Dès lors, le traitement de l'incertitude scientifique du lien de causalité général doit être comparé dans les deux droits, afin de déterminer si – et comment – une telle incertitude affecte la réparation des atteintes à l'intégrité physique (**section I**). À cet égard, le droit français adopte une vision bien plus souple de la causalité que le droit anglais. Il s'agit d'une divergence d'approche importante qui témoigne de l'orientation des systèmes juridiques quant au rôle de la responsabilité civile dans le contexte des risques sanitaires sériels.

La réparation est une chose. Mais la gravité des conséquences résultant de la réalisation d'un risque sanitaire sériel impose de trouver les moyens permettant d'empêcher sa réalisation, y compris dans le contexte d'incertitudes scientifiques. Dans le domaine des risques suspectés, le principe de précaution est sans doute l'outil qui surgit spontanément à l'esprit. Pourtant, la responsabilité civile n'est pas totalement démunie pour lutter contre la survenance de dommages : on l'oublie parfois, mais elle a aussi une fonction prophylactique, dont on trouve quelques illustrations en droit français dans le contexte de certains risques sanitaires sériels suspectés. Dans ces conditions, le traitement de l'incertitude scientifique en l'absence d'atteinte à l'intégrité physique doit également être comparé en droits français et anglais (**section II**). Si les deux droits ont fini par adopter une position somme toute similaire, tel n'a pas toujours été le cas, le droit français se montrant, une fois encore, bien plus favorable à l'indemnisation des victimes de risques sanitaires sériels.

[1144] E. MORIN, *Les sept savoirs nécessaires à l'éducation du futur*, UNESCO, édition du Seuil, 1999, p. 3.

[1145] V° *supra*, n°409.

SECTION I : LE TRAITEMENT DE L'INCERTITUDE SCIENTIFIQUE EN CAS D'ATTEINTE À L'INTÉGRITÉ PHYSIQUE

503. L'analyse comparée du traitement de l'incertitude scientifique en cas d'atteinte à l'intégrité physique implique d'examiner les effets que produit l'incertitude du lien de causalité général[1146] sur la mise en jeu de la responsabilité civile. Sur ce point, les droits français et anglais ont fini par adopter une position radicalement différente. En effet, l'incertitude scientifique affectant la causalité générale constitue un obstacle dirimant au succès d'une action en responsabilité en droit anglais, ce qui n'est plus le cas en droit français (paragraphe 1).

Contrairement aux juges anglais, les juges français ont donc assoupli leur position et ce, il faut le noter, à l'occasion d'une hypothèse de risque sanitaire sériel. Ces risques sont donc clairement des moteurs de l'évolution du droit de la responsabilité civile, en France du moins. Dans cette perspective, il convient d'apprécier les réponses, différentes, apportées par les deux systèmes juridiques sur cette question (paragraphe 2).

§1 – Les effets de l'incertitude du lien de causalité général

504. La question des effets de l'incertitude du lien de causalité général sur la mise en jeu de la responsabilité civile est rarement évoquée directement dans les décisions judiciaires françaises et anglaises. Dès lors, la position adoptée par les deux systèmes juridiques sur cette question importante doit être clairement présentée (I).

En droit français, l'incertitude scientifique affectant la causalité générale est une difficulté récurrente dans les situations impliquant des produits de santé ; la question de ses effets juridiques se pose aujourd'hui principalement dans le cadre de la responsabilité du fait des produits défectueux. Les juges français ont donc souhaité connaître la position de la CJUE sur ce point, laquelle est susceptible d'affecter la pratique judiciaire suivie par chacun des États membres. Dans ces conditions, la compatibilité des solutions françaises et anglaises avec la décision rendue le 21 juin 2017 par la CJUE sera examinée (II).

[1146] Sur la notion de lien de causalité général : *supra*, n°407 et 408.

I. *LA POSITION DES DROITS FRANÇAIS ET ANGLAIS*

505. Une double étape est nécessaire pour comprendre la position adoptée par les systèmes juridiques français et anglais concernant le traitement de l'incertitude du lien de causalité général : lors d'une première étape, il faut déterminer si l'examen du lien de causalité général est indispensable dans les deux droits (A) ; dans une seconde étape, l'analyse doit nous amener à considérer si l'établissement du lien de causalité général est nécessaire au succès d'une action en responsabilité civile (B).

Ces deux questions entretiennent des liens étroits, ce qui explique que la première soit souvent ignorée au profit de la seconde. Pourtant, il importe de bien les distinguer, car si la nécessité d'établir le lien de causalité général implique, logiquement, que ce lien soit examiné, l'inverse n'est pas forcément vrai. Contrairement à ce qu'il serait possible de penser, l'examen du lien de causalité général ne répond pas à la question de savoir si les systèmes juridiques exigent corrélativement que ce lien soit positivement établi.

A. L'EXAMEN DU LIEN DE CAUSALITÉ GÉNÉRAL : UNE POSITION CONVERGENTE DES DROITS FRANÇAIS ET ANGLAIS

506. Les manifestations de l'examen du lien de causalité général en droits français et anglais. – Les décisions judiciaires témoignant de l'intérêt des juges pour la question de la causalité générale sont nombreuses dans le contexte des risques sanitaires sériels, aussi bien en droit français[1147] qu'en droit

[1147] Cass., civ. 1, 9 juillet 2009, n°08-11.073, *Bull. civ. I*, 2009, N°176 [sur le lien scientifique entre le vaccin anti-hépatite B et la survenance de sclérose en plaques] : *RTD civ.* 2009, N°4, 14/12/2009, p. 735, obs. P. JOURDAIN; *D.* 2009, N°29, 30/07/2009, p. 1968, obs. I. GALLMEISTER; *D.* 2010, N°1, 07/01/2010, p. 49, obs. Ph. BRUN ; *JCP G.* n°41, 5/10/2009, 308, note P. SARGOS ; *Droit de la famille*, n°10, octobre 2009, comm. 135, obs. J. JULIEN ; *Resp. civ. et assur.* n°10, octobre 2009, étude 13, obs. C. RADE. V° encore : CA Rennes (ch. 5), 28 novembre 2012, n°11/02676 [sur le lien entre le « Requip », médicament contre la maladie de Parkinson, et les comportements de jeu pathologique et d'hypersexualité] ; Par ex. : CA Paris, 26 octobre 2012, n°19/18297 (« Considérant que le collège expertal à l'examen duquel Mme Marie Elise F., épouse P. a été soumise a expressément affirmé qu'en général, le lien entre exposition au DES et l'adénocarcinome vaginal à cellules claires est absolument certain ») ; CA Versailles (ch. 3), 9 juin 2009, n°09/04905 ; CA Versailles (ch. 3), 26 novembre 2009, n°08/06779 ; CA Versailles (ch. 3), 13 octobre 2016, n°14/06399 [sur le lien scientifique entre l'exposition *in utero* à la molécule DES et la survenance de cancers du col de l'utérus ou du vagin, ou encore d'anomalies utérines] . Pour ce dernier arrêt, il est intéressant de noter que l'examen de la causalité générale a été évoqué non en rapport avec la condition de causalité mais avec celle de faute (violation de l'obligation de vigilance du fait de la connaissance par le laboratoire des effets tératogènes de la molécule). Cela s'explique car en l'occurrence, la faute des laboratoires était examinée avant l'imputabilité du dommage au produit.

anglais[1148]. Pour en citer quelques-unes, on relèvera, par exemple, en droit écossais, la décision *McTear v. Imperial Tobacco Ltd*[1149], dans laquelle le juge examine la causalité générale entre le tabagisme et le cancer des poumons, ou encore la décision *Loveday v. Renton*[1150], action de groupe en matière de vaccination, qui s'intéresse exclusivement au lien scientifique entre le vaccin anti-coqueluche et la survenance de dommages cérébraux rares chez de jeunes enfants[1151].

En droit français, on notera, par exemple, que dans un arrêt du 5 avril 2005, la Cour de cassation relève l'existence d'un lien *scientifique* entre le médicament « Zyloric » et l'apparition d'un syndrome de Lyell[1152], et que dans un arrêt du 24 janvier 2006, elle s'attache au lien entre l'Isoméride, médicament « coupe-faim », et la survenance d'hypertensions artérielles pulmonaires primitives (HTAPP)[1153].

Si l'intérêt des juges pour la causalité générale est indéniable, tout autre est la question de savoir si son examen est indispensable.

507. Un examen systématique du lien de causalité général ? – Il ne faut pas oublier que, dans les deux droits, seul le lien de causalité entre le fait générateur de responsabilité et le dommage est une condition juridique de responsabilité. À ce titre, l'examen du lien de causalité général ne présente pas d'intérêt en lui-même ; en réalité, les juridictions ne s'y intéressent qu'autant qu'il peut exercer une influence sur l'établissement du lien de causalité entre le fait générateur et le dommage[1154], condition qui, avec d'autres, détermine le succès de l'action. Par conséquent, dans de nombreuses situations, la question

---

[1148] *Gates v. McKenna* (14 August 1998) 46 BMLR 9 (Toulson J.) [lien entre une séance d'hypnose et une schizophrénie] ; *Dingley v. Chief Constable of Strathclyde Police*, HL (9th March 2000) [lien entre un traumatisme ou choc et la survenance d'une sclérose en plaques] ; *Vadera v. Shaw* (22 July 1998) 45 BMLR 162 (Henry LJ) [lien entre une pilule de deuxième génération « Logynon » et la survenance d'accidents vasculaires cérébraux (AVC) chez les patients normaux, et ceux souffrant d'hypertension]. V° R. GOLDBERG, « The Contraceptive Pill, Negligence and Causation : Views on Vadera v. Shaw », (Autumn 2000) 8 *Med. L. Rev.* 316-338, spéc. pp. 328-335.

[1149] [2005] CSOH 69 (affaire écossaise), [1.5] (Lord Nimmo Smith): « The pursuer can succeed in this case only if she proves all of the following: (1) that cigarette smoking can cause lung cancer (...) ».

[1150] [1990] 1 Med LR (Lord Justice Stuart-Smith).

[1151] *Ibid.*, p. 123 (Stuart-Smith LJ): « It is common ground that the onus of proof is upon the plaintiffs to establish that pertussis vaccine can cause permanent brain damage or death and that the standard of proof is the balance of probability: in other words, that it is more likely than not to do so. »

[1152] Cass., civ. 1, 5 avril 2005, n°s02-11.947 et 02-12.065, *Bull. civ. I*, 2005, N°173, p. 146 : *RDSS* 2005, N°3, 13/05/2005, p. 498, obs. A. LAUDE ; *D.* 2005, N°33, 29/09/2005, p. 2256, obs. A. GORNY ; *RTD civ.* 2005, N°3, 15/09/2005, p. 607, obs. P. JOURDAIN; *JCP G.* 2005, II, 10085, obs. L. GRYNBAUM, J.-M. JOB ; *JCP. G.* 2005, n°26, 29/06/2005, doctr. 149, obs. G. VINEY; *Resp. civ. et assur.* 2005, comm. 189, obs. C. RADÉ.

[1153] Cass., civ. 1, 24 janvier 2006, n°02-16.648, *Bull. civ. I*, 2006, N°35, p. 34: *D.* 2006, N°6, 09/02/2006, p. 396 ; *RTD civ.* 2006, N°2, 15/06/2006, p. 323, obs. P. JOURDAIN ; *Resp. civ. et assur.* n°3, mars 2006, comm. n°89, obs. C. RADÉ.

[1154] S. STEEL, *op. cit.* (note 807), *Proof of causation in Tort Law*, Cambridge University Press, coll. « Cambridge Studies in International and Comparative Law », 2015, p. 6.

du lien de causalité général n'est pas évoquée[1155]. En fait, le lien de causalité général n'est examiné que lorsque le défendeur conteste son existence[1156].

Or, précisément, les contentieux impliquant des risques sanitaires sériels liés à un produit, une substance ou toute autre situation potentiellement nocive, sont souvent propices à faire émerger une contestation sur l'existence de ce lien. Le processus causal entraînant la survenance de la maladie est souvent invisible, le délai de latence entre l'exposition et la manifestation de la maladie peut être long[1157]. Dans ce contexte, les données scientifiques peuvent être insuffisantes ou contestées, si bien que l'existence d'un lien scientifique de cause à effet entre les deux événements est rarement évidente. Cela peut inciter les défendeurs à contester la réalité de ce lien.

508. Il apparaît ainsi que les droits français et anglais ont adopté une position convergente sur la question de l'examen du lien de causalité général : bien que cet examen ne soit ni obligatoire, ni systématique, le lien de causalité général est examiné par les juges lorsque son existence fait l'objet d'une contestation, situation assez courante dans les contentieux sanitaires sériels. Dans cette hypothèse, il est nécessaire de s'interroger sur l'objectif que poursuit cet examen : en particulier, la question se pose de déterminer si le demandeur est alors tenu d'établir positivement l'existence du lien de causalité général.

1155 En droit anglais : Par exemple, dans la décision *Campbell v. UK Coal Mining* [2008] EWCA Civ. 1641, la seule question qui s'était posée aux juges était de déterminer si la lésion ligamenteuse subie par le demandeur était due à *la négligence* de son employeur, ou si elle résultait d'une modification dégénérative préexistante de l'épaule. Dans ce contentieux, le lien de causalité général entre la chute du demandeur (attribuée à la négligence de l'employeur) et la lésion ligamenteuse subie n'était pas discuté. L'explication réside, selon nous, dans l'absence de remise en cause, par le défendeur, de la *capacité* d'une chute à entraîner ce type de lésion. De ce fait, en contestant seulement le fait que le *negligence* ait causé le dommage (ou la *fault-causation*, pour reprendre les termes de Lord Nimmo-Smith (*McTear v. Imperial Tobacco Ltd* [2005] 2 S.C. 1, [7.156])), le défendeur a indirectement validé l'existence du lien de causalité général. En droit français : dans les cas évidents, la question du lien de causalité général n'est pas non plus évoquée. Par exemple, la capacité d'un bâton à éborgner un enfant n'a pas besoin d'être examinée : Cass., AP, 9 mai 1984, n°80-14.994, *Bull. AP*, N°1. En ce sens, et de manière plus générale : R. W. WRIGHT, I. PUPPE, « Causation : Linguistic, Philosophical, Legal and Economic », (2016) 91 *Chi.-Kent L. Rev.* 461, spéc. p. 489 : « General causation is usually assumed, without requiring proof, in traditional crash-bash-slash situations, but it has become a subject of major contention in modern tort cases involving, for example, toxic or carcinogenic substances, in which the relevant causal laws often are much less well understood and even doubted as being deterministic ».

1156 C'est précisément ce qui explique que dans *McTear v. Imperial Tobacco Ltd*, la question du lien de causalité géneral entre le tabac et le cancer du poumon ait dû être résolue, contrairement à d'autres affaires impliquant des producteurs de tabac ; en ce sens : R. GOLDBERG, « Epidemiological, Uncertainty, Causation and Drug Product Liability », (2014) 59 *McGill L. J.* 777, spéc. pp. 797-798: « The problem of establishing a general causal link between cigarette smoking and cancer was exacerbated by the fact that, unlike all the cigarette companies in the United States and all the other cigarette companies in the United Kingdom, Imperial Tobacco had not accepted that there was a causal link between smoking and disease, especially lung cancer ». En note 96, l'auteur relève que le défendeur contestait l'existence du lien alors même qu'il existait un consensus général sur ce point depuis cinquante ans.

1157 V° *supra*, n°82.

B. L'ÉTABLISSEMENT DU LIEN DE CAUSALITÉ GÉNÉRAL : UNE NÉCESSITÉ ?

509. La réponse à cette question présente une importance particulière car elle détermine si le demandeur a une chance d'engager une action en responsabilité civile avec succès dans une situation d'incertitude scientifique. En effet, si l'existence de la causalité générale doit être positivement établie, alors l'incertitude scientifique affectant le lien de causalité général fera obstacle au succès de l'action indemnitaire. Les droits français et anglais ont répondu de manière identique à l'origine (1), mais tel n'est plus le cas aujourd'hui (2).

1. La nécessité d'établir un lien de causalité général : convergence des droits français et anglais jusqu'en 2008

510. Jusqu'au 22 mai 2008, l'établissement du lien de causalité général était un préalable nécessaire au succès d'une action en responsabilité civile en droit français comme en droit anglais (a). Par conséquent, dans les deux systèmes juridiques, l'existence d'une incertitude scientifique sur le lien de causalité général empêchait systématiquement le succès de l'action en responsabilité (b).

a. *La position des droits français et anglais jusqu'au 22 mai 2008*

511. L'établissement de l'existence d'un lien de causalité général : un préalable indispensable. – Le droit anglais n'a jamais explicitement formulé sa position, mais il est clair qu'en cas de contestation par le défendeur, le demandeur est alors tenu d'établir le lien de causalité général[1158], position initialement adoptée en droit français également.

512. En droit anglais, dans la décision *Loveday v. Renton*[1159], seulement concernée par la question de la causalité générale, le juge Stuart-Smith indique que « les demandeurs ont la charge *d'établir* que le vaccin anti-coqueluche peut causer un dommage cérébral permanent ou le décès »[1160] selon la balance des

[1158] En ce sens: R. GOLDBERG, art. préc. (note 1156), pp. 781-782 : « In order to establish factual causation in the context of medicinal product liability, claimants must prove both general causation ("whether a substance is capable of causing a particular injury or condition in the general population") and specific causation ("whether a substance caused a particular individual's injury") ».

[1159] [1990] 1 Med. L. Rev. (QBD) (Stuart-Smith LJ): S. PEARL, « Pertussis vaccine: background to the recent UK legal action », (1988) 10(7) *PLI* 98-100.

[1160] [italiques ajoutées par nous] *Ibid.*, p. 123 (Stuart-Smith LJ).

probabilités[1161]. Dans l'affaire écossaise *McTear v. Imperial Tobacco Ltd*[1162], Lord Nimmo-Smith considère qu'« en ce qui concerne la causalité générale, le demandeur a la charge de me convaincre factuellement, et selon la balance des probabilités, que le tabagisme peut causer un cancer des poumons »[1163]. D'autres exemples peuvent être mentionnés[1164].

Même lorsque le juge anglais semble *a priori* ne s'intéresser qu'à la question de la causalité spécifique, il insère quelques développements sur la causalité générale, comme l'illustrent certains arrêts[1165].

En réalité, rares sont les décisions dans lesquelles les juges anglais exigent formellement l'établissement du lien de causalité général. Cependant, l'analyse de la jurisprudence anglaise nous permet de tirer deux conclusions : 1°/ d'abord, toutes les fois que la causalité générale pose « problème », l'impossibilité d'établir son existence aboutit au rejet de l'action indemnitaire[1166] ; 2°/ ensuite, lorsque la causalité générale est établie, le juge lui consacre souvent quelques lignes pour le justifier dans sa décision[1167]. Lorsqu'il ne le fait pas[1168], c'est alors

---

[1161] *Ibid.*, p. 123 (Stuart-Smith LJ): « (...) the standard of proof is the balance of probability: in other words, that it is more likely than not that it can do so ».

[1162] [2005] 2 S.C. 1.

[1163] *Ibid.* [6.29] (Lord Nimmo-Smith). « On the matter of general causation, the burden is on the pursuer to satisfy me, on the balance of probabilities, that as a matter of fact cigarette smoking can cause lung cancer (...) ».

[1164] V° par ex.: *Dingley v. Chief Constable of Strathclyde Police* HL (9 March 2000) (Lord Hope): « [The critical questions therefore are (1)] whether a whiplash injury which damages the nerve pathways in the spinal cord can ever trigger symptomatic MS (...) ». L'établissement du lien de causalité général a échoué en droit anglais, quand au contraire, elle a été admise dans une affaire française dont les faits étaient similaires : CA Rennes (ch. 1), 14 mai 2004, n°03/04328, 04/0746, *Resp. civ. et assur.* n°4, avril 2005, comm. 116, obs. C. RADE. Dans cet arrêt d'appel, les juges se sont fondés sur « des publications et pièces médicales produites aux débats » pour retenir que « le rôle d'un accident dans une poussée de sclérose en plaques, s'il reste exceptionnel, peut être retenu si la poussée se produit dans le territoire du traumatisme ». Le lien de causalité général entre un accident de la circulation et la survenance d'une sclérose en plaques est donc reconnu en droit français, contrairement au droit anglais.

[1165] Par exemple, dans l'arrêt *Stokes v. Guest, Keen and Nettlefold (Bold and Nuts) Ltd* [1968] 1 WLR 1776 (Swanwick J.), pour conclure à l'existence d'un lien de causalité spécifique, entre le contact épidermique d'huiles minérales dans le cadre professionnel et la survenance d'un cancer du scrotum chez l'employé, le juge Swanwick explique (p. 1780) : « I have no hesitation in holding that the plaintiff has established this [la causalité spécifique] on the balance of probabilities. All the literature produced in this case and all the medical witnesses recognised it as *generally accepted* that there is a causal connection between long exposure of workers to contact with mineral oil (...) and the occurrence of skin cancer particularly on the forearms and scrotum. [italiques ajoutées par nous] ». Le juge commence ainsi par considérer le lien de causalité général établi, avant de conclure à l'existence du lien de causalité spécifique. V° aussi, par ex. : *Bryce v. Swan Hunter Group Plc* [1988] 1 All ER. 659, spéc. p. 661 (Phillips J.) [sur le lien entre l'amiante et le mésothéliome pleural malin].

[1166] *McTear v. Imperial Tobacco Ltd* [2005] CSOH 69 ; *Loveday v. Renton* [1990] 1 Med. L.R; *Gates v. McKenna* (14 August 1998) 46 BMLR 9 (Toulson J.); *Vadera v. Shaw* (22 July 1998) 45 BMLR 162 (Henry LJ); *Dingley v. Chief Constable of Strathclyde Police, HL* (9 March 2000).

[1167] *Stokes v. Guest, Keen and Nettlefold (Bold and Nuts) Ltd* [1968] 1 WLR 1776 (Swanwick J.); *Bryce v. Swan Hunter Group Plc* [1988] 1 All ER. 659; V° aussi: *Sam B v. McDonald's Restaurants Ltd* [2002] EWHC 490 (QB) [12]-[13] (Field J.); *Bonnington Castings Ltd v. Wardlaw* [1956] 2 W.L.R. 707 p. 621 (Lord Reid) ; [15].

[1168] Par ex.: *Campbell v. UK Coal Mining* [2008] EWCA Civ. 1641.

généralement parce que son existence est évidente ou est acceptée par les parties.

513. En ce qui concerne le droit français, avant 2008[1169], les juges semblaient exiger, comme en droit anglais, que le demandeur établisse le lien de causalité général si son existence était contestée par le défendeur. Ainsi, par exemple, dans deux arrêts du 23 septembre 2003[1170] liés au contentieux du vaccin anti-hépatite B, la Cour de cassation a considéré que « le défaut du produit comme le lien de causalité entre la vaccination et la maladie *ne pouvaient être établis* »[1171], car la cour d'appel avait justement relevé qu'il n'existait *aucun consensus scientifique* sur l'existence du lien de causalité général entre la vaccination anti-hépatite B et la survenance d'affections démyélinisantes : la cour d'appel, qui avait pourtant retenu l'existence du lien de causalité[1172], n'avait donc pas tiré les conséquences légales de ses constatations. Comme l'a confirmé la doctrine majoritaire[1173], ces deux décisions laissent entendre que l'établissement du lien de causalité général est un préalable nécessaire à l'établissement du lien de causalité spécifique et au succès d'une action en responsabilité civile[1174].

514. Après avoir clarifié la position initiale des deux droits en ce qui concerne l'établissement du lien de causalité général, il reste à envisager les

---

[1169] *Infra*, n°518 et s.

[1170] Cass., civ. 1, 23 septembre 2003, n°01-13.063, *Bull. civ. I*, 2003, N°188, p. 146, et n°01-13.064, inédit : V° les références sous note 1173.

[1171] [italiques ajoutées par nous] *Ibid.*

[1172] CA Versailles (ch. 14), 2 mai 2001, n°s98/06838 et 98/06839.

[1173] V° par ex. : Cass., civ. 1, 23 septembre 2003, préc (note 1170) : *D.* 2004, N°19, 06/05/2004, p. 1344, obs. D. MAZEAUD ; *RTD civ.* 2004, N°1, 15/03/2004, p. 101, obs. P. JOURDAIN ; *D.* 2004, N°13, 25/03/2004, p. 898, obs. Y.-M. SERINET, R. MISLAWSKI ; *Resp. civ. et assur.* n°11, novembre 2003, chron. 28, obs. C. RADE ; J.-S. BORGHETTI, note sous Cass., civ. 1, 27 février 2007, n°06-10.063, *RDC*, n°4, 01/10/2007, p. 1157 ; A. GUEGAN-LECUYER, note sous Cass., civ. 1, 12 novembre 2015, n°14-18.118, *Gaz. Pal.* n°3, 19/01/2016, p. 32,. Mais, *contra* : L. NEYRET, « Vaccination contre l'hépatite B : fin du débat judiciaire », *D.* 2003, N°38, 06/11/2003, p. 2579 (« Il est plus probable ici que la Cour de cassation reproche aux premiers juges de ne pas avoir retenu un seuil suffisant de causalité. ») ; Ph. BRUN, « Causalité juridique et causalité scientifique », *RLDC*, N°40, 1er juillet 2007, spéc. n°36 (« l'idée s'est apparemment répandue à la suite de l'arrêt qu'a rendu la Cour de cassation le 23 septembre 2003 (Cass. 1re civ., 23 sept. 2003, n° 01-13.063, Bull. civ. I, n° 188), que celle-ci aurait donné une réponse de principe à la question ici abordée, en censurant la cour d'appel qui avait condamné le fabricant du vaccin nonobstant le doute sur l'imputabilité de la sclérose en plaques audit vaccin, et qu'elle aurait du même coup réaffirmé l'exigence d'une causalité scientifique certaine. Il s'agit d'une interprétation de l'arrêt qui me paraît pour le moins discutable. »).

[1174] Cass., civ. 1, 5 avril 2005, préc. (note 1152) : de la même façon, dans cet arrêt, la Cour de cassation prend d'abord soin de relever l'existence d'un « lien scientifiquement reconnu » entre le Zyloric et le syndrome de Lyell, avant d'établir, ensuite, que dans le cas de la demanderesse, l'apparition de cette maladie est imputable à la prise du médicament (causalité spécifique). Cass., civ. 1, 24 janvier 2006, préc. (note 1153) : de manière identique, dans l'affaire de l'Isoméride, pour admettre l'existence du lien de causalité, la Cour de cassation relève d'abord l'existence d'un lien de causalité général entre la dexfenfluramine et les HTAPP, avant de s'intéresser, ensuite, au point de savoir si ce lien est établi en l'espèce (causalité spécifique).

conséquences qui en découlent dans les situations où règne l'incertitude scientifique.

b. *Les conséquences*

515. L'incertitude scientifique de la causalité générale, obstacle au succès d'une action en responsabilité civile. – L'incertitude scientifique affectant le lien de causalité général s'oppose, en toute logique, à la preuve de son existence. Ainsi, à partir du moment où l'établissement de la causalité générale est un préalable implicite au succès d'une action en responsabilité, alors l'incertitude scientifique affectant ce lien empêchera, selon toute vraisemblance, la reconnaissance d'une responsabilité civile.

Telle était la position du droit français dans les arrêts du 23 septembre 2003. L'incertitude scientifique s'attachant au lien de causalité général constituait un obstacle à la reconnaissance d'une responsabilité civile, le lien de causalité entre le fait générateur de responsabilité et le dommage ne *pouvant* être établi[1175].

En droit anglais, l'incertitude scientifique produit exactement le même effet. Dans l'arrêt *Loveday v. Renton*, le juge Stuart-Smith relève ainsi que « l'opinion médicale et expertale est profondément divisée sur ce point [le lien de causalité général] »[1176] et en déduit : « je suis maintenant parvenu à la claire conclusion que le demandeur échoue à me convaincre, selon la balance des probabilités, du fait que le vaccin anti-coqueluche peut causer un dommage cérébral permanent chez les jeunes enfants. Il est possible que tel soit le cas ; le contraire ne peut pas être prouvé. Mais en conclusion, l'action du demandeur doit être rejetée »[1177]. La solution s'explique parce que le standard de preuve anglais est celui de la balance des probabilités ; autrement dit, le demandeur doit convaincre le juge qu'il est plus probable (que non) que le vaccin puisse causer le type de dommage en question. Or, ainsi que le note le juge anglais, le demandeur a seulement établi qu'un tel lien était *possible* mais non *probable*[1178].

[1175] V° aussi dans le même sens : Cass., civ. 1, 27 février 2007, n°06-10.063, inédit : « (...) en l'état des connaissances scientifiques actuelles *le risque* lié à la vaccination contre l'hépatite B *n'était pas avéré*. (...) qu'elle [la cour d'appel] a encore (...) justement estimé que l'existence d'un lien causal entre la vaccination de Mlle X...contre l'hépatite B et la survenue de sa sclérose en plaques et d'un éventuel défaut de sécurité du vaccin *ne pouvait se déduire du seul fait que l'hypothèse d'un risque vaccinal non démontrée ne pouvait être exclue* [italiques ajoutées par nous] ». Il faut comprendre que jusqu'en 2008, en cas de risque suspecté (non-avéré), l'absence d'exclusion du lien de causalité général ne suffisait pas pour reconnaître le lien de causalité ; en effet, il était alors nécessaire que ce lien de causalité général *soit positivement établi*.

[1176] [1990] 1 Med. L. Rev. p. 182 (Stuart-Smith LJ): « Medical and expert opinion is deeply divided on this issue ».

[1177] *Ibid.*, p. 185 (Stuart-Smith LJ)

[1178] V° par ex. : R. JAY (Sir), « The Richard Davies QC Memorial Lecture 2015 : "Standards of proof in law and science: distinctions without a difference?" », discours délivré au *Personal Injuries Bar Association* (*Inner Temple*), 20 octobre 2015, (2016) 1 *JPIL* 1-13, spéc. p. 2 : « We all know that if a court concludes on the evidence that it is more probable than not that X has happened, then for the purpose of the law X is now a certain fact. *If it is only possible that X occurred, then the law treats it as a non-event, as nugatory* [italiques ajoutées par nous] ».

Pour cette raison, en cas d'incertitude scientifique, le demandeur ne pourra pas démontrer, en pratique, l'existence du lien de causalité général selon le standard requis de la balance des probabilités. Il pourra au mieux prouver la seule possibilité d'existence du lien. Dans ces conditions, l'incertitude scientifique du lien de causalité général ne peut qu'entraîner, systématiquement, l'échec de l'action en responsabilité, en droit anglais.

516. Jusqu'au 22 mai 2008, c'est ainsi le demandeur qui supportait la charge de l'incertitude scientifique du lien de causalité général, et par voie de conséquence des risques sanitaires sériels suspectés. La solution apparaissait cependant sévère pour les victimes de dommages corporels, puisque, dans un contexte d'incertitude scientifique, celles-ci ne pouvaient jamais espérer obtenir d'indemnisation. Par compassion pour ces victimes, les juges français – mais non anglais – ont donc fait évoluer leur position.

2. L'absence de nécessité d'établir un lien de causalité général : divergences entre les droits français et anglais à partir de 2008

517. À partir du 22 mai 2008, le juge français a modifié sa position initiale pour considérer que l'établissement de la causalité générale n'était plus un préalable nécessaire à l'établissement de la causalité spécifique, et par voie de conséquence à la preuve du lien de causalité entre le fait générateur et le dommage. Cela étant, il demeure nécessaire, à tout le moins, que le lien de causalité général ne soit pas scientifiquement exclu : en d'autres termes, le droit français a implicitement consacré une condition de « non-exclusion » du lien de causalité général (a), dont il faut étudier les conséquences (b).

a. *La consécration implicite d'une condition de « non-exclusion » en droit français*

518. Changement de position du droit français le 22 mai 2008. – Dans trois arrêts en date du 22 mai 2008[1179], relatifs au contentieux du vaccin anti-hépatite B, la première chambre civile de la Cour de cassation revient sur sa position du 23 septembre 2003.

[1179] Cass., civ. 1, 22 mai 2008, n^os^06-14.952, 05-20.317, 06-10.967, *Bull. civ. I*, 2008, N^os^147, 148, 149 : *RTD civ.* 2008, N°3, 15/09/2008, p. 492, obs. P. JOURDAIN; *D.* 2008, N°23, 26/06/2008, p. 1544, obs. I. GALLMEISTER; *RDSS* 2008, N°3, 16/05/2008, p. 578, obs. J. PEIGNE; *JCP E.* n°38, 18/09/2008, 2137, obs. B. DAILLE-DUCLOS ; *JCP G.* n°28-29, 9/07/2008, II, 10131, obs. L. GRYNBAUM ; *JCP G.* n°38, 17/09/2008, doctr. 186, obs. Ph. STOFFEL-MUNCK ; *RDC*, n°4, p. 1186, 01/10/2008, p. 1186, obs. J.-S. BORGHETTI; *LPA* n°169, 22/08/2008, p. 6, obs. C. SYNTEZ.

Au visa des anciens articles 1353 et 1147 du Code civil, interprété pour ce dernier à la lumière de la directive n°85-374 du 25 juillet 1985, elle a considéré en effet qu' « en se déterminant ainsi, en référence à une approche probabiliste déduite exclusivement de l'absence de lien scientifique et statistique entre vaccination et développement de la maladie, sans rechercher si les éléments de preuve qui lui étaient soumis constituaient ou non, des présomptions graves, précises et concordantes du caractère défectueux du vaccin litigieux, comme du lien de causalité entre un éventuel défaut et le dommage subi par M. X..., la cour d'appel n'a pas donné de base légale à sa décision »[1180].

De ces décisions, il ressort que l'absence d'établissement du lien de causalité général ne fait plus obstacle au succès d'une action en responsabilité civile, comme le confirme d'ailleurs la cour d'appel de Versailles, le 5 avril 2012[1181], laquelle énonce que « l'absence de lien scientifiquement établi entre la vaccination et le déclenchement d'une sclérose en plaques, largement affirmée par une bonne partie de la communauté scientifique, et dont le laboratoire se fait l'écho, *ne constitue pas un obstacle dirimant aux prétentions des demandeurs à l'indemnisation* »[1182].

Sur cette question, la première chambre civile a été suivie par la troisième chambre civile, comme l'illustre un arrêt du 18 mai 2011[1183]. Un éleveur de bétail souhaitait obtenir réparation des dommages matériels et économiques subis, en raison des désordres sanitaires qu'il avait constatés sur son troupeau et qu'il attribuait à la proximité de lignes à haute tension. La troisième chambre civile, approuvant en tous points la position de la cour d'appel de Limoges[1184], considère qu'« il appartenait à celui qui sollicitait l'indemnisation du dommage (...) d'établir que ce préjudice était la conséquence directe et certaine de celui-ci et que cette démonstration, *sans exiger une preuve scientifique*, pouvait résulter de présomptions graves, précises, fiables et concordantes »[1185]. Constatant que la cour d'appel avait relevé des éléments divergents et

---

[1180] *Ibid.*

[1181] CA Versailles (ch. 3), 5 avril 2012, n°09/05661.

[1182] [italiques ajoutées par nous] *Ibid.*

[1183] Cass., civ. 3, 18 mai 2011, n°10-17.645, *Bull. civ. III*, 2011, N°80 : *D.* 2011, N°30, 08/09/2011, p. 2089, obs. I. GALLMEISTER; *Ibid.*, obs. M. BOUTONNET; *D.* 2011, N°39, 10/11/2011, chron., p. 2679, obs. A-C. MONGE, I. GOANVIC ; *D.* 2011, N°39, 10/11/2011, p. 2694, obs. F.-G. TREBULLE; *RTD civ.* 2011, N°3, 14/10/2011, p. 540, obs. P. JOURDAIN ; *JCP G.* n°48, 28 novembre 2011, doctr. 1333, obs. Ph. STOFFEL-MUNCK; *Droit rural* n°406, octobre 2012, repère 9, obs. D. GADBIN; *Resp. civ. et assur.* n°9, Septembre 2011, étude 11, étude M. BARY ; *BDEI*, N°36, 1er novembre 2011, obs. A. LE GARS.

[1184] CA Limoges (ch. expropriation), 1er mars 2010, n°08/00011 : la cour d'appel s'était d'abord intéressée à la causalité générale, relevant que « dans ce contexte (...) *restant incertain*, il ne peut être déduit (...) qu'il est considéré *scientifiquement d'une manière générale* que la présence d'une ligne THT implique des désordres sanitaires dans un élevage vivant dans cet environnement [italiques ajoutées par nous] ». Par suite, l'existence du lien de causalité général étant incertaine, la cour d'appel s'intéresse « à certaines circonstances de la situation de fait, notamment chronologique et géographique » pour établir s'il existe des éléments graves, sérieux et concordants. En l'espèce, la cour d'appel relevait que les éléments de fait étaient, au contraire, divergents, l'amenant à rejeter l'existence d'une présomption de fait de causalité.

[1185] [italiques ajoutées par nous] *Ibid.*

contraires, elle rejette la demande indemnitaire de l'éleveur, en raison du lien de causalité insuffisamment caractérisé.

519. L'absence d'exclusion du lien de causalité général : condition en droit français. – Bien que le succès d'une action en responsabilité civile ne soit plus soumis à la preuve préalable de l'existence d'un lien de causalité général, les juges du fond[1186], comme ceux de la Cour de cassation[1187], ont malgré tout continué à examiner la causalité générale, après 2008.

Mais alors, dans quel but ? Un arrêt de la cour d'appel de Montpellier du 4 janvier 2010 fournit la réponse : si « en l'état actuel des connaissances et des données de la science, il n'a pas été scientifiquement établi un lien de causalité entre le vaccin contre l'hépatite B et le déclenchement de maladies démyélinisantes comme la sclérose en plaques, ce n'est pas pour autant que l'action en réparation envisagée est manifestement vouée à l'échec (...) dès lors que (...) les études scientifiques produites *n'excluent pas catégoriquement et expressément une telle possibilité* »[1188]. C'est cette raison qui explique que les juges du fond et ceux de la Cour de cassation continuent, en cas de contestation, à examiner le lien de causalité général, en prenant soin d'indiquer, en cas de risque suspecté, comme dans les contentieux de vaccination anti-hépatite B, qu'un tel lien n'est ni établi, ni exclu[1189]. Le succès d'une action en responsabilité civile ne peut donc être envisagé qu'à la condition préalable que

---

1186 Par exemple : CA Colmar (ch. civ. 2B), 11 septembre 2009, n°05/04119; CA Paris (ch. 1B), 9 janvier 2009, n°04/19068; CA Paris (pôle 2, ch. 2), 17 décembre 2010, n°08/16254 ; CA Montpellier (ch. 5A), 4 janvier 2010, n°09/02835 ; CA Toulouse (ch. 4 sect. 1, ch. soc.), 3 mars 2010, n°07/02933 (qui rappelle en matière de vaccination obligatoire qu' « il est constant (...) que les scientifiques sont divisés sur la question du lien de causalité entre la vaccination contre l'hépatite B et l'apparition de la sclérose en plaques ») ; CA Orléans, 5 octobre 2009, n°08/02098 ; CA Aix-en-Provence (ch. 10), 16 décembre 2009, n°07/15727 ; CA Versailles (ch. 3), 5 avril 2012, n°09/05661, CA Amiens (ch. 1, sect. 1), 3 décembre 2009, n°07/02425 ; V° aussi dans le contentieux relatif aux lignes THT : CA Limoges, 1er mars 2010, préc. (note 1184), confirmé par Cass., civ. 3, 18 mai 2011, préc. (note 1183).

1187 Par exemple : Cass., civ. 1, 9 juillet 2009, n°08-11.073, préc. (note 1147) ; Cass., civ. 1, 25 novembre 2010, n°09-16.556, *Bull. civ. I*, 2010, N°245: « (...) la cour d'appel a souverainement estimé qu'en l'absence de consensus en faveur d'un lien de causalité entre la vaccination et les affections démyélinisantes (...) » : *RTD civ. 2011*, N°1, 15/04/2011, p. 134, obs. P. JOURDAIN ; *D.* 2010, N°44, 23/12/2010, p. 2909, obs. I. GALLMEISTER ; *D.* 2011, N°5, 03/02/2011, p. 316, obs. Ph. BRUN ; *RDSS* 2011, N°1, 28/02/2011, p. 164, obs. J. PEIGNE ; *JCP G.* 2010, n°49, 6 décembre 2010, 1201, obs. P. MISTRETTA ; *JCP G.* 2011, n°4, 24/01/2011, 79, obs. J-S. BORGHETTI ; *Resp. civ. et assur.* n°1, janvier 2011, comm. 24, obs. C. RADE ; Cass., civ. 1, 28 juin 2012, n°11-14.287, inédit ; Cass., civ. 1, 29 mai 2013, n°12-20.903, *Bull. civ. I*, 2013, N°116 ; Cass., civ. 1, 10 juillet 2013, n°12-21.314, *Bull. civ. I*, 2013, N°157 : *D.* 2013, N°34, 10/10/2013, p. 2306, avis C. MELLOTEE ; *RTD civ.* 2013, N°4, 30/12/2013, p. 852, obs. P. JOURDAIN ; *D.* 2013, N°34, 10/10/2013, p. 2312, obs. Ph. BRUN ; *D.* 2013, N°34, 10/10/2013, p. 2315, obs. J.-S. BORGHETTI ; *RDSS* 2013, N°5, 01/11/2013, p. 938, obs. J. PEIGNE ; *Resp. civ. et assur.*, n°9, septembre 2013, étude 6, obs. D. BAKOUCHE ; *JCP G.* 2013, n°40, 30/09/2013, 1012, obs. B. PARANCE ; Cass., civ. 1, 23 janvier 2014, n°12-22.123, *Bull. civ. I*, 2014, N°13 (qui relève le caractère non-scientifiquement démontré du lien entre vaccination anti-hépatite B et sclérose latérale amyotrophique) ; Cass., civ. 1, 12 novembre 2015, n°14-17.146, inédit.

1188 [italiques ajoutées par nous] CA Montpellier (ch. 5A), 4 janvier 2010, n°09/02835.

1189 V° les arrêts cités aux notes 1186 et 1187.

l'existence d'un lien de causalité général ne soit pas, à tout le moins, exclue[1190], preuve qui doit être rapportée par le demandeur. Il s'agit de ce que l'on peut appeler une condition de « non-exclusion » de la causalité générale.

520. Ce changement d'orientation de la jurisprudence française favorise incontestablement les victimes de risques sanitaires sériels, puisque la solution leur permet d'espérer obtenir une indemnisation de leurs dommages, en dépit de l'incertitude scientifique qui affecte le lien de causalité général. Il importe donc de s'intéresser de plus près aux conséquences juridiques qui découlent de ce revirement de jurisprudence.

b. *Les conséquences*

521. Il convient d'envisager d'abord la question de la charge de l'incertitude (i) avant de s'interroger sur le point de savoir si ces arrêts consacrent le remplacement d'une preuve « scientifique » par la preuve par présomptions (ii).

i) La charge de l'incertitude du lien de causalité général

522. Une attribution différente en droits français et anglais. – Si les droits français et anglais examinent encore le lien de causalité général, ils ne le font cependant plus pour la même raison. En effet, alors que le juge anglais examine si le lien de causalité est établi, le juge français vérifie seulement que ce lien n'est pas exclu. Autrement dit, en droit français, il suffit que l'existence de la causalité générale soit seulement possible. Au contraire, comme l'a montré la décision *Loveday v. Renton*[1191], en droit anglais, la preuve de la simple possibilité d'existence du lien de causalité général ne suffit pas pour atteindre le standard de preuve requis de la balance des probabilités (plus probable que non)[1192]. Ce sont donc en réalité les effets de l'incertitude scientifique du lien de causalité général sur la mise en œuvre de la responsabilité civile qui diffèrent dans les deux systèmes juridiques.

En cas d'incertitude scientifique, c'est-à-dire d'une simple possibilité d'existence du lien de causalité général, l'action en réparation menée par un demandeur anglais est destinée à échouer, si bien que l'incertitude scientifique peut être qualifiée d'incertitude-obstacle à la mise en œuvre d'une responsabilité civile. En revanche, à partir du moment où un demandeur français

---

[1190] V° dans le même sens implicitement : J.-S. BORGHETTI, « Causation in Hepatitis B Vaccination Litigation in France : Breaking through Scientific Uncertainty » (2016) 91 *Chi.-Kent L. Rev.* 543-566, spéc. p. 559.

[1191] [1990] 1 Med. L.R.

[1192] *Ibid.*, p. 185 (Stuart-Smith LJ).

parvient à démontrer que la causalité générale n'est pas exclue, il sera fondé à « passer à la seconde étape », c'est-à-dire à celle de la preuve de la causalité spécifique. Dès lors, l'incertitude peut être dite indifférente à la mise en œuvre de la responsabilité civile.

Les arrêts du 22 mai 2008 ont donc eu pour objet et pour effet de transférer la charge de l'incertitude scientifique de la causalité générale du demandeur au défendeur, tandis que le droit anglais continue de faire peser ce type d'incertitude sur le demandeur. En droit français, le doute scientifique bénéficie donc aux demandeurs.

523. Contrairement à ce qu'il serait possible de penser, ces arrêts ne substituent nullement la preuve scientifique de la causalité générale par la preuve par présomptions.

ii) Un remplacement de la preuve scientifique par la preuve par présomptions ?

524. L'absence de remplacement de la preuve scientifique par la preuve par présomptions. – Les présomptions du fait de l'homme n'ont jamais servi à établir le lien de causalité général. Aujourd'hui, comme avant 2008, elles permettent seulement d'établir l'existence du lien de causalité spécifique, et incidemment, du lien de causalité entre le fait générateur et le dommage, puisque la jurisprudence française a malheureusement souvent tendance à déduire la causalité « juridique » de la preuve combinée de l'établissement de la causalité spécifique et du défaut du produit[1193].

Ce qu'il faut comprendre, c'est qu'avant le 22 mai 2008, la Cour de cassation s'intéressait à la causalité spécifique, en recourant notamment à des présomptions[1194], si et seulement si la causalité générale était scientifiquement

---

[1193] En ce sens, P. JOURDAIN, note sous Cass., civ. 1, 27 juin 2018, n°17-17.469, *RTD civ.* 2018, N°4, 18/12/2018, p. 925 : « Mais dans la généralité des cas, la double preuve de l'imputabilité du dommage au produit et du défaut de celui-ci suffira à établir le lien de causalité entre le défaut du produit et le dommage ». La Cour de cassation semble elle-même le reconnaître : Cass., civ. 1, 18 octobre 2017, n°14-18.118, ECLI:FR:CCASS:2017:C101099, (publié): « (...) le demandeur doit prouver le dommage, le défaut et le lien de causalité entre le défaut et le dommage ; que, dès lors, il lui [le demandeur] incombe d'établir, *outre que le dommage est imputable au produit incriminé que celui-ci est défectueux.* [italiques ajoutées par nous] » Plus généralement, pour des exemples de reconnaissance du lien de causalité « spécifique » à la place de celle du lien de causalité entre le défaut du produit et le dommage : Cass., civ. 1, 5 avril 2005, préc. (note 1152) : « la cour d'appel (...) a exactement caractérisé le lien de causalité entre *l'absorption du médicament* [pas le défaut] et le dommage subi [italiques ajoutées par nous] » ; V° encore Cass., civ. 1, 29 juin 2016, n°15-20.271, inédit, considérant que la cour d'appel a caractérisé « l'imputabilité de la pathologie de Mme X à la *prise* du Mediator [italiques ajoutées par nous]» ; V° aussi : Cass., civ. 1, 20 septembre 2017, n°16-19.643 ; Cass., civ. 1, 2 juillet 2014, n°10-19.206, inédit.

établie. Or, dans les cas de risques suspectés, comme dans les contentieux du vaccin anti-hépatite B, la Cour de cassation n'avait jamais à examiner la seconde étape, à savoir celle du lien de causalité spécifique, puisque la première étape, relative au lien de causalité général, n'était pas remplie.

Avec les arrêts du 22 mai 2008, seule la première étape est modifiée. La Cour de cassation accepte maintenant de la considérer comme remplie s'il est prouvé que l'existence du lien de causalité général est *possible*. La seconde étape, relative à l'établissement de la causalité spécifique, demeure inchangée. En laissant maintenant le bénéfice du doute scientifique aux demandeurs, la Cour de cassation leur permet de tenter de prouver la causalité spécifique par présomptions du fait de l'homme[1195]. C'est pourquoi, la cour d'appel de Versailles a pu indiquer, le 15 mars 2012, que « l'impossibilité de prouver scientifiquement, tant le lien de causalité que l'absence de lien entre la maladie et la vaccination, laisse place à une appréciation au cas par cas, par présomptions »[1196].

525. Les éléments servant à fonder l'existence d'une présomption du fait de l'homme étant cependant abandonnés à l'appréciation souveraine des juges du fond, de nombreuses divergences ont pu être constatées entre les cours d'appel, malgré la similarité des situations en cause[1197]. La Cour de cassation a donc

---

[1194] Par exemple, dans l'affaire du zyloric, la Cour de cassation avait, le 5 avril 2005, d'abord relevé que le lien scientifique était reconnu avant d'indiquer que « M. X...avait développé ce syndrome dans un délai de 7 à 21 jours après l'administration du colchimax qui correspondait au délai habituellement constaté entre l'administration du produit et la survenance de l'effet toxique, que la cessation du trouble coïncidait avec l'arrêt de la prise du médicament, qu'il n'était établi l'existence, ni d'une erreur de prescription, ni d'une prédisposition du patient à ce syndrome, ni d'une association avec d'autres médicaments, la cour d'appel (...) a exactement caractérisé le lien de causalité entre l'absorption du médicament et le dommage subi par M. X... ». En d'autres termes, la Cour de cassation avait utilisé des présomptions du fait de l'homme pour retenir le lien de causalité spécifique (Cass., civ. 1, 5 avril 2005, préc. note 1152). De la même façon, dans l'arrêt relatif à l'Isoméride, la Cour de cassation, avait d'abord commencé, le 24 janvier 2006, par rappeler l'existence d'un lien de causalité général avant de relever que la patiente avait eu un état de santé satisfaisant avant 1993, que les autres causes possibles d'HTAPP avaient été écartées et d'en conclure que la cour d'appel « a pu (...) déduire qu'il existait des présomptions graves, précises et concordantes permettant, dans le cas de Mme Y..., d'imputer l'apparition de l'HTAPP à la prise d'Isoméride » (Cass., civ. 1, 24 janvier 2006, préc. note 1153).

[1195] Sur ces points : V. WESTER-OUISSE, « La causalité et le risque de développement : rapport français » *in* Groupe de Recherche Européen sur la Responsabilité civile et l'Assurance (GRERCA), *La responsabilité du fait des produits défectueux*, IRJS éditions, coll. « Bibliothèque de recherche juridique de la Sorbonne », t. 45, pp. 240-247.

[1196] CA Versailles (ch. 3), 15 mars 2012, n°09/05842 ; dans le même sens, CA Rennes, 23 octobre 2013, n°12/04237 : « Considérant qu'en l'absence d'un lien causal établi scientifiquement entre la vaccination et la maladie, il appartient à M. G d'en faire la preuve au moyen de présomptions graves, précises et concordantes » ; CA Colmar, 16 mai 2014, n°274/2014 : « Attendu que compte tenu de cette incertitude d'ordre général et scientifique, il est loisible pour se convaincre de recou rir à des présomptions graves, précises et concordantes au sens de l'article 1353 du code civil ».

[1197] Par exemple, sur l'admission d'un lien de causalité par présomptions : CA Versailles, 15 mars 2012, *Ibid.* ; CA Versailles (ch. 3), 10 février 2011, n°09/07555 ; CA Rouen, 25 octobre 2016, n°16/02429 ; *Contra*, sur le refus d'admission d'un lien causal par présomptions : CA Paris (ch. 1B), 9 janvier 2009, n°04/19068 ; CA Paris (pôle 2, ch. 2), 29 avril 2011, n°08/16047 ; CA Bourges (ch. civ.), 22 janvier 2009, n°07/01489 ; CA Orléans, 5 octobre 2009, n°08/02098 ; CA

décidé, par deux arrêts en date des 12 novembre 2015[1198] et 22 septembre 2016[1199], d'interroger la CJUE sur la viabilité de la solution retenue le 22 mai 2008 et, dans l'hypothèse positive, sur la possibilité de retenir une présomption non plus de fait, mais de droit pour établir le lien de causalité entre le défaut du produit et le dommage, orientation choisie par le Conseil d'État[1200]. La réponse de la CJUE est donc importante, car elle peut remettre en cause la pratique judiciaire suivie au sein des États-membres, du moins lorsque la responsabilité du fait des produits défectueux est applicable. La décision de la CJUE, rendue le 21 juin 2017[1201], doit donc être maintenant examinée afin de déterminer si les solutions françaises et anglaises sont compatibles avec elle.

II. *La compatibilité des solutions françaises et anglaises avec l'arrêt de la CJUE du 21 juin 2017*

526. La question de la compatibilité de la solution de la CJUE avec le droit anglais présente aujourd'hui un intérêt limité en raison du Brexit, mais il est possible que les décisions de la CJUE continuent d'exercer, à tout le moins, une autorité persuasive en droit anglais. Étant donné que les droits français et anglais ont adopté une position radicalement différente sur les questions de preuve de la causalité générale, dans le contexte d'incertitude scientifique, l'examen de la compatibilité de la solution de la CJUE avec les pratiques judiciaires suivies au sein des systèmes français et anglais est donc utile. En particulier, la question se pose d'abord de déterminer si la position des droits français et anglais est compatible avec la décision de la CJUE en ce qui concerne l'utilisation de

Rouen (ch. des urgences), 15 novembre 2011, n°11/00404 ; CA Aix en Provence (ch. 10), 25 janvier 2012, n°10/05359.

[1198] Cass civ. 1, 12 novembre 2015, n°14-18.118, *Bull. civ. I*, 2016, N°480 : *D.* 2015, N°44, 24/12/2015, p. 2602, obs. J.-S. Borghetti ; *D.* 2016, N°43, 15/12/2016, p. 2535, obs. J.-D. Bretzner; *Gaz. Pal.* n°6, 09/02/2016, p. 67, obs. E. Piwnica ; *Gaz. Pal.* n°3, 19/01/2016, p. 32, obs. A. Guegan-Lecuyer; *Dalloz Actualité*, 19 novembre 2015, obs. N. Kilgus ; *Resp. civ. et assur.*, n°2, Février 2016, repère 2, obs. H. Groutel.

[1199] Cass., civ. 1, 22 septembre 2016, n°15-20.791, inédit.

[1200] CE, 9 mars 2007, CE, 9 mars 2007, n°s267635 (rec. Lebon), 278665, 283067, 285288 : le Conseil d'État suit les conclusions du Commissaire du Gouvernement qui proposait de retenir une présomption d'imputabilité du dommage au produit à chaque fois que le demandeur apportait la preuve que la maladie survenait dans les trois mois suivant l'injection, que le demandeur était en bonne santé antérieurement à la vaccination et qu'il n'avait pas d'antécédents personnels ou familiaux permettant d'expliquer la survenance de la maladie.

[1201] CJUE, 21 juin 2017, *N. W. c/ Sanofi Pasteur MSD SNC*, aff. C-621/15, ECLI:EU:2017:484 : *Resp. civ. et assur.* n°9, septembre 2017, alerte 19, focus L. Bloch ; *JCP G.* n°36, 4 septembre 2017, 908, note G. Viney ; *JCP E.* n°29, 20 juillet 2017, 1419, comm. L. Grynbaum ; ; *RTD civ.* 2017, N°4, 11/12/2017, p. 844, obs. P. Jourdain ; *D.* 2018, N°1, 11/01/2018, p. 35, obs. Ph. Brun ; *D.* 2017, N°31, 21/09/2017, p. 1807, obs. J.-S. Borghetti. V° aussi notre commentaire : E. Lemaire, « Causal presumptions and defective products in EU Law », 35(2) *P.N.* 95.

présomptions de fait (A). La question se pose ensuite de déterminer si les droits français et anglais pourraient utiliser une présomption de causalité de droit (B).

A. L'UTILISATION DES PRÉSOMPTIONS DE FAIT

527. La réponse de la CJUE. – Pour la Cour de justice, les juges du fond peuvent considérer, dans l'exercice de leur pouvoir d'appréciation que « certains éléments de fait invoqués par le demandeur constituent des indices graves, précis et concordants permettant de conclure à l'existence d'un défaut du vaccin et à celle d'un lien de causalité entre ce défaut et ladite maladie »[1202] et ce, « nonobstant la constatation que la recherche médicale n'établit, ni n'infirme l'existence d'un lien entre l'administration du vaccin et la survenance de la maladie dont est atteinte la victime »[1203].

528. Compatibilité avec le droit français. – Par cette réponse, la CJUE entérine clairement la pratique judiciaire suivie par les juges français. Au surplus, il faut noter que l'utilisation des présomptions de fait est admise dans l'hypothèse où « la recherche médicale *n'établit, ni n'infirme* l'existence d'un lien entre l'administration du vaccin et la survenance de la maladie »[1204] : la condition de « non-exclusion », implicitement retenue par le droit français, est ainsi validée. Cette interprétation est d'ailleurs confirmée par le titre du communiqué de presse de la CJUE sur cette affaire : « *en l'absence de consensus scientifique* [condition], le défaut du vaccin et le lien de causalité entre celui-ci et une maladie peuvent être prouvés par un faisceau d'indices graves, précis et concordants [conséquence] »[1205].

529. Compatibilité avec le droit anglais ? – La position de la CJUE peut-elle avoir pour effet de remettre en cause la position des juges anglais ? Sur le fond, il est peu probable, selon nous, que la décision de la CJUE conduise les juges anglais à modifier leur approche de la causalité générale. Outre le fait que les décisions de la CJUE ne s'imposent plus aux juges anglais depuis le 1er janvier 2021, deux autres raisons nous conduisent à cette conclusion.

530. D'abord, la position de la Cour de justice n'a vocation à s'appliquer qu'aux situations faisant intervenir la responsabilité du fait des produits défectueux ; par conséquent, si comme dans les affaires *Loveday v. Renton* et *McTear v. Imperial Tobacco Ltd*, la demande indemnitaire est faite sur le fondement du délit de négligence (*tort of negligence*) ou de la violation

---

[1202] CJUE, 21 juin 2017, préc. (note 1201), point 43.
[1203] CJUE, 21 juin 2017, préc. (note 1201), point 43.
[1204] [italiques ajoutées par nous] CJUE, 21 juin 2017, préc. (note 1201), point 43.
[1205] [italiques ajoutées par nous] CJUE, *Arrêt dans l'affaire C-621/15 N.W e.a./ Sanofi Pasteur MSD e.a.*, Communiqué de presse n°66/17, Luxembourg, 21 juin 2017 [en ligne] consulté le 19/08/2021 sur : <https://curia.europa.eu/jcms/upload/docs/application/pdf/2017-06/cp170066fr.pdf >

d'obligations légales (*breach of statutory duty*), les juges pourront continuer à examiner le lien de causalité général et éventuellement exiger que celui-ci soit positivement établi.

531. Ensuite, plus fondamentalement, il n'est pas certain que la décision de la CJUE soit incompatible avec le droit anglais de la responsabilité du fait des produits défectueux, issu du *Consumer Protection Act 1987*[1206]. En effet, la CJUE condamne les systèmes probatoires nationaux qui limiteraient le type de preuve admissible à la preuve certaine issue de la recherche médicale[1207], ce qui ne correspond pas au système anglais, loin s'en faut.

En premier lieu, lorsque le droit anglais s'intéresse à la causalité, notamment à la causalité générale, il n'exige pas que soit rapportée une preuve certaine : le standard de preuve est, dans ce système juridique, celui de la balance des probabilités, y compris pour la responsabilité du fait des produits défectueux, comme l'illustre le récent arrêt *Colin Gee v. Depuy International Ltd*[1208]. Ainsi, le demandeur doit convaincre le juge du fait que l'existence du lien de causalité général est plus probable que non.

En second lieu, le droit anglais ne limite pas la preuve du lien de causalité général aux seules preuves issues de la recherche médicale, autrement dit aux preuves de nature scientifique. Bien que la décision *Loveday v. Renton* concernait un cas de négligence, elle demeure instructive sur ce point. Le juge a en effet indiqué que « la question [de la causalité générale] doit être déterminée au regard *de tous les éléments de preuve soumis à la cour* »[1209]. Partant, il ressort clairement que le droit anglais ne limite pas les moyens de preuve de la causalité.

En théorie, le droit anglais est donc compatible avec la décision de la CJUE du 21 juin 2017. En pratique cependant, cette compatibilité est douteuse. En effet, s'il est vrai que la causalité générale n'est pas une condition de responsabilité anglaise, son examen est assez courant dans les situations impliquant des processus causaux complexes en raison des contestations dont elle peut faire l'objet. Or, dans ce contexte, le demandeur doit convaincre le juge du fait que le produit en question est capable, en principe, de causer le type de dommage envisagé. Bien que théoriquement, le demandeur puisse utiliser tous moyens de preuve – qu'ils soient scientifiques ou non –, il n'en demeure pas moins qu'en pratique, seules des preuves de nature scientifique seront

---

[1206] Loi de transposition au Royaume-Uni de la directive 85/374/CEE du Conseil du 25 juillet 1985 relative au rapprochement des dispositions législatives, réglementaires et administratives des États membres en matière de responsabilité du fait des produits défectueux, JO n° L 210, 07/08/1985, pp. 29-33.

[1207] *Ibid.*, points 30 à 32.

[1208] [2018] EWHC 1208 (QB), [185] (Andrews J. DBE). Dans cette décision, il convient toutefois de préciser que la question du lien de causalité général ne se posait pas ; seule importait la question tenant au lien de causalité entre le défaut (allégué) des prothèses et le dommage.

[1209] [italiques ajoutées par nous] *Loveday v. Renton*, préc. (note 759), p. 123 (Lord Stuart-Smith): « The question must be determined on all evidence before the court ».

susceptibles de prouver cet élément[1210]. Ceci s'explique car la question de la causalité générale est elle-même scientifique par essence[1211].

En cas d'incertitude scientifique, le demandeur ne disposera donc pas des éléments de preuve scientifique nécessaires à la démonstration de l'existence de la causalité générale, selon la balance des probabilités, si bien que son action a toutes les chances d'être rejetée. Dans ces conditions, un tel degré d'exigence probatoire n'a-t-il pas pour effet « de rendre, dans un nombre important de situations, excessivement difficile ou (...) impossible la mise en cause de la responsabilité du producteur (...) compromettant de la sorte l'effet utile de l'article 1er de la directive 85/374 »[1212] ? La compatibilité de l'approche anglaise avec la décision de la CJUE est donc sérieusement compromise[1213].

B. L'UTILISATION D'UNE PRÉSOMPTION DE DROIT

532. L'interdiction du recours à une présomption de droit. – La CJUE s'intéresse ensuite à la question de savoir si les systèmes juridiques peuvent considérer le lien de causalité entre le défaut du produit et le dommage comme établi toutes les fois que la victime rapporterait certains éléments de faits prédéterminés[1214] . En d'autres termes, la question était celle de la possibilité de reconnaître une présomption de droit du lien de causalité entre le défaut du produit et le dommage. Pour la Cour de Justice, le recours à la méthode indiciaire ne doit pas pour autant aboutir à renverser la charge de la preuve instituée par l'article 4 de la directive, ni porter atteinte à l'effectivité du régime de responsabilité institué par cette directive[1215]. C'est pourquoi, elle s'oppose au recours à une présomption de droit, que celle-ci soit irréfragable ou même simple[1216].

Partant, la Cour de cassation, qui espérait sans doute pouvoir suivre la pratique des juridictions administratives dans le contentieux des vaccinations

---

1210 Comme l'attestent les différentes décisions : *Loveday v. Renton*, préc. (note 759), p. 69 (Stuart-Smith LJ.) [causalité générale non prouvée]; *McTear v. Imperial Tobacco Ltd* [2005] CSOH 69, p. 568 (Lord Nimmo-Smith) [causalité générale non prouvée]; *Dingley v. Chief Constable of Strathclyde Police*, HL (9 March 2000) [causalité générale non prouvée]; *Reay v. British Nuclear Fuels Plc* [1994] Env. L.R. 320 (French J.) [causalité générale non prouvée]; *Huxley v. Elvicta Wood Engineering Ltd* (CA, 19 April 2000) (Buxton LJ) [causalité générale prouvée]; *Stokes v. Guest, Keens and Nettlefold (Bold and Nuts) Ltd* [1968] 1 WLR 1776 (Swanwick J.), p. 1780 [causalité générale prouvée].

1211 Par ex.: I. PUPPE, R. W. WRIGHT, « Causation in the Law: Philosophy, Doctrine and Practice » *in* M. INFANTINO, E. ZERVOGIANNI (dir.), *op. cit.* (note 826), p. 54. Les auteurs se réfèrent à la causalité générale comme une « généralisation ou une loi causale scientifiquement valide ».

1212 CJUE, 21 juin 2017, préc. (note 1201), point 31.

1213 Dans le même sens : J.-S. BORGHETTI, art. préc. (note 1201), p. 1807, spéc. nos29-30.

1214 CJUE, 21 juin 2017, préc. (note 1201), points 36, 52 à 55.

1215 CJUE, 21 juin 2017, préc. (note 1201), points 34, 52 et 53.

1216 Pour une critique des raisons justifiant cette approche : J.-S. BORGHETTI, art. préc. (note 1201), spéc. n°18.

1216 CJUE, 21 juin 2017, préc. (note 1201), point 38.

obligatoires[1217], lesquelles ont justement recours à une présomption de droit, ne peut le faire. Pour la CJUE, dans le cadre de la responsabilité du fait des produits défectueux, il importe que les juges nationaux puissent apprécier la pertinence des indices rapportés au cas par cas[1218].

533. Conclusion du §1. – En définitive, il est nécessaire de distinguer les questions tenant à l'examen et à l'établissement du lien de causalité général.

Sur la première question, les droits français et anglais ont adopté une approche similaire : en effet, la causalité générale n'étant pas une condition de responsabilité civile, son examen n'est ni obligatoire, ni systématique. Malgré tout, plusieurs illustrations – en droits français et anglais – révèlent que la causalité générale est tout de même examinée, implicitement voire parfois explicitement, par les juges. Tel est le cas dans les contentieux faisant intervenir des processus causaux particulièrement complexes, dans lesquels l'existence d'un tel lien est tout sauf évidente et est alors souvent contestée. C'est ce qui explique que, dans les contentieux sanitaires sériels, ce lien soit très souvent examiné.

Les raisons d'un tel examen diffèrent cependant aujourd'hui dans les deux droits. En droit anglais, lorsque ce lien de causalité général est examiné, c'est avant tout pour s'assurer de son existence qui doit être plus probable que non (balance des probabilités) : l'incertitude scientifique du lien de causalité général fait donc obstacle, en pratique du moins, à la reconnaissance de responsabilité civile du défendeur. Dans ce système juridique, c'est alors le demandeur qui supporte la charge de l'incertitude scientifique et le risque de la preuve. Au contraire, en droit français, depuis le 22 mai 2008, lorsque ce lien de causalité est examiné, c'est pour s'assurer que son existence n'est pas scientifiquement exclue. Dans ce contexte, l'incertitude scientifique portant sur le lien de causalité général est alors indifférente à l'engagement de la responsabilité civile du défendeur ; la charge de l'incertitude scientifique, et le risque de la preuve, sont ainsi supportés par le défendeur.

Cette position du droit français est clairement compatible avec la décision de la CJUE. En revanche, la conclusion est plus nuancée en ce qui concerne le droit anglais. Si en théorie, la position du droit anglais est compatible avec celle de la CJUE, en pratique, cette compatibilité s'avère douteuse.

Reste maintenant à apprécier les solutions adoptées par les deux droits.

§2 – L'appréciation des solutions françaises et anglaises

534. L'appréciation des solutions adoptées en droits français et anglais nous invite d'abord à comprendre les raisons qui les sous-tendent (I). En effet, les

[1217] Sur ce point : *infra*, n°541.
[1218] CJUE, 21 juin 2017, préc. (note 1201), point 38.

solutions retenues reflètent un choix de la part des systèmes juridiques, quant à la protection des intérêts en présence, qu'il faut expliquer. Une attention particulière doit être portée à la position du droit français qui appelle, selon nous, de nombreuses critiques (II).

I. *LES JUSTIFICATIONS*

535. La position des droits français et anglais concernant les effets de l'incertitude scientifique du lien de causalité général peut d'abord être expliquée sur un plan idéologique (A). En droit français, la position retenue le 22 mai 2008 s'explique également par une raison plus pragmatique (B).

A. LES JUSTIFICATIONS IDÉOLOGIQUES

536. Dans certains secteurs propices à la survenance de risques sanitaires sériels, l'émergence de régimes spéciaux de responsabilité se comprend par la nécessité de mieux définir l'équilibre de protection entre des intérêts catégoriels contradictoires : d'une part, dans les secteurs où il peut y avoir un grand nombre de victimes, il convient de renforcer la protection des victimes de dommages corporels ; d'autre part, il convient de pas oublier le fait que les activités qui sont sources de risques sanitaires sériels sont généralement bénéfiques, voire indispensables à la société, ce qui justifie de préserver la liberté de ces opérateurs économiques[1219]. En d'autres termes, l'émergence de ces régimes spéciaux de responsabilité se justifie par la volonté de trouver un « juste milieu ».

La mise en œuvre de la responsabilité civile dans le cadre de la réalisation de risques sanitaires sériels cristallise tout particulièrement l'existence des tensions qui existent entre ces deux intérêts catégoriels. La position des systèmes juridiques sur la question de la causalité générale traduit un choix des systèmes juridiques français et anglais entre la protection de la liberté des opérateurs économiques (1) et la protection des victimes de dommages corporels (2).

[1219] D'une manière plus générale, sur l'idée d'un conflit entre « sécurité » et « liberté » dans la responsabilité civile : B. STARCK, *op. cit.* (note 71), p. 43 : « Ce que l'on trouve souvent face à face, ce n'est plus la faute d'une part et le préjudice de l'autre, mais les droits de l'une et de l'autre partie qui sont entrés en conflit. D'une part, la liberté d'action et de l'autre, le droit à la sécurité. C'est de leur heurt que naissent les problèmes de responsabilité sous leur forme moderne. Pour les résoudre, il faut donner préférence à l'un ou l'autre des droits en conflits, établir entre eux une espèce de hiérarchie ».

1. Les arguments en faveur de la protection de la liberté des opérateurs

537. Les raisons pouvant justifier l'assouplissement des règles de causalité en droit anglais. – Contrairement au droit français, le droit anglais a refusé de procéder à tout assouplissement de causalité dans le contexte des risques suspectés. De tels assouplissements sont pourtant possibles, mais ils demeurent assez rares. Ils se justifient en fait par des considérations de justice et d'équité, comme l'explique Lord Nicholls dans l'arrêt *Fairchild v. Glenhaven Funeral Services Ltd*[1220].

Celui-ci indiquait en effet que « lorsque la justice le requiert, le seuil [de causalité] lui-même peut être abaissé. De cette façon, la responsabilité du défendeur peut être *étendue*. Les circonstances dans lesquelles il sera approprié de le faire seront exceptionnelles, en raison des conséquences néfastes que peut produire un tel abaissement de seuil pour un défendeur. (...) Imposer une responsabilité à un défendeur dans de telles circonstances est normalement contraire aux perceptions ordinaires de responsabilité. Normalement cela est inacceptable. Mais il existe des circonstances (...) qui justifient de passer outre ce manque d'attrait pour ne pas laisser le demandeur sans remède »[1221]. Si ces mots ont été prononcés au regard d'un problème de causalité spécifique – et non pas de causalité générale –, l'idée sous-jacente est pertinente pour comprendre les circonstances dans lesquelles les juges anglais procèdent à des assouplissements de causalité.

L'équilibre originel de protection des intérêts en présence, tel que défini par les règles classiques du droit de la responsabilité civile anglaise, ne peut être modifié en faveur de l'une ou l'autre des parties, que s'il existe certaines circonstances de politique juridique qui peuvent le justifier. Or, dans le cas de risques sanitaires sériels suspectés, la *nature* et le *degré* de l'incertitude s'opposent, selon nous, à l'assouplissement des règles de responsabilité civile anglaise.

538. Nature et degré de l'incertitude dans le cas des risques sanitaires sériels suspectés. – La catégorie de risque suspecté implique l'existence d'une incertitude sur le lien de causalité général[1222].

D'un point de vue rétrospectif, si l'existence même du risque est incertaine, comment démontrer que ce risque s'est, en l'espèce, réalisé ? Certes, le droit français a dépassé ce paradoxe apparent en admettant le recours aux présomptions du fait de l'homme[1223]. Mais la question posée révèle tout de même le fait que, sur un plan factuel, l'incertitude du lien de causalité général

---

1220 [2002] UKHL 22.

1221 *Ibid.*, [40] (Lord Nicholls).

1222 Sur la définition du risque suspecté : *supra*, n°161. V° aussi les liens entretenus par les risques suspectés et la causalité générale : *supra*, n°409.

1223 Ce que l'avocat général appelle « les preuves indirectes » dans l'affaire Sanofi Pasteur : conclusions de l'avocat général M. BOBEK, concl. sous CJUE, 21 juin 2017, *N. W et autres c./ Sanofi Pasteur*, C-621/15, présentées le 7 mars 2017, ECLI:EU:C:2017:176.

se répercute, en cascade, sur le lien de causalité spécifique (et sur le lien de causalité entre le fait générateur et le dommage). Dans ces conditions, l'incertitude du lien de causalité général est la plus « grande » incertitude causale qui puisse exister : en effet, face à une telle incertitude scientifique, on ne saurait même pas dire si le produit ou la substance impliqués peuvent, *en principe*, entraîner le dommage en question.

Dans ce contexte, la position « stricte » du droit anglais peut s'expliquer. L'incertitude est sans doute considérée comme bien trop élevée pour justifier de limiter la liberté des opérateurs, en élargissant leur responsabilité.

2. *Les arguments en faveur de la protection des victimes de dommages corporels*

539. La volonté de protection de l'intégrité physique en contexte d'incertitudes scientifiques. – En droit français, il n'est pas anodin de noter que la Cour de cassation a transféré, par ses arrêts du 22 mai 2008, la charge de l'incertitude scientifique aux défendeurs dans une situation impliquant la survenance d'un dommage corporel.

Ceci confirme l'importance qui est accordée, par les juridictions françaises, à la protection de l'intégrité physique. Cette décision s'inscrit en fait dans une tendance plus globale, visant à ne pas accorder un blanc-seing aux opérateurs en contexte d'incertitudes scientifiques. On se rappellera que, le 7 mars 2006, la Cour de cassation avait retenu une faute délictuelle à l'encontre de producteurs du Distilbène, sur le fondement de la violation d'une obligation de vigilance, alors qu'à cette époque, le risque n'était que suspecté. Il existait, en effet, des doutes sur l'innocuité de la molécule[1224] ; ce sont également les mêmes doutes qui ont conduit la cour d'appel de Versailles, certes notoirement favorable aux victimes de dommages corporels, à retenir la violation d'une obligation de vigilance par le laboratoire et à indemniser une personne, victime du Distilbène de « troisième génération »[1225]. Les arrêts du 22 mai 2008 s'inscrivent, en réalité, dans un même mouvement, puisqu'ils aboutissent *in fine*, en cas de risque sanitaire sériel suspecté, à ne plus rejeter systématiquement l'action des demandeurs.

540. La position des juges français peut certes s'expliquer par la volonté de renforcer la protection de l'intégrité corporelle, mais là n'est pas la seule raison.

[1224] Cass., civ. 1, 7 mars 2006, n°s04-16.179 et 04-16.180, *Bull. civ. I*, 2006, N°s142 et 143, p. 130 et 131.

[1225] CA Versailles (ch. 3), 9 juin 2011, n°09/04905 : A.-L. LONNE, « L'indemnisation par la cour d'appel de Versailles d'une victime de la troisième génération de Distilbène », Questions à Martine Verdier, avocat au barreau d'Orléans, *Lexbase Hebdo*, édition privée n°445, 23 juin 2011.

B. UNE JUSTIFICATION PRAGMATIQUE EN DROIT FRANÇAIS

541. Une divergence entre les juridictions de l'ordre judiciaire et administrative. – Depuis la loi du 9 août 2004[1226], l'ONIAM est chargé d'instruire les demandes de réparation des dommages directement imputables aux vaccinations obligatoires[1227], notamment contre l'hépatite B, et la réparation est, depuis le 1er janvier 2006, octroyée sur le fondement de la solidarité nationale. Si le demandeur conteste la décision de l'ONIAM, il peut toutefois s'adresser aux juridictions administratives[1228].

Dans le contentieux du vaccin anti-hépatite B, les juridictions administratives ont admis assez tôt que l'incertitude scientifique du lien de causalité général devait laisser place à une appréciation de ce lien au cas par cas. La position des juridictions administratives était donc radicalement éloignée de celle tenue par la première chambre civile en 2003. Cette divergence entre les deux ordres de juridiction s'est, de plus, creusée le 9 mars 2007[1229]. Constatant les divergences d'appréciation entre les juges du fond[1230], le Conseil d'État a fini par consacrer une présomption de droit en matière de causalité[1231]. Sur la base du bref délai séparant la vaccination de la survenance de la maladie, de l'état antérieur de la victime ainsi que de ses antécédents familiaux, le Conseil d'État admettait que la preuve du lien de causalité spécifique était rapportée. Il n'est donc peut-être pas anodin de relever que la Cour de cassation a assoupli sa position initiale le 22 mai 2008, soit près d'un an après la décision du Conseil d'État.

542. Une divergence au sein de l'ordre judiciaire : une position différente des première et deuxième chambres civiles. – Au surplus, la position était loin d'être uniforme au sein même de la Cour de cassation. Tandis que l'action des demandeurs se soldait par un échec devant la première chambre civile, depuis ses décisions du 23 septembre 2003, tel n'était pas nécessairement le cas devant la deuxième chambre civile, compétente pour les contentieux relatifs à la Sécurité sociale, comme l'illustrent certains arrêts[1232].

1226 Loi n°2004-806 du 9 août 2004 relative à la politique de santé publique, JORF n°185 du 11 août 2004, p. 14277.

1227 Pour certains personnels, la vaccination contre l'hépatite B est une obligation légale : Loi n°91-73 du 18 janvier 1991 portant dispositions relatives à la santé publique et aux assurances sociales, JORF n°18 du 20 janvier 1991, p. 1048. V° aujourd'hui, art. L. 3111-4 du Code de la santé publique.

1228 Comme l'ont fait plusieurs personnels médicaux en relation avec une vaccination obligatoire contre l'hépatite B, dès les années 1990.

1229 CE, 9 mars 2007, nos267635 (rec. Lebon), 278665, 283067, 285288 : *AJDA* 2007, N°16, 23/04/2007, p. 861, obs. T. OLSON ; *D.* 2007, N°31, 20/09/2007, p. 2204, obs. L. NEYRET; *RDSS* 2007, N°3, 14/05/2007, p. 543, obs. D. CRISTOL ; *JCP G.* n°31-35, 31 juillet 2007, II, 10142, note A. LAUDE; *JCP G.* n°23, 6 juin 2007, IV, 2108, obs. D. JEAN-PIERRE.

1230 En faveur du rejet du lien de causalité : CAA Douai, 21 juin 2005, n°03DA01306 ; CAA Bordeaux, 6 décembre 2005, n°03BX00793 ; CAA Nantes, 13 octobre 2005, n°04NT01007. En faveur de l'admission du lien de causalité : CAA Paris, 16 mai 2006, n°02PA03495.

1231 J.-S. BORGHETTI, art. préc. (note 1190), spéc. 552.

1232 Cass., civ. 2, 25 mai 2004, n°02-30.981, *Bull. civ. II*, 2004, N°237, p. 201 : la deuxième cham-

L'évolution des jurisprudences du Conseil d'État et de la deuxième chambre civile a donc peu à peu isolé la première chambre civile sur la scène judiciaire. Bien que les logiques relatives à l'indemnisation des dommages consécutifs à une vaccination obligatoire et de la législation sociale soient différentes de celle poursuivie par la responsabilité civile, une telle différenciation de traitement entre les victimes apparaissait peu justifiée en pratique. Cette situation, qui a été dénoncée par de nombreux auteurs[1233], contribue à expliquer le revirement de jurisprudence de la première chambre civile en 2008.

543. La position du droit français peut s'expliquer tant par une volonté de protection de l'intégrité corporelle, d'autant plus élevée que le nombre de victimes est important, que par une volonté d'enrayer les disparités de traitement entre les victimes d'une vaccination anti-hépatite B. Malgré tout, la solution retenue en droit français nous apparaît particulièrement critiquable, bien plus que celle retenue par le droit anglais.

II. *Les critiques*

544. Les solutions retenues en droits français et anglais peuvent, toutes deux, être critiquées. La position du droit anglais, quoique non explicite, empêchera toujours, en pratique, l'engagement de la responsabilité civile des défendeurs ; cette position peut apparaître excessivement sévère pour les demandeurs. Au contraire, la position du droit français peut sembler excessivement généreuse vis-à-vis des demandeurs.

Toutefois, la position du droit français est particulièrement critiquable, sur deux points. D'abord, la condition implicite de « non-exclusion » du lien de causalité général, également admise par la CJUE, est une condition qui apparaît plus formelle que réelle (A). Ensuite et surtout, la position française donne à ses solutions une fausse apparence de rationalité scientifique[1234] (B).

---

bre civile a admis que la vaccination contre l'hépatite B, subie par un agent comptable d'une maison de retraite qui avait contracté une sclérose en plaques, était un acte médical imposé par l'emploi et que dès lors, celle-ci rapportait la preuve qui lui incombait de ce qu'elle avait été victime d'un accident du travail : ce faisant, elle admet le lien entre la vaccination et la sclérose en plaques. V° aussi : Cass., civ. 2, 14 septembre 2006, n°04-30.642.

[1233] Ph. BRUN, « Responsabilité civile », *D.* 2007, N°41, 29/11/2007, p. 2897 ; CE, 9 mars 2007, n°267635 : *D.* 2007, N°31, 20/09/2007, p. 2204, obs. L. NEYRET ; *Gaz. pal.* 07/06/2007, n°158, p. 47, note S. HOCQUET-BERG.

[1234] Comme le relève le Pr. J.-S. BORGHETTI, art. préc. (note 1190), pp. 558-562 dont nous partageons l'opinion.

A. La condition implicite de « non-exclusion » : une condition critiquable

545. Une condition en conformité avec les données scientifiques. – Les auteurs le répètent assez souvent : la causalité juridique n'est pas la causalité scientifique[1235]. L'affirmation est peu contestable, mais elle mérite d'être précisée car elle est susceptible d'entraîner quelques confusions. Les juges français – mais également anglais – ne sont pas tenus par la preuve scientifique ; malgré tout, ils suivent souvent – même s'ils n'y sont pas obligés – le rapport des experts judiciaires, car les données scientifiques ont généralement une forte valeur probante.

Dans ce contexte, la condition de « non-exclusion » scientifique du lien de causalité général se comprend parfaitement. Les juges ne vont pas à l'encontre de la preuve scientifique. Au contraire, ils « profitent » de l'incertitude scientifique existante (le lien de causalité général existe peut-être) pour laisser, eux aussi, le bénéfice du doute aux demandeurs. C'est, nous semble-t-il, le vrai sens de cette condition de « non-exclusion ». En revanche, si le lien de causalité général était scientifiquement exclu, il nous semble peu probable, à l'instar d'autres auteurs[1236], que les juges aillent à l'encontre de cette conclusion scientifique, bien qu'ils puissent théoriquement le faire[1237]. Ainsi, s'il est vrai que la causalité juridique n'est pas la causalité scientifique, il apparaît tout de même que la décision judiciaire n'est pas totalement détachée des considérations scientifiques.

546. Une condition réelle ou formelle ? – Plus importante, cependant, est la question de savoir si la condition de « non-exclusion » du lien de causalité général est une condition réelle ou simplement formelle, ce qui nécessite que nous nous interrogions sur la possibilité d'exclure scientifiquement un lien de causalité général. À dire vrai, il est permis d'en douter, ce qu'illustre parfaitement le contentieux sériel lié aux vaccinations contre l'hépatite B.

Si l'on s'intéresse à la partie scientifique du contentieux, plusieurs études épidémiologiques ont envisagé la question d'une association entre le vaccin anti-hépatite B et la survenance d'affections démyélinisantes[1238]. Ces études partent généralement de ce qui est appelé l'hypothèse « nulle » : autrement dit, l'hypothèse scientifique de départ est celle de *l'absence d'association* entre les deux événements étudiés ; l'étude doit alors pouvoir permettre de renverser cette hypothèse initiale.

Jusqu'en 2004, les études qui se sont intéressées à cette question ont conclu à l'absence d'association statistiquement significative entre le vaccin anti-

---

[1235] Ph. LE TOURNEAU (dir.), *op. cit.* (note 10), p. 630, n°2131.52 ; Ph. BRUN, art. préc. (note 893), n°28 ; C. RADE, art. préc. (note 865), p. 112.

[1236] V° en ce sens : J.-S. BORGHETTI, art. préc. (note 899), spéc. n°1.

[1237] Car les « indices » cèderaient alors probablement devant la preuve scientifique.

[1238] Sur ce point : H. PILLAYRE, « Les victimes confrontées à l'incertitude scientifique et à sa traduction juridique : le cas du vaccin contre l'hépatite B », *Droit et société*, 2014, vol. 1, n°86, pp. 33-53, spéc. p. 38.

hépatite B et les affections démyélinisantes[1239]. La situation change en 2004 avec l'étude de Hernán *et al.* qui conclut l'inverse, mais ses failles méthodologiques, notamment la taille trop peu élevée de l'échantillon (11 cas), l'existence de biais de sélection[1240], l'absence d'information concernant le nombre total de doses reçues et la date à laquelle ces doses ont été administrées, ont entraîné de vives critiques de la communauté scientifique[1241]. Après cette date, deux autres études[1242] ont pu montrer l'existence d'une augmentation du risque de contraction d'une maladie démyélinisante à la suite d'une vaccination contre l'hépatite B, mais les résultats traduisaient l'existence d'une coïncidence[1243].

Le problème provient du fait que si la majorité des études scientifiques milite actuellement en faveur de la validité de l'hypothèse « nulle », autrement dit de l'absence d'association statistiquement significative entre la vaccination et la maladie considérées, les épidémiologistes ne peuvent pas, pour autant, en toute conscience affirmer que l'existence d'un lien est *exclue* avec certitude.

C'est ici que se trouve le véritable nœud gordien scientifique, et il nous faut revenir à Karl POPPER pour comprendre la position. Selon ce philosophe, qui a profondément influencé le monde scientifique (et parfois juridique ![1244]), le

---

[1239] J.-S. BORGHETTI, art. préc. (note 1190), spéc. sous note 12: A. ASCHERIO *et al.*, « Hepatitis B vaccination and the risk of multiple sclerosis », *New Eng. J. Med.* 2001, 344, pp. 327-332 (RR= 0,9 à l'apparition de la maladie, 0,7 dans les deux ans de survenance de la maladie); F. DE STEPHANO *et al.*, « Vaccinations and Hepatitis B vaccine central nervous system demyelinating disease in adults», *Arch. Neurol.* 2003, 60, pp. 504-509 (OR= 0,9) ; C. CONFAVREUX *et al.*, « Vaccinations and the risk of relapse in multiple sclerosis. Vaccines in multiple sclerosis study group », *New Eng. J. Med.* 2011, 344, pp. 319-326 (RR=0,71 dans les deux mois suivant la vaccination); F. ZIPP *et al.*, « No increase in demyelinating diseases after hepatitis B vaccination », *Nature Med.* 1999, 5, pp. 964-965; AD SADOVNICK *et al.*, « School-based hepatitis B vaccination programme ad adolescent multiple sclerosis », *Lancet* 2000, 355, pp. 549-550. Sur le plan scientifique, en général, le risque relatif doit être supérieur à 1 (avec $p \leq 0,05$, ce qui dénote que l'association n'est pas le résultat d'une coïncidence). Si le risque relatif est supérieur à 1, alors cela signifie que le facteur de risque considéré entraîne une augmentation de la probabilité d'apparition de la maladie.

[1240] Les sujets choisis ne sont pas représentatifs de la population ; l'étude ne fournit pas assez d'information sur les méthodes d'exclusion de certains sujets, etc.

[1241] COMITE CONSULTATIF MONDIAL SUR LA SECURITE DES VACCINS DE L'ORGANISATION MONDIALE DE LA SANTE, « Réponse à l'article de Hernán *et al.* intitulé: "Vaccin Hépatite B recombinant et risque de sclérose en plaques" et publié le 14 septembre 2004 dans la revue Neurology », septembre 2004 . Consulté le 19/08/2021 sur :
<http://www.who.int/vaccine_safety/committee/topics/hepatitisb/multiple_sclerosis/sep_04/fr/>

[1242] Y. MIKAELOFF *et. al.*, « Hepatitis B Vaccine and the risk of CNS inflammatory demyelination in childhood », (2009) 72(10) *Neurology* 873-879; DA GEIER, MR GEIER, « A case-control study of serious autoimmune adverse events following hepatitis B immunization », (2005) 38(4) *Autoimmunity* 295-301.

[1243] Y. MIKAELOFF *et al.* considèrent que la vaccination contre l'hépatite B n'augmente pas généralement le risque d'affections démyélinisantes chez les enfants, même s'ils considèrent que le vaccin Engerix B apparaît augmenter ce risque, sur le long terme. Néanmoins, selon eux, les résultats de l'étude nécessitent d'être confirmés par d'autres études. V° aussi : HAUT CONSEIL DE LA SANTE PUBLIQUE (avis), « Calendrier Vaccinal 2008 », séances des 14 et 19 mars 2008, *Bulletin épidémiologique hebdomadaire*, 22 avril 2008, n°16-17, p. 139.

[1244] V° aux États-Unis : *Mc Lean v. Arkansas Board of Education* (1982) 529 F. Supp. 1255, at IV(C) qui se réfère au critère de réfutabilité et de testabilité comme caractéristique des sciences.

critère de la scientificité d'une théorie serait celui de la réfutabilité (*falsifiability*). En substance, une théorie pourrait se targuer d'être scientifique s'il est possible de l'invalider, de la réfuter ou encore de la tester[1245]. Ce philosophe a, en réalité, renversé la conception de la science, telle que comprise par les épistémologues au XIXe siècle[1246]. La science n'est pas un domaine de connaissances irréfutables ; c'est, au contraire, un domaine de connaissances réfutables[1247]. Selon lui, « l'irréfutabilité n'est pas (comme on l'imagine souvent) vertu mais défaut »[1248]. Ainsi, une hypothèse scientifique n'est valable que si elle porte en germe, la potentialité de sa réfutation par l'expérience[1249]. Cette vision de l'hypothèse scientifique, largement entérinée par les scientifiques eux-mêmes[1250], permet sans doute de comprendre pourquoi la conclusion de l'absence d'association entre deux événements n'est pas synonyme de l'exclusion d'une telle association.

Si aujourd'hui, en matière de vaccination contre l'hépatite B, l'hypothèse scientifique généralement « corroborée » est celle de l'absence d'association statistiquement significative entre la vaccination et les affections démyélinisantes, cette hypothèse n'est valable que tant qu'elle n'est pas réfutée (par des preuves scientifiques de qualité), ce qui est toujours possible, particulièrement dans ce type de contentieux où les connaissances scientifiques sont encore déficitaires. Dans cette conception, la validité d'une hypothèse scientifique se place nécessairement dans une certaine temporalité. Une hypothèse scientifique n'est toujours valable qu'au regard des données actuelles de la science, données qui ne permettent peut-être pas encore de la réfuter. Partant, est-il concevable de pouvoir exclure une hypothèse scientifique avec certitude ? Cela semble difficile. Bien que les juridictions françaises et la CJUE semblent considérer l'absence d'exclusion de la causalité générale comme un préalable, il convient d'admettre qu'il s'agit d'une étape plus formelle que réelle (une vraie-fausse condition en somme), l'exclusion inconditionnelle d'une hypothèse scientifique apparaissant extrêmement difficile.

547. De ce point de vue, le seuil posé en droit français est particulièrement souple : à partir du moment où certaines études scientifiques – aussi critiquables soient-elles – concluent à l'existence d'une association statistiquement significative, la condition de « non-exclusion » est susceptible d'être remplie,

---

1245 K. R. POPPER, *Conjectures et réfutations. La croissance du savoir scientifique* (1963), traduit par M.-I. et M. B. DE LAUNAY, Payot, 2006, p. 65. V° également : G. CANSELIER, *Les données acquises de la science. Les connaissances scientifiques et la faute médicale en droit privé*, préf. C. LABRUSSE-RIOU, LEH édition, Thèse numérique de la BNDS, 2010, pp. 195-233.

1246 J. MICHEL-BECHET, *Le critère de démarcation de Karl R. Popper et son applicabilité*, th. philosophie : Université Paul Valéry (Montpellier III), 2013, p. 17.

1247 *Ibid.*, p. 17.

1248 K. R. POPPER, *op. cit.* (note 1245), p. 64.

1249 Ainsi, la réfutabilité est le critère de la scientificité, et l'expérience est la méthode. Pour cet auteur, la méthode scientifique est déductive (du général vers le particulier), et non inductive comme elle est souvent présentée (du particulier au général), bien qu'il tempère son propos.

1250 K. R. POPPER, *La logique de la découverte scientifique*, traduit par N. THYSSEN-RUTTEN, préf. J. MONOD, Payot (éd.), 2007, p. 3 ; D. N. STAMOS, « Popper, Laws, and the exclusion of biology from genuine science », (2007) 55(4) *Acta biotheoretica* 358; V° aussi : J. MICHEL-BECHET, *op. cit.* (note 1246), p. 21 qui cite de nombreux scientifiques se réclamant de la vision poppérienne.

et le demandeur peut donc passer à la seconde étape, celle consistant à démontrer l'existence d'un lien de causalité dans son cas d'espèce, par le recours aux présomptions du fait de l'homme. La position du droit français est également critiquable sur ce point, car les indices sur lesquels elle se fonde pour retenir ou non la présomption de fait ne reposent pas sur une rationalité scientifique. Pire encore, ces indices ont été validés par la CJUE, le 21 juin 2017.

B. Le recours à une fausse rationalité scientifique

548. Les éléments de fait retenus dans l'appréciation de la causalité spécifique et du défaut du produit. – Pour déterminer si les éléments de fait permettent de faire présumer l'existence d'un lien de causalité spécifique et du défaut d'un produit, les juges français se fondent généralement sur deux éléments : la proximité temporelle entre l'administration du vaccin et la survenance de la maladie, et l'exclusion d'autres causes possibles qui inclut la preuve de l'absence d'antécédents médicaux personnels et familiaux à cette maladie[1251].

Non seulement la Cour de Luxembourg valide, sur le principe, l'utilisation de ces éléments de fait, mais elle va même plus loin en ajoutant « l'existence d'un nombre significatif de cas répertoriés de survenance de cette maladie à la suite de telles administrations »[1252] au titre des indices pertinents.

549. Critiques de la pertinence des indices utilisés pour caractériser le défaut du produit. – En ce qui concerne l'utilisation des indices dans l'établissement du défaut du produit, le raisonnement de la CJUE nous paraît particulièrement critiquable. Le vaccin serait défectueux, au regard des indices relevés, « en ce qu'il occasionne un dommage anormal et particulièrement grave au patient »[1253]. La CJUE semble impliquer que le défaut du produit pourrait se déduire de la seule gravité du dommage causé au patient. Elle paraît donc valider une appréciation du défaut sur un plan individuel (« au patient »). Ensuite, ne peut-on pas considérer que la survenance d'une maladie causée par un produit de santé dont la fonction est essentiellement préventive ou curative constitue, en elle-même, un dommage anormal et particulièrement grave eu égard à la nature et à la fonction d'un tel produit ? La survenance d'une maladie en lien de causalité avec un produit de santé peut-elle alors suffire à caractériser le défaut du produit ? La Cour de cassation y a toujours été fermement opposée[1254].

[1251] V° *Supra*, les arrêts sous note 1197.

[1252] CJUE, 21 juin 2017, préc. (note 1201), point 41.

[1253] *Ibid.*, point 41.

[1254] Par ex. : Cass., civ. 1, 5 avr. 2005, n°02-11.947, 02-12.065, *Bull. civ. I*, 2005, N°173, p. 146 ; Cass., civ. 1, 29 mai 2013, n°12-20.903, *Bull. civ. I*, 2013, N°116 : « Mais attendu que, si la responsabilité du fait des produits défectueux requiert que le demandeur prouve le dommage, le défaut et le lien de causalité entre le défaut et le dommage, la participation du produit à la survenance du dommage est un préalable implicite, nécessaire à l'exclusion éventuelle d'autres causes possibles de la maladie, pour la recherche de la défectuosité du produit et du rôle causal

Est-ce alors la gravité de la maladie qui est envisagée ? La CJUE ne fournit aucune réponse à ces questions.

De plus, il est difficile de comprendre comment la proximité temporelle et l'absence d'antécédents peuvent permettre d'apprécier l'anormalité et la gravité du dommage ou plus généralement, la sécurité à laquelle on peut légitimement s'attendre. L'existence d'un nombre significatif de cas répertoriés constitue peut-être le seul indice pertinent à cet égard, puisqu'il semble traduire l'existence d'un risque sanitaire *sériel*, ce qui pourrait conduire à s'interroger sur le rapport bénéfices/risques du produit. D'une manière générale, l'arrêt de la CJUE ne clarifie pas la manière dont un défaut du produit doit être interprété, mais ajoute au contraire à la confusion.

550. Critiques de la pertinence des indices utilisés pour caractériser l'existence d'une causalité spécifique. – L'utilisation des indices relevés par la CJUE, et utilisés en droit français, est également problématique pour l'appréciation du lien entre l'administration du produit et le dommage en l'espèce. Certes, la survenance, dans de nombreux cas, de scléroses en plaques peu de temps après l'administration de doses vaccinales contre l'hépatite B crée intuitivement une suspicion à l'encontre du vaccin, l'existence d'une coïncidence étant difficile à admettre[1255]. Néanmoins, comme l'ont relevé certains auteurs[1256], sur un plan scientifique, il n'est possible d'admettre la proximité temporelle comme indice de causalité que si l'on part du postulat selon lequel il existe une causalité générale, autrement dit que le vaccin est susceptible de causer une sclérose en plaques, et que le délai d'incubation de la maladie est très court, ce qui présuppose une connaissance scientifique à ce sujet. Or, l'évolution des connaissances scientifiques semble entrer en contradiction avec cette idée : comme l'indique la cour d'appel de Paris, les études scientifiques semblent maintenant admettre que, « lors de l'apparition des premiers symptômes de la maladie, le processus physiopathologique a probablement commencé des mois, voire des années auparavant »[1257].

En réalité, l'utilisation de la proximité temporelle comme indice de causalité est une manifestation du sophisme *post hoc ergo propter hoc*[1258] contre lequel mettait en garde le juge Stuart-Smith dans l'arrêt *Loveday v. Renton*. En effet, une caractéristique commune de ce contentieux avec celui du vaccin anti-hépatite B résulte du fait que le dommage cérébral subi par de jeunes enfants était également observé peu de temps après l'injection du vaccin contre la coqueluche (dans les 48 à 72h). Comme l'indique le juge, « une association temporelle proche est établie par les rapports et les preuves cliniques (...). Mais

---

de cette défectuosité, *sans pour autant que sa simple implication dans la réalisation du dommage suffise à établir son défaut au sens de l'article 1386-4 du code civil* ni le lien de causalité entre ce défaut et le dommage ; [italiques ajoutées par nous] »

1255 V° par exemple sur la vaccination contre la coqueluche : *Loveday v. Renton*, préc. (note 759), p. 184 (Stuart-Smith LJ) : « I am conscious too of the force of the argument on close temporal association, notwithstanding that these reports take no account of background incidence, and the force of the question : Surely it cannot all be coincidence ? ».

1256 J.-S. BORGHETTI, art. préc. (note 1190), pp. 559-561.

1257 CA Paris (ch. 2), 7 mars 2014, n°13/01546

1258 À la suite de cela, donc à cause de cela.

post hoc n'est pas *propter hoc* »[1259]. Il relève par la suite sept facteurs qui peuvent expliquer la proximité temporelle autrement que comme une preuve de causalité[1260].

En ce qui concerne l'exclusion d'autres causes possibles, cet élément souffre de la même critique que précédemment. Son utilisation comme indice de causalité présuppose que toutes les causes possibles de la maladie soient connues[1261]. Or, à ce jour, « en l'état des connaissances scientifiques, la cause de la maladie demeure inconnue »[1262]. Il paraît donc bien difficile d'écarter les autres causes de maladie, celles-ci n'ayant pas été identifiées.

Enfin, l'absence d'antécédents personnels et familiaux ne constitue un indice pertinent de causalité qu'à la condition que l'on puisse affirmer que dans les cas de scléroses en plaques sans vaccination, les victimes avaient toutes une prédisposition génétique (personnelle ou familiale) ; autrement, c'est qu'il existe une autre cause de la maladie que la vaccination. Or, il semble admis que 92 à 95% des malades atteints de sclérose en plaques n'ont aucun antécédent dans leur famille[1263].

551. Sur un plan scientifique, aucun des indices retenus, pris isolément ou en conjonction, ne permet véritablement d'établir un lien de causalité spécifique puisqu'ils sont tous fondés sur des présupposés scientifiques qui ne sont pas établis[1264]. De ce fait, l'utilisation de ces indices montre que non seulement, la décision judiciaire ne peut totalement s'extraire des données scientifiques, y compris à l'étape de la causalité spécifique, mais aussi que les juridictions se fondent sur une fausse rationalité scientifique, quand elles considèrent que la conjonction de ces éléments permet de conclure à l'existence d'un lien de causalité spécifique. Certes, on pourra toujours nous opposer que le juge est libre d'apprécier les éléments de preuve qui lui sont soumis. Mais ici, le recours à ces indices confère aux décisions judiciaires une fausse impression de raisonnement scientifique logique. Dit autrement, il s'agit d'un mésusage des données scientifiques.

552. Conclusion de la section I. – La réparation des dommages corporels, résultant de la réalisation de risques sanitaires sériels suspectés, est confrontée à des difficultés tenant principalement à l'existence d'incertitudes scientifiques

---

[1259] [en italiques dans le texte original] *Loveday v. Renton*, préc. (note 759), p. 182 (Stuart-Smith LJ): « A close temporal association is established by case reports and clinical evidence (...). But *post hoc* is not *propter hoc* ». V° *contra*: *Dingley v. Chief Constable of Strathclyde Police* [1998] SC 548, pp. 604-605 (Lord Prosser): « And once one moves from single coincidence to a number of occasions when B follows (perhaps quickly) upon A, dismissiveness of 'post hoc, ergo propter hoc' reasoning seems to me to become less and less appropriate ».

[1260] *Ibid.*, pp. 184-185 (Stuart-Smith LJ).

[1261] F. G'SELL-MACREZ, th. préc. (note 832), p. 593, spéc n°553. J.-S. BORGHETTI, art. préc. (note 1190), pp. 559-560.

[1262] CA Douai (3ème ch.), 17 avril 2014, n°13/00773. Dans le même sens : CA Montpellier (ch. 1B), 4 avril 2006, n°04/03730 ; CA Bordeaux (1ère ch. civ.), 23 janvier 2018, n°17/01816 ; CA Paris (pôle 2, ch. 2), 17 avril 2015, n°14/10164.

[1263] Ce que relève la cour d'appel de Paris : CA Paris (ch. 2), 7 mars 2014, n°13/01546.

[1264] En ce sens : J.-S. BORGHETTI, art. préc. (note 1190), p. 561.

qui empêchent d'établir l'existence du lien de causalité général. Dans ces contentieux, c'est alors la capacité du produit ou de la substance à entraîner, *dans l'absolu*, la maladie envisagée qui est mise en doute.

Les systèmes juridiques français et anglais approchent aujourd'hui cette difficulté de manière divergente. En droit anglais, l'incertitude scientifique pesant sur le lien de causalité général fera obstacle, en pratique, au succès de l'action en responsabilité ; tel n'est pas nécessairement le cas, en droit français. Dans ce système juridique, il apparaît que tant que l'existence du lien de causalité général n'est pas scientifiquement exclue, les demandeurs ont une chance d'obtenir réparation, s'ils parviennent à démontrer l'existence d'un lien de causalité dans le cas d'espèce. Lorsque l'action en réparation est fondée sur la responsabilité du fait des produits défectueux, la question pouvait se poser de la compatibilité des droits français et anglais avec la position de la CJUE : il apparaît qu'en théorie, les deux droits sont compatibles avec la position de la CJUE ; toutefois, en pratique, la compatibilité du droit anglais est douteuse.

Dans tous les cas, la position du droit anglais a pour effet de préserver la liberté des opérateurs économiques en contexte d'incertitudes scientifiques, quand au contraire, la position du droit français privilégie la protection des victimes de dommages corporels dans ce contexte, témoignant ainsi d'une vision plus humaniste de la société, tournée vers la protection des parties vues comme vulnérables (David contre Goliath). Malgré tout, cette vision française, généreuse envers les victimes, n'est pas exempte de critiques. En particulier, la condition implicite de « non-exclusion » est en effet plus formelle que réelle puisque l'exclusion scientifique d'un lien de causalité général est quasiment impossible ; au surplus, les indices retenus pour permettre la preuve d'un lien de causalité spécifique en cas de « non-exclusion » de la causalité générale sont critiquables car ils reposent sur une fausse rationalité scientifique.

Après s'être intéressé au traitement des risques sanitaires sériels suspectés en situation d'atteinte à l'intégrité physique, il convient maintenant d'examiner ce traitement en l'absence d'atteinte à l'intégrité physique (**section II**).

Section II : Le traitement de l'incertitude scientifique en l'absence d'atteinte à l'intégrité physique

553. Les risques sanitaires sériels étant caractérisés par la possible survenance d'atteintes à la santé, envisager leur traitement par la responsabilité civile en l'absence de dommage corporel, et notamment en l'absence d'atteinte à l'intégrité physique, peut sembler déroutant à première vue. Cependant, si la responsabilité civile est généralement appelée à intervenir lorsqu'un risque sanitaire sériel s'est réalisé, elle peut parfois être mise en œuvre *avant même* que le risque ne se réalise.

Dans le contexte des risques sanitaires sériels suspectés, l'analyse doit maintenant nous conduire à envisager les effets que peut produire l'incertitude du lien de causalité général sur la mise en œuvre de la responsabilité civile en l'absence de toute atteinte à l'intégrité physique (paragraphe 1). L'examen de cette question révèle que, là encore, le droit français est généralement plus enclin à la générosité envers les « victimes » que ne l'est le droit anglais, même si cette générosité n'est pas sans limite. Il sera donc utile de procéder, dans un second temps, à une appréciation des solutions retenues par les droits français et anglais (paragraphe 2).

§1 – Les effets de l'incertitude du lien de causalité général

554. À partir du moment où l'on envisage la question de l'intervention de la responsabilité civile avant même que le risque sanitaire sériel ne se soit réalisé, autrement dit avant même la survenance de dommages corporels en série, il convient d'examiner les perspectives qu'elle offre. Lorsque le risque sanitaire sériel est suspecté, nous nous attacherons à déterminer si – et comment – l'incertitude scientifique du lien de causalité général est envisagée par la responsabilité civile, tant dans une perspective indemnitaire (I) que préventive (II).

I. *Dans une perspective indemnitaire*

555. En l'absence d'atteinte à l'intégrité physique, il faut examiner si la responsabilité civile peut intervenir pour réparer un préjudice moral, en particulier la crainte d'une maladie future liée à la survenance d'un risque suspecté (A). À nouveau, l'analyse comparée des solutions adoptées de part et d'autre révèle que contrairement au droit anglais, le droit français retient parfois une position particulièrement souple, qui manifeste à nouveau les faveurs dont bénéficient les « victimes ». Toutefois, cette position n'a été possible qu'au prix d'une distorsion des conditions de responsabilité civile (B).

A. L'indemnisation du préjudice moral

556. La position des droits français et anglais. – Les deux systèmes juridiques ont apporté une réponse différente à la question de l'indemnisation d'un préjudice moral, notamment en ce qui concerne la crainte liée à la survenance d'une possible maladie future.

557. En droit français, cette question s'est principalement posée dans le contentieux relatif aux ondes électromagnétiques. Plusieurs riverains, craignant une atteinte à leur santé en raison de la proximité d'antennes-relais, ont introduit des actions en réparation d'un préjudice moral sur le fondement de la théorie des troubles anormaux de voisinage.

Quelques rares juges du fond[1265] ont pu l'admettre, alors même que le risque sanitaire était pourtant suspecté[1266]. Dans ces contentieux, c'est même précisément *l'impossibilité d'exclure l'existence du risque* – en d'autres termes, c'est le caractère suspecté du risque – qui permettait de justifier la légitimité de la crainte, crainte constitutive d'un trouble[1267]. Plus encore, les juges ont parfois mis en avant le fait que le risque porte sur la santé humaine pour considérer le trouble comme « anormal »[1268]. C'est donc le risque de dommage corporel qui a pu, dans certains cas, caractériser l'anormalité du trouble. Ces solutions, ne reflètent pas l'état de la jurisprudence française, mais elles montrent tout de même que l'impossibilité d'exclure le lien de causalité général n'empêche pas nécessairement la reconnaissance de responsabilité, même en l'absence de dommage corporel.

Le maintien de cette jurisprudence minoritaire semble aujourd'hui douteux, pour deux raisons. D'une part, il n'est pas certain que les juridictions judiciaires soient toujours compétentes en ce domaine, depuis les solutions rendues par le Tribunal des conflits en date du 14 mai 2012[1269]. Certains juges judiciaires ont continué à se déclarer compétents[1270], d'autres[1271] ont, au contraire, considéré

[1265] TGI Carpentras, 16 février 2009, n°08/00707 (en reconnaissant que la solution est retenue par des juridictions moins nombreuses) ; CA Montpellier (ch. 5, sect. A), 15 septembre 2011, n°10/04612 ; CA Versailles (ch. 14), 4 février 2009, n°08/08775.

[1266] En effet, les effets non-thermiques, sur la santé humaine, d'ondes électromagnétiques présentant des fréquences très basses sont incertains en l'état des connaissances actuelles : les risques sanitaires sériels liés aux antennes-relais sont donc suspectés.

[1267] CA Versailles (ch. 14), 4 février 2009, n°08/08775 : « les intimés, qui ne peuvent se voir garantir une absence de risque sanitaire généré par l'antenne-relais (...) justifient être dans une crainte légitime constitutive d'un trouble ». V° les commentaires de cet arrêt : *D.* 2009, N°12, 19/03/2009, p. 819, obs. M. BOUTONNET ; *AJDA* 2009, N°13, 13/04/2009, p. 712, obs. S. BOURILLON ; *D.* 2009, N°36, 15/10/2009, p. 2448, obs. F.-G. TREBULLE ; *RTD civ.* 2009, N°2, 15/06/2009, p. 327, obs. P. JOURDAIN ; *Resp. civ. et assur.* n°3, Mars 2009, comm. 75, comm. G. COURTIEU ; *JCP G.* n°7, 11 février 2009, act. 83, veille C. BLOCH.

[1268] CA Versailles (ch. 14), 4 février 2009, *Ibid.* : « (...) que le caractère anormal de ce trouble causé s'infère de ce que le risque étant d'ordre sanitaire, la concrétisation de ce risque emporterait atteinte à la personne des intimés et à celle de leurs enfants. »

[1269] Le 14 mai 2012, le Tribunal des conflits a reconnu la compétence des juridictions judiciaires pour connaître des litiges tenant à l' « indemnisation des dommages causés par l'implantation ou le fonctionnement d'une station radioélectrique qui n'a pas le caractère d'un ouvrage public » : cela semble aller dans le sens de la compétence des juges judiciaires pour connaître d'actions en réparation d'un préjudice moral (d'anxiété, d'angoisse). V° TC, 14 mai 2012, n°s3844, 3846, 3848, 3850, 3852, 3854, *AJDA* 2012, N°27, 30/07/2012, p. 1525, note A. VAN LANG ; *RDI* 2012, N°10, 02/10/2012, p. 514, note A. JACQUEMET-GAUCHE ; *JCP G.*, n°28, 9 juillet 2012, 820, note M. BACACHE ; *D.* 2012, N°29, 26/07/2012, p. 1930, note G. J. MARTIN et J.-C. MSELLATI.

[1270] Par ex. : CA Toulouse (ch. 1 sect. 1), 7 janvier 2013, n°11/05776 ; CA Versailles (ch. 8), 18 décembre 2014, n°14/06276 ; CA Riom (ch. com.), 6 mars 2013, n°11/02451 ; CA Pau (ch. 1), 8 septembre 2016, n°14/03919.

[1271] Par ex. : CA Rennes (ch. 1), 5 février 2013, n°11/07416 ; CA Poitiers (ch. civ. 3), 27 mars 2013, n°12/04447.

que « la demande de dommages-intérêts pour un motif tiré d'un risque sanitaire (...) ressort[ait] également de la compétence du juge administratif »[1272].

D'autre part, parmi les juridictions judiciaires qui se reconnaissent compétentes, certaines ont pu sembler favorables à la réparation du préjudice moral, sans toutefois apporter de précisions sur la caractérisation de ce préjudice[1273] ; d'autres, au contraire, continuent de refuser l'indemnisation de ce préjudice en cas de risque suspecté, considérant qu' « une simple crainte, non fondée sur l'objectivation d'un *risque certain et mesurable*, ne peut être considérée comme un trouble anormal de voisinage »[1274].

558. Si en droit français, l'indemnisation d'une anxiété liée à un risque sanitaire sériel suspecté a été accordée par certaines juridictions judiciaires, une telle position est impossible en droit anglais et ce, quel que soit le fondement de responsabilité considéré.

En effet, dans le cadre du délit de négligence (*tort of negligence*), sans un dommage « tangible » – corporel ou matériel –, l'anxiété n'est réparable que si elle est suffisamment grave pour être caractérisée comme une maladie psychiatrique cliniquement diagnostiquée (dépression, syndrome post-traumatique, etc.). En d'autres termes, il est nécessaire de caractériser l'existence d'un dommage psychiatrique (*psychiatric injury*). À notre connaissance, la réparation d'un tel dommage n'a pas été invoquée en cas de risque sanitaire sériel suspecté ; néanmoins, la position de la jurisprudence anglaise dans des contentieux impliquant des risques sanitaires sériels avérés nous permet de douter, *a fortiori*, du succès d'une telle action en cas de risque sanitaire sériel suspecté.

Par exemple, dans l'arrêt *Johnston v. NEI International Combustion Ltd*[1275], contentieux lié à l'amiante, presque tous les demandeurs ont vu leur action indemnitaire rejetée car ils ne justifiaient pas être atteints d'un dommage psychiatrique, mais souffraient d'une simple anxiété. Ils avaient donc essayé de faire valoir que les plaques pleurales qu'ils avaient développées, plaques asymptomatiques témoignant d'une exposition à l'amiante, constituaient un dommage corporel, ce qui leur aurait permis d'obtenir la réparation de l'anxiété découlant de ce dommage[1276]. Cet argument a été rejeté, de même que leur

---

[1272] CA Rennes (ch. 1), 5 février 2013, n°11/07416.

[1273] V° par ex. : Cass., civ. 1, 17 octobre 2012, n°10-26.854, *Bull. civ. I*, 2012, N°207, qui confirme la position de la cour d'appel de Paris (1er octobre 2010), qui avait admis la réparation du préjudice moral, sans préciser à quoi correspondait exactement ce préjudice : *D.* 2013, N°31, 19/09/2013, p. 2123, obs. B. MALLET-BRICOUT, N. REBOUL-MAUPIN ; *RDI* 2012, N°12, 06/12/2012, p. 612, obs. A. VAN LANG ; *JCP G.* 2013, n°1-2, 7 janvier 2013, 14, note F.-G. TREBULLE ; *comm. com. électr.* n°12, Décembre 2012, comm. 133, note G. LOISEAU.

[1274] CA Pau (ch. 1), 8 septembre 2016, n°14/03919.

[1275] [2007] 4 All ER 1047: A. GORE, « What is actionable injury? The demise of the pleural plaques litigation », (2008) 1 *JPIL* 1-15; M. A. JONES, « Liability for fear of future disease? », (2008) 24(1) *P.N.* 13-28; J. THOMSON, « A paradigm of orthodoxy: Johnston v. NEI International Combustion Ltd », (2008) 12(2) *Edin. L.R.* 259-261 (case comment).

[1276] En effet, la règle de l'action unique (*single action rule*) leur aurait permis d'obtenir la réparation de l'anxiété découlant d'un dommage corporel : *Johnston v. NEI International Combustion Ltd*, *Ibid.*, [13] (Lord Hoffmann) : « If a claimant has suffered actionable personal injury as a result of the defendant's breach of duty, he can and must claim damages in the same action. La solution pouvait paraître sévère car le risque sanitaire lié à l'amiante est un risque avéré, et elle contraste d'ailleurs avec la position des juridictions françaises qui, dans le contexte de l'amiante, ont pu admettre la réparation de l'anxiété des travailleurs ayant travaillé au contact de cette substance nocive[1277]. Dans la décision anglaise *Johnston*, un seul demandeur était parvenu à atteindre le seuil requis de dommage réparable car, souffrant d'une dépression diagnostiquée, il avait pu démontrer l'existence d'un dommage psychiatrique. Toutefois, la question s'est alors posée de savoir si un devoir de diligence (*duty of care*) lui était dû. La réparation de ce dommage a été finalement refusée, les juges anglais[1278] considérant qu'il n'était pas prévisible pour l'employeur, qu'un employé de constitution normale souffre d'un dommage psychiatrique trente ans après avoir été exposé à l'amiante[1279] ; de ce fait l'employeur n'était pas responsable, et le demandeur a échoué dans son action.

---

action for all the damage which he has suffered or will suffer in consequence of that breach of duty. » Lord Hoffmann indique également [14] que cette règle de l'action unique est très ancienne.

1277 Cass., soc., 11 mai 2010, n°09-42.241, *Bull. V*, 2010, N°106. La jurisprudence judiciaire a semblé fluctuante sur l'indemnisation du préjudice d'anxiété découlant d'une exposition à l'amiante : en effet, on notera simplement que par quatre décisions en date du 3 mars 2015 (Cass., soc., 3 mars 2015, n°s 13-20.486, 13-21.832, 13-26.175,13-20.474, *Bull. V*, N[os]31, 40, 41, 42, confirmés par Cass., soc., 26 avril 2017, n°15-19.037, ECLI:FR:CCASS:2017:SO00696 (publié)), la chambre sociale de la Cour de cassation a procédé à une délimitation des situations : ainsi, pour les individus remplissant les conditions de l'article 41 de la loi n°98-1194 du 23 décembre 1998 et ayant travaillé pour une entreprise spécifiquement listée dans l'arrêté ministériel du 29 mars 1999, la réparation du préjudice d'anxiété était possible sans même qu'ils n'aient à apporter la preuve (par un certificat médical, par exemple) de la réalité de leur préjudice ; en revanche, pour les individus ne remplissant pas ces conditions, aucune indemnisation du préjudice moral n'était envisageable. Cette position, discriminatoire, et très sévère pour les travailleurs au contact de l'amiante ne remplissant pas ces conditions, a été récemment modifiée par l'Assemblée plénière de la Cour de cassation : Cass., AP, 5 avril 2019, n°18-17.442, ECLI:FR:CCASS:2019:AP00643 (publié). Les travailleurs de l'amiante ne bénéficiant pas du régime de préretraite amiante peuvent maintenant obtenir réparation du préjudice d'anxiété : *RDSS* 2019, N°3, 28/06/2019, p. 539, note C. WILLMANN ; *Rev. trav.*, N°5, 28/05/2019, p. 340, obs. G. PIGNARRE ; *JCP G.* 2019, n°16, 22 avril 2019, 423, veille par N. DEDESSUS LE MOUSTIER; *Resp. civ. et assur.* 2019, n°7-8, juillet 2019, étude 6, étude par A. VIGNON-BARRAULT ; *JCP G.* 2019, n°19, 13 mai 2019, 508, note M. BACACHE ; *Gaz. Pal.* n°16, 23/04/2019, p. 32, obs. C. BERLAUD. Cette position vient d'être confirmée pour les salariés exposés à l'amiante (Cass., soc., 11 septembre 2019, n[os]17-18.311 à 17-18.349, ECLI:FR:CCASS:2019:SO01187), et la réparation du préjudice d'anxiété vient d'être ouverte à tous salariés ayant subi « une exposition à une substance nocive ou toxique générant un risque élevé de développer une pathologie grave » (Cass., soc., 11 septembre 2019, n[os]17-24.879 à 17-25.623, ECLI:FR:CCASS:2019:SO01188).

1278 Le demandeur avait d'abord cherché à démontrer qu'il appartenait à la catégorie de victimes primaires définies dans *Page v. Smith* [1996] 1 AC 155 (S. BAILEY, D. NOLAN, « The *Page v. Smith* Saga : A Tale of Inauspicuous Origins and Unintended Consequences » (2010) 69(3) *C.L.J.* 495), ce qui aurait facilité la preuve de la violation du devoir de diligence. Néanmoins, les juges n'ont pas accepté cet argument et ont considéré qu'il appartenait à la catégorie des victimes du « stress au travail », définie dans la décision *Hatton v. Sutherland* [2002] EWCA Civ. 76 (CA), [23] (Hale LJ) : « (...) whether this kind of harm to this particular employee was reasonably foreseeable. [nous soulignons] ».

1279 A dire vrai, le test de « prévisiblité » issu de la décision *Hatton v. Sutherland* (*Ibid.*) n'est pas clair : il est difficile de déterminer si ce test permet de déterminer l'existence du devoir de diligence ou le standard requis de diligence pour apprécier la violation de ce devoir. Lady Hale le reconnaît elle-même et ne prend pas position : [23] « Mr RF Owen QC, for the appellant defendant

En revanche, dans l'arrêt *Group B Plaintiffs v. Medical Research Council*[1280], des enfants atteints de nanisme hypophysaire s'étaient vus prescrire de l'hormone de croissance et étaient, de ce fait, soumis au risque de contracter la maladie de Creutzfeldt-Jakob. Ils ont introduit une action pour obtenir l'indemnisation du dommage psychiatrique subi en raison de la connaissance qu'ils avaient d'être exposés à ce risque. Comme dans la situation de *Johnston*, la difficulté tenait à la démonstration de l'existence d'un devoir de diligence (*duty of care*) en lien avec le dommage psychiatrique subi. Le juge a admis l'existence de ce devoir, au regard des trois critères classiques de l'arrêt *Caparo Industries Plc v. Dickman*[1281], et la violation de ce devoir ; la position dans cet arrêt est certes plus flexible que celle adoptée dans l'arrêt subséquent *Johnston*, mais elle s'explique eu égard aux faits particuliers du contentieux. Surtout, dans l'affaire de l'hormone de croissance, le cercle des victimes concernées était en fait peu élevé[1282]. La position du juge était donc limitée à ce contentieux précis, et il s'agit une solution exceptionnelle qu'il n'était pas possible de transférer à d'autres cas[1283] : le demandeur, dans l'arrêt *Johnston*, l'avait d'ailleurs tenté, sans succès[1284].

Ces deux exemples jurisprudentiels démontrent qu'en l'absence d'atteinte à l'intégrité physique, il est extrêmement difficile en droit anglais d'obtenir l'indemnisation d'un dommage psychiatrique lié à la peur d'une maladie future, dans le cas de risques sanitaires sériels avérés. Par conséquent, et *a fortiori*,

---

in the Bishop case, saw this as a question of defining the duty; Mr Ralph Lewis QC, for the appellant defendant in the Jones case, saw it as a question of setting the standard of care in order to decide whether it had been broken. Whichever is the correct analysis, the threshold question is whether this kind of harm to this particular employee was reasonably foreseeable. »

1280 *The Creutzfeldt-Jakob litigation, Group B Plaintiffs v. Medical Research Council* (18 December 1997) 41 BMLR 157: J. O'SULLIVAN, « Liability for fear of the onset of future medical conditions » (1999) 15(2) *P.N.* 96-110; S. IRWIN, J. GLASSON, « Psychiatric injury claims » (1998) 148(6867) *N. L. J.* 1816-1817 (case comment) ; M. MILDRED, « The human growth hormone (Creutzfeldt Jakob disease) litigation », (1998) *JPIL* 251-270, Dec.

1281 [1990] UKHL 2. Pour rappel, ces trois conditions sont les suivantes : le dommage doit être prévisible, la relation entre demandeur et défendeur doit être proche (au sens juridique) et enfin, il doit être juste et raisonnable d'imposer un tel devoir de diligence (argument de politique publique). Ces conditions permettent de retenir l'existence d'un devoir de diligence, en l'absence de devoir préétabli (fabricant/consommateur, employeur/employé, etc.).

1282 *Group B Plaintiffs*, préc. (note 1280), p. 164 (Morland J): « Unlike some of the examples given by Mr Fenwick in his 'floodgates' argument, such as exposure to asbestos, radiation, contaminated blood transfusions, the cohort of potential victims of psychiatric injury is small. »

1283 En effet, pour la condition de prévisibilité du dommage, le juge a considéré que les demandeurs devaient prouver qu'au regard de la connaissance disponible au 1er juillet 1977, les défendeurs auraient dû prévoir que le risque de matérialisation de la maladie pouvait survenir dans un, deux ou dix ans après l'injection. Morland J. a indiqué qu'il était prévisible que *dans le cas d'un essai thérapeutique*, les patients apprendraient la nouvelle, non seulement par des cliniciens compétents, mais aussi par les médias qui traiteraient l'information de manière sensationnaliste, entraînant de ce fait un dommage psychiatrique chez les demandeurs ; ensuite, concernant la deuxième condition, le juge considère que la relation entre demandeurs/défendeurs était analogue à la relation médecin/patient ; enfin, concernant les raisons de politique publique en faveur de la reconnaissance du devoir de diligence, le juge note que la catégorie de demandeurs disposant d'une action est en réalité très faible ; de ce fait, il n'y a aucun risque d'afflux de demandes.

1284 Pour une justification de la distinction des faits de *Johnston* avec ceux de l'affaire de l'hormone de croissance : *Johnston v. NEI International Combustion Ltd*, préc., [95] (Lord Rodger).

cette possibilité semble condamnée en cas de risque sanitaire sériel suspecté. En effet, dans l'hypothèse où c'est l'existence même du risque sanitaire sériel qui est incertaine, le demandeur ne parviendra jamais à démontrer que le dommage psychiatrique était raisonnablement prévisible, ce qui devrait empêcher la reconnaissance du devoir de diligence[1285]. Dans tous les cas, même si le devoir était reconnu, le demandeur échouerait à prouver sa violation. Quant au délit de nuisance privée (*tort of private nuisance*), qui se rapproche en France de la théorie des troubles anormaux du voisinage, il ne semble pas pouvoir permettre la réparation du dommage psychiatrique[1286].

559. En l'absence d'un dommage corporel, les conditions requises par le droit anglais pour engager, avec succès, une action en responsabilité civile sont bien plus exigeantes que le droit français. Par conséquent, dans l'hypothèse d'un simple risque sanitaire sériel suspecté, les chances de succès d'une action en responsabilité anglaise sont nulles. Les juges français ont certes parfois pu se montrer plus souples, mais la condamnation du défendeur n'a pu être prononcée qu'au prix d'une transformation des conditions classiques de responsabilité civile.

B. La transformation nécessaire de la notion de « trouble anormal de voisinage » en droit français

560. Caractériser un trouble « certain » en présence d'un risque « incertain » : le dévoiement de la notion de trouble anormal de voisinage. – De jurisprudence constante, la mise en jeu de la théorie des troubles anormaux de voisinage suppose que le trouble causé soit certain[1287]. Toutefois, à plusieurs reprises, la Cour de cassation a pu interpréter cette condition de manière souple, puisqu'elle admet qu'un simple risque de dommage puisse être constitutif d'un trouble anormal de voisinage, à condition que la probabilité de survenance du dommage soit tellement élevée qu'elle confine à une certitude juridique[1288]. En d'autres termes, pour être constitutif d'un trouble anormal de voisinage, le risque de dommage doit non seulement être avéré, autrement dit l'existence du risque doit être certaine, mais au surplus sa probabilité de réalisation doit être élevée.

1285 Si le demandeur cherche à établir l'existence d'un devoir de diligence selon les critères de *Caparo*, préc. (note 1281).

1286 *Jones v. Ruth* [2011] EWCA Civ. 804 [13] (Patten LJ.).

1287 Par ex. : L. Neyret, « Les troubles anormaux de voisinage » *in* Ph. Brun, Ph. Pierre, A. Jean-Joseph (dir.), *Lamy Droit de la de responsabilité*, préc. (note 871), étude 355, spéc. n°355-85.

1288 J.-V. Borel, « Le fait d'exposer son voisin, contre son gré, à un risque certain pour sa santé constitue en soi un trouble anormal de voisinage », *JCP G.*, n°51-52, 17 décembre 2008, II, 10208 ; V° plus généralement : J.-L. Borel, « La responsabilité pour troubles anormaux de voisinage : de la réparation à la prévention », *RDI* 2007, N°4, 15/06/2007, p. 313.

Dans ces conditions, comment caractériser un trouble « certain » en présence d'un simple risque suspecté ?

Une première technique consiste à contourner purement et simplement le problème en qualifiant le risque suspecté de risque avéré, sur le plan judiciaire. C'est ce qu'a fait le TGI de Nanterre, dans un jugement du 18 septembre 2008[1289], dans le contentieux des antennes-relais. Le juge relève non seulement que « la discussion scientifique reste ouverte et qu'elle permet à chacun de nourrir son point de vue »[1290], mais aussi que « les autorités compétentes en la matière, tant internationales que françaises, préconisent de faire application d'un *principe de précaution* »[1291]. Par conséquent, le risque aurait dû être qualifié de risque suspecté[1292]. Pourtant, le tribunal conclut qu'« exposer son voisin, contre son gré, à un risque *certain* et non pas *hypothétique* comme prétendu en défense, constitue en soi un trouble de voisinage »[1293]. En considérant que le risque est avéré, le juge peut alors indemniser le préjudice moral du demandeur, tout en prétendant respecter les règles classiques de la théorie des troubles anormaux de voisinage[1294]. Cette solution est cependant critiquable, ce qui explique que les juridictions judiciaires ayant accepté d'indemniser le préjudice moral dans le contexte des antennes-relais n'ont généralement pas retenu cette voie.

Une seconde technique consiste à remonter plus loin que le risque suspecté pour « trouver un trouble certain ». C'est par exemple la voie qui a été privilégiée par la cour d'appel de Versailles, le 4 février 2009[1295]. Pour elle, ce n'était pas le « risque de dommage » qui était constitutif d'un trouble anormal de voisinage, mais la crainte légitime résultant de l'impossibilité de se voir garantir *l'absence de risque sanitaire*. Ainsi, pour caractériser un trouble « certain », la cour d'appel dépasse le risque incertain pour aller vers la crainte légitime – donc certaine – résultant du risque incertain. Ce faisant, elle multiplie les liens, ce qui est problématique : si la crainte est constitutive du trouble, à

[1289] TGI Nanterre (ch. 8), 18 septembre 2008, n°07/02173.

[1290] *Ibid.*

[1291] *Ibid.*

[1292] Le principe de précaution s'applique uniquement aux situations de risques dont l'existence est certes incertaine, mais qui présente un certain degré de plausibilité. Au surplus, le principe s'applique sous une condition de gravité. Sur ces points : *supra*, n°150 et 151.

[1293] [italiques ajoutées par nous] TGI Nanterre (ch. 8), 18 septembre 2008, préc. (note 1289) : *Dalloz Actualité*, 07/10/2008, obs. I. GALLMEISTER ; *D.* 2008, N°36, 23/10/2008, p. 2489, note F. ROME ; *D.* 2008, N°41, 27/11/2008, p. 2916, note M. BOUTONNET.

[1294] Ce qui n'a pas empêché le TGI de Toulon, le 20 mars 2006 de considérer qu' « il ne peut être imposé à son voisin, contre son gré, l'exposition à un risque même hypothétique, avec la seule alternative de devoir déménager s'il se refuse à assumer ce risque » et d'ordonner le démantèlement de l'antenne-relais (la demande indemnitaire avait été rejetée) : TGI Toulon, 20 mars 2006, *Dr. envir.* 2006, comm. 164, note D. DEHARBE, E. HICTER. Toutefois, et cela était prévisible, ce jugement a été infirmé par la cour d'appel d'Aix-en-Provence, le 15 septembre 2008. C'est peut-être ce qui explique que le TGI de Nanterre, dans son jugement controversé du 18 septembre 2008, ait qualifié le risque comme étant « certain » et non « incertain ».

[1295] CA Versailles (ch. 14), 4 février 2009, n°08/08775.

quoi correspond le préjudice moral[1296] ? La cour d'appel mentionne seulement « le préjudice moral résultant de l'angoisse créée »[1297]. Le préjudice moral serait ainsi, selon cet arrêt, une conséquence de l'angoisse, de la crainte : pourquoi, dans ce cas, la cour d'appel évalue-t-elle le préjudice moral au regard de la durée de l'angoisse ? En multipliant les liens, ce sont alors les notions de trouble et de préjudice qui sont confondues[1298].

Ce n'est pas tout : l'anormalité du trouble est, selon les principes classiques, caractérisée au regard de la durée et de la fréquence du trouble. Or, dans cet arrêt, l'anormalité s'infère du fait que le risque est d'ordre sanitaire, ce qui tend cette fois-ci, à assimiler le risque (incertain) au trouble.

Comme on le voit, la réparation d'un préjudice moral « pur » (d'angoisse, même s'il n'en porte pas le nom) dans le contexte d'un risque sanitaire sériel suspecté ne peut, en réalité, être admise qu'au prix d'une confusion, voire d'une distorsion des notions, autrement dit, d'un dévoiement de la théorie des troubles anormaux de voisinage.

561. Finalement, il apparaît que l'application de la responsabilité civile à des situations de risques sanitaires sériels suspectés, en l'absence de toute atteinte à l'intégrité physique, a parfois été possible en droit français, mais non en droit anglais. Il faut toutefois bien comprendre qu'en droit français, le recours à un préjudice moral n'a été qu'un prétexte pour déclencher l'application de la théorie des troubles anormaux de voisinage, laquelle permet aux juges de prononcer une condamnation à des dommages-intérêts mais aussi des mesures de cessation. Derrière la réparation du préjudice moral, ce sont surtout les mesures de cessation du trouble anormal de voisinage qui étaient recherchées ; en d'autres termes, c'est la prévention d'une atteinte seulement potentielle à l'intégrité physique qui était voulue et qu'il faut maintenant envisager.

II. *Dans une perspective préventive*

562. Des voies de recours existent, en droit français comme anglais, pour prévenir, en amont, la survenance de dommages. Les personnes qui craignent la survenance d'un dommage peuvent, en effet s'adresser au juge pour que celui-ci prenne une ordonnance en référé (France) ou une injonction temporaire (*interim injunction*, Angleterre). Toutefois, les conditions d'obtention de ces injonctions sont très particulières et il nous faut ainsi envisager si celles-ci

---

1296 Sur le fait que, dans le contentieux des antennes-relais, les juridictions mentionnent souvent l'existence d'un préjudice moral sans le qualifier directement de « préjudice d'angoisse » ou « d'anxiété » : Y. Quistrebert, « La spécificité du préjudice d'angoisse face aux risques hypothétiques », *Revue juridique de l'Ouest*, N° Spécial 2014, *L'angoisse face aux risques hypothétiques*, actes du colloque du 3 octobre 2014, pp. 57-90, spéc. pp. 60-61.

1297 CA Versailles (ch. 14), 4 février 2009, préc. (note 1295).

1298 Dans le même sens : C. Quezel-Ambrunaz, « Antennes-relais : distinguer risque, trouble et préjudice sur fond de principe de précaution ! », *RLDC*, 1er avril 2009, N°59, p. 17.

peuvent être obtenues dans le cas de risques sanitaires sériels seulement suspectés (A).

Au-delà de cette première voie, la question a pu se poser de déterminer si la responsabilité civile pouvait elle-même être invoquée pour prévenir, en amont, la survenance d'une atteinte à l'intégrité physique, dans le contexte de risques sanitaires sériels suspectés. Certaines décisions en droit français ont montré que la responsabilité civile pouvait prendre une coloration prospective (B). Il convient alors d'examiner la position des deux systèmes juridiques sur cette question.

A. Perspectives préventives devant le juge des référés

563. Les personnes qui craignent la survenance de dommages peuvent d'abord s'adresser au juge des référés pour qu'il prenne une ordonnance permettant de « stopper » l'activité susceptible d'entraîner le dommage redouté. Cependant, les conditions d'obtention de ces ordonnances sont particulièrement strictes, tant en droit français qu'en droit anglais. Dans les deux systèmes juridiques, ces conditions s'opposent, en théorie, à toute possibilité d'obtenir une injonction dans le contexte de risques sanitaires sériels seulement suspectés (1). Pourtant, l'examen des solutions adoptées en pratique révèle qu'en droit français, les juridictions ont parfois fait preuve de souplesse pour favoriser la protection de l'intégrité physique dans les contextes d'incertitude scientifique (2).

1. En théorie

564. Impossibilité *a priori* d'obtenir des mesures de référé en cas de risques suspectés : convergences des deux droits. – Dans l'hypothèse d'un simple risque sanitaire sériel suspecté, les actions en référé devraient en théorie être rejetées par le juge.

565. En effet, en droit français, l'article 808 du Code de procédure civile exige une condition d'urgence qui serait difficilement remplie dans les hypothèses où l'existence même du risque sanitaire sériel est incertaine. Dans le contentieux des antennes-relais, certaines décisions ont ainsi rejeté la demande, en référé, de démantèlement de ces antennes sur ce fondement[1299]. Au surplus, l'article 808 ne s'applique qu'à la condition qu'il n'y ait pas de contestation sérieuse ; or, bien évidemment, dans les situations de risque

---

[1299] Par ex. : CA Paris (pôle 1, ch. 4), 10 juin 2011, n°10/17771 : « La société Bouygues Télécom ayant installé la station relais il y a plus de dix ans, l'action en démantèlement ne présente pas de caractère d'urgence. »

sanitaire sériel suspecté, les controverses scientifiques portant sur la réalité du risque impliquent, en elles-mêmes, l'existence d'une contestation sérieuse[1300].

L'invocation de l'article 809 du Code de procédure civile nécessite, quant à elle, de démontrer que l'ordonnance de mesures est nécessaire pour prévenir un trouble manifestement illicite ou pour empêcher la survenance d'un dommage imminent. À nouveau, l'incertitude scientifique relative à l'*existence* du risque devrait s'opposer à la caractérisation d'un dommage imminent[1301]. Le trouble manifestement illicite s'entend, lui, de « toute perturbation résultant d'un fait qui directement ou indirectement constitue une violation évidente de la règle de droit »[1302]. Il faut donc non seulement prouver la violation d'une règle de droit, mais aussi l'évidence de cette violation. Or, dans le contexte des antennes-relais, la plupart des opérateurs de téléphonie mobile respectent les valeurs d'émissions édictées par le décret du 3 mai 2002[1303], certains étant même largement en-dessous. Si trouble il y a, il serait difficile de le considérer comme « manifestement illicite ».

566. En droit anglais, le même constat s'impose. L'injonction – temporaire ou définitive – est un remède équitable[1304], laissé à la discrétion du juge. Aux termes de la règle 25.2(2)(b) des règles de procédure civile (CPR), la cour peut accorder un remède temporaire avant que la procédure judiciaire n'ait commencé si cela est urgent ou s'il est autrement désirable de le faire dans l'intérêt de la justice[1305]. Cependant, il convient de noter dès à présent que ce remède ne semble pas utilisé dans le contexte du délit de négligence[1306] et que, de manière générale, il vise à préserver un droit de propriété (*property interest* et *property-like interests*) plutôt que l'intégrité physique (*bodily integrity*)[1307].

Dans tous les cas, les principes gouvernant l'attribution d'une injonction temporaire sont contenus dans la décision *American Cyanamid Co. v. Ethicon Ltd*[1308]. Le demandeur doit d'abord prouver que la demande n'est pas futile ou

---

1300 Par ex. : CA Paris (ch. 14A), 15 mars 2000, n°1999/24752.

1301 Par ex. : CA Rennes (ch. 1), 27 septembre 2011, n°11/00649 : « pour constituer un dommage imminent le risque allégué ne doit pas être éventuel ou hypothétique mais effectif, le demandeur doit démontrer *qu'il se produira nécessairement* [italiques ajoutées par nous] ».

1302 CA Paris (pôle 1, ch. 3), 6 avril 2010, n°09/22226.

1303 Décret n°2002-775 du 3 mai 2002 pris en application du 12° de l'article L. 32 du Code des postes et télécommunications et relatif aux valeurs limites d'exposition du public aux champs électromagnétiques émis par les équipements utilisés dans les réseaux de télécommunication ou par les installations radioélectriques, JORF n°105 du 5 mai 2002, p. 8624.

1304 C. BLOCH, Ph. STOFFEL-MUNCK, « La cessation de l'illicite » *in* F. TERRE (dir.), *op. cit.* (note 811), p. 91, spéc. sous note 10.

1305 R. 25.2(2)(b), Civil Procedure Rules: « However – (b) the court may grant an interim remedy before a claim has been made only if – (i) the matter is urgent; or (ii) it is otherwise desirable to do so in the interests of justice (…). »

1306 P. GILIKER, *op. cit.* (note 93), p. 694, spéc. note 294.

1307 J. MURPHY, « Rethinking Injunctions in Tort Law », (2007) 27(3) *O.J.L.S* 509-535, spéc. pp. 514-515, 520-521. L'auteur critique abondamment ce constat et explique que cela pose une question tenant à la hiérarchie des intérêts proté-
gés : en particulier, cela pourrait impliquer que la protection d'un intérêt « propriétaire » serait supérieure à la protection de l'intégrité corporelle, ce qui ne lui paraît pas satisfaisant.

1308 [1975] 1 All ER 504.

vexatoire, autrement dit qu'il existe une question sérieuse[1309]. Dans ce contexte, il est permis de s'interroger sur la position du juge anglais en cas de risque sanitaire sériel suspecté.

En effet, de deux choses l'une : soit le demandeur n'a pas encore subi de dommage (corporel ou matériel) et il souhaite obtenir une injonction temporaire *quia timet*, littéralement injonction de « celui qui craint », pour empêcher la survenance d'un dommage futur. Dans ce cas, le caractère suspecté du risque pourrait conduire le juge à considérer la demande frivole ; soit le demandeur subit un dommage actuel – psychiatrique par exemple – du fait de la conscience d'être exposé à un risque potentiel d'atteinte à l'intégrité physique, et il pourrait essayer d'obtenir une injonction temporaire prohibitive (*prohibitory temporary injunction*) pour réfréner l'activité ou la conduite du défendeur, en attendant que le contentieux soit tranché au fond. Il n'est toutefois pas certain que cette hypothèse soit envisageable[1310], mais si elle l'était, alors le caractère suspecté du risque devrait probablement conduire le juge à considérer la demande frivole.

Il est donc probable qu'une demande d'*injunction* en relation avec un risque sanitaire sériel seulement suspecté échoue à cette étape. Si, malgré tout, le juge considère la demande sérieuse, il doit dans tous les cas évaluer l'opportunité d'accorder l'injonction. Pour ce faire, il doit peser les intérêts en présence (*balance of convenience*)[1311] et considérer les effets de sa décision potentielle sur les deux parties[1312], et parfois même sur les tiers[1313]. En outre, le juge peut prendre en compte tout autre élément qui lui paraîtrait pertinent pour décider de l'opportunité de prononcer une telle injonction temporaire[1314]. Or, si l'on s'attache à examiner la situation en cas de risque suspecté, il n'est pas certain que la mise en balance des intérêts soit favorable au demandeur : bien que l'intérêt général de l'activité conduite ne puisse justifier la violation des droits subjectifs d'un individu, cette circonstance peut être prise en compte dans la solution, surtout lorsqu'elle est mise en parallèle avec l'incertitude portant sur l'existence du risque. Il nous semble donc peu probable qu'une demande

---

[1309] *Ibid.*, p. 510 (Lord Diplock): « The court must be satisfied that the claim is not frivolous or vexatious; in other words, that there is a serious question to be tried ».

[1310] En effet, si l'injonction est un remède plutôt envisagé pour protéger un droit de propriété, il n'est pas certain qu'un demandeur puisse bénéficier d'une injonction dans l'hypothèse d'un dommage psychiatrique.

[1311] *American Cyanamid Co v. Ethicon Ltd*, préc. (note 1308) p. 510, spéc. p. 511 (Lord Diplock).

[1312] En particulier, il doit évaluer si, dans l'hypothèse où il refuserait de prononcer l'injonction et où le demandeur gagnerait son procès au fond, le préjudice causé au demandeur peut être adéquatement réparé par l'allocation de dommages-intérêts. En effet, dans cette situation, le refus de prononcer l'injonction aboutit à autoriser le défendeur à continuer le comportement jusqu'à la décision au fond, comportement condamné par le jugement au fond, ce qui entraîne un préjudice pour le demandeur. Si le préjudice causé au demandeur peut être adéquatement réparé par des dommages-intérêts et si le défendeur est en mesure de payer ces dommages-intérêts, alors le juge refusera d'accorder l'injonction : *Ibid.*, p. 510 (Lord Diplock). Puis le juge doit examiner la siutation inverse, celle où le procès au fond aurait été tranché en faveur du défendeur : *Ibid.*, p. 510 (Lord Diplock).

[1313] P. GILIKER, *op. cit.* (note 93), p. 685 citant l'arrêt *Coventry v. Lawrence* [2014] UKSC 13.

[1314] *American Cyanamid Co v. Ethicon Ltd*, préc. (note 1308), p. 511 (Lord Diplock) : « It would be unwise to attempt to list all the various matters which may need to be taken into consideration in deciding where the balance lies, let alone to suggest the relative weight to be attached to them. These will vary from case to case ».

d'injonction temporaire aboutisse dans l'hypothèse d'un risque sanitaire sériel seulement suspecté, d'autant que ces injonctions sont rarement accordées en pratique.

2. *En pratique*

567. L'intérêt actuel de la question en droit français. – S'il n'y a pas eu, à notre connaissance, d'action en ce sens dans l'hypothèse de risques sanitaires sériels suspectés en droit anglais, la situation se présente différemment en droit français. En effet, le contentieux des antennes-relais a amené de nombreux riverains à agir en référé pour prévenir la construction d'une antenne-relais ou obtenir son démantèlement, en se fondant sur le risque qu'une telle installation faisait courir à leur santé.

Le contentieux des antennes-relais ne présente plus grand intérêt depuis que les décisions du Tribunal des conflits, en date du 14 mai 2012, ont admis la compétence des juridictions administratives pour connaître de ce type d'actions[1315], même en référé[1316]. En effet, les juridictions administratives ont toujours clairement tranché cette question en faveur des opérateurs de téléphonie mobile[1317].

568. Ceci étant, l'examen de la position des juges judiciaires en référé n'est pas dépourvu de toute utilité, pour deux raisons.

D'abord, le juge judiciaire conserve une certaine compétence en matière d'antennes-relais[1318] : le juge des référés pourrait ainsi toujours prononcer le démantèlement d'une antenne-relais en lien avec un risque potentiel pour la santé, pour les implantations irrégulières ou qui violent les prescriptions administratives, s'il considère que le trouble anormal de voisinage constitue alors un trouble manifestement illicite ou entraîne un dommage imminent.

[1315] TC, 14 mai 2012, n^os^3844, 3846, 3848, 3850, 3852, 3854, préc. (note 1269) , qui précise que les juridictions administratives sont compétentes « aux fins d'obtenir l'interruption de l'émission, l'interdiction de l'implantation, l'enlèvement ou le déplacement d'une station radioélectrique régulièrement implantée sur une propriété privée ou sur le domaine public, au motif que son fonctionnement serait susceptible de compromettre la santé des personnes vivant dans le voisinage ou de provoquer des brouillages ».

[1316] TC, 14 mai 2012, n^os^3844, 3846, 3848, 3850, 3852, 3854, préc. (note 1269) qui précise que la compétence est celle des juridictions administratives pour les actions tendant à ce type de demande, « quel qu'en soit le fondement ».

[1317] Par ex. : CAA Douai (ch. 1), 29 décembre 2006, n°06DA00463 ; CAA Marseille (ch. 5), 11 septembre 2006, n°04MA00727 ; CAA Marseille (ch. 5), 3 juillet 2006, n°03MA00940 ; CAA Douai (ch. 1), 30 octobre 2008, n°08DA00118 ; CAA Bordeaux (ch. 6), 21 juin 2011, n°10BX02447 ; CAA Nantes, 3 février 2012, n°10NT01244 ; CE, 28 novembre 2017, n°30-1608 ; CE, 26 octobre 2011, n°34-1767, 24-1768.

[1318] TC, 14 mai 2012, préc. (note 1269) : il demeure compétent pour connaître des actions « aux fins de faire cesser les troubles anormaux de voisinage liés à une implantation irrégulière ou un fonctionnement non conforme aux prescriptions administratives » ; Il conserve également une compétence pour faire cesser « les inconvénients anormaux autres que ceux afférents à la protection de la santé publique ou aux brouillages préjudiciels ».

Ensuite, et surtout, si le contentieux des antennes-relais s'est maintenant tari, d'autres contentieux similaires sont en train d'émerger : on peut, par exemple, mentionner celui des éoliennes, dans lequel plusieurs riverains ont saisi le juge des référés, sur le fondement de l'article 809 du Code de procédure civile, pour obtenir l'arrêt d'exploitation de trois éoliennes, eu égard notamment aux risques graves que poseraient ces installations classées pour la santé, ou plus récemment encore, le contentieux lié aux compteurs électriques dits « Linky » dans lequel plusieurs personnes ont cherché à obtenir, sur le fondement de l'article 808 du Code de procédure civile, l'interdiction d'installer ces compteurs dans leur domicile en raison, notamment, de l'existence du risque d'atteinte à la santé lié à l'exposition à des champs électromagnétiques.

Si dans le cas des éoliennes, la Cour de cassation s'est déclarée incompétente au profit des juridictions administratives[1319], le contentieux lié aux compteurs « Linky » a récemment donné quelque espoir aux demandeurs. En effet, dans une ordonnance du 12 mars 2019[1320], le TGI de Toulouse a interdit la pose de ces compteurs pour les personnes établissant une électrohypersensibilité, en raison du « dommage imminent » qu'elles encourent. Le 23 avril 2019, le TGI de Bordeaux a enjoint à la société défenderesse de poser un filtre pour les personnes électro hypersensibles, tout en admettant que d'une manière générale, il n'y a ni manquement au devoir de précaution de la société en raison du risque sanitaire lié aux champs électromagnétiques provoqués par le courant porteur en ligne, ni dommage imminent pour la santé, rejetant ainsi les autres demandes[1321].

Ces exemples récents révèlent qu'il n'est pas inutile de revenir sur la position des juges du référé dans le contentieux des antennes-relais, ne serait-ce que pour analyser les fondements utilisés par les juridictions qui se sont montrées favorables aux demandes de démantèlement, dans un contexte de risques sanitaires sériels suspectés.

569. La position favorable de certains juges du référé en droit français dans le contentieux des antennes-relais. – Si la majorité des juges du référé ont rejeté les demandes de démantèlement des antennes-relais, considérant que les conditions des articles 808 et 809 du Code de procédure civile n'étaient pas remplies, certains ont néanmoins accueilli ces demandes, en ayant systématiquement recours au principe de précaution. L'argument a cependant été utilisé de trois manières différentes : 1°/ certains juges du référé ont considéré qu'ils étaient tenus d'appliquer directement le principe de précaution, dans leur décision, ce qui impliquait d'ordonner le démantèlement des antennes-relais[1322] ; 2°/ dans d'autres décisions, les juges du référé ont pu utiliser le

---

[1319] Cass., civ. 1, 8 novembre 2017, n°16-22.213, inédit. Dans le même sens : Cass., civ. 1, 25 janvier 2017, n°15-25.526, ECLI:FR:CCASS:2017:C100106 (publié), *RDI* 2017, N°11, 06/11/2017, p. 518, note A. VAN LANG ; *Gaz. Pal.*, 05/09/2017, n°29, p. 22, note S. EDLINGER.

[1320] TGI Toulouse (référés), 12 mars 2019, RG n°19/00026.

[1321] TGI Bordeaux, 23 avril 2019, RG n°19/00073 (JurisData n° 2019-007021).

[1322] TGI Angers, 5 mars 2009, n°08/00765 : « le principe de précaution nous commande d'ordonner l'interdiction de mise en œuvre du projet d'implantation de l'antenne-relais (...) » : *D.* 2009, N°36, 15/10/2009, p. 2448, obs. F.-G. TREBULLE.

principe de précaution pour élargir la conception traditionnelle de la faute[1323], ce qui conduit *in fine* à étendre indirectement l'application de ce principe aux opérateurs privés (alors que le principe s'applique normalement aux pouvoirs publics et aux autorités administratives) ; 3°/ enfin, certains juges sont allés plus loin encore, en considérant que le principe de précaution s'appliquait directement aux opérateurs privés[1324].

Pour critiquables qu'elles soient au regard des conditions posées par les articles 808 et 809 du Code de procédure civile, ces décisions témoignent toutefois du fait que l'incertitude scientifique portant sur le lien de causalité général a pu, parfois, être utilisée pour agir en amont, afin de protéger la santé; en effet, le meilleur moyen d'empêcher la survenance d'une atteinte à la santé, en particulier à l'intégrité physique, est de supprimer la source du risque, ce qui passe dans ces contentieux par l'interdiction d'ériger l'antenne-relais ou l'ordonnance de son démantèlement.

570. Finalement, il apparaît que si les actions en référé devraient en théorie échouer dans des hypothèses de risques sanitaires sériels suspectés, en droit français comme en droit anglais, certains juges français ont parfois accueilli ces actions, en ayant recours au principe de précaution. Cette position témoigne indéniablement d'une volonté de protection de la santé humaine dans les contextes d'incertitudes scientifiques. À présent, il convient d'envisager la position des juges du fond.

B. PERSPECTIVES PRÉVENTIVES DEVANT LE JUGE DU FOND

571. Le prononcé des mesures de cessation par les juges du fond français en cas de risque suspecté. – C'est à nouveau dans le contentieux des antennes-relais que cette question a été envisagée en droit français. En sus d'une demande de réparation d'un préjudice moral, les riverains ont surtout cherché à obtenir le démantèlement des antennes-relais construites à proximité de leurs habitations. La majorité des juridictions judiciaires ont refusé de faire droit à

[1323] TGI Créteil, 11 août 2009, n°09/00658 : « il appartient au juge judiciaire de faire respecter le principe de précaution, traduction d'un devoir de prudence vis-à-vis des tiers qui s'impose à tout sujet de droit » : *D.* 2009, N°32, 17/09/2009, p. 2164, note Y. ROUQUET ; *AJDI* 2010, N°1, 11/01/2010, p. 43, note C. ATIAS. Dans ce jugement, le juge constate la violation du devoir de prudence et du principe de précaution en raison de l'exposition de personnes vulnérables à un risque sanitaire, alors même que l'antenne pouvait être construite sur un autre emplacement de sorte à empêcher l'exposition de ces personnes au risque (suspecté) ; le juge conclut donc à l' « illicéité manifeste » du trouble créé.

[1324] CA Montpellier (ch. 5A), 15 septembre 2011, n°10/04612 : « la société SFR se devait de respecter le principe de précaution édicté par l'article 110-1 du Code de l'environnement ». En particulier, la cour d'appel utilise l'argument selon lequel l'exposition des demandeurs à un risque sanitaire aurait fait naître une crainte légitime qui « constitue un trouble manifeste et un danger imminent que seul le démantèlement de la station relais est en mesure de faire cesser ». Il est donc difficile de déterminer si la cour se fonde sur le caractère manifestement illicite du trouble (illicéité qu'elle ne qualifie pas d'ailleurs) ou sur la survenance imminente du dommage pour ordonner le démantèlement.

ces demandes[1325], mais certaines ont fait preuve de bienveillance envers les demandeurs. Si ce contentieux est également maintenant dépassé sur ce point[1326], il n'en demeure pas moins intéressant car il révèle que la responsabilité civile peut être utilisée comme un outil prophylactique, de prévention des dommages corporels dans une hypothèse de risque sanitaire sériel suspecté. Pour ordonner le démantèlement des antennes-relais, les juridictions judiciaires ont généralement utilisé deux fondements, parfois combinés, au soutien de leur position.

Certains juges du fond ont choisi de se fonder sur la théorie des troubles anormaux de voisinage. Deux types d'approche peuvent être observées : 1°/ d'abord, certaines décisions ont retenu que le risque pour la santé était, en lui-même, constitutif d'un trouble anormal de voisinage. Parmi elles, on peut distinguer les décisions qui ont admis que le trouble anormal était caractérisé car le risque sanitaire était, en l'espèce, *certain*[1327], et celles qui ont considéré que le trouble anormal était caractérisé en présence d'un risque sanitaire *incertain*[1328]. Dans ce dernier cas, les décisions relèvent alors l'impossibilité de se voir garantir l'absence de risque sanitaire. 2°/ Ensuite, certaines décisions ont considéré que le risque – incertain – pour la santé entraînait une crainte légitime, qui était elle-même constitutive d'un trouble anormal de voisinage qu'il convenait de faire cesser[1329].

D'autres juges du fond ont, revanche, choisi de se fonder *sur le principe de précaution*[1330], seul ou combiné avec la théorie des troubles anormaux de voisinage[1331]. Une décision a même refusé d'appliquer la théorie des troubles

---

[1325] Par ex. : CA Bordeaux (ch. 5), 26 octobre 2004, n°03/01207 ; CA Colmar (ch. 3A), 15 décembre 2008, n°06/04893 ; CA Amiens (ch. 1 sect. 1), 9 octobre 2008, n°07/02127 ; CA Paris (ch. 23B), 3 février 2010, n°08/09191 ; CA Bastia (ch. civ. B), 21 juillet 2010, n°09/00709 ; CA Chambéry (ch. 2), 4 février 2010, n°09/00731.

[1326] Les juridictions administratives ont maintenant compétence pour ce type de demandes : *supra*, n°567. Toutefois, le juge judiciaire demeure compétent pour prendre d'autres mesures que l'interdiction d'implantation ou le démantèlement des antennes-relais afin de limiter le risque (ou empêcher) le risque sanitaire : par exemple, la Cour de cassation a pu confirmer un arrêt d'appel qui avait ordonné le blindage d'un appartement de la demanderesse qui souffrait d'hyper électrosensibilité : Cass., civ. 1, 17 octobre 2012, n°10-26.854, *Bull. civ. I*, 2012, N°207 : *D.* 2012, N°38, 01/11/2012, p. 2523 ; *RDI* 2012, N°12, 06/12/2012, p. 612, obs. A. VAN LANG ; *JCP G.* n°1-2, 7 janvier 2013, 14, note F.-G. TREBULLE. V° aussi : G. VINEY, « Le contentieux des antennes-relais », *D.* 2013, N°22, 20/06/2013, p. 1489.

[1327] TGI Nanterre (ch. 8), 18 septembre 2008, n°07/02173.

[1328] TGI Toulon, 20 mars 2006 : *Dr. envir.* 2006, comm. 164, note D. DEHARBE, E. HICTER. Le TGI de Toulon prend une position particulièrement audacieuse ; il élargit la théorie des troubles anormaux de voisinage au risque même hypothétique, ordonnant ainsi le démantèlement de l'antenne pour mettre fin au trouble. Dans le même sens, bien que moins explicite : CA Aix-en-Provence (ch. 4B), 8 juin 2004 : *D.* 2004, N°37, 21/10/2004, p. 2678, obs. M. BOUTONNET.

[1329] CA Versailles (ch. 14), 4 février 2009, préc. (note 1295) ; TGI Carpentras, 16 février 2009, n°08/00707.

[1330] TGI Nevers, 22 avril 2010, n°10/00180, *Resp. civ. et assur.*, n°11, novembre 2010, comm. 275, note C. SYNTEZ.

[1331] TGI Grasse (ch. 1A), 17 juin 2003, *Resp. civ. et assur.*, novembre 2003, comm. n°29, obs. S. KOWOUVIH. Le TGI a, « au nom du principe de précaution renforcée » considéré que les demandeurs subissaient un trouble certain « excédant les troubles normaux du voisinage s'agissant d'enfants d'une école maternelle, en bas âge, bien plus exposés et fragiles que des personnes adul-

anormaux de voisinage dans le contexte des risques suspectés, considérant qu' « un risque incertain n'est pas un trouble avéré »[1332], se fondant alors sur le seul principe de précaution, qu'elle considère être un principe général du droit.

Dans le contentieux des antennes-relais, certains juges du fond ont fait preuve d'une véritable inventivité et ingéniosité, ceci dans un but préventif. Ceci apparaît très clairement dans l'une des décisions, laquelle indique qu'il importe « *de faire prévaloir le choix de la protection de l'intégrité physique* (...) *et la prévention du risque sanitaire* (...), plutôt que de tabler sur une croyance aveugle en la suffisance des normes intangibles qui excluraient par elles-mêmes toute possibilité de risque » [1333]. Ces décisions – pour rares qu'elles aient été – ont donc cherché à conférer une fonction prophylactique à la responsabilité civile en contexte de doute scientifique.

572. Le prononcé des mesures de cessation par les juges anglais en cas de risque suspecté. – Les conditions d'obtention, au fond, des mesures préventives ne permettent pas au juge anglais d'être aussi clément que l'ont été certains juges du fond français. En effet, l'obtention d'une injonction permanente (par opposition aux injonctions temporaires), qui est l'un des remèdes possibles, suppose que le contentieux ait déjà été tranché au fond[1334]. Le demandeur est donc tenu de démontrer toutes les conditions du délit civil (*tort*) sur lequel il entend fonder son action. Plusieurs types d'injonctions existent mais seule l'injonction *quia timet* peut être ordonnée pour empêcher la survenance d'un dommage futur[1335]. Toutefois, la preuve d'une simple crainte ne suffit pas pour que le juge prononce ce type d'injonction, comme l'indique Lord Dunedin[1336] . Il faut en réalité démontrer que la crainte est légitime, ce qui nécessite de prouver que le dommage a une grande probabilité de survenir[1337], que celui-ci est imminent[1338] et que s'il survient, il sera important. Ces éléments sont pris ensemble pour évaluer si l'injonction recherchée constituerait un remède approprié, en tenant compte des intérêts en présence. Partant, les conditions de l'injonction *quia timet* s'opposent à ce qu'elle puisse être obtenue en cas de risque sanitaire sériel suspecté : l'incertitude portant sur l'existence du risque ne permettrait pas au demandeur de démontrer que le dommage

---

tes ». C'est en fait ici la vulnérabilité de la population exposée qui caractérise l'anormalité du trouble et justifie le recours au principe de précaution pour ordonner la mesure de cessation, qui prend la forme d'un déplacement de l'antenne.

1332 TGI Nevers, 22 avril 2010, préc. (note 1330).

1333 [italiques ajoutées par nous] *Ibid.*

1334 K. OLIPHANT, « The jurisdiction to grant injunction » *in* « The jurisdiction to grant injunction » *in* K. OLIPHANT (dir.), *The Law of Tort*, LexisNexis, coll. « Butterworths Common Law Series » 3ème éd., 2014, spéc. [8.1].

1335 *Ibid.*, [8.29].

1336 *A-G for the Dominion of Canada v. Ritchie Contracting and Supply Co Ltd* [1919] AC 999, p. 1005 (Lord Dunedin): « No one can obtain a *quia timet* order by merely saying « Timeo » ; he must aver and prove that what is going on is calculated to infringe his rights ».

1337 *A-G v. Manchester Corporation* [1893] 2 Ch. 87, p. 92 (Chitty J.): « The principle which I think may be properly and safely extracted from the *quia timet* authorities is, that the plaintiff must shew a strong case of probability that the apprehended mischief will, in fact, arise ».

1338 *Earl of Ripon v. Hobart* (1834) 3 My & K 169, pp. 176-177 (Brougham LC).

corporel redouté a une grande probabilité de survenir et encore moins de manière imminente.

S'il n'y a pas, à notre connaissance, de contentieux dans lequel un demandeur a cherché à obtenir ce type d'injonction en cas de risque sanitaire sériel suspecté, il existe plusieurs décisions en matière de risque sanitaire sériel avéré qui renforcent le doute que nous nourrissons.

Par exemple, dans l'arrêt *A-G v. Manchester Corporation*[1339], le procureur général, à la demande de plusieurs riverains, a entrepris une action sur le fondement d'une nuisance publique (*public nuisance*), qui constitue un délit civil (*tort*) et un crime, pour obtenir une injonction *quia timet* qui empêcherait la construction d'un hôpital qui devait recevoir des patients atteints de variole. Le juge a refusé d'accorder cette injonction au motif que les plaignants n'avaient pas démontré l'existence d'*une* probabilité, et encore moins d'une *grande* probabilité, pour que le danger redouté se réalise[1340]. En effet, si la variole est une maladie contagieuse, la théorie de la contagion par voie aérienne ne faisait pas consensus au sein de la communauté scientifique ; au surplus, les plaignants n'avaient pas réussi à démontrer que la distance envisagée entre l'hôpital et les habitations était insuffisante pour éviter toute contamination. Par conséquent, l'existence d'un véritable danger en l'espèce n'était pas démontrée. Le contentieux lié à la construction ou l'utilisation d'hôpitaux en vue de soigner des patients atteints de maladies contagieuses (varioles, tuberculose, choléra) à proximité d'habitations a été abondant, mais n'a pas vraiment rencontré de succès[1341], ce qui n'est pas surprenant au vu des conditions posées pour l'obtention d'une injonction *quia timet*[1342], accordée de toute façon très rarement.

Quant aux injonctions prohibitives (*prohibitory injunction*) et prescriptives (*mandatory injunction*), leur obtention est conditionnée à la preuve de la responsabilité du défendeur, sur le fondement d'un délit civil. Or, non seulement ces injonctions ne semblent pas pouvoir être obtenues sur le fondement d'un

---

[1339] [1893] 2 Ch. 87, préc. (note 1337).

[1340] *Ibid.*, p. 95 (Chitty J.) : « The conclusion at which I have arrived is that the plaintiffs have failed on this motion to make out that there is a probability, much less that there is a high degree of probability, that the apprehended danger will in fact ensue ».

[1341] Par ex. sur les cas de varioles : *A-G v. Corporation of Nottingham* [1904] 1 Ch. 673 (pas de nuisance publique ou privée); *Fleet v. Metropolitan Asylums Board, Darenth Smallpox Camp Case* (1886) 2 TLR 361 (pas de nuisance privée) ; *Baines v. Baker* [1752] 27 E.R. 105 (pas de nuisance ; refus d'une injonction visant à suspendre l'utilisation d'un bâtiment comme hôpital pour les patients atteints de variole) ; sur des cas de choléra : *Mutter v. Fyfe* (1848) 11 D 303 (refus d'interdire la conversion temporaire d'un immeuble en hôpital pour les personnes atteintes du choléra) ; sur des cas de tuberculose : *Frost v. The King Edward VII Welsh National Memorial association for prevention, treatment, and abolition of tuberculosis* [1918] 2 Ch. 180 (pas de nuisance du fait de la proximité d'un hôpital accueillant des malades atteints de tuberculose : pas d'injonction sur ce fondement). *Contra* : *Metropolitan Asylum District v. Hill* [1881-85] All ER Rep 536 (nuisance ; injonction accordée mais seulement pour ne pas utiliser l'hôpital d'une manière telle qu'il crée une nuisance).

[1342] M. A. JONES, A. DUGDALE, M. SIMPSON (dir.), *Clerk and Lindsell on torts*, Sweet & Maxwell, 22ème éd., 2nd suppl., 2019, nos29-20. Les auteurs relèvent que cette injonction est très rarement accordée par le juge.

délit de négligence[1343], mais au surplus et dans tous les cas, le succès d'une action en responsabilité civile est extrêmement difficile en l'absence de toute atteinte à l'intégrité physique, comme l'a montré l'arrêt *Johnston* dans le cas de l'amiante[1344]. Pourtant, dans cet arrêt, le risque était avéré. Dès lors, il semble vraiment douteux qu'un demandeur puisse espérer obtenir une mesure de cessation contre un défendeur dans le contexte d'un risque sanitaire sériel seulement suspecté.

573. Conclusion du §1. – D'une manière générale, en l'absence d'atteinte à l'intégrité physique, les deux systèmes juridiques ne sont pas favorables aux demandes indemnitaires et préventives dans le contexte de risques suspectés. Cela dit, l'analyse comparée des deux droits laisse entrevoir des divergences d'approches. En effet, la position de certains juges judiciaires français révèle qu'en l'absence de toute atteinte à l'intégrité physique, l'utilisation de la responsabilité civile dans les hypothèses de doute scientifique demeure possible, quand elle est inenvisageable en droit anglais.

Pour y parvenir, les juges judiciaires français n'ont eu cependant d'autre choix que d'assouplir certaines conditions de responsabilité, voire d'utiliser de nouveaux fondements de manière totalement inédite, comme ils l'ont fait avec le principe de précaution. Au contraire, l'examen du droit anglais démontre que les juges ne sont pas prêts à procéder à ces ajustements d'opportunité pour avantager les potentielles « victimes » de risques sanitaires sériels suspectés.

Les solutions retenues de part et d'autre doivent maintenant être appréciées, ce qui implique de comprendre l'origine des divergences observées.

§2 – L'appréciation des solutions françaises et anglaises

574. La valeur accordée à la personne humaine explique pourquoi la santé humaine, notamment l'intégrité physique, est un intérêt particulièrement digne de protection dans les deux droits. Dès lors, la divergence d'approche observée entre ces deux systèmes juridiques peut sembler déroutante. En effet, le droit français se montre indéniablement plus bienveillant que le droit anglais envers les victimes de risques sanitaires sériels, y compris dans un contexte d'incertitude scientifique, et alors même qu'aucune atteinte à l'intégrité physique ne soit encore à déplorer.

Cependant, il faudrait bien se garder de conclure que cette divergence d'approche traduit une différence quant à l'importance accordée à l'intégrité physique ; elle reflète plutôt une conception différente de la responsabilité civile, et des objectifs poursuivis par celle-ci, dans les deux droits. C'est donc sans doute le choix de « l'outil » utilisé par le droit français – celui de la

---

[1343] J. MURPHY, art. préc. (note 1307), spéc. pp. 514-515 et 520-521.

[1344] *Supra*, n°558.

responsabilité civile – pour prévenir la survenance d'un dommage qui peut expliquer les divergences.

Par conséquent, il est impératif d'expliquer et d'évaluer – en d'autres termes d'apprécier – les solutions retenues par les systèmes juridiques, tant en ce qui concerne la réparation du préjudice passé (I) que la prévention des dommages corporels potentiels futurs (II).

I. *LA RÉPARATION DU PRÉJUDICE PASSÉ : LE RECOURS AU PRÉJUDICE MORAL*

575. L'analyse a montré que, dans le contexte de risques suspectés qui n'ont pas entraîné d'atteinte à l'intégrité physique, le droit français avait su utiliser la responsabilité civile pour indemniser un préjudice moral passé, position que n'a pas retenu le droit anglais.

Il convient donc d'expliquer cette différence (A) avant de montrer pourquoi le recours à un préjudice moral en contexte de risque sanitaire sériel seulement suspecté nous semble particulièrement critiquable (B).

A. L'EXPLICATION

576. La « fragmentation » du préjudice moral en droit français : divergence avec le droit anglais. – À l'origine, les droits français et anglais ont révélé une certaine réticence à l'indemnisation du préjudice moral, ce qui s'explique tant par la difficulté d'évaluer ce préjudice qu'au doute portant sur la possibilité de pouvoir véritablement réparer une souffrance morale par un correspondant pécuniaire[1345].

577. Malgré tout, la réparation du préjudice moral n'a cessé de s'étendre en droit français depuis son admission en 1833[1346]. Si la notion était, à l'origine, unitaire, elle a fait l'objet d'une fragmentation grandissante au fur et à mesure des années[1347], si bien qu'il serait difficile aujourd'hui de recenser tous les

---

[1345] En droit français: G. MARTY, P. RAYNAUD, *op. cit.* (note 808), p. 362, n°382 ; G. VINEY, P. JOURDAIN, *Les effets de la responsabilité*, Paris : LGDJ, coll. « Traité de droit civil », 2ème éd., 2001, n°152. Dans le même sens : Y. LAMBERT-FAIVRE, S. PORCHY-SIMON, *op. cit.* (note 81), n°321, p. 318 ; A. TUNC, « Introduction » *in* A. TUNC (dir.), *International Encyclopedia of Comparative Law*, vol. XI: Torts, Part I, J.C.B Mohr, 1972, p. I-95 : « The award of a sum of money as a response to such suffering is in itself shocking , unless it is justified by special circumstances ». Ph. TERRE, Y. LEQUETTE, Ph. SIMLER, F. CHENEDE, *op. cit.* (note 808), p. 1020, n°936 ; G. RIPERT, « Le prix de la douleur », *D.* 1948, chron. p. 1 ; F. GIVORD, *La réparation du préjudice moral*, th. droit: Université de Grenoble, 1939. En droit anglais : S. DEAKIN, Z. ADAMS, *op. cit.* (note 558), p. 844.

[1346] Cass., ch. réun., 15 juin 1833, *S.* 1833 I. col. 458.

[1347] J. KNETSCH, « La désintégration du préjudice moral », *D.* 2015, N°8, 26/02/2015, p. 443.

préjudices qui entrent dans cette catégorie. Ces différents préjudices se présentent comme autant d'expressions « d'une même et unique réalité, qui est la diminution du bien-être de la personne, son désagrément, son "mal-être" »[1348]. Cette fragmentation, qualifiée parfois de « désintégration »[1349] ou d'« émiettement »[1350], a sans doute été favorisée par l'abandon progressif de la réparation tous chefs de préjudices confondus, au profit d'une évaluation des préjudices poste par poste[1351], promue par l'émergence de la nomenclature Dintilhac.

578. D'une manière générale, la position du juge anglais sur la réparation du préjudice moral est beaucoup plus prudente.

D'abord, d'un point de vue formel, il n'existe pas de traduction littérale de la notion de « préjudice moral »[1352]. Il faut donc rechercher l'équivalent de ce que le droit français regroupe sous cette appellation peu précise. Ensuite, les préjudices extrapatrimoniaux ne se présentent pas, dans ce système juridique, avec une diversité aussi affichée qu'en droit français, puisque ceux correspondant au préjudice moral se limitent aux douleurs et souffrances (*pain and suffering*)[1353], au préjudice d'agrément (*loss of amenities*)[1354] et au deuil (*damages for bereavement*), dont l'invocation est limitée à un cercle de bénéficiaires réduit[1355].

Il apparaît néanmoins que le droit anglais est moins réticent à l'indemnisation de préjudices extrapatrimoniaux lorsqu'ils résultent d'un dommage « tangible », fût-il corporel ou matériel[1356]. En réalité, il faut comprendre que l'absence d'un dommage « tangible » rend le juge anglais suspicieux, donc prudent. C'est ce qui explique que celui-ci refuse la réparation d'une simple anxiété ou d'un chagrin[1357], mais admette la réparation d'un dommage psychiatrique[1358] – qui n'est pas un préjudice moral[1359]. Le constat, en

---

[1348] L. CADIET, « Les métamorphoses du préjudice » *in Les métamorphoses de la responsabilité*, Sixièmes Journées René Savatier, Poitiers, 15 et 16 mai 1997, PUF, t. 32, 1997, p. 56.

[1349] J. KNETSCH, art. préc. (note 1347), p. 443.

[1350] Ph. TERRE, Y. LEQUETTE, Ph. SIMLER, F. CHÉNÉDÉ, *op. cit.* (note 808), p. 1022, n°937.

[1351] J. KNETSCH, art. préc. (note 1347), p. 443.

[1352] H. MC GREGOR, « Personal Injury and Death » *in* A. TUNC (dir.), *op. cit.* (note 1345), pp. 9-37: « So runs one of the solutions to the problem of whether damages should be awarded to compensate a person for what is referred to in the civil law as *dommage moral* and in the common law as non-pecuniary or non-economic loss.».

[1353] S. DEAKIN, Z. ADAMS, *op. cit.* (note 558), p. 845.

[1354] *Ibid.*, pp. 846-848.

[1355] *Ibid.*, pp. 848-849.

[1356] Par ex. C. HILSON, « Let's get physical: civil liability and the perception of risk », *J. Env. Law* (2008), 21(1), p. 42.

[1357] *Lynch v. Knight* [1861] 9 Clark & Finnelly's House of Lords Reports New Series (HLC) 577, 11 ER 854, [598] (Lord Wensleydale): « Mental pain or anxiety the law cannot value, and does not pretend to redress, when the unlawful act complained of causes that alone. » ; *Hinz v. Berry* [1970] 2 QBD 40, [42] (Lord Denning, MR).

[1358] D. GILL, « Proving and Disproving Psychiatric Injury », (2008) 76 *Med Leg J.* 143.

[1359] Le dommage psychiatrique (*psychiatric injury*) se distingue du dommage physique (*physical injury*) mais semble s'inscrire dans le cadre des dommages corporels (*personal injury*); en ce sens :

droit anglais, est donc celui d'un encadrement strict de l'indemnisation du préjudice que l'on qualifie de « moral » en droit français.

579. Les raisons de la divergence. – Un auteur avait observé que « généralement, plus un système juridique est réceptif à l'indemnisation du préjudice extrapatrimonial, plus il aura tendance à distinguer les éléments de ce préjudice »[1360]. La fragmentation du préjudice moral en droit français constitue donc une technique juridique utilisée dans le but de favoriser l'indemnisation des « victimes », ce qui semble moins évident en droit anglais. Cette première observation ne permet toutefois pas de comprendre pourquoi cette fragmentation est conceptuellement envisageable en droit français, alors qu'elle s'avèrerait sans doute plus difficile en droit anglais.

La raison tient, selon nous, à la manière dont est conçue la responsabilité civile dans ces deux systèmes juridiques : en France, la responsabilité civile est fondée sur l'idée d'un principe général de réparation du dommage causé à autrui (par sa faute) ; il s'agit en réalité d'une vision « globalisante » de la responsabilité civile, dont chaque élément contribue à former un tout ; partant, un auteur affirmait que « générale, l'obligation de réparer l'est aussi par la définition du dommage »[1361]. Cette vision universaliste de la responsabilité civile entraîne deux conséquences : d'une part, elle explique pourquoi il n'y a formellement[1362] aucune limitation quant aux types de dommages susceptibles d'être réparés en droit français, favorisant ainsi la multiplicité des préjudices[1363]. D'autre part, cette vision de la responsabilité civile explique pourquoi les dommages réparables sont invocables peu important le fondement de responsabilité envisagé, et il faut mettre à l'écart les régimes spéciaux de responsabilité qui peuvent déroger à cette idée[1364]. Autrement dit, qu'un dommage soit corporel, matériel ou moral, sa réparation peut être recherchée, en théorie, dans toutes les responsabilités à vocation généraliste.

P. H. WINFIELD, J. A. JOLOWICZ, W. V. H. ROGERS, *op. cit.* (note 74), p. 176, sous 5.44 ; V° aussi : *Page v. Smith* [1996] AC 155, spéc. [27]-[28] (Lord Lloyd of Berwick) : « If a working definition of "personal injury" is needed, it can be found in section 38(1) of the Limitation Act 1980: "Personal injuries' includes any disease and any impairment of a person's physical or mental condition..." There are numerous other statutory definitions to the same effect. ».

[1360] H. MC GREGOR, « *Personal injury and Death* », *in* A. TUNC (dir.), *op. cit.* (note 1345), n^{os}147 et 148: « Generally, the more receptive a legal system is to the compensation of non-pecuniary loss, the more prone it is to categorise the elements of this loss ».

[1361] D. DEROUSSIN, *op. cit.* (note 68), p. 715.

[1362] J. KNETSCH, art. préc. (note 1347), p. 443 ; V° aussi : G. VINEY, « Les intérêts protégés par le droit de la responsabilité civile (synthèse) » *in* Groupe de recherche européen sur la responsabilité civile et l'assurance (GRERCA), *Le droit français de la responsabilité civile confronté aux projets européens d'harmonisation*, IRJS éditions, 2012, ; W. VAN GERVEN *et al.*, *Tort Law and Scope of protection: Cases, Materials and Text*, Hart Publishing, coll. « Casebooks for the Common Law of Europe », 1998, p. 31.

[1363] En effet, au sein du Code civil, l'article 1240 mentionne « tout dommage causé à autrui » sans introduire de distinction.

[1364] Sur ce point : *supra*, n°226 et s.

Le droit anglais de la responsabilité civile est, au contraire, fondé sur l'idée de délits spéciaux (*torts*), chacun indépendant les uns des autres ; autrement dit, chaque délit civil a ses propres modalités d'application, ses propres conditions[1365], même s'il est sans doute possible de tirer certains mouvements de convergence entre les différents délits, qui peuvent se prêter à une forme de généralisation des notions[1366]. Dans tous les cas, un dommage réparable dans le cadre d'un *tort* ne l'est pas nécessairement dans un autre, ce qui explique que le dommage corporel soit notamment réparable dans le cadre du *tort of negligence* et semble-t-il dans le cadre du *tort of public nuisance*[1367], mais pas dans le contexte du *private nuisance*[1368], par exemple. Chaque *tort* a en fait vocation à protéger des intérêts spécifiques, et d'une manière générale il faut reconnaître que le droit anglais n'accorde pas une place très importante au préjudice moral « pur ». Ceci explique pourquoi, sur un plan conceptuel, la fragmentation du préjudice moral est peu probable en droit anglais.

580. Ainsi, même si le droit français prévoit tout de même certaines limitations quant aux types de dommages réparables, et même si le droit anglais a, par exemple, progressivement étendu le *tort of negligence*, la différence d'approche observée entre les deux droits est sans doute justifiée, en partie du moins, par la philosophie différente sur laquelle repose le droit de la responsabilité dans ces deux systèmes juridiques[1369]. Il n'en demeure pas moins, qu'en droit français, la multiplication du nombre de préjudices extrapatrimoniaux dans le but de favoriser les « victimes » est une technique qui nous apparaît particulièrement critiquable, surtout lorsqu'elle est utilisée dans le contexte de risques sanitaires sériels suspectés.

B. Les critiques

581. La fragmentation du préjudice moral en cas de risques sanitaires sériels, une technique française classique. – En France, la fragmentation des préjudices extrapatrimoniaux est une technique assez courante[1370] dans le

---

1365 Sur cette idée : V° notam. Ph. Remy, « Réflexions préliminaires sur le chapitre *Des délits* », *in* F. Terre (dir.), *op. cit.* (note 811), p. 28.

1366 J. Limpens, R. M. Kruithof, A. Meinertzhagen-Limpens, « Liability for one's own act » *in* A. Tunc (dir.), *op. cit.* (note 1345), pp. 2-19.

1367 V° *Corby Litigation Claimants v. Corby Borough Council* [2008] EWCA Civ. 463, action de groupe menée par les parents de trente enfants atteints de malformations congénitales liées à des déchets toxiques provenant de travaux de métallurgie : les juges Ward, Dyson et Smith ont considéré que la réparation d'un dommage corporel n'était pas possible dans le cas du délit de nuisance privée (*private nuisance*) mais était possible dans celui de nuisance publique (*public nuisance*). V° aussi : S. Taylor, « La responsabilité civile et l'incertitude scientifique : rapport sur le droit anglais » *in* M. Hautereau-Boutonnet, J.-C. Saint-Pau (dir.), rapp. préc. (note 942), p. 273, sous n°23.

1368 *Ibid.*

1369 Ph. Remy, « Réflexions préliminaires sur le chapitre *Des délits* » *in* F. Terre (dir.), *op. cit.* (note 811), p. 29.

1370 Dans le même sens : N. Molfessis, « La psychologisation du dommage » *in* Y. Lequette, N.

contexte des risques sanitaires sériels. Par exemple, les juridictions judiciaires ont assez rapidement reconnu l'existence d'un préjudice spécifique de contamination[1371] au bénéfice des victimes de contaminations post-transfusionnelles du VIH[1372] et du VHC[1373], mais aussi au bénéfice des victimes de l'hormone de croissance[1374]. Plus récemment, les juridictions judiciaires ont reconnu l'indemnisation d'un préjudice spécifique d'anxiété pour toutes les victimes professionnelles de l'amiante[1375], étendue à tous les travailleurs exposés à une substance nocive ou toxique[1376]. La Cour de cassation l'admet également parfois au bénéfice des victimes du Distilbène[1377], à condition bien entendu que la réalité du préjudice soit établie[1378] et que ce préjudice n'ait pas déjà été indemnisé sous un autre poste de préjudice[1379].

582. La réparation d'un préjudice d'anxiété en cas de risques sanitaires sériels suspectés, une technique critiquable. – Les exemples précités se

---

MOLFESSIS (dir.), *Quel avenir pour la responsabilité civile ?*, Dalloz, coll. « Thèmes & Commentaires », 2015, p. 42, n°7.

[1371] Le préjudice spécifique de contamination a été défini par la Commission d'indemnisation comme « un préjudice personnel et non économique qui recouvre l'ensemble des troubles dans les conditions d'existence entraînés par la séropositivité puis, s'il y a lieu, par la survenance de la maladie déclarée. Le préjudice spécifique inclut ainsi, dès la phase de "séropositivité", tous les troubles psychiques subis du fait de la contamination au VIH : réduction de l'espérance de vie, incertitude quant à l'avenir, crainte d'éventuelles souffrances futures, physiques et morales, isole ment, perturbations de la vie familiale et sociale, préjudice sexuel et de procréation le cas échéant. Il inclut, en outre, les différents préjudices personnels apparus ou qui apparaîtraient en phase de maladie déclarée : souffrances endurées, préjudice esthétique ainsi que l'ensemble des préjudices d'agrément consécutifs » : MINISTERE DE L'EMPLOI ET DE LA SOLIDARITE, SECRETARIAT D'ÉTAT A LA SANTE ET A L'ACTION SOCIALE, *Rapport annuel sur le dispositif d'indemnisation des hémophiles et transfusés contaminés par le virus de l'immunodéficience humaine (VIH)*, 6ème exercice, Mars 1997 à Février 1998, La documentation française, Rapports publics. V° spéc. sous I 3/. Consulté en ligne le 10/05/2019 : <http://www.ladocumentationfrancaise.fr/var/storage/rapports-publics/994001230/0000.pdf >

[1372] CA Paris, 7 juillet 1989, 20ème ch. B (dit arrêt « Courtellemont ») : *Gaz. Pal.*, 1989, II, p. 752, concl. G. PICHOT.

[1373] Cass., civ. 1, 1er avril 2003, n°01-00.575, *Bull. civ. I*, 2003, N°95, p. 73, *RTD civ.* 2003, N°3, p. 506, note P. JOURDAIN.

[1374] Cass., civ. 1, 24 janvier 2006, n°03-20.178, *Bull. civ. I*, 2006, N°34, p. 32 : *RTD civ.* 2006, N°2, 15/06/2006, p. 323, obs. P. JOURDAIN ; *RDSS* 2006, N°3, 15/05/2006, p. 495, obs. J. PEIGNE ; *RTD Com.*, 2006, N°3, 15/09/2006, p. 652, obs. B. BOULOC ; *RDC*, 1er juillet 2006, n°3, p. 841, obs. J.-S. BORGHETTI ; *RLDC*, 01/05/2006, n°27, obs. J.-A. ROBERT, A. REGNIAULT.

[1375] Cass., AP, 5 avril 2019, n°18-17.442, préc. (note 1277). Pour plus de précisions sur l'indemnisation de ce préjudice en rapport avec les victimes professionnelles de l'amiante, V° *Supra*, note 1277.

[1376] Cass., soc., 11 septembre 2019, nos17-24.879 à 17-25.623, ECLI:FR: CCASS:2019:SO01188 (publié).

[1377] Cass., civ. 1, 2 juillet 2014, n°10-19.206, inédit ; V° plus récemment : Cass., civ. 1, 5 juin 2019, n°18-16.236, inédit.

[1378] Cass., civ. 2, 8 juin 2017, n°16-19.185, ECLI:CCASS:2017:C200847 (publié) : *D.* 2017, N°28, 09/11/2017, p. 2224, obs. S. PORCHY-SIMON ; *Gaz. Pal.*, 10 octobre 2017, n°34, p. 25, obs. S. GERRY-VERNIERES ; *D.* 2018, N°1, 11/01/2018, p. 35, obs. Ph. BRUN.

[1379] Cass., civ. 1, 11 décembre 2014, n°13-27.440, inédit (la cour d'appel n'avait pas caractérisé un préjudice distinct du déficit fonctionnel permanent et des souffrances endurées, déjà indemnisés).

distinguent toutefois des quelques décisions rendues dans le contentieux des antennes-relais sur un point essentiel : tous concernaient des situations de risques sanitaires sériels avérés et non pas suspectés. Depuis les décisions du Tribunal des conflits, les juridictions judiciaires ne semblent plus indemniser un préjudice d'anxiété en cas de risque suspecté, mais le refus de la Cour de cassation de préciser les conditions d'indemnisation de ce préjudice laisse cette possibilité en théorie intacte. À titre personnel, nous n'y sommes pas favorables et pensons que l'indemnisation d'un préjudice moral fondé sur la crainte d'une maladie future en contexte de risque suspecté va trop loin. Pourtant, il serait possible – et souhaitable ! – d'envisager quelques critères qui permettraient de limiter les hypothèses de recours démesuré à ce préjudice.

Selon nous, le préjudice d'anxiété ne devrait pouvoir être réparé que si l'anxiété est « légitime », ce qui implique de reconnaître trois conditions cumulatives : d'abord, le demandeur devrait prouver que le risque de développer la maladie existe, en d'autres termes, qu'il est soumis à un risque avéré et non suspecté ; ensuite, il devrait prouver que la probabilité pour qu'il développe la maladie redoutée n'est pas négligeable ; enfin, il devrait prouver que la maladie redoutée est grave. Ces conditions paraissent sans doute sévères pour le demandeur, mais elles permettraient de prouver la « légitimité objective » de l'angoisse. Au surplus, il faudrait, bien sûr, que le demandeur établisse la réalité de l'anxiété ressentie, ce qui ne nécessite pas, à notre avis, d'aller jusqu'à exiger la preuve d'une maladie psychiatrique comme en droit anglais. Ces conditions constitueraient des mécanismes de contrôle solides pour empêcher les dérives indemnitaires relatives à ce préjudice. Dans cette optique, nous ne pouvons que saluer les récentes décisions de la Cour de cassation qui exigent la preuve d'une exposition à l'amiante, à une substance toxique ou nocive, « générant *un risque élevé* de développer *une pathologie grave* »[1380] pour caractériser le préjudice d'anxiété.

583. Le juge français a parfois eu recours à une technique critiquable, celle de la réparation du préjudice moral, pour indemniser des victimes qui ont seulement été exposées à un risque sanitaire sériel suspecté. Cependant, l'objectif véritable étant de prévenir la survenance d'un dommage corporel potentiel, il est maintenant essentiel d'examiner l'opportunité d'utiliser la responsabilité civile pour y parvenir.

[1380] [italiques ajoutées par nous] Cass., AP, 5 avril 2019, n°18-17.442, publié, préc. (note 1277) ; plus encore, la Cour de cassation vient, par une décision rendue le 11 septembre 2019, de généraliser cette solution à toute exposition « à une substance nocive ou toxique générant un risque élevé de développer une pathologie grave » et pas seulement à l'exposition à l'amiante : Cass., soc., 11 septembre 2019, n°s 17-24.879 à 17-25.623, ECLI:FR:CCASS:2019:SO01188. Dans le contexte du Distilbène, on peut également mentionner : Cass., civ. 1, 5 juin 2019, n°18-16.236, inédit, dans lequel la Cour de cassation valide l'indemnisation du préjudice d'anxiété lié « à la nécessité d'un suivi régulier *au regard des risques majorés de pathologies notamment cancéreuses* [italiques ajoutées par nous] ». Sans le dire, la Cour de cassation semble appliquer tant une condition de probabilité de réalisation du risque (« risques majorés ») qu'une condition de gravité du dommage possible (« pathologies, notamment cancéreuses »).

II. *La prévention des dommages corporels potentiels par la responsabilité civile*

584. Dans le contexte de risques sanitaires sériels suspectés, certaines juridictions françaises ont utilisé le principe de précaution – seul ou combiné avec la théorie des troubles anormaux de voisinage – pour ordonner des mesures permettant de supprimer la source du risque. Ces solutions s'inscrivent dans la volonté de prévenir[1381] la survenance de dommages corporels, quand bien même l'existence du risque demeure scientifiquement incertaine. Au contraire, nulle trace du recours au principe de précaution ne peut être trouvée en droit anglais de la responsabilité civile : il convient donc d'expliquer cette différence entre les deux droits (A).

Cette technique de prévention des dommages dans le cadre de la responsabilité civile n'est pas la seule envisageable ; en effet, nous avons observé qu'en droit anglais, le juge disposait, dans son arsenal, d'un pouvoir discrétionnaire lui permettant de prendre des mesures de prévention des dommages (*injunction*), bien qu'il soit encore réticent à l'utiliser (y compris en cas de risque avéré). Un tel pouvoir n'existe pas en droit français. Cependant, le récent projet de réforme de la responsabilité civile (2017) prévoit cette possibilité. Il convient donc de s'y intéresser afin de déterminer si le juge pourrait à l'avenir prendre de telles mesures en cas de risque sanitaire sériel seulement suspecté (B).

A. Le recours au principe de précaution : explication de la différence française et anglaise

585. Une vision différente de la place du principe de précaution en droits internes français et anglais. – D'origine internationale, le principe de précaution a été incorporé dans l'ordre juridique européen avec le Traité de Maastricht en 1992[1382]. Toutefois, et ce qui n'est pas le cas en droit anglais, le principe de précaution a directement été introduit en droit interne français avec la loi n°95-101 du 2 février 1995, dite loi « Barnier », avant d'acquérir un statut constitutionnel par la constitutionalisation, en 2005, de la Charte de l'environnement. Cette première différence entre les deux systèmes juridiques est fondamentale et emporte des conséquences non-négligeables.

586. En raison de sa reconnaissance aux articles L. 110-1 du Code de l'environnement et 5 de la Charte de l'environnement, l'applicabilité du principe de précaution en droit français ne fait pas de doute. En particulier, aux termes de l'article 5 de la Charte de l'environnement, le respect du principe de précaution s'impose directement aux autorités publiques, comme l'a d'ailleurs

[1381] Le terme « prévenir » doit se comprendre de manière large.

[1382] Sur ce point : *supra*, n°99 et les notes s'y rapportant.

confirmé le Conseil constitutionnel en 2008[1383]. Par conséquent, le principe de précaution est considéré comme « une norme d'application directe »[1384]. La question n'est donc pas celle de savoir si le principe de précaution est applicable, mais tient plutôt à l'étendue de son applicabilité[1385].

La même remarque ne peut pas être faite en droit anglais. La question s'est en effet posée dès 1994, de déterminer si le principe de précaution, tel que reconnu dans le Traité de Maastricht, entraînait une obligation juridique pesant sur les pouvoirs publics d'en tenir compte dans leurs décisions administratives, ou même dans la création de règles juridiques. La question était en fait celle de savoir si le principe de précaution était reconnu comme un principe contraignant pour les autorités publiques[1386]. Dans l'arrêt *R v. Secretary of State for Trade and Industry, ex parte Duddridge*[1387], la réponse est clairement négative, le juge indiquant que « l'article [130r] ne place, par lui-même, aucune obligation sur un quelconque organe du gouvernement »[1388]. Par conséquent, le principe de précaution n'aurait pas de force contraignante pour les autorités publiques anglaises. Le Gouvernement britannique a d'ailleurs défini ce principe comme un objectif politique, même s'il semble lui donner une faible portée pratique[1389], ce que confirment d'ailleurs la Chambre des communes[1390] et celle des Lords[1391].

1383 Décision n° 2008-564 DC du 19 juin 2008, *Loi relative aux OGM*, JO 26 juin 2008, considérant 18 .

1384 M. HAUTEREAU-BOUTONNET, J.-C. SAINT-PAU, « Rapport » *in* M. HAUTEREAU-BOUTONNET, J.-C. SAINT-PAU (dir.), *op. cit.* (note 942), p. 15.

1385 V° par ex. : M. BOUTONNET, « Bilan et avenir du principe de précaution en droit de la responsabilité civile », *D.* 2010, N°40, 18/11/2010, p. 2662.

1386 E. FISCHER, « Is the precautionary principle justiciable? », (2001) 13(3) *J. Env. Law* 315, spéc. p. 324.

1387 [1995] Lex. Cit. 1256. Un père de famille a exercé un recours pour excès de pouvoir (judicial review) ; il cherchait à obtenir, à titre principal, une injonction à l'encontre du Secrétaire d'État du commerce et de l'industrie, l'obligeant à adopter des régulations à destination des détenteurs de licences sous *The Electricity Act 1989* pour restreindre les seuils d'émission de champs électromagnétiques provenant de câbles électriques, posés dans le cadre du réseau électrique national. Le demandeur faisait valoir que les radiations non-ionisantes émises seraient d'un niveau tel qu'elles exposeraient ses enfants au risque de développer des leucémies. À l'appui de sa prétention, le demandeur faisait valoir que l'article 130R du traité de Maastricht – aujourd'hui article 191§2 TFUE – imposait une obligation pour le secrétaire d'État d'adopter et d'appliquer le principe de précaution, afin d'apprécier l'opportunité d'émettre des régulations restreignant les valeurs d'émission des champs électromagnétiques. V° aussi : *R v. Secretary of State for the Environment, food and rural affairs* [2001] All ER (D) 10 (Dec).

1388 *R v. Secretary of State for Trade and Industry, ex parte Duddridge*, *Ibid.* (Sir Glidewell).

1389 S. TAYLOR, « La responsabilité civile et l'incertitude scientifique : rapport sur le droit anglais » *in* M. HAUTEREAU-BOUTONNET, J.-C. SAINT-PAU (dir.), *L'influence du principe de précaution sur le droit de la responsabilité civile et pénale comparé*, préc. (note 942), pp. 263-264.

1390 SCIENCE AND TECHNOLOGY COMMITTEE (HC), *Scientific advice, risk and evidence based policy making*, 7th Report of Session 2005-2006, vol. I, 8 November 2006 (publié). Consulté le 19/08/2021 : <https://publications.parliament.uk/pa/cm200506/cmselect/cmsctech/900/900-i.pdf>

1391 SELECT COMMITTEE ON ECONOMIC AFFAIRS (HL), *Government Policy on the Management of Risk*, 5th report of Session 2005-2006, vol. I, 7 June 2006 (publié), HL Paper 183-I, p. 25 : Consulté le 19/08/2021 :<https://publications.parliament.uk/pa/ld200506/ldselect/ldeconaf/183/183i.pdf >

587. Une vision différente de la place du principe de précaution dans les contentieux en responsabilité civile français et anglais. – La place limitée du principe de précaution en droit anglais permet alors de comprendre pourquoi la question de son utilisation en matière de responsabilité civile ne s'est jamais posée. Le principe de précaution n'a en effet aucune place dans ce type de contentieux, que ce soit directement ou même indirectement. La position n'est pas la même en droit français. La question s'est en effet très rapidement posée de savoir si, au-delà de son caractère contraignant pour les autorités publiques, le principe de précaution pouvait trouver à s'appliquer dans les rapports entre personnes privées, notamment dans le cadre de la responsabilité civile. Dans une perspective indemnitaire, l'influence du principe de précaution ne peut qu'être indirecte. En effet, la Cour de cassation a définitivement mis fin à l'idée que ce principe puisse constituer un fondement autonome du droit de la responsabilité, dans un arrêt du 18 mai 2011[1392]. Ainsi, le principe de précaution et la Charte de l'environnement ne remettent pas en cause les règles classiques de responsabilité civile, et notamment la nécessité d'établir un lien de causalité direct et certain. Il peut toutefois exercer une influence indirecte sur la responsabilité civile, en élargissant la conception de la faute[1393], par exemple.

Au-delà de la perspective indemnitaire, la question s'est posée dans les contentieux des antennes-relais de savoir si ce principe pouvait être utilisé, en amont, pour empêcher la survenance d'un dommage corporel dans un contexte d'incertitudes scientifiques ; la question était donc celle de savoir si le principe de précaution pouvait favoriser l'émergence d'une fonction purement préventive de la responsabilité civile dans le cas de risques sanitaires sériels suspectés : l'imprécision tenant à l'étendue de l'applicabilité du principe a, pendant un temps, ouvert une brèche dans lesquelles certaines juridictions judiciaires se sont engouffrées[1394]. Toutefois, les décisions du Tribunal des conflits, tant pour les antennes-relais[1395] que pour les installations classées[1396], ont de fait réduit à néant cette possibilité. Lorsque les installations sont régulièrement autorisées, la compétence pour les actions tendant à faire cesser un trouble lié à un risque sanitaire appartient maintenant exclusivement aux juridictions administratives.

[1392] Cass., civ. 3, 18 mai 2011, n°10-17.645, préc. (note 1183).

[1393] V° en ce sens : C. SYNTEZ, *La sanction préventive en droit de la responsabilité civile. Contribution à la théorie de l'interprétation et de la mise en effet des normes*, préf. C. THIBIERGE, P. NOREAU, Dalloz, coll. « Nouvelle Bibliothèque de Thèses », vol. 110, 2011, p. 62, spéc. n°76-1 ; L. BAGHESTANI-PERREY, « Le principe de précaution : nouveau principe fondamental régissant les rapports entre le droit et la science », *D.* 1999, N°41, 25/11/1999, p. 457 ; G. J. MARTIN, « Précaution et évolution du droit », *D.* 1995, N°39, 16/11/1995, p. 299 ; J.-M. FAVET, « Le principe de précaution ou la prise en compte par le droit de l'incertitude scientifique et du risque virtuel », *D.* 2001, N°43, 13/12/2001, p. 3462 ; R. BERNARD-MENORET, « Principe de précaution et responsabilité civile : ne pas confondre prévenir et guérir », *Gaz. pal.*, 26/07/2012, n°208, p. 5 ; P. JOURDAIN, « Principe de précaution et responsabilité civile », *LPA* n°239, 30/11/2000, p. 51.

[1394] *Supra*, n°571.

[1395] TC, 14 mai 2012, préc. (note 1269).

[1396] TC, 13 octobre 2014, n°14-03.964, *Bull. TC*, 2014, N°13, *AJDA* 2014, N°42, 15/12/2014, p. 2398.

588. L'influence du principe de précaution sur le développement d'une fonction prophylactique du droit de la responsabilité civile était prometteuse en son temps et demeure toujours fermement défendue par certains auteurs[1397]. Elle semble néanmoins devoir être écartée aujourd'hui en droit français. Dans ces conditions, il convient de se demander si une telle fonction ne serait pas mieux assurée par l'octroi – comme en droit anglais – d'un pouvoir général au juge, pour prononcer des mesures préventives (*injunctions*).

B. LE RECOURS À DES MESURES PRÉVENTIVES : UN MOYEN ADÉQUAT ?

589. La prise de mesures préventives par le juge de la responsabilité civile : droit prospectif français. – D'une certaine manière, le juge français a déjà su adapter la théorie des troubles anormaux de voisinage pour y parvenir. L'élargissement de la notion de « trouble anormal » pour y inclure le risque certain de dommage le prouve ; l'élargissement contesté de cette notion par certaines juridictions judiciaires dans le contentieux des antennes relais aux risques incertains le démontre également. Néanmoins, cette solution ne peut être adoptée qu'au prix d'une distorsion de la théorie des troubles anormaux de voisinage. Partant, si le droit français souhaite utiliser la responsabilité civile à des fins véritablement préventives, il serait sans doute plus judicieux d'accorder aux juges un pouvoir général d'injonction.

Certains projets de réformes de la responsabilité civile abondent en ce sens. Si l'avant-projet de réforme du droit des obligations et du droit de la prescription (dit avant-projet « Catala ») de 2005[1398] prévoyait une place très discrète pour le juge dans la prévention des dommages en responsabilité civile[1399], l'avant-projet de réforme du Professeur TERRE[1400] était déjà plus novateur. Il proposait en effet, à côté des mesures de réparation, d'accorder au juge le pouvoir de prendre directement les mesures propres à empêcher ou faire cesser le trouble illicite, si chère au Professeur BLOCH[1401]. Une telle disposition permettait

---

[1397] Généralement, V° M. BOUTONNET, *op. cit.* (note 52).

[1398] P. CATALA (dir.), *Avant-projet de réforme du droit des obligations et du droit de la prescription* (dit « avant-projet Catala »), préc. (note 1123). Consultable en ligne sur : < https://www.vie-publique.fr/sites/default/files/rapport/pdf/054000622.pdf >

[1399] Les auteurs de l'avant-projet Catala n'avaient pas admis l'existence d'une fonction véritablement préventive de la responsabilité civile : *Ibid.*, p. 148 : « Quant à la prévention, elle n'est pas présentée comme l'une des fonctions spécifiques de la responsabilité. Cependant, une place discrète lui a été réservée (…) ». En effet, l'avant-projet Catala avait seulement admis la possibilité d'une « réparation en nature » (le terme était mal choisi) en autorisant une forme de prévention des dommages dans le seul cas où ces dommages seraient susceptibles de s'aggraver, de se renouveler ou se perpétuer (article 1369-1). Également, ils admettaient la réparation des dépenses raisonnablement engagées par le demandeur pour prévenir la survenance d'un dommage (article 1344).

[1400] C. BLOCH, Ph. STOFFEL-MUNCK, « La cessation de l'illicite » *in* F. TERRE (dir.), *op. cit.* (note 811), p. 87 et s.

[1401] Plus généralement : C. BLOCH, *La cessation de l'illicite. Recherche sur une fonction méconnue de la responsabilité civile extracontractuelle*, préf. R. BOUT, Dalloz, coll. « Nouvelle Bibliothèque

incidemment de prévenir la réalisation d'un dommage, mais en mettant exclusivement l'accent sur le « trouble illicite », c'était alors la source du dommage potentiel qui était visée (et non le dommage lui-même)[1402]. L'avant-projet Terré prévoyait donc un rôle plus actif du juge dans la prévention des dommages que l'avant-projet Catala. Cependant, il n'a pas été jusqu'à proposer que le juge bénéficie d'un pouvoir général de prévention des dommages.

Le récent projet de réforme de la responsabilité civile, présenté le 13 avril 2017, reprend non seulement l'idée proposée par l'avant-projet Terré, celle de conférer aux juges le pouvoir de prendre les mesures propres à faire cesser le trouble illicite, mais il va plus loin, puisqu'il accorde plus généralement aux juges le pouvoir de prescrire les mesures propres « à prévenir le dommage ». Si ce projet de réforme était adopté, pourrait-il être utilisé par les juges pour empêcher la survenance d'un dommage corporel potentiel en cas de risque sanitaire sériel suspecté ?

590. La responsabilité civile, outil de politique juridique de précaution de demain ? – En théorie, l'imprécision des termes utilisés par l'article 1266 de ce projet pourrait le permettre ; qu'on en juge : « en matière extracontractuelle, indépendamment de la réparation du préjudice éventuellement subi, le juge peut prescrire les mesures raisonnables propres à prévenir le dommage ou à faire cesser le trouble illicite auquel est exposé le demandeur ».

D'abord, le juge pourrait invoquer cet article pour faire « cesser le trouble illicite ». Pour certains auteurs, « il faut remarquer que le trouble illicite s'inscrit dans la durée à la fois comme situation illicite et comme *perturbation des intérêts défendus* »[1403]. En réalité, ce qui compterait, pour bénéficier d'une mesure de cessation du trouble illicite, ce serait que « l'état de fait illicite considéré soit *de nature* à perturber les intérêts légitimes de celui qui en réclame (...) la cessation »[1404]. Par conséquent, le trouble se présenterait « comme une simple potentialité de dommage »[1405]. Dans ces conditions, un fait illicite, lequel ne se confond pas avec le fait fautif[1406], qui serait source d'un risque sanitaire sériel suspecté pourrait-il être considéré comme étant de nature à perturber les intérêts légitimes des personnes exposées à ce risque ? Rien ne semblerait s'y

de Thèses », vol. 71, 2008.

[1402] C. BLOCH, Ph. STOFFEL-MUNCK, « La cessation de l'illicite » *in* F. TERRE (dir.), *op. cit.* (note811), p. 97.

[1403] [italiques ajoutées par nous] C. BLOCH, *op. cit.* (note 1401), p. 456, n°387.

[1404] C. BLOCH, *op. cit.* (note 1401), p. 458, n°388.

[1405] Sur les liens entre la faute et « l'illicite » : C. BLOCH, *op. cit.* (note 1401), pp. 279-290.

[1406] Cette vision, défendue par le Professeur BLOCH, semble être confirmée dans le projet de réforme de la responsabilité civile (2017). En effet, alors que l'article 1232 de l'avant-projet de réforme du 29 avril 2016 prévoyait que « seuls les faits contrevenant à une règle de conduite imposée par la loi ou le devoir général de prudence ou de diligence peuvent donner lieu à de telles mesures », l'article 1266 du projet de réforme de responsabilité civile, du 13 mars 2017, supprime cette exigence, témoignant ainsi de la volonté des réformateurs de ne pas limiter le trouble illicite au constat d'une faute. En ce sens : M. DUGUE, S. PRETOT, « Regards sur le projet de réforme de la responsabilité civile », *Dr. et patr.*, N°269, 1er avril 2017 ; S. CARVAL, « Le projet de réforme du droit de la responsabilité civile », *JCP G.* n°15, 10 avril 2017, 401.

opposer selon nous. La flexibilité de la lettre de l'article 1266 pourrait autoriser une telle interprétation. Cependant, s'il pourrait y avoir un trouble « illicite » dans cette situation, il n'est tout de même pas certain que le demandeur puisse obtenir la mesure de cessation. En effet, le juge ne prononcera une telle mesure qu'après avoir procédé à un contrôle de proportionnalité entre le trouble et la mesure recherchée ; si ces mesures ne sont pas « raisonnables » au regard du trouble invoqué, alors le juge devrait être conduit à rejeter la demande.

Ensuite, le juge pourrait se fonder sur cet article pour « prévenir le dommage ». D'une part, la prescription de mesures préventives est laissée à la discrétion du juge – ce qui rapproche l'article de la position du droit anglais –, et d'autre part, cette faculté, si elle est limitée à la matière extracontractuelle, n'est subordonnée à aucune condition de probabilité de réalisation du dommage. En théorie, au vu de cet article, le juge pourrait prescrire des mesures préventives en cas de simple risque de dommage potentiel. La nature du dommage importe peu : le dommage peut être matériel, corporel ou même – pourquoi pas ? – moral ; la gravité du dommage n'est pas non plus une condition.

Comme pour la cessation de l'illicite, la liberté du juge est limitée par le contrôle de proportionnalité entre les mesures envisagées et le dommage redouté. Or, dans l'hypothèse où le dommage ne serait que potentiel, le juge ne prescrirait sans doute pas des mesures conduisant à la cessation d'une activité licite du défendeur, lesquelles peuvent paraître disproportionnées. Malgré tout, la position de certains juges du fond dans le contentieux des antennes-relais nous enseigne que certains juges pourraient faire usage de cette possibilité dans le contexte de risques sanitaires sériels suspectés.

Enfin, une autre question reste en suspens. Cette faculté du juge est incluse dans un chapitre IV traitant des « effets de la responsabilité civile ». Faut-il donc comprendre que ces mesures ne pourraient être prescrites que si une responsabilité civile était préalablement reconnue, en d'autres termes seulement si l'on constate un préjudice *actuel* ? Cette interprétation est peu probable mais si elle venait à être favorisée, il nous semble que la seule possibilité serait alors de se fonder sur l'existence d'un préjudice moral (d'angoisse, par exemple), comme l'avaient finalement fait les juridictions judiciaires dans le contentieux de l'antenne-relais.

Il est toutefois plus probable que l'article 1266 du projet octroie aux juges la possibilité de prendre des mesures préventives en l'absence de préjudice[1407], puisque ces mesures peuvent être prises « indépendamment de la réparation du préjudice *éventuellement* subi »[1408]. Dans cette hypothèse, il nous apparaît alors nécessaire d'encadrer les modalités du recours à cette mesure. Certains auteurs proposent déjà la possibilité de recourir à ces mesures préventives en cas de « risque incertain de dommage d'une particulière gravité »[1409] ; si cette vision

---

[1407] M. BOUTONNET, C. SINTEZ, C. THIBIERGE, « Consacrons les fonctions et les effets de la responsabilité civile ! », *D.* 2016, N°41, 01/12/2016, p. 2414 : « Il [l'article] ouvre au juge la possibilité de prescrire des mesures en amont, sans que le préjudice soit une condition nécessaire. »

[1408] [italiques ajoutées par nous] Art. 1266, projet de réforme de la responsabilité civile (2017).

[1409] *Ibid.*, p. 2414.

prévalait, ce serait, *in fine*, le retour – qui ne porte pas son nom – du principe de précaution dans la responsabilité civile[1410].

On le voit, en droit français du moins, le débat tenant à la prévention des dommages corporels par la responsabilité civile, en contexte de risque sanitaire sériel suspecté, est loin d'être clos.

591. Conclusion de la section II. – En l'absence d'atteinte à l'intégrité physique, le traitement des risques sanitaires sériels suspectés par la responsabilité civile est plus tranché en droit anglais qu'il ne l'est en droit français.

En effet, la réparation d'un préjudice moral « pur », ou même d'un dommage psychiatrique, n'est pas possible lorsque le risque sanitaire sériel est seulement suspecté. Les conditions de la responsabilité ne peuvent pas être démontrées : parfois, la difficulté porte sur la condition de dommage, d'autres fois elle tient à la preuve d'un *duty of care*, voire à sa violation. En ce qui concerne la prévention des dommages, si le juge dispose *a priori* d'un pouvoir d'*injunction*, lui permettant de prendre des mesures préventives, l'analyse a clairement démontré que leur recours était impossible en cas de risque sanitaire sériel suspecté.

En droit français, il est clair que la jurisprudence majoritaire n'est pas favorable à la réparation du préjudice moral ou à la prévention des dommages corporels dans le contexte de risques sanitaires sériels suspectés. L'analyse a toutefois démontré qu'en l'absence de toute atteinte à l'intégrité physique, la réparation comme la prévention demeurent possibles, même si elles ne sont envisageables qu'au prix d'une transformation des conditions de responsabilité : fragmentation du préjudice moral, transformation de la notion de « trouble anormal » de voisinage et utilisation novatrice du principe de précaution.

⁂

592. Conclusion du chapitre II. – Les droits français et anglais reconnaissent tous deux l'importance de la protection de l'intégrité physique de la personne humaine. Néanmoins, en droit anglais, cette circonstance est insuffisante, à elle seule, pour justifier de s'affranchir des règles de responsabilité civile, telles qu'elles ont été originellement définies. Au contraire, le droit français n'hésite pas à modifier les règles tant probatoires que substantielles de responsabilité civile pour favoriser la protection de l'intégrité physique, y compris en présence d'incertitudes scientifiques élevées. À cet égard, l'appréhension du risque sanitaire sériel suspecté par la responsabilité civile dans les deux systèmes juridiques est assez topique.

[1410] En effet, l'on sait que ce principe de précaution intervient sous une double condition d'incertitude scientifique et de gravité du dommage potentiel redouté. Par conséquent, autoriser des mesures préventives en cas de « risque incertain et grave », c'est admettre le recours au principe de précaution dans la responsabilité civile…

593. D'abord, lorsqu'il s'agit de *réparer* une atteinte à l'intégrité physique, l'existence d'une incertitude scientifique portant sur le lien de causalité général produit des effets différents en droits français et anglais de la responsabilité civile. Alors qu'elle constitue, de fait, un obstacle dirimant au succès de l'action en responsabilité civile anglaise, tel n'est plus le cas en droit français, depuis que ce dernier a choisi, le 22 mai 2008, de faire profiter le demandeur du doute scientifique tenant au lien de causalité général. Ce faisant, les demandeurs sont autorisés à prouver la causalité spécifique, à l'aide de présomptions de fait, et peuvent ainsi espérer obtenir réparation de leurs dommages corporels même en cas de risque sanitaire sériel suspecté.

594. Ensuite, lorsqu'il s'agit de *prévenir* une atteinte à l'intégrité physique, l'existence d'une incertitude scientifique portant sur le lien de causalité général a suscité quelques hésitations de la jurisprudence judiciaire française sur le rôle de la responsabilité civile, question qui ne s'est jamais véritablement posée en droit anglais. En l'absence d'atteinte à l'intégrité physique, les deux systèmes juridiques ne sont généralement pas favorables à l'assouplissement des conditions de responsabilité lorsque le risque sanitaire sériel est suspecté. Pour autant, quelques juridictions françaises ont parfois instrumentalisé la responsabilité civile pour empêcher la survenance de dommages corporels, en dépit de l'incertitude scientifique de la causalité générale. Pour ce faire, ces juridictions ont instrumentalisé le préjudice moral, dévoyé la théorie des troubles anormaux de voisinage, et ont fait appel au principe de précaution.

595. En conclusion, si la jurisprudence française est prête à admettre un assouplissement des conditions de responsabilité en cas de risque sanitaire sériel suspecté, un tel assouplissement demeure limité à la réparation d'une atteinte à l'intégrité physique et semble aujourd'hui difficilement concevable pour en prévenir la survenance. Néanmoins, la question des limites du rôle de la responsabilité civile dans la prévention des dommages, en cas de risque seulement suspecté, est susceptible de se poser à nouveau avec le projet de réforme de la responsabilité civile (2017). Au contraire, dans ce contexte, le droit anglais n'admet aucun assouplissement des règles de responsabilité civile, que ce soit pour réparer ou pour prévenir une atteinte à l'intégrité physique.

Conclusion du titre I

596. La mise en œuvre de la responsabilité civile dans le contexte des risques sanitaires sériels inconnus et suspectés est mise à l'épreuve par le défaut de connaissance scientifique tenant à l'existence du risque. Pour comprendre la position des deux systèmes juridiques dans ce contexte, nous avons procédé à une systématisation comparée des solutions appliquées par les droits français et anglais de la responsabilité civile pour résoudre les difficultés que posaient d'une part, l'absence de connaissance scientifique, et d'autre part, l'incertitude scientifique de l'existence du risque.

Dans le contexte des risques sanitaires sériels inconnus, s'il est vrai que l'absence de connaissance scientifique empêche la caractérisation d'une faute dans les deux droits, il n'en demeure pas moins que le droit français adopte une approche plus souple que le droit anglais. En effet, contrairement au droit anglais, le droit français a contourné la difficulté dans ce contexte en développant de nombreuses obligations de sécurité de résultat. De la même façon, si les deux droits ont fini, sous l'influence européenne, par introduire la responsabilité du fait des produits défectueux, particulièrement propice dans le cadre de risques sanitaires sériels, il n'en reste pas moins que le droit français adopte une vision plus souple du défaut de sécurité du produit que le droit anglais, et admet des exceptions à l'exonération pour risque de développement. Ces solutions tendent à favoriser l'indemnisation des victimes de risques sanitaires sériels lorsque le risque est inconnu.

Dans le contexte des risques sanitaires sériels suspectés, situation de doute scientifique portant sur l'existence du risque, la même observation peut être faite. Pour permettre l'indemnisation des atteintes à l'intégrité corporelle subies par les victimes, le droit français a assoupli sa position sur le plan de la causalité générale, se contentant de la preuve de l'absence d'exclusion scientifique de ce lien, quand au contraire, le droit anglais continue d'exiger la preuve de son établissement, selon le standard classique. Par suite, ici encore, le droit français est indéniablement plus souple que le droit anglais, lequel refuse toute modification des conditions classiques de responsabilité. De la même façon, le droit français a pu, ponctuellement, témoigner d'une volonté de prévenir la survenance de dommages corporels dans le contexte de risques sanitaires sériels suspectés, n'hésitant pas à modifier certaines conditions du droit de la responsabilité pour y parvenir. À nouveau, ce n'est pas la position du droit anglais.

597. En réalité, l'analyse comparée du traitement des hypothèses de risques sanitaires sériels inconnus et suspectés révèle déjà des divergences d'approche importantes. En particulier, le droit français est indéniablement plus enclin à trouver des techniques pour permettre l'indemnisation des victimes, peu importe que le risque sanitaire sériel soit inconnu ou suspecté. Au contraire, le droit anglais refuse d'adopter ces solutions d'opportunité qui favoriseraient l'intérêt indemnitaire des victimes au détriment de la liberté économique des opérateurs privés. Dans les hypothèses où la connaissance scientifique est particulièrement limitée – voire absente – aucune raison de politique juridique n'est alors suffisamment forte pour justifier de *corriger* le déséquilibre qui s'est naturellement créé au profit des défendeurs, créateurs de risques sanitaires sériels.

598. Ces différences entre les deux systèmes juridiques mettent en exergue les objectifs différents qui sous-tendent le droit de la responsabilité civile dans ces deux droits. Le droit français de la responsabilité civile semble principalement tourné vers la protection des victimes de dommages corporels, alors que le droit anglais tente de préserver un équilibre dans la protection des intérêts contradictoires des parties. Cette différence s'observe également lorsque l'on envisage le traitement des risques sanitaires sériels avérés par la responsabilité civile (**Titre II**).

Titre II : Le traitement des risques sanitaires sériels avérés

599. Les risques sanitaires sériels dits avérés sont ceux dont l'existence est scientifiquement admise. En d'autres termes, l'hypothèse scientifique de l'existence du risque est non seulement formulée et accessible, mais elle emporte également l'adhésion de la majorité de la communauté scientifique : l'existence du risque fait donc l'objet d'un *consensus scientifique*.

Sur le plan de la responsabilité civile, ceci emporte des conséquences importantes. L'établissement du lien de causalité général ne pose aucune difficulté ; c'est même en réalité leur caractéristique essentielle : la capacité d'un produit, d'une substance ou d'un agent nocif à causer, dans l'absolu, un certain type d'atteinte est scientifiquement connue et admise. Pour autant, toutes les difficultés de causalité ne sont pas écartées. En effet, il apparaît ici des hypothèses de causalité complexe pouvant entraîner des incertitudes sur l'établissement du lien de causalité spécifique. Autrement dit, les incertitudes peuvent concerner l'établissement de la causalité entre l'exposition au produit ou autre, par un défendeur déterminé, et la survenance du dommage chez le demandeur précis. C'est ici le lien de causalité *in specie* qui est incertain et qui va empêcher la preuve du lien de causalité entre le fait générateur et le dommage. *In fine*, c'est ainsi la réparation des dommages corporels subis par les victimes de risques sanitaires sériels qui est, là encore, mise à l'épreuve.

Dans le contexte des risques avérés, si les incertitudes causales portent toutes sur l'établissement de la causalité spécifique, les difficultés rencontrées n'affectent pas toutes l'établissement du lien de causalité entre le fait générateur et le dommage de la même manière. À cet égard, il faut distinguer les hypothèses de causes alternatives et celles de causes cumulatives, distinction inconnue du droit français, qui vient des systèmes de *common law*.

600. La distinction entre causes alternatives et causes cumulatives doit être d'abord présentée (**chapitre préliminaire**), avant d'approfondir le traitement des causes alternatives (**chapitre I**) et des causes cumulatives (**chapitre II**) dans les droits français et anglais.

Chapitre préliminaire : La distinction entre les causes alternatives et les causes cumulatives

601. Ce chapitre préliminaire doit permettre de délimiter clairement les hypothèses de causes alternatives et de causes cumulatives (**section I**), afin d'identifier, de manière générale, les problèmes de causalité propres à chacune de ces situations (**section II**).

Section I : Délimitation des hypothèses de causes alternatives et de causes cumulatives

602. Pour avoir une première vue de la distinction, les causes alternatives et les causes cumulatives doivent être délimitées sur un plan général (paragraphe 1). Toutefois, pour bien comprendre les développements ultérieurs en droit anglais, cette distinction doit être précisée dans le contexte des maladies, qui intéresse plus particulièrement les situations de risques sanitaires sériels (paragraphe 2).

§1 – Sur un plan général

603. Les hypothèses de causes alternatives (I), puis celles de causes cumulatives (II) seront successivement délimitées.

I. *Délimitation des causes alternatives*

604. Le droit français est familier avec la notion de causalité alternative. Néanmoins, les causes alternatives doivent être soigneusement distinguées de la causalité alternative (A). En effet, ce que le droit français appelle « causalité alternative » n'est en réalité qu'une hypothèse particulière de causes alternatives. Au surplus, délimiter la notion de causes alternatives doit permettre de distinguer cette situation d'une autre proche, mais bien différente, celle d'imputations alternatives (B).

A. Distinction des hypothèses de causes alternatives et de causalité alternative

605. La notion de causalité alternative en droits français et anglais. – La notion de causalité alternative est employée, en droit français, pour renvoyer tant aux hypothèses de dommage imputable à une personne indéterminée parmi un groupe de personnes identifiées[1411] qu'aux techniques juridiques permettant d'appréhender cette situation[1412]. Dans tous les cas, la notion est envisagée dans le seul cas de l'auteur indéterminé parmi un groupe personnes identifiées. C'est l'hypothèse classique des parties de chasse, dans lesquelles plusieurs chasseurs tirent simultanément, mais seulement l'un ou plusieurs d'entre eux, mais non tous, atteignent une victime, sans qu'il ne soit possible de déterminer à quel fusil appartient la balle qui a effectivement causé le dommage. C'est également l'hypothèse plus récente de plusieurs personnes exerçant séparément une activité similaire, l'une de ces activités ayant causé un dommage, sans que l'on puisse déterminer laquelle[1413]. La notion de causalité alternative renvoie alors aux seuls cas dans lesquels « parmi une pluralité d'activités similaires, chacune étant suffisante pour produire le dommage considéré, une seule (ou quelques-unes, mais non la totalité) est effectivement à l'origine du dommage »[1414]. Telle que comprise en droit français, la notion de causalité alternative renvoie en fait aux hypothèses dans lesquelles il n'y a aucun doute sur l'existence d'une responsabilité civile.

Pourtant, le terme « alternative » se définit, au sens courant, comme « un système de deux propositions telles que la vérité de l'une entraîne la fausseté de

[1411] C. Quezel-Ambrunaz, « La fiction de la causalité alternative », *D.* 2010, N°19, 13/05/2010, p. 1162 : « (...) le préjudice est imputable à une personne indéterminée, parmi plusieurs déterminées. Cette situation peut être nommée " causalité alternative". » ; P. Jourdain, note sous Cass., civ. 1, 17 juin 2010, n°09-67.011, Bull. civ. I, 2010, N°137 : *RTD civ.* 2010, N°3, 15/10/2010, p. 567 : « Causalité parfois qualifiée d' « alternative » en ce sens que parmi plusieurs activités similaires susceptibles de causer le dommage, une seule en est la cause effective ».

[1412] Par ex. : V. Bouquet, E. Fouassier, « Le projet de réforme de la responsabilité civile et les produits de santé », *D.* 2017, N°15, 13/04/2017, p. 834 : « Fiction destinée à assurer la réparation du dommage à la victime lorsque le fait dommageable a été commis par une personne indéterminée parmi plusieurs déterminées, la causalité alternative est une construction jurisprudentielle particulièrement utile au droit des produits de santé » ; M. Dugue, note sous Civ. 2, 3 novembre 2016, n°15-25.348 : *RDSS* 2017, N°2, 28/04/2017, p. 306 : « Bien qu'elle puisse être discutée, l'expression [causalité alternative] renverra dans notre propos à ces hypothèses dans lesquelles on accepte de présumer le lien causal entre le dommage et chacun des membres du groupe impliqué, si bien que « l'obligation de réparer naît de la simple *possibilité* que ceux qui à qui elle est imposée aient été à l'origine du préjudice [en italiques dans le texte] ».

[1413] V° *infra*, n°670 et s.

[1414] C. Quezel-Ambrunaz, art. préc. (note 1411), p. 1162.

l'autre »[1415]. Suivant cette idée, la notion de causalité alternative devrait alors renvoyer à tout système d'hypothèses de causalité qui s'excluent mutuellement. Dans ce contexte, les situations de dommage imputable à une personne indéterminée parmi un groupe de personnes identifiées entrent dans cette catégorie ; mais ce n'est pas tout : *quid* des hypothèses dans lesquelles deux faits sont susceptibles d'avoir causé le dommage, l'un étant générateur de responsabilité et l'autre non[1416] ? Dans ce contexte, c'est alors l'existence même d'une responsabilité civile qui est en cause. Par conséquent, la notion de causalité alternative, telle qu'elle est comprise en droit français, apparaît trop restrictive pour appréhender l'ensemble des situations d'alternatives causales[1417].

En revanche, les auteurs anglais semblent définir cette notion de manière plus large ; en effet, le Professeur OLIPHANT expliquait, par exemple, que la causalité alternative (*alternative causation*) renvoie aux situations « dans lesquelles il existe deux ou plusieurs explications concurrentes sur la manière dont le dommage du demandeur a été causé, et où le comportement délictueux du défendeur fait partie d'une explication, mais où il ne fait pas partie des autres explications »[1418]. La notion apparaît plus large qu'en droit français et est susceptible d'inclure toute hypothèse d'alternatives causales. Parfois, pour se référer à ces situations, les auteurs emploient la notion de causes alternatives[1419] plutôt que celle de causalité alternative, mais elles sont alors synonymes.

606. Proposition de définition de la notion de causes alternatives. – Dans ce travail, nous avons choisi d'utiliser la notion de causes alternatives plutôt que de causalité alternative, car si ces deux notions sont synonymes en droit anglais, la notion de causalité alternative renvoie à une hypothèse bien précise en droit français. La notion de causes alternatives englobe ainsi l'hypothèse française de causalité alternative mais ne s'y limite pas. Pour reprendre les mots

---

[1415] V° entrée « alternative » dans le *dictionnaire Larousse en ligne*, consulté le 19/08/2021 sur : < https://www.larousse.fr/dictionnaires/francais-monolingue >.

[1416] En droit anglais : *McGhee v. National Coal Board* [1973] 1 WLR 1.

[1417] Pour F. G'SELL-MACREZ, le problème de l'auteur indéterminé est parfois invoqué sous « l'expression plus large de causes alternatives » : F. G'SELL-MACREZ, « La preuve du lien de causalité : comparaisons franco-américaines à propos des arrêts Distilbène », *LPA* 29/10/2010, n°216, p. 6.

[1418] K. OLIPHANT, « Causation in cases of evidential uncertainty : juridical techniques and fundamental issues », (2016) 91 *Chi.-Kent. L. Rev.* 587, spéc. p. 587: « (...) ["alternative causation" refers to a situation] where there are two or more rival explanations of how the claimant's injury was caused, and the defendant's tortious conduct is part of one explanation, but not part of the other(s). » V° aussi dans le même sens : M. INFANTINO, E. ZERVOGIANNI, « Summary and Survey of the Results » *in* M. INFANTINO, E. ZERVOGIANNI (éd.), *op. cit.* (note 826), p. 631: « The term "alternative causation" is used to describe instances of causal uncertainty, where more than one factor could have potentially led to the infliction of damage, but it cannot be ascertained which one actually caused it. The main issue at stake under these conditions is whether the defendant may be held liable and to what extent ».

[1419] On peut d'ailleurs noter que K. OLIPHANT semble employer les notions de « causalité alternative » et de « causes alternatives » indifféremment : K. OLIPHANT, *Ibid.*, p. 588. L. KHOURY, *Uncertain Causation in Medical Liability*, Hart Publishing, 2006, pp. 233-235; J. AHUJA, *UK Legal approach to disease causation: Examining the role for epidemiological evidence*, th. droit: University of Birmingham, 2016, p. 209.

du Professeur OLIPHANT, les situations de causes alternatives sont toutes celles impliquant une relation « ou...ou... » [1420].

Afin d'inclure l'ensemble des hypothèses de causes alternatives susceptibles d'exister, nous proposons de retenir la définition suivante : la notion de causes alternatives renvoie à toutes les hypothèses dans lesquelles il est impossible, en raison d'une incertitude (scientifique ou factuelle), de déterminer le fait à l'origine du dommage parmi plusieurs faits susceptibles de causer, seuls, ce dommage. Partant, il n'est possible de parler de causes alternatives que lorsque la disparition de l'incertitude (scientifique ou factuelle) entraîne corrélativement l'exclusion du rôle causal joué par les autres faits initialement envisagés.

607. La notion de causes alternatives étant clarifiée, il est désormais possible de la distinguer de l'hypothèse d'imputations alternatives.

B. DISTINCTION DES HYPOTHÈSES DE CAUSES ALTERNATIVES ET D'IMPUTATIONS ALTERNATIVES

608. Les cas d'imputations alternatives, hypothèse proche mais distincte des situations de causes alternatives. – Nous avons précédemment exposé que nous étions favorables à la reconnaissance d'une distinction entre la notion de causalité, lien entre le fait générateur de responsabilité et le dommage, et la notion d'imputation, lien entre le fait générateur de responsabilité et la personne qui doit en répondre[1421]. Cette distinction est ici essentielle : il est, en effet, nécessaire de distinguer l'hypothèse de causes alternatives telle que nous venons de la définir, de celle proche que nous appellerons l'hypothèse d'imputations alternatives. Nous proposons de définir les hypothèses d'imputations alternatives comme toutes les hypothèses dans lesquelles il est impossible, en raison d'une incertitude factuelle, de déterminer à quelle personne rattacher le fait dommageable parmi plusieurs personnes susceptibles de se voir rattacher, chacune, ce fait dommageable. Il n'est possible dans ce contexte de parler d'imputations alternatives que lorsque la disparition de l'incertitude (factuelle) entraîne corrélativement l'exclusion du rattachement des autres personnes envisagées au fait dommageable.

Dans l'hypothèse d'imputations alternatives, le problème posé porte exclusivement sur le rattachement du fait générateur de responsabilité, lequel a indéniablement causé le dommage, à la personne qui doit en répondre. Par exemple, lorsqu'une patiente, victime d'un dommage, a fait l'objet de deux interventions chirurgicales distinctes, dans deux cliniques différentes, avant qu'une compresse oubliée n'ait été retrouvée dans son abdomen, sans que l'on sache à l'occasion de quelle intervention le matériel chirurgical a été oublié, le problème est un problème d'imputation et non de causalité[1422]. En effet, le lien

---

[1420] K. OLIPHANT, art. préc. (note 1418), p. 587.

[1421] Sur cette question : *supra*, n°370.

[1422] Cass., civ. 1, 3 novembre 2016, n°15-25.348, ECLI:FR:CCASS:2016:C101186 (publié) : « La

de causalité entre la faute médicale – l'oubli de la compresse dans l'abdomen de la patiente – et le dommage n'est pas en doute ; ce qui est incertain, c'est l'identité de la personne qui a commis la faute[1423].

Les hypothèses d'imputations alternatives et de causes alternatives sont souvent mal distinguées par la doctrine française. En particulier, l'hypothèse de causalité alternative, au sens français, est souvent présentée, à tort selon nous, comme un problème portant sur l'identité de l'auteur du dommage. Cette vision n'est pas erronée, loin s'en faut, mais elle constitue un raccourci qui cache le véritable problème[1424]. S'il est donc important de distinguer les hypothèses d'imputations alternatives et de causes alternatives, seules les secondes seront envisagées dans ce travail. En effet, à notre connaissance, aucune hypothèse d'imputations alternatives ne s'est présentée dans le contexte de risques sanitaires sériels, ce qui justifie que nous les excluions de la présente étude.

II. *DÉLIMITATION DES CAUSES CUMULATIVES*

609. La notion de causes cumulatives. – La doctrine anglaise met souvent en parallèle la distinction entre causes alternatives et causes cumulatives, même si elle la critique abondamment[1425]. Les juges anglais eux-mêmes procèdent à cette distinction[1426] à laquelle ils attachent des effets juridiques[1427]. La notion de causes cumulatives renvoie, globalement, aux situations dans lesquelles plusieurs facteurs se combinent ensemble pour causer le dommage. En d'autres

---

preuve d'une faute incombe au demandeur ; que s'agissant d'une responsabilité personnelle, elle implique que soit *identifié le professionnel de santé ou l'établissement de santé auquel elle* [la faute] *est imputable* [italiques ajoutées par nous] ». *RTD civ.* 2017, N°1, 17/03/2017, p. 163, obs. P. JOURDAIN ; *D.* 2017, N°6, 09/02/2017, p. 337, obs. A. BERNARD-ROUJOU DE BOUBEE ; *JCP G.* 2016, n°46, 14 novembre 2016, 1205, note P. SARGOS ; *Gaz. pal*, n°2, 10/01/2017, p. 28, obs. M. MEKKI ; *RDSS* 2017, N°2, 28/04/2017, p. 306, obs. M. DUGUE ; *RDC* n°2, 01/06/2017, p. 250, obs. G. VINEY ; *Resp. civ. et assur.* n°1, janvier 2017, comm. 19, comm. L. BLOCH ; *C.C.C.* n°2, février 2017, comm. 29, comm. L. LEVENEUR.

[1423] C'est ce qui explique que la Cour de cassation ait refusé de retenir la responsabilité des professionnels et établissements de santé. En effet, admettre la responsabilité *in solidum* des défendeurs possibles, dans cette hypothèse, aurait abouti à retenir une présomption simple de *faute* – non de causalité – à l'encontre des défendeurs. Au contraire, dans les hypothèses de vraie causalité alternative, la Cour de cassation a retenu la responsabilité *in solidum* des auteurs possibles du dommage en se fondant sur une présomption simple de causalité : V° *infra*, n°676 et s.

[1424] Sur ce point : *infra*, n°671 et 672.

[1425] L. KHOURY, *op. cit.* (note 1419), pp. 233-235; K. OLIPHANT, art. préc. (note 1418), p. 587; J. AHUJA, th. préc. (note 1419), p. 209; L. GULLIFER, « One cause after another », (2001) 117(Jul) *L.Q.R.* 403-408, spéc. p. 403; J. STAPLETON, « The gist of negligence: Part 2 the relationship between "damage" and causation », (1988) 104 (Jul) *L.Q.R.* 389-409, spéc. p. 401; G. TURTON, « Using NESS to overcome the confusion created by the "material contribution to harm" test for causation in negligence », (2014) 30(2) *P.N.* 50-73, spéc. pp. 63-64.

[1426] Par ex.: *Sienkiewicz v. Greif (UK) Ltd* [2011] UKSC 10, [93] (Lord Phillips); [176] (Lord Brown); *Fairchild v. Glenhaven Funeral Services Ltd* [2002] 1 AC 32, [121] (Lord Rodger); *Bonnington v. Wardlaw* [1956] AC 613, spéc. p. 626 (Lord Keith).

[1427] *Infra*, les chapitres qui suivent.

termes, ces hypothèses renvoient aux situations impliquant une relation « et...et... » et non pas « ou...ou... »[1428]. Si la notion de causes cumulatives n'existe pas en droit français, les situations factuelles dans lesquelles interviennent des causes cumulatives existent également dans ce droit et sont généralement appréhendées comme des hypothèses de pluralité de responsables ou de pluralité de causes[1429].

Nous proposons ainsi de définir la notion de causes cumulatives comme toutes les hypothèses dans lesquelles plusieurs faits, dont l'un au moins est générateur de responsabilité, sont nécessaires mais non suffisants, pris isolément, à produire le dommage avec l'étendue et au moment où il s'est produit. Les situations qu'elle inclut sont de deux types : d'abord, la définition permet de prendre en compte les hypothèses dans lesquelles le dommage n'aurait jamais pu se produire dans l'absolu, sans la conjonction des différents faits ; ensuite, la définition intègre les hypothèses dans lesquelles chaque fait serait suffisant pour produire le dommage dans l'absolu, mais serait insuffisant, pris isolément, pour produire le dommage au moment où il s'est produit ou avec l'étendue avec laquelle il s'est produit. En fait, dans ce second cas, le dommage se serait produit même sans la conjonction des faits, mais il se serait alors produit plus tard ou avec une gravité différente.

610. La distinction entre causes alternatives et causes cumulatives traduit en réalité une différence quant à *la manière* dont se produit le dommage. Dans les hypothèses de causes alternatives, un seul événement, parmi plusieurs, a causé le dommage ; dans les hypothèses de causes cumulatives, une conjonction de plusieurs événements a été nécessaire pour entraîner la survenance du dommage constaté. Dans le contexte particulier des maladies, la distinction entre causes alternatives et causes cumulatives existe, mais présente des particularités qu'il convient maintenant de présenter.

§2 – Dans le contexte de maladies

611. Dans le contexte des maladies, la distinction entre causes alternatives et causes cumulatives repose en fait sur la manière dont se « déclenche » une maladie. Or, selon qu'une maladie est considérée divisible ou indivisible, le processus de déclenchement de la maladie peut différer. Dès lors, il faut d'abord présenter la distinction, totalement inconnue du droit français[1430], entre les

---

[1428] K. OLIPHANT, art. préc. (note 1418), p. 587.

[1429] Ph. LE TOURNEAU (dir.), *op. cit.* (note 10), pp. 642, 660; F. CHABAS, *L'influence de la pluralité des causes sur le droit à réparation*, préf. H. MAZEAUD, LGDJ, coll. « Bibliothèque de droit privé », Paris, t. 78, 1967 ; Y. BUFFELAN-LANORE, V. LARRIBAU-TERNEYRE, *op. cit.* (note 810), p. 816, n°2411 et s.

[1430] Une recherche au sein de la jurisprudence (Legifrance, Dalloz, LexisNexis) ne montre aucune occurrence pour les termes « maladie divisible » ou « maladie indivisible ». De même, l'occurrence « dommage divisible » ou « dommage indivisible » donne des résultats, mais nous n'avons trouvé aucun cas dans lesquels le dommage en question était une maladie.

maladies divisibles et les maladies indivisibles (*divisibility of disease*) (I). Par la suite, c'est la question de la divisibilité du *déclenchement* d'une maladie (*divisiblity of trigger*) qui devra retenir notre attention, car là réside le vrai critère de distinction entre les causes alternatives et les causes cumulatives (II).

I. *DIVISIBILITÉ DE LA MALADIE* (DIVISIBILITY OF DISEASE)

612. Le critère de distinction entre les maladies divisibles et les maladies indivisibles doit être identifié (A) avant d'être mis en œuvre (B).

A. IDENTIFICATION DU CRITÈRE

613. L'émergence de la notion de divisibilité du dommage. – La distinction entre les maladies divisibles et indivisibles est en fait une traduction, dans le contexte particulier des maladies, de la distinction entre les dommages divisibles et indivisibles. En droit anglais, les premières manifestations de la distinction entre dommages divisibles et indivisibles peuvent être trouvées dans la décision *Dingle v. Associated Newspapers*[1431], dans un exemple donné par le juge Devlin : « si quatre hommes, agissant conjointement et non de concert, frappent chacun, les uns après les autres, le plaignant et qu'en conséquence celui-ci souffre d'un choc nerveux à la suite de ses blessures physiques et qu'il doit rester à l'hôpital ce qui lui fait perdre un mois de salaire, chaque défendeur doit répondre de l'ensemble de la perte de revenus. S'il y a quatre blessures physiques distinctes, chaque homme ne serait responsable que des conséquences spécifiques de la blessure qu'il a infligée, mais dans l'exemple que j'ai donné, la perte de revenus est un dommage unique causé en partie par chacun des quatre défendeurs. Il est essentiel, dans cette optique, que *la perte soit une et indivisible* ; qu'elle le soit ou non est une question de fait et non de droit »[1432].

614. L'aggravation de la maladie en fonction du degré d'exposition au risque : critère de distinction entre maladie divisible et indivisible. – Bien que plusieurs juges anglais aient mentionné, voire tenté de clarifier, la

[1431] [1961] 2 QB 162.

[1432] [italiques ajoutées par nous] *Ibid.*, p. 189 (Devlin LJ) : « If four men, acting severally and not in concert, strike the plaintiff one after another and as a result of his injuries he suffers shock and is detained in hospital and loses a month's wages, each wrongdoer is liable to compensate for the whole loss of earnings. If there were four distinct physical injuries, each man would be liable only for consequences peculiar to the injury he inflicted, but in the example I have given the loss of earnings is one injury caused in part by all four defendants. It is essential for this purpose that the loss should be one and indivisible; whether or not it is so is a matter of fact and not a matter of law. »

distinction entre maladies divisibles et indivisibles[1433], c'est sans doute le discours de Lord Phillips dans l'arrêt *Sienkiewicz v. Greif (UK) Ltd*[1434] qui la présente de la manière la plus claire.

Il cite deux exemples de maladies indivisibles : le paludisme, qui résulte d'une piqûre de moustique, et le cancer des poumons, qui résulte du tabagisme. Dans le premier exemple, Lord Phillips indique que « l'étendue du risque de contraction du paludisme dépendra du nombre de moustiques porteurs de la maladie auxquelles l'individu sera exposé mais ce facteur n'affectera pas la manière dont la maladie est contractée, ni la gravité de la maladie une fois contractée »[1435]. Il en déduit que cette maladie est indivisible. Dans le second exemple, il énonce que « le cancer des poumons causé par le tabagisme est un exemple (...) où la maladie elle-même est indivisible. La gravité de la maladie, une fois déclenchée, n'est pas liée au degré d'exposition de la fumée de cigarette »[1436].

Il cite également des exemples de maladies divisibles : l'amiantose, la silicose, le syndrome de Raynaud ou encore la surdité industrielle. Dans toutes ces situations, Lord Phillips relève que « la gravité de la maladie est liée à la quantité de substance qui a été ingérée »[1437].

Par conséquent, la distinction entre maladie divisible et indivisible peut être résumée de la manière suivante. Une maladie est dite indivisible lorsqu'après son déclenchement, son évolution ne dépend pas du degré d'exposition à l'agent nocif, si bien que la maladie ne s'aggrave pas avec l'exposition ultérieure à cet agent. Au contraire, une maladie est dite divisible lorsqu'après avoir été déclenchée, son évolution dépend du degré d'exposition à l'agent nocif, si bien que chaque exposition ultérieure à l'agent aggrave la maladie. Le critère de distinction est donc scientifique.

615. Critique de la distinction entre maladie divisible et indivisible. – Cette distinction est importante en droit anglais car elle permet de justifier, dans une certaine mesure, le choix du *legal rule* applicable au litige[1438]. Pour cette

---

[1433] V° par ex.: *Barker v. Corus UK Ltd* [2006] ICR 809, [31] (Lord Hoffmann); [61] (Lord Scott); [90] (Lord Rodger); *Ministry of Defence v. AB* [2010] EWCA 1317, [136], [150] (Lady Smith); *Heneghan v. Manchester Dry Docks Ltd* [2016] 1 WLR 2036, [10] (Lord Dyson, MR); *Holtby v. Brigham & Cowan (Hull) Ltd* [2000] 3 All ER 421, [32] (Clarke LJ); *International Energy Group Ltd v. Zurich Insurance Plc UK Branch (the "Trigger Litigation" case)* [2016] AC 509, [130] (Lord Sumption).

[1434] [2011] UKSC 10.

[1435] *Ibid.*, [12] (Lord Phillips) : « The extent of the risk of getting malaria will depend upon the quantity of malarial mosquitoes to which the individual is exposed, but this factor will not affect the manner in which the disease is contracted nor the severity of the disease once it is contracted ».

[1436] *Ibid.*, [13] (Lord Phillips): « Lung cancer caused by smoking is an example (...) where the disease itself is indivisible. The severity of the disease, once it has been initiated, is not related to the degree of exposure to cigarette smoke. »

[1437] *Ibid.*, [14] (Lord Phillips) : « (...) the severity of the disease is related to the quantity of the agent that is ingested ».

[1438] V° *Infra*, les chapitres qui suivent. Dans le même sens : J. AHUJA, th. préc. (note 1419), pp. 170-171: « Currently, courts decide whether or not to use more relaxed tests depending on such factors such as whether the disease was divisible or indivisible (a distinction of the law's own invention (...)) ».

raison, la distinction apparaît particulièrement critiquable car elle repose sur un critère qui est par nature scientifique ; or, dans le cadre de risques sanitaires sériels, la connaissance scientifique des maladies est souvent lacunaire, absente ou contestée, ce qui peut entraîner des problèmes majeurs[1439], comme le relèvent certains auteurs[1440].

616. Bien que la distinction entre les maladies divisibles et indivisibles puisse être critiquée, il faut reconnaître qu'elle est pertinente pour mettre en œuvre la distinction entre les causes alternatives et cumulatives dans le contexte de maladies.

B. Application aux causes alternatives et cumulatives

617. Si les maladies indivisibles peuvent se rencontrer tant dans les hypothèses de causes alternatives que cumulatives (1), les maladies divisibles ne peuvent se rencontrer qu'en cas de causes cumulatives (2).

1. Indivisibilité de la maladie : hypothèses de causes alternatives et cumulatives

618. Les causes alternatives : le caractère nécessairement indivisible de la maladie. – Les hypothèses de causes alternatives impliquent nécessairement que le dommage soit indivisible. En effet, la situation de causes alternatives suppose une relation du type « ou…ou… ». Par conséquent, dans cette hypothèse, le dommage – la maladie – doit pouvoir être causé par *un seul fait*. La question est alors de savoir quel fait, parmi plusieurs, a causé la maladie. Par exemple, tel est le cas lorsqu'une personne reçoit plusieurs injections d'hormones de croissance dont certaines seulement sont contaminées par un agent nocif, ou pour reprendre l'exemple de Lord Phillips, lorsqu'une personne est piquée par plusieurs moustiques dont certains seulement sont porteurs du paludisme. L'hypothèse de causes alternatives suppose qu'une seule injection d'hormone de croissance, une seule piqûre de moustique suffise pour transmettre la maladie. Peu importe que la personne contaminée reçoive d'autres injections d'hormones de croissance ou piqûres de moustiques contaminées ; la maladie contractée ne s'aggrave pas car autrement, cela signifierait que *plusieurs faits* jouent un rôle causal dans le dommage : la situation serait donc celle de causes cumulatives, non alternatives. Ce simple exemple explique

1439 Par ex. : *Bonnington Castings v. Wardlaw* [1956]

1440 J. AHUJA, th. préc. (note 1419), p. 209: « Such distinctions as single/multiple agents, divisible/indivisible disease, or alternative/cumulative causes are illusory as far as decisions about causal contributions or ultimate liability are concerned. »

pourquoi, en droit anglais, les hypothèses de causes alternatives ne naissent que dans les cas de maladies indivisibles.

619. Les causes cumulatives : le caractère parfois indivisible de la maladie. – Il est tout à fait concevable qu'un dommage – une maladie – indivisible résulte d'une situation de causes cumulatives. C'est en réalité le cas lorsque la maladie – indivisible – se déclenche à partir d'un certain seuil. Chaque exposition « avant le déclenchement » de la maladie rapproche alors l'individu du seuil critique ; ainsi, chaque exposition joue alors un rôle causal dans la survenance de la maladie (causes cumulatives). Cependant, une fois ce seuil atteint, les expositions ultérieures n'aggravent pas la maladie (puisqu'elle est indivisible).

620. En conclusion, les maladies considérées indivisibles peuvent résulter d'hypothèses de causes alternatives comme cumulatives ; en revanche, les maladies considérées divisibles impliquent nécessairement une situation de causes cumulatives.

2. *Divisibilité de la maladie : hypothèse des seules causes cumulatives*

621. Le caractère divisible de la maladie : les hypothèses sont toujours celles de causes cumulatives. – D'une manière générale, la notion de dommage divisible implique que ce dommage soit « fractionnable », c'est-à-dire que l'on puisse attribuer à chaque « cause » un dommage précis ou une partie précise du dommage. Dans l'exemple du juge Devlin, il s'agit des quatre blessures physiques distinctes, chacune causée par un coup identifiable. Par conséquent, la catégorie de dommage divisible implique, par essence, que l'on soit dans une hypothèse de causes cumulatives, car elle implique que *plusieurs faits* aient participé au dommage.

La remarque est tout autant valable dans le contexte spécifique des maladies. En effet, si une fois déclenchée, la maladie est aggravée par chaque exposition à l'agent nocif (maladie divisible), alors toutes les expositions (ou tous les facteurs de risque) ont joué un rôle dans la survenance de la maladie ; la situation ne peut donc qu'être celle de type « et...et... » et non pas de type « ou...ou... ».

622. En somme, les maladies indivisibles peuvent survenir dans les hypothèses de causes alternatives ou cumulatives, mais les maladies divisibles peuvent seulement survenir dans les hypothèses de causes cumulatives[1441]. Pour

---

[1441] V° dans le même sens indirectement : K. OLIPHANT, « La pluralité de responsables en droit anglo- saxon » *in* Groupe de Recherche Européen sur la Responsabilité Civile et l'Assurance (GRERCA), *Le droit français de la responsabilité civile confronté aux projets européens d'harmonisation*, IRJS éditions, 2012, pp. 447-450. L'auteur mentionne le fait que dans l'hypothèse de causes cumulatives, l'évaluation du *quantum* dépend du point de savoir si la bles-

le dire autrement, les causes alternatives se rencontrent uniquement en cas de maladies dites indivisibles ; en revanche, les causes cumulatives peuvent émerger tant en cas de maladies divisibles que de maladies indivisibles.

II. *Divisibilité du déclenchement de la maladie* (Divisibility of trigger)

623. Le *processus de déclenchement* d'une maladie diffère selon que la maladie est divisible ou indivisible, ce qui explique en partie la confusion entre les notions de divisibilité du déclenchement de la maladie (*divisibility of trigger*) et de divisibilité de la maladie elle-même (*divisibility of disease*). Pourtant, le critère de divisibilité du *déclenchement* de la maladie doit être identifié (A) car il constitue, dans le contexte des maladies, le critère de distinction entre les causes alternatives et cumulatives (B).

A. Identification du critère

624. La divisibilité du déclenchement de la maladie (*divisibility of trigger*) : explication. – Dans le cas d'une maladie divisible, *chaque* exposition à l'agent nocif aggrave la maladie ; dès lors, techniquement, la maladie se « déclenche » dès la *première* exposition à l'agent nocif – même si les effets de cette exposition sont peut-être imperceptibles. C'est typiquement le cas de la surdité industrielle. Chaque exposition de l'employé à un certain niveau sonore (par hypothèse élevé) réduit son audition et ce, dès la première exposition, bien que celui-ci n'en perçoive pas immédiatement l'effet. C'est ce qui explique que dans l'arrêt *Sienkiewicz*, Lord Phillips ait indiqué que dans les cas de maladies divisibles, l'agent nocif opère *cumulativement* d'abord pour « déclencher » la maladie, puis pour l'aggraver[1442]. Dans cette situation, il est difficile de distinguer la divisibilité du déclenchement de la maladie de la divisibilité de la maladie elle-même, car les deux sont ici intrinsèquement liées.

La distinction entre ces deux notions apparaît plus clairement dans le cas des maladies indivisibles. Deux hypothèses doivent être envisagées. D'abord, la maladie peut se déclencher par l'effet d'une *seule* exposition à l'agent nocif, si bien que chaque exposition augmente simplement *le risque de déclenchement* de la maladie. Le processus de déclenchement de la maladie est unique *(one-off)*[1443]. Il s'agit du cas évoqué précédemment de piqûres de moustiques porteurs

---

sure subie est divisible ou indivisible, tandis que dans l'hypothèse de causes alternatives, l'auteur ne mentionne que l'hypothèse de blessures « indivisibles ».

[1442] *Sienkiewicz v. Greif (UK) Ltd*, préc. (note 1580), [14] (Lord Phillips): « More commonly, diseases where the contraction is dose related are divisible. The agent ingested operates cumulatively first to cause the disease and then to progress the disease. »

[1443] *Ibid.*, [12] (Lord Phillips): « The extent of the risk getting malaria will depend upon the quantity of malarial mosquitoes to which the individual is exposed, but this factor will not affect

de paludisme[1444], ou d'injections d'hormones de croissances contaminées par le prion. Dans ces situations, une seule piqûre, une seule injection suffit pour « déclencher » la maladie. Une fois déclenchée, la maladie étant indivisible, elle ne s'aggrave pas. Ainsi, si la personne est de nouveau piquée par un moustique porteur du virus, sa maladie ne s'aggrave pas.

Ensuite, il existe une seconde hypothèse, celle où la maladie ne se déclenche qu'à partir d'un *certain seuil* (*dose-related*)[1445]. Dans ce cas, l'agent nocif opère *cumulativement* pour déclencher la maladie. Mais, l'hypothèse étant celle d'une maladie indivisible, une fois « déclenchée », la maladie ne s'aggrave pas sous l'effet d'exposition ultérieure.

Il est nécessaire de bien distinguer la divisibilité d'une maladie (*divisibility of disease*) de la divisibilité du déclenchement de la maladie (*divisibility of trigger*), même s'il faut reconnaître que ces deux questions sont parfois liées. En effet, une maladie divisible implique toujours que son déclenchement soit cumulatif. En revanche, une maladie indivisible peut impliquer que son déclenchement soit cumulatif (*dose-related*) ou non (*one-off*). Dans le contexte particulier des maladies, c'est en réalité la divisibilité du déclenchement de la maladie – et non la divisibilité de la maladie – qui permet de distinguer les causes alternatives et les causes cumulatives.

B. Le critère de distinction entre les causes alternatives et cumulatives dans le contexte de maladies

625. Le déclenchement de la maladie, critère de distinction. – Lorsque le dommage est une maladie, la notion de causes cumulatives se comprend alors d'une manière particulière. Dans ce contexte, l'hypothèse est celle de causes cumulatives si le déclenchement de la maladie dépend de la quantité d'exposition à l'agent nocif, si bien que chacune des expositions joue un rôle dans *le déclenchement* de la maladie. Dans ce cas, la maladie peut être divisible ou indivisible (*dose-related*).

Au contraire, l'hypothèse est celle de causes alternatives si le déclenchement de la maladie ne dépend pas de la quantité d'exposition à l'agent nocif, si bien que chaque exposition augmente seulement *le risque de déclenchement* de la maladie. La maladie est alors, dans tous les cas, indivisible (*one-off*).

Le critère de distinction des hypothèses de causes alternatives et cumulatives, dans le contexte de maladies, est donc celui du processus de

the manner in which the disease is contracted nor the severity of the disease once it is contracted. The disease has a single, uniform, trigger and is indivisible. »

[1444] *Ibid.*, [12] (Lord Phillips) qui utilise précisément cet exemple pour illustrer son propos.

[1445] *Ibid.*, [13] (Lord Phillips): « The contraction of other diseases can be dose related. Ingestion of the agent that causes the disease operates cumulatively so that, after a threshold is passed, it causes the onset of the disease. »

déclenchement de la maladie[1446]. Le critère de distinction entre maladies divisibles et indivisibles est proche mais doit pourtant être correctement identifié et distingué : la différence entre maladie divisible et indivisible repose sur le point de savoir si l'évolution de maladie, *une fois déclenchée*, dépend ou non du degré d'exposition à l'agent nocif.

Dans les deux cas, le critère de distinction est scientifique, ce qui entraîne des difficultés particulières. Dans les contentieux en responsabilité civile impliquant des risques sanitaires sériels, les lacunes dans les connaissances scientifiques empêchent parfois de déterminer si la situation en cause est une situation de causes alternatives ou de causes cumulatives. Ces situations sont loin d'être des hypothèses d'école. Les décisions *McGhee v. National Coal Board Authority*[1447] et *Fairchild v. Glenhaven Funeral Services Ltd*[1448] en sont des illustrations, comme nous le verrons[1449].

626. Conclusion de la section I. – D'une manière générale, les hypothèses de causes alternatives correspondent à celles dans lesquelles il est impossible, en raison d'une incertitude scientifique ou factuelle de déterminer le fait à l'origine du dommage parmi plusieurs faits susceptibles de causer, seuls, ce dommage. Dans le contexte spécifique des maladies, les causes alternatives naissent dans les situations où la maladie est indivisible et où le déclenchement de cette maladie ne dépend pas de la quantité d'exposition à l'agent nocif. Dans cette situation, plus l'exposition à l'agent nocif est importante, et plus le *risque* de contracter la maladie augmente.

Au contraire, les hypothèses de causes cumulatives correspondent à celles dans lesquelles plusieurs faits, dont l'un au moins est générateur de responsabilité, sont nécessaires mais non suffisants, pris isolément, à produire le dommage avec l'étendue et au moment où il s'est produit. Dans le contexte spécifique des maladies, les causes cumulatives naissent dans les situations où la maladie est divisible ou indivisible et où le déclenchement de la maladie est fonction de la quantité d'exposition à l'agent nocif, si bien que toutes les expositions jouent un rôle causal dans le *déclenchement* de la maladie.

Il convient maintenant d'identifier les problèmes posés par ces situations (**section II**).

[1446] Cette idée est d'ailleurs apparente dans *Sienkiewicz*, préc. (note 1580), [12]-[14] (Lord Phillips).

[1447] [1973] 1 WLR 1.

[1448] [2003] 1 AC 32.

[1449] *Infra*, spéc. n°662 et 672.

Section II : Identification des problèmes posés par les hypothèses de causes alternatives et cumulatives

627. À ce stade, nous n'identifierons pas, dans le détail, les problèmes posés par les hypothèses de causes alternatives et cumulatives car il y a autant de difficultés causales que d'hypothèses envisageables.

Au-delà des particularités cependant, les problèmes sont souvent identiques. Ainsi, les hypothèses de causes alternatives et cumulatives font naître un problème lié à la preuve de la *conditio sine qua non* qui remet en cause l'approche classique adoptée par les systèmes juridiques français et anglais (paragraphe 1). Les hypothèses de causes cumulatives font, au surplus, naître une difficulté spécifique (paragraphe 2).

§1 – Identification des problèmes communs aux hypothèses de causes alternatives et cumulatives

628. Causes alternatives et causes cumulatives : difficulté de preuve de la *conditio sine qua non*. – Les hypothèses de causes alternatives comme de causes cumulatives peuvent entraîner une difficulté tenant à la preuve du caractère nécessaire du fait générateur de responsabilité dans la survenance du dommage. Le problème survient en fait dans le cas de maladies considérées *indivisibles*.

629. La cause alternative, élément perturbateur des approches juridiques française et anglaise. – En droit anglais, l'existence d'une cause alternative perturbe l'établissement du *cause in fact* – non pas du *cause in law*[1450]. Dans le cadre du délit de négligence (*tort of negligence*), le demandeur doit démontrer que, selon toute probabilité, le dommage qu'il subit ne serait pas survenu sans (*but for*) la conduite fautive du défendeur ; l'approche traditionnelle du *cause in fact* repose en effet sur le test du *but for*[1451]. Or, en présence de causes alternatives, le test aboutira systématiquement à considérer qu'en l'absence du fait fautif, le dommage aurait tout de même pu se produire puisque la cause alternative est également suffisante pour le causer. Par conséquent, l'utilisation classique du test du *but for* ne permet jamais, dans cette situation, de conclure à l'existence d'un lien de causalité selon le standard classique de la balance des probabilités, excepté si l'on parvient à déterminer qu'une cause est plus probable que les autres, ce qui présuppose une connaissance scientifique souvent déficitaire dans les cas de risques sanitaires

[1450] Sur ce point : *supra*, n°399 à 401.
[1451] Pour plus de précisions : *supra*, n°376.

sériels. *A priori*, les prétentions des demandeurs doivent, au regard du test classique, être systématiquement rejetées. En droit français, la même conclusion s'impose. Au regard de la théorie de l'équivalence des conditions, l'existence d'une cause alternative empêchera de considérer que le fait générateur de responsabilité était une condition *sine qua non*, une cause nécessaire à la survenance du dommage.

L'utilisation du test classique anglais du *but for* aboutit en fait, en cas de causes alternatives, à la conclusion absurde selon laquelle le dommage n'a pas de cause[1452]. Dans cette hypothèse, l'utilisation du raisonnement contrefactuel aboutit à un sophisme : sans le fait *x*, le fait *y* aurait pu causer le dommage ; sans le fait *y*, le fait *x* aurait pu causer le dommage ; ainsi, ni le fait *x*, ni le fait *y* n'ont causé le dommage. L'utilisation du test du *but for* dans les hypothèses de causes alternatives aboutit donc toujours à une conclusion erronée, à l'encontre du bon sens. Dans l'examen d'une responsabilité civile, le test conduit toujours à conclure que le fait générateur de responsabilité n'a pas causé le dommage. Parfois, tel sera effectivement le cas puisque la cause alternative aura causé le dommage. Dans d'autres situations, la conclusion sera erronée. Bien que la démonstration du lien de causalité ne soit pas nécessairement soumise à l'épreuve du raisonnement contrefactuel en droit français (aucun test officiel de causalité n'existant), il n'en demeure pas moins qu'en pratique les difficultés sont similaires. Ainsi, en théorie, tant en droit français qu'anglais, l'existence de causes alternatives devrait aboutir au rejet systématique des actions en responsabilité.

Malgré ces inconvénients, plusieurs arguments interviennent au soutien du maintien de l'approche classique. D'abord, la charge de la preuve repose, traditionnellement, sur le demandeur. Ainsi, il est tout à fait normal que celui-ci supporte le risque de la preuve. Ensuite, la vérité judiciaire ne poursuit pas le même but que la vérité scientifique, comme le relèvent les auteurs[1453]. Ainsi, il serait concevable que la vérité judiciaire (le fait générateur de responsabilité n'a pas causé le dommage) se distingue de la vérité scientifique (le fait générateur de responsabilité a peut-être causé le dommage). Enfin, il existe toujours une marge d'erreurs (ici des hypothèses de « faux négatifs »[1454]) que l'on doit tenter de réduire mais qui ne sont pas toujours évitables. Ce troisième argument est sans doute le plus problématique, selon nous, car s'il est vrai qu'il existe toujours des risques d'erreurs, l'équilibre provient du fait qu'en règle générale, les erreurs peuvent autant se produire en faveur du demandeur (hypothèses de « faux positifs ») qu'en faveur du défendeur (hypothèses de « faux négatifs »), si bien que sur un plan systémique, les impératifs de justice sont préservés. Or,

---

[1452] *March v. E&M H Stramare Pty Ltd* (1991) 171 CLR 506, spéc. p. 508 (Mason CJ): dans cette affaire australienne, Mason CJ a pu indiquer que « The "but for" test gives rise to a well-known difficulty in cases where there are two or more acts or events which would each be sufficient to bring about the plaintiff's injury. The application of the test "gives the result, contrary to common sense, that neither is a cause": Winfield & Jolowicz on Tort, 13th ed (1989), p. 134. »

[1453] G. DALBIGNAT-DEHARO, *Vérité scientifique et vérité judiciaire en droit privé*, préf. L. CADIET, LGDJ, coll. « Bibliothèque de l'Institut André Tunc », t. 2, 2004 ; G. DEHARO, « l'articulation du savoir et du pouvoir dans le prétoire », *Gaz. pal.*, 22/09/2005, n°265, p. 3.

[1454] Hypothèses dans lesquelles la responsabilité du défendeur est rejetée alors qu'en réalité elle devrait être retenue.

l'utilisation du test du *but for* dans le contexte de causes alternatives est susceptible d'entraîner des erreurs qui sont exclusivement favorables aux défendeurs (hypothèses de « faux négatifs »), ce qui crée un déséquilibre dans la protection des intérêts contradictoires des parties. En cas de causes alternatives, les approches classiques française et anglaise sont ainsi mises à rude épreuve.

630. La cause cumulative, élément parfois perturbateur des approches française et anglaise. – Par hypothèse, les situations de causes cumulatives présupposent que plusieurs faits soient nécessaires mais non suffisants, pris individuellement, pour causer le dommage. Dans ces conditions, il peut paraître étonnant d'envisager une situation dans laquelle une hypothèse de causes cumulatives puisse entraîner une incertitude sur la nécessité du fait générateur de responsabilité dans la survenance du dommage. Dans ce contexte, c'est en fait le *caractère cumulatif des causes qui est mis en doute*.

Dans le cadre de maladies indivisibles, lorsque le déclenchement de la maladie dépend du degré d'exposition à l'agent nocif (*dose-related*), chaque exposition, nous l'avons dit, rapproche l'individu d'un seuil critique à partir duquel la maladie survient. Le problème survient car en général ce seuil critique n'est pas connu, ou alors il n'est pas possible de déterminer, en l'espèce, le moment à partir duquel ce seuil a été atteint. Par conséquent, en cas d'expositions successives à l'agent nocif, la question de savoir si une seconde exposition – par hypothèse fautive – a joué un rôle dans la survenance du dommage peut se poser. Le problème résulte alors du fait qu'on ne saurait dire si la première exposition – fautive ou non – était suffisante, à elle seule, pour entraîner la maladie. Le test du *but for* est là encore mis en échec. En effet, il est impossible de démontrer que, selon toute probabilité, sans le fait fautif du défendeur (la seconde exposition), le dommage ne serait pas survenu.

631. Au surplus, il convient d'examiner la manière dont les systèmes juridiques envisagent la question des prédispositions de la victime, car selon les cas, il est possible que naisse une incertitude sur la caractérisation du fait générateur de responsabilité comme fait nécessaire à la survenance du dommage[1455]. Le problème peut, en théorie, être formulé de deux façons.

Les systèmes juridiques peuvent d'abord appréhender cette situation comme un cas de causes alternatives. On pourrait effectivement considérer que sans le fait générateur, la maladie serait tout de même survenue et ce, en raison des prédispositions de la victime qui auraient conduit au même résultat. Cette interprétation n'est toutefois envisageable que dans l'hypothèse où il n'est pas tenu compte du moment où le dommage survient. Autrement, il faut considérer que le dommage aurait pu se produire de manière naturelle, mais il se serait alors produit plus tard.

[1455] En ce sens : J.-S. BORGHETTI, *op. cit.* (note 392), p. 375, spéc. n°379 : « Il faut cependant voir que la règle qui impose à l'auteur du dommage de prendre la victime telle qu'il la trouve ne s'applique par hypothèse que lorsque les conditions de la responsabilité sont réunies, ce qui suppose notamment que l'existence (...) du lien de causalité soit établie. Or, en cas d'effet secondaire lié aux prédispositions de la victime, le problème est justement de savoir (...) s'il existe véritablement un rapport de causalité entre la prise du médicament et l'apparition du dommage. »

Les systèmes juridiques peuvent ensuite concevoir cette situation comme un cas de causes cumulatives, ce qui implique alors de tenir compte du moment où le dommage survient. Avec cette seconde interprétation, l'existence de prédispositions de la victime se serait alors combinée avec le fait générateur de responsabilité pour produire le dommage au moment où il s'est effectivement produit.

Il apparaît que tant en droit français qu'en droit anglais, la question des prédispositions de la victime est envisagée comme une hypothèse de causes cumulatives[1456].

§2 – Identification des problèmes spécifiques aux hypothèses de causes cumulatives

632. La contribution des « faits nécessaires » dans la survenance d'une maladie divisible. – Dans les hypothèses de causes cumulatives, un problème tout à fait particulier émerge, en cas de maladie dite divisible, c'est-à-dire fractionnable.

En effet, lorsque l'ensemble des faits nécessaires à la survenance de ce dommage ont été identifiés, il est alors impératif de déterminer la contribution de chacun des faits dans ce dommage divisible, pour qu'un défendeur fautif ne soit responsable que pour le dommage qu'il a effectivement causé par sa faute. La détermination de cette contribution est source de nombreuses difficultés. Toutefois, nous verrons que celles-ci n'existent qu'en droit anglais.

⁂

633. Conclusion du chapitre préliminaire. – La distinction entre les causes alternatives et les causes cumulatives repose sur la manière dont se produit le dommage. Dans le contexte de maladies, cette distinction, guidée par le critère de la divisibilité (ou non) du déclenchement de la maladie, exerce une importante influence en droit anglais, tant en ce qui concerne le(s) test(s) de causalité qu'il convient d'appliquer, que les solutions retenues dans certains contentieux sanitaires sériels.

À présent, il nous reste à examiner le traitement, par les systèmes juridiques français et anglais, des hypothèses de causes alternatives, d'abord (**chapitre I**), et des hypothèses de causes cumulatives, ensuite (**chapitre II**) dans le contexte de risques sanitaires sériels. En somme, l'analyse a pour objectif de comparer comment les deux systèmes juridiques répondent aux difficultés susmentionnées.

[1456] V° *Infra*, n°771 et s.

Chapitre I : Les causes alternatives

634. Dans le contexte des risques sanitaires sériels avérés, les hypothèses de causes alternatives, c'est-à-dire de causes concurrentes, sont multiples. Ceci s'explique par deux raisons.

D'une part, si dans le cas de risques avérés, le lien de causalité général entre un produit, une substance nocive et la survenance d'une maladie est scientifiquement admis, le processus causal scientifique par lequel ce produit ou cette substance nocive entraîne la maladie demeure souvent peu ou mal connu. Ces incertitudes de nature scientifique favorisent ainsi l'émergence d'explications concurrentes sur la manière dont la maladie, par hypothèse indivisible[1457], est survenue.

D'autre part, le délai de latence entre l'exposition au produit, la substance nocive et la survenance d'une maladie indivisible est parfois long, si bien que la victime peut avoir des difficultés à rassembler les éléments de faits nécessaires au succès de l'action en responsabilité civile. Ces incertitudes de nature factuelle entraînent aussi l'émergence d'explications concurrentes sur la manière dont la maladie s'est produite.

635. Qu'elles soient de nature scientifique ou factuelle, ces incertitudes créent des hypothèses de causes alternatives qui mettent au défi la preuve de la causalité spécifique et qui remettent en cause le succès des actions indemnitaires. Face à ces difficultés probatoires, les systèmes juridiques français et anglais ont adopté des solutions qui favorisent les victimes de risques sanitaires sériels, même si le droit français est, ici encore, plus généreux envers ces victimes que ne l'est le droit anglais (**section I**).

En effet, nous verrons que le droit français admet des assouplissements de causalité dans toutes les configurations de causes alternatives. Il est donc équitablement généreux envers les victimes de risques sanitaires sériels avérés. En revanche, le droit anglais assouplit sa position dans certains cas seulement, en fonction de distinctions très subtiles. De la sorte, il privilégie un traitement différencié des victimes de risques sanitaires sériels. Le droit anglais limite le plus possible ces ajustements d'opportunité pour éviter la généralisation d'anomalies dans le droit du *negligence*, mais les solutions qu'il retient ne sont pas toujours cohérentes. Pour cette raison, l'opportunité des solutions adoptées dans les deux droits mérite d'être examinée (**section II**).

[1457] Les hypothèses de causes alternatives ne peuvent naître que lorsque la maladie est dite indivisible ; sur ce point : *supra*, n°618.

SECTION I : LE TRAITEMENT DES CAUSES ALTERNATIVES

636. Dans le contexte des risques sanitaires sériels, deux grandes configurations de causes alternatives peuvent être distinguées : la première est propre aux actions de groupe (**sous-section I**) ; la seconde, qui recouvre une pluralité de cas, apparaît au contraire tant dans les actions de groupe que dans les actions individuelles en responsabilité civile (**sous-section II**).

SOUS-SECTION I : HYPOTHÈSE SPÉCIFIQUE AUX ACTIONS DE GROUPE

637. Envisager les demandeurs au sein d'un groupe, comme le permettent les actions de groupe, entraîne une hypothèse spécifique de causes alternatives, celle des victimes indéterminées (paragraphe 1). Cette situation a fait l'objet d'un traitement particulier en droit anglais, ce dernier utilisant le test causal du *doubling the risk* pour résoudre les difficultés de causalité spécifique (paragraphe 2).

§1 – Les victimes indéterminées

638. La situation des victimes indéterminées n'existe pas, à notre connaissance, en droit français. Pour en comprendre les raisons (II), il est nécessaire d'identifier le problème juridique (I).

I. *IDENTIFICATION DU PROBLÈME*

639. Un problème de causalité spécifique. – Le cas des victimes indéterminées[1458] émerge lorsqu'une pluralité de personnes présentent une même atteinte, certaines des atteintes étant dues à un fait générateur de responsabilité, les autres à une cause alternative innocente. Statistiquement, on

[1458] C. QUEZEL-AMBRUNAZ, th. préc. (note 819), p. 430, spéc. n°435 : cette hypothèse regrouperait les « cas dans lesquels une atteinte est subie par une pluralité de personnes, certaines des lésions étant dues à une cause susceptible d'entraîner une responsabilité, d'autres à une cause anonyme ». V° aussi dans le même sens : F. G'SELL-MACREZ, th. préc. (note 832), pp. 610-611, n°569; M. INFANTINO, E. ZERVOGIANNI, « Summary and Survey of the Results » *in* M. INFANTINO, E. ZERVOGIANNI (éd.), *op. cit.* (note 826), p. 638; J. G. FLEMING, *The American Tort Process*, Oxford, Clarendon Press, 1988, p. 261; P. SHERMAN, « Agent Orange and the Problem of the Indeterminate Plaintiff » (1986) 52 *Brooklyn Law Review*, p. 369; R. DELGADO, « Beyond Sindell: Relaxation of Cause-in-Fact for Indeterminate Plaintiffs » (1983) 70 *Cal. L. Rev.* 881.

peut affirmer que le fait générateur a causé certaines des atteintes subies, mais la difficulté est alors de déterminer *qui*, parmi le groupe de victimes potentielles, est effectivement victime à raison du fait générateur. La cause alternative innocente empêche ici de déterminer qui sont les vraies victimes, au sens du droit de la responsabilité. Le problème porte avant tout sur la causalité spécifique, les victimes ne pouvant établir l'existence d'un lien entre le fait matériel et le dommage. Par répercussion, aucun membre du groupe de victimes ne saurait établir le lien de causalité entre le fait générateur de responsabilité et le dommage subi.

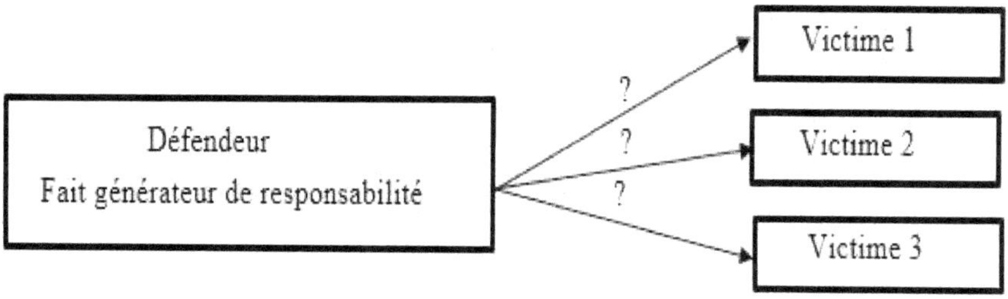

II. *UN PROBLÈME ABSENT EN DROIT FRANÇAIS*

640. Les raisons de l'absence de problème en droit français. – En droit français, l'hypothèse des victimes indéterminées, telle qu'on vient de la définir, n'existe pas. La doctrine française mentionne très rarement ce problème[1459] et les quelques auteurs français qui l'évoquent n'apportent aucun exemple jurisprudentiel à l'appui[1460]. Au surplus, le projet de réforme de la responsabilité civile (2017) reste également silencieux sur ce problème[1461].

Ceci s'explique car l'hypothèse des victimes indéterminées renvoie à un problème tout à fait classique qui est seulement présenté d'une manière nouvelle[1462]. En s'intéressant à chaque personne, individuellement, le problème est bien connu du droit français. L'existence d'une cause alternative innocente empêche chaque victime de démontrer que le fait générateur est à l'origine du

---

[1459] C. QUÉZEL-AMBRUNAZ, th. préc. (note 819), p. 430, spéc. n°435 ; F. G'SELL-MACREZ, th. préc. (note 832), pp. 610-611, spéc. n°569.

[1460] C. QUÉZEL-AMBRUNAZ, th. préc. (note 819), p. 430, spéc. n°435 ; C. QUEZEL-AMBRUNAZ, « La fiction de la causalité alternative », *D.* 2010, N°19, 13/05/2010, p. 1162 ; F. G'SELL-MACREZ, th. préc. (note 832), pp. 610-611, spéc. n°569 ; F. G'SELL-MACREZ, « Incertitude et causalité concrète » *in* COUR DE CASSATION, *Incertitude et causalité*, Séminaire « Risque, assurance, responsabilité », intervention du 17 novembre 2005, [en ligne] consulté le 19/08/2021 sur : < https://www.courdecassation.fr/IMG/File/incertitude_causalite_concrete.pdf >

[1461] En revanche, le projet de réforme envisage l'hypothèse inverse à l'article 1240, celle de l'auteur indéterminé : *infra*, n°682.

[1462] En ce sens : M. INFANTINO, E. ZERVOGIANNI, « Summary and Survey of the Results » *in* M. INFANTINO, E. ZERVOGIANNI (éd.), *op. cit.* (note 826), p. 632.

dommage subi[1463]. Le cas des victimes indéterminées émerge cependant à partir du moment où les demandeurs ne sont plus envisagés individuellement, mais au sein d'un groupe. En effet, le problème prend alors un relief particulier. Le nombre – souvent important – de victimes potentielles permet alors de considérer que, statistiquement, au moins certaines d'entre elles ont subi le dommage en raison du fait générateur de responsabilité, même si l'on est incapable de les identifier précisément.

L'hypothèse des victimes indéterminées naît ainsi *dans* les contentieux d'action de groupe, car les victimes sont alors envisagées au sein d'un groupe[1464]. Or, ce type d'action n'existait pas en droit français jusque récemment, ce qui peut expliquer que le problème des victimes indéterminées n'ait pas trouvé d'illustration concrète. Leur récente introduction en droit français nous invite cependant à considérer si ce problème pourrait émerger dans les années à venir.

641. Un problème futur en droit français ? – Ceci est peu probable, selon nous, en raison de la manière dont le droit français a conçu l'action de groupe. Le « groupe de victimes » est effectivement défini au sein du jugement sur la responsabilité – pas avant. Par conséquent, le juge français examine la responsabilité du défendeur sans envisager les victimes comme un groupe. Il pose les critères de rattachement au groupe après avoir déterminé que le défendeur était responsable. Dès lors, seules les personnes remplissant les conditions définies par le juge seront considérées comme des victimes au sens du droit de la responsabilité civile. Dans cette configuration, aucune difficulté d'identification des « vraies » victimes ne devrait se poser, car ce sont elles qui forment le groupe.

642. Au contraire, le problème des victimes indéterminées existe en droit anglais, car la mise en œuvre de l'action de groupe implique que le groupe soit défini avant tout examen de la demande au fond[1465].

§2 – Le traitement des victimes indéterminées en droit anglais

643. En droit anglais, le problème des victimes indéterminées s'est posé dans la décision *XYZ v. Schering Health Care Ltd*[1466], action de groupe en matière pharmaceutique. L'approche adoptée par le juge Mackay mérite d'être expliquée, car elle constitue une solution originale, quoique critiquable ; en effet, ce contentieux est le premier dans lequel le test de causalité du *doubling*

[1463] *Ibid.*, p. 638.
[1464] *Ibid.*, p. 638. V° aussi: P. SHERMAN, art. préc. (note 1458), pp. 369-370 .
[1465] Sur les divergences entre les actions de groupe « française » et « anglaise » : *supra*, n°253 et s.
[1466] [2002] EWHC 1420 (QB).

the risk a été utilisé à la place du test classique du *but for* (I). Par ce test, le juge utilise des preuves épidémiologiques pour examiner, notamment, l'existence d'une causalité *spécifique*[1467] (II).

I. *LE RECOURS AU TEST DU* DOUBLING THE RISK

644. L'exposé du test du *doubling the risk* dans *XYZ v. Schering Health Care Ltd.* – Le contentieux *XYZ v. Schering Health Care Ltd* concerne une action de groupe entreprise par 99 demanderesses contre trois laboratoires pharmaceutiques, en raison de la survenance de maladies thromboemboliques veineuses qu'elles imputent à la prise de pilules contraceptives orales combinées, pilules dites de troisième génération (ci-après COC3). L'action est fondée sur la responsabilité du fait des produits défectueux.

Les parties à l'instance ont accepté l'utilisation du test du *doubling the risk* pour prouver tant le défaut du produit[1468] que le lien de causalité spécifique. Selon le juge Mackay, ce test peut s'exprimer en termes suivants : « si le facteur X augmente le risque de la maladie Y par plus que deux fois quand il est comparé au facteur Z, il peut alors être dit, sur un groupe disons de 100 personnes qui ont subi l'exposition au facteur X et contracté la maladie, que selon toute probabilité plus de 50 personnes n'auraient pas souffert de Y sans être exposé à X. *Si la science médicale ne peut pas identifier les membres du groupe qui auraient ou qui n'auraient pas souffert de Y*, il peut néanmoins être dit de chacun d'entre eux qu'il est plus probable que non probable qu'ils auraient évité Y s'ils n'avaient pas été exposés à X »[1469]. Le test a donc vocation, dans cette affaire, à traiter une hypothèse de victimes indéterminées.

[1467] Sur les problèmes posés par le recours à ce type de preuve dans la démonstration du lien de causalité « spécifique » et la position – incertaine – de la Cour suprême du Royaume-Uni: V° les opinions des juges dans l'arrêt *Sienkiewicz v. Greif (UK) Ltd* [2011] UKSC 10.

[1468] Il s'agit de prouver que la pilule de troisième génération (COC3) a plus que doublé le risque de contracter la maladie par rapport à la pilule de deuxième génération (COC2). Si les demanderesses parviennent à faire cette preuve, les défendeurs ont accepté d'admettre que la pilule de troisième génération était un produit défectueux. Le juge précise néanmoins qu'à l'inverse, si COC3 n'augmente pas plus que deux fois le risque de contracter la maladie par rapport à COC2, cela ne signifie pas que le produit n'est pas défectueux. En d'autres termes, les demanderesses pourraient, dans l'absolu, démontrer le caractère défectueux de COC3 alors même que le risque de contracter la maladie ne serait pas deux fois plus important que COC2. Les parties (demanderesses et défendeurs) ont accepté l'utilisation de ce test pour disposer entièrement de l'action afin de faciliter et accélérer la procédure : en effet, en démontrant que le risque de maladie est plus que deux fois augmenté en prenant COC3 par rapport à COC2, les demanderesses établissent non seulement le caractère défectueux du produit et le lien de causalité spécifique entre le défaut du produit et le dommage personnellement subi. V° *Ibid.*, [21] (Mackay J.).

[1469] [italiques ajoutées par nous] *XYZ v. Schering Health Care Ltd*, préc. (note 1466), [21] (Mackay J.): « If factor X increases the risk of condition Y by more than 2 when compared with factor Z it can then be said, of a group of say 100 with both exposure to factor X and the condition, that as a matter of probability more than 50 would not have suffered Y without being exposed to X. If medical science cannot identify the members of the group who would and who would not have suffered Y, it can nevertheless be said of each member that she was more likely than not to

645. Au regard de la formulation du test, les demanderesses n'avaient plus qu'à prouver que la pilule COC3 avait « plus que doublé le risque »[1470] de contracter la maladie par rapport à la pilule de deuxième génération (ci-après COC2)[1471]. Pour le juge, dans ce cas, il est possible de considérer que sur cent personnes ayant été exposées à COC3 et ayant contracté la maladie, plus de cinquante d'entre elles ont souffert de la maladie du fait de COC3.

L'idée est en fait la suivante : sur 100 personnes ayant pris COC2, imaginons que 49 aient contracté une maladie thromboembolique veineuse. Imaginons également que sur 100 autres personnes ayant pris COC3, 100 ont contracté la maladie. Dans ce cas, le risque de contracter une maladie thromboembolique veineuse est 2,04 fois supérieur en prenant COC3 qu'en prenant COC2[1472]. Néanmoins, si les personnes n'avaient pas pris COC3, on considère qu'elles auraient pris COC2 (le risque de base, ou *background risk*). Par conséquent, sur les 100 personnes ayant pris COC3 *et* ayant contracté la maladie, 49 pourraient de toute façon avoir contracté la maladie sans COC3, car elles l'auraient contractée par le fait de COC2. Par conséquent, il est possible d'affirmer que seules 51 personnes n'auraient pas contracté la maladie thromboembolique veineuse sans COC3, les 49 autres pouvant l'avoir contractée par le fait de COC2.

Cette information, aussi utile soit-elle, ne permet toutefois pas de déterminer, pour chacune des demanderesses, si la maladie thromboembolique veineuse qu'elles ont développée est due à la prise de COC3. En effet, scientifiquement, le test du *doubling the risk* permet seulement de déterminer que sur 100 personnes, 51 ont, selon toute probabilité, contracté la maladie par

have avoided Y had she not been exposed to X ».

1470 Pourquoi exiger que les demanderesses prouvent une augmentation de risque supérieure à 2 entre la prise de COC2s et COC3s ? Ce choix s'explique par le standard juridique classique en droit civil anglais : la balance des probabilités. Le demandeur doit prouver qu'il est *plus probable que non probable*, que sans la prise du produit, il n'aurait pas contracté la maladie. Numériquement, ce standard est généralement présenté comme impliquant une probabilité supérieure à 50% : ainsi, pour le juge Mackay, exiger la preuve d'une augmentation de risque « supérieure à 2 » permettrait en fait d'accommoder le standard de preuve juridique de plus de 50%.

1471 Pourquoi comparer le risque de contracter la maladie en prenant COC3 par rapport à COC2 ? Pour le comprendre, il nous faut rapidement revenir sur le test classique du *but for*. Suivant ce test, le demandeur doit prouver que, selon toute probabilité, s'il n'avait pas pris le produit (défectueux), il n'aurait pas contracté la maladie. Nous l'avons dit, ce test repose sur un raisonnement contrefactuel (S. DEAKIN, Z. ADAMS, *op. cit.* (note 558), p. 207: « This is (...) simply saying that the court will seek to establish, as best it can, what would have happened but for negligence both actual and hypothetical of the defendant »): la question est en effet celle de savoir ce qu'il se serait passé si l'on retirait le fait générateur de responsabilité. Il apparaît donc important d'être au plus près de la réalité et d'établir, *hypothétiquement*, ce qu'auraient fait les demanderesses si elles n'avaient pas pris COC3 afin de déterminer si le dommage serait tout de même survenu. Or, dans ce contentieux, les demanderesses ont admis que si elles n'avaient pas pris COC3, elles auraient pris COC2. Par conséquent, le risque de contraction de maladie lié à la prise de COC2 constitue le risque de base (*background risk*). Autrement dit, même sans prendre COC3, les demanderesses auraient tout de même été soumises à un risque de maladie thromboembolique veineuse, car elles auraient alors pris COC2.

1472 Risque de maladie en prenant COC3 par rapport à COC2 = (risque de maladie en prenant COC3) / (risque de maladie en prenant COC2). En l'espèce : 1/0,49=2,04.

le fait de COC3, mais ce test ne permet pas d'identifier qui sont ces 51 personnes sur les 100. En d'autres termes, les victimes demeurent toujours indéterminées.

646. Pour dépasser cette difficulté, le juge considère que si la science médicale ne peut pas identifier les membres du groupe qui auraient ou n'auraient pas souffert de la maladie en étant exposés à COC3, il peut tout de même être considéré que lorsque la prise de COC3 augmente de plus de deux fois le risque de maladie par rapport à la prise de COC2, alors il est plus probable que non, pour chaque membre du groupe, qu'ils n'aient pas contracté la maladie sans la prise de COC3. En d'autres termes, chacun des membres du groupe aurait démontré l'existence du lien de causalité spécifique selon la balance des probabilités (+ de 50%).

Reprenons l'exemple précédent pour comprendre le raisonnement : sur 100 personnes ayant pris COC3 et contracté la maladie thromboembolique veineuse, 51 personnes ont véritablement contracté la maladie par le fait de COC3, tandis que 49 personnes auraient de toute façon contracté la maladie même sans la prise de COC3, car elles l'auraient contractée par la prise de COC2 (*background risk*). Partant, chacune des 100 personnes ayant pris COC3 est exposée à une probabilité de 51% de contracter la maladie thromboembolique veineuse *par le fait de COC3*. Or, étant donné que les 100 personnes ont toutes pris COC3 <u>et</u> contracté la maladie, alors il est possible de conclure que pour chacune d'entre elles, il y a une probabilité de 51% pour que sans la prise de COC3, la maladie ne serait pas survenue. De ce fait, le lien de causalité spécifique est démontré selon le standard juridique de la balance des probabilités (+ de 50%), permettant ainsi l'indemnisation de chacune.

647. Le test du *doubling the risk* : aménagement de la preuve de la causalité. – Ainsi, pour que les 99 demanderesses de l'affaire *XYZ v. Schering Health Care Ltd* parviennent à démontrer le lien de causalité spécifique entre la prise de COC3 et le dommage subi, le juge Mackay conclut qu'il suffit qu'elles prouvent que la prise de COC3 « plus que double le risque » (*more than double the risk*) de survenance de maladie thromboembolique veineuse par rapport à la prise de COC2. Seules les études épidémiologiques, dont le but est d'étudier la fréquence et les causes de maladies au sein de la population, sont à même d'être utilisées pour apporter cette preuve.

Ces études procèdent à une comparaison entre deux populations qui présentent les mêmes caractéristiques, excepté le facteur de risque considéré. De là, l'étude cherche à déterminer la différence de risque de contracter une maladie particulière en étant exposé au facteur de risque (la population « cas ») ou non (la population « témoin »)[1473]. La comparaison des deux populations est représentée par le risque relatif (RR). Ainsi, un risque relatif inférieur à 1 ($RR < 1$) signifie que la survenance de la maladie est moins fréquente chez les personnes exposées au facteur de risque par rapport à celles qui n'y ont pas été

[1473] Ces études sont des études de « cas-témoins ». D'autres sont des études de cohorte : dans ce cas, les épidémiologistes cherchent à comparer la fréquence de survenance d'une maladie chez une population exposée au facteur de risque par rapport à une population non exposée à ce facteur.

exposées[1474]. Un risque relatif égal à 1 (RR=1) signifie que la survenance de la maladie est aussi fréquente chez les personnes exposées que chez celles non-exposées au facteur de risque[1475]. Enfin, un risque relatif supérieur à 1 (RR > 1) signifie que la survenance de la maladie est plus fréquente chez les personnes exposées au facteur de risque[1476]. Par suite, pour considérer qu'une association statistique existe entre le facteur de risque et la maladie, le risque relatif doit alors être *au moins supérieur* à 1[1477]. Au surplus, pour s'assurer que l'association statistique est significative, autrement dit qu'elle n'est pas le résultat d'une coïncidence, les épidémiologistes examinent la *p-valeur*[1478], laquelle doit être inférieure ou égale à 0,05[1479] ($p \leq 0,05$).

Ces éléments sont importants pour comprendre l'arrêt *XYZ v. Schering Health Care Ltd*[1480]. En effet, le juge retient que pour prouver que COC3 « plus que double le risque » de maladie thromboembolique veineuse par rapport à CO2, il faut se fonder sur des études épidémiologiques qui montrent que le risque relatif est supérieur à 2 (RR > 2), avec la valeur-p $\leq 0,05$. L'objet de la preuve de la causalité est ainsi modifié, aménagé : pour réussir, il suffit de prouver que RR > 2 (avec $p \leq 0,05$).

648. Pour dépasser les difficultés causales résultant d'une hypothèse de victimes indéterminées, le juge anglais Mackay a privilégié un autre test de causalité que celui traditionnel du *but for,* le test du *doubling the risk*. Ce test de causalité, qui repose sur l'utilisation de statistiques, est particulièrement critiquable lorsqu'il sert à apprécier l'existence d'une causalité *spécifique*.

II. *LES CRITIQUES DU RECOURS AU TEST DU* DOUBLING THE RISK

649. Première critique : la création d'un hiatus entre les conclusions scientifique et juridique. – Utiliser le test du *doubling the risk* revient à utiliser des données statistiques générales pour établir l'existence d'un lien de causalité

[1474] P. FELDSCHREIBER, L.-A. MULCAHY, S. DAY, « Biostatistics and causation in medicinal product liability suits » *in* R. GOLDBERG (ed.), *Perspectives on causation*, Hart Publishing, 2011, p. 183.

[1475] *Ibid.*, p. 183.

[1476] C. MILLER, « Causation in personal injury: legal or epidemiological common sense? », (December 2006) 26(4) *Legal studies* 544-569, spéc. p. 569.

[1477] P. FELDSCHREIBER, L.-A. MULCAHY, S. DAY, art. préc. (note 1474), p. 183.

[1478] La valeur-p, ou significativité statistique, correspond à la probabilité pour que la différence observée entre les deux populations soit due au hasard.

[1479] En effet, une valeur-p = 0,05 signifie qu'il existe une chance sur 20 pour que le résultat obtenu soit dû à la chance. De ce fait, il est scientifiquement admis que si $p \leq 0,05$, il est peu probable que le résultat obtenu soit dû à une coïncidence. En effet, plus la valeur-p décroît, et plus la probabilité pour que le résultat obtenu soit dû à une coïncidence décroît. Autrement dit, plus la valeur-p décroît, et plus l'association statistique est significative. Il est donc nécessaire que $p \leq 0,05$.

[1480] *XYZ v. Schering Healthcare Ltd* [2002] EWHC 1420 (QB).

dans un *cas* spécifique, ce qui est particulièrement critiquable. Plus encore, le test du *doubling the risk* aboutit à globaliser la preuve du lien de causalité spécifique, lequel est par nature individuel.

En effet, si les demandeurs démontrent que le risque relatif est supérieur à 2 (avec $p \leq 0{,}05$), alors *tous* ont démontré, sur le plan juridique, le lien de causalité spécifique selon la balance des probabilités. Pourtant, sur le plan scientifique, certains d'entre eux ont probablement contracté la maladie en raison d'une autre cause, innocente. Dès lors, le test du *doubling the risk* entraîne un hiatus entre la conclusion scientifique de l'étude épidémiologique et la conclusion juridique qui en est tirée. Autrement dit, il peut entraîner des situations de « faux-positifs »[1481].

Plus problématique encore, si les études épidémiologiques révèlent un risque relatif entre 1 et 2 (avec $p \leq 0{,}05$), alors *aucun* demandeur n'a établi le lien de causalité spécifique. Or, sur un plan scientifique, un risque relatif qui se situe entre 1 et 2 révèle l'existence d'une association statistiquement significative entre le facteur de risque et la maladie[1482]. Ainsi, l'utilisation du test du *doubling the risk* conduit à conclure que, juridiquement, la causalité spécifique n'est pas établie, quand bien même, scientifiquement, il est probable que certains des demandeurs ont contracté la maladie en raison de l'exposition au facteur considéré. Là aussi, le test crée un hiatus entre les conclusions scientifique et juridique : il peut entraîner des situations de « faux-négatifs »[1483]. Cette situation est celle de l'affaire *XYZ v. Schering Healthcare Ltd.* Les études épidémiologiques révélaient que RR = 1,7 ($p \leq 0{,}5$). Dès lors, aucune des 99 demanderesses n'ont obtenu d'indemnisation.

650. Seconde critique : la transformation du test juridique de causalité en un test scientifique. – Au surplus, l'application du test du *doubling the risk* conduit à déplacer le débat juridique tenant à l'existence d'une causalité spécifique sur un terrain purement scientifique. En effet, à partir du moment où le juge accepte de considérer que les demandeurs ont démontré le lien de causalité spécifique lorsqu'ils prouvent, scientifiquement, que le risque relatif est supérieur à 2 (RR > 2) avec $p \leq 0{,}05$, alors la connaissance scientifique n'est plus simplement utilisée comme un élément de légitimité d'une décision judiciaire, mais elle se transforme en un véritable argument d'autorité. Par conséquent, le test juridique du *cause in fact* se transforme lui-même en un test purement scientifique.

651. Le test du *doubling the risk*, utilisé pour la première fois dans l'hypothèse des victimes indéterminées, a également été employé dans d'autres hypothèses de causes alternatives, non-spécifiques aux actions de groupe. Ce sont ces hypothèses qu'il faut maintenant envisager.

1481 Situations dans lesquelles certains demandeurs obtiennent une indemnisation, quand bien même leur dommage n'a pas été causé par le fait générateur, mais par la cause alternative innocente.

1482 En effet, RR > 1 (avec $p \leq 0{,}05$) signifie que la survenance de la maladie est plus élevée au sein de la population exposée au facteur de risque qu'au sein de celle non-exposée à ce facteur.

1483 Situations dans lesquelles les demandeurs n'obtiennent aucune indemnisation, quand bien même pour certains d'entre eux, le dommage a été causé par le fait générateur.

SOUS-SECTION II : HYPOTHÈSES NON-SPÉCIFIQUES AUX CAS D'ACTIONS DE GROUPE

652. Les causes alternatives entraînent des difficultés de preuve de la causalité spécifique, si bien qu'il revient aux systèmes juridiques de faire un choix : adapter les conditions classiques de responsabilité pour dépasser ces difficultés probatoires et permettre ainsi l'indemnisation des victimes de risques sanitaires sériels ou, au contraire, continuer à appliquer strictement ces conditions, et conclure inévitablement au rejet des actions indemnitaires.

L'examen comparé de la position adoptée par les systèmes juridiques français et anglais révèle qu'ils sont tous deux favorables à une adaptation des conditions de responsabilité civile, dans une certaine mesure. En réalité, les solutions retenues en droit anglais dépendent, en grande partie, du point de savoir si les causes alternatives impliquent un agent nocif unique ou des agents nocifs multiples. Effectivement, si les juges anglais sont enclins à admettre un assouplissement causal en cas de facteur unique, ils y sont particulièrement réticents en cas de facteurs multiples. De son côté, le droit français ne connaît pas cette distinction et est prêt à admettre des assouplissements de causalité dans tous les cas.

Il faut ainsi approfondir le traitement des causes alternatives au regard de la distinction opérée en droit anglais entre facteur unique (paragraphe 1) et facteurs multiples (paragraphe 2). Ceci permettra notamment de mettre en exergue des difficultés qui ne se sont jamais posées, à notre connaissance, en droit français.

§1 – En cas de facteur unique

653. Dans le contexte de risques sanitaires sériels avérés, certaines hypothèses de causes alternatives impliquent l'intervention d'un facteur unique, c'est-à-dire d'un seul agent nocif, dans la survenance du dommage : l'hormone de croissance, un produit sanguin contaminé, le Distilbène ou encore l'amiante, par exemple.

Dans toutes ces situations, l'implication de l'agent nocif dans la survenance du dommage n'est pas en doute ; cependant, cette certitude n'empêche nullement l'émergence de difficultés probatoires de causalité spécifique. En effet, différentes configurations peuvent émerger. Les causes alternatives impliquant un seul agent nocif résultent aussi bien de l'exposition à une source unique (I) que de l'exposition à des sources multiples (II).

I. *Le cas d'une source d'exposition unique*

654. Les situations de causes alternatives impliquant l'exposition à seul agent nocif provenant d'une source unique sont généralement peu fréquentes en droit anglais, et simplement inexistantes en droit français. Pour expliquer cette différence, il est nécessaire d'identifier précisément le problème juridique que posent ces hypothèses (A). Dans ces situations, le juge anglais a parfois admis une adaptation du test de causalité, favorisant ainsi certaines catégories de victimes (B).

A. Identification du problème

655. Les cas de causes alternatives provenant d'une unique source d'exposition sont particuliers, ce qui explique leur faible fréquence. Ils impliquent qu'un défendeur unique ait exposé les victimes à l'agent nocif par des agissements partiellement fautifs et non-fautifs. Le problème porte donc avant tout sur l'établissement de la causalité spécifique (1). Toutefois, cette configuration ne s'étant jamais présentée, à notre connaissance, en droit français, il convient d'en expliquer les raisons (2).

1. Un problème de causalité spécifique

656. Les données du problème. – Dans les situations de causes alternatives impliquant une source d'exposition unique, quatre éléments ne font aucun doute : 1°/ l'agent nocif unique *a causé* le dommage du demandeur ; 2°/ le dommage *est* imputable au défendeur ; 3°/ le défendeur peut se voir imputer un fait générateur de responsabilité (une faute) ; 4°/ le fait générateur de responsabilité *a pu* avoir causé le dommage.

Pour autant, malgré ces certitudes, l'existence d'une cause alternative innocente, suffisante pour produire le dommage et également imputable au défendeur, empêche le demandeur de prouver que le fait générateur a, selon toute probabilité, causé son dommage. L'incertitude causale résulte de l'impossibilité de déterminer quel fait précis est, en l'espèce, à l'origine du dommage. Par conséquent, le problème est d'abord celui de l'établissement de la causalité spécifique, problème qui se reporte ensuite sur l'établissement du lien de causalité entre le fait générateur de responsabilité et le dommage.

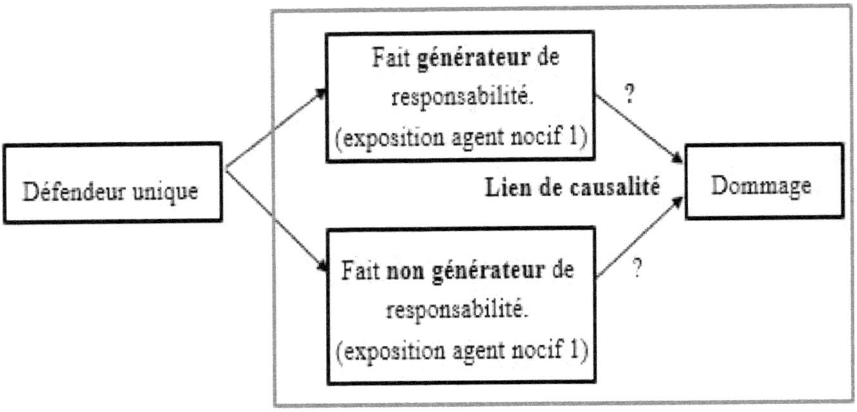

657. Cette hypothèse particulière de causes alternatives trouve des illustrations jurisprudentielles en droit anglais, mais pas en droit français. Cette différence s'explique, selon nous, par la manière dont chacun de ces deux systèmes juridiques envisagent la condition de faute.

2. Un problème absent en droit français

658. Les raisons de l'absence de problème en droit français. – Cette configuration de causes alternatives naît, en droit anglais, dans le contexte de la responsabilité pour faute et il n'est pas anodin de le relever car plus un système juridique envisage la condition de faute de manière restrictive et plus il est probable que cette hypothèse de causes alternatives émerge. En effet, si la faute est envisagée de manière restrictive, comme en droit anglais, alors il est probable que les situations dans lesquelles des agissements du défendeur sont considérés, pour certains fautifs et pour d'autres non-fautifs, se multiplient.

En droit anglais, l'établissement d'une faute est généralement restrictif. Dans le contexte du délit de *negligence*, il repose d'abord sur la reconnaissance d'un devoir de diligence entre certaines catégories de personnes (devoirs bien établis)[1484], ou éventuellement selon les trois conditions restrictives dégagées par l'arrêt *Caparo Industries Plc v. Dickman*[1485]. L'examen de la violation du devoir de diligence (la faute) n'intervient que dans un second temps, une fois

[1484] En effet, les juges reconnaissent l'existence d'un devoir de diligence entre certaines catégories de personnes, comme par ex. : employeur/employé ; fabricant/consommateur, médecin/patient ; avocat/client : enseignant/élève, etc. : P. H. WINFIELD, J. A. JOLOWICZ, W. H. ROGERS, *op. cit.* (note 74), p. 108: « Many duties of care have been established time out of mind (for example, the duties owed by drivers to other road users and employers in respect of the safety of their workers). Others are of more recent vintage but nonetheless firmly fixed in the law, though they may still be in the course of development (for example, the duty of a person who has "assumed responsibility" for a task). »

[1485] [1990] UKHL 2. Les conditions sont les suivantes : 1°/ il doit être raisonnablement prévisible

que l'existence du devoir a été reconnue. Partant, la reconnaissance d'un *negligence* en *common law* est assez difficile. En dehors du délit de *negligence*, la faute peut également être admise en cas de violation d'obligations légales (*breach of statutory duty*), mais la formulation de ces obligations est souvent très précise[1486], donc à nouveau, restrictive.

659. À l'inverse, plus un système juridique envisage la condition de faute de manière souple, et moins il est probable que cette hypothèse de causes alternatives émerge. En effet, si la faute est interprétée de manière flexible, comme en droit français, alors les situations dans lesquelles il y a coexistence d'agissements considérés, pour certains fautifs et, pour d'autres, non-fautifs tendent à se réduire car il est possible que tous les agissements du défendeur soient considérés fautifs. Ceci peut expliquer pourquoi le problème envisagé est absent du droit français. La jurisprudence a souvent tendance à comprendre la notion de faute de manière flexible, ce qui est permis car le Code civil se garde bien de la définir[1487]. Ainsi, toute personne est tenue d'un devoir général de prudence et de diligence et la violation de celui-ci est souvent déterminée au cas par cas par la jurisprudence[1488].

660. La conception de la faute retenue par les droits français et anglais explique que les hypothèses de causes alternatives résultant de l'exposition à un agent nocif unique provenant d'une seule source n'existent qu'en droit anglais. Cette hypothèse entraîne une impossibilité d'établir l'existence de la causalité spécifique selon le test classique du *but for*, ce qui nous invite à considérer l'approche retenue par le droit anglais.

B. LES SOLUTIONS RETENUES EN DROIT ANGLAIS

661. Le juge anglais a pu adopter deux positions. Il s'est parfois montré flexible, modifiant l'approche classique de causalité fondée sur le test du *but for*, comme le révèle l'arrêt *McGhee v. National Coal Board*[1489] (1). Cependant, dans le contentieux de l'hormone de croissance, le juge a rejeté la solution de *McGhee*, lui préférant l'approche classique (2).

---

que le dommage résulte de la conduite du défendeur ; 2°/ les parties doivent être dans une relation « proche » (proximité juridique) ; 3°/ il doit être équitable, juste et raisonnable d'imposer un devoir de diligence au défendeur.

[1486] S. DEAKIN, Z. ADAMS, *op. cit.* (note 558), pp. 278-279.

[1487] Par ex. : F. TERRE, Ph. SIMLER, Y. LEQUETTE, F. CHENEDE, *op. cit.* (note 808), p. 1030, spéc. n°944. Par ailleurs, si le projet de réforme de la responsabilité civile du 13 mars 2017 propose une définition de la faute, il faut convenir que cette définition demeure assez ouverte : par ex. Y. BUFFELAN-LANORE, V. LARRIBAU-TERNEYRE, *op. cit.* (note 810), p. 881, spéc. n°2573.

[1488] Par ex. : P. JOURDAIN, *op. cit.* (note 67), pp. 47-48 ; A. BENABENT, *op. cit.* (note 303), p. 417, n°531 ; Ph. MALAURIE, L. AYNES, *op. cit.* (note 830), p. 43, n°51.

[1489] [1973] 1 W.L.R. 1.

1. La modification de l'approche classique dans l'arrêt McGhee v. National Coal Board[1490]

662. Le problème juridique soulevé par *McGhee*. – Un employé avait contracté une dermatite, maladie cutanée, qui était indéniablement due à son exposition professionnelle à des poussières de briques (agent nocif unique). Cependant, les employeurs n'étaient pas fautifs en raison de l'exposition – inévitable – des employés aux poussières de briques[1491] (exposition non-fautive) ; ils étaient fautifs car ils n'avaient pas mis de douches à disposition, seule mesure qui aurait permis, en pratique, de réduire le risque de contracter cette maladie (exposition fautive). Au regard des principes classiques, pour engager la responsabilité de son employeur, l'employé devait démontrer que, selon toute probabilité, il n'aurait pas contracté la dermatite si l'employeur avait mis des douches à sa disposition. Or, cette preuve était en l'espèce impossible.

En effet, l'état des connaissances scientifiques ne permettait pas de déterminer si cette maladie cutanée se déclenchait par l'effet d'une « *accumulation* d'abrasions mineures sur la couche cornée de la peau »[1492] ou par l'effet d'« une *abrasion particulière* »[1493]. Il y avait donc une incertitude scientifique tenant au processus de déclenchement de la maladie, critère de distinction des hypothèses de causes alternatives et cumulatives[1494]. Il n'était donc pas possible[1495] de déterminer si le contentieux faisait naître une hypothèse

---

[1490] *Ibid.*

[1491] Le demandeur avait essayé de faire valoir que les employés auraient dû n'être autorisés à vider les fours à brique qu'une fois que ceux-ci avaient suffisamment refroidi (rejeté). En revanche, il avait accepté ne pas pouvoir prouver de faute en ce qui concerne le système de ventilation.

[1492] [italiques ajoutées par nous] *McGhee*, p. 4 (Lord Reid): « [In the present case the evidence does not show – perhaps no one knows – just how dermatitis of this type begins. It suggests to me that there are two possible ways. It may be that an] accumulation of minor abrasions of the horny layer of the skin [is a necessary precondition for the onset of the disease.] »

[1493] [italiques ajoutées par nous] *McGhee*, p. 4 (Lord Reid): « [Or it may be that the disease starts at] one particular abrasion and then spreads, so that multiplication of abrasions merely increases the number of places where the disease can start and in that way increases the risk of its occurrence. »

[1494] V° sur ces notions, particulièrement dans le contexte de maladies : *supra*, n°625 et s.

[1495] Dans l'arrêt *McGhee*, certains juges ont pu laisser entendre qu'ils envisageaient la situation comme une hypothèse de causes cumulatives : *McGhee*, p. 5 (Lord Wilberforce): « Secondly, there could be little doubt that the appellant's dermatitis resulted from a combination, or accumulation, of two causes: exposure to dust while working in hot conditions in the kiln and the subsequent omission to wash thoroughly before leaving the place of work »; Lord Salmon (pp. 12-13) qui n'est pas convaincu par l'existence d'une distinction entre *Wardlaw* (cas de causes cumulatives) et l'affaire *McGhee*. Cependant, les arrêts subséquents ont plutôt mis l'accent sur le fait que le contentieux fasse naître un possible problème de causes alternatives : par ex., *Fairchild v. Glenhaven Funeral Services Ltd* [2003] 1 AC 32, [21] (Lord Bingham): « The authority [l'arrêt *McGhee*] is of obvious importance in the present appeal since the medical evidence left open the possibility, as Lord Reid pointed out at p. 4, that the pursuer's dermatitis could have begun with a single abrasion, which might have been caused when he was cycling home, but might equally have been caused when he was working in the brick kiln »; dans le même sens: [93] (Lord Hoffmann*)*:« I do not accept Mr Stewart's submission that *McGhee* was a case where there was a cumulative process analogous to that in *Wardlaw*, and that the present case [arrêt *Fairchild*] is not

de causes cumulatives (déclenchement de la maladie par *accumulation* d'abrasions, auquel cas toutes les expositions – fautives *et* non fautives – ont joué un rôle causal) ou de causes alternatives (déclenchement de la maladie par une *seule* abrasion, auquel cas seule une exposition – fautive *ou* non-fautive – a joué un rôle causal).

Partant, l'état des connaissances scientifiques permettait seulement d'affirmer que la faute du défendeur avait augmenté le risque de survenance de la dermatite, mais il n'autorisait pas à conclure que, selon toute probabilité, la mise à disposition de douches aurait empêché la survenance du dommage. L'application du test classique de causalité du *but for* devait ainsi logiquement conduire au rejet de l'action en responsabilité.

663. Une vue modifiée de la causalité. – Si le *Court of Session*[1496] a rejeté la demande indemnitaire en application du test du *but for*, la Chambre des Lords a, quant à elle, adopté une position différente, laquelle lui a permis de retenir, à l'unanimité, la responsabilité des employeurs. Au regard « des circonstances de l'affaire »[1497], les juges ont accepté, en majorité, de tenir pour équivalent le fait que la faute ait *significativement augmenté le risque* que le demandeur contracte la dermatite et le fait que la faute ait *significativement contribué à la survenance* de la dermatite[1498]. Seul Lord Wilberforce refuse cette association, rappelant que les experts médicaux avaient justement refusé d'assimiler les deux. Il accepte pourtant la demande indemnitaire, mais au motif que ce serait la création fautive d'un risque par les employeurs, risque qui se serait en l'espèce réalisé, qui justifierait de transférer la charge de l'incertitude causale du demandeur vers le

governed by *McGhee* and is distinguishable from it because in this case it was as probable as not that the disease developed from the inhalation of one fibre or a small number of fibres (...) » ; [139] (Lord Rodger): « So any abrasion on his softened skin could have been caused either by the exertion in the kiln or else by the exertion during his ride home or by a combination of the two. »; [140] (Lord Rodger); *Wilsher v. Essex Area Health Authority* [1988] 3 BMLR 37, spéc. p. 87 (Lord Bridge): « In the other case [arrêt *McGhee*] the consecutive periods when "innocent" and "guilty" brick dust was present on the pursuer's body may both have contributed to the cause of the disease, or theoretically at least, one or other may have been the sole cause ». Cette décision illustre parfaitement, à notre avis, la relativité de la distinction entre causes alternatives et causes cumulatives. En ce sens, V° aussi: J. STAPLETON, art. préc. (note 1425), spéc. p. 401.

1496 Le *Court of Session* est la Cour suprême écossaise, dont les décisions peuvent faire l'objet d'un recours devant la Cour suprême du Royaume-Uni, comme cela fut le cas dans l'affaire *McGhee*.

1497 *McGhee*, p. 10 (Lord Kilbrandon): « in the present case »; pp. 12-13 (Lord Salmon): « In the

1498 *McGhee*, p. 5 (Lord Reid): « From a broad and practical point of viewpoint I can see no substantial difference between saying that what the defender did materially increased the risk of injury to the pursuer and saying that what the defender did made a material contribution to his injury »; p. 8 (Lord Simon):« In my view, a failure to take steps which would bring about a mate rial reduction of the risk involves, in this type of case, a substantial contribution to the injury. »; pp. 12-13 (Lord Salmon) : « In the circumstances of the present case, the possibility of distinction existing between (a) having materially increased the risk of contracting the disease, and (b) having materially contri buting to causing the disease may no doubt be a fruitful source of interesting academic discussions between students of philosophy. Such a distinction is, however, far too unreal to be recognised by the common law. »

défendeur. Ce faisant, Lord Wilberforce opère un renversement de la charge de la preuve en posant une présomption simple de causalité[1499].

664. Dans l'arrêt *McGhee,* la position de la Chambre des Lords traduit un assouplissement indéniable de la preuve de la causalité par rapport au test classique (*but for*), puisqu'il autorise un déplacement de la charge de l'incertitude causale du demandeur vers le défendeur. Cette solution, favorable aux victimes, ne semble pourtant pas s'être généralisée aux cas de causes alternatives provenant d'une source unique, comme le révèle le contentieux anglais sanitaire sériel de l'hormone de croissance.

2. *Le rejet de l'application de* McGhee *: le contentieux sériel de l'hormone de croissance*

665. Le problème juridique soulevé par *The Creutzfeldt-Jakob Disease Litigation, Group A and C Plaintiffs*[1500]. – Dans cette action de groupe entreprise contre le *Department of Health*, plusieurs adultes, atteints de nanisme hypophysaire, avaient contracté la maladie de Creutzfeldt-Jakob après avoir subi des injections d'hormones de croissance Hartree, alors qu'ils étaient enfants[1501]. En l'espèce, aucun doute n'existait sur le fait que la maladie avait été causée par une injection contenant l'agent toxique (agent nocif unique). Certains patients avaient toutefois reçu plusieurs injections d'hormones de croissance Hartree avant et après le 1er juillet 1977, date à partir de laquelle le risque de contamination est devenu connu. Or, il était impossible d'identifier l'injection précise à l'origine de la maladie. Par conséquent, le dommage pouvait avoir été causé par une injection pratiquée avant le 1er juillet 1977 (exposition non-fautive) ou après cette date (exposition fautive). Néanmoins, pour que la causalité soit démontrée, les demandeurs devaient prouver que, selon la balance des probabilités, leur maladie résultait d'une injection d'hormone de croissance administrée après le 1er juillet 1977 (test du *but for*).

666. Distinction avec l'arrêt *McGhee.* – Les similitudes entre ce contentieux sanitaire sériel et l'affaire *McGhee* sont frappantes : 1°/ dans les

---

[1499] Il se fonde sur une règle de droit qu'il croit pouvoir dégager d'une analogie entre *McGhee* et d'autres affaires: *McGhee*, p. 7 (Lord Wilberforce) : « But I find in the cases quoted an analogy which suggests the conclusion that, in the absence of proof that the culpable addition had, in result, no effect, the employers should be liable for an injury, squarely within the risk which they created and that they, not the pursuer, should suffer the consequence of the impossibility, foreseeably inherent in the nature of his injury, of segregating the precise consequence of their default ».

[1500] (1998) 54 BMLR 100 (QB) ((Morland J.).

[1501] Il convient de noter qu'une autre partie du contentieux (*Group B Plaintiffs*) concernait des individus qui ont reçu des injections d'hormone de croissance susceptibles d'entraîner la surve nance de la maladie, mais sans avoir encore développé celle-ci. Ils ont alors fondé leur action sur l'existence d'un dommage psychologique (*psychiatric injury*) lié à la crainte de savoir qu'ils étaient soumis au risque de développer la maladie : V° *The Creutzfeldt-Jakob Disease Litigation ; Group B Plaintiffs v. Medical Research Council* (1997) 41 BMLR 157 (QB) : *Supra*, n°558.

deux cas, un agent nocif unique et identifié a causé le dommage ; 2°/ le dommage est imputable à un seul défendeur ; 3°/ le défendeur a adopté un comportement en partie fautif et en partie non-fautif ; 4°/ le comportement non-fautif constitue une explication alternative qui empêche de pouvoir déterminer si c'est la faute qui a causé le dommage.

Il aurait donc été parfaitement envisageable que le juge Morland applique, au contentieux de l'hormone de croissance, la vision de la causalité dégagée dans l'arrêt *McGhee*. Au contraire, il s'attache à bien distinguer les deux situations, en relevant le fait que *McGhee* ferait naître, selon lui, un problème de causes cumulatives tandis que le contentieux de l'hormone de croissance concernerait un problème de causes alternatives[1502]. En somme, il rejette l'application de *McGhee* car ce contentieux traitait d'un problème différent de causalité[1503]. Il n'est pourtant pas certain que cet argument soit pertinent pour deux raisons. D'une part, techniquement, dans l'arrêt *McGhee*, l'état des connaissances scientifiques ne permettait pas de déterminer s'il s'agissait d'une hypothèse de causes cumulatives ou alternatives[1504] et, d'autre part, la jurisprudence subséquente semble avoir plutôt rapproché l'arrêt *McGhee* d'une hypothèse de causes alternatives[1505].

667. L'application du test classique du *but for*. – Rejetant l'application de *McGhee*, le juge Morland décide en fait d'appliquer le test classique du *but for*[1506] de manière pragmatique. La probabilité de contamination étant, selon lui, équivalente pour chaque injection, il suffisait de démontrer que le nombre d'injections d'hormone de croissance reçues était plus élevé après le 1er juillet 1977 qu'avant cette date. Dans ce cas, la victime démontrait qu'il était probable que la dose nocive[1507] ayant causé sa maladie ait été administrée durant la période fautive (après le 1er juillet 1977). Pour le juge, il n'est pas nécessaire, comme le soutenait le défendeur, de prouver que le demandeur avait reçu une prépondérance d'injections après le 1er juillet 1977, car cette position modifie le standard de preuve de la balance des probabilités (plus probable que non) en un standard beaucoup plus élevé, celui d'une grande probabilité[1508].

[1502] *The Creutzfeldt-Jakob disease Litigation, Group A and C Plaintiffs*, p. 101 (Morland J).

[1503] Il distingue aussi l'affaire en cause des arrêts *Wardlaw* et *Wilsher*. *Ibid.*, p. 101 (Morland J.).

[1504] *Supra*, n°662.

[1505] V° sous note 1495.

[1506] *The Creutzfeldt-Jakob disease Litigation, Group A and C Plaintiffs*, p. 102 (Morland J.).

[1507] Étant donné le nombre peu élevé de victimes, le juge considère que le nombre de doses d'hormone de croissance Hartree contaminées par l'agent nocif est globalement assez faible : *Ibid.*, p. 103 (Morland J.).

[1508] *The Creutzfeldt-Jakob disease Litigation, Group A and C Plaintiffs*, p. 103 (Morland J.): « In my judgment its fallacy is that it alters the civil standard of proof and the balance of probabilities to a standard of substantially probable, or very probable. » Compar. Cass., civ. 1, 17 février 1993, n°91-17.458, *Bull. civ. I*, 1993, N°80, p. 52: *RTD civ.* 1993, N°3, 15/09/1993, p. 589, obs. P. JOURDAIN; *JCP G.* n°11, 16 mars 1994, II, 22226, comm. A. DORSNER-DOLIVET : un individu hémophile, contaminé par le VIH, imputait sa contamination aux transfusions reçues *du fait de l'accident*, et avait ainsi recherché la responsabilité de la conductrice du véhicule. Étant hémophile, le demandeur éprouvait cependant des difficultés à démontrer que sa contamination était due aux transfusions sanguines liées à l'accident (« coupables ») plutôt qu'à celles liées à sa condition médicale (« innocentes »). Pour apprécier la causalité, la Cour de cassation se fonde,

668. La décision *McGhee*, une approche exceptionnelle. – Dans tous les cas, le juge anglais a, dans le contentieux sériel de l'hormone de croissance, refusé d'appliquer la solution *McGhee*, lui préférant l'approche classique reposant sur le test du *but for*. Par conséquent, pour les causes alternatives impliquant une seule source d'exposition à l'agent nocif unique (un seul défendeur) mais plusieurs types d'expositions (fautive et non-fautive), le test de causalité classique demeure celui du *but for*. Par principe, l'existence d'une incertitude causale est supportée par le demandeur.

La solution plus souple, dégagée dans l'arrêt *McGhee*, admettant la causalité quand il est seulement possible de démontrer que le fait générateur de responsabilité a augmenté, de manière significative, le risque de la survenance du dommage, a donc vocation à demeurer exceptionnelle. Ceci étant, cette approche a été étendue à d'autres cas de causes alternatives, comme celles impliquant des sources d'exposition multiples.

II. *LE CAS DE SOURCES D'EXPOSITION MULTIPLES*

669. Les causes alternatives impliquant un agent nocif unique naissent plus volontiers dans les situations où existent plusieurs sources d'exposition, comme dans les cas de multiples défendeurs (A). Dans cette hypothèse, les droits français et anglais ont assoupli leur position sur la question de la causalité. Les deux systèmes juridiques ont également retenu des assouplissements dans les contentieux impliquant plusieurs sources d'exposition, mais un défendeur unique (B). Les solutions sont cependant moins unifiées.

A. LES DÉFENDEURS MULTIPLES

670. Dans les situations de causes alternatives impliquant des défendeurs multiples, chacun des défendeurs peut se voir imputer un fait générateur de responsabilité[1509]. La situation est celle dite de causalité alternative (au sens français)[1510]. Les contentieux liés à des risques sanitaires sériels avérés fournissent quelques illustrations de cette hypothèse particulière. Elle trouve ainsi sa traduction dans les contentieux du Distilbène, en droit français, et de

comme le juge anglais, sur une comparaison entre le nombre de transfusions « coupables » et « innocentes » reçues, mais à l'inverse de celui-ci, elle motive sa solution au regard de la *disproportion* entre les deux (« transfusions *massives* reçues après l'accident ») ce qui la rapproche de la position avancée par le défendeur dans le contentieux anglais de l'hormone de croissance.

[1509] Ce qui les distingue des hypothèses d'imputations alternatives, où précisément, le problème porte sur l'impossibilité d'imputer le fait générateur de responsabilité à l'un des multiples défendeurs. Sur la différence entre causes alternatives et imputations alternatives, V° *Supra*, sous n°608.

[1510] Sur cette notion : *supra*, n°605.

l'amiante, en droit anglais. Le problème que posent ces situations doit être clairement identifié, car la doctrine française le présente parfois comme un problème portant sur l'identité de l'auteur du dommage, quand il porte en réalité sur le lien de causalité (1). Par la suite, ce sont les solutions retenues par les deux systèmes juridiques qui doivent être examinées (2).

1. Identification du problème

671. Un problème de causalité spécifique, pas d'imputation. – L'hypothèse de l'auteur indéterminé parmi un groupe de personnes identifiées est bien connue de nombreux systèmes juridiques[1511]. Un exemple classique est celui de deux chasseurs qui tirent par inadvertance en direction d'une personne, blessée par une seule balle. La difficulté semble *a priori* porter sur l'identité du défendeur, ce qui correspondrait à un problème d'imputation. Présenter la situation sous cet angle cache pourtant la véritable difficulté. En effet, la question n'est pas de savoir si chaque défendeur peut se voir imputer un fait générateur de responsabilité, mais de savoir quel fait, parmi plusieurs possibles, a causé le dommage. Dans l'exemple des parties de chasse, il est effectivement impossible de déterminer quelle balle de fusil précise a causé le dommage du demandeur. Ce problème de causalité spécifique affecte, par ricochet, l'établissement du lien entre le fait générateur de responsabilité et le dommage. Dans le cas des chasseurs, l'incertitude factuelle empêche alors de déterminer quel fait générateur de responsabilité, parmi plusieurs, a causé le dommage.

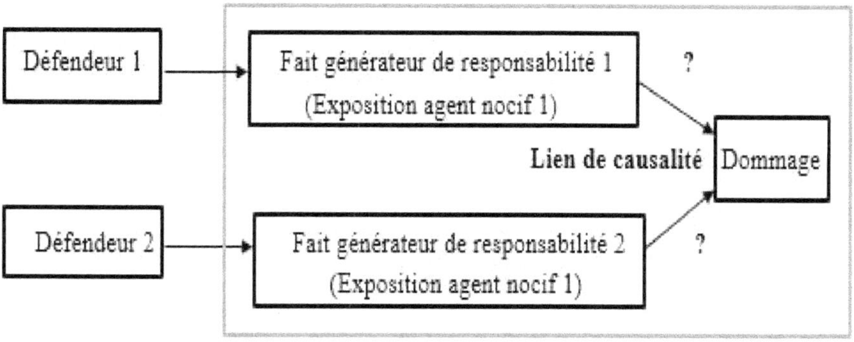

672. Illustration du problème dans les contentieux sanitaires sériels. – En droit français, cette situation est illustrée par le contentieux sériel lié au

[1511] Par ex. : (États-Unis) *Summers v. Tice* 33 Cal. 2d 80, 199 P.2d 1 (1948) ; (Canada) *Cook v Lewis* [1951] SCR 830; *Snell v Farrell* [1990] 2 SCR 311 ; article 6.99 BW du Code civil néerlandais.

Distilbène, médicament prescrit aux femmes enceintes pour limiter le risque de fausse couche. De nombreux enfants exposés *in utero* à la molécule DES avaient développé, des décennies plus tard, différentes pathologies. Cette molécule était cependant commercialisée, à la même époque, par deux fabricants et sous deux noms différents. Étant donné le long délai de latence des pathologies, certaines demanderesses n'avaient pas pu retrouver les prescriptions médicales, se trouvant alors dans l'incapacité d'identifier précisément à quel médicament, parmi les deux commercialisés à la même époque, elles avaient été exposées. Les demanderesses étaient donc ici confrontées à une incertitude de nature factuelle[1512] – non pas scientifique – les empêchant d'établir le lien de causalité. En effet, les deux producteurs avaient commis une faute en maintenant la commercialisation de la molécule quand les risques y attenant étaient connus, si bien que le problème n'était pas de savoir quel producteur avait commis une faute, mais quelle faute (quel médicament), parmi les deux, avait causé le dommage.

En droit anglais, ce problème s'est également posé, dans le contentieux sériel de l'amiante, comme l'illustre l'affaire *Fairchild v. Glenhaven Funerals Services Ltd*[1513]. Trois employés avaient contracté un mésothéliome en raison d'une exposition fautive à l'amiante par plusieurs employeurs successifs. S'il n'y avait pas de doute sur le fait que cette maladie avait été causée par une exposition professionnelle à l'amiante, le processus de déclenchement de la maladie était encore largement inconnu. Les données scientifiques ne permettaient donc pas de déterminer si cette maladie indivisible résultait de l'ingestion d'une seule fibre[1514], de quelques fibres ou de nombreuses fibres d'amiante. En somme, comme dans l'arrêt *McGhee*, il était impossible de déterminer si le contentieux *Fairchild* faisait naître une hypothèse de causes alternatives ou de causes cumulatives[1515] : « C a pu inhaler *une seule fibre* qui a déclenché sa maladie dans le cadre de l'emploi occupé sous A, (...) [ou] sous B (...) ; ou il a pu inhaler des fibres dans le cadre des emplois occupés sous A et B qui, *ensemble*, ont participé à la survenance de la maladie »[1516]. Le droit

[1512] L'incertitude portant sur « l'identité du médicament » résultait non pas d'un défaut de connaissance scientifique, mais de l'impossibilité de retrouver les prescriptions médicales.

[1513] [2002] UKHL 22.

[1514] Cette théorie semble aujourd'hui pouvoir être écartée, comme l'expose l'arrêt *Sienkiewicz v. Greif (UK) Ltd* [2011] UKSC 10, [102] (Lord Phillips).

[1515] Malgré cette incertitude, cette affaire mérite d'être envisagée dans le chapitre dédié aux causes alternatives, car c'est cette hypothèse (possible) qui pose un problème ; en effet, le droit anglais a déjà trouvé les moyens de résoudre les difficultés liées à l'hypothèse de causes cumulatives : V° *infra*, chapitre II.

[1516] [italiques ajoutées] *Fairchild v. Glenhaven Funerals services Ltd* [2002] UKHL 22, spéc. [7] (Lord Bingham): « C could have inhaled a single fibre giving rise to his condition during employment by A, (...) or [he could have inhaled a single fibre giving rise to his condition during his employment] by B, [in which case his exposure by A will have no effect on his condition]; or he could have inhaled fibres during his employment by A and B which together gave rise to his condition; [but medical science cannot support the suggestion that any of these possibilities is to be regarded as more probable than any other. There is no way of identifying, even on a balance of probabilities, the source of the fibre or fibres which initiated the genetic process which culminated in malignant tumour.] »

anglais ayant trouvé les moyens de résoudre les hypothèses de causes cumulatives[1517], le véritable problème résultait de l'existence d'une possible hypothèse de causes alternatives. C'est ici l'existence d'une incertitude de nature scientifique – non pas factuelle – qui empêchait la preuve du *cause in fact*, selon le test conventionnel du *but for*[1518].

2. Les solutions retenues en droits français et anglais

673. Pour répondre à cette difficulté, les systèmes juridiques français et anglais ont tous deux admis un assouplissement de causalité. Cependant, en dépit de cette orientation similaire, les solutions retenues ne sont pas identiques, tant au stade de l'obligation à la dette (a) qu'au stade de la contribution à la dette(b).

a. *Quant à l'obligation à la dette*

674. Afin de permettre la réparation de dommages corporels, les juges français et anglais ont certes modifié l'approche traditionnelle de la causalité ; malgré tout, le procédé choisi demeure différent. Ni les techniques juridiques utilisées pour l'assouplissement (i), ni les conditions permettant de déclencher l'application des techniques juridiques ne sont identiques (ii). Enfin, les solutions retenues sont elles-mêmes partiellement différentes (iii).

i) Le recours à des techniques différentes

675. La consécration d'une présomption simple de causalité en cas d'activités similaires en droit français. – Face aux situations de causalité alternative, la jurisprudence française a longtemps refusé de modifier son approche traditionnelle[1519], avant d'assouplir sa position dans les années 1950.

[1517] *Infra*, n°769 et s.

[1518] *Fairchild v. Glenhaven Funeral Services Ltd*, préc. (note 1513), spéc. [2] (Lord Bingham): « (...) applying the conventional 'but for' test to tortious liability, it could not be held that C had proved against A that his mesothelioma would probably not have occurred but for the breach of duty by A, nor against B that his mesothelioma would probably not have occurred but for the breach of duty by B, nor against A and B that his mesothelioma would probably not have occurred but for the breach of duty by both A and B together. So C failed against both A and B. »

[1519] H. LALOU, *La responsabilité civile. Principes élémentaires et applications pratiques*, Dalloz, 1932, p. 160, n°254 : « De même lorsqu'un chasseur est blessé par un plomb qui peut provenir d'un des coups tirés simultanément et dans la même direction par deux autres chasseurs, s'il ne peut établir de quel coup de fusil provient le plomb qui l'a atteint, il doit être débouté de sa demande formée contre ceux-ci (Trib. civ. Lille, 27 novembre 1929, Gaz. Pal., 7 février 1930) » ;

Dans le domaine des parties de chasse, la jurisprudence a fini par retenir la responsabilité *in solidum* des défendeurs, en ayant recours à la notion de faute collective[1520], puis de garde collective[1521]. En redéfinissant le fait à l'origine du dommage, les juges sont ainsi parvenus à dépasser l'incertitude causale. Cette solution pragmatique repose en fait sur l'idée d'une action concertée de l'ensemble des membres du groupe, ce qui explique qu'elle n'ait pu être envisagée dans le contentieux du Distilbène, les deux producteurs de médicaments contenant la molécule DES n'agissant pas de manière concertée, mais de manière concurrente. En dépit de cette différence, la première chambre civile a tout de même reconnu la responsabilité *in solidum* des deux producteurs, fautifs, de la molécule DES, même si elle a eu recours à une autre technique juridique.

676. Dans un arrêt du 24 septembre 2009[1522], la première chambre civile déplace la charge de l'incertitude causale vers les défendeurs, en posant une présomption simple de causalité à l'encontre des producteurs, solution qu'elle confirme le 28 janvier 2010[1523], et plus récemment le 11 décembre 2019[1524]. Cette présomption de droit opère un renversement conditionné de la charge de la preuve. Pour en bénéficier, la demanderesse doit prouver son exposition à la molécule nocive. Mais là encore, les juges français sont généreux envers les victimes du Distilbène puisqu'ils admettent une présomption simple d'exposition *in utero* au DES lorsque la demanderesse parvient à démontrer que l'implication de la molécule dans la pathologie n'est pas contestable, ce qui est le cas pour les pathologies « caractéristiques » d'une exposition au DES[1525].

Dans tous les cas, la présomption de causalité est simple. Néanmoins, bien que les défendeurs puissent, en théorie, la renverser en prouvant que leur produit n'est pas à l'origine du dommage, il est peu probable qu'ils y parviennent en

---

V. aussi : H. & L. MAZEAUD, A. TUNC, *op. cit.* (note 808), pp. 920-922, spéc. n°1950 ; G. MARTY, P. RAYNAUD, *op. cit.* (note 808), pp. 516-517, spéc. n°478; B. STARCK, H. ROLAND, L. BOYER, *op. cit.* (note 819), pp. 453-455, spéc. n°1100. V. aussi : Cass., civ., 29 septembre 1941, *Gaz. pal.* 1941, 2, p. 437 ; Cass., civ., 4 janvier 1957, *D.* 1957, p. 264 ; Cass., civ., 9 octobre 1957, *D.* 1957, p. 708.

[1520] La faute collective est une faute imputable *au groupe lui-même* et ne constitue pas la sommes des fautes individuelles des membres composant le groupe.

[1521] Par ex. : Cass., civ. 2, 5 juin 1957 : *D.* 1957, jur. p. 493, note R. SAVATIER ; Cass., civ. 2, 15 décembre 1980, n°79-11.314, *Bull. civ. II*, 1980, N°269.

[1522] Cass., civ. 1, 24 septembre 2009, n°08-16.305, *Bull. civ. I*, 2009, N°187 : *RTD civ.* 2010, N°1, 15/03/2010, p. 111, obs. P. JOURDAIN; *D.* 2009, N°35, 08/10/2009, p. 2342, obs. I. GALLMEISTER; *RDSS* 2009, n°6, 13/11/2009, p. 1161, note J. PEIGNE; *JCP G.* 2009, n°44, 26 octobre 2009, 381, note S. HOCQUET-BERG ; *Resp. civ. et assur.* n°11, novembre 2009, étude 15, étude C. RADE ; *RLDC*, N°67, 1er janvier 2010, 3671, obs. B. PARANCE.

[1523] [c'est nous qui soulignons] Cass., civ. 1, 28 janvier 2010, n°08-18.837, *Bull. civ. I*, 2010, N°22 : *Resp. civ. et assur.* n°4, avril 2010, comm. 80, comm. C. RADE ; *D.* 2011, N°37, 27/10/2011, p. 2565, obs. A. LAUDE ; *RTD com.* 2010, N°4, 21/03/2011, p. 776, obs. B. BOULOC ; *D.* 2010, p. 35, N°1, 06/01/2011, obs. Ph. BRUN.

[1524] Cass., civ. 1, 11 décembre 2019, n°19-11.862, inédit.

[1525] Cass., civ. 1, 24 septembre 2009, préc. (note 1522). Autrement, si la pathologie n'est pas « caractéristique », les demanderesses ont toujours la possibilité de rapporter la preuve de leur exposition au DES en recourant à des présomptions de fait : V° Cass., civ. 1, 11 décembre 2019, n°19-11.862, inédit.

pratique[1526]. Il ne faut pas oublier que la présomption a précisément été créée en raison de l'impossibilité de prouver quel médicament – et donc quelle faute – est à l'origine du dommage ; or, si les demanderesses ne parviennent pas apporter cette preuve, on conçoit mal comment le défendeur serait capable d'apporter la preuve contraire. En pratique, la présomption simple de causalité emporte les mêmes effets qu'une présomption irréfragable.

Dans le contentieux du Distilbène, la responsabilité *in solidum* des producteurs, retenue en dépit de l'incertitude causale, repose sur l'exercice d'une activité similaire (pas d'une action concertée).

677. La création d'une règle exceptionnelle de causalité en droit anglais. – Pour dépasser l'incertitude causale, les juges anglais ont, comme les juges français, assoupli leur position dans le contentieux de l'amiante. Dans l'arrêt *Fairchild v. Glenhaven Funeral Services Ltd*[1527], les employés ayant contracté un mésothéliome avaient été exposés successivement par plusieurs employeurs, tous fautifs. La Chambre des Lords[1528] a rejeté l'application du test du *but for* pour lui préférer la solution dégagée dans l'arrêt *McGhee*[1529]. Ce faisant, les juges ont retenu la responsabilité *in solidum* (*joint and several liability*)[1530] de l'ensemble des employeurs fautifs, au motif que la faute commise par chaque employeur avait augmenté de manière significative le risque que l'employé contracte la maladie, risque qui s'était en l'espèce réalisé[1531]. Pour retenir cette solution, les juges ont considéré que l'arrêt

---

[1526] Ph. LE TOURNEAU, (dir.), *op. cit.* (note 10), p. 641, spéc. n°2132.71 ; Cass., civ. 1, 24 septembre 2009, préc. (note 1522), *Resp. civ. et assur.* n°11, novembre 2009, étude 15, spéc. n°12, étude C. RADE ; *RDSS* 2009, N°6, 13/11/2009, p. 1161, obs. J. PEIGNÉ.

[1527] [2003] 1 AC 32: J. STAPLETON, « Lords a'leaping Evidentiary gaps » (2002) 10 *Torts Law J.* 276; A. MORGAN, « Inference, principle and the proof of causation » (2002) 152(7040) *N.L.J* 1060-1061; T. WEIR, « Making it more likely v. making it happen » (2002) 61(3) *C.L.J.* pp. 519-522; J. THOMSON, « The raising of Lazarus: the resurrection of McGhee v. National Coal Board », (2003) 7(1) *Edin. L.R.* 80-86.

[1528] Maintenant Cour suprême.

[1529] *Supra*, n°663 : *Mc Ghee v. National Coal Board* [1973] 1 W.L.R. 1.

[1530] Le *joint and several liability* est plus proche de l'idée de responsabilité *in solidum* que de celle de responsabilité solidaire : il semble en effet que le *joint and several liability* emporte, comme la responsabilité *in solidum*, les effets principaux de la solidarité, mais non les effets secondaires liés à l'idée de représentation mutuelle : sur ce point, F. LEVESQUE, *L'obligation* in solidum *en droit privé québécois*, th. droit : Université Laval et Université Montpellier I, 2009, pp. 102-103 [en ligne] < https://www.collectionscanada.gc.ca/obj/thesescanada/vol2/QQLA/TC-QQLA-26341.pdf > V° surtout dans l'arrêt *Barker v. Corus UK Ltd* [2006] UKHL 20 où de nombreux juges utilisent indifféremment *joint and several liability* et *liability in solidum*, par ex. [67] (Lord Rodger), indique que « their liability would be joint and several ("*in solidum*") ».

[1531] V° aussi dans le même sens : *Bryce v. Swan Hunter Group Plc* [1988] 1 All ER 659, spéc. p. 671 (Phillips J.), contentieux dont la décision a été rendue après l'arrêt d'appel de *Fairchild* (mais avant la décision de la *House of Lords*). Dans *Bryce*, trois employeurs successifs ont exposé un employé fautivement à l'amiante, lequel a par la suite contracté un mésothéliome. Relevant qu'il était impossible de déterminer si chacune des fautes avait contribué à la maladie (il rejette donc l'application de *Bonnington*), Phillips J. admet l'existence d'un lien de causalité entre les fautes et le dommage, sur le fondement de l'arrêt *McGhee*, tel qu'interprété par l'arrêt *Wilsher*. Pour Phillips J., les expositions fautives sous différents employeurs ont augmenté le risque que la victime développe un mésothéliome.

McGhee avait en fait créé un nouveau principe juridique[1532] en matière de causalité[1533]. En d'autres termes, ils ont considéré que le lien de causalité entre la faute de chacun des employeurs et le dommage était démontré lorsque le demandeur prouvait que cette faute avait augmenté, de manière significative, le risque que son dommage survienne. L'arrêt *Barker v. Corus Ltd*[1534] a cependant remis en cause cette interprétation, laissant entendre que la règle *Fairchild* serait moins une règle exceptionnelle de causalité qu'une règle redéfinissant le dommage.

Dans l'arrêt *Barker*, un employé, décédé d'un mésothéliome, avait été exposé à l'amiante par une première entreprise devenue insolvable, puis par une deuxième entreprise – seule défenderesse à l'action – et enfin, alors qu'il travaillait pour son propre compte. Tandis que dans l'arrêt *Fairchild*, on pouvait affirmer que la faute d'au moins un employeur avait causé le dommage, dans l'arrêt *Barker*, il était possible qu'aucun des employeurs n'ait causé le dommage, car le mésothéliome pouvait avoir été contracté au moment où l'employé travaillait à son compte. La question s'est donc posée de savoir si l'exception dégagée dans l'arrêt *Fairchild* pouvait s'appliquer à cette situation ; la Chambre des Lords l'a admis à l'unanimité. Pour autant, retenir la responsabilité *in solidum* de l'ensemble des employeurs ne s'avérait pas satisfaisant dans cette situation. En raison de l'insolvabilité du premier employeur, il était en effet très probable que le second employeur eut été tenu de supporter intégralement la charge finale du dommage[1535]. La solution paraissait particulièrement sévère pour un défendeur qui n'avait peut-être pas causé le dommage.

Pour adoucir la rigueur de la solution, les juges ont, en majorité[1536], considéré que les employeurs devaient être responsables non pas *in solidum*, mais de manière conjointe, à proportion de leur contribution respective à l'exposition au risque de dommage. Cette solution permettait alors d'éviter que le second employeur, seul solvable, n'ait à supporter la charge qui aurait dû incomber à

1532 Cette interprétation demeurait encore contestée jusque-là, comme le révèle l'interprétation minoritaire de Lord Hutton qui considère que *McGhee* reposait sur une présomption (*inference*) : *Fairchild v. Glenhaven Funeral Services Ltd* [2003] 1 AC 32, spéc. [109] (Lord Hutton): « Whilst there is little practical difference between the two views I prefer, with respect, to take the view that the *McGhee* approach is based on the drawing of a factual or legal inference leading to the conclusion that the breach of duty was a cause of the disease rather than that the decision in *McGhee* laid down a new principle that, in cases where medical evidence as to the precise nature of the causation cannot be adduced, the material increase in the risk is taken in law to be a cause of the disease without reliance on a factual or legal inference. »

1533 V° dans l'arrêt *Mc Ghee*, préc. (note 1489), p. 5 (Lord Reid) ; p. 10 (Lord Kilbrandon) ; pp. 12-13 (Lord Salmon) ; V° dans l'arrêt *Fairchild*, préc. (note 1513), [2], [13], [35] (Lord Bingham) ; [45] (Lord Nicholls).

1534 [2006] 2 AC 576.

1535 Sous réserve d'une éventuelle exonération partielle de responsabilité en raison de la faute commise par la victime. Cela avait été la position des juges en première instance, position confirmée par la cour d'appel (réduction de 20% du montant des dommages-intérêts en raison de la faute de la victime).

1536 Par une majorité de quatre juges contre un. *Contra* : V° *Barker*, préc. (note 1433), [91] (Lord Rodger).

l'employeur devenu insolvable. Pour parvenir à ce résultat, les juges ont considéré que l'arrêt *Fairchild* modifiait la définition même du dommage. En majorité[1537], ils ont admis que le dommage subi n'était pas le mésothéliome lui-même, mais le *risque* de mésothéliome. Or, si le mésothéliome est une maladie indivisible, « les risques sont infiniment divisibles et les différentes personnes peuvent être responsables séparément selon le degré plus ou moins élevé du risque de survenance d'un événement »[1538]. Cette interprétation ne tend pas seulement à redéfinir le dommage réparable ; elle crée en réalité une nouvelle forme de responsabilité fondée sur la création fautive d'un risque de causer un dommage[1539].

Malgré les hésitations[1540] créées par l'arrêt *Barker* sur la portée de la règle *Fairchild*, la jurisprudence récente semble être revenue à son interprétation première pour considérer que la règle *Fairchild* est une règle spéciale, exceptionnelle, de causalité[1541].

[1537] Par une majorité de trois juges contre deux : *Barker v. Corus UK Ltd* [2006] ICR 809, [31], [36], [40] (Lord Hoffmann); [53], [61] (Lord Scott); [113] (Lord Walker). Contre cette interprétation: [83] (Lord Rodger); [120] (Lady Hale). V° pour une interprétation contraire du contenu de l'opinion majoritaire sur cette question: *International Energy Group Ltd v. Zurich Insurance Plc UK Branch (Association of British Insurers and another intervening* [2016] AC 509, spéc. [135] (Lord Sumption): « He [Lord Rodger dans l'arrêt *Barker*] attributed to Lord Hoffmann and those who agreed with him the opinion that the employer was liable for creating a risk of contracting mesothelioma, and not for the mesothelioma itself. I do not think that this is the correct analysis of the majority's reasoning. »

[1538] *Barker v. Corus UK Ltd* [2006] ICR 809, spéc. p. 822, [35] (Lord Hoffmann): « Chances [terme qui doit ici être compris au sens de risque] are infinitely divisible and different people can be separately responsible to a greater or lesser degree for the chances of an event happening (...) ».

[1539] V° Par ex. dans l'arrêt *Sienkiewicz v. Greif (UK) Ltd* [2011] UKSC 10 [181] où Lord Brown va même jusqu'à indiquer que selon Lord Hoffmann, *Fairchild* aurait créé un nouveau délit spécial (*a new tort*).

[1540] *Durham v. BAI (Run off) Ltd* [2012] 3 All ER 1161, spéc. [115] (Lord Phillips) : « The employers's submissions on the causation issue proceed on the premise that the special rule deems exposure to asbestos dust of an employee who is subsequently diagnosed with mesothelioma to have been a cause of the mesothelioma. I have reached the conclusion that that premise is unsound. ». (V° aussi [109], [124]).

[1541] *Durham v. BAI (Run off) Ltd* [2012] 3 All ER 1161, spéc. [66] (Lord Mance) : « [A third way is to view it as responsibility for the mesothelioma based on] a "weak" or "broad" view of the "causal requirements" or "causal link" appropriate in the particular context to ground liability for mesothelioma. [This third way is entirely natural] ». *International Energy Group Ltd v. Zurich Insurance plc UK Branch* [2016] AC 509, spéc. [39], [45], [102], [109] (Lord Mance); [135], [193] (Lord Sumption). V° les notes de cet arrêt: J. MORGAN, « Reinterpreting the reinterpretation of the reinterpretation of Fairchild » (2015) 74(3) *C.L.J.* 395-398; J. FULLBROOK, « International Energy Group Ltd v. Zurich Insurance Plc UK: employers' liability – employers' liability insurance – asbestos », (2015) 4 *JPIL* C188-C193; J. D. WRIGHT, « Asbestos problems continue », (2015) 26(9) *Cons. Law* 26-28; S. GREEN, « Between a rock of uncertainty and a hard case », (2016) 132(Jan) *L.Q.R.* 25-31. V° encore: *Heneghan v. Manchester Dry Docks* [2016] 1 WLR 2036, [23] (Lord Dyson) : « Thirdly, where causation cannot be proved in either of these ways, for example because the disease is indivisible, causation may be established if it is proved that the defendant materially increased the risk of the victim contracting the disease : the *Fairchild* exception. »; V° obs. sous *Heneghan* : A. MCKENNA, « Asbestos caused lung cancer : an issue ripe for review », (2016) 3 *JPIL* 114-120; D. ALLAN (QC), « The extension of Fairchild to lung cancer » (2016) 2 *JPIL* 61-65; R. GERAGHTY, « Heneghan v. Manchester Dry Docks Ltd: personal injury – employers' liability – negligence », (2016) 2 *JPIL* C83-C87 (case comment); S. GREEN,

678. On constate finalement que pour dépasser l'incertitude causale dans un cas de défendeurs multiples, les deux systèmes juridiques ont accepté d'assouplir leur position tout en ayant recours à des techniques différentes. Alors que les juges français se sont fondés sur une présomption simple de causalité, les juges anglais ont préféré écarter l'application traditionnelle du test du *but for* au profit d'une nouvelle règle exceptionnelle de causalité reposant sur *McGhee*. Ces solutions sont indéniablement dérogatoires au droit commun dans les deux droits. C'est pourquoi, les conditions permettant de déclencher leur application doivent maintenant être examinées.

ii) Les conditions d'applicabilité des solutions

679. Des conditions incertaines dans les droits français et anglais : raisons différentes. – Les conditions gouvernant l'application des solutions manquent de clarté dans les deux droits, ce qui s'explique toutefois par des raisons différentes. En droit anglais, dès l'arrêt *Fairchild*, chaque juge a posé les conditions qui lui semblaient pouvoir délimiter le champ d'application de la nouvelle règle[1542], certains la confinant dans des limites très étroites, d'autres adoptant au contraire une vue plus ouverte[1543]. L'incertitude a donc été provoquée par l'existence d'une multitude de conditions qui ont été proposées par les juges dans le but de restreindre le champ d'application de la règle *Fairchild*.

En droit français, au contraire, les juges n'ont pas tenté de poser des conditions générales délimitant l'application de la présomption simple de causalité, ce qui leur a permis *d'étendre* la solution du DES à d'autres hypothèses. Ils ont, par exemple, appliqué de nouveau la présomption simple de causalité dans le cas d'un patient, décédé d'une infection nosocomiale, qui avait été hospitalisé consécutivement dans plusieurs établissements de santé, sans être capable de déterminer quel établissement était à l'origine de son infection[1544]. La jurisprudence retient à nouveau la responsabilité *in solidum* des établissements de santé.

Ceci étant, l'examen des jurisprudences française et anglaise permet d'identifier certaines conditions indispensables à leur application.

« Fairchild and the single agent criterion » (2017) 133(Jan) *L.Q.R.* 25-31; J. PLUNKETT, « Causation in asbestos-related lunch cancer claims », (2016) 32(2) *P.N.* 158-163.

[1542] *Barker v. Corus UK Ltd* [2006] ICR 809, spéc. [5] (Lord Hoffmann): « But each member of the Committee in *Fairchild* states the limits of what he thought the case was deciding in slightly different terms. »; [105] (Lord Walker) pour voir les différentes variations des contours d'applicabilité de *Fairchild* selon les juges; V° aussi: *Sienkiewicz v. Greif (UK) Ltd* [2011] UKSC 10, [39] (Lord Phillips).

[1543] *Sienkiewicz v. Greif (UK) Ltd* [2011] UKSC 10, [43] (Lord Phillips): « The other members of the House did not circumscribe the special rule of causation as tightly as Lord Bingham. »

[1544] Cass., civ. 1, 17 juin 2010, n°09-67.011, *Bull. civ. I*, 2010, N°137 : *D.* 2011, N°1, 06/01/2011, p. 35, obs. Ph. BRUN ; *RTD civ.* 2010, N°3, 15/10/2010, p. 567, obs. P. JOURDAIN ; *D.* 2010, N°32, 23/09/2010, p. 2092, chron. N. AUROY, C. CRETON.

680. Un lien de causalité *possible* entre le fait générateur de responsabilité et le dommage : condition commune aux droits français et anglais. – Les droits français et anglais exigent, d'une manière ou d'une autre, que le lien de causalité entre le fait générateur et le dommage soit à tout le moins possible. Pour ce faire, il faut démontrer l'implication certaine, ou à tout le moins probable, de l'agent nocif dans la survenance du dommage.

C'est pour cette raison qu'en droit français, la présomption simple de causalité est toujours conditionnée à une preuve préalable. Dans le contentieux du Distilbène, prouver l'exposition *in utero* des victimes au DES permet de considérer que le lien de causalité entre la faute de chaque producteur de la molécule et le dommage (pathologie caractéristique d'une exposition au DES) est possible. Dans le contentieux de l'infection nosocomiale, prouver que l'infection contractée par le patient présente un caractère nosocomial permet alors de considérer que l'infection a pu être contractée dans chacun des établissements de santé. Cette preuve préalable identifie – et délimite – le champ des auteurs possibles du dommage.

Cette condition est implicitement présente en droit anglais. L'exception *Fairchild* est uniquement applicable lorsqu'un seul agent nocif est impliqué dans la survenance du dommage, ce qui permet de conclure à la possibilité d'un lien de causalité entre l'exposition fautive à l'agent nocif unique par chaque défendeur et la survenance du dommage de la victime.

La nécessité de démontrer l'existence d'un lien de causalité possible entre le fait générateur imputable à chaque défendeur et le dommage est compréhensible pour deux raisons. D'une part, elle permet de s'assurer que seules les personnes qui ont pu causer le dommage sont susceptibles d'être tenues responsables ; d'autre part, cette condition reflète le maximum que peut prouver le demandeur en matière de causalité, dans l'hypothèse évoquée.

681. Les conditions divergentes en droits français et anglais. – Les autres conditions sont spécifiques à chaque système juridique, raison pour laquelle le champ d'application des solutions diffère dans les deux droits.

D'abord, l'exception *Fairchild* ne s'applique que si la preuve du lien de causalité est impossible à apporter en l'état des connaissances scientifiques[1545], condition inexistante en droit français. Dans le contentieux français du DES, le problème de preuve du lien de causalité provenait d'une incertitude de nature factuelle et non pas scientifique[1546]. Il n'est donc pas sûr qu'en droit anglais, les juges admettent l'application de l'exception *Fairchild* dans l'hypothèse

[1545] *Sanderson v. Hull* [2008] EWCA Civ. 2011, [53] (Smith LJ): « First, the claimant must show that it is inherently impossible for the Claimant to prove exactly how his injury was caused. It must be impossible because of the current state of scientific knowledge »; V° aussi [54], [61], [63] (Smith LJ); *Heneghan v. Manchester Dry Docks Ltd* [2016] 1 WLR 2036, spéc. [47] (Lord Dyson, MR): « The response of the law to the problem posed in a case where the scientific evidence does not permit a finding that the exposure attributable to a particular defendant contributed to the injury is to apply the *Fairchild* exception. »; *Sienkiewicz v. Greif (UK) Ltd* [2011] UKSC 10, [161] (Lord Rodger): « Since that is the rule [l'exception *Fairchild*] which applies in cases where the state of medical knowledge makes it impossible for a claimant to prove whether a defendant's breach of duty actually caused his disease (…) ».

[1546] Sur ce point : *Supra*, n°672.

française du DES[1547]. Nous en sommes d'autant moins certain que dans l'arrêt *Sanderson v. Hull*[1548], les juges d'appel se sont justement fondés sur cette condition (redoutable) pour rejeter l'applicabilité de la règle *Fairchild* à l'espèce.

Ensuite, l'exception anglaise s'applique uniquement lorsque le dommage ne peut avoir résulté que d'un seul agent nocif (*single agent*) [1549], ce qui se comprend comme un agent nocif identique – même molécule, même substance – ou comme un agent nocif opérant substantiellement de la même façon[1550]. De son côté, le droit français ne requiert pas une telle condition, même si la solution est également fondée sur une condition d'unicité ou de similarité, les solutions retenues en droit français s'appliquant aux cas d'actions concertées, ce qui implique une unité ou simultanéité dans l'exécution de l'action (cas « des chasseurs »), et aux cas d'activités similaires (DES, infection nosocomiale[1551]). En d'autres termes, l'unicité ou la similarité est relative à l'action des défendeurs, non pas à l'agent causal lui-même (molécule, substance). Cette différence entre les deux droits emporte des conséquences importantes : la solution française ne s'applique qu'aux situations impliquant une pluralité de défendeurs possibles, ce qui n'est pas le cas du droit anglais[1552].

En droit français, la solution semble aujourd'hui s'appliquer aux situations de responsabilités délictuelle et contractuelle[1553], aux dommages corporels et

---

[1547] *Fairchild v. Glenhaven Funeral Services Ltd* [2003] 1 AC 32, [74] (Lord Hoffmann) qui doute également de l'applicabilité de l'exception *Fairchild* au cas du DES mais pour une autre raison. V° également en ce sens : C. P. McGrath, « Defective Drugs and Alternative Causation : An English Perspective on Cass., civ. 1ère civ., 24 September 2009, No 08-16305 and Cass., 1ère civ., 28 January 2010, No 08-18837 », (2013) 21 *Eur. Rev. Private L.* 605, spéc. p. 611.

[1548] [2008] EWCA Civ. 2011. Dans cet arrêt, la victime, qui avait contracté une infection par *Campylobacter* (bactérie) au cours de son travail de plumeuse de dindes, faisait valoir que cette infection résultait de la violation du devoir de diligence de son employeur. Toutefois, la victime avait pu être contaminée au cours de son travail par diverses voies sans qu'il ne soit possible de [déterminer quelle était la voie de contamination la plus probable. Cependant, dans cette affaire, les juges ont considéré que cette incertitude causale ne résultait pas de l'état incertain des connaissances scientifiques, justifiant le rejet de l'application de l'exception *Fairchild*.

[1549] V° par ex. *Sienkiewicz v. Greif (UK) Ltd* |2011] UKSC 10, [104] (Lord Phillips): « The possibility that mesothelioma may be caused as the result of the cumulative effect of exposure to asbestos dust provides a justification, even if it was not the reason, for restricting the *Fairchild/Barker* rule to cases where the same agent, or an agent acting in the same causative way, has caused the disease, for this possibility will not exist in respect of rival causes that do not act in the same causative way. »

[1550] *Ibid.*, [69] (Lord Rodger); [115] (Lord Hutton); [22] (Lord Bingham). Dans l'arrêt *Fairchild*, Lord Hoffmann n'était pas d'accord avec cette condition (V° [72]) avant de prendre une position contraire dans l'arrêt *Barker v. Corus* (v. [24]) et d'admettre l'applicabilité de cette condition. V° aussi : *Ministry of Defence v. AB and others* [2010] EWCA Civ. 1317, spéc. [152] et [154] (Smith LJ.)).

[1551] *Infra*, nos679 et 680.

[1552] La solution a été appliquée à des situations de défendeur unique : V° *Infra*, n°691 et s.

[1553] V° Cass., civ. 1, 17 juin 2010, n°09-67.011, *Bull. civ. I*, 2010, N°137 : *RTD civ.* 2010, N°3, 15/10/2010, p. 567, obs. P. Jourdain ; *D.* 2010, N°4, 27/01/2011, p. 283, obs. I. Gallmeister ; *D.* 2010, N°32, 23/09/2010, sous n°6, note C. Creton ; *RDC*, 01/10/2010, n°4, p. 1247, obs. G. Viney ; V. aussi: Cass., civ. 1, 5 février 2014, n°12-23.467, *Bull. civ. I*, 2014, N°17 : *EDC*, 07/03/2014, n°3, p. 4, obs. G. Guerlin ; *Gaz. Pal.*, 17/04/2014, n°107, obs. S. Gerry-Vernieres; *JCP E.*, n°21-22, 22 mai 2014, 1287, obs. M. Ranouil ; *JCP G.*, n°7, 17 février 2014, 189, obs.

matériels[1554], aux responsabilités pour faute et sans faute[1555] – ce qui est susceptible de changer avec le projet de réforme de la responsabilité civile (2017)[1556]. Au contraire, l'exception *Fairchild* semble limitée au délit de négligence (*common law*)[1557], particulièrement dans le contexte professionnel. La solution apparaît, au surplus, limitée aux dommages corporels. N'étant pas nécessairement limitée au cas particulier du mésothéliome – cela est encore discuté – la solution pourrait s'appliquer aux maladies présentant les mêmes caractéristiques que le mésothéliome[1558].

iii) Des solutions partiellement différentes

682. Les solutions retenant une responsabilité *in solidum* : convergences des droits français et anglais. – En dépit du recours à une technique juridique différente, la solution est identique dans les deux droits. Les auteurs potentiels sont responsables *in solidum* à l'égard du demandeur, ce qui signifie que ce dernier peut s'adresser à n'importe quel défendeur pour obtenir réparation de l'intégralité de son dommage. Le projet de réforme de la responsabilité civile (2017) prévoit de consacrer cette solution[1559]. À l'origine, en droit anglais, la position résultant de l'arrêt *Fairchild* était identique, ce qui se comprend car une telle solution offre de nombreux avantages aux demandeurs[1560].

Toutefois, l'adoption d'une responsabilité *in solidum* présente de sérieux inconvénients pour les défendeurs, raison pour laquelle le droit anglais a cherché à renverser sa position dans l'arrêt *Barker*. Retenir la responsabilité *in solidum* dans cette décision aurait en effet abouti à faire reposer la charge de l'entier dommage sur un seul employeur[1561], le second étant insolvable. Les

---

S. HOCQUET-BERG.

[1554] V° pour une application en cas de dommage matériel : Cass., civ. 1, 5 février 2014, *Ibid.*

[1555] En effet, si en matière de DES, la solution s'est appliquée à un cas de responsabilité pour faute, il est possible qu'elle s'applique de la même façon en cas de responsabilité du fait des produits défectueux, sous réserve de la compatibilité de cette présomption de droit en matière de causalité avec la solution rendue par la CJUE le 21 juin 2017. La seule raison qui explique que les demanderesses aient fondé leur demande sur la responsabilité pour faute était ici que la responsabilité du fait des produits défectueux ne s'appliquait pas encore aux faits de l'espèce.

[1556] L'article 1240 du projet de réforme de responsabilité civile prévoit en effet de limiter la solution aux dommages corporels.

[1557] Cela ressort du fait que le(s) défendeur(s) potentiel(s) doi(ven)t avoir violé l'obligation de diligence qui lui (leur) incombe : V° *Fairchild v. Glenhaven Funerals Services Ltd* [2003] 1 AC 32, [2] (Lord Bingham) ; [61] (Lord Hoffmann), [170] (Lord Rodger).

[1558] *International Energy Group Ltd v. Zurich Insurance plc UK Branch* [2016] AC 509, [191] (Lord Neuberger, Lord Reed); *Heneghan v. Manchester Dry Docks Ltd* [2016] 1 WLR 2036 où la règle *Fairchild* a été appliquée à un cas de cancer des poumons.

[1559] V° art. 1240 alinéa 1 du projet de réforme de la responsabilité civile (2017). Toutefois, si l'article était adopté, il convient de préciser que l'obligation ne serait plus *in solidum*, mais solidaire.

[1560] Par ex., elle évite au demandeur de devoir introduire autant de recours qu'il y a de défendeurs, ou encore, elle permet au demandeur de s'assurer qu'il ne supporte pas la charge d'une partie de son dommage dans l'hypothèse où un, voire plusieurs, défendeur(s) serait insolvable.

[1561] Sous réserve de l'exonération partielle pour la faute de la victime.

juges ont donc décidé de retenir la responsabilité conjointe de l'ensemble des défendeurs, si bien que chaque défendeur n'était seulement responsable qu'à hauteur de sa propre contribution dans l'exposition de la victime au risque de dommage. Cette solution a cependant été renversée par le Parlement en 2006, dans le cas des seules victimes professionnelles de l'amiante ayant contracté un mésothéliome. Sous réserve que les conditions d'applicabilité de la section 3(1) du *Compensation Act 2006* soient remplies[1562], la section 3(2) prévoit que « la personne responsable sera tenue (a) pour *l'intégralité* du dommage causé à la victime par la maladie (...), (b) *in solidum* avec toute autre personne responsable »[1563].

683. Les solutions retenant une responsabilité conjointe : solution spécifique au droit anglais. – Si la section 3 du *Compensation Act 2006* a rétabli la responsabilité *in solidum*, cette solution est néanmoins limitée aux seuls cas dans lesquels la victime a contracté un mésothéliome en raison d'une exposition fautive à l'amiante[1564]. La question s'est ainsi posée de déterminer si la solution de *Barker* – autrement dit la responsabilité *conjointe* – pouvait continuer à s'appliquer à toute autre situation que celle liée à la contraction d'un mésothéliome. Les juges y ont semblé favorables dans plusieurs arrêts[1565], et notamment dans l'arrêt *Heneghan v. Manchester Dry Docks Ltd*[1566]. L'épouse d'un employé, décédé d'un cancer des poumons après avoir été exposé fautivement à l'amiante par de multiples employeurs successifs, avait introduit une action en négligence contre six des employeurs pour lesquels son époux avait travaillé. Après avoir retenu que le cancer des poumons trouvait sa cause dans l'exposition à l'amiante[1567], les juges ont reconnu que la règle *Fairchild* n'était pas limitée aux cas de mésothéliomes[1568] et s'appliquait[1569] en l'espèce,

---

[1562] La section 3(1) du *Compensation Act 2006* ne pose pas les conditions d'application de l'exception *Fairchild*, comme l'indiquent les juges dans la décision *Sienkiewicz v. Greif (UK) Ltd* [2011] UKSC 10, [70] (Lord Phillips). Cette section délimite simplement les situations qui justifient que la responsabilité soit *in solidum*, ou si le défendeur est unique, qu'il soit responsable *pour l'entier dommage*.

[1563] [italiques ajoutées par nous] Section 3(2), *Compensation Act 2006* : « (2)The responsible person shall be liable—(a) in respect of the whole of the damage caused to the victim by the disease (irrespective of whether the victim was also exposed to asbestos—(i) other than by the responsible person, whether or not in circumstances in which another person has liability in tort, or (ii) by the responsible person in circumstances in which he has no liability in tort), and (b) jointly and severally with any other responsible person. »

[1564] Section 3(1)(b) du *Compensation Act 2006*.

[1565] *Sienkiewicz*, préc. (note 1580) spéc. [186] (Lord Brown) qui considère que : « mesothelioma cases are in a category all their own », *International Energy Group*, préc. (note 1433), spéc. [31] (Lord Mance) : « This reasoning [justifiant la responsabilité conjointe] remains in my view convincing at common law. In the United Kingdom, Parliament has, as is its right, taken a different view of the equities as between a person responsible and a victim of mesothelioma. »; [100] (Lord Hodge) : « This court is unanimously of the view that section 3 of the Compensation Act 2006 did not change the common law, which the House of Lords had laid down in *Barker v. Corus UK Ltd* [2006] 2 AC 572, but overrode it only to the extent that the section provides. »

[1566] [2016] 1 WLR 2036.

[1567] V° sur ce point : *infra*, n°718.

[1568] *Heneghan*, préc. (note 1566), [48]-[49] (Lord Dyson).

[1569] *Ibid.*, [48], [50] (Lord Dyson).

avant de retenir la responsabilité conjointe des défendeurs, chacun n'étant responsable qu'à proportion de sa contribution respective à l'exposition au risque de cancer des poumons[1570].

684. Ainsi, en droit anglais, lorsque l'exception *Fairchild* trouve à s'appliquer, deux solutions sont envisageables au stade de l'obligation à la dette : dans les cas de mésothéliome causé par une exposition professionnelle fautive à l'amiante, les défendeurs sont tenus *in solidum*, sur le fondement de la section 3 du *Compensation Act 2006*. En revanche, pour tout autre type de maladies, les défendeurs sont tenus de manière conjointe, sur le fondement de l'arrêt *Barker v. Corus*, toujours applicable en *common law*[1571]. Lorsque la responsabilité des défendeurs potentiels est conjointe, la répartition se fait à proportion de leur contribution respective à l'exposition au risque de maladie. Il s'agit donc d'une forme de responsabilité proportionnelle, position qui n'a pas été retenue par le droit français, du moins au stade de l'obligation à la dette.

b. *Quant à la contribution à la dette*

685. Vers un rapprochement des solutions françaises et anglaises au stade de la contribution à la dette. – La question de la contribution à la dette ne se pose que dans les cas de responsabilité solidaire ou *in solidum*[1572]. Elle présente donc un intérêt certain tant en droit français qu'en droit anglais dans le cadre de la section 3 du *Compensation Act 2006.*

En droit anglais, aux termes de la section 3(4) du *Compensation Act 2006*[1573], en l'absence d'accord des parties ou d'une autre décision du juge, la contribution à la dette doit être opérée en fonction des durées d'expositions respectives auxquels les coresponsables ont soumis la victime. Cette règle est cohérente : plus l'exposition à l'amiante est importante, et plus le *risque* de contracter un mésothéliome est important[1574]. Par conséquent, la durée

---

[1570] Cette solution se justifie car la responsabilité *in solidum* ne s'applique qu'aux affaires de mésothéliomes. *Ibid.*, [19] (Lord Dyson).

[1571] Par ex. *International Energy Group Ltd*, préc. (note 1433), spéc. [100] (Lord Hodge): « This court is unanimously of the view that section 3 of the Compensation Act 2006 did not change the common law, which the House of Lords had laid down in *Barker v. Corus Ltd* [2006] 2 AC 572 (...). »

[1572] Lorsque les défendeurs sont responsables de manière conjointe, aucune question de contribution à la dette ne se pose, puisque chacun des codéfendeurs n'est alors responsable que pour une partie seulement du dommage ; par conséquent, il n'est pas question de recours entre les codéfendeurs.

[1573] S.3(4), *Compensation Act 2006*: « In determining the extent of contributions of different responsible persons in accordance with subsection (3)(a), a court shall have regard to the relative lengths of the periods of exposure for which each was responsible ; but this subsection shall not apply (a) if or to the extent that responsible persons agree to apportion responsibility amongst themselves on some other basis, or (b) if or to the extent that the court thinks that another basis for determining contributions is more appropriate in the circumstances of a particular case. »

[1574] *Fairchild v. Glenhaven Funeral Services Ltd* [2003] 1 AC 32, spéc. [7] (Lord Bingham): « It is accepted that the risk of developing a mesothelioma increases in proportion to the quantity of

d'exposition détermine, en fait, la probabilité de causer le dommage. La règle de répartition prévue au sein de la section 3(4) du *Compensation Act 2006* traduit en fait l'idée d'une contribution entre coresponsables à hauteur de la probabilité qu'ils aient chacun causé le dommage.

Le droit français prospectif poursuit la même idée : dans les hypothèses d'auteur indéterminé, l'article 1240, alinéa 2, du projet de réforme de la responsabilité civile (2017) prévoit une contribution des coresponsables « à proportion de la probabilité que chacun ait causé le dommage ». La position du droit prospectif français est, au surplus, cohérente avec les récentes solutions adoptées dans le contentieux du Distilbène, dans lesquelles certains juges du fond[1575] ont appliqué la théorie américaine des parts de marché[1576] (*market-share liability*) au stade de la contribution à la dette.

Pour justifier que les deux producteurs de la molécule DES supportent, pour l'un 95% et pour l'autre 5% de la charge finale de la réparation, le TGI de Nanterre considère, dans deux jugements du 10 avril 2014[1577], que « la répartition de la charge du dommage entre les laboratoires doit s'opérer proportionnellement au risque pour chacun de l'avoir causé, risque qui ne peut s'évaluer qu'au regard de la part de marché de chacun des médicaments »[1578]. Comme la section 3 du *Compensation Act 2006*, la répartition en fonction des parts de marché exprime la probabilité que chacun des coresponsables ait causé le dommage : les solutions françaises et anglaises sont donc fondées sur la même philosophie. Les deux systèmes juridiques semblent ainsi avoir accepté que la question de la contribution à la dette entre les coresponsables soit réglée par une approche probabiliste. En ce sens, le rapprochement des deux systèmes juridiques est indéniable, bien que la Cour de cassation ne se soit pas encore prononcée sur cette approche. Cela dit, le projet de réforme de la responsabilité civile (2017) est favorable à cette solution, ce qui laisse présager son admission progressive.

686. Les systèmes juridiques français et anglais ont su faire preuve de créativité pour dépasser les difficultés de preuve du lien de causalité dans les hypothèses de défendeurs multiples, ce qui est révélateur de leur volonté d'avantager les victimes de risques sanitaires sériels avérés. En ce qui concerne l'exposition à un agent nocif unique par de multiples sources impliquant un seul défendeur, les solutions adoptées par les deux systèmes juridiques ont pu

---

asbestos dust and fibres inhaled: the greater the quantity of dust and fibre inhaled, the greater the risk. » V° aussi : *supra*, n°625.

[1575] La Cour de cassation n'a pas encore eu, à notre connaissance, à se prononcer sur cette question.

[1576] *Sindell v Abbott Laboratories* (1980) 26 Cal 3d 588; 607 P 2d 924: R. P. MURRAY, « Sindell v. Abbott Laboratories: A Market Share Approach to DES Causation », 69 *Cal. L. Rev.* 1179 (1981), p. 1179; M. H. WELLS, « Sindell v. Abbott Laboratories: A New Avenue for DES Litigation », 11 *Golden Gate U. L. Rev.* (1981), p. 917.

[1577] TGI Nanterre, 10 avril 2014, n^os^12/12349 et 12/13064, *D.* 2014, N°24, 03/07/2014, p. 1434, note J.-S. BORGHETTI. Cette solution a été confirmée par la cour d'appel de Versailles : CA Versailles (3ème ch.), 30 juin 2016 (2 espèces), N°14/04397, 14/04398 : *LPA*, n°111-112, 06/06/2017, p. 18, note V. LABORDES-DE-VIRVILLE. Ce n'est pas surprenant, car cette même cour d'appel avait déjà retenu cette solution : CA Versailles (3ème ch.), 14 avril 2016, N°16/00296 : *RDC* n°1, 01/03/2017, p. 36, note J.-S. BORGHETTI.

[1578] *Ibid.*

favoriser certaines victimes de risques sanitaires sériels avérés. Cependant, les solutions semblent moins unifiées, et plus incertaines.

B. Le défendeur unique

687. Dans cette situation également, le problème est celui de la preuve de la causalité spécifique (1). L'examen des solutions adoptées par chacun des deux systèmes juridiques révèle que ces derniers cherchent parfois à favoriser certaines victimes de risques sanitaires sériels avérés. Les juges ont ainsi adopté des solutions très avantageuses vis-à-vis des victimes du sang contaminé, en droit français, et vis-à-vis de certaines victimes de l'amiante, en droit anglais. Au-delà de ces ajustements d'opportunité, il est difficile d'identifier une tendance nette des systèmes juridiques (2).

1. Identification du problème

688. Un problème de causalité spécifique. – Dans cette hypothèse, trois éléments ne font aucun doute : 1°/ le dommage *a été causé* par un agent nocif unique identifié ; 2°/ le défendeur *peut* se voir imputer un fait générateur de responsabilité ; 3°/ le fait générateur *a pu* causer le dommage. Toutefois, contrairement aux hypothèses impliquant une source d'exposition unique (*McGhee*, contentieux de l'hormone de croissance)[1579], on ne peut pas affirmer que le dommage est imputable, de manière certaine, au défendeur, ceci car l'exposition alternative innocente n'est pas imputable au défendeur. Soit le fait non-générateur de responsabilité est imputable à une autre personne, soit il n'est imputable à personne en particulier (exposition environnementale, par exemple). Là encore, le problème porte sur la preuve de la causalité spécifique, avant de se reporter sur la preuve du lien de causalité entre le fait générateur et le dommage.

[1579] Sur ces contentieux : *supra*, n°662 à 668.

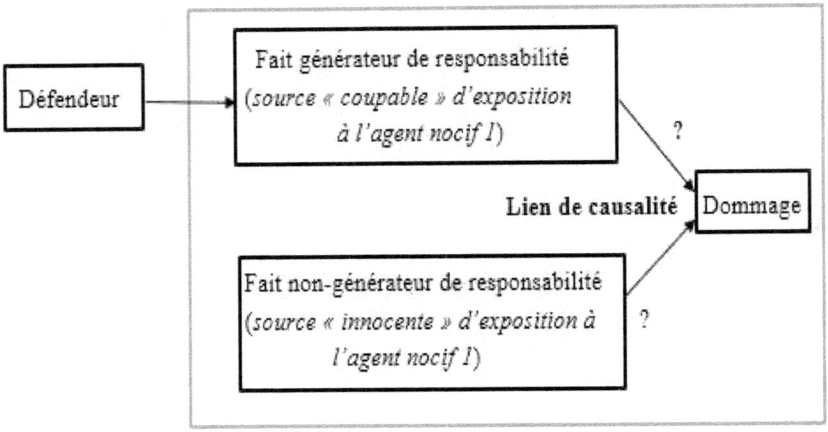

2. *Les solutions retenues en droits français et anglais*

689. Ce problème trouve des illustrations dans le contentieux sanitaire sériel lié à l'amiante en droit anglais, et dans le contentieux des contaminations post-transfusionnelles en droit français. En droit anglais, les solutions retenues sont déterminées en fonction du type de dommage corporel subi (a). En droit français, la charge de l'incertitude causale a peu à peu été déplacée du demandeur vers le défendeur (b). La comparaison des deux systèmes juridiques révèle alors des divergences – importantes – d'approche (c).

a. *Les solutions du droit anglais*

690. Les solutions retenues par le droit anglais sont distinguées selon que la maladie contractée par le demandeur est un mésothéliome (i) ou non (ii).

i) L'application de l'exception Fairchild *en cas de mésothéliome*

691. L'arrêt *Sienkiewicz v. Greif (UK) Ltd*[1580] : les faits. – Dans l'arrêt *Sienkiewicz*, une employée était décédée d'un mésothéliome en raison de son exposition à l'amiante, laquelle résultait de deux sources : la première était professionnelle (un seul défendeur fautif), la seconde était environnementale (respiration d'air ambiant). La fille de l'employée décédée a recherché la

[1580] [2011] UKSC 10.

responsabilité de l'employeur fautif, bien que l'exposition professionnelle de la victime ait été très faible par rapport à celle environnementale[1581].

692. L'arrêt *Sienkiewicz v. Greif (UK) Ltd* : confirmation de l'applicabilité de l'exception *Fairchild*. – La première question était celle du test de causalité applicable. Pour l'employeur, il ne s'agissait pas de l'exception *Fairchild*, qui d'après lui était seulement applicable aux hypothèses de défendeurs multiples fautifs, mais le test du *doubling the risk*[1582], lequel impliquait de prouver que l'exposition professionnelle fautive avait plus que doublé le risque de maladie par rapport à l'exposition environnementale (*background risk*). À l'unanimité[1583], les juges de la Cour suprême ont retenu l'application de l'exception *Fairchild*[1584]. Au-delà de la réticence indéniable des juges vis-à-vis de l'utilisation – en général – du test du *doubling the risk*[1585], ils justifient l'application de la règle *Fairchild* par le fait que les raisons de politique publique conduisant à sa création n'ont pas disparu : l'état des connaissances scientifiques ne permet toujours pas de déterminer quelle(s) fibre(s) d'amiante sont à l'origine du mésothéliome[1586]. Dans ces conditions, peu importe que l'exposition à l'amiante provienne exclusivement de multiples sources fautives, ou de sources fautives et non-fautives, la règle *Fairchild* doit trouver à s'appliquer.

La question s'est ensuite posée de savoir si, dans l'application de *Fairchild*, il fallait tenir compte du *doubling the risk*. En particulier, faut-il considérer que la conduite fautive d'un employeur a augmenté le risque de maladie de manière *significative*, si et seulement si cette conduite a plus que doublé le risque de survenance de la maladie ? Les juges le refusent[1587], préférant retenir le seuil du

---

1581 En effet, d'après le juge de première instance, l'exposition professionnelle (fautive) de l'employée à l'amiante avait augmenté le risque auquel elle était assujettie par voie environnementale de 18% seulement.

1582 Sur ce test de causalité et les critiques possibles : *supra*, n°644 et s.

1583 *Sienkiewicz v. Greif (UK) Ltd* [2011] UKSC 10, [109] (Lord Phillips) ; [160] (Lord Rodger) ; [168] (Lady Hale) ; [175] (Lord Brown) ; [198] (Lord Kerr) ; [220] (Lord Dyson).

1584 *Ibid.*, [160] (Lord Rodger); [184] (Lord Brown); [198]-[199] (Lord Kerr). Il est intéressant de noter que d'autres juridictions de *common law* n'ont pas du tout adopté la même approche ; par exemple, en Afrique du Sud, dans une décision *Dudley Lee v. Minister for Correctional Services* [2012] ZACC 30 : un prisonnier, ayant contracté une tuberculose en prison, imputait cette maladie à la faute des services correctionnels de santé pour la gestion lacunaire de la santé par ces derniers. Ceci étant, il était impossible de déterminer si la tuberculose contractée par le prisonnier était imputable à la faute des services correctionnels (« source fautive ») ou à sa contagion par d'autres prisonniers (« source innocente »). La science médicale ne permet pas de répondre à cette question. Les juges de la Cour constitutionnelle ont semblé acquiescer, en majorité, que l'approche correcte était d'appliquer le test du *but for*, lequel consistait à déterminer quelle était la cause *la plus probable* entre la faute des services correctionnels et la situation dans laquelle on enlève la faute commise. En particulier, si le demandeur prouve qu'un système non-négligent aurait réduit le risque général de contagion, alors il a prouvé que la faute des services était la cause la plus probable du dommage (*Dudley Lee*, [55], [60] (Nkabinde J.) rendant l'opinion majoritaire ; *contra* : [105]-[109] (Cameron J.) rendant une opinion minoritaire).

1585 Les juges sont en effet réticents à l'utilisation de statistiques générales pour envisager un problème de causalité *spécifique*.

1586 *Ibid.*, [70] (Lord Phillips); [200] (Lord Kerr); [220] (Lord Dyson).

1587 *Ibid.*, [107] (Lord Phillips).

de minimis[1588]. Autrement dit, l'augmentation du risque ne doit pas être insignifiante, question qui doit être envisagée au cas par cas[1589]. En l'espèce, Lord Phillips conclut, approuvé par d'autres juges, qu'une augmentation de 18% du risque de contracter un mésothéliome n'est pas insignifiante[1590].

693. Les effets de l'arrêt *Sienkiewicz v. Greif (UK) Ltd* : l'attribution de l'incertitude causale au défendeur. – L'application de l'exception *Fairchild* entraîne des conséquences qui ont pu être qualifiées de « draconiennes »[1591]. En effet, à partir du moment où les juges admettent l'application de cette règle, toutes les conséquences dérivant de cette exception s'appliquent, à savoir dans les cas de mésothéliome, une responsabilité pour *l'entier dommage*, par application du *Compensation Act 2006*[1592]. Bien que dans l'arrêt *Sienkiewicz*, l'exposition professionnelle fautive soit très faible par rapport à l'exposition environnementale, l'employeur est tout de même tenu de réparer, seul, l'intégralité du dommage. En cas d'exposition à l'amiante par deux sources, dont l'une est fautive et l'autre innocente, et lorsque la victime contracte un mésothéliome, maladie indivisible, c'est donc l'employeur qui supporte, seul, la charge de l'incertitude du lien de causalité spécifique.

694. Le test de causalité applicable est clair en cas de mésothéliome : il s'agit de la règle *Fairchild*. En revanche, pour tout autre dommage corporel, le test semble bien plus incertain.

ii) Un test de causalité incertain pour tout autre type de dommage corporel

695. L'application possible de l'exception *Fairchild* : effets. – L'application de l'exception *Fairchild* à d'autres dommages corporels que ceux impliquant la survenance d'un mésothéliome semble possible[1593]. Cependant, dans ce cas, ce sont alors les effets de l'arrêt *Barker* – la responsabilité conjointe – qui s'appliquent, et non pas la section 3 du *Compensation Act 2006*. Dès lors, un défendeur unique ne serait responsable qu'à proportion de l'exposition fautive au risque qui lui est imputable. Il s'agit donc d'une

---

[1588] *Ibid.*, [107] (Lord Phillips); [161] (Lord Rodger); [169] (Lady Hale); [223] (Lord Dyson).

[1589] *Ibid.*, [108] (Lord Phillips).

[1590] *Ibid.*, [110] (Lord Phillips).

[1591] *Ibid.*, [58] (Lord Phillips); [184] (Lord Brown). Dans le même sens: [168] (Lady Hale).

[1592] Section 3(2)(a)(i) du *Compensation Act 2006*: « The responsible person shall be liable in respect of the whole of the damage caused to the victim by the disease [(irrespective of whether the victim was also exposed to asbestos other than by the responsible person, whether or not in circumstances in which another person has liability in tort (…))] ».

[1593] Tous les juges n'ont pas essayé de circonscrire l'application de l'exception *Fairchild* aux seuls cas de mésothéliome : par ex., *Fairchild*, [61] (Lord Hoffmann); [170] (Lord Rodger) ; *Sienkiewicz*, [141] (Lord Rodger). V° surtout : *International Energy Group Ltd v. Zurich* [2016] AC 509, [191] (Lord Neuberger, Lord Reed) ; *Heneghan v. Manchester Dry Docks Ltd* [2016] 1 WLR 2036, préc. (note 1566) qui applique l'exception dans le contexte d'un cancer des poumons.

responsabilité *proportionnelle*, qui permet de répartir la charge de l'incertitude causale entre le demandeur et le défendeur : le défendeur supporterait celle tenant à l'exposition fautive, et le demandeur celle tenant à l'exposition innocente.

696. L'application possible du test du *doubling the risk* : discussion. – Dans l'arrêt *Sienkiewicz*, les juges se sont intéressés, sous forme d'*obiter*[1594], au point de savoir si le test du *doubling the risk* pouvait être invoqué lorsque l'exception *Fairchild* était exclue.

Excepté Lord Phillips[1595], les juges de la Cour suprême n'ont pas semblé favorable à cette idée. Lord Rodger et Lady Hale s'y opposent même fermement, considérant que « le test du *doubling the risk* n'est pas un test approprié de causalité dans les cas dans lesquels l'exception *Fairchild* ne s'applique pas »[1596]. Malgré la réticence évidente de la plupart des juges à admettre l'utilisation du test du *doubling the risk*, l'hypothèse n'a pas été complètement écartée. Partant, il est tout à fait envisageable que ce test soit appliqué dans les situations de causes alternatives impliquant un agent nocif unique (en dehors des cas de mésothéliome).

b. *Les solutions en droit français : l'exemple des contaminations post-transfusionnelles*

697. Le problème posé par le contentieux des contaminations post-transfusionnelles. – La réparation des dommages résultant de contaminations post-transfusionnelles se fait maintenant par la voie de la solidarité nationale[1597], mais il n'est pas inutile d'examiner les techniques et solutions adoptées par les juridictions judiciaires pour faire face aux difficultés de preuve de la causalité, dans les contentieux en responsabilité civile.

Les modes de contamination du VIH[1598] et du VHC[1599] sont au nombre de trois : ces virus peuvent être transmis par voie sanguine ou sexuelle, ou encore de la mère à l'enfant[1600]. Parmi ces différentes sources de contamination, seule

---

[1594] La question se posait sous forme d'*obiter*, car en l'espèce, les juges ont considéré que l'exception *Fairchild* s'appliquait. Ainsi, la question de savoir si le test du *more than double the risk* s'appliquait dans les autres cas ne se posait pas pour répondre à la question suscitée par le contentieux en cause.

[1595] *Sienkiewicz*, préc. [93] (Lord Phillips).

[1596] *Sienkiewicz*, préc. [170] (Lady Hale) : « I do agree with Lord Rodger that doubling the risk is not an appropriate test of causation in cases to which the *Fairchild* exception does not apply. »

[1597] V° *Supra*, n°183 et s.

[1598] Y. LAMBERT-FAIVRE, « L'indemnisation des victimes post-transfusionnelles du Sida : hier, aujourd'hui et demain », *RTD civ.* 1993, N°1, 15/03/1993, p. 1; V° aussi sur le site de l'OMS, « VIH/Sida », Aide-mémoire, novembre 2017 :
< http://www.who.int/mediacentre/factsheets/fs360/fr/ >

[1599] Voir sur le site de l'OMS, « hépatite C », aide-mémoire N°164, octobre 2017 :
< http://www.who.int/mediacentre/factsheets/fs164/fr/ >

[1600] Cependant, en ce qui concerne le VHC, la transmission de la mère à l'enfant ne peut pas résulter

celle résultant d'une transfusion de produits sanguins ou dérivés du sang est susceptible d'entraîner une responsabilité civile[1601]. Dans ce contexte, les victimes ont ainsi pu rechercher la responsabilité des automobilistes à l'origine d'accidents de la circulation[1602], des professionnels de santé ayant pu commettre une faute médicale[1603], des établissements hospitaliers privés[1604] ou des centres de transfusion sanguine[1605]. Dans tous les cas, le succès de l'action en responsabilité civile dépend de la preuve traditionnelle d'un lien de causalité direct et certain entre les transfusions sanguines et la contamination par le VIH ou le VHC ; or, cette preuve est extrêmement difficile à apporter en raison de l'impossibilité d'identifier le lot sanguin utilisé[1606] et, dans certains cas, de la nécessité de recourir à de nombreux donneurs[1607]. Les juridictions judiciaires ont été sensibles à ces difficultés probatoires en retenant des présomptions de fait, avant de consacrer une présomption de droit.

698. L'exclusion d'autres sources de contamination possibles, élément d'une présomption de fait. – Une technique classique en droit français pour admettre le lien de causalité en présence de multiples sources d'exposition à un agent nocif unique est de recourir aux présomptions de fait. Dans le contentieux des contaminations post-transfusionnelles, la jurisprudence s'est ainsi fondée sur l'existence d'indices positifs, comme l'existence de transfusions antérieures à 1985 pour le VIH[1608], et d'indices négatifs[1609], comme l'absence d'autres facteurs de contamination, tels que la toxicomanie, certains comportements

du lait maternel (contrairement au VIH).

1601 Nous laissons de côté le cas dans lequel la transmission du VIH par voie sexuelle est volontaire, ce qui est marginal.

1602 Par ex. : Cass., civ. 1, 4 décembre 2001, n°99-19.197, *Bull. civ. I*, 2001, N°310, p. 197.

1603 CA Versailles, 30 mars 1989, *JCP G.* 1990, II, 21505, note A. DORSNER-DOLIVET (faute de prescription).

1604 Cass., civ. 2, 21 avril 2005, n°03-20.683, *Bull. civ. II*, 2005, N°108, p. 96, *RLDC* 2005, 19, obs. C. KLEITZ.

1605 Pour le VIH : CA Paris (ch. 1B), 28 novembre 1991, arrêt dit « Fougeron » ; CA Aix-en-Provence (ch. 1B), 12 juillet 1993, n°92/13858 ; Cass., civ. 1, 12 avril 1995, n° 92-20.747, *Bull. civ. I*, 1995, N°179, p. 129 ; Cass civ. 1, 12 avril 1995, n^{os}92-11.950, 92-11.975, *Bull civ. I*, 1995, N°180, p. 130 ; Cass., civ. 1, 9 juillet 1996, n^{os}93-19.159 et 93-20.923, inédits. Pour le VHC : Cass., civ. 1, 14 novembre 1995, n°92-18.199, *Bull. civ. I*, 1995, N°414, p. 289 ; Cass., civ. 1, 9 juillet 1996, n°14-19.876, *Bull. civ. I*, 1996, N°299, p. 208 ; Cass., civ. 1, 27 mai 1997, n°94-21.805, inédit.

1606 Par ex. : CA Paris (ch. 1J), 25 janvier 2007, n°06/13802 ; CA Toulouse (ch. 1, sect. 1), 17 août 2006, n°05/04367.

1607 TGI Bordeaux (ch. 6), 17 février 1992, JurisData n°60-3424.

1608 Le chauffage des produits sanguins, éliminant le risque de contamination est devenu obligatoire à cette date.

1609 Sur la conjonction d'indices tenant à l'existence de transfusions antérieures à 1985 et à l'absence d'autres facteurs de risque : TGI Nice (ch. 3), 27 juillet 1992, *D.* 1993, N°3, 21/01/1993, p. 38, note D. VIDAL ; CA Paris (ch. 1B), 28 novembre 1991, arrêt dit « Fougeron » ; CA Paris (ch. 1B), 27 octobre 1995, n°94/7545 et 95/13037 ; CA Toulouse (ch. civ. 1), 31 juillet 1997, JurisData n°1997-044388 ; sur l'addition d'un donneur retrouvé par la suite et séropositif : CA Aix-en-Provence (ch. 1B), 12 juillet 1993, n°92/13858 ; *Contra* : sur l'absence d'autres facteurs de risque et une transfusion opérée avant 1985, mais absence de séropositivité des donneurs (tous retrouvés) : CA Bordeaux (ch. 5), 17 janvier 1995, n°93004911.

sexuels « à risque », un voyage dans un pays à forte endémie au VIH, etc, pour retenir l'existence d'une causalité vraisemblable. L'absence d'autre source de contamination possible, autrement dit d'une cause alternative innocente, constitue donc un élément permettant de retenir une présomption de fait du lien de causalité spécifique. À l'inverse, l'impossibilité d'exclure toutes les autres sources possibles d'exposition à l'agent nocif remet parfois en cause l'admission de la présomption[1610]. Par voie de conséquence, s'il ne parvient pas à les exclure, le demandeur est tenu de supporter l'incertitude causale tenant à l'existence de sources alternatives innocentes.

699. L'exclusion d'autres sources de contamination possibles, élément d'une présomption de droit. – Pour renforcer la protection des victimes de contaminations post transfusionnelles, le droit français a recouru à une autre technique, celle de la présomption de droit (non plus de fait). L'exclusion d'autres sources de contamination que celle susceptible de responsabilité a, avec cette technique, successivement entraîné deux types d'effets juridiques.

D'abord, l'exclusion des autres sources de contamination possibles a constitué une condition du déclenchement de la présomption de causalité. Pour retenir la responsabilité des centres de transfusion sanguine, dans le cas d'une contamination par le VHC, la Cour de cassation[1611] exigeait que deux conditions soient rapportées, l'une temporelle[1612] et l'autre tenant à l'exclusion d'autres causes possibles. Ce faisant, la preuve de l'exclusion d'autres causes possibles est devenue un élément indispensable à l'application de la présomption de droit. Toutefois, les centres de transfusion sanguine étaient admis à renverser la présomption en prouvant que leurs produits étaient exempts de vices. Ainsi, alors que les demandeurs étaient simplement tenus d'apporter la preuve d'une causalité vraisemblable, les défendeurs devaient apporter la preuve de l'absence certaine de causalité. Par la réunion des deux conditions, l'incertitude causale était ainsi transférée du demandeur au défendeur.

[1610] Par exemple, la Cour de cassation a pu rejeter, dans une espèce liée au VHC, la demande d'indemnisation d'une infirmière qui imputait sa contamination à une transfusion de produits sanguins, alors que toutes les autres sources possibles de contamination n'avaient pas été exclues : Cass., civ. 1, 23 novembre 1999, n°97-18.640, *Bull. civ. I*, N°324, p. 210.

[1611] Cass., civ. 1, 9 mai 2001, n^{os}99-18.161, 99-18.514 (joints), *Bull. civ. I*, 2001, N°130, p. 85 : « lorsqu'une personne démontre, d'une part, que la contamination virale dont elle est atteinte est survenue à la suite de transfusions sanguines, d'autre part, qu'elle ne présente aucun mode de contamination qui lui soit propre, il appartient au centre de transfusion sanguine, dont la responsabilité est recherchée, de prouver que les produits sanguins qu'il a fournis étaient exempts de vice ». V° J.-L. FAGNART, « La conception des produits pharmaceutiques. Précaution et responsabilité » *in Mélanges offerts à Marcel Fontaine*, Larcier, Bruxelles, 2003, p. 755. V° aussi : Cass., civ. 1, 17 juillet 2001, n^{os}00-10.883 et 00-10.299, *Bull. civ. I*, 2001, N°234, p. 147 : *RTD civ.* 2001, N°4, 14/12/2001, p. 889, obs. P. JOURDAIN ; *D.* 2001, 19/07/2001, p. 2149, rapp. P. SARGOS.

[1612] La contamination doit être postérieure à la transfusion.

Ensuite, l'impossibilité d'exclure d'autres sources de contamination est devenue indifférente à l'application de la présomption[1613], même si la preuve de leur exclusion demeurait pertinente[1614].

Pour les victimes du VHC, la présomption quasi-légale est devenue une présomption légale avec la loi du 4 mars 2002. Aux termes de l'article 102, « le demandeur apporte des éléments qui permettent de présumer que cette contamination a pour origine une transfusion de produits sanguins labiles ou une injection de médicaments dérivés du sang »[1615], sans que ces « éléments »[1616] n'aient été précisés. Par conséquent, la preuve de l'exclusion des autres sources de contamination ne constitue plus une condition nécessaire au déclenchement de la présomption, même si elle demeure utile. Si le défendeur peut, là encore, renverser la présomption en prouvant que la transfusion ou l'injection « n'est pas à l'origine de la contamination »[1617], le législateur reconnaît toutefois que « le doute profite au demandeur » [1618]. Par dérogation au droit commun, l'existence d'une simple possibilité – aussi infime soit-elle – de causalité entre les transfusions et la contamination au VHC entraîne le jeu de la présomption, sans que le défendeur ne puisse, en pratique, la renverser. Pour cette raison, la Cour de cassation a pu considérer que la présence de sources alternatives de contamination ne permettait pas de renverser la présomption[1619] ; il s'agit donc d'une conception maximaliste de la prescription selon laquelle « le doute profite au demandeur », qui conduit à transférer la charge de l'incertitude causale du demandeur au défendeur.

[1613] V° *infra*, notamment les arrêts cités sous note 1619.

[1614] Cass., civ. 1, 5 mars 2009, n°08-14.729, *Bull. civ. I*, 2009, N°47 : *Resp. civ. et assur.* N°4, avril 2009, comm. 102, comm. C. RADÉ ; *RDSS* 2009, N°2, 13/03/2009, p. 356, obs. F. ARHAB-GIRARDIN ; *D.* 2009, N°40, 12/11/2009, p. 2714, obs. T. VASSEUR.

[1615] Art. 102, al. 1, L. n°2002-303 du 4 mars 2002 relative aux droits des malades et à la qualité du système de santé.

[1616] Cette disposition a été interprétée assez souplement par la jurisprudence, puisque celle-ci exigeait qu'il faille au moins démontrer la réalité des transfusions (Sur le rejet de l'indemnisation au motif de l'absence de preuve des transfusions sanguines empêchant le jeu de la présomption légale : Cass., civ. 1, 28 mars 2008, n°07-15.612, inédit ; Cass., civ. 1, 5 juin 2008, n°07-17.771, inédit) et de la contamination au VHC (Sur le rejet de l'indemnisation au motif de l'absence de preuve de la contamination au VHC empêchant le jeu de la présomption légale : Cass., civ. 2, 25 janvier 2007, n°06-16.000, inédit).

[1617] Art. 102, al. 1, L. n°2002-303 du 4 mars 2002 relative aux droits des malades et à la qualité du système de santé. En d'autres termes, le défendeur devait prouver l'innocuité absolue des produits. Par ex., échec du renversement de la présomption : Cass., civ. 1, 4 mars 2003, n°01-14.395, *Bull. civ. I*, 2003, N°64, p. 49 ; Cass., civ. 1, 15 juin 2004, n°02-20.499, inédit ; Cass., civ. 1, 12 octobre 2004, n°02-18.307, inédit ; Cass., civ. 1, 4 janvier 2005, n°03-14.010, inédit ; Cass., civ. 1, 12 avril 2005, n°03-20.980, *Bull. civ. I*, 2005, N°185.

[1618] Art. 102, al. 1, L. n°2002-303 du 4 mars 2002 relative aux droits des malades et à la qualité du système de santé.

[1619] Cass., civ. 1, 4 novembre 2003, n°02-12.893, inédit ; Cass., civ. 1, 14 juin 2007, n°06-12.948, *Bull. civ. I*, 2007, N°237 (contamination possible par des séances d'acupuncture, des soins dentaires, une intervention sur la thyroïde) ; Cass., civ. 1, 12 juillet 2007, n°06-14.606, *Bull. civ. I*, 2007, N°272 (quatre hypothèses possibles de contamination, parmi lesquelles à l'occasion d'actes invasifs) ; Cass., civ. 1, 5 mars 2009, n°08-14.729, *Bull. civ. I*, 2009, N°47. Mais *contra*: Cass., civ. 1, 28 juin 2012, n°11-17.568, inédit.

700. Dans les situations impliquant plusieurs sources d'exposition à un agent nocif, dont l'une seulement est susceptible de responsabilité, les droits français et anglais ont assoupli l'approche traditionnelle de causalité pour favoriser certaines victimes de risques sanitaires sériels. Néanmoins, la comparaison des techniques et des solutions retenues par les deux droits révèle, malgré tout, des différences importantes d'approche.

c. *Comparaison des solutions françaises et anglaises*

701. La nature différente des techniques utilisées. – Pour assouplir la preuve de la causalité dans le contexte de risques sanitaires sériels avérés, les deux droits ont utilisé des techniques de nature différente.

En droit anglais, l'application de l'exception *Fairchild* comme du test du *doubling the risk* traduit une modification de la conception même de causalité (*cause in fact*). Le droit anglais admet en effet l'application d'un autre test de causalité que celui conventionnel du *but for*. Le droit anglais a donc privilégié une technique de nature substantielle. En droit français, le recours à la technique de la présomption, qu'elle soit de fait ou de droit, est une technique de nature probatoire. Ceci s'explique car le droit français ne définit pas conceptuellement la causalité, si bien qu'il serait difficile de modifier la substance d'une notion dont les contours ne sont pas précisément définis.

Mutatis mutandis, les droits français et anglais procèdent dans tous les cas à un aménagement de l'objet de la preuve en matière de causalité.

702. La variabilité des effets juridiques sur la responsabilité civile. – Une première observation résulte de la comparaison des deux droits : plus les victimes de risques sanitaires sériels sont *ciblées*, et plus les systèmes juridiques sont enclins à adopter des solutions qui leur sont extrêmement favorables.

Par exemple, en droit anglais, les victimes de mésothéliome exposées à l'amiante sont très favorisées, puisqu'en dépit de l'existence d'une source alternative innocente, elles pourront obtenir la réparation de l'entier dommage. De la même façon, en droit français, les victimes de contaminations post transfusionnelles sont dans une position très avantageuse car elles bénéficient d'une véritable présomption de droit, qui leur permet d'obtenir la réparation de l'entier dommage en dépit de l'incertitude causale. Dans ces deux cas, l'incertitude causale profite au demandeur. Certes, contrairement au droit anglais, le droit français offre une « porte de sortie » aux défendeurs, ces derniers pouvant tenter de renverser la présomption de causalité, mais ceci est plus cosmétique qu'autre chose. Le défendeur doit prouver qu'il n'a pas pu causer le dommage, ce qu'il pourra rarement démontrer. De surcroît, l'absence d'une telle solution en droit anglais est parfaitement compréhensible, car l'exception *Fairchild* ne peut être déclenchée que lorsque la preuve de la causalité est impossible à rapporter en l'état des connaissances scientifiques (*ratio legis* de l'exception). Dans ces conditions, en miroir, il est rigoureusement impossible au défendeur de prouver qu'il n'a pas pu causer le dommage.

Une seconde observation peut être tirée en droit anglais. Si ce système juridique est plus réceptif aux assouplissements de causalité lorsqu'ils ne bénéficient qu'à un cercle précis de victimes, les solutions adoptées sont bien plus mesurées dans les autres cas et tendent à préserver un équilibre dans la protection des intérêts contradictoires.

D'une part, si l'exception *Fairchild* est applicable à d'autres maladies que le mésothéliome, le défendeur est seulement responsable à proportion de la probabilité qu'il ait causé le dommage, en d'autres termes pour une partie seulement du dommage. D'autre part, si le test du *doubling the risk* est appliqué, le défendeur est alors responsable de l'entier dommage, mais seulement s'il est prouvé que la faute a plus que doublé le risque de dommage par rapport à la cause alternative innocente. Le standard est donc particulièrement élevé par rapport à celui de l'exception *Fairchild* : l'augmentation du risque ne doit pas être plus que *de minimis* (*Fairchild*), elle doit être *plus que deux fois plus élevée*.

703. Conclusion du §1. – En conclusion, dans les hypothèses de causes alternatives impliquant un agent nocif unique, les droits français et anglais procèdent à des aménagements de preuve du lien de causalité au profit de certaines victimes de risques sanitaires sériels avérés, ou bien dans des hypothèses particulières de causes alternatives. Cette position généreuse vis-à-vis des victimes de dommages corporels, est cependant limitée aux cas d'agent nocif unique, en droit anglais. En effet, contrairement aux juges français, les juges anglais se montrent bien plus sévères dans les hypothèses de causes alternatives impliquant plusieurs agents nocifs (facteurs multiples).

§2 – En cas de facteurs multiples

704. À la différence des hypothèses de facteur unique, celles impliquant des facteurs multiples ne permettent pas de conclure, de manière certaine, à l'intervention de l'agent nocif dans la survenance du dommage. Ainsi, ces hypothèses font naître une incertitude causale supplémentaire par rapport à celles évoquées précédemment. Le problème posé par ces situations doit d'abord être identifié (I) avant de procéder à l'examen des solutions retenues par les droits français et anglais (II). Dans cette configuration causale, les juges anglais – contrairement aux juges français – sont bien moins réceptifs aux assouplissements de causalité.

I. *IDENTIFICATION DU PROBLÈME*

705. Un problème de causalité spécifique. – L'hypothèse maintenant envisagée est celle dans laquelle plusieurs agents nocifs (*multiples agents*) sont, chacun, susceptibles d'être à l'origine du dommage. Dès lors, on peut procéder à trois affirmations : 1°/ l'implication de l'agent nocif dans la survenance du dommage est seulement *possible* (non certaine, comme dans le cas d'un agent nocif unique) ; 2°/ le défendeur peut se voir imputer un fait générateur de responsabilité ; 3°/ le fait générateur a pu causer le dommage.

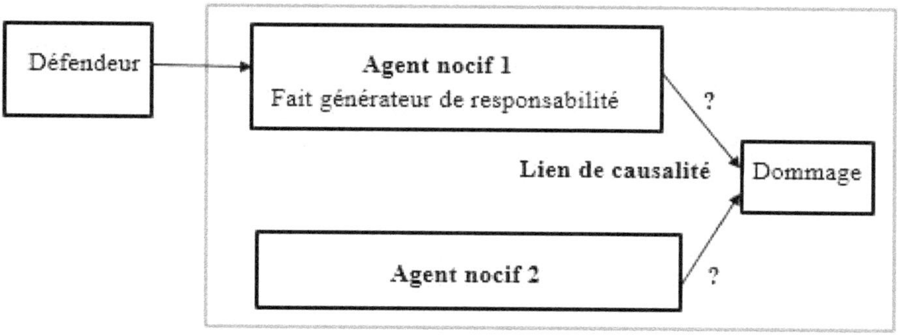

II. *LES SOLUTIONS RETENUES EN DROITS FRANÇAIS ET ANGLAIS*

706. Si l'existence de facteurs multiples empêche le demandeur d'apporter la preuve du lien de causalité selon le standard normalement requis, on aurait pu envisager qu'à l'instar des cas de facteur unique, les systèmes juridiques retiennent un assouplissement causal. Tel n'est pas le cas : les deux systèmes juridiques ont fait un choix différent à cet égard (A), dont il convient d'examiner les conséquences (B). La position des deux droits sera enfin comparée (C).

A. UNE POSITION DE PRINCIPE DIFFÉRENTE

707. En cas de facteurs multiples, le droit anglais a fermement rejeté la possibilité d'appliquer l'exception *McGhee-Fairchild* (1). Le droit français continue d'adopter une approche souple (2).

1. L'inapplicabilité de l'exception **McGhee-Fairchild** *en droit anglais*

708. La position retenue dans l'arrêt *Wilsher v. Essex Area Health Authority*[1620]. – Dans l'arrêt *Wilsher*, un bébé né prématurément souffrait d'une

[1620] [1988] A.C. 1074 (HL) : A. F. PHILLIPS, « Further reflections on medical causation », (1988)

rétinopathie, affection de la rétine courante chez les nouveau-nés, qui avait entraîné son aveuglement presque total. En l'espèce, cette condition médicale pouvait avoir été causée par un excès d'oxygène, administré de manière fautive par le médecin (cause coupable), ou par quatre autres facteurs autonomes non-susceptibles de responsabilité (causes innocentes)[1621]. Aucun élément de preuve ne permettait, dans cette affaire, d'attribuer le dommage à l'excès d'oxygène plutôt qu'à l'une des quatre autres causes. La question s'était ainsi posée de déterminer si l'arrêt *McGhee* (*Wilsher* précède *Fairchild*) pouvait trouver s'appliquer. Ceci aurait été favorable au demandeur, seulement tenu de prouver que l'administration fautive d'excès d'oxygène avait augmenté de manière significative le risque que la rétinopathie survienne, risque qui s'était en l'espèce réalisé.

Contrairement à la cour d'appel[1622], la Chambre des Lords a refusé l'applicabilité de l'arrêt *McGhee*, prenant appui sur l'opinion dissidente[1623], rendue en appel, par le juge Browne-Wilkinson. Celui-ci avait, seul, refusé l'applicabilité de *McGhee* en raison de la différence fondamentale séparant les deux contentieux : « [Dans l'arrêt McGhee] Il n'y avait *qu'un seul agent possible* qui a pu avoir causé la dermatite, la poussière de briques, et il n'y avait aucun doute sur le fait que la dermatite dont il souffrait avait été causée par la poussière de briques. Dans l'affaire présente, la question est différente. Il y a *plusieurs agents* qui ont pu avoir causé la fibroplasie rétrolentale. L'excès d'oxygène est l'une d'elles »[1624]. Les juges de la Chambre des Lords consacrent ainsi la distinction entre facteur unique et facteurs multiples.

---

47 *S.L.T.* 325-331; D. P.T. PRICE, « Causation – the Lords' lost chance? », (1989) 38(4) *ICLQ* 735-760; J. H. TINGLE, « Negligence and Wilsher », (1988) 132(25) *S.J.* 910-911; A. GRUBB, « Causation and medical negligence » (1988) 47(3) *C.L.J.* 350-352; A. BOON, « Causation and the increase of risk », (1988) 51(4) *Mod. Law Rev.* pp. 508-516.

1621 La condition médicale pouvait également avoir causée par une hypercapnie, une hémorragie intraventriculaire, une apnée ou encore par une persistance du canal artériel, qui constituent toutes des conditions dont l'enfant *Wilsher* a souffert durant les deux premiers mois de sa vie.

1622 Par ex., *Wilsher v. Essex Area Health Authority* [1987] Q.B.730, p. 772 (Mustill J.): « Here, the conduct of those whom the defendants are liable made it more likely that Martin would contract RLF, and he did contract RLF. If considerations of justice demanded that the pursuer succeed in the one case [*McGhee*], I can see no reason why the plaintiff should not succeed in the other. »; *Ibid.*, p. 775 (Glidewell LJ.): « I too have found this [la question de la causalité] a most difficult question to decide, but in the end I am in agreement with Mustill L.J., that the plaintiff has proved sufficient facts to come within the principle of *McGhee v. National Coal Board* [1973] 1 W.L.R. 1, and thus to succeed. » *Contra*: *Ibid.*, p. 779 (Sir Nicolas Browne-Wilkinson): « To apply the principle in *McGhee v. National Coal Board* [1983] 1 W.L.R 1 to the present case would constitute an extension of that principle. »

1623 *Wilsher v. Essex Area Health Authority* [1988] A.C. 1074, spéc. p. 1090 (Lord Bridge): « In the Court of Appeal in the instant case Sir Nicolas Browne-Wilkinson V.-C., being in a minority, expressed his view on causation with understandable caution. But I am quite unable to find any fault with the following passage in his dissenting judgment [1987] Q.B. 730, 779 (...). »

1624 [c'est nous qui soulignons]; *Wilsher v. Essex Area Health Authority* [1987] Q.B.730, p. 779 (Sir Nicolas Browne-Wilkinson): « [In the *McGhee* case] There was only one possible agent which could have caused the dermatitis, viz., brick dust, and there was no doubt that the dermatitis which he suffered was caused by brick dust. In the present case the question is different. There are a number of different agents which could have caused the RLF. Excess oxygen was one of them. »

709. Une position confirmée par la jurisprudence subséquente. – Cette distinction a par la suite été confirmée à de nombreuses reprises[1625], et notamment dans l'arrêt *AB v. Ministry of Defence*[1626]. Il s'agissait d'une action de groupe entreprise par d'anciens militaires impliqués dans la conduite de tests nucléaires dans les années 50, et ayant développé plusieurs pathologies qu'ils imputaient à leur exposition fautive à des radiations nucléaires. L'ensemble des facteurs de risques n'avait cependant pas été identifié et tout ce qui pouvait être dit sur le plan de la causalité était que « l'exposition à des radiations constitu[ait] *une parmi plusieurs causes possibles* »[1627]. Les plaignants avaient donc cherché à contourner la difficulté causale en invoquant l'exception *McGhee-Fairchild*. L'hypothèse a, là encore, été rejetée car « l'exception ne s'applique seulement que lorsque deux ou plusieurs causes potentielles agissent soit à travers *le même agent* (la poussière d'amiante dans *Fairchild*, ou la poussière de briques dans *McGhee* (...)) ou possiblement à travers différents agents qui *agissent de la même façon sur le corps* »[1628], autrement dit dans les hypothèses impliquant un agent nocif unique. Or, en l'espèce, aucune preuve ne permettait de suggérer que « l'effet carcinogène des radiations [opérait] *de la même façon* que l'effet carcinogène de la fumée de cigarette »[1629]. La Cour suprême confirme cette position[1630].

2. Le recours à différentes techniques en droit français

710. Contrairement au droit anglais, le droit français ne semble opérer aucune distinction de principe entre les cas de facteur unique et ceux de facteurs multiples. Le droit français admet donc des assouplissements de causalité en cas

---

[1625] *Fairchild v. Glenhaven Funeral Services Ltd* [2003] 1 AC 32, [22] (Lord Bingham) ; [115] (Lord Hutton); [149] (Lord Rodger) ; *Barker v. Corus (UK) Ltd* [2006] ICR 809, spéc. [24] (Lord Hoffmann) ; *Sienkiewicz v. Greif (UK) Ltd* [2011] UKSC 10, spéc. [104] (Lord Phillips); mais *contra*: *Ibid.*, [187] (Lord Brown) qui semble adopter une position isolée sur cette question : « Since *Fairchild* and *Barker* there has been much academic focus on a supposedly critical distinction between so-called "single agent" and "multiple agent" cases, the suggestion being that the former more readily lend themselves to special rules of causation than the latter. For my part I have difficulty even in recognising the distinction between these categories, at any rate in some cases. » *International Energy Group Ltd v. Zurich Insurance plc UK Branch* [2016] AC 509, spéc. [127] (Lord Sumption).

[1626] [2012] 3 All ER 673.

[1627] [italiques ajoutées par nous] *Ministry of Defence v. AB and others* [2010] EWCA Civ. 1317 (CA), spéc. [154] (Smith LJ).

[1628] [italiques ajoutées par nous] *Ibid.*, [152] (Smith LJ) : « [These are not cases to which the *Fairchild* exception could foreseeably be made to apply. (...)] It is clear that the exception will only apply where the two or more potential causes act either through the same agent (eg asbestos dust in *Fairchild* or brick dust in *McGhee v. National Coal Board* (...)) or possibly through different agents which act on the body in the same way ».

[1629] [italiques ajoutées par nous] *Ibid.*, [153] (Smith LJ).

[1630] *AB v. Ministry of Defence* [2012] 3 All ER 673, spéc. [157] (Lord Phillips); [75] (Lord Brown); [85] (Lord Mance); V° aussi sur l'interprétation de cette affaire: *Jones v. Secretary of State for Energy and Climate Change* [2012] EWHC 2936 (QB), spéc. [6.17]-[6.18] (Swift J).

de facteurs multiples. Il a, pour cela, recours à deux techniques : la première, de nature probatoire, est celle des présomptions de fait (a) ; la seconde, de nature substantielle, est celle de la perte de chance (b).

a. *Le recours aux présomptions de fait*

711. L'existence de facteurs multiples, circonstance indifférente sur le principe du recours aux présomptions de fait. – L'utilisation des présomptions de fait constitue une forme d'assouplissement probatoire. Par cette méthode déductive, qui consiste à tirer un fait inconnu à partir d'un fait connu, le juge admet qu'une simple causalité vraisemblable soit traitée comme une causalité juridiquement certaine. Cette « technique » n'est pas gouvernée par la distinction entre facteur unique et facteurs multiples, si bien qu'elle peut être utilisée dans tous les cas. Le recours aux présomptions de fait repose, aux termes de l'article 1382 du Code civil, sur trois conditions.

La première tient à l'absence de présomption légale, ce qui s'explique car la présomption légale opère un renversement conditionné de la charge de la preuve[1631]. La deuxième est celle du domaine d'application : ces présomptions ne peuvent être utilisées que dans les domaines où la preuve est libre, donc aux faits juridiques comme la causalité. La troisième condition tient à la nécessité, pour le demandeur, de rapporter des indices graves, précis et concordants, dont la valeur est souverainement appréciée par les juges du fond. Sur ces éléments, la présomption de fait peut être retenue si bien que son recours est *a priori* possible en cas de facteurs multiples.

b. *Le recours à la perte de chance*

712. La redéfinition du dommage en une perte de chance. – Le droit français a parfois eu recours à une autre technique, de nature substantielle, pour contourner une incertitude causale dans des hypothèses de facteurs multiples[1632]. Alors même que l'origine de l'atteinte subie par la victime demeurait indéterminée[1633], ce en raison d'une pluralité de facteurs de risque possibles, la jurisprudence française a pu admettre une indemnisation de la victime sur le fondement d'une perte de chance. De la sorte, les difficultés tenant à la preuve

---

[1631] Art. 1354, C. civ. : « La présomption que la loi attache à certains actes ou à certains faits en les tenant pour certains dispense celui au profit duquel elle existe d'en rapporter la preuve ».

[1632] En ce sens : V° par ex., V. WESTER-OUISSE, « Les méandres de la perte de chance en droit médical », *RLDC*, N°100, 1er janvier 2013, p. 17 ; COUR DE CASSATION, « La causalité à l'épreuve du caractère multifactoriel des dommages » *in Rapport annuel de la Cour de cassation 2007*. Consulté sur le site de la Cour de cassation, le 30/01/2020 :
< https://www.courdecassation.fr/IMG/pdf/rapport_annuel_2007.pdf >

[1633] Ph. BRUN, « Perte de chance : les risques de dévoiement », *LPA*, n°218, 31/10/2013, p. 49. V° aussi : Cass., civ. 1, 22 septembre 2011, n°10-21.799, inédit.

du lien de causalité sont contournées, car s'il n'est pas possible d'affirmer que la faute a causé l'atteinte à l'intégrité corporelle, on peut tout de même retenir que la faute a fait perdre *x*% chance à la victime d'éviter la survenance de cette atteinte. Cette technique, qui consiste en réalité à redéfinir le préjudice réparable, a été utilisée dans certains contextes de risques sanitaires, en particulier dans les contentieux de responsabilité médicale[1634], mais elle ne semble pas avoir trouvé terre d'élection dans les situations de risques sanitaires sériels. Pour autant, il nous paraissait difficile de passer cette technique particulière sous silence, car n'étant pas spécifiquement confinée à un domaine précis, rien n'exclut que la jurisprudence française y fasse un jour appel dans le contexte des risques sanitaires sériels.

Pour permettre à la victime d'obtenir une indemnisation dans des hypothèses où, précisément, toute réparation devrait être exclue en raison de l'incertitude causale, les juges ont en fait recours à une approche probabiliste : en pratique, la victime est indemnisée à hauteur de la probabilité pour que la faute du défendeur ait causé le dommage final[1635]. En ce sens, il s'agit indéniablement d'une forme de responsabilité proportionnelle. Si l'on préfère, par rapport au dommage final, la victime bénéficie d'une réparation *partielle*[1636]. En théorie cependant, les principes du droit commun français de la responsabilité civile sont préservés. Ce qui est réparé n'est pas le dommage final, mais un dommage consistant en la perte de chance d'éviter ce dommage final, de sorte que la victime qui obtient une indemnisation à hauteur de *x*% bénéficie alors d'une réparation intégrale, non partielle.

713. Les juges français font donc preuve d'ingéniosité pour permettre d'avantager les victimes de certains risques particuliers, comme en témoigne le recours à la perte de chance dans les cas de causes alternatives impliquant de multiples facteurs.

Il importe maintenant d'examiner les conséquences pratiques découlant de la position adoptée par les deux droits dans les hypothèses de multiples facteurs.

B. CONSÉQUENCES PRATIQUES : LA CHARGE DE L'INCERTITUDE CAUSALE

714. La jurisprudence anglaise refuse d'appliquer l'exception *McGhee-Fairchild* aux cas de facteurs multiples, si bien que le test de causalité applicable doit être identifié (1). En droit français, le recours aux présomptions de fait est par principe possible dans ces hypothèses, mais il importe d'analyser les effets

---

[1634] F. G'SELL-MACREZ, th. préc. (note 832), p. 496, spéc. n°456 et s.

[1635] V° en ce sens: J. BORE, « L'indemnisation pour les chances perdues, une forme d'appréciation quantitative de la causalité d'un fait dommageable », *JCP G.* 1974, I, 2620 ; dans le même sens : W. VAN GERVEN *et al.* (dir.), *op. cit.* (note 1362), pp. 226-227.

[1636] C. CORGAS-BERNARD, « Perte de chance et responsabilité médicale », *LPA*, 31 octobre 2013, n°218, p. 38.

pratiques que peut entraîner l'existence de causes multiples sur l'application de cette preuve indiciaire (2).

1. *Le test de causalité applicable en droit anglais*

715. Le refus d'étendre l'exception *McGhee-Fairchild* aux situations de facteurs multiples conduit le droit anglais à revenir dans le giron du test classique du *but for* (a). Toutefois, certains arrêts laissent entendre qu'il serait possible d'approcher la question causale au regard du test du *doubling the risk* (b).

a. *L'application du test du* but for *en droit anglais : le principe*

716. Le test de causalité applicable en cas de facteurs multiples : le test du *but for*. – Dans l'arrêt *Wilsher*, la Chambre des Lords a refusé d'assouplir l'approche causale et a considéré que le test applicable était celui traditionnel du *but for*[1637]. Cette position a été réaffirmée par la suite, notamment dans l'arrêt *AB v. Ministry of Defence*[1638].

Dans cette décision rendue en appel, le juge Smith rappelle d'abord que « l'exception [*Fairchild*] ne s'appliquerait pas lorsque, comme ici, il y a plus d'une cause potentielle différente. Dans ces situations *Wilsher* s'appliquerait »[1639]. Puis, elle explique qu'« à moins qu'il n'y ait une extension de l'exception *Fairchild* [ce qui est peu probable[1640]], les demandeurs devront prouver la causalité selon le "*but-for*" : voir *Wilsher* »[1641]. Les conséquences de cette position sont importantes. En effet, la charge de l'incertitude causale provenant des facteurs multiples est supportée, en pratique, par le demandeur. Autrement dit, à moins que le demandeur ne parvienne à prouver que, selon toute probabilité, la faute du défendeur a causé son dommage, preuve bien

---

[1637] *Wilsher v. Essex Area Health Authority* [1988] 1 All ER 871, spéc. p. 883 (Lord Bridge): « But whether we like or not, the law, which only Parliament can change, requires proof of fault causing damage as the basis of liability in tort »; *Ibid.*, p. 883 (Lord Bridge): « For the reasons I have indicated I would allow the appeal, set aside the order of the Court of appeal save as to costs and order retrial of the issue whether negligence of the authority, as found by the Court of appeal, caused or materially contributed to the plaintiff's RLF ».

[1638] [2010] EWCA Civ. 1317: F. McCarthy, « Personal injury: civil procedure – causation – date of knowledge », (2011) 1 *JPIL* C30-34; N. Unthanks, « The price of freedom », (2010) 160(7446) *N.L.J.* 1743-1744; B. Salmon, « Ministry of Defence v. AB and others », (2011) 13(1) *Env. L. Rev.* 68.

[1639] *Ibid.*, spéc. [137]: « The exception would not apply where, as here, there was more than one different potential cause. In such cases *Wilsher* would apply. »

[1640] V° les conditions de l'applicabilité de *Fairchild* : *Supra*, n°679 et s.

[1641] *Ministry of Defence v. AB*, préc. (note 1433) spéc. [149] (Smith LJ).

souvent impossible à apporter en l'état des connaissances scientifiques, le demandeur supporte la charge de l'incertitude causale.

b. *Le recours au test du* doubling the risk *?*

717. Une utilisation possible. – Les juges du fond[1642] ont, très tôt, utilisé le test du *doubling the risk* dans des hypothèses de facteurs multiples. Son utilisation a continué même après que les juges de la Cour suprême ont exprimé leur réticence à cet égard dans l'arrêt *Sienkiewicz*[1643]. Ainsi l'illustrent les arrêts *Jones v. Secretary of State for Energy and Climate Change*[1644] et *Heneghan v. Manchester Dry Docks Ltd*[1645].

718. L'arrêt *Heneghan v. Manchester Dry Docks Ltd.* – Ce contentieux, que nous avons déjà eu l'occasion de mentionner[1646], concernait un employé fumeur qui avait été exposé à l'amiante par six employeurs et qui avait contracté un cancer des poumons.

La question de causalité se scindait en deux étapes dans cette affaire[1647], selon le juge Dyson. Il importait d'abord de déterminer si le dommage était attribuable au tabac ou à l'amiante, ce que le juge Dyson appelle *the « what » question*[1648]. Cette première étape devait donc permettre de démêler la causalité dans une hypothèse de facteurs multiples. Les juges ayant considéré que le dommage était en fait attribuable à l'amiante[1649], il importait ensuite de déterminer qui, parmi les six employeurs, avait causé le dommage, ce que le juge appelle *the « who » question*[1650]. Cette seconde étape devait en fait permettre de démêler la causalité dans une hypothèse impliquant l'exposition à

[1642] *Novartis Grimsby v. Cookson* [2007] EWCA Civ. 1261 ; *Shortell v. BICAL Construction Ltd*, Liverpool District Registry (unreported), 16 May 2008.

[1643] *Supra*, par ex. la note 1596.

[1644] [2012] EWHC 2936 (QB) : R. O'LEARY, « Double or nothing », (2013) 163(7553) *N.L.J.* 311-312. 250 demandeurs avaient entrepris une action de groupe contre l'une usine au sein de laquelle ils travaillaient, pour obtenir la réparation des préjudices liés à la survenance de divers cancers et maladies respiratoires qu'ils imputaient à leur exposition fautive à des poussières ou fumées contenant des substances carcinogènes. L'hypothèse étant celle de facteurs multiples, l'application de l'exception *Fairchild* est rejetée. Le juge Swift applique le test causal du *doubling the risk* en énonçant ([8.62] (Swift LJ)) : « It is plain that the majority of members of the Supreme Court in *Sienkiewicz* considered that the test can be used in appropriate circumstances although there was obvious concern about over-reliance on epidemiological alone. ». Par l'utilisation de ce test, le juge retient l'existence du lien de causalité entre l'exposition fautive aux substances carcinogènes et le cancer des poumons de trois demandeurs principaux (*lead claimants*).

[1645] [2016] 1 WLR 2036.

[1646] *Supra*, n°683.

[1647] *Ibid.*, [8]-[9] (Lord Dyson).

[1648] *Ibid.*, [8] (Lord Dyson).

[1649] *Ibid.*, [8] (Lord Dyson): « the epidemiological evidence shows on the balance of probabilities that the deceased's exposure to asbestos was a cause of his lung cancer. That is because it establishes that the relative risk of the cancer having been caused by exposure to asbestos was greater than 2:1 ie the risk was "doubled". »

[1650] *Ibid.*, [9] (Lord Dyson).

un facteur unique (amiante) par de multiples sources (pluralité de défendeurs). Seule la première étape doit ici retenir notre attention[1651].

À cette étape, Lord Dyson utilise le test du *doubling the risk*, considérant qu'il s'agit d'un test « qui applique des données épidémiologiques pour apprécier l'existence de la causalité selon la balance des probabilités *lorsque la science médicale ne permet pas de déterminer, avec certitude, la manière dont un dommage a été causé.* »[1652]. Par cette affirmation, il laisse entendre que le test du *doubling the risk* serait applicable par principe, lorsque deux conditions sont réunies : 1°/ l'hypothèse est celle de causes alternatives impliquant des facteurs multiples[1653] ; 2°/ l'état des connaissances scientifiques ne permet pas de déterminer la manière dont un dommage a été causé. En ce sens, si cette position était confirmée[1654], le recours au test du *doubling the risk* constituerait un moyen commode qui offrirait aux demandeurs une possibilité de prouver l'existence du *cause in fact* en dépit des incertitudes scientifiques portant sur la causalité *spécifique*. En d'autres termes, ce test permettrait aux demandeurs de réussir là où l'application classique du test du *but for* aurait systématiquement condamné leur action en responsabilité.

Ce test constitue donc une technique – de nature substantielle – d'assouplissement causal, qui prête cependant le flanc à la critique. Il soumet en effet les demandeurs à une forme de loterie scientifique : si les études épidémiologiques révèlent que le risque relatif est supérieur à 2 ($RR > 2$ avec la p-valeur $\leq 0{,}05$), alors le demandeur aura prouvé le lien de causalité ; au contraire, si le risque relatif est inférieur à 2 ($RR < 2$ avec la p-valeur $\leq 0{,}05$), alors le demandeur ne sera pas parvenu à démontrer le lien de causalité[1655].

719. Les juges anglais appliquent le test causal du *but for*, ou éventuellement celui du *doubling the risk*, dans les hypothèses de facteurs multiples. Dans le même temps, les juges français ont parfois recours à la notion de perte de chance, mais cette technique n'est pas véritablement utilisée dans le contexte des risques sanitaires sériels avérés. Dans ce domaine, les juges français privilégient plutôt la technique des présomptions de fait, même s'il faut admettre que la concurrence de facteurs multiples est alors susceptible de faire obstacle à l'admission de la présomption.

1651 Sur la seconde étape : *supra*, n°683.

1652 [italiques ajoutées par nous] *Ibid.*, [8] (Lord Dyson): « The "doubles the risk" test is one that applies epidemiological data to determining causation on the balance of probabilities where medical science does not permit determination with certainty of how an injury was caused. If statistical evidence shows that a tortfeasor more than doubled the risk that the victim would suffer injury, it follows that it is more likely than not that the tortfeasor caused the injury. »

1653 *Ibid.*, [8] (Lord Dyson): « But there can be no doubt as to the validity of applying it to answer the first question. »

1654 Sans aller aussi loin, une décision récente de première instance semble confirmer la validité de l'approche de Lord Dyson ; V° *Blackmore v. Department for Communities and Local Gouvernment* [2018] Q.B. 471, [30] (Lloyd Jones LJ.) : « The present case is not a *Fairchild* -type case. Liability was admitted by the defendant not on the basis of the *Fairchild* principle but on the basis of the doubling of the risk principle. This principle was explained by Lord Dyson MR in *Heneghan v Manchester Dry Docks Ltd* [2016] 1 WLR 2036 , para 8. »

1655 *Supra*, n°649 et s.

2. *L'utilisation des présomptions de fait en droit français*

720. L'exclusion d'autres facteurs de risque, élément pertinent d'une présomption de fait de causalité. – Pour retenir une présomption de fait, en matière de causalité, les juges se fondent sur une conjonction d'indices positifs et négatifs.

Les indices positifs qu'ils retiennent sont variables selon les espèces[1656]. En revanche, en ce qui concerne les indices négatifs, les juges ont tendance à se fonder sur un seul et même élément : l'exclusion, d'une manière ou d'une autre, de l'existence d'autres causes possibles de la survenance du dommage[1657]. Parfois même, pour admettre la présomption de fait, les juges se contentent de la seule preuve de l'exclusion de toutes les autres causes possibles du dommage, comme l'illustre l'affaire du « bang supersonique »[1658].

Les exemples de l'utilisation de l'exclusion d'autres causes possibles comme indice de causalité sont nombreux[1659]. Il s'agit donc d'un élément pertinent pour admettre une présomption de fait. La question demeure cependant de savoir si elle en est un élément indispensable.

721. Les effets de l'existence de facteurs multiples dans l'admission d'une présomption de fait. – Lorsque le demandeur a exclusivement recours à la preuve par exclusion, la réponse semble claire. Pour que la présomption soit

---

[1656] Sur l'hormone de croissance : injections d'hormone de croissance contaminée par le prion durant la période « à risque » (Cass., civ. 1, 24 janvier 2006, n°03-20.178, préc. (note 1374). V° sur les appréciations de fait pour retenir l'existence de la présomption: TGI Montpellier (ch. 2B), 9 juillet 2002, n°02/000565 ; CA Montpellier, 23 septembre 2003, X c/ Fondation Institut Pasteur) ; Sur le syndrome de Lyell : concomitance temporelle, cessation du trouble à l'arrêt du médicament (Cass., civ. 1, 5 avril 2005, n°s02-11.947 et 02-12.065, préc. (note 1152). V° aussi: Cass., civ. 1, 29 mai 1979, n°77-15.708, *Bull. civ. I*, 1979, N°156 ; CA Pau (ch. 1), 16 janvier 2002, n°00/00926) ; Sur le Mediator : rapport d'expertise concluant en faveur du lien de causalité entre le médicament et l'insuffisance aortique de la patiente (Cass., civ. 1, 20 septembre 2017, n°16-19.643, ECLI:FR:CCASS:2017:C100972 (publié)).

[1657] Sur l'hormone de croissance : absence d'autre cause de contamination (Cass., civ. 1, 24 janvier 2006, n°03-20.178, préc. (note 1374)). Sur le syndrome de Lyell : absence de prédisposition de la victime, absence d'association avec un autre médicament (Cass., civ. 1, 5 avril 2005, n°s02-11.947 et 02-12.065, préc. (note 1152)) ; Sur le Mediator : absence de formulation d'une hypothèse faisant appel à une cause étrangère pour expliquer la pathologie de la patiente (Cass., civ. 1, 20 septembre 2017, n°16-19.643, préc. (note 1090)). Sur le Distilbène : exclusion des autres causes que le DES pour expliquer l'anomalie utérine de la mère, conduisant à la naissance prématurée de son enfant (CA Versailles (ch. 3), 9 juin 2011, n°09/04905 ; V° aussi : CA Versailles (ch. 3), 26 novembre 2009, n°08/06779 ; CA Aix-en-Provence (ch. 10), 17 mars 2010, n°07/15247 ; CA Versailles (ch. 3), 13 octobre 2016, n°14/06399).

[1658] Cass., civ. 2, 13 octobre 1971, n°70-12.602, *Bull. civ. II*, 1971, N°274, p. 198 Sur la conjonction d'indices positifs et négatifs dans le contentieux des « bangs supersoniques » : Cass., civ. 2, 12 octobre 1972, n°71-12.661, *Bull. civ. II*, 1972, N°247, p. 202.

[1659] V° aussi par ex. : sur l'utilisation de présomptions de fait pour déterminer l'existence du lien entre l'Isoméride et : ...la survenance de valvulopathies : CA Aix-en-Provence (ch. 10), 28 novembre 2012, n°11/11774 ; CA Versailles (ch. 3), 12 avril 2012, n°10/07486 ; ...la survenance d'HTAP : CA Versailles, 20 janvier 2011 (ch. 3), n°09/08695 ; CA Versailles (ch. 3), 16 mars 2007, n°05/09525.

admise, il est alors impératif qu'il exclue la totalité des autres causes pouvant expliquer la survenance du dommage. Deux situations peuvent être envisagées : soit il existe plusieurs causes susceptibles d'entraîner le dommage en théorie, mais le demandeur démontre que ces facteurs (excepté celui susceptible de responsabilité) ne sont pas présents en l'espèce[1660]; soit il existe plusieurs causes susceptibles d'entraîner le dommage en l'espèce, et le demandeur doit alors prouver leur absence de rôle causal dans son cas[1661]. Dans ces conditions, l'impossibilité d'exclure les autres causes possibles du dommage fera obstacle à l'admission de la présomption de fait, de sorte que la charge de l'incertitude causale reposera sur le demandeur.

En revanche, lorsque la jurisprudence se fonde sur la réunion d'indices positifs et négatifs, situation plus courante dans le contexte de risques sanitaires sériels, la réponse est moins tranchée. Dans certaines espèces, les juges laissent entendre que l'impossibilité d'exclure les autres causes possibles de la maladie s'opposerait à l'admission d'une présomption de fait, comme l'illustre un arrêt de la cour d'appel de Versailles du 23 novembre 2017[1662].

Cependant, dans d'autres espèces, les juges sous-entendent le contraire. Par exemple, dans un contentieux dans lequel une demanderesse cherchait à obtenir la réparation des préjudices qu'elle attribuait à l'infertilité transitoire résultant de son exposition *in utero* au DES, la Cour de cassation a cassé l'arrêt d'appel qui avait rejeté la demande indemnitaire en raison de l'existence d'une autre cause possible[1663].

Cet exemple démontre à tout le moins que l'existence d'une autre cause possible ne fait pas nécessairement obstacle à l'admission de la présomption de fait de la causalité. En réalité, la position des juges va dépendre des autres indices, notamment positifs, apportés. Il faut donc conclure que dans les hypothèses impliquant des facteurs multiples, l'incertitude causale ne va être supportée par le demandeur que si celui-ci n'amène pas d'autres éléments permettant de convaincre le juge de la vraisemblance de la causalité.

722. Conclusion de la section I. – Dans les contentieux impliquant des risques sanitaires sériels avérés, les hypothèses de causes alternatives sont multiples, mais toutes font naître une incertitude, de nature scientifique ou factuelle, qui empêche d'établir le lien de causalité entre le fait générateur de

---

[1660] Il s'agit de la majorité des exemples cités précédemment en ce qui concerne la question de l'exclusion d'autres causes possibles : *supra*, notes 1656 à 1659.

[1661] CA Pau (ch. 1), 16 janvier 2002, n°00/00926 : présomption de fait du lien de causalité entre le Tanscopal et le syndrome de Lyell, alors qu'un autre médicament (le Voltarène) était également susceptible d'avoir causé cette maladie. Le rôle causal du Voltarène dans la survenance du dommage du patient avait pu être exclu en l'espèce, par des indices.

[1662] CA Versailles (ch. 3), 23 novembre 2017, n°15/08926 : Dans ce contentieux, une femme attribuait son infertilité à l'endométriose dont elle souffrait et qu'elle imputait à son exposition *in utero* au DES. La cour d'appel avait rejeté l'action en responsabilité de la demanderesse en considérant que « le débat sur la charge de la preuve n'offr[ait] pas d'intérêt en l'espèce, puisque la question à trancher [était] celle de l'existence de causes autonomes d'infertilité existant chez Mme Y…, lesquelles excluraient la preuve par présomptions graves, précises et concordantes de l'imputabilité ».

[1663] Cass., civ. 1, 11 janvier 2017, n°15-16.282, inédit.

responsabilité et le dommage. Au regard des règles classiques, le risque de la preuve, autrement dit la charge de l'incertitude causale, doit normalement être supporté par le demandeur. Sensibles à ces difficultés, les systèmes juridiques français et anglais ont choisi de procéder à des assouplissements de causalité, dans certaines circonstances ou au profit de certaines victimes de risques sanitaires sériels.

Le droit français est indéniablement plus généreux envers les victimes que ne l'est le droit anglais : il admet, en effet, des assouplissements de causalité dans toutes les hypothèses de causes alternatives, bien que le degré d'assouplissement puisse varier en fonction de la configuration. Ainsi, la jurisprudence judiciaire est plus encline à poser de véritables présomptions de droit dans les hypothèses impliquant l'intervention certaine d'un seul agent nocif dans la survenance du dommage, alors qu'elle a plutôt recours à des présomptions de fait dans les hypothèses impliquant de multiples facteurs de risque. Dans certains domaines particuliers, comme celui de la responsabilité médicale, la jurisprudence a même recours à la notion de perte de chance, ce qui est extrêmement favorable à la victime.

En revanche, le droit anglais n'admet d'assouplissements de causalité que dans certaines hypothèses de causes alternatives. En particulier, il pose une véritable solution d'exception dans les situations d'incertitude scientifique impliquant l'intervention d'un seul agent nocif dans la survenance du dommage (règle *Fairchild*), quand il les refuse, par principe, dans les hypothèses impliquant des facteurs multiples. Ceci n'a pas empêché certains juges du fond de chercher à atténuer la rigueur du test du *but for*, en recourant à un autre test, pourtant critiqué, celui du *doubling the risk*.

Les deux droits présentent indéniablement des convergences, puisqu'ils admettent tous deux des assouplissements de causalité dans les hypothèses de causes alternatives. Cependant, ils présentent également des différences, qui sont de degré : le droit français fait toujours le choix de l'assouplissement causal, contrairement au droit anglais. L'analyse doit donc maintenant nous conduire à apprécier les choix auxquels les systèmes juridiques ont procédé dans ce contexte.

SECTION II : L'OPPORTUNITÉ DES SOLUTIONS FRANÇAISES ET ANGLAISES

723. Dans les hypothèses de causes alternatives résultant de risques sanitaires sériels avérés, doivent être successivement examinées l'opportunité du choix d'adapter ou non la responsabilité civile (paragraphe 1) ainsi que l'opportunité des choix retenus dans l'adaptation de la responsabilité civile (paragraphe 2).

§1 – L'opportunité d'adapter la responsabilité civile dans les hypothèses de causes alternatives

724. Apprécier l'opportunité d'adapter ou non la responsabilité civile dans les hypothèses de causes alternatives implique de s'intéresser aux raisons qui ont poussé les systèmes juridiques à faire le choix d'une modification de l'approche traditionnelle de causalité dans certaines situations. À cet égard, on observe que la « force » de l'incertitude (I) comme les raisons de politique juridique (II) permettent autant de justifier l'adaptation que le refus d'adaptation de la responsabilité.

I. *Les raisons tenant à la « force » de l'incertitude*

725. Les hypothèses de causes alternatives sont certes diverses, mais elles font toutes naître une même difficulté : l'impossibilité d'établir que le fait générateur de responsabilité a été une cause nécessaire de la survenance du dommage. Dans ces conditions, il serait tentant d'envisager les différentes configurations de causes alternatives au sein d'un bloc unifié. Pourtant, il est pertinent de les examiner séparément.

En effet, les droits français et anglais ont pu admettre des assouplissements de causalité dans des hypothèses de causes alternatives faisant naître une incertitude causale faible (A), par exemple lorsque le dommage est imputable au défendeur, ou à l'un des défendeurs identifiés, de manière certaine. Le faible degré d'incertitude est donc sans doute une circonstance favorisant la position souple des systèmes juridiques.

Cependant, aussi pertinente soit-elle, cette circonstance ne constitue pas une raison déterminante du choix opéré par les systèmes juridiques, les droits français et anglais ayant également pu admettre des assouplissements de causalité dans des hypothèses de causes alternatives impliquant une incertitude causale forte (B), par exemple dans des situations dans lesquelles le dommage n'est pas imputable au défendeur, ou à l'un des défendeurs identifiés, de manière certaine.

A. Les hypothèses impliquant une incertitude causale faible

726. Le dommage est imputable de manière certaine au défendeur. – Les juges anglais ont adopté une approche assouplie de la causalité lorsque l'incertitude causale apparaissait faible. Dans l'arrêt *McGhee*, par exemple, les juges ont accepté de tenir pour équivalent la preuve selon laquelle le défendeur avait, par sa faute, augmenté de manière significative le risque de survenance du dommage, risque qui s'était en l'espèce réalisé, et celle en vertu de laquelle le défendeur avait, par sa faute, contribué de manière significative à la survenance du dommage.

Dans cette hypothèse, il y avait deux certitudes : d'abord, le dommage était indiscutablement causé par un seul agent nocif (la poussière de briques) ; ensuite, étant donné que la victime avait seulement été exposée à cet agent par le défendeur, le dommage qu'elle avait subi était imputable, de manière certaine, au défendeur. En réalité, une seule incertitude demeurait dans ce contentieux, celle de savoir si le dommage résultait de l'exposition fautive ou de celle non-fautive, imputables toutes deux à l'employeur. Cette circonstance a indéniablement joué un rôle dans la position – souple – retenue par les juges[1664]. En effet, dans cette situation, le transfert du risque de la preuve du demandeur vers le défendeur apparaît plus justifié, ou moins critiquable, car si le défendeur n'est peut-être pas responsable du dommage causé sur un plan juridique, au regard des règles classiques, il l'est à tout le moins sur un plan factuel.

727. Le dommage est imputable de manière certaine à l'un des défendeurs identifiés. – Les juges anglais comme français ont également adopté une vision souple de la causalité dans les hypothèses d'auteur indéterminé, comme en témoignent l'arrêt *Fairchild* pour le droit anglais[1665], et le contentieux du DES pour le droit français[1666]. Dans ces situations, impliquant une pluralité de défendeurs, il n'est pas possible de déterminer quel fait générateur, parmi plusieurs, a causé le dommage. L'incertitude causale est ici plus forte que dans l'hypothèse évoquée précédemment, car le transfert du risque aboutit à tenir responsables, juridiquement, des personnes qui n'ont peut-être pas causé le dommage, sur un plan factuel[1667]. Cependant, en dépit de cette incertitude, il est possible de dire que le dommage est imputable, de manière certaine, à l'un (au moins) des défendeurs identifiés, même s'il n'est pas possible de déterminer lequel. Surtout, dans cette hypothèse, la personne ayant subi le dommage est, de manière certaine, une victime au sens du droit de la responsabilité civile.

[1664] Par ex. : *McGhee*, préc. (note 1489), p. 9 (Lord Kilbrandon) : « My Lords, the facts relating to the nature and conditions of the pursuer's work, to the facilities provided by the defenders, and to the pursuer's having contracted *an industrial dermatitis* in consequence of those conditions of work, are undisputed [italiques ajoutées par nous] ». V° dans l'arrêt *Fairchild*, préc. (note 1513), discutant de l'arrêt *McGhee* : [33] (Lord Bingham) « The Court of Appeal had in mind that in each of the cases discussed in paragraphs 14-21 above (*Wardlaw, Nicholson, Gardiner, McGhee*) there was only one employer involved. Thus there was a risk that the defendant might be held liable for acts for which he should not be held legally liable but no risk that he would held liable for damage (whether legally liable or not) he had not caused », admettant néanmoins l'application de l'approche *McGhee* au cas de multiples défendeurs.

[1665] *Supra*, n°677

[1666] *Supra*, n°676.

[1667] *Barker*, préc. (note 1433), [126] (Lady Hale): « But in the *Fairchild* situation we have yet another development. For the first time in our legal history, persons are made liable for damage even though they may not have caused it at all, simply because they have materially contributed to the risk of damage ».

En droit français[1668] comme en droit anglais[1669], cette circonstance a indéniablement joué un rôle, même si elle n'apparaît pas avoir été déterminante[1670]. Plutôt, il s'agit d'un facteur, parmi d'autres, qui explique la solution.

B. LES HYPOTHÈSES IMPLIQUANT UNE INCERTITUDE CAUSALE FORTE

728. Le dommage n'est pas imputable de manière certaine au ou à l'un des défendeurs identifiés. – D'autres hypothèses de causes alternatives font naître une incertitude causale bien plus forte. En effet, dans les situations impliquant soit une exposition à de multiples agents nocifs, soit une exposition à un unique agent nocif par plusieurs sources d'exposition, non toutes susceptibles de responsabilité (configuration *Sienkiewicz*), il est alors impossible d'affirmer que le dommage est *a minima* imputable de manière certaine au ou à l'un des défendeurs identifiés. En d'autres termes, il n'est pas certain que le demandeur soit une victime au sens de la responsabilité civile. La position des deux systèmes juridiques est alors moins unitaire dans ces situations.

729. Le droit français demeure assez généreux dans ces situations. Outre que le recours aux présomptions de fait est toujours possible, le droit français retient parfois des solutions particulièrement favorables aux victimes. Par exemple, dans le domaine des risques médicaux, le droit français utilise la perte de chance pour permettre l'indemnisation des victimes dans des situations de facteurs multiples. De même, dans le contentieux des contaminations post-transfusionnelles, la jurisprudence puis le législateur ont consacré une présomption de droit, en matière de causalité. Pourtant, dans les deux cas, on ne peut affirmer que le dommage est imputable, de manière certaine au ou à l'un des défendeurs identifiés. Au contraire même, dans le cas des contaminations post-transfusionnelles, la prise en compte de la force de l'incertitude aurait dû jouer, au regard des règles classiques, *contre* le demandeur. Pourtant, par

---

[1668] P. JOURDAIN, obs. sous Cass., civ. 1, 24 septembre 2009, n°08-16.305, *Bull. civ. I*, 2009, N°187, *RTD civ.* 2010, N°1, 15/03/2010, p. 111 ; C. QUÉZEL-AMBRUNAZ, art. préc. (note 1411), p. 1162 .

[1669] *Fairchild*, préc. (note 1513), [41] (Lord Nicholls): « Tragically, each claimant acquired this fatal disease from wrongful exposure to asbestos dust in the course of his employment. »; [153] (Lord Rodger): « (...) it is not disputed that the men developed mesothelioma as a result of a tort by one of their employers ». Également, dans l'arrêt *Barker*, préc. (note 1433) discutant de l'arrêt *Fairchild*, [57] (Lord Scott): « *Fairchild* is explained as a pragmatic judicial response to what would otherwise have been an unjust and unsatisfactory denial of a remedy to a mesothelioma sufferer *whose disease had been caused by one or other of a number of wrongdoers* (...). [italiques ajoutées par nous] »; [128] (Lady Hale): « One way of explaining *Fairchild* is that all were in breach of duty *and one of them must be guilty*, so that it made sense that all should be liable. [italiques ajoutées par nous] »

[1670] *Infra*, n°734 et s. pour les autres éléments justifiant la solution.

dérogation aux règles classiques, le législateur a clairement considéré que le doute profitait au demandeur. Dès lors, le droit français n'est pas opposé aux assouplissements de causalité dans les hypothèses d'incertitudes causales fortes.

730. Comme en droit français, la force de l'incertitude ne permet pas de justifier l'ensemble des solutions adoptées en droit anglais. Si elle peut expliquer la position adoptée par les juges anglais dans les arrêts *McGhee* et *Fairchild*, où l'incertitude causale était faible, elle ne permet pas de rendre compte des solutions retenues dans les arrêts *Barker* et *Sienkiewicz*. Dans ces deux décisions, les juges anglais ont appliqué l'exception *Fairchild*, alors qu'il était impossible de conclure que le dommage était imputable, de manière certaine, au ou à l'un des défendeurs identifiés[1671].

En effet, dans l'arrêt *Barker*, la victime avait été en partie exposée à l'amiante alors qu'elle travaillait à son propre compte, ce qui empêchait, contrairement à l'arrêt *Fairchild*, d'affirmer qu'au moins l'un des défendeurs avait causé le dommage. Dans l'arrêt *Sienkiewicz*, la victime avait été en partie exposée à l'amiante par une source environnementale innocente, si bien que, contrairement à l'arrêt *McGhee*, il était impossible d'affirmer que le défendeur avait causé le dommage.

Les juges ont en fait considéré que la combinaison des arrêts *McGhee* et *Fairchild* devait inéluctablement conduire à l'application de l'exception dans *Barker* et *Sienkiewicz*. En dépit de leur réticence[1672], ils ont conclu que « le dé a[vait] été inexorablement jeté avec *Fairchild* »[1673]. Puisqu'ils avaient déjà appliqué l'exception dans des situations impliquant une seule source d'exposition (*McGhee*) ou de multiples sources d'exposition (*Fairchild*), alors aucun fondement rationnel ne pouvait justifier, selon eux, de ne pas l'appliquer à *Barker* et *Sienkiewicz* (multiples sources d'exposition). Ils considèrent que pour rejeter son application dans *Sienkiewicz*, la seule option envisageable était d'abolir l'exception elle-même[1674], ce qu'ils n'ont pas fait car le Parlement aurait sans doute rétabli la solution.

[1671] Cela a notamment été relevé par Lord Walker dans l'arrêt *Barker v. Corus UK Ltd*, préc. (note 1433), [115] : « Nevertheless it raises an important issue of principle, since it [l'affaire *Barker*] involves applying the *Fairchild* principle in a situation in which the court *cannot be sure* that Mr Barker's fatal disease was caused by breach of duty on the part *of any one of his employers*. [italiques ajoutées par nous] »

[1672] *Sienkiewicz*, préc. (note 1580), [58] (Lord Phillips) se référant aux « conséquences draconiennes » pour l'employeur, responsable intégralement (en cas de mésothéliome) pour une petite proportion de l'exposition intégrale de l'employée; [167] (Lady Hale); [186] (Lord Brown): « Although, therefore, mesothelioma claims must now be considered from the defendant's standpoint a lost cause, there is to my mind a lesson to be learned from losing it: the law tampers with the "but for" test of causation at its peril. »

[1673] *Ibid.*, [185] (Lord Brown) ; dans le même sens : [167] (Lady Hale) : « I find it hard to believe that their Lordships there foresaw the logical consequence of abandoning the "but for" test : that an employer or occupier whose wrongful exposure might or might not have led to the disease would be liable in full for the consequences even if it was more likely than not that some other cause was to blame (let alone that it was not more likely than not that he was to blame). But as Lord Rodger has explained, that is the logical consequence and there is nothing we can do about it without reversing *Fairchild*. »

[1674] *Ibid.*, [184] (Lord Brown) ; [167] (Lady Hale).

La position des juges ne nous paraît pas convaincante. Ces derniers auraient pu rejeter l'application de l'exception *Fairchild* dans les arrêts *Barker* et *Sienkiewicz* en se fondant sur la force de l'incertitude.

Ils auraient pu considérer que l'exception était applicable à condition de prouver trois éléments: 1°/ l'établissement du lien de causalité selon l'approche traditionnelle est impossible *en raison de l'état des connaissances scientifiques* ; 2°/ l'implication de l'agent nocif dans la survenance du dommage est *certaine* (condition d'unicité de l'agent nocif) ; 3°/ le dommage est factuellement imputable *de manière certaine* au ou à l'un des défendeurs identifiés[1675]. Une telle solution aurait présenté l'avantage de délimiter les solutions de manière rationnelle.

En l'état, l'exception *Fairchild* s'applique aux hypothèses *Barker* et *Sienkiewicz*, mais non à l'hypothèse *Wilsher*, car l'arrêt *Wilsher* implique de multiples agents nocifs, quand les deux premiers arrêts impliquent l'intervention d'un seul agent nocif. Cette distinction entre facteur unique et facteurs multiples n'est pas satisfaisante, car à bien y réfléchir, l'incertitude causale est identique dans ces trois situations. Il est impossible de conclure que le dommage est factuellement imputable de manière certaine au ou à l'un des défendeurs identifiés. Dans ces conditions, comment justifier, de manière convaincante, que l'exception *Fairchild* soit applicable aux arrêts *Barker* et *Sienkiewicz*, mais non à l'arrêt *Wilsher* ?

731. En somme, l'existence d'une incertitude causale faible constitue indéniablement une circonstance favorisant l'admission d'un assouplissement de causalité dans les cas de causes alternatives et ce, dans les deux droits. Néanmoins, tant en droit français qu'en droit anglais, l'existence d'une incertitude causale forte ne fait pas nécessairement obstacle à l'adoption de solutions souples. Par conséquent, il faut conclure que si la force de l'incertitude causale est un facteur qui est pris en compte par les deux droits pour justifier certains assouplissements, ce facteur ne suffit pas, à lui seul, à justifier l'ensemble des solutions. D'autres considérations, notamment de politique juridique, permettent de comprendre la position des systèmes juridiques.

II. *LES RAISONS DE POLITIQUE JURIDIQUE* (PUBLIC POLICY)

732. Procéder ou non à un assouplissement causal traduit un choix dans la protection des intérêts contradictoires. Ce choix opéré par les systèmes

---

[1675] Dans l'arrêt *Barker*, Lord Walker mentionne d'ailleurs cet argument, [117] : « The injustice, recognised in *Fairchild* of denying a claimant any remedy in a situation in which his (or the deceased's) fatal disease must have been caused by a breach of duty on the part of at least one of two or more employers loses some of its edge if the disease might have been caused by the claimant's (or the deceased's) own fault or (as will become increasingly unlikely with the passage of time) by exposure to asbestos which (because public knowledge was deficient) did not involve any breach of duty by an employer or occupier (…) ».

juridiques est bien souvent guidé par des considérations tant juridiques qu'extra-juridiques. Ainsi, dans le contexte des risques sanitaires sériels avérés, les solutions retenues dans les hypothèses de causes alternatives se justifient par une conjonction d'éléments liés aux défendeurs (A) et aux demandeurs (B). Parfois même, les juges tiennent compte d'éléments tenant à l'intérêt public (C).

A. Les facteurs liés aux défendeurs

733. Les assouplissements de causalité peuvent d'abord être justifiés au regard de certains facteurs qui tiennent aux défendeurs. En particulier, il importe d'examiner le poids accordé, par les systèmes juridiques, à la commission d'une faute par le(s) défendeur(s) (1). Un autre argument a pu être invoqué en droit anglais, tenant à la nécessité de préserver l'efficacité du devoir de diligence dont sont tenus les défendeurs (2). Ces facteurs permettent déjà d'éclairer, dans une certaine mesure, le rôle joué par la responsabilité civile au sein des deux droits.

1. L'importance accordée à la faute des défendeurs

734. Un poids différent accordé à la faute des défendeurs en droits français et anglais. – Les deux droits n'accordent pas la même importance au fait que, dans les hypothèses de pluralité de défendeurs, une faute puisse être imputée à tous les défendeurs. En effet, si cet argument n'a pas été déterminant dans la solution retenue en droit français, il a, au contraire, joué un rôle primordial dans l'arrêt *Fairchild.*

Dans cet arrêt, l'argument est présent dans tous les discours des juges[1676]. Ces derniers relèvent d'abord que le devoir de diligence de l'employeur (*duty of care*) a été spécifiquement créé pour protéger l'employé des risques pour sa santé ; ensuite, ils notent que tous les employeurs ont violé cette obligation, et enfin, que tous les employés ont contracté la maladie redoutée, autrement dit que le risque s'est réalisé.

[1676] Par ex.: *Fairchild*, préc. (note 1513) [33] (Lord Bingham) : « On the other hand, there is a strong policy argument in favour of compensating those who have suffered grave harm, at the ex pense of their employers who owed them a duty to protect them against that very harm and failed to do so, when the harm can only have been caused by breach of that duty (...) »; *Ibid.*, [41] (Lord Nicholls): « Inhalation of asbestos dust carries a risk of mesothelioma. That is one of the very risks from which an employer's duty of care is intended to protect employees. Tragically, each claimant acquired this fatal disease from wrongful exposure to asbestos dust in the course of his employment. »; *Ibid.*, [63] (Lord Hoffmann): « My Lord, as between the employer in breach of duty and the employee who has lost his life in consequence of a period of exposure to risk to which that employer has contributed, I think it would be both inconsistent with the policy of the law (...) and morally wrong (...) to impose causal requirements which exclude liability. »; *Ibid.*, [155] (Lord Rodger): « The men did nothing wrong, whereas all the defendants wrongly exposed them to the risk of developing a fatal cancer, a risk that has eventuated in these cases. ».

L'argument peut être résumé simplement : tous les employés ont contracté une maladie en raison de la réalisation d'un risque contre lequel leurs employeurs étaient tenus de les protéger, ce qu'ils ont tous échoué à faire. Dans l'affaire *Fairchild*, refuser d'assouplir la causalité revenait en fait à rejeter l'indemnisation des demandeurs, précisément parce que tous les défendeurs étaient fautifs[1677]. En d'autres termes, refuser l'assouplissement de causalité dans cette hypothèse, c'était reconnaître que « plus le risque auquel les personnes ont été exposées aux mains d'employeurs (...) fautifs est grand, et moins les demandeurs ont de chance d'obtenir une indemnisation »[1678], solution qui aurait été injuste (*unfair*).

En revanche, cette circonstance ne semble pas avoir été déterminante en droit français, même si elle a pu jouer un rôle. En effet, la Cour de cassation a certes assoupli sa position dans le contentieux du DES, où les défendeurs étaient tous fautifs, mais elle a également adopté la même solution dans le cas d'une responsabilité sans faute, avec le contentieux des infections nosocomiales : cela avait d'ailleurs été critiqué par certains auteurs[1679].

Cette circonstance n'a pas non plus semblé déterminante dans une autre hypothèse de causes alternatives, celle d'une exposition à un agent nocif unique par plusieurs sources possibles, génératrices et non-génératrices de responsabilité. Dans cette situation, illustrée par le contentieux des contaminations post-transfusionnelles, le législateur français a également posé une présomption légale de causalité dans un contexte de responsabilité sans faute.

Le fait que les défendeurs soient tous fautifs ne constitue donc pas le fondement de la justification du choix de l'assouplissement en droit français.

2. *Préserver l'efficacité du devoir de diligence des défendeurs : justification anglaise spécifique*

735. Une volonté de ne pas vider de substance le devoir de diligence du défendeur. – En droit anglais, l'une des raisons conduisant les juges à adopter une vue modifiée de la causalité tient à leur volonté de préserver l'efficacité du contenu du devoir de diligence de l'employeur, comme l'illustre l'arrêt

---

[1677] *Ibid.*, [155] (Lord Rodger): « The defendants, in effect, say that it is because they are all wrongdoers that the claimants have no case ». On retrouve également la même idée en France : par ex. F. CHABAS, *op. cit.* (note 1429), pp. 18-19 ; P. JOURDAIN obs. sous Cass., civ. 1, 24 septembre 2009, n°08-16.305, *Bull. civ. I*, 2009, N°187 in : *RTD civ. 2010*, N°1, 15/03/2010, p. 111, qui note qu' « il est difficile d'accepter qu'elle [la victime] pâtisse de la pluralité de fabricants ».

[1678] *Ibid.*, [155] (Lord Rodger): « In other words: the greater the risk that the men have run at the hands of successive negligent employers, the smaller the claimants' chances of obtaining damages »

[1679] P. JOURDAIN obs. sous Cass., civ. 1, 24 septembre 2009, n°08-16.305, *Bull. civ. I*, 2009, N°187 in : *RTD civ. 2010*, N°1, 15/03/2010, p. 111 ; Ph. BRUN, obs. sous Cass., civ. 1, 17 juin 2010, n°09-67.011, *Bull. civ. I*, 2010, N°137 in : *D.* 2011, N°1, 06/01/2011, p. 35.

McGhee. Dans cet arrêt, Lord Simon énonce, par exemple, qu'une absence de responsabilité « signifierait que les défendeurs sont tenus d'un devoir qu'ils pourraient, en l'état de la connaissance médicale, ignorer avec impunité »[1680], argument que l'on retrouve dans plusieurs discours au sein des arrêts *McGhee*[1681] et *Fairchild*[1682].

Cette volonté de préserver la portée efficace du devoir de diligence de l'employeur traduit en fait l'importance du rôle normatif de la responsabilité civile en droit anglais. Effectivement, les juges relèvent que refuser d'assouplir le test de causalité, ce serait neutraliser, en pratique, la portée du devoir de diligence des employeurs, ceci car leur responsabilité ne pourrait jamais, dans ces conditions, être retenue.

À dire vrai, cette circonstance n'est pertinente que si l'on compte sur le rôle dissuasif de la responsabilité civile, l'idée étant alors de décourager l'adoption de certains comportements jugés répréhensibles mettant en danger la santé des travailleurs. Dans ce contexte, il devient alors difficile de ne pas noter le caractère partiellement punitif de la solution adoptée en droit anglais ; en effet, afin de promouvoir la dissuasion des comportements antisociaux, encore faut-il que le comportement en question soit susceptible d'effets juridiques. D'une certaine manière, la consécration de l'exception *McGhee-Fairchild* éloigne le droit anglais de l'idée de justice corrective, selon laquelle le défendeur n'est tenu de réparer le dommage que parce qu'il l'a causé par sa faute. L'exception *McGhee-Fairchild* permet, au contraire, de condamner les défendeurs à indemniser le dommage alors même qu'ils ne l'ont peut-être pas causé par leur faute. La solution se place donc à rebours de l'idée de justice corrective[1683].

La motivation laconique des arrêts français ne permet pas de déterminer, avec certitude, si cette circonstance a joué un rôle ; toutefois, cela semble douteux puisque la solution appliquée dans le contentieux du DES a été étendue à une situation de responsabilité sans faute (infections nosocomiales). Certains auteurs se sont interrogés sur le bien-fondé de cette extension, en considérant que « cette responsabilité de l'ensemble des auteurs possibles qui se justifie assez bien lorsque, comme dans les affaires du Distilbène, tous ont commis des fautes génératrices de responsabilité (fautes de vigilance), *perd de sa valeur*

[1680] *McGhee*, préc. (note 1489), p. 9 (Lord Simon): « [To hold otherwise] would mean that the respondents were under a legal duty which they could, in the present state of medical knowledge, with impunity ignore. »

[1681] *Ibid.*, p. 12 (Lord Salmon) : « [Moreover, it] would mean that in the present state of medical knowledge and in circumstances such as these (which are by no means uncommon) an employer would be permitted by the law to disregard with impunity his duty to take reasonable care for the safety of his employees. »

[1682] *Fairchild*, préc. (note 1513), [62] (Lord Hoffmann) : « In these circumstances, a rule requiring proof of a link between the defendant's asbestos and the claimant's disease would, with the arbitrary exception of single-employer cases, empty the duty of content. »; [155] (Lord Rodger) : « The substantive duty of care would be emptied of all practical content so far as victims are concerned. »; [33] (Lord Bingham). Comme nous l'observerons, les situations impliquant une asbestose sont traitées différemment des situations de mésothéliome car elles correspondent à une hypothèse de causes cumulatives : par ex. *Holtby v. Brigham & Cowan (Hull) Ltd* [2000] 3 All ER 421. Pour plus de précisions: *Infra*, n°815 et s.

[1683] Sur cette idée: R. PERRY, « The role of retributive justice in the common law of torts : a descriptive theory », (2006) 73 *Tennessee Law Review* 98-99.

lorsque tel n'est plus le cas »[1684]. Cependant, cette critique n'est pertinente que si l'on présuppose que la solution puise – ou devrait puiser – ses sources dans la volonté de sanctionner et de dissuader certains comportements, nommément ceux résultant d'une faute. Or, la solution française retenue dans les hypothèses d'auteur indéterminé n'est pas fondée sur cette idée, comme nous le verrons[1685].

B. Les facteurs liés aux demandeurs

736. Les solutions particulières adoptées par les systèmes juridiques français et anglais ne s'expliquent pas seulement à la lumière de facteurs tenant aux défendeurs. Elles peuvent être justifiées au regard de facteurs tenant aux demandeurs. En particulier, les deux droits semblent tenir compte du caractère particulièrement « méritant » des victimes (1), qui justifie de promouvoir leur indemnisation (2).

1. Les victimes « méritantes » d'indemnisation

737. Comment caractériser une victime « méritante »[1686] d'indemnisation ? La question est difficile car elle implique un nécessaire degré de subjectivité. Malgré tout, on peut observer une tendance des systèmes juridiques à faire preuve de bienveillance envers les victimes lorsque, d'une part, le dommage subi présente une nature particulière (a), et lorsque, d'autre part, la victime est considérée « innocente » (b). Ces deux caractéristiques, prises ensembles ou séparément selon les systèmes juridiques, définissent qui sont les victimes particulièrement méritantes d'indemnisation.

a. *L'argument tenant à la nature du dommage subi*

738. L'importance de la nature du dommage : une atteinte à l'intégrité physique. – Un constat identique ressort ; les deux systèmes juridiques ont

---

[1684] [italiques ajoutées par nous] P. JOURDAIN, note sous Cass., civ. 1, 17 juin 2010, n°09-67.011, *RTD civ.* 2010, N°3, 15/10/2010, p. 567.

[1685] *Infra*, n°744.

[1686] V° par ex.: *Environment Agency v. Ellis* [2008] EWCA Civ. 1117, spéc. [22] (May LJ) : « What it [l'arrêt *Fairchild*] does show is that departure from the normal rule is exceptional and to be approached with caution; and that a modified approach to proof of causation was justified *to assist a highly deserving claimant* who from the nature of the facts had evidentiary difficulty in proving that the negligence of one of two or more possible tortfeasors, whose negligence may have operated successively, satisfied on the balance of probabilities the "but for" test. [italiques ajoutées par nous] »

accepté des assouplissements de causalité dans des situations de dommage corporel, en particulier d'atteinte à l'intégrité physique.

Cette circonstance est particulièrement importante en droit français comme en témoigne le projet de réforme de la responsabilité civile (2017) qui prévoit des règles spéciales ayant pour but de favoriser l'indemnisation des victimes de dommages corporels. À cet égard, le projet entérine un mouvement déjà existant en droit positif français, si bien que les assouplissements de causalité dans les situations de risques sanitaires sériels ne doivent pas étonner.

En droit anglais, il est vrai que d'une manière générale, cette tendance est beaucoup moins flagrante, mais la consécration d'un test exceptionnel de causalité dans le cas où existe un devoir spécial de protection de la santé d'une catégorie d'individus n'est pas anodine et reflète également l'importance accordée, par ce système juridique, à la protection de l'intégrité physique.

En réalité, si dans le contexte de la responsabilité civile, les juges français sont souvent plus généreux envers les victimes que ne le sont les juges anglais[1687], cette différence est de degré mais non de nature. En effet, malgré l'importance accordée à la protection de l'intégrité physique des individus, l'indemnisation des dommages corporels ne s'affiche pas comme un objectif en soi du droit anglais de la responsabilité civile. Or, si tel ne devrait pas être le cas en droit français, force est de constater qu'elle le devient de plus en plus[1688].

La différence entre les deux systèmes juridiques pourrait, selon nous, être résumée de la manière suivante. Alors que la protection de l'intégrité corporelle, en particulier physique, semble constituer le facteur principal pris en compte en droit français, elle ne constitue, en droit anglais, qu'un facteur parmi d'autres à prendre en considération. Plus encore, en droit anglais, nous aurions tort de conclure que seule la nature de l'atteinte a justifié l'adoption de l'exception *Fairchild* ; en effet, ce qui a conduit les juges à adapter le test de causalité s'explique plutôt par la gravité de l'atteinte en question.

739. L'importance de la gravité de l'atteinte subie. – Dans *Fairchild*, les juges ont relevé que le mésothéliome était une atteinte « grave »[1689], une maladie « fatale »[1690]. Dans *Sienkiewicz*, ils l'ont qualifié de maladie « effroyable »[1691], « ignoble »[1692]. Le mésothéliome pleural malin est une maladie tout à fait particulière. Il s'agit d'une tumeur maligne rare de la plèvre, souvent détectée à un stade avancé en raison d'un délai de latence assez long, qui peut varier entre vingt et quarante ans[1693]. Cette maladie est incurable, inévitablement fatale, et le délai moyen entre le diagnostic et le décès varie de douze[1694] à dix-huit[1695]

1687 J.-S. Borghetti, art. préc. (note 116), p. 158.

1688 V° les différents éléments traduisant cette volonté : *Supra*, partie 1 de nos travaux.

1689 *Fairchild*, préc. (note 1513), [33] (Lord Bingham) ; [114] (Lord Hutton).

1690 *Ibid.*, [41] (Lord Nicholls) ; [63] (Lord Hoffmann).

1691 *Sienkiewicz*, préc. (note 1580), [167] (Lady Hale).

1692 *Ibid.*, [1] (Lord Phillips); [186] (Lord Brown).

1693 G. Fuhrer, A. Lazarus, « Mesothelioma », *DM*, vol. 57(1), January 2011, pp. 40-54, spéc. p. 40.

1694 *Ibid.*, p. 48; K. Sweeney, L. Toy, J. Cornwell, « Mesothelioma », (2009) *BMJ* 339: b2862; I. Ahmed, S. Ahmed Tipu, S. Ishtiaq, « Malignant mesothelioma », (2013) 29(6) *Pak. J. Med. Sci.* 1433-1438.

1695 J. Hobson, « Mesothelioma », (March 2013) 63(3) *Occupational Medicine* 108.

mois. Il s'agit donc d'une maladie généralement foudroyante. Ces caractéristiques particulières expliquent pourquoi les victimes bénéficient d'un régime de faveur, et notamment pourquoi le Parlement a rétabli la responsabilité *in solidum* des défendeurs en 2006, neutralisant ainsi les effets de l'arrêt *Barker*, pour ces victimes. Dans ce contexte, il est important que ces dernières soient indemnisées rapidement et intégralement[1696].

En droit français, la gravité du dommage est également un facteur pris en compte pour justifier certains assouplissements de causalité. Par exemple, ce n'est pas un hasard si la jurisprudence et le législateur ont assoupli leur position, notamment en posant des présomptions de causalité, dans le contentieux des contaminations post-transfusionnelles. En effet, à l'époque de la révélation du scandale du sang contaminé dans les années 1980-1990, l'annonce d'une contamination par le VIH sonnait comme une condamnation certaine à mort. Les personnes contaminées par le virus n'en guérissent pas[1697] bien qu'aient été développés aujourd'hui des moyens permettant de stopper la progression de la maladie[1698]. Le bouleversement des conditions d'existence de ces victimes était conséquent d'autant qu'elles ont longtemps fait l'objet d'un ostracisme social important. La gravité du dommage subi explique aussi pourquoi la jurisprudence judiciaire a reconnu un nouveau préjudice, le préjudice spécifique de contamination, d'abord en faveur des victimes du VIH[1699], puis en faveur de celles du VHC[1700].

740. Si les droits français et anglais tiennent compte de la nature et de la gravité de l'atteinte subie dans leurs solutions, ils sont également sensibles au fait que la victime puisse être considérée innocente.

b. *L'argument tenant à la victime dite « innocente »*

741. L'importance accordée à « l'innocence » de la victime. – En droit français, le style rédactionnel des arrêts empêche de conclure avec certitude que l'innocence de la victime a joué un rôle dans la solution des juges ; ceci étant, lorsque dans les années 1950, la Cour de cassation a refusé d'assouplir sa position dans les hypothèses d'auteur indéterminé, la doctrine n'a pas hésité à

[1696] Cette circonstance conduit également sans aucun doute à expliquer pourquoi un fonds d'indemnisation a été spécialement créé pour les victimes professionnelles de l'amiante qui ont contracté un mésothéliome dans *The Mesothelioma Act 2014* : sur ce point, V° *supra*, n°189.

[1697] Ces dernières années cependant, deux patients qui ont reçu une greffe de cellules souches ont été guéris du VIH, autrement dit, ils ont éliminé le virus. V° par ex. C. LEMKE, « Rémission du VIH : le rôle du récepteur CCR5 est confirmé », *Sciences et avenir*, 5 mars 2019 [en ligne], consulté le 19/08/2021 sur :<https://www.sciencesetavenir.fr/sante/sida-2e-patient-serait-gueri-du-vih-comment-l-expliquer_131940 >

[1698] OMS, « Thérapie antirétrovirale et soins », VIH/Sida [en ligne] consulté le 19/08/2021 :
< https://www.who.int/hiv/topics/treatment/fr/ >

[1699] *Supra*, n°581.

[1700] La Cour de cassation a par exemple fini par reconnaître l'existence d'un préjudice spécifique de contamination en faveur des victimes contaminées par le VHC le 1er avril 2003. *Supra*, n°581.

mettre l'accent sur cette circonstance, pour critiquer la solution alors retenue[1701]. Il est donc tout à fait plausible que la Cour de cassation ait été sensible à cet argument.

En droit anglais, l'argument tenant à l'innocence de la victime a indubitablement guidé la position adoptée par les juges dans l'arrêt *Fairchild*, comme en témoignent les différents discours des juges[1702]. Cependant, en réalité, ce qui importe aux juges n'est pas tant le simple fait que la victime soit innocente, mais plutôt le fait que si la victime est « innocente », les défendeurs sont, en miroir, « coupables ». C'est donc la mise en balance des comportements respectifs des victimes et des défendeurs qui est véritablement prise en compte par les juges. L'injustice (*unfairness*) qu'il y aurait à refuser l'indemnisation de victimes innocentes est d'autant plus flagrante que cette solution aboutirait à favoriser les défendeurs, tous fautifs.

742. Et l'arrêt *Barker* ? – Dans les arrêts *McGhee*, *Fairchild* et *Sienkiewicz*, un test de causalité exceptionnel a été appliqué dans des circonstances dans lesquelles la victime était innocente ; dans cette perspective, l'arrêt *Barker* se démarque de ces hypothèses, car l'employé, en partie exposé à l'amiante alors qu'il travaillait à son propre compte, ne pouvait être considéré innocent. Comme le relève Lord Walker, « l'injustice, reconnue dans *Fairchild*, consistant à refuser l'indemnisation des demandeurs (…) perd de sa force si la maladie est susceptible d'avoir été causée par la propre faute du demandeur (ou de la personne décédée) »[1703]. En dépit de cet argument fort, les juges ont tout de même appliqué l'exception *Fairchild* au cas *Barker*.

743. En somme, si l'argument de la victime innocente a joué un rôle primordial dans l'adoption de l'exception *Fairchild*, son importance a toutefois décliné par la suite, ce qui peut s'expliquer car les juges ont plutôt cherché à préserver la cohérence juridique de la nouvelle règle dégagée. En effet, comme nous l'avons déjà expliqué, la combinaison des arrêts *McGhee* et *Fairchild* devait, pour les juges, conduire à l'application de l'exception dans *Barker* (et *Sienkiewicz*)[1704].

[1701] En tout cas, une partie de la doctrine : *D.* 1949, jur. p. 502, note G. RIPERT ; H. ABERKANE, « Du dommage causé par une personne indéterminée dans un groupe déterminé de personnes », *RTD civ.* 1958, p. 516.

[1702] *Fairchild*, préc. (note 1513), [114] (Lord Hutton): « (…) justice is better served by requiring an employer, who has been in breach of duty and who has materially increased the risk of *its innocent employee* incurring the disease, to pay damages than by ruling that the employee who has sustained a grievous disease can recover nothing. [italiques ajoutées par nous] »; [155] (Lord Rodger): « The men *did nothing wrong*, whereas all the defendants wrongly exposed them to the risk of developing a fatal cancer, a risk that has eventuated in these cases [italiques ajoutées par nous] ».

[1703] *Barker*, préc. (note 1433), [117] (Lord Walker): « The injustice, recognised in *Fairchild*, of denying a claimant any remedy (…) loses some of its edges if the disease might have been caused by the claimant's (or the deceased's) own fault (…) »

[1704] Sur ce point: *supra*, n°730.

2. *La volonté de promouvoir l'indemnisation des demandeurs*

744. Arguments faisant ressortir la volonté d'indemnisation des deux systèmes juridiques. – La conjonction des différents facteurs liés aux demandeurs caractérise le fait que ces victimes sont particulièrement « méritantes » d'indemnisation. Dans les situations évoquées, l'indemnisation est alors la seule solution permettant d'éviter une injustice. En cela, ces éléments permettent de justifier les assouplissements de causalité auxquels les deux droits ont procédé. Cependant, si les solutions adoptées par les deux systèmes juridiques révèlent une volonté d'indemniser certaines victimes de risques sanitaires sériels, cette volonté est bien plus marquée en droit français qu'en droit anglais.

Par exemple, dans les hypothèses d'auteur indéterminé, certains auteurs français ont pu critiquer le fait que la jurisprudence avait étendu la présomption simple de causalité, dégagée à l'occasion d'une responsabilité pour faute (cas du DES), à une responsabilité sans faute (cas de l'infection nosocomiale)[1705]. Cette extension doit nous conduire à conclure que la solution n'est pas fondée sur une volonté de sanctionner les défendeurs parce qu'ils sont tous fautifs, ou sur une volonté de dissuader ce type de comportements. Plutôt, cette extension révèle que la solution ne peut s'expliquer que par une volonté de faciliter l'indemnisation des victimes. L'application de la présomption simple de causalité dans une situation de responsabilité sans faute est en effet parfaitement cohérente au regard de l'impératif indemnitaire. La création de responsabilités sans faute témoigne, dès l'origine, d'une volonté de faciliter l'indemnisation des victimes. Au regard de cet objectif, est-il si surprenant ou choquant que la jurisprudence judiciaire aille plus loin encore pour permettre aux victimes d'être indemnisées ? Examinée à la lumière de l'impératif indemnitaire, l'application de la présomption simple de causalité dans une hypothèse de responsabilité sans faute est compréhensible. Dans ces conditions, le type de responsabilité, pour faute ou sans faute, est une circonstance indifférente à l'application de la solution.

C. L'INFLUENCE DES FACTEURS LIÉS A L'INTÉRÊT PUBLIC

745. De surcroît, les juges (surtout anglais) se fondent parfois sur des considérations économiques (1) et sociales (2) pour justifier leurs positions. En d'autres termes, ils tiennent compte de facteurs liés à l'intérêt public.

[1705] *Supra*, note 1684.

1. Considérations économiques

746. Distinction des arrêts *Fairchild* et *Wilsher* : l'argument économique. – Dans l'arrêt *Fairchild,* les juges ont confirmé l'inapplicabilité de l'exception *McGhee* aux situations du même type que *Wilsher*, en se fondant, pour la plupart sur la distinction entre facteur unique et facteurs multiples.

Lord Hoffmann évoque une autre raison pour expliquer pourquoi il ne serait pas souhaitable d'étendre l'exception *McGhee-Fairchild* au cas *Wilsher.* Il indique que « les arguments économiques et politiques impliqués dans l'extension massive de la responsabilité du service de santé national [*National Health Service* ou NHS], conséquence inéluctable de la règle souple qui a été favorisée par la cour d'appel dans l'arrêt *Wilsher*, sont bien plus compliqués que les raisons données (...) en faveur de l'imposition d'une responsabilité sur un employeur qui s'est abstenu de prendre de simples précautions »[1706].

L'arrêt *Wilsher*, contrairement à *McGhee* ou *Fairchild*, intervenait en effet dans le contexte d'une responsabilité médicale, non pas industrielle. Dans le domaine médical, les difficultés de preuve du lien de causalité en raison d'incertitudes de nature scientifique sont récurrentes, pour ne pas dire quasi-systématiques. Par conséquent, l'extension de l'exception *McGhee-Fairchild* dans le contexte d'une responsabilité médicale (*Wilsher*) aurait alors permis aux demandeurs de contourner la difficulté causale en ayant recours au test *McGhee-Fairchild.* Or, s'il est souvent impossible de prouver que le dommage ne serait pas survenu sans (*but for*) la faute du professionnel de santé, il est beaucoup plus simple de démontrer que la faute du professionnel de santé a augmenté le risque de survenance du dommage, risque qui s'est en l'espèce réalisé.

Sur un plan pratique, l'application de l'exception *McGhee- Fairchild* à la responsabilité médicale aurait entraîné une augmentation drastique des responsabilités des organismes de santé. Cet argument économique emporte un poids particulièrement important dans la culture britannique et contribue aussi à expliquer, en partie du moins, pourquoi les juges anglais ont rejeté le recours à la perte de chance dans le contexte médical[1707]. L'augmentation de la responsabilité du NHS vis-à-vis des patients conduirait à augmenter la part financière du budget que le NHS alloue au volet contentieux, réduisant de fait la part allouée au fonctionnement du système de santé lui-même[1708]. La question

---

[1706] *Fairchild*, préc. (note 1513), [69] (Lord Hoffmann) : « And the political and economic arguments involved in the massive increase in the liability of the National Health Service which would have been a consequence of the broad rule favoured by the Court of Appeal in *Wilsher's* case are far more complicated than the reasons given by Lord Wilberforce for imposing liability upon an employer who has failed to take simple precautions. »

[1707] *Hotson v. East Berkshire Area Health Authority* [1987] AC 750; *Gregg v. Scott* [2005] UKHL 2.

[1708] V° sur cette question : MEDICAL PROTECTION SOCIETY (MPS), *The rising cost of clinical negligence : who pays the price ?*, June 2017, p. 4 [en ligne], consulté le 19/08/2021: < https://www.medicalprotection.org/docs/default-source/pdfs/policy-papers/striking-a-balance-policy-paper-65gs4rc7.pdf > En réalité, le volet contentieux est géré par un organisme particulier le *NHS resolution*, financé en partie par le Département de la santé (*Department of Health*), c'est-à-dire le Gouvernement, et par les membres de ce programme, autrement dit les différents *NHS*

relative au budget du NHS et sa répartition est particulièrement délicate au Royaume-Uni[1709], et constitue d'ailleurs l'une des lignes de fracture traditionnelle entre le parti des conservateurs (*Tories*) et des travaillistes (*Labour*)[1710]. Dans cette optique, on peut comprendre l'hésitation des juges – ou de certains d'entre eux – à modifier l'équilibre précaire qui existe dans ce domaine.

2. *Considérations sociales*

747. L'argument relatif au grand nombre de victimes. – L'argument tenant au grand nombre de victimes est invoqué dans les deux droits, même s'il emporte des effets opposés.

En droit anglais, le grand nombre de victimes potentielles est un argument qui milite à l'encontre d'un assouplissement des règles. Les juges craignent en effet l'« ouverture des vannes » (*floodgate argument*). L'argument du *floodgate* a ainsi pu être utilisé pour rejeter l'existence d'un devoir de diligence[1711] ou au stade du *cause in law*[1712]. Le droit anglais est effectivement plus enclin à adopter une solution favorable aux demandeurs si ces derniers appartiennent à un cercle restreint[1713].

---

trusts. En réalité, les différents *trusts* paient une sorte de prime (contribution) au *NHS resolution* qui va agir comme une forme d'assurance.

1709 Elle fait souvent la une de l'actualité, par ex. : P. GALLAGHER, « NHS : UK has now one of the worst healthcare systems in the developed world, according to OECD report », *The Independent*, 4th November 2015: <https://www.independent.co.uk/life-style/health-and-families/health-news/nhs-uk-now-has-one-of-the-worst-healthcare-systems-in-the-developed-world-according-to-oecd-report-a6721401.html >; L. FULCHER, « Making criticism of the NHS a taboo does nothing to "save" it and a lot to harm it », *The Telegraph*, 31 July 2017: <https://www.telegraph.co.uk/news/2017/07/31/making-criticism-nhs-taboo-does-nothing-save-lot-harm/ >; N. TRIGGLE, « Blair's legacy: Health », *BBC News*, 10 May 2007: < http://news.bbc.co.uk/1/hi/health/4555344.stm >; D. CAMPBELL, « Theresa May cannot ignore NHS crisis or brush off critics », *The Guardian*, 7 January 2017: < https://www.theguardian.com/society/2017/jan/07/theresa-may-cannot-ignore-nhs-crisis >

1710 Par ex. : A. GRICE, « Labour is right to fight the election on the NHS. Sadly, people only cares about Brexit and May knows it », *The Independent*, 26 April 2017 : <https://www.independent.co.uk/voices/general-election-labour-nhs-hunt-today-radio-4-tories-only-talk-about-brexit-a7703461.html >; L. KUENSSBERG, « General election: Labour's "7.4bn a year extra for NHS" », *BBC News*, 15 May 2017: < http://www.bbc.co.uk/news/election-2017-39916367 >.

1711 E. QUILL, « Maintaining the distinction between duty and liability », (1998) 20 *Dublin University Law Journal* 183-197.

1712 V° par ex. : J. STAPLETON, « Duty of care and economic Loss : a wider agenda » (1991) 107(Apr) *L.Q.R.* 249-297, spéc. p. 253 et s.

1713 V° par ex. *The Creutzfeldt-Jakob Litigation, Group B Plaintiffs v. Medical Research Council*, préc. (note 1280), p. 164 (Morland J.) : « Unlike some of the examples given by Mr Fenwick in his 'floodgates' argument, such as exposure to asbestos, radiation, contaminated blood transfusions, the cohort of potential victims of psychiatric injury is small ». Cet argument a joué un rôle dans la décision du juge pour retenir l'existence d'un devoir de diligence.

Au contraire, en droit français, l'existence d'un grand nombre potentiel de victimes milite en faveur de l'indemnisation des victimes, et par conséquent d'un assouplissement des règles de responsabilité civile, notamment en matière de causalité. Cette circonstance est susceptible de jouer un double rôle pour la causalité : d'abord, le grand nombre de victimes peut constituer un indice au soutien d'une présomption du fait de l'homme, comme l'illustre un arrêt de la Cour de cassation du 29 mai 1979 lié à un médicament[1714], et comme l'a confirmé la CJUE, dans sa décision du 21 juin 2017[1715]. Le grand nombre de victimes accrédite en fait la vraisemblance du lien de causalité. Ensuite, dans le cas de certains risques sanitaires sériels avérés, comme dans le contexte des contaminations post-transfusionnelles, le grand nombre de victimes a constitué un élément moteur de l'adoption d'une présomption de droit.

Il apparaît donc clairement qu'en droit français, plus le nombre de victimes est important, et plus la nécessité d'indemniser ces victimes est grande. Le nombre important de victimes est donc un argument au soutien du renforcement d'une justice sociale.

748. Conclusion du §1. – Dans les hypothèses de causes alternatives, adapter ou non la responsabilité civile traduit un choix de la part des systèmes juridiques, choix qui s'explique par la prise en compte d'une conjonction de facteurs et par le poids qui leur sont respectivement accordés. Surtout, ces éléments révèlent en réalité les objectifs qui sous-tendent la responsabilité civile dans ces deux droits. Par exemple, en tenant compte des comportements respectifs adoptés par les victimes, innocentes, et les défendeurs, tous fautifs, et en accordant une place importante à la préservation de l'efficacité des devoirs de diligence mis à la charge des défendeurs, le droit anglais met indéniablement l'accent sur la fonction normative, dissuasive, de la responsabilité civile. En revanche, le droit français ne considère pas ces facteurs comme déterminants et tient plutôt compte du nombre de victimes, de la nature et de la gravité de l'atteinte subie par ces dernières (atteintes à l'intégrité corporelle). Ce faisant, le droit français révèle l'importance qu'il porte à la fonction indemnitaire de la responsabilité civile.

Ces différences entre les deux droits permettent certes de comprendre pourquoi le droit français est si généreux vis-à-vis des victimes de risques

---

[1714] Cass., civ. 1, 29 mai 1979, n°77-15.708, *Bull. civ. I*, 1979, N°56 : la Cour de cassation avait admis qu'il existait une « très grande probabilité (...) en ce qui concerne l'existence d'un lien de causalité entre l'absorption du Fanasil et l'apparition du syndrome de Lyell [qui] équivalait à une certitude, dès lors qu'il était affirmé que *dans un très grand nombre de cas* ce syndrome survenait à la suite de l'administration d'un tel médicament [italiques ajoutées par nous]».

[1715] CJUE, 21 juin 2017, *N. W. c/ Sanofi Pasteur MSD SNC*, aff. C-621/15, ECLI:EU:2017:484, spéc. point 41 : « En l'occurrence, des éléments tels que ceux invoqués dans le cadre de l'affaire au principal et liés à la proximité temporelle entre l'administration d'un vaccin et la survenance d'une maladie ainsi qu'à l'absence d'antécédents médicaux personnels et familiaux, en relation avec cette maladie, *de même que l'existence d'un nombre significatif de cas répertoriés de survenance de cette maladie à la suite de telles administrations*, paraissent a priori constituer des indices dont la conjonction pourrait, le cas échéant, conduire une juridiction nationale à considérer qu'une victime a satisfait à la charge de la preuve pesant sur elle en vertu de l'article 4 de la directive 85/374. [italiques ajoutées par nous] ».

sanitaires sériels avérés dans les situations impliquant des causes alternatives, par rapport au droit anglais. Cependant, elles ne permettent pas de comprendre pourquoi les systèmes juridiques ont eu recours à des techniques différentes dans l'adaptation de la responsabilité civile. C'est donc maintenant l'opportunité des choix retenus par les systèmes juridiques dans ce domaine qui doit être examinée.

§2 – L'opportunité des choix retenus pour adapter la responsabilité civile dans les hypothèses de causes alternatives

749. Dans le contexte de risques sanitaires sériels avérés, les systèmes juridiques français et anglais ont fait le choix d'adapter les conditions de responsabilité civile dans certaines circonstances ou au profit de certaines victimes particulières. Néanmoins, ils n'ont pas choisi les mêmes techniques juridiques pour y parvenir, et les solutions juridiques qui en découlent présentent elles aussi des différences. Il importe donc d'envisager non seulement l'opportunité des techniques utilisées (I) mais aussi celle des solutions retenues (II) dans les deux droits.

I. *L'OPPORTUNITÉ DES TECHNIQUES D'ADAPTATION CHOISIES*

750. Dans l'arrêt *Sienkiewicz*, Lord Rodger[1716] présente les différentes voies juridiques pouvant être empruntées par les systèmes juridiques pour résoudre les difficultés probatoires tenant au lien de causalité, dans les hypothèses de causes alternatives. Le système juridique anglais a privilégié une règle exceptionnelle de causalité, mais d'autres techniques étaient possibles, comme celle de la présomption de fait (*inference*), utilisée en droit français dans les hypothèses de facteurs multiples (A), ou celle du renversement conditionné de la charge de la preuve, choisie par le droit français dans les hypothèses d'auteur indéterminé (B), ou encore celle de la redéfinition du dommage, privilégiée

[1716] *Ibid.*, [140] (Lord Rodger): « A system may hold that, if the claimant proves on the balance of probability that the defendant's breach of duty has exposed him to asbestos, an evidential burden falls on the defendant to show that this exposure did not play any part in the claimant's illness. (...) Another possibility would be that a system would choose to hold a defendant liable because his breach of duty doubled the risk that his employee would develop mesothelioma. (...) Or else a system may adopt a (different) rule to the effect that, if the claimant proves, on the balance of probability, that the defendant materially increased the risk that he would develop mesothelioma, then the defendant is to be held to have contributed materially to the development of the claimant's illness. ».

pendant un temps par le droit anglais, avant d'être finalement rejetée (C). Dans ce contexte, il importe alors d'examiner les raisons qui ont conduit les systèmes juridiques à faire le choix de certaines techniques au détriment d'autres, pourtant envisageables.

A. Le rejet de la présomption de fait (*inference*)

751. Les raisons du rejet de la présomption comme fondement de l'exception *Fairchild*. – L'arrêt *McGhee* a longtemps été interprété comme posant une présomption de fait (*inference*), laquelle consiste à considérer qu'à partir du moment où le demandeur prouve que la faute de l'employeur a augmenté significativement le risque de dommage, alors il prouve que le défendeur a, par sa faute, contribué de manière significative à la survenance du dommage. Excepté Lord Hutton[1717], les juges de l'arrêt *Fairchild* ont abandonné cette conception car les éléments scientifiques présentés dans l'arrêt *McGhee* s'opposaient justement à ce qu'une telle déduction puisse être tirée[1718].

S'il est vrai que les juges anglais ne sont pas liés par l'opinion des experts, notamment médicaux, comme le relève volontiers Lord Hutton[1719], il n'en demeure pas moins que la technique de la présomption de fait (*inference*) permet de tirer à partir de faits connus, indiscutés, un fait inconnu. Or, dans *McGhee*, « la seule preuve pertinente est une preuve scientifique *indiscutée* qui dit que les deux manières [pour causer le dommage] sont tout autant possibles l'une que l'autre »[1720]. Par conséquent, pour Lord Rodger, « la simple application du "bon sens" ne peut pas constituer un fondement adéquat pour présumer qu'un dommage doit avoir été causé d'une manière plutôt qu'une autre »[1721]. Il faut donc comprendre que si les juges peuvent appliquer « une approche robuste et pragmatique à *des faits établis de manière indiscutée* »[1722], ils ne doivent pas

---

[1717] Lord Hutton est le seul juge dans l'arrêt *Fairchild* à avoir préféré considérer que *McGhee* posait une présomption. Toutefois, pour lui la présomption n'était pas de fait, mais de droit.

[1718] Par ex. *Fairchild*, préc. (note 1513), [21] (Lord Bingham): « Thirdly, it was not open to the House to draw a factual inference that the breach probably had caused the damage: such an inference *was expressly contradicted by the medical experts on both sides*; and once that evidence had been given the crux of the argument before the Lord Ordinary and the First Division and the House was whether, since the pursuer could not prove that the breach had probably made a material contribution to his contracting dermatitis, it was enough to show that the breach had increased the risk of his contracting it. [italiques ajoutées par nous] » ; [44]-[45] (Lord Nicholls) ; [70] (Lord Hoffmann) ; [150] (Lord Rodger).

[1719] *Fairchild*, préc. (note 1513), [94] (Lord Hutton): « The issue of causation is one to be decided ultimately by the tribunal of fact and not by the medical witnesses (...) although the tribunal of fact must give proper weight to their opinion. »

[1720] *Fairchild*, préc. (note 1513), [150] (Lord Rodger): « (...) the only relevant evidence is undisputed scientific evidence which says that either way is equally possible ».

[1721] *Fairchild*, préc. (note 1513), [150] (Lord Rodger): « The mere application of "common sense" cannot conjure up a proper basis for inferring that an injury must have been caused in one way rather an another. »

[1722] *Fairchild*, préc. (note 1513), [150] (Lord Rodger): « a robust and pragmatic approach to the undisputed primary facts ».

« errer au-delà du royaume des présomptions dans la jungle des "*conjectures ou de simples spéculations*" »[1723].

Dans ces conditions, l'exception *Fairchild* ne saurait être fondée sur la technique de la présomption. En effet, cette règle est précisément utilisée dans les situations dans lesquelles il est impossible de prouver le lien de causalité en raison de l'existence d'incertitudes de nature scientifique, si bien que le fait indiscuté est toujours celui d'une possibilité de causalité par plusieurs voies (comme dans *McGhee*).

752. Une autre raison a toutefois été évoquée pour rejeter l'idée de la présomption. Selon Lord Nicholls, le terme présomption « tend à obscurcir le fait qu'en appliquant le principe décrit précédemment, la cour n'est pas en train de conclure, par un processus de présomption, que le standard ordinaire du "*but for*" est satisfait. Plutôt, la cour est en train d'appliquer un autre test, moins strict »[1724].

La technique de la présomption aurait sans doute présenté l'avantage de pouvoir permettre aux juges anglais d'apprécier l'opportunité de la solution au cas par cas, comme le font les juges français lorsqu'ils y ont recours. Surtout, cette technique aurait peut-être permis d'éviter l'applicabilité de la solution à *Sienkiewicz*. Néanmoins, ce procédé a été rejeté car il constitue une pure « fiction »[1725].

B. LE REJET DU RENVERSEMENT DE LA CHARGE DE LA PREUVE

753. Renversement de la charge de la preuve ou création d'un test exceptionnel de causalité ? Une différence minime en pratique. – Dans les hypothèses d'auteur indéterminé, le droit français a choisi le renversement conditionné de la charge de la preuve, le transfert du risque de la preuve ne s'opérant que si le demandeur prouve son exposition au risque redouté. Le recours à une technique de nature probatoire en droit français est cohérent avec le fait que la notion de causalité n'est pas véritablement définie[1726]. Les juges anglais ont, quant à eux, rejeté ce procédé, quand bien même ils ont pu noter son utilisation dans d'autres systèmes de *common law*[1727], ce qui doit nous conduire à envisager les raisons de cette position. La question est d'autant plus

---

[1723] *Fairchild*, préc. (note 1513), [150] (Lord Rodger): « [A judge applying "a robust and pragmatic approach to the undisputed primary facts" may all too readily stray] beyond the realm of inference into the wilderness of "mere speculation or conjecture" ».

[1724] *Fairchild*, préc. (note 1513) [45] (Lord Nicholls): « [This phraseology] tends to obscure the fact when applying the principle described above the court is not, by a process of inference, concluding that the ordinary "but for" standard of causation is satisfied. Instead the court is applying a different and less stringent test. »

[1725] *Ibid.*, [35] (Lord Bingham); [65] (Lord Hoffmann).

[1726] *Supra*, n°373.

[1727] *Fairchild*, préc. (note 1513), [27]-[31] (Lord Bingham).

importante qu'en pratique, ce procédé aurait entraîné des effets très similaires à ceux effectivement obtenus en droit anglais. En effet, les juges auraient été tenus de définir, comme avec la solution retenue, les conditions auxquelles le renversement de la charge de la preuve aurait pu être opéré. Par conséquent, ils auraient pu définir les mêmes conditions que celles retenues dans l'arrêt *Fairchild*, de sorte que la différence entre les deux techniques aurait été minime en pratique.

754. Les raisons du rejet du renversement de la charge de la preuve comme fondement de la solution *Fairchild*. – Le refus de recourir à la technique du renversement conditionné de la charge de la preuve a été justifié par deux raisons, dans *Fairchild*.

Certains juges ont d'abord invoqué un argument de principe, considérant qu'« il est artificiel de traiter un employeur comme supportant la charge de la preuve dans une affaire où, par hypothèse, l'état de la connaissance médicale est tel que la preuve est impossible »[1728]. L'impossibilité de prouver la causalité selon les modalités traditionnelles constitue en effet la *ratio legis* de la solution *McGhee-Fairchild*. Par conséquent, si la preuve est impossible pour le demandeur, la preuve contraire est tout autant impossible pour le défendeur. Dans ces conditions, le déplacement de la charge de la preuve vers le défendeur présente une certaine hypocrisie, il constitue une fiction. Cette critique a également été formulée à maintes reprises par la doctrine française à l'occasion de la solution retenue dans l'affaire du DES[1729]. Comme le relèvent les auteurs, la présomption simple de causalité ne peut jamais en pratique être renversée par les défendeurs.

Pour rejeter cette technique, les juges anglais se sont également appuyés sur un argument de nature juridique. Ils ont relevé qu'il n'existait aucune décision de principe (*legal authority*) dans la jurisprudence anglaise pour autoriser le renversement de la charge de la preuve[1730]. Cependant, cet argument perd de sa force, selon nous, lorsque l'on s'intéresse à l'arrêt *Barker*. Dans cet arrêt, les juges n'ont pas hésité à retenir que le dommage réparable était le risque de mésothéliome et non le mésothéliome lui-même, alors même qu'aucune décision de principe ne fournissait d'argument au soutien de cette

[1728] [italiques ajoutées par nous] *Fairchild*, préc. (note 1513), [65] (Lord Hoffmann): « [But I respectfully think that] it is artificial to treat the employer as having a burden of proof in a case in which *ex hypothesi* the state of medical knowledge is such that the burden cannot be discharged. » Dans le même sens: *Ibid.*, [143] (Lord Rodger).

[1729] C. RADE obs. sous Cass., civ. 1, 24 septembre 2009, n°08-16.305, *Bull. civ. I*, 2009, N°187 in : *Resp. civ. et assur.*, n°11, Novembre 2009, étude 15, spéc. n°12 ; I. GALLMEISTER, obs. sous Cass., civ. 1, 24 septembre 2009, n°08-16.305, *Bull. civ. I*, 2009, N°187 in : *D.* 2009, N°35, 08/10/2009, p. 2342 ; C. QUETAND-FINET, « Mise en pratique des orientations données par la Cour de cassation », *D.* 2012, N°42, 06/12/2012, p. 2859 ; A. REGNIAULT, J.-A. ROBERT, « Le contentieux « Distilbène » : quels enseignements en matière de responsabilité du fait des produits de santé ? », *Gaz. pal.*, n°330, 26/11/2009, p. 15.

[1730] *Fairchild*, préc. (note 1513), [110] (Lord Rodger): « (...) in relation to cases of industrial diseases there appears to be no support in the English authorities, other than in Lord Wilberforce's speech in *McGhee*, for the reversal of the burden of proof as a matter of law. »

interprétation[1731]. La différence résulte alors peut-être du fait que dans le cas du renversement de la charge de la preuve, la solution a été expressément désapprouvée dans d'autres décisions[1732], alors que la position retenue dans l'arrêt *Barker* ne l'a pas été, cette interprétation n'ayant jamais été envisagée.

C. LE REJET DE LA REDÉFINITION DU DOMMAGE

755. Les raisons conduisant à privilégier, dans un premier temps, le recours à la redéfinition du dommage. – L'arrêt *Barker* a eu pour effet de modifier le fondement de l'exception *Fairchild.* Pour permettre la reconnaissance de responsabilité, les juges ont redéfini le dommage réparable comme étant le risque de maladie, tout en exigeant que le risque se soit matérialisé[1733]. Cette technique substantielle, qui est de même type que celle utilisée en droit français avec la perte de chance, avait de quoi surprendre car elle ne trouvait aucun appui dans la jurisprudence antérieure[1734].

Ce choix s'explique en fait par une combinaison de deux raisons. Les juges souhaitaient pouvoir retenir une responsabilité conjointe, au lieu d'une responsabilité *in solidum*, tout en préservant, le plus possible, les principes classiques de *common law* en matière de partage de responsabilité (*apportionment*). En effet, la question de l'*apportionment* en droit anglais dépend du caractère divisible ou indivisible du dommage[1735]. Lorsque le dommage est indivisible, alors tout défendeur dont la faute est une cause juridiquement « proche » du dommage doit le réparer intégralement. Par conséquent, en cas de pluralité de défendeurs, la responsabilité ne peut qu'être *in solidum*. Au contraire, lorsque le dommage est divisible, de sorte qu'il est possible d'attribuer une fraction du dommage à la faute commise par chaque défendeur respectif, alors chacun est responsable pour la fraction du dommage imputable à sa faute. Par conséquent, en cas de pluralité de défendeurs, la responsabilité ne peut qu'être conjointe.

Dans l'arrêt *Barker*, la maladie (le mésothéliome pleural malin) était indivisible. Par conséquent, si l'exception *Fairchild* était interprétée comme une règle exceptionnelle de causalité, le dommage était constitué par la maladie indivisible elle-même. L'application des règles traditionnelles relatives à

[1731] LORD HOFFMANN, « Fairchild *and after* » *in* A. BURROWS, D. JOHNSTON, R. ZIMMERMANN (éd.), *Judge and jurist: Essay in Memory of Lord Rodger of Earlsferry*, Oxford University Press, 2013, p. 67 où il admet lui-même avoir procédé à une réécriture de l'arrêt *McGhee* dans l'arrêt *Barker*.

[1732] *Wilsher*, préc. (note 1620), p. 1087 (Lord Bridge) : « My Lord, it seems to me that both these paragraphs, particularly in the words I have emphasised, amount to saying that, in the circumstances, the burden of proof of causation is reversed (...). I find no support in any of the other speeches for the view that the burden of proof is reversed and, in this respect, I think Lord Wilberforce's reasoning must be regarded as expressing a minority opinion. »

[1733] *Supra*, n°677

[1734] Comme l'admet volontiers Lord Hoffmann, dans un commentaire extrajudiciaire paru sept ans après l'arrêt *Barker* : LORD HOFFMANN, art. préc. (note 1731), p. 67.

[1735] Sur cette question : *infra*, n°823.

l'*apportionment* aurait ainsi conduit à admettre la responsabilité *in solidum* des défendeurs[1736], solution que les juges voulaient éviter. Retenir une responsabilité conjointe dans ces circonstances, c'était admettre une dérogation aux règles classiques du partage de responsabilité. Cette solution, proposée par Lady Hale[1737], aurait alors eu le désavantage d'introduire une nouvelle anomalie dans le droit de la responsabilité anglaise (dans le domaine de l'*apportionment*).

Pour cette raison, les juges ont modifié l'approche pour considérer que le dommage était le *risque* de maladie ; de la sorte, le dommage devenait divisible (« les risques sont infiniment divisibles »)[1738]. Par conséquent, en faisant usage des principes classiques de *common law* en matière d'*apportionment*, les juges pouvaient retenir que chaque défendeur n'était responsable que pour la part du dommage – autrement dit, le risque de maladie – imputable à leur faute. C'est donc ici l'application traditionnelle des règles d'*apportionment* qui permettait de retenir la responsabilité conjointe de chaque défendeur, ce qui explique que cette solution ait été favorisée par la majorité[1739].

756. Les raisons du rejet, dans un second temps, de la redéfinition du dommage comme fondement de la solution. – La jurisprudence subséquente est revenue sur cette interprétation, pour des raisons pratiques tenant à des impératifs assurantiels. Si la discussion autour de l'exception *Fairchild* a effectivement commencé dans un contexte de responsabilité, pour envisager les relations entre employeurs et employés, elle a vite dérivé sur un contentieux connexe, celui du droit des assurances, entre employeurs et assureurs.

Dans l'arrêt *Durham v. BAI (Run off) Ltd*[1740], les juges de la Cour suprême, revenant sur la question du fondement de l'exception *Fairchild,* ont majoritairement opté en faveur de l'interprétation selon laquelle l'exception adoptait une vue « large » de la causalité[1741]. En effet, seule l'interprétation « causaliste » de l'exception permettait de considérer que les employeurs étaient en réalité couverts par leur police d'assurance (*Employers' Liability Insurance*). Les polices d'assurance étaient rédigées de telle façon que l'employeur n'était couvert que si durant cette période, il était considéré avoir causé le mésothéliome, peu important que l'employé développe cette maladie des décennies plus tard. Néanmoins, pour considérer que l'employeur avait causé (par sa faute) le mésothéliome subi par l'employé, il était nécessaire d'admettre qu'en augmentant de manière significative le risque pour que l'employé contracte un mésothéliome, le test de causalité était rempli. En d'autres termes,

---

[1736] *Barker*, préc. (note 1433), [31] (Lord Hoffmann); ceci explique que Lord Rodger ait privilégié la solution de la responsabilité *in solidum*, dans ce contentieux : *Ibid.*, [87] (Lord Rodger).

[1737] *Ibid.*, [127] (Lady Hale).

[1738] *Ibid.*, [35] (Lord Hoffmann): « Chances are infinitely divisible ».

[1739] *Ibid.*, [31] (Lord Hoffmann); [61] (Lord Scott); [113] (Lord Walker).

[1740] [2012] 3 All ER 1161.

[1741] *Ibid.*, [66] (Lord Mance, Lord Kerr) : « A third way is to view it as responsibility for the mesothelioma, based on a 'weak' or 'broad' view of the 'causal requirements' or 'causal link' appropriate in the particular context to ground liability for the mesothelioma. This third way is entirely natural. », [76] (Lord Clarke), [90] (Lord Dyson). *Contra*: [134] (Lord Phillips).

il était impératif de considérer que l'exception *Fairchild* était un test exceptionnel de causalité.

Si l'exception avait été, au contraire, construite sur l'idée d'une redéfinition du dommage (*Barker*)[1742], alors la police d'assurance ne pouvait couvrir l'employeur. L'approche spéciale aurait abouti à considérer que l'employeur avait causé « le risque de mésothéliome » et non pas « le mésothéliome » lui-même. Or, « le risque de mésothéliome » ne fait pas partie des dommages couverts par la police d'assurance ; partant, le retour à l'interprétation « causaliste » de l'exception *Fairchild* tient principalement à la volonté de voir l'employeur couvert par l'assureur.

757. En conclusion, si le fondement de l'exception *Fairchild* peut encore être discuté, la jurisprudence récente nous conduit à considérer que l'interprétation causaliste est clairement privilégiée aujourd'hui. Après avoir rejeté les techniques de la présomption de fait, du renversement de la charge de la preuve et de la redéfinition du dommage, les options étaient, à dire vrai, assez limitées pour justifier la solution.

Certaines options ont été rejetées car elles s'apparentent à des fictions, d'autres en raison de considérations pratiques. Dans tous les cas, il est clair qu'en droit anglais, le choix de la technique juridique utilisée est dicté, en grande partie, par des considérations d'équité (*fairness*), non seulement vis-à-vis des victimes, mais aussi vis-à-vis des opérateurs économiques. Par suite, même lorsqu'ils admettent des assouplissements de causalité, les juges anglais cherchent, tant bien que mal, à préserver un équilibre dans la protection des intérêts contradictoires. Ce constat est identique lorsque l'on s'intéresse à l'opportunité des solutions retenues.

II. *L'OPPORTUNITÉ DES SOLUTIONS RETENUES*

758. Les solutions retenues par les deux droits peuvent être de deux types. Elles peuvent d'abord s'inscrire dans un système du « tout ou rien », lequel fait peser la charge de l'incertitude causale sur le demandeur ou sur le défendeur, mais jamais sur les deux simultanément. Dans ce contexte, les défendeurs sont soit responsables de l'entier dommage[1743], et s'ils sont plusieurs, *in solidum*, soit non-responsables. Les solutions peuvent ensuite s'inscrire dans un système de responsabilité proportionnelle, si bien que la charge de l'incertitude causale pèse sur les créateurs du risque, à proportion du risque qu'ils ont créé. Dans ce contexte, les défendeurs sont toujours responsables, au moins partiellement.

Les systèmes juridiques français et anglais combinent généralement ces deux types de solutions. Pour autant, dans le contexte des risques sanitaires sériels avérés, le droit français semble avoir privilégié le système du « tout ou rien »,

---

[1742] C'était la position minoritaire de Lord Phillips dans cet arrêt : *Durham v. BAI (Run Off) Ltd*, préc. (note 1740), [133]-[134] (Lord Phillips).

[1743] Il faut mettre de côté l'existence de causes d'exonération ici.

quand le droit anglais a une approche bien moins unitaire (A). Par suite, il sera temps d'apprécier les solutions adoptées de part et d'autre (B).

A. LE CHOIX DES DROITS FRANÇAIS ET ANGLAIS

759. Les solutions s'inscrivant dans un système du « tout ou rien ». – Si le droit français adopte parfois des solutions s'inscrivant dans un système de responsabilité proportionnelle, dans le contexte de risques sanitaires sériels avérés, il privilégie indéniablement les solutions s'inscrivant dans un système du « tout ou rien ». En utilisant principalement[1744] des techniques de nature probatoire, le système juridique français fait peser la charge intégrale de l'incertitude causale sur le demandeur ou sur le défendeur.

Par exemple, le recours aux présomptions de fait[1745], en matière de causalité, permet de retenir – ou de rejeter – l'existence du lien de causalité ; l'admission d'une présomption de fait entraîne la reconnaissance de l'existence du lien de causalité en dépit de l'incertitude causale, qui repose alors sur le défendeur. À l'inverse, le rejet d'une présomption de fait entraîne l'absence de reconnaissance du lien de causalité. L'incertitude causale repose, tout entière, sur le demandeur. En théorie comme en pratique, l'incertitude causale est supportée intégralement par l'une ou l'autre des parties.

De la même façon, l'admission d'une présomption non plus de fait, mais de droit aboutit au même résultat. Dans les hypothèses où le défendeur est unique[1746] comme dans les hypothèses de pluralité de défendeurs[1747], la charge de l'incertitude causale est entièrement transférée au(x) défendeur(s), à condition que le demandeur parvienne à apporter la preuve des éléments permettant de déclencher l'application de la présomption[1748]. Dans le cas inverse, la charge de l'incertitude causale reste à la charge du demandeur.

[1744] Nous excluons de nos propos la responsabilité médicale, où les juges ont souvent à la notion de perte de chance. Si en théorie, la perte de chance correspond à une réparation intégrale du dommage (le dommage étant défini comme étant la perte de chance), il s'agit en pratique d'une responsabilité proportionnelle au risque créé, qui permet de contourner les incertitudes causales dans le domaine médical. V° en ce sens : G. VINEY, P. JOURDAIN, S. CARVAL, *op. cit.* (note 303), pp. 293-294, spéc. n°373-1 ; M. BACACHE, « Responsabilité médicale. – Le défaut d'information », *Feuillets mobiles Litec Droit médical et hospitalier*, Fasc. n°18-10, novembre 2014 (actual. : juillet 2018), spéc. n°19 ; P. JOURDAIN, « Droit à réparation – Lien de causalité – Détermination des causes du dommage », *J.-Cl. Civil Code*, Fasc. n°160, 29 avril 2011 (actual. : 30 mai 2018), spéc. n°91 ; O. SABARD, « La perte de chance », *RLDC*, n°157, 1er mars 2018 ; V. WESTER-OUISSE, art. préc. (note 1632), p. 17.

[1745] En ce sens : K. OLIPHANT, art. préc. (note 1418), p. 589.

[1746] C'est le cas des contentieux relatifs aux contaminations post-transfusionnelles.

[1747] C'est le cas du contentieux du DES ou de l'infection nosocomiale.

[1748] *Ibid.*, p. 589 où l'auteur considère également que le renversement de la charge de la preuve s'inscrit dans un système du « tout ou rien ».

760. Certaines solutions adoptées par le droit anglais s'inscrivent également dans un système du « tout ou rien », bien que ce système juridique privilégie des techniques de nature substantielle, qui modifient la substance de la causalité.

Ainsi en est-il, par exemple, du recours au test du *doubling the risk*. Si le demandeur parvient à démontrer que la faute du défendeur a plus que doublé le risque que le dommage survienne, alors le défendeur est considéré avoir causé le dommage. Partant, la charge de l'incertitude causale est alors transférée au défendeur. Si le demandeur ne parvient pas à faire cette preuve, alors il doit supporter la charge de l'incertitude causale. Plus encore, dans les hypothèses de victimes indéterminées, le test du *doubling the risk* aboutit à ce que l'incertitude causale soit supportée, de manière systémique[1749], par les groupes de demandeurs ou de défendeurs.

Également, l'application combinée de l'exception *McGhee-Fairchild* et du *Compensation Act 2006* s'inscrit dans le même mouvement[1750], même si cette solution ne bénéficie qu'aux victimes de l'amiante ayant contracté un mésothéliome dans le contexte professionnel. Si le demandeur parvient à prouver que les défendeurs ont, par leur faute, augmenté, de manière significative, le risque qu'il contracte le dommage, alors le test de causalité est rempli. Dans l'hypothèse d'un défendeur unique, celui-ci est alors responsable de l'entier dommage (*Sienkiewicz*) et dans l'hypothèse d'une pluralité de défendeurs, ces derniers sont tous tenus *in solidum* (*Fairchild*, *Barker*). À l'inverse, si le demandeur échoue à apporter cette preuve, il supporte intégralement la charge de l'incertitude causale et n'obtiendra aucune indemnisation.

Ces techniques, qu'elles soient de nature substantielle (droit anglais) ou probatoire (droit français) permettent en fait un mode de réponse binaire : le défendeur est considéré juridiquement[1751] avoir causé *ou* n'avoir pas causé le dommage. C'est ce qui explique que la charge de l'incertitude causale repose intégralement sur le(s) demandeur(s) ou sur le(s) défendeur(s). Si l'on met les causes d'exonération de côté, c'est ce qui explique que la charge de l'entier dommage repose *in fine* sur l'une ou l'autre des parties : c'est à dire vrai l'objectif recherché.

761. Les solutions s'inscrivant dans un système de responsabilité proportionnelle. – Certaines solutions adoptées par les droits français et anglais s'inscrivent au contraire dans un système de responsabilité proportionnelle.

[1749] Dans le contentieux *XYZ v. Schering Health Care Ltd* [2002] EWHC 1420 (QB), les 99 demanderesses avaient échoué à prouver que le produit consommé (COC3s) avait plus que doublé le risque de maladies thromboemboliques par rapport à la prise de COC2s. Par conséquent, le lien de causalité « spécifique » entre la prise de la pilule de troisième génération (COC3s) et les maladies thromboemboliques n'avait été prouvé pour *aucune* des demanderesses, quand bien même, statistiquement, on pouvait dire que le produit avait joué un rôle causal dans la survenance de la maladie de *certaines* d'entre elles (la difficulté tenant à l'impossibilité d'identifier *lesquelles* précisément). Pour plus de précisions sur cette question : *supra*, n°644 et s.

[1750] En ce sens : K. OLIPHANT, art. préc. (note 1418), p. 593.

[1751] Par exemple, la présomption de fait permet de considérer que l'existence – vraisemblable – du lien de causalité est *juridiquement certaine*.

C'est le cas avec la réparation de la perte de chance en droit français, et avec l'application de la règle *Fairchild-Barker* en droit anglais. Cependant, si ces deux solutions témoignent de l'admission d'une forme de responsabilité proportionnelle dans les deux systèmes juridiques, l'objectif qu'elles poursuivent est différent.

En effet, en droit français, la réparation de la perte de chance est une technique utilisée, dans le contexte de la responsabilité médicale, pour permettre à la victime d'obtenir une réparation malgré l'existence d'une incertitude causale. En d'autres termes, le recours à cette notion avantage toujours la victime, qui autrement ne pourrait bénéficier d'aucune indemnisation. En indemnisant la perte certaine d'une éventualité favorable, le droit français respecte le principe classique de la réparation intégrale (en théorie), tout en procédant en réalité à une réparation partielle, proportionnelle à la chance qui a été perdue. Cette forme de responsabilité proportionnelle a donc pour objectif d'avantager clairement les victimes.

En droit anglais, la règle *Fairchild-Barker* repose sur un autre objectif, celui de préserver – dans une certaine mesure – un équilibre entre les intérêts contradictoires. En effet, la combinaison des arrêts *Fairchild* et *Barker,* applicable en dehors des cas de mésothéliome, permet d'avantager les défendeurs par rapport à la solution initiale (*Fairchild*). Cette solution permet alors de retenir une responsabilité conjointe à la place d'une responsabilité pour l'entier dommage, dans le cas d'un défendeur unique, ou d'une responsabilité *in solidum,* en cas de pluralité de défendeurs. Par conséquent, cette solution a permis d'atténuer la responsabilité des défendeurs, qui sont désormais responsables proportionnellement au risque créé. Cette forme de responsabilité proportionnelle a ainsi eu pour objectif de corriger la solution initiale (*Fairchild*) au profit des défendeurs.

B. L'APPRÉCIATION DES SOLUTIONS

762. Dans le contexte des risques sanitaires sériels avérés, le droit français adopte une approche cohérente qui tend à favoriser les victimes dans les hypothèses de causes alternatives. Il s'agit d'un choix clairement assumé (1). Le droit anglais adopte en revanche une approche bien moins unitaire. S'il retient des solutions qui favorise certaines victimes de risques sanitaires sériels, il cherche néanmoins à en confiner l'application. Pour ce faire, les distinctions sont multipliées ce qui tend à obscurcir les contours des règles applicables, mais aussi et surtout, à remettre en cause la cohérence des solutions (2).

1. Le traitement juridique des causes alternatives en droit français : une approche cohérente

763. Favoriser les victimes de risques sanitaires sériels avérés : un choix assumé. – L'examen des solutions adoptées par le droit français révèle que, dans le contexte des risques sanitaires sériels avérés, les assouplissements de causalité sont admis dans toutes les configurations possibles de causes alternatives. En ne procédant à aucune distinction de principe au regard des différentes configurations, le droit français conserve une approche flexible qui s'inscrit, dans tous les cas, dans un mouvement de faveur envers les victimes de risques sanitaires sériels avérés, mais plus généralement envers les victimes de dommages corporels. En ce sens, l'approche retenue en droit français est cohérente.

Cela dit, la distinction anglaise entre facteur unique et facteurs multiples permet tout de même, selon nous, d'éclairer dans une certaine mesure les solutions du droit français, et en particulier le degré d'assouplissement causal, plus ou moins fort, retenu. Lorsque le droit français souhaite grandement avantager les victimes de risques sanitaires sériels, il admettra des présomptions légales ou quasi-légales de causalité, autrement dit des présomptions de droit. Or, à cet égard, on ne peut s'empêcher de relever que le droit français reconnaît une présomption de droit plus facilement dans les cas de facteur unique que dans ceux de facteurs multiples. Ainsi en témoignent les contentieux des contaminations post transfusionnelles et du Distilbène, où les victimes sont exposées à un agent nocif unique provenant de plusieurs sources possibles[1752]. Dans ces hypothèses, les victimes sont particulièrement avantagées car elles bénéficient d'un véritable renversement conditionné de la charge de la preuve, de sorte qu'il y a transfert de l'incertitude causale vers le défendeur.

Lorsque le droit français souhaite avantager les victimes mais d'une manière moindre, il aura simplement recours aux présomptions du fait de l'homme. La victime est alors autorisée à démontrer que l'existence du lien de causalité est seulement vraisemblable (non certaine) par une conjonction d'indices. Mais, dans cette hypothèse, non seulement, il n'y a pas de renversement de la charge de la preuve, mais aussi l'impossibilité d'exclure toutes les autres causes du dommage peut conduire les juges à rejeter la présomption. Le droit français a souvent recours à cette technique dans les hypothèses impliquant une exposition à des facteurs multiples.

Dans tous les cas, en privilégiant globalement (excepté dans le cas de la responsabilité médicale) des solutions s'inscrivant dans un système du « tout ou rien », le droit français témoigne de sa volonté de permettre, autant que faire se peut, une indemnisation pleine et entière du dommage corporel des victimes.

[1752] Dans le cas du DES, la situation est celle de multiples défendeurs possibles ; dans celui des contaminations post-transfusionnelles, la situation est celle d'un défendeur unique.

2. *Le traitement juridique des causes alternatives en droit anglais : une approche critiquable*

764. Critiques des distinctions retenues pour limiter l'indemnisation des victimes. – Le droit anglais est bien plus réticent à admettre les assouplissements de causalité. Selon les juges anglais, « les circonstances dans lesquelles il sera approprié de le faire seront exceptionnelles, à cause des conséquences néfastes que peut produire un tel assouplissement pour les défendeurs »[1753]. Par conséquent, par volonté de préserver également les intérêts des défendeurs, le droit anglais tend à limiter les assouplissements de causalité, ce qui explique que l'exception *McGhee-Fairchild* soit strictement délimitée. Une telle position n'est pas critiquable, en soi. En revanche, ce qui est critiquable, c'est que dans l'hypothèse où le droit anglais reconnaît l'application de l'exception *McGhee-Fairchild*, les effets juridiques qui en découlent sont distingués en fonction du point de savoir si la victime a contracté un mésothéliome pleural malin ou non.

En effet, en l'état du droit positif, si la victime a contracté cette maladie, les défendeurs sont reconnus responsables *in solidum* (pluralité de défendeurs) ou pour l'entier dommage (défendeur unique) ; dans le cas contraire, les défendeurs sont reconnus responsables proportionnellement au risque créé. Pourtant, rien ne justifie de traiter les victimes de cette maladie de manière différenciée. Si comme semblent effectivement le reconnaître certains juges, l'exception *Fairchild* est applicable « à n'importe quelle maladie qui présente les caractéristiques peu communes du mésothéliome », pourquoi limiter la solution *Fairchild-Compensation Act 2006* aux seules victimes du mésothéliome ? La distinction opérée par les juges anglais témoigne ainsi d'un certain arbitraire et introduit une incohérence au sein du droit anglais.

Dans ces conditions, il est essentiel de repenser ces solutions pour réintroduire une cohérence au sein du droit anglais.

765. La force de l'incertitude, fondement alternatif du recours à la responsabilité proportionnelle ? – Dans l'hypothèse où l'exception *Fairchild* trouverait à s'appliquer, on pourrait envisager de distinguer les effets juridiques qui en découlent en fonction de la force de l'incertitude. Les situations appelant l'application de l'exception *McGhee-Fairchild* peuvent être classées en deux catégories.

La première catégorie inclut les hypothèses dans lesquelles il est certain que le demandeur a été victime d'un dommage résultant d'un fait générateur de responsabilité ; en d'autres termes, le demandeur est indubitablement une « victime » au sens de la responsabilité civile, ce qui correspond en fait aux hypothèses d'auteurs indéterminés parmi une pluralité de défendeurs possibles (*Fairchild*).

[1753] *Fairchild*, préc. (note 1513), [40] (Lord Nicholls).

Dans ces situations, il existe un argument fort en faveur des demandeurs, au soutien d'une responsabilité *in solidum*. D'abord, chaque défendeur peut se voir imputer un fait générateur de responsabilité – en droit anglais, la violation d'un devoir de diligence qui visait précisément à protéger le demandeur du risque en question ; ensuite, chaque défendeur a, par son fait (fautif), pris le risque de causer un dommage corporel. D'une certaine manière, par analogie, on peut dire que tous les défendeurs se sont prêtés au « jeu de la roulette russe » avec la victime. Si le « coup fatal » provient de l'un des défendeurs plutôt que d'un autre, c'est alors le fruit du hasard. Dans ces conditions, soumettre les défendeurs au « jeu de la roulette russe » *inversé* semble justifiable. La victime doit pouvoir s'adresser à n'importe lequel des défendeurs (en général, celui qui semble être le plus solvable) pour obtenir réparation de son dommage.

La seconde catégorie inclut toutes les hypothèses dans lesquelles il n'est pas certain que le demandeur ait été victime d'un dommage résultant d'un fait générateur de responsabilité ; en d'autres termes, on ne sait pas si le demandeur est considéré comme une « victime » au sens de la responsabilité civile.

Cette catégorie regroupe en réalité aussi bien les situations nées des arrêts *McGhee*, *Barker* ou encore *Sienkiewicz*. Dans ces situations, l'incertitude tenant à la qualité de « victime » doit pouvoir se refléter dans la solution. Elle pourrait justifier de ne faire peser qu'une responsabilité proportionnelle sur le(s) défendeur(s), responsabilité à proportion de leur contribution au risque de dommage.

766. Si le degré d'incertitude causale constitue, selon nous, une distinction bien plus convaincante que celle actuellement en vigueur, elle a néanmoins peu de chance d'être adoptée. En effet, l'intervention du Parlement britannique, avec le *Compensation Act 2006*, a bloqué le champ des possibles. En retenant la responsabilité *in solidum* (pluralité de défendeurs) ou pour l'entier dommage (défendeur unique) dans les seuls cas où la victime a contracté un mésothéliome pleural malin, les juges anglais sont maintenant face à deux options pour tenter de corriger l'incohérence observable[1754].

Une première solution pourrait être de renverser purement et simplement l'arrêt *Barker*, autrement dit d'appliquer une solution identique à celle adoptée par le *Compensation Act 2006*, pour les situations n'impliquant pas la survenance d'un mésothéliome. Cette solution a notre préférence, mais la récente décision rendue par la cour d'appel dans l'affaire *Heneghan* semble indiquer que ce n'est pas l'orientation choisie par les juges.

Une seconde solution serait de définir si strictement les caractéristiques du mésothéliome que la solution *Fairchild* ne s'appliquerait en pratique qu'aux victimes de l'amiante ayant contracté cette maladie. L'arrêt *Heneghan*, qui concernait un cancer des poumons, rend à nouveau cette hypothèse peu probable. Dans tous les cas, cette solution est moins satisfaisante que la première car elle aboutirait, en pratique, à déplacer le stade auquel la distinction entre mésothéliome et non-mésothéliome s'appliquerait. Au lieu de déterminer

---

[1754] Une autre solution serait que les législateurs eux-mêmes interviennent pour étendre le bénéfice de la section 3 du *Compensation Act 2006* à d'autres victimes que celles atteintes de mésothéliome : V° en sens, D. ALLAN (QC), art. préc. (note 1541), p. 64.

les effets juridiques de l'exception *Fairchild*, cette distinction déterminerait en fait l'application même de l'exception (ou non). Cette solution ne ferait donc que déplacer le problème et risquerait d'entraîner une forme d'injustice plus sévère encore.

En l'état actuel des choses, la situation semble bloquée en droit anglais.

767. Conclusion de la section II. – Il ressort des développements précédents que, dans les hypothèses de causes alternatives, les raisons sous-tendant les aménagements de preuve du lien de causalité ne sont pas identiques au sein des deux systèmes juridiques. Les solutions adoptées en droits français et anglais sont guidées par des impératifs de justice *distributive*. Cela étant, le droit français est plus sensible aux arguments liés à la position des « victimes » ; au contraire, le droit anglais cherche plutôt à corriger l'émergence d'un déséquilibre qui s'est naturellement créé en faveur du défendeur et qui affecte de manière trop importante les intérêts des victimes.

Par conséquent, le droit français élargit les assouplissements de causalité pour qu'ils profitent, dans la mesure du possible, à toutes les victimes de risques sanitaires sériels avérés. En privilégiant majoritairement des solutions qui opèrent un assouplissement causal de nature probatoire et qui s'inscrivent dans un système du « tout ou rien », le droit français assure une réparation maximale aux victimes. Au contraire, le droit anglais cherche à limiter les assouplissements de causalité le plus possible, en partie pour conserver un équilibre dans la protection des différents intérêts contradictoires, et en partie pour préserver la cohérence du *common law*. Ceci explique que le droit anglais cherche à circonscrire de manière très stricte la création de nouvelles règles substantielles de causalité, dérogatoires aux règles traditionnelles, qui s'inscrivent dans un système du « tout ou rien ». L'adoption initiale de règles souples en faveur des victimes a créé un nouveau déséquilibre en leur faveur cette fois, raison pour laquelle le droit anglais a cherché à le « recorriger » en faveur des défendeurs, en consacrant une responsabilité proportionnelle.

Les deux systèmes juridiques s'inscrivent donc, chacun, dans une logique cohérente qui leur est spécifique. Cependant, par sa recherche constante d'un équilibre satisfaisant de la protection des intérêts des parties, le droit anglais affine ses solutions, en introduisant des distinctions juridiques toujours plus poussées, mais qui ne reposent sur aucun fondement rationnel. Ce faisant, les solutions adoptées en droit anglais sont parcellaires, tandis que celles adoptées en droit français apparaissent plus unitaires.

⁂

768. Conclusion du chapitre I. – Dans le contexte des risques sanitaires sériels avérés, les difficultés causales ne portent jamais sur l'établissement de la causalité générale, mais peuvent éventuellement concerner l'établissement de la causalité spécifique. Par suite, c'est l'établissement du lien de causalité entre le fait générateur de responsabilité et le dommage qui peut être mis à l'épreuve, surtout dans les contentieux impliquant des hypothèses de causes alternatives.

Dans ces situations, l'existence d'une explication alternative à la survenance du dommage peut mettre en échec la preuve du *cause in fact* selon le test traditionnel du *but for* en droit anglais, et la preuve d'une causalité certaine en droit français. Or, selon les règles probatoires traditionnelles, le risque de la preuve, c'est-à-dire la charge de l'incertitude causale, repose sur les demandeurs, si bien que leur action en responsabilité civile est inévitablement vouée à l'échec.

Pour cette raison, tant les systèmes juridiques français qu'anglais ont pu adopter une approche assouplie de la causalité bénéficiant notamment aux victimes de risques sanitaires sériels avérés. En ce sens, les deux droits s'inscrivent dans un mouvement convergent qui vise à favoriser ces victimes. Cependant, là encore, il faut bien reconnaître que les deux droits présentent des différences non-négligeables qui témoignent d'une conception qui demeure malgré tout différente de la responsabilité civile. En effet, les hypothèses de causes alternatives sont nombreuses, et si le droit français admet des assouplissements probatoires dans tous les cas, le droit anglais adopte une approche bien plus circonspecte, appliquant des assouplissements de causalité dans certaines configurations seulement. En particulier, le droit anglais a été généreux envers les victimes, dans les cas de causes alternatives naissant d'une incertitude scientifique et impliquant l'intervention certaine d'un agent nocif unique (*Fairchild*). Dans les hypothèses impliquant une exposition à de multiples agents nocifs, les juges anglais appliquent une approche plus stricte de la causalité, même si certains assouplissements sont à noter au sein de la jurisprudence la plus récente (test du *doubling the risk*).

Les juges anglais sont donc bien plus réticents que les juges français à admettre des assouplissements de causalité, car modifier la substance de la causalité pour opérer un transfert du risque de la preuve, c'est en fait modifier l'équilibre traditionnel défini par le *common law* dans la protection des intérêts contradictoires. Par conséquent, tout assouplissement de causalité doit pouvoir être justifié par des raisons particulièrement fortes, en raison de l'iniquité qui risque d'en résulter pour les défendeurs. Ceci explique que, pour adopter une règle exceptionnelle de causalité, les juges anglais tiennent compte d'arguments ayant trait aux demandeurs comme aux défendeurs. Ceci explique également que, pour préserver l'intérêt des défendeurs, les juges anglais aient choisi de corriger une règle exceptionnelle de causalité (*Fairchild-Barker*). *In fine*, les juges anglais cherchent, même dans ces situations, à préserver un équilibre dans la protection, d'un côté, de l'intérêt indemnitaire des victimes de risques sanitaires sériels, et de l'autre, de l'intérêt économique des opérateurs privés, créateurs de ces risques. Les solutions retenues par le droit anglais mettent ainsi l'accent sur la fonction normative de la responsabilité civile.

En revanche, les juges français sont réceptifs aux assouplissements de causalité, peu importe la configuration de causes alternatives qui se présente à eux. Malgré tout, si le droit français s'inscrit dans une tendance globalement favorable aux victimes, il faut relever que le choix de la technique juridique – et avec lui, le degré d'assouplissement causal retenu – semble dépendre, en partie, du type d'hypothèse de causes alternatives. Par exemple, le droit français est plus enclin à admettre des présomptions de droit dans les situations de causes alternatives impliquant un agent nocif unique, quand il a plutôt recours à la technique du faisceau d'indices dans les situations de causes alternatives impliquant plusieurs agents nocifs (ou facteurs de risque). Il s'agit là d'une différence de degré, qui ne remet pas en cause l'orientation générale du droit français. Les solutions retenues sont principalement guidées par des considérations tenant au nombre de victimes, à la nature de l'atteinte subie par la victime, ainsi qu'à la gravité de cette atteinte. Ce faisant, les solutions retenues par le droit français mettent, à nouveau, l'accent sur la fonction indemnitaire de la responsabilité civile.

Le traitement, par les deux systèmes juridiques, des hypothèses de causes alternatives dans les contentieux impliquant des risques sanitaires sériels avérés révèle que, là encore, l'objectif principal qu'ils assignent à la responsabilité civile est différent. L'observation est identique lorsque l'on s'intéresse aux hypothèses de causes cumulatives (**chapitre II**), même s'il faut convenir du fait que les différences semblent s'atténuer dans ce contexte.

Chapitre II : Les causes cumulatives

769. La réalisation de risques sanitaires sériels avérés peut également entraîner des hypothèses de causes cumulatives. Ces hypothèses sont généralement moins problématiques que celles de causes alternatives, car elles impliquent que plusieurs faits, dont l'un au moins est générateur de responsabilité, aient participé à la production du dommage. Dans ces conditions, les deux systèmes juridiques ont adopté une approche souple de la causalité, si bien que les divergences sont beaucoup moins marquées sur le plan de la causalité.

Cependant, il ne faut pas en conclure que les deux droits retiennent une approche strictement identique. En particulier, les différences entre les deux systèmes juridiques portent sur l'évaluation du dommage (*quantum*). À cet égard, le droit anglais adopte une distinction particulière fine – et inconnue du droit français – qui lui permet de moduler l'étendue de la responsabilité des défendeurs. La comparaison du traitement des causes cumulatives par les droits français et anglais (**section I**) fait ainsi ressortir le même constat que précédemment. Le droit français est bien plus généreux envers les victimes de risques sanitaires sériels que le droit anglais, qui recherche un équilibre dans la protection des intérêts contradictoires. L'examen de la position du droit anglais nous conduira, parfois, à devoir envisager des situations ne résultant pas de risques sanitaires sériels ; ceci étant, les solutions dégagées à cet effet sont également applicables aux situations de risques sanitaires sériels, ce qui justifie que nous les évoquions.

Dans un second temps, il faudra examiner l'opportunité des solutions adoptées par les systèmes juridiques (**section II**).

Section I : Le traitement des causes cumulatives

770. La réalisation de risques sanitaires sériels est généralement source d'atteintes particulières à l'intégrité corporelle, qui prennent la forme de maladies physiques. Or, il est rare qu'une maladie survienne par l'effet d'un seul facteur. Au contraire, ce type d'atteinte à la santé est généralement le résultat d'une combinaison de facteurs intrinsèques et extrinsèques à la victime. Dans ces conditions, il faut déterminer si l'intervention de plusieurs facteurs, cumulés, dans la production du dommage est susceptible de remettre en cause l'établissement du lien de causalité entre le fait générateur et le dommage.

En ce qui concerne le traitement des causes cumulatives faisant intervenir un facteur intrinsèque à la victime, les deux droits ont adopté une approche similaire qui témoigne d'une volonté de trouver un équilibre satisfaisant dans la protection des intérêts des demandeurs et des défendeurs (paragraphe 1). *A contrario*, les deux droits tendent à s'éloigner l'un de l'autre en cas de facteurs extrinsèques aux victimes. Le droit anglais est indéniablement plus favorable aux victimes dans ces hypothèses qu'il ne l'est en cas de causes alternatives, mais il demeure malgré tout moins généreux que le droit français vis-à-vis des victimes (paragraphe 2).

§1 – En cas de facteur intrinsèque

771. La question est, en fait, ici celle des effets juridiques que peuvent produire les prédispositions de la victime, facteur intrinsèque, pour la mise en œuvre d'une responsabilité civile d'un défendeur. Dans ces situations, le défendeur doit-il être intégralement déclaré responsable du dommage, alors même que celui-ci ne se serait pas produit, ou pas avec la même gravité ou au même moment, si la victime n'avait pas eu de prédispositions ? Est-il même possible de considérer que le fait générateur imputable au défendeur a causé le dommage ? Ces interrogations mettent en exergue le fait que le problème se pose d'abord sous l'angle de la causalité (I). Mais, allant plus loin, l'existence de prédispositions de la victime est également susceptible d'entraîner des effets au stade de l'évaluation du dommage (*quantum*) (II). Il s'agit de savoir si le défendeur est alors tenu de réparer l'*entier* dommage.

I. *La position des droits français et anglais au stade de la causalité*

772. L'existence de prédispositions pathologiques de la victime entraîne des effets différents au stade de la causalité selon que ces prédispositions sont latentes ou au contraire patentes. La position des deux systèmes juridiques est similaire dans ces deux hypothèses. Ces derniers considèrent que l'existence de prédispositions latentes est indifférente à la mise en jeu de la responsabilité civile du défendeur (A). Cependant, tous deux attachent des effets juridiques à l'existence de prédispositions patentes (B).

A. Effets des prédispositions latentes de la victime sur la mise en jeu de la responsabilité civile

773. Tant en droit français qu'anglais, l'existence de prédispositions pathologiques latentes de la victime est *a priori* indifférente à la mise en œuvre de la responsabilité du défendeur (1). Cependant, en droit français, l'existence de prédispositions latentes peut malgré tout jouer un rôle indirect dans l'appréciation de la causalité (2).

1. *Effets indifférents des prédispositions latentes sur l'établissement du lien de causalité*

774. Une position similaire des deux systèmes juridiques. – En droit français comme en droit anglais, peu importe qu'en l'absence de prédispositions latentes, c'est-à-dire asymptomatiques, la victime n'ait pas souffert d'un dommage, ou pas avec la même ampleur. Le défendeur est responsable de l'entier dommage causé par le fait générateur qui lui est imputable. Ainsi, dans les deux droits, lorsque le fait générateur de responsabilité provoque ou révèle la prédisposition latente de la victime, il est considéré avoir causé l'intégralité du dommage. Cette solution est tout à fait logique car en réalité, si le fait générateur provoque ou révèle la prédisposition latente de la victime, alors on peut conclure que sans le fait générateur de responsabilité, le dommage ne serait pas survenu (au moment où il .est survenu). Partant, le fait générateur de responsabilité est une *conditio sine qua non* de la survenance du dommage (à l'instant *t*).

775. En droit anglais, cette position repose sur le principe dit du « crâne de coquille d'œuf » (*eggshell skull rule*) : « si un homme est renversé de manière fautive ou subit un dommage corporel de manière fautive par quelque manière que ce soit, ce n'est pas un argument valable à l'encontre de l'action indemnitaire du demandeur que de dire qu'il n'aurait pas souffert d'un dommage, ou qu'il aurait souffert d'un dommage moins important, s'il n'avait pas eu un crâne particulièrement fin ou un cœur particulièrement fragile »[1755]. En d'autres termes, le défendeur prend sa victime comme il la trouve[1756].

Dans l'arrêt *Smith v. Leech Brain & Co Ltd*[1757], un employé avait subi une petite brûlure de la lèvre en raison d'une abstention fautive imputable à l'employeur. Cependant, alors qu'une brûlure de ce type se serait résorbée chez une personne normale, elle avait déclenché, chez cet employé, un cancer de la lèvre dont il était par la suite décédé. Le juge a considéré que si l'employé souffrait, selon toute probabilité, de mutations précancéreuses (prédisposition latente), la brûlure dont il avait été victime, par la faute de son employeur, avait constitué un agent « promoteur » dans le déclenchement de la maladie[1758]. Dans

---

[1755] *Dulieu v. White & Sons* [1901] EWHC KB 1, [12] (Kennedy J.): « If a man is negligently run over or otherwise negligently injured in his body, it is no answer to the sufferer's claim for damages that he would have suffered less injury, or no injury at all, if he had not had an unusually thin skull or an unusually weak heart. »

[1756] S. GREEN, *Causation in negligence*, Hart Publishing, 2015, p. 38: « It is axiomatic that a defendant in negligence takes her victim as he founds her ».

[1757] [1962] 2 QB 405 (QBD) (Lord Parker CJ).

[1758] *Ibid.*, p. 413(Lord Parker CJ): « Accordingly, I find that the burn was the promoting agency of cancer in tissues which already had a pre-malignant condition. »

ces conditions, le juge considère que la brûlure imputable au défendeur avait participé à la survenance du cancer de l'employé, et par suite, à son décès (*cause in fact*). Par conséquent, le défendeur était responsable de toutes les conséquences dommageables découlant de la brûlure[1759], lesquelles dépendaient des « caractéristiques et de la constitution de la victime »[1760].

776. En droit français, on retrouve la même idée. L'existence de prédispositions latentes de la victime ne rompt pas le lien de causalité entre le fait générateur de responsabilité et le dommage[1761]. Selon une jurisprudence maintenant devenue[1762] constante[1763], la Cour de cassation considère que « le droit de la victime à obtenir l'indemnisation de son préjudice corporel ne saurait être réduit en raison d'une prédisposition pathologique lorsque l'affection qui en est issue n'a été provoquée ou révélée que par le fait dommageable »[1764], principe que le projet de réforme de responsabilité civile (2017) prévoit de codifier[1765]. La Cour de cassation a, par exemple, rappelé ce principe le 22 novembre 2017[1766], dans un contentieux impliquant le Mediator. Elle a cassé l'arrêt d'appel qui avait limité la réparation du préjudice du demandeur à hauteur de 50%, au motif que les troubles découlant de l'insuffisance mitrale étaient pour moitié d'origine médicamenteuse toxique (le Mediator) et pour moitié imputable à la préexistence d'une valvulopathie rhumatismale asymptomatique (prédisposition latente). Pour la Cour de cassation, le défendeur est considéré avoir causé l'entier dommage, si bien qu'il doit être entièrement responsable.

[1759] La brûlure constituait, selon le juge, le dommage prévisible (*cause in law*), V° sur ce point *Ibid.*, p. 415 (Lord Parker CJ) : « The test is not whether the employers could reasonably have foreseen that a burn would cause cancer and that he would die. The question is whether these employers could reasonably foresee the type of injury he suffered, namely, the burn. What, in the particular case, is the amount of damage which he suffers as a result of that burn, depends upon the characteristics and constitution of the victim ».

[1760] V° la citation, *Ibid.*

[1761] B. STARCK, H. ROLAND, L. BOYER, *op. cit.* (note 819), p. 440, spéc. n°1068 (« La solution dominante est à l'accueil de la causalité, peu important que l'acte dommageable ait aggravé l'état préexistant de la victime ; une seule chose compte : démontrer que c'est bien le fait du défendeur qui a mis la victime dans l'état où elle se trouve actuellement »). Ph. BRUN, « Responsabilité du fait personnel », *Rép. civ.*, mai 2015 (actual. : février 2019), spéc. n°128.

[1762] Sur l'évolution de la position tenant aux prédispositions de la victime dans le contexte pharmaceutique : J.-S. BORGHETTI, *op. cit.* (note 392), pp. 374-381. À l'origine notamment, il semble que la jurisprudence ait considéré que « les effets liés à la susceptibilité propre du patient devaient rester à la charge de ce dernier » (*Ibid.*, p. 375, spéc. n°379). V° aussi : J. PENNEAU, note sous CA Paris, 15 décembre 1983, *D.* 1985, jur. pp. 228-230, spéc. p. 230.

[1763] V° par ex. : Cass., crim., 10 avril 1973, n°71-92.772, *Bull. crim.* 1973, N°185, p. 446; Cass., civ. 2, 13 janvier 1982, n°80-15.897, *Bull. civ. II*, 1982, N°9 ; Cass., civ. 2, 10 juin 1999, n°97-20.028, *Bull. civ. II*, 1999, N°116, p. 83 ; Cass., civ. 2, 13 juillet 2006, n°04-19.380, inédit ; Cass., civ. 2, 10 novembre 2009, n°08-16.920, *Bull. civ. II*, 2009, N°263 ; Cass., civ. 2, 8 juillet 2010, n°09-67.592, inédit.

[1764] Plus récemment : Cass., civ. 2, 19 mai 2016, n°15-18.784, ECLI:FR:CCASS:2016:C200774 (publié) ; Cass., civ. 2, 14 avril 2016, n°14-27.980, inédit.

[1765] Art. 1268 du projet de réforme de responsabilité civile (2017).

[1766] Cass., civ. 1, 22 novembre 2017, n°16-23.804, 16-24.719, inédit.

777. Par conséquent, les deux droits font le choix de faire peser la charge des prédispositions latentes de la victime sur les épaules des défendeurs.

2. *L'influence indirecte des prédispositions latentes sur l'appréciation du lien de causalité en droit français*

778. Les prédispositions latentes, obstacle à la reconnaissance d'une présomption de fait ? – À partir du moment où le fait générateur a provoqué ou révélé une prédisposition latente de la victime, alors le lien de causalité entre le fait générateur et la survenance de la maladie est établi. *A priori*, l'existence de prédispositions latentes est donc indifférente à l'établissement de la causalité. Il convient pourtant de nuancer le propos. Dans les contentieux impliquant notamment des risques sanitaires sériels, avérés[1767] ou même suspectés[1768], la preuve de *l'absence* de prédispositions de la victime est parfois prise en compte par les juridictions judiciaires pour admettre une présomption de fait en matière de causalité. En effet, pour retenir ce type de présomption, la jurisprudence tient compte de l'exclusion de toutes les autres causes possibles du dommage, et à ce titre, elle mentionne parfois l'exclusion de prédispositions de la victime à la maladie. Par conséquent, si l'absence de prédispositions de la victime peut être un indice pris en compte pour retenir une présomption de fait, en matière de causalité, il convient de se demander si l'existence d'une telle prédisposition est susceptible, par opposition, d'empêcher la reconnaissance d'une telle présomption.

779. La Cour de cassation répond à cette question dans un arrêt du 24 janvier 2006, dans un contentieux lié à la prise d'un médicament, l'Isoméride. Elle relève que la cour d'appel a « estimé que *l'Isoméride était une cause directe et partielle dans la mesure où il y avait une prédisposition de la patiente comme pour tout malade présentant une affection très rare*, et une cause adéquate, en l'absence d'autre motif de nature à l'expliquer ; qu'elle a pu en déduire qu'il existait des présomptions graves, précises et concordantes permettant, dans le cas de Mme Y..., d'imputer l'apparition de l'HTAPP à la prise d'Isoméride »[1769]. Comme il est possible de le constater, l'existence d'une prédisposition de la patiente à la maladie n'a pas empêché la jurisprudence d'admettre une présomption de fait, en matière de causalité.

[1767] Par ex. : Cass., civ. 1, 5 avril 2005, n°s 02-11.947 et 02-12.065, *Bull. civ. I*, 2005, N°173, p. 146.

[1768] Dans le contentieux du vaccin anti-hépatite B, l'absence de prédisposition de la victime constitue un indice pertinent permettant de retenir le lien entre l'administration du vaccin et le dommage : par ex., V° Cass., civ. 1, 10 juillet 2013, n°12-21.314, *Bull. civ. I*, 2013, N°157 (qui mentionne l'état antérieur de la demanderesse et son histoire familiale).

[1769] [italiques ajoutées par nous] Cass., civ. 1, 24 janvier 2006, n°02-16.648, *Bull. civ. I*, 2006, N°35, p. 34.

Il apparaît donc que si l'absence de prédisposition latente du demandeur peut constituer un élément en faveur de l'admission d'une présomption de fait en matière de causalité, son existence ne l'empêche pas non plus[1770].

780. Appréciation de la solution. – Cette position est, à notre avis, cohérente. En effet, l'absence de prédispositions latentes de la victime est un indice permettant d'établir que le dommage n'est pas survenu par l'effet d'un facteur qui lui serait intrinsèque. Par conséquent, selon toute vraisemblance, la survenance du dommage résulte d'un ou plusieurs facteurs qui lui sont extrinsèques. En ce sens, l'absence de prédispositions latentes peut donc constituer un élément pertinent, parmi d'autres, de causalité.

En revanche, l'existence d'une prédisposition latente de la victime ne permet pas d'exclure le rôle causal joué par le fait générateur de responsabilité dans la survenance du dommage, les deux éléments – prédisposition et fait générateur – pouvant s'être combinés, ensemble, pour produire le dommage. Dans ce contexte, il est cohérent que les juridictions judiciaires n'excluent pas l'admission d'une présomption de fait de causalité en présence d'une telle prédisposition.

781. Si l'existence de prédispositions latentes de la victime à une maladie ne fait pas obstacle à l'établissement du lien de causalité entre le fait générateur de responsabilité et le dommage, l'existence de prédispositions patentes de la victime est prise en compte dans l'appréciation du lien de causalité et ce, dans les deux droits.

B. Effets des prédispositions patentes de la victime sur la mise en jeu de la responsabilité civile

782. Une position similaire des deux systèmes juridiques. – La situation se présente différemment lorsque les prédispositions de la victime à la maladie sont patentes, autrement dit lorsqu'elles se sont déjà extériorisées antérieurement au fait générateur de responsabilité. Dans ces conditions, il est difficile de considérer que le fait générateur est à l'origine de la pathologie préexistante. Pour cette raison, les deux systèmes juridiques considèrent qu'il n'existe aucun lien de causalité entre le fait générateur et les manifestations

---

[1770] Néanmoins, *contra* dans un cas de risque sanitaire sériel suspecté : Cass., civ. 1, 29 mai 2013, n°12-20.903, *Bull. civ. I*, 2013, N°116 en matière de vaccin anti-hépatite B. La cour d'appel avait relevé que l'oncle de la demanderesse avait également souffert d'une sclérose en plaques à la suite d'une vaccination contre l'hépatite B, ce qui « pouvait s'interpréter aussi bien en faveur d'une présomption de causalité qu'en faveur d'une prédisposition congénitale en dehors de tout contexte vaccinal, d'autant que les chercheurs ont relevé une susceptibilité génétique, et que, dans ces conditions, les éléments invoqués par Mme X...étaient insuffisants pour constituer des présomptions graves précises et concordantes de nature à imputer la sclérose en plaques dont elle souffre à la vaccination qu'elle a subie ».

extérieures qui le précèdent[1771], car une conclusion inverse irait à l'encontre de la causalité mécanique[1772]. Dans cette situation, on peut affirmer, avec certitude, que le fait générateur de responsabilité n'a pas causé le dommage.

Néanmoins, les deux systèmes juridiques reconnaissent que si le fait générateur de responsabilité a aggravé une pathologie préexistante, alors le défendeur est responsable de l'aggravation uniquement[1773]. Cette position se comprend parfaitement et se justifie au regard du principe de réparation intégrale ; en effet, l'objectif de la réparation est de replacer la victime dans l'état dans lequel elle se serait trouvée en l'absence du fait générateur de responsabilité. Dans ce contexte, condamner le défendeur à indemniser les conséquences de la pathologie préexistante et de l'aggravation aboutirait à enrichir cette dernière, ce qui serait contraire au principe de réparation intégrale.

783. La transformation radicale de la nature du dommage : position des deux systèmes juridiques. – La jurisprudence française a toutefois apporté un correctif à la règle exposée ci-dessus. En effet, lorsque le fait générateur de responsabilité n'a pas simplement aggravé la pathologie préexistante, mais a, au contraire, radicalement transformé la nature de la pathologie préexistante, l'auteur du fait générateur de responsabilité est alors tenu de réparer le dommage intégralement[1774]. L'hypothèse bien connue est par exemple celle du borgne qui, par le fait générateur, devient aveugle[1775]. Tout se passe comme si, en transformant de manière radicale la nature du dommage initial, l'auteur du fait générateur avait en réalité causé un nouveau dommage, qui absorberait le premier.

[1771] *Infra*, note 1773.

[1772] Dans une telle situation, il est *certain* que le fait générateur de responsabilité n'a joué aucun rôle causal dans la survenance de la pathologie préexistante.

[1773] En droit anglais : *Performance Cars Ltd v. Abraham* [1962] 1 QB 33 (CA) où le défendeur a commis une faute qui a entraîné une collision avec la voiture du demandeur. Néanmoins, la voiture du demandeur avait déjà été endommagée par une précédente collision avec une tierce partie : le défendeur n'a donc été responsable que pour l'aggravation du dommage causée par sa faute. Dans le même sens : *Steel v. Joy* [2004] EWCA Civ. 576 (CA). En droit français : Cass., civ. 2, 27 octobre 1969, *Bull. civ. II*, 1969, N°294 ; Cass., civ. 2, 11 octobre 1989, *Bull. civ. II*, 1989, N°178, p. 91 ; Cass., AP, 27 novembre 1970, n°69-10.040, *Bull. AP*, 1970, N°6, p. 9.

[1774] Cass., civ. 2, 6 mai 1987, n°86-11.044, *Bull. civ. II*, 1987, N°107 (« Mais attendu que l'arrêt énonce que l'accident n'a pas eu seulement pour effet d'aggraver une incapacité antérieure mais a transformé radicalement la nature de l'invalidité de sorte que la victime qui, malgré son état antérieur, exerçait régulièrement une activité professionnelle exigeant une pleine capacité de travail et qui menait une vie normale, se trouve atteinte d'une invalidité totale à la suite de l'accident litigieux. Que de ces constatations et énonciations, la cour d'appel a pu déduire que M. X...avait droit à réparation de la totalité de son invalidité. »).

[1775] Cass., civ. 2, 19 juillet 1966, publié, N°811; Cass., civ. 1, 28 octobre 1997, n°95-17.274, *Bull. civ. I*, 1997, N°298, p. 200 : *RTD. civ.*, 1998, N°1, 16/03/1998, p. 123, obs. P. JOURDAIN. Mais *contra*: Cass., crim. 15 décembre 1966, n°66-91.184, *Bull. crim.*, 1966, N°294 (la Cour de cassation n'a admis le versement de dommages-intérêts relatifs à l'assistance de tierce personne car cette assistance résultait de l'aggravation de l'état antérieur de la victime. En particulier, le demandeur était originellement borgne, puis était devenu aveugle. Or, l'assistance de tierce personne n'avait pas été nécessaire avant qu'il ne devienne aveugle. Néanmoins, n'a pas été remis en cause dans cet arrêt le montant de l'incapacité permanente partielle qui avait tenu compte de son incapacité de travail antérieure, résultant de l'accident qui l'avait rendu borgne).

Il est intéressant de noter que récemment, certaines cours inférieures anglaises ont semblé adopter une position qui se rapproche sensiblement du droit français, à ceci près que les juges anglais ont plutôt égard à la transformation de la nature des soins requis qu'à la transformation de la nature du dommage *per se*, comme l'illustre la décision *Reaney v. University Hospital of North Staffordshire NHS*[1776]. En particulier, dans ce contentieux, les juges se sont intéressés au point de savoir si la négligence des défendeurs avait entraîné la nécessité de recevoir des soins substantiellement de même type que ceux préexistants, auquel cas le dommage correspondait aux besoins *additionnels*, ou si au contraire, cette négligence avait entraîné la nécessité de recevoir des soins qualitativement différents à ceux préexistants, auquel cas le dommage aurait correspondu à *l'ensemble* des soins maintenant requis.

784. En somme, les deux systèmes juridiques adoptent une position similaire dans les hypothèses de causes cumulatives impliquant l'intervention de facteurs intrinsèques (prédispositions) et extrinsèques (fait générateur de responsabilité) au demandeur, sur le plan de l'établissement de la causalité. La même observation peut être faite lorsque l'on a égard à l'évaluation du dommage.

II. *La position des droits français et anglais au stade de l'évaluation du dommage*

785. Les deux systèmes juridiques français et anglais tiennent compte de l'existence de prédispositions de la victime pour évaluer le dommage, que celles-ci soient latentes (A) ou patentes (B).

A. L'influence des prédispositions latentes sur l'évaluation du dommage

786. La position du problème. – Si le fait générateur de responsabilité a pu révéler une pathologie latente, il est également possible que cette pathologie se soit de toute façon développée, selon le cours normal des choses, si bien que le fait générateur n'a fait, en réalité, qu'accélérer la survenance de celle-ci. Dans ces conditions, faut-il tenir compte de l'évolution prévisible de la pathologie latente ? Le principe de réparation intégrale l'impose. La victime doit être replacée aussi exactement que possible dans l'état antérieur dans lequel elle se serait trouvée en l'absence du fait dommageable. Ne pas tenir compte de l'évolution prévisible de la pathologie latente dans l'évaluation du dommage, c'est alors autoriser la victime à faire un profit.

1776 [2014] EWHC 3016 (QB) [renversement de la solution]; [2015] EWCA Civ. 1119 (CA).

787. La position des droits français et anglais. – Les juges anglais tiennent toujours compte de cet élément dans l'évaluation du dommage, ce qu'ils appellent une « vicissitude de la vie » (*vicissitudes of life principle*)[1777]. En particulier, les juges anglais opèrent une distinction entre la question des faits passés (*past facts*), comme celle de l'établissement de la causalité, et la question des faits futurs (*future facts*), comme celle de l'évolution prévisible d'une pathologie latente.

Un fait passé doit, en droit anglais, être prouvé selon le standard classique de la balance des probabilités, ce qui s'explique car un fait passé s'est ou non produit. En d'autres termes, la réponse est binaire. L'établissement du *cause in fact* est précisément une question relative à un fait passé car il s'agit de se demander ce qu'il se serait produit, dans le passé, si le fait générateur de responsabilité n'était pas survenu. Ici, le fait générateur de responsabilité a ou non fait une différence dans le dommage. La question est différente dans le cadre des faits futurs, car il s'agit alors de se demander ce qu'il serait advenu, dans le futur, si le fait générateur de responsabilité n'était pas survenu. En d'autres termes, il s'agit d'envisager un scénario contrefactuel futur qui ne se produira jamais, pour essayer d'évaluer quelle différence le fait générateur de responsabilité a produit par rapport à ce futur hypothétique. Les faits futurs ne peuvent donc jamais être approchés de manière binaire, car leur survenance est toujours incertaine. Par conséquent, ils ne peuvent être appréciés que par rapport à la probabilité de leur survenance, probabilité dont les juges anglais tiennent compte dans l'évaluation du dommage, peu important qu'elle soit inférieure à 50%[1778]. La prise en compte de l'évolution prévisible d'une prédisposition latente de la victime en l'absence du fait générateur de responsabilité est précisément une question de fait futur.

788. Par exemple, dans l'arrêt *Smith v. Leech Brain*[1779], le juge a conclu que l'abstention fautive de l'employeur avait certes causé la brûlure labiale de l'employé, entraînant le cancer dont il était décédé (fait passé), mais il a réduit substantiellement le montant des dommages-intérêts dus par l'employeur en raison du fait que « le mari de la demanderesse pouvait avoir développé le cancer même s'il n'avait pas souffert de la brûlure » [1780]. Cette réduction du montant des dommages-intérêts ne reflète pas le degré d'incertitude tenant à l'établissement du lien de causalité[1781]. Elle reflète la probabilité que le dommage se soit tout de même produit dans le futur, même sans la faute du défendeur (fait futur). L'idée est la suivante : étant donné qu'il était très

[1777] G. TURTON, *Evidential uncertainty in causation in negligence*, Hart Studies in Private Law, vol. 15, 2016, p. 27.

[1778] Sur cette question : S. STEEL, *op. cit.* (note 807), p. 50 et s.

[1779] [1962] 2 QB 405 (Lord Parker C. J.).

[1780] *Ibid.*, p. 416 : « [His Lordship considered the question of damages, observed that he must make a substantial reduction from the figure taken for the dependency because of the fact that] the plaintiff's husband might have developed cancer even if he had not suffered from the burn, [and awarded the plaintiff £3,064 17s. 0d.] ».

[1781] En ce sens et de manière unanime : S. STEEL, *op. cit.* (note 807), p. 52 ; L. KHOURY, *op. cit.* (note 1419), p. 24 (note 60); G. TURTON, *op. cit.* (note 1777), p. 27.

probable[1782] que le cancer – et donc le décès – survienne selon le cours normal des choses, même sans l'intervention du fait générateur de responsabilité, alors le défendeur n'est en réalité responsable que pour *l'accélération* de la survenance du dommage[1783].

789. En droit français, il est plus difficile d'être catégorique car il y a assez peu d'arrêts sur cette question. Un auteur[1784] a pu relever que, généralement, si l'évaluation du dommage tient compte de l'avenir de la victime, elle n'inclut pas les « circonstances particulières à la victime », mais prend seulement en considération « les éléments communs à l'ensemble de la population ». On ne peut donc pas affirmer, au contraire du droit anglais, que le droit français tient toujours compte de l'évolution naturelle de pathologies latentes dans l'évaluation du dommage, même si certains arrêts révèlent qu'à tout le moins, les juges y sont parfois sensibles. Par exemple, la Cour de cassation a pu valider la position d'une cour d'appel qui avait condamné une défenderesse, conductrice, à réparer l'intégralité du préjudice résultant d'un accident de circulation, tout en précisant que celui-ci devait « être *apprécié* en tant compte du degré de gravité de la tumeur maligne mortelle dont était atteinte la victime [et qui avait été révélée par l'accident] »[1785].

790. La prise en compte, dans les deux droits, de l'évolution naturelle probable des prédispositions latentes de la victime, révélées par le fait générateur de responsabilité, permet en fait de déterminer l'étendue véritable du dommage causé par le défendeur, position cohérente avec le principe de la réparation intégrale. Cette volonté d'évaluer le dommage au plus près de la réalité conduit également les juges français et anglais à tenir compte de l'existence d'une prédisposition pathologique patente dans l'évaluation du dommage.

1782 Il est possible de le déduire par le fait que la réduction du montant des dommages-intérêts a été « substantielle ».

1783 Dans le même sens : *Environment Agency v. Ellis* [2008] EWCA Civ. 1117, spéc. [36] (May LJ) : « (...) there is no injustice to the defendants in rejecting this submission, since Mr Ellis' damages fall to be reduced (and were reduced) because his back would have deteriorated progressively anyway apart from the June 1998 and April 2000 accidents. His damages were calculated on the basis that the June 1998 accident [négligence de l'employeur] brought forward that deterioration by 10 years, thus taking the back condition into account in the defendants' favour. » Dans cette affaire, le demandeur avait une condition spinale préexistante sans aucune manifestation extérieure (prédisposition latente). En réalité, sans la négligence, la détérioration subie serait tout de même survenue (naturellement) mais plus tard. Le juge a donc réduit le montant des dommages-intérêts pour prendre en compte ce fait futur : c'est donc l'accélération de la détérioration résultant de la négligence qui a été indemnisée.

1784 F. G'SELL-MACREZ, th. préc. (note 832), p. 484, spéc. n°445.

1785 Cass., civ. 2, 28 novembre 1974, n°73-14.500, *Bull. civ. II*, 1974, N°317, p. 261. Un individu, victime d'un accident de la circulation, a subi des blessures qui ont, aux dires de l'expert, « révélé une *lésion latente* et en ont *accéléré le processus évolutif* en provoquant vraisemblablement la fissuration d'un tissu tumoral éminemment fragile ».

B. L'INFLUENCE DES PRÉDISPOSITIONS PATENTES SUR L'ÉVALUATION DU DOMMAGE

791. La prise en compte de la pathologie préexistante dans l'évaluation du *quantum*. – Lorsque le demandeur souffre déjà d'une pathologie préexistante, seule son aggravation est alors susceptible d'être indemnisée[1786] et ce, dans les deux droits. Par conséquent, l'existence des prédispositions patentes est prise en compte, au stade de l'évaluation du dommage, pour déterminer précisément le montant correspondant à la seule aggravation. Il s'agit alors d'évaluer le dommage avant et après le fait générateur de responsabilité, la différence constituant alors la part correspondant à la seule aggravation[1787].

Cependant, la situation est assez délicate lorsque le fait générateur a aggravé une pathologie préexistante, aggravation qui se serait de toute façon produite selon le cours normal des choses. En droit anglais, les juges adoptent la même position que précédemment. Autrement dit, s'il est établi que l'aggravation se serait de toute façon probablement produite dans le futur, même sans le fait générateur de responsabilité (fait futur), alors le montant des dommages-intérêts sera réduit pour refléter cette probabilité.

Le droit français prend également cet élément en compte. Dans un arrêt d'Assemblée plénière du 27 novembre 1970[1788], la Cour de cassation rappelle que l'existence d'une invalidité préexistante n'empêche pas le demandeur d'obtenir réparation mais seulement « dans la mesure où son état antérieur avait été aggravé du fait de l'accident en cause à l'exclusion des conséquences d'une évolution normale de son état pathologique congénital »[1789]. Partant, il s'ensuit que le défendeur n'est pas tenu de réparer l'aggravation qui se serait de toute façon produite, même sans le fait générateur de responsabilité. *Quid* lorsque le fait générateur a accéléré la survenance des conséquences d'une évolution normale de l'état pathologique préexistant ? En toute logique, cette accélération devrait être prise en compte car elle constitue une aggravation causée par le fait générateur de responsabilité. Cette position semble être admise par la jurisprudence[1790].

792. Conclusion du §1. – Les hypothèses de causes cumulatives impliquant une combinaison de facteurs intrinsèques et extrinsèques à la victime font

---

[1786] *Supra*, n°782.

[1787] Si la théorie paraît claire, en pratique cela est toutefois plus difficile. Les expertises médicales jouent un rôle majeur à ce stade.

[1788] Cass., AP, 27 novembre 1970, n°69-10.040, *Bull. AP*, 1970, N°6, p. 9.

[1789] *Ibid.*

[1790] V° J. NGUYEN THANH NHA, « L'influence des prédispositions de la victime sur l'obligation à réparation du défendeur à l'action en responsabilité », *RTD civ.* 1976, p. 1, spéc. p. 26 ; V° aussi, en droit français : Ph. PIERRE, « Le passé de la victime : l'influence de l'état antérieur », États généraux du dommage corporel – Le dommage corporel conjugué à tous les temps, *Gaz. pal.*, n°99, 09/04/2011, p. 15 qui indique qu'à son avis, il conviendrait de prendre toujours en compte l'accélération du processus imputable au fait dommageable ; Cass., civ. 2, 12 juin 1969 (publié) N°204. Dans le même sens : Cass., civ. 2, 23 juillet 1963, publié, N°570. V° Ph. LE TOURNEAU (dir.), *op. cit.* (note 10), p. 662 spéc. n°2132.241.

l'objet d'une appréciation similaire des deux systèmes juridiques. En pratique, le défendeur supporte la charge des prédispositions latentes de la victime qui ont été révélées ou provoquées par le fait générateur de responsabilité, quand la victime supporte celle des prédispositions patentes qui se sont manifestées antérieurement au fait générateur de responsabilité.

Parfois cependant, la survenance de maladies résultant de la réalisation de risques sanitaires sériels est le produit d'une combinaison de facteurs seulement extrinsèques à la victime. Dans ces hypothèses de causes cumulatives, les deux droits tendent à s'éloigner l'un de l'autre. Alors que le droit français est équitablement généreux envers les victimes de risques sanitaires sériels dans ces hypothèses, le droit anglais différencie à nouveau les solutions en ayant recours à des distinctions particulièrement fines. Malgré tout, les juges anglais semblent plus généreux dans ces hypothèses que dans celles de causes alternatives, sans doute parce que les incertitudes causales sont bien plus résiduelles.

§2 – En cas de facteur extrinsèque

793. Les juges anglais tendent à différencier les solutions applicables aux causes cumulatives en fonction de la divisibilité de la maladie. Ainsi, dans les hypothèses de risques sanitaires sériels – mais les solutions ne sont pas limitées à ce contexte – les solutions retenues par le système juridique anglais ne peuvent se comprendre qu'au regard de la distinction entre maladie divisible (I) et maladie indivisible (II). Comme pour les causes alternatives, cette tendance du droit anglais à multiplier les distinctions dans le contexte des hypothèses de causes cumulatives n'est pas favorable aux victimes de risques sanitaires sériels. Elle tend à réduire leur indemnisation. Au contraire, le droit français ne reconnaît pas ces distinctions, ce qui explique que certaines difficultés que connaît le droit anglais sont totalement inexistantes en droit français. De la sorte, le système juridique français avantage les victimes de risques sanitaires sériels dans tous les cas de causes cumulatives.

I. *LES HYPOTHÈSES DE MALADIES DIVISIBLES*

794. L'arrêt *Bonnington Castings Ltd v. Wardlaw*[1791] constitue, en droit anglais, le point de départ de toute la jurisprudence liée aux causes cumulatives dans le contexte de maladies divisibles. Il importe ainsi de s'intéresser à ce contentieux (A). Pour ce type de maladies, un problème tout à fait particulier – et inexistant en droit français – se pose, celui de la détermination de la

---

[1791] [1956] AC 613.

contribution du fait générateur de responsabilité à la survenance du dommage (B).

A. LE POINT DE DÉPART EN DROIT ANGLAIS : L'ARRÊT *BONNINGTON CASTINGS LTD V. WARDLAW*

795. L'affaire *Bonnington* a posé une difficulté spécifique pour la preuve de la causalité. Pour le comprendre, il faut présenter les faits de ce contentieux (1), avant d'examiner quel en a été le traitement juridique (2).

1. Les faits de l'arrêt **Bonnington Castings Ltd v. Wardlaw**

796. Les données du problème. – L'arrêt *Bonnington* concerne un contentieux sanitaire professionnel. Un employé travaillant au contact de métal avait contracté une pneumoconiose qu'il attribuait à son exposition, par l'employeur, à des poussières invisibles de silices, qui provenaient de trois sources différentes. Parmi elles, seule une source était fautive et l'employeur n'avait d'ailleurs pas contesté la violation de son obligation légale (*breach of statutory duty*). Le problème posé par cet arrêt concernait la preuve du lien de causalité, la question étant de savoir si la faute de l'employeur avait causé la pneumoconiose de l'employé. Cette situation n'est pas sans rappeler celle de l'arrêt subséquent *McGhee v. National Coal Board Ltd*[1792], puisque comme dans cet arrêt, un employeur unique a exposé l'un de ses employés à une poussière nocive de manière fautive et non-fautive, poussière qui a causé, en l'espèce, le dommage du demandeur.

797. Pourtant, trois différences fondamentales séparent ces deux arrêts. D'abord, dans l'arrêt *McGhee*, l'employé a fait l'objet d'une exposition non-fautive, suivie d'une exposition fautive (abstention fautive) ; dans l'arrêt *Bonnington,* l'employé a été exposé simultanément à la poussière de silices, de manière fautive et non-fautive. Ensuite, dans l'arrêt *McGhee*, la maladie était indivisible, ce qui n'est pas le cas de l'arrêt *Bonnington*, bien que cette question ait fait l'objet de spéculations comme nous le verrons par la suite[1793]. Enfin, ce qui constitue une différence plus importante, dans l'arrêt *McGhee*, la science médicale ne permettait pas de déterminer si la dermatite était causée par une ou par plusieurs abrasions de la couche cornée de la peau. Il était donc impossible de déterminer si le problème s'apparentait à celui de causes alternatives ou de causes cumulatives[1794]. Dans l'arrêt *Bonnington*, au contraire, cette difficulté n'existe pas car la science médicale a permis d'établir que la pneumoconiose était causée par « *une accumulation graduelle* dans les poumons de particules

---

[1792] *McGhee*, préc. (note 1489).

[1793] *Infra*, n°805 et 806.

[1794] *Supra*, n°662.

minuscules de silices inhalées à travers les années »[1795]. Par conséquent, la situation était clairement celle de causes cumulatives[1796], ce qui explique que le test *Bonnington* n'ait pu être appliqué au contentieux *McGhee*.

2. *Le traitement juridique du problème posé par l'arrêt* Bonnington Castings Ltd v. Wardlaw

798. La formulation appropriée de la question causale. – L'une des difficultés de l'affaire *Bonnington* tenait d'abord à la manière dont la question causale avait été formulée à l'origine. En effet, devant le *Court of Session*, Lord Clyde avait considéré que la question causale principale était de savoir quelle était la source *la plus probable* de la maladie de l'employé, la poussière provenant de la source innocente ou celle provenant de la source coupable[1797]. Devant la Chambre des Lords, Lord Reid indique explicitement[1798] être en désaccord avec la formulation de cette question qui semble envisager la situation comme une hypothèse de causes alternatives. Selon lui, la source de la maladie est la poussière provenant des deux sources, si bien que « la vraie question est de savoir si la poussière provenant [de la source coupable] a contribué, de manière significative, à la survenance de la maladie »[1799]. Cette position a été adoptée par l'ensemble des juges.

799. Le test de causalité applicable aux hypothèses de causes cumulatives : la contribution significative à la survenance du dommage. – Bien que les juges ne l'aient pas expressément affirmé dans ce contentieux, ils semblent avoir considéré que *Bonnington* faisait naître un cas de causes cumulatives, comme l'attestent leurs discours[1800]. Pour eux, c'était donc l'ensemble des particules, provenant des sources d'exposition fautive et non-

---

1795 [italiques ajoutées par nous] *Bonnington Castings Ltd v. Wardlaw* [1956] AC 613, spéc. p. 621 (Lord Reid): « The medical evidence was that pneumoconiosis is caused by a gradual accumulation in the lungs of minute particles of silica inhaled over a period of years »; p. 626 (Lord Keith of Avonholm) : « The disease is a disease of gradual incidence. »

1796 Sur la notion de causes cumulatives : V° *supra*, n°625.

1797 La troisième source d'exposition de l'employé à la poussière de silices – celle provenant des ponceuses – a été ignorée car elle était négligeable.

1798 *Bonnington*, préc. (note 1791), p. 621 (Lord Reid) « (...) but I cannot agree that the question is: which was the most probable source of the respondent's disease, the dust from the pneumatic hammers or the dust from the swing grinders? »

1799 *Ibid.*, p. 621 (Lord Reid) : « [It appears to me that the source of his disease was the dust from both sources, and] the real question is whether the dust from the swing grinders materially contributed to the disease. »

1800 *Ibid.*, p. 626 (Lord Keith) : « (...) and it is impossible (...) to resolve the components of that atmosphere into particles caused by the fault of the defenders and particles not caused by the fault of the defenders, as if they were separate and independent factors in his illness. Prima facie the particles inhaled are *acting cumulatively* (...) [italiques ajoutées par nous] »; p. 621 (Lord Reid) : « (...) the disease is caused by *the whole of the noxious material inhaled* and, if that material comes from two sources, it cannot be wholly attributed to material from one source or another. [italiques ajoutées par nous] ».

fautive, qui avaient causé le dommage, si bien que chacune des particules avait « contribué » à la survenance du dommage, position qu'aurait sans doute retenue le juge français dans cette situation[1801].

Cependant, prouver que l'exposition fautive a contribué à la survenance du dommage ne suffit pas. Encore faut-il démontrer qu'elle y a contribué de manière significative. Pour Lord Reid, « ce qui constitue une contribution significative doit être une question de degré. Une contribution qui tombe dans l'exception *de minimis non curat lex* n'est pas significative, mais (...) n'importe quelle contribution qui ne tombe pas dans l'exception doit être significative »[1802]. En d'autres termes, pour être considérée comme significative, la contribution ne doit pas être négligeable, comme l'exprime Lord Tucker[1803].

800. Cette définition est cependant axiomatique : comment déterminer ce qui est ou non négligeable, insignifiant ? Comme l'a montré la décision *Sienkiewicz*[1804], sur la contribution significative au risque de dommage, la réponse est délicate et ne peut qu'être une affaire d'espèce[1805]. Est-il nécessaire de pouvoir quantifier la contribution ? Tel ne semble pas être le cas, car précisément, dans l'arrêt *Bonnington,* il était impossible de déterminer quelle était la proportion de poussières inhalées provenant de l'une ou l'autre des sources. Dans tous les cas, malgré cette impossibilité, les juges parviennent à la

[1801] Si l'on met de côté le fait que l'affaire *Bonnington* intervient dans le contexte professionnel, qui fait l'objet d'un traitement particulier en droit français (législation sociale et non responsabilité civile, sauf en cas de faute inexcusable de l'employeur), la solution serait sans doute identique et ne poserait d'ailleurs pas de difficultés : si le dommage est causé par une accumulation de poussières de silices dans les poumons du demandeur et que cette exposition a été, en partie, fautive et non-fautive, alors le résultat serait le même que l'on applique la théorie de l'équivalence des conditions comme celle de la causalité adéquate : la conclusion serait alors que l'exposition fautive *a participé* à la survenance du dommage. Dans le cadre professionnel français (hors responsabilité), le demandeur bénéficierait de toute façon de la présomption d'imputabilité de son dommage au travail : la pneumoconiose est inscrite au tableau des maladies professionnelles (régime général – tableau 25).

[1802] *Bonnington*, préc. (note 1791), p. 621 (Lord Reid) : « What is a material contribution must be a question of degree. A contribution which comes within the exception *de minimis non curat lex* is not material, but (...) any contribution which does not fall within that exception must be material. »

[1803] *Ibid.*, p. 623 (Lord Tucker) : « On this basis it follows that the quantity of silica dust discharged into the atmosphere of the shop from this source cannot be disregarded *as negligible on the de minimis principle* [italiques ajoutées par nous] ».

[1804] *Sienkiewicz*, préc. (note 1580).

[1805] *Supra*, n°692 et la note qui s'y rapporte ; V° aussi: *Albert Victor Carder v. The University of Exeter* [2016] EWCA Civ. 790 : dans cette affaire, concernant une asbestose (maladie divisible) contractée par un employé, ce dernier avait été au contact de l'amiante sous plusieurs employeurs. L'un des employeurs avait exposé l'employé à hauteur de 2,3% de l'exposition totale subie durant sa vie professionnelle ; en appel, l'employeur cherchait à faire valoir que cette exposition n'avait pas causé de dommage en tant que tel, car les symptômes et la maladie elle-même ne s'étaient pas « empirés » sous l'effet de cette exposition faible. Si la question s'est plutôt portée sur la définition légale de la notion de « dommage », il convient tout de même de noter qu'il a été accepté qu'une contribution de 2,3% était une contribution « significative » (V° spéc. [40], Gross LJ).

conclusion que la contribution n'était pas insignifiante[1806] et retiennent la responsabilité de l'employeur.

Dans l'affaire *Bonnington*, le test de causalité retenu est celui de la contribution significative à la survenance du dommage. En démontrant que l'exposition aux poussières de silices provenant de la source fautive avait contribué de manière significative à la survenance du dommage, le *cause in fact* est établi, si bien que le défendeur est responsable du dommage. Cependant, il ne faut pas oublier que les maladies divisibles sont en fait une forme particulière de dommage divisible, donc fractionnable. Par conséquent, dans ces hypothèses, chaque fait a causé une partie du dommage. Il importe ainsi d'évaluer la contribution du fait générateur à la survenance du dommage, ce qui permet en fait d'évaluer *quel dommage* a été causé par la faute du défendeur. Dans le contexte des maladies dites divisibles, c'est en fait la question du *quantum* qui pose des difficultés.

B. L'ÉTENDUE DE LA CONTRIBUTION DU FAIT GÉNÉRATEUR À LA SURVENANCE DU DOMMAGE

801. Dans les hypothèses de causes cumulatives impliquant la survenance d'une maladie considérée divisible, il est alors nécessaire de déterminer quelle a été la contribution du fait générateur de responsabilité dans la survenance du dommage. Cette question, pertinente en droit anglais (1), est en revanche tout à fait indifférente en droit français (2).

1. Une question pertinente en droit anglais

802. L'arrêt *Bonnington* a adopté une approche étonnante pour traiter le problème de l'étendue de la contribution du fait générateur à la survenance du dommage (a), approche que les arrêts subséquents n'ont eu de cesse de chercher à rationaliser (b). La position adoptée par la jurisprudence entraîne des conséquences pratiques non-négligeables pour les victimes de risques sanitaires sériels (c).

[1806] Les juges de la Chambre des Lords considèrent que la source principale d'exposition était sans doute la source « innocente », c'est-à-dire l'exposition aux poussières provenant des marteaux pneumatiques, car l'employé travaillait à côté des marteaux. Néanmoins, les juges considèrent qu'une partie de la poussière inhalée provenait probablement de la source « coupable » (meuleuses). Ils considèrent donc que la quantité provenant des meuleuses (source « coupable ») n'était pas si peu importante qu'elle doive être considérée comme insignifiante.

a. *L'approche adoptée dans* Bonnington

803. L'étendue de la responsabilité du défendeur (*apportionment of damage*) dans l'arrêt *Bonnington*. – Selon une jurisprudence anglaise constante, le défendeur doit, autant que possible, être tenu responsable seulement pour l'étendue exacte du dommage causé par le fait générateur de responsabilité, ce qui est une conséquence du principe de réparation intégrale[1807]. Dans la perspective de la *quantification* de l'étendue de responsabilité du défendeur, la distinction entre dommage divisible et indivisible présente une importance primordiale.

En effet, un dommage divisible étant par essence fractionnable le défendeur n'est normalement tenu de réparer que la fraction du dommage qui est imputable au fait générateur[1808]. Par conséquent, si la pneumoconiose est considérée comme une maladie divisible – ce qui a été reconnu expressément après *Bonnington*[1809] – alors le défendeur ne doit réparer que la fraction de la pneumoconiose qui résulte de sa faute. Cela implique que les juges quantifient la contribution exacte de l'exposition fautive à la poussière de silices dans la pneumoconiose. Dans le cas de maladies qui s'aggravent à chaque exposition (maladies divisibles), il est possible de dire que sans l'exposition fautive, la pneumoconiose aurait été moins grave à l'instant t[1810] ou que la pneumoconiose aurait présenté la même gravité à l'instant $t+1$. La quantification de ce surplus d'aggravation de la maladie par l'exposition fautive constitue alors la fraction du dommage causée par la faute[1811]. Par suite, le montant global des dommages-intérêts, c'est-à-dire représentant l'intégralité de la pneumoconiose, doit être réduit, pour ne représenter que la fraction correspondant à la faute. Il ne s'agit pas d'une réparation partielle, même si cela peut apparaître comme tel du point de vue du demandeur, car le défendeur répare l'intégralité du dommage que sa faute a causée, qui est une fraction seulement de la pneumoconiose.

Pourtant, dans l'arrêt *Bonnington*, le défendeur a été tenu de réparer ce qui correspond à l'intégralité de la pneumoconiose, et non seulement la part de la maladie attribuable à sa faute. Le défendeur a ainsi non seulement réparé la part de la maladie qui était attribuable à l'exposition fautive, mais il a également réparé la part qui était attribuable à l'exposition non-fautive. De ce point de vue, le défendeur a donc techniquement réparé plus que le dommage effectivement causé par sa faute[1812]. La position tenue dans *Bonnington* est donc tout à fait

---

1807 Sur le principe de réparation intégrale : V° *Supra*, n°324.

1808 M. HOGG, « Causation and Apportionment of Damages in cases of Divisible Injuries », (2008) 12 *Edin. L.R.* 105-109.

1809 *Sienkiewicz*, préc. (note 1580), spéc. [17] (Lord Phillips): « The disease in that case was pneumoconiosis. That disease is divisible. » ; *Jones*, préc. (note 1644) [6.49]: « It is true that the type of injury suffered by the Claimant in *Bonnington* was in fact divisible. However, it was not treated as such by the parties or the court ».

1810 L'instant *t* représente alors le moment où la pneumoconiose du demandeur est constatée *dans les faits de l'espèce Bonnington*.

1811 J. STAPLETON, « Unnecessary causes », (2013) 129(Jan) *L.Q.R.* 39-65, spéc. pp. 52-53.

1812 En ce sens : J. STAPLETON, art. préc. (note 1425), spéc. pp. 404-405.

étonnante en ce qui concerne l'étape de la *quantification* de l'étendue de la responsabilité.

804. Les interprétations possibles de *Bonnington*. – Il existe plusieurs interprétations possibles de la position tenue par les juges anglais dans l'arrêt *Bonnington*.

805. *Dans une première hypothèse, la pneumoconiose a été considérée comme dommage divisible dans l'arrêt Bonnington.*

Une première interprétation (1) consiste à considérer que la Chambre des Lords aurait fait une application orthodoxe du test du *but for* au stade de la causalité ; toutefois, le défendeur n'ayant pas contesté le montant des dommages-intérêts, la question de l'étendue de la responsabilité du défendeur (et du *quantum*) ne s'est pas posée à la cour, ce qui explique que le demandeur ait obtenu l'intégralité des dommages-intérêts. Cette interprétation a eu la faveur de la jurisprudence ultérieure[1813], comme nous le verrons[1814].

Une deuxième interprétation variante (2) serait de considérer qu'au stade du *quantum*, la Chambre des Lords aurait, en fait, adopté une approche exceptionnelle permettant au demandeur d'obtenir la totalité des dommages-intérêts, y compris pour la fraction du dommage non-causée par la faute, en raison de l'impossibilité matérielle de quantifier la contribution de la faute à la survenance du dommage[1815]. Cette position a été avancée par certains auteurs[1816].

Enfin, une troisième interprétation (3) alternative – et bien plus radicale sur le plan conceptuel – existe : elle consiste à considérer que la position adoptée par les juges ne modifie pas seulement l'approche classique en matière de *quantum*, mais dégage, en sus, une règle exceptionnelle de causalité. Ainsi, sous cette vision, le test de contribution significative au dommage modifie le test du *but for* de sorte que dans le cas de dommages divisibles *et* en cas d'impossibilité de quantifier la contribution de la faute dans le dommage, on retient de manière exceptionnelle que le défendeur est responsable de l'intégralité du dommage. Cette vision a été promue par le juge Smith dans l'arrêt *Ministry of Defence v. AB*[1817].

En pratique, les interprétations (2) et (3) aboutissent au même résultat : en cas de dommages divisibles, l'arrêt *Bonnington* constituerait alors un précédent permettant de faire supporter au défendeur la charge de l'incertitude relative à l'étendue exacte de la contribution de la faute dans le dommage. Selon ces deux interprétations, le défendeur serait donc tenu de réparer l'intégralité du dommage théoriquement divisible, y compris pour la fraction ne résultant pas de la faute.

[1813] *Holtby v. Brigham & Cowan (Hull) Ltd* [2000] 3 All ER 421; *Allen v. British Rails Engineering Ltd* [2001] EWCA Civ. 242; *Sienkiewicz v. Greif (UK) Ltd* [2011] UKSC 10, [176] (Lord Rodger); *Jones*, préc. (note 1644) [6.5]-[6.6] (Swift J.).

[1814] *Infra*, n°816.

[1815] Sur l'impossibilité matérielle de quantifier la contribution : V° aussi n°854 et 855.

[1816] J. STAPLETON, art. préc. (note 1425), pp. 404-405.

[1817] *Ministry of Defence v. AB* [2010] EWCA 1317, [134] (Smith LJ): « The decision of the House of Lords in *Bonnington* amounted to a modification of the "but for" rule of causation because the plaintiff recovered damages for the harm caused by all the dust, not just the tortious component. »

806. *Dans une seconde hypothèse, la pneumoconiose a été considérée comme dommage indivisible dans l'arrêt Bonnington.*

Certains passages du discours de Lord Keith semblent autoriser cette interprétation[1818]. Dans ce cas, et selon les principes anglais classiques, lorsqu'il est prouvé que le défendeur a, par sa faute, contribué de manière significative à la survenance du dommage indivisible, il est alors tenu de le réparer dans son intégralité, ce dernier n'étant pas fractionnable. Certains ont pu défendre une telle interprétation de *Bonnington*[1819].

807. Comme il est possible de le constater, la position retenue par les juges dans l'arrêt *Bonnington* fait l'objet de discussions tant sur la nature que sur la portée de la règle dégagée. L'arrêt *Nicholson v. Atlas Steel Foundry and Engineering Co*[1820], intervenu un an après *Bonnington*, n'a pas éclairci la solution. Dans une espèce quasiment identique, il confirme les apports de l'arrêt *Bonnington*, autrement dit l'applicabilité du test de causalité de contribution significative à la survenance du dommage[1821], mais il confirme également les incertitudes de cette solution, la Chambre des Lords accordant, là encore, l'intégralité des dommages-intérêts à la victime, sans réduire le montant pour refléter uniquement la fraction du dommage (une pneumoconiose) causée par la faute du défendeur. Dans ces circonstances, il est peu surprenant de relever que les arrêts subséquents ont été l'occasion de revenir sur l'interprétation de la « règle *Bonnington* ».

[1818] Dans l'arrêt *Bonnington*, Lord Keith indique (p. 626): « the natural inference is that had it not been for the cumulative effect the pursuer would not have developed pneumoconiosis when he did and might not have developed it at all ». Si l'on se rappelle qu'une maladie est divisible lorsque sa gravité est fonction du degré d'exposition, alors théoriquement, sans l'effet cumulé des expositions (fautives et non-fautives), il est clair que le demandeur aurait tout de même contracté une pneumoconiose, mais sans l'exposition fautive elle aurait été de moindre gravité. Ainsi, lorsque Lord Keith indique que la pneumoconiose n'aurait peut-être pas du tout été contractée, cette position n'est valable que si la maladie est indivisible. V° en ce sens: G. TURTON, *op. cit.* (note 1777), pp. 68-69.

[1819] J. SMITH (LJ), « Causation – The search for principle », (2009) 2 *JPIL* 101-113, spéc. p. 102. Elle a cependant indiqué qu'aujourd'hui, le dommage dans *Bonnington* aurait non seulement était considéré comme divisible, mais aussi que le défendeur aurait probablement plaidé la question de l'étendue de sa responsabilité (*apportionment*) de sorte que le défendeur n'aurait alors été responsable que pour la fraction du dommage causée par sa faute. Dans le même sens : L. GULLIFER, art. préc. (note 1425), spéc. p. 407 ; V° aussi : *Williams v. The Bermuda Hospitals Board* [2016] UKPC 4, spéc. [32] (Lord Toulson): « In *Bonnington* there was no suggestion that the pneumoconiosis was "divisible", meaning that the severity of the disease depended on the quantity of dust inhaled. (…) True, they [the particles] were only part of the cause, but they were a partial cause of the entire injury, as distinct from being a cause of only part of the injury. »

[1820] [1957] SC(HL) 44.

[1821] *Ibid.*, p. 627 (Lord Keith): « Thus the cumulative amount of dust inhaled by the deceased would have been appreciably diminished and, for the reasons given in *Wardlaw v. Bonnington Castings*, the pursuer here would be entitled to succeed. »

b. *La réinterprétation de l'arrêt* Bonnington *dans les arrêts subséquents*

808. La portée de la règle dégagée dans *Bonnington* a fait l'objet de nombreuses réinterprétations par la jurisprudence. Par exemple, l'arrêt *Thompson v. Smiths Shiprepairers*, contentieux sanitaire sériel lié à une situation de surdité industrielle, a réinterprété l'arrêt *Bonnington* comme étant une règle particulière de causalité (i). La position actuelle semble néanmoins résulter des arrêts *Holtby v. Brigham & Cowan (Hull) Ltd* et *Allen v. British Rail Engineering Ltd* (ii).

i) L'interprétation de la règle Bonnington *dans la décision* Thompson v. Smiths Shiprepairers

809. Les faits de l'arrêt *Thompson v. Smiths Shiprepairers (North Shields) Ltd*[1822]. – L'arrêt *Thompson* résulte d'une action de groupe menée par plusieurs individus travaillant sur des chantiers de construction navale, en raison de la perte d'audition résultant de leur exposition professionnelle à un niveau sonore excessif. Dans cet arrêt, les expositions (fautives et non-fautives) des victimes avaient été successives. En effet, soit les employés avaient travaillé successivement pour plusieurs employeurs, tous fautifs, soit les employés avaient travaillé sous un seul employeur, durant une période considérée non-fautive suivie d'une période fautive. La difficulté provenait alors du point de savoir si les défendeurs étaient responsables de l'intégralité de la perte d'audition subie par les employés, ou s'ils n'étaient responsables qu'à hauteur de la perte d'audition causée par leur faute.

810. La portée de la règle *Bonnington* selon l'arrêt *Thompson*. – Les demandeurs ont cherché à se fonder sur les arrêts *Bonnington* et *Nicholson*, considérant que « lorsqu'il est prouvé qu'un acte fautif a fait une contribution significative à la blessure du demandeur, le droit considère que le demandeur s'est suffisamment déchargé de la preuve de la causalité pour rendre le défendeur responsable de la totalité de la blessure »[1823]. Il faut comprendre l'argument. Pour les demandeurs, les arrêts *Bonnington* et *Nicholson* avaient créé une règle particulière de causalité qui permettait de tenir le défendeur intégralement responsable du dommage divisible, y compris pour la fraction du dommage non-causée par la faute, lorsqu'il était prouvé que la faute avait

---

[1822] [1984] 1 All ER 881.

[1823] *Ibid.*, p. 908 (Mustill J.) : « [The second argument advanced by the plaintiffs is differently expressed, but may in essence be no more than a variant of the first. It is to this effect, that] where it is proved that a wrongful act has made a material contribution to the plaintiff's injury, the law regards this as a sufficient discharge of the plaintiff's burden of proof on causation to render the defendant liable for the injury in full ».

contribué de manière significative à la survenance du dommage. Cela correspond à l'interprétation (3) exposée précédemment[1824].

811. Le juge Mustill n'a pas remis en cause cette interprétation ; il indique en effet que la règle *Bonnington* est une « règle pragmatique, créée pour éviter la conclusion injuste selon laquelle un plaintif qui ne peut pas établir le degré précis avec lequel l'acte fautif a contribué au dommage doit échouer intégralement en raison d'un défaut de preuve »[1825].

Selon lui, l'existence de la responsabilité est établie en prouvant que la faute du défendeur a causé ou contribué de manière significative au dommage ; pour établir l'existence de la causalité, il considère ainsi que le demandeur doit déterminer l'étendue exacte de la contribution de la faute dans la survenance du dommage. Par conséquent, si le demandeur est incapable d'apporter cette preuve, alors l'action entreprise doit échouer au regard des règles classiques, puisqu'il n'a pas prouvé l'existence du lien de causalité entre la faute et le dommage[1826]. La règle *Bonnington* permettrait donc au demandeur de réussir là où il doit normalement échouer.

Ce faisant, le juge Mustill semble impliquer que la règle *Bonnington* serait une forme d'assouplissement du test classique de causalité (test du *but for*). Selon cette interprétation, la règle *Bonnington* permettrait alors au demandeur d'obtenir une réparation pour la totalité du dommage divisible, même si l'on sait qu'une fraction (non-quantifiable) de ce dommage n'est clairement pas due à la faute du défendeur.

812. La distinction entre les arrêts *Bonnington* et *Thompson*. – Pour le juge Mustill, les arrêts *Bonnington* et *Nicholson*, d'un côté, et l'arrêt *Thompson*, de l'autre, doivent pourtant être distingués : la différence tient au fait que dans l'arrêt *Bonnington*, les expositions avaient été simultanées, alors que dans l'arrêt *Thompson*, les expositions étaient successives. Selon lui, la règle *Bonnington* ne peut pas être étendue à une situation dans laquelle il est clair que « des actes qui ne sont pas fautifs sont l'entière cause de la première étape du dommage, et que des actes fautifs sont une cause (...) de *l'aggravation* subséquente du dommage »[1827]. L'idée est la même que celle développée en cas de prédispositions patentes de la victime. Si la victime souffre d'une pathologie préexistante, alors le défendeur n'est responsable que de l'aggravation causée par sa faute. De la même façon, au moment où le défendeur expose le demandeur de manière fautive à un certain niveau sonore, le demandeur présente déjà un

---

[1824] *Supra*, n°803.

[1825] *Thompson*, préc. (note 1822), p. 908 (Mustill J.): « It [l'arrêt *Bonnington*] is a pragmatic rule, designed to avoid the unjust conclusion that a plaintiff who cannot establish the precise degree to which the wrongful act has contributed to the loss must fail entirely for want of proof. »

[1826] Cette interprétation ressort également de l'arrêt *Thompson*, p. 906 (Mustill J.).

[1827] [italiques ajoutées par nous] *Ibid.*, p. 908 (Mustill J.) : « [These decisions [les arrêts *Bonnington* et *Nicholson*] are of the highest authority, but they cannot properly be extended to a case where this particular injustice is not in prospect, and] where it is known that events which are not a breach of duty by the defendant are the entire cause of the first stage of the damage, and that events which do constitute a breach of duty are a cause (although not in the present case the sole cause, having regard to the ageing factor) of the subsequent aggravation of that damage ».

état détérioré – qui n'est pas dû à la faute du défendeur. Par conséquent, en vertu du principe de réparation intégrale, il n'y a pas de raison pour que le défendeur soit responsable de l'état détérioré antérieur à la faute commise[1828].

813. L'approche adoptée dans *Thompson* concernant le *quantum*. – Après avoir distingué la situation de l'arrêt *Thompson* de celle de *Bonnington* (et *Nicholson*), le juge Mustill s'est intéressé à l'évaluation de l'étendue du dommage (*quantum*). Il considère notamment que « si l'on sait (et nous le savons (...)) qu'une part substantielle du dommage a pris place avant que les défendeurs n'aient violé leur devoir, pourquoi, en toute équité, doivent-ils être contraints de payer cette partie ? Le fait qu'une quantification précise soit impossible ne doit pas modifier la position »[1829]. Dans ce contentieux, la quantification précise de la part du dommage causée respectivement par les périodes d'exposition fautive et non-fautive s'avérait difficile en raison du caractère non-linéaire de la progression de la maladie[1830]. Malgré cette difficulté, le juge considère qu'il ne faut pas pour autant imputer l'intégralité du dommage au demandeur ou au défendeur[1831] ; pour lui, « ce que la justice requiert (...), est que la cour fasse la meilleure estimation possible, à la lumière des éléments de preuve, en faisant le plus de concessions en faveur des plaintifs pour les incertitudes impliquées dans la détermination de la répartition »[1832].

Le juge accorde donc aux victimes de ce risque sanitaire sériel une réparation à hauteur de la contribution de la faute des défendeurs à la surdité industrielle, contribution qu'il évalue de manière souple.

814. Dans l'arrêt *Thompson*, le juge admet implicitement que la règle *Bonnington* serait en fait une règle exceptionnelle de causalité, qui permettrait aux victimes d'obtenir l'intégralité de la réparation dans le cadre de maladies divisibles, lorsqu'il n'est pas possible de procéder à une évaluation de la

---

[1828] En ce sens : *Jobling v. Associated Dairies Ltd* [1982] AC 794 (HL), p. 814 (Lord Keith) : « The assessment of damages for personal injuries involves a process of *restitutio in integrum*. The object is to place the injured plaintiff in as good a position as he would have been in but for the accident. He is not to be placed in a better position. »

[1829] *Thompson*, préc. (note 1822), p. 910 (Mustill J.): « If we know (and we do know, [for by the end of the case it was no longer seriously in dispute]) that a substantial part of the impairment took place before the defendants were in breach, why in fairness should they be made to pay for it? The fact that precise quantification is impossible should not alter the position ».

[1830] Ainsi, par exemple, il est admis que la perte d'audition progresse plus rapidement au début de l'exposition, et que l'individu perd les fréquences hautes plus tard, ce qui crée un handicap plus important.

[1831] *Thompson*, préc. (note 1822), p. 910 (Mustill J.) : « Thus, whatever the position might be if the court were to find itself unable to make any findings at all on the issue of causation and was accordingly being faced with a choice between awarding for the defendants in full, or for the plaintiff in full, or on some wholly arbitrary basis such as an award of 50%, I see no reason why the present impossibility of making a precise apportionment of impairment and disability in terms of time, should in justice lead to the result that the defendants are adjudged liable to pay in full, when it is known that only part of the damage was their fault. »

[1832] *Ibid.*, p. 910 (Mustill J.) : « What justice does demand, to my mind, is that the court should make the best estimate which it can, in the light of the evidence, making the fullest allowances in favour of the plaintiffs for the uncertainties known to be involved in any apportionment. »

contribution du fait générateur de responsabilité à la survenance du dommage. Cette interprétation, très favorable aux victimes, ne semble pas être celle aujourd'hui retenue, comme le révèlent les décisions *Allen* et *Holtby*.

ii) La position actuelle : les arrêts Holtby *et* Allen

815. L'interprétation de la règle *Bonnington* dans *Holtby v. Brigham & Cowan (Hull) Ltd*[1833]. – Dans l'arrêt *Holtby*, un employé travaillant au contact de l'amiante sous plusieurs employeurs successifs avait contracté une asbestose, maladie divisible[1834]. Il avait introduit une action en responsabilité contre l'un seulement des employeurs, celui pour qui il avait travaillé la moitié de sa vie professionnelle. Dans ce contentieux, la question était en fait celle du *quantum*. Il était établi que la faute de l'employeur avait contribué, de manière significative, à la survenance du dommage, et la seule question était alors celle de savoir si l'employeur était responsable de l'intégralité de la maladie ou seulement de la part de la maladie imputable à sa faute.

En première instance, le juge a considéré que l'employeur était seulement tenu de réparer la part du dommage – divisible – effectivement causée par la faute, réduisant de ce fait le montant des dommages-intérêts de 25%[1835] pour refléter la fraction du dommage ne résultant pas de la faute de cet employeur. La victime a interjeté appel de cette décision, en se fondant sur deux arguments.

816. À titre principal, elle faisait valoir, sur le fondement de l'arrêt *Bonnington*, qu'il suffisait qu'elle prouve la contribution significative de la faute dans la survenance de la maladie divisible pour obtenir la réparation de l'intégralité du dommage, à charge pour le défendeur de se retourner contre les autres employeurs pour récupérer la fraction des dommages-intérêts non-imputables à sa faute. L'argument est rejeté par le juge Stuart-Smith, rendant l'opinion majoritaire[1836], qui considère que « ce que la Chambre des Lords n'a

---

[1833] [2000] 3 All ER 421 (CA).

[1834] C'est là que se trouve d'ailleurs la différence avec l'arrêt *Fairchild*. En effet, cet arrêt, qui comme *Holtby* concerne une situation de multiples défendeurs, était relatif à la survenance d'un mésothéliome qui est une maladie indivisible (qui ne s'aggrave pas en fonction de la quantité d'exposition), susceptible d'être causée par l'inhalation d'une seule fibre d'amiante (c'était l'une des théories scientifiques à l'époque de l'arrêt). Ainsi, il était possible que la maladie ait été causée par un seul défendeur. Dans l'arrêt *Holtby*, la maladie est divisible de sorte que chaque exposition aggrave cette maladie ; tous les défendeurs peuvent être considérés comme ayant contribué au dommage (la question demeurant au stade de la causalité de savoir si la contribution est significative ou non).

[1835] Étant donné que le demandeur avait été employé chez le défendeur pendant 50% du temps, la réduction du montant des dommages-intérêts aurait dû être de 50% en toute logique. En appel, les juges notent que le juge de première instance s'est montré assez généreux avec le demandeur (qui obtient donc 75% des dommages-intérêts), mais ils ont validé le montant car cela était dans la limite haute de ce qui pouvait être accordé à la victime. *Ibid.*, [25] (Stuart-Smith LJ) ; [29] (Clarke LJ).

[1836] Mais voir *contra*, à titre *obiter* : *Wright v. Stoddard International Plc* [2008] Rep. L.R. 2 [141] (Lord Uist) : « I think that these three decisions [*McGhee*, *Bonnington* et *Nicholson*] of the House

pas envisagé dans cette affaire [*Bonnington*] était l'étendue de la responsabilité du défendeur, parce que les défendeurs n'ont jamais évoqué l'argument selon lequel ils n'étaient responsables que pour l'étendue de la contribution significative »[1837].

Pour la cour, l'arrêt *Bonnington* ne constitue pas un précédent permettant d'obtenir la réparation de l'entier dommage, pourtant divisible. La règle *Bonnington* ne serait donc pas une règle spéciale de causalité, ce qui contredit l'interprétation faite par le juge Mustill dans l'arrêt *Thompson*. En fait, pour les juges de l'arrêt *Holtby*, la question de l'étendue de la responsabilité n'avait simplement pas été envisagée dans *Bonnington*, ce qui correspond à l'interprétation (1) exposée précédemment[1838].

817. À titre subsidiaire, la victime faisait valoir qu'une fois qu'elle avait prouvé la causalité selon le test *Bonnington*, c'était le défendeur qui avait la charge de plaider la question de l'étendue de sa responsabilité et de prouver que d'autres que lui étaient responsables pour une partie du dommage (et dans quelle proportion). À nouveau, les juges ont, en majorité[1839], rejeté cette vision pour considérer que « la charge de la preuve de la causalité repose sur le demandeur ; elle n'est pas transférée au défendeur. Il aboutira dans son action s'il peut prouver que la conduite fautive du défendeur a fait une contribution significative à sa maladie. Mais de manière stricte, le défendeur n'est responsable que dans l'étendue de sa contribution. Cependant, si l'argument n'est jamais avancé par le défendeur, le demandeur pourra obtenir une indemnisation en totalité comme dans l'affaire *Bonnington* »[1840]. Par conséquent, il ressort que le défendeur prend le risque d'être tenu intégralement responsable du dommage divisible alors que sa faute n'y a contribué qu'en partie seulement s'il ne fait pas valoir cet argument. C'est ce qu'il se serait passé dans l'arrêt *Bonnington*, selon lui. Toutefois, si le défendeur invoque cet argument, alors la charge de la preuve repose sur le demandeur d'établir l'étendue de la responsabilité du défendeur.

En théorie, il faut alors convenir qu'en cas d'impossibilité de déterminer l'étendue de la contribution de la faute dans le dommage, le demandeur en

---

of Lords authoritatively establish that where a pursuer proves that a single defender made a material contribution to his injury or illness, that defender is liable in full to the pursuer for causing the injury, and not just to the extent of his material contribution. »

1837 *Holtby*, préc (note 1833), [14] (Stuart-Smith LJ): « What the House of Lords did not consider in that case was the extent of the defendants' liability, because it was never argued that the defendants were only liable to the extent of the material contribution. »

1838 *Supra*, n°805.

1839 *Holtby*, préc (note 1833), [35] (Clarke LJ): « It seems to me that once the claimant has shown that the defendant's breach of duty has made a material contribution to his disease, justice requires that he should be entitled to recover in full from those defendants unless they show the extent to which some other factor, whether it be 'innocent' dust or tortious dust caused by others, also contributed. »

1840 *Ibid.*, [20] (Stuart-Smith LJ): « (...) the onus of proving causation is on the claimant; it does not shift to the defendant. He will be entitled to succeed if he can prove that the defendant's tortious conduct made a material contribution to his disability. But strictly speaking the defendant is liable only to the extent of that contribution. However, if the point is never raised or argued by the defendant, the claimant will succeed in full as in the *Bonnington* case (...) »

supporte le risque[1841]. Néanmoins, en pratique, les juges ont considéré que cette question ne devait pas être résolue par référence à la charge de la preuve[1842] ; plutôt, « la cour doit faire du mieux qu'elle peut pour atteindre l'objectif de justice, non seulement pour le demandeur, mais aussi pour le défendeur et entre les défendeurs »[1843]. Par conséquent, lorsque la question se pose, la cour doit essayer de quantifier l'étendue du dommage au regard des preuves apportées[1844]. Il apparaît donc que la quantification de la contribution au dommage divisible n'a pas besoin d'être précise, ce que confirme d'ailleurs l'arrêt *Allen v. British Rail Engineering Ltd*[1845].

818. La confirmation de l'arrêt *Holtby* par l'arrêt *Allen v. British Rail Engineering Ltd*. – Dans cet arrêt, un employé utilisant des machines vibratoires avait travaillé pour deux employeurs successifs, à la suite de quoi il avait développé un syndrome de Raynaud[1846], maladie divisible. L'employé avait donc introduit une action en responsabilité contre le premier employeur pour le dommage subi. La difficulté résultait du fait que l'employé avait commencé à développer le syndrome de Raynaud durant une période où cet employeur ne pouvait pas être considéré comme fautif, car l'état de la connaissance scientifique ne permettait pas à cette époque d'imputer une faute, puis la maladie avait progressé durant une période durant laquelle l'employeur était fautif ; enfin, l'employé avait également été exposé aux vibrations mécaniques par un second employeur, également fautif.

En première instance, le juge a retenu la responsabilité du premier employeur, tout en réduisant le montant des dommages-intérêts pour ne refléter que la fraction du dommage correspondant à la période d'exposition fautive par cet employeur[1847]. En appel, seule la question de l'évaluation du dommage (*quantum*) a été évoquée ; en particulier, la question se posait de déterminer si le premier employeur était responsable de l'intégralité du dommage ou seulement de la part de dommage imputable à sa seule négligence.

819. L'arrêt *Allen* confirme largement les apports de la jurisprudence antérieure dans les arrêts *Bonnington*, *Thompson* et *Holtby*[1848]. Il confirme le

---

[1841] S. STEEL, *op. cit.* (note 807), p. 244; M. A. JONES, « Proving causation – Beyond the 'but for' test » (2006) 4 *P.N.* 251-269, spéc. p. 255.
[1842] *Holtby*, préc (note 1833), [20] (Stuart-Smith LJ).
[1843] *Ibid.*, [20] (Stuart-Smith LJ): « (...) the court must do the best it can to achieve justice, not only to the claimant but the defendant, and among the defendant. »
[1844] En ce sens : L. GULLIFER, art. préc. (note 1425), spéc. p. 405.
[1845] [2001] ICR 942.
[1846] Appelé aussi « phénomène du doigt blanc » ou « du doigt mort ».
[1847] Il a donc réduit le montant des dommages-intérêts de façon à exclure la fraction du dommage due à la période non-fautive (pré-négligence) du premier employeur, et celle fautive sous le second employeur. Ainsi, le montant total des dommages-intérêts représentant l'intégralité de la maladie était de £11 000. Il a donc déduit £3000 de ce montant pour refléter ces deux périodes (£1500 pour chaque période). La part du dommage correspondant à la faute commise par British Rail s'élevait donc à £8000.
[1848] *Allen v. British Rail Engineering Ltd* [2001] ICR 942, [20] (Schiemann LJ.). V° aussi : *Albert Victor Carder v. The University of Exeter* [2016] EWCA Civ. 790, spéc. [41] (Gross LJ. citant S. GREEN, *op. cit.* (note 1756), p. 97).

test de causalité *Bonnington*, en d'autres termes que la responsabilité est établie si le demandeur prouve que la conduite fautive du défendeur a contribué de manière significative à la survenance de son dommage ; il confirme également que par principe, dans le cadre des dommages divisibles, la responsabilité du défendeur est limitée à l'étendue de la contribution de son acte fautif dans la survenance du dommage de la victime (*Thompson* et *Holtby*); enfin, l'arrêt confirme également que la cour doit faire du mieux qu'elle peut pour procéder à l'évaluation de l'étendue de la responsabilité du défendeur, même lorsqu'il est impossible de procéder à cette évaluation de manière précise, de sorte à préserver les intérêts des victimes. Il ressort donc que même lorsque la quantification est extrêmement difficile, la cour doit trouver un moyen d'y parvenir[1849]. En l'espèce, le juge Schiemann a validé l'approche du juge de première instance qui avait adopté une « approche grossière » (*broad brush approach*) pour évaluer le *quantum* correspondant à la fraction du dommage causée par la faute.

Quid lorsque même une « approche grossière » est impossible ? Selon l'arrêt *Brookes v. South Yorkshire Passenger Transport Executive*[1850], « il n'est pas toujours possible au juge de faire une réduction appropriée des dommages-intérêts, et si les éléments de preuve ne permettent pas d'adopter même une "approche grossière", le demandeur recevra l'intégralité des dommages-intérêts parce que la négligence a fait une contribution significative à son dommage. »[1851]

En d'autres termes, lorsque l'exercice de quantification est véritablement impossible en cas de dommage divisible, cette décision semblerait impliquer que le risque de la preuve serait alors supporté par le défendeur.

820. La position du droit anglais dans les hypothèses de causes cumulatives entraînant la survenance d'une maladie divisible est le résultat d'une jurisprudence complexe, qui a fait l'objet de diverses interprétations. Cependant, deux éléments sont certains :

1°/ D'abord, dans ces hypothèses, le demandeur peut apporter la preuve du *cause in fact* en démontrant que le fait générateur de responsabilité a contribué de manière significative à la survenance du dommage (test *Bonnington*).

2°/ Ensuite, dans ces hypothèses, le défendeur n'est normalement responsable qu'à hauteur de la contribution de son fait générateur à la survenance du dommage de la victime, contribution qu'il faut donc évaluer.

Si la solution *Bonnington* témoigne ainsi d'une certaine souplesse dans l'approche de la causalité, elle entraîne malgré tout des conséquences pratiques importantes pour les victimes, et notamment pour les victimes de risques sanitaires sériels.

1849 En ce sens : M. A. JONES, « Multiple causation » (2008) 4 *P.N.* 250-254, spéc. p. 252.

1850 [2005] EWCA Civ. 452.

1851 *Ibid.*, spéc. [26] (Smith LJ). Cette vision est particulièrement critiquable, selon nous, car elle met le demandeur (sur qui repose normalement la charge de la preuve) dans une situation incongrue, celle où il a intérêt à amener le moins d'éléments possibles pour espérer recevoir l'intégralité des dommages-intérêts. Sur ce point : L. GULLIFER, art. préc. (note 1425), p. 406.

c. *Conséquences pratiques de l'approche adoptée en droit anglais*

821. Les conséquences pour les victimes de maladies divisibles. – Le traitement, par le droit anglais, des hypothèses de causes cumulatives entraînant la survenance d'une maladie divisible emporte des conséquences particulières pour les victimes. En pratique, il est rare que la victime obtienne l'entière réparation de l'atteinte à son intégrité corporelle.

En effet, par exemple, dans le cas où la maladie divisible est causée par de multiples défendeurs, tous fautifs, comme dans l'arrêt *Holtby*, la responsabilité des défendeurs est en réalité conjointe, limitée à la contribution causale de la faute respective de chaque défendeur à la survenance du dommage. Partant, pour obtenir l'entière réparation du dommage final – c'est-à-dire de la maladie prise dans son intégralité –, la victime est alors tenue de poursuivre tous les défendeurs impliqués dans la survenance du dommage. Ceci signifie que le risque de la disparition, de la non-traçabilité ou de l'insolvabilité de certains défendeurs est *in fine* supporté par la victime, laquelle ne saurait obtenir la réparation entière de son dommage (final).

Également, dans l'hypothèse où la maladie divisible est causée par une combinaison d'expositions fautives et non-fautives imputables à un seul défendeur, comme dans les arrêts *Thompson* et *Allen*, alors le demandeur ne peut obtenir qu'une réparation partielle de son dommage final. Les effets assignés à l'exposition non-fautive doivent être déduits du *quantum*. La même solution s'applique si la maladie divisible a été causée par la combinaison d'une exposition fautive imputable à un défendeur et d'une exposition provenant d'une autre source innocente (environnementale, par exemple).

822. Si sur le plan juridique, une telle solution reflète une application rigoureuse des principes applicables en matière de *quantum* dans le contexte de dommages divisibles, il n'en demeure pas moins que, sur le plan pratique, les solutions sont assez peu favorables vis-à-vis des victimes, notamment de risques sanitaires sériels. En revanche, le droit français a adopté une toute autre position que celle retenue en droit anglais, si bien que le problème lié à l'évaluation de la contribution du fait générateur à la survenance du dommage n'existe pas. De la sorte, les solutions retenues en droit français sont *in fine* plus protectrices des victimes que celles retenues en droit anglais.

2. *Une question indifférente en droit français*

823. La position de principe : convergence entre les droits français et anglais. – Comme en droit anglais, il est admis de longue date en droit français que, lorsque la faute d'un défendeur a participé à la survenance du dommage du demandeur, il est tenu de réparer l'entier dommage et ce, malgré l'existence d'une pluralité des causes[1852]. S'ils sont plusieurs défendeurs, alors la responsabilité est *in solidum*[1853]. Cependant, l'obligation au tout n'est valable que dans le cas où le dommage est unique[1854], autrement dit indivisible. En effet, comme le droit anglais, le droit français procède à une distinction entre les dommages divisibles et indivisibles, comme l'illustrent plusieurs décisions des cours inférieures[1855] et de la Cour de cassation[1856].

La jurisprudence française admet qu'en cas de dommages divisibles, chaque défendeur n'est responsable que pour le dommage effectivement causé par « son » fait générateur[1857]. La position de principe du droit français est identique à celle du droit anglais, ce qui est cohérent avec le principe de réparation intégrale. Lorsque la jurisprudence française considère qu'il existe plusieurs dommages distincts causés par différents auteurs, alors comme en droit anglais, elle va rejeter la responsabilité *in solidum* de la pluralité d'auteurs, pour retenir la responsabilité de chaque défendeur pour le(s) dommage(s) spécifiquement causé(s). En pratique, cela aboutit à retenir la responsabilité conjointe des multiples défendeurs.

824. Le cas des maladies : divergences entre les droits français et anglais. – Cependant, à notre connaissance, et contrairement au droit anglais, le droit français ne reconnaît pas la distinction entre maladies divisibles et indivisibles[1858]. Il semble qu'en droit français, la maladie soit vue comme un ensemble, un tout[1859]. Cette divergence entre les deux droits produit des conséquences importantes en pratique.

En cas de pluralité de défendeurs, chacun d'entre eux est alors considéré avoir causé le dommage – la maladie – pour le tout : au stade de l'obligation à la dette, les défendeurs sont donc tenus *in solidum*. De la même façon, lorsque le fait générateur commis par un défendeur unique a participé à la survenance du dommage, en conjonction avec un fait non-susceptible de responsabilité, le défendeur sera tenu responsable de l'entier dommage – sous réserve des causes exonératoires de responsabilité, telle que la faute contributive de la victime ou en cas de force majeure. Dans le contexte de la survenance d'une maladie, la

---

1852 F. CHABAS, *op. cit.* (note 1429), p. 9.

1853 *Ibid.*, p. 9.

1854 *Ibid.*, p. 9 ; Ph. BRUN, « Responsabilité du fait personnel », *Rép. civ.*, mai 2015 (actual. juill. 2017), spéc. n°125.

1855 Par ex. : CA Versailles (ch.3), 19 janvier 2007, n°05/07956 (dommage non-divisible); CA Lyon (ch. 8), 26 novembre 2013, n°12/07315 (rejet de l'argument tenant au caractère divisible du dommage) ; CA Poitiers (ch. 1), 10 mars 2017, n°16/00504 (rejet de l'argument tenant au caractère divisible du dommage) ; CA Douai (ch. 1, sect. 2), 20 juin 2007, n°06/03425 (dommage non divisible).

1856 Cass., civ. 2, 20 juillet 1988, n°86-12.543, inédit. Dans le même sens : CA Aix-en-Provence (ch. 1), 17 février 1966, Cie nat. Air France c./ SARL Erve ; V° aussi : Cass., civ. 2, 19 avril 1956, *JCP* 1956, II, 9381 (deux coups de feu provenant de deux chasseurs qui ont chacun blessé la victime à une jambe différente). V° aussi : H. & L. MAZEAUD, A. TUNC, *op. cit.* (note 808), pp. 922-923, spéc. n°1951

1857 Les juridictions parlent parfois de « préjudice distinct », mais il n'est pas certain qu'elles fassent bien la distinction entre dommage et préjudice.

1858 Une recherche sur Legifrance ne montre aucune occurrence.

1859 Sauf peut-être une exception : sur ce point, V° *infra*, n°851.

position des droits français et anglais est divergente, du moins lorsque l'on s'intéresse aux maladies considérées en droit anglais comme divisibles. En droit français, dans le contexte de maladies, il apparaît que la quantification de la contribution du fait générateur dans la survenance du dommage est effectivement indifférente.

825. Par suite, en pratique, il faut bien admettre que la position du droit français est plus favorable aux victimes que la position du droit anglais. Les droits français et anglais semblent néanmoins opérer un rapprochement lorsque l'on s'intéresse au traitement qu'ils font des hypothèses de causes cumulatives entraînant la survenance de maladies considérées indivisibles.

II. *LES HYPOTHÈSES DE MALADIES INDIVISIBLES*

826. En droit français, les solutions appliquées dans les hypothèses de causes cumulatives entraînant la survenance de maladies indivisibles sont celles que nous venons d'évoquer, puisque, dans ce système juridique, la maladie est toujours envisagée comme un « tout », un dommage indivisible. Pour cette raison, nous n'exposerons pas, à nouveau, la position du droit français.

La position du droit anglais dans ces hypothèses le rapproche indéniablement du droit français. Sur le plan de l'établissement de la causalité, d'abord, les juges anglais sont assez réceptifs aux assouplissements de causalité (A). Sur le plan de l'évaluation du *quantum*, ensuite, les deux droits adoptent une position identique (B). Dès lors, il ressort que la position des deux systèmes juridiques est assez favorable aux victimes de maladies indivisibles.

A. UN TRAITEMENT SOUPLE DE LA CAUSALITÉ EN DROIT ANGLAIS

827. Sur la question de la causalité, les juges anglais ont adopté des solutions souples dans les hypothèses de causes cumulatives impliquant une maladie considérée indivisible. En effet, ils ont pu appliquer d'autres tests de causalité que celui traditionnel du *but for*, lorsque précisément l'application de ce test aurait abouti à rejeter l'action indemnitaire. Ces solutions ont été dégagées dans le contexte de la responsabilité médicale, mais elles sont susceptibles de s'appliquer à d'autres contentieux, comme ceux résultant de la réalisation d'un risque sanitaire sériel dans le contexte industriel. Il est donc nécessaire de les envisager pour présenter la position adoptée par les juges. En particulier, les solutions retenues par le droit anglais doivent être distinguées selon que les causes cumulatives opèrent simultanément (1) ou successivement (2).

1. *Le test de causalité applicable en cas de causes simultanées : le test* **Bonnington**

828. Lorsque les causes cumulatives agissent simultanément pour produire le dommage indivisible, la jurisprudence anglaise s'est interrogée sur le point de savoir si le test du *doubling the risk* pouvait s'appliquer. Il semble que tel ne soit pas le cas, même s'il faut convenir que la position n'est pas totalement certaine (a). En revanche, les juges anglais ont accepté d'apprécier l'existence de la causalité à l'aune du test *Bonnington* (b). Cette position n'était cependant pas évidente, car l'applicabilité de ce test aux hypothèses de dommages indivisibles a longtemps divisé la jurisprudence[1860], avant d'être finalement admise[1861].

a. *La place du test du* doubling the risk *en cas de causes cumulatives opérant simultanément*

829. Le rejet du test du *doubling the risk*. – Bien que la question de l'applicabilité du test du *doubling the risk* dans les hypothèses de causes cumulatives opérant simultanément n'ait jamais été posée directement, Lord Phillips a tout de même envisagé cette possibilité, à titre *obiter*, dans l'arrêt *Sienkiewicz*. À ce titre, il énonce : « je ne vois aucune application possible du test du *doubling the risk* dans les situations où deux agents ont opéré *cumulativement et simultanément* pour entraîner le développement de la maladie. Dans un tel cas, la règle *Bonnington* s'applique »[1862]. La position tenue

[1860] Par exemple, contre l'applicabilité de *Bonnington* aux maladies indivisibles : *Ministry of Defence v. AB*, préc. (note 1433) [150] (Smith LJ) : « [Second,] we accept that, at least so far as cancers are concerned, the claimants cannot rely on proving that the radiation exposure has made a material contribution to the disease, as in *Bailey* and *Bonnington Castings*. This principle applies only where the disease or condition is "divisible" so that an increased dose of the harmful agent worsens the disease. (...) Cancer is an indivisible condition; one either gets it or one does not. The condition is not worse because one has been exposed to a greater or a smaller amount of the causative agent. » En faveur de l'applicabilité de *Bonnington* aux maladies indivisibles: *Jones v. Secretary of State for Energy and Climate Change*, préc. (note 1644) [6.49] (Swift J. DBE): « (...) the fact that an injury is indivisible does not necessarily preclude the application of the *Bonnington* principle. That would accord with the view of Lord Phillips in *Sienkiewicz.* »; V° aussi: [6.50] (Swift J. DBE): « I have concluded that, in considering whether *Bonnington* has any applications to the claims of lung and bladder cancer in this litigation, (...) ». Swift J. ne rejette donc pas l'applicabilité théorique de *Bonnington* aux cas de dommages indivisibles (même si *eu égard aux faits de l'espèce*, elle en a rejeté l'application car l'arrêt *Jones* ne faisait pas naître une situation de causes cumulatives selon elle, V° [8.54]).

[1861] *Bailey v. Ministry of Defence* [2009] 1 WLR 1052; *Williams v. The Bermuda Hospital Boards* [2016] UKPC 4.

[1862] [italiques ajoutées par nous] *Sienkiewicz*, préc. (note 1580), [90] (Lord Phillips): « (...) I see no scope for the application of the "doubles the risk" in cases where two agents have operated cumulatively and simultaneously in causing the onset of a disease. In such a case the rule in *Bonnington* applies. »

par Lord Phillips est claire puisqu'il rejette catégoriquement cette possibilité ; toutefois, cette position étant rendue à titre *obiter*, on ne peut pas exclure la possibilité que les cours inférieures fassent de nouveau appel à ce test pour trancher la question causale. Pour Lord Phillips, il semble au contraire que dans cette situation, le test *Bonnington* trouve à s'appliquer.

b. *L'admission du test* Bonnington *en cas de causes cumulatives opérant simultanément*

830. Le problème dans *Bailey v. Ministry of Defence*[1863]. – La question de l'applicabilité du test *Bonnington* a été envisagée directement dans l'arrêt *Bailey v. Ministry of Defence*, contentieux de responsabilité médicale.

Après avoir subi une intervention chirurgicale, une patiente a développé une pancréatite, de manière naturelle, qui a affaibli son état de santé. Au surplus, la négligence des professionnels de santé dans les soins post-opératoires qui lui ont été dispensés l'ont conduite à subir de nouvelles interventions chirurgicales qui ont aggravé son état de faiblesse initial. Transférée dans un second hôpital, la patiente a été prise de vomissements sans pouvoir dégager les voies obstruées en raison de son état de faiblesse, et a, par conséquent, subi un arrêt cardiaque qui a entraîné des lésions cérébrales. Elle a recherché la responsabilité des professionnels de santé exerçant dans le premier hôpital, considérant que les soins postopératoires négligents avaient causé le dommage subi. Dans cette affaire, si la chaîne de causalité était indéniablement complexe, deux éléments étaient certains. D'une part, l'état de faiblesse *général* de la patiente l'avait empêchée de dégager les voies obstruées ; d'autre part, l'impossibilité de dégager ces voies obstruées avait conduit à son arrêt cardiaque, entraînant des lésions cérébrales.

Le problème résultait du fait qu'en ayant recours au test du *but for*, il était impossible de conclure que la lésion cérébrale – dommage indivisible – ne serait pas survenue sans la négligence médicale. En effet, le problème portait sur la cause de l'état de faiblesse général, lequel résultait de deux causes possibles opérant simultanément : la pancréatite – qui s'était développée de manière naturelle après la première intervention chirurgicale – et la négligence dans les soins postopératoires ayant conduit la patiente à subir de nouvelles interventions. Bien que la pancréatite et la négligence aient tous deux affaibli la patiente, l'état de la science médicale ne permettait pas d'établir que la faiblesse résultant de la négligence était nécessaire (condition *sine qua non*) à la survenance du dommage. Il était possible que l'état de faiblesse de la patiente provenant de la pancréatite seule – source non-fautive – ait été suffisant pour produire le même résultat. La situation est donc paradoxale car le recours au test du *but for* ne permettait pas d'établir que la faute avait été une cause nécessaire à la survenance du dommage, alors même qu'il était certain qu'elle y avait pourtant contribué.

[1863] [2009] 1 WLR 1052.

831. Le recours au test *Bonnington*. – En première instance, le juge a retenu que s'il était incapable de conclure que la négligence avait été une cause *but for* de la lésion cérébrale, il pouvait tout de même conclure que la négligence avait fait une contribution significative (plus que *de minimis*) au dommage. En appel, les juges ont validé la position retenue en première instance, considérant au surplus, que le test de « contribution significative au dommage » était une modification du test du *but for*.

En particulier, le juge Waller a dégagé un principe, applicable selon lui à toutes les causes cumulatives : « on ne peut pas faire de distinction entre les affaires de négligence médicale et les autres. Je résumerai la position en matière de causes cumulatives comme suit. Si les éléments de preuve démontrent selon la balance de probabilités qu'une blessure aurait pu de toute façon se produire par le fait d'une ou plusieurs causes non-fautives, le demandeur aura échoué à établir que la cause fautive a contribué au dommage. L'arrêt *Hotson*[1864] illustre une telle situation. Si les éléments de preuve démontrent que la blessure ne se serait probablement pas produite “sans” [*but for* dans le texte] la contribution de la cause fautive, alors le demandeur se sera (évidemment) déchargé du fardeau de la preuve. Lorsque la probabilité pour que le dommage ne se soit pas produit sans l'acte de négligence ne peut pas être établie au regard de l'état de la science médicale, mais lorsque l'on peut malgré tout établir que la contribution de la cause fautive au dommage était plus que négligeable, alors le test du *but for* est modifié et le demandeur réussit »[1865]. Par conséquent, le juge Waller conclut que les deux causes – la pancréatite et la négligence – ont, ensemble, contribué à la *faiblesse générale* de la patiente, faiblesse qui a causé la lésion cérébrale.

[1864] Dans l'arrêt *Hotson*, un enfant est tombé d'un arbre, ce qui a entraîné une blessure. Par la suite, il a fait l'objet d'un mauvais diagnostic qui a retardé sa prise en charge effective. De ces deux événements, il s'en est suivi une nécrose avasculaire de l'enfant. Il était établi que même sans la négligence médicale, le patient n'avait que 25% de chance d'éviter la nécrose avasculaire. Les juges ont donc considéré qu'il était démontré qu'au moment de la chute, les vaisseaux sanguins de l'enfant étaient déjà irrémédiablement détruits, ce dont il s'ensuit que la négligence médicale n'avait rien changé. En d'autres termes, la survenance de la nécrose avasculaire était déjà inéluctable avec la chute. La négligence médicale n'a donc pas contribué au dommage. Pour Waller J. dans *Bailey*, l'arrêt *Hotson* est une illustration de l'hypothèse selon laquelle il existe des éléments de preuve qui montrent que selon toute probabilité, même sans la cause fautive (la négligence médicale), le dommage (la nécrose) serait tout de même survenu par l'effet d'une cause non-fautive (la chute de l'arbre).

[1865] *Bailey*, préc. (note 1863), [46] (Waller LJ.): « (...) one cannot draw a distinction between medical negligence cases and others. I would summarise the position in relation to cumulative cause cases as follows. If the evidence demonstrates on a balance of probabilities that the injury would have occurred as a result of the non-tortious cause or causes in any event, the claimant will have failed to establish that the tortious cause contributed. *Hotson*'s case exemplifies such a situation. If the evidence demonstrates that “but for” the contribution of the tortious cause the injury would probably not have occurred, the claimant will (obviously) have discharged the bur den. In a case where medical science cannot establish the probability that “but for” an act of negligence the injury would not have happened but can establish that the contribution of the negligence cause was more than negligible, the “but for” test is modified, and the claimant will succeed. »

832. La portée de la solution retenue. – La portée de la solution rendue dans l'arrêt *Bailey v. Ministry of Defence* est assez contestée. Selon le juge Waller dans *Bailey*, le test *Bonnington* serait en fait un test de causalité qui permettrait à un demandeur de réussir là où le test du *but for* ne lui permettrait pas au regard de l'état des connaissances scientifiques. En d'autres termes, le demandeur pourrait établir la responsabilité d'un défendeur alors même qu'il ne saurait démontrer que la faute a été une cause nécessaire (*sine qua non*) – partielle – de la survenance du dommage. Selon cette vision, fortement critiquée par la doctrine[1866], le test *Bonnington* se présenterait alors comme une véritable exception au test du *but for*.

Cette vision a toutefois été remise en cause, dans la décision *Williams v. The Bermuda Hospital Board*[1867]. Pour Lord Toulson, revenant à titre *obiter* sur l'arrêt *Bailey*, cette décision n'implique pas une modification du test du *but for*, au contraire. Précisément parce que les deux causes – la pancréatite et la négligence – ont contribué de manière significative à la faiblesse *globale* de la patiente et que cette faiblesse globale a causé le dommage[1868], il est alors possible de conclure que sans la négligence, le dommage ne serait pas survenu. Par suite, Lord Toulson considère que l'arrêt *Bailey* serait en réalité une application du test du *but for*.

La portée de l'affirmation du juge Waller, quant au point de savoir si le test *Bonnington* est une application ou une exception au test du *but for* est donc encore sujette à débats. S'il s'agit d'une application du test du *but for*, alors il faut à tout le moins convenir qu'à partir du moment où la responsabilité d'un défendeur fautif est retenue alors même qu'on ne peut pas conclure que la faute était une cause *sine qua non* du dommage, alors il convient d'accepter que le test du *but for* est lui-même modifié, pour être compris de manière plus extensive.

Dans tous les cas, la position des juges dans l'arrêt *Bailey,* hypothèse de causes cumulatives opérant simultanément pour produire un dommage indivisible constitue indéniablement une forme d'assouplissement de causalité qui bénéficie aux victimes. Cette solution n'étant pas limitée aux contentieux de responsabilité médicale, elle pourrait ainsi être appliquée dans des hypothèses de risques sanitaires sériels avérés.

833. Les juges anglais ont adopté une position souple en matière de causalité dans les hypothèses de causes cumulatives opérant simultanément pour produire un dommage indivisible, ce qui facilite la charge de la preuve pour la victime, y compris de risques sanitaires sériels avérés (dans le contexte professionnel du moins). La jurisprudence anglaise a également adopté une vision assouplie de causalité dans les hypothèses de causes cumulatives opérant successivement.

[1866] S. STEEL, *op. cit.* (note 807), p. 245; S. GREEN, *op. cit.* (note 1756), pp. 107-109; M. STAUCH, « "Material contribution" as a response to causal uncertainty: time for a rethink », (2009) 68(1) *C.L.J* 27-30, spéc. pp. 29-30.

[1867] [2016] UKPC 4.

[1868] *Williams*, préc. (note 1872), [47] (Lord Toulson).

2. *Le test de causalité applicable en cas de causes successives*

834. Les hypothèses de causes cumulatives opérant de manière successive pour produire un dommage indivisible sont bien plus complexes que la situation précédemment décrite. En effet, les solutions doivent être distinguées selon l'ordre d'intervention des faits successifs. Les situations dans lesquelles un fait fautif précède un fait non-fautif (a) ne présentent pas de difficultés particulières, contrairement à celles dans lesquelles un fait fautif succède à un fait non-fautif (b).

a. *Le fait fautif précède le fait non-fautif*

835. L'application du test *Bonnington*. – Les hypothèses de causes cumulatives opérant successivement pour produire une maladie indivisible impliquent nécessairement que le déclenchement de la maladie soit lié à la dose (*dose-related*)[1869]. L'approche de la causalité dans cette situation a été envisagée par Lord Phillips, dans l'arrêt *Sienkiewicz*, à titre *obiter*. En particulier, dans l'hypothèse où le fait fautif précéderait le fait non-générateur de responsabilité, il indique : « lorsque le déclenchement de la maladie dépend de la dose reçue, et qu'il y a eu des expositions consécutives, l'une innocente et l'autre fautive, à un ou plusieurs agents qui sont des causes de la maladie, la position adoptée va dépendre du point de savoir quelle exposition est la première chronologiquement. Si c'était l'exposition fautive, alors il est axiomatique de dire qu'elle aura contribué à causer la maladie, même si elle n'en est pas la seule cause »[1870]. La position est de bon sens et Lord Phillips semble d'ailleurs implicitement considérer que le test de causalité applicable est celui de *Bonnington*.

Dans les circonstances évoquées, à vrai dire, le recours au test *Bonnington* ou au test du *but for* devrait aboutir au même résultat, mais seulement si le test du *but for* tient compte de la dimension temporelle. En effet, dans certains cas, il est tout à fait possible que la seconde exposition, non-fautive, soit suffisante, seule, pour déclencher le dommage. Si l'on ne tenait pas compte de la dimension temporelle dans le test du *but for*, il faudrait alors conclure que sans la faute, le dommage se serait de toute façon produit. Partant, on se retrouverait dans la même situation que dans l'affaire *Bailey*. Il serait impossible de conclure que l'exposition fautive a été une cause *but for* du dommage, quand bien même on pourrait affirmer qu'elle a contribué à la survenance du dommage. Il est donc impératif de tenir compte de la dimension temporelle dans la formulation du test

---

[1869] *Supra*, n°619.

[1870] *Sienkiewicz*, préc. (note 1580), [91] (Lord Phillips): « Where the initiation of the disease is dose-related, and there have been consecutive exposures to an agent or agents that cause the disease, one innocent and one tortious, the position will depend upon which exposure came first in time. Where it was the tortious exposure, it is axiomatic that this will have contributed to causing the disease, even if it was not the sole cause. »

du *but for* : sans la faute, le dommage se serait-il produit *au moment où il s'est produit* ? La réponse est alors négative et le test du *but for* aboutit à la même conclusion que le test *Bonnington.*

836. En somme, dans les hypothèses où plusieurs faits se combinent pour produire le dommage indivisible et où le fait fautif précède le fait non-fautif, alors le test de causalité utilisé importe peu. Les juridictions anglaises retiendront la responsabilité du défendeur, sauf lorsque la contribution du fait fautif à la survenance du dommage est véritablement insignifiante (sous le seuil du *de minimis*)[1871].

b. *Le fait fautif succède au fait non-fautif*

837. La situation est bien plus délicate lorsque la maladie se déclenche à partir d'un certain seuil (*dose-related*) et que, d'un point de vue chronologique, le fait fautif succède au fait non-fautif. Dans cette hypothèse, le premier fait – non-fautif – peut, à lui seul, être suffisant pour atteindre le seuil de déclenchement de la maladie ; par suite, le second fait – fautif – n'est pas une cause du dommage. Dans cette situation, il peut être difficile d'établir que le fait fautif a été une cause nécessaire à la survenance du dommage. Dans ces conditions, le test du *but for* est mis en échec, peu importe que l'on prenne en compte la dimension temporelle dans la formulation du test.

Face à cette difficulté, les juges ont, à nouveau, eu recours au test *Bonnington* (i). Ils se sont également interrogés sur l'opportunité d'utiliser le test du *doubling the risk* (ii).

i) Le recours au test Bonnington

838. Le problème dans *Williams v. The Bermuda Hospital Boards*[1872]. – Si la possibilité de recourir au test *Bonnington* dans le contexte de maladies indivisibles a fini par être admise, la question de son application dans les hypothèses de causes cumulatives opérant successivement pour produire le dommage indivisible a continué à faire l'objet d'incertitudes[1873] jusqu'à l'arrêt *Williams v. The Bermuda Hospital Boards*. Si cette décision, rendue par le Conseil judiciaire privé ne lie pas les juridictions britanniques, elle a tout de

---

[1871] En effet, il est possible d'envisager que la contribution du fait fautif, intervenu en premier, dans le dommage est tellement minimale qu'il faut la négliger. En d'autres termes, le fait fautif aurait été *dépassé* par le second fait, dans notre hypothèse non-fautif.

[1872] [2016] UKPC 4.

[1873] V° par ex. dans l'arrêt *Thompson*, où le juge Mustill avait refusé l'application de *Bonnington* en raison du fait que *Bonnington* s'appliquait aux cas d'expositions *simultanées*, alors que *Thompson* concernait une situation d'expositions *successives* : *supra*, n°812.

même une autorité persuasive en raison du fait qu'elle a été rendue par cinq juges de la Cour suprême du Royaume-Uni.

Dans cette décision, une personne souffrant d'une appendicite aiguë avait été opérée avec retard, entraînant ainsi des complications. En particulier, le patient avait développé un sepsis qui avait entraîné un endommagement du myocarde et des poumons. Le patient a engagé la responsabilité de l'hôpital, arguant que le retard dans l'opération (la faute médicale) avait permis le développement du sepsis, lequel avait conduit aux complications cardiaques et pulmonaires. La difficulté résultait toutefois du fait que le sepsis avait commencé durant une période où aucune faute ne pouvait être imputée au défendeur et avait continué durant la période fautive (deux heures minimum), celle durant laquelle le patient aurait dû être opéré. Il existait donc deux causes successives, la première étant non-fautive (le sepsis innocent), la seconde étant fautive (le sepsis coupable).

Aussi, dans ce contentieux, il était impossible de conclure que, selon toute probabilité, le patient n'aurait pas développé les complications sans la négligence. En effet, il était possible que le sepsis innocent ait été suffisant, seul, pour produire le dommage, mais l'état des connaissances scientifiques ne permettait pas de le déterminer. Comme dans l'arrêt *Bailey*, il était impossible de déterminer si la faute médicale avait constitué une cause nécessaire du dommage subi par le demandeur.

839. La position de la jurisprudence. – Le juge de première instance a rejeté la demande de réparation, considérant que le test du *but for* n'était pas rempli. Les juges d'appel ont, eux, infirmé cette décision, en se fondant sur le fait que le retard dans l'opération – la faute médicale – avait contribué de manière significative au dommage.

Devant le Conseil judiciaire privé, les juges ont d'abord confirmé l'applicabilité du test *Bonnington* aux hypothèses de causes cumulatives opérant successivement pour produire le dommage indivisible, ce qui a été largement salué par la doctrine[1874] ; Lord Toulson indique en effet que « par principe, les événements *successifs* sont capables chacun de faire *une contribution significative au résultat* subséquent »[1875]. Cependant, il ajoute que « la séquence des événements peut être hautement pertinente pour déterminer, en fait, si un événement ultérieur a fait une contribution significative au résultat (...), ou à l'inverse si un événement précédent a été tellement dépassé par des événements suivants qu'il n'a pas fait de contribution significative au dommage »[1876], mais il s'agit là d'une question purement factuelle.

[1874] C. HOBSON, « Williams v The Bermuda Hospitals Board: pro-patient, but for ambiguities which remain », (2017) *Med. L. Rev.* 25(1), pp. 126-137, spéc. p. 133; M. LYONS, « Williams v. Bermuda Hospital Board » (2016) *JPIL* C75, spéc. C77; C. FOSTER, « A material contribution to forensic clarity » (2016) 166 (7689), *N.L.J.* 9, spéc. p. 11. Mais *contra*: S. GREEN, « When is a Material Contribution Not a Material Contribution » (2016) 32 *P.N.* 169, spéc. p. 170 (case comment).

[1875] [italiques ajoutées par nous] *Ibid.*, [39] (Lord Toulson): « As a matter of principle, successive events are capable of each making a material contribution to the subsequent outcome. »

[1876] *Williams*, préc. (note 1872), [39] (Lord Toulson).

En pratique, pour Lord Toulson, « il était juste de déduire, selon la balance des probabilités, que la négligence de l'hôpital a significativement contribué au processus [de développement du sepsis], et donc significativement contribué au dommage causé au cœur et aux poumons »[1877].

840. En somme, en ce qui concerne le traitement des causes cumulatives opérant successivement pour produire une maladie indivisible, les juges anglais ont, là encore, adopté une vision souple de la causalité dans l'arrêt *Williams*. Ils admettent que la faute est un *cause in fact* de la survenance du dommage, alors même qu'il n'est pas possible d'affirmer qu'elle en a constitué une cause nécessaire. Par suite, ils retiennent la responsabilité du défendeur. Les juges ont également considéré l'application du test du *doubling the risk* dans cette hypothèse.

ii) Le recours au test du doubling the risk

841. Une utilisation possible du test du *doubling the risk*. – Cette question a en fait été envisagée dans deux décisions. D'abord, dans l'arrêt *Sienkiewicz*, Lord Phillips a admis, à titre *obiter*, que « lorsque l'exposition innocente vient en premier, il peut y avoir un problème pour déterminer si elle a été suffisante pour déclencher la maladie ou si l'exposition fautive subséquente a contribué au déclenchement de la maladie. Je ne vois pas de raison, en principe, pour justifier l'inapplicabilité du test du "*doubles the risk*" dans de telles circonstances, mais la cour doit faire très attention afin de s'assurer que les preuves épidémiologiques soient suffisamment solides pour déterminer la probabilité statistique de la ou des cause(s) de la maladie »[1878]. Ainsi, pour Lord Phillips, le recours au test causal du *doubling the risk* est envisageable dans les hypothèses de causes cumulatives opérant successivement.

Lord Toulson semble adopter, à titre *obiter*, la même position dans l'arrêt *Williams* même s'il s'y montre bien plus réticent. Sur la question de l'utilisation de ce test, qui continue de diviser les juridictions anglaises, il indique en effet que « le comité invite à être prudent dans son utilisation »[1879], tout en reconnaissant son utilité occasionnelle pour traiter les questions de causalité[1880]. Il considère néanmoins que « déduire la causalité de la preuve d'un risque

---

[1877] *Williams*, préc. (note 1872), [42] (Lord Toulson) : « In the judgment of the Board, it is right to infer on the balance of probabilities that the hospital board's negligence materially contributed to the process, and therefore materially contributed to the injury to the heart and lungs. »

[1878] *Sienkiewicz*, préc. (note 1580), [91] (Lord Phillips): « Where the innocent exposure came first, there may be an issue as to whether this was sufficient to trigger the disease or whether the subsequent, tortious, exposure contributed to the cause. I can see no reason in principle why the "doubles the risk" test should not be applied in such circumstances, but the court must be astute to see that the epidemiological evidence provides a really sound basis for determining the statistical probability of the cause or causes of the disease. »

[1879] *Williams*, préc. (note 1872), [48] (Lord Toulson): « The Board would counsel caution in its use [*the doubling of risk* test]. »

[1880] *Ibid.*, [48] (Lord Toulson).

augmenté n'est jamais un exercice à appliquer de manière mécanique. Un petit risque doublé sera toujours très petit »[1881].

Malgré sa réticence, le juge ne condamne pas le recours au test du *doubling the risk* ; par suite, on ne peut exclure son utilisation dans les hypothèses de causes cumulatives opérant successivement, ce qui constituerait, là aussi, une forme d'assouplissement de la causalité.

842. En somme, le traitement, par les juges anglais, des causes cumulatives entraînant la survenance d'une maladie indivisible révèle qu'ils adoptent une vision *souple* de la causalité. Ils n'hésitent pas, dans ces hypothèses, à recourir à un autre test de causalité que celui du *but for*. Ils utilisent souvent le test de contribution significative au dommage qui leur permet d'admettre l'existence du *cause in fact*, alors même qu'il n'est pas possible de démontrer que le fait fautif serait une cause nécessaire à la survenance du dommage. Au surplus, il apparaît que les juges ne condamnent pas la possibilité d'utiliser le test du *doubling the risk*, ce qui constitue, là encore, un assouplissement causal. La position du droit anglais en matière de causalité, couplée à la manière dont le dommage est évalué (*quantum*), permettent en réalité d'assurer une réparation maximale des dommages subis par les victimes. En cela, le droit anglais rejoint le droit français.

B. Les conséquences sur le droit à réparation : comparaison des droits français et anglais

843. Une position identique des deux systèmes juridiques. – Lorsque plusieurs causes ont participé à la survenance d'un dommage indivisible, les droits français et anglais ont adopté une position identique. Au plan de l'obligation à la dette, chacune est considérée avoir causé le dommage dans son entier. Ainsi, lorsque seule l'une des causes est génératrice de responsabilité, le défendeur qui se voit imputer ce fait générateur est alors tenu d'indemniser la victime pour l'entier dommage[1882]. Seul le cas de force majeure est alors totalement exonératoire de responsabilité. Par conséquent, tant en droit français qu'en droit anglais[1883], l'événement naturel non-constitutif de la force majeure, ou toute autre cause non susceptible de responsabilité, ayant participé à la survenance de la maladie indivisible n'empêche pas le défendeur d'être tenu de l'entière réparation du dommage.

1881 *Ibid.*, [48] (Lord Toulson): « But inferring causation from proof of heightened risk is never an exercise to apply mechanistically. A doubles tiny risk will still be very small. »

1882 En cas de contribution fautive de la victime à la survenance de son dommage, le défendeur bénéficie d'une exonération (souvent partielle) de responsabilité, mais en réalité les deux étapes, celle de l'obligation à la dette et celle de la contribution à la dette, sont rassemblées en une seule : en fait, l'exonération partielle de responsabilité du défendeur correspond à l'étape de la contribution à la dette.

1883 *Williams*, préc. (note 1872), [31] (Lord Toulson) ; *Bailey*, préc. (note 1863).

De la même façon, lorsque plusieurs causes ayant participé à la survenance du dommage sont génératrices de responsabilité, les défendeurs sont alors obligés au tout ; ils sont responsables *in solidum*. En droit français, le principe est régulièrement rappelé par la Cour de cassation[1884], mais aussi par le Tribunal des conflits[1885]. En droit anglais, ce principe, posé dans la décision *Dingle v. Associated Newspapers Ltd*[1886], a également été rappelé à de nombreuses reprises dans les arrêts subséquents[1887].

844. Le rejet de la théorie de la causalité partielle dans les deux droits. – Les deux systèmes juridiques ont clairement adopté la théorie de la causalité « intégrale » ; par suite, ils ont rejeté la théorie de la causalité « partielle », dite aussi divise, selon laquelle lorsqu'un dommage indivisible a plusieurs causes, chaque fait retenu pour cause n'a pour conséquence qu'une partie du dommage[1888]. L'application de cette théorie aboutit en fait à ce que le droit à réparation du demandeur soit fractionné, quand bien même le dommage qu'il subit est un et indivisible.

Le droit anglais rejette cette idée. Par exemple, le juge Smith a indiqué que « dans une affaire où il est question d'un délit qui a fait une contribution significative mais où il n'est pas possible scientifiquement de déterminer la part de cette contribution (à part qu'elle a été plus que *de minimis*) et où la blessure qu'elle a entraînée est *indivisible*, il sera simplement inapproprié de procéder à une répartition des dommages-intérêts. (...) Il ne doit pas y avoir de règle selon laquelle le juge devrait répartir les dommages-intérêts simplement parce qu'une cause non-fautive a joué un rôle »[1889]. Le juge Sedley a approuvé cette position,

---

1884 Cass., civ. 2, 26 avril 2007, n°06-12.430, *Bull. civ. II*, 2007, N°108 ; Cass., civ. 2, 28 juin 2007, n°06-15.744, *Bull. civ. II*, 2007, N°176 (« (...) en cas de pluralité d'auteurs d'un même dommage, chaque responsable doit en assurer l'entière réparation. ») ; Cass., com., 10 juin 2008, n°06-20.525 ; Cass., civ. 1, 19 novembre 2009, n°08-15.937.

1885 TC, 14 février 2000, n°00-02.929, *Bull. TC*, 2000, N°2, p. 2.

1886 [1961] 2 QB 162 : « Where injury has been done to the plaintiff and the injury is indivisible, any tortfeasor whose act has been a proximate cause of the injury must compensate for the whole of it. As between the plaintiff and the defendant it is immaterial that there are others whose acts also have been a cause of the injury (...). These factors would be relevant in a claim between tortfeasors for contribution, but the plaintiff is not concerned with that; he can obtain judgment for total compensation from anyone whose act has been a cause of his injury ».

1887 Par ex. : *Rahman v. Arearose Ltd* [2001] QB 351, spéc. [19] (Laws LJ) : « The justice which lies behind the rule as to concurrent tortfeasors, that is the rule that each is liable for the whole of the damage constituted by the single indivisible injury suffered by the claimant, casts much light on what is meant by "single indivisible injury" and this "same damage" »; *BAE Systems (Operations) Ltd v. Konczak* [2017] EWCA Civ. 1188, [72] (Underhill LJ.): « That distinction is easy enough to apply in the case of a straightforward physical injury. A broken leg is "indivisible": if it was suffered as a result of two torts, each tortfeasor is liable for the whole, and any question of the relative degree of "causation potency" (or culpability) is relevant only to contribution under the 1978 Act [the Civil Liability (Contribution) Act 1978]. »

1888 J. Nguyen Thanh Nha, art. préc. (note 1790), spéc. p. 9.

1889 *Dickins v. O2 Plc* [2008] EWCA Civ 1144, [46] (Smith LJ): « (...) in a case which has to be decided on the basis that the tort has made a material contribution but it is not scientifically possible to say how much that contribution is (apart from the assessment that it was more than *de minimis*) and where the injury to which that has lead is indivisible, it will be inappropriate simply to apportion the damages across the board. (...) there should not be any rule that the judge should

à titre *obiter*[1890]. Cette position a encore été retenue par Lord Rodger dans l'arrêt *Barker v. Corus (UK) Ltd*[1891].

En droit français, la jurisprudence rejette aussi la théorie de la causalité partielle, ce qui explique par exemple qu'en cas de prédispositions latentes de la victime, sorte de fait non-fautif de la victime[1892], la Cour de cassation censure systématiquement les arrêts d'appel qui accordent une réparation partielle à la victime. Mais, il faut noter que dans les années 50, la Cour de cassation a semblé succomber à l'appel de cette théorie, dans un arrêt « Lamoricière » rendu par la chambre commerciale le 19 juin 1951[1893]. Soutenue par une partie de la doctrine[1894], la Cour de cassation a pu confirmer cette position à quelques reprises[1895], avant de la condamner clairement dans les années 70[1896].

Les juges français comme anglais rejettent ainsi la théorie de la causalité partielle, si bien qu'il faut convenir que dans le cas d'un dommage – d'une maladie – *indivisible*, la position des deux droits est identique. Le défendeur qui a, en partie, causé un dommage indivisible est considéré l'avoir causé dans son intégralité ; de fait, il doit indemniser le demandeur pour l'entier dommage[1897], ce qui a été encore récemment confirmé[1898].

845. Conclusion de la section I. – Les développements précédents ont révélé que les droits français et anglais adoptaient, tous deux, une approche assez souple de la causalité dans les hypothèses de causes cumulatives, ce qui n'est pas surprenant puisque dans ces situations, plusieurs facteurs se

---

apportion the damages across the board merely because one non-tortious cause has been in play. »

[1890] *Ibid.*, [53] (Sedley LJ).

[1891] *Barker*, préc. (note 1433), [90] (Lord Rodger).

[1892] V° en ce sens : P. JOURDAIN, « Droit à réparation – Lien de causalité. – Pluralité des causes », *J.-Cl. Civ. Code*, 6 mai 2011 (actual. : 30 mai 2018), LexisNexis, spéc. n°80. V° *infra*, n°851.

[1893] Cass., com., 19 juin 1951 (arrêt dit « Lamoricière »), *D.* 1951, p. 717, note G. RIPERT ; *JCP G* 1951, II, 6426, note E. BECQUE ; *RTD civ.* 1951, p. 515, obs. H. MAZEAUD.

[1894] Par ex.: A. TUNC, H & L. MAZEAUD, *op. cit.* (note 808), n°1443-1510.

[1895] Concours entre faute du défendeur et événement naturel : Cass., civ. 2, 13 mars 1957 (arrêt dit « Houillères des bassins du Nord et du Pas de Calais »), *JCP G* 1957, II, 10084, note P. ESMEIN ; *D.* 1958, p. 73, note J. RADOUANT ; concours entre faute du défendeur et le fait d'un tiers : Cass., civ. 2, 15 janvier 1960 (arrêt dit « Larribe »), *D.* 1961, p. 681, note J. RADOUANT ; *RTD civ.* 1962, p. 113, obs. A. TUNC; Cass., civ. 2, 1er mai 1963, *D.* 1963, somm. p. 113; Cass., civ. 2, 24 avril 1964, *Bull. civ. II*, 1964, N° 328; Cass., civ. 2, 28 octobre 1968, *Bull. civ. II*, 1968, N° 254.

[1896] Cass., civ. 2, 11 févr. 1970, *D.* 1970, somm. p. 95 ; Cass. civ. 2, 30 juin 1971, n°70-10.845, *Bull. civ. II*, 1971, N° 240, p. 170 ; *D.* 1971, somm. p. 135 ; Cass., civ. 2, 4 mars 1970, n°s 67-11.136, 68-12.124, 67-12.626, 68-10.835, *Bull. civ. II*, 1970, N° 76, 77, 78 et 80 (4 arrêts), *JCP G* 1971, II, 16585. En ce sens : Ph. BRUN, *op. cit.* (note 791), pp. 175-176, n°256.

[1897] Par ex. : *Environment Agency v. Ellis* [2008] EWCA Civ. 1117, spéc. [39] (May LJ). Le juge considère que le dommage en question était indivisible, ce qui explique qu'il ait refusé d'appliquer le principe dégagé dans *Holtby/Allen*, qui concerne des dommages divisibles. De ce fait, il refuse de déduire du montant des dommages-intérêts la part attribuable à l'accident non-fautif.

[1898] *BAE Systems (Operations) Ltd v. Marion Konczak* [2017] EWCA Civ. 1188, spéc. [72] (Underhill LJ). Dans cette décision, Underhill LJ. clarifie certains points ; en particulier, il privilégie la vision de Hale LJ (décision *Hatton*) à celle de Smith LJ (décision *Dickins*) sur le fait qu'un dommage psychiatrique puisse être divisible. Autrement, les principes classiques anglais sont réaffirmés, y compris le fait que le défendeur soit tenu de réparer l'entier dommage si celui-ci est indivisible. V° S. H. BAILEY, « Apportionment and psychiatric injury » (2018) 1 *P.N.* 42-45, spéc. p. 44.

combinent, ensemble, pour produire le dommage. Dès lors, dans le contexte de risques sanitaires sériels, il importe peu que la maladie des victimes soit due à une combinaison de facteurs qui leur sont intrinsèques et extrinsèques, ou simplement extrinsèques. L'approche souple adoptée par les deux droits permet alors de retenir l'existence du lien de causalité dans toutes les configurations de causes cumulatives.

Cependant, les deux droits présentent malgré tout des divergences. Celles-ci tiennent non pas tant à la question de la causalité, qu'à la question de l'évaluation du dommage (*quantum*). Pourtant, les deux droits appliquent les mêmes principes dans ce domaine. La différence – majeure – tient en fait à l'admission en droit anglais, d'une distinction totalement inexistante en droit français entre les maladies divisibles et indivisibles. Cette distinction étant à la source des divergences entre les systèmes juridiques français et anglais, il convient d'en apprécier l'opportunité.

SECTION II : L'OPPORTUNITÉ DES SOLUTIONS FRANÇAISES ET ANGLAISES

846. L'examen comparé du traitement des causes cumulatives par les droits français et anglais révèle que les solutions retenues dans ces deux systèmes juridiques présentent des similitudes mais aussi des divergences importantes. Pourtant, les principes qui les sous-tendent sont identiques. Comment, dans ces conditions, expliquer que les solutions adoptées en droits français et anglais ne soient pas toujours strictement identiques ? La réponse tient au fait que les deux droits n'ont pas la même approche en ce qui concerne la divisibilité du dommage dans le contexte de maladies. Il convient ainsi d'abord d'examiner l'opportunité de la distinction entre maladies divisibles et indivisibles (paragraphe 1). À vrai dire, cette distinction est, selon nous, éminemment critiquable. Elle peut être instrumentalisée en droit anglais pour autoriser, en pratique, une réparation partielle tout en respectant, en théorie, le principe de réparation intégrale. *In fine*, le recours à cette distinction permet d'introduire la théorie de la causalité partielle en droit anglais, à visage caché (paragraphe 2).

§1 – L'opportunité de la distinction entre maladies divisibles et maladies indivisibles

847. Les divergences, mais aussi les convergences, observables dans le traitement des causes cumulatives s'expliquent pour une seule raison. Les deux droits ne retiennent pas toujours les mêmes contours de délimitation entre dommages divisibles et indivisibles (I). En particulier, le droit anglais tient compte de la divisibilité des maladies, ce qui n'est généralement pas le cas du droit français. Par suite, il importe d'apprécier la pertinence du critère de distinction retenu en droit anglais entre maladies divisibles et maladies indivisibles (II).

I. *DOMMAGES DIVISIBLES ET INDIVISIBLES : DES FRONTIÈRES PARTIELLEMENT DIFFÉRENTES DANS LES DEUX DROITS*

848. Si les systèmes juridiques français et anglais reconnaissent volontiers la distinction entre dommages divisibles et indivisibles, ils n'adoptent pas la même position dans le contexte de maladies – propices en cas de risques sanitaires sériels. Contrairement au droit anglais, le droit français ne semble pas considérer qu'une maladie puisse être généralement divisible. Cette différence permet alors d'expliquer les divergences observables, entre les deux droits, dans le traitement des causes cumulatives impliquant des facteurs extrinsèques à la victime (A). Pourtant, certaines solutions admises par le système juridique français manifestent une certaine prise en compte du caractère divisible des maladies. En effet, le traitement des causes cumulatives impliquant un facteur intrinsèque à la victime ne peut s'expliquer qu'au regard de cette distinction, si bien que, dans ce contexte, les divergences entre les systèmes juridiques français et anglais s'estompent (B).

A. L'ABSENCE DE RECONNAISSANCE DE LA DIVISIBILITÉ DES MALADIES EN DROIT FRANÇAIS : L'ORIGINE DES DIVERGENCES

849. La frontière entre dommages divisibles et indivisibles : comparaison des droits français et anglais. – Les deux droits reconnaissent la distinction entre dommage divisible et dommage indivisible et leur appliquent les mêmes principes. Pourtant, l'examen du traitement des causes cumulatives impliquant des facteurs extrinsèques de survenance de la maladie révèle que les deux systèmes juridiques retiennent des solutions partiellement différentes. Ceci s'explique car les deux systèmes juridiques n'appliquent pas la distinction entre dommages divisibles et indivisibles de la même façon.

En particulier, si le droit anglais applique cette distinction pour tous types d'atteintes, y compris lorsque l'atteinte à l'intégrité corporelle est une maladie, ce n'est pas le cas du droit français. La question du caractère divisible ou non d'une maladie n'a certes jamais été explicitement évoquée en droit français[1899],

---

[1899] Une recherche au sein de la jurisprudence (Legifrance, Dalloz, LexisNexis) ne montre aucune occurrence pour les termes « maladie divisible » ou « maladie indivisible ». De même, l'occurrence « dommage divisible » ou « dommage indivisible » donne des résultats, mais nous n'avons trouvé aucun cas dans lesquels le dommage en question était une maladie.

mais les solutions appliquées dans les hypothèses de causes cumulatives impliquant des facteurs extrinsèques ne se comprennent que si l'on considère que la maladie est indivisible. Ceci explique pourquoi, au stade de l'obligation à la dette, le défendeur est toujours entièrement responsable du dommage, alors même que le fait générateur de responsabilité a seulement contribué à sa survenance. En réalité, tout se passe comme si le système juridique français admettait que, par principe, une maladie était un dommage indivisible.

850. Pour autant, il importe de nuancer l'affirmation. Certaines solutions adoptées par le droit français ne peuvent se justifier qu'au regard d'une reconnaissance implicite de la divisibilité des maladies. Tel est le cas dans les hypothèses de causes cumulatives impliquant un facteur de risque intrinsèque à la victime, ce qui explique alors les convergences d'approches entre les droits français et anglais.

B. UNE RECONNAISSANCE IMPLICITE DE LA DIVISIBILITÉ DES MALADIES EN DROIT FRANÇAIS : L'ORIGINE DES CONVERGENCES

851. Les solutions retenues en cas de facteurs intrinsèques : une reconnaissance implicite en droit français du caractère divisible d'une maladie ? – Le traitement des causes cumulatives impliquant un facteur intrinsèque ne peut se comprendre, en droit français, qu'en admettant la prise en compte, par ce système juridique, de la distinction entre maladies divisibles et indivisibles.

En ce qui concerne les prédispositions latentes, la pathologie asymptomatique qui a été révélée ou provoquée par le fait générateur de responsabilité doit être réparée dans son intégralité par le défendeur auquel il est imputable. Cette position classique ne se justifie que si l'on admet que le dommage – la pathologie – est indivisible. Dans ce cas, et au regard des principes classiques, le défendeur qui a seulement participé à la survenance du dommage – indivisible – est tenu de le réparer dans son entier.

En ce qui concerne les prédispositions patentes, le défendeur qui, par le fait générateur de responsabilité, a aggravé une pathologie préexistante, n'est alors tenu de réparer que cette aggravation. Cette position ne peut à nouveau se comprendre que si, en miroir, on admet que la pathologie du demandeur est divisible[1900]. En réalité, la préexistence de la pathologie par rapport au fait générateur de responsabilité permet alors dans ce cas d'évaluer et d'assigner les effets précis du fait générateur dans le dommage subi, ce qui correspond à l'aggravation seule. Dans cette situation, il devient possible de déterminer, en pratique, l'étendue du dommage causé par le fait générateur de responsabilité.

[1900] Dans le même sens : J. NGUYEN THANH NHA, art. préc. (note 1790), p. 29 : « le dommage final, unique en apparence, [est] (...) formé en réalité par la superposition de deux préjudices distincts engendrés l'un par les prédispositions, l'autre par l'accident » ; de ce fait, le dommage « ne devra être réparé que déduction faite du dommage dû uniquement aux prédispositions ».

Seule la reconnaissance implicite du caractère divisible de la maladie permet de justifier la solution appliquée dans les hypothèses de prédispositions patentes. Autrement, le fait de tenir un défendeur responsable uniquement de l'aggravation de la pathologie contredirait deux solutions classiques admises par la jurisprudence française. D'une part, tenir un défendeur responsable d'une partie seulement d'un dommage considéré indivisible constituerait une application de la théorie de la causalité partielle[1901], clairement condamnée par la jurisprudence. D'autre part, et surtout, cette solution aboutirait à considérer que les prédispositions patentes, assimilables à un fait non-fautif de la victime[1902], constituent une cause d'exonération partielle de responsabilité du défendeur, ce qui est en totale contradiction avec la position classique du droit français, lequel admet que seul un fait fautif de la victime puisse entraîner une exonération partielle de responsabilité du défendeur.

852. La reconnaissance de la divisibilité d'une maladie pose des difficultés importantes, la première étant précisément de déterminer si la maladie est ou non divisible, en l'espèce. Selon nous, le critère de distinction retenu en droit anglais est peu satisfaisant, car il introduit une forme d'arbitraire.

II. *La pertinence du critère de distinction entre maladies divisibles et indivisibles*

853. Pour déterminer si une maladie est divisible ou non, le droit anglais applique un critère scientifique. Ce critère constitue, selon nous, un critère inadéquat (A). Il est à la source des difficultés rencontrées en droit anglais : en effet, il entraîne des situations dans lesquelles le dommage est considéré théoriquement divisible, même s'il est factuellement indivisible, problème qui est totalement inexistant en droit français. Mais plus fondamentalement, le recours à un critère scientifique est problématique, car dans de nombreux cas, la question de savoir si une maladie est divisible ou indivisible est, à dire vrai, incertaine (B).

A. Le critère scientifique, un critère inadéquat

854. Le critère de divisibilité du dommage : divisibilité théorique ou pratique ? – Le droit anglais adopte une approche que l'on pourrait qualifier d'« ascendante ». Le point de départ est celui de la détermination du caractère divisible ou non de la maladie, ce qui est déterminé par référence à un critère scientifique, celui de la gravité de la maladie en fonction du degré

[1901] En ce sens : J. NGUYEN THANH NHA, art. préc. (note 1790), pp. 8-9.

[1902] P. JOURDAIN, « Droit à réparation. – Lien de causalité – Pluralité des causes », *J.-Cl. Civ. Code*, 6 mai 2011 (actual. : 30 mai 2018), LexisNexis, spéc. n°80.

d'exposition[1903]. Ensuite, si le dommage est divisible, la question se pose, au stade du *quantum*, de la détermination de la contribution du fait générateur dans le dommage divisible.

Cette étape de quantification est susceptible de poser des difficultés non-négligeables, particulièrement lorsque les causes cumulatives agissent de manière simultanée. Dans l'arrêt *Bonnington*, par exemple, il est vrai que la question de l'étendue de la responsabilité du défendeur n'avait pas été évoquée ; mais si la question s'était posée, il aurait été de toute façon impossible de quantifier la contribution du fait générateur à la pneumoconiose, car l'évaluation des différentes expositions fautive et non-fautive n'était pas possible.

Partant, le recours au critère scientifique peut conduire à conclure que la maladie est – théoriquement – divisible, alors même que la quantification de la contribution du fait générateur de responsabilité au dommage – qui représente alors une fraction de la maladie divisible – est matériellement impossible[1904].

855. Cette difficulté ne se pose nullement en droit français, car celui-ci adopte une approche que l'on pourrait qualifier de « descendante ». Le raisonnement est inverse à celui du droit anglais. Pour considérer le dommage comme étant divisible, il faut que la part attribuable aux coauteurs puisse être « déterminée avec certitude »[1905]. Le dommage n'est donc divisible en droit français que s'il est matériellement – non théoriquement – divisible[1906]. Ainsi, à notre connaissance, le droit français n'a jamais été confronté au cas dans lequel un dommage est théoriquement divisible, mais indivisible en pratique[1907].

C'est ce qui explique que le droit français n'admette généralement pas qu'une maladie soit divisible, sauf dans le cas des prédispositions patentes. Dans cette situation, le dommage est divisible car précisément, la préexistence de la pathologie permet d'exclure matériellement le rôle causal du fait générateur dans sa survenance même. La séquence des événements est telle qu'il est alors possible d'assigner les effets précis du fait générateur dans le dommage effectivement causé par le fait générateur, c'est-à-dire l'aggravation. Le dommage est donc matériellement divisible.

B. Le critère scientifique, un critère incertain

856. La difficulté d'application du critère scientifique *in specie*. – Bien que les juges anglais recourent à un critère scientifique pour déterminer si la

---

[1903] *Supra*, n°614.

[1904] V° en ce sens : S. Green, *op. cit.* (note 1756), pp. 95-98.

[1905] Ph. le Tourneau (dir.), *op. cit.* (note 10), p. 645, spéc. n°2132.112.

[1906] En ce sens : F. Chabas, *op. cit.* (note 1429), p. 22 qui indique que « c'est l'impossibilité de déterminer la part de chaque coauteur [dans le dommage] qui fonde l'obligation *in solidum* [en italiques dans le texte] ». Dans le même sens : J. Nguyen Thanh Nha, art. préc. (note 1790), pp. 10-11.

[1907] Par ex., pour les dommages divisibles : Cass., civ. 2, 19 avril 1956, *JCP* 1956.9381.

maladie est ou non divisible, il convient de ne pas oublier que cette question est une question de fait[1908]. Or, les juges sont souvent hésitants sur la qualification du dommage dans le contexte de maladies.

Ainsi, par exemple, dans l'arrêt *Thompson*, affaire de surdité industrielle, le juge Mustill avait d'abord indiqué : « peut-on dire que chaque plaignant souffre d'une atteinte qui est *une et indivisible* ? Sans aucun doute, en un sens, on peut le dire : car le plaignant a du mal à entendre ; il s'agit d'une invalidité qui ne peut pas être rompue en différents composants, comme on pourrait distinguer entre les parties individuelles qui composeraient une condition décrite comme des "blessures multiples" »[1909]. Pourtant, il considère que « ce n'est pas la fin de l'histoire. Même la détérioration mesurée est seulement un symptôme de la détérioration des organes auditifs. Cette pathologie n'est pas le produit direct d'un groupe d'actes, pas nécessairement simultanés, mais qui convergent tous pour entraîner un dommage. Plutôt il s'agit de la culmination d'une progression, dont les étapes individuelles ont été *chacune* causée par les *actes séparés* des personnes poursuivies, ou (comme cela peut être le cas) par les *actes séparés* fautif et non-fautif d'un seul défendeur »[1910]. Il en déduit donc que le dommage est en réalité divisible.

Ce simple exemple, mais il en existe de nombreux autres[1911], révèle que la qualification d'une maladie comme divisible ou indivisible est tout sauf évidente. Faut-il également rappeler que dans l'arrêt *Bonnington* lui-même, le caractère divisible ou indivisible de la pneumoconiose avait été discuté, avant que l'on admette qu'il s'agisse d'une maladie divisible ?

857. Proposition d'une nouvelle approche pour distinguer les maladies divisibles et indivisibles. – Dans ces conditions, le recours à un critère scientifique pour déterminer si une maladie est divisible ou non est trop peu satisfaisant ; dans de nombreux cas, les juges pourraient, en fait, aussi bien considérer que la maladie est divisible ou indivisible, ce qui est source

---

1908 *Dingle v. Associated Newspapers*, préc. (note 1431), p. 189 (Devlin LJ).

1909 *Thompson*, préc. (note 1822), spéc. p. 907 (Mustill J): « Can it be said here that each plaintiff is suffering from an injury which is one and indivisible? Undoubtedly in one sense it can: for the plaintiff is hard of hearing, a disability which cannot now be severed into component parts, in the same way as one might distinguish between the individual items which go to make up a condition described as "multiple injuries". Nor indeed if one looks behind the disability and handicap to the measured impairment, it is possible to regard the impairment as divisible, as if by saying that a hearing loss of 60 dB can be treated as two losses, each of 30 dB. »

1910 *Ibid.*, pp. 907-908 (Mustill J.): « But this is not the end of the story. Even the measured impairment is only a symptom of the deteriorated condition of the organs of the hearing. The condition is not the direct product of a group of acts, not necessarily simultaneous, but all converging to bring about one occurrence of damage. Rather, it is the culmination of a progression, the individual stages of which were each brought about by the separate acts of the persons sued, or (as the case may be) the separate non-faulty and faulty acts of the only defendant. »

1911 Dans l'arrêt *Williams*, par exemple, le juge a pu utiliser des formules confuses ; *Williams*, préc. (note 1872), [41] (Lord Toulson): « The sepsis developed *incrementally* over a period of approximatively six hours, *progressively* causing myocardial ischaemia. (The greater the accumulation of sepsis, the greater the oxygen requirement.) » Mais voir aussi, [41] (Lord Toulson): « The sepsis *was not divided into separate components causing separate damage* to the heart and lungs. » Il retient l'indivisibilité du dommage.

d'insécurité et d'imprévisibilité juridique, tant pour les demandeurs que pour les défendeurs. Ce critère est d'autant moins satisfaisant que les conséquences juridiques découlant de la qualification d'une maladie comme divisible ou indivisible sont particulièrement importantes en ce qui concerne l'évaluation du dommage (*quantum*).

Dès lors, le droit anglais devrait s'écarter du critère scientifique comme critère de distinction entre maladies divisibles et indivisibles, ou à tout le moins le compléter par une approche pragmatique, reposant sur la possibilité matérielle de séparer les différentes contributions à la maladie. De cette façon, une maladie ne pourrait être dite divisible que s'il existe une base pratique sur laquelle déterminer l'étendue de la responsabilité du défendeur (*apportionment*), peu important que la maladie soit théoriquement divisible (au regard du critère scientifique). Ceci revient en quelque sorte à la position du droit français.

Une telle position présente deux avantages. D'une part, la position des victimes de maladies, notamment dans le contexte de certains risques sanitaires sériels, serait indéniablement renforcée. En effet, nombre de maladies aujourd'hui considérées divisibles (critère scientifique) serait alors requalifiées d'indivisibles (critère pragmatique). Ceci permettrait de limiter les situations dans lesquelles le droit à réparation des victimes est diminué. Une telle approche peut se justifier dans les hypothèses de causes cumulatives car on peut au moins affirmer dans ces situations que le défendeur a, par sa faute, contribué à la survenance du dommage de la victime. C'est précisément pour cette raison que le droit anglais a été moins réticent à écarter le test traditionnel de causalité du *but for* au profit du test de contribution significative au dommage dans ces hypothèses.

D'autre part, et surtout, une telle approche aurait le mérite d'éviter les questions tenant à l'évaluation de la contribution du fait générateur au dommage dans les hypothèses où une telle évaluation est véritablement impossible, exercice qui comporte alors nécessairement une part d'arbitraire.

858. En conclusion, il est clair que la distinction entre maladies divisibles et maladies indivisibles est très importante en droit anglais car elle détermine l'étendue de la responsabilité d'un défendeur, à savoir si le défendeur est responsable de l'entier dommage ou d'une partie seulement. Dans ce contexte, l'utilisation d'un critère scientifique pour distinguer les maladies divisibles des maladies indivisibles est éminemment critiquable car, en pratique, on observe qu'il confère aux juges un large pouvoir d'appréciation dans ce domaine. Ceci peut alors entraîner le risque que la distinction soit utilisée comme une *technique d'ajustement* de la responsabilité du défendeur. En d'autres termes, la reconnaissance de cette distinction peut être instrumentalisée au profit des créateurs de risques sanitaires sériels.

§2 – L'instrumentalisation possible de la distinction entre maladies divisibles et indivisibles

859. Il faut maintenant apprécier les effets attachés à la reconnaissance d'une distinction entre maladies divisibles et indivisibles (I). En rejetant (globalement) cette distinction, le droit français avantage les victimes dans les hypothèses de causes cumulatives. Au contraire, en admettant cette distinction, le droit anglais avantage les défendeurs. Dans ces conditions, il convient alors de se demander si la reconnaissance de cette distinction n'est pas finalement utilisée comme une variable d'ajustement de la responsabilité du défendeur en droit anglais (II).

I. *L'APPRÉCIATION DES EFFETS DE LA DISTINCTION ENTRE MALADIES DIVISIBLES ET INDIVISIBLES*

860. Les effets de la reconnaissance (ou non) de cette distinction dans les droits français et anglais. – Sur le plan des effets, le rejet de la distinction entre maladies divisibles et indivisibles tend à favoriser les victimes, quand au contraire, son admission favorise les défendeurs.

Par exemple, en droit français, les solutions adoptées témoignent du fait que, sauf dans le cas des prédispositions patentes, les juges semblent traiter les maladies comme des dommages qui sont, par nature, indivisibles. Une telle position avantage indubitablement les victimes. En effet, à partir du moment où ces dernières peuvent démontrer que le fait générateur de responsabilité imputable au défendeur a participé à la survenance de leur dommage, alors elles obtiennent la réparation de l'entier dommage. S'il y a plusieurs défendeurs, alors ils sont responsables du dommage *in solidum*. Par conséquent, en traitant les maladies comme des dommages indivisibles, les victimes bénéficient d'une réparation maximale.

Au contraire, la reconnaissance, en droit anglais, d'une distinction entre les maladies divisibles et indivisibles bénéficient aux défendeurs. Dans le contexte des maladies divisibles, les victimes ne peuvent obtenir la réparation de l'entier dommage – correspondant à la maladie prise dans son intégralité – que dans deux hypothèses : soit lorsqu'elles parviennent en fait à prouver que le fait générateur de responsabilité imputable au défendeur unique est la seule cause de la maladie, ce qui est très rarement le cas ; soit lorsqu'elles parviennent à prouver que le dommage a été entièrement causé par les faits générateurs de responsabilité imputables aux multiples défendeurs, à l'exclusion d'autres causes innocentes. Cependant, la responsabilité de ces défendeurs étant alors conjointe, la victime est tenue d'engager la responsabilité de chacun des défendeurs impliqués. De la sorte, il faut reconnaître que lorsqu'une maladie est considérée divisible, il est rare que la victime obtienne la réparation de l'entier dommage.

861. Il convient alors de se demander si le droit anglais n'est pas tenté d'utiliser la distinction entre maladies divisibles et indivisibles comme une variable d'ajustement de la responsabilité du défendeur, notamment dans le contexte de risques sanitaires sériels.

II. *LA DIVISIBILITÉ D'UNE MALADIE, UNE VARIABLE D'AJUSTEMENT DE LA RESPONSABILITÉ DU DÉFENDEUR ?*

862. L'application stricte, en théorie, du principe de réparation intégrale. – Sur le plan théorique, la position du droit anglais est tout à fait conforme aux principes classiques du droit des délits spéciaux (*law of torts*), et en particulier au principe de réparation intégrale, dégagé en 1880, dans l'arrêt *Livingstone v. Raywards Coal Co*[1912]. Plus encore, c'est d'une certaine manière ce principe qui explique la consécration de la distinction entre maladies divisibles et indivisibles. Le droit anglais essaie en effet de se placer au plus près de la réalité factuelle pour n'imputer au défendeur que la part du dommage qu'il a effectivement causée par sa faute. C'est ce qui explique que le juge Mustill ait indiqué, dans la décision *Thompson*, que « les défendeurs comme les demandeurs ont le droit à un résultat juste. Si (...) une part substantielle de la détérioration a pris place avant que les défendeurs n'aient violé leur devoir de diligence, pourquoi, en toute équité, devraient-ils être tenus de payer pour cette part ? »[1913].

Les juges anglais semblent donc, à première vue, promouvoir un strict équilibre dans la protection des intérêts contradictoires des parties. D'un point de vue comptable, la reconnaissance de la distinction entre maladies divisibles et indivisibles est certes favorable aux défendeurs, mais d'un point de vue juridique, elle semble s'inscrire dans un pur courant de justice corrective. Dans cette optique, le principe de réparation intégrale, qui justifie les solutions adoptées, constitue un outil d'une justice qui se veut – autant que faire se peut – arithmétique.

Malgré tout, sur un plan pratique, il est permis de se demander si sous couvert d'application du principe de réparation intégrale, le droit anglais ne serait pas en train de favoriser une réparation partielle.

[1912] [1880] 5 App. Cas. 25, [39] (Lord Backburn) : « [where any injury is to be compensated by damages, in settling the sum of money to be given for reparation of damages you should as nearly as possible get that sum of money which will put the party who has been injured, or who has suffered,] in the same position as he would have been in if he had not sustained the wrong [for which he is now getting his compensation or reparation.] »

[1913] *Thompson*, préc. (note 1822), p. 910 (Mustill LJ) : « The defendants as well as the plaintiffs are entitled to a just result. If [we know (and we do know, for by the end of the case it was no longer seriously in dispute) that] a substantial part of the impairment took place before the defendants were in breach, why in fairness should they be made to pay for it? »

863. L'admission, en pratique, d'une réparation partielle ? – Si sur le plan théorique, les principes du droit anglais sont préservés, le principe de réparation intégrale étant appliqué, il apparaît tout de même que la reconnaissance de la divisibilité d'une maladie permet en pratique de procéder à une divisibilité des causes. Or, puisque le critère de divisibilité des maladies offre une marge de manœuvre importante aux juges dans l'appréciation de cette question en l'espèce, les juges peuvent être tentés de considérer la maladie comme étant divisible dans l'objectif de procéder à une divisibilité des causes. En d'autres termes, les juges peuvent instrumentaliser la divisibilité de la maladie (question de fait), afin de limiter le montant de la réparation due par le défendeur.

Par suite, plus un système juridique a tendance à admettre facilement le caractère divisible d'un dommage, et dans les situations évoquées d'une maladie, et plus ce système juridique s'attachera à déterminer la part causale de chaque fait dans la survenance du dommage – divisible. À cet égard, le droit anglais retient qu'un dommage est divisible beaucoup plus facilement[1914] que le droit français, particulièrement lorsque le dommage est une maladie physique (voire même psychique !). Il convient alors de se demander si la bonne volonté avec laquelle les juges anglais admettent le caractère divisible d'une maladie ne constitue pas un moyen de contourner le rejet de la théorie de la causalité partielle[1915]. Il suffit en effet que la maladie soit qualifiée de divisible pour que le défendeur soit seulement tenu de la *fraction* de la maladie imputable au fait générateur.

Dans cette optique, la divisibilité de la maladie est susceptible d'être utilisée comme une variable d'ajustement de la responsabilité du défendeur. Plus encore, la divisibilité de la maladie peut être instrumentalisée pour autoriser une réparation partielle du dommage, tout en appliquant le principe de réparation intégrale (ce qui n'est pas sans rappeler la technique de la perte de chance en droit français).

864. Conclusion de la section II. – Les différences observables entre les droits français et anglais, intervenant uniquement au stade du *quantum*, tenaient à un seul élément : l'application – ou non – de la divisibilité du dommage dans le contexte de maladies.

La reconnaissance, par principe, de l'indivisibilité d'une maladie favorise sans aucun doute, en droit français, les victimes, en leur assurant une réparation maximale. Ces dernières bénéficient quasiment toujours de la réparation de l'entier dommage. Au contraire, l'admission d'une distinction entre maladies divisibles et indivisibles en droit anglais favorise, quant à elle, les défendeurs, en limitant le montant des dommages-intérêts qu'ils doivent ; dans le cas des maladies divisibles, les victimes obtiendront ainsi très rarement la réparation de

---

[1914] P. H. WINFIELD, J. A. JOLOWICZ, W.V.H ROGERS, *op. cit.* (note 74), p. 737-738: « (...) the courts may go quite a long way in reducing the claimant's recovery by being more willing to find that an injury is divisible. »

[1915] Sur la théorie de la « causalité partielle » : V° notamment, B. STARCK, H. ROLAND, L. BOYER, *op. cit.* (note 819), pp. 459-468.

l'entier dommage. D'une certaine manière, les juges anglais s'efforcent, là encore, de tenir compte de l'intérêt des défendeurs, pas seulement de celui des demandeurs.

Néanmoins, l'approche adoptée en droit anglais est, selon nous, particulièrement critiquable en raison du large pouvoir d'appréciation dont les juges disposent pour déterminer si une maladie est ou non divisible, en l'espèce. Par suite, le risque est alors celui d'utiliser la divisibilité des maladies comme un outil de modulation de l'étendue de la responsabilité des créateurs de risques sanitaires sériels, en introduisant, par la petite porte une réparation partielle, sous couvert de réparation intégrale.

⁂

865. Conclusion du chapitre II. – La réalisation de risques sanitaires sériels avérés peut entraîner des hypothèses de causes cumulatives, dans lesquelles plusieurs faits se combinent pour produire l'atteinte à l'intégrité corporelle, généralement une maladie.

L'analyse comparée des causes cumulatives dans les droits français et anglais a permis de mettre en lumière le fait que les systèmes juridiques reconnaissaient la responsabilité des défendeurs bien plus facilement dans ce cas que dans celui des causes alternatives. Le droit anglais est beaucoup moins hésitant à reconnaître qu'un fait générateur de responsabilité est une cause du dommage, même si l'on ne saurait affirmer qu'il en constitue une cause *but for*. Pour ce faire, il admet le recours au test de causalité de la contribution significative au dommage (test *Bonnington*), qui favorise indéniablement les victimes, notamment de risques sanitaires sériels d'origine industrielle.

Cependant, l'analyse révèle aussi que les deux droits continuent de présenter des divergences importantes en ce qui concerne la question de l'évaluation du dommage (*quantum*). Ne connaissant pas la distinction opérée en droit anglais entre maladies divisibles et maladies indivisibles, le droit français tend à considérer les maladies comme des dommages indivisibles. Cette position avantage les victimes en leur permettant d'obtenir, dans la plupart des cas, l'entière réparation du dommage corporel subi. Au contraire, en admettant la distinction entre ces deux catégories de maladies, le droit anglais avantage les défendeurs. En particulier, les victimes de maladies qualifiées de divisibles pourront rarement obtenir l'entière réparation de leur dommage, ceci car le montant de la réparation devra uniquement correspondre à la seule part du dommage divisible causée par la faute du défendeur.

Cette distinction entre les maladies divisibles et indivisibles repose sur un critère scientifique qui est non seulement peu fonctionnel mais qui laisse également une large marge d'appréciation aux juges ; ce faisant, la distinction peut être utilisée comme une variable d'ajustement de la responsabilité des défendeurs. Dès lors, si le droit anglais assouplit la preuve de la causalité, pour préserver l'intérêt indemnitaire des victimes, il module également l'étendue de la responsabilité des défendeurs au stade de l'évaluation du dommage, pour préserver les intérêts de ces derniers.

In fine, la comparaison entre les deux droits révèle que, dans le contexte des hypothèses de causes cumulatives, le droit anglais est encore une fois guidé par la volonté de préserver un équilibre dans la protection des intérêts contradictoires, quand au contraire, le droit français tend, une fois de plus, à privilégier l'intérêt des victimes de dommages corporels, dans le contexte de risques sanitaires sériels.

Conclusion du titre II

866. Dans le contexte des risques sanitaires sériels avérés, la responsabilité civile est souvent mise à l'épreuve par l'impossibilité d'établir, de manière traditionnelle, l'existence du lien de causalité entre le fait générateur de responsabilité et le dommage. En particulier, pour cette catégorie de risques sanitaires sériels, le problème tient avant tout à l'existence d'incertitudes portant sur la causalité spécifique, c'est-à-dire du lien de causalité dans le cas d'espèce. Le problème n'est pas celui de l'établissement de la causalité générale.

Ces incertitudes présentent des visages multiples, et il a d'abord été nécessaire de comparer les solutions techniques adoptées par les systèmes juridiques français et anglais dans chacune des configurations causales, pour comprendre la vision sous-jacente portée par les deux systèmes juridiques. En d'autres termes, la comparaison technique nous permet maintenant de révéler les tendances générales qui se dégagent des deux systèmes juridiques.

867. À cet égard, il est clair que dans le contexte des risques sanitaires sériels avérés, les deux droits sont prêts à admettre des assouplissements de causalité pour favoriser les victimes de risques sanitaires sériels. Toutefois, la différence est d'abord une différence de degré.

La comparaison fait apparaître que le droit français est enclin à admettre des assouplissements de causalité dans toutes les configurations causales, aussi bien dans les hypothèses de causes alternatives que dans celles de causes cumulatives ; au contraire, le droit anglais est généralement moins ouvert aux assouplissements de causalité dans les hypothèses de causes alternatives que dans celles de causes cumulatives, ce qui s'explique car l'incertitude causale est généralement plus élevée dans ces hypothèses.

868. Plus fondamentalement, les divergences d'approche entre les deux systèmes juridiques traduisent surtout la conception différente qu'ils ont du rôle de la responsabilité civile dans le contexte des risques sanitaires sériels.

Par son approche équitablement généreuse envers les victimes de risques sanitaires sériels avérés, le droit français révèle la haute importance qu'il accorde à la protection de l'intégrité corporelle. Au regard de cet objectif, la responsabilité civile est alors utilisée comme un outil de justice *distributive* au bénéfice des victimes de risques sanitaires sériels. Le droit français promeut ainsi une approche qui vise à maximiser la réparation des dommages corporels résultant de ces risques.

Au contraire, le droit anglais adopte une approche bien plus mesurée, appliquant des solutions différentes en fonction de distinctions très subtiles, comme celles entre causes alternatives et causes cumulatives, facteur unique et facteurs multiples, ou maladies divisibles et indivisibles. Ces distinctions, inexistantes en droit français, servent en réalité, d'une manière ou d'une autre, à *limiter* les solutions favorables admises au bénéfice des victimes. En d'autres termes, le recours à ces distinctions permet de préserver une forme d'équilibre dans la protection des intérêts des victimes de risques sanitaires sériels, d'un côté, et des créateurs de ces risques, de l'autre. Le droit anglais de la responsabilité civile, dans le contexte des risques sanitaires sériels, demeure encore largement guidé par des considérations de justice *corrective*.

Conclusion de la partie II

869. La systématisation comparée des problèmes et solutions adoptés par les deux droits, pour répondre aux problèmes spécifiques que posent les risques sanitaires sériels inconnus, suspectés et avérés pour la mise en œuvre de la responsabilité civile, est riche d'enseignements.

870. En effet, la comparaison des deux droits fait apparaître que le degré de connaissance scientifique des risques sanitaires sériels exerce une influence différente sur la mise en œuvre de la responsabilité civile en droits français et anglais.

L'adaptation des règles de responsabilité civile ne dépend pas, en droit français, du degré de connaissance scientifique du risque. En d'autres termes, peu importe que le risque sanitaire sériel soit inconnu, suspecté ou avéré, le droit français de la responsabilité civile tend à permettre des assouplissements qui favorisent les victimes de risques sanitaires sériels dans toutes ces situations et ce, indépendamment du type de difficultés qui émerge.

Ce n'est pas la position du droit anglais. L'analyse révèle que moins le risque sanitaire sériel est scientifiquement connu, et moins le système juridique anglais a alors tendance à adapter les règles de responsabilité civile. Ainsi, dans les hypothèses de risques sanitaires sériels inconnus ou suspectés, le droit anglais refuse tout assouplissement des règles de responsabilité civile. Au contraire, dans les hypothèses de risques sanitaires sériels avérés, le système juridique anglais y est bien plus favorable, l'analyse faisant même ressortir qu'il semble plus enclin à procéder à des assouplissements dans les hypothèses de causes cumulatives (degré d'incertitude causal plus faible) que dans celles de causes alternatives (degré d'incertitude causal plus élevé).

871. En réalité, ces divergences « techniques » sont révélatrices de divergences bien plus profondes entre les deux droits qui tiennent à la conception même de la responsabilité civile.

En faisant le choix d'adapter les règles de responsabilité civile en faveur des victimes de risques sanitaires sériels, peu important que le risque soit inconnu, suspecté ou avéré, le droit français privilégie clairement l'intérêt indemnitaire des victimes de ces risques. Le système juridique français fait ainsi le choix d'un déséquilibre dans la protection des intérêts contradictoires en faveur des victimes de dommages corporels, et pour parvenir à cet objectif, celui-ci est prêt à modifier, pour ne pas dire sacrifier, toutes les conditions de responsabilité civile. En conséquence, au-delà de la casuistique apparente des solutions, la cohérence du droit français de la responsabilité civile est en fait à rechercher du côté de l'objectif qu'il poursuit. En se transformant en un outil de justice distributive au service des victimes de dommages corporels, le droit français de la responsabilité civile consacre implicitement l'émergence d'une hiérarchie des intérêts protégés au sommet de laquelle se trouve la protection de l'intégrité corporelle[1916]. Cet intérêt prime sur tous les autres, si bien que plus les atteintes à l'intégrité corporelle sont graves (nature de l'atteinte, nombre important de victimes), et plus le droit français aura tendance à assouplir les règles de responsabilité civile pour permettre la réparation. Ceci explique que les victimes de risques sanitaires sériels soient si favorisées.

Au contraire, le système juridique anglais n'est pas guidé par les mêmes considérations. Le traitement différencié des victimes de risques sanitaires sériels en fonction du type de risque (inconnu, suspecté ou avéré) révèle une approche bien plus mesurée que le droit français en ce qui concerne la protection des intérêts contradictoires. Le droit anglais n'est pas réfractaire à l'adaptation des règles de responsabilité civile dans les contentieux impliquant des risques sanitaires sériels, mais cette adaptation ne peut pas être justifiée par la seule protection de l'intégrité corporelle des victimes de ces risques. Le droit anglais essaie ainsi, tant bien que mal, de préserver un équilibre entre l'intérêt indemnitaire des victimes de risques sanitaires sériels, d'un côté, et la liberté économique des opérateurs privés, créateurs de risques sanitaires sériels, de l'autre. La nécessité de trouver un « juste » équilibre dans la protection des intérêts contradictoires explique alors pourquoi les victimes de risques sanitaires sériels sont favorisées dans certains cas seulement.

[1916] M. DUGUE, *op. cit.* (note 588), n°263 à 275.

Conclusion générale

872. Les risques sanitaires sériels, inscrits dans nos sociétés de manière durable. – À partir de la seconde moitié du XXe siècle, les risques sanitaires sériels – ces risques pour la santé d'une population susceptibles d'entraîner des dommages sériels, et dont la prévention s'inscrit dans le cadre de la politique de santé menée par l'État – ont envahi notre quotidien. Versant noir de la modernité, les risques sanitaires sériels constituent la contrepartie des innovations scientifiques et technologiques qui ont participé à améliorer la qualité de vie. Les scandales sanitaires s'égrènent ainsi au fur et à mesure de la réalisation de ces risques : thalidomide, sang contaminé, amiante, Distilbène, Mediator, « vache folle », antennes-relais, Dépakine, etc. La liste est longue[1917].

Ces risques emportent des conséquences spécifiques. S'ils se réalisent, ils entraînent des atteintes individuelles à la santé, réunies par leur origine commune et affectant une pluralité de personnes souvent géographiquement dispersées, et dans tous les cas, de manière échelonnée dans le temps, par un effet de répétition qui retarde la prise de conscience de l'unité d'action. Les conséquences sont donc graves, tant sur un plan quantitatif que qualitatif. Si les atteintes résultant de la réalisation de ces risques sont individuelles par nature, elles prennent une dimension collective par leur effet de répétition (plan quantitatif) ; les atteintes touchent la santé humaine et prennent souvent la forme de maladies (plan qualitatif).

Les risques sanitaires sériels constituent ainsi un phénomène anthropique nouveau que les systèmes juridiques ne pouvaient ignorer, notamment sur le plan de la responsabilité civile. Face à cette nouvelle réalité, le droit de la responsabilité civile parvient-il à envisager un traitement cohérent et satisfaisant des risques sanitaires sériels ? La recherche, entreprise dans la perspective d'une comparaison entre les droits français et anglais, est riche d'enseignements.

873. La volonté de renforcer la protection des victimes de risques sanitaires sériels dans les systèmes juridiques français et anglais. – L'étude comparative révèle d'abord des convergences indéniables entre les deux systèmes juridiques : tant le système juridique français que l'anglais ont cherché à renforcer la protection des intérêts des victimes de risques sanitaires sériels. Ce renforcement s'est manifesté de quatre manières différentes.

D'abord, face au défi que présente l'indemnisation d'un grand nombre de victimes et aux difficultés de preuve des conditions de responsabilité civile, des

[1917] Rien que dans le domaine des médicaments, voir la liste des catastrophes depuis la seconde guerre mondiale : J.-L. FAGNART, art. préc. (note 1611), pp. 749-780.

fonds d'indemnisation ont été mis sur pied dans les deux droits, dans le but de faciliter mais aussi d'accélérer l'indemnisation des victimes de certains risques sanitaires sériels.

Ensuite, face à la diversité d'origine de ces risques, les deux systèmes juridiques ont créé, par la voie législative, des régimes spéciaux de responsabilité civile, généralement sans faute, qui permettent également de faciliter la reconnaissance de la responsabilité civile des créateurs de risques sanitaires sériels dans certains secteurs.

Au surplus, l'analyse comparée révèle que dans les deux droits, les juges ont admis une adaptation des conditions classiques de responsabilité civile, en particulier celle de causalité, qui fait souvent obstacle au succès des actions indemnitaires.

Enfin, les deux systèmes juridiques ont souhaité rééquilibrer le « rapport de force » qui oppose les victimes de risques sanitaires sériels, personnes physiques, aux créateurs de ces risques, qui sont souvent des entreprises ; pour ce faire, ils ont admis une collectivisation de l'action en responsabilité civile, avec la consécration d'une action de groupe dans les deux droits.

Les risques sanitaires sériels sont ainsi des moteurs de l'évolution des droits français et anglais de la responsabilité civile, évolution qui s'inscrit dans le sens d'une protection renforcée des victimes de ces risques, au stade de la réparation. Cependant, le traitement des risques sanitaires sériels par la responsabilité civile demeure, à de nombreux égards, différent dans ces deux systèmes juridiques.

874. L'objectif assigné à la responsabilité civile dans le traitement des risques sanitaires sériels : un objectif cohérent, mais différent dans les deux droits. – La cohérence du droit de la responsabilité civile dans le traitement des risques sanitaires sériels est moins à rechercher du côté des solutions adoptées que du côté de l'objectif poursuivi par la responsabilité civile dans chacun de ces droits. Or, force est de reconnaître que cet objectif est fondamentalement différent en droit français et en droit anglais.

875. Dans le système juridique français, le traitement des risques sanitaires sériels révèle que l'objectif principal poursuivi est celui de la protection de l'intégrité corporelle, intérêt aujourd'hui placé au sommet de la hiérarchie des intérêts protégés. Cet intérêt prime sur tous les autres, ce qui explique pourquoi le droit français favorise le plus possible l'indemnisation des victimes de ces risques. Cet objectif permet alors de comprendre toutes les évolutions juridiques dont la responsabilité civile fait l'objet dans le contexte des risques sanitaires sériels. Pour favoriser l'indemnisation des victimes de ces risques, la responsabilité civile est à la fois concurrencée, multipliée et adaptée.

En effet, la poursuite de cet objectif indemnitaire explique pourquoi le droit français est parfois prêt à extraire la réparation des dommages corporels de la responsabilité civile, ceci en développant de nouveaux mécanismes de réparation qui concurrencent la fonction indemnitaire de la responsabilité civile. La poursuite de cet objectif explique encore pourquoi le droit français est prêt, dans le contexte des risques sanitaires sériels, à détacher la responsabilité civile de l'idée de faute, ceci en multipliant les régimes spéciaux de responsabilité qui sont dérogatoires au droit commun. Enfin, c'est encore cette volonté de favoriser la réparation des dommages corporels subis par les victimes de risques sanitaires sériels qui conduit le droit français à adapter les conditions traditionnelles de responsabilité civile, que ce soit par un assouplissement de la preuve du lien de causalité et du fait générateur de responsabilité, en limitant l'invocation de certaines causes d'exonération, ou encore en admettant une « atomisation » des préjudices moraux, par exemple. Surtout, l'indemnisation est favorisée peu important que le risque sanitaire sériel soit inconnu, suspecté ou avéré.

La générosité dont fait preuve le droit français de la responsabilité civile envers les victimes de risques sanitaires sériels n'est, pour tout dire, pas propre à ce type de risques, et s'inscrit, au contraire, dans la continuité de l'évolution qu'a connue la responsabilité civile au cours du XXe siècle, portée par le développement des assurances de responsabilité. En 1947, Boris STARCK relevait que, traditionnellement, la responsabilité civile fondait « la justification de l'obligation de réparer le préjudice causé, en se plaçant au seul point de vue de l'auteur du dommage »[1918] avant de s'interroger : « Ne pourrait-on pas, en inversant le cours habituel de la pensée juridique, aborder le problème de la responsabilité civile du point de vue de la victime [?] »[1919]. Cette idée, qui a pris racine en droit français, a connu un essor considérable ; le droit français a en effet peu à peu déplacé le centre de gravité de la responsabilité civile de l'auteur du dommage (et son comportement) vers la « victime » (et son dommage), ce qui conduit à modifier le point de départ de l'analyse. Auparavant, celui-ci était la faute, aujourd'hui, ce point de départ est le dommage.

Cette transformation a emporté d'importantes conséquences, au premier rang desquelles le renversement du rapport traditionnel existant entre la responsabilité civile et la réparation. Par le passé, ce rapport s'exprimait dans les termes suivants : les conditions classiques de responsabilité civile sont remplies, donc cela justifie de réparer le dommage. L'épicentre du droit de la responsabilité civile étant aujourd'hui le dommage, ce rapport se présente de la manière suivante : *il faut réparer le dommage, donc cela justifie de modifier les conditions classiques de responsabilité civile*. Et il faut reconnaître que plus l'intérêt légitimement protégé qui est atteint est important, plus l'atteinte est grave, et plus la réparation s'impose, aux yeux de tous, comme une conséquence naturelle, indiscutée. Indéniablement, la protection de la vie et de la santé humaine – en un mot de l'intégrité corporelle – est maintenant placée au sommet de la hiérarchie des intérêts protégés[1920]. L'atteinte à cet intérêt primordial

---

[1918] B. STARCK, *op. cit.* (note 71), p. 10.

[1919] *Ibid.*, p. 10.

[1920] J.-S. BORGHETTI, Ch. DE CABARRUS, I. ALOGNA *et al.*, « Regards comparatistes sur la réforme de la responsabilité civile. Le rapprochement des responsabilités contractuelle et délictuelle dans l'avant-projet de réforme abordé sous l'angle du droit comparé » *in* A. CASTERMANS, D. DANKERS-HAGENAARS, A. DEJEAN DE LA BATIE (dir.), *RIDC*, vol. 1, 2017, p. 39. Ch. DE CABARRUS (Chancellerie) indique que « la hiérarchie des intérêts protégés par le droit de la responsabilité civile [peut] justifier une telle dérogation en faveur des victimes de dommage cor porel ». V° aussi : J.-J. URVOAS, *Présentation du projet de réforme du droit de la responsabilité civile*, discours prononcé le 13 mars 2017 à l'Académie des sciences morales et politiques : « Dans le droit fil des avant-projets de réforme du droit de la responsabilité civile, nous avons fait le choix de placer l'intégrité de la personne au sommet de la hiérarchie des intérêts protégés » [en ligne]

justifie en quelque sorte par elle-même les mutations du droit de la responsabilité civile (et du droit de la réparation) pour favoriser l'indemnisation de ces victimes[1921].

Dans ce contexte, doit-on être surpris de la bienveillance particulière dont bénéficient les victimes de risques sanitaires sériels ? La gravité des atteintes corporelles subies par ces victimes, tant sur un plan quantitatif que qualitatif, explique, en droit français, toutes les faveurs dont elles bénéficient. Ce qui compte, ce n'est pas tant la dissuasion des comportements délictueux que la réparation des dommages corporels subis par les « victimes ». Et pour y parvenir, rien n'est épargné[1922]. Chacune des conditions de responsabilité civile est tour à tour sacrifiée sur l'autel de la philosophie du « tout-indemnitaire », au point que l'institution elle-même recule face à l'émergence d'autres outils indemnitaires. Dans cette optique, l'édifice indemnitaire français s'inscrit principalement dans un courant de *justice distributive*.

876. Dans le système juridique anglais, le traitement des risques sanitaires sériels montre que le droit de la responsabilité civile poursuit un autre objectif, qui est celui de la préservation d'un équilibre dans la protection des intérêts contradictoires, c'est-à-dire dans la protection de l'intégrité corporelle des victimes d'un côté, et de la liberté économique des opérateurs privés, de l'autre.

Or, en matière de réparation, cet équilibre est justement assuré par la responsabilité civile, ce qui explique pourquoi, contrairement au droit français, le droit anglais est extrêmement réticent à détacher la réparation des dommages corporels résultant de risques sanitaires sériels de la responsabilité civile. Par conséquent, si le droit anglais a, comme le droit français, développé de nouveaux mécanismes de réparation des dommages, ces mécanismes n'ont cependant pas vocation à concurrencer la responsabilité civile généralement, cette dernière conservant sa place traditionnelle au sein de l'édifice indemnitaire anglais.

Au surplus, la protection de l'intégrité corporelle a principalement été assurée historiquement, en droit anglais, avec le développement du *tort of negligence*, c'est-à-dire d'une responsabilité fondée sur la faute. Dès lors, la mise en balance des intérêts contradictoires entre la protection de l'intégrité corporelle d'un côté, et de la liberté économique des opérateurs privés, de l'autre, s'est principalement opérée dans le cadre du *tort of negligence*. Ceci permet alors de comprendre pourquoi, contrairement au droit français, le droit anglais demeure extrêmement réticent à détacher la réparation des dommages corporels, de l'idée de faute. Si le droit anglais a, comme le droit français, développé certains régimes de responsabilités sans faute, ces derniers

---

consulté le 19/08/2021 sur :
<http://www.presse.justice.gouv.fr/discours-10093/archives-des-discours-de-2017-12856/projet-de-reforme-de-la-responsabilite-civile-29780.html >

[1921] Ph. LE TOURNEAU (dir.), *op. cit.* (note 10), p. 79, spéc. n°0122.25 : « Le dommage corporel fut érigé en dommage anormal par nature, engageant quasiment automatiquement la responsabilité de son auteur, dévoyant ainsi tout le droit des obligations ».

[1922] Ph. LE TOURNEAU (dir.), *op. cit.* (note 10), p. 78, spéc. n°0122.15 : « La tendance lourde du Droit de la responsabilité civile, croissante au fil des ans, est la recherche à tout va d'une *indemnisation des victimes* ».

demeurent extrêmement minoritaires, et assez peu utilisés, dans ce droit. Par conséquent, dans le contexte des risques sanitaires sériels, la responsabilité pour faute demeure au cœur du droit anglais de la responsabilité civile.

Enfin, c'est encore cet objectif de préservation d'un équilibre dans la protection des intérêts contradictoires qui conduit le système juridique anglais à limiter les adaptations des conditions classiques de responsabilité civile. En effet, les règles traditionnelles de responsabilité civile définissent précisément l'équilibre qu'il convient de garder dans la protection des différents intérêts. Par conséquent, la modification de ces règles en faveur de l'une ou l'autre des parties induit *ipso facto* une modification de l'équilibre originairement défini. De tels changements doivent ainsi être justifiés par des raisons solides, et pas seulement par la volonté d'indemniser les victimes de risques sanitaires sériels. L'assouplissement des conditions de responsabilité civile demeure ainsi ponctuel. À cet égard, il faut admettre que moins les risques sanitaires sériels sont connus, et moins les juges anglais sont enclins à admettre des assouplissements de responsabilité. Pour cette raison, l'indemnisation des dommages résultant de risques sanitaires sériels est exclue lorsque le risque est inconnu ou suspecté, mais semble possible lorsque le risque est avéré.

D'une manière générale, le droit anglais a toujours conservé la responsabilité civile au cœur du dispositif indemnitaire, et la faute (en particulier le *negligence*) comme fondement principal de la responsabilité en matière de dommage corporel. La philosophie du droit anglais tourne principalement autour de l'idée aux termes de laquelle le défendeur n'est tenu de réparer que le dommage causé par sa faute (*the fault principle*).

Par conséquent, s'il apparaît qu'en droit français, la fonction indemnitaire de la responsabilité civile « n'a pas besoin du soutien d'une fonction normative pour justifier la dette de réparation mise à la charge du responsable »[1923], c'est l'inverse qui prévaut en droit anglais. Plus encore, le droit anglais des délits spéciaux s'inscrit dans un courant que l'on pourrait qualifier de « réaliste » : il cherche à se placer au plus près de la réalité matérielle et scientifique, à exprimer le plus fidèlement possible la réalité. Porté par une fonction normative, l'assouplissement des conditions de responsabilité civile (des *torts*) ne saurait être justifié par la seule protection de l'intégrité corporelle, même si cet intérêt est important en droit anglais. La protection des victimes de dommages corporels est indéniablement une considération fondamentale mais elle ne suffit pas, à elle seule, à justifier de tenir un défendeur responsable d'un dommage qui n'a peut-être pas été causé par sa faute. L'impératif de *justice corrective*, qui guide encore majoritairement[1924] le système juridique anglais[1925], l'impose. Dans cette optique, le traitement des risques sanitaires sériels par le droit anglais des délits spéciaux n'y fait (presque !) pas exception.

[1923] M. BACACHE-GIBEILI, *op. cit.* (note 81), p. 3, spéc. n°4.

[1924] Mais pas exclusivement, car nous l'avons vu, le système juridique anglais s'inscrit également dans un courant de justice distributive (Sécurité sociale, fonds d'indemnisation, assurance, etc.). Malgré tout, il nous apparaît que le droit des délits spéciaux demeure encore majoritairement guidé par des impératifs de justice corrective.

[1925] K. OLIPHANT, « La pluralité de responsables en droit anglo-saxon » *in* Groupe de Recherche Européen sur la Responsabilité Civile et l'Assurance (GRERCA), *op. cit.* (note 1441), pp. 452.

Le traitement des risques sanitaires sériels par la responsabilité civile présente ainsi une cohérence interne et spécifique à chacun des deux droits : la cohérence est celle de *l'objectif* poursuivi par la responsabilité civile, objectif qui se révèle extrêmement différent et qui permet de comprendre les différences d'approche des deux systèmes juridiques dans le traitement des risques sanitaires sériels. Cependant, en dépit de la cohérence de l'objectif poursuivi par la responsabilité civile, le traitement des risques sanitaires sériels par la responsabilité civile demeure, à bien des égards, insatisfaisants dans les deux systèmes juridiques.

877. L'émiettement partiel de la responsabilité civile dans la prise en charge des risques sanitaires sériels en droits français et anglais. – Le droit français a fait le choix de privilégier l'intérêt indemnitaire des victimes de dommages corporels : après tout, pourquoi pas ? Il s'agit d'un parti pris qui traduit l'importance que le droit français porte à la protection de la santé et de la vie humaine.

Mais dans ce cas, le traitement actuel des risques sanitaires sériels par la responsabilité civile n'apparaît pas intégralement satisfaisant. L'analyse fait ressortir des disparités de traitement injustifiées entre les victimes de risques sanitaires sériels, lesquelles sont principalement dues à l'intervention du *législateur*. Lorsque celui-ci intervient, il procède en effet à des ajustements sectoriels en tenant compte de l'origine du risque, ce qui aboutit à un émiettement partiel du droit de la responsabilité civile, et du traitement des risques sanitaires sériels. Ainsi en témoigne la multiplication des fonds d'indemnisation, des régimes spéciaux de responsabilité civile et des procédures d'actions de groupe. Or, si le droit français a fait le choix de privilégier les victimes de dommages corporels, particulièrement lorsque les dommages sont graves comme dans le contexte étudié, alors l'évolution doit pouvoir inclure toutes les victimes de risques sanitaires sériels, sans tenir compte de *l'origine* de ces risques. On peut ainsi regretter que le législateur ait choisi de multiplier les réponses spécifiques plutôt que d'apporter une réponse globale aux problèmes posés par les risques sanitaires sériels.

Si l'intervention du législateur français aboutit à une forme d'éclatement du droit de la responsabilité civile et du traitement des risques sanitaires sériels, l'intervention du *juge judiciaire* aboutit au contraire à restaurer une certaine unité. En dépit de l'apparente casuistique des solutions, le juge français admet une adaptation des conditions de responsabilité civile pour tous types de risques sanitaires sériels – inconnus, suspectés ou avérés. Cette position favorise indéniablement toutes les victimes de risques sanitaires sériels, alors même qu'un traitement différencié des risques en fonction de leur connaissance scientifique pourrait pourtant se justifier.

Le droit anglais de la responsabilité civile n'est pas guidé par l'objectif indemnitaire du droit français, mais par un objectif de préservation de l'équilibre dans la protection des intérêts contradictoires. Ainsi, l'intervention du législateur n'entraîne pas, comme en droit français, la désintégration partielle de la responsabilité civile. En effet, si ce dernier a, comme le législateur français, créé des fonds d'indemnisation, des régimes spéciaux de responsabilité civile et une action de groupe, il l'a cependant fait d'une telle manière que la responsabilité pour faute a vocation à conserver sa place dans l'édifice indemnitaire, ce qui entraîne, en retour, une meilleure cohérence dans le traitement des risques sanitaires sériels.

En revanche, dans ce système juridique, c'est principalement l'application de la responsabilité civile par *le juge* qui entraîne son émiettement, et qui crée des disparités de traitement injustifiées entre les victimes de risques sanitaires sériels. Pour préserver l'équilibre dans la protection des intérêts contradictoires, le juge anglais adopte des solutions différenciées en fonction de la connaissance scientifique des risques, autrement dit selon que les risques sanitaires sériels sont inconnus, suspectés ou avérés. Ceci n'est pas critiquable en soi, et peut au contraire se justifier. Cependant, ce qui est critiquable, ce sont les distinctions retenues par le droit anglais pour y parvenir. En particulier, pour limiter les assouplissements de responsabilité civile dans le contexte des risques sanitaires sériels avérés, le juge pose des solutions différentes selon que l'hypothèse est celle de causes alternatives ou cumulatives, qu'elle fait intervenir une maladie divisible ou indivisible, un facteur unique ou des facteurs multiples, voire même dans le pire des cas, un mésothéliome ou un autre type de maladie. Ces distinctions sont non seulement peu fonctionnelles, mais au surplus, elles entraînent une approche casuistique du traitement des risques sanitaires sériels qui ne repose pas toujours sur une base rationnelle.

878. La nécessité de repenser globalement le traitement des risques sanitaires sériels par la responsabilité civile. – Tant en droit français qu'en droit anglais, il apparaît ainsi nécessaire de repenser le traitement des risques sanitaires sériels par la responsabilité civile, de manière globale. Toutefois, cette réflexion ne doit pas aboutir, selon nous, à l'adoption d'un nouveau régime spécial de responsabilité civile, conçu pour appréhender les seuls risques sanitaires sériels, et qui ne ferait qu'aggraver la « crise » que traverse aujourd'hui le droit français de la responsabilité civile : la spécialisation n'est pas la solution, elle constitue une partie du problème actuel. Il faut au contraire œuvrer de manière à mieux inclure le traitement des risques sanitaires sériels dans le droit commun de la responsabilité civile. En ce sens, il serait souhaitable de créer une action de groupe *générique* qui puisse être mise en œuvre dans tous les domaines, et pas seulement dans certains secteurs précisément définis.

Plus fondamentalement, selon nous, il faut repenser l'institution de la responsabilité civile elle-même, ce qu'elle est ou devrait être, ses fondements ainsi que les objectifs qu'elle doit poursuivre. Si en droit français, le choix de toujours privilégier l'indemnisation des victimes de dommages corporels, notamment dans le contexte des risques sanitaires sériels, semble s'être imposé avec la force de l'évidence, le droit anglais nous enseigne que ce choix est, au contraire, tout sauf naturel et évident. Ce choix mérite, à notre avis, d'être discuté et remis en cause pour être éventuellement écarté ou – qui sait ? – mieux réaffirmé.

Faut-il, comme en appelait de ses vœux Boris STARCK, continuer à envisager la responsabilité du point de vue de la victime ? N'est-ce pas, à terme, programmer la disparition de cette institution, du moins dans l'appréhension des dommages corporels ? Car en effet, si ce qui compte avant tout est l'indemnisation de ce type de dommages, il n'est pas certain que la responsabilité civile soit le meilleur outil pour y parvenir[1926], comme en témoigne la multiplication des techniques indemnitaires en droit français. Ne serait-il pas temps, au contraire, d'envisager la responsabilité civile tant du point de vue de l'auteur du dommage que de la victime ?[1927]

Le droit angflais, qui s'inscrit dans cette dynamique, offre des pistes de réflexion intéressantes. Sans aller jusqu'à plaider pour l'adoption des distinctions opérées par le juge anglais, un traitement différencié des victimes de risques sanitaires sériels peut se justifier au regard de la connaissance scientifique du risque. En particulier, la mise en balance des intérêts des parties peut justifier de privilégier la protection de la liberté économique des opérateurs dans les hypothèses de risques inconnus et de risques suspectés. Elle peut encore justifier de priviléger, au contraire, la protection de l'intégrité corporelle dans certaines hypothèses de risques avérés.

Dans tous les cas, une chose est sûre : la réflexion doit être poursuivie pour trouver un équilibre plus satisfaisant.

[1926] V° égal. en ce sens : P. JOURDAIN, *op. cit.* (note 67), p. 22 qui relève qu' « en matière d'indemnisation, un système de sécurité sociale généralisée se révèle infiniment plus efficace puisque la prise en charge des dommages est admise indépendamment de toute recherche de responsabilité » ; V° aussi, Ph. LE TOURNEAU (dir.), *op. cit.* (note 10), p. 91, spéc. n°0124.12 : « nous proposons que *tous les dommages corporels et psychiques* (mais eux seuls), *quelle qu'en soit l'origine* (domestique, professionnels, de transport, de la route, médicaux, des infractions, du terrorisme, etc.), contractuels comme extracontractuels, soient indemnisés *forfaitairement* et *automatiquement* par la Sécurité sociale (...). Son idée centrale, qui nous semble relever du Droit naturel, est que l'indemnisation des dommages corporels, (...) doit être fondée sur la solidarité (...) car ils constituent *des risques de société*, *a fortiori* lorsqu'il s'agit de « dommages sériels », qui sont apparus à l'époque contemporaine et se multiplient ».

[1927] Ph. LE TOURNEAU (dir.), *op. cit.* (note 10), p. 74, spéc. n°0121.11 : « Le Droit devrait maintenir un juste équilibre entre l'indispensable liberté d'action des uns et la légitime protection des intérêts des autres ; le fléau de la balance ne penche-t-il pas trop aujourd'hui en faveur de ces derniers ? »

Bibliographie

I – Traités, manuels et ouvrages généraux

A. En langue anglaise

BATES (J.), BIRTLES (W.), PUGH (C.), *Liability for Environmental Harm*, London: LexisNexis, coll. « Butterworths Environmental Law series », 2004, 293 p.

DEAKIN (S.), ADAMS (Z.), *Markesinis and Deakin's Tort Law*, 8ème éd., Oxford: Oxford University Press, 2019, 912 p.

FEDERAL JUDICIAL CENTER, *Manual for Complex Litigation*, Fourth edition, 2004, 799 p. (télécheargeable en ligne: https://public.resource.org/scribd/8763868.pdf)

FLEMING (J. G.), *The American Tort Process*, Oxford: Clarendon Press, 1988, 288 p.

GILIKER (P.), *Tort*, London: Sweet and Maxwell, coll. « Textbook Series », 6ème éd., 2017, 700 p.

HARLOW (C.), *Compensation and Government Torts*, London: Sweet and Maxwell, coll. « Modern Legal Studies », 1982, 173 p.

JAMES (Ph. S.), *Introduction to English Law*, London: Butterworths, 8ème éd., 1972, 482 p.

JONES (M. A.), DUGDALE (A.), SIMPSON (M.) (dir.), *Clerk and Lindsell on Torts*, London: Sweet & Maxwell, coll. « The common Law Library », 22ème éd., 2nd suppl., 2019, 2592 p.

MULHERON (R.), *Principles of Tort Law*, Cambridge: Cambridge University Press, 2016, 1047 p.

NELKEN (D.), *Comparing Legal cultures*, Abingdon: Routledge, 1ère éd., 1997, 288 p.

SCHRAGE (E. J. H.) (dir.), *Negligence : The Comparative Legal History of the Law of Torts*, Berlin : Duncker & Humblot, coll. « Comparative Studies in Continental and Anglo-American Legal History », Band 22, 2001, 398 p.

STEELE (J.), *Tort Law: Text, Cases, and Materials*, Oxford: Oxford University Press, 4ème éd., 2017, 952 p.

VAN GERVEN (W.) ***et al.***, *Tort Law and Scope of protection: Cases, Materials and Text on National, Supranational and International Tort Law*, Oxford: Hart Publishing, coll. « Casebooks for the Common Law of Europe », 1998, 494 p.

WINFIELD (P. H.), JOLOWICZ (J. A.), ROGERS (W. V. H.), *Winfield & Jolowicz on Torts*, London: Sweet and Maxwell, 16ème éd., 2002, 928 p.

ZWEIGERT (K.), KÖTZ (H.), *An introduction to Comparative Law*, traduit de l'allemand par T. WEIR, Oxford : Oxford University Press, 3ème éd., 1998, 744 p.

B. En langue française

AUBY (J.-M.), *Le droit de la santé*, Paris : PUF, coll. « Thémis-Droit », 1981, 508 p.

AUBRY (Ch.), RAU (Ch.-F.), *Droit civil français, Responsabilité délictuelle*, t. VI-2, par N. DEJEAN DE LA BATIE, Paris : Librairie technique, 8ème éd. 1989, 377 p.

BACACHE-GIBEILI (M.), *Traité de droit civil. Les obligations : la responsabilité civile extracontractuelle, tome 5*, Paris : Économica, coll. « Corpus Droit privé », 3ème éd., 2016, 1097 p.

BENABENT (A.), *Droit des obligations*, Paris : LGDJ, coll. « Précis », 17ème éd., 2018, 740 p.

BRUN (Ph.), *La responsabilité civile extracontractuelle,* Paris : LexisNexis, coll. « Manuels », 5ème éd., 2018, 698 p.

BUFFELAN-LANORE (V.), LARRIBAU-TERNEYRE (V.), *Droit civil. Les obligations*, Paris, Sirey, coll. « Sirey Université », 16ème éd., 2018, 1270 p.

CARBONNIER (J.),
- *Droit civil. Introduction*, t. 1, Paris : PUF, coll. « Thémis-Droit », 24ème éd., 1996, 334 p.
- *Droit civil. Obligations*, t. 4, Paris : PUF, coll. « Thémis-Droit », 22ème éd. 2000, 665 p.

DAVID (R.), JAUFFRET-SPINOSA (C.), GORE (M.), *Les grands systèmes de droit contemporain*, Paris : Dalloz, coll. « Précis », 12ème éd., 2016, 538 p.

DEROUSSIN (D.), *Histoire du droit des obligations*, Paris : Économica, coll. « Corpus », 2007, 916 p.

GUINCHARD (S.), CHAINAIS (C.), FERRAND (F.), *Procédure civile. Droit interne et droit de l'Union européenne*, Paris : Dalloz, coll. « Précis », 2014, 32ème éd., 1600 p.

HAGUENAU-MOIZARD (C.), *Introduction au droit comparé*, Paris : Dalloz, coll. « Séquences », 2018, 316 p.

JOSSERAND (L.), *Cours de droit civil positif français*, Théorie générale des obligations, T. II, Paris : Sirey, 1939, 1215 p.

JOURDAIN (P.), *Les principes de la responsabilité civile*, Paris : Dalloz, coll. « Connaissance du droit », 9ème éd., 2014, 178 p.

LALOU (H.), *La responsabilité civile : principes élémentaires et applications pratiques*, Paris : Dalloz, 2ème éd, 1932, 828 p.

LALOU (H.), AZARD (P.), *Traité théorique et pratique de responsabilité civile*, Paris : Dalloz, 6ème éd., 1962, 1023 p.

LAMBERT-FAIVRE (Y.), LEVENEUR (L.), *Droit des assurances*, Paris : Dalloz, coll. « Précis », 14ème éd., 2017, 930 p.

LAMBERT-FAIVRE (Y.), PORCHY-SIMON (S.), *Droit du dommage corporel*, Paris : Dalloz, coll. « Précis », 8ème éd., 2016, 956 p.

LE TOURNEAU (Ph.) (dir.), *Droit de la responsabilité et des contrats*, Paris : Dalloz, coll. « Dalloz Action », 11ème éd., 2017, 2760 p.

LEGRAND (P.), *Le droit comparé*, Paris : PUF, coll. « Que sais-je ? », 5ème éd., 2015, 127 p.

MALAURIE (Ph.), AYNES (L.), STOFFEL-MUNCK (Ph.), *Droit des obligations*, Paris : LGDJ, coll. « Droit civil », 10ème éd., 2018, 912 p.

MARTY (G.), RAYNAUD (P.), *Droit civil, Les obligations*, tome II, vol. 1, Paris : Sirey, 1962, 927 p.

MAZEAUD (H. & L.), TUNC (A.), *Traité théorique et pratique de la responsabilité civile délictuelle et contractuelle,* tome 2, préf. H. CAPITANT, Paris : Montchrestien, 5ème éd., 1958, 988 p.

NOIVILLE (C.), *Du bon gouvernement des risques : le droit et la question du « risque acceptable »*, Paris : PUF, coll. « Les voies du droit », 2003, 256 p.

RIPERT (G.), *La règle morale dans les obligations civiles*, Paris : LGDJ, 4ème éd., 1949, 421 p.

RODIERE (R.), *Introduction au droit comparé*, Paris : Dalloz, 1979, 161 p.

SACCO (R.), *La comparaison juridique au service de la connaissance du droit*, Paris : Économica, coll. « Études juridiques comparatives », 1991, 175 p.

STARCK (B.), ROLAND (H.), BOYER (L.), *Obligations,* Tome 1, « Responsabilité délictuelle », Paris : Litec, 1996, 5ème éd., 582 p.

TERRE (F.) (dir.),

- *Pour une réforme du droit des contrats,* Paris : Dalloz, coll. « Thèmes & Commentaires », novembre 2008, 310 p.
- *Pour une réforme du droit de la responsabilité civile*, Paris : Dalloz, coll. « Thèmes & Commentaires », Mars 2011, 238 p.

TERRE (F.), SIMLER (Ph.), LEQUETTE (Y.), CHENEDE (F.), *Droit civil. Les obligations*, Paris : Dalloz, coll. « Précis », 12ème éd., 2019, 2048 p.

TRUCHET (D.), *Droit de la santé publique*, Paris : Dalloz, coll. « Mémentos » 9ème édition, 2017, 320 p.

VINEY (G.), *Traité de droit civil, Introduction à la responsabilité*, Paris : LGDJ, 3ème éd., 2008, 693 p.

VINEY (G.), JOURDAIN (P.), *Les effets de la responsabilité*, Paris : LGDJ, coll. « Traité de droit civil », 2ème éd., 2001, 819 p.

VINEY (G.), JOURDAIN (P.), CARVAL (S.), *Les conditions de la responsabilité civile,* Paris : LGDJ, coll. « Traité de droit civil », 4ème éd., 2013, 1316 p.

II – Thèses, monographies et ouvrages spéciaux

A. En langue anglaise

AHUJA (J.), *UK Legal approach to disease causation: Examining the role for epidemiological evidence*, th. droit: University of Birmingham, 2016, 284 p.

CANE (P.), *Atiyah's Accidents, Compensation and the Law*, Cambridge: Cambridge University Press, coll. « Law in Context », 7ème éd., 2006, 552 p.

DESCHEEMAEKER (E.), *The Division of Wrongs : A Historical Comparative Study,* Oxford: Oxford University Press, 2009, 328 p.

FALLA (E.), *The role of the Court in Collective Redress Litigation : Comparative Report*, Bruxelles : Larcier, Collection de l'Unité économique de droit de l'ULB, 2014, 322 p.

GREEN (S.), *Causation in negligence*, Oxford: Hart Publishing, 2015, 185 p.

HADSKIS (M. R.), *Finding Our Way Out of the Causation Jungle in Toxic Torts*, York, Ontario: York University, 1993, 304 p.

HARLOW (C.), RAWLINGS (R.), *Pressure Through Law*, London: Routledge, 1992, 346 p.

HART (H. L. A.), HONORÉ (T.), *Causation in the law*, Oxford: Oxford University Press, 2ème éd., 1985, 596 p.

KHOURY (L.), *Uncertain Causation in Medical Liability*, Oxford: Hart Publishing, 2006, 270 p.

MULHERON (R.), *The class action in Common legal systems : A comparative perspective*, Oxford: Hart Publishing, 2004, 616 p.

STEEL (S.), *Proof of causation in Tort Law*, Cambridge: Cambridge University Press, coll. « Cambridge Studies in International and Comparative Law », 2015, 429 p.

TURTON (G.), *Evidential uncertainty in causation in negligence*, Oxford: Hart Publishing, coll. « Hart Studies in Private Law », vol. 15, 2016, 264 p.

WHITTAKER (S.), « The development of product liability in England » *in* S. WHITTAKER (dir.), *The development of product liability*, Cambridge: Cambridge University Press, coll. « Comparative Studies in the development of the law of torts in Europe », 2014, 304 p.

B. En langue française

Beaud (O.), *Le Sang contaminé. Essai critique sur la criminalisation de la responsabilité des gouvernants*, Paris : PUF, Coll. « Béhémot », 1999, 171 p.

Bloch (C.), *La cessation de l'illicite. Recherche sur une fonction méconnue de la responsabilité civile extracontractuelle*, préf. R. Bout, Paris : Dalloz, coll. « Nouvelle Bibliothèque de Thèses », vol. 71, 2008, 698 p.

Bore (L.), *La défense des intérêts collectifs par les associations devant les juridictions administratives et judiciaires*, préf. G. Viney, LGDJ, coll. « Bibliothèque de droit privé », t. 278, 1997, 336 p.

Borghetti (J.-S.), *La responsabilité du fait des produits. Étude de droit comparé*, préf. G. Viney, Paris : LGDJ, coll. « Bibliothèque de droit privé », t. 428, 2004, 778 p.

Boutonnet (M.), *Le principe de précaution en droit de la responsabilité civile*, préf. C. Thibierge, Paris : LGDJ, coll. « Bibliothèque de droit privé », t. 444, 2005, 695 p.

Cabrillac (R.), *L'acte juridique conjonctif*, préf. P. Catala, Paris : LGDJ, coll. « Bibliothèque de droit privé », t. 213, 1990, 416 p.

Cadiet (L.), Loriferne (D.) (dir.), *La pluralité des parties*, Actes des 3èmes rencontres de procédure civile, Paris : IRJS édition, coll. « Bibliothèque de l'Institut de Recherche Juridique de la Sorbonne », t. 47, 2013, 138 p.

Camguilhem (B.), *Recherche sur les fondements de la responsabilité sans faute en droit administratif*, préf. B. Seiller, Paris : Dalloz, coll. « Nouvelle Bibliothèque de Thèses », vol. 132, 2014, 490 p.

Canselier (G.), *Les données acquises de la science. Les connaissances scientifiques et la faute médicale en droit privé*, préf. C. Labrusse-Riou, Bordeaux : LEH édition, Thèse numérique de la BNDS, 2010, 570 p.

Chabas (F.), *L'influence de la pluralité des causes sur le droit à réparation*, préf. H. Mazeaud, Paris : LGDJ, coll. « Bibliothèque de droit privé », Paris, t. 78, 1967, 224 p.

Clerc-Renaud (L.), *Du droit commun et des régimes spéciaux en droit extracontractuel de la réparation* [microforme], th. droit : Université de Savoie Mont Blanc, Chambéry, 2006.

Coudray (Y.), *La détermination de la collectivité publique responsable par le juge administratif*, th. dactyl. : Université de Rennes, 1979, 692 p.

DALBIGNAT-DEHARO (G.), *Vérité scientifique et vérité judiciaire en droit privé*, préf. L. CADIET, Paris : LGDJ, coll. « Bibliothèque de l'Institut André Tunc », t. 2, 2004, 509 p.

DE FORGES (J.-M.), *Droit de la santé*, Paris : PUF, coll. « Que sais-je ? », 8ème éd., 2006, 128 p.

DE SADELEER (N.), *Les principes du pollueur-payeur, de prévention et de précaution : essai sur la genèse et la portée juridique de quelques principes du droit de l'environnement*, préf. F. OST, Bruxelles : Bruylant, coll. « Universités francophones », 1999, 440 p.

DUBOIS (Ch.), *Responsabilité civile et responsabilité pénale. À la recherche d'une cohérence perdue*, préf. Y. LEQUETTE, Paris : LGDJ, coll. « Bibliothèque de droit privé », t. 570, 2016, 558 p.

DUGUE (M.), *L'intérêt protégé en droit de la responsabilité civile*, préf. P. JOURDAIN, Paris : LGDJ, coll. « Bibliothèque de droit privé », t. 588, 2019, 504 p.

FAURE-ABBAD (M.), *Le fait générateur de la responsabilité contractuelle. Contribution à la théorie de l'inexécution d'un contrat*, préf. Ph. REMY, Paris : LGDJ, coll. de la Faculté de droit et des sciences sociales, 2003, 548 p.

G'SELL-MACREZ (F.), *Recherches sur la notion de causalité*, th. droit : Université de Paris I Panthéon-Sorbonne, 2005, 740 p.

GHOZIA (A.), *Le droit de l'expertise médicale et sanitaire*, préf. N. REBOUL-MAUPIN, Bordeaux : LEH édition, Coll. « Thèses », 2016, 600 p.

GIVORD (F.), *La réparation du préjudice moral*, th. droit: Université de Grenoble, 1939, 295 p.

GRARE (C.), *Recherches sur la cohérence de la responsabilité délictuelle, L'influence des fondements de la responsabilité sur la réparation*, Paris : Dalloz, coll. « Nouvelle Bibliothèque de Thèses », vol. 45, 2005, 436 p.

GUEGAN-LECUYER (A.), *Dommages de masse et responsabilité civile*, préf. P. JOURDAIN, Paris : LGDJ, coll. « Bibliothèque de droit privé », t. 472, 2006, 536 p.

JACQUES (Ph.), *Regards sur l'article 1135 du Code civil,* préf. F. CHABAS, Paris : Dalloz, coll. « Nouvelle Bibliothèque de Thèses », vol. 46, 2005, 1036 p.

JOSSERAND (L.), *De la responsabilité du fait des choses inanimées*, Paris : Librairie nouvelle de droit et de jurisprudence, 1897, 129 p.

JOURDAIN (P.), *Recherche sur l'imputabilité en matière de responsabilités civile et pénale*, th. droit : Université de Paris II, 1982, 739 p.

KNETSCH (J.), *Le droit de la responsabilité et les fonds d'indemnisation*, préf. Y. LEQUETTE et C. KATZENMEIER LGDJ, coll. « Bibliothèque de droit privé », t. 548, 2013, 620 p.

LACROIX (C.), *La réparation des dommages en cas de catastrophes*, préf. M.-F. STEINLE-FEUERBACH, Paris : LGDJ, coll. « Bibliothèque de droit privé », t. 490, 2008, 424 p.

LAITHIER (Y.-M.), *Étude comparative des sanctions de l'inexécution du contrat*, préf. H. MUIR WATT, Paris : LGDJ, coll. « Bibliothèque de droit privé », t. 419, 2004, 688 p.

LE TOURNEAU (PH.), *La responsabilité civile*, Paris : PUF, coll. « Que sais-je ? », 2003, 128 p.

LEDUC (F.) (dir.), *La responsabilité du fait des choses, réflexions autour d'un centenaire*, Paris : Économica, 1997, 174 p.

LEVESQUE (F.), *L'obligation* in solidum *en droit privé québécois*, th. droit : Université Laval et Université Montpellier I, 2009, 378 p. Téléchargeable sur l'url : https://www.collectionscanada.gc.ca/obj/thesescanada/vol2/QQLA/TC-QQLA-26341.pdf

MARKOVITS (Y.), *La directive C.E.E du 25 juillet 1985 sur la responsabilité du fait des produits défectueux*, préf. J. GHESTIN, Paris : LGDJ, coll. « Bibliothèque de droit privé », t. 211, 1990, 415 p.

MAUCLAIR (S.), *Recherche sur l'articulation entre le droit commun et le droit spécial en droit de la responsabilité civile extracontractuelle*, préf. T. AZZI, Paris : Institut Universitaire Varenne, coll. « Thèses », 2013, 486 p.

MICHEL-BECHET (J.), *Le critère de démarcation de Karl R. Popper et son applicabilité*, th. philosophie : Université Paul Valéry (Montpellier III), 2013, 399 p.

OKI (J.-L.), *L'imputation, mécanisme fondamental de la responsabilité des personnes publiques*, th. droit : Université de Bordeaux, 2017, 876 p.

OST (F.), *Le temps du droit*, Paris : Odile Jacob, 1999, 376 p.

PIERRE (Ph.), *Vers un droit des accidents : Contribution à l'étude du report de la responsabilité civile sur l'assurance privée*, thèse droit : Rennes I, 1992, 460 p.

POUILLADE (H.-B.), *Le lien de causalité dans le droit de la responsabilité administrative*, th. droit : Université de Paris II, 2011, 594 p.

QUEZEL-AMBRUNAZ (C.), *Essai sur la causalité en droit de la responsabilité civile*, préf. Ph. BRUN, Paris : Dalloz, coll. « Nouvelle Bibliothèque de Thèses », vol. 99, 2010, 750 p.

SABARD (O.), *La cause étrangère dans les droits privé et public de la responsabilité extracontractuelle*, préf. F. LEDUC, Paris : LGDJ, coll. « Thèses », 2008, 546 p.

SALEILLES (R.), *Les accidents du travail et la responsabilité civile (essai d'une théorie objective de la responsabilité délictuelle)*, Paris : Librairie nouvelle de droit et de jurisprudence, 1897, 90 p.

SAUVAT (C.), *Réflexions sur le droit à la santé*, préf. A. LEBORGNE, Aix-Marseille : PUAM, coll. du centre Pierre Kayser, 2004, 538 p.

SOULEAU (I.), *La prévisibilité du dommage contractuel. Défense et illustration de l'article 1150 du Code civil*, th. dactyl. : Université de Paris II, 1979.

STARCK (B.), *Essai d'une théorie générale de la responsabilité civile considérée en sa double fonction de garantie et de peine privée*, th. droit : Université de Paris, Paris : L. Rodstein, 1947, 503 p.

SYNTEZ (C.), *La sanction préventive en droit de la responsabilité civile. Contribution à la théorie de l'interprétation et de la mise en effet des normes*, préf. C. THIBIERGE, P. NOREAU, Paris : Dalloz, coll. « Nouvelle Bibliothèque de Thèses », vol. 110, 2011, 514 p.

TAPINOS (D.), *Prévention, précaution et responsabilité civile : risque avéré, risque suspecté et transformation du paradigme de la responsabilité civile*, préf. N. MOLFESSIS, Paris : L'Harmattan, coll. « Logiques juridiques », 2008, 744 p.

THIBIERGE (L.), *Le contrat face à l'imprévu*, préf. L. AYNES, Paris : Économica, coll. « Recherches Juridiques », 2011, 552 p.

VIAL (G.), *La preuve en droit extrapatrimonial de la famille*, préf. P. MURAT, Paris : Dalloz, coll. « Nouvelle Bibliothèque de Thèses », vol. 80, 2008, 698 p.

III – Ouvrages non-juridiques

A. En langue anglaise :

Rägo (L.), Santoso (B.), « Drug regulation : History, Present, and Future » *in* C. J. Van Boxtel, B. Santoso, I. R. Edwards (dir.), *Drugs Benefits and Risks: International Textbook of Clinical Pharmacology*, Amsterdam: IOS Press, 2ème éd. (révisée), 2008, 848 p.

Taylor (P.), Powell (J. L.), « The UK Welfare state system. With special reference to the mental health care system » *in* C. Aspalter (dir.), *The Routledge International Handbook to Welfare State Systems*, Routledge, 2017, 498 p.

B. En langue française:

Beck (U.), *La société du risque : sur la voie d'une autre modernité*, 1986, traduit de l'allemand par L. Bernardi, préf. B. Latour, Paris : Flammarion, coll. « Champs Essais », 2008, 521 p.

Boccace, *Le Décaméron*, traduit de l'italien par F. Reynard, Tome I, Paris : G. Charpentier, 1879, 503 p.

Canguilhem (G.), *Ecrits sur la médecine*, Paris : Seuil, coll. « Champ Freudien », 2002, 128 p.

Casteret (A.-M.), *L'Affaire du sang*, Paris : La Découverte, coll. « Enquêtes », 1992, 283 p.

Chessel (M.-E.), *Histoire de la consommation*, Paris : La Découverte, coll. « Repères », 2012, 128 p.

Dab (W.), Salomon (D.), *Agir face aux risques sanitaires : pour un pacte de confiance*, Paris : PUF, « Hors collection », 2013, 246 p.

de La Fontaine (J.), « Les animaux malades la peste » *in Fables de la Fontaine*, illustration par Grandville, Livre VII, Fable I, Paris, 1927, 273 p.

Ewald (F.), *Histoire de l'État-Providence : les origines de la solidarité*, Paris : Grasset, coll. « Essais », 1996, 317 p.

Fohlen (C.), *Qu'est-ce que la révolution industrielle ?*, Paris : Robert-Laffont, coll. « Sciences nouvelles », 1971, 320 p.

GUILLAUME (M.), *Eloge du désordre*, Paris : Gallimard, coll. « Hors-série littérature », 1978, 208 p.

HAURAY (B.), *L'Europe du médicament. Politique – Expertise – Intérêts privés*, Paris : Presses de Science Po, coll. « Académique », 2006, 368 p.

HERMITTE (M.-A.), *Le Sang et le droit. Essai sur la transfusion sanguine*, Paris : Le Seuil, coll. « Science ouverte », 1996, 477 p.

JONAS (H.), *Le principe responsabilité*, 1979, traduit de l'allemand par J. GREISCH, Paris : Flammarion, coll. « Champs Essais », 3ème éd., 1995, 470 p.

LE BRETON (D.), *Sociologie du risque*, Paris : PUF, coll. « Que sais-je ? », 2012, 127 p.

MORELLE (A.), TABUTEAU (D.), *La santé publique*, Paris : PUF, coll. « Que sais-je ? », 3ème éd., 2017, 128 p.

MORIN (E.), *Les sept savoirs nécessaires à l'éducation du futur*, Paris : Seuil, UNESCO, 1999, 67 p.

PALIER (B.), *Gouverner la sécurité sociale*, Paris : PUF, coll. « Quadrige », 2005, 508 p.

POPPER (K. R.),
- *Conjectures et réfutations. La croissance du savoir scientifique* (1963), traduit par M.-I. et M. B. DE LAUNAY, Lausanne : Payot, 2006, 612 p.
- *La logique de la découverte scientifique*, traduit par N. THYSSEN-RUTTEN, préf. J. MONOD, Lausanne : Payot, 2007, 480 p.

PREVERT (J.), « Inventaire », *Paroles*, 1946.

PROUST (A.), *Essai sur l'hygiène internationale ; ses applications contre la peste, la fièvre jaune et le choléra asiatique*, Paris : G. Masson, 1873, 424 p.

RENAN (E.), *L'avenir de la science : pensées de 1848*, Paris : Garnier-Flammarion, 1995, 542 p.

SETBON (M.), *Risques, sécurité sanitaire et processus de décision*, Paris : Elsevier-Masson, coll. « Médecine des risques », 2004, 176 p.

SOPHOCLE, *Œdipe roi*, traduit littéralement en vers français par J. LACROIX, précédée d'une étude par G. LARROUMET, Paris : Société de propagation des livres d'art, 1890, 165 p.

TABUTEAU (D.), *La sécurité sanitaire*, préf. de B. KOUCHNER, Paris : Berger-Levrault, 2ème éd., 2002, 490 p.

Virgile, *Géorgiques*, II, traduit par A. Nisard, *Lucrèce, Virgile, Valerius Flaccus*, Œuvres complètes avec la traduction publiée en français, M. Nisard (dir.), Paris : Firmin Didot Frères, Fils et Cie, 1843, 612 p.

IV – Répertoires, encyclopédies et dictionnaires

A. Ouvrages

Cnrs (dir.), *Trésor de la Langue Française Informatisé*, 2002, consultable en ligne sur l'url : http://atilf.atilf.fr/tlfv3.htm

Cornu (G.) (dir.), *Vocabulaire juridique*, Paris : PUF, coll. « Dictionnaires Quadrige », 12ème éd., 2018, 1136 p.
Dictionnaire de l'Académie française, 9ème éd., 1992, Consultable en ligne sur l'url : https://www.dictionnaire-academie.fr/

Dictionnaire Larousse en ligne, consultable en ligne sur l'url : https://www.larousse.fr/dictionnaires/francais-monolingue

Guinchard (S.), Debard (T.), *Lexique des termes juridiques 2019-2020*, Paris : Dalloz, 27ème éd., 2019, 1150 p.

Law (J.), *A dictionary of law*, Oxford: Oxford University Press, 8ème ed., 2015, 677 p.

Littre (E.), *Dictionnaire de la langue française*, Paris : Hachette, 1873-1874. Version électronique créée par F. Gannaz consultable sur l'url : http://www.littre.org

Robert (P.) (dir.), *le petit Robert, Dictionnaire alphabétique et analogique de la langue française*, Paris : Le Robert, 1991, 2171 p.

B. Contributions

1. En langue anglaise

Earle (M.), Whitty (N. R.), « Medical Law » *in* N. R. Whitty, G. Gordon (dir.), *The Laws of Scotland : Stair Memorial Encyclopedia*, Reissue, London: LexisNexis, 2006.

Limpens (J.), Kruithof (R. M.), Meinertzhagen-Limpens (A.), « Liability for one's own act » *in* A. Tunc (dir.), *International Encyclopedia of*

Comparative Law, Tübingen: J.C.B Mohr, vol. XI: Torts, Part I, 1972, chapitre 2.

MC GREGOR (H.), « Personal Injury and Death » *in* A. TUNC (dir.), *International Encyclopedia of Comparative Law*, Tübingen: J.C.B Mohr, vol. XI: Torts, Part I, 1972, chapitre 9.

OLIPHANT (K.), « The jurisdiction to grant injunction » *in* K. Oliphant (dir.), *The Law of Tort*, London: LexisNexis, coll. « Butterworths Common Law Series » 3ème éd., 2014, chapitre 8.

PRESTON (H.), « Liability in Tort: Group Litigation » *in* C.J. MILLER, M. MILLER, C.G.J. MORSE (dir.), *Miller: Product Liability and Safety Encyclopaedia*, London: Butterworths Law, 2016, Division III-A.

TUNC (A.), « Introduction » *in* A. TUNC (dir.), *International Encyclopedia of Comparative Law*, Tübingen: J.C.B Mohr, vol. XI: Torts, Part I, 1972, chapitre 1.

2. *En langue française*

BACACHE (M.), « Responsabilité médicale. – Le défaut d'information », *Feuillets mobiles Litec Droit médical et hospitalier*, Fasc. n°18-10, novembre 2014 (actual. : juillet 2018).

BEN HADJ YAHIA (S.), « Action de groupe », *Rép. pr. civ.*, juin 2015 (actual. : Décembre 2019).

BRUN (Ph.), « Responsabilité du fait personnel », *Rép. civ.*, mai 2015 (actual. Février 2019).

CAILLE (C.), « Responsabilité du fait des produits défectueux », *Rép. civ.*, juin 2018 (actu : janvier 2019).

COLLART-DUTILLEUL (F.), BUGNICOURT (J.-Ph.), « Risques » *in Dictionnaire juridique de la sécurité alimentaire dans le monde*, Bruxelles : Larcier, 2013, pp. 606-610.

COURTIEU (G.), « Droit à réparation – Abus du droit d'agir en justice », *J.-Cl. Civil Code*, Fasc. n°131-30 (17 avril 2018).

DEGUERGUE (M.), « Causalité et imputabilité », *J.-Cl. Resp. civ. et assur.*, Fasc. 370-60 (mai 2013).

FERRAND (F.), « Preuve » *in Rép. civ.*, décembre 2013 (actual. : Mars 2019).

GREAU (F.), « Force majeure », *Rép. civ.*, juin 2017 (actual. : Avril 2018).

JOURDAIN (P.), « Droit à réparation. Lien de causalité. Détermination des causes du dommage » *in J.-Cl.. Civil Code*, 29 avril 2011 (actual. : 20 mai 2018), Fasc. n°160.

LARDEUX (G.), « Preuve : règles de preuve » *in Rép. civ.*, octobre 2018 (actual : Juin 2019).

MALJEAN-BUBOIS (S.), « Sources du droit international de l'environnement » *in J.-Cl. Environnement et Développement durable*, Fasc. 2000 (15 janvier 2015).

MAYAUX (L.), « Assurance : généralités » *in Rép. civ.*, janvier 2015 (actual. : septembre 2018).

NEYRET (L.), « Les troubles anormaux de voisinage » *in* Ph. BRUN, Ph. PIERRE, A. JEAN-JOSEPH (dir.), *Lamy Droit de la responsabilité*, Paris : Wolters Kluwer, coll. « Lamy Droit », 2017, Étude 355.

QUEZEL-AMBRUNAZ (C.), « Le lien de causalité », *in* Ph. BRUN, Ph. PIERRE, A. JEAN-JOSEPH (dir.), *Lamy Droit de la responsabilité*, Paris : Wolters Kluwer, coll. « Lamy Droit », 2017, Étude 270.

RADE (C.), « Synthèse – Responsabilité contractuelle », *J.-Cl. Responsabilité civile et assurance*, (5 juillet 2019).

SAINT-PAU (J.-Ch.), « Droit à réparation – exonération de responsabilité contractuelle – inexécution imputable à une cause étrangère », *J.-Cl. Civil code*, 7 mai 2014 (actual. : 13 août 2015), Fasc. 11-30.

SOROSTE (A.), YEDIKARDACHIAN (C.), « Les risques encourus lors d'une mise sur le marché – Responsabilités civile et pénale », in : SOROSTE (A.), YEDIKARDACHIAN (C.) (dir.), *Lamy produits et biens de grande consommation*, Paris : Wolters Kluwer, Étude 175 (janvier 2018).

V – Articles, communications et notes de jurisprudence

A. En langue anglaise

AHMED (I.), AHMED TIPU (S.), ISHTIAQ (S.), « Malignant mesothelioma », (2013) 29(6) *Pak. J. Med. Sci.* 1433-1438.

ALLAN (D.), obs. sous *Heneghan v. Manchester Dry Docks* [2016] 1 WLR 2036 in: « The extension of Fairchild to lung cancer », (2016) 2 *JPIL* 61-65.

ANDREWS (N.), « Multi-Party Actions and Complex Litigation in England », (2012) 23 *Eur. Bus. L. Rev.* 1.

AVEN (T.), « On different types of uncertainties in the context of the Precautionary principle » (October 2011) 31(10) *Risk Analysis* 1515-1525.

AYLING (J.), « Costs war II : CFAs, DBAs and enforceability », (2013) 2 *JPIL* 127-130.

BAILEY (S. H.), « Apportionment and psychiatric injury » (2018) 1 *P.N.* 42-45.

BAILEY (S.), NOLAN (D.), obs. sous *Page v. Smith* [1996] 1 AC 155 in: « The *Page v. Smith* Saga : A Tale of Inauspicuous Origins and Unintended Consequences » (2010) 69(3) *C.L.J.* 495.

BIRKS (P.), « Negligence in the Eighteenth Century Common Law » *in* E. J. H. SCHRAGE (dir.), *Negligence : The Comparative Legal History of the Law of Torts*, Berlin: Duncker & Humblot, coll. « Comparative Studies in Continental and Anglo-American Legal History », Band 22, 2001, 398 p.

BODY (D.), « The legacy of thalidomide », (2018) 3 *JPIL* 159-172.

BOGGIO (A.), « The compensation of the victims of the Creutzfeldt-Jacob disease in the United Kingdom », (2005) 7(2) *Med. L. Int.* 149-167.

BOON (A.), obs. sous *Wilsher v. Essex Area Health Authority* [1988] A.C. 1074 (HL) in: « Causation and the increase of risk », (1988) 51(4) *Mod. Law Rev.* 508-516.

BORGHETTI (J.-S.),

- « The Culture of Tort Law in France », (2012) 3 *JETL* 158.
- « Causation in Hepatitis B Vaccination Litigation in France: Breaking through Scientific Uncertainty », (2016) 91 *Chi.-Kent L. Rev.* 543.

BRADSHAW (J.), «The Origins of the Family Fund », (1979) 8 *Nonprofit & Voluntary Sector* Q. 17.

BROADBENT (A.), « Fact and Law in the causal inquiry », (2009) 15(3) *Legal Theory* 173-191.

BROWN (S.), obs. sous *A v. National Blood Authority* [2001] 3 All ER in: « The hepatitis C litigation : a green light for product liability claims », (2001) 7(4) *Clin. Risk* 144-148.

BURNS (A.), « Watch your words: aggregation clauses » (2003) 153 *N.L.J.* 1873.

CLEMENTS (R. V.), « The Changing Role of the Expert Witness », (10 June 2003) 71(2) *Med Leg J.*, 61-75.

DAY (M.), obs. sous *Mc Tear v. Imperial Tobacco Ltd* [2005] 2 SC 1 in: (2006) 1 *JPIL* 1-5.

DELGADO (R.), « Beyond Sindell: Relaxation of Cause-in-Fact for Indeterminate Plaintiffs » (1983) 70 *California Law Review* 881.

DURFEE (M. H.) *et al.*, « The application of fuzzy logic to the precautionary principle », (2007) 15 *Artif. Intell. Law* pp. 411-427.

DYSON (J. A.), « Expert witnesses under the civil procedure rules », (2005) 11 *Clinical Risk* 148-156.

ELLIOTT MONTAGUE (J.), obs sous *Mc Tear v. Imperial Tobacco Ltd* [2005] 2 SC 1 in: (2005) 10(2) *Cov. L.J.* 24-28.

FEE (E.), BROWN (T. M.), « The Public Health Act of 1848 », *Bulletin of the World Health Organization*, November 2005, 83(11), p. 866.

FELDSCHREIBER (P.), MULCAHY (L.-A.), DAY (S.), « Biostatistics and causation in medicinal product liability suits » *in* R. GOLDBERG (ed.), *Perspectives on causation*, Oxford: Hart Publishing, 2011, p. 179 et s.

FISCHER (E.), « Is the precautionary principle justiciable? », (2001) 13(3) *J. Env. Law* 315.

FOSTER (C.), obs. sous *Williams v. Bermuda Hospitals Board* [2016] UKPC 4 in: « A material contribution to forensic clarity » (2016) 166 (7689) *N.L.J.* 9.

FRIEDMAN (L. M.), « The Concept of Legal Culture : A Reply » *in* D. NELKEN (dir.), *Comparing Legal Cultures*, Aldershot : Dartmouth Publishing, 1997, pp. 33-40.

FUHRER (G.), LAZARUS (A.), « Mesothelioma », (January 2011) 57(1) *DM* 40-54.

FULLBROOK (J.), obs. sous *International Energy Group Ltd v. Zurich Insurance plc UK Branch* [2016] AC 509 in: « International Energy Group Ltd v. Zurich Insurance Plc UK: employers' liability – employers' liability insurance – asbestos », (2015) 4 *JPIL* C188-C193.

GEIER (DA), GEIER (MR), « A case-control study of serious autoimmune adverse events following hepatitis B immunization », (2005) 38(4) *Autoimmunity* 295-301.

GERAGHTY (R.), obs. sous *Heneghan v. Manchester Dry Docks* [2016] 1 WLR 2036 in: « Heneghan v. Manchester Dry Docks Ltd: personal injury – employers' liability – negligence », (2016) 2 *JPIL* C83-C87.

GILL (D.), « Proving and Disproving Psychiatric Injury », (2008) 76 *Med Leg J.* 143.

GOLD (S. C.),

- « Causation in toxic torts: burdens of proof, standards of persuasion, and statistical evidence », (Dec. 1986) 96(2) *Yale Law J.* 376-402.
- « When Certainty Dissolves into Probability: A Legal Vision of Toxic Causation for the Post-Genomic Era », (2013) 70 *Wash. & Lee L. Rev.* 237.

GOLDBERG (M.),

- obs. sous *A v. National Blood Authority* [2001] 3 All ER in: « Paying for bad blood: strict product liability after the Hepatitis C Litigation », (2002) 10(2) *Med. L. Rev.* 165.
- obs. sous *Vadera v. Shaw* (22 July 1998) 45 BMLR 162 in: « The Contraceptive Pill, Negligence and Causation : Views on Vadera v. Shaw », (Autumn 2000) 8 *Med. L. Rev.* 316-338.
- « Counting the cost of group action » 152 *N.L.J.* (2002), p. 437.
- « Epidemiological, Uncertainty, Causation and Drug Product Liability », (2014) 59 *McGill L. J.* 777.

GORDLEY (J.),

- « The architecture of the common and civil law of torts: An historical survey » *in* M. BUSSANI, A. SEBOK (dir.), *Comparative Tort Law: Global perspectives*, Cheltenham: Edward Elgar Publishing Ltd, coll. « Research Handbooks in Comparative Law », 2015, pp. 173-200.
- « Comparison, Law and Culture : A Response to Pierre Legrand », (2017) 65 *Am. J. Comp. L.* 133-180, n° spéc.

GORE (A.), obs. sous *Johnston v. NEI International Combustion Ltd* [2007] 4 All ER 1047 in : « What is actionable injury? The demise of the pleural plaques litigation », (2008) 1 *JPIL* 1-15.

GREEN (S.),

- obs. sous *International Energy Group Ltd v. Zurich Insurance plc UK Branch* [2016] AC 509 in : « Between a rock of uncertainty and a hard case », (2016) 132(Jan) *L.Q.R.* 25-31.
- obs. sous *Heneghan v. Manchester Dry Docks* [2016] 1 WLR 2036 in: « Fairchild and the single agent criterion » (2017) 133(Jan) *L.Q.R.* 25-31.

GREEN (S.), (*suite*)

- obs. sous *Williams v. Bermuda Hospitals Board* [2016] UKPC 4 in: « When is a Material Contribution Not a Material Contribution » (2016) 32 *P.N.* 169.

GRUBB (A.), obs. sous *Wilsher v. Essex Area Health Authority* [1988] A.C. 1074 (HL) in: « Causation and medical negligence », (1988) 47(3) *C.L.J.* 350-352.

GULLIFER (L.), « One cause after another », (2001) 117(Jul) *L.Q.R.* 403-408.

HARVEY (M.), obs. sous *Wilkes v. Depuy International Ltd* [2016] EWHC 3096 (QB) in: « Wilkes v. Depuy International Ltd », (2017) 3 *JPIL* C128-C138.

HENSON (R.), « Inoculated against Recovery : A Comparative Analysis of Vaccine Injury Compensation in the United States and Great Britain », (2007) 15 *Tulsa J. Comp. & Int'l L.* 61.

HILSON (C.), « Let's get physical: civil liability and the perception of risk », (2008) 21(1) *J. Env. Law* 42.

HOBSON (C.), obs. sous *Williams v. Bermuda Hospitals Board* [2016] UKPC 4 in: « Williams v The Bermuda Hospitals Board: pro-patient, but for ambiguities which remain », (2017) 25(1) *Med. L. Rev.* 126-137.

HOBSON (J.), « Mesothelioma », (March 2013) 63(3) *Occupational Medicine* 108.

HODGES (C.),

- obs. sous CJCE, 29 mai 1997, *Commission c/ Royaume Uni*, aff. C-300/95, Rec. 1997, p. I-2649 in : (1998) 61 *Mod. L. Rev.* 560.
- « Factors influencing the incidence of multiple claims », (1999) *JPIL* 289-315, Déc.
- « Multi-Party Actions : A European Approach », (2001) 11 *Duke J. Comp. & Int'l L.* 321
- obs. sous *A v. National Blood Authority* [2001] 3 All ER in: « Compensating patients », (2001) 117(Oct) *L.Q.R.* 528-532.

HOFFMANN (L.),

- « Causation » *in* R. GOLDBERG (dir.), *Perspectives on Causation*, Oxford: Hart Publishing, 2011, pp. 3-10.
- « Fairchild *and after* » *in* A. BURROWS, D. JOHNSTON, R. ZIMMERMANN (éd.), *Judge and jurist: Essay in Memory of Lord Rodger of Earlsferry*, Oxford: Oxford University Press, 2013, chapitre 8.

HOGG (M.), « Causation and Apportionment of Damages in cases of Divisible Injuries », *Edin. L.R.* (2008), vol. 12, pp. 105-109.

HONORÉ (A.), « Necessary and Sufficient Conditions in Tort Law » *in* D. G. OWEN (éd.), *Philosophical Foundations of Tort Law*, Oxford, Clarendon Press, 1997, pp. 363-385.

HURST (P.), « The new costs rules and practice directions », (2013) 32(2) *C.J.Q.* 153-166.

IBBETSON (D. J.), « The Tort of Negligence in the Common Law in the Nineteeth and Twentieth Century » *in* E. J. H. SCHRAGE (dir.), *Negligence : The Comparative Legal History of the Law of Torts*, Berlin: Duncker & Humblot, coll. « Comparative Studies in Continental and Anglo-American Legal History », Band 22, 2001, 398 p.

INFANTINO (M.), ZERVOGIANNI (E.),
- « The European ways to causation » *in* M. INFANTINO, E. ZERVOGIANNI (dir.), *Causation in European Tort Law*, Cambridge: Cambridge University Press, 2017, pp. 85-128.
- « Summary and Survey of the Results » *in* M. INFANTINO, E. ZERVOGIANNI (dir.), *Causation in European Tort Law*, Cambridge: Cambridge University Press, 2017, pp. 587-666.

IRVINE (M.), « Class action : vibration, white finger, deafness, smoking litigation and railways disasters », (1998) 6(8) *Int'l Ins. L.R.* 257-262.

IRWIN (S.), GLASSON (J.), obs. sous *The Creutzfeldt-Jakob litigation, Group B Plaintiffs v. Medical Research Council* (18 December 1997) 41 BMLR 157 in : « Psychiatric injury claims » (1998) 148(6867) *N. L. J.* 1816-1817.

JAY (R.), « The Richard Davies QC Memorial Lecture 2015 : "Standards of proof in law and science: distinctions without a difference?" », discours délivré au *Personal Injuries Bar Association* (*Inner Temple*), 20 octobre 2015, (2016) 1 *JPIL* 1-13.

JONES (M. A.),
- « Proving causation – Beyond the 'but for' test » (2006) 4 *P.N.* 251-269.
- « Multiple causation » (2008) 4 *P.N.* 250-254.
- obs. sous *Johnston v. NEI International Combustion Ltd* [2007] 4 All ER 1047 in : « Liability for fear of future disease? », (2008) 24(1) *P.N.* 13-28.

KOCH (B. A.), « The "European Group on Tort Law" and Its "Principles of European Tort Law" », (2005) 53(1) *Am. J. Comp. L.* 189-205.

LEE (M.), « Civil liability of the nuclear industry », (2000) 12(3) *J. Env. L.* 317-332.

LEMAIRE (E.), « Causal presumptions and defective products in EU Law », (2019) 35(2) *P.N.* 95.

LEMMENS (K.), « Comparative law as an act of modesty : a pragmatic and realistic approach to comparative legal scholarship », *in* J. BOMHOFF, J. ADAMS (dir.), *Practice and Theory of Comparative Law*, Cambridge: Cambridge University Press, 2012, pp. 302-326.

LEWIS (R.), « Industrial injuries compensation : tort and social security compared », (2017) 46(4) *I.L.J.* 445-476.

LYONS (M.), obs. sous *Williams v. Bermuda Hospitals Board* [2016] UKPC 4 in: « Williams v. Bermuda Hospital Board », (2016) *JPIL* C75.

LOVEDAY (C.), « Multi-Party Rules : US, Canada, Australia and the UK », (1998) 26 *International Business Lawyer* 77.

MACLEOD (S.),

- « Vaccine Injury Compensation Schemes » *in* C. HODGES, S. MACLEOD (dir.), *Redress Schemes for Personal Injuries*, Oxford: Hart Publishing, coll. « Civil Justice Systems », 2017, pp. 381-404.
- « Compensation Scheme for Hepatitis C and HIV » *in* C. HODGES, S. MACLEOD (dir.), *Redress Schemes for Personal Injuries*, Oxford: Hart Publishing, coll. « Civil Justice Systems », 2017, pp. 557-571.
- « UK Mesothelioma Compulsory Insurance Fund and Compensation Scheme » *in* C. HODGES, S. MACLEOD (dir.), *Redress Schemes for Personal Injuries*, Oxford: Hart Publishing, coll. « Civil Justice Systems », 2017, pp. 520-533.
- « Creutzfeldt-Jakob Disease » *in* C. HODGES, S. MACLEOD (dir.), *Redress Schemes for Personal Injuries*, Oxford: Hart Publishing, coll. « Civil Justice Systems », 2017, pp. 572-578.

MASON (S.), « If the cap fits...», (2005) 4 *Int'l Travel L. J.* 177.

MATTIL (P.), DESOUTTER (V.), « Class Action in Europe : Comparative Law and EC Law considerations », (2008) 9 *B.J.I.B.& FL* 484.

MCADAMS (A.), obs. sous *Wilkes v. Depuy International Ltd* [2016] EWHC 3096 (QB) in: « Product liability revisited », (2017) 167(7735) *N.L.J.* 13-14.

MCCARTHY (F.), obs. sous *AB v. Ministry of Defence* [2010] EWCA Civ. 1317 in: « Personal injury: civil procedure – causation – date of knowledge », (2011) 1 *JPIL* C30-34.

MCGRATH (C. P.), « Defective Drugs and Alternative Causation : An English Perspective on Cass., civ. 1ère civ., 24 September 2009, No 08-16305 and Cass., civ. 1ère, 28 January 2010, No 08-18837 », (2013) 21 *Eur. Rev. Private L.* 605.

McKenna (A.), obs. sous *Heneghan v. Manchester Dry Docks* [2016] 1 WLR 2036 in : « Asbestos caused lung cancer : an issue ripe for review », (2016) 3 *JPIL* 114-120.

Michaels (R.), « The Functional Method of Comparative Law » *in* M. Reimann, R. Zimmermann (dir.), *The Oxford Handbook of Comparative Law*, Oxford: Oxford University Press, 2ème éd., 2019, pp. 346-388.

Mikaeloff (Y.) *et. al.*, « Hepatitis B Vaccine and the risk of CNS inflammatory demyelination in childhood », (2009) 72(10) *Neurology* 873-879.

Mildred (M.),

- Obs. sous *The Creutzfeldt-Jakob litigation, Group B Plaintiffs v. Medical Research Council* (18 December 1997) 41 BMLR 157 in : « The human growth hormone (Creutzfeldt Jakob disease) litigation », (1998) *JPIL* 251-270, Dec.
- « Cost-Sharing in Group Litigation : Preserving Access to Justice Case » (2002) 65 *Mod. L. Rev.* 597.
- Obs. sous *Taylor v. Nugent Care Society* [2004] EWCA Civ. 51 in: (2004) 2 *JPIL* C-67-70.
- Obs. sous *Mc Tear v. Imperial Tobacco Ltd* [2005] 2 SC 1 in: (2005) 4 *JPIL* 141-144
- « Group actions » *in* G. Howells (dir.), *The Law of Product Liability*, London: Butterworths, Common Law Series, 2007, chapitre 8.

Mildred (M.), Howells (G.), « Comment on "Development Risks : Unanswered Questions" », (July 1998) 61(4) *Mod. L. Rev.* 570-573.

Miller (A. R.), « Of Frankenstein Monsters and Shining Knights : Myth, Reality, and the "Class Action Problem" », (1979) 92(3) *Harv. L. Rev.* 664-694.

Miller (C.), « Causation in personal injury: legal or epidemiological common sense? », (December 2006) 26(4) *Legal studies* 544-569.

Moore (C.), obs. sous *Wilkes v. Depuy International Ltd* [2016] EWHC 3096 (QB) in: « Consumer Protection Act 1987: new guidance on determining "defect" », (2016) 65 *IPLR* 26-28.

Morgan (A.), obs. sous *Fairchild v. Glenhaven Funeral Services Ltd* [2003] 1 AC 32 in: « Inference, principle and the proof of causation » (2002) 152(7040) *N.L.J* 1060-1061.

Morgan (J.), obs. sous *International Energy Group Ltd v. Zurich Insurance plc UK Branch* [2016] AC 509 in : « Reinterpreting the reinterpretation of the reinterpretation of Fairchild », (2015) 74(3) *C.L.J.* 395-398.

MULHERON (R.),
- « From representative rule to class action: steps rather than leaps », (2005) 24(Oct) *C.J.Q.* 424-449.
- « The Damages-based Agreements Regulations 2013: some conundrums in the « brave new world » of funding » (legislative comment), (2013) 32(2) *C.J.Q.* 241-255.

MURPHY (J.), « Rethinking Injunctions in Tort Law », (2007) 27(3) *O.J.L.S* 509-535.

MURRAY (R. P.), obs. sous *Sindell v Abbott Laboratories* (1980) 26 Cal 3d 588; 607 P 2d 924 in: « Sindell v. Abbott Laboratories: A Market Share Approach to DES Causation », (1981) 69 *Cal. L. Rev.* 1179.

NAGAREDA (R. A.), « In the Aftermath of the Mass Tort Class Action », (1996) 85 *Geo. L.J.* 295.

NAPIER (M.), « Group Litigation : Past, Present and Future » (1993) 2 *Nottingham L. J.* 1.

NOLAN (D.), obs. sous *Wilkes v. Depuy International Ltd* [2016] EWHC 3096 (QB) in: « Strict product liability for design defects », (2018) 134(Apr) *L.Q.R.* 176-181.

NOLAN (D.), DAVIES (J.), « Torts and Equitable Wrongs » *in* A. BURROWS (dir.), *Principles of the English Law of Obligations*, Oxford: Oxford University Press, 2015, pp. 133-238.

O'LEARY (R.), obs. sous *Jones v. Secretary of State for Energy and Climate Change* [2012] EWHC 2936 (QB) in: « Double or nothing », (2013), 163(7553) *N.L.J.* 311-312.

O'SULLIVAN (J.), obs. sous *The Creutzfeldt-Jakob litigation, Group B Plaintiffs v. Medical Research Council* (18 December 1997) 41 BMLR 157 in: « Liability for fear of the onset of future medical conditions » (1999) 15(2) *P.N.* 96-110.

OLIPHANT (K.),
- « Tort Law, Risk, and Technological Innovation in England », (2014) 59(4) *McGill Law Journal* 819-845.
- « Causation in cases of evidential uncertainty : juridical techniques and fundamental issues », (2016) 91 *Chi.-Kent. L. Rev.* 587.

PAMPLIN (C.), « Expert evidence : do you have all the facts ? », (2000) 86 *BJU International* 291-293.

PEARL (S.),
- « Pertussis vaccine: background to the recent UK legal action », (1988) 10(7) *PLI* 98-100.

PEARL (S.), (*suite*)

– « HIV Haemophilia Litigation » *in* C. HODGES (dir.), *Multi-Party Actions*, Oxford: Oxford University Press, 1ère éd., 2001, chapitre 19.

PERRY (R.), « The role of retributive justice in the common law of torts : a descriptive theory», (2006) 73 *Tennessee Law Review* 98.

PHILLIPS (A. F.), obs. sous *Wilsher v. Essex Area Health Authority* [1988] A.C. 1074 (HL) in: « Further reflections on medical causation », (1988) 47 *S.L.T.* 325-331.

PILLANS (B.), obs sous *Mc Tear v. Imperial Tobacco Ltd* [2005] 2 SC 1 in: (2005) 20 *S.L.T.* 113-117.

PLUNKETT (J.), obs. sous *Heneghan v. Manchester Dry Docks* [2016] 1 WLR 2036 in: « Causation in asbestos-related lunch cancer claims », (2016) 32(2) *P.N.* 158-163.

PRICE (D. P.T.), obs. sous *Wilsher v. Essex Area Health Authority* [1988] A.C. 1074 (HL) in: « Causation – the Lords' lost chance? », (1989) 38(4) *ICLQ* 735-760.

QUILL (E.), « Maintaining the distinction between duty and liability », (1998) 20 *Dublin University Law Journal* 183-197.

ROBINS (J.), « Norplant case collapses as tobacco multi-party action trips up in court », *L.S. Gaz.* (1999), 10 Feb, 5 (1).

SALMON (B.), obs. sous *AB v. Ministry of Defence* [2010] EWCA Civ. 1317 in: « Ministry of Defence v. AB and others », (2011) 13(1) *Env. L. Rev.* 68.

SCHWEIZER (M.), « The civil standard of proof – what is it, actually? », (2016) 20(3) *The International Journal of Evidence and Proof* 217-234.

SEYMOUR (J.), « Representative procedures and the future of Multi-Party actions », (1999) 62 *Mod. L. Rev.* 564.

SHERMAN (E. F.), « Group Litigation under Foreign Legal Systems : Variations and Alternatives to American Actions », (2002),52 *DePaul L. Rev.* 401.

SHERMAN (P.), « Agent Orange and the Problem of the Indeterminate Plaintiff » (1986) 52 *Brooklyn Law Review* 369.

SILVER (S.), obs. sous *Gee v. Depuy International Ltd* [2018] EWHC 1208 (QB) in: , « Landmark ruling for manufacturers in DePuy group litigation », (2018) *L.L.I.D.* 6, May 24.

Smith (J.), « Causation – The search for principle », (2009) 2 *JPIL* 101-113.

Sorabji (J.), « The hidden class action in English civil procedure », (2009) 28(4) *C.J.Q.* 498-514.

Stamos (N.), « Popper, Laws, and the exclusion of biology from genuine science », (2007) 55(4) *Acta biotheoretica* 358.

Stapleton (J.),
- « The gist of negligence: Part 2 the relationship between "damage" and causation », (1988) 104 (Jul) *L.Q.R.* 389-409.
- « Duty of care and economic Loss : a wider agenda » (1991) 107(Apr) *L.Q.R.* 249-297.
- obs. sous *Fairchild v. Glenhaven Funeral Services Ltd* [2003] 1 AC 32 in: « Lords a'leaping Evidentiary gaps » (2002) 10 *Torts Law J.* 276.
- « Cause in fact and the scope of liability for consequences », (2003) 119(Jul.) *L.Q.R.* 388-425.
- « Unnecessary causes », (2013) 129(Jan) *L.Q.R.* 39-65.

Stauch (M.), « "Material contribution" as a response to causal uncertainty: time for a rethink », (2009) 68(1) *C.L.J* 27-30.

Steele (K.), « The precautionary principle : a new approach to public decision-making », (March 2006) 5(1) *Law, Probability and Risk* 19-31.

Sweeney (K.), Toy (L.), Cornwell (J.), « Mesothelioma », (2009) *BMJ* 339: b2862.

Taruffo (M.), « Some remarks on Group Litigation in Comparative Perspective » (2001) 11 *Duke J. Comp. & Int'l. L.* 405.

Taylor (A. D.), « Mass Tort Litigation Management and Ethics », (2003) 44 *S. Tex. L. Rev.* 483.

Thomson (J.),
- obs. sous *Fairchild v. Glenhaven Funeral Services Ltd* [2003] 1 AC 32 in : « The raising of Lazarus: the resurrection of McGhee v. National Coal Board », (2003) 7(1) *Edin. L.R.* 80-86.
- obs. sous *Johnston v. NEI International Combustion Ltd* [2007] 4 All ER 1047 in: « A paradigm of orthodoxy: Johnston v. NEI International Combustion Ltd », (2008) 12(2) *Edin. L.R.* 259-261.

Tingle (J. H.), obs. sous *Wilsher v. Essex Area Health Authority* [1988] A.C. 1074 (HL) in: « Negligence and Wilsher », (1988) 132(25) *S.J.* 910-911.

TOURNAIRE (M.) *et al.*, « Adverse health effects in children of women exposed *in utero* to diethylstilbestrol (DES) », *Thérapies*, vol. 71, n°4, 2016, pp. 395-404.

TURTON (G.), « Using NESS to overcome the confusion created by the "material contribution to harm" test for causation in negligence », (2014) 30(2) *P.N.* 50-73.

STADLER (A.), « Conflicts of Laws in Multinational collective actions – A judicial nightmare? » *in* D. FAIRGRIEVE, E. LEIN (éd.), *Extraterritoriality and Collective Redress*, 2012, Oxford: Oxford University Press, pp. 191-214.

UNTHANKS (N.), obs. sous *AB v. Ministry of Defence* [2010] EWCA Civ. 1317 in : « The price of freedom », (2010) 160(7446) *N.L.J.* 1743-1744.

VEGA (M.), « The defence of development risks in Spanish Law », (1997) 5 *Consumer LJ* 144.

VENKATARAMIAH (E. S.), « The Sunday Times' Thalidomide Case », (April-June 1988) 30(2) *JILI* 129-137.

WEEKE (T.) ***et al.***, « Focus : Multi-Party Actions – Class acts », *L.S. Gaz.* (1997), 10 Dec, 94 (20).

WEIR (T.),
- « The Staggering March of Negligence » *in* P. CANE, J. STAPLETON (dir.), *The Law of Obligations: Essays in Celebration of John Fleming*, Oxford: Clarendon Press, 1998, chapitre 5.
- obs. sous *Fairchild v. Glenhaven Funeral Services Ltd* [2003] 1 AC 32 in: « Making it more likely v. making it happen » (2002) 61(3) *C.L.J.* 519-522.

WEISS (Ch.), « Expressing scientific uncertainty », (2003) 2 *Law, Probability and Risk* 25-46.

WHITTAKER (S.),
- « The EEC Directive on Product Liability », *Yearbook of European Law*, 1986, p. 241.
- « The Law of Obligations » *in* J. BELL, S. BOYRON, S. WHITTAKER (dir.), *Principles of French Law*, Oxford: Oxford University Press, 2ème éd., 2008, pp. 294-452.

WIKELEY (N.),
- « Child Maintenance and Other Payments Act 2008 (legislative comment) », (2008) 15(4) *JSSL* D115-119.
- « The diffuse Mesothelioma Payment Scheme 2014 », (2014) 21(2) *JSSL* 65-82.

WILLIAMS (J. M.),
- obs. sous *A v. National Blood Authority* [2001] 3 All ER in: « Product liability – hepatitis C litigation », (2001) 3 *JPIL* 238-246.
- « Variant Creutzfeldt-Jakob disease: setting up the VCJD trust – operations and lessons for the future », (2004) 1 *JPIL* 39-51.

WRIGHT (J. D.),
- « Insurance claims – a series issue » (2011) 2 *Cons. Law* 22.
- obs. sous *International Energy Group Ltd v. Zurich Insurance plc UK Branch* [2016] AC 509 in : « Asbestos problems continue », (2015) 26(9) *Cons. Law* 26-28.

WRIGHT (R. W.),
- « Causation in Tort Law », (1985) 73 *Cal. L. Rev.* 1735-1828.
- « Proving Causation : Probability versus Belief » *in* R. GOLDBERG (dir.), *Perspectives on Causation*, Oxford: Hart Publishing, 2011, Chapitre 10.

WRIGHT (R. W.), PUPPE (I.),
- « Causation : Linguistic, Philosophical, Legal and Economic », (2016) 91 *Chi.-Kent L. Rev.* 461.
- « Causation in the Law: Philosophy, Doctrine and Practice » *in* M. INFANTINO, E. ZERVOGIANNI (dir.), *Causation in European Tort Law*, Cambridge: Cambridge University Press, 2017, pp. 17-59.

YEAZELL (S. C.), « Group Litigation and Social Context : Toward a History of the Class Action », (1977) 77 *Colum. L. Rev.* 866.

B. En langue française

ABERKANE (H.), « Du dommage causé par une personne indéterminée dans un groupe déterminé de personnes », *RTD civ.* 1958, p. 516.

AMMAR (D.), « Preuve et vraisemblance », *RTD civ.* 1993, N°3, 15/09/1993, p. 499.

AMRANI-MEKKI (S.),
- « Action de groupe et procédure civile », *RLDC*, N°32, 1er novembre 2006.
- « Action de groupe santé – Un nouveau modèle pour de nouveaux préjudices », *JCP G.*, n°6, 8 février 2016, 146.

ARHAB (F.),
- « Les nouveaux territoires de la faute », *Resp. civ. et assur.* n°6, Juin 2003, étude 16.

ARHAB (F.), (*suite*)

- obs. sous Cass., civ. 2, 20 octobre 2005, n°03-19.420, *Bull. civ. II*, 2005, N°274, p. 243 : *RDSS* 2005, N°6, 14/11/2005, p. 1056.

ARHAB-GIRARDIN (F.), obs. sous Cass., civ. 1, 5 mars 2009, n°08-14.729, *Bull. civ. I*, 2009, N°47 : *RDSS* 2009, N°2, 13/03/2009, p. 356.

ATIAS (C.), obs. sous TGI Créteil, 11 août 2009, n°09/00658 in : *AJDI* 2010, N°1, 11/01/2010, p. 43.

AUBERT (M.), BROUSSY (E.), DONNAT (F.), obs. sous CJUE (gde chambre), aff. C-495/10, 21 décembre 2011, *CHU de Besançon c. Thomas Dutreux et CPAM du Jura*, Rec. 2011, I-14155 in : *AJDA* 2012, N°6, 20/02/2012, p. 306.

AUBIN (G.), « La loi du 9 avril 1898, rupture ou continuité ? », *Dr. soc.*, 1998, N°7-8, 10/07/1998, p. 635.

AUROY (N.), CRETON (C.), chron. sous Cass., civ. 1, 17 juin 2010, n°09-67.011, *Bull. civ. I*, 2010, N°137 in : *D.* 2010, N°32, 23/09/2010, p. 2092.

AZAR-BAUD (M. J.), « L'(in)action de groupe », *Gaz. Pal.* N°42, 29/11/2016, p. 52.

BACACHE (M.),

- « Indemnisation des contaminations par les virus VIH et de l'hépatite C », *RTD civ.* 2010, N°2, 15/06/2010, p. 386.
- note sous TC, 14 mai 2012, n^os^3844, 3846, 3848, 3850, 3852, 3854 in : *JCP G.*, n°28, 9 juillet 2012, 820.
- « Action de groupe et responsabilité civile », *RTD civ.* 2014, N°2, 24/07/2014, p. 450.
- note sous Cass., ch. mixte, n°15-25.651, ECLI:FR:CCASS:2017:MI00284 (publié) in : *D.* 2017, N°31, 21/09/2017, p. 1800.
- « Environnement et développement durable – L'action de groupe en matière environnementale », *Energie – Environnement – Infrastructures* n°3, Mars 2017, étude 8, n°22.
- note sous Cass., AP, 5 avril 2019, n°18-17.442, (publié), ECLI:FR:CCASS:2019:AP00643 in : *JCP G.* 2019, n°19, 13 mai 2019, 508.

BACCARD (C.), CHAHID-NOURAÏ (N.), « Du bon usage du principe de précaution », *JCP A.*, n°1, 14 octobre 2002, 1021, p. 25.

BAGHESTANI-PERREY (L.), « Le principe de précaution : nouveau principe fondamental régissant les rapports entre le droit et la science », *D.* 1999, N°41, 25/11/1999, p. 457.

Bakouche (D.),
- obs. sous Cass., civ. 1, 10 juillet 2013, n°12-21.314, *Bull. civ. I*, 2013, N°157 in : *Resp. civ. et assur.*, n°9, septembre 2013, étude 6.
- « La globalisation des sinistres », *Resp. civ. et assur.* n°9, Septembre 2016, dossier 22.

Banakas (S.), « Causalité juridique et imputation », *RLDC suppl.*, N°40, 01/07/2007.

Bary (M.), obs. sous Cass., civ. 3, 18 mai 2011, n°10-17.645, *Bull, civ. III*, 2011, N°80 in : *Resp. civ. et assur.* n°9, Septembre 2011, étude 11.

Beaud (O.), « Le traitement constitutionnel de l'affaire du sang contaminé : réflexions critiques sur la criminalisation de la responsabilité des ministres et sur la criminalisation du droit constitutionnel », *R.D Publ.* 1997, p. 995.

Beaudoux (X.), « Répartition de l'indemnisation entre les payeurs » *in* Cour de cassation, *Les limites de la réparation*, Séminaire Risques, Assurances, responsabilité civile, session 2006-2007, Groupe de travail « la réparation du préjudice et l'équité », 16 p., téléchargeable à partir de l'url : https://www.courdecassation.fr/IMG/File/pdf_2006/05-12-2006_assurance/05-12-06_cnamts.pdf

Becque (E.), obs. sous Cass., com., 19 juin 1951 (arrêt dit « Lamoricière ») in : *JCP G* 1951, II, 6426.

Bell (J.), « De la culture » *in* P. Legrand (dir.), *Comparer les droits, résolument*, Paris : PUF, coll. « Les voies du droit », 2009, pp. 247-278.

Belliard (E.), « Responsabilité et socialisation du risque », *JCP A*, n°12, 21 mars 2005, p. 1140.

Beraud (R.), « Les mythes de la responsabilité civile », *JCP G.* 1964, I, 1837.

Berlaud (C.), obs sous Cass., AP, 5 avril 2019, n°18-17.442, (publié), ECLI:FR:CCASS:2019:AP00643 in : *Gaz. Pal.* n°16, 23/04/2019, p. 32.

Bernard-Menoret (R.), « Principe de précaution et responsabilité civile : ne pas confondre prévenir et guérir », *Gaz. pal.*, 26/07/2012, n°208, p. 5.

Bernard-Roujou de Boubee (A.), obs. sous Cass., civ. 1, 3 novembre 2016, n°15-25.348, ECLI:FR:CCASS:2016:C101186 (publié) in : *D.* 2017, N°6, 09/02/2017, p. 337.

Bigot (J.), « Problématique de la globalisation des sinistres », *JCP G.*, n°27, 1er juillet 2013, doctr. 783.

BLANC (N.), obs. sous Cass., civ. 1, 25 février 2016, n°15-11.257, *Bull. civ. I*, 2016, N°978 in : *Gaz. Pal.,* 17 mai 2016, n°18, p. 30.

BLANCHARD (S.), « Le financement des associations de patients » *in Les Tribunes de la santé*, 2009/3, n °24, pp. 53-58.

BLOCH (C.), veille sous CA Versailles (ch. 14), 4 février 2009, n°08/08775 in : *JCP G.* n°7, 11 février 2009, act. 83.

BLOCH (C.), STOFFEL-MUNCK (Ph.), « La cessation de l'illicite » *in* F. Terré (dir.), *Pour une réforme du droit de la responsabilité civile*, Paris : Dalloz, coll. « Thèmes et commentaires », 2011, pp. 87-99.

BLOCH (L.),

- comm. sous Cass., civ. 1, 3 novembre 2016, n°15-25.348, ECLI:FR:CCASS:2016:C101186 (publié) in : *Resp. civ. et assur.* n°1, janvier 2017, comm. 19.
- Étude sous CE, 9 novembre 2016, n[os]393902, 393904, 393926, 393108, *Resp. civ. et assur.* n°1, Janvier 2017, étude 1.
- Focus sous CJUE, 21 juin 2017, *N. W. c/ Sanofi Pasteur MSD SNC*, aff. C-621/15, ECLI:EU:2017:484 in : *Resp. civ. et assur.* n°9, septembre 2017, alerte 19.
- obs. sous Cass., civ. 1, 20 septembre 2017, n°16-19.643, publié, ECLI:FR:CASS:2017:C100972 in : *Resp. civ. et assur.* 2017, n°11, novembre 2017, étude 12.

BOBEK (M.), concl. sous CJUE, 21 juin 2017, *N. W et autres c./ Sanofi Pasteur*, aff. C-621/15, présentées le 7 mars 2017, ECLI:EU:C:2017:176.

BOINOT (P.), obs. CA Rouen, 14 février 1979, *JCP* 1980, II, 19360.

BORE (J.), « L'indemnisation pour les chances perdues, une forme d'appréciation quantitative de la causalité d'un fait dommageable », *JCP G.* 1974, I, 2620.

BORE (L.), « L'action en représentation conjointe : class action française ou action mort-née ? », *D.* 1995, N°35, 19/10/1995, p. 267.

BORE (L.), BREILLAT (Y.) *et al.*, « Incertitude et causalité » *in* COLLECTIF (dir.), *Le traitement juridique et judiciaire de l'incertitude*, Dalloz, coll. « Thèmes & Commentaires », 2008, chapitre V.

BOREL (J.-L.), « La responsabilité pour troubles anormaux de voisinage : de la réparation à la prévention », *RDI* 2007, N°4, 15/06/2007, p. 313.

BOREL (J.-V.), « Le fait d'exposer son voisin, contre son gré, à un risque certain pour sa santé constitue en soi un trouble anormal de voisinage », *JCP G.*, n°51-52, 17 décembre 2008, II, 10208.

Borgetto (M.), Moiroud (C.), « La sécurité sanitaire, alimentaire et environnementale entre droit et science », *RDSS* 2013, N°5, 01/11/2013, p. 769.

Borghetti (J.-S.),

- obs. sous Cass., civ. 1, 24 janvier 2006, n°03-20.178, *Bull. civ. I*, 2006, N°34, p. 32 in : *RDC*, 1er juillet 2006, n°3, p. 841.
- obs. Cass., civ. 1, 7 mars 2006, n°04-16.180, *Bull. civ. I*, 2006, N°143, p. 131 in: *RDC* 2006, p. 844.
- note sous Cass., civ. 1, 7 novembre 2006, n°05-11.604, *Bull. civ. I*, n°467, p. 402 in : *RDC*, n°2, 01/04/2007, p. 312.
- note sous Cass., civ. 1, 27 février 2007, n°06-10.063 in : *RDC*, n°4, 01/10/2007, p. 1157.
- obs. sous Cass., civ. 1, 22 mai 2008, n°s06-14.952, 05-20.317, 06-10.967, *Bull. civ. I*, 2008, N°s147 à 149 in : *RDC*, n°4, p. 1186, 01/10/2008, p. 1186.
- « La responsabilité du fait des choses, un régime qui a fait son temps », *RTD civ.* 2010, N°1, 15/03/2010, p. 1.
- obs. sous Cass., civ. 1, 25 novembre 2010, n°09-16.556, *Bull. civ. I*, 2010, N°245 in : *JCP G.* 2011, n°4, 24/01/2011, 79.
- « The Culture of Tort Law in France », *JETL*, vol. 3, 2012, p. 158.
- note sous CJUE (gde chambre), aff. C-495/10, 21 décembre 2011, *CHU de Besançon c. Thomas Dutreux et CPAM du Jura*, Rec. 2011, I-14155 in : *D.* 2012, N°14, 05/04/2012, p. 926.
- obs. sous Cass., civ. 1, 10 juillet 2013, n°12-21.314, *Bull. civ. I*, 2013, N°157 in : *D.* 2013, N°34, 10/10/2013, p. 2315.
- obs. sous TGI Nanterre, 10 avril 2014, n°s12/12349 et 12/13064 in : *D.* 2014, N°24, 03/07/2014, p. 1434.
- obs. sous Cass civ. 1, 12 novembre 2015, n°14-18.118, *Bull. civ. I*, 2016, N°480 in : *D.* 2015, N°44, 24/12/2015, p. 2602.
- « Responsabilité du fait des produits défectueux. Discussion sur la causalité en matière de responsabilité du fait des produits de santé », *Resp. civ. et assur.* n°1, Janvier 2016, dossier 13.
- obs. sous CA Versailles (3ème ch.), 14 avril 2016, N°16/00296 in : *RDC* n°1, 01/03/2017, p. 36.
- « L'avant-projet de réforme de la responsabilité civile », *D.* 2016, N°25, 07/07/2016, p. 1442.
- note sous Cass., civ. 1, 30 novembre 2016, n°s 15-20.984 et 15-25.249 in : *RDC* n°2, 01/06/2017, p. 235.
- obs. sous CJUE, 21 juin 2017, *N. W. c/ Sanofi Pasteur MSD SNC*, aff. C-621/15, ECLI:EU:2017:484 in : *D.* 2017, N°31, 21/09/2017, p. 1807.
- obs. sous Cass., civ. 1, 20 septembre 2017, n°16-19.643, publié, ECLI:FR:CASS:2017:C100972 : *JCP G.* 2017, n°46, 13/11/2017, p. 1186.
- « Le contentieux des vaccins contre l'hépatite B en France, ou le dépassement de l'incertitude causale », *in* S. Ferey, F. G'Sell (dir.), *Causalité, responsabilité et contribution à la dette*,

Bruxelles : Bruylant, coll. « Droit et Economie », 2018, pp. 195-212.
- « Contentieux du vaccin contre l'hépatite B : au bon plaisir des juges du fond », *D.* 2018, N°9, 08/03/2018, p. 490.
- note sous Cass., civ. 1, 26 septembre 2018, n°17-21.271, JurisData n°2018-01662, *JCP G.* n°51, 17 décembre 2018, 1337.

BORGHETTI (J.-S.), DE CABARRUS (Ch.), ALOGNA (I.) ***et al.***, « Regards comparatistes sur la réforme de la responsabilité civile. Le rapprochement des responsabilités contractuelle et délictuelle dans l'avant-projet de réforme abordé sous l'angle du droit comparé » *in* A. CASTERMANS, D. DANKERS-HAGENAARS, A. DEJEAN DE LA BATIE (dir.), *RIDC*, vol. 1, 2017, pp. 5-44.

BORGHETTI (J.-S.), WHITTAKER (S.), « Principes généraux de responsabilité ou droit des délits spéciaux », Dossier Regards comparatistes sur le droit français de la responsabilité civile, *RDC*, n°4, 2019, p. 347.

BOULOC (B.),
- obs. sous Cass., civ. 1, 24 janvier 2006, n°03-20.178, *Bull. civ. I*, 2006, N°34, p. 32 in : *RTD Com.*, 2006, N°3, 15/09/2006, p. 652.
- obs. Cass., civ. 1, 7 mars 2006, n°04-16.180, *Bull. civ. I*, 2006, N°143, p. 131 in: *RTD com.* 2006, N°4, 15/12/2006, p. 906.
- obs. sous Cass., civ. 1, 28 janvier 2010, n°08-18.837, *Bull. civ. I*, 2010, N°22 in : *RTD com.* 2010, N°4, 21/03/2011, p. 776.

BOUQUET (V.), FOUASSIER (E.), « Le projet de réforme de la responsabilité civile et les produits de santé », *D.* 2017, N°15, 13/04/2017, p. 834.

BOURILLON (F.), « La loi du 13 avril 1850 ou lorsque la Seconde République invente le logement insalubre », *Revue d'histoire du XIXe siècle*, 20/21, 2000, pp. 117-134.

BOURILLON (S.), obs. sous CA Versailles (ch. 14), 4 février 2009, n°08/08775 in : *AJDA* 2009, N°13, 13/04/2009, p. 712.

BOUTONNET (M.),
- obs. sous CA Aix-en-Provence (ch. 4B), 8 juin 2004 : *D.* 2004, N°37, 21/10/2004, p. 2678.
- note sous TGI Nanterre, 18 septembre 2008 *in* : *D.* 2008, N°41, 27/11/2008, p. 2916.
- obs. sous CA Versailles (ch. 14), 4 février 2009, n°08/08775 in : *D.* 2009, N°12, 19/03/2009, p. 819.
- « Bilan et avenir du principe de précaution en droit de la responsabilité civile », *D.* 2010, N°40, 18/11/2010, p. 2662.

BOUTONNET (M.), SINTEZ (C.), THIBIERGE (C.), « Consacrons les fonctions et les effets de la responsabilité civile ! », *D.* 2016, N°41, 01/12/2016, p. 2414.

BREEN (E.), « Responsabilité pénale des agents publics : l'exemple de l'affaire du sang contaminé », *AJDA* 1995, N°11, 20/11/1995, p. 781.

BRETZNER (J.-D.), obs. sous Cass civ. 1, 12 novembre 2015, n°14-18.118, *Bull. civ. I*, 2016, N°480 in : *D.* 2016, N°43, 15/12/2016, p. 2535.

BROCAL VON PLAUEN (F.), « La responsabilité de l'État et le risque alimentaire et sanitaire », *AJDA* 2005, N°10, 14/03/2005, p. 522.

BRÜCKER (G.), « Réflexions sur l'application du principe de précaution au domaine de la santé », *D.* 2007, N°22, 14/06/2007, p. 1546.

BRUGIDOU (M.), « L'affaire du sang contaminé : la construction de l'événement dans *Le Monde* (1989-1992) », *Mots. Les langages du politique*, numéro thématique : Rhétoriques du journalisme politique, vol. 37, 1993, pp. 29-47.

BRUN (Ph.),

- obs. sous Cass., civ. 1, 9 novembre 1999, n°98-10.010, *Bull. civ. I*, 1999, N°300, p. 195 in : *JCP G.* 2000, II, 10251.
- obs. sous CJCE, aff. C-127/04, 9 février 2006, *Declan O'Byrne c./ Sanofi Pasteur MSD*, *Rec. I-01313* in : *D.* 2006, N°28, 27/07/2006, p. 1929.
- « Causalité juridique et causalité scientifique », *RLDC*, N°40, 1er juillet 2007.
- « Responsabilité civile », *D.* 2007, N°41, 29/11/2007, p. 2897.
- obs. Sous Cass., civ. 1, 9 juillet 2009, n°08-11.073, *Bull. civ. I*, 2009, N°176 in : *D.* 2010, N°1, 07/01/2010, p. 49.
- obs. sous Cass., civ. 1, 28 janvier 2010, n°08-18.837, *Bull. civ. I*, 2010, N°22 in : *D.* 2010, N°1, 06/01/2011, p. 35.
- obs. sous Cass., civ. 1, 17 juin 2010, n°09-67.011, *Bull. civ. I*, 2010, N°137 in : *D.* 2011, N°1, 06/01/2011, p. 35.
- obs. sous Cass., civ. 1, 25 novembre 2010, n°09-16.556, *Bull. civ. I*, 2010, N°245 in : *D.* 2011, N°5, 03/02/2011, p. 316.
- obs. sous Cass., civ. 1, 10 juillet 2013, n°12-21.314, *Bull. civ. I*, 2013, N°157 in : *D.* 2013, N°34, 10/10/2013, p. 2312.
- « Perte de chance : les risques de dévoiement », *LPA*, n°218, 31/10/2013, p. 49.
- obs. sous Cass., civ. 2, 8 juin 2017, n°16-19.185, (publié), ECLI:CCASS:2017:C200847 in : *D.* 2018, N°1, 11/01/2018, p. 35.
- obs. sous CJUE, 21 juin 2017, *N. W. c/ Sanofi Pasteur MSD SNC*, aff. C-621/15, ECLI:EU:2017:484 in : *D.* 2018, N°1, 11/01/2018, p. 35.
- obs. sous Cass., civ. 1, 20 septembre 2017, n°16-19.643, publié, ECLI:FR:CASS:2017:C100972 in : *D.* 2018, N°1, 11/01/2018, p. 35.

BRUN (Ph.), PIGNARRE (G.), obs. sous Cass., civ. 1, 3 mars 1998, n°96-12.078, *Bull. civ. I*, 1998, N°95, p. 63 in : *D.* 1999, N°3, 21/01/1999, p. 36.

BRUN (Ph.), QUEZEL-AMBRUNAZ (C.), « Preuve de la causalité et incertitude scientifique : la contribution substantielle de la CJUE », *RLDC*, N°51, 1er septembre 2017.

CADIET (L.), « Les métamorphoses du préjudice » *in Les métamorphoses de la responsabilité*, Sixièmes Journées René Savatier, Poitiers, 15 et 16 mai 1997, Paris : PUF, t. 32, 1997, p. 37 et s.

CALAIS-AULOY (J.),

- « Les délits à grande échelle en droit français », *RIDC*, vol. 46(2), 1994, pp. 379-387.
- Note sous CJCE, aff. C-183/00, *María Victoria González Sánchez c./ Medicina Asturiana SA*, Rec. 2002, I-03901 in: *D.* 2002, N°31, 19/09/2002, p. 2458.

CARVAL (S.), « Le projet de réforme du droit de la responsabilité civile », *JCP G.* n°15, 10 avril 2017, 401.

CASAUX-LABRUNEE (L.), « Le droit à la santé » *in* R. CABRILLAC, M.-A. FRISON-ROCHE, T. REVET (dir.), *Libertés et droits fondamentaux*, Paris : Dalloz, 25ème éd., 2019, pp. 1053-1086.

CAYLA (J.-S.), « La santé et le droit », *RDSS*, 32(2), avril-juin 1996, p. 277.

CHAUVEAU (S.),

- « Genèse de la "sécurité sanitaire" : les produits pharmaceutiques en France aux XIXe et XXe siècles », *Revue d'histoire moderne & contemporaine*, n°51-2, 2004/2, p. 105.
- « La demande de sécurité : l'épreuve des crises sanitaires depuis les années 80 », *L'atelier du centre de recherches historiques*, vol. 2, 2008, consultable sur l'url : https://journals.openedition.org/acrh/993?lang=en#entries

CORCELLE (G.), « La perspective communautaire du principe de précaution », *RMCUE* 2001, N°450, 10/07/2001, p. 447.

CORGAS-BERNARD (C.),

- « L'assurance de responsabilité civile des professionnels libéraux de la santé », *RDSS* 2010, N°HS, 09/08/2010, p. 75.
- « Perte de chance et responsabilité médicale », *LPA*, 31 octobre 2013, n°218, p. 38.

COURTIEU (G.), comm. sous CA Versailles (ch. 14), 4 février 2009, n°08/08775 in : *Resp. civ. et assur.* n°3, Mars 2009, comm. 75.

CRISTOL (D.), obs. sous CE, 9 mars 2007, nos267635 (rec. Lebon), 278665, 283067, 285288 in : *RDSS* 2007, N°3, 14/05/2007, p. 543.

Croze (H.), « Un droit commun de l'action de groupe ? », *Procédures n°2*, Février 2017, étude 4.

Daille-Duclos (B.), obs. sous Cass., civ. 1, 22 mai 2008, n[os]06-14.952, 05-20.317, 06-10.967, *Bull. civ. I*, 2008, N[os]147 à 149 in : *JCP E.* n°38, 18/09/2008, p. 2137.

Daoud (E.), Ghrenassia (C.), « Santé publique et défense pénale », *AJ Pénal*, N°9, 19/09/2014, p. 398.

De Carvalho (L.), « Le complexe nucléaire de Sellafield au cœur des controverses : le fait technologique entre experts et profanes », *VertigO – la revue électronique en sciences de l'environnement* [en ligne], vol. 13, n°2, septembre 2013, consultable sur l'url :
https://journals.openedition.org/vertigo/14187?lang=en#quotation

Debouy (G.), note sous CE, ass., 9 avril 1993, n°138652, 138653, 138663, M.D., M.G., épx. B in : *JCP G.* 1993, 22110.

Dedessus Le Moustier (N.), veille sous Cass., AP, 5 avril 2019, n°18-17.442, (publié), ECLI:FR:CCASS:2019:AP00643 in : *JCP G.* 2019, n°16, 22 avril 2019, 423.

Deharbe (D.), Hicter (E.), obs. sous TGI Toulon, 20 mars 2006, *Dr. envir.* 2006, comm. 164.

Deharo (G.), « l'articulation du savoir et du pouvoir dans le prétoire », *Gaz. pal.*, 22/09/2005, n°265, p. 3.

Dejean de la Batie (N.),

- note sous Cass., civ. 2, 1er février 1973 in : *JCP* 1974, II, n°17882.
- note sous Cass., civ. 2, 8 février 1989, n°87-19.167, *Bull. civ. II*, 1989, n°39, p. 19 in : *JCP G.* n°38, 19 septembre 1990, II, 21544.

Delebecque (Ph.), Cass., civ. 1, 13 février 2001, n°99-13.589, *Bull. civ. I*, 2001, N°35, p. 21 in : *D.* 2001, N°28, 26/07/2001, p. 2234.
Delmas Saint-Hilaire (Ph.), « Sang contaminé et qualification pénale…avariée », *Gaz. Pal.* 1992, 2, chron. 673.

Delzanno (C.), « MYSMARTCAB.FR Un Cab on line pour les actions conjointes », *Dr. & Patr.* n°261, 1er septembre 2016.

Demogue (R.), Cass., civ., 20 mai 1936 in : *RTD civ.* 1936, p. 691.

Desmarais (P.), « L'action de groupe en matière de santé. Une action mort-née ? », *Lexbase Hebdo*, 22 décembre 2016, éd. privée n°681.

DEVREAU (C.), « Réflexions sur le préjudice collectif », *RTD civ.* 2011, N°2, 15/07/2011, p. 249.

DORSNER-DOLIVET (A.),
- obs. sous CA Versailles, 30 mars 1989, *JCP G.* 1990, II, 21505.
- comm. sous Cass., civ. 1, 17 février 1993, n°91-17.458, *Bull. civ. I*, 1993, N°80, p. 52 in: *JCP G.* n°11, 16 mars 1994, II, 22226.

DUBOIS (Ch.), obs. sous Cass., civ. 1, 20 septembre 2017, n°16-19.643, publié, ECLI:FR:CASS:2017:C100972 in : *LPA*, 16/01/2018, n°102, p. 6.

DUBOUIS (L.), « La réparation des conséquences des risques sanitaires », *RDSS* 2002, N°4, 16/12/2002, p. 803.

DUBUISSON (B.), « Les dommages en série – Responsabilité, Assurance et Indemnisation », 1ère partie, *RGAR*, n°15195, 2015, n°7.

DUFOUR (O.), « Action de groupe : la riposte du barreau de Paris », *Gaz. Pal.* n°332, p. 3.

DUGUE (M.), note sous Civ. 2, 3 novembre 2016, n°15-25.348, ECLI:FR:CCASS:2016:C101186 (publié) in : *RDSS* 2017, N°2, 28/04/2017, p. 306.

DUGUE (M.), PRETOT (S.), « Regards sur le projet de réforme de la responsabilité civile », *Dr. et patr.*, N°269, 1er avril 2017.

DUMARTIN (C.), AULOIS-GRIOT (M.), « Traçabilité et vigilance : deux outils complémentaires au service de la sécurité du dispositif médical et du patient », *RDSS* 2018, N°1, 22/02/2018, p. 60.

DUPONT (N.), « L'action en justice des associations de consommateurs en matière de sécurité », *C.C.C.* n°2, Février 2009, étude 2.

DURRY (G.), obs. sous Cass., civ. 2, 17 mars 1977, n°75-15.507, *Bull. civ. II*, 1977, N°91, p. 61 in: *RTD civ.* 1977, p. 770.

EDLINGER (S.), obs. sous Cass., civ. 1, 25 janvier 2017, n°15-25.526 (publié) in : *Gaz. Pal.*, 05/09/2017, n°29, p. 22.

ESMEIN (P.),
- obs. sous Cass., civ. 2, 13 mars 1957 (arrêt dit « Houillères des bassins du Nord et du Pas de Calais ») in : *JCP G* 1957, II, 10084.
- « Le nez de Cléopâtre ou les affres de la causalité », *D.* 1964, chron. p. 205.

EWALD (F.),
- « La véritable nature du risque de développement et sa garantie », *Risques*, vol. 14, avril 1993, p. 9 et s.
- « Le principe de précaution dans les textes » *in* F. EWALD, C. GOLLIER, N. DE SADELEER (dir.), *Le principe de précaution*, Paris : PUF, coll. « Que sais-je ? », 2ème éd., 2008, pp. 6-26.
- « Les techniques de précaution » *in* F. EWALD, C. GOLLIER, N. DE SADELEER, *Le principe de précaution*, Paris : PUF, coll. « Que sais-je ? », 2ème éd., 2008, pp. 42-72.

FAGNART (J.-L.), « La conception des produits pharmaceutiques. Précaution et responsabilité » *in Mélanges offerts à Marcel Fontaine*, Bruxelles : Larcier, 2003, pp. 749-780.

FAVET (J.-M.), « Le principe de précaution ou la prise en compte par le droit de l'incertitude scientifique et du risque virtuel », *D.* 2001, N°43, 13/12/2001, p. 3462.

FEUILLET (B.), « Réflexions d'un privatiste sur l'évolution du droit de la santé », *RGDM*, n°15, 2005, p. 8.

FISCHER (J.), « Causalité, imputation, imputabilité : les liens de la responsabilité civile » *in Libre droit, Mélanges en l'honneur de Philippe le Tourneau*, Paris : Dalloz, 2008, p. 383 et s.

FOUASSIER (E.), « L'obligation d'information incombant au producteur de spécialités pharmaceutiques », *RDSS* 1999, N°4, 15/12/1999, p. 735.

FRIANT-PERROT (M.), « "Bactérie tueuse" et graines germées : leçons tirées de la crise sanitaire de 2011 et lutte contre les menaces transfrontalières pour la santé », *Droit rural*, n°422, Avril 2014, étude 10, spéc. n°4.

FRISON-ROCHE (M.-A.), « Les résistances mécaniques du système juridique français à accueillir la class action : obstacles et incompatibilités », *LPA*, 10/06/2005, n°115, p. 22.

FRYDMAN (P.), concl. sous CE, avis, 15 octobre 1993, req. nos 148888 et 148889, *Cts Jezequel et Vallée*, Lebon, JO, 3 novembre 1993, p. 15195 in : *RFDA*, 1994, N°3, 09/05/1994, p. 553.

G'SELL (F.), « Les théories contemporaines de la causalité. Droit et philosophie » *in* S. FEREY, F. G'SELL (dir.), *Causalité, responsabilité et contribution à la dette*, Bruxelles : Bruylant, coll. « Droit et économie », 2018, pp. 75-115.

G'SELL-MACREZ (F.),
- « Incertitude et causalité concrète » *in* COUR DE CASSATION, *Incertitude et causalité*, Séminaire « Risque, assurance, responsabilité », intervention du 17 novembre 2005. Téléchargeable sur : https://www.courdecassation.fr/IMG/File/incertitude_causalite_concrete.pdf
- « La preuve du lien de causalité : comparaisons franco-américaines à propos des arrêts Distilbène », *LPA* 29/10/2010, n°216, p. 6.

GADBIN (D.), obs. sous Cass., civ. 3, 18 mai 2011, n°10-17.645, *Bull, civ. III*, 2011, N°80 in : *Droit rural* n°406, octobre 2012, repère 9.

GALLMEISTER (I.),
- obs. sous Cass., civ. 1, 5 juillet 2006, n°05-15.235, *Bull. civ. I*, 2006, N°363, p. 311 in: *D.* 2006, N°31, 21/09/2006, p. 2127.
- obs. sous Cass., civ. 1, 22 mai 2008, n[os]06-14.952, 05-20.317, 06-10.967, *Bull. civ. I*, 2008, N[os]147 à 149 in : *D.* 2008, N°23, 26/06/2008, p. 1544.
- obs. sous TGI Nanterre (ch. 8), 18 septembre 2008, n°07/02173 in : *Dalloz Actualité*, 07/10/2008.
- obs. Sous Cass., civ. 1, 9 juillet 2009, n°08-11.073, *Bull. civ. I*, 2009, N°176 in : *D.* 2009, N°29, 30/07/2009, p. 1968.
- obs. sous Cass., civ. 1, 24 septembre 2009, n°08-16.305, *Bull. civ. I*, 2009, N°187 in : *D.* 2009, N°35, 08/10/2009, p. 2342.
- obs. sous Cass., civ. 1, 17 juin 2010, n°09-67.011, *Bull. civ. I*, 2010, N°137 in : *D.* 2010, N°4, 27/01/2011, p. 283.
- obs. sous Cass., civ. 1, 25 novembre 2010, n°09-16.556, *Bull. civ. I*, 2010, N°245 in : *D.* 2010, N°44, 23/12/2010, p. 2909.
- obs. sous Cass., civ. 3, 18 mai 2011, n°10-17.645, *Bull, civ. III*, 2011, N°80 in : *D.* 2011, N°30, 08/09/2011, p. 2089.

GASPARD (G.), « La directive en matière de responsabilité du fait des produits défectueux », *Assur. fr.* 1985, p. 695.

GAUDEMET (Y.), « Sur le contentieux des antennes-relais : les champs électromagnétiques, nouvelle source de responsabilité ? », *RDA*, N°1, Janvier 2010, p. 48.

GAUTIER (P-Y.), note sous Cass., ch. mixte, 7 juillet 2017, n°15-25.651, ECLI:FR:CCASS:2017:MI00284 (publié) in : *RTD civ.* 2017, N°4, 11/12/2017, p. 882.

GERRY-VERNIERES (S.),
- obs. sous Cass., civ. 1, 5 février 2014, n°12-23.467, *Bull. civ. I*, 2014, n°17 in : *Gaz. Pal.*, 17/04/2014, n°107.

GERRY-VERNIERES (S.), (*suite*)

- obs. sous Cass., civ. 2, 8 juin 2017, n°16-19.185, (publié), ECLI:CCASS:2017:C200847 in : *Gaz. Pal.,* 10 octobre 2017, n°34, p. 25.

GHESTIN (J.), « Le nouveau titre IV bis du lire III du Code civil "De la responsabilité du fait des produits défectueux". L'application en France de la directive sur la responsabilité du fait des produits défectueux après l'adoption de la loi n°98-389 du 19 mai 1998 », *JCP G.* n°27, 1er juillet 1998, doctr. 148.

GODARD (O.), « De l'usage du principe de précaution en univers controversé », *Futuribles*, Février-Mars 1999, p.39.

GORNY (A.), obs. sous Cass., civ. 1, 5 avril 2005, n°02-11.947 et 02-12.065, *Bull. civ. I,* 2005, N°173, p. 146 in : *D.* 2005, N°33, 29/09/2005, p. 2256.

GOUESSE (E.), « Réflexions sur l'aléa thérapeutique et son indemnisation », *LPA*, n°17, 25/01/2000, p. 10.

GOUT (O.), « Les avancées discrètes du principe de précaution », *Resp. civ. et assur.* 2007, p. 11.

GROUTEL (H.),

- note sous Cass., civ. 1, 7 novembre 2000, n°99-12.255, *Bull. civ. I,* 2000, N°279 in : *resp. civ. et assur.*, n°2, février 2001, comm. 50.
- obs. sous Cass civ. 1, 12 novembre 2015, n°14-18.118, *Bull. civ. I,* 2016, N°480 in : *Resp. civ. et assur.*, n°2, Février 2016, repère 2.

GRYNBAUM (L.),

- obs. sous CA Toulouse (3ème ch., 1ère sect.), 22 février 2000, n°1999/01293 in : *Resp. civ. et assur.,* n°12, Décembre 2000, comm. 369.
- obs. sous Cass., civ. 1, 22 mai 2008, n[os]06-14.952, 05-20.317, 06-10.967, *Bull. civ. I,* 2008, N[os]147 à 149 in : *JCP G.* n°28-29, 9/07/2008, II, 10131.
- comm. sous CJUE, 21 juin 2017, *N. W. c/ Sanofi Pasteur MSD SNC*, aff. C-621/15, ECLI:EU:2017:484 in : *JCP E.* n°29, 20 juillet 2017, 1419.

GRYNBAUM (L.), JOB (J.-M.), obs. sous Cass., civ. 1, 5 avril 2005, n°02-11.947 et 02-12.065, *Bull. civ. I,* 2005, N°173, p. 146 in : *JCP G.* 2005, II, 10085.

GUEGAN-LECUYER (A.),

- « La place de la responsabilité objective : fait des choses/ fait des activités dangereuses » *in* Groupe de Recherche Européen sur la Responsabilité Civile et l'Assurance (GRERCA), *Le droit français de la responsabilité civile confronté aux projets européens d'harmonisation,* Paris : IRJS éditions, 2012, 958 p.

GUEGAN-LECUYER (A.), (*suite*)

- note sous Cass., civ. 1, 12 novembre 2015, n°14-18.118 in : *Gaz. Pal.* n°3, 19/01/2016, p. 32.

GUERLIN (G.), obs. sous Cass., civ. 1, 5 février 2014, n°12-23.467, *Bull. civ. I*, 2014, n°17 in : *EDC*, 07/03/2014, n°3, p. 4.

GUERRERO (N.), obs. sous Cass., civ. 1, 10 avril 2013, n°12-14.219, *Bull. civ. I*, 2013, N°78 in : *Gaz. Pal.*, n°150, 30/05/2013.

GUETTIER (C.),

- « L'État face aux contaminations liées à l'amiante », *AJDA* 2001, N°6, 20/06/2001, p. 529.
- Obs sous CE, 3 mars 2004, req. n^{os}241150, 241151, 241152 et 241153 in : *Resp. civ. et assur.* 2004, 2004, n°234.

GUINCHARD (S.),

- « L'action de groupe en procédure civile française », *RIDC*, vol. 42(2), 1990, n°1.
- « Une *class action* à la française ? », *D.* 2005, N°32, 22/09/2005, p. 2180.

GUYOMAR (M.), « Codification : y compris à droit constant, la codification revêt une dimension non seulement formelle mais aussi substantielle », *JCP G.* n°48, 23 novembre 2015, 1271, entretien : propos recueillis par L. PERRIN, H. MOYSAN.

HALPERIN (J.-L.), « Les styles judiciaires, des traditions nationales ? », *Droit et société*, 2015/3, N°91, pp. 491-504.

HARAVON (M.), « Dix années de réforme de la procédure civile anglaise : révolte ou révolution ? », *RIDC*, vol. 4, 2004, pp. 826-827.

HAUTEREAU-BOUTONNET (M.), SAINT-PAU (J.-C.), « Rapport » *in* M. BOUTONNET, J.-C. SAINT-PAU (dir.), *L'influence du principe de précaution sur la responsabilité civile*, recherche réalisée avec le soutien de la Mission de recherche Droit & Justice, 2016, pp. 263-291. Téléchargeable sur l'url : https://halshs.archives-ouvertes.fr/halshs-01480326/document

HERAIL (E.), « De l'organisation de l'expertise relative aux médicaments – retour d'expérience », *RDSS* 2013, N°5, 01/11/2013, p. 788.

HERMITTE (M.-A.), « Introduction générale » *in* F. ROUSSEAU, K. FOUCHER, *Les réponses du droit aux crises sanitaires : anticiper, réagir,* Actes du colloque des 8 et 9 octobre 2015 (Nantes), Paris : L'Harmattan, 2016, p. 1 et s.

HEUZE (V.), « Une reconsidération du principe de réparation intégrale » *in* COUR DE CASSATION, « Incertitude et réparation », Troisième restitution publique, *Cycle Risques, assurances, responsabilités*, Paris, 2005. Consultable sur l'url : https://www.courdecassation.fr/venements_23/colloques_4/2005_2033/reparation_integrale_8065.html

HOCQUET-BERG (S.),
- note sous CE, 9 mars 2007, n[os]267635 (rec. Lebon), 278665, 283067, 285288 in : *Gaz. pal.* 07/06/2007, n°158, p. 47.
- obs. sous Cass., civ. 1, 24 septembre 2009, n°08-16.305, *Bull. civ. I*, 2009, N°187 in : *JCP G.* 2009, n°44, 26 octobre 2009, 381.
- obs. sous Cass., civ. 1, 5 février 2014, n°12-23.467, *Bull. civ. I*, 2014, n°17 in : *JCP G.*, n°7, 17 février 2014, 189.
- « Le fabuleux destin de l'obligation de sécurité », *Resp. civ. et assur.* n°2, février 2019, dossier 4.

HUET (J.),
- obs. sous Cass., civ. 1, 8 avril 1986, n°84-11.443, *Bull. civ. I*, 1986, N°82, p. 81, dit arrêt « Thorens » in : *RTD civ.*, 1986, p. 779.
- « Le paradoxe des médicaments et les risques de développements », *D.* 1987, chron. p. 73.

JACQUEMET-GAUCHE (A.), note sous TC, 14 mai 2012, n[os]3844, 3846, 3848, 3850, 3852, 3854 in : *RDI* 2012, N°10, 02/10/2012, p. 514.

JALUZOT (B.), « Méthodologie du droit comparé : bilan et perspectives », *RIDC*, vol. 57, N°1, 2005, pp. 29-48.

JEAN-PIERRE (D.), obs. sous CE, 9 mars 2007, n[os]267635 (rec. Lebon), 278665, 283067, 285288 in : *JCP G.* n°23, 6 juin 2007, IV, 2108.

JEULAND (E.), « Retour sur la qualification de l'action de groupe à la lumière de la loi de modernisation de la justice du XXI siècle », *JCP G.*, n°13, 27 mars 2017, doctr. 354.

JOEL (M.-E.), « Risques sanitaires et gestion des ressources », *Revue Projet*, 2006/4 (n°293), pp. 48-53.

JOLOWICZ (J. A.), « L'expert, le témoin et le juge dans le procès civil en droits français et anglais », *RIDC*, vol. 29(2), 1977, pp. 285-300.

JOSSERAND (L.), rapp. sous Cass., civ., 20 mai 1936, *DP* 1936. 1. 88.

JOURDAIN (P.),
- obs. sous Cass., civ. 1, 27 janvier 1993, n°90-19.777, *Bull. civ. I*, 1993, N°44, p. 29 in : *RTD civ.* 1993, N°3, 15/09/1993, p. 592.
- obs. sous Cass., civ. 1, 17 février 1993, n°91-17.458, *Bull. Civ. I*, 1993, N°80, p. 52 in: *RTD civ.* 1993, N°3, 15/09/1993, p. 589.

JOURDAIN (P.), (*suite*)

- obs. sous Cass., civ. 1, 22 novembre 1994, n°92-16.423, *Bull. civ. I*, 1994, N°340 in : *RTD civ.* 1995, N°2, 15/06/1995, p. 375.
- obs. sous Cass., civ. 1, 17 janvier 1995 in : *D.* 1995, N°25, 06/07/1995, p. 350.
- obs. sous Cass., civ. 1, 12 avril 1995, n°92-20.747, et n°92-11.950, 92-11.975, *Bull. civ. I*, 1995, N°179 et 180, p. 129 et 130 in : *JCP G. 1995*, II, 22467.
- obs. sous Cass., civ. 1, 9 juillet 1996, n°94-13.414, et 93-19.160, 93-20.412, 94-18.666, 94-12.868, *Bull. civ. I*, N°303 à 306 in : *RTD civ.* 1997, N°1, 14/03/1997, p. 146.
- « Commentaire de la loi n°98-389 du 19 mai 1998 sur la responsabilité du fait des produits défectueux », *JCP N.* n°27, 9 juillet 1999, p. 1089.
- obs. Cass., civ. 1, 29 juin 1999, n°97-15.818 et 97-21.903, *Bull. civ. I*, 1999, N°222, p. 143 in: *RTD civ.* 1999, N°4, 15/12/1999, p. 841.
- obs. sous Cass., civ. 1, 9 novembre 1999, n°98-10.010, *Bull. civ. I*, 1999, N°300, p. 195 in : *D.* 2000, N°6, 10/02/2000, p. 117.
- « Principe de précaution et responsabilité civile », *LPA* n°239, 30/11/2000, p. 51.
- obs. sous Cass., civ. 1, 13 février 2001, n°99-13.589, *Bull. civ. I*, 2001, N°35, p. 21 in : *RTD civ.* 2001, N°2, 15/06/2001, p. 367.
- obs. sous Cass., civ. 1, 17 juillet 2001, n[os]00-10.883 et 00-10.299, *Bull. civ. I*, 2001, N°234, p. 147 : *RTD civ.* 2001, N°4, 14/12/2001, p. 889.
- obs. sous Cass., soc., 28 février 2002, n°s 99-17.201 et s., *Bull. V*, 2002, N°81, p. 74 in : *RTD civ.,* 2002, N°2, 14/06/2002, p. 310.
- obs. sous Cass., civ. 1, 1er avril 2003, n°01-00.575, *Bull. civ. I*, 2003, N°95, p. 73 in: *RTD civ.* 2003, N°3, p. 506.
- « Un lien trop indirect pour être "juridiquement" causal », *RTD civ.* 2003, N°3, 15/09/2003, p. 508.
- obs. sous Cass., civ. 1, 23 septembre 2003, n°01-13.063, *Bull. civ. I*, 2003, N°188, p. 146 in: *RTD civ.* 2004, N°1, 15/03/2004, p. 101.
- obs. sous Cass., civ. 1, 5 avril 2005, n°02-11.947 et 02-12.065, *Bull. civ. I*, 2005, N°173, p. 146 in : *RTD civ.* 2005, N°3, 15/09/2005, p. 607.
- obs. sous Cass., civ. 2, 20 octobre 2005, n°03-19.420, *Bull. civ. II*, 2005, N°274, p. 243 in : *RTD civ.* 2006, N°1, 15/03/2006, p. 122.
- obs. sous Cass., civ. 1, 24 janvier 2006, n°02-16.648, *Bull. civ. I*, 2006, N°35, p. 34 in : *RTD civ.* 2006, N°2, 15/06/2006, p. 323.
- obs. sous Cass., civ. 1, 7 mars 2006, n°04-16.180, *Bull. civ. I*, 2006, N°143, p. 131 in : *RTD civ.* 2006, N°3, 15/09/2006, p. 565.
- obs. sous CJCE, aff. C-127/04, 9 février 2006, *Declan O'Byrne c./ Sanofi Pasteur MSD*, *Rec. I-01313* in : *RTD civ.* 2006, N°2, 15/06/2006, p. 331.
- obs. sous Cass., civ. 1, 5 juillet 2006, n°05-15.235, *Bull. civ. I*, 2006, N°363, p. 311 in: *RTD civ.* 2006, N°4, 15/12/2006, p. 783.

Jourdain (P.), (*suite*)

- « Retour sur l'imputabilité » *in Les droits et le droit, Mélanges dédiés à Bernard Bouloc*, Paris : Dalloz, 2007, p. 511 et s.
- obs. sous Cass., civ. 2, 25 janvier 2007, n°06-13.611, *Bull. civ. II*, 2007, N°20, p. 16 in : *RTD civ.* 2007, N°2, 15/06/2007, p. 362.
- obs. sous Cass., civ. 1, 22 mai 2008, n^os^06-14.952, 05-20.317, 06-10.967, *Bull. civ. I*, 2008, N^os^147 à 149 in : *RTD civ.* 2008, N°3, 15/09/2008, p. 492.
- obs. sous CA Versailles (ch. 14), 4 février 2009, n°08/08775 in : *RTD civ.* 2009, N°2, 15/06/2009, p. 327.
- obs. Sous Cass., civ. 1, 9 juillet 2009, n°08-11.073, *Bull. civ. I*, 2009, N°176 in : *RTD civ.* 2009, N°4, 14/12/2009, p. 735.
- obs. sous Cass., civ. 1, 24 septembre 2009, n°08-16.305, *Bull. civ. I*, 2009, N°187 in : *RTD civ.* 2010, N°1, 15/03/2010, p. 111.
- note sous Cass., civ. 1, 17 juin 2010, n°09-67.011, *Bull. civ. I*, 2010, N°137 in : *RTD civ.* 2010, N°3, 15/10/2010, p. 567.
- obs. sous Cass., civ. 2, 17 juin 2010, n°09-10.786, 09-10.838, *Bull. civ. II*, 2010, N°117 in : *RTD civ.* 2010, N°3, 15/10/2010, p. 570.
- obs. sous Cass., civ. 3, 18 mai 2011, n°10-17.645, *Bull, civ. III*, 2011, N°80 in : *RTD civ.* 2011, N°3, 14/10/2011, p. 540.
- obs. sous Cass., civ. 1, 25 novembre 2010, n°09-16.556, *Bull. civ. I*, 2010, N°245 in : *RTD civ. 2011*, N°1, 15/04/2011, p. 134.
- obs. sous Cass., civ. 1, 12 juillet 2012, n°11-17.510, *Bull. civ. I*, 2012, n°165 in : *RTD civ.* 2012, N°4, 28/12/2012, p. 737.
- obs. sous Cass., civ. 1, 10 juillet 2013, n°12-21.314, *Bull. civ. I*, 2013, N°157 in : *RTD civ.* 2013, N°4, 30/12/2013, p. 852.
- « L'accident médical », *Resp. civ. et assur.*, n°7, 7 juillet 2015, dossier 6.
- obs. sous Cass., civ. 1, 25 février 2016, n°15-11.257, *Bull. civ. I*, 2016, N°978 in : *RTD civ.* 2016, N°2, 20/06/2016, p. 386.
- obs. sous Cass., civ. 1, 3 novembre 2016, n°15-25.348, ECLI:FR:CCASS:2016:C101186 (publié) in : *RTD civ.* 2017, N°1, 17/03/2017, p. 163.
- obs. sous CJUE, 21 juin 2017, *N. W. c/ Sanofi Pasteur MSD SNC*, aff. C-621/15, ECLI:EU:2017:484 in : *RTD civ.* 2017, N°4, 11/12/2017, p. 844.
- obs. sous Cass., ch. mixte, 7 juillet 2017, n°15-25.651, ECLI:FR:CCASS:2017:MI00284 (publié) in : *RTD civ.* 2017, N°4, 11/12/2017, p. 872.
- obs. sous Cass., civ. 1, 20 septembre 2017, n°16-19.643, publié, ECLI:FR:CASS:2017:C100972 in : *RTD civ.* 2018, N°1, 31/03/2018, p. 143.
- note sous Cass., civ. 1, 27 juin 2018, n°17-17.469 in : *RTD civ.* 2018, N°4, 18/12/2018, p. 925.
- « Synthèse et prospective », *Gaz. Pal.*, 06/02/2019, n°HS 1, dossier spécial 11ème États-généraux du dommage corporel, p. 20.

JOURDAIN-FORTIER (C.), « L'affaire PIP ou la difficile réparation en Europe des dommages corporels de masse causés par un dispositif médical défectueux », *Rev. int. dr. écon.* 2015, n°1, p. 5.

JULIEN (J.), obs. sous Cass., civ. 1, 9 juillet 2009, n°08-11.073, *Bull. civ. I*, 2009, N°176 in : *Droit de la famille*, n°10, octobre 2009, comm. 135.

KAMDEN (I. F.), « Harmonisation, unification et uniformisation. Plaidoyer pour un discours affiné sur les moyens d'intégration juridique », *Rev. dr. unif.*, 2008, p. 709.

KILGUS (N.), obs. sous Cass civ. 1, 12 novembre 2015, n°14-18.118, *Bull. civ. I*, 2016, N°480 in : *Dalloz Actualité*, 19 novembre 2015.

KITAEFF (R.), « Le "droit à la santé" ? Contribution à une étude des ancrages conventionnels et constitutionnels », *Annuaire international de justice constitutionnelle*, 22-2006, 2007, pp. 61-98.

KLEITZ (C.), Cass., civ. 2, 21 avril 2005, n°03-20.683, *Bull. civ. II*, 2005, N°108, p. 96, *RLDC* 2005, 19.

KNETSCH (J.),

- « Le nouveau dispositif d'indemnisation des victimes du Mediator issu de la loi du 29 juillet 2011 », *Resp. civ. et assur.*, n°12, décembre 2011, étude 14.
- « La désintégration du préjudice moral », *D.* 2015, N°8, 26/02/2015, p. 443.
- « La responsabilité de la société certificatrice dans l'affaire des prothèses mammaires PIP : les précisions attendues de la CJUE », *RDC* n°2, 01/06/2017, p. 241.

KOWOUVIH (S.), obs. sous TGI Grasse (ch. 1A), 17 juin 2003 *in* : *Resp. civ. et assur.*, novembre 2003, comm. n°29.

KULLMANN (J.),

- « Remarques juridiques sur les sinistres sériels », *Risques*, n°62, Juin 2005, p. 107.
- « Sinistres sériels : Le sprint des victimes », *RGDA*, 01/03/2015, n°3, p. 156.
- « Même sans application de l'article L. 124-1-1 du Code des assurances, la cause technique est vraiment une cause technique ! », *RGDA*, 01/10/2015, n°10, p. 487.

LABORDES-DE-VIRVILLE (V.), obs. sous CA Versailles (3ème ch.), 30 juin 2016 (2 espèces), N°14/04397, 14/04398 in : *LPA*, n°111-112, 06/06/2017, p. 18.

LABRUSSE-RIOU (C.), « Code civil et code de la santé publique », *RDSS* 2008, N°3, 16/05/2008, p. 427.

LAGARDE (X.), « D'une vérité l'autre », *Gaz. Pal.*, 22/07/2010, n°203, p. 6.

LAMBERT-FAIVRE (Y.),
- « L'indemnisation des victimes post-transfusionnelles du Sida : hier, aujourd'hui et demain », *RTD civ.* 1993, N°1, 15/03/1993, p. 1.
- « L'affaire du sang contaminé : le risque de développement, le principe indemnitaire face à la pluralité d'actions et les limitations de garantie d'assurance responsabilité civile », *D.* 1996, N°43, 12/12/1996, p. 610.
- obs. sous Cass., civ. 1, 9 juillet 1996, n°94-13.414, et 93-19.160, 93-20.412, 94-18.666, 94-12.868, *Bull. civ. I*, 1996, N°303 à 306 in : *D.* 1996, N°43, 12/12/1996, p. 610.
- « De la licéité des obligations d'assurance réglementaires et des limitations de garantie dans le temps et en montant », *D.* 2001, N°16, 19/04/2001, p. 1265.

LANGLOIS (Ph.), obs. sous Cass., soc., 28 février 2002, n° 99-17.201 et s., *Bull. V*, 2002, N°81, p. 74 in : *D.* 2002, N°16, 18/04/2002, p. 1285.

LANTERO (C.), note sous CJUE (gde chambre), aff. C-495/10, 21 décembre 2011, *CHU de Besançon c. Thomas Dutreux et CPAM du Jura*, Rec. 2011, I-14155 in : *Dr. adm.*, avr. 2012, comm. 42.

LANZARA (D.), « Les règles de procédure civile à l'épreuve de la pluralité de parties », *D.* 2015, N°43, 10/12/215, p. 2520.

LARROUMET (C.),
- « L'indemnisation de l'aléa thérapeutique », *LPA*, n°189, 22/09/1999, p. 16.
- note sous CJCE, aff. C-183/00, *María Victoria González Sánchez c./ Medicina Asturiana SA*, Rec. 2002, I-03901 in: *D.* 2002, N°31, 19/09/2002, p. 2462.

LASSERRE (V.), « Le risque », *D.* 2011, N°24, 23/06/2011, p. 1632.

LAUDE (A.),
- obs. sous Cass., civ. 1, 5 avril 2005, n°02-11.947 et 02-12.065, *Bull. civ. I*, 2005, N°173, p. 146 in : *RDSS* 2005, N°3, 13/05/2005, p. 498.
- obs. sous CE, 9 mars 2007, n^os^267635 (rec. Lebon), 278665, 283067, 285288 in : *JCP G.* n°31-35, 31 juillet 2007, II, 10142.
- obs. sous Cass., civ. 1, 28 janvier 2010, n°08-18.837, *Bull. civ. I*, 2010, N°22 in : *D.* 2011, N°37, 27/10/2011, p. 2565.
- « Science et démocratie : garantir un juste équilibre. À propos de la loi du 16 avril 2013 », *JCP G.*, n°24, 10 juin 2013, doctr. 690.
- « L'action de groupe en santé, à l'épreuve de sa complexification », *D.* 2017, N°8, 23/02/2017, p. 412.

LE GARS (A.), obs. sous Cass., civ. 3, 18 mai 2011, n°10-17.645, *Bull, civ. III*, 2011, N°80 in : *BDEI*, N°36, 1er novembre 2011.

LE GOFFIC (C.), obs. sous Cass., civ. 1, 20 septembre 2017, n°16-19.643, publié, ECLI:FR:CASS:2017:C100972 in : *Gaz. Pal.* 31/10/2017, n°37, p. 16.

LE TOURNEAU (Ph.), obs. sous CA Toulouse (3ème ch., 1ère sect.), 22 février 2000, n°1999/01293 in : *JCP G.*, n°48, 29 novembre 2000, II 10429.

LEDOUX (M.), BOUVET (R.), comm. sous Cass., civ. 2, 7 février 2013, n°11-28.974 in : *JCP S.* n°16, 16 avril 2013, 1174.

LEDUC (F.),

- « L'œuvre du législateur moderne : vices et vertus des régimes spéciaux », *in* La responsabilité civile à l'aube du XXIe siècle, bilan prospectif, *Resp. civ. et assur.*, n°6 bis, juin 2001, p. 50.
- « Le droit de la responsabilité civile hors le code civil », *LPA*, n°133, 2005, p. 3.
- « Causalité civile et imputation », *RLDC* suppl., N°40, 1er juillet 2007.

LEGROS (B.), « État des lieux sur les différents régimes d'indemnisation des conséquences des accidents médicaux », *Médecine & Droit*, 2004, pp. 1-21.

LEGUAY (G.), « Déchéance et garantie des conséquences des condamnations *in solidum* », *RDI* 2001, N°3, 16/07/2001, p. 230.

LEMKE (C.), « Rémission du VIH : le rôle du récepteur CCR5 est confirmé », *Sciences et avenir*, 5 mars 2019.

LEROY (J.), obs. sous Cass., civ. 1, 12 avril 1995, n°92-11.950, 92-11.975, *Bull. civ. I*, 1995, N°180, p. 130 in: *RDSS* 1995, p. 776, N°4, 15/12/1995.

LEROYER (A.-M.), « Principe de précaution », *RTD civ.*, 2005, N°2, 15/06/2005, p. 490.

LEVENEUR (L.),

- obs. sous Cass., civ. 1, 11 juin 1991, n°89-12.748, *Bull. civ. I*, 1991, N°201, p. 132 in : *C.C.C.* 1991, n°219.
- obs. sous Cass., civ. 1, 7 novembre 2000, n°99-12.255, *Bull. civ. I*, 2000, N°279 in : *C.C.C.* 2001, comm. 4.
- note sous Cass., civ. 1, 28 novembre 2012, n°11-26.814, *Bull. civ. I*, 2012, N°248 in : *C.C.C.*, n°2, février 2013, comm. 26.
- comm. sous Cass., civ. 1, 3 novembre 2016, n°15-25.348, ECLI:FR:CCASS:2016:C101186 (publié) in : *C.C.C.* n°2, février 2017, comm. 29.

LEVY-ULLMANN (H.), « De l'utilité des études comparatives », *Revue du droit*, 1923, p. 385.

LIENHARD (C.),
- « Pour un droit des catastrophes », *D.* 1995, N°13, 30/03/1995, p. 91.
- « Les spécificités de l'indemnisation des victimes d'accidents collectifs », *Gaz. Pal.* n°81, 22/03/2014.

LOISEAU (G.), comm. sous Cass., civ. 1, 17 octobre 2012, n°10-26.854, *Bull. civ. I*, 2012, N°207 in : *comm. com. électr.* n°12, Décembre 2012, comm. 133.

LONNE (A.-L.), « L'indemnisation par la cour d'appel de Versailles d'une victime de la troisième génération de Distilbène », Questions à Martine Verdier, avocat au barreau d'Orléans, *Lexbase Hebdo*, édition privée n°445, 23 juin 2011.

LOUVEL (B.), « La semaine du droit : l'entretien », *JCP. G*, 19/10/2015, n°43, p. 1906.

LYON-CAEN (A.), obs. sous Cass., soc., 28 février 2002, n°s 99-17.201 et s., *Bull. V*, 2002, N°81, p. 74 in : *Dr. soc.* 2002, p. 445.

MAINGUY (D.), « L'élargissement des actions de groupe », *RLDC*, N°136, 1er avril 2016.

MALAURIE (Ph.), « Les enjeux de la codification », *AJDA* 1997, N°9, 20/09/1997, p. 642.

MALINVAUD (Ph.), « Distinction entre le vice et la non-conformité et point de départ de la prescription de l'action récursoire de l'entrepreneur contre le fabricant du produit défectueux », *RDI* 1999, N°1, 15/03/1999, p. 107.

MALLET-BRICOUT (B.), REBOUL-MAUPIN (N.), obs. sous Cass., civ. 1, 17 octobre 2012, n°10-26.854, *Bull. civ. I*, 2012, N°207 in : *D.* 2013, N°31, 19/09/2013, p. 2123.

MÄSCH (G.), « Le droit de la preuve en Allemagne » *in* M. MEKKI, L. CADIET, C. GRIMALDI (dir.), *La preuve : regards croisés*, Paris : Dalloz, coll. « Thèmes & Commentaires », 2015, pp. 247-253.

MARKUS (J.-P.), « Qualité et ordre public sanitaire, ou ordre public *versus* qualité », *RDSS* 2014, N°6, 31/12/2014, p. 1063.

MARTIN (G. J.),
- « Précaution et évolution du Droit », *D.* 1995, N°39, 16/11/1995, chron. p. 299.

Martin (G. J.), (*suite*)

- « Apparition et définition du principe de précaution », *LPA*, 30 novembre 2000, n°239, p. 7.

Martin (G. J.), Msellati (J.-C.), obs. sous TC, 14 mai 2012, n°s3844, 3846, 3848, 3850, 3852, 3854 in : *D.* 2012, N°29, 26/07/2012, p. 1930.

Mascret (C.), « La loi sur les produits défectueux et « les éléments ou produits issus du corps humain » », *LPA* 1999, n°23, p. 16.

Maugue (C.), Touvet (L.), obs sous CE, ass., 9 avril 1993, n°138652, 138653, 138663, M.D., M.G., épx. B in: *AJDA*, 1993, N°5, 20/05/1993, p. 344.

Mayaux (L.), « La durée de la garantie en assurances de responsabilité depuis la loi de sécurité financière du 1er août 2003 : les rayons et les ombres », *RGDA*, 01/10/2003, n°4, p. 647.

Mazeau (L.), « L'imputation de la responsabilité civile en contexte d'incertitude scientifique et technologique », *Cahiers Droit, Sciences & Technologies*, vol. 4, 2014, p. 145.

Mazeaud (D.),

- obs. sous Cass., civ. 1, 29 juin 1999, n°97-15.818 et 97-21.903, *Bull. civ. I*, 1999, N°222, p. 143 in : *Defrénois* 1999, p. 994.
- obs. sous Cass., civ. 1, 9 novembre 1999, n°98-10.010, *Bull. civ. I*, 1999, N°300, p. 195 in : *Defrénois* 2000, p. 251.
- Cass., civ. 1, 7 novembre 2000, n°99-12.255, *Bull. civ. I*, 2000, N°279 in : *D.* 2001, N°28, 26/07/2001, p. 2236.
- note sous CJCE, aff. C-183/00, *María Victoria González Sánchez c./ Medicina Asturiana SA*, Rec. 2002, I-03901 in: *D.* 2003, N°7, 13/02/2003, p. 463.
- obs. sous Cass., civ. 1, 23 septembre 2003, n°01-13.063, *Bull. civ. I*, 2003, N°188, p. 146 in : *D.* 2004, N°19, 06/05/2004, p. 1344.
- « La distinction obligation de résultat – obligation de moyens : le saut dans le vide ? », *D.* 2017, N°4, 26/01/2017, p. 198.

Mazeaud (D.), Borghetti (J.-S.), « Imputation du dommage causé à autrui » *in* F. Terré (dir.), *Pour une réforme du droit de la responsabilité civile*, Paris : Dalloz, coll. « Thèmes et commentaires », 2011, pp. 149-155.

Mazeaud (H.), obs. sous Cass., com., 19 juin 1951 (arrêt dit « Lamoricière ») in : *RTD civ.* 1951, p. 515.

Mekki (M.),

- « Les fonctions de la responsabilité civile à l'épreuve des fonds d'indemnisation des dommages corporels », *LPA*, 12/01/2005, n°8, p. 3.

MEKKI (M.), (*suite*)

- chron. Sous Cass., civ. 1, 12 juillet 2012, n°11-17.510, *Bull. civ. I*, 2012, n°165 in : *Gaz. pal.*, 26-27 septembre 2012, n°271, p. 9.
- « Vérité et preuve : rapport français » *in La preuve. Journées internationales 2013 d'Amsterdam, Pays-Bas et Liège, Belgique*, coll. « Travaux Henri Capitant », vol. LXIII, Paris/Bruxelles : LB2V et Bruylant, 2015, pp. 813-847.
- obs. sous Cass., civ. 1, 3 novembre 2016, n°15-25.348, ECLI:FR:CCASS:2016:C101186 (publié) in : *Gaz. pal*, n°2, 10/01/2017, p. 28.

MELLOTEE (C.), avis sous Cass., civ. 1, 10 juillet 2013, n°12-21.314, *Bull. civ. I*, 2013, N°157 in : *D.* 2013, N°34, 10/10/2013, p. 2306.

MÉMETEAU (G.), obs. sous Cass., civ. 1, 12 avril 1995, n°92-11.950, 92-11.975, *Bull. civ. I*, 1995, N°180, p. 130 in: *RDSS* 1995, N°4, 15/12/1995, p. 765.

MISTRETTA (P.), obs. sous Cass., civ. 1, 25 novembre 2010, n°09-16.556, *Bull. civ. I*, 2010, N°245 in : *JCP G.* 2010, n°49, 6 décembre 2010, 1201.

MOLFESSIS (N.),

- « Les victimes de l'amiante et le principe de réparation intégrale en quête de cour suprême », *RTD civ.* 2001, N°1, 15/03/2001, p. 229.
- « La psychologisation du dommage » *in* Y. LEQUETTE, N. MOLFESSIS (dir.), *Quel avenir pour la responsabilité civile ?*, Paris : Dalloz, coll. « Thèmes & Commentaires », 2015, pp. 39-55.

MONGE (A-C.), GOANVIC (I.), obs. sous Cass., civ. 3, 18 mai 2011, n°10-17.645, *Bull, civ. III*, 2011, N°80 in : *D.* 2011, N°39, 10/11/2011, chron., p. 2679.

MOULY (J.), « L'assouplissement de l'obligation de sécurité en matière de harcèlement moral », *JCP G.*, n°28, 11 juillet 2016, 822.

MOURY (J.), « Avant-propos » *in* COUR DE CASSATION, *Le risque*, rapport annuel 2011, 2012, pp. 77-109. Téléchargeable sur l'url : https://www.courdecassation.fr/publications_26/rapport_annuel_36/rapport_2011_4212/

NAIM-GESBERT (E.), « Le principe de précaution, pensée du plausible en droit. Méthode et raison des juges administratifs français et communautaire », *Revue Européenne de Droit de l'Environnement*, n°2, 2009, p. 149.

NEYRET (L.),

- « Vaccination contre l'hépatite B : fin du débat judiciaire », *D.* 2003, N°38, 06/11/2003, p. 2579.
- « La défectuosité : nouvel enjeu du contentieux du vaccin contre l'hépatite B », *D.* 2006, N°19, 11/05/2006, p. 1273.

NEYRET (L.), (*suite*)
- obs. sous CE, 9 mars 2007, n^{os}267635 (rec. Lebon), 278665, 283067, 285288 in : *D.* 2007, N°31, 20/09/2007, p. 2204.

NGUYEN THANH NHA (J.), « L'influence des prédispositions de la victime sur l'obligation à réparation du défendeur à l'action en responsabilité », *RTD civ.* 1976, p. 1.

NICOLAS-VULLIERME (L.), PIETRINI (S.), « L'action de groupe en matière de produits de santé : un dispositif voué à l' "asphyxie" ? », *C.C.C.* n°7, Juillet 2016, étude 6, n°15.

NICOLESCO (M.), *La notion de dommage direct. Étude de doctrine et de jurisprudence sur le problème causal en matière de responsabilité civile*, th. doctorat : Université de Paris, 1931, 259 p.

NOIVILLE (C.), « Principe de précaution et santé. Le point sur quinze années de jurisprudence », *Les Cahiers du Centre Georges Canguilhem*, Paris : PUF, 2009/1, N°3, pp. 73-89.

NOURISSAT (C.), obs. sous CJCE, aff. C-127/04, 9 février 2006, *Declan O'Byrne c./ Sanofi Pasteur MSD, Rec. I-01313* in : *D.* 2006, N°19, 11/05/2006, p. 1259.

OBERDORFF (H.), obs. sous CJUE (gde chambre), aff. C-495/10, 21 décembre 2011, *CHU de Besançon c. Thomas Dutreux et CPAM du Jura*, Rec. 2011, I-14155 in : *JCP A.* 12 mars 2012, p. 2078.

OLIPHANT (K.), « La pluralité de responsables en droit anglo-saxon » *in* Groupe de Recherche Européen sur la Responsabilité Civile et l'Assurance (GRERCA), *Le droit français de la responsabilité civile confronté aux projets européens d'harmonisation,* Paris : IRJS éditions, 2012, 958 p.

OLSON (T.), obs. sous CE, 9 mars 2007, n^{os}267635 (rec. Lebon), 278665, 283067, 285288 in : *AJDA* 2007, N°16, 23/04/2007, p. 861.

ORIF (V.), « L'élaboration dans la loi J21 d'un modèle général d'action de groupe : un essai à transformer », *Gaz. Pal.* n°5, 31/01/2017, p. 80.

OUDOT (P.), « L'application et le fondement de la loi du 19 mai 1998 instituant la responsabilité du fait des produits défectueux : les leçons du temps », *Gaz. Pal.* n°320, 15/11/2008, p. 6.

QUETAND-FINET (C.), « Mise en pratique des orientations données par la Cour de cassation », *D.* 2012, N°42, 06/12/2012, p. 2859.

QUISTREBERT (Y.), « La spécificité du préjudice d'angoisse face aux risques hypothétiques », *Revue juridique de l'Ouest*, N° Spécial 2014, *L'angoisse face aux risques hypothétiques*, actes du colloque du 3 octobre 2014, pp. 57-90.

PARANCE (B.),
- obs. sous Cass., civ. 1, 24 septembre 2009, n°08-16.305, *Bull. civ. I*, 2009, N°187 in : *RLDC*, N°67, 1er janvier 2010, 3671.
- obs. sous Cass., civ. 1, 10 juillet 2013, n°12-21.314, *Bull. civ. I*, 2013, N°157 in : *JCP G.* 2013, n°40, 30/09/2013, 1012.

PEDROT (Ph.), NICOLAS (G.), obs. sous Cass., soc., 28 février 2002, nos 99-17.201 et s., *Bull. V*, 2002, N°81, p. 74 in : *RDSS* 2002, N°2, 14/06/2002, p. 357.

PEIGNE (J.),
- obs. sous Cass., civ. 1, 24 janvier 2006, n°03-20.178, *Bull. civ. I*, 2006, N°34, p. 32 in : *RDSS* 2006, N°3, 15/05/2006, p. 495.
- « Quelle responsabilité hospitalière du fait de la greffe d'un organe contaminé ? », *RDSS* 2007, N°2, 15/03/2007, p. 294.
- obs. sous Cass., civ. 1, 22 mai 2008, nos06-14.952, 05-20.317, 06-10.967, *Bull. civ. I*, 2008, Nos147 à 149 in : *RDSS* 2008, N°3, 16/05/2008, p. 578.
- obs. sous Cass., civ. 1, 24 septembre 2009, n°08-16.305, *Bull. civ. I*, 2009, N°187 in : *RDSS* 2009, n°6, 13/11/2009, p. 1161.
- obs. sous Cass., civ. 1, 25 novembre 2010, n°09-16.556, *Bull. civ. I*, 2010, N°245 in : *RDSS* 2011, N°1, 28/02/2011, p. 164.
- obs. sous Cass., civ. 1, 10 juillet 2013, n°12-21.314, *Bull. civ. I*, 2013, N°157 in : *RDSS* 2013, N°5, 01/11/2013, p. 938.
- « Qu'est-ce qu'un produit de santé ? » *Argus* n°7325, 30 août 2013.
- obs sous TA Paris, 3 juillet 2014, Mme A, n°1312345/6 in : *RDSS* 2014, N°5, 04/11/2014, p. 926.
- obs. sous Cass., civ. 1, 20 septembre 2017, n°16-19.643, publié, ECLI:FR:CASS:2017:C100972 : *RDSS* 2017, N°6, 29/12/2017, p. 1132.

PENNEAU (A.), Obs. sous CJCE, 29 mai 1997, *Commission c/ Royaume Uni*, aff. C-300/95, Rec. 1997, p. I-2649 in: *D.* 1998, N°35, 08/10/1998, p. 488.

PENNEAU (J.),
- note sous CA Paris (ch. 1), 15 décembre 1983 in : *D.* 1985, N°2, p. 228, jur.
- obs. sous Cass., civ. 1, 29 juin 1999, n°97-15.818 et 97-21.903, *Bull. civ. I*, 1999, N°222, p. 143 in : *D.* 1999, N°44, 16/12/1999, p. 395.

PETIT (J.), obs. sous TA Paris, 3 juillet 2014, Mme A, n°1312345/6 in : *RFDA* 2014, N°6, 07/01/2015, p. 1193.

PICARD (E.), chron. sous CE, ass., 9 avril 1993, n°138652, 138653, 138663, M.D., M.G., épx. B in : *JCP G.* 1993, I, 3700.

PICHOT (G.), concl. sous CA Paris, 7 juillet 1989, (dit arrêt « Courtellemont ») in : *Gaz. Pal.*, 1989, II, p. 752.

PIERRE (Ph.), « Le passé de la victime : l'influence de l'état antérieur », États généraux du dommage corporel – Le dommage corporel conjugué à tous les temps, *Gaz. pal.*, n°99, 09/04/2011, p. 15.

PIGNARRE (G.), obs sous Cass., AP, 5 avril 2019, n°18-17.442, (publié), ECLI:FR:CCASS:2019:AP00643 in : *Rev. trav.*, N°5, 28/05/2019, p. 340.

PIGNARRE (G. & L.-F.), « La prévention : pierre angulaire ou/et maillon faible de l'obligation de santé et de sécurité au travail de l'employeur ? », *Rev. dr. trav.* 2016, p. 151.

PIGNEROL (B.), « Responsabilité et socialisation du risque », *AJDA*, 2005, N°40, 28/11/2005, p. 2211.

PILLAYRE (H.), « Les victimes confrontées à l'incertitude scientifique et à sa traduction juridique : le cas du vaccin contre l'hépatite B », *Droit et société*, 2014, vol. 1, n°86, pp. 33-53.

PIWNICA (E.), obs. sous Cass civ. 1, 12 novembre 2015, n°14-18.118, *Bull. civ. I*, 2016, N°480 in : *Gaz. Pal.* n°6, 09/02/2016, p. 67.

PLAT (M.), DUNEAU (M.), obs. sous CA Paris (ch. 1), 4 juillet 1970 in : *D.* 1971, p. 73.

PONTIER (J.-M.),
- « Dépakine : un nouveau fonds », *AJDA* 2016, N°37, 07/11/2016, p. 2065.
- « Sécurité sanitaire des aliments et droit à la santé », *RDSS* 2018, N°6, 31/12/2018, p. 1020.

PORCHY-SIMON (S.), obs. sous Cass., civ. 2, 8 juin 2017, n°16-19.185, (publié), ECLI:CCASS:2017:C200847 in : *D.* 2017, N°28, 09/11/2017, p. 2224.

PRADA-BORDENAVE (E.), note sous CE, 3 mars 2004, req. n[os]241150, 241151, 241152 et 241153 in : *RFDA* 2004, N°3, 14/05/2004, p. 612.

QUEZEL-AMBRUNAZ (C.),
- « Antennes-relais : distinguer risque, trouble et préjudice sur fond de principe de précaution ! », *RLDC*, 1er avril 2009, N°59, p. 17.
- « La fiction de la causalité alternative », *D.* 2010, N°19, 13/05/2010, p. 1162.

QUEZEL-AMBRUNAZ (C.), (*suite*)

- « Définition de la causalité en droit français », *in* Groupe de Recherche Européen sur la Responsabilité Civile et l'Assurance (GRERCA), *Le droit français de la responsabilité civile confronté aux projets européens d'harmonisation,* Paris : IRJS éditions, 2012, 958 p.
- « Clauses générales ou délits spéciaux ? » *in* Ph. BRUN (dir.), *Les perspectives de modernisation du droit des obligations : comparaisons franco-argentines, Journées nationales de l'association Henri Capitant 2014*, Paris : Dalloz, coll. « Thèmes & Commentaires », 2015, pp. 157-171.
- note sous Cass., ch. mixte, 7 juillet 2017, *D.* 2017, N°31, 21/09/2017, p. 1800 in: *JCP G.* 2017, n°37, 11/09/2017, 926.
- obs. sous Cass., civ. 1, 23 septembre 2003, n°01-13.063, *Bull. civ. I*, 2003, N°188, p. 146 in : *Resp. civ. et assur.* n°11, novembre 2003, chron. 28.
- obs. sous CA Paris, 20 novembre 2003 in : *Resp. civ. et assur.* n°3, mars 2004, comm, n°76.
- obs. sous CA Rennes (ch. 1), 14 mai 2004, n°03/04328, 04/0746 in : *Resp. civ. et assur.* n°4, avril 2005, comm. 116.
- obs. sous Cass., civ. 1, 5 avril 2005, n°02-11.947 et 02-12.065, *Bull. civ. I*, 2005, N°173, p. 146 in : *Resp. civ. et assur.* 2005, comm. 189.
- obs. sous Cass., civ. 2, 21 avril 2005, n°03-20.683, *Bull. civ. II*, 2005, N°108 in : *Resp. civ. et assur.* n°7/8, Juillet 2005, comm. 223.

RADE (C.),

- obs. sous Cass., civ. 1, 24 janvier 2006, n°02-16.648, *Bull. civ. I*, 2006, N°35, p. 34 in : *Resp. civ. et assur.* n°3, mars 2006, comm. n°89.
- obs. sous Cass., civ. 1, 7 mars 2006, n°04-16.180, *Bull. civ. I*, 2006, N°143, p. 131 in : *Resp. civ. et assur.* n°5, Mai 2006, comm. 164.
- note sous Cass., civ. 1, 15 mai 2007, n°05-10.234, *Resp. civ. et assur.* n°7-8, Juillet 2007, comm. 219.
- obs. sous Cass., civ. 1, 5 mars 2009, n°08-14.729, *Bull. civ. I*, 2009, N°47 : *Resp. civ. et assur.* N°4, avril 2009, comm. 102.
- obs. sous Cass., civ. 1, 9 juillet 2009, n°08-11.073, *Bull. civ. I*, 2009, N°176 in: *Resp. civ. et assur.* n°10, octobre 2009, étude 13.
- obs. sous Cass., civ. 1, 24 septembre 2009, n°08-16.305, *Bull. civ. I*, 2009, N°187 in : *Resp. civ. et assur.* n°11, novembre 2009, étude 15.
- comm. sous Cass., civ. 1, 28 janvier 2010, n°08-18.837, *Bull. civ. I*, 2010, N°22 in : *Resp. civ. et assur.* n°4, avril 2010, comm. 80.
- « La fiction de la causalité alternative », *D.* 2010, N°19, 13/05/2010, p. 1162 .
- obs. sous Cass., civ. 2, 17 juin 2010, n°09-10.786, 09-10.838, *Bull. civ. II*, 2010, N°117 in : *Resp. civ. et assur.* n°10, octobre 2010, comm. 259.

RADE (C.), (*suite*)

- obs. sous Cass., civ. 1, 25 novembre 2010, n°09-16.556, *Bull. civ. I*, 2010, N°245 in : *Resp. civ. et assur.* n°1, janvier 2011, comm. 24.
- « Causalité juridique et causalité scientifique : de la distinction à la dialectique », *D.* 2012, N°2, 12/01/2012, p. 112.
- « Le défaut du produit », *Resp. civ. et assur.* n°1, Janvier 2016, dossier n°10.

RADOUANT (J.),

- note sous Cass., civ. 2, 13 mars 1957 (arrêt dit « Houillères des bassins du Nord et du Pas de Calais ») in : *D.* 1958, p. 73.
- obs. sous Cass., civ. 2, 15 janvier 1960 (arrêt dit « Larribe ») in : *D.* 1961, p. 681.

RANOUIL (M.), obs. sous Cass., civ. 1, 5 février 2014, n°12-23.467, *Bull. civ. I*, 2014, N°17 in : *JCP E.*, n°21-22, 22 mai 2014, 1287.

REDACTION LEXTENSO, « Lancement de MySMARTcab « activateur de justice » », *LPA* 24/06/2016, n°126, p. 2.

REGNIAULT (A.), ROBERT (J.-A.), « Le contentieux « Distilbène » : quels enseignements en matière de responsabilité du fait des produits de santé ? », *Gaz. pal.*, n°330, 26/11/2009, p. 15.

REMY (Ph.), « Réflexions préliminaires sur le chapitre *Des délits* » *in* F. TERRE (dir.), *Pour une réforme du droit de la responsabilité civile*, Paris : Dalloz, coll. « Thèmes & Commentaires », 2011, pp. 15-59.

REMY-CORLAIS (P.), obs. sous CJCE, aff. C-127/04, 9 février 2006, *Declan O'Byrne c./ Sanofi Pasteur MSD, Rec. I-01313* in : *RTD civ. 2006*, N°2, 15/06/2006, p. 565.

RIAS (N.), chron. sous Cass., civ. 1, 12 juillet 2012, n°11-17.510, *Bull. civ. I*, 2012, n°165 in : *RTD eur.* 2013, N°2, 21/08/2013, p. 292-36.

RICATTE (J.), obs. sous CJCE, 29 mai 1997, *Commission c/ Royaume Uni*, aff. C-300/95, Rec. 1997, p. I-2649 in: *LPA*, 17/12/1997, n°151, p. 31.

RIPERT (G.),

- « Le prix de la douleur », *D.* 1948, chron. p. 1.
- obs. sous Cass., com., 19 juin 1951 (arrêt dit « Lamoricière ») in : *D.* 1951, p. 717.

ROBERT (J.-A.), REGNIAULT (A.), obs. sous Cass., civ. 1, 24 janvier 2006, n°03-20.178, *Bull. civ. I*, 2006, N°34, p. 32 in : *RLDC*, 01/05/2006, n°27.

ROME (F.),
- obs. sous TGI Nanterre (ch. 8), 18 septembre 2008, n°07/02173 in : *D.* 2008, N°36, 23/10/2008, p. 2489.
- « Haro sur le principe de précaution ! », *D.* 2010, N°17, 29/04/2010, p. 1009.

ROTOUILLE (J.-Ch.), note sous CE, 9 novembre 2016, n^os^393902, 393904, 393926, 393108 in : *JCP G.* n°3, 16/01/2017, 58.

ROUQUET (Y.), obs. sous TGI Créteil, 11 août 2009, n°09/00658 in : *D.* 2009, N°32, 17/09/2009, p. 2164.

SABARD (O.), « La perte de chance », *RLDC*, n°157, 1er mars 2018.

SALAS (D.), « L'éthique politique à l'épreuve du droit pénal », *RSC* 2000, N°1, 15/03/2000, p. 163.

SARRAILHE (Ph.), « Rapport introduction : la diversité des experts et leurs points communs » *in Les experts : auxiliaires ou substituts du juge ?*, Actes du colloque du 5 décembre 2008, Paris : Société de législation comparée, coll. « Centre français de droit comparé », vol. 12, 2009, p. 18 et s.

SARGOS (P.),
- « Réflexions sur les accidents médicaux et la doctrine jurisprudentielle de la Cour de cassation en matière de responsabilité médicale », *D.* 1996, N°43, 12/12/1996, p. 365.
- rapp. sous Cass., civ. 1, 3 mars 1998, n°96-12.078, *Bull. civ. I*, 1998, N°95, p. 63 : *JCP G.* 1998, II, 10049.
- rapp. sous Cass., civ. 1, 17 juillet 2001, nos00-10.883 et 00-10.299, *Bull. civ. I*, 2001, N°234, p. 147 : *D.* 2001, 19/07/2001, p. 2149.
- obs. sous Cass., civ. 1, 9 juillet 2009, n°08-11.073, *Bull. civ. I*, 2009, N°176 in: *JCP G.* n°41, 5/10/2009, 308.
- obs. sous Cass., civ. 1, 12 juillet 2012, n°11-17.510, *Bull. civ. I*, 2012, n°165 in : *JCP G.* 2012, n°1036.
- obs. sous Cass., civ. 1, 3 novembre 2016, n°15-25.348, ECLI:FR:CCASS:2016:C101186 (publié) in : *JCP G.* 2016, n°46, 14 novembre 2016, 1205.

SAVATIER (R.), note sous Cass., civ. 2, 5 juin 1957 in : *D.* 1957, jur. p. 493.

SAVAUX (E.), obs. sous Cass., civ. 1, 7 novembre 2000, n°99-12.255, *Bull. civ. I*, 2000, N°279 in : *Defrénois* 2001, p. 268.

SETBON (M.), « Annexe 4 : Le cas du sang contaminé confronté au principe de précaution », *in* Ph. KOURILSKY, G. VINEY, *Le principe de précaution. Rapport au Premier ministre*, Paris : Odile Jacob/La documentation française, 2000, pp.75-86.

SERINET (Y.-M.), MISLAWSKI (R.), obs. sous Cass., civ. 1, 23 septembre 2003, n°01-13.063, *Bull. civ. I*, 2003, N°188, p. 146 in : *D.* 2004, N°13, 25/03/2004, p. 898.

SILD (N.), « L'affaire du Mediator devant le juge administratif », *RDP*, n°6, 01/11/2017, p. 1581.

SLIM (H.), « Lien de causalité : approche comparative », *RLDC* n°40, 1er juillet 2007, Suppl.

SPINOSA (B.), « Quelques remarques sur la notion de scientisme », intervention Aix-en-Provence, novembre 2014, 24 p.
téléchargable sur :
https://www.pedagogie.ac-aix-marseille.fr/upload/docs/application/pdf/2014-12/conference_.pdf

STAHLBERGER (E.), concl. sous TA Paris, 20 décembre 1991, M.D., M.G et M.B in : *RFDA*, N°3, 11/05/1992, p. 552.

STEINLE-FEUERBACH (M.-F.),

- « Le droit des catastrophes et la règle des trois unités de temp, de lieu et d'action », *LPA*, 28 juillet 1995, n°90, p. 9.
- « Evénement traumatique collectif et dommage individuel », *Gaz. Pal.*, 06/02/2019, n°HS 1, dossier spécial 11ème États-généraux du dommage corporel, p. 5.

STOFFEL-MUNCK (Ph.),

- « La coordination dans le temps des différents régimes de responsabilité du fait des produits défectueux », *JCP G*, 2007, I, 185, n°7.
- obs. sous Cass., civ. 1, 22 mai 2008, nos06-14.952, 05-20.317, 06-10.967, *Bull. civ. I*, 2008, Nos147 à 149 in : *JCP G.* n°38, 17/09/2008, doctr. 186.
- obs. sous Cass., civ. 3, 18 mai 2011, n°10-17.645, *Bull, civ. III*, 2011, N°80 in : *JCP G.* n°48, 28 novembre 2011, doctr. 1333.

SUDRE (J.-P.), avis sur Cass., civ. 1, 20 septembre 2017, n°16-19.643, publié, ECLI:FR:CASS:2017:C100972 in : *D.* 2017, N°39, 16/11/2017, p. 2279.

SYNTEZ (C.),

- obs. sous Cass., civ. 1, 22 mai 2008, nos06-14.952, 05-20.317, 06-10.967, *Bull. civ. I*, 2008, Nos147 à 149 in : *LPA* n°169, 22/08/2008, p. 6.
- obs. sous TGI Nevers, 22 avril 2010, n°10/00180, *Resp. civ. et assur.*, n°11, novembre 2010, comm. 275.

TABUTEAU (D.),

- « La politique de santé : entre sécurité sociale et sécurité sanitaire », *Dr. soc.* 2001, N°2, 10/02/2001, p. 186.
- « Sécurité sanitaire et droit de la santé », *RDSS* 2007, N°5, 14/09/2007, p. 823.
- « Le Parlement et la santé » *in Les Tribunes de la santé*, 2012/1, n°34, pp. 95-115.

TALLON (D.), « Vers un droit européen du contrat », *in Mélanges A. Colomer*, Paris : Litec, 1993, p. 485 et s.

TARASEWICZ (Y.), ROCHE (G.), « L'action de groupe à l'aune de la "class action" américaine », *Semaine Sociale Lamy*, N°1741, 24 octobre 2016.

TAYLOR (S.), « La responsabilité civile et l'incertitude scientifique : rapport sur le droit anglais », *in* M. BOUTONNET, J.-C. SAINT-PAU (dir.), *L'influence du principe de précaution sur la responsabilité civile*, recherche réalisée avec le soutien de la Mission de recherche Droit & Justice, 2016, pp. 263-291. Téléchargeable sur l'url : https://halshs.archives-ouvertes.fr/halshs-01480326/document

TESAURO (G.), concl. sous CJCE, 29 mai 1997, *Rec.* 1997, p. I-2651-2662, 23 janvier 1997.

THIBIERGE (C.), « Libres propos sur l'évolution du droit de la responsabilité (vers un élargissement de la fonction de responsabilité civile ?) », *RTD civ.* 1999, N°3, 15/09/1999, p. 561.

THOUVENIN (D.), obs. sous Cass., civ. 1, 29 juin 1999, n°97-15.818 et 97-21.903, *Bull. civ. I*, 1999, N°222, p. 143 in : *D.* 1999, N°38, 04/11/1999, p. 559.

TOURNAFOND (O.), obs. sous Cass., civ. 1, 27 janvier 1993, n°90-19.777, *Bull. civ. I*, 1993, N°44, p. 29 in : *D.* 1994, N°31, 15/09/1994, p. 238.

TREBULLE (F.-G.),

- obs. sous CE, 3 mars 2004, req. n^{os}241150, 241151, 241152 et 241153 in : *JCP G.* 2004, II, 10098.
- obs. sous CA Versailles (ch. 14), 4 février 2009, n°08/08775 in : *D.* 2009, N°36, 15/10/2009, p. 2448.
- obs. sous TGI Angers, 5 mars 2009, n°08/00765 in : *D.* 2009, N°36, 15/10/2009, p. 2448.
- obs. sous Cass., civ. 3, 18 mai 2011, n°10-17.645, *Bull, civ. III*, 2011, N°80 in : *D.* 2011, N°39, 10/11/2011, p. 2694.
- obs. sous Cass., civ. 1, 17 octobre 2012, n°10-26.854, *Bull. civ. I*, 2012, N°207 in : *JCP G.* 2013, n°1-2, 7 janvier 2013, 14.

TREPREAU (M.), « Stratégie nationale de santé : un instrument disruptif de mise en œuvre de la politique de santé ? », *RDSS*, N°3, 29/06/2018, p. 389.

TRUCHET (D.),
- « La loi du 4 mars 2002 et la prévention : une double lecture », *LPA*, n°122, 19/06/2002, p. 43.
- « La genèse de la construction des droits sanitaire et médico-social », *RDSS* 2014, N°3, 15/07/2014, p. 495.

TUNC (A.),
- note sous Cass., civ., 6 janvier 1943 (dit arrêt « *Franck* ») in : *D.* 1945, p. 117.
- obs. sous Cass., civ. 2, 15 janvier 1960 (arrêt dit « Larribe ») in : *RTD civ.* 1962, p. 113.

TURPIN (D.), « La responsabilité sanitaire et sociale : évolutions et tendances », *RDSS* 2015, N°1, 28/02/2015, p. 5.

VAN LANG (A.),
- obs. sous TC, 14 mai 2012, n[os]3844, 3846, 3848, 3850, 3852, 3854 in : *AJDA* 2012, N°27, 30/07/2012, p. 1525.
- obs. sous Cass., civ. 1, 17 octobre 2012, n°10-26.854, *Bull. civ. I*, 2012, N°207 in : *RDI* 2012, N°12, 06/12/2012, p. 612.
- obs. sous Cass., civ. 1, 25 janvier 2017, n°15-25.526 (publié) in : *RDI* 2017, N°11, 06/11/2017, p. 518.

VASSEUR (T.), obs. sous Cass., civ. 1, 5 mars 2009, n°08-14.729, *Bull. civ. I*, 2009, N°47 in : *D.* 2009, N°40, 12/11/2009, p. 2714.

VERKINDT (P.-Y.), obs. sous Cass., soc., 28 février 2002, n°s 99-17.201 et s., *Bull. V*, 2002, N°81, p. 74 in : *RDSS* 2002, N°3, 16/09/2002, p. 536.

VERON (P.), VIALLA (F.),
- obs. sous CJUE (gde chambre), aff. C-495/10, 21 décembre 2011, *CHU de Besançon c. Thomas Dutreux et CPAM du Jura*, Rec. 2011, I-14155 in : *D.* 2012, N°24, 21/06/2012, p. 1558.
- « Sécuriser les activités. De quelques difficultés entourant l'action de groupe en matière de santé », *RLDA*, N°127, 1er juin 2017, p. 45.

VIALA (G.),
- obs. sous CA Paris (ch. 1), 15 décembre 1983, *Bull. ordre des pharmaciens*, avril 1984.
- note sous Cass., civ. 1, 8 avril 1986, n°84-11.443, *Bull. civ. I*, 1986, N°82, p. 81, dit arrêt « Thorens » in : *JCP G.*, 1986, IV, p. 163.

VIALA (G.), VIVANDIER (A.), comm. sous Cass., civ. 1, 8 avril 1986, *JCP G.*, n°1, 7 janvier 1987, II, 20721.

Vidal (D.), obs. sous TGI Nice (ch. 3), 27 juillet 1992 in : *D.* 1993, N°3, 21/01/1993, p. 38.

Vigarello (G.), « La santé : d'une définition négative à une définition positive », *Prévenir* 1996, n°30, p. 55.

Vignon-Barrault (A.), étude sous Cass., AP, 5 avril 2019, n°18-17.442, (publié), ECLI:FR:CCASS:2019:AP00643 in : *Resp. civ. et assur.* 2019, n°7-8, juillet 2019, étude 6.

Villeneuve (P.), note sous TA Marseille, 30 mai 2000 (4 jugements) in : *LPA*, 04/09/2000, p. 12.

Villey (M.), « Esquisse historique sur le mot "responsable" », *Arch. phil. du droit*, tome 22, 1977, p. 45.

Viney (G.),

- obs. sous Cass., civ. 1, 11 juin 1991, n°89-12.748, *Bull. civ. I*, 1991, N°201, p. 132 in : *JCP G.* 1992, I, 3572.
- obs. sous Cass., civ. 1, 17 janvier 1995, n°93-13.075, *Bull. civ. I*, 1995, N°43 in : *JCP G.* 1995, I, 3853, n°9.
- « L'introduction en droit français de la directive européenne du 25 juillet 1985 relative à la responsabilité du fait des produits défectueux », *D.* 1998, N°31, 10/09/1998, p. 291.
- note sous TA Marseille, 30 mai 2000 (4 jugements) in : *JCP G.* 2000, I, 289, n°32.
- obs. sous Cass., civ. 1, 7 novembre 2000, n°99-12.255, *Bull. civ. I*, 2000, N°279 in : *JCP G.* 2001, I, 340.
- Note sous CE, 3 mars 2004, req. n[os]241150, 241151, 241152 et 241153 in : *JCP G.* 2004, I, 163.
- note sous Cass civ. 2, 27 mars 2003, n°01-00.850, *Bull. civ. II*, 2003, N°76, p. 66 in : *JCP G.*, n°1, 7 janvier 2004, doctr. 101, n°23.
- obs. sous Cass., civ. 1, 5 avril 2005, n°02-11.947 et 02-12.065, *Bull. civ. I*, 2005, N°173, p. 146 in : *JCP. G.* 2005, n°26, 29/06/2005, doctr. 149.
- obs. sous Cass., civ. 1, 17 juin 2010, n°09-67.011, *Bull. civ. I*, 2010, N°137 in : *RDC*, 01/10/2010, n°4, p. 1247.
- « Les intérêts protégés par le droit de la responsabilité civile (synthèse) » *in* Groupe de Recherche Européen sur la Responsabilité Civile et l'Assurance (GRERCA), *Le droit français de la responsabilité civile confronté aux projets européens d'harmonisation,* Paris : IRJS, éd., 2012, 958 p.
- « L'influence du principe de précaution sur le droit de la responsabilité civile à la lumière de la jurisprudence : beaucoup de bruit pour presque rien ? » *in* J.-B. Racine (dir.), *Mélanges en l'honneur de Gilles J. Martin. Pour un droit économique de l'environnement*, Frison-Roche, 2013, p. 555 et s.

VINEY (G.), (*suite*)

- obs. sous Cass., civ. 1, 12 juillet 2012, n°11-17.510, *Bull. civ. I*, 2012, n°165 in : *RDC*, 01/01/2013, n°1, p. 111.
- « Le contentieux des antennes-relais », *D.* 2013, N°22, 20/06/2013, p. 1489.
- note sous Cass., civ. 1, 10 juillet 2013, n°12-21.314, *Bull. civ. I*, 2003, N°157 in : *RDC*, 01/03/2014, n°1, p. 37.
- obs. sous Cass., civ. 1, 3 novembre 2016, n°15-25.348, ECLI:FR:CCASS:2016:C101186 (publié) in : *RDC* n°2, 01/06/2017, p. 250.
- obs. sous CJUE, 21 juin 2017, *N. W. c/ Sanofi Pasteur MSD SNC*, aff. C-621/15, ECLI:EU:2017:484 in : *JCP G.* n°36, 4 septembre 2017, 908.
- obs. sous Cass., civ. 1, 20 septembre 2017, n°16-19.643, publié, ECLI:FR:CASS:2017:C100972 in : *D.* 2017, N°39, 16/11/2017, p. 2284.

VIRIOT-BARRIAL (D.),

- note sous Cass., crim., 7 juillet 2005, *Gaz. Pal.*, n°161, 2006, p. 21.
- « La Cour de justice de justice de la République et la santé », *Les Tribunes de la santé*, 2007/1, n°14, pp. 55-71.
- « Le droit pénal face aux grandes catastrophes sanitaires », *RDSS* 2008, N°HS, 10/03/2008, p. 21.

VON BAR (C.), « Le groupe d'études sur un code civil européen », *RIDC*, vol. 53(1), 2001, pp. 127-139.

WELLS (M. H.), obs. sous *Sindell v Abbott Laboratories* (1980) 26 Cal 3d 588; 607 P 2d 924 in: « Sindell v. Abbott Laboratories: A New Avenue for DES Litigation », (1981) 11 *Golden Gate U. L. Rev.* 917.

WESTER-OUISSE (V.),

- « Les méandres de la perte de chance en droit médical », *RLDC*, N°100, 1er janvier 2013, p. 17.
- « La causalité et le risque de développement : rapport français » *in* Groupe de Recherche Européen sur la Responsabilité civile et l'Assurance (GRERCA), *La responsabilité du fait des produits défectueux*, Paris : IRJS éditions, coll. « Bibliothèque de recherche juridique de la Sorbonne », t. 45, 2013, p. 239 et s.

WILLMANN (C.), obs sous Cass., AP, 5 avril 2019, n°18-17.442, (publié), ECLI:FR:CCASS:2019:AP00643 in : *RDSS* 2019, N°3, 28/06/2019, p. 539.

VI – Publications officielles, rapports, travaux préparatoires

A. Publications officielles et rapports

1. En langue anglaise

DEPARTMENT OF HEALTH, *Review of the support available to individuals infected with Hepatitis C and/or HIV by NHS supplied blood transfusions or blood products and their dependants*, version révisée en mars 2011, téléchargeable sur l'url: https://www.gov.uk/government/publications/review-of-the-support-available-to-individuals-infected-with-hepatitis-c-and-or-hiv-by-nhs-supplied-blood-transfusions-or-blood-products-and-their-dependants

DEPARTMENT OF WORK AND PENSIONS, *Mesothelioma Payment Scheme : impact assessment*, 2013, 60 p. Téléchargeable à partir de l'url : https://assets.publishing.service.gov.uk/government/uploads/system/uploads/attachment_data/file/262466/mesothelioma-payment-scheme-ia-nov-2013.pdf

EUROPEAN ENVIRONMENT AGENCY,

- *Late lessons from early warnings: the precautionary principle 1896-2000*, Copenhague: Environmental issue report, n°22, 2001.
- *Late lessons from early warnings : science, precaution, innovation*, EEA Report, vol. 1, Luxembourg: Publications Office of the European Union, 2013.

Débats parlementaires ayant pris place devant le **HOUSE OF COMMONS** (consultable sur Hansard : https://hansard.parliament.uk/search ou pour les débats entre 1803 et 2005 sur https://api.parliament.uk/historic-hansard/commons/) :

- HAIN (P.), *Child Maintenance and Other Payments Bills*, HC Deb., vol. 462 (4 July 2007), col. 991.
- HANCOCK (M.), *Enterprise and Regulatory Reform Bill*, HC Deb., vol. 551, (16 October 2012), col. 192.
- MCGUIRE (A.), *Draft Mesothelioma Lump Sum Payments (Conditions and Amounts) Regulations 2008*, Eighth Delegated Legislation Committee, HC Deb. (8 July 2008), session 2007-2008, col. 16. Consultable sur l'url: https://publications.parliament.uk/pa/cm200708/cmgeneral/deleg8/080708/80708s01.htm
- MORRIS (J.), *Nuclear Installations (Amendment) Bill*, HC Deb., vol. 702 (16 November 1964), col. 47.

Débats parlementaires ayant pris place devant le **HOUSE OF LORDS** (consultable sur Hansard : https://hansard.parliament.uk/search ou pour les débats entre 1803 et 2005 sur l'url : https://api.parliament.uk/historic-hansard/index.html) :

- KITSON (O.) (Lord Airedale), *Product Liability: EEC Report*, HL Deb. (12 November 1980), col. 1401-1402.
- BESWICK (F.) (Lord Beswick), *Product Liability: EEC Report*, HL Deb. (12 November 1980), col. 1418.
- CAMERON (K.) (Lord Cameron of Lochbroom), *Consumer Protection Bill*, HL Deb., vol. 482 (8 December 1986), col. 1004.
- COLLINS (J.) (Lord Stonham), *Nuclear Installations Bill*, HL Deb., vol. 391 (21 April 1969), col. 330.
- DENNING (T.) (Lord Denning), *Consumer Protection Bill*, vol. 483 (20 January 1987), col. 826.
- FREUD (D.) (Lord Freud), *Mesothelioma Bill*, HL Deb., vol. 745 (20 May 2013), col. 689.
- PLOWDEN (E.) (Lord Plowden), *Product Liability: EEC Report*, HL Deb. (12 November 1980), col. 1422.
- WALLACE (G.) (Lord Wallace of Coslany), *Pneumoconiosis Etc. (Workers' Compensation) 1979 Bill*, HL Deb., vol. 399 (3 April 1979), col. 1835.
- WILLIAMS (Ch.) (Lord Williams of Elvel), *Consumer Protection Bill*, HL Deb., vol. 482 (8 December 1986), col. 1009.
- WILLIAMS (Ch.) (Lord Williams of Elvel), *Consumer Protection Bill*, vol. 483 (20 January 1987), col. 822.

LORD CHANCELLOR'S DEPARTMENT, *Legal Aid : Targeting need. The future of publicly funded help in solving legal problems and disputes in England and Wales: A consultation paper*, London: HMSO, Cm 2854, 1995, 116 p.

MEDICAL PROTECTION SOCIETY (MPS), *The rising cost of clinical negligence : who pays the price ?*, June 2017, 39 p. Téléchargeable sur l'url: https://www.medicalprotection.org/docs/default-source/pdfs/policy-papers/striking-a-balance-policy-paper-65gs4rc7.pdf

PHILLIPS OF WORTH MATRAVERS (N.), BRIDGEMAN (J.), FERGUSON-SMITH (M.), *The Inquiry into BSE and Variant CJD in the United Kingdom*, 2000, vol. 1, consultable sur l'url: https://webarchive.nationalarchives.gov.uk/20060802142310/http://www.bseinquiry.gov.uk/

SCIENCE AND TECHNOLOGY COMMITTEE (HC), *Scientific advice, risk and evidence based policy making*, 7th Report of Session 2005-2006, vol. I, 8 November 2006. Téléchargeable sur l'url : https://publications.parliament.uk/pa/cm200506/cmselect/cmsctech/900/900-i.pdf

SELECT COMMITTEE ON ECONOMIC AFFAIRS (HL), *Government Policy on the Management of Risk*, 5th report of Session 2005-2006, vol. I, 7 June 2006, HL Paper 183-I. Téléchargeable sur l'url: https://publications.parliament.uk/pa/ld200506/ldselect/ldeconaf/183/183i.pdf

US DEPARTMENT OF JUSTICE, *Report of the Tort Policy Working Group on the Causes, Extent and Policy Implications of the Current Crisis in Insurance Availability and Affordability*, Washington DC: US Government Printing Office, February 1986, 91 p.

WILLGING (T. E.), FEDERAL JUDICIAL CENTER, *Appendix C: Mass Torts Problem & Proposals, A report to the Mass Torts Working Group*, January 1999, 128 p. Téléchargeable sur : https://www.uscourts.gov/sites/default/files/masstapc_1.pdf

WOOLF (H.), « Multy-Party Actions » *in Access to Justice : Final Report to the Lord Chancellor on the Civil Justice System in England and Wales*, London: HMSO, 1996, 370 p. Consultable sur l'url: http://webarchive.nationalarchives.gov.uk/20060213223540/http://www.dca.gov.uk/civil/final/contents.htm

2. *En langue française*

Débats parlementaires ayant pris place devant l'**ASSEMBLEE NATIONALE** :

- GUIGOU (E.), *Responsabilité du fait des produits défectueux*, discussion en deuxième lecture, d'une proposition de loi, première séance du 25 mars 1998, Débat A.N., XIe législature, session 1997-1998, p. 27.
- MATTEI (J.-F.), *Éthique biomédicale : corps humain*, Suite de la discussion d'un projet de loi, 3ème séance du 20 novembre 1992, Débat A.N., IXe législature, session 1992-1993, p. 5843.
- VAUZELLE (M.), *Éthique biomédicale : corps humain*, Suite de la discussion d'un projet de loi, 3ème séance du 20 novembre 1992, Débat A.N., IXe législature, session 1992-1993, p. 5839.

Rapports d'information de l'**ASSEMBLEE NATIONALE** (téléchargeables sur http://www. assemblee-nationale.fr/)

- GUILHEM (E.), MATTEI (J.-F.), *Rapport d'information sur l'ensemble des problèmes posés par le développement de l'épidémie d'encéphalopathie spongiforme bovine*, Rapp. A.N. n°3291, Xème législature (1997).
- JACQUAT (D.), *Rapport d'information sur la crise sanitaire et sociale déclenchée par la canicule*, T.1, Rapp. A. N. n°1091, XIIème législature, 24 septembre 2003.

- VERAN (O.) *et al.*, *Rapport fait au nom de la Commission des affaires sociales sur le projet de loi relatif à la santé*, rapp. A.N. n°2673, 20 mars 2015, XIVème législature, enregistré le 20 mars 2015.

CALAIS-AULOY (J.),
- *Propositions pour un nouveau droit de la consommation : rapport final*, Commission de refonte du droit de la consommation, Paris : La documentation française, 1985, 221 p.
- *Proposition pour un Code de la consommation*, Rapport de la Commission pour la codification du droit de la consommation au Premier ministre, Paris : La documentation française, 1990, 183 p.

CATALA (P.) (dir.), *Avant-projet de réforme du droit des obligations et de la prescription*, Rapport à M. Pascal CLEMENT, Garde des Sceaux, 22 septembre 2005, La Documentation française, coll. « Rapport », 2006, 208 p. Téléchargeable à partir de l'url: https://www.vie-publique.fr/sites/default/files/rapport/pdf/054000622.pdf

CERUTTI (G.), GUILLAUME (M.), « Rapport sur l'action de groupe », Rapp. remis le 16 décembre 2015 au Ministre de l'Economie, des Finances et de l'Industrie et au Garde des Sceaux, téléchargeable à partir de l'url : https://www.vie-publique.fr/sites/default/files/rapport/pdf/054004458.pdf

CHIRAC (J.), *Déclaration sur les priorités de l'action gouvernementale notamment les politiques en faveur de la croissance économique, de l'industrie, de l'emploi et de la construction européenne*, Présentation des vœux aux Forces vives, Paris (Palais de l'Elysée), 4 janvier 2005. Téléchargeable sur : https://www.elysee.fr/jacques-chirac/2005/01/04/declaration-de-m-jacques-chirac-president-de-la-republique-sur-les-priorites-de-laction-gouvernementale-notamment-les-politiques-en-faveur-de-la-croissance-economique-de-lindustrie-de-lemploi-et-de-la-construction-europeenne-paris-le-4-janvier

CJUE, *Arrêt dans l'affaire C-621/15 N.W e.a./ Sanofi Pasteur MSD e.a.*, Communiqué de presse n°66/17, Luxembourg, 21 juin 2017, téléchargeable sur : https://curia.europa.eu/jcms/upload/docs/application/pdf/2017-06/cp170066fr.pdf

COMITE CONSULTATIF MONDIAL SUR LA SECURITE DES VACCINS DE L'ORGANISATION MONDIALE DE LA SANTE, « Réponse à l'article de Hernán *et al.* intitulé: "Vaccin Hépatite B recombinant et risque de sclérose en plaques" et publié le 14 septembre 2004 dans la revue Neurology », septembre 2004. Consultable sur l'url : http://www.who.int/vaccine_safety/committee/topics/hepatitisb/multiple_sclerosis/sep_04/fr/

COMMISSION EUROPEENNE,
- *Communication de la Commission sur le recours au principe de précaution*, 2 février 2000, COM(2000) 1 final, 29 p.
- *Rapport de la Commission concernant la mise en œuvre de la directive 85/374 relative à la responsabilité du fait des produits défectueux*, COM(2000) 893 final, 42 p.

COMMISSION MONDIALE D'ETHIQUE DES CONNAISSANCES SCIENTIFIQUES ET DES TECHNOLOGIES (COMEST), *Le principe de précaution*, Paris : UNESCO, mars 2005, 52 p.

COUR DE CASSATION, « La causalité à l'épreuve du caractère multifactoriel des dommages » *in Rapport annuel de la Cour de cassation 2007*, pp. 264-275. Téléchargeable sur l'url :
https://www.courdecassation.fr/IMG/pdf/rapport_annuel_2007.pdf

FANTONI-QUINTON (S.), SAISON-DEMARS (J.), *Le principe de précaution face à l'incertitude scientifique : l'émergence d'une responsabilité spécifique dans le champ sanitaire*, rapport scientifique d'une recherche réalisée avec le soutien du GIP Mission de recherche Droit et Justice, Université Lille 2, 2016, 381 p.

HAUT CONSEIL DE LA SANTE PUBLIQUE (avis), Calendrier Vaccinal 2008, séances des 14 et 19 mars 2008, *Bulletin épidémiologique hebdomadaire*, 22 avril 2008, n°16-17, p. 132.

KOURILSKY (Ph.), VINEY (G.), *Le principe de précaution. Rapport au Premier ministre*, Paris : Odile Jacob/La documentation française, 2000, 405 p.

MACRON (E.), *Adresse aux Français*, Discours prononcé le 12 mars 2020, Paris (Palais de l'Elysée)
Consultable sur l'url :
https://www.elysee.fr/emmanuel-macron/2020/03/12/adresse-aux-francais

MINISTERE DES AFFAIRES SOCIALES, DE LA SANTE ET DE LA VILLE, HAUT COMITE DE LA SANTE PUBLIQUE, *La santé en France*, rapport général, Paris : La Documentation française, novembre 1994, 333 p.

MINISTERE DE L'EMPLOI ET DE LA SOLIDARITE, SECRETARIAT D'ÉTAT A LA SANTE ET A L'ACTION SOCIALE, *Rapport annuel sur le dispositif d'indemnisation des hémophiles et transfusés contaminés par le virus de l'immunodéficience humaine (VIH)*, 6ème exercice, Mars 1997 à Février 1998, Paris : La documentation française, 1999, 29 p. Téléchargeable sur :http://www.ladocumentationfrancaise.fr/var/storage/rapports-publics/994001230/0000.pdf

MINISTERE DE LA SANTE, « Danger d'une surestimation de certains risques », rép. min. à la question n°20396 posée par E. HAMEL le 11 novembre 1999, *JO Sénat*, 24 février 2000.

Organisation MONDIALE DE LA SANTE,
- *Constitution de l'Organisation Mondiale de la Santé, Documents fondamentaux*, supplément à la quarante-cinquième édition, octobre 2006, p. 1 téléchargeable sur : http://www.who.int/governance/eb/who_constitution_fr.pdf
- *COVID-19 Weekly Epidemilogical Update*, n°53, 17 août 2021, Téléchargeable sur : https://reliefweb.int/sites/reliefweb.int/files/resources/20210817_Weekly_Epi_Update_53.pdf

Rapports d'information du **SENAT**
(téléchargeables sur http://www.senat.fr/)
- FAUCHON (P.), *Proposition de loi adoptée par l'Assemblée nationale relative à la responsabilité du fait des produits défectueux*, Rapp. Sénat n°226, session 1997-1998.
- DERIOT (G.), GODEFROY (J.-P.), *Rapport d'information sur le bilan et les conséquences de la contamination par l'amiante*, rapp. Sénat n°37, session 2005-2006.
- HYEST (J.-J.), *Rapport d'information sur les class actions*, Rapp. Sénat n° 249, session 2005-2006.
- BETEILLE (L.), YUNG (R.), *Rapport d'information sur l'action de groupe*, Rapp. Sénat n°499, session 2009-2010 (enregistré le 26 mai 2010).
- GELARD (P.), *Rapport sur la proposition de loi constitutionnelle de M. Jean Bizet et plusieurs de ses collègues, visant à modifier la Charte de l'environnement pour exprimer plus clairement que le principe de précaution est aussi un principe d'innovation*, Rapp. Sénat n°547, session 2013-2014 (déposé le 21 mai 2014).
- *Étude d'impact : projet de loi portant application des mesures relatives à la justice du XXIème siècle*, 31 juillet 2015, 349 p.

SANTE PUBLIQUE FRANCE, « Surveillance des anomalies congénita-les », *Communiqué de presse*, St Maurice, 04/10/2018.

URVOAS (J.-J.), *Présentation du projet de réforme du droit de la responsabilité civile*, discours prononcé le lundi 14 mars 2017 à l'Académie des sciences morales et politiques. Consultable sur l'url : http://www.presse.justice.gouv.fr/discours-10093/archives-des-discours-de-2017-12856/projet-de-reforme-de-la-responsabilite-civile-29780.html

VII – Articles de presse

ALLIX (G.), « Distilbène : deux laboratoires condamnés à indemniser une victime », *Le Monde*, 26 octobre 2012.

BEGUIN (F.), CAZI (E.), « Dépakine : Sanofi visé par la première action de groupe en matière de santé », *Le Monde*, 13 décembre 2016.

BENHAIM (D.), « Le Gouvernement renonce à sa promesse de class action », *Le Monde*, 17 juin 2011.

CAMPBELL (D.), « Theresa May cannot ignore NHS crisis or brush off critics », *The Guardian*, 7 January 2017.

DELLUS (S.), « Distilbène : une étude confirme les ravages sur trois générations », *Santé magazine*, 2 décembre 2014.

FULCHER (L.), « Making criticism of the NHS a taboo does nothing to "save" it and a lot to harm it », *The Telegraph*, 31 July 2017.

GALLAGHER (P.), « NHS : UK has now one of the worst healthcare systems in the developed world, according to OECD report », *The Independent,* 4th November 2015.

GRICE (A.), « Labour is right to fight the election on the NHS. Sadly, people only cares about Brexit and May knows it », *The Independent*, 26 April 2017.

JOUAN (A.), « Les dossiers noirs des autorités sanitaires », *Le Figaro*, 13 décembre 2016.

KUENSSBERG (L.), « General election: Labour's "7.4bn a year extra for NHS" », *BBC News*, 15 May 2017.

REDACTION LCI, « Nouvelle formule du Levothyrox : le laboratoire Merck cible d'une action de groupe », *LCI*, 20 septembre 2017.

SANTI (P.), « Malformations congénitales : d'étranges coïncidences », *Le Monde*, 26 septembre 2016.

TRIGGLE (N.), « Blair's legacy: Health », *BBC News*, 10 May 2007.

VAMPOUILLE (T.), « Distilbène : un espoir pour les 160 000 victimes », *Le point*, 25 octobre 2012.

X, « Levothyrox : vers une action de groupe contre Merck KGaA et sa nouvelle formule », *La Tribune*, 20 septembre 2017.

Index alphabétique

(Les chiffres renvoient aux numéros des **paragraphes**)

– B –

– R –

– S –

– T –

– U –

– V –

Table des matières

Structures éditoriales du groupe L'Harmattan

L'Harmattan Italie
Via degli Artisti, 15
10124 Torino
harmattan.italia@gmail.com

L'Harmattan Hongrie
Kossuth l. u. 14-16.
1053 Budapest
harmattan@harmattan.hu

L'Harmattan Sénégal
10 VDN en face Mermoz
BP 45034 Dakar-Fann
senharmattan@gmail.com

L'Harmattan Cameroun
TSINGA/FECAFOOT
BP 11486 Yaoundé
inkoukam@gmail.com

L'Harmattan Burkina Faso
Achille Somé – tengnule@hotmail.fr

L'Harmattan Guinée
Almamya, rue KA 028 OKB Agency
BP 3470 Conakry
harmattanguinee@yahoo.fr

L'Harmattan RDC
185, avenue Nyangwe
Commune de Lingwala – Kinshasa
matangilamusadila@yahoo.fr

L'Harmattan Congo
67, boulevard Denis-Sassou-N'Guesso
BP 2874 Brazzaville
harmattan.congo@yahoo.fr

L'Harmattan Mali
ACI 2000 - Immeuble Mgr Jean Marie Cisse
Bureau 10
BP 145 Bamako-Mali
mali@harmattan.fr

L'Harmattan Togo
Djidjole – Lomé
Maison Amela
face EPP BATOME
ddamela@aol.com

L'Harmattan Côte d'Ivoire
Résidence Karl – Cité des Arts
Abidjan-Cocody
03 BP 1588 Abidjan
espace_harmattan.ci@hotmail.fr

Nos librairies en France

Librairie internationale
16, rue des Écoles
75005 Paris
librairie.internationale@harmattan.fr
01 40 46 79 11
www.librairieharmattan.com

Librairie des savoirs
21, rue des Écoles
75005 Paris
librairie.sh@harmattan.fr
01 46 34 13 71
www.librairieharmattansh.com

Librairie Le Lucernaire
53, rue Notre-Dame-des-Champs
75006 Paris
librairie@lucernaire.fr
01 42 22 67 13

www.ingramcontent.com/pod-product-compliance
Lightning Source LLC
LaVergne TN
LVHW011216061026
849535LV00001BA/52
* 9 7 8 2 3 4 3 2 3 2 8 7 4 *